U0529605

Stuart Hall

斯图亚特·霍尔
文集

黄卓越　［英］戴维·莫利（David Morley）主编

中国社会科学出版社

图书在版编目(CIP)数据

斯图亚特·霍尔文集 / 黄卓越,(英)戴维·莫利主编. —北京:中国社会科学出版社,2022.3
ISBN 978 – 7 – 5203 – 9686 – 8

Ⅰ.①斯⋯ Ⅱ.①黄⋯ ②戴⋯ Ⅲ.①霍尔(Hall,Stuart 1932 – 2014)—文化理论—文集 Ⅳ.①G0 – 53

中国版本图书馆 CIP 数据核字(2022)第 024613 号

出 版 人	赵剑英
责任编辑	刘志兵
责任校对	夏慧萍
责任印制	李寡寡

出　　版	中国社会科学出版社
社　　址	北京鼓楼西大街甲 158 号
邮　　编	100720
网　　址	http://www.csspw.cn
发 行 部	010 – 84083685
门 市 部	010 – 84029450
经　　销	新华书店及其他书店
印　　刷	北京明恒达印务有限公司
装　　订	廊坊市广阳区广增装订厂
版　　次	2022 年 3 月第 1 版
印　　次	2022 年 3 月第 1 次印刷
开　　本	710×1000　1/16
印　　张	59.5
插　　页	2
字　　数	940 千字
定　　价	298.00 元

凡购买中国社会科学出版社图书,如有质量问题请与本社营销中心联系调换
电话:010 – 84083683
版权所有　侵权必究

目 录

前 言 ………………………………………………………………… 1

第一辑 文化研究与阶级

无阶级意识 …………………………………………………………… 3
《图画邮报》的社会之眼 …………………………………………… 21
文化研究：两种范式 ………………………………………………… 62
文化研究及其理论遗产 ……………………………………………… 86
理查德·霍加特：《识字的用途》和文化转向 …………………… 106

第二辑 理论与方法论实践

马克思的方法论笔记：1857年《〈政治经济学批判〉导言》解读 …… 121
科学的腹地：意识形态与"知识社会学" ………………………… 165
表意、表征和意识形态
　　——与阿尔都塞及后结构主义者的争论 ……………………… 199
意识形态问题：不做担保的马克思主义 ………………………… 233
"后现代主义"与"接合"
　　——斯图亚特·霍尔访谈录 …………………………………… 258

第三辑　媒介、传播与表征

电视话语里的编码与解码 ⋯⋯⋯⋯⋯⋯⋯⋯⋯⋯⋯⋯⋯⋯⋯ 283
越轨、政治和媒体 ⋯⋯⋯⋯⋯⋯⋯⋯⋯⋯⋯⋯⋯⋯⋯⋯⋯ 302
影响广播的外部因素
　　——内外辩证法：广播/电视的矛盾处境 ⋯⋯⋯⋯⋯ 346
文化、媒介与"意识形态效应" ⋯⋯⋯⋯⋯⋯⋯⋯⋯⋯⋯ 367
反思编码/解码模型
　　——霍尔访谈录 ⋯⋯⋯⋯⋯⋯⋯⋯⋯⋯⋯⋯⋯⋯⋯ 406
白人的眼睛
　　——种族主义意识形态与媒介 ⋯⋯⋯⋯⋯⋯⋯⋯⋯ 431

第四辑　政治形构：作为过程的权力

政治与意识形态：葛兰西 ⋯⋯⋯⋯⋯⋯⋯⋯⋯⋯⋯⋯⋯ 439
解析"民众"札记 ⋯⋯⋯⋯⋯⋯⋯⋯⋯⋯⋯⋯⋯⋯⋯⋯⋯ 481
花园中的癞蛤蟆：理论家中的撒切尔主义 ⋯⋯⋯⋯⋯⋯ 496
伟大的右转秀 ⋯⋯⋯⋯⋯⋯⋯⋯⋯⋯⋯⋯⋯⋯⋯⋯⋯⋯ 526
新工党的双洗牌 ⋯⋯⋯⋯⋯⋯⋯⋯⋯⋯⋯⋯⋯⋯⋯⋯⋯ 547
新自由主义革命
　　——撒切尔、布莱尔和卡梅伦：新自由主义的长征
　　　　还在继续 ⋯⋯⋯⋯⋯⋯⋯⋯⋯⋯⋯⋯⋯⋯⋯⋯ 564

第五辑　种族、族性和身份

最小的自我 ⋯⋯⋯⋯⋯⋯⋯⋯⋯⋯⋯⋯⋯⋯⋯⋯⋯⋯⋯ 587
论新族性 ⋯⋯⋯⋯⋯⋯⋯⋯⋯⋯⋯⋯⋯⋯⋯⋯⋯⋯⋯⋯ 594
谁需要身份？ ⋯⋯⋯⋯⋯⋯⋯⋯⋯⋯⋯⋯⋯⋯⋯⋯⋯⋯ 605
多元文化问题 ⋯⋯⋯⋯⋯⋯⋯⋯⋯⋯⋯⋯⋯⋯⋯⋯⋯⋯ 626

葛兰西与种族和族裔研究的相关性 ·················· 652
谁的遗产？
　　——未决的"遗产"，重新想象后民族 ·················· 685

第六辑　全球化：后殖民与流散

西方与他方：话语与权力 ·················· 703
加勒比身份协商 ·················· 752
何时才算是后—殖民？
　　——在临界处的思考 ·················· 767
关于流散的思考：海外乡愁 ·················· 790
流散知识分子的形成
　　——陈光兴对斯图亚特·霍尔的采访 ·················· 813

第七辑　新近的访谈与反思

在家与不在家
　　——斯图亚特·霍尔和莱斯·巴克的对话 ·················· 837
体验差异
　　——比尔·施瓦兹对斯图亚特·霍尔的访谈 ·················· 873
世界主义、全球化与离散
　　——斯图亚特·霍尔与尼娜·韦伯纳对谈录 ·················· 884

中西词语对照表 ·················· 902
编后记 ·················· 923

前　　言

　　为何要编译一本霍尔的文集？这可以有许多理由。首先当然是霍尔作为文化研究系谱中首屈一指的界标性人物，其思想与著述的重要性是自不待言的。此外，无论是作为一个编者，还是其他术有专攻的研究者，也会立即注意到霍尔思想成形的一般方式。自其于20世纪50年代将自己置身于一个全新的、富有魅力的事业中以来，或许由于文化研究快速展开的情势，急需应答迎面而来的各种理论问题，与多种思想系脉交手、对话，并借此为其同伴疏通持续前行的航路，因此，他没有足够的时间，以数年磨一剑的方式来潜心打造以个人姓氏鸣世的鸿篇巨制。结果是，正如我们所见，他用以付梓的那些重要文本基本上是以散篇的形式出现的，这在诸多当代理论大家中也实属罕见，即其主要不是以著作而是以论文的形式来奠定其地位的。有鉴于此，想要对霍尔各时期的思想有一个较为系统的认知，就会首先遇到资料寻觅与收集上的困难。这种困难也因不少资料原是刊登在早期发行量甚少的一些期刊、油印读物上的，有些则属其在某地演讲或访谈的记录等。而霍尔自己也似乎对鸠集这些文稿并不上心，以致直到近期也未见有英文版的霍尔论集出版。

　　将斯图亚特·霍尔的重要篇章裒辑成册并迻译为中文的想法，在较早的时候就已在我们的脑海里成形。当时霍尔虽然已经得了一种"说不清楚"的血液病，需要每周去医院透析三次，但是他还能用电子邮件与学者们交流。然而不久之后，霍尔的病情开始恶化，记得有一次去信与

前　言

霍尔商讨中译本的选目，收到的却是霍尔病重住院的消息，回复者称是霍尔的代理人，下方署名"On Behalf of Professor Stuart Hall"。至此之后，与霍尔的联系就像是断线的纸鸢。当然，后来又出现了新的转机，这与戴维·莫利（David Morley）2010 年的赴京有直接的关系。该年秋冬之际，时任英国伦敦大学歌德斯密斯学院教授的莫利与其妻子夏洛特·布伦斯顿（Charlotte Brunsdon）前来参加我主持的第四届 BLCU 国际文化研究论坛，便与其谈到原来的这个计划与所遇的困难。慷慨的莫利随即答应可以帮助我与霍尔之间进行沟通（这也是因为他是霍尔病重期间少数还能与之相见的人之一），并与我一起促成此事。莫利归后不久即与霍尔取得了联系，根据霍尔的意见，还是先让我选出一个约两卷本的篇目，然后由霍尔与莫利二人最终裁定可否。现在看来，霍尔这样的想法有其自身的道理，毕竟我们对之的阅读范围是有限的，也只有他自己才真正能够判断哪些篇目最能代表他作品的"精髓"，并通过怎样的排列去形成一包容各时期思想的较为完整的序目。由于霍尔的身体处在时好时坏中，很不稳定，因而一直拖延至 2013 年冬，莫利才来信告知已有一个初步确定的目录。差不多时间，我也接到了下年 6 月出席伯明翰大学当代文化研究中心（CCCS）50 周年纪念活动的邀请，心想可以借此当面与霍尔最后敲定一些细节。但不幸的是 2 月即传来霍尔别世的噩耗，以至于在夏天前往英国时，我们只能在伯明翰大学会场的屏幕上面对带着幽默与坚毅笑容的斯图亚特·霍尔先生。事既如此，随后的一些未尽事宜则只能由莫利帮助完成，如主题的编排、一些原稿的拾遗与复印等。最后，也有赖莫利与霍尔的遗孀凯瑟琳·霍尔（Catherine Hall）的数次沟通，才由凯瑟琳签署下各篇文章的转让版权。

　　追缅霍尔的经历，从 1957 年为其在牛津大学创办的《大学与左派评论》撰写的首篇社论（Editorial）开始，他便以一种高亢的精神状态跻身当代思想论争与自身思想构造的伍列。据不完整统计，仅为其发表的大小文章就达 300 篇以上（含若干重复的），这还不包括 100 多篇演讲与访谈稿件，以及独著、合著的书稿。就这批文稿所表现出的思维或思想特征看，霍尔的身上又明显地重叠为三重角色，即学者、理论家、政治家，这也使其与我们耳熟能详的那些学术巨擘不太一样。将之视为学者，这是因为作为一名教授，他的大部分写作是在学界共认的规范与规则指引下完成的，同时也有意识地试图以比前辈更为严谨的方式来处理学理性的问题。为此，他也曾在几篇论文中，如在《科学的腹地：意识形态与"社会知识学"》中，细致地梳理了自19世纪初以来至今的知识学传统，期望在爬梳各种偏颇之论的基础上确立起文化研究自身的一套为学路径。将之视为理论家，是因为他的学问绝不是匍匐在实证主义的地面上展开的，而是或本身便是对理论史的研治与辨析，或是以一种逐步建构中的理论去洞悉与照亮对象。从一个确定的角度看，这也与其自觉地将自己定位于在文化研究引路人位置上的明确意识有关，因而，需要不断地在理论上披荆斩棘，并在思想上首先占据一个制高点。作为一名政治家，则大致可从两个角度来看：首先是广义政治或泛政治的角度，这种视野的采纳，使他在从事学术与理论的基本研究时，往往会将之与一种超乎其外或深潜其下的其他具有塑形性的社会力量始终勾连在一起，也恰是在这个意义上，我们一般会将貌似学院式的文化研究称为一种"文化政治"。其次是狭义政治的视角，这当然不一定为大多数的文化研究学者所备有，但是以霍尔而言，却始终未能摆脱与之的干系，溯其由来，这当然会与其最初即作为英国"新左派"的创始人之一是有渊源关系的，其后，例如在与"撒切尔主义"，甚至新近的政治领袖如布莱尔、卡梅伦的话语较量中，他也主要是在狭义政治的范畴上与对方展开论争的，以至于我们也可将他视为"后—新左派"的一位主要代言人。关于后面一点，即对狭义政治的一贯热衷，我想也是可以从他对一直以来所敬仰的偶像即马克思所述的"实践"概念中寻得根据的（这一表述也会常出现在他的论述中），为此而使之最终有别于那些膜拜学术自立，将自己限定在一个分工明确的学术界域之内，或自诩能通过改造知识去改造世界的准学院式知识分子。在此，也有必要将以知识去言说政治与以政治去言说政治做一类别上的适当切分，由此来界分泛义政治与狭义政治之间的区别。当然，在霍尔那里，狭义政治与广义政治之间也未必就如想象中那样会存在一道犁然可判的分界，而是常常也会借助某种介质暗通款曲，或策略性地粘连在一起。总体来看，尽管各种界分是可以辨认出来的，但不同角色或不同思考路径之间仍然会

前　言

以某种方式相互交切，穿越到对方的辖域中，这或许也是"后学科"的一个重要特点吧。细心的学者，想必是可以在霍尔的著述中察知上面所述的这些征象的。

如依据斯金纳等人的提法并加以类推，同时又不是局限在一些分类话题的讨论中，而是从总体的框架设定上看，大致可以将霍尔的学说归入"宏大理论"的范畴，即是将历史与社会的"整体"构成作为思考的主要对象。大约从20世纪70年代开始，既由于重读马克思，也由于深入地接触西马、葛兰西、阿尔都塞与列维－斯特劳斯的结构主义等，使霍尔在一个时期中极为热衷与这些学说的积极对话，甚至企图在此基础上构制出一套新的解释方案，并且在此后，他也一直未放弃用这一坐系或路径来运演其他的话题。正如我们所知，在50年代之后，毕竟整个西方理论都已始传递出大量转型的信息，由此而使既往的各种"整体主义""基础主义"都陷入背腹受敌、难以为继的窘境，因此，霍尔所着迷的这套"宏大理论"，也会显示出与米尔斯（C. Wright Mills）曾经描述的两种范型即"抽象理论"（形而上学）与"规范理论"（模式化理论）的巨大不同。撮其要点言之，首先，在霍尔看来，由于整体的各层次（包括各种亚层次）在事实的状况下均不是以必然率或决定论的方式，而是以"多重决定"或"接合"（articulation）的方式联系在一起的，因此特定的"情境"（conjunctions）不单在对各层次关系的解释中是重要的，而且也会对普遍主义的种种设定提出尖锐的挑战。是情境而非完美、自洽的逻辑规定了理论适用性。尽管在当时的其他学科领域中也才出现了对普遍性理论的质疑（如维特根斯坦、伽达默尔、库恩等），及试图建立各自的替代性模式，然而，由霍尔突出强调的这一解释方案无疑是非常有特色的，同时也对后来的学术进程起到更为重要的引导作用。其次，在霍尔对人类学等的反思中可以看到另一条思路，即其赞同这样一种看法，认为某种文化或观念体系都首先是建立在分类的基础上的，而分类并非是与自然的秩序相对应的，而是对诸要素进行"编排"（arrangement）的结果，因此，不同的编排方式便形成了不同的文化与概念体系。这个原则也可以推之于对二级化的理论模式的考察，就此而言，我们也就很难对一种可以承诺为普遍或客观"真理"

的认知模式作出担保。这个"编排"的概念，其实也可以在霍尔对媒介与"文本"等的讨论中发现，差不多等于其所述的"编码"（encoding），两者用词有别，但作为一种行为方式却享有共同的指意。而既然有编码的行为，也就相应地会有"解码"（decoding）的行为，如果后者是可以被充分论证的，那么很自然地就将我们对意义的分析从生产的环节引到了解读的环节，并意味着会进入一个"积极受众论"或"解构主义的文化研究"时刻，进一步将文本的闭合性或整体主义驱逐到视线可及之外。当然，这并非意味着霍尔会走向零打碎敲的实证主义，或德里达式的无穷解构与"播撒"。以霍尔之见，分类，或将不同的要素"聚结"（condense, cohere）在一起，以形成某种组合，即尾随"解构"而至的"重构"（reconstruction）仍然是有必要的，以便我们能有效的思考，而不是走向貌似中立与"科学"的实证主义（当然在霍尔看来，在人文学科领域中的这个貌似科学的实证主义也是选择的结果），或者解构主义"无穷滑动"的命定性"原则"。这如同在社会及其斗争的领域中不仅仍然存在着主导方面的带有目的性的"整合"（如"共识"等），也存在着并需要有边缘力量的"结盟"一样，这些都不可能是完全弥散无方的，为此而可将文化研究的主张与原子式个人主义、"原教旨无政府主义"，以及"激进主义的差异论"（如福柯）等区别开来。那么又是由什么原则规定了、决定了这种组合、聚合或"临时性的结盟"呢？原因可能是内部的，例如历史所留下的连续性印记、踪迹、阴影等，也可能是源自外部的，就后面一点而言，也就需要我们经常地跳出文本的"逻辑"，回到对外部"情境"的探察，既然如此，我们也应当更多地去关注"使用"（uses）这一概念。借此，我们也又一次见到了其与马克思主义的"实践"概念的遭遇。

对霍尔的"理解"，始终离不开其与马克思主义的关系。似乎可以这样认为，马克思也是投在霍尔前进之路上的一个最为巨大的背影，有多条思想明线或暗线都可以将霍尔引向其与马克思主义的关系。霍尔对马克思本人的崇敬是真诚的，这点甚至表现在即便是出现明显相左的意见时，霍尔也不会轻易地口出背言，而是仍然会为马克思做巧妙的辩解。我想如果有人在这一问题上追问霍尔是否会有一个元立场（protoposition），想必他会自诩为一个马克思主义者（顺便插一句，他在为自己考虑身后归属的时候，也选择了葬在马克思墓的周边）。但他又不是一个标准意义上的马克思主义者，他的理论也绝不是马克思主义的翻版，甚至不是对之的"改头换面"，他与马克思主义的复杂关系不是三言两语可以交代清楚的，这也与时空的转移及话题的变化等相关。然而就差异而言，最为明显的一点，恐怕就是在其对"文化"的突出强调以及在将"文化"置于整体社会与历史的间架中时所做的"另类"解释。

从霍尔对西方19世纪以来的现代思想所做的勾勒中，我们大致能推知，对"文化"的重视也与整个欧洲的观念主义传统有关，如当时许多一流的思想大家几乎多是沿着"人文学科"（如德国的Geisteswissenschaft）的路径走下来的，在英国则主要是以文化批评与文学批评的名义厕身其间的。马克思主义的出现有其历史与社会的必然性，由此而以其"政治经济学"的解释模式极大地冲击，甚至是压倒了以"观念"（ideas）为理论核心的人文主义学派，这在很大程度上也与风起云涌的"革命"目标密切相关。然而，自20世纪50年代始，随着社会形态与构式的巨大变化，欧洲已经从一个"革命"的时代转入"协商"的时代，这种社会所发生的转型，自然也会导致思想界理论目标的转换与改变。文化研究早期的"三大家"（威廉斯、汤普森、霍加特）即敏锐地嗅觉到了这一信息，并始而从"文化"的视角来重新解释社会的困境与矛盾。其实，如果做细致的观察，其后各家对文化意义的界认还是不太一致的，总体来看也是比较含糊的，文化的概念似乎可包容诸如产品、文献、信息、传媒、表象、书写、语言、观念、意识形态，甚至生活方式（form），以及各种教育与宗教机制等内容。但不管怎样，在文化研究看来，对"文化"观察的重要性显然已经超越了"经济"等的维度，成为这个已然形成或设定的新的社会构架中的"意义竞争"的主战场，这也是为什么可以将这一随后出现的学术与思想流脉称为"文化研究"的主要缘由。霍尔虽然与"三大家"同时登上这一历史的舞台，但他也是这一"文化转向"（cultural turn）的受益者，最后，则又成了这一文化转向的最为雄辩的代言人。当然，这种转向决不是返回到已溃不成体的19世纪的以"观念"为核心的旧辙上,而是沿着马克思业已开辟的路径继续前行,从"社会"的层面上而不是主要在"观念"的层面上来重新界定"文化"的内涵,进而调整步履,创建新说。在此,我们大致已可察知,霍尔的论述会与经典马克思主义之间形成怎样的区别。

这种区别当然还是首先体现在各自对"基础要素"的确认上,即马克思是将经济看作整个社会形构中最为基础的分析要素,而霍尔等则将文化视作对当代社会进行整体分析的最为重要的入口。两者虽然均未离弃对其他维度(霍尔称为"分区")的密切思考,并将各自的中心主题牢牢地与政治考量捆绑在一起(这是因为无论是经济还是文化都是政治建构的基础,而且他们也都希望将自己的目标最后定位在政治解决的方向上),但是其间的差异也必然是明显的,这可以从我们一般会将经典马克思主义称为"政治经济学",而将文化研究称为一种"文化政治学"中见出。与这一基本设论有关,两者的歧出也会延伸到对其他分域问题的解释上,例如在后马克思主义阶段中,霍尔对"身份"理论所做的阐述,便不是依据马克思早先的判定,主要以经济上所居的位置为基点,用"阶级"概念来界定社会成员的身份归属,而是偏向从文化的角度出发,同时结合其所述的各层次是依据特定"情境"而"接合"起来的理论观点,以为在后现代社会中,人们,或每一个人的身份,更主要的是依据文化上的差异,以多元叠加与复合的方式构建起来的,既然单一的并具有"超强规定性"的支配性逻辑已不再灵验,不复生效,那么在当今时代,身份或"主体位置"的塑形也必然是依多元决定的方式呈现的,并会在诸要素的随机性重组中发生位移的,等等。正是基于以上这些思考,霍尔认为,尽管马克思主义还是迄今为止人类思想史上最为值得尊敬的学说,但是马克思并没有担保他的理论可用以解决所有时代的所有问题,或将自己的学说演化为一种普世性适用的宗教,恰如其一篇文章的题目所表明的——霍尔的名言是:"不做担保的马克思"(Marxism without Guarantees)。与之同时,对马克思的另类解释,在霍尔看来,决不是要试图去放弃马克思的基本要义,而是在马克思主义未曾阐明或留下空白的地方去重新着色,使这一学说能趋于完善,如借用阿尔都塞的另一句名言来表示这一想法的话：就是"为了马克思"（for Marx）。为了马克思在新的时代依然有效，就有必要创造性地重新解读马克思，在新的语境中再次激活马克思留下的那份遗产。

将"文化"从经济决定论的模式中解放出来，可看作20世纪后半期国际学术场域中发生的最为重大的事件之一，以"文化"为核心的论述不仅在文化研究内部，也在狭义的文化研究外部如所谓的新文化史、文化理论、文化人类学（"写文化"）、新历史主义、女性主义、后殖民主义等潮流中得到积极的回响，甚至像亨廷顿提出的"文明的冲突"论也无可置疑的是建立在这一设论基础上的——这些似乎已不需要在此做更为详细的例说了。"文化转型"始于早期"三大家"，但是以反观的视角看，"三大家"在处理"文化"这一主题时，还是比较粗糙的，并偏于对"经验"的执定，这使得他们在认知论上会陷入"反映论"（对应论）或主客辩证反映论的思维中，无法真正超越整个哲学传统的框架。但是在霍尔看来，文化与自然、文化与现实、文化与社会之间的关系都不是简单对应或可互为"镜像"式的关系，而是首先在两者之间即存在着大小不同的"裂隙"，或者更为准确地说，将两者能够关联起来是因为其间有一个调节性的"中介"（mediator）。有了这个中介，我们思考文化与自然、文化与现实或文化与社会之关系的路径，就会从表象是什么转入表象是怎样被编排、移用、建构的等。从广义上看，这个中介也可以称为"语言"，稍微收缩一些，可以称为"表意"（significance）或"表征"（representation），再收缩一些，则也可称为"意识形态"，几个概念之间既存在着一致性，也存在着持续递降的关系。霍尔对这个中介有大量富有睿智的论述，其中也汲用了语义学、结构主义与后结构主义的思想，例如主要从语义学中汲用了"语言""表意"的概念，从巴特与德里达等处汲用了"表征"的概念，从阿尔都塞等处汲用了"意识形态"的概念，等等。在霍尔看来，这一中介既在文化之内又在文化之外，既在社会之外又在社会之内，这也在很大程度上取决于我们是如何定义"文化"与"社会"的。总体来看，在一条选定的垂沿线上，如果将经典马克思主义作为一个始点，并用文化研究加以衔接的话，那么大致可以看到这样两重过渡，即先是从政治经济学转向文化政治学，从而使理论关注的重心出现偏移；然后是从前期"三大家"直呈式的经验主义模式转向对"中介"的关注。如果对这一曲线的描绘是可以成立的，那么我们便可以说，文化研究至霍尔处已被推入一个新的地界。当然，这一三段论式的拟说还是相当简单化的，对这一理论进程的更为具体一些的考察，也还是需要顾及每一转型之间实际存在的其他各种思想导源，如在第一次转型间出现的以泰勒、博厄斯、马林诺夫斯基等为代表的人类文化学范型与韦伯、涂尔干等为代表的社会学范型，而霍尔的第二次转型所接受的影响源就更为杂多了（在这有限的篇幅中是难以列举的），它们以间接或直接的方式递送到霍尔那里，以不同的侧重缠绕在霍尔的理论"体系"上，并为霍尔那些综合性的分析所融会。当然，对于霍尔来说，所有的影响源也同时会带有某种巨大的压迫性，以至于使我们的理论跋涉事实上会成为一条铺满鲜花的荆棘之路，因此，在各种"必要的综合"（necessary synthesis）与"必要的绕道"（necessary detour）之后，更为需要的是备有一种"突围"的意识。霍尔曾经为此而说过的一句话，对于了解其这方面的想法或有提示性的意义，即："值得拥有的理论是你不得不竭力击退的理论，而不是你可以非常流畅地言说的理论。"

当然，以"体系"一词来指称霍尔的思想，也会带来不少的尴尬，至少，我想霍尔是不会乐意接受这样一种陈述的。从霍尔自己对整个文化研究工程的各种论述中，他也一直拒绝对这一学派做闭合式的理解。大约"体系"的潜台词就是"模式"或是"终结"，因此，思想如果还能继续"存活着"，就需要不断地让自己处在"十字路口"，以至于将"与天使们的搏斗"转向与自己搏斗。霍尔也试图用自己的理论实践去证明这点，即不断地依据场景的变化去转换话题，并在此过程中重新组织他所遇到的各种概念要素，以便借此而擘画出新的理论图景。有关这一方面的情况，多种研究霍尔的著述都会提到，似乎没必要在此赘述，但至少可以将之看作霍尔学说的一个显著特点。与之相关，需要进一步关注的是其所选择的言述方式，也可以转换为这样的问题，即在告别形而上学特别是20世纪以来的规范主义理论之后，我们应当如何更为有效地去思考与表述那些"宏大"的议题？从总体上看，不同的理论家所选择的路径是有明显差异的,以霍尔而言,也根据我个人的阅读体会,他在更多的情况下所采用的是一种"辩说"的方式(尤其表现在其后期),而其正面的设论也差不多是在各种辩说中完成的,因此,不像形而上学或规范理论从一开始就设定好一个自我圆成的理论框架,从一个固定的中心整齐地演绎出一些因果律的分叉,而是"在辨析中前进",由此将自己的叙述呈示为一个不停地解构与建构过程。此外,正如上面已述的那样,这又不同于那种为解构主义所期待的,可以做无限解体、没有定向的增长与扩量,而是依然会有必要的聚结,设定出必要的"标界"(stakes),尽管这种聚结仍然是由多样性而构成的,并会沿着某种有所限定的逃逸线逐步向前移动的。

为节省篇幅,对霍尔的尝试性解读只能于此暂时告一段落。这当然远不是一个完整的解读,也未必是一个精确的解读,尤其是那些霍尔所经历的多场话语事件及其中所包含的有益启示,更是无法在有限的篇章中一一细述。总体来看,我也只是对其理论的"出发点"做了一些尝试性的刻绘,未及由之扩展出的具体"脚本"(scenario)。有兴趣的学者或可以借助这一选本来了解更多,并发现一个立体与多面的,也是更为精彩的斯图亚特·霍尔。需要有所说明的是,尽管我们已然将霍尔描绘成这一文化研究谱系中的一位最为强悍的理论制作者,但仍然无法用他的思想去替代或替说其他学者的研究。既然文化研究从一开始就在其行进线索中预埋下了诸多的不确定,那么在其有所约定的"形制"(formation)中也必然会衍生为多种不同的"规划"(project),因此还是需要去分门别类地对待与处理的。

此外,如从超越的眼光看,霍尔的理论工程中也自然会存在一些易从其他的角度攻陷的"软肋"。同样就其要点而言,譬如在其凸显"文化"特有的含义时也不可避免地造成了对整个社会形构中政治经济学要素的相对忽视。那个"在最后时刻的决定性"虽然被保留下来了,但就其整个论述架构看,却仍然在很大程度上被虚化与弱化了。关于这一点,后来与之论辩的许多学者都曾反复予以指出过。尽管文化研究的学者也曾有所辩解,并主要将之视为由时代转型引起的一种不可避免的选择,但就我看来,似乎也可将之看作一种言说策略,以便借此而能更为充分地凸显其理论的聚光点，并进而开辟出一个新的思考问题的方向。当然，问题从来就是复杂的，因此，经济被"接合"到文化与政治上去所体现出的强大的构建力量，自然也是很难以"文化"为核心的理念所能借替性地去解答的。尤其是在21世纪开始的全球性社会变动中，当"民族国家"与"科技主义"两大议题为经济的驱力所重塑，并在文化研究尚未清理干净的种种问题背景上日益凸显出来，以未曾料及的方式再次冲击社会的组织与形构，影响到人们的生活与观念之时，如何思考文化/文化研究的未来走向，也将成为一个新的问题式（problematic），并对霍尔既有的理论布局带来新的、有力的挑战。毫无疑问，这也是在阅读霍尔时需要备有的意识，只有这样，重读霍尔才会变得更有意思，激发出更多的兴致。在这样的时刻，想必那只尚未耗尽精力的"老鼹鼠"也还会继续在社会的肠道中穿梭，并在另一个洞口与我们对目相视。

如最初已经交代的，目前我们见到的这个选目最终是由霍尔与莫利确认的，为什么在有限的容纳空间中挑选出这些篇章而未辑入其他的一些篇章，当有霍尔自己的考虑，其代表性也应当是毋庸置疑的。当然，受到辑本预设规模的限制，有些在我们看来还是比较重要的篇章依然还是割爱舍弃了，有些原载于合集中的杰出篇章，尽管也十分重要，从完整性的角度看也应纳入本集之中，但由于已有较好的中文译本（如载入《控制危机》《仪式的抵抗》与《表征》中的论文），考虑到最好还是不宜重复，也未再选择重译。这些论文有3—4篇，读者如欲更为全面地了解霍尔的思想，可参考提到的那几个译本。

为了确保霍尔文集的翻译是真正"专业"的，本书的译者也均是从国内同领域的学者中精选与特邀的。像孟登迎、和磊与胡疆锋，长期以来即从事英国文化研究，并有数种自己的专著与译著出版，在中国文化研究界已享有广泛的声誉。借此机会，我想对他们的"友情加盟"表示真诚的感谢。另如张道建、王行坤、张文瑜、丁珂文，则属相对年轻一些的文化研究学者，他们博士毕业的时间虽然有早晚之别，但都是早年英语专业出身，然后在博士期间以文化研究为专攻方向的，也多在近期出版过文化研究领域的专著、译著，或发表过这一领域的论文或译文等。有了这些中坚力量的保证,想必我们的译本是应当可以让读者放心的。

戴维·莫利作为本书的共同主编,从正式起事到翻译阶段,都对我们的工作表示出了巨大的关切。至今我还保存着与他的大量通信,本来早已约定有序,但去年才得知他患了一种手部麻痹症,无法在电脑上打字,因此只能作罢,从而也给本书的善终留下了一节遗憾。但我会记住他给予的友情,也希望他尽早恢复到原来那种志气昂扬的状态中。

最后,需要特别感谢中国社会科学院的金惠敏教授与中国社会科学出版社的刘志兵先生。在这部译著的成形过程中,他们不仅无私地奉献了各种筹划上的指点,也热心地提供了出版上的积极支持。在一个多人参与的工事中,每一个印记都将是十分宝贵的。

黄卓越
2018 年 3 月 1 日于北京西北郊

第一辑

文化研究与阶级

无阶级意识[*]

> 越是消除区分，它们会变得越是精细。
>
> ——威廉·怀特《组织人》

显而易见，我们国家的社会生活模式已然发生了重大的转变。尽管这样，依然很难说清楚这种转变达到的深度，以及是否改变了旧的"阶级"观念（参见注释1，战后的繁荣）。这种变化是在一个非常不均匀的步骤上呈现的——即旧的事物簇拥在新的事物之上，模糊了转换的节点，因而也使得我们很难描绘出这种区分。这一过程所聚焦的是大城市——新的都市中心正在形成，虽然其生活模式向小城市与整个国家的扩展比我们所猜想的要迅速得多（鉴于伦敦这样的大都会在我们的文化生活中比其他中心具有的优势，在传播渠道上的集中，它的变化的节奏不会使我们过于惊讶），但是甚至在大都市的中心，发展的不均衡也会使得对之的分析显得困难重重。在我所居住的伦敦南区，旧的与新的物质环境同时存在于一个区域中。这儿是工人阶级郊区旧的两层砖屋，在黑暗的街道上紧排着仓库、木材场或工厂的门，那儿是 L.C.C. 房产的新的八层楼公寓，被绿草与混凝土交错的路面所围绕，展示了一个"当代"都市表象的开端。沿着布里克斯顿街，在一座具有英国式"实用"格调的超级市场外面，街头小贩正在叫卖着货物。一些当地的孩子去狄更斯时代的砖楼里上学，这种房屋自19世纪80年代以来几乎没有再装

---

[*] 原题"A Sense of Classlessness"，原文载于 *University & Left Review*, 5, Autumn, 1958。

修过；而不远处耸立的则是尚未竣工的地方综合性中学的玻璃钢建筑。

这不仅是一个新的物质环境问题，战后的繁荣与高水平的就业率也使工人们形成了新的消费习惯。一个新市镇上的当地家庭主妇在与我们交谈中，就以歉疚的口吻说道："是啊，我们已经有了一辆小车，如果你也那么称呼它的话。" 15年之前，拥有一辆汽车会被认为是一种奢侈，而今天，她希望有这样一天，可以用这辆二手车换来一辆新的家庭轿车。这种对待一系列消费品的态度已经改变，当然，它甚至发生在旧式的工人阶级社区里面，然而最为明显的却是外部也已出现的变化——"家政""室内装饰"成为近来的一种需求兴趣，这种变化的一部分渗入了新的住宅区和新的城镇，部分则体现在都市生活的新风格上。作为刺激半停滞经济的手段，最近催发的一种分期付款的方式也在蔓延，不管如何，它也是一种期待——就银行与信贷公司而言，正在全力以赴地去追赶与支持人们在家装、家用物品和电器、电视设备方面日益增长的消费潮流，因为第二次世界大战，这些物品的消费出现了匮缺。同时，旧的工人阶级家庭也一直存在，正如霍加特在《识字的用途》(The Uses of Literacy)中所描绘的——生活在温暖、凌乱的起居室，并对时尚杂志《屋子与花园》(House and Garden)宣传的理念无动于衷。虽然一些零星的连锁店家具已经进入旧的家庭，但是还不足以扰乱原有的生活方式或破坏习以为常的拥挤感。在这个逐渐适应的迷宫中，旧的尽头在哪里，新的——那个真实而又不是表象化的开端又在哪里？

第三个，或许也是最为重要的变化可以在工业劳动的节奏与属性上见出。在此，发展的步伐再一次展示出了一幅极度不平衡的画面。在这些国家的某些地区，就某些类型的工作来看，情况大多如其过去所是，我特别想到的就有重工业与采矿业。在这些行业中，也同样存在着技术上的创新，但其所提供的许多创新倒很像是工人们生活中对传统技术的改进，而他们仍然从事着直接依赖生产手段的劳动，在工厂里，安全性管理因立法而也许有了改善，然而自20世纪以来工厂的布局与工作流程却少有改变。而与之相随的工业劳动模式，正如恩格斯与马克思写到的，已经发展为一种"技术性"的工业——制造业已建立在化学与自动化程序上，就工作自身的属性来说，包括工作的节奏与技能，其变化程度已超出了过去所有对之的认知。

当然，大量消费品或公建住房的增长自身并不能将工人阶级转换为资产阶级，"工人阶级不会因拥有了新的产品就成了资产阶级，资产阶级也不会因为他所占有的物品种类变化了就不再是资产阶级"。① 这是一个整体的生活方式的问题，也是一个对待人与事的态度问题，其中，新的占有物，甚至是一辆新车、一座新房、一台电视机——都是通过使用被发现意义的。对一种更高的生活标准的向往是一种合理的唯物主义，来源于几个世纪以来在物质上的缺损与需求。在某种特定的情境中，在生活方式上成为"中产阶级"的冲动，也成了社会忌恨的一种形式。正如雷蒙·威廉斯所指出的，工人阶级与中产阶级在生活方式上的重要区别，一直以来就属于"在社会关系性质上所存在的不同观念之间"的一种区别。如其所是，这也体现在具有典型意义的劳工阶级组织（工会，工友合作社），以及许多共享的习惯，与地方性的，对生活的特殊反应上（参见注释2，低级生活与高级理论）。两者的重大区别也表现在，资产阶级将社会看作一个阶梯，每个个体可以通过个人的努力与竞争去尝试"实现"自我；工人阶级则将社会看作一种合作体，"首先是出于对家庭的原初性热忱与忠诚，然后延及邻里，这也事实上能直接扩展至作为整体的社会关系，因此，集体民主社会的观念同时也是建立在切身的经验之上的，作为一种理念，对于那些以望去认同的他人，也是可以获取的"。② 这种特征也是对资产阶级与工人阶级对待生活态度的一种一般概括，尽管就事实而言，在 19 世纪后期，资产阶级由于出于某种责任与服务的开明与仁慈的意愿，调和了个人主义的冲动；而在 20 世纪，工会中固有的"集体服务"的观念则因领导层的官僚主义架构而遭到削弱。

尽管如此，如果没有某种社会关系模式，以及来自外部的某种物质、经济与环境的压力，所谓的生活方式也无以维系。工人阶级文化，正如我们所经历的，是因为对一系列基于资产阶级社会的——经济与社

---

① Raymond Williams, *Culture and Society*, p. 324.
② Raymond Williams, "Working Class Culture", *ULR*, 2.

会方面——的侵犯所做的防御而成长起来的。在工作中，以及在家庭与老的社区中发展出来的团结意识，使得那些经历过工业化时代恐惧的男人与女人能够渡过难关。对此，有许多人感受到了释放，也有许多人感到严酷与压抑。它留下了——以其所有的力量——一种"阶级"的生活，在某种情况下看，也是一种粗率地建立起来的作为个人与集体障碍的模式。在老的工人阶级社区中保留的团结，常常是必需的，可用以防御和反击来自其他社区、其他种族与部落，以及同性恋伙伴和"异类""奖学金孩子"，甚至在某些时候是好斗分子的侵扰。这不是一个判断其好坏的问题，而是一个与经济和社会体系相关的问题，在这个体系中，工业无产阶级会携有自身的价值与态度，并成熟与发展起来。马克思是认识到这一点的，他发现新的社会关系正在旧的社会的褪褓中成长起来。由此而认为，他们正在以自己的方式改造社会，当人们迫使自己从旧的工业贫民窟与被利用的工厂对之的束缚中走出，直至由分散的社群融入同一个社群之中——至少在这个意义上——资产阶级的世界被"无产阶级化"了（我想到的不是强行服从的集体化！）。以其所见，一个产业工人阶级不仅能够在此状况中生存下来，而且还能凭自身之力创造繁荣与富庶的环境。

阶级意识

核心的问题涉及不同的客观要素，它们是如何形成的，以及如何被产业工人阶级转而形塑出来，赋予人性化特性的；这也涉及主观的方式，即这些要素是如何在工人的大脑与生活经历中发展为一种明确意识的；同时还会涉及这些形成的要素所发生的变化，或处在变化过程中的层级。将这些混在一起统称为"经济基础"是有欠缺的，虽然这一公式作为一种建议大体上还是对的，也是建立在对一较长历史时期的认知之上的。但是我们还是要打破"经济基础"这一概念的限制，进入对更多构成性要素的分析之中，在对"基础"与"上层建筑"关系的解释中允许更为自由的发挥（参见注释3，意识与重工业基础）。这种必要性是因为我们所关注的是一种生活、态度与价值变化的模式——它们是对特殊环境所做的特殊回应——这些是我们一目了然的，然而在庸俗马克思主义的解释中（相当自以为是的），迄今为止还是作为"意识形态的上层建筑"被隔离在外的。

虽然马克思本人已经在其细致论证的劳动价值说中深入地阐述了那些客观性的要素①，在《资本论》中也已不再显示出工人阶级成长过程中主客观要素的清晰驳离（如前面的章节"商品"，必须联系其论述异化的更早期的著述《1844年经济学哲学手稿》和《德意志意识形态》来看）。早期产业工人阶级是在早期企业资本主义发展过程中成熟起来的。就我们的论述目的来看，在这一体系中的关键问题是私有财产的属性、资本积累与剥削劳动（利润和工资），工人们则因他在"工作日"中的劳动与因他所制造的产品而异化（"商品"关系表明，在那里，"工人们在劳动中消耗越多，越是被他自己所创造的对象世界所奴役，他自己的个人生活便越是贫穷，属于他自己的东西也就越少"②）。

新的要素

这些就是一些基本要素，它们在工人中形成了"阶级意识"，并使产业无产阶级作为一种活跃而自觉的政治运动力量成为可能。现在很清楚的是，这些基本要素随着资本主义的发展已发生了根本性的变化，至少是在这一系统的那些已经拓展的，也是最易受到技术与体制变化影响的领域中。"主观上"的变化也已经发生，即工人阶级呈现出了自身的意识。随着联合股份企业与法人公司的成长，私有财产的性质也彻底地改变了，不再能够以单一工业寡头、"强盗式资本家"或甚至家庭企业的面貌被分辨或归属个人的名下。这并不意味着就没有富人了，而是指他们的财富——财产的那部分——在很大程度上是以公司财产的形式来掌控的，以及通过匿名的、复杂的、现代工业企业运作的方式来享有的，这种企业也是以现代商业交易的方式来开辟自己的路径的。"财

---

① 需要强调的是，恩格斯曾对之做了大力修改，参见致布洛赫的著名信件，《选集》卷2，第443页；致C. 施密特的信，第441、448页；致H. Starkenburg的信，第457页。

② Karl Marx, *Selections*, Bottomoire & Rubel, p. 70.

产"已经转入地下，并已被制度化与混合化，在名义上被归属到一个抽象的公司或企业的身份里。这种利润最大化已经由商人或金融家的个体责任，在当今转化为企业的体制性动力。进而，随着在现代企业中不同岗位与功能的扩展，任何人已很难从外部确切地看出谁负有相关的责任。现在的决定（如提高价格，改变模式，裁减多余的劳动力，确定薪水与工资）来自何处？是规划办吗，还是董事会？是与广告商或推销员相关，还是出自劳工部或贸易委员会？要想将责任做局部化确认是困难的。许多被引进到较低管理层的年轻人会感到，至少他们有部分的责任，他们会"发现"对企业本身负有责任，并最终会纳入大公司业务的整体思想构架中。这种理念盛行于多元产品生产的企业中，例如像英国帝国化学工业集团（ICI）、联合利华（Unilevers）、轨道投资（Tube Investments）、联合钢铁公司（United Steel）、维氏（Vickers）、伦敦锡业公司（London Tin）等，均被恰当地描绘成"组织化的无责任性"（organized irresponsibility）。

其次，对利润与工资的关注（"剥削的比率"）也有了重要的变化，虽然我之前提到的不均衡发展在这里更为显见了。在经济繁荣的时代，作为整个社会的一般倾向，工资与生活水准的确看起来有了提升，即便在许多特殊地方是不具有连续性的。至少在许多工人的头脑中，他们的一般感觉是：它引发了对"大企业"与"工资纠纷"的一组不同的情感反应——这也是新的"阶级意识"的一部分。这使得人们会对"生产力"的管理模式和"企业的责任"更加敏感，由此而甚至导致有组织的工会运动与在美国所实行的工联主义（business unionism）那样，更多地参与到"保持公司的竞争力"中，这在马克思当年所预见的剥削率上升、实际工资持续下滑、劳动时间的加长，以及中产阶级无产阶级化等的情形下，是不可能出现的。

人民资本主义

当然，资本的积累与利润的最大化，仍然是现代大企业的组织原则，不过它是在一个全新的路径上运行的，即逐渐不再通过开放的货币市场，而更多的是依赖保留下来的利润（除了大宗股票的发行）。尽管银行、金融公司与保险公司都很深地卷入资金的扩张中，却更多的是通过联合董事的"匿名"结构而不是开放式货币市场来运营的。利润的最大化依然是这一系统背后的驱力，但由于大企业的稳定性，可以被看作是在一更长时段的增长期里来运行的。进而，就管理的部分而言，它也被后马克思主义的认知做了调和，即如果商品要被卖出去，那么就需要维持有效的国内需求，国内市场如果能够保持旺盛的购买力，那么提供的利润水平就能够维持。在当代，举例而言，越来越低的价格正在付给那些原材料的主要出产国，以至于海外对我们产品的需求正在下降，大企业被看作在恣意更多的"赠出"计划，还有银行推行的"草根账户"，金融公司推行的"红利"购买优惠，这些都属于"人民资本主义"（people's capitalism）的机制。

马克思曾这样描绘劳动的异化："……工作是外在于劳动者的，不是他的本质的一部分，因此，他在自己的工作中没有实现自己，而是否定了自己，怀有的是一种不幸感，而不是幸福感，并没有自由地发挥他的身体与精神的能量，而是体质上的消耗与精神上的堕落。因此工人们只有当在空闲时才感觉到自在，在工作中反而感受的是一种不自在。"现在我相信，因为许多的工厂劳动依然如此，因此这样的情感也是真实的，例如，这种情形还保留在炼钢工人与矿工那里。但是一种微妙的态度变化已经在一些产业中出现，在那里机械化与自动化能够且已经被运用。首先，工作不必再耗费过多的体能，虽然可能在精神上会感到疲惫与重复乏味。在许多自动化程序中，甚至重复乏味也消失了。熟练工人与少数技术人员之间的界限正在消除，特别是在那些以化学程序为基础的工业领域。这儿的工作属于更高的层次，需要有对"程序"的阅读比较、材料汇编的技能，尽管机器也接管了更多依赖个人手艺与独自判断的技能。这就是 J. M. 多姆纳科（J. M. Domenach）所描绘的"工作之上的一种工作"①，即对新的工艺技能的采用。那种粗糙的"生产手段"——我的意思是指，那种轮子与机器以及暴露在外的传输带组成

---

① 参见 *Esprit*, Nov. 1957。

的物资景观，就像艾森斯坦（Eisenstein）的电影《罢工》（*Strike*）中呈现的视觉与心理背景，在技术工业中已经消失。这并不是指"工作"很少是外部的，而是指因更高的技能需求，以及卷入其中的更高级的人类合作秩序，工作的外部性自身也会被作为工业劳动中的手段与技能的必然发展所兼容。"人性化"在一个19世纪的纺织车间中也许是可能的，但是在一个计算机的时代却是不可能的。技术基础的变更已经替换了原来的工作。当然，自动化的工作也需要一个技术劳动者具有更高层次的文化、教育与意识水平。在这个意义上，生产手段的发展必须相应地与人的意识水平的提升联系在一起，如果可能的话，也应相应地创造出那种更为广泛地参与所有人类事务的需求——"生产的社会关系"——往往是与工作联系在一起的。这也是赖斯曼（Reisman）所注意到的那种改变，即一种"从物理的硬度到人性的柔度"的改变。这个变化首先发生在工业领域。但是马克思也提到过工作中的"人性化"，它来源于自下而来的直接参与和管理，也包括对所有权的管理；以及资本主义的发展也在通过自上而来的指导性参与，趋向于工作的"个性化"，这是不包括所有权的。由此，随着在工业领域中的这种有关"人际关系"与"人事管理"的意识形态的扩散——一个新的员工管理关系的概念已经渗透到英国工业的更为发达的据点中（可参ICI的方案，它在这一主题上的不间断的广告宣传活动，也打动了公众与劳动者）。在马克思所提到的环境中，一个处在严厉的工作规训中的被粗暴对待的工人阶级是不会意识到他们异化的本质的，而今天，劳动的异化已经嵌入企业自身的结构中，这使我们看到，"共同协商"（Joint consultation）与"人际关系"只是虚假意识的一种形式，也是消费资本主义的意识形态的一部分，以及科学管理的一种浮华修辞。

消费习惯

马克思也提及工人与他所生产的对象之间的关系——"商品拜物教"，在那里，"工人们愈益面对自身所创造出来的对象世界"。艾利斯·默多克（Iris Murdoch）曾评述道，马克思的这一经济学理论也是最后一个建立在劳动与生产基础上的学说,既然我们此后已经有了基于消费的经济学理论。① 现在这已是一个事实,但这一发展的原因,并不是在一些经济理论的独立发展中,而是在资本主义体系自身的发展路径中被发现的,也是资产阶级经济学无法不去解释的。马克思所凝视的要素是异化物的创造——商品——它带有自身独立的生命,并与它在商品市场上的效用相分离。工人们因为开销能力的低下,很少去购买这些与自己生产脱钩的商品。今天,随着购买力的增加,工人们已经可以将自己在工厂中作为生产者制作出来的商品,从商店里作为一个消费者将之买回家来。的确,消费已经建立在资本主义体系之内,并成为工人阶级与雇佣阶级之间最为重要的关系(这也涉及工人阶级对根本性自我意象的放弃及对资本主义社会的称臣②)。工人们知道自己更多的是作为消费者而不是生产者:剥削的形式在目前更为彻底地表现在价格而不是工资上。这也是资本主义体系侵并一整个阶级的功能,以至于多少看起来工人阶级现在似乎比过去享有更高的消费水平,而以生产的观点来破坏这个体系(如重新引入效用性的生产概念)对于一个消费者来说将会造成极大的伤害。举例而言,大量广告的目的,就是为让工人们适应新的消费可能,去削弱来自消费者/购买的阶级抵抗,而后者在更早的时期中却属于工人阶级意识的一部分,这在广告界中被称为是"销售阻力。"("当你购买你的第二辆车时,你确信要的是莫里斯牌。")

身份价值

进而,在一个消费者需求激增的时代中,商品的异化比马克思所预示的有了更进一步的发展。不仅产生出来的对象在市场上作为一个经济事物从生产的过程中分离出来了,工人阶级被纳入市场之中,而且也在于商品——一种自在之物(things-in-themselves)——也同时积聚了一种社会价值,成了阶级与身份的标志。通过购买与展示某种积聚了自身身

---

① 参见"A House of Theory",*Conviction*。
② 参见 C. Taylor 在该议题上发表的文章。

份价值的消费品，一个工人阶级家庭能够去确认在与其他家庭对比中显示出的社会地位（如果他生活在一个有邻里的居住区里，这样的事是重要的），他们甚至会通过购买好的商品去提高自己的社会地位，这也是一些广告商所宣扬的。当然，因涉及那些在工业中成长起来的新的管理阶层①或工业财产的占有者，被剥削者与剥削者之间的差距或许还与以前一样——至少没有实质性的改变。然而差异的含义却在减弱——部分的原因是目前在大企业中，如在有限责任制的位置上（现在被称为"中层管理"），人们有更多的工作机会可以选择。这样，通过对"外部事物"的占有情况（或许分期付款），在他们的生活与工作中，工人阶级与下层中产阶级是能够意识到自己所处的地位的。作为社会体系的资本主义现在是建立在消费的基础上的。无论是在消费还是在生产中，工人阶级都在按部就班地表现出永久性自我异化的事实。

这也许在过去是真实的，就像雷蒙·威廉斯所争辩的，"工人阶级不会因拥有了新的产品就成了资产阶级"，工人阶级文化作为"整体的生活方式"并没有被还原为人工制品，这在现在也越来越不真实了，因为"新的事物"已经通过它们自身喻示与暗示了一种被客观化的生活方式，甚至因它们的社会价值而成为值得拥有的。在经济繁荣的英国，工人阶级已经能直接接触到新的机会，"整体的生活方式"正在被分解为几种生活风格（styles of living，此来自家装广告的用语），每件事都是不知不觉地发生的，然而正如威廉·怀特（William Whyte）所说的，一个与另一个之间被"精细"地区别。事实上有时候又很难去分清楚这些风格之间的区别（例如，当一个人在时代家具城购买 C. & A. 风格的物品，或在玛莎百货购买那种价格比较低，然而却是最新款式的物品时，他所购买的是什么"风格"呢？），这也在一般意义上使阶级间的界限变得更为混淆。

我们越是明确地把握住那种特殊的方式，即在旧的工人阶级社区中为维持生活而形成的团结与社群的含义，就越是清楚地看到陪伴着新的"无阶级性"出现的焦虑与困惑程度。当旧的阶级含义开始消解，而新

---

① 参见 Peter Shore, "In the Room at the Top", *Conviction*。

的阶级模式同时浮现之时，社会不仅是流动的——它也显示为更自由与"开放"的。工人阶级的男孩必须在这个充满陌生信号的迷宫中找到自己前行的方式。例如"奖学金男孩"，他们会继续保留一些对自己家庭与社群的忠诚，并且常常地在他们自己的身上，在自我改善的正当动机（最初带他们进入大学）与自我上升的虚假动机（"在顶层房间里"）之间加以区别。这是因为文化、教育与学习，也像我们社会中的其他"商品"一样，已经将自己依附在一个身份符号等级化的社会价值上。学习或阅读已经不再是这样一个过程，即个体出于自身理由拓展与加深自己体验（这一过程是指当他们从一个真正的社区成长起来时，一个"整体的生活方式"是与工人阶级的生活方式完全协调的），而是就自身而言，成了推进身份阶梯的模式。书籍隐示了不同的——被"精细化"区分的——生活风格。因而，除了文化上的持续推展，随着生活标准的提升与生产手段的技术性发展，在社群中也出现了文化上的断裂，即在日益趋于技术熟练的工人阶级与自身丰富的阶级文化之间出现了裂隙，他们现在可能属于那样的阶级——社会的攀升机会再也无法缝合其间已形成的差异。

攀登阶梯

一旦工人阶级开始在身份阶梯（status ladder）上迈出试探性的脚步，一旦阶梯的概念作为生活中必需的部分进入自身的意识之中，就只剩下永久的奋斗方式——这不是原始积累时期的开放与残酷的斗争（如摩根与洛克菲勒的斗争）——而是在公共消费时期的更为隐蔽、更为内在化、没有明显紧张感的斗争（如亚当·斯密与琼斯的斗争）。阶梯的概念将社群分化成一系列驳离的、竞争的个体，这个阶级已经不能在这种方式下作为一个阶级而前行，我们每个人必须独自行动。甚至在有更多自我提升机会的情况下，他们也只能以牺牲别人为代价。通过社会阶梯的意象，资产阶级生活的其他意象——如个人主义、隐私权、"健康竞争的精神"、"培育自己的花园"〔克罗斯兰（Crosland）先生对幸福的隐喻〕、"拥有民主的财产权"——最终都进入了工人阶级的意识中。

就像当我们在咨询新城镇社群生活的发展时，许多工人阶级的男人与女人对我们说的："如果你不待在家里，又为什么要有一个家呢？"或者像从伦敦南区搬到一个新城镇上居住的熟练的维修工所说的："我需要一个房子与多一点儿的空间，毕竟那是我来到这里的理由。人们与我太亲密了，让我透不过气来。"这使我们想到伦敦的贝思纳尔格林区。"拥有民主的财产"的意象，以及包含在这个带有冲突性的句子中的复杂情感，是现在工人阶级最为深处的一个冲突点（个体机会的观念正在对抗整个社群改善的理念）。

当雷蒙·威廉斯在《文化与社会》中的一个章节（"共同文化的发展"）中以非凡的洞察力谈到"工人阶级的带有防御性的团结要素转化为更为广泛、更为积极的邻里社区（neighbourhood）实践"时，他所考虑的是工人阶级团结理念的真正拓展，及其在那个最终将会拥抱整个社会的、曾经也是很广阔的"社群"（community，共同体）中的发展。当然，也需要谨慎地对待"社区"的概念，当它是为消费资本主义按定制所规划出来时。因为为身份而进行的紧张的个人化竞争与"生活风格"，也能够在"社区"的理念中蓬勃生长与繁茂，这一发展是可以在美国找到例证的，在那儿，也许存在着为所有人所"消费"的"社区"设施，并且也没有什么敏锐的阶级感，但是却有着身份的"精细"区别。这种事情似乎正在发生，在那里，从生产到消费的意识转变正在被社区的变化与改善所提升，举例来看，在那些于蓬勃发展的英国出现的新的城镇，扩展了的郊区或市郊住宅镇，以及那些大型住宅区中，"家政"与"花园"并不是社群的本来特征，而是身份差异与竞技的微妙模式，及进入工人阶级生活中的，"与新家具、《女性王国》（Woman's Realm）、《实用户主》（The Practical Householder）为伴"的新型个人主义。在至为微妙与更为复杂的方式中，新的资本主义认识到并至少会在表面上去尝试迎合工业社会中的一些人类问题，而这些问题其实是社会主义最初提出的。但这些只是虚假的参与，以致导致工人阶级的虚假意识，不仅使真正的问题变得更为难以解决，也变得更为难以发现。

因此，当那些大企业并没有用合作去取代竞争，就只能专注于所谓的"集体精神"。人类在工业活动中对参与和管理的需要，已经被提升为"人际关系"的实践。既然一个公共文化与真正的社群无法得以发展，那么迄今为止被表达的真正的人类需求就被打折成以下的一些术语，如"睦邻间的需求"（赖斯曼所称的"握手"，而在一个英格兰的新城镇则被描绘为"早上快乐"）、"归属感"（对谁？为什么？）、"患难与共"。这也是霍加特在《识字的用途》（"松弛弹簧的行动"）中所描绘的文化退化过程的同一部分：从一种真诚的宽容到虚假的"自由"（从"生存与让人生存"到"什么都行"），从一种真正意义上的社群到与群伙的虚假认同（从"大家都帮忙"到"帮伙们都在这儿"），从真实的当下感到虚假的"当代"感（从"享受你自己的能力与你有能力去做"到"我们从来没有这么好过"）。在英国这一过程是由来已久的，我试着去论辩的是，既然其根由能够部分地在工人阶级文化的蜕变中发现，那么也能在文化赖以生长的社会与经济系统中寻见，这个退化的过程有着更深的根源，并超出了迄今我们所获得的认知。

当然，虽然我一直在描绘的那种阶级混淆的感受，并不意味着就没有阶级存在了。但是因为决定"阶级意识"的主观要素发生了根本的改变，因此工人阶级成员也可以发展出一虚假的"无阶级意识"。如此巧妙地将自身隐藏在当代资本主义的温和面孔后面的真实阶级图画，是我们正在广泛谈论的为赖特·米尔斯（C. Wright Mills）在《权力精英》（The Power Elite）①中所描绘的那种。它包括，一方面是大量相互贯通的精英或狭隘的寡头政治集团，其在资本主义中的功能虽然是不同的，但却享有共同的"生活风格"，共同的意识形态，以及通过对法定私有财产的"相互关心"而享有着共同的经济利益；在另一方面，是一个永久性地遭受剥削与被异化的消费者"大众"（同等地消费物品与文化）。如果你愿意这样理解的话，"大众"就是"被无产阶级化"的那些人——不过并不是像马克思想到的在往下看时维持最低的工资水准，而是往上看时大略保有中产阶级生活风格的那些人。当然在这个过程中，原来旧的中产阶级与旧的工业无产者正在逐渐地消亡（在英国与美国的"权力精英"之间还是因为结构与习惯而存在着重大的区别，这

---

① 参见 *The Mass Society* 中的一章。

是值得各自研究的)。

一系列的生活风格

霍加特与威廉斯都十分明确地反对使用"大众"(mass)与"群众"(masses)这样的术语①。正如威廉斯所述:"群众"是对无名人群——"我们的听众""我们的读者""观众"等进行逐步操纵的一种公式。"事实上并没有群众,存在的只是将人们看作群众的方式。"② 因此我们所要追问的并不是"谁是群众",而是"在我们的社会中人们为什么必然地要被看作,以及被说服将自己看作是'群众'?"这种必要性,是因为人们在接受自己在文化与经济上的剥削之前,通过这一说服的公式制造出一种无阶级的意识,而在这一事实成立之后使人们成为其同谋。这也是我们应当理解有关"大众媒介""广告"与文化等讨论的一个语境。每一种传播的公式,在涉及改变态度、改变或确定意见,灌输新的自我意象时,都发挥着其作用。它们并不外在于"经济基础",而是它的一部分(这是具有重要意义的,一些最为重要的当代技术进步已经在目前被称为"传播工业"的领域中形成,而在大企业中劳动力正在极速地扩张)。这种事实本身应当促使我们去认真地重新修改"上层建筑对历史斗争的过程发挥影响"的有关道路的思想(如同恩格斯在论述古典修正主义时说的那样),以及"经济运动是最终起决定性意义的"有关条件的思想。③

"整体的生活方式"分解成一系列的生活风格(所谓的"低—中产阶级演化为中—中产阶级等向上的趋势"),对于许多工人阶级的生活来说,意味着生活在现在成了一系列碎片化的模式。人们不可能以好斗的姿态与别人去攀比。此外,许多人一定还会感受到对卷入一系列连锁式商业竞争的反感。然而他们还能做些别的什么呢?自我改善与自我提升现在成了同一进程的某些部分。那就是无产阶级被资本主义所消融的

---

① 参见 Raymond Williams, *Culture and Society*, pp. 297–312。
② Raymond Williams, *Culture and Society*, p. 300.
③ 恩格斯 *Letter to Block*,见前揭书。

信号。那是工人阶级的一种悲剧性冲突，他们只能从这个新的更为微妙的奴役形式中释放自己。

这些奴役的形式是精神与道德的，也是物质的，它们形成于休闲活动增加与生活水准相对改进成为可能的时期——这些都指向了当代资本主义的核心矛盾，也是社会主义者不得不去处理的。马克思认为当完整的自由出现在社会的胚胎中时，人的完整异化就不会发生。而我认为——并需要反复地重申的是，正如我一开始就谈到的，不同地区与不同工业领域之间产生的无阶级体验并不是一致的——而我们正处身于历史的这样一些时刻的边缘（在这件事上，一些国家与其他国家之间的差距当然也是我们时代所面临的最为重大的人类挑战，但是值得对之作出详细的研究）。在工业社会中，作为完整的人类自由所开发的物质与技术的手段——在这种自由中，一个人能够发展其真正的个体性与真正的自我意识、自我能力——几乎是可以去把握的。但是人类的结构、社会与道德的关系却是带有整体冲突性的，当我们推论它们的时候，又不得不将之置于物质进步的背景之上加以考量。在我们抛弃与这些关系发生关联的体系，以及孕育了这个系统并同时也为这个体系所孕育的意识类型之前，工人阶级只能作为为他人而生存的人，绝不会成为为自己而生存的人。

注　释

注释1，战后的繁荣

一个常被提及也是我正在谈论的现象，便是与战后的繁荣相联系的这一时期丰裕的假象，它将会消退，并且为一系列过去出现过的同类型的经济危机所取代。这也是我自1951年来到英国之后听到的，并为那些所谓的激进分子已经有四次预测过的"即将到来的萧条"。我对之没有太深的感受，当然，这并不意味着我会认为当代资本主义与经济危机是无甚关联的，而是指在这样一个时代，我们需要学会去思考在体系中稳定性与集中性正在显著增长的现象。事实的情况是，它能够并已在过去的周期性衰退中作出调整——有关于此的理由，极为吊诡的是，它是最为有效地被社会主义者所指出，而那些一直以来从事经商活动的英美新权力精英也可能是最为聪明与富有远见的。进而，我在此所讨论的态度与变化，也在资本主义内部发生了结构性与机制性的改变。它们一直在平行地运行，并被孕育出来——但又不同于被设想为一个社会保障体系的"福利国家"——这种通过对统治阶级的政治怨恨，及对经济活动的低迷作出回应而建立的模式，无可否认地，并已确然地在遭受重重打击之后面临破碎。如果福利国家消失的话，当代资本主义也会消失，至少人们对经济问题的意识肯定会受到长期艰难生活的影响。然而，如果我所论辩的问题是真实的，如果工人阶级自身在某种程度上被引诱去扮演一个资本主义的附加性角色，那么他们在社会态度上的变化就会比之于我们所谈论的"短时期丰裕"所暗示的变化更为深刻。人们不再与体系相对抗，因为他会认为在社会的许多重要方面已经发生了变化。这个污迹也是政治敲诈的一种隐秘形式。

注释2，低级生活与高级理论

在我的心目里，在工业社会中工人阶级为自己所创造的生活，与从中发展出来的社会主义理论体系之间，总是存在一种关联——而这点又为马克思所强调不够。这种经验与理论的相互贯通隐含于我们大谈特谈的"理论与实践"的命题之中。它最好被视为带有某些模糊性，然而又至为重要的"人道主义价值"的范畴。在这一点上，限于篇幅无法详细地去探索这种关联是怎样发生的，然而在被许多社会主义者贬抑为"不够政治化"的《识字的用途》一书的某些段落中，却至少部分地能够发现。重要的一点是，如果没有一个价值基座、一组理论前提、一个给予其合法性的经验基础，社会主义就不可能发展为一套理念或程序。因此，必须确立一些"公认"的要点——在其中，抽象的规划能够明确地与人们在即时即地所体验的需求相吻合。这就是为什么不可能将社会主义的问题延缓到革命之后。社会主义一直存在于资本主义社会的内部，至少直到目前为止，相对于资产阶级的生活，工人阶级的生活仍被自身视为一套可选择的价值、一种不同的社群意象，以及一种批判性要素。我们今天正在创造的是明天的社会主义，这是一种存在于普通人——工人阶级与其他人身上的潜能——以自己的智性与体验去抵抗、反对资本主义社会的价值。只要工人阶级的体验性价值能够找到新的表现性形式,并在我们已论述的新的消费与繁荣的状况中茁壮成长,那么社会主义的理念就永远不会枯竭与消失。每一天,在我们自己的生活中,在我们与人们的个人化关系中,以及在我们与各种事务的非人格化关系中,我们正在创造与毁坏社会主义本身。

注释3,意识与重工业基础

"基础与上层建筑"的模式是——或应当是——各种"反思"与"修正主义"论争中的一个核心要点。在我看来,显而易见的是,一方面,这个过于简单化的经济决定论公式在今天必须放弃,这意味着太多的重要性被我们的分析所忽视了,它也是一个过于迟钝与不够精确的工具。另一方面,同样清楚的是,有这样一些有机的关系存在于"我们构建自己生活的方式"与"我们看待自己的方式"之间,如果没有这样一种理解性的框架,我们也许会得到一系列辉煌的社会主义规划,但是却不会获取任何种类的社会主义人道主义。我们的这篇文章,为了更有效地讨论当代资本主义的一些趋势,便部分地是期望于将基础与上层建筑相互贯通起来,并以之作为一种分析的框架。当然对意识形态的讨论会走得更远一些。显然,有一些要点需要指出,如果没有"经济基础"的属性,那么"观念"(ideas)或"预设的结构"(a structure of assumptions)便会直接地冲击与影响到它的表现方式,甚至于其在相当长历史时期的发展。进而,也有这样一些时期,文化的异化与剥削会变得如此错综与复杂,从而造成一种独特的生活景观,这同样需要我们去发现并诉诸分析。不仅如此,在某种伦理条件下,还存在着个人选择的大片区域,可以付诸自觉的道德决定,这也是 E. P. 汤普森在提及"能动性(agency)与选择"时所涉及的问题[①],我们不能因为使用一些经济必然性的便利化理论就错失或忽略这些现象。

我认为这种混淆部分地可归之于在参照马克思学说时造成的含糊

---

① 参见 *New Reasoner*, p. 5。

性，涉及马克思在不同的著作与在不同的生活时期中对这些分析工具的使用。这个概念在后期的一些年代中的确带上了刻板的色彩——部分地因为他更有意识地想去处理经济的事实与原因——但在他早期的著作中却不是这样的。可以确定，在《路易·波拿巴的雾月十八日》或《法兰西的阶级斗争》中并没有这种简单化的分析。如果其早期的整个研究，特别是那些未翻译过来、被有些人所怀疑的，并且也不太流行的《1844年经济学哲学手稿》能够恢复原有的面貌，将是有巨大价值的。至少我们需要给予其早期论述"异化"的著作不同的评价分量，或强调"上层建筑"的意义，而不是单纯从《资本论》的研究中推测其思想。

我的建言是，至少可以从"修正主义"这个概念出发加以研究，而这又应当从马克思自身的著作起步，并将之看作由一组分析性概念组成的构体（body），而不是一座封闭的理论屋宇。在有关基础/上层建筑论争的进展中，恩格斯扮演了一个最为重要的"修正主义者"的角色。如其所述："按照唯物主义的历史观，历史的最终决定的要素是现实生活的生产与再生产，无论马克思与我都从来没有肯定过比这更多的东西。因此，如果有人在这里加以歪曲，以为经济要素是唯一的决定性要素，那么他就是把这个命题变成了一个无意义的、抽象的、空洞的句式……""我们创造自身的历史，但是首先，我们是在十分特定的前提与条件下进行的。"[1] 在这封信的结尾，有一个适时的告诫："年轻人有时过于强调经济的一面，而不是它所应当的那样，这部分地是马克思与我要去担责的。面对我们的论敌，我们不得不强调主要的原则……然而不幸的是，人们碰巧常常地认为，他们在还没有掌握了主要原则，甚至是将之搞确切了的时候，就以为已经是充分地理解了新的理论并且能够运用它了。为此，我不能不去责备许多新近的'马克思主义者'，他们已经在这一领域中制造出了最为令人惊异的废话。"[2]

（黄卓越　译）

---

[1] *Letter to Block*，随处。
[2] Selected Works, Vol. 2, pp. 443–444.

《图画邮报》的社会之眼[*]

近年来，无论是在大众传媒史还是在其所处时代的社会史中，《图画邮报》（Picture Post）① 的地位都越发受人崇敬②。光刻工艺发明后不久，《伦敦图片新闻》（London Illustrated News）在 19 世纪 70 年代就开始出版"新闻"图片。20 世纪 20—30 年代，在欧洲大陆也有许多图片新闻杂志。1937 年，亨利·卢斯（Henry Lucy）③ 创办《生活》（Life）杂志。图片新闻故事能成为一个独特的类别，与《生活》和《看客》（Look）等杂志的发展密切相关。尽管如此，首期出版于 1938 年 10 月 1 日的《图画邮报》却无疑是第一个、可能也是最后一个取得成功的英国图片新闻杂志。《图画邮报》的历史值得进一步研究；最近汤姆·霍普金森（Tom Hopkinson）④ 编辑了 1938—1950 年的《图画邮报》选集，其中既有原初文本，又有一些由原作者新加的引言和"后见之明"

---

* 原题"The Social Eye of *Picture Post*"，原文载于 *Working Papers in Cultural Studies*，2，spring，1972，Published by the Centre for Contemporary Cultural Studies, University of Birmingham。

① 《图画邮报》是 1938—1957 年在英国发行的图片新闻杂志，因其倡扬自由、反法西斯和民众主义的政治立场而广为人知。——译者注

② 这篇文章的缩写版被收录到汤姆·霍普金森编辑的《图画邮报：1938—1950》（*Picture Post: 1938–1950*），ed. Tom Hopkinson, Penguin Books and Allen Lane Press, 1971，题目是"Life and Death of Picture Post"，又见 *Cambridge Review*，19th February，1971，No. 2201，92.《剑桥评论》和伊恩·怀特（Iain Wright）准许我获取这份资料，在此深表感谢。下文提到的一些细节主要以霍普金森为企鹅版选集所写的引言为基础。

③ 亨利·卢斯（Henry Lucy, 1898—1967），出生于中国山东蓬莱，美国著名出版商，创办了《时代周刊》（1923 年）、《财富》（1930 年）和《生活》（1936 年）。——译者注

④ 汤姆·霍普金森（Tom Hopkinson, 1905—1990），英国著名的记者、图片编辑，1940—1950 年是《图画邮报》的编辑。——译者注

(hindsights)。霍普金森的大名与该杂志密不可分,他的这次编辑工作为我们进一步研究《图画邮报》提供了难得的契机。此书由企鹅出版社出版,目前已经出到第3版,这证实了《图画邮报》这一名字仍在继续勾起我们丰富的回忆。这套选集也并非简单的怀旧之作,而是一卷丰富的社会档案。

创办《图画邮报》的灵感应归功于首位编辑斯蒂芬·洛伦特(Stefan Lorant)[①],一位原籍匈牙利的犹太难民。他经过数次努力,终于在第二次世界大战爆发前夕争取到赫尔顿出版社(Hulton)的支持,创办了这份严肃的英国公共事务图画杂志。在之前的1934年他曾为《每周画报》(*Weekly Illustrated*)工作。《每周画报》是奥当思出版社(Odhams Press)为补偿《号角》(*Clarion*)杂志的失败而做的尝试,但也没有成功。《号角》是一份流行的社会主义杂志,汤姆·霍普金森、克劳德·柯克本(Claud Cockburn)[②] 等人也为这份杂志工作过。1937年,洛伦特创办了袖珍杂志《小人国》(*Lilliput*),该杂志被出售给赫尔顿出版社后,才使创办《图画邮报》有了可能性。洛伦特负责杂志的图片部分,霍普金森受聘为助理编辑,负责文字部分。他同时还雇用了两位杰出的摄影师,汉斯·鲍曼[Hans Baumann,以"费利克斯·曼"(Felix Mann)这一名字而广为人知]和科德·许布施曼[Kurt Hubschman,即K.霍顿(K. Hutton)],两人都是德国难民。两次世界大战间歇期间,德国和欧陆其他地区正在引领一场发生在版面设计、艺术设计、版式设计和摄影领域的技术革命,像洛伦特一样,两位摄影师对此都了如指掌。洛伦特曾为慕尼黑的《工人画报》(*Workers Illustrated*)工作,而当时的慕尼黑、柏林及其他一些城市是"新闻图片"技术发展历程上的先行者。

《图画邮报》的某些特质直接来自两种不同杂志传统的融合:一是霍普金森从英国20世纪30年代的新闻和政治写作继承来的社会评论与

---

① 斯蒂芬·洛伦特(Stefan Lorant, 1901—1997),匈牙利裔美国人,电影制作人、图片记者和作家,1933年流亡英国。——译者注

② 克劳德·柯克本(Claud Cockburn, 1904—1981),出生于中国北京,英国著名记者。——译者注

报告（rapportage）传统；二是两次世界大战间歇期间盛行于欧陆商业和先锋艺术圈的版面、印刷和摄影技术的革命性发展，洛伦特本人和他的摄影师们就是其中杰出的代表人物。更引人注目的是，《图画邮报》代表了与一种"正统"的决裂。该"正统"盛行于英国商业出版界，由两个直到现在依然没有完全消失的传统组成：一是视觉编辑传统（达到几乎没有文字的地步）；二是"英国公众是蠢驴"的偏见，二者的地位不相上下。像其他侨居英国的外国人一样，洛伦特似乎比本土新闻工作者更易于突破傲慢和偏见的樊篱。他相信英国公众有能力也有意愿阅读严肃而又喜闻乐见的新闻；他强烈反对法西斯主义，并且拥有用大众风格表现视觉艺术的天赋。负责文字编辑的霍普金森则文风强健，评论尖锐，对英国本土生活的性质体察入微。洛伦特负责杂志的最初格式。作为编辑，他在工作中不易相处。霍普金森将他的工作比喻为不断积累的一堆堆图片和主意，直到截止期限来临之前的片刻，他的"初步排版布局……和搭配的文字说明像大雨一样"倾盆而下。他通常很晚才与执笔的作者联系［"战争部长霍尔·贝利沙（Hore Bilisha）必须要看这些照片。他对你写的文字说明有帮助……"］，并且，通常情况是，直到印刷机滚动时霍普金森才将附加文字写出来。1940年洛伦特移民到美国，霍普金森成为编辑，依然保持了杂志的基本格式。《图画邮报》发展的关键时期即1940—1950年，正是霍普金森任编辑的时期。

《图画邮报》首期发行于1938年10月，当时正处在战争恐慌和张伯伦首次会见希特勒的阴影下。它立刻取得了商业上的成功，2个月内订阅量达到100万份，4个月时高达135万份。战争导致大幅裁员，但是杂志在整个战争期间依然坚持出版。在这10年间，许多在新闻界响当当的名字（现在他们中的许多人以其他身份而知名）都与它有关——这些名字与杂志之间显然超越了雇佣关系。这其中包括汤姆·温特林厄姆（Tom Wintringham）①，A. L. 劳埃德（A. L. Lloyd）②，莱昂内尔·伯

---

① 汤姆·温特林厄姆（Tom Wintringham，1898—1949），英国著名的记者、马克思主义者、诗人、国际纵队老兵，第二次世界大战期间英国"国民卫队"的创始人之一。——译者注
② A. L. 劳埃德（A. L. Lloyd，1908—1982），英国民歌手、诗人、作家。1945—1950年被聘请为《图画邮报》的记者。——译者注

奇（Lionel Birch），西德尼·雅克布森（Sidney Jacobson）①、泰德·卡索尔（Ted Castle），莫里斯·埃德尔曼（Maurice Edelman），法伊夫·罗伯逊（Fyfe Robertson），罗尔夫（C. H. Rolph），罗伯特·基（Robert Kee），肯尼思·奥尔索普（Kenneth Allsop），安妮·司格特·詹姆斯（Anne Scott-James）和詹姆斯·卡梅隆（James Cameron）②等。霍普金森称这个团队是个"富有天赋、崇尚个人主义、在某种程度上非常冷峻的新闻团体，不信任权威，不对强权政治的说辞进行一番审视就不轻易接受或轻信任何口号。只要还存在政治派别，它就属于左派，虽然并不太左"。在霍普金森的领导下，他们留下了数目庞大、让人震惊的印刷和图片作品，记录了大规模战争及其后果给普通民众留下的印痕。企鹅版的文集中包含许多《图片邮报》中的图片故事：洛伦特早年抨击法西斯迫害犹太人的文章（《回到中世纪》，1938）；关于失业的系列文章（《论失业》，1939；《就是这个问题》，1941）；温特林厄姆的《地方军能够战斗》——这篇文章本身就是终结"假战争"③斗争过程中的重要交锋（1940）；霍普金森关于维护战时自由言论的文章（《我们应该停止批评吗？》）；还有一些引人注目的战时插图——大轰炸和燃烧的建筑物，梯子，瓦砾，从管子中流出的弧形水柱（《消防队员》，1941）；饮料分发（1943）；原子弹的蘑菇云（1946）；"新貌"（1947）；著名的"希特勒地堡里的最后两张照片"（1950）；詹姆斯·卡梅隆关于朝鲜战争中仁川登陆的故事报道等。更具特色的是与政治事件并无直接关系的故事和照片，它们唤起我们关于英国日常生活性质的回忆，例如巴特林（Bultins）的故事，或者伟大的战时艺术家斯坦利·斯宾塞（Stanley Spencer）在克莱德（Clyde）造船厂创作的系列图片（1943）等。在战争期间，虽然并没有严格策划，但《图画邮报》的每一期都聚焦大众的战争经验。第二次世界大战后，杂志用图像描述"后果"和"艰

---

① 西德尼·雅克布森（Sidney Jacobson, 1908—1988），英国记者，1944年曾被授予军队十字军章。——译者注

② 詹姆斯·卡梅隆（Mark James Walter Cameron, 1911—1985），英国著名记者，"卡梅隆新闻奖"即以他的名字命名。——译者注

③ 指纳粹德国在1939年攻占波兰和在1940年春天进攻挪威、丹麦之间的那段战争沉寂的时间。——译者注

苦"，但是焦点比较松散，并且更多的故事都是连续刊载的。它们的效果不像以前那样既浓烈又密致。这也许正是为什么始于1938年的《图画邮报》虽然在战后继续出版，但是在人们的集体想象中它却一直毫无疑问地被当作英国的战时记录。

《图画邮报》的观看之道

《图画邮报》后来大获成功的原因何在呢？人们习惯于将《图画邮报》的成功与图片新闻作为媒介的发展联系起来，并且认为这样的媒体无法在电视时代生存。但是，就像霍普金森在他文集的"引言"部分中提醒我们的那样，电视并没有消灭《生活》或者《看客》。有人认为，在动态图像的时代，静态图像死亡了——但是《明星》（*Stern*）、《巴黎竞赛》（*Paris Match*）、《今日风采》（*Oggi*）及其他众多杂志都生存了下来，因此证明事实并非如此。正如霍普金森所评论的那样：

> 与某些观点相反，动态图像并没有仅仅因为它会动就消灭了静态图像。二者有各自功能……正是静图的"静"——在时间中被冻结的感觉——才会产生这样的影响。

有人认为，像美国、法国或德国等国家支持新闻周刊［无论是像以文字为主、图片为辅的《时代》《新闻周刊》（*Newsweek*）、《明镜》（*De Spiegel*），还是以图片为主、文字为辅的《生活》《看客》《巴黎竞赛》《明星》等］，这是因为他们没有真正的全国性报纸。毫无疑问，《纽约时报》只是名义上的"全国性"报纸，而欧陆媒体比英国媒体的地方性强得多。在英国，广泛分布在全国的出版社在早饭之前就能将报纸杂志发送到各地，因此，以某大都市为中心向全国辐射的媒体每天都能够在全国范围内为所发生的事件定下舆论基调——过去是通过报纸，后来收音机和电视节目强化了媒体的这种作用。因此相对其他国家而言，英国没有多少地域差异。然而这不能充分解释《图画邮报》为何能取得成功，为何其他类似的杂志以失败而告终。毕竟，《图画邮报》

在BBC广播取得显著的支配地位时为自己争取到了一席之地；并且，持续到现在的报刊发行模式在1938年就已经确立了。《图画邮报》的发展，与《每日快报》（*The Express*）和《镜报》（*The Mirror*）这两家势力最强的通俗报纸逐渐取得霸权地位的过程是同步的，并且其发展轨迹在某些关键点上与《镜报》有交集，在一段时期二者在某种程度上心神相通。《图画邮报》随后才与其他一些新闻媒介声名鹊起。因此它不是在媒体存在空白时乘虚而入并获得成功，然后在空白被填补后（如被电视）步履蹒跚：它成功地生存下来，没有被竞争击垮。如果要对其成功的原因及其影响进行回顾性分析的话，我们必须要有更深层次的探索。

《图画邮报》在战时所刊发的某些片段让人记忆犹新，部分原因在于"照片"本身。我们对照片的效果习以为常，以至于视而不见，因此有必要对此做些解释。最近在对于照片和影像图像的讨论中，经常有人认为照片与语言描述的区别在于照片是"没有符码（code）的信息"。罗兰·巴特认为："只有照片才可以无须借助于非连续性的记号（signs）和转型规则而传达（字面的）信息。"① 而照片"虽然可以选择主题、取景和角度，但并不能对被摄对象的内部进行干涉（除了特技摄影）"。他说：

> 在照片中……所指与能指间的关系不是"转换"（transformation）而是"记录"，并且由于不存在"符码"，照片很显然强化了其"自然性"的神话；场景就在那里，它被机械而不是被人为地记录（机械性保证了其客观性）。

---

① 可参：罗兰·巴特（Roland Barthes）的 "Retorique De L'Image"，*Communications* 4，translated，*WPCS* 1；*Elements of Semiology*，Cape Editions，1967。麦茨（Metz）的文章发表于 *Communications* 4，与其他一些论文重印于 *Essais Sur La Signification Au Cinema*，Editions Klincksieck，Paris，1968。另参：艾柯（Umberto Eco），"Articulations of the Cinematic Code"，*Cinemantics* 1：Jan，1970；*Pasolini On Pasolini*，Oswald Stack：Thames，Hudson and BFI，1969。沃伦（Wollen）的重要作品 *Signs and Meaning in the Cinema*，Thames & Hudson & BFI：1969。安德烈·巴赞（André Bazin），*What Is Cinema?*，Berkele，1969。

克里斯汀·麦茨（Christian Metz）的观点与此相似，他的论文《电影：言语还是语言？》（Le Cinema：Langue Ou Langage？）已经成为电影符号学的经典之作。麦茨认为，在照片中的图像是"某种非任意的、具有强烈动机的东西——是现实的相似物，'语言（langue）'的规俗无法约束它"。现代电影和电影理论的杰出倡导者帕索里尼（Posolini）认为："电影话语的原始元素……就是客体本身，镜头以一种现实先于习俗的方式自动为我们完整地捕捉到了它们。"帕索里尼认为，无论是戏剧还是电影都"用现实表征现实"。"二者都是这样的记号系统：它们与现实记号系统同步……它们是典型的现实语言记号。"彼得·沃伦（Peter Wollen）① 在他一篇杰出的"引言"中指出这些论点与由 C. S. 皮尔斯［C. S. Peirce，他将照片图像定义为"指示记号"（indexical sign），也就是说它"与自然事物点对点的对应"］所创立的记号语义学（typology of signs）、安德烈·巴赞（Andre Bazin）影响深远的美学相平行。巴赞是电影现实主义和新现实主义传统的守护者，他认为照片图像是"塑模（moulding），通过对光线的操纵而获取印记"。

我们的分析与上述观点恰恰相反，我们认为《图画邮报》被以复杂的方式编码了：正是由于这种编码，《图画邮报》才获得了其文化和历史意义。但是，我们首先要对上述观点做些让步。《图画邮报》中的照片的力量来自它们对具有特殊意义的历史时刻及时进行未经转型的视觉记录，将大量真实事件呈现在我们的眼前，并且，非常明显，没有经过符码的干预。正如巴特关于照片所说的那样"照片的现实性指的是曾经存在的现实性，因为在任何照片中总是有一种令人惊叹的明显事实：曾经有这样发生的事情"。

战时的《图画邮报》似乎有某种转递的力量，它将对事件本身的表意（significance）直接输送到页面的图画上。对于英国人民来说，战争年代是重要而富有戏剧性的。许多"难以忘怀的年代"中的事件几乎被忘怀了，现在又通过视觉被重新呈现在我们眼前。这段历史代表了在大

---

① 彼得·沃伦（Peter Wollen，1938— ），英国电影理论家，与霍尔合著有《通俗艺术》（The Popular Arts，1964）。——译者注

轰炸和侵略威胁下的普通民众所取得的巨大集体成就——这是一场"人民战争"①:《图画邮报》不是从宏大战略和高层政策方面夸夸其谈,而是描述集体的努力和经验,直接或间接地为"人民战争"的精神服务。《图画邮报》的影响力部分来自这些年代对集体想象持续产生影响的方式——这是"严峻"的年代。事实证明,这些年所造成的神话般的反响无所不在——在关于第二次世界大战的百科全书中,在持续至今的回忆录和战时记录的写作热潮中,在对《又是那个人》(*ITMA*)②和《马什总是在抱怨》(*Much Binding In the Marsh*)③满怀深情的重播中,在诸如《一群老爹在战场》(*Dad's Army*)和《乱世一家人》(*Family at War*)这样的电视节目中,等等。历史时期(经历过的或记忆中的时间)会以某种不同的方式指向"真实"时间:对许多经历了这一时期的人来说,历史时期被回顾性地重新划分为战前、战时和战后三个断裂的宏大阶段。于是,对许多人而言,通过《图画邮报》的"眼睛"不仅重温了历史事实,也重温了历史经验——重温了对战时英国的感受,因此,这些照片隐含的内容就是对"曾经这样发生的事"和"曾经存在的事"的感受。

然而,上述观点未免过于强调事实的力量了,认为事实未经中介就会发生聚爆,产生共鸣,图像会有"自然化"的效应;这些观点低估了图像表意(signify)现实的能力,以及图像将事实传达给我们时的转化功能。我们的分析必须转向《图画邮报》的句法(syntax)、风格和修辞。

照片新闻杂志是文字和图像的统一体——故事、文字说明、照片、排版布局等共同作用,产生效果。《图画邮报》代表了视觉修辞风格形成的早期阶段,《生活周刊》《看客》《竞赛》和《今日风采》等都是这一阶段的代表性杂志,此外还有《画刊》(*illustrated*)、《伦敦新闻画

---

① "The People's War"这个短语好像是由汤姆·温特林厄姆(Tom Wintringham)首次创造出来的。参考他的《战争新方法》(*New Ways of War*)和他同一时期的其他著作。
② 1939—1949年BBC喜剧节目。——译者注
③ 1944—1954年BBC播出的广播剧。——译者注

报》（Illustrated London News）及一些彩色增刊①。《图画邮报》所代表的不是某种技术媒介发展曲线上的一个点，而是诸多媒介潜在变体中的一个——在公共社会生活修辞的发展过程中，有些媒介成功了，有些则依然是"有实无名的"。当然，社会修辞既利用了技术在媒介中所逐渐显现的可能性，又被各种限定因素限制在一定范围内，但是本质上，它是通过并围绕特殊的社会实践而组织起来的。

这种文字和图像的结合是简单的。杂志的排版布局直截了当，照片被简单而美观地植入页面中。它们被方方正正地呈现给读者，直截了当地对读者说话。一般情况下，图片尺寸都很大——企鹅出版社的小开本图书中图片被略微缩小，让我们感觉丢掉了什么东西——这也说明，在特定的空间和篇幅中，文字和图片所获得的比例关系在很大程度上是由二者之间无形的逻辑演算所确定的。如果我们想象一下，《图画邮报》的内容在《小人国》的那么大的尺寸中应该如何排版就能明白这一点。但是在《图画邮报》中，支配照片尺寸的不是夸张的放大、花哨的布局或剪辑。照片虽大但依然是"实物大小"。当然这是一种错觉（或者说一种变形、一种社会观念传统，也就是说，被编码了）——这种错觉是一种"感觉的对应"，即再生产出来的图像尺寸和它所表征的人类世界真实尺寸之间的对应。这些都是事件性照片——它们是摄像机记录下的一张张面孔、一个个群体、一系列"冻结在时间"中的动作瞬间。这些照片不仅仅是"文字中的插图"。图片本身或者文字说明都不是自足的，而是相互依赖，就像符号索引一样，"故事"凝结在单个的图片当中。但是，无论图片还是故事，都具有独立的能动性。

图片在书页中的布局也具有表意性。它们不会印成出血版（bleed-offs）②，因为这样会削减读者的眼睛和照片细节之间的距离。也不像是在更摩登的图画修辞中那样将读者"邀请"进照片中。多数情况下，白边仍然存在并作为边框把不同照片隔开。同时，《图画邮报》在将照片和文字完全融合的道路上走得更远，不像《图片新闻》中照片如同

---

① 在英国，彩色增刊一般是在星期天随着报刊免费发送的。霍尔原文用的是大写"Colour Supplement"，但并没有特指是哪家报纸或杂志的彩色增刊。——译者注

② 出血版是版面设计术语，指图片充满版面不留边。——译者注

插图一般与文字分离并置。总体而言，在《图画邮报》中，图画主导文字，但文字依然保持了其真实性和自身的功能：通过版面设计、字体编排和直接的、描述性的、非诗歌性的风格，文字"请求"读者阅读它。它不像彩色增刊那样经常将文字的作用降低到"图表说明"的地步，沦为广告和视觉作品之间的文字填充物。因此《图画邮报》超出了纯粹传达信息的范围，却在距现代"创造性"摄影和设计仅仅一步之遥的地方停下了脚步。摄影者给杂志发稿时，他的身份是新闻记者而不是"艺术家"。《图画邮报》的创作原则是以事件和"故事"为主，而没有被诱惑到追求视觉效果或者通过构图制造"效果"的路子上来。照片坚持表现内容——即所记录的事件和主题；在图像和事件之间存在修辞的相关性。与麦克卢汉的观点不同（对此我非常抱歉，麦克卢汉先生），《图画邮报》的照片引人注目，首先是因为所记录的事件，而不是因为先进的摄影或编辑技术带来的附加值。当然，人们对"非同寻常"的照片通常津津乐道，在第一期中有一张"独家"照片可以作为有代表性的例子（它是"独家"新闻图片专辑的引子），照片是一辆轿车丢掉一个前轮的瞬间。现代"纪实"照片普遍通过照片布局和编辑处理而微妙地达到戏剧化效果，与之相比，《图画邮报》表现"非同寻常"事件的图片往往比较直白甚至生硬。"非同寻常"是现代摄影中体现新闻价值的主要途径，人们对照片中的人物所做的"非同寻常"事情的强烈兴趣支配和限制了这种性质，在《图画邮报》的典型内容中就是如此。他们的首要任务就是抓住并冻结日常生活的各种平庸性质——其目的是使照片看起来"自然"，同时将照片提升到另一个层次：升华或者表征现实。当然，在《图画邮报》的主要年代，通过对照片的后期加工，普通民众会更容易被不同寻常的事件所吸引——日常经验随时随地的平庸性和非同寻常的历史重大事件的交接点赋予了图片特殊的共鸣因素。确实，生活、时代本身就是光怪陆离的，而不是镜头的角度使然。

《图画邮报》的第一期可以更明确地说明上述论点。先说封面，有人建议用一位正在跳跃的跳舞女郎做封面，但是洛伦特有更佳的选择：他在封面上放了两位跳跃的女郎。但是，这一期里面有四个专题纪实故事——四个最重要的部分——从中可以体现《图画邮报》鲜明的视觉语言特色。第一个故事发生在唐宁街10号。故事是有事实根据的：在大战开始之前紧张而焦虑的日子里，人们对发生在唐宁街的事情极为关注：他们喜欢漫步到那里，满怀期望地站在那些紧闭的大门旁边。"他们不是要见首相。是他们的内心召唤他们走近这个所有事情的中心所在地。"然后有13张纪实照片，里面的人或者人群都盯住那个10号门。没人看镜头，他们没有意识到镜头的存在，即使那些面对镜头的人也望着别处。他们关心的是震惊世界的重大事件，躲在紧闭的大门后面的人在仔细考虑这些事件；每一张面孔或者剪影都有让人难忘的丰富表情，每一张面孔或剪影都全神贯注。他们聚精会神于真实世界发生的真实事件；他们将会以不同的方式被这些事件所吞没，并且他们知道这一点。他们正试图考量这些事件，预测事件对他们生活会产生的影响。这是尚未形成"公众舆论"的一个"横截面"。一位叼着弯曲烟斗的老年人；一位戴着帽子的女士；一位抱孩子的男人；一位戴扁平帽子的老人，噘着下嘴唇；一位白发苍苍的女士，戴着夹鼻眼镜；一位戴着呢帽的商人，两个大拇指插在马甲里。照片关注的中心是表情的个体性，忠实记录具有代表性的英国面孔，各色的、普通的面孔。作为整个内容的有机整体，文字说明给挂在脸上的各种表情配上标题，但是它们并不仅仅是说明性评论：这些文字赋予每张脸以意义。"也许一切都已经平息了……""确实现在还可以做些事，不算太晚……""二十年前我们就以为我们完成这件事了……""我们必须战斗……"日期是1938年10月。《图画邮报》当时根本不可能知道这些男男女女将被号召去做什么，因此，它的预见性是非常有说服力的。《图画邮报》后来所取得的成就——在令人难忘的大轰炸开始后——在这里就已经初露端倪了，它的修辞和文字说明都具有产生效果的潜力。这种特性还表现在12幅关于铆工、木匠、工匠、锅炉工匠的肖像中——那些"建造了伊丽莎白女王时代"的人。在这一特辑中，有关于逍遥音乐会的专题报道：第一部分内容是表现正在指挥音乐会的亨利·伍德爵士（Sir Henry Wood）；第二部分表现的是管弦乐——"巴松管""号角"——被音乐会深深吸引的一张张面孔，充满了各种乐器；第三部分详细展现听众——没有注意到镜头存在的面孔和身体，他们"沉醉在倾听中"。《图画邮报》的故事不是像传统上围绕具有"新闻价值"的照片或主题组织起来，而是将焦点更清晰地转移到被拍摄的人或观众，也更注重细节，这是《图画邮报》对传统新闻图片作出的颇具特色的发展。这种清晰度的特意移动将照片中"不起眼的主体"提高到与英雄人物（如首相）及其活动同等的地位。这是照片主体民主化的开端——相机的技术推动使其发展成为可能——但是存在一些社会的压制力量，它们干扰并破坏了社会再生产工具所能实现的可能性，它们的阻碍和抑制作用使这种民主化没有完全实现。第四个专题的文字标题是"手术"，这是非常特殊的："这是第一个关于完整手术的图画故事。几年前这样的连环画面可能还骇人听闻，但如今这只不过是非常有趣罢了。"

  《图画邮报》捕捉静态图像有其商业动机：它从"新闻照片"中生产新的社会现实，这是日常生活的领域。《图画邮报》的重要影响来自它对社会仔细观察并记录下来的能力。但是，除《图画邮报》之外，还存在其他各种各样的图片报道；因此，我们需要讨论更多方面的原因才能说明《图画邮报》的影响力来自何处。其中之一是，《图画邮报》有某种将照片内容直接呈现在页面上的非功利、非审美的紧迫性，因此，在镜头客观性背后存在某种激情，某种呈现事物的激情。首先，将人们呈现给自己并且完全可以辨认出来：这种表达方式认可了他们的普通性、多样性、个别性和代表性，并且使照片"极其有趣"。人们在这里不会因突然面对镜头而措手不及，他们不需要摆看似自然的造型、不需要在相机前仿造自己、不需要做某些特殊表情或鬼脸。相机只需要他们做自己，聚精会神地做他们自己的事。《图画邮报》的镜头发现，他们循规蹈矩的日常生活细节足够有趣、足够复杂、足够有表现力。这使平常性拥有了意义和强度。这还不算是对静态照片的革命性运用，它就像是一个具有真性情的人，即便考虑到它的商业语境，也是一个惊人地诚实的人。

  这与彩色增刊的信息修辞形成鲜明对照。虽然彩色增刊的照片艺术已经达到了几乎完美的高度，但这种艺术背后的社会修辞的基础并不是记录、传达信息或存档的冲动。增刊对仔细屏气凝神地直接观看没有兴趣：所有内容都讲究角度、姿态、取景、美化或者是在虫茧式小型摄影帐里拍摄的。这些页面光彩夺目,里面的男男女女富有、迷人、时尚、淳朴或者堕落。镜头所感兴趣的人处于两个极端:要么是梦幻般的生活要么是贫困的生活。增刊的每一事件和主体都被图像过度处理了。瓦尔特·本雅明在批判20世纪20年代盛行在德国的照片记录风格时曾说过:

> 摄影变得越来越精细、时髦,结果就是在拍摄简陋的出租房或者垃圾堆时不得不对它们进行变形美化。不用强调这一事实了吧:它怎么能够对着大坝或者电缆厂说"这个世界是美丽的"呢?……它利用一种时髦而又完美的技术手段成功地将苦难本身转化为感官愉悦的对象。摄影具有一种经济功能,它通过流行的加工方法将大众从前不感兴趣的内容带到大众眼前——春天,电影明星,异国风情等;摄影也具有政治功能,它从内部对世界加以更新,换句话说,它所依据的是当下时尚的方式。①

这似乎极其精确地确认了彩色增刊的视觉陈述修辞的主要内容。各种各样的题材和重大的社会与政治突发事件,被惊人的技术以精湛的手法捕获、复制,毫无疑问,它们被灌注在陈述中的社会价值有系统地转换成了消费的对象。这样一种修辞有规则地用审美的维度置换了读者的社会兴趣,将所有话题都具象化了。人类社会那些不和谐、相互矛盾的东西都被糅合进令人愉悦的沉思中了。增刊图画设计的潜台词是:"世界真美丽。"我认为,当批评家们说图画增刊是奢华广告产物的时候,他们指的就是这些。这不仅仅是说,广告布局主宰了杂志的所有内容,使文字和其他照片都处于次要地位——虽然事实正是如此;这也不仅仅是说,增刊的经济功能(给报纸带来巨额广告收入)在其美学中无处不在,虽然这也是事实;我要说的是广告背后的潜在内容,即"世界真美丽","世界是一件商品",似乎浸浴了增刊的全部内容。增刊真正表现的是审美沉思、奢侈享受、消费景观和"美好生活"的形

---

① Benjamin, "The Author as Producer", *New Left Review*, 62: July-Aug, 1970.

象：并且这些价值观充斥整个杂志。因此，就像本雅明说的那样，摄影的功能是"迎合时尚，从内部对世界加以更新"。

《图画邮报》在视觉陈述话语中具有特殊的地位（彩色增刊是该话语的一部分），在静态新闻照片艺术的一般发展与照片新闻风格的演变过程中也占有独特的地位。然而，它在另一种话语，即英国纪实风格发展史中的地位更高。纪实风格是英国首次出现的真正的现实主义运动，发行了大规模的静态照片和电影影像。

《图画邮报》的"纪实"特征之一是它的"黑白色"（更确切地说是各种半色调的灰色或偶尔使用的深褐色）。然而，视觉现实主义与社会习惯、社会共识和集体观念有关，而不是媒体本身的技术问题。就性质而言，彩色才是"真实的"，黑白色则是一种习惯、一种符码；就文化而言（直到最近为止的摄影、影片、电视中），彩色是浪漫主义摄影的语言，黑白则是现实主义的语言。当然，在现实主义和浪漫主义两种主要符码下存在各色的次符码（sub-codes），例如，关于色彩的使用可以比较一下现代快照的"保真"色，斯坦利·邓恩（Stanley Donen）导演的音乐剧或安得列斯（Andrex）① 广告中使用的"失真"色，音乐剧《南太平洋》（*South Pacific*）中夸张的"盛彩"技术；使用黑白色的方面可以对比奥逊·威尔斯（Orson Welles）导演的《公民凯恩》（*Citizen Kane*）的高对比度深焦镜头与历史摄影的"淡灰色"。我们理所当然地"阅读"到了《图画邮报》使用的不同的灰色调，从而赋予图像某种历史记录的特征，甚至可能将这种历史性传达给当代读者。

这会提醒我们注意，我们所讨论的（就像我们关于《图画邮报》和彩色增刊所做的对比一样）不是"自然"摄影与"习惯性"② 摄影的对比，而是两种不同的符码。在某种程度上这是一个技术问题；但是，在社会话语的发展过程中，更重要的是技术性能与媒介潜能之间的辩证关系，和社会应用、社会实践与社会价值之间的辩证关系（这些社会价值弥漫在各种应用与实践中）。从现代通信最近的发展历史中可知，媒

---

① 一种卫生纸品牌。——译者注
② 此处指的是上文所说的照片表达习惯，如黑白代表形式主义、彩色代表浪漫主义。——译者注

介的某些技术性能可能会处于蛰伏状态或未被利用，因为社会机构产生的各种抑制力量（我们可能会把它们称为再生产出来的社会关系）会将某些特性封闭在，或者强行推入某种统治性的交流模式中，同时压抑了其他特性。我们还知道，目的不同，利用同一技术性能的方式也会不同（如广告牌和"文化大革命"海报）。这些都是不同社会实践在特定的技术和社会条件下如何使用媒介的问题。①

简言之，问题仍然是如何理解《图画邮报》的"社会之眼"。解释这种由被社会所结构化的"观看之道"的形成与解体是文化史上一个重要的问题。

历史情境

萨特说过：

> 人类劳动所创造的社会结构为每个人都限定了作为起点的客观境况……但是他不断地超出这个限制……物质条件限制着他的可能性的范围……这样的话，可能性的范围就成为行动者（agents）超越其客观境况的目标。反过来讲，可能性的范围会完全依赖社会和历史现实……正是通过超越既有现实从而实现众多可能性中的一种可能性，个体才将自己客体化并创造历史。②

为了理解《图画邮报》的"社会之眼"，我们必须理解它在"可能性的范围"内所实现的可能性，我们也必须理解，这些被实现的可能性是如何被它所处的社会—历史境况所限制的。尤其重要的是，我们必须在由商业机制语境所统治的媒介公共话语中分析什么是可能的。

---

① 参见 Hans Magnus Enzensberger, "The Consciousness Industry", *New Left Review*, 64, Nov-Dec, 1970; Murray and Wengraf, "The Political Economy of Communications", *The Spokesman*, 5, 1970; and Hall "Innovation and Decline in Cultural Programming on Television", UNISCO Report: CCS, 1971。

② *Problem of Method*, Methuen, 1963.

从 20 世纪 30 年代至大战结束，英国社会发生的某些事件使一些人获得了以新的方式观察社会的能力——不是笼统全面地观察，而是在某种程度上以某种方式摆脱了传统的阶级、顺从和权力的观察框架，这些框架极大地限定了摄影镜头对社会经验的"观看之道"。这一突破始于商业杂志之外。当然，这些对社会现实的"另类"感知和交流方式根本没有什么可奇怪的。但是，如果占支配地位的价值体系要维持其霸权（hegemony），限制各种能够表意社会现实的"逻辑"就是其手段之一。我们所关注的问题是社会认知的"逻辑"在公共话语内站稳脚跟并在霸权意识形态机构内部（如商业出版物）找到表达的方式的重要时刻。我们此处所谈的"突破"当然始自商业出版之外。在成功的商业性出版物如《图画邮报》开始出现这种"风格"时，它就代表了一个难得的历史情境：只是在短暂的、"不正常"的战时环境中，这种"观看之道"才在商业出版中暂时受到认可。

这一历史情境源于《图画邮报》的时代之外。必须在自 20 世纪 30 年代到第二次世界大战前几年的失业潮中寻找其根源，也要在欧洲民众对法西斯主义兴起过程中不断强化的集体反应中寻找其根源：这些变化开始在社会结构中制造裂痕，但是，只有在非正常的战争环境下、在战争的直接后果中，它们才达到了顶峰，同时它们的发展也会被战争所限制。战争之所以重要，在于它对国内平民百姓造成的影响。《图画邮报》记录了丰富的战争资料，也提供了几乎不可替代的关于"大后方"的见证材料。在这些重要的历史时刻，社会以一种新的方式将它自身变得透明了。佩里·安德森（Perry Anderson）和拉宾·布莱克本（Robin Blackburn）在一篇关于 1960 年古巴的文章中表示：

> 彩票变成了房券，堡垒变成了学校——所有的景象都是一种宣言：它开诚布公地宣告了事物的连贯性，而这种连贯性在我们的社会中它通常还是隐蔽的、没有被意识到的。在我们生活的社会中，学校、医院和房屋都损毁了，而路边的围墙和芝麻菜却在成倍增长，但是我们却全部都没有看到二者之间的连贯性：比如以健康为代价的广告、以家为代价的基础建设。我们生活在一个基本不透明

的社会，事件的起源和意义都彻底远离了我们。这种晦暗也是一种分割线：它使我们相互之间无视对方，让我们看不到平常事物的真实面目，将我们各自分离。现在的古巴社会与此相反，它的透明性是独树一帜的。①

1960年的古巴当然不是20世纪40年代的英国，但这一观点有助于我们理解所发生的事情。在透明的时刻中——经常也是革命性转型或者出现深刻危机的时刻——我们能够看到社会经验来自何处：隐藏的历史行动者，即普通的人民大众，进入了人类活动的舞台；社会在这种一致性中自我敞开。《图画邮报》是一种工具，一种介媒，社会的透明性被它转化为视觉的和符号的透明性：在某一时刻，出现了能够直接用一种风格传达历史经验的条件。可以说，《图画邮报》既不是"反映"国家情绪，更不是独自"制造"这种气氛（《镜报》偶尔会这样）。集体社会经验和独特的"社会之眼"的形构相互传递信息，相互确认。二者都作为对"历史真实运动"的积极反应而兴起。

此处我们只能对由全面战争造成的"社会革命"的轮廓和局限做最简短的概述。谈论三个广泛的主题就可以了。

第一个主题，我们称之为对共同敌人的集体反应。在全面战争的备战和事态发展过程中，人们很容易感受到法西斯兴起所带来的威胁，这时，英国社会被无形地团结在一起了。很自然地，爱国主义的集体情感穿破了阶级界限却没有扰乱它。不过，正如奥威尔所说②，爱国主义情绪不过是意识的一种形式，并且极易变化，但是爱国主义、民族主义和沙文主义之间的界限还是非常明确的。奥威尔对20世纪30—40年代左派知识分子"失败主义"的描述非常不公平，但是我认为他正确地看到了"在最大危机爆发的时刻，整个国家忽然被团结到一起，依照本能（实际上是一种行为准则）采取行动，大多数人都了解这一点，虽然从

---

① Anderson and Blackburn, "Cuba, Free Territory of America", *New University* 4, Dec, 1960.
② See, *Notes on Nationalism*, in *Collected Essays* Ⅲ, Penguin, 1970; *The Lion and the Unicorn*, in *Collected Essays* Ⅱ; *The Road to Wigan Pier*, Part 2, Secker & Warburg.

来没有确切地讲出来过"。

> 在一定程度上,国家团结的意义在于它是一种"世界观"的替代品。因为爱国主义具有普世性,连富人都深受其影响,因此可能有时候整个国家忽然一起行动,和羊群面对恶狼时一样。确定无疑的是,法国人在大灾难时期就是面对这样的时刻。

就像奥威尔所说的那样,这种共同反应潜伏在英国社会生活(它时而团结时而分裂)的机体之中,在大轰炸和闪电战的条件下才具体显现出来。在面对敌人的时候,某些爱国主义的反应是必要的,但这是一种集体反应,就像一位温和的女士说的那样,是对"大轰炸下的宁静生活"的集体反应——这产生了我们只能称之为真诚的民众爱国主义的东西。[①]

将这种爱国民众主义(populism)与真正民主的到来相混淆是一个错误。英国依然是"太阳底下阶级观念最强的国家"。奥威尔说,在任何一个正常时期"统治阶级都抢劫财富、行为不端、搞破坏,把我们领到泥坑里"。甚至,当战争的伤痕使英国社会凝聚在一起的时候,"任何谈论'牺牲的平等性'的话都是胡说八道"。然而——"国家被看不见的链子捆绑在一起了"。"……当面临重大危机的时候,民众会在感情上团结一致,行动上齐心合力。"

第二是大规模的社会流动——我们称之为社会剧变的底层结构的流动。战争打破了传统习惯、社会规则和保证社会稳定、连续性的社会关系。安格斯·考尔德(Angus Calder)曾说在疏散规划中"一定会存在社会关系失调",疏散几乎是平民防御攻击的首要标志。尤其在英国乡村,他"对英国乡村各式各样的悲喜剧感到震惊"。他说:

---

① 可参 Angus Cakder, *The People's War*, Cape, 1969 对战时条件下的社会生活有精彩的总体描述。关于战争的其他方面,参见 Titmus, *Problem of Social Policy*, HMSO, 1950;关于伦敦大轰炸,参见 Fitzgibbon, *The Blits*, 1957;关于配给制,参见 R. J. Hammond, *Food*, vol. 2, 1951–1956;关于国民军,参见 C. Graves, *Home Guard of Britain*, Hutchinson, 1943;关于民防,参见 T. H. O'Brien, *Civil Defense*, HMSO, 1955;关于"战时社会主义",参见 A. J. P. Taylor, *English History*, 1914–1945, OUP, 1965。本篇文章以下内容引用奥威尔的内容全部来自《狮子与独角兽》,参考前面注释。

年纪大点的绅士发现，从伦敦和利物浦来的几个愣头青侵入了他们的退休生活。爱干净的单身女士同意接受一位学龄儿童，结果来的可能是一个邋邋遢遢的母亲，来的时候还在孩子面前抽烟，酒吧一开门就带着孩子们消失了。

诸如灯火管制这样的事儿是强大的社会调节器，在它面前不分贵贱："管制的范围广泛、说管就管。"多数城市居民对此感到非常难受。"如果人们透出一丝能在大街上看到的光亮，临时空袭民防队长就会来敲门，或者拉响刚涂上油漆的警报铃。"配给制则漏洞百出，中产阶级抢先囤积物资，黑市猖獗，这使他们很快就在这一控制体系中砸开缺口——无论如何，这都是一个笨拙的体系，"特别适用于消耗战"。然而，原来以服装、品位和风格为明显标志的社会差别逐渐消失了，社会变成了到处弥漫着实用主义的灰色地带。并不是每个人都在排队，但是，长久以来，作为对社会和阶级地位的回报，有些人可以在商店柜台前优先排队，但现在行不通了。征召令，包括志愿者招募、疏散、招募妇女做工等打破了家庭和社会生活的固有模式。泰勒（Taylor）在评论国会和白厅论战（主要指欧内斯特·贝文①和比弗布鲁克男爵②之间的论战）时使用了"战时社会主义"一词，但松散的就业、生产和供给控制结构（存在巨大缺口和瓶颈）所产生的行政基础结构无论是内容还是意义都不属于"战时社会主义"，但它却是"整个1941年英国政府未公开的主题"。更重要的是，在民防组织网络中的民众动员，包括民防部队、辅助消防队、妇女志愿军等更是改变了志愿工作的社会结构——长期以来这都是中产阶级家长作风的特权飞地。考尔德认为，即便是妇女志愿军，尽管军官大多是"常年为慈善义卖供应点心和饮料的女士"，但"在某些时候与地方，原有的中产阶级基础明显地被超越了"。

---

① 欧内斯特·贝文（Ernest Bevin, 1881—1951），第二次世界大战期间曾任英国劳工和国民事务大臣。——译者注

② 比弗布鲁克男爵（Beaverbro-ok, 1879—1964），原名威廉·马克斯韦尔·艾特肯（William Maxwell Aitken），第二次世界大战期间曾任军需大臣和飞机制造大臣。——译者注

研究一下英国国民军的构成这一事例对我们有特殊的意义。无疑，政府对国内的武装志愿军可能造成的后果极其敏感，因此极不情愿成立国民军。汤姆·温特林厄姆（Tom Wintringham）是一位国际纵队的资深社会主义者（他曾发起过"单个人的运动"，抗议政府对战争应对不力以及"顽固分子和吹牛大王"阻碍作战的行为），一天晚上他和《图画邮报》的霍普金森和老板赫尔顿三人聚在一起，共同劝说泽西伯爵（the Earl of Jersey），希望他在伦敦的豪宅奥斯特里（Osterley）公园，为成立非官方的"国民卫队"的"私人事业"提供场所。这所公园"学校"有几位来自西班牙的老兵做教师，霍普金森认为"它的规模本来能比现在大三倍"。"它教的不过是简单的'战争中的自助'这样的东西。"但他们接到关闭奥斯特里公园并且绝对"不能做任何事"的指令。一两个月以后，英国国民军正式成立，军方建立了自己的培训中心，温特林厄姆和他的同事们被新机构接管。这在"将战争民主化"的努力过程中，算是一个小小的成功战役。

但这场努力——《图画邮报》在其中发挥了令人吃惊的作用——将我们带到了第三个主题：大规模平民动员的"政治"后果。我们对战争年代的《镜报》进行过研究，认为像《镜报》及其他类似的报纸似乎有三场战役要打：战胜希特勒的军事战、为赢得战争而进行的战争和为赢得和平而进行的战争。① 每一场战争都似乎是前一阶段的延续。对希特勒的绥靖战术结束后，大轰炸使战争成为市民生活的中心，国家似乎成为一个为了赢得战争而建立起的坚强联盟。但是，政府高层对民众波涛汹涌的热情反应迟钝，随后才感到事态的紧迫性和对民众热情进行领导的必要性。与敌人作战的时间表一再延迟、没完没了的停顿和官僚主义；军队中"顽固分子和吹牛大王"们废话连篇，使人们质疑那些发号施令者是否有能力胜任他们的工作。人们也将战争过程中的失误和两次世界大战间隔期间的巨大失败联系在一起，责任很快就被推给那些"旧派分子"。从汤姆·温特林厄姆为《镜报》写的相关文章中可以了

---

① 与大众新闻有关的更详细的材料，参见 *The Popular Press and the Social Change*, Smith, Immerzi and Blackwell, *Rowntree Report*, CCS, 1969。

解到这两个问题之间的关联。他引用"牢骚歌"里的话:"清洁剂擦铜器,哪里光亮擦哪里,有劲儿不往正地儿使。"他问了一个重要的问题:"怎么才能建立现代化的空军?"他得出的必然结论是:"很显然,首先要摆脱掉上层的人。"要想赢得战争,就要与过去彻底决裂,也要与过去的人物决裂。只有使这一观念在人民的思想中逐渐形成,这种决裂才能最终实现:"赢得战争的战争"只有当和平来临时才有可能完成。和平会带来一个新社会。

战争进展表明,统治阶级没有能力独自赢得战争。普里斯特利(Priestley)写道:"这场战争必须被当做全民战争来打,无论当权者是否乐意,事实都是如此……在大战开始前的几年时间里,英国迅速失去了原来所具有的民主品质,现在它们又被炮弹和战火带回来了。"[1] 当然,统治阶级的无能早就暴露无遗,无论是经济崩溃、20 世纪 30 年代的失业潮,还是对法西斯兴起的绥靖反应等都是证明。战前英国社会对这些"旧派分子"的憎恶已经在悄无声息地不断积累。但是只有在全面战争和总体动员的条件下,社会危机才会汇聚起来。奥威尔写道:

> 这场战争证明,资本主义私有制——即一种经济体系,土地、工厂、矿山、交通等都被私人拥有,并且为了利润而公开出售——是行不通的。它不会按照你的意愿行事……我们非常清楚地知道英国当前的社会结构无法继续生存下去……如果不引进社会主义我们就无法赢得战争,如果不能赢得战争也无法建立社会主义。目前情况下,有可能既是革命的又是现实的,在和平年代这是不可能的。

奥威尔的预言是错误的,或者说这个预言以他没有预料到的方式而得到实现,但是他关于战争导致混乱的感觉是没有错的。战争使潜藏的社会危机暴露出来:战争以生动、简单而又有力的图式延续了领导者与被领导者之间、"旧世界"与"我们"之间的结构性鸿沟。与此同时,这种情感的洪流也强大有力地穿透了"其他阶层"和大后方,以至于

---

[1] J. B. Priestley, *Out of the People.*

某些对国内民众情绪很敏感的商业机构,如《图画邮报》、《旗帜晚报》(*the Evening Standard*) 和《镜报》等都无法长期抵抗之,并维持其商业经营力。就像奥威尔说的那样,"既是革命的,又是现实的"。以《镜报》为例,它长期以来都给人们一种幻觉,认为它引导英国公众去皈依社会民主主义。事实上是,它只是努力"站在第一线",只有在经历一系列幸运事件后,这份报纸才为自己找到了一个位置。首先,它倾听普通人的所言所感,然后皈依于这种强有力的、正在变化的"情感结构"。就像休·卡德利普(Hugh Cudlipp)观察到的那样,"在记录人们的情绪、聆听并反映他们的渴望和痛苦,并且将他们对战争发展的叙述与责难表达出来这些方面,没有哪家报纸的地位(比《镜报》)更高了"。① 在战争开始前最黑暗的几周里,同样的潮流将张伯伦赶下台,也使《镜报》与《图画邮报》以不同的方式合流,链接到一起:它还在 1945 年造成了工党的上台。

英国纪实风格

上面所讲的就是《图画邮报》得以生存并蓬勃发展的条件,但仍不够周密。流行文化和传播的特征就是反映人们所表达出来的真实倾向、情绪和态度。媒介在处理这些情绪和态度时会设立范围,加上所处的商业环境,这些感情被媒介塑形时就会发生明显的改变与转化。就像雷蒙·威廉斯所说:

> 民众文化是两种非常不同的因素之间不稳定的混合:一是维持独立的文化身份,经常与政治激进主义相关,抗拒既有事物,推动社会变革;二是民众文化由于其所处的劣势地位,需要适应占统治地位的社会秩序,并在其中寻找慰藉、满足或求得消遣。②

---

① 参见 Hugh Cudlipp, *Publish and Be Dammed*, Andrew Dakers, 1953; *At Your Peril*, Weidenfeld and Nicholson, 1962。
② Wiliams, "Radical and /or Respectable", in *The Press We Deserve*, ed. Boston, Routledge, 1970.

《图画邮报》的社会之眼

在通俗习语里，反映民众情感与感受的方式多种多样，各有重点。简短而言，"情感结构"背后的表现形式区别非常明显，如《镜报》，《图画邮报》，皇冠电影公司的战时影片，"战地甜心"薇拉·林恩（Vera Lynn），英国喜剧演员汤米·韩得利（Tommy Handley）的《又是那个人》（ITMA）①，等等，它们的不同之处和相似之处同样明显。为了描述我们所说的"《图画邮报》社会之眼的形成"，我们需要了解在回应一系列情境性的事件时有一种特别与明显的风格，即英国纪实风格，它是如何逐渐形成的，并给《图画邮报》带来了启发。我们必须将《图画邮报》定位于它自己的领域与空间中，即视觉和文字表达的场景中。

英国的纪录冲动植根于20世纪30年代②，如果没有这种动力，可能永远都不会有《图画邮报》。"纪实"这一术语首先被用于电影，格里尔森（Grierson）用这个词来评论罗伯特·弗拉哈迪（Robert Flaherty）的电影《梦娜》（Moana）。格里尔森用"纪实"表示"对现实的创造性处理"。格里尔森受到艾森斯坦（Eisenstein）、吉加·维尔托夫（Dziga Vertov）、普多夫金（Pudhovkin）及其他苏联电影界人士革命性作品的影响。但是，《梦娜》是弗拉哈迪式的"诗意自然主义"风格，而《北方的南奴克》（Manook of the North）③这样的影片才能代表他的风格。格里尔森的杰出电影《漂网渔船》（Drifters，1946年上映）④ 是英国纪实"学派"的奠基之作。格里尔森和他的导演团队受到帝国市场委员会（Empire Marketing Board）的特殊庇护，在30年代他们出品了《锡兰之歌》（Song of Ceylon，1937）、《夜邮》（Night Mail，1936）、《采煤场》（Coal Face，1935）、《住房问题》（Housing Problems，1935）和《伦敦人》（Londoners，年代不详）等。从一开始，格里尔森和他的团队就想使电影成为公众获取信息的工具，也成为说服公众的媒介。他

---

① 参见"Let the People Sing"，The People's War；另见大众观察宣传，The Government Explains，Allen & Unwin，1965。
② 参见 Grierson on Documentary，ed. F. Hardy，Collins，1946；Alan Lovell，"The British Cinema：The Unknown Cinema"，英国电影协会教育系，研讨会论文，印刷品。
③ 1922年关于爱斯基摩人的影片。——译者注
④ 下面的年代均由译者所加。

写道，这运动"从一开始就是一场在公共评论界内的冒险"。运动影响广泛，美国也出品了关于大萧条的电影，但是他们认为纪录片基本上是"英国产物"。"纪录片使英国人在原本不适于低调叙事（understatement）的媒介中展现了低调叙事的才能。它是艺术上的一次探险，艺术为公共服务并因此而受到尊敬。"总之，"流行的观点认为，戏剧是不寻常的，纪录片则与之相反，希望从寻常事物中创造戏剧：要让民众的眼睛离开大事件，让他们观看自己的故事、自己眼皮子底下所发生的事。这是我们坚持做家门口的戏剧的出发点"。这种纪实冲动的英国本土化——在英语背景下，其特色力量和弱点都暴露无遗——赋予了格里尔森电影团队一种代表性的风格。格里尔森在战争开始时就已移民加拿大，并在那里成立了加拿大国家电影局；但是他留在英国的电影团队被信息部接管并成立皇冠电影公司。纪实电影的重要支持者汉弗莱·詹宁斯（Humphrey Jennings）是一位天赋惊人的电影制作人——他也是英国电影界真正支持电影化语言的少数人之一，他的主要作品包括《战火已起》（*Fires Were Started*，1943）、《家庭画像》（*Family Portrait*）等，大多是对战时英国的描述。其他类似影片，例如卡罗尔·里德（Carol Reed）的《最后突击》（*The Way Ahead*，1944）歌颂的是普通士兵，索诺德·狄金孙（Thorold Dickinson）的《近亲》（*Next of Kin*，1942）支持"禁止流言"（careless talk）政策①——它们不仅与《图画邮报》立场相近，并且是对同一"情感结构"的不同表达。

1937年开始的"大众观察"运动是对这种纪实冲动的另一有力表达。"大众观察"运动致力于对英国人无限多样的社会习惯的观察和记录，主要是在查尔斯·马奇（Charles Madge）和汤姆·哈里森（Tom Harrisson）的灵感激发下成立的。马奇是《镜报》的诗人兼记者（后来成为伯明翰大学社会学系教授），哈里森则原来是鸟类学家，后转行到人类学，他认为，在危险的战争年代里，"注意力的望远镜"应该被导向英国人民本身：

---

① 英国在第二次世界大战期间采取的宣传政策，禁止谈论敏感话题以防间谍偷听。——译者注

观察大众并尝试让大众观察自己；前者需要做田野调查……而后者则要通过自我记录和"主体的"报告。

回顾过往时，汤姆·哈里森明确表示，大众观察的出现和20世纪30年代的情景联系密切，"人们认为高层专业性机构和组织应通过国会、新闻、广播等渠道为所有英国人代言，但在30年代它们和普通大众，或者说沉默的英国大众之间的裂隙，可怕地扩大了"。虽然数据显示，大众观察被以简单的方式算数化了（观察者计算一切东西，包括酒吧里坐在一起的人多少次同时举杯）；但大众观察主要是用惊人的细节对普通人的普通生活无尽的多样性进行了记录、观察与计数。这是一种土生土长的民族志方法（像格里尔森的作品一样），它有许多公共责任蕴含却几乎没有明显的政治蕴含，其主要素材是英国的参战所引发的不断变化的意识。大众观察是整个战争期间最灵敏的"非官方"舆论指示器。大众观察最著名的作品是《酒馆与人民》(*The pub and the People*)，哈里森说里面醒目的插图是"在对普通的、日常发生的事件的报道中是独一无二的，这种方式和我们的某些观察研究一模一样……这个类型的照片的基础是作为不偏不倚、客观、未被人们觉察到的记录工具的照相机"。这些照片的摄影者是名为汉弗莱·斯班德尔（Humphrey Spender）的一位知名摄影家，当时为《图画邮报》工作。[①]

为了使我的观点更加清楚，我将讨论另一点，即文学纪实和报告对这种"观看之道"的形成所发挥的作用。这种文学形式经常关注同一主题：普通人，他们的习惯和行为，他们的困境和状态——它们态度也相似：努力写下、录下并报告"真正"发生的事情，打破传统和继承而来的社会盲点。这些盲点使英国社会的一半（一大半）对另一半（一少半但更有势力）严格保守着秘密。许多作家和记者那时候都像黑幕爆料者，与自然主义者在美国一样，在路上奔忙，希望能够用描述性的问题捕捉住"现实"，在传统的意义上这种"现实"比文学更真实，

---

① 大众观察出版的书籍、报告和档案资料仍然是关于这一时期社会生活与观念的内容最丰富的资源。参见 *Britain Revisited*, ed. Tom Harrisson, Gollancz, 1961；重印的 *Pub and the People*, Seven Dials Press, 1970，里面有 Humphrey Spender 拍摄的照片。

就像弗莱尔森（Frierson）所说的那样，"作为一种艺术形式，其地位比电影更高"。我们可以在企鹅出版社的某些"特别系列"中看到这种方法所带来的成果。这些图书中有许多都与"左派图书俱乐部"有某种联系①——最著名的是奥威尔的《通往威根码头之路》（*The Road to Wigan Pier*）、《巴黎伦敦落魄记》（*Down and Out in Paris and London*）和《向加泰罗尼亚致敬》（*Homage to Catalonia*）：

> 清晨首先听到的是磨坊女工的木屐敲打鹅卵石路面上的声音。我觉得在此之前应该是工厂刺耳的集合哨，但我从来都没有醒那么早过。宿舍里一般会有四个人，住宿区条件恶劣，看起来污浊不堪的房屋不适合居住。

奥威尔不仅给我们贡献了纪实文字的最佳范例，他还探索了细节之下的情感和态度亚结构（sub-structure），他在关于语言的文章里探讨了纪实风格文学存在的问题，也有中肯的洞见。许多处在同一传统中的作家没有采用奥威尔那种投入的姿态：我们还记得，普里斯特利②的《英格兰之旅》（*English Journey*）和其他许多作品当时都比《通往威根码头之路》更有名。

格里尔森关注的是电影新媒介被用于"社会责任"的方式。奥威尔关注的则是社会和历史事件的压力以何种方式将传统上被当作"艺术家"的作家的实践放到了括号里。大众观察的方式太"诗意"、太"主观"，不属于社会学；同时它又太"客观"，因此也不属于"文学"。也就是说，纪实性作品在艺术的"自由活动"和"写报告"的社会性参与之间艰难地打开了一片缺口。瓦尔特·本雅明认为，在由新闻媒介的机械化复制的革命性创新所带来的形式和价值观念的转变过程中，传统被击碎了，永远不可能再恢复，传统意义上的"艺术"已经失去了"光晕"。"在人类历史上，机械复制第一次将艺术作品从对仪式的寄生

---

① 关于左派图书俱乐部最近历史的著作有 *Left Book Club*, Gollancz, 1970。
② 普里斯特利（John Boynton Priestley, 1894—1984），英国作家、剧作家，其《英格兰之旅》出版于 1934 年。——译者注

中解放出来……艺术不再以仪式为基础，而是以另一种实践为基础，即政治实践。"① 我们所讨论的公众表达危机，很多就是由机械复制的新工具所引发的：关于这一点，人们会联想到电台带来的影响，以及相对廉价的小册子和热门图书的印刷与发行，以及电影摄像和静态摄影的出现。但是，这些技术进步处于社会危机的压力之下，每一个组成部分都以不同的方式处理这些压力。纪实风格虽然在一个层面上讲是一种写作、摄影、拍摄影片、记录的形式，但是在另一层面上讲，它也是对社会意识的新兴表达形式：在社会修辞的形成过程中，它记录了近期以来战前和战争期间新的"情感结构"。在这里我们再次遭遇了一种重要的关联，即使主体—客体和历史经验内容、再生产工具的革命性进步和随之而来的集体社会观念的不断变化的形式和风格显明地汇聚在一起。《图画邮报》不仅再生产和折射了大众战争冲击下的处于转型状态的社会形象，而且还是新的纪实性"观看之道"的后继者。纪实风格带来各种不同的形式和媒介，在整体文化中找到了非常具有原创性的表达方式。例如，像这样的杂志，具有非正式教育的目的，以唤醒和激励民众为己任，与此同时出现的组织如陆军新闻局（Army Bureau of Current Affairs）的建立也具有类似性质，后者主要是为军官和其他人提供讲座、讨论、辩论服务，及时就社会紧急事件公开发表意见，毫无疑问，从中会产生独特的政治意识。②

确实，为这些发展所隐含的政治内容作出准确的定位是重要的。③格里尔森完全意识到纪录片运动所隐含的社会意图："我们……有点担心世界会走向何方……我们对能在混乱的世界中将情绪凝结起来的所有手段都感兴趣……"他补充道："……并且创造一种公民参与的意志。"

---

① Benjamin, "The Work of Art in the Age of Mechanical Reproduction", in *Illuminations*, ed. Hannah Arendt, Cape, 1970.

② 关于"陆军新闻局"，参见 T. Hawkins and L. Brimble, *Adult Education—The Record of the British Army*, Macmillan, 1947；另见 "Army Education", *Times Ed. Supp.* (8.8.42) 和 "The ABC of ABCA", *Observer*, (14.5.44)。

③ 以下内容参见 *Grierson on Documentary*, op. cit; "The Critical Issues", Paul Rotha, Basil Wrigh, Lindsay Anderson, and Penelope Huston (*Sight and Sound*, Vol. 27, No. 6; 1958); Orwell, *Politics and the English Language*, in *Selected Essays* (Penguin; 1957), and *The Lion & The Unicorn*, op. cit。

巴索·莱特（Basil Wright）是这个团队的一员，他在回顾历史的时候说得更清楚：

> 正如你所看到的，纪录片运动怀有那种社会、准政治的促力……现在没有任何措施解决贫民窟、数百万失业者、营养不良等问题。我们反对政府：我们现在知道政府的行径就是我们所揭示的那样，我们写政论文章；我们制作的电影全都是反政权的。

汤姆·哈里森同样意识到这一点。他一再回到那个主题"在英国的上层社会、领导阶层和其他人、被领导者之间，存在着一条鸿沟"。奥威尔也许对所有这些看得最为清楚。在其论述英语所处的疲惫状态的文章中说道：

> 在我们的时代不存在"远离政治"这回事。所有事件都是政治事件，政治本身就集一大堆的谎言、借口、蠢行、仇恨和精神分裂于一身。在大气候变坏的时候，语言也跟着倒霉。

但是，这是一种什么类型的政治呢？奥威尔在 1940 年提出这样的问题：

> 进步和反动不再是任何政党的标签了。如果要指出一个特殊的时刻，可以说，在《图画邮报》发刊时，"左派"和"右派"的旧划分就已经破产了。《图画邮报》在政治上是左派还是右派？或者是指《乱世春秋》（*Cavalcade*）呢？还是指猫王的节目广播呢？还是指《旗帜晚报》（*The Evening Standard*）的头条文章呢？

战争与"英国革命"

上文已经说过，战争严重扰乱了英国根深蒂固的生活方式，促进了决定性的社会转型。纪实风格是对两次世界大战间歇期社会危机的积极反应，其价值和社会修辞是在总体战争与全民动员条件下形成的结晶。在这样的氛围中，某种处在其他的氛围中也许会被英国社会主流话语边缘化的表达风格，则暂时地与民众情感的主导结构汇合了：由于这些变化，纪实模式以一种合适的形式成为商业化与经营类图片—新闻杂志的可能性修辞。在两次大战间隙，英国权力和社会关系模式存在很大局限，国家单方面不可能去完成其面对的任务，因此在当权者所规定的范围之外民众被动员起来，大众传播媒介或过轻、或过重地表达出了民众的意识。信息本身——事实与报告——成为鼓舞士气的工具和社会意识的组成部分。我们可以从中看到在社会中产生影响的民众文化的辩证法。因为战争，像《图画邮报》这样的周刊才有可能在商业上取得成功的同时，又传递出了爱国—民众主义者（populism）的情感和论调。灰色的半色调①能够完美表达当时蔓延在后方和前线面临紧急关头时所产生的情绪。《图画邮报》明快、激进、富有韧性地表达欢快的风格镶嵌在每一页的任何一个角落，与那些顽强的快乐情绪、对英雄主义的展现、战时的趣言妙语、避难所里的幽默和真实表达集体精神的关于大轰炸的民间文学并驾齐驱；从本质上讲，他们是大后方的"文化"②。在这些时刻，某种真正的民众主义就有了进入并统治商业杂志的语言和风格的可能性。

战争因此打开了一个特殊的空间——《图画邮报》和《镜报》以不同的方式进入了这个空间，二者之间的对比非常有意义。在整体上，它们都努力地从参战士兵和普通民众的视角记录战争带来的影响，而不是以前线部队背后的精神司令部自居。这些故事又返回到读者那里，返回到他们的体验中，当然是经过流行杂志与摄影放大过的，放大当然也是一种变形。像《镜报》一样，《图画邮报》也支持局外人丘吉尔，反

---

① "半色调"（halftone）或网目调，是一种用不同大小的网点来模拟连续色调的印刷技术。——译者注
② 参见内容包括：Calder, *The People's War*（参前注），Fitzgibbon, *The Blits*（参前注）；F. R. Lewey, *Cockney Campaign*, Stanley Paul, 1944；大众观察出版的"The Tube Dwellers"和 R. Calder, *Carry on London*。

对保守党旧派，但在不断批评战争行为时遇到了麻烦。① 像《镜报》那样，它直接对读者的实际遭遇说话；像《镜报》那样，它进入了"规划新未来"的精神中——为赢得和平而战斗；像《镜报》那样，来自驻军通讯员和记者提供的报道源源不断，同时也会与各种流行于不同机构和人群中的观点保持同步。从"为赢得战争而战"到"为赢得和平而战"，再到含蓄地支持工党：无论是《图画邮报》还是《镜报》都被这一历程所左右。二者都正确预测了1945年大选的结果，因为它们都在倾听人们的声音：随着战争的发展和战局的好转，人们越来越坚定的决心是"不让战争重演"。大选之前，《镜报》已经成功地号召"大后方"的妇女"为他投票"（它对这些妇女简直是威逼利诱），保证工党的压倒性优势：要推翻所有预测，推翻丘吉尔和保守党中央办公室的预测，还要推翻"流行的"［popular，不是民众主义的（populist）］报纸的观点，如比弗布鲁克报系（Beaverbrook）的《每日快报》编辑克里斯蒂森（Christiansen）向主编说的那样"大选已经被（保守党）揣在兜里"②，直到最后他都这么说。本文不拟讨论《镜报》是如何在其杰出的新闻腹语（ventriloquism）中首先听到工人阶级读者的声调和体验，然后了解它，最后以夸张的手法将它表现出来的。我相信，《图画邮报》的表现方式是更诚实的，也更少人为操纵的干预，通过其内在的直率、非正式的严肃性，服务于读者的情绪，尤其是在一种具有历史创造意义的模式，即"冻结在时间里"的模式中，通过自己的能力呈示出自身所要表达的。

但是，这种发酵性效应的政治性质是什么呢？1941年，奥威尔将英格兰描述为像是"一个沉闷的维多利亚时期的家庭，里面败类不多，但所有橱柜都装满骷髅③。他们既有你必须对他点头哈腰的富亲戚，也

---

① 关于《镜报》和政府之间的紧张关系，请参考 Cudlipp, *Publish and Be Damned*, *op. cit.*; M. Edelman, *The Mirror: A Political History*, Hamish Hamilton, 1966. 企鹅出版社的《图画邮报》文选录入了编辑部反对审查的签名社论，第114—115页。
② 参见 A. Christiansen, *Headlines All My life*, Heinemann, 1961. 关于《镜报》和《快报》在1945年所起作用的介绍见 *The Popular Press and Social Change, 1945 - 65*, 见前注。
③ "橱柜里的骷髅"是英语成语，指不可告人的秘密。——译者注

有饱受欺凌的穷亲戚，并且，对家庭收入来源大家都心照不宣，闭口不谈①"。总之，这个家庭"被不好的成员所控制"。② 在战争的起初几年，他相信：

> 如果我们能够在战争中幸存下来，在弗兰德斯战场的失利将被证明是英国历史上的一个转折点。在这场大灾难中，工人阶级，中产阶级和部分商人都能看到资本主义私有制已经彻底腐朽了。

以这种希望为基础，加上他对英国生活本性的直觉洞见，他预见到英国革命已经开始了。"当军队从敦刻尔克返回后，英国革命开始积蓄力量，蓄势待发。就像在英国的任何事情一样，它以一种昏昏欲睡、毫不情愿的方式进行，但是，它确实发生了。战争加快了这一进程，但也增加了提速的要求（以绝望的方式）。"基于这种判断，奥威尔开始描述关于"特别的英国社会主义革命运动"的轮廓特征。奥威尔的描述既具有感召力又极有见地，说它有感召力不仅仅是因为它关于革命的内容具有鼓动性，甚至也不是因为对政治力量平衡及其可能后果有精确的解释，而是因为它具有某种与当时正在出现的国家情绪结构（structure of national sentiment）相关的独具特色、独一无二、真实不虚的东西。下面这段文字非常关键，既包含有其颇具特色的直觉又能反映出一种具有代表性的弱点：

> 进步和反动不再是任何政党的标签了。如果要指出一个特殊的时刻，可以说，在《图画邮报》发刊时，"左派"和"右派"的旧划分就已经破产了。《图画邮报》在政治上是左派还是右派？或者

---

① 霍尔的引文与奥威尔的原文稍有出入，奥威尔在"England, Your England"一文中的原文是 It has rich relations who have to be kow-towed to and poor relations who are horribly sat upon, and there is a deep conspiracy of silence about the source of the family income，而在引文中则为 ... and there is a deep conspiracy about the source of the family income。——译者注

② 关于奥威尔对战争政治后果评价观点的变化，参见 *The Lion and The Unicorn*，见前注；给《党派评论》（*Partisan Review*）的信，尤其是 1941 年 1 月、1942 年 8 月、1943 年 1 月和 1944 年 12 月载于 *Collected Essays* 的信。

是指《乱世春秋》呢？还是指猫王的节目广播呢？还是指《旗帜晚报》的头条文章呢？没有任何过去的分类标签适合他们。它们指的只是有许多无法被打上标签的人，这些人在过去的一两年认识到，有些东西错了。但是，既然人们认为无阶级、无私有制的社会就是社会主义社会，那么我们也能将这一名称送给我们目前正在迈向的社会。战争与革命是分不开的。

即便是到这一时刻，奥威尔也认识到"普通民众非常迟钝，他们朦胧地认识到事物永远与过去不同了，但是，他们还希望回到原来熟悉的模式中去"。有人要求奥威尔详细解释那种"真正触动了英国人心灵"的"社会主义运动"究竟是什么样的，他的描述同样尖锐：

（社会主义）不是教条，甚至都不合乎逻辑。它会废除上议院，但不大可能废除君主制。它会留下一些不合时宜的废物和无所适从的人，比如头上戴着夸张假发的法官，士兵帽扣上的狮子与独角兽。它不会建立任何明显的阶级统治。它将会围绕旧工党组织起来，广大追随者将会加入工会，并且也会吸引大多数的中产阶级和许多资产阶级的青年子弟。它的大多数领导者的阶级身份不确定，包括熟练工人、技术专家和飞行员、科学家、建筑师、新闻工作者等，这些人都在无线电和混凝土的时代如鱼得水。但是，它永远不会丢掉妥协的传统，也不会丢掉高于国家的法律信仰。

如果我们把洋溢在这段文字中的一点点热情和它的修辞力量剔除出去并且纠正其中的细节的话，要么奥威尔先知先觉的能力配不上他的名气，要么确实是他的判断误导了我们。

在他1942年8月29日给《党派评论》（*Partisan Review*）的信中，我们可以看到奥威尔的评论"与三个月前一样，我们仍然处于相同的严酷的危机之中"。

现在，就像两年前一样，我们可以用"或者这样……或者那样"的句式预测未来：我们或者引入社会主义，或者在战争中失利。令人奇怪，也许令人不安的事实是，我们在 1940 年也能像现在一样容易做出上面的预测，而基本条件却几乎没有改变。我们已经在烈火熊熊的甲板上待了两年，而弹药库却还没有爆炸。

到了 1943 年 1 月，他的乐观态度开始低落了。"嗯，危机结束了，反动派获胜，没费吹灰之力。"

> 丘吉尔又一次牢牢地掌握了局面，克里普斯（Cripps）① 浪费了他的机会，没有其他左翼领袖或左派运动出现，更为重要的是，在西部战线结束以前几乎看不到革命形势的呈现。我们本来有两次机会，敦刻尔克和新加坡，但我们都没有抓住。

1944 年 12 月，当他回顾第二次世界大战以来的全部时期时，他被迫承认他"对形势的分析是非常错误的"。"我错误的地方在于，对不同趋向的相对重要性估计失误。"他说：

> 我不仅认为，民众情感倾向于向左派流动（这可能是真的），但是没有将民众情感民主化就很难赢得战争……我掉进了一个陷阱，认为"战争与革命不可分离"。我可以为这条信念找到许多理由，但这仍然是一个非常大的错误。因为，毕竟我们还没有输掉战争……我们也没有引入社会主义。英国在迈向计划经济，阶级差别有缩小的趋势，但是并没有真正发生权力的转移，真正民主也没有得到发展。同样一批人仍然掌握着所有社会财产，仍然篡夺了所有最好的工作。

英国革命的"时机"确实过去了——但这次失败的原因比奥威尔在

---

① 斯塔福德·克里普斯爵士（Sir Stafford Cripps, 1889—1952），工党领袖，第二次世界大战期间曾出任飞机生产大臣。——译者注

此所讲的更复杂。现在我们可以简要论述这些原因。战争确实在某种程度上使社会民主化了，但没有人利用民主化过程的政治意义并将其作为有意识的战略；也没有政治团体完全清楚它在改变社会结构方面的重要作用，尤其是工党。英国阶级社会的坚实基础从未被真正削弱过。"战争的努力"中所包含的信息和象征以某种奇怪的方式将各阶级联合起来，不利于阶级划分和阶级的两极分化。丘吉尔图腾般的权力，被看成英国某些核心价值的化身，在团结英国民众的过程中发挥了一定的作用，就像上个时代的女王登基60年纪念所起的作用一样。奥威尔认为在面对共同的敌人时，英国人以我们无法预见的方式"团结一致"，但他没有预见到，这与真正大众与民众社会主义运动背道而驰。工党中的一股力量具有实验性、妥协性和多党派合作倾向，它在组织政治中作为占有支配地位的和具有代表性的势力存活下来——这也是民众主义的继承者，奥威尔曾经谈到过工党的这股势力。民众情绪的潮流——群众情感的移动趋向于左翼——在这里是毫无疑问的，奥威尔将自己的希望寄托在这一点上也是正确的。如果没有这种趋向，1945年大选之后的数月内就不会取得任何收获。奥威尔正确地指出，"英国革命"既是新型革命又卓尔不凡，革命的条件就在那里，这种历史际遇百年难遇。我们没有看到另一股被奥威尔所低估的趋势，但是由于没有得到有意识的激进领导和阐述，一场民众运动迅速地达到鼎盛并同时也显现出了其局限性。

"英国革命"的"时机"消失了，但并不是说工党主义和社会民主的"时机"也消失了。社会民主的激进形式在1945年工党政府执政的前几年里达到顶峰，就算是民众集体左转，它所能独立完成的事情也不过如此。《图画邮报》代表了社会民主趋势作为合法的"情感结构"所能达到的最高值。

新闻照片的局限

我认为应该用正式的视觉术语，从内容和态度等方面详细探讨这一点。《图画邮报》的照片和文字都非常真实地记录了普通生活的内容与品质。它的"讲述"模式直截了当。在捕捉"压力之下"的英国生活的本土力量时,它的表现是最为有力的。它的"社会之眼"是清晰的镜头,但是它的"政治之眼"却远非那么坚定。它精确地找到了剥削、痛苦和社会弊端,但却总用语言将它们描述为需要努力用善意去应付和补救的"问题":很明显这是一种改良主义——无论是从好的(人道主义)方面还是从坏的方面说,都是如此。它也没有寻找将表面现象与结构性基础联系起来的方法(这也是一个技术问题,我们此处暂且不谈)。从这个角度可以看到,《图画邮报》和稍后出现的电视纪录片之间存在明显的连续性。《图画邮报》在涉及大轰炸、失业、人们的日常工作的内容时,都强调经验的基本人类特征及其平凡性。这里润饰了人的韧性和勇气,但是却没有任何异见者的声音,也没有反对者或者反叛者的声音。无论是图片还是文字,对矛盾、内部冲突、利益对立等都避而不谈,即便是它们进行直接"抨击"时也是这样,潜在的冲突被记录为主动的变化。像奥威尔看到的那样,《图画邮报》之所以能够保持其真实性,仅仅是因为它一直坚决地与寻求变革的运动相联系,这种运动超越了"党派标签"和"旧有的左右派区别",还因为它直接对"许多无法被贴上标签的人"说话,"这些人……认识到,有些东西错了"。但是,《图画邮报》却没能够指出到底是哪里错了。

也许,通过比较,说《图画邮报》的修辞不能做的是什么更容易点。1939年9月23日那期的封面上,《图画邮报》用了一种"合成照片",图中的希特勒好像戴着神圣罗马帝国皇帝的羽饰头盔,身上的制服珠光宝气。① 这幅图的标题是"神圣罗马皇帝·阿道夫"。这是一位德国流亡艺术家约翰·哈特菲尔德(John Heartfield)的作品,他1938年到英国,在1939年初,《小人国》杂志刊登过他的插图,还办过两次展览(分别在伦敦和长廊美术馆),是20世纪德国杰出的艺术家之一,柏林达达摄影蒙太奇技术的奠基者之一。他与乔治·格罗兹

---

① 这是哈特菲尔德1932年的作品。1969年10月到11月伦敦当代艺术学会(ICA)展出时展览过该作品,见《展览目录》。

（George Crosz）及自己的弟弟德·赫茨菲尔德（Wieland Herzfelde）[1] 共同创办了马利克出版社（Malik Verlag），编辑了许多讽刺杂志和达达主义杂志。他也协助创办了第一次国际达达博览会，还是麦克斯·莱因哈特（Max Reinhardt）剧场的布景总监。[2] 在政治上他积极参与工人运动。哈特菲尔德为几家出版社设计海报和书籍封面，创作摄影蒙太奇作品，包括以工人为读者的图片新闻报如《劳工图画导报》（*Arbeiter Illustrierte Leitung*）等。在20世纪30年代他的作品在欧洲被广泛展出，1950年他返回莱比锡后，为布莱希特的柏林剧团设计海报。他于1968年去世。

20世纪初期，在艺术领域所酝酿的革命气氛中，人们主要关注的是印刷、摄影、设计等"美术"领域中的新技术和进步所带来的冲击力：绘画中自然主义的形式结构分崩离析了，这和"架上绘画"本身的"去神话"有密切关系，新机械复制技术的革新也颠覆了自然主义绘画复杂的、不可见的表现规则。我们可以发现本雅明所说的危机，即艺术运动给传统艺术的"光晕"所造成的危机[3]：它反映在早期的立体派"拼贴"实验，苏联艺术、电影、建筑和设计中的构成主义，超现实主义和达达主义运动，与未来主义和包豪斯（Bauhaus）的实验中。同一潮流还影响到梅耶荷德（Meyerhold）[4]、皮斯卡托（Erwin Piscator）[5] 和布莱希特：当然这种革命对电影的影响更为直接。这些革新以非常不同的方式试图完成不同的任务。第一，就像约翰·伯格（John Berger）评论立体主义时所说的，通过改变图画与现实的关系的性质，立体主义企图"表达人与现实的新关系"。第二，通过使用或者"复制"新媒介的效果，他们试图在艺术领域内，使革命性的技术进步和当

---

[1] 在霍尔原文中，这个名字被写为 Wieland Herzfeld。他是哈特菲尔德的弟弟，一位出版商和作家，与德国的先锋艺术运动和马克思主义思想运动联系紧密。——译者注

[2] 同上《展览目录》。关于哈特菲尔德与柏林达达主义运动的关系，可以参考 Hans Richter, *Dada*, Thames & Hudson, 1965。

[3] 参见 Benjamin, "Work of Art in the Age of Mechanical Reproduction", op. cit. 另见约翰·伯格（John Berger），"The Moment of Cubism", *New Left Review*, 42, March-April, 1967。

[4] 弗谢沃洛德·梅耶荷德（Vsevolod Emilevich Meyerhold, 1874—1940），苏联著名戏剧导演，1940年被斯大林处决，苏共二十大后得到平反。——译者注

[5] 厄文·皮斯卡托（Erwin Piscator, 1893—1966），德国著名的导演和剧院领导人。——译者注

代社会的技术生活自然化。第三，通过将图像并置，或者将单个物体形象进行断裂式透视，他们试图摧毁在三维图像中可以表现完整物体的幻象，质疑"空间是连续的"传统观点，也质疑空间与艺术关系的传统观点，在他们看来，空间本身就是物体和视角的相互关联，是人所获得的非连续的、多样性的感知模式。第四，"观看者和被看者之间的关系"成为他们作品的真正"内容"，由此质疑了艺术家和现实的关系问题及艺术家自身社会角色的问题。它们与支撑资产阶级艺术表达的感知逻辑狭路相逢并将其击溃。艺术和设计领域的各种革新运动之间存在着非常复杂的关系和政治，很难在这里说清楚，例如马克思主义和超现实主义就有明显的合流。构成主义、超现实主义和达达主义之间也存在或隐或显的各种联系。

哈特菲尔德是柏林达达主义团体的奠基者之一。达达主义的主要目的是摧毁资产阶级艺术的根基：哈特菲尔德的第一批摄影蒙太奇实验作品在此语境中诞生，他也被这个圈子奉为"达达主义装配师"。[①] 照片蒙太奇背后的基本原则与爱森斯坦的电影蒙太奇原则是类似的：将各不相干的或互相矛盾的形象"拼接"或并置，创造出新的含义。哈特菲尔德将照片和照片、照片和绘画、照片和印刷文字并置一处：他对照片进行改变、修正、重叠——许多是从报纸上截下来的普通新闻图片——目的是发掘它们的政治含义。附加的文字是非常重要的组成部分，详细说明政治内容——这使我们想到布莱希特剧场里所使用的口号和文字。哈特菲尔德的目标是利用照片（"穷人绘画"）的表现力、效果和现代传播的日常性因素，颠覆蕴含其中的意识形态性质和"客观"性，锻造革命性的流行修辞。在法西斯势力不断成长的黑暗环境中，该修辞就成为尖锐有力的武器，这一点可以在他20世纪20—30年代所创作的最重要的作品中得到证实。就如汉斯·黑塞（Hans Hesse）所言：

约翰·哈特菲尔德意识到……人们体验现实的性质已然变化。

---

① 关于"摄影蒙太奇"，参见德·赫茨菲尔德（Weiland Herzefelde）、布莱希特，谢尔盖·米·特列季亚科夫（Sergei Tretyakov）为哈特菲尔德画展写的文章，参见前注《展览目录》。另见 Hans Richter, *Dada*, op. cit.。

随着摄影技术的发明，新的图像形式焕发出活力，变成了新现实。艺术是由一系列二级现实（secondary reality）产生出来的，但在哈特菲尔德的作品中，二级现实揭示的是现实的真正品质（二级现实就是相对它而言的）。真正的原创性并不是存在于书写中，那除了能表现个性外没有什么意义。现在的艺术由图像构成，社会赋予它们意义并且成为个人"经验"的替代品。哈特菲尔德的意象、他的象征符号、他的寓言是这个世界的全部，事实上它们多半是照片，他所完成的是具有说教意义、内容充实、感情丰富的艺术品……他不得不将隐形的社会关系摆在人们面前。当哈特菲尔德将视觉现实弄得支离破碎时，他是为了纠正现实。他与不可见性（invisibility）斗争，那是一种人们为了将斗篷罩在社会关系上而制造出来的不可见性……

在那个对静态照片的修辞和叙述进行革新的年代，他的作品是最具革命性的。

斯蒂芬·洛伦特一定了解哈特菲尔德的工作，抛开其他因素不谈，洛伦特编辑慕尼黑版的工人图片新闻杂志时，哈特菲尔德在一家相似的媒介中完成了他的某些最重要的作品。几乎可以肯定的是，洛伦特影响到哈特菲尔德并使他加入《小人国》杂志，也影响到他选择"阿道夫·神圣皇帝"作为《图画邮报》的封面。但是，无论是《图画邮报》还是其他任何英国期刊，都没有使用他在汉普斯特德（Hampstead）长期居住时的作品。

在回顾历史时，忽略哈特菲尔德是一个灾难，但是，这并不是我们现在所关心的问题。我们使用哈特菲尔德作品的例证，是为了说明根据静态摄影表述方式的发展，什么才是已有的可能性，进而将这种表述方式的局限做出定位，如在《图画邮报》这份杂志中所展现的。在这里我们必须小心翼翼。哈特菲尔德不是在流行文化和商业背景下工作的，也不能将他的习惯性表达方式直接移植进这一语境中。《图画邮报》有特别的事要做——让照片适应战争的戏剧性事件，用图画生动形象地描绘日常生活。还有，它的风格是在特殊的历史背景中形成的——在20

世纪 30—40 年代后期的英国：相对而言，它也是在未接触与隔绝于席卷欧洲的整个艺术革新氛围的情况下发展出来的。在这里，没有英国的达达主义，没有英国的超现实主义，也没有英国的爱森斯坦或者普多夫金，请想一想英国纪录片将蒙太奇冲动加以归化与本土化的方式吧。总之，没有什么轻而易举的移植在这儿是可能的——这可能与其历史的出处是背道而驰的。与目前流行的正统观念不同，《图画邮报》本身就是对现存传统和可能性发展演变的非凡成果，并将它们延伸到流行刊物和非正规教育领域。然而，我们认为《图画邮报》没有做到或无法做到的那些事情，不可避免地被我们在处理这些新技术时认识到的其他潜在可能性所改变了：在伦敦，一位决心突破"新闻摄影"原有樊篱的艺术家的出现突出地证明了这一点。哈特菲尔德的作品加剧了我们的感觉，即《图画邮报》的修辞无法用照片和文字"使不可见的社会关系显现出来"。本质上讲，这是《图画邮报》的外部边界，也是其带有决定性的局限，同时也是社会民主作为政治意识形式的外边界。《图画邮报》与社会民主意识形态二者不存在机械因果关系，也不是以谁决定谁的方式相互关联的，而是在集体观念模式的层面上，在"情感结构"模式——在它们的"社会之眼"方面相互关联。《图画邮报》的社会民主的集体意识和社会之眼——社会民主的眼睛——属于同一历史"规划"，也在同一历史时机中形成。

应该说清楚，这里我们所关心的不仅仅是《图画邮报》明确的政治内容。正如本雅明正确指出的那样："仅靠政治宣传是无法组织起来的……倾向性是作品组织作用的必要的但绝不是充分的条件。具有决定性因素的是生产的示范性特征。"他说：

> 这里我只想指出一种重要的区别——仅仅提供生产器械和改变生产器械之间存在着根本性的区别。我的观念是，提供一个生产器械，而不尽可能去改变它是一个非常值得争议的过程，即使与这一器械一同提供的材料看起来具有革命的性质。①

---

① Benjamin, "Author as Producer", 见前注。

《图画邮报》用引人注目的忠诚和影响力"提供"了"器械"。尤其是在战争年代,它对现实所保持的完全的透明性是非常突出的。它没有做到的是"通过改进,使生产器械,如摄影、杂志等疏远统治阶级而偏向社会主义"。大多数现代静态摄影的艺术风格的范例甚至离这一目的更远,这一事实给我们某种标准,用来衡量《图画邮报》所取得的真正成就。

最后的邮报

《图画邮报》的历史清晰展现给我们的这个历史情境是如此引人注目,又如此短暂。① 《图画邮报》的老板爱德华·赫尔顿(Edward Hulton)在他1945年为工党政府所写的热情洋溢的欢迎词中自称"我个人不是社会主义者……更不是唯物主义者。但是我对推翻当前的保守党政府深表欣慰……欧内斯特·贝文先生当选外交大臣更让我的喜悦之情难以言表……"所有的矛盾都在这里:这位商业老板随波逐流地对公众埋葬"当前的保守党政府"表示"自然而然"的支持;错误地相信贝文在外交部的出现就预示了国际合作的新时代的来临。在五年时间里,正如霍普金森描述的那样,"老板的观点改变了,偏向于一方,但是编辑和员工的观点没变,或者偏向于另一方"。编辑和老板之间开始出现分裂,并且在冷战政治的压力之下,杂志所利用的那种情绪也开始分崩离析了,这使《图画邮报》失去了方向。

霍普金森王国的终结——也是《图画邮报》精神的终结(实际上直到1957年它还在出版,但逐渐失去了其影响力和发行量)——与它的成功同样富有启发意义。商业逻辑和政治逻辑相互强化是《图画邮报》的显著特征。在深层次讲,要从惯常的商业,即通常所说的商业补救计划方面解释为什么《图画邮报》失去了方向——那是因为,毕竟,人们"想要"《觉醒》(*Reveille*)、《周末》(*Weekend*)和《图画邮报》提供他们想看的内容。同时,对待俄国和左派的态度方面,它也应该不

---

① 参考霍普金森为企鹅出版社《图画邮报》选集所写的引言。

再这么"软"。1950年，詹姆斯·卡梅隆和波特·哈迪（Bert Hardy）[①]开始将关于朝鲜战场真实情况的激动人心的报告传送到国内，这些故事中的第一个——麦克阿瑟的部队在仁川登陆——获得了当年年度最佳系列图片奖。第三个故事——关于韩国如何对待朝鲜战俘的报告——造成了公开的分裂，老板进行干预要求不发表这个故事，而霍普金森则离开了杂志。一方面是冷战，另一方面是商业期刊贪婪、市侩的习气，《图画邮报》在二者之间的夹缝里放弃了挣扎。它的时代过去了。用卡梅隆的话说："它毫无痛苦地放弃了使它成为值得一看的所有的价值信念和目标……逐渐滑向拱形奶酪蛋糕与平庸装饰物的市场，并且渐渐地，它死去了，这真是活该。"1957年5月，历史终于翻过了这一页，赫尔顿出版社被奥当思出版社吞并，吞并方式和现在差不多，然后奥当思出版社又被合并到胃口无限膨胀的国际出版公司。社会民主的时代终结了。

（张道建　译）

[①] 波特·哈迪（Bert Hardy，1913—1995），著名摄影家，他的作品在1941—1957年经常被《图画邮报》所采用。——译者注

文化研究：两种范式[*]

严肃而富有批判性的知识工作既没有"绝对的开端"，也鲜有完整的连续性。无论是（一般）观念史钟爱的那种对于"传统"的无限扩展，还是阿尔都塞主义者曾经偏好的那种将"思想"标注为"正确"或"错误"要素的"认识论断裂"的绝对论，都做不到这一点。相反，我们看到的是一种凌乱而独特的发展不均衡性。最值得关注的是那些有重大意义的断裂——那些陈旧的思路在这里被打断，那些陈旧的思想格局被替代，围绕一套不同的前提和主题，新旧两方面的各种因素被重新组合起来。一个问题架构（problematic）的变化，明显转变了所提问题的性质、提问题的形式和问题可能获得充分回答的方式。理论视角上的这些转变，不但表明了内在的知识劳动所取得的成果，而且表明了真实的历史发展和变化被挪入思想的方式，及其给大写的"思想"提供的基本取向和存在条件——但并不担保其"正确性"。正是由于这种反映在社会思想范畴当中的思想与历史现实之间的复杂接合（articulation），以及"权力"与"知识"之间的持续对立，才使得这些断裂值得记载下来。

文化研究作为一种独特的问题架构，兴起于20世纪50年代中叶那样一个历史时刻。当然，与文化研究相关的一些具体的问题，已经不是第一次被提上桌面了。事实正好相反。两本有助于去标界这一新领域的著作——理查德·霍加特的《识字的用途》和雷蒙·威廉斯的

---

[*] 原题"Cultural Studies: Two Paradigms"，原文载于 *Media, Culture and Society*, 2, 1980。

文化研究：两种范式

《文化与社会》——都是以不同方式（在某种程度上）重新探讨这些问题的成果。霍加特的书参考了"文化论战"的内容，始终坚持那些有关"大众社会"的论断以及那种认同 F. R. 利维斯和《细察》(Scrutiny) 的研究传统。而《文化与社会》则重构了一种悠久的传统，威廉斯将其简要界定为：包含了"一种对我们社会、经济和政治生活中出现的各种变化的众多重要而连续的反应的记录"，并提供了"一种可以帮助人们探求这些变化之性质的特殊地图"。[①] 初看起来，这些书好像只是参照第二次世界大战以后的世界来对这些早先涉及的问题所做的更新而已，但回顾历史来看，这两部著作同自己置身于其中的思想传统的"决裂"，似乎比它们对于这些思想传统的继承和延续更为重要。《识字的用途》开始以强烈的"实践批评"（practical criticism）精神去"阅读"工人阶级文化，寻求那些在工人阶级文化模式和安排之中所显现的价值和意义：好像它们就是某种"文本"。但是，将这种方法运用于对活生生的文化（living culture）的研究，同时抛弃"文化论战"中对于高级文化/低级文化进行两极区分的种种措辞，才是一个真正彻底的开端。《文化与社会》在同一个方向上构成了一种传统（即"文化与社会"的传统），限定了它的"一贯性"（不是依据普通的立场而是依据其特有的问题关注和探寻习惯），从而对这一传统作出了独特的现代贡献——同时也写就了它的墓志铭。雷蒙·威廉斯随后写出的著作《漫长的革命》明确指出：这种"文化与社会"的思考模式要想得到完善和发展，只有转移到别的地方——即转向一种有重大差别的分析方式——才能进行。《漫长的革命》当中一些表述的难点——试图依靠一种在思维习惯上带有极端经验主义和特殊主义的传统来对其使用的种种概念的经验"厚度"及其展开论证的归纳过程进行"理论化阐释"——在一定程度上就源于这种继续向前推进的决心（威廉斯的著作，一直到新近出版的《政治与文学》，还分明体现着其一直坚持的发展主义）。《漫长的革命》所呈现出的

[①] Raymond Williams, *Culture and Society: 1780 – 1950*, London: Penguin Books, 1963, p. 16.

"优"点和"缺"点,均缘于它作为"断裂性"著作的特定状况。这种看法可以同样适用于 E. P. 汤普森的《英国工人阶级的形成》一书;尽管从时间上看它出现得要晚一些,但显然也属于这一"历史时刻"。这本书的"思考"也限于某些特殊的历史传统——如英国马克思主义史学、经济学和"劳工"史——之中。但是,在突出文化、意识和经验问题的地方及其对能动性(agency)的强调中,这部书也与某种技术进化论、经济还原论和组织决定论构成了根本性的决裂。这三部书在这些思想传统之间构造了一个间隙(caesura),正是从这个间隙之中,"文化研究"伴随其他事物得以脱颖而出。

这三部书无疑都是富有原创性和构建性的文本。它们绝不是那些为了建立一种新的学术分支学科而撰写的"教科书":在它们原本的冲动中压根就没有这种想法。无论它们关注的是历史还是当代,都是成书时所处的时代和社会的现实压力的聚焦,通过这些压力组织写作内容并对其构成了回应。这些著作不仅严肃地看待"文化"——将其看作要充分理解古今历史变迁必不可缺的一个维度;而且,它们自身也具有《文化与社会》意义上的"文化性"。它们迫使读者们去关注以下命题:"文化这个词浓缩了因历史巨变直接引发的种种问题,工业、民主和阶级方面的变革都以自身的方式呈现了这些变迁,艺术上的变革也是对这些变迁的密切回应。"① 这是一个事关 20 世纪 60 年代和 70 年代,也事关 19 世纪 60 年代和 70 年代的问题。或许应该指出,这一思想路线大体上接近于早期新左派所谓的"议程"(agenda),这些作家在某种意义上属于新左派,他们的著作也是如此。这种联系从一开始就将"学术工作的政治"毫不含糊地置于文化研究的核心地位——幸运的是,文化研究从来也没有、也决不能放弃这种关注。从深层意义上看,《文化与社会》中"对各种描述的澄清"、《漫长的革命》的第一部分、霍加特对于工人阶级文化诸方面极度扎实而具体的研究,以及汤普森对 18 世纪 90 年代至 19 世纪 30 年代阶级文化及民众传统的重建,结合在一起构成了它们之间的断裂,并为开展一种新的研究和

---

① *Culture and Society*: 1780–1950, p. 16.

实践领域划出了空间。就知识的传承与和重点来看，这是"重新构建"文化研究的时刻——如果文化研究还真的能重建的话。文化研究的体制化过程——最先依托在伯明翰当代文化研究中心，随后出现在有广泛来源和地域的课程与出版物当中——及其独特的收获和失误，均属于20世纪60年代及随后的时代。

"文化"就是这种汇聚的场所。但在这一整套著作当中，产生了哪些对于这个核心概念的定义？而且，由于这种思路已经从根本上形塑了文化研究，并且体现了最具构建性的本土或"本国"传统，那么它的诸多关注点和概念又是围绕何种空间统合起来的？事实上，我们在这里找不到一种对于"文化"的单一的、无可辩驳的定义。这个概念依然很复杂——是一个汇聚了各种关切（利益）的场所，而不是一个在逻辑上或概念上可以阐明的观念。这种"丰富性"是此领域当中充满持续紧张和纷争的一个区域。因此，简单概括一下使得这个概念达到目前这种（不）确定性［(in)-determinacy］状态的那些独特的侧重点，或许更有意义（随后的这些描述必然是粗糙的、过分简单化的，综合的而不是细致分析的）。这里只讨论两个主要的问题架构。

从雷蒙·威廉斯《漫长的革命》中许多提示性的表述中，我们可以引申出两种对"文化"进行概念化表述的方法。第一种方法是将"文化"与一些现成的描述联系起来，而社会各界也是通过这些描述领会和表达他们的共通经验的。这种定义虽然继承了早期对于"观念"(idea)的强调，却对它进行了彻底的重写。"文化"这一概念本身已被民主化和社会化了。它不再是由那些"一直被认为和被说成是最好的"、被认为是文明巅峰的东西——完美的观念所构成，在其早期的意义上，这是人所共盼的。甚至连"艺术"——在早期理论框架中也被委任以优越地位，并作为文明最高价值的试金石——现在也仅仅被重新限定为一般社会过程中的一种特殊方式：意义的给予和获取以及"共通"意义的缓慢发展——作为共通文化的"文化"在这一特定意义上也就是"日常之事"（借用雷蒙·威廉斯早期为了让他的基本观点更易理解而用的一个标题）。假如连文学作品中最高级、最精粹的描述也只是"创造惯例和制度的一般过程的构成要素——在此过程中那些被共同体所珍视的意义得以被分享并发挥作用"①，那么，此过程就肯定无法与历史进程中的其他诸种实践相脱离、相区别或分开："因为我们看待事物的方式确切地说就是我们的生活方式，传播的过程实际上就是共同体的构建过程；分享共通的意义，进而分享共通的活动和目标；提供、接受和比较各种新的意义，引领各种争论并获得发展和变革。"② 因此，若从这一思路理解，对这些描述的交流也不能被置于其他事物之外并与之进行外在比较。"如果艺术只是社会的一部分，那么就不是一个游离于社会之外的坚实的整体，并可以通过我们的提问方式去承诺其优越性。艺术作为一种活动，必然伴随生产、贸易、政治和家庭养育等事宜。要充分考察这些关系，我们就必须主动去研究它们，把所有活动都视为显现人类活力、在同时代发生的独特形式。"

如果说第一种观点是在"观念"范围内运用并重述"文化"这一术语的意指，那么第二种观点则意在突出文化的人类学意义，着重强调"文化"与各类社会实践相关的那一方面。从第二种观点来看，"文化是一种整体的生活方式"这一略显简单化的定义，似乎有点太过于抽象了，由此，雷蒙·威廉斯给文化概念的这个方面更多地赋予了"文献记录的"——带有描述性，甚至民族志色彩的——术语含义。但是在我看来，较早的定义似乎更为重要，因为"生活方式"已将之包容其中了。争论的要害在于，是以各种因素之间活跃而牢固的关系为依据，还是以各种通常脱离于社会的社会实践为依据。在这种语境当中，"关于文化的理论"被定义为"对整个生活方式中各个因素之间关系的研究"。"文化"不是某种实践；也不是对社会中的"民风习俗"的总体简单描述——似乎趋近于成为某种人类学。它贯穿了所有的社会实践，是它们相互之间关系的总括。随后的问题就是研究对象和解决问题的方法。"文化"是那些组织模式，是那些可以被视为显现人类自身活力的独特形式，这些方式存在于所有社会实践之中或以之为基础，具有某些"无法意料的同一性、对应性"和"无法意料的非连续性"③。因此，对文

---

① Raymond Williams, *The Long Revolution*, London: Chatto & Windus, 1961, p. 55.
② *The Long Revolution*, p. 55.
③ *The Long Revolution*, p. 63.

化的分析就是要"努力去揭示作为这些关系复合体（complex）的组织形式的性质"。这种分析开始于对"某类独特事物的各种展现形态的揭示"。在艺术、生产、贸易、政治和家庭养育这些被看成各自孤立的活动当中，人们无法发现这些形态，但通过"研究存在于某个特殊范例中的普遍的组织形式"则可以发现它们。[①] 人们必须以分析的方法研究"这些形态之间的关系"。分析的目的就是要理解，所有这些实践和展现形态之间的相互作用，在一个特定时代是如何被人们当作一个整体来加以感受和体验的。这就是它要分析的"情感结构"（structure of feeling）。

如果我们理解了威廉斯所要表述的问题，理解了他试图要避开的陷阱，就更容易看出他要达到的目的，更容易看出他走上这种思路的原因。了解这一点是十分必要的，因为《漫长的革命》（像雷蒙·威廉斯的许多著作一样）与那些可替换的立场进行着潜在的甚至"无声的"对话，而这些立场并不总是像人们所希望的那样可以明显地辨识出来。这里明显有与"观念主义的"（idealist）和"文明化的"文化定义的博弈——这两种对于"文化"的定义都将文化等同于观念（ideas），同属唯心主义传统；从精英主义式的"文化论战"来看，将文化等同为一种理想（ideal）的说法相当普遍。但是，这里也有与某些马克思主义展开的更广泛的博弈，威廉斯的界定就是为回击这些马克思主义而有意识地提出的。他反对刻板地运用经济基础/上层建筑的隐喻，在经典马克思主义当中，观念与意义的领域被归于"上层建筑"，进而被认为只不过是"经济基础"的反映并简单被其决定；它们自身没有社会功能。这即是说，他提出的论点是要反对庸俗唯物主义和经济决定论。与之相对，他提供了一种激进的相互作用论，即认为实际上，所有实践内部以及它们与其他实践之间都存在着相互作用关系，由此而绕开了决定性这一问题。通过把所有的实践都视为各种体现一般人类活动和活力的践行（praxis），使得它们之间的差别得以消除。那些区分某个特定时代、特定社会的实践总体的深层模式，就是那些完全支撑它们、并因而可以逐

---

① *The Long Revolution*, p. 61.

个探究的富有特色的"组织方式"。

雷蒙·威廉斯早期的立场已经有了几次重大的修正:每一种表达都十分有助于对文化研究是什么和文化研究应该干什么进行重新界定。我们已经承认了雷蒙·威廉斯著作的示范性,借之可以不断地反思和修正旧有的结论以继续进行思考。不过,人们可以明显地感觉到,在这些富有原创性的修正当中依然贯穿着一条明显的连续性的线索。一个特殊的契机,使得他有机会认识到吕西安·戈德曼(Lucien Goldmann)的著作,并且借此认识到一大批特别关注"上层建筑"(super-structure)的马克思主义思想家——他们著作的英译本最初出现在20世纪60年代中期。将威廉斯所处的孤立处境和他不得不立足的贫乏的马克思主义传统,用以对比那些支持戈德曼和卢卡奇等人的其他各种马克思主义传统,两者之间的差别就非常明晰地显现出来了。但是有些共通点——无论是它们反对的还是它们愿意做的——与那些并未完全脱离于他早期论证的思路是一致的。在他看来,正是这种否定性把他的著作与戈德曼的著作连在了一起:"我认识到我必须放弃我所认为的马克思主义传统,或者至少必须将它搁置一边:努力去发展一种关于社会整体性的理论;把对于文化的研究看作是对整体生活方式中各要素之间关系的研究;去寻找研究结构的途径……它不但可以继续保持与个别艺术作品和形式,而且可以保持与更为普遍的社会生活形式和关系的联系并对其进行阐释;用一种由各种相互影响、但并不均衡的决定性力量所构成的更为积极的场域(field)观念去替代那种对于经济基础和上层建筑的客套表述。"[①] 而肯定性的地方,就在威廉斯的"情感结构"与戈德曼的"生成性结构主义"(genetic structuralism)的共通点上:"我在自己的著作中发现,我必须发展出情感结构的观念……但我发现戈德曼……从一个结构概念开始进行,这个概念本身就包含社会事实与文学事实之间的关系。他强调,这种关系并不取决于内容,而取决于心智结构:'那些同时构造某一特定社会集团的经验意识和作家创造的想象世界的范畴。'显然,这些结构不是个体而是群体创造出来的。"此处对实践之互动性、

[①] "Literature and Sociology: in Memory of Lucien Goldmann", *NLR*, 67, May-June, 1971.

深层总体性以及它们之间同质性(homologies)的强调,是非常独特和重要的。"作家与其世界在内容方面的一致性远不及这种组织的和结构的一致性重要。"

第二个这样的"契机",是雷蒙·威廉斯接受了 E. P. 汤普森对《漫长的革命》的批判①——"整体的生活方式"无一能脱离斗争的维度和对立的生活方式的相互撞击——从而试图借用葛兰西的"霸权"(hegemony)概念重新思考有关决定和统治的核心问题。威廉斯的《马克思主义文化理论中的经济基础与上层建筑》(Base and Superstructure)② 这篇文章具有开创性的意义,尤其对占支配地位的(dominant)、残余的(residual)和新兴的(emergent)各种文化实践进行了详尽阐述,重返到那种作为"限制和压力"的关于决定性的问题架构中。该文仍然再次有力地强调了以前的观点:"我们不能将文学和艺术与其他类型的社会实践分离开来,以至于让文艺以这种方式受制于一些完全特殊而明确的法则。"而且,"没有哪种生产方式,没有哪种占支配地位的社会或社会秩序,没有哪种文化,真正可以穷尽人的实践、人的活力和人的意图"。而这一点在威廉斯最近对于自己立场最持续、最简洁的表述——《马克思主义与文学》(Marxism And Literature)的精致浓缩中得到了推进——实际上得到了更为深入的强调。威廉斯反对结构主义者对各种实践活动之特殊性和"自足性"的强调,反对他们把社会群体与其单个的事例相分离的分析,而强调一般的"构成性活力",强调源于马克思关于费尔巴哈的第一条"提纲"的"作为实践的人类感性活动";强调各种被视为一个"完整的不可分解的实践"之下的不同实践活动;强调整体性。"因此,与马克思主义当中的另一种发展情况即不需要研究'经济基础'和'上层建筑'相反,需要去研究那些具体的、不可分解的真实过程,从马克思主义的视角来看,这一过程当中所包含的决定性的关系,就是通过这个复杂的'决定'概念表达出来的"。③

---

① 参见 E. P. 汤普森发表在《新左派评论》1961 年第 9 和第 10 期上的评论。
② "Base and Superstructure", *NLR*, 82, 1973.
③ *Marxism and Literature*, pp. 30 – 31, 82.

在某种程度上，威廉斯和汤普森的著作只能说都是围绕着相同的问题架构展开的，都进行了一种强烈的和二分图解式的理论概括。汤普森著作的内容组织范畴——阶级关系、民众斗争和意识的历史形式，带有自身历史特性的阶级文化——与雷蒙·威廉斯通常使用的那种更具反思性和概括性的模式是截然不同的。他们之间的对话开始于一次非常激烈的论战。汤普森对《漫长的革命》所做的评论，尖锐地抨击威廉斯将文化概括为一种"整体生活方式"所产生的进化方式；因为它倾向于把阶级文化之间的冲突吸收到一个扩展的"对话"范畴当中；还有那种看似可以超越各个竞争阶级的冷漠语调；以及他的"文化"概念所带有的帝国化的席卷力量（它以不同的方式将所有事物横卷进它的轨道，因为它研究的是各种活力与潜在于全部实践活动之下的组织之间的关系。但汤普森要问的是，这难道不是历史进入的地方吗？）。我们可以越来越多地看到，威廉斯是如何对自己最初提出的范式不断地进行重新思考并将这些批评意见考虑在内的——尽管（在威廉斯那里通常）这种修正事业的完成都是拐弯抹角的，如通过对葛兰西的独特挪用，而不是直接进行修正。

汤普森对"社会存在"和"社会意识"进行区分时，采用了比威廉斯更为"经典"的看法（他极其喜欢从马克思那里继承的这两个术语，并喜欢将它们用到更为流行的"经济基础与上层建筑"说当中）。因此，雷蒙·威廉斯强调要将所有实践活动都吸纳到"真实而持久的实践"总体性当中，而汤普森则对什么是"文化"和什么"不是"文化进行了一种较为陈旧的区分。"任何文化理论都必须包括有关文化与非文化之物之间辩证互动关系的概念。"但是，汤普森的文化定义毕竟与雷蒙·威廉斯的定义相差不是太远，威廉斯认为"我们必须将生活经验的原生态设定为一极，将那些'把握（handle）'、传达或歪曲这些原生态的东西设定为另一极，后者包括万分复杂的人类社会条律和制度体系，或明或暗地成形于制度之中或者以很不正式的方式弥散其间"。与之类似，也需要考虑到支持所有单一实践的"实践"共性："这正是我坚持强调的那种积极行动的过程，同时人们正是通过这一过程来创造他们的历史。"① 这两种立场在某些独特的否定性和肯定性方面又有接近之处。从否定性方面看，二者都反对"经济基础/上层建筑"的隐喻，反对简单还原论和"经济"决定论的定义。首先，"社会存在与社会意识——或者说文化与'非文化'——之间的辩证交往关系，在马克思主义传统内部对于历史过程的所有理解当中均占据核心位置……这个传统继承的辩证法是正确的，但使它得以表达的那个具体的、呆板的隐喻却是不正确的。这一源自建筑工程学的隐喻……无论如何也不能充分描述矛盾冲突的波动状态以及改变社会进程的辩证法……所有在一般情况下提出的隐喻，都有一种将思想导向图式化模式、远离存在意识之交互作用的倾向"。而对于"还原论"："还原论是一种对于历史逻辑的疏忽，只依据行动者的阶级归属来'解释'政治和文化事件……不是依据奈恩（Nairn）的'复杂多样的上层建筑'，而是依据人们自身来解释'利益'和'信仰'之间的相互协调关系。"② 与此同时，从肯定性方面来看，或许可以拟出一个差不多可以界定汤普森整个历史著作——从《英国工人阶级的形成》、《辉格党人和捕猎者》（*Whigs and Hunters*）到《理论的贫困》（*The Poverty of Theory*）及其他作品——的简单说法："资本主义社会建立在同时存在的各种各样的经济、道德和文化剥削的形式之上。拿起这种本质上有限的生产关系……然后把它转过来，它自身就会时而展现出这一方面（工资—劳动），时而展现出那一方面（贪婪的精神），时而显示出另一方面（诸如知识技能等的异化并不是充当生产角色的工人所渴望的）。"③

尽管在这里存在着许多重大差别，我们依旧能够看到文化研究中一条有重大意义的思想线索的轮廓，有人会称之为主导性的范式。它反对给"文化"指派的那种残余的、单纯反映性的角色。它从另一种思路来证明文化与所有的社会实践是相互交织的；转而又将那些社会实践概括为人类活动的一种普遍方式：人类感性实践，男男女女通过这种活动来创造历史。它反对在表述观念和物质力量之间的关系时常用的那种公

---

① *NLR*, 9, 1961, p. 33.
② "Peculiarities of the English", *Socialist Register*, 1965, pp. 351–352.
③ "Peculiarities of the English", p. 356.

式化的经济基础/上层建筑二分方式,尤其反对将"经济基础"过度简单地限定为是受"经济"决定的。这一范式倾向于一种更为宽泛的表述方式——社会存在和社会意识之间的辩证关系:任何一方都不能脱离对方而单独存在(在一些替代性的表述方式当中,是"文化"与"非文化"之间的辩证关系)。它将"文化"定义为两个方面的内容:既是产生于各种独特的社会群体与阶级当中的各种意义和价值,这些意义和价值建立在既定的社会条件或社会关系基础之上,各个群体和阶级通过它们来"把握"和应对各种生存条件;又是人们亲历过的各种传统和实践,通过对它们的"理解"才被表现和显现出来。雷蒙·威廉斯围绕"文化"这一概念,将定义和生活方式这两个方面融聚在一起。汤普森围绕"经验"这一概念,将意识和存在条件这两种因素融合在一起。他们两人的观点在这些关键术语上都必然包含某种艰难的波动。威廉斯把"对经验的各种定义"完全吸收进我们的"生活方式"当中,并将二者都放进持久而真实的一般物质实践当中来进行思考,旨在消除"文化"与"非文化"之间的所有差别。汤普森有时在较为普通的意识意义上使用"经验"概念,将它视作人们"把握"、传达或歪曲既定生存条件和生活原生态的集体方式;有时又将这一概念视作"亲历"的范围,相当于"条件"和"文化"之间的过渡领域;有时又用作各种客观条件本身——对应那些具体的意识模式。但是,无论用哪一个术语,两人的观点均倾向于从人们如何"亲历"和"体验"各种关系结构这点上来解读它们。威廉斯的"情感结构"因其对于有明显矛盾的因素的故意浓缩,在这一点上表现得很明显。汤普森也同样如此,尽管他对人们会必然或不知不觉地进入的各种关系和条件的"既定性"(givenness)或结构性(structuredness)有更为充分的历史掌握,对资本主义制度下生产和剥削关系的决定性有更为清晰的关注。这是在分析中赋予文化—意识和经验以核心地位而导致的必然结果。这一范式对于经验因素的拔高,对创造力和历史能动性的重视,构成了上述人道主义立场的两种关键的要素。因而,在所有的文化分析当中,两者都给"经验"赋予了被证明是可信的位置。归根结底,人们在何处、以何种方式体验、描述并回应他们的生活条件,有着非常重要的意义。对汤普森来说，它阐明了为什么每一种生产方式也是一种文化，阶级间的每一场斗争为什么永远也是文化形态之间的斗争；而对威廉斯来说，它就是"文化分析"从根本上应该关注的内容。所有不同的实践在"经验"中相互交叉；不同的实践在"文化"之内相互作用——即使建立在一种不均衡的、相互决定的基础之上。这种对于文化整体性（totality）——总体历史过程——的感觉会否决对这些实例和要素进行区分的任何努力。在既定历史条件下，在这种分析中，它们之间真实的相互联系必须有"思想上"的整体化运动与之相配。这种整体化确立起两项强有力的协议：反对用抽象分析方式对实践进行区分，反对用任何连续的逻辑或分析操作来检验那种带有其全部纠结的复杂性和具体性的"真实的历史运动"。这些观点，尤其是他们更为具体的历史描述（《英国工人阶级的形成》《乡村与城市》）恰恰反对那种对于深层本质的黑格尔式探寻。然而，就他们倾向于将各种实践行为简化为践行，并喜欢寻找潜藏在明显各异的各个领域之下的共通的、同源性的"形式"这一点来说，他们的趋向又是"本质化的"。他们有一种理解整体性的独特方式——尽管这个整体性是一个小写的"t"，相应的也是具体的、有历史确定性的和不均衡的。他们"从表现方式上"来理解这种整体性。由于他们不断将比较传统的分析转向经验层面，或者从其他结构和关系如何被"体验的"角度来解读它们，他们就在自己强调的方面明确地（即使不是很充分或很完满）显现出"文化主义者"的特征——甚至在人们已经开始对太过急促的"二分化理论"提出告诫和限制条件的时候，也是如此。①

文化研究中的"文化主义"脉络，随着"各种结构主义"在学术界的到来而被打断了。尽管这些结构主义可能比"文化主义"更为多变，但它们还是有某些共同的立场和倾向，这一点使得对它们的指称

---

① 关于"文化主义"，可参见理查德·约翰逊（Richard Johnson）探讨这种范式运作情况的两篇原创性的论文："Histories of Culture / Theories of Ideology", *Ideology and Cultural Production*, eds. M. Barrett, P. Corrigan et al., Croom Helm, 1979; "Three Problematics", in *Working Class Culture*, by Clarke, Critcher and Johnson, Hutchinsons and CCCS, 1979。关于"二分化理论"的危险，可参见他的"The Introduction of *Representation and Cultural Production*", to Barrett, Corrigan et al.。

即便放在单个标题之下时,也不会令人产生误解。人们已经注意到,由于"文化主义"范式的界定可以无须参考"意识形态"概念的意义框架(当然这一词语出现过,但并不是作为关键概念),因此"结构主义"的介入活动就大量围绕在对"意识形态"概念的阐释方面:"意识形态"符合更为严格的马克思主义路线,而"文化"概念在这一点上却没有那么明显。这可能符合一些马克思主义结构主义的情况,但对于结构主义事业本身来说,充其量只能反映一部分的真相而已。然而,目前所犯的普遍错误,是把结构主义事业仅仅简缩为阿尔都塞的影响以及受他的思想介入而随之出现的各种事情——"意识形态"在他那里起着非常重要的调节作用;从而忽略了列维-斯特劳斯的重要性。然而,从严格的历史意义上来说,正是列维-斯特劳斯和早期的符号学才构成了最初的断裂。尽管各种马克思主义结构主义已经取代了斯特劳斯和早期的符号学,但是它们继承了,并将继续继承列维-斯特劳斯著作深厚的理论遗产(在追溯正统的过程当中经常被回避或降格到脚注当中)。正是列维-斯特劳斯的结构主义挪用了索绪尔以后的语言学范式,为"各类研究文化的人文科学"的范式提供了一种全新的前景,并可能使其展现出一种科学的、严格的全新范式。在阿尔都塞的著作中,更为经典的马克思主义主题被复活,事实上他此时依然是通过语言学范式去"阅读"和重构马克思的。例如在《阅读〈资本论〉》当中,他就构造了这么一个事实,可以将生产方式——套用一句老话——理解为一种类似"像语言一样被结构化"(structured like a language)的东西(通过对不变要素的选择性结合)。结构主义对非历史性和共时性的强调,针对的是"文化主义"对历史性的强调,也出自一个相似的根源。同样,对于"自成一体的(sui generis)社会"的关注——不是用作描述性的,而是用作实体性的意义——也是如此:这是列维-斯特劳斯从涂尔干(Durkheim)而不是从马克思那儿学得的一种用法(是分析社会思想范畴——如《原始分类》——时的涂尔干而不是写《劳动分工》时的那个成为美国结构功能主义创立者的涂尔干)。

列维-斯特劳斯有时候也摆弄某些马克思主义的表述方式。因此,"马克思主义,而不是马克思本人,太过普遍地推论好像各种实践活动会直接伴随践行而产生。在不质疑各种基础结构所具有的不容置疑的优先地位的情况下,我相信在践行和各种实践活动之间永远会有一个中介,也就是说,存在一种概念图式,通过实施这一图式,使得不能独立存在的物质和形式都显现为各种结构,后者作为实体,既是经验性的范畴又是思想性的范畴"。但是这——套用另一句老话——在很大程度上是"姿态性的"。这种结构主义与文化主义一样,都同经济基础/上层建筑这个隐喻的相关表述发生了根本性的决裂,因为这一隐喻源于对《德意志意识形态》的简单化表述。尽管列维-斯特劳斯渴望"对马克思几乎没有涉及的这种上层建筑理论"有所贡献,但他的贡献与这一理论的整个指涉范围发生了根本性的决裂,就像"文化主义者"那样决绝和确定。文化主义者和结构主义者在这里——我们必须将阿尔都塞包括进这种描述当中——都以同样的方式认为迄今被界定为"上层建筑"的各种领域具有一种特殊性和功效性,具有一种构成性的优先性,后者促使他们超越了"经济基础"和"上层建筑"的指涉范围。列维-斯特劳斯和阿尔都塞在他们的独特思路中都是反还原主义者与反经济主义者,都激烈抨击那些长期以来冒充为"经典马克思主义"的可转承的因果关系。

列维-斯特劳斯对"文化"这一术语进行了持续不断的研究。他认为"各种意识形态"并不很重要:只是"二次文饰加工"(secondary rationalizations)而已。与威廉斯和戈德曼相似,他并不致力于探讨实践的内容之间的相符性问题,而致力于探讨它们的形式和结构。但是他用来概括这些形式和结构的方式完全不同于威廉斯的"文化主义",也不同于戈德曼的"生成性结构主义"。这种分歧在以下三种明显不同的方式中可以看得很清楚。第一,他将"文化"概括为思想和语言中的各种范畴与框架,通过它们划分出不同社会群体的生存条件——首先(由于他是一位人类学家)划分出人类与自然界之间的关系。第二,他认为仪式和实践——这些范畴与思想框架通过它们得以产生和转化——在很大程度上类似于语言本身运作的方式——语言是"文化"至关重要的媒介。他将它们独特的内容和运作看成"意义的生产":它们首先是表意实践(signifying practice)。第三,在经过与涂尔干和毛斯(Mauss)的社会思想范畴的初步接触之后，他在很大程度上放弃了对于表意实践和非表意实践之间关系——用另一种术语，即"文化"与"非文化"的关系——的讨论，旨在集中研究表意实践内部的各种内在关系——各种意义范畴借助于这些内在关系才被生产出来。这在很大程度上搁置了有关决定性和总体性的问题。抛弃了决定性的因果逻辑，赞同结构主义的因果关系——一种涉及编排（arrangement）的逻辑，事关各种内在关系的逻辑，一种在一个结构内部阐释其构成要素的逻辑。所有这些方面在阿尔都塞及马克思主义结构主义者的著作中都确实出现过，甚至有时这些指涉内容已被重置于马克思的"巨大的理论革命"当中。在阿尔都塞对意识形态的原创性阐述中，他将意识形态定义为各种话题、概念和表征，男男女女们凭借这些东西，以一种想象性的关系生活在他们与自己真实生存条件的关系当中，我们可以看到列维-斯特劳斯所谓的"践行与各种实践活动之间的概念图式"所具有的基本架构。"各种意识形态"不是被概括为思想呈现的种种内容和表面形式，而是被概括为各种无意识的范畴，经由它们各种限定条件得以表征并被经历。我们已经评述了阿尔都塞关于语言学范式的思想中的积极展现——即上文确认的第二种因素。而且，尽管阿尔都塞在"多重决定"（over-determination）这一概念——阿尔都塞最富原创性和成效的贡献——当中的确返回到了实践活动与决定性问题之间的关系（顺便提一句，他提出了一种完全新颖的、非常富有启发性的重构，后者还远未受到人们的关注），他还是倾向于强调不同实践活动的"相对独立性"、内在独特性、条件和效果，抛弃了带有典型同源性和对应性的"表现性整体"（expressive totality）概念。①

由于这些替代性的范式是在完全不同的知识和概念领域之内发展出来的，因此，尽管文化主义和结构主义在某些方面有明显的重叠，但从根本上看两者是完全对立的。我们正好可以围绕"经验"概念及其在

---

① "表现性整体"是阿尔都塞批判黑格尔方式的马克思主义时发展起来的一个概念。这种观念认为社会整体的结构被认为决定于一种最根本的或单一的矛盾——如生产力和生产关系之间的矛盾，而意识形态和政治矛盾被看成是对最基本的决定性矛盾的"表现"——是它的特殊的呈现方式。——译者注

各自的角度所发挥的作用这个最明显的节点来确认这种相互对立的情形。在"文化主义"当中,经验就是特定的场所——"亲历的"领域,意识和产生意识的条件在其中相互交叉;而结构主义则强调"经验"不能被定义为任何东西的场所,因为人们只能在各种文化范畴、分类和框架之中"生活"并通过它们去体验自身的生存条件。然而,这些范畴并不源自或存在于经验之中:相反,经验倒是它们的"产物"。文化主义者将各种意识形式和文化都定义为集合体(collective)。但是,他们到此就止步不前了,在文化和语言方面远没有提出根本性的命题,即主体被他/她在其中思考的文化范畴所"言说",而不是"言说它们(范畴)"。然而,这些范畴不只是集体的而更是个体的创造:它们是无意识的结构。这就是尽管列维-斯特劳斯只讨论了"文化"概念,而他的"文化"概念可以提供一种容易转化的理论基础的原因,阿尔都塞将这一概念转化为意识形态的概念框架:"意识形态实际上是一套'表征'(representations)体系,在绝大多数情况下它们与'意识'毫无关系……它首先作为结构而强加于绝大多数人,不是通过人们的'意识'……人们正是在这种意识形态的无意识中成功地改变着他们与世界之间的'体验'关系,寻求着那种被称为'意识'的新的特殊的无意识形式。"① 在这种意义上,"经验"被构造出来,不是作为本真的根源而是作为一种结果;不是作为对现实的反映而是作为"想象性的关系"。这一点——将《保卫马克思》与《意识形态与意识形态国家机器》一文分开了——对于阐释"想象性关系"的运作方式稍稍有了一些推进,即不单单是统治阶级对被统治阶级的支配,而是(通过生产关系的再生产,使劳动力的构成呈现出更有利于资本主义剥削的方式)生产方式自身进行的扩大再生产。这两种范式在许多其他思路方面的分歧,也都源于这一点:把"人们"设想成言说和安置他们的各种结构的承受者(bearers),而不是创造他们自己历史的积极行动者(agents);强调的是结构的"逻辑"而不是历史的"逻辑";优先关注那种非意识形态的、科学的话语在"理论"中的构成;因此赋予概念活

---

① Althusser, *For Marx*, 1969, p. 233.

动和大写理论以确定性的特权地位；将历史重塑为结构的进程（参见《理论的贫困》各处所论）：结构主义的"机器"……

文化研究的这些"主导范式"中的任何一种范式的发展都产生了许多分支，但并不存在一个可以完全囊括这些分支的空间。尽管这两种主导范式根本不能解释大量被采用的全部的、乃至差不多全部的策略，但应该公正地说，它们已经共同划定了这一领域的发展主线。富有启发性的讨论已经围绕相关的论题向相反的两个方向展开了；一些极佳的具体成果已经从这些努力当中涌现出来，试图让这些范式中的某一种或另一种范式去处理特殊的问题和材料。英国批判性学术研究特有的这种宗派主义的、自以为是的作风及其依附性非常明显，使得这些争论和辩论很容易走向极端分化的状态。在这些极端的状态当中，它们常常表现为只是对方的镜像反映或倒置。我们为了便于阐述而一直使用的各种宽泛的类型学（typologies），在这里变成了思想的牢房。

假如在"文化主义"与"结构主义"之间无法达成自如的综合（easy synthesis），就可以说，在目前所显示的情况中，无论"文化主义"还是"结构主义"都不足以将文化研究构造成一个有明晰概念和充分理论根据的领域。尽管如此，通过对它们各自的活力和局限的粗略比较，还是可以显现出文化研究的一些根本原则。

结构主义的巨大活力在于对"各种决定性条件"的强调。这提醒我们，在任何特例分析中，如果我们不能在命题——即"人们……依据各种不是由他们所创造的条件来创造历史"——的两半部分之间切实地坚持辩证法，就会不可避免地导致一种天真的人道主义，随之带来的必然后果就是唯意志主义的和民众主义的政治实践。事实上，"人们"意识到他们的处境，可以组织起来与之斗争并改变它们——没有这一点甚至连任何积极的政治都不可想象，更不要说去进行政治实践了；但这一事实决不能无视人们对另一事实的意识，即在资本主义生产关系中，男男女女们是被安置与定位在将他们构造成行动者的关系中的。"理智上的悲观主义、意志上的乐观主义"与某种天真的英雄主义断言相比，是一个更为妥切的理论起点。结构主义能使我们——像马克思坚信的那样——开始依据某种不能简化为"人们"之间关系的思路来思考各种结构关系。这正是马克思卓绝的抽象水平：这一点使他与"政治经济学"那显而易见但错误的起点——从纯粹的个人出发——发生了决裂。

但这涉及结构主义的第二种活力：结构主义不仅重视抽象的必要性，将其作为挪用（appropriated）"各种真实关系"的思想工具，而且认为在马克思的著作中就存在着一种在不同抽象层面之间运转的连续而复杂的思维运动。当然，如"文化主义"主张的那样，事实上，在历史的真实情况当中，各种实践并不能从它们各自的实例中整洁地显现出与众不同的特征。然而，要想讨论或分析现实的复杂性，就需要诉诸思想的实践；这些又使抽象力和分析力的作用变得更加要紧，运用概念方式去分割现实的复杂性，恰好可以揭示和照亮那些不能被肉眼所亲见、不能呈现也不能证实自身的关系和结构："在对经济形式进行分析时，显微镜和化学试剂都帮不上忙。必须用抽象力来替代这两样东西。"当然，结构主义常常会将这个命题推向极端。因为没有"抽象的能力"思想不可能进行，所以常有人将它混淆于要赋予概念构成层面以绝对主导地位——只有在最高级、最深奥的抽象层面，带有大写字母"T"的理论才会成为法官和陪审员。但是这种混淆正好使人们丧失了从马克思本人的实践中获得的洞见。因为在《资本论》中，很明显方法——当然出现在"思想"中（就像马克思在1857年所写的《〈政治经济学批判〉导言》中责问的：它还会在哪里呢？）——依据的不是简单的抽象操练，而是在不同抽象层面之间不断建立论点的运动与关系，即在每一层面使用的前提，都必须有别于那些为了论辩而必须保持不变的前提。向另一个放大层面的转移（挪用显微镜这个比喻），要求对以前的、更抽象的层面未能提供的深层存在条件作出详细的阐述；这样，依靠不同量级的连续抽象，走向对作为某种思想之成果的"思维具体"的建构和再生产。马克思的这一方法既没有在结构主义的"理论实践"的绝对论当中，也没有在（E. P. 汤普森）反抽象的《理论的贫困》的立场中得到充分的展现，相反，文化主义似乎已被驱入或将自身推向了这一立场。不过，这一方法从本质上讲是理论性的，也必须是理论性的。在此，结构主义的如下主张——即思想并不反映现实，而阐释和挪用现实——是一个必不可少的理论起点。通过对这一论断结果的充分分析，可以产生出一种方法，使我们摆脱在抽象/反抽象和理论主义/经验主义这种虚假二分法之间经受的永久摇摆状态，这种摇摆既标记出了结构主义/文化主义迄今为止的交锋，又减弱了这种交锋的效果。

结构主义的另一种活力存在于它的"总体"（whole）概念之中。其中包含这样一种意思，即尽管文化主义不断强调其各种实践活动的根本独特性，但它对"整体性"进行概念化的模式背后仍带有某种"表现性整体"所具有的将复杂性单一化的倾向。它的复杂性是由实践之间相互出入的流动性组成的；但是这种复杂性在概念上可以还原为践行——人类活动本身——的"单一性"，在其中，同样的矛盾常常会相应地显现在每个实践当中。结构主义在树立"结构"机器时走得过远，带有自我生产的倾向（一种"斯宾诺莎的永恒"，其功能只是其效果的简单相加，即一种真正的结构主义偏向），并装备了一些独具特色的实体。然而，结构主义在概念方面仍然表现出优于文化主义的地方，它提出了结构的一体化（unity）必然具有复杂性这一观念（在思考这种复杂性方面，多元决定是比组合性的结构主义恒定因果律更为成功的一种思维方式）。而且，结构主义具有一种概念能力，可以去思考由实践之间的差异，而不是由实践之间的同源性所构成的结构一体化。在此，我们再次获得了对于马克思的方法的批判性洞察：可以想起《〈政治经济学批判〉导言》（1857）当中那些复杂的段落，马克思在那里要揭示的是：如何才能把社会形构的"一体化"看作是由差异而不是由同一性建构起来的。当然，对差异的强调可能——而且已经——会使得结构主义陷入一种完全的概念异质性当中，从而丧失所有对于结构和整体性的意识。福柯和其他的后阿尔都塞主义者通过他们必然的异质性和"必然的非对应性"（necessary non-correspondence），已经将这条误入歧途的路线带入一种绝对的、而不是相对的实践自主性当中。但是，对差异的统合、复杂的统合的强调——马克思具体概括为"多种决定因素的统合"——可以指向另一种从根本上看更有成效的方向：指向相对自主性和"多重决定"的问题框架，指向对于接合的研究。接合又一次包含高度形式主义的危险。但它也非常有助于让我们去考虑如何将各种具体的实践（这些实践接合的各种矛盾并不都源于同一基础、同一时间或同一地点）放在一起来思考。因此，结构主义的范式如果能得到适当的发展，就能帮助我们真正开始对各种不同实践的独特性进行理论概括（进行分析性区别和提炼），而且不会失去它对不同实践构成的总体的认识优势。文化主义通常承认各种不同实践——"文化"的独特性不能被"经济"同化和混同；但它缺乏确立这种独特性的充分的理论方法。

结构主义展现的第三种活力源于它对"经验"的去中心化，源于它对"意识形态"这一被忽视的范畴的原创性阐释。在马克思主义的范式之内，很难构想出一种与"意识形态"范畴毫不相关的文化研究思想。文化主义当然也经常涉及这一概念，但实际上并不是把它置于其概念领域的核心位置。"经验"的验证权力和指涉意义，在文化主义与一种严格的"意识形态"概念之间强加了一道障碍。然而，没有"意识形态"，"文化"对特殊生产方式再生产的影响就不能得到理解。事实上，近来的结构主义者对"意识形态"概念的运用和阐释，存在一种明显的功能主义解读倾向——将它看作社会结构的必要基石。从这一立场出发，正像文化主义所正确批驳的那样，肯定不可能构想出不按"统治/决定"定义的意识形态；或者不可能构想出斗争的概念（后者出现在阿尔都塞著名的《意识形态与意识形态国家机器》一文当中，但用的是另一个词语，很大程度上是"姿态性的"）。然而，已有人做了研究，提出了一些可以将意识形态领域完全概括为斗争领域的方法（如通过葛兰西及拉克劳最近的著作），这些方法是结构主义而不是文化主义的成果。

文化主义的活力几乎全都源自以上所指出的结构主义立场的诸种弱点之处，源自后者的战略性缺席和沉默。文化主义已经正确地指出，有意识的斗争和组织在某个确定时刻的发展是进行历史分析、意识形态分析和意识分析不可缺少的要素；这与它在结构主义范式中历来遭贬低的情形正好相反。在这里，主要是葛兰西又为我们提供了一套更明晰的术语，他用这些术语在很大程度上将"无意识的"、既定的文化"常识"范畴同那种更为积极的、更有机的意识形态形式联系在一起，这种意识形态形式能够干预常识的基础和民众传统，并能够通过这些干预将男女大众组织起来。从这个意义上说，文化主义恰好修复了文化范畴的无意识同有意识的组织环节之间的辩证法：尽管文化主义通过其独特的运作，常常用太过包容的对于"意识"的强调来对应结构主义对于"条件"的过度强调。因此，对于文化主义来说，它不仅要重现自在的阶级（classes-in-themselves）——首先由经济关系将"人们"安置为当事人的方式所决定——转变成历史的和政治的积极自为的行动者的过程（将其作为任何分析的必要环节）；而且，凭借它自身在反理论方面的良好判断力，若要得到更好发展，还需要从抽象层面（分析在其中进行）来理解每一个组织环节。此外，葛兰西在讨论"（经济）结构与复杂的上层建筑领域之间的过渡"及其独特的形式和时机的时候，已经开始指出一条穿越这种虚假两极化思维的道路。

在这篇论文中，我们前面主要集中于对这两种在我们看来在文化研究当中起作用的原创性范式的描述。当然，起作用的范式决不仅仅只有它们。新的发展和思路决不完全限于它们所涉及的范围。不过，从某种意义上，这些范式可以被用来衡量那些提供其他感召点的范式所呈现出的根本弱点和缺陷。在此，我们对以下三种范式进行简要辨析和确认。

第一种是随着列维-斯特劳斯、早期符号学和语言学范式的相关内容而出现的，这种思路关注"表意实践"，围绕"话语"和"主体"这类术语，经由各种精神分析学的概念和拉康，转向对整个文化研究领域的中心进行根本性的重新定位。理解这种思路的方法之一，就是将其视为一种填充早期结构主义空白点（各种马克思主义的和非马克思主义的思想流派均存在）的努力；在以前的论述当中，人们曾经期待"主体"和主体性能够显现出来但它们并没有出现过。这当然正好是一个关键点，文化主义在此可以对结构主义的"无主体的过程"提出敏锐的批评。差异之处在于，文化主义试图通过把统一的意识主体（集体的或个体的）复位到"结构"的中心位置，以此来矫正结构主义的早期模式中存在的超结构主义（hyper-structuralism），而话语理论则借用了弗洛伊德的无意识概念和拉康关于主体（通过进入符号界和文化秩序）如何在语言中被建构而成的概念，由此将去中心的主体、矛盾的主体重新置于语言和知识的一组坐标当中，似乎文化能够从这些坐标当中获得阐明。这一方法显然揭示了一个裂隙，不只是结构主义有，而且马克思主义本身也有。问题就在于，结构主义对这种文化"主体"进行概念化提炼的方式带有一种超历史的、"普遍的"色彩：它处理的是主体一般（subject-in-general），而不是受历史条件决定的社会主体，也不是具有社会决定性的特定的语言。因此，迄今为止，它还不能把它的一般命题推及具体的历史分析层面。第二个难点是，早期结构主义所说的那些存在于整个"结构"层面的矛盾和斗争过程，由于一种持续的镜式反转（mirror-inversions），现在只存在于主体的无意识过程这一层面当中。或许正如文化主义经常强调的那样，"主体性"是任何分析必经的一个环节。但这是一个非常不同的命题，有别于对包含着各种独特的生产方式和社会构形的整个社会进程进行拆解，并将它们仅仅置于无意识精神分析过程这一层面上予以重构。虽然这方面已经有了重要的进展，既有在这一范式之内所做的工作，也有对之进行界定并展开之，但它宣称要用更充分的一套概念来替代以前范式的所有内容，似乎显得太过狂妄了。虽然它宣称已经将马克思主义融入一种更为充分的唯物主义，但在很大程度上，它是一种语义学的而不是概念性的主张。

第二种发展就是试图重返更经典的文化"政治经济学"的领域。这种观点认为对于文化和意识形态方面的关注已经太过度了。它试图恢复原有的"经济基础/上层建筑"范畴，即文化-意识形态归根结底是受经济决定的，发现这两种可选择的范式（文化主义与结构主义——译者注）都明显缺乏对决定因素的层级划分。这一观点主张，文化生产的经济过程和结构要比它们的文化-意识形态方面更为重要，然而它们又在很大程度上受制于诸如利润、剥削和剩余价值这些更经典的术语，以及把文化作为商品而进行分析。它保留了意识形态的概念，但认为它是"虚假意识"。

的确，人们有理由认为结构主义和文化主义双方都以不同的方式忽视了对于文化与意识形态生产的经济分析。尽管如此，随着重返更"经典"的领域，许多最初困扰人的问题又都重新出现了。文化与意识形态的维度如何发挥影响的特殊性似乎又要消失了。人们容易认为经济层面不仅是对文化和意识形态影响的一种"必要的"解释，而且是"充分的"解释。同样，它集中关注对商品形式的分析，这会搞混那些已经精心确立起来的对于各种实践的区分标准，既然引人注目的是商品形式的那些最为通用（generic）的方面。因此，它的各种推论大都限于一种划时代的抽象层面：商品形式的普遍化适用于整个资本主义时代。从这种高水准的"资本逻辑"抽象形式当中几乎产生不了任何具体的、针对社会情境（conjunctural）的分析。它偏好于自身的那类功能主义——"逻辑"上的功能主义，而不是"结构"与历史的功能。这种方法也有一些很值得跟进的洞见，但它牺牲了太多我们曾经费尽心力保护的思想，而没有在解释能力中获得一种补偿性的回报。

　　第三种观点接近于结构主义的规划，但是沿着"差异"的路线进入一种对激进的异质性追求中。福柯的著作目前正在享受着一种不加批判的尊崇，英国知识分子今天正在复制他们对于昨日法国思想的依赖，这已经产生了一种非常明确的影响：首先因为悬置了那些几乎不能解释的决定论问题，福柯能够让人愉悦地返回到他对于特定意识形态、话语形构及为这些所精心构制的场域的具体分析。福柯和葛兰西的论述为目前正在展开的具体分析的领域提供了最富成效的贡献，因此强化并——同时似是而非地——支持了一种具体历史实例的含义，后者一直是文化主义的一种最根本的活力所在。但是，只有当福柯的一般认识论立场不是压制性的整体时，他的示范作用才是积极的。因为福柯实际上非常坚决地悬置判断，而且对于实践之间的所有确定性或关系——除了很大程度上是偶然性的关系之外——也采取非常彻底的怀疑主义，这使得我们有理由不把他视为一个对于这些问题的不可知论者，而是一位坚定致力于对所有实践相互之间必然的非对应性进行探索的学者。从对应性的立场出发，任何一个社会形构和国家都不可能得到充分的思考。实际上，福柯也正在不断地掉入他为自己所挖的陷阱当中。因为当他——与他那雄辩的认识论立场相反——偶然遇到某些"对应性"的时候（例如，一个简单的事实是，他在对监狱、性、临床医学、精神病院、语言和政治经济学的每一种研究当中所追溯的所有重要的转型阶段，都似乎正好集聚在工业资本主义与资产阶级产生重大的、历史性会合的那个点上），他实际上陷入了一种庸俗的化约论，这与他在其他地方所提倡的那些复杂深奥的立场是完全对立的。①

我的论述足以表明，文化研究可以通过运用葛兰西著作中探讨过的一些概念，从结构主义与文化主义著作的最好要素中推进其思路，并最大限度地满足这一研究领域的需要。而且这样做的原因，现在也已经十分清楚了。尽管结构主义和文化主义作为自足的形式都将不再风行，但它们对所有其他争论者未曾涉足的领域有至关重要的意义，因为它们两者（既在分歧中也在共通点上）都探讨一个重要的命题：什么必须是文化研究的核心问题。它们不断将我们带回由具有紧密耦合性（coupled）但并不互相排斥的文化/意识形态概念所标示的界域。它们一同提出了随之产生的诸多问题：试图既讨论各种实践的特殊性，又讨论由它们所构成的各种形式的接合体。如果说有缺陷的话，那就是它们总是不断地返回经济基础/上层建筑的隐喻。它们正确地指明，对所有非还原决定性问题的重新探讨，都是问题的关键之所在，而且，对此问题的解决将使文化研究的能力发生转向，替代在唯心主义与还原主义之间没完没了的摇摆。它们正视——即使是以完全相反的方式——条件与意识之间的辩证关系问题。在另一个层面上，它们提出了思维逻辑与历史过程"逻辑"之间的关系问题。它们继续坚持正确的唯物主义文化理论的承诺。虽然在持续的和相互强化的对抗中，它们都没有能够展示出一种可以自如综合的前景，但是，它们共同划出了这种综合可以在其中得以构成的空间（假如有的话）以及这一空间的界限。在文化研究领域，它们所属的东西就是"游戏的各种名称"。

（孟登迎　译）

---

① 福柯擅长于将自己不久前从前门驱除出去的东西，再通过后门推进来。

文化研究及其理论遗产[*]

这次会议[①]为我们提供了一个对作为实践的文化研究进行自我反思的机会。我们要反思它的体制定位,反思莉迪亚·柯蒂(Lidia Curti)曾经强烈提醒过我们的一点:文化研究的实践者——即批判性知识分子——兼有边缘性和中心性这两重特征。这必然涉及对文化研究这个研究规划本身进行反思和干预的问题。

我文章的标题是"文化研究及其理论遗产",这表明我要对过去进行回顾,要通过回眸一瞥的方式来考查和思考文化研究的现在与未来。在这里似乎有必要对档案材料进行一些系谱学的和考古学的研究。但现在档案问题对我来说非常困难,因为一旦提及文化研究,我有时感觉好像有一幅由活人扮演的舞台造型(tableau vivant)和一个重新复活起来的往昔幽灵,自称获得了一种起源的权威性。文化研究难道不是形成于我首次遇到雷蒙·威廉斯的那个时候?或者,形成于我与理查德·霍加特交换眼神进行交流的那个瞬间?在那个时刻,文化研究诞生了;它完全是从头脑中发育成熟的!我是很想讨论过去,但决不会用这种方式来讨论。我不想以一种父权制的方式来讨论英国文化研究(对我来说它在任何情况下都是一个相当别扭的能指),也不想作为文化研究的良心监护者,希望监督你退回到你想知晓的那种与事实相符的路径当中。换言

---

[*] 原题"Cultural Studies and Its Theoretical Legacies",原文载于 Lawrence Grossberg & Cary Nelsonand Paula A. Treichler(eds.),*Cultural Studies*,London:Routledge,1992。

[①] 即1990年4月4—9日在美国伊利诺伊大学举办的世界文化研究大会,该文为参会论文。

之，我想把自己从人们附加在我身上的很多代理责任中解脱出来，这些责任至少包括三类：人们期待我应该在所有理论和批判等问题上为全体黑人辩护，期待我有时候不仅要为英国政治，而且要为文化研究发声。这就是众所周知的黑人的责任，我愿意此刻让自己从这种责任中解脱出来。

令人感到矛盾的是，这意味着要以自传的方式说话。自传通常被认为能够抓住真相的权威性。但是为了不具有权威性，我不得不用自传的方式说话。我想告诉你的是我自己在文化研究中所秉承的一些理论遗产和环节（moments），并不是因为这是真理或者是唯一谈论历史的方式。我自己之前已经以其他方式谈过了，我随后想用另一种不同的方式来谈它。但是在这个时刻和情势之下，我想采用一个与文化研究的"宏大叙事"相关的立场，目的就是要对作为实践的文化研究、对我们的体制性位置和文化研究规划提供一些反思。我想通过参考一些理论遗产或理论环节来完成这件事，但却打算通过一种非常独特的方式来进行。这不是对于文化研究中不同的理论立场的成就或效用所做的评论（评论是为其他一些场合准备的）。这是一次尝试，要讨论的是文化研究中的某几个理论环节——在我看来，这些环节曾经从某个立场确立了讨论理论政治之一般性问题的方向。

文化研究是一种福柯意义上的话语形构。它并没有单纯的源头，尽管我们当中的一些人见证了它最初以这种方式命名自身的某些时刻。据我个人的经验，促成文化研究得以生成的许多研究，其实早已在其他人的著作中出现了。雷蒙·威廉斯在他的《文化研究的未来》（The Future of Cultural Studies，1989）一文当中已经表达了同样的观点，他把文化研究的源头追溯至早期的成人教育运动。他指出，"一种规划（project）和一种形构（formation）之间的关系一直是很明确的"，因为它们"以不同的方式实现……并在随后描述了一种对于潜力和方向的共同配置"。文化研究有多重话语，有许多不同的历史故事。它是一整套的形构，有它自己经历的各种不同的情境和契机。它包括许多不同的工作。我想强调这一点！它始终是一套不稳定的形构。它是打引号的"中心"，只在我突然想描述的某个时刻以一种特殊的方式存在。它有许多的发展轨迹；很多人经由它获得了且正在获得各种不同的轨迹；它由众多不同的方法论和理论立场构成，所有这些方法论和立场都处在争论状态。伯明翰当代文化研究中心的理论工作，更确切地说可称之为理论噪声。其间伴随着大量的不和、争吵、情绪性的焦虑和愤怒的沉默。

那么，这是不是意味着文化研究不是一个受管辖的学科领域？是不是人们只要自认为自身或将自身定位在文化研究的规划和实践当中，就可以随便想干嘛就干嘛？我对这种提法也不满意。尽管文化研究作为一种规划是无限制的和开放的，但它并不是那种简单的多元主义。是的，它拒绝成为任何一种主导话语或元话语。是的，作为一个规划它永远向那些未知的、还不能命名的领域敞开大门。但是，它确实有某些进行连接的意图；确实在它所做的选择中存在着一些界标（at stake）。它决定着文化研究是这种样态还是那种样态。它不能只是随便选择在一种特定旗帜下开展的所有研究。它是一项严肃的事业或规划，而且嵌入了那种有时被称为文化研究的"政治"层面。并不是说文化研究当中原来就内嵌了一种政治。但是在文化研究中有某种界标，在我认为，以及我所期待的某种路径上，未必就适用于其他许多非常重要的学术和批评实践。它在此处显示出如下两种趋向——拒绝封锁和管制这一领域，同时又决定要在其中标界出某些立场并证明之——之间的张力。这种以对话方式通往理论的张力，正是我在此文论述过程中以一些不同的方式试图去证明的。我不相信知识是封闭的，但我相信如果没有我所说的"这种随机的闭合"（the arbitrary closure）、没有霍米·巴巴所说的作为随机闭合的社会能动性（agency），政治是不可能存在的。也就是说，我并不相信会有这样一种实践，它的目标只是为了在世界上制造差异，却没有它必须明确标界的某些非常重要的差异点或区别点。它是一个关于各种关系结构的定位问题。的确，这些关系结构的定位决不可能终结，也决不是绝对的。它们不能原封不动地从这个情境转移到另一种情境当中；它们不能靠停留在同一个地点来完成这种定位。我试图追溯到文化研究中的那个"标界位置"的时刻，追溯到各种立场开始产生重要意义的那些时刻。

借用爱德华·萨义德的术语，这是一个展开文化研究"世俗性"

（worldliness）问题的方式。我不会详述世俗性这一比喻所包含的各种世俗性的含义，而是要论述文化研究的世俗性。我要详细论述它的"卑俗性"（dirtiness）：符号游戏的卑俗性，如果我能那样叙述的话。我试图重返文化研究这个规划，从意义、文本性和理论的洁净氛围走向处于其底下的卑俗之物。这将涉及对文化研究的一些关键的理论转向和环节的艰难考察。

我首先要解构的一条思路同一种对于英国文化研究的看法相关，这种看法通常用如下的事实——它在某个时刻变成了一种马克思主义的批评实践——来辨别英国文化的特点。这种将文化研究指定为一种马克思主义批评理论的思路到底意味着什么呢？我们如何考虑那个时刻的文化研究呢？我们谈论的是哪个时刻？就那些理论遗产、轨迹和后续效应来说，马克思主义到底对文化研究还有哪些可以继续产生的意义呢？谈论那段历史的方式可以有若干种，让我提醒你们一下，我不是将此当作唯一的故事。但我想用一种我认为可能让大家感觉有些惊异的方式来谈论文化研究。

我是从新左派进入文化研究的，而新左派通常把马克思主义看作一个令人困惑的问题，一种烦扰，一种危险，而不是一种解决问题的方案。为什么？这与理论问题本身或孤立的理论问题毫不相关。而与我自己（以及它自身）在一个历史时刻的政治形构有关，这个历史时刻与我们现在所处的时代非常类似——让我感到很震惊的是很少有人提及这一点，即某种马克思主义正处在瓦解的时刻。事实上，最早的英国新左派出现于整个历史/政治事业出现解体的1956年。在这层意义上我退回到马克思主义：可以说，迎战苏联开进布达佩斯的坦克。这样说当然不是意味着，那时候我本人以及文化研究从一开始就没有受到马克思主义作为一项理论规划而提出的诸多问题的深刻影响。这些问题包括：资本所具有的权力、覆盖全球和创造历史的能力；阶级问题；权力和剥削之间的复杂关系，权力是一个更容易在文化话语而不是在剥削话语中得到确立的术语；关于一种普遍理论的问题，这种理论能够以一种批判性的方式，把对生活、政治与理论、理论与实践、经济、政治、意识形态问题等各种不同的领域展开的批判性反思连接在一起；批判性知识这个观念以及批判性知识的生产作为一种实践的观念。这些重要的、核心的问题，就是人们所指的那些非常接近马克思主义范畴的、致力于马克思主义或针对马克思主义、与马克思主义协作或试图发展马克思主义的各种研究。

根本不存在这样一种先在的时刻，好像文化研究与马克思主义可以在其间实现理论上相互完美的契合。马克思主义从一开始（暂时有这种说法）就一直存在一个问题，后者涉及马克思主义在理论上和政治上的重大缺陷、彻底沉默和重大回避，即马克思还没有讨论过或者好像还不明白一些事情，而这些事情是我们优先思考的对象，如文化、意识形态、语言和符号象征的问题。相反，这些早已普遍存在的问题，已经将马克思主义禁锢为一种思想方式和一种带有批判性实践的活动，使它具有了正统和教条的色彩，具有了决定论、还原论、永恒历史规律和元叙述（metanarrative）地位等特征。也就是说，英国文化研究与马克思主义的相遇，首先应该被理解为是与一个问题——而不是与一种理论，甚至不是与一个问题架构（problematic）——的接触。文化研究的最初发展，源于对某种还原论和经济主义——在我看来它们不是马克思主义之外的，而是与生俱来的——批判；源于对经济基础/上层建筑模式的争论，而篡改过的、庸俗的马克思主义试图运用这一模式去思考社会、经济和文化的关系。

文化研究被定位在一场与虚假意识问题所进行的必然的、长期的、到现在为止还无法穷尽的争论当中。就我个人来说，它需要与马克思主义理论中深厚的欧洲中心论进行一场还未完成的争论。我想非常明确地指出这一点。这不仅仅事关马克思碰巧在哪里出生和他所讨论的对象问题，而且事关他所谈及的，那种居于马克思主义理论最成熟部分之核心位置的模式，后者暗示资本主义是从自身内部的转变之中有机地进化而来的。由于我来自一个被征服和殖民化所强加的，周身带有资本主义社会、经济和文化的外皮的社会，因此这只是一种理论的而不是世俗的批判。我并不因马克思的出生地而归咎他；我质疑的是那种围绕这个模式（欧洲中心论）而表达的理论。

我想提出一种关于理论工作的不同的比喻：搏斗的比喻，与天使进行较量的比喻。值得拥有的理论是你不得不竭力击退的理论，而不是你可以非常流畅地言说的理论。我随后会对文化研究在今天显示出的这种令人惊异的理论流畅性（theoretical fluency）进行讨论。我自己对于理论的体会——马克思主义当然是一个恰当的例子——就是与天使进行较量，这也是一个你可以在字面上按你喜欢的方式来采用的比喻。我还记得自己与阿尔都塞较量的情形。我记得在《读〈资本论〉》中看到的"理论实践"这个概念，并想起"我在这本书里已经达到了它本身应该达到的程度"。我觉得，我决不会接受对经典马克思主义的这种深刻误读和过度结构主义（super-structuralist）的错解，除非它能够征服我，能够从思想上战胜我。它必须能走到我跟前并说服我。我会与它决战到最后一息。1977年我就马克思1857年《〈政治经济学批判〉导言》写了一篇长而散乱的文章，试图标界出马克思认识论中的结构主义与阿尔都塞的结构主义的差异，就是这次长久交战的冰山一角。而且，这也不仅仅是与我个人相关的问题。在伯明翰大学当代文化研究中心，在克服了反理论主义和对文化研究相关理论的抵抗之后的很长一段时间，我们决定用5—6年的时间、以一种很不英国的方式去冒险试水理论，我们全面研读了欧洲思想的整体状态，旨在让自己不要成为简单屈从于时代思潮的马克思主义者。我们倒过来读德国唯心主义，读马克斯·韦伯，读黑格尔的唯心主义，读唯心主义的文艺批评。①

因此，说马克思主义与文化研究都进入了状态（各就其位），意识到了一种直接的亲和关系，在目的论或黑格尔式的综合契机中联起手来，并且由此出现了一个文化研究的形成契机，这些完全都是误解。事实与这种说法大相径庭。最终到20世纪70年代，英国文化研究确实在马克思主义的问题架构内部、在许多不同的方面取得了进展，你应该以一种真诚的方式去倾听"问题架构"这个术语，而不仅仅以一种形式主义—理论的方式：把它当作一个问题；当作涉及与这种模式的约束和限制的斗争，并且同样多地涉及它要求我们处理的一些必需的问题。而

---

① 霍尔在1980年发表的两篇文章"The Hinterland of Science: Sociology of Knowledge"与"Cultural Studies and the Centre: Some Problematics and Problems"当中记录了这一点。

且在那个时候，在我自身的研究中，我最终要设法学习葛兰西的理论成果并对其加以应用，这仅仅是因为某些回避策略迫使葛兰西的著作得以用各种不同的方式去应对那种我只得称之为理论难题的事情（另一种关于理论研究的比喻），马克思主义理论无法回答的事情，以及有关现代世界的事情——葛兰西在他继续坚持的马克思主义宏大理论的理论框架中所发现的那些依然未解决的问题。在某种意义上说，除非由葛兰西绕道而至，我依旧想简略地处理的诸多问题是无法解决的。这并不是因为葛兰西解决了这些问题，而是因为他至少正式讨论了与它们相关的许多问题。我不想讨论我个人所认为的文化研究在英国语境中、在某个特定的时代从葛兰西那里所学到的那些东西，如大量关于文化本身的性质、情境（conjunctural）的规则和历史特定性的重要价值的讨论，关于富有超强再生力的霸权的比喻的讨论，以及唯有通过运用置换过的整体和集团（ensemble and blocs）的概念来思考阶级问题的方法。这些都是通过"迂回"到葛兰西而获得的独特成果，但我不打算讨论这一点。在这个语境中，我想讨论葛兰西的是，我认为他的学说虽然曾属于并仍然属于马克思主义的问题架构，但他对于当今英国文化研究的重要性，恰好就在于他从根本上对文化研究中的某些马克思主义遗产进行彻底置换的程度。葛兰西对马克思主义的"置换"所具有的激进特性还没有被我们完全理解，或许还没有得到很好的清算和处理，而我们现在却正在进入后马克思主义时代。这是历史运动和思想风尚运动的本性。但是葛兰西对文化研究还有其他一些影响，我想多少说一点这方面的情况，因为它涉及我所说的那种对于我们的体制位置和学术实践进行反省的需要。

我曾经多次试图去描述我们所认为的那种我们在伯明翰大学当代文化研究中心开展的知识工作（intellectual work），而且英国文化研究界尤其是伯明翰大学当代文化研究中心的其他学者也都试图描述这一点。我不得不承认，虽然我读过许多构思严密、老练圆熟的论述，但还是觉得葛兰西的论述最能表达我们试图要做的事情。不可否认，他所用的"有机知识分子的生产"这个措辞确实存在问题。但在我看来，我们毫无疑问正在试图从文化研究中寻求一种可以生产有机知识分子的制度实践。我们原来也不知道在20世纪70年代的英国这样做会意味着什么，而且即使我们能设法生产出这样的知识分子,我们也未必能一眼就把他或她辨认出来。有机知识分子这一概念所引起的问题,就在于它看起来把知识分子与一个正在兴起的历史运动联系到了一起,而我们无论当时还是现在都并不知道去哪里找到这个历史运动。我们充其量是一些没有任何有机参照点的有机知识分子;是一些有怀旧之情、意愿或者期待的知识分子(从别的语境中借用葛兰西的措辞),希望在某些时刻当这样一种情势出现时,我们在学术工作方面能对这种关联做好充分准备。更确切地说,在这种关联尚未出现的时候,我们准备好去想象、塑造或模拟它:"理智上的悲观主义,意志上的乐观主义。"

但是我认为有一点非常重要,即葛兰西对于这些问题的思考确实抓住了我们所想做的一些事情。因为葛兰西对于学术工作所下的定义所包含的第二个方面——我认为它一直在某些方面很接近作为一种规划的文化研究观念——就是他一直提出的要求:"有机知识分子"必须同时在两条战线上工作。一方面,我们必须冲在学术理论工作的最前线,因为正如葛兰西所言,有机知识分子的工作要比传统知识分子了解更多的东西:真正的了解,而不是仅仅假装知道,不是只拥有知识的工具,而是要更深刻、更渊博地理解知识。我们关于马克思主义的知识,通常只是单纯的认知——是对我们已经知道的信息的再生产!如果你处在领导权的竞争当中,你就必须比"他们"聪明一些才行。因此,文化研究绝没有可以从中掉头回转的理论极限。但另一方面正是最重要的:有机知识分子不能免除自身的传播责任,通过知识的效能,把那些理念和那种知识传播给那些在职业上并不属于知识分子阶层的人。除非那两条战线都能同时运转,或者最起码除非这两种抱负都能成为文化研究规划的构成要素,你才能在政治项目层面获得不受约束的、巨大的理论推进。

我非常期望你们不要把我所说的话解码为一种反理论的话语。它并不是反理论的,但确实涉及开发一种政治实践性的学术和理论工作所需的条件与所带来的问题。这是一条非常困难的道路,不是要消除这两种要求之间存在的各种紧张关系,而是要与它们共处。葛兰西从未要求我们去消除它们,但他给我们提供了一个如何与它们共处的实际例证。我们在伯明翰大学当代文化研究中心根本不能生产出(我们本应该生产出的）有机知识分子。我们根本没有与正在兴起的历史运动联系起来；它只是一种隐喻意义上的训练。不过，各种隐喻都是很严肃的事情，它们影响到人们的实践。我试图把文化研究重新描绘成一种必须前行、必须与那种紧张关系同在的理论工作。

我想着眼于文化研究另外的两个理论时刻，它们打断了文化研究先前已有断裂的构成史。有些这样的发展像是来自外面的空间：它们并不都是从内部产生的，它们并不是一种内在生成的普遍文化理论的一部分。文化研究的这种所谓的发展，被一种断裂、一些实际的决裂和一些外在力量反复打断；这种好像因新观念而产生的中断，使那些看起来像是正在聚合的工作被去中心化了。这就有了关于理论工作的另外一个比喻：作为中断的理论工作。

在伯明翰当代文化研究中心的工作中，至少有两次中断：第一次围绕女性主义，第二次关于种族问题。我在这里并不想去概括女性主义的介入对于文化研究带来的理论和政治的推进与效果；在其他时间、其他地方我会做这件事。而且，我也不想以一种无限制的、偶然随意的方式唤起那一时刻。对于文化研究（除了许多其他的理论规划）来说，女性主义的干预是具体而明确的，也是断裂性的。它以一种相当具体的方式重组了这个领域。第一，开始将个人（the personal）当作政治问题来对待，还有它影响到了文化研究的研究对象的改变，这在理论和实践上具有非常革命性的意义。第二，对权力的概念进行了激进的扩展——这一观念到那时在公众观念和公共领域当中已经发展得非常成熟了，以至于我们不能再以同样的方式使用权力这个术语——后者对于理解早期有关霸权的问题架构至关重要。第三，社会性别和性征的问题对于理解权力本身的核心意义。第四，开启了许多我们以为自己已经废除的、围绕在主观的和主体的危险区域周边的问题，将那些问题置于作为一种理论实践的文化研究的核心位置。第五，"重启"了在社会理论和无意识精神分析理论之间已经封闭的边界。我们很难描述文化研究中的这块新大陆的开启所带来的重要影响，然而通过女性主义、精神分析和文化研究之间的关系——更确切地说是杰奎琳·罗斯（Jacqueline Rose）所说的那些至今"还未确定的关系"，或者通过这种关系实际上得以达成的方式，这块新大陆的轮廓被标记出来了。

我们知道女性主义产生了影响，但通常并不知道女性主义最初是以什么方式、在哪个地方闯入了文化研究。我审慎地用这个比喻：像个夜晚的贼，它破窗而入；打断了文化研究的进程，产生了一种不合时宜的噪声，迫不及待地抢上了文化研究的讨论桌。这种黎明突袭最初完成的一本小册子的标题——《妇女持有异议》（*Women Take Issue*）——就很富有启示性的意义：因为她们在两重意义上"提出异议"——接管了那一年度的年鉴并发起了争论。但我想告诉你们的是其他一些与此相关的事情。因为女性主义著作日渐重要的影响以及20世纪70年代早期校外开始出现的女权主义运动，我们在伯明翰大学当代文化研究中心的许多人——当然主要是男人——认为，是到了在文化研究当中产生优秀女性主义著作的时候了。而且我们确实想补进它，去输入它，去吸引优秀的女性主义学者。正如你们所料，许多从事文化研究的女性对这项有益的研究规划并不是非常感兴趣。我们为女性主义研究打开了一扇门，成了善良的、被转化的男人。可是，当它破窗而入时，各种出人意料的阻挠都呈现出来了——充斥着父系的权力，后者相信它已经卸下了自己的责任。我们过去常说，这里没有领导者；我们彼此都是研究生和员工，共同学习如何从事文化研究。你可以决定你想要的东西，等等。然而，当碰到阅读书目的问题时……那么我就真正发现了权力的社会性别本性。当很久之后我能够断言这些话的时候，我遇到了与福柯的深刻洞察——知识和权力对于个人的相互作用——相关的现实。谈论放弃权力是一种非常不同于保持沉默的体验。确切地说那是另外一种思想方式，另外一种对于理论的比喻：女性主义以这样的方式打断并闯入了文化研究。

那么另一个就是关于文化研究中的种族问题。我已经谈到在文化研究的形成过程中所依赖的那些重要的"外来"根源——例如，我所说的新左派时刻和其最初对于马克思主义的争论，文化研究就是在这些争论中生成的。当然，那是一个极度英国式的或英国人式的时刻。实际上让文化研究把有关种族的批判性问题、种族政治问题、对种族主义的反抗问题、文化政治的批判性问题摆上自己的议事日程，本身就是一场意义深远的理论斗争，《监控危机》（*Policing the Crisis*）这部书稀奇古怪地就成为这种斗争最早和非常靠后的一个例证。它代表了我自己理论和学术工作进程中一次决定性的转折,对伯明翰大学当代文化研究中心的研究来说也是如此。又一次,它只是一场长期的、有时比较激烈的(当然是带有激烈争论色彩的)、反对一种十足而无意识的沉默的内在斗争所取得的成果。有一种斗争持续存在于随后被人们广泛知晓的领域当中,但前提是只存在于被改写过的历史——例如文化研究中心另一部非常重要的、富有创造力的著作《帝国反击》(*The Empire Strikes Back*)——当中。事实上,正如保罗·吉尔罗伊(Paul Gilroy)和撰写这部书的小组成员所发现的,很难在伯明翰大学当代文化研究中心创立起推动这场研究计划所需要的理论和政治空间。

我想坚持在这两个例证中都隐含的这种观念:运动引发了理论的契机。历史事态督促了各种理论:它们是理论演变中真正的转折点。但是我在这里必须停下来,追溯一下我的思路。因为我想在我所说的一种对于头脑简单的、反理论的民众主义的调用当中,你可能又一次听到了这一点;这种民众主义并不尊重和承认如下这些变动过程——我称之为经由理论的必要的拖延或迂回——在其每个特定时刻所具有的至关重要的意义,而后者正是我试图要重述的。我想讨论一下这种"必要的迂回"(necessary detour)。那种让当代文化研究中心——某种程度上可以说整个英国文化研究——的稳固道路发生移位和去中心化的东西,就是有时被称为"语言学转向"的东西,即发现了话语性和文本性。围绕这些名词,在伯明翰大学当代文化研究中心也出现了一些意外的变故。人们正是用我早前试图描述的同样方法来努力应对这些意外的变故的。但是通过与它们的接触而取得的各种收获,对于理解理论是如何在那项工作中被推进是至关重要的。然而,在我看来,这些理论"收获"决不可能成为一个自给自足的环节。

我这里没有篇幅再去更多地列举文化研究与结构主义、符号学及后结构主义研究的相遇所获得的理论推进。例如,语言和语言隐喻对于任何一种关于文化的研究所起的至关重要的作用;扩展了文本与文本性的概念,认为文本与文本性不但是意义的来源,还是逃逸和延宕意义的工具;认识到了异质性、多样性、多种意义,以及对通过超越意义而可以随机闭合无尽指意的理论所进行的斗争；承认文本性和文化权力以及表征本身是一个权力和控制的场所；承认符号界是身份认同的根源。尽管文化研究一直都致力于各种关于语言的问题（这一问题早在符号学革命之前就在雷蒙·威廉斯的著作中处于核心位置），但这些全都是相当大的理论推进。然而，理论的重塑作为我们必须通过语言和文本性的各种隐喻去思考诸多文化问题的成果，会显现出一种立场——文化研究现在必须始终依据这个立场来给自身定位。话语和文本性的隐喻，具体地说明了一种必要的延宕，一种移位，我认为后者一直隐含在文化概念当中。如果你想对文化产生影响，或者你打算对其他一些真正重要的事情施加影响，你就会发现你自己被赶回到了文化当中，如果文化恰巧成了占据你的灵魂的存在，你就必须认识到你永远都是在一块发生位移的地域上工作。始终有一些关于文化媒介、语言、文本性和表意过程的去中心化的东西，总会直接或立即逃离和逃避与其他结构进行联合的努力。然而，与此同时，其他的形制、处于体制位置的各种文本的文本间性、作为权力之源的文本、作为表征和抵抗场所的文本性也都留下了阴影、印记和踪迹，所有这些问题都绝不可能从文化研究当中被抹除掉。

我一直试图以一种非常间断性的、分散的和中断的方式将这一领域（文化研究）描绘成一些时常变化的转向，并且把它定义为一种政治规划，那么问题就来了：当这个领域试图将自身发展成某种前后连贯的理论干预之时，会出现什么样的情况？或者，我们以相反的方向提出同一个问题：当一种学术和理论的事业试图去实行那些赢得个体和团体积极参与的教学法，试图在它所处的体制领域产生重要影响之时，又会出现什么样的情况？这些都是非常难以回答的问题，因为我们被要求同时兼用"是"还是"否"来作答。它要求我们作出如下呈现：文化终将会克服自己的文本性问题——与此同时文本性又始终是不充分的。但哪些方面始终是不充分的？对于哪些事情来说始终是不充分的？这也是非常难以回答的问题，因为从哲学上讲，在文化研究的理论领域——无论它是被设想成与文本间性的文本、语境相关的领域，还是被设想成与文化实践得以开展的历史结构相关的领域——始终无法获得关于文化关系及其影响的充分的理论阐释。不过，我想强调的是，除非文化研究懂得接纳这种所有文本实践都必然会呈现的张力——萨义德将其描述为结合"各种机构、办事处、代理机构、阶级、学术机构、公司、团体,以及有意识形态限定的党派、行业、民族、种族和社会性别"等因素而对文本所做的研究——否则,它就得宣布放弃自身的"世俗"使命。也就是说,除非人们考虑到文化必然出现的移位现象,但却在阐释中始终不能把这种移位与其他的相关问题、与批判的文本性所不能或根本不能包括的其他问题协调起来,并且为此感到困惑,否则,文化研究作为一项规划和一种干预就依然是不彻底的。如果你放弃这种张力,你固然可以作出非常精致的知识化成果,但你将失去作为政治的学术实践。我跟你们提及这一点,并不是因为它是文化研究应该是的样子,也不是因为伯明翰大学当代文化研究中心想办法做到了这种良好的状态,而只是因为在我看来是它从总体上将文化研究界定成了一种研究规划。无论是在英国还是美国的语境中,文化研究本身已经引起了关注,这不仅仅因为它有时候取得了令人眼花缭乱的内在的理论发展,而是因为它把理论和政治问题维持在一种永远不能解决但永久存在的张力之中了。它不断地让一方去刺激、烦扰和打搅另一方,并不强求某些确定性的理论结局。

我已经谈论了很多与以前的历史相关的事情。但是我在讨论艾滋病的过程中会很强烈地回想起这种张力。艾滋病是这样一个问题,它迫使我们必须讨论我们作为批判性知识分子的边缘性如何对世界产生真实影响这一问题。然而它常常是以一种矛盾的方式被再现在我们面前的。面对人们死亡于大街上的紧急情况,什么是文化研究天经地义最该干的事情?如果不对如下问题——你对某个想知道他们是否应该吃药、这是否意味着他们将在两天以后死亡或几个月前死亡的人所说的话——作出回应,那么有关表征的研究到底有什么意义?在那个时刻,我认为任何一个把文化研究严肃地当作一项知识实践的人,都应当从他们的心中感到文化研究的无常性、脆弱性,它标示的东西是多么的少,我们能改变的事情或者能让人所做的事情是多么的少。如果你在你所从事的研究中感觉不到这种紧张,理论就让你轻易地从困境中解脱了。另外,说到底,我还是不赞同困境通常展现给我们的方式,因为它实际上是一个更为复杂的、移位的问题,而不仅仅是人们走向死亡的问题。艾滋病的问题是一个非常重要的斗争和争论领域。除了那些我们知道他们即将病故的人、那些已经逝去的人，或者那些将要离世的人，还有许多并未被提及的正在死去的人。我们怎么才能说，艾滋病的问题也不是一个谁得到表征谁没有得到表征的问题？艾滋病是性政治的推进遭受阻击向后撤退的场所。假如某些隐喻不长久，或者以错误的方式存在的话，艾滋病就不仅是一个人将死的场所，还是欲望和快感也将凋零的场所。除非我们在这种紧张中运作，我们无法知道文化研究能做什么，不能做什么，从来不能做什么；而且，它必须做什么，它自身独有什么样的优势去做这些事情。我们必须分析某些与表征本身的构成性和政治性，与语言的效果，与作为生死之所的文本性等方面有关的事情。这些事情是文化研究可以处理的问题。

我用这个事例，不是因为它是一个完美的例子，而是因为它是一个具体的例子，因为它有一个具体的意义，它以自身的复杂性来挑战我们，通过如此做法来教导我们去讨论严肃的理论工作的前景。它保存了知识分子工作和批判性反思的本质，保存了理论可以带给政治实践的那些洞见的不可化约性，而这些洞见是不能通过其他任何方法获得的。与此同时，它将我们的注意力引向理论必需的谦逊上，引向文化研究作为一项学术规划必需的谦逊上。

我想从两个方面作结。首先，我想处理这两种建构——英国文化研究和美国文化研究——的建制问题。然后，引用与我试图发动的理论工作（我不希望是通过声称权威性或本真性的方式，而是通过一种必然充满争论和立场的政治的方式）相关的隐喻，去讨论文化研究这个领域不得不被如何界定的事情。

我不知道如何谈论美国的文化研究。我被它完全惊呆了。我想起在英国语境中将文化研究置于体制中的斗争，在某些严肃的伪装下勉强为研究者赢得三四个工作岗位的斗争，这与目前美国正发生的迅猛的体制化形成了强烈的反差。这种反差不仅仅说的是文化研究。如果你考虑一下那些在英国女性主义历史或理论方面曾经产生过重要影响的著作，并且问一问这些妇女中有多少人曾经有或者可能有全职的学术工作，你就会理解边缘性究竟指的是什么了。因此，文化研究在美国的迅猛增长、快速职业化和体制化，不是我们任何一位试图在伯明翰大学这样的机构建立一个边缘化的中心的人可以用简单的方式去抱憾的。然而我不得不说，我强烈地感受到，它让我想起我们在英国的一些思考方法，我们通常都意识到体制化是一个十分危险的时刻。好，我一直在说，危险不是你从中逃离出来的地方，而是你要走向的地方。我只是想让你们知道，我自己的感觉是，文化研究连同其他批判理论样式在大学里的激增，标志着一个绝对非常危险的时刻。为什么？谈论如下这些问题可能太过庸俗，例如，文化研究有多少工作岗位，围绕着它有多少钱，有多大的压力可以加之于人们身上，迫使他们去做那些他们认为批判性的政治工作和带有批判性的学术工作，同时也窥探他们在促销股份和出版股份中所担负的份额，等等。让我返回到我前面陈述的观点：我对自己所说的文化研究在美国出现的那种理论的流畅性感到诧异。

理论流畅性的问题是一个艰涩的、发人深省的隐喻，而我只想用一句话来谈论它。不久之前，考虑到人们只能称之为的解构主义在美国文学批评界的泛滥（完全不同于解构主义转向），我试图区分一下，在文化研究中到底哪些是有可能搞出来的极其重要的理论和学术著作，哪些是间或冒充为严肃的学术操练的一种纯粹的重复、一种模仿或解构主义的口技（deconstructive ventriloquism）。在那个时刻我担忧的是，如果文化研究在美国的环境中获得了同等的体制化，那么它将会以同样的方式拘泥于形式，而失去了对权力、历史和政治的批判性质疑。吊诡的是，我说的理论流畅性的意思正好与之相反。在美国的文化研究领域，我们无时不可以广泛地、不断地对权力进行理论化，政治、种族、阶级和社会性别、征服、支配、排斥、边缘性、他者性等，都不在话下。文化研究当中几乎没有什么东西不可以被理论化。然而，这里存在一种令人不安的疑惑，文化研究自身话语这种铺天盖地的文本化，会以某种方式把权力和政治构造成仅仅与语言和文本性本身相关的事情。当然，这并不是说，我不认为权力和政治的问题肯定会而且始终会寄寓在各种表征当中，不认为它们一直是话语问题。不过，有不少方法将权力指派为一种轻易漂浮的能指，后者只剩下了那些完全缺乏表意（signification）的权力和语言的天然的操练与联系。那是我认为高度纯粹、极其详尽和资金充足的美国学术生活领域会出现的危险时刻。这决不是要文化研究将自己都改造成更像英国文化研究的东西，我认为那是一个完全虚假和空洞的目标。我特别不想为了监控当下和未来而去谈论过去。但是我最终还是想从我对过去的思想建构中去提炼出一些可以针对我自己的工作（或许也可以针对你们的工作）的指导方针。

最后还是回到学术工作的极端严肃性这个话题上。它是一个非常严肃的事情。我要重新讨论知识分子工作和纯学术工作二者之间至关重要的区别：它们之间有重叠，彼此邻接，相互补充，一个会为你提供做另一个事的方式。但是它们并不是同一件事情。我需要返回到实施一种真实的文化和批判实践所遇到的困境中，这种实践打算生产某种有机知识分子的政治成果，而不打算将自身刻写进已获得的各种知识所具有的那种包罗万象的元叙述当中，不想局限于体制内部。我也需要返回到理论和政治，理论的政治。不是作为求真意志的理论，而是作为一套争论的、在地化的、情境性知识的，必然以一种对话的方式被争论的理论。而且这种实践始终考虑到自己对一个领域的干预，并在其中可以产生出差异来，产生出某种效应来。最后，这种实践熟知知识谦逊（intellectual modesty）的必要性。我个人认为，去明白知识分子工作的政治性与用知识分子工作来取代政治这两者之间有着天壤之别。

附：原文后附有霍尔与现场听众的讨论文字，此处摘录其中有关"有机知识分子"的讨论要点。

罗莎琳德·布伦特（Rosalind Brunt）：希望您对葛兰西的"有机知识分子"这个概念再做一些更多的说明。我认为葛兰西用这个概念时，实际上打算讨论与民众的联系。我认为您没有论及如何界定有机知识分子的关键，在于你不仅要向民众传输思想，还要在葛兰西的意义上向民众学习。我可以理解您为何论及这一点，原因就在于它可能导致各种凭感情用事的民众主义。但是它关系到伯明翰当代文化研究中心围绕民族志的那段非常重要的时刻。

霍尔：你不仅推断出了我对概念的沉默，而且推测出了我沉默的原因。据我所知，很多关于有机知识分子的比喻都以各种方式简化了这一概念，并且对其中隐含的先锋主义意味缺乏批判，或者想当然地认为可以轻而易举地找到那些外界的声音，并能为它们负起责任。问题就在于既要做事又要避免庸俗的民众化（vulgar popularization），后者一点也不像葛兰西所指的那种通过相互教育的关系而实现的民众化。我无法以非常充分的方式回应一个人如何承担那种责任的问题，部分原因就在于，对于一些特定的文化群落来说，这个问题是情境性的。的确，我认为新的文化研究让自身摆脱较早形式的潜在影响的某些方法，恰恰是要仔细审查如下论断：我们在不推脱自己有进行反思和理论工作的必要时，到底如何才能促成这些联系？我认为这种讨论既然如此困难，还是必须展开。当然如你所知，伯明翰大学当代文化研究中心发现这样做并不容易。而且并没有一些运动在那里等着人们去完成这件事。因此，我非常不想让人们以为这是一种很容易的福音派召唤号令，好像你随便可以放手一试似的。我想说的是某种更像我用谦逊这个概念所要表达的意思。你不得不承受一些压力去发现那个时机，那种联系。如果你感觉自己没有这么去做，甚至过去一直也没有可能做，就会若有所失，一些原本应该进入你脑海的声音也不会出现在你的脑海之中。你必须认识到理论将会控制你。你在某一时刻会在批判性争论的文本性当中带有一种幻觉而告终，自以为你可以涵盖整个世界，而认识不到你试图分析并给予理论定位的对象的世俗性。

但我同时也想说，我们还可以做更多的事情。虽然某些制度条件阻碍我们去做事，但处在体制化的状态也意味着我们在同那些使我们无法促成那些联系、无法以那种方法书写的体制性的限制条件做斗争。而且，我们彼此交流时和做学术工作时所用的那种语言，作为斗争的构成因素也许在某个时候被其他人无意中听见。我的意思是要承认有可能会产生一个比小资产阶级知识分子的运动规模更大的运动。这就是我们所说的谦逊所包含的意思。谁能够设想世界可以单独从那些阶层内部得到改变，设想我们以这种系统阐述的方式所谈论的权力会被消除掉？我并不否认由政治分离和分裂产生的这些作为完成这种工作的政治背景的难点，不过，我们必须在这种有机可能性"似乎"出现的状态下工作。

我知道对有机知识分子这一比喻有许多异议，我自己就有许多。我们必须严肃地接受福柯的看法，也许有机知识分子的时代已经过去了；我们现在处于另外一个时刻，即专业知识分子的时代。我是这样理解他的话的：因为我不主张将有机知识分子当作另一种宏大叙事的源头，也不主张将它当作可以从外部为运动生产理论的概念。不过，我坚持用有机知识分子这一概念是因为我认为它给整个学术工作覆盖上了一道光影。如果它对理解我们的对象和我们自身的处境——我们自身体制立场的定位和局限性——的世俗性有帮助，结果就大不相同了。我想你真正感觉到我们的语言表达所承受的压力，就是去展现它的运作，就是去把自身敞开给别人，就是去打开一扇窗户，而不是去禁止去封闭，等等。当然，这不能以牺牲严肃的思考为代价，因为我们最不想看到的事情，是出现那种无法告诉我们任何信息但又激动人心的民众主义研究。伴随文化研究领域的大量研究，我发现的主要问题就是这些研究没有告诉我们任何新的东西。它是一种循环操演，令人惊奇的是你经历了很久的在学术上有价值的道路，最后竟然又返回到了起点：资产阶级生产行使资产阶级霸权的资产阶级文化。万岁！那就是所有人最不需要的事情：他们被告知他们已经知道的事情。他们需要新知识的生产。我们通常无法控制知识被挪用的方式和它被挪用的政治境遇，但我们需要尽可能更好地工作，需要与支持我们的压力配合行事。这就是我所说的谦逊。这种我所认为的东西构成了我所说的我们的谦逊。

露丝·托马塞利（Ruth Tomaselli）：我想知道你如何把你的有机知识分子概念置于由我们的同事和我们的学生所构成的现实世界当中？

霍尔：在我说到要在伯明翰大学当代文化研究中心搞有机的学术工作时，我当然会想到教学法的问题。我认为我无法将理论工作和教学法脱离开来。伯明翰大学当代文化研究中心只有三位专业教师，所以我们试图培养的有机知识分子不仅包括我们，而且包括我们的学生。因此，教学法的问题作为一种学术知识生产方式的确至关重要。我同意你的评论中所暗含的批评之意，也就是说，当我们谈论文化研究的体制化处境时，我们常常没有谈论教学和教学法的问题。我们谈论知识实践的时候，似乎只是认为坐在图书馆里阅读正确的经典或在学术会议上向其他知识分子请教之类的事情才是知识实践。但是，对于我们大多数人来说，正在开展的知识实践工作，就我们从中获得物质生计和我们的生产方式来说，实际上就是进行教学。我想我事实上的沉默并不是在用以下的话——第一批与我们发生联系的人就是我们的学生——来回应罗莎琳德·布伦特。在我们召唤大队人马开上战场之前，非常重要的一点，是我们的学生伴随我们去实行这项研究规划，我们扶助他们去从事少量的学术工作。

米根·莫里斯（Meaghan Morris）：我不是文化多元主义者，但我喜欢有机和专业这两种知识分子的说法，因为我认为他们为人们描述了当前存在的多种不同的可能性。但是有一个困扰我的事情，关系到有机知识分子这个比喻，这就是理论/实践/政治的问题如何形成的。在有个地方，你说过如果你在自己的研究中无法感受到张力，那些是因为理论已经让你逃脱了困境。但有时候并不是理论让你逃脱了困境，而是学术机构或各种学术体制化运作会把张力从人们的研究中驱除出去，会在某种意义上完全杀死天使（理论）。我以为，这是一个涉及你如何看待文化研究在面对这种情况时的应变力问题。……我不是一个多元主义者，是因为我不认为多元主义是一个选项，而认为它是一个问题。我认为当学术机构将多元主义的现实体制化之时，就使得人们很难去关注各种随机闭合之间的差异。因此我想看到一种抗击多元主义的界定。

霍尔：时间所限，我仅就我也喜欢的专业知识分子和有机知识分子这两种类型的人做一些回应。我对这两类知识分子并没有好恶偏向，不想厚此薄彼。我谈到文化研究并不渴望有一种总体的元语言，我们必须始终认识到它的定位，认识到它是一套充满争论的在地化的知识，等等，并以此来描绘有机知识分子。同样，我们没有葛兰西的话语里所包含的那种赢得有机知识分子的希望（承诺），也就是说，我们这里没有一个可以依托的党，党并不存在。因此，从隐喻意义上讲，可以把有机知识分子当作希望，而把专业知识分子当作运行方式。我也同意你对多元主义的说法。文化研究有很多充分的、重要的理由让它始终保持跨学科的状态，我想我们的一些困难也就是因此产生的。文化研究中包含的一些颠覆性力量，与其他一些形式的批判工作一道，就起因于它对那些作为学科和监管者的体制化的空间已经提出了质疑。为了阐释一个问题，它甚至以相对松散的方式冲击着各种边界，从许多不同的领域吸引了许多词汇。这是一件非常重要的相关之事。但在体制化的时刻，这种情形显然会变成一大堆多元主义。

体制化的时刻有更多看似从外部置入进来的危险，而且有时候这会把那些打算做文化研究的人推向那种多元化的方向。例如，文化研究成长的一个地方就是人文学科院系，由于校方或机构的极大善意和慷慨资助，在一定程度上已经成了这样一些地方——对人文学科、人文学科的政治化、毁灭经典的各种具体的教育攻击竞相争论的所在。围绕这么一些争论产生了一些抵抗的空间，批判性的学术工作因此可以做起来。并不是所有的大学都是如此，我知道在有些地方，人们之所以显得非常多元化，一个原因就在于一些人把文化研究这把保护伞当作防卫工具来用。所以，我们并不是没有认识到这些体制空间的确有一些非常具体的条件和限制，要开展的研究需要更加细致的工作，后者要努力界定这个规划究竟是什么，而不能用我们以前理解的那种空洞的多元化方法来描述了。然而，在那个时刻我开始犹豫了，因为当我被急切地要求说文化研究是什么或者不是什么的时候，我内心中有种想法让我不要说话。我可以打赌，文化研究不是全部令人厌恶的东西。但我认为，首先，在美国的语境中需要一系列的工作来说明它的这种背景究竟是什么。文化研究对于这种文化来说究竟是什么，也就是使它真正有从之前的研究或者其他领域已经做过的研究当中区别开来的特征是什么。我不敢确定美国的文化研究是否已经完成了那种自我澄清的时刻。因此，可以这么说，我不想将另一套定义强加于美国文化研究。但我的确认为它涉及在具体的情境中事实究竟是怎样的问题。我不认为它能够仅仅成为一个多元论的保护伞。我认为那种多元论是学术机构里的某些对学术工作施加限制的政治条件所带来的后果。因此，我同意你的观点——不是理论让你逃脱了困境，而是某种带有体制性色彩的时代的精确嵌入造成了这样的困境，这一时代正好是这个国家学术体制生活的时代，学术体制正是一个有待破除的大企业。

（孟登迎　译）

理查德·霍加特:《识字的用途》和文化转向[*]

人们普遍认为,没有理查德·霍加特,就没有当代文化研究中心。然而,没有《识字的用途》就不会有文化研究这个观点却一直未能得到广泛的认可。在早期的一篇文章中,我将《识字的用途》称作文化研究的"三大奠基性作品"之一(Hall, 1980),现在是一个对此论断进行进一步说明的机会。因此,本文对《识字的用途》出现的"时刻"——这本书对早期文化研究在方法上有什么样的指导和意义,及其与当时广泛展开的辩论之间的联系,以及它在所谓的"文化转向"形成中的作用进行了思考。理查德·霍加特是不会使用"文化转向"这个拙劣抽象的词语的,对该词语没有必要在这里进行详细的概念阐述。它只是表明了我称之为日益明显的"文化的中心性"(centrality of culture)已成为一不可避免的事实:文化工业在全球的惊人扩张与成熟;文化对社会和经济生活各个方面的重要性在日益增长;文化对各种批评、知识话语和学科有重新排序的影响;文化开始成为一种主要的构造性分析的范畴,"悄无声息地渗透到当代社会生活的每个角落和缝隙,带来了层出不穷的'次生环境'并对一切进行调解"(Hall, 1997:215)。本文中的讨论以下面的假设为前提,即西方社会及其知识界的确是在第二次世界大战之前出现了"文化转向"这一现象,英国则是在

---

[*] 原题"Richard Hoggart, The Uses of Literacy and the Cultural Turn",原文载于 *International Journal of Cultural Studies*, Vol.10 (1), London: Sage Publication, 2007。

第二次世界大战刚刚结束之后便有了蓄势待发的表现；《识字的用途》以它自己特殊的方式出现在那一时刻，确实是"文化转向"的早期例子，并在其形成过程中发挥了重要作用。

正如我们所知，《识字的用途》这个项目经过多年酝酿。最初计划是对大众出版的新形式进行分析，该书第一部分所呈现的根本性创新——在更深层次上对读者与受众的文化进行"解读"并加以语境化分析的尝试——只是后来才得以落实。不过，在1957年出版时，它的总体意图已是不容置疑的。该书试图为以下这些问题提供一个复杂的答案：通俗报纸和杂志的态度与它们通常所面对的工人阶级读者的态度之间是什么关系？更为迫切的是，商业利益驱动下的新的大众传播形式是怎样改变老一代工人阶级的态度和价值观的？简而言之，这种正在被提出来的新的"识字"具有什么"用途"？

需要注意的是，在第一部分中，"工人阶级文化"这一词语似乎既能用以表示第二次世界大战前几十年中工人的典型态度、价值观和生活方式，又可用以表示在他们当中传播的出版、娱乐和流行文化的形式。正如批评家所指出的，这两者的来源有着极大差异，后者不是由工人阶级自己而是由服务于工人阶级的商人阶级生产出来的；正如雷蒙德·威廉斯对《识字的用途》进行早期评论时所指出的："在'工人阶级文化'和日益主导我们这个世纪的大众商业文化之间画等号"会产生破坏性的后果（Williams，1957：30）。然而，理查德·霍加特确实认为，出版物和它的读者之间存在着十分密切的关系，以至于足以使他将之表述为类似于构成"一个'旧'秩序"的某种东西。工人阶级和新的大众文化形式之间则不会再有这种相互强化的关系了；这就是整本书最终提供的关于文化变迁总体判断的要点。工人阶级和新的大众文化形式之间的这种脱节，因为第二部分中缺乏"对普通工人阶级的生活质量的描绘，以便将对出版物的深入分析置于接地气的、实实在在的景观之中"（Hoggart，1958：324）的持续努力而加剧了，也在两个截然不同的章节之间造成了悬而未决的紧张。当然，霍加特当时完全意识到了这一点（"两种写作的问题在后文中可以找到"），并且在后来经常对此予以承认（Hoggart，1992），尽管如此，该书仍然具有其决定性的影响。

和许多简单化的、化约性的、怀旧或经验主义的记述相比,书中为正在运行中的文化变迁提供了复杂和含义丰富的概念。其论述也不是根据新/旧、有机的/无机的、精英/大众以及好/坏之间的简单对立进行的。霍加特知道"证据"是无法系统化的,他对怀旧的诱惑很敏感:"我来自工人阶级……这种情感上的联系带有很大的危险。"(Hoggart, 1958: 17)他既没有低估日益丰裕的社会带来的影响,也没有夸大变迁的速度和程度。他用谨慎调配的语言描述了文化衰落(cultural decline)这个主题:

> 对旧的言语形式的顽固坚持并不表示旧的传统仍然是强大和有活力的,但传统并没有被完全废弃。在这个现在难以理解的世界中,人们仍然会回到传统,将它作为固定的、在很大程度上依然是值得信赖的参考(Hoggart, 1958: 28)。

而且"态度的变化滞后于我们一贯的认识……"(Hoggart, 1958: 13)。尽管如此,这个诊断的总结论是毋庸置疑的:

> 我的论点不是说在上一代人生活的英国在很大程度上仍然存在着"人民所有的"城市文化,而现在所有的仅仅是大众的城市文化。而是说,因为一些原因,大众传播者现在提出诉求的方式比以前更加坚定有效,也更全面和集中;我们正在朝着创造大众文化的方向发展……并且在一些重要方面,新的大众文化和它正在取代的经常是粗俗的文化相比更不健康(Hoggart, 1958: 24)。

诊断(diagnosis)在这里是一个有用的术语——如同"健康"所揭示的——因为它提醒我们这个结论归功于什么,利维斯主义与《细察》(*Scrutiny*)杂志上所提供的文化批评产生了多大的影响,这包括:F. R. 利维斯自己的文化书写采用的论战姿态;Q. D. 利维斯在其有影响力的作品《小说与读者公众》(*Fiction and the Reading Public*, 1932)中重点阐述的文化衰落;《细察》的教育项目和宣言如《大众文明与少数人文化》(*Mass Civilization and Minority Culture*, Leavis, 1930)中所告示的文化抵抗方面的热情洋溢的规划；以及丹尼·汤普森（Denys Thompson）和其他人对广告所用的劣质语言进行的批评。这本书与保守评论家、作家对大众文化进行的悲观批判也有很多共同点，这些评论家和作家很多是美国人（对托克维尔、阿诺德、本达、劳伦斯、艾略特、叶芝等人文章的引用，也为文化衰落的叙述增添了权威性）。马尔赫恩（Mulhern）对各种表述形式的文化研究进行持续攻击，不遗余力地想表明，除了雷蒙·威廉斯之外，任何人无论多努力地想摆脱他所谓的"文化批判"（Kulturkritik）的元文化话语，都注定是重复努力：马尔赫恩虽然承认霍加特是在认真努力地反对这种取向，但仍然坚持认为他与这种传统的"话语联系"依旧没有改变（Mulhern，2000）。

然而，正如马尔赫恩自己承认的那样，"家谱不是命运"（Mulhern，2000：174）。如果不考虑马尔赫恩的论述所基于的假设——在一种复合的马克思主义当中，已经有另外可替换性的文化理论存在，并且很明智地选择还原主义的倾向——那么去注意到《识字的用途》所依据的路线便是更有意思的，即其试图从文化衰落这一主话语（master-discourse）中脱离出来，而该书恰恰就是"这种断裂的文本"（正如马尔赫恩认识到的那样，雷蒙·威廉斯的《漫长的革命》也是这种断裂的文本）：由此而开启了随后出现的文化研究和"文化转向"所依据的可能性。

《细察》的主导性叙述是建立在对工人阶级读者和受众有限的文化资源与受限的道德世界进行不言而喻的假设之上的。只有《细察》"保留下来的残余"为抵抗大众诉求和新的低俗文化的花言巧语提供了一席之地，这些残余的敏感性因为长期与文学传统所供奉的权威共存而得以提升，其道德支柱因为与文学批评进行持久激烈的交战而变得坚强（"就是这样，不是吗？"）。霍加特的论述表明他知道那个起点的局限性。"我倾向于认为，有关通俗文化（popular culture）讨论的书籍往往会失去部分影响力，因为不能充分表明'人民'的含义，不能充分将它们对'人民'生活特定方面的考察和人民更广阔的生活，以及他们在文化消遣中传达的态度联系起来。"即使是对通俗文化的研究在某些方面可作为典范的乔治·奥威尔来说，也"从来没有完全失去通过爱德华时代音乐厅里舒适的氛围来观察工人阶级的习惯"（Hoggart，1958：9，15）。

相反，这里隐含的论点是，工人阶级受众并非是空虚的容器或是白板，中产阶级和大众媒体可以随心所欲向其投射他们想要投射的任何东西。他们不仅仅是"虚假意识"的产物或"文化白痴"（Hall，1981）。他们有自己的"文化"，虽然他们的文化可能缺乏文学传统所赋予的权威性，并且肯定不是统一的，但却以自己的方式与受过教育的人们的文化一样是丰富的、复杂的，而且在道德方面有着丰富的阐述。因此，不能从为工人阶级生产的供他们消费的内容中"读出"或是推断出文化产品的效应，因为如果要具有任何深刻的"效应"，则这些文化产品必须进入已经经过充分发展的文化世界并与之进行积极的协商。阅读，在这个意义上，始终是一种文化实践。如果"旧的"通俗文化，无论在其诉求上是多么商业化的安排或是多么粗浅，看上去都不像是"外来的冲击"，那不是因为它是那种文化的正宗产品，而是因为它更接近其所针对的工人阶级受众的习惯、态度和未说出来的设想，对这些状况的反映更忠实或是更"真实"，是因为它在城市工业阶级形成的复杂历史中长期与之共处而更加充分地实现了自身的"本土化"。如果大众文化（mass culture）的新形势正在影响变革，那只是因为对于它们一直寻求融入其中的那种文化，它们也开始致力于思考活的肌理并反映出对之的复杂态度，它们沿循该文化的惯例，同时对其进行改变和拆分，赋予这些惯例新的感觉、习惯和判断模式——这类似于那种"松弛弹簧的行动"（unbending the springs of action）。

接下来，应该问的问题有：《识字的用途》这本书的思想有多少是来自并要归功于"文化批评"的话语，而又在多大程度上以及以何种重要方式与该话语出现了断裂？在它进行的可以确立新方向的写作和思考实践中，隐含的方法和概念的创新是什么呢？我们可以将这些问题罗列出来而不加以阐述。其中发挥作用的"文化"和推动文化批评传统的文化是完全不同的概念。霍加特通过"文化"所指的是工人阶级的人们说话和思考的方式，他们在言行中表现出的共有的语言和对生活的共同设想，从中可以揭示他们日常实践的社会态度，他们对自己和他人的行为进行判断所应用的道德类别（即使仅仅是使用警句格言）——当然包括他们是如何让所有这些来影响他们所阅读的、所看到的以及所歌颂的东西。这种将文化视为"有意义"的实践的观点的确与将"文化"视为理想的判断标准的观点相去甚远。后者的判断标准是"已经被思考和表达过的精华"，从阿诺德到艾略特和利维斯一直以来遵循的传统就是在这种文化观点的推动下发展而来的。将前一种意义下的文化作为研究对象的核心和必要部分的目标尽管是断断续续实现的，但这一目标和威廉斯在《漫长的革命》中给出的文化的第三种定义（文化是"生活方式"）毫无疑问同样是打破了传统定义下的文化概念。尽管霍加特和威廉斯对文化的定义也存在明显差异，但都是在平行方向上打破了传统定义下的文化概念。这是文化研究的形成时刻。

第二，书中坚持认为研究"生活方式"必须进入受众当中，并为受众而研究，因为要试图理解文化变迁肯定离不开背景，而不是仅从文本分析中进行推断。我们可以将这种社会律令（social imperative）称为霍加特的方法论核心；文化研究的跨学科性质由此而来（文化研究自此以后就有点被泛滥的人文研究给淹没了）。第三，书中强调文化主要是关于意义的：所谓的意义无关于自由漂浮的观念，也不是体现在文本中的理想，而是生活经验的一部分，它们使社会实践得以塑形。分析就是"对特定的生活方式隐含的和明示的意义及价值观进行阐明"（Williams，1965：57）。第四，书中携有方法论的创新，这是霍加特通过将文学批判的"细读"方法改编成对存活的文化意义进行社会学解读的任务而得以确证的。虽然说是"社会学的"，但显然需要有比标准的实证社会学的方法更具创新性的内容——也就是这些解释性程序中隐含的一种"社会解释学"："我们必须努力超越习惯去看习惯代表的是什么，而透过陈述去看陈述的真正含义是什么（这些陈述有可能表达的是正好与之相反的含义），从而来判明习语和仪式惯例背后不同的情感压力"（Hoggart，1958：17）。当然，"从内部阅读文化"对于身为工人阶级一员的霍加特来说是可行的，他有丰富的童年回忆和经验可以借鉴。然而，那些试图遵循这本书的方法论律令的学生，以及那些试图教导学生将这种方法应用到一部作品分析中去的教员——这也是建立"一个中心"时所被要求的——就没有那么幸运了,他们需要遵循更为严格的教学规定。在伯明翰当代文化研究中心成立的早期,中心有两个工作组:在第一个小组中,阅读范围远远超过"其他学科";在第二个小组中,理查德·霍加特带领学生细读了像布莱克的《老虎,老虎》《儿子与情人》的开篇、奥威尔的《猎象记》、西尔维亚·普拉斯"为声调而阅读"的诗歌《爸爸》,即为解读其中隐含的作者对受众的态度。但这些都是很早以前的事了……

《识字的用途》作为"断裂的文本",在 20 世纪 70 年代和 80 年代文化研究的演变中,更多提供的是各种混合与不完整的新开端的发展:抵制原有的文化叙事,同时又深化其认识论上的断裂,这种断裂是为其方法论所例证的。但在,即使是在对伯明翰大学当代文化研究中心进行最初规划的"英语学院和当代社会"(Schools of English and Contemporary Society)这个讲座中,许多的导索都没有取得概念化的展开(Hoggart, 1970)。当有人对文化研究"转向理论"进行抱怨时,除了通过持续对概念提出质疑并进行方法论上的自我反省来加深这些断裂外,很难看到当代文化研究中心还能从别处开始研究——因为它就是"致力于这项工作"的。

为此,可以举出一些例证:将文化研究作为一个完全跨学科的事业推进,并结束"文学"作为文化研究统领性话语的状况,这些都隐含在研究社会和文化就像是对待同样"存活"着的文本一样的训示中,并在伯明翰大学当代文化研究中心 20 世纪 70 年代进行的工作中以各种方式广泛展开。尽管所有的工作都没有超越威廉斯的"文化理论作为对整体的生活方式中各元素间关系的研究"(Williams, 1965:63)的阐述,或者说,没有实现我们在 20 世纪 70 年代试图对之所做的转换,转向对"文化"本身及其与社会构形中其他实践相互关系的研究。"文学"的痕迹依旧保留在霍加特对语言敏感而密切的关注,以及他对自己主张的坚持中,即他在就任当代文化研究中心主任的演讲中所主张的:必须将流行文化和大众文化的文本理解为"艺术——即使是坏的艺术";该主张虽然没有完全避开对大众文化进行辩论时所遵循的高雅/低俗及好/坏这一传统的文化分类方法,但强化了对语言作为一种文化模式和文化在其中发挥作用的符号形态的关注。随后，通过与符号学、后结构主义和话语理论的对话，这一主张就和回归到"经由符号而迟延"（delay through the symbolic）这种从未间断的趋势连接在了一起，这种迟延是必要的，如果没有这种迟延，所有的文化研究都有可能成为还原主义（Hall，2006）。受众并不是简单地接受文本的内容，而是积极地带给文本某些东西，以及"阅读"是一种积极的交流这种观点被用来批评大众传播研究中占主导地位的"效应"传统——伯明翰大学当代文化研究中心早期的研究项目大多是围绕这个传统进行的，当然也支持了我自己关于"编码/解码模式"的研究（Hall，1980）——因为受到巴赫金关于对话和"积极的受众"、读者—反应以及甚至是后期强调所谓"民众主义"的受众研究中矫枉过正的一些要素的影响，上述关于受众和阅读的观点又复兴了。将文化作为对体现在"生活方式"中的意义进行的解释性研究的传统可以在很多研究中找到，这些研究运用了民族志、参与者观察和其他被格尔兹（Geertz）称为"深描"法的人类学研究技法，此外，还有"表意实践"（signifying practice）的语言。认为文本材料只有"沿循（现有态度的）惯例发挥作用"并在将这些态度转向新的方向时才具有真正的社会效应，这一观点包含一个社会意识形态如何才能真正获取效应的理解模式，要比现有的影响力模式、意识形态支配模式以及虚假意识模式等理论更为先进；也更多地预期其将沿复调式重音理论和转码理论前行，并影响到文化研究对葛兰西"霸权"模式与基于"共识的赢得"（the wining of consent）的文化权力理论的充分发展：这是一个关于通俗文化的完全不同的概念（Hall，1981）……

《识字的用途》的出版产生了巨大的影响：部分是因为其内在的吸引力、其论辩的质量和原创性，部分是因为它围绕战后社会变迁的步骤与方向所展开的广泛讨论。大众文化的日益商业化、电视的诞生、青年文化和大众消费的兴起被看作是关于"丰裕的辩论"的重要组成部分。这些力量影响到了工人阶级，对工党及其竞选前景，以及安东尼·克罗斯兰（Anthony Crosland）在其预言性的著作《社会主义的未来》（*The Future of Socialism*）中所做的论述产生了特殊的反响。工党获得支持的阶级基础正在被社会文化变迁所侵蚀吗？的确，文化在工党思想中发挥了某些残余的作用。"劳工主义（Labourism）"驻扎在工人阶级文化密实的、防御性的、底层性的、共同结构中的根基一直未能成为非常严肃的反思主体，直到随着商业化的开始而出现的更新的阶级态度和价值观将其予以暴露后，它才成为被反思的主体。霍加特的这本书直指这些焦虑。这些焦虑激起了工党在20世纪50年代后期进行的修正主义的辩论。在经历社会变革后，处于工党中心地带的支持者们对工党候选人产生了消极评价，通过这些评价，该书为马克·艾布拉姆斯（Mark Abrams）的《工党必输吗》(*Must Labour Lose*) 提供了支持，并由盖茨克尔（Gaitskell）在工党1959年的大会上所做的著名演说中进行了总结，盖茨克尔在演说中生动地质问工党作为一股政治力量能否在"汽车、电视机、洗衣机和冰箱"出现后幸存下来。托尼·布莱尔（Tony Blair）的"新工党"与这种胸怀抱负的文化也有着悠久的历史前缘……

理查德·霍加特没有直接解决这些问题，这本书中没有集中地讨论工人阶级的政治。众所周知，霍加特选择专注于大众宣传的呼吁所主要针对的大多数人，而故意淡化了他所谓的"有目的的、政治的、虔诚的和自我改进的少数人"的作用（Hoggart，1958：22）：这与雷蒙·威廉斯相反，威廉斯认为政治是"高级的工人阶级传统"的一部分，并将政治制度建设视为他们最杰出的文化成就之一，即"主要价值观在社会各领域的延伸"（Williams，1957：31）。然而，该书开篇段落表明霍加特论点的影响力来自于围绕战后丰裕和被称为工人阶级的"资产阶级化"而展开的广泛辩论：

> 人们经常说，英国现在没有工人阶级了，发生了一场"不流血的革命"，这已经减少了社会分歧，从而使我们大多数人生活在一个一览无余的平原上，从中下阶层到中产阶级的平原……我们很可能会被工人阶级人民地位的改善程度、所获得的更多权力和更多财产所震惊……以及为他们不再感觉自己是"下层社会"的成员而震惊……（Hoggart，1958：14）

结论当然是精心得出和复杂的，但是它的主旨是明确无误的："我们现在可以看到，至少在某种意义上我们确实正在变得无阶级了……我们在文化上正在变得失去阶级了"（Hoggart，1958：142）。这成为早期新左派内部争论的焦点，虽然我所谓的"无阶级意识"具有更广泛和更重要的意义（Hall，1959），而萨缪尔（1959）和汤普森也因受到震惊而作出了反应（1959）。

文化研究与"第一代"新左派之间的更为广泛的联系已被广泛地注意到了（Hall，1989）。特别是，这本书还在其出版期间对我的生活环境产生了重大影响，出于偶然，这主要是因为书中引人关注的一些问题——包括当代资本主义不断变化的性质、战后社会变革的政治和文化的组成性质——在当时风头正劲的辩论中共同形成了关键的争论领域。一个新兴的"新左派"在20世纪50年代中期作为一个独特的、非正式的学生团体已经出现在了牛津大学。它随后与其他团体合并形成了一场引发1956年与一系列事件相关的运动，这些事件包括英国、法国和以色列对苏伊士运河的入侵，苏联对匈牙利革命的残酷反应，它们影响到了在政治辩论中对冷战主题的放松（Hall，1989）。

《识字的用途》这本书的出版对这些圈子产生了巨大的影响。在牛津大学，具有各种左倾倾向的学生正在进行激烈的讨论，讨论的问题包括战后资本主义的性质、福利国家所代表的历史妥协的性质、正在改变的阶级的性质、冷战的影响、帝国主义的复兴、马克思主义的价值和左翼在新的历史条件下的前景。其中许多人也是文学评论家，熟悉利维斯/《细察》关于大众文化的论点，尽管大多数人在很大程度上拒绝了其关于文化衰落的假设及其文化抵抗方案所具有的精英主义的保守性特点。有些人已经在与雷蒙·威廉斯对话，并已经阅读了《文化与社会》初稿的前几章。在这种情况下，文化逐渐不再被视为一个不受限制的绝对价值，而是被视为所有社会实践的一个组成维度，因此是政治和社会变革的一种积极力量：提供了我所说的"完全不同种类的证据"（见我编辑的、主要是回应《识字的用途》的劳工俱乐部杂志《号角》，Hall，1957：3）。所有这些都为霍加特这本书的传播提供了沃土，激发了激烈的辩论。随后发行的第二期《大学与左派评论》（1957）——这是新左派两大奠基性杂志之一——其中便包含关于《识字的用途》的重大研讨，包括雷蒙·威廉斯有影响力的评论。霍加特和威廉斯两人都在该杂志的随后几期中发表了文章，威廉斯由此成了新左派的领军人物。

这场辩论已被其批评者看作文化包容政治的证据（Mulhern，2000）；但这似乎是一个相当反常的发现。它是为扩大文化和政治的定义所做的努力的一部分（虽然毫无疑问还处在初始阶段），这是新左派和文化研究的独特之处：把文化看作所有社会实践的组成领域之一，包括政治，只要它们具有"表意性"（正如马克斯·韦伯曾经说过的那样，只要它们具有"意义的相关性"）。正如普兰查斯（Poulantzas）曾经生动地描述的那样，除非社会团体和阶级总是因为"最后的经济"而在政治上获得标注，并"在后背上佩戴上他们的政治牌照"（wear their political number plates on their backs），否则，怎样能够招募社会力量进入政治立场和方案，并在权力竞争中对他们进行动员，这怎么能不成为一个政治问题呢？在某种程度上，如果不在人们认识自己生活的意义构成领域上"做工作"，这个过程又如何能够发生呢？马尔赫恩认为，这使得"文化"成为一切——涵盖太广，没有固定的组成或倾向……众多可能性的混杂。但文化不是一切，而是所有表意实践（当然其中也有生存的物质条件）的一个维度；不是没有"倾向"，但这种倾向从来没有最终确定，因而总是有一个以上的可能性存在，所以，总是有一定程度的偶然性。政治的"构成功用"是"确定整体社会关系的秩序"（Mulhern，2000：173）的这个主张只是混淆视听。

理查德·霍加特使用"美国化"这个术语来指构成他论点的较为广泛的一系列变化。当新左派更直接地讨论这些问题时，因为很好的理由，美国也提供了特有的参照点。诸如文化的商业化、大众文化新的动态形式（电视、流行音乐、广告、青年文化）、大众更充分地融入市场以及大众消费主义这些现象都能在美国发现，在战后的这段时期，它们以其最突出的当代形式发展兴起。这标志着先进工业资本主义社会的"领先实例"这个指标从英国转向了美国。早在20世纪50年代，该书看起来就像是释放了爆发性增长的新文化力量，尽管只是在回顾时才清楚地看到该书在多大程度上属于一个新局面的开始。

我们不在这里详细讨论这一点，但通过回顾我们可以更清楚地看到这一转变的大致轮廓。第二次世界大战后随着生活水平的提高，出现了经济的繁荣。长期的再分配转移比预言者估计的更加有限［尽管沃勒斯坦（Wallerstein）的观点是正确的，即他认为长期的再分配转移足以令资本家吓得魂飞魄散，并引发全球化、市场力量、新自由主义革命和"新世界秩序"的巨大反击浪潮］。事实上，富裕并不代表"无阶级"；相反，它标志着一个（尚未完成的）漫长过渡的早期阶段，即从旧有的、分层的、社会化嵌入的阶级结构和西欧资产阶级社会典型的新教伦理过渡到基于公司资本、金钱、名人生活方式、享乐主义和消费、层级更少的"后工业"阶级结构。支撑这一过渡的是从19世纪创业型资本主义（经过帝国主义"全盛时期"、第一次世界大战、无产阶级"转机"的失败和两次世界大战之间的经济萧条）向以公司资本主义、管理革命和20世纪后期规模化的福特主义经济等为代表的权力剧增进行的长期转变。大众社会、大众文化、大众消费主义和大众市场是这一历史转变中不可分割的一部分，确切地说，如何理解它们之间真正存在的相互依赖性仍然是文化研究未完成的任务，或许在随后盛行起来的超理论和后政治的环境中这一任务永远也不会完成。当然，在《识字的用途》出版之后的几十年里，事情的发展将由福利国家和社会民主共识的历史性妥协所主导。但是到了20世纪70年代末，经过全球范围内的大规模重组，我们过去一直试图理解的力量开始势不可当地重回舞台，并且确确实实地改变了世界。

参考文献

Hall, Stuart. (1957) "Editorial", *Clarion*, Journal of the Oxford Labour Club, Abingdon.

Hall, Stuart. (1959) "A Sense of Classlessness", *Universities and Left Review* 5.

Hall, Stuart. (1980) "Cultural Studies and the Centre: Some Problems and Problematics", in S. Hall, D. Hobson, A. Lowe and P. Willis (eds.), *Culture, Media, Language*, London: Hutchinson and the Centre For Cultural Studies.

Hall, Stuart. (1981) "De-constructing the Popular", in Raphael Samuel (ed.),

People's History and Socialist Theory, History Workshop Series, London: Routledge & Kegan Paul.

Hall, Stuart. (1989) "The 'First' New Left", in The Oxford University Socialist Discussion Group (ed.), *Out of Apathy*, London: Verso.

Hall, Stuart. (1997) "'The Centrality of Culture': Notes on the Revolutions of Our Time", in K. Thompson (ed.), *Media and Cultural Regulation*, Vol. 6 of the Culture, Media and Identities Course Books, London: Sage and The Open University.

Hall, Stuart. (2006) "Black Diaspora Artists in Britain: Three 'Moments' in Post-war History", in *History Workshop Journal*, 61.

Hoggart, Richard. (1958) *The Uses of Literacy*, Harmondsworth: Penguin Books.

Hoggart, Richard. (1970) "Schools of English and Contemporary Society", *Speaking to Each Other*, Vol. II, London: Chatto and Windus.

Hoggart, Richard. (1992) *An Imagined Life. Life and Times*, Vol III: 1959 – 1991, London: Chatto and Windus.

Leavis, F. R. (1930) *Mass Civilization and Minority Culture*, Cambridge: Cambridge Minority Press.

Leavis, Q. D. (1932) *Fiction and the Reading Public*, London: Chatto and Windus.

Mulhern, Francis. (2000) *Culture/Metaculture: The New Critical Idiom*, London: Routledge.

Samuel, Raphael. (1959) "Class and Classlessness", *Universities and Left Review* 5.

Thompson, Edward. (1959) "Commitment in Politics", *Universities and Left Review* 6.

Williams, Raymond. (1957) "Working-Class Culture", in *The Uses of Literacy*, Symposium, *Universities and Left Review* 2.

Williams, Raymond. (1965) *The Long Revolution*, Harmondsworth: Penguin Books.

（胡疆锋　译）

第二辑

理论与方法论实践

马克思的方法论笔记：1857 年《〈政治经济学批判〉导言》解读*

我曾提交一篇关于马克思 1857 年《〈政治经济学批判〉导言》（以下简称《导言》）的论文供"当代文化研究中心"系列论坛讨论，本篇文章是其缩写版。虽然约翰·梅法姆（John Mepham）等人慷慨赐教，提出了一些更加深入和带有实质性的批评，而我一直未能对其进行认真考虑，但还是根据论坛的讨论对文章做了某些修改。尽管马克思在《导言》中的许多论述过于简略和即兴，但这却是马克思关于"方法"的最具实质性价值的文本。由于过去对《导言》的诠释存在诸多问题，我的主要工作仅限于对该文本进行"解读"。马克思在《导言》中的见解与许多有关马克思"方法"的公认观念相悖。就像人们经常提及的那个规模更大的版本《政治经济学批判大纲》一样，在我看来如果能正确掌握并想象性地加以运用，就能为解决困扰我们研究领域多年的"方法问题"提供了一个显著的、新颖的、富有原创性的起点，尽管在这个篇幅有限的论文里我还无法完全建立起这样的联系。但我还是希望本论文会有助于正在持续的理论工作和方法论上的澄清，而不是局限于单纯的文本解说。我也期望在具体的论证时能够使两方面有所兼顾。

---

* 原题 "Marx's Notes on Method: A 'Reading' of the '1857 Introduction'"，原文载于 *Working Papers in Cultural Studies*, No. 6, 1974, 后载于 *Cultural Studies*, 17 (2), 2003, pp. 113 – 149。

1857年《导言》是马克思最为核心的文本之一[①],也是马克思著作中最难懂、最精简、最"难以辨认"的文本。尼古劳斯(Nicolaus)在给《政治经济学批判大纲》(Grundrisse)英文版所写的精彩前言里就曾警告说,引用马克思的手稿是有风险的,"因为这些上下文、语法和特定词汇,会让你对马克思在既定章节中要表达的'真正'意思感到迷惘"。

维拉尔(Vilar)评论说,《导言》是"人人都可以从中各取所需"的文本之一。[②] 随着人们对马克思的方法和认识论问题越来越感兴趣,在马克思著作的研究中,《导言》也越发占据核心地位。我认同它的重要意义,但是我的观点却与众多马克思的阐释者从中读到的有所不同。因此我的目的是去创建一种对1857年文本的"解读"。当然,我的解读不是"白板式"的也不是"没有预设"的,它会不可避免地反映出我本人的问题架构。我希望没有因此而歪曲马克思的原义。

马克思在1858年1月14日致恩格斯的著名信件里说:

> 我取得了很好的进展。例如,我已经推翻了迄今存在的全部利润学说。完全由于偶然的机会——弗莱里格拉特发现了几卷原为巴枯宁所有的黑格尔著作,并把它们当做礼物送给了我——我又把黑格尔的《逻辑学》浏览了一遍,这在对事实处理的方法上帮了我很大的忙。如果以后再有功夫做这类工作的话,我很愿意用两三个印张把黑格尔所发现、但同时又加以神秘化的方法中所存在的合理的东西阐述一番,使一般人都能够理解。[③]

这并非马克思唯一一次表达这种希望。1843年,马克思在笔记中对黑格尔的《法哲学》进行了实质性批判。《黑格尔辩证法和哲学一般

---

① 本文所使用的版本来自马丁·尼古劳斯(Martin Nicolaus)所译的《政治经济学批判大纲》中的"导言"部分,Pelican,1973年。
② Pierre Vilar, "Writing Marxist History", *New Left Review*, 80.
③ 此处霍尔的原文未出注,中译参见《马克思恩格斯全集》第1版第29卷,第250页。虽然本文对马克思著作的翻译均参考了《马克思恩格斯全集》的译文,但因许多地方也据英文版做了不同程度的调整,因此下文不再另标出中译出处。——译者注

马克思的方法论笔记：1857年《〈政治经济学批判〉导言》解读

的批判》通常与《1844年政治经济学手稿》一起印刷，其目的也是论述并批判黑格尔《精神现象学》和《逻辑学》中的辩证法，虽然最终的批判主要集中在前者身上。晚至1876年，他在致狄慈根（Dietzgen）的信中说：

> ……一旦我卸下经济负担，我就要写《辩证法》。辩证法的真正规律在黑格尔那里已经有了，自然是具有神秘的形式。必须把它们从这种形式中解放出来……①

马克思一直都没有卸下经济负担，因此也没有实现这些愿望。成熟时期的马克思没有系统论述这种具有"合理内核"与加以转换的方法，也没有系统论述这种转换的结果：马克思辩证法。《导言》和被压缩的1859年《〈政治经济学批判〉序言》连同其他零零散散的内容一起，构成了马克思理论工程中未竟的部分。尤其是《导言》，它是马克思最完整的方法论和理论总结的代表性文本。虽然它非常关键，但是我们一定不能将其看作超出自身的东西。它是作为对手稿的导言而被写成的，这些手稿本身内容极其广泛、庞杂，并且结构复杂；还有，它们还远未被完成——它们是"粗略的草稿"。罗斯多尔斯基（Rosdolsky）评论《政治经济学批判大纲》时说："它把我们领进了马克思的经济学实验室，马克思方法论的所有微妙之处和潜藏的环节都在我们面前一览无余了。"《导言》因此而被视为是对"方法问题"的某种摘要和指南，它们被具体而更为广泛地使用在手稿之中。因此，不能将其与整体割裂开来看待。再者，马克思最终决定不去出版该文本也表明了它的试验性质。后来《导言》被更简练的《序言》所取代：后者修正或者至少是悬置了前者的某些核心命题。《导言》和《序言》最直接的对比（在《序言》里到处都是言简意赅的经典式语言，这与《导言》的语言游戏和巧思妙想颇为不同）提醒我们，除了密集的论证以外，即使将之看作马克思的方法论，1857年《导言》仍然保留了即兴发挥的特征。

---

① *Samtliche Schriften*, Vol. 1, Translated in Hook, *From Hegel to Marx*.

在《导言》中，马克思对政治经济学的意识形态前提进行了批判。第一部分讨论生产。他探讨的对象是"物质生产"。亚当·斯密和大卫·李嘉图的出发点是"单个的孤立的猎人和渔夫"。马克思的出发点却是带有"社会决定"属性的个体（individual），因此也是"具有社会决定属性的个体的生产"。到卢梭为止，并且包含他在内的 18 世纪的理论家一般都是以"个体"生产为起点的。斯密和李嘉图的理论所反映出来的就是这种意识形态投射。然而"个体"仅仅是历史的结果而不是其起点。卢梭的"自然人"概念看似是剥去了现代生活的偶然复杂性，重新发现了蛰伏其下的自然的、普遍的个体核心。实际上，整个"市民社会"的发展都被归结于这种美学空想之中。直到劳动被从封建社会的依附形式中解放出来，并且在早期资本主义社会革命发展的影响下，现代的"个体"概念才得以出现。如此一来，整个历史的与意识形态的发展就已经被预设在自然个体和普遍"人性"的观念之中——只是该前提被隐匿在这些观念中了。

毫无疑问，这是《导言》中最具特色的思想篇章。它从政治经济学的"给定"起点开始；然后通过批判来证明它们不是起点而是终点。这些所谓的起点已经总结了全部的历史运动。简言之，对一种政治经济学理论而言，那些看起来最具体、最常见、最简单、最具构成作用的起点最终不过是一组数量众多、具有优先地位的决定因素的总和。

在社会之外谈论生产，就像离开了个体生活和相互交谈去讨论语言一样，是荒唐的。"孤立个体"生产者的观念是经过社会巨大发展之后才产生的；只有在发达的社会关系中，各种高度精细的形式才可能看起来好像是这样的：在由"看不见的手"所组织起来的"自由"市场中，人在追求自我价值时是"冷漠的"、孤立的、单个的——这是这种社会的"表象形式"（phenomenal form）。事实上，即便是这种个体主义也表现出一种彼此冷漠的"全面依赖"："毫不相干的个人之间的互相的和全面的依赖，构成他们的社会联系。这种社会联系表现在交换价值上。"[①]

[①] *Grundrisse*, pp. 156–157.

这一观念——资本主义生产方式所依赖的社会联系表现为一种相互隔离的"意识形态"形式——是整个《大纲》最伟大、最重要的主题之一。但是，它解决问题的方式却留下了一些方法论问题。真实的社会关系被意识形态表征取代了，为了批判和揭露这种取代，需要用一种方法去揭开必然而神秘的、被颠倒的"表面形式"（surface forms），从而揭露隐藏其下的"本质关系"。这种方法后来被马克思视为辩证法的科学内核，它不仅是《手稿》也是《资本论》主要的方法论程序。反过来讲，这种"方法论"程序成了一种最重要的理论发现：在其被扩展后的形式中（在《大纲》中有几次出现了试图对此进行系统阐述的临时尝试），它构成了《资本论》第1卷关键的"商品拜物教"这一部分的基础。①

接着，《导言》以对逻辑抽象的"规范"形态的批判开始了其方法论问题的讨论。作为一种理论，"政治经济学"要通过其范畴才能发挥作用。这些范畴是如何形成的呢？规范化的方法是，通过抽象出所有时代和社会形构中都存在于该范畴中的"共同"因素，对之加以分离和分析。通过抽象逻辑来辨认在历史中某概念的稳定内核，这种尝试无疑是"本质主义"的。很多理论创建都抵挡不住这种诱惑。处于古典德国哲学顶峰的黑格尔创建了一种与静态思维恰恰相反的思维模式：他抓住了运动和矛盾，在马克思看来，这使他的逻辑高于其他任何类型的逻辑理论。但是，马克思相信，由于黑格尔辩证法所谓的"运动"是在某种观念主义的形式下而得以形成的，因此他也保留了使一切心智运动得以存活的"本质主义内核"。这个内核一直在场，它赋予黑格尔辩证法一种神秘的保证，确保现存社会关系（如普鲁士）的终极和谐。古典政治经济学也谈论"资产阶级"生产和私有制，好像它们就等于是"生产""所有制"等概念的本质，并穷尽了它们的历史内容。以此看来，虽然政治经济学也描述资本主义的生产方式，但并不是将其作为历史的结构，而是作为事物本质和不可避免的状态。在这个层面上，即便

---

① 关于"真实关系/表面形式"的区分，尤其参考 Mepham, "The Theory of Ideology in *Capital*"（below）and Geras, "Essence + Appearance: Aspects of Fetishism in Marx's *Capital*", *New Left Review*, 65。

是古典政治经济学也保留了一种意识形态预设作为其"科学的"核心：它通过抽象将特殊的历史关系化约为最小共性和超历史的本质。古典经济学的意识形态铭刻在其方法论中。

与此相反，马克思认为并不存在"生产一般"（production-in-general），只存在特定时间与条件下不同的生产形式。让人困惑的是，"一般的生产"（general production）也是这些特殊形式中的一个：它是基于某种劳动类型的生产，但不是特殊生产部门的特定形式，而是已经被"一般化"为"抽象劳动"的生产（稍后我们再讨论这一点）。既然任何生产方式都依赖"确定的条件"，那么就无法保证这些条件总会得到满足、一成不变或者与原来"一模一样"。例如，除非在最一般的意义上，没有科学形式表明，以"自由劳动"为其必要条件之一的资本主义"生产"概念与在奴隶、氏族社会或者公有制社会的"生产"具有"直接的同一性"（它们的本质是一样的）。[1]（马克思后来在《资本论》中提醒我们，从封建附属制向被假定为资本主义"自然"前提制的"自由劳动"的转变具有特殊的历史过程："这种剥夺的历史是用血和火的文字载入人类编年史的"[2]）。这是作为思想方法和实践的历史唯物主义主要的出发点之一。马克思后来所有的著作都不允许我们丢掉这一点。这正如柯尔施（Korsch）所说的那样，"历史具体性"是马克思的原则。[3] 马克思通过这种方法想要产生的"统一性"（unity）不是一种虚弱的同一性（identity），通过抽去所有历史特殊性而仅仅剩下了一个本质内核，并丢掉任何差别和具体性。

正如尼古劳斯所言，《导言》随性而又扩展性地回答了一个未写出的问题：作为起点，古典政治经济学表达了生产方式的范畴并在理论上反映了生产方式；但是政治经济学中的某些理论无论多么有效，都没有科学地详细阐述生产方式内在结构的法则。无论如何，它都"附着在资

---

[1] 马克思用"直接的同一性"原指生产与消费的同一性，即"生产即消费、消费即生产"。霍尔此处借用了这个术语。——译者注
[2] *Capital I*, p.745.
[3] Karl Korsch, *Three Essays on Marxism*, Pluto Press, 1971.

产阶级的皮上"。① 这是因为历史关系在它的内部已经"取得了社会生活的自然形式的固定性"。② 其范畴（与庸俗的政治经济学相比）是"对于这个历史上一定的社会生产方式即商品生产的生产关系来说是具有社会效力的，因而是客观的思维形式"。③ 但是，它认为这些关系"竟像生产劳动本身一样，成了不言而喻的自然必然性"。因此，虽然古典政治经济学已经"揭示了这些形式所掩盖的内容"，它还没有论及某些特殊历史条件下（商品生产的形式和条件）特殊的关键问题（例如以劳动力为基础的商品生产的起源"正是使价值成为交换价值的价值形式"）。这些"错误"都不是偶然的。它们已经表现在其预设、方法和起点中了。但是，如果政治经济学需要超越自身的话，那么它应该如何超越？又从何处开始？

答案是，用"社会个人的生产""一定社会发展阶段上的生产"来完成超越。古典政治经济学趋向于将资产阶级生产关系虚无化、普遍化、去历史化。但是，如果我们像马克思那样坚持从历史特殊性原则出发，接下来会如何？我们还会假定存在某种共同的、普遍的、可以不间断地追踪其发展轨迹的实践（如"生产一般"——它一直存在，它受不停进化的历史发展所支配）吗？我们可以把这种实践还原为常识性的内容并作为明显的、毫无异议的起点进行分析吗？答案是否定的。无论马克思可能会是哪种类型的"历史主义者"，他都绝对不会是一个历史的进化论者。他曾经说过，连孩子都知道生产不会有片刻停息。因此，一定有某种"共同"的东西，可以说它与"生产一般"的观念相对应：所有的社会都必须再生产他们维系自身的条件。然而，这种类型的抽象筛选出某一概念的最小共同特征，也将其确定的内核等同于科学内容。这种理论方法的门槛无疑是非常低的。往最好处说它的作用也只是让人节约点时间。但是，资本主义生产方式充斥着虚假表征，要想洞穿它就必须使用更基础的辩证概念更进一步地提炼、切分、分解和重组任意一般范畴：能使我们看到那些在这个时代让该范畴发挥作用的特征，在那

---

① *Capital I*, p. 542.
② *Capital I*, p. 75.
③ *Capital I*, p. 76.

个时代的特定条件下产生的其他特征，还使我们看到那些区别，即为什么某些关系只出现在最古老的社会形态中、某些只出现在最发达的社会形态中、有的一直没有出现、有的一直出现，等等。这种概念在理论方面远比下列概念先进得多：它们用一个个混乱的笼统标签把在"生产一般"的范畴下时常出现的不同事物聚合在一起；当这些概念显现隐藏的联系时，它们就"变异"了。同样，马克思认为，有些概念能够辨别使不同语言的具体发展成为可能的因素，它们比"抽象"出几条简单、基础和常见的"语言普遍现象"更有意义。

我们必须认识到，马克思所构建的方法既有别于古典政治经济学又有别于黑格尔——这是贯穿于全部《导言》的共同策略。因此，《导言》是同时对二者的批判。在此语境下，回顾马克思在《哲学的贫困》中"政治经济学的形而上学"这个著名章节将对我们有所帮助，他在此处再次通过抨击蒲鲁东而批判了"黑格尔政治经济学"。批判蒲鲁东时使用的词语对他此处反驳"抽象"的论述尤其恰当，因为它们提醒我们比方法论诡辩更重要的东西是将精神运动抬到比真实内容、偶然历史关系更高的地位。难怪会这样：

> 如果我们抽掉构成某座房屋特性的一切，抽掉建筑这座房屋所用的材料和构成这座房屋特点的形式，结果只剩下一个一般的物体；如果把这一物体的界限也抽去，结果就只有空间了；如果再把这个空间的向度抽去，最后我们就只有同纯粹的数量，即数量的逻辑范畴打交道了，这用得着奇怪吗？用这种方法把每一个物体的一切所谓偶性（有生命的或无生命的，人类的或物类的）抽去，我们就有理由说，在抽象的最后阶段，作为实体的将是一些逻辑范畴……那么一切存在物，一切生活在地上和水中的东西经过抽象都可以归结为逻辑范畴，因而整个现实世界都淹没在抽象世界之中，即淹没在逻辑范畴的世界之中，这又有什么奇怪呢？

如果将这种方法运用到政治经济学范畴，马克思认为：

马克思的方法论笔记：1857年《〈政治经济学批判〉导言》解读

> 政治经济学的逻辑学和形而上学……就会把人所共知的经济范畴翻译成人们不大知道的语言，这种语言使人觉得这些范畴似乎是刚从充满纯粹理性的头脑中产生的……在这以前我们谈的只是黑格尔的辩证法。下面我们要看到蒲鲁东先生怎样把它降低到极可怜的程度。黑格尔认为，世界上过去发生的一切和现在还在发生的一切，就是他自己的思维中发生的一切……没有"适应时间次序的历史"，只有"观念在理性中的顺序"。①

马克思早就指出②黑格尔的"杰出贡献"在于，他认识到世界的不同范畴（如私人权力、道德、家庭、市民社会、国家等）"不能孤立地发挥作用"而是"互相消融，互相产生，等等。它们是运动的'环节'"。然而，据我们所知，马克思激烈地批判黑格尔将这些范畴的"流动性"当作"自身确证"的形式：因为黑格尔"只是就它们的思想形式而言的"。因此，"整个运动是以绝对知识结束的"③。在黑格尔看来，真实世界仅仅是由"运动和矛盾的表面的、隐匿的、外在的形式"所构成的，在思辨概念中这些运动和矛盾的基础是思维。"因此，全部外化历史和外化的全部消除，不过是抽象的、绝对的思维的生产史，即逻辑的思辨的思维的生产史。"当然，这不是由庸俗的政治经济学形式所建立的那种简单的、超历史的、外在联系，而是另外一个同样不可被接受的选择：精神实体最终将自身等同于"仅仅是思想的形式"。马克思补充说："黑格尔用那在自身内部旋转的抽象行动来代替这些僵化的抽象。"他在《神圣家族》的话更清晰地表达了这一点：

> "现象学"……用"绝对知识"来代替全部人类现实……黑格尔把人变成自我意识的人，而不是把自我意识变成人的自我意识，变成现实的人即生活在现实的实物世界中并受这一世界制约的人的自我意识。黑格尔把世界头足倒置起来。

---

① *Poverty of Philosophy*, pp. 118–119, 121.
② In *The Critique of Hegel's Dialectic*.
③ *Economic & Philosophical Manuscripts*, p. 190.

在《哲学的贫困》中他说：

> 他以为他是在通过思想的运动建设世界；其实，他只是根据自己的绝对方法把所有人们头脑中的思想加以系统的改组和排列而已。

这些早期批判的内核都保留在马克思1857年《导言》中。黑格尔确实理解"生产"，他也确实理解"劳动"，但黑格尔的"劳动"最终是马克思所说的"精神的劳动、思维和认识的劳动"。[①] 无论这一运动的过程是多么辩证，对黑格尔而言世界的历史生产仍然不过是实现观念过程的一个"环节"，是思维的"外在表象"——是精神走向绝对知识的道路上在交叉路口的一个个站点而已。马克思在《导言》中提出的方法不是这样的：它不仅仅是一种精神运动。人们会在真实、具体的关系中找到它：它不是要对隐藏在不同历史形式后面的简单"本质"进行归类，而是要对保存着诸多"本质差别"的决定因素进行归类。

马克思用一个例证结束了自己的讨论。密尔（Mill）之流的经济学家以资产阶级生产关系为起点，断定这些生产关系是"不可避免的自然法则"。他们断言，无论存在什么样的历史差别，所有的生产都能被归类到普遍法则之下。其中两个"法则"是（a）生产需要私有制，（b）生产需要通过法庭和警察来保护私有财产。马克思争论说，私有制既不是唯一的也不是最初的所有制形式：在历史中，公有制比它出现得更早。现代资产阶级的法律关系和警察并不能代表资本主义体制的普世性，它的出现表明每一种生产方式都需要并"生产"自身的法律－司法和政治结构、政治关系。生产中的"共同"因素是通过对其"共同"属性进行精神抽象而制造出来的，因此它无法为我们提供一种方法具体地理解每一个"生产的真实历史阶段"。

那么，我们如何对不同的生产环节——生产、流通、交换和消费——之间的关系进行概念化呢？能否将它们理解为"有机联系的内在

[①] *Economic & Philosophical Manuscripts*, p. 190.

因素"还是仅仅"彼此偶然发生联系"的"纯粹反射联系中的东西"呢？总之，我们如何分析"复合性结构整体"（complexly structured whole）各部分之间的关系？在马克思后期的著作中，他坚持认为辩证法的优越性在于它有能力追踪某生产方式内不同因素之间的"内在联系"，而不是对它们进行偶然而外在的"简单并置"。把对立因素简单地并置的方法假定相邻的事物有必然联系，但是它们之间的对立不能转化为矛盾，因此这种方法只是表面"辩证的"。三段论就是用外在排列的方式讨论问题的逻辑形式。政治经济学也用三段论"思考"生产、消费等概念：生产制造商品；流通分配商品；交换使一般的商品流通具体到个人；最终个人消费掉商品。这几乎可以解读为古典黑格尔三段论的翻版。① 在很多方面，马克思仍被认为是一个黑格尔主义者；但是马克思对黑格尔的三要素（正题、反题、合题）和三段论（一般、特殊、个别）的使用并非如此。三段论暗含的一致性在概念上仍然是非常浅陋的。马克思补充说，即便这种立场的批判者也没有将批判进行到底。这些批判者认为三段论之所以是错的，是因为它包含一种典型的逻辑谬误。对马克思而言，这一谬误在于它将真实的资产阶级生产关系神秘化了，其中的生产、分配和消费确实"明显地"看起来是"独立、自主的邻近之物"，但是这种表象是虚假的意识形态颠倒。仅仅靠"完全在思维中"的理论实践是无法消除概念错误的。

马克思在《黑格尔辩证法和哲学一般的批判》中评论说，在黑格尔那里，一种范畴对另一种范畴的取代似乎表现为一种"思想实体的超越"（transcending of the thought entity）。然而，黑格尔又认为，思想会将客观－创造的环节当作它自身的"环节"——"因为对象对于思维说来现在已成为一个思想环节，因而思想也会将现实中的对象看作是对思想自身的一种自我确认"。为此，"这种思想上的取代，会不顾真实世界中的相应对象，而相信已经是真实地占据了自己的对象"。在此，不存在真实的"世俗历史"，也没有"具有其本质的人，以及以真实事

---

① 参见 Marx's ironic use of the terms, *Grundrisse*, p. 450。

物体现的人的本质的真正实现"。① 因而,"人类的历史被转化成一种抽象的历史"。② 思想的运动因此最终仍被限定在其自身的循环之中:

> 黑格尔把这一切固定的心灵形式统统禁锢在他的逻辑学里,先是把它们每一个都看成否定性的要素——即人的思维的疏离,然后又把它们看成否定的否定——即看成对这种疏离的取代,视为人类思想的真实表现。但是,即使仍然被限定于疏离中,这种否定之否定也部分会在疏离中恢复其固定的形式。③

因此,它是"在自身内部旋转的抽象行动"。马克思此处仍草率地使用了黑格尔—费尔巴哈式的语言。《导言》中下面这段话更加清楚:"好像这种割裂不是从现实进到教科书中去的,而相反的是从教科书进到现实中去的,好像这里的问题是要对概念作辩证的平衡,而不是解释现实的关系。"④

因此,无论是政治经济学的功能性分离还是黑格尔式的形式替代,都无法揭示出社会过程与社会关系之间的内在联系,构成一种独特类型的"统一体"(unit),但是在现实世界中则必须将它们理解为真实、有差别的过程,而不仅仅是抽象行动自身的形式运动。这是因为在资本主义生产的"真实关系"中,生产过程的不同部分看起来好像是独立、自主的"邻居",教科书也告诉我们它们之间的联系好像也是偶然的,而不是相反。但是,我们又该如何思考那些同一性、相似性、中介性和差别性之间的关系呢?正是它们才能够在概念的层面上,在思维中,生产出一种"思想的具体性",这种思想的具体性对应于作为其思考目标的"真实关系"的复杂性,也应当是具有充分的复杂性的。

紧接下来《导言》中那几页最浓缩、最困难的内容为这一问题提供了答案。这部分所处理的是生产、分配、消费与交换之间的关系。它是

---

① *Economic & Philosophical Manuscripts*, pp. 186 – 187.
② *The Holy Family*.
③ *Economic & Philosophical Manuscripts*, p. 190.
④ *1857 Introduction*, p. 90.

以生产作为起点的。在生产中，个人"消耗"他们的能力、"用尽了"原材料。在这种意义上，在生产的内部存在某种类型的消费：生产和消费由此"直接合而为一"（directly coincident）。马克思似乎认为那些用来证明"直接的同一性"的例子是"令人满意"的，但是像他之前和之后的其他论述那样[①]，它又是"平庸而肤浅"的或者是"同义反复的"；它只是在低级水平上讲是正确的，但是给我们的却是"混乱的概念"，因此需要"更深刻的规定性"和更进一步的分析。马克思此处援引了斯宾诺莎的观点，后者认为"无差别的同一性"无助于引入更精确的"特殊规定性"，这非常清楚地表明了此类"直接的同一性"在整体上讲是不够充分的。然而，在"直接的同一性"所控制的低级水平内，同一命题是可以被颠倒过来的：如果 A = B，那么 B = A。接着，马克思就颠覆了这一命题。如果存在生产中的消费，那么在消费中也会有"直接的"生产。例如，食物的消费是一种手段性消费，消费食物是个人得以生产或再生产其存在的方式的手段。古典政治经济学承认这些区分，但其目的只是简单地将生产的消费性质（例如，消费原材料）与生产本身区分开来。消费作为一个独特的范畴仍被保留下来。如此一来，"直接的同一性"并不排斥它们"直接是两个东西"。（马克思在1844年的《黑格尔辩证法和哲学一般的批判》中在批判黑格尔时也批判了这种同一性："这种思想上的取代，会不顾真实世界中的相应对象，而相信已经是真实地占据了自己的对象。"）

现在马克思增加了第二个关系类型：中介（mediation），即"相互依存"的关系。生产和消费也互为中介。马克思用"中介"一词，意思是说如果没有一方，另一方就不能存在，不能完成其自身的过程，也不能实现其结果。一方是另一方的完成。一方将其自身作为对象提供给对方。因此，生产的产品就是消费所耗掉的东西。消费的"需求"也是生产所要满足的目标。马克思后来说[②]，在这个中介运动中一方与另一方"互不可缺"，但同时也并不相同——它们仍然为对方所必需，但

[①] *Introduction*, pp. 88, 100.

[②] *Introduction*, p. 93.

是却"各自处于对方之外"。

现在马克思要详述这介质是如何发挥作用的。消费从两方面"生产着"生产。首先,生产的对象(产品)只有被消费时才最终被"实现"。① 正是从生产活动向作为对象的产品的转化过程中,生产与消费完成了第一步中介性的运动。其次,消费创造出"新的生产"的需求,因而也创造了生产。这对于后面对作为整体过程的生产具有决定性的讨论至关重要,因为严格说来消费现在所做的事情是为"再-生产"提供"观念上的内在动机""内心的图像""需要""动力和目的"。马克思强调"新的生产";严格地说,消费要对"再-生产"的需求担负中介的责任。

"相应地",生产也"生产"了消费。马克思注意到这在三种意义上是正确的。第一,生产为消费提供"对象"。第二,生产规定了对象被消费的方式。第三,"生产"生产了使其对象满足的需求。这是一个很难理解的概念,因为我们通常会将消费的需求和模式作为消费者的属性(即是说它属于"消费"),从而认为它与其对象的满足是相分离的。但是,早在1844年马克思就指出需求是客观历史发展的产物而不具有超历史的主观个人属性:

> 对象如何对他说来成为他的对象,这取决于对象的性质以及与之相适应的本质力量的性质;因为正是这种关系的规定性形成一种特殊的、现实的肯定方式。眼睛对对象的感觉不同于耳朵,眼睛的对象不同于耳朵的对象。

如果对象的消费生产了主观的再生产冲动,那么在消费者那里,对象的生产就制造出了特定的、历史性的区别,以及延伸出的"征用"(appropriation)方式,与此同时也发展了由对象所满足的"需求"。"只有音乐才能激起人的音乐感。"

---

① 可参考马克思更为成熟的观念,即所谓劳动的"活动"如何在产品中表现为"无动力的固定质量"。*Capital I*, pp. 180-181.

因此,"感觉的形成"是客观劳动的主观方面,是"以往全部世界历史"的产物。马克思在《德意志意识形态》中说,"新的需要的产生是第一个历史活动"。这里,"艺术对象创造出懂得艺术……的大众"。① 那么,生产客观地形成了消费者的征用方式,就像消费将生产再生产为主观的冲动、动力或者动机一样。这段文章以简洁的方式说明客观与主观维度之间的复杂转换,如果没有《1844 年政治经济学手稿》里的解释,这一点似乎不可理解,"类存在"这样的用语可能早就不复存在了。

现在回到一般性问题方面。② 存在三种同一性关系(identity relation)。第一,直接同一性——生产与消费"直接"相互统一。第二,相互依赖——一方与另一方"互不可缺"、没有一方另一方就无法完成,但是生产与消费是相互"外在"于对方的。第三种关系没有准确的名称,但是双方存在明确的内在联系,它们被不同的形式和不同历史时期的真实过程联系在一起。与第二种关系不同的是,生产不仅仅完成了自身过程,而且它还通过消费而再生产自身。在第三种关系中,一方"由于自己的实现才创造对方,把自己当作对方创造出来"。此处,我们不仅仅能找到将第三种与第二种区分开来的东西是什么,还能在接下来的内容里找到是什么使马克思在生产和消费之间赋予生产以最终的决定性。马克思认为这个循环的过程是由生产启动的:它的"第一个行为"形成了消费的对象、方式和需求,消费接下来能做的"使得在最初生产行为中发展起来的素质通过反复的需要……消费不仅是使产品成为产品的最后行为",这样生产需要消费这一通道重新开始自身的工作;但是,为了提供"整个过程借以重新进行的行为",生产在整个循环过程中仍然具有主要决定作用。马克思后来在《资本论》中所做的一些最重要、最复杂的区分——如简单再生产和扩大再生产——都在这个简略的文章中被以格言式的、富有哲学意味的方式初次论述过了。在第三种关系中,生产与消费不再相互外在于对方了:它们也不再"直接"

---

① *Introduction*, p. 92.
② *Introduction*, p. 93. 三种同一性关系的差别并不像人们所希望的那样明显。

合并。相反，它们是通过"内在联系"而被连接在一起的。然而，这个"内部联系"不是简单的、用三段论术语翻来覆去玩弄概念相互关系的同一性。这里的内在联系经历了一个独特的过程。马克思在其早期批判黑格尔时将之称为"世俗"史：它是在真实世界中的过程、一个穿越了历史时光的过程，每一个环节都需要自身的确定条件，它服从自身的内在法则，而没有与它相对的另一个环节它也不可能完成自身。

为什么第三种关系不是黑格尔式的"直接同一性"呢？马克思给出了三个理由。第一，直接同一性假定生产与消费的主体是一样的。"主体"的这种同一性贯穿于其全部的实现"环节"中——这是黑格尔"本质主义"的关键——使黑格尔将历史世界最终看成和谐的循环。然而，在真实的历史世界中，"生产"和"消费"的主体不是同一个。资本家生产，工人消费。生产过程将资本家和工人联系在一起，但这个过程不是"直接的"。第二，这些也不是黑格尔式的单一行为"环节"、不是世界精神行进过程中的短暂体现。它们是过程的循环，具有"真正的出发点"：一个具有特殊形式的过程，价值注定要通过这个过程而"实现自身"。第三，既然黑格尔所说的同一性形成了自我产生、自我维持的循环，那么就没有任何一个环节优先于其他环节，马克思认为生产和消费所经历的历史过程有其断裂即决定性的时刻，是生产而不是消费开启了这个循环。消费是价值"实现"的必要条件，但是它不能摧毁价值实现过程中起始环节的"多重决定性"（over-determinacy）。

在结尾的段落，马克思讲出了这些区分的意义，这是马克思和黑格尔对于资本主义生产形式所做的区分不同。① 资本主义趋向于以扩张的形式对自身进行再生产，似乎它是一个自我平衡、自我维持的制度。所谓的"等价法则"（laws of equivalence）是这个制度的自我产生的必要的"表象形式"：

> 美好和伟大之处，正是建立在这种自发的、不以个人的知识和意志为转移的、恰恰以个人互相独立和毫不相干为前提的联系即物

---

① *Introduction*, p. 94.

质的和精神的新陈代谢上。①

但是不同生产领域的这种保持平衡的经常趋势，只不过是对这种平衡经常遭到破坏的一种反作用。② 每一个"环节"都有其确定条件——它们都遵从自身的社会法则：确实，每一个都与循环里的其他环节连接在一起，都具有独特的、确定的形式——过程。因此对生产者——资本家——来说没有什么能够保障他所生产的东西会重新返回到他那里：他无法"直接"占有它。

资本的循环"依赖他和其他个人的关系"。确实，现在介于生产者和产品之间的是全部中间或"中介运动"——或者说"调解步骤"——它决定了在扩大生产的领域里生产者能够得到什么样的回报份额，当然这也是要服从"社会法则"的。除了这些确定条件外，没有什么能够保证该生产方式在时间变迁过程中的连续性。

> 正如商品的交换价值二重地存在，即作为一定的商品和作为货币而存在，同样，交换行为也分为两个互相独立的行为：商品换货币，货币换商品；买和卖。因为买和卖取得了一个在空间上和时间上彼此分离的、互不相干的存在形式，所以它们的直接同一就消失了。它们可能互相适应和不适应；它们可能彼此相一致或不一致；它们彼此之间可能出现不协调。固然，它们总是力求达到平衡；但是，现在代替过去的直接相等的，是不断的平衡的运动，而这种运动正是以不断的不相等为前提的。现在完全有可能只有通过极端的不协调，才能达到协调。③

总之，它是一个有限的历史系统，该系统在历史的变迁中易于断裂、停顿、矛盾、中断：一个有局限的系统。它确实是一个依赖其他尚未命名的过程的中介运动：例如——分配：生产—（分配）—消费。那

---

① *Grundrisse*, p. 161.
② *Capital I*, p. 356.
③ *Grundrisse*, p. 148.

么,分配是"直接伴随"生产和消费而来的吗?它在生产之内还是之外?它是自主的领域还是受到限制的?

马克思在《导言》的第一部分[①]以黑格尔式的直接统一性方式,即用对立/同一的术语考察了一对关系——生产/消费。马克思接下来就自己以独有的方式转换化了这些术语,用对立——互为中介的依存——有差别的统一(不是完全同一),取代了生产/消费这对关系。在某种程度上,这是从"生产"这一确定环节中明确的等价关系中才得以确定的。马克思在第二部分又转换了另一个不同的术语,即用被决定—使决定—决定取代了生产/分配这对关系。

马克思写道,在政治经济学中任何内容都会出现两次。资本是生产的一个要素,但它也是一种分配形式(利息+利润)。工资是生产的一个要素,但它也是一种分配形式;地租是一种分配形式,但也是一种生产的要素(地产)。每一种要素都似乎既是决定性的又是被决定的。是什么打破了这一个决定性的无缝循环呢?只有重新从范畴表面的同一性回到它们的差别性前提(决定条件),才能破解这一问题。

马克思在这里再次考虑在资本的自我维持循环中建立断裂和决定的环节。[②] 庸俗经济学假定,资本的社会过程之间的关系是完美契合的。三位一体公式就是这样说的。生产的每一个要素都在分配中被作为相应的回报:资本—利润;土地—地租;劳动—工资。因此,一种神秘假定的"自然和谐"或将一个概念与其对立概念压缩在一起,每一个概念都会出现两次。在一般人看来,分配似乎是这个系统的首要推力。但是,马克思暗示,在分配的表面形式(工资、地租、利息)下有来自特定条件下的资本运动和形式的真正的、历史的关系,而不是简单的经济范畴。因此工资的前提不是劳动而是特定形式中的劳动:雇佣劳动(奴隶劳动没有工资)。地租的前提条件是现代形式的资本(公有社会没有地租),利息和利润都是以资本的现代形式为前提的。雇佣劳动、地产和资本作为分配形式都不是孤立的,而是资本主义生产方式的组织

---

① *Introduction*, pp. 90 – 93.
② 可参见《资本论》第 2 卷对工资理论,第 3 卷对"三位一体公式"的解析。

马克思的方法论笔记：1857年《〈政治经济学批判〉导言》解读

"环节"：它们启动了分配的形式（工资、地租、利润）而不是相反。在这种意义上，分配当然是一种被生产结构"多重决定"的有差别的系统。在通过工资、租金等手段分配之前，利润就在一种必须发生的"分配"中出现了：剥削者和被剥削者的生产工具分配；社会成员和阶级被分配到不同的生产部门中。这种先在的分配——将生产工具和生产者分配到生产的社会关系中——都从属于生产范畴，因此工资或租金是对产品和结果的分配，不能作为起点。工具和人员的分配一旦完成，他们就在这种生产方式内形成了价值实现的起始条件：这个实现的过程产生了其自身的分配形式。然而，第二种类型的分配，非常明显地服从这一更广义的、特定模式的生产，并且必须将它视为是由生产而多重决定的。

《导言》关于交换的第三部分更加简略。[①] 交换也是一个"生产的方面"。它在生产和消费之间起中介作用，但同样，作为生产的前提它需要在生产内部才能建立确定条件，如劳动分工、私人交换形式的生产、城镇与国家之间的交换等。这一论述几乎是直接就得出一个结论——它不仅仅是关于交换这一部分的结论而是整个第88页所有问题的结论。在本质主义的黑格尔辩证法中，生产、分配、消费和交换的直接同一性没有被充分概念化，从而演变为用一元论范畴解决问题的方式。本质上，我们必须将不同的物质生产过程之间的关系视为"总体的各个环节，统一体内部的差别"。即作为一个具有复杂结构的差别性总体，里面的差别不是被除去而是被保留了——"必要的复杂性"的统一体恰恰需要这种差别。

黑格尔当然知道一个关系中的两面是不同的，但他却在寻求对立同一——差别背后的"直接同一性"。马克思并没有抛弃这个层面，即认为表面上相互对立的东西在该层面上具有"本质的"潜在相似性。但这并非马克思处理关系问题的主要方式。对马克思而言，两个不同的表述、关系、运动或者循环仍然是特殊的和不同的，但是它们却形成了一个"复杂统一体"（complex unity，"复合体"）。然而，该"统一体"

[①] *Introduction*, p. 98.

总是由它们的差别所构成的,并且还要求它们维持这种差别:这种差别不会消失,也不会因为简单的精神运动或者对辩证法形式的歪曲而被废除,它也不从属于其他"更高的"但"更本质的"、失去了具体特殊性的综合体。后面这种"非"直接性就是马克思所说的差异统一体（differentiated unity,"差异体"）。就像与它密切联系在一起的另一个概念——作为"多重决定因素和关系"的统一体所呈示的"具体性"一样——"差异统一体"这一概念对于理解这个文本,以及作为总体的马克思方法论都是非常关键的。这就意味着当我们考察任何现象或者关系时,我们都必须理解其内部结构——它有什么差异性——也要理解与它配对的其他结构、与它一起形成更广泛总体的结构。特殊性（specificities）和联系——结构的复杂统一体——必须在具体的关系和特定情境中才能得以阐释。如果各种关系是相互接合在一起的,但是它们由于其自身的差异仍然保持其特殊性,那么就必须阐述这个接合及其依赖的决定条件。不可能依据某些本质主义的辩证法则凭空地变幻出来。因此,差异统一体在马克思那里也是具体的。在理论分析中,这种方法会将具体的事实考证视为优先的、不可消解的"环节",要具体情况具体分析,而不是沦为"经验主义"。

马克思赋予了生产"多重决定性"。但是,生产是如何发挥决定作用的呢?生产具体体现为"不同要素之间的差异性关系"。它决定了这些组合的形式,从这些组合中形成了复杂统一体。它是生产方式的形式接合原则。在阿尔都塞那里,生产不仅仅最终起到"决定"作用,它还决定了力量和关系的组合形式,该形式使生产方式成为一个复杂结构。在形式上,生产是在相似和差异系统中的生产、是在特定情境的某些点上的生产,也是在所有具体生产方式中的生产,其中包括在任何具体情境的环节中"居支配地位"的那个层次。这是生产所产生的典型的决定作用,在总体上马克思是这样认为的。而在其更狭隘和局限的意味上——仅仅指它作为一个环节,与其他环节组成"差异统一体"时——生产有其本身的诱因、动力和来自循环系统其他环节本身的"决定性"（在这种情况下,是指来自消费环节）。马克思在《导言》的结尾处返回到了这一论述,讨论了在一种生产模式的不同关系或层次间所

马克思的方法论笔记：1857年《〈政治经济学批判〉导言》解读

存在的决定关系、互补关系，或情境性接合的本质。其结论之一便是"不平衡发展的法则"，这一点在之前已经提示过了。

马克思由此又回到了他的起点：政治经济学方法。① 在思考一国的政治经济时，我们应该从哪里入手呢？其中的一个出发点可能是"真实与具体的"、既定的、可观察到的、经验性概念，如人口。如果没有能进行生产的人口，生产就无从谈起。但是，这个起点有可能是错误的。像"生产"一样，人口是一个带有欺骗性并容易被识破的"规定性"概念，它只有在一般的意义上具有"具体性"。② 人口概念本身就已经预设了不同的阶级、劳动分工和工资—劳动、资本等，这些都是特定生产方式的范畴。因此，"人口"对我们而言仅仅是一个"浑沌的关于整体的概念"。更进一步说，它触发了一个方法论的过程，从盲目明确的东西到"越来越简单的概念""越来越稀薄的抽象"。这是17世纪经济学家所使用的抽象方法，也是蒲鲁东的"形而上学"方法，马克思在《哲学的贫困》里对之进行了激烈而无情的批判。后来的经济学理论家则从简单的关系入手，然后循此路径回到了"具体"。马克思将后一种路径称为"显然是科学上正确的方法"。这种"具体"与第一种方式的具体是不同的。在第一种情况下，"人口"只是在简单、单一的、一般的意义方面看才是"具体"的，才会明确存在；如果没有它从事生产是无法想象的。但是，生产"复杂的具体"的方法之所以是具体的，是因为它是"由许多决定性因素与关系组成的一个丰富整体"。然后，这种方法必须能够在思维中再生产出（这里当然表现了主动的实践观念）历史中的具体。既然如此，所有的反映论或者现实复制论都是不充分的。"人口"，这个简单的范畴，必须根据冲突性组合的原理重构为更为具体的历史关系，如奴隶主/奴隶、领主/农奴、主人/奴仆、资本家/劳动者等。这种析分是一种具有特殊性的实践，理论由此被要求在历史的层面上运演；它是理论能够"充分"地说明其对象的首要方面。思维通过将简单、同一的范畴分解为真实、矛盾、对抗的关系而完成这

---

① *Introduction*, p. 100.
② 关于黑格尔与马克思对"具体"的论述可参：Kline, "Some Critical Comments on Marx's Philosophy", in *Marx & The Western World*, ed. N. Lobkowicz, Notre Dame, 1967。

一析分。它洞穿了在资产阶级社会表面所直接呈现出来的东西,作为"表象形式"而"显现"的东西——是"背后进行的某种过程"所必然表现的形式。

马克思总结了他的观点。无论是在历史、社会生产还是在概念中,具体之所以是具体不是因为它是简单的、凭经验可获的,而是因为它表现出了某种必然的复杂性。马克思严格区分了"经验给定"(empirically-given)和具体(concrete)这两个概念。为了思考真实、具体的历史复合体(complexity),我们必须在头脑中重建它得以形成的决定性条件。这样,那些被多元化决定的、被多样化组合的东西,虽然在历史中已是一个"结果",但是它显现在思想和理论中,却不是"我们的出发点",而是必然地被产生出来的。因此,"抽象的决定性因思维方式而导向具体的再现",这也让我们即刻注意到,"思维方式"也是有别于历史逻辑自身的,尽管它与思维没有"绝对的区别"。更重要的是,对马克思来说,历史具体(concrete-in-history)现在作为思维的历史根基再次显现出来。虽然历史具体不能作为理论论证的起点,但是它却是所有理论构建的绝对前提:它是"实际的起点,因而也是直观与表象的起点"。

马克思此处[①]的论述意义重大,近年来它们也越来越成为马克思方法论讨论中常被引用的章句。马克思似乎在说,"思维方式"必须"建立在历史事实之上"——"征用具体"——并且根据其自身的特殊实践去制造出与该对象相适应的理论构造("在大脑中将之再生产为具体")。然而我们还要立刻看到非常重要的一点:马克思直接就奔向了那个让人困扰的问题,即"理论劳动"能否被视为一种"完全是发生在思维里"的实践,"以自身为尺度",并且它"不必从外部实践得到确证就能宣布它们所产生的知识是'真实'的"。[②] 重要的是,此处的评论再次被嵌入在对黑格尔的批判中,似乎是明确提醒我们放弃任何最终的、唯心主义的架构。马克思争论道,因为"思维"有其自身的征

---

① *Introduction*, p. 101.
② L. Althusser, *For Marx*, pp. 42, 58.

马克思的方法论笔记:1857年《〈政治经济学批判〉导言》解读

用模式,因此黑格尔犯了一个错误,他认为"现实"是"思维自我综合、自我深化和自我展开"的结果。从这一点出发,就很容易走向这一步,认为思维是绝对(不是相对)自主的,因此"范畴的运动"便成了"现实的生产行为"。马克思继续说,思维当然就是思维而不是其他东西,它发生在人的头脑中,并体现为心智表征和运演的过程。由于这个原因,它并不"自我生成"。它是"思想与理解的产物",即它是一个将直观和表象加工成概念的结果。马克思清楚明白地表明了一个观念:思维来自"对直观和表象的加工",任何关于"理论实践"的理论,如阿尔都塞,只要它试图在思维和其对象之间确立一个"无法逾越的门槛",就必须与马克思这一清晰与明白的观念所展现的具体论证保持一致(在我们看来,这不是一种经验主义的还原),在此,思想的程序来自"对直观和表象的加工"。现在,马克思认为理论劳作的产品当然就是头脑中的"思想的整体"。但是,思维没有消解在"现实主体"中(这是它的对象)——它"在头脑之外保持着它的自主性"。马克思简短地提及思维与社会存在的关系,完美结束了他的这段论述,这与他之前在《关于费尔巴哈的纲领》中所持的立场是一致的。只要"这个头脑还仅仅是思辨地、理论地活动着",那么对象、"现实"会一直存在于头脑之外。也就是说,只有在实践中才能弥合思维和存在的鸿沟。就像他说的那样,"人应该在实践中证明自己思维的真理性,即自己思维的现实性和力量,亦即自己思维的此岸性。关于离开实践的思维是否现实的争论,是一个纯粹经院哲学的问题"。在这里,没有证据表明马克思的《导言》与下列观念决裂:虽然思维具有其"自身的方式",但是,在实践中,它的真理性存在于思考的"此岸性"里。事实上在《导言》中这一点已经说得非常清楚:"因此,在理论方法上,主体(the subject),即社会,也必须始终作为前提存在于大脑中。"① 据此而言,在阿尔都塞复杂但不太令人满意的论述与维拉尔简洁明快的论述之间,我们更倾向于后者:

---

① *Introduction*, p. 102.

我承认，人既不能将思维误认为是现实，也不能反过来将现实当作思维，后者对前者而言不过是产生了"知识关系"而已，除此之外它还能做什么？知识过程完全发生于思维之内（除此之外它还能在哪里发生呢？），并且"归纳"有其秩序和等级，阿尔都塞早就对此说过很多重要的东西了。但是另一方面我不认为当恩格斯写下（在一封非常偶然的信中随随便便写的）概念思维是"渐渐地"向真实前进时，他犯了什么"惊人"的错误。①

诚如拉维尔所说，"当阅读1857年《导言》时，如果应该'听到它未曾言述的声音'的话，也应注意它直接表达出的文字"。②

就此而言，思维便有其自身独特的、"相对自主"的征用"现实"的方式。它必须是"从抽象上升到具体"而不是反其道而行之。这与"具体本身成为存在的过程"是不一样的。因此，理论化的逻辑与历史的逻辑不会形成"直接的同一性"：它们是一种相互接合的关系，但在统一体中又保持着区分。然而，为了防止我们马上陷进与此相反的错误中去，即思维是其自身的事物，正如我们所见，马克思很自然地在其论辩过程中立刻转向了对黑格尔的批判，这当然是因为就后者而言，范畴的演进被看作唯一的动力。马克思也通过这样的方式批判了其他各种立场，它们都将思维相对于现实的独特性（依据其生产方式）曲解为一种绝对的区别。马克思对这种"绝对"断裂的限定具有至关重要的意义。思维始终是将自己建立在具体性基础上的，在其中，范畴也是在被考察过的特定生产模式中历史性地构成的。只要范畴已然存在，尽管它作为一种相对简单的生产关系，而非具有"多边联系"，那么这些范畴可能已经显现"在思想中"，因为范畴是"关系的表现"。如果我们转向另一种模式，在其中范畴似乎表现出更加发达并具有多边的形式，尽管我们会再次使用它，但是现在它已"表现"（express）出更发达的关系，既然这样，如果在这种意义上说理论范畴的发展直接地反映了历史

---

① *New Left Review*, 80.
② *New Left Review*, 80, pp.74–75.

关系的演变，这确实仍是正确的："这是一条从简单上升到复杂的抽象思维之路"，的确"符合现实的历史过程"。在这个限定的例子中，逻辑范畴与历史范畴的确是平行的。那种认为马克思规定了逻辑范畴与历史范畴从无交集的观点是不对的。这取决于具体情况。

然而，在其他一些事例中，这两种运动不是这样完全等同的。正因为黑格尔的错误，马克思才关注这些事例。马克思批判将"思维"构建为完全自主运动的任何企图，因为这种构建属于观念主义的问题架构，最终会认为世界是由观念的运动所产生的。没有任何一种形式主义化的还原可以逃离这种责难——无论是黑格尔主义、实证主义、经验主义还是结构主义的变种。思维模式的特殊性并没有将之与其对象和历史具体绝对区别开来，在此所做的是提出一个悬而未决的问题：准确地说，思维既然是与对象有区别的，那它们又是如何形成一个"统一体"的？为何我们仍然要说它无论如何是"在最后时刻"（in the last instance）内决定的呢（马克思还补充说，思维一开始就被决定了，因为"社会"是它的前提）？《导言》随后的章节实际上构成了马克思关于思维、"理论方法"与生产某种知识的历史对象之间辩证关系的最具说服力的思考：他坚持认为，只要实践还没有辩证地获取知识，即使知识成为现实，那么它就仍然"仅仅是思辨的、理论的"（"仅仅"用在这里没有错误）。

如果尽管思维在模式与路径上是独特的，然而却与社会（它的对象）所接合，以社会为前提，那么这种"渐进式的"接合又是如何实现的呢？我们既不能认为这些概念是同一的，也不能认为它们是被外部化地并置在一起的。那么，它们形成的统一体的真正属性是什么呢？如果说表现了历史关系的逻辑范畴的起源有别于这些关系的真实起源，那么它们之间的关系又是怎么样的？"头脑"是如何在思维中对历史世界的具体性进行再生产的呢？

答案与历史自身进入思维的"相对自主"的方式有关：马克思在成熟时期的著作中对思维的历史对象进行了重新思考。历史进化论用历史的起源解释历史关系，因此并没有最终表现思维与历史的关系。"发生历史主义"（genetic historicism）将外在的"相邻"关系置于任意特殊关系与其"历史背景"之间,认为可以通过线性地追溯其变种分支而分析某种关系的发展,即思维的范畴忠诚而直接地反映其起源和进化路径。这听起来像是讽刺,但是在当代马克思主义方法中随处可见的是,在未对"联系"做任何区分的情况下,就将之作出呆板的外在并置及对这些关系加以追溯。将马克思和实证主义历史的进化论进行区分是非常重要的。这里我们所谈论的既不是实证主义的伪变种也不是严格的无历史主义,而是在理论中我们所遇到的最为棘手的那个模式:历史认识论,特别是其与现代精神有关。

马克思再次区分了不同的"关系"类型:直接的关系和中介的关系等。之前,这些区分被运用于理论分析的那些范畴——如"生产""分配""交换"等。现在它们被再次使用;但是,这次是被运用到思考思维和历史之间的不同的关系类型上。马克思举例说明这个问题。黑格尔《法哲学》的起点是"所有权"(possession)这一范畴。像"生产"一样,所有权本身的关系其实也非常简单,它只有在更具体的关系中才成立——如拥有所有权的历史集团。然而,在资产阶级的意义上,即便没有采用"私有权"的形式,这些历史集团仍然能够"占有"其所有权。但是既然有了历史—法律关系,尽管"所有权"仍然处在简单的形式中,但它确实存在,我们能够想象这一点。简单关系就是我们(相对简单)概念的"具体性基础"。如果一个概念在历史上是相对不发达(简单)的,关于它的概念就是抽象的。在这个层面上,某种(简单的)关系的历史发展水平和它的适用范畴的相对(缺乏)具体性之间确实存在某种映射关系。

但是,马克思使理论/历史这对概念变得复杂了。关系在历史中的发展并非是进化的。无论是思维还是历史,从简单到复杂的发展道路都不是直线和连续的。作为一个整体,在生产方式中的某种关系有可能从支配地位变为从属地位。并且,支配/从属的问题不同于简单/发达或者抽象/具体这样的问题。马克思在生产方式内将关系指向其接合体,从而暗示了他从历史主义进步、连续或者进化的观念转向了我们称之为关于"分期和模式"(epochs and modes)的历史观:一种结构的历史。这种朝向模式与分期概念的运动打断了进化发展的线性轨迹,用生产方式

马克思的方法论笔记：1857年《〈政治经济学批判〉导言》解读

的推演重组了我们关于历史时间的概念，用构建不同关系内部的支配和从属关系解释了生产方式的递变。这是关键的一步。当然，如果我们将注意力集中在马克思用生产方式的连续递变划分历史的话，这也没有什么新奇之处。但是，他看起来并没有充分论述与发生进化论（generic evolutionism）的决裂。"生产方式"和"社会形构"两个概念的使用频率很高，它们实际上似乎属于一种对简化的大范围历史的概括，在其中，又整齐地分布着一些更小一些的历史排序段落。然而，马克思正是用"生产方式"和"社会形构"的概念精确地描述了结构性互系的现象，切入并打破了历史进化论的平滑进程。它代表了与历史主义那种简单化的、主导形式的断裂，当然在我们看来它不是与历史本身的决裂。

以货币为例，它的出现先于银行和资本。如果我们用"货币"这个词指相对简单的关系，我们就用了一个依然是抽象和简单的概念（就像上面提到的"占有权"一样）：它比在商品生产条件下的货币概念更抽象。随着"货币"发展得更为复杂，我们关于它的概念也会倾向于更"具体"。然而，货币的简单形式可能会在某种生产方式中具有支配地位。在更为复杂、多元的形式中，需要用更具体的范畴表述货币时，也可能认为它在某种生产方式中的地位是从属的。

在这个双向适用的过程中，简单/发达或者抽象/具体这样的成对概念我们称之为历时轴（diachronic string），即分析的历时发展轴。支配/从属这对概念指的是共时轴（synchronic axis）——既定的范畴或者关系根据它们和与自己接合在一起的其他关系在特殊的生产方式中所处的地位。马克思经常用支配和从属关系思考后面这种关系。现在典型的变化是将我们的注意力从第一个坐标轴转向第二个坐标轴，因而有人断言马克思是潜在的结构主义者。然而，这样说的困难是，第二个轴并没有停止前者的运动而是延缓了或者（更好是）替换了它。实际上，历史发展的线路总是在结构性接合之内或者在其背后被构建出来的。这种"实践认识论"的关键恰恰在于必须"思考"简单/发达轴和支配/从属轴的辩证关系。这也确实是马克思定义他自己方法的方式，他在《资本论》第2版的"跋"中说"他所描述的不正是辩证方法吗"？

再举个例子。秘鲁曾经相对发达，但是没有"货币"。在罗马帝国

· 147 ·

时期,"货币"是存在的,但是却"从属于"其他的支付形式,如实物税、实物租等。只有在资本主义社会,货币才在历史上表现为"充分的力量"。这种关系和在每个相继的历史阶段中用来表现它的相应范畴都不是线性发展的。货币不会"历尽一切历史阶段"。在不同的生产方式中有没有出现货币是偶然的:它可能是高级的或者简单的,也可能是支配的或者从属的。重要的不是历史过程中某种关系出现次序的简单表象,而是它在使每一种生产方式成为一个总体的生产关系内的构形(configuration)中所处的位置。生产关系形成了不连续的结构背景,历史是在该背景中将自身接合在一起的。历史在一连串社会形构或者社会总体中运动,但是其运动轨迹是延缓的和错位的。它借助一系列由相互区别的内部矛盾所造成的断裂而获得发展。因此,理论方法为了能够适应其对象(社会)就必须以在连续的生产方式内特殊的历史关系的编排为基础,而不是在简单的、线性建构的有序的历史中去寻找位置。[1]

现在马克思解释了思维和历史的接合。对一般(如多边发展)的"最一般的抽象",只有当在社会和历史中"最丰富的具体发展的地方"才会出现。一旦它出现在"现实"中,关系就"不再只是在特殊形式(比如抽象)下才能加以思考了"。劳动作为一个松散的、笼统的概念(如"一切社会都必须经过劳动去再生产")因此被更具体的范畴"劳动一般"(一般性生产)所取代,但这仅仅是因为后面这个范畴现在在资本主义社会中指称真实、具体、更为多边化的历史表象。马克思明确指出,"一般概念"已经"在实践中成为现实"。它在"思维中"取得了特殊性,这使它能够擅用实践中的具体劳动关系。它"只有作为最现代的社会范畴,才在这种抽象中表现为实际真实的东西",因此,

> 哪怕是最抽象的范畴……同样是历史关系的产物,而且只有对于这些关系并在这些关系之内才具有充分的意义。

正是因为这个原因,通过资本主义社会这个"最发达的和最复杂的

---

[1] 此处省去马克思关于劳动的进一步讨论。

马克思的方法论笔记：1857年《〈政治经济学批判〉导言》解读

生产组织"使我们能够去透视过去已经覆灭的社会形构：只要我们不过于匆忙地"等同"或者"抹杀所有历史差别"。这是因为，至今以来那些较古老的生产关系在资本主义内部存活了下来，或者经过了形式的修正在资本主义内再现了，对后者的"解剖"能为我们提供理解之前社会形构的"钥匙"。① 我们必须再次"思考"资本主义社会形构和之前社会形构的范畴之间的关系，不是将它们作为"直接同一性"，而是作为它们在资本主义社会维持其仍然呈现自身的方式（这就是发达/简单和支配/从属的关系，新的和之前的生产方式在这些关系中被编排或者被组合）。从这一基础出发，马克思批判了简单的历史进化论。

> 所说的历史发展总是建立在这样的基础上的：最后的形式总是把过去的形式看成是朝向自己发展的某些阶段。

这就是将事物当作"单边"的。然而，这并没有将"历史"从他的方案中排除出去。如果思维的基础是社会存在，但不是被当作"进化的"社会存在，那么它一定能在现代资本主义社会这个"最发达的和最复杂的生产组织"中表现出形成思维前提的社会现实，即思想的前提和"起点"。经济学理论的对象是"现代资本主义社会"，它"无论在现实中或在头脑中都是既定的"。② 正是这一点——它"也在科学上"——"对于范畴的排列和次序"直接具有决定的意义。

最近有人认为，由于注意到了范畴的历史演替与逻辑演替（succession）之间的区别，马克思与"历史主义"彻底决裂了。常被遗忘的一点是，马克思在论证思维自身的认识论本源根本是相对的时提到过这一点：马克思特别注意到逻辑范畴依赖各种关系，即哲学范畴所"表达"的"存在的形式"。因此，马克思在这里讨论方法的认识论基础时，他的起点不是思维通过其本身的"机制"产生的思想，而是"无论在现实中或在头脑中都是既定的"具体的东西。

---

① *Introduction*, p. 105.
② *Introduction*, pp. 105 – 106.

那么,"经济范畴的排列和次序"就不能"按它们在历史上起决定作用的先后次序来排序":这不是因为逻辑范畴的自我生成高于或外在于"真实关系"——这在黑格尔那里是真实的——而是因为思维在认识论上的参照物不是过去而是当前的历史生产组织(资本主义社会)。这是一个完全不同的观点。因此,重要的不是范畴的历史次序,而是"它们在资本主义社会中的次序"。在资本主义社会,每一个范畴都不是作为独立的实体而存在的;我们可以追踪它们各自分离的历史发展,但必须是在一个"背景"或模式中、在支配/从属关系和决定/被决定与其他范畴的关系中,也就是说在一个关系总体中才能做到。这个总体观念确实打断了任何直线的历史进化主义——并与其决裂了。有时候,这种观点会被认为是证明了马克思与"历史"本身的决裂——他们用历史主义/科学这对概念表达了这种决裂。在我看来,马克思描绘了一种不同的区分,因而标志着一种不同的"决裂":思维的有序历史进化论决定论思想和当前的历史社会形构决定论思想这两种观点的决裂。一个生产方式中的生产关系被接合成一个整体。

它们之间的内部关系非常复杂。在每一种生产方式内都存在一种最终起决定作用的层面:某种特殊的生产关系"决定其他一切生产……因而它的关系也决定其他一切关系的地位和影响……它掩盖了一切其他色彩,改变着它们的特点"。① 马克思坚信,我们应该注意每一社会的总体特殊性和构建了每一时代的决定关系与支配/从属关系。这指向了阿尔都塞将社会形构当作被"复杂地结构的整体""在支配中被结构的"的概念,以及补充性的"多重决定论"和"情境"(conjuncture)的概念。这一模式观念的全部理论含义使马克思朝所谓的"结构历史主义"迈进了很长一段距离。但是,既然思维也是从"现实"中产生的和"在头脑中被给定的",在认识论上它也是最初和最终都被"当前的历史生产组织"所决定的。

马克思继续用例子进行自己的论述。在资本主义社会,"农业"越来越"由资本支配"。对范畴的排列和次序而言,重要的不是任何进化

---

① L. Colletti, *Marxism & Hegel*, pp. 130–131.

马克思的方法论笔记：1857 年《〈政治经济学批判〉导言》解读

到工业资本的关系——如封建私有制；虽然马克思在《资本论》中的某些点上进行了这种历史描述；重要的是资本主义生产方式中工业资本和土地私有之间的相对关系（或者说是"资本"和"地租"之间的相对关系）与它们在封建主义生产方式中的相对位置不同。后面这种"组合"成为所有理论化的起点。如果我们认为那种不是按照时间的顺序，逐个依次地追踪每种关系的历史发展的方法是"反历史主义"的话，这就是"反历史主义"。但是，一旦我们认识到（资本主义社会）的起点不是在历史之外的，而是"当下的历史社会组织"的话，这种方法从深层讲也是历史的。资本主义社会是"历史"传递到当下的一个"结果"。资本主义的关系总体就是作为历史的当下。我们可以说，历史是渐进式地实现自身的。然而，理论是"回溯式地"把握历史的。那么，理论是一个发展的结果，是来自历史的事后结果。这就是存在于头脑中的理论前提。历史，只有在它实现其"复杂的结构性整体"时，才能将自己表述为理论劳作的认识论前提和起点。这就是我所说的马克思历史认识论——而不是历史主义认识论。无论它是如何的未经发展和未能理论化，它都标志着马克思与哲学－非反思（philosophically-unreflexive）传统模式的区别，包括结构主义最终借助科学的自我产生的"科学性"都有挥之不去的实证主义痕迹。当科莱蒂（Colletti）觉察到许多更为理论化的马克思主义的某种倾向时，曾简要地表达过这样的观点：

> （这种倾向）将"时间上的首先"——即逻辑过程作为对历史之前发生的事物进行概括时的出发点——误认为是"现实中的首先"或者分析的实际基础。结果，尽管马克思的逻辑历史反思最终形成了历史同时代的关键问题（就像卢卡奇曾经恰当的说的那样，"作为历史的现在"），传统马克思主义却一直朝着相反的历史哲学前进，它是从"时间上的开始"推导出对现在的解释的。①

---

① L. Colletti, *Marxism & Hegel*, pp. 130–131.

马克思的"历史认识论"为历史运动与理论反思的相互接合绘制了详图,不是将它们描述为简单的统一体,而是描述为统一体内部的各种差别。他保留了历史的前提(以似乎是被置换的形式),并在认识论的步骤和方法内彻底重建了这个历史前提,使其作为最终的决定因素。思想和现实并不是无限平行的,它们之间有一个"无法逾越的门槛"。它象征了一种以既定事实为基础的合流,这里指的是资产阶级社会既作为理论也作为实践的基础——恩格斯称之为渐进运动。这仍然是一种"开放"的认识论,不是那种自我生成或者自我满足的认识论,因为它的"科学性"是由思维与现实的"相契合"所保证的——它们都有自己的方式——它以自己唯一的方式生产出了"把握"现实的知识(在头脑中),同时也提出一种批判的方法,去洞察隐藏在表象背后的隐蔽运动、深层结构的"真实关系"。这种对社会形态结构的法则和趋向的"科学"把握也是对其"消逝的"法则和趋向的把握:不是为了证明它的可能性,而是证明在实践中实现知识的可能性——因此,在阶级斗争中有意识推翻这些关系,就可使这些关系沿着社会的矛盾趋势轴而转动,这些关系也不仅仅是"思辨的"、不仅仅是理论的沉思。正如科莱蒂所说,我们不是在处理"思维内的'思维—存在'关系,而是处理思维与现实的关系"。①

在《大纲》的一些章节里,马克思对资本主义模式的"历史起源"与作为"当下的历史生产组织"的资本主义做了详细的区分②,如果参照《导言》中关于这种方法论的论辩,将是非常有意义的。马克思认为资本主义生产方式是以货币转变成资本为基础的。因此,货币构成了"资本主义的洪水期前的条件,属于资本的历史前提"。但是,一旦货币在商业生产中完成了向现代形式的转变——资本主义生产方式本身已经建立——资本主义的延续就不再直接依赖这种"历史前提"了。这些前提现在"已经成为过去"——它们"属于资本的形成史,但决不属于资本的现代史,也就是说,不属于受资本统治的生产方式的实际体

---

① L. Colletti, *Marxism & Hegel*, p. 134.
② 参见 *Grundrisse*, p. 459ff。

马克思的方法论笔记：1857年《〈政治经济学批判〉导言》解读

系"。简言之，一种生产方式出现的历史条件消失在其结果中，并且被这种现实的结果所重组：当下的资本主义"根据自己的内在实质，事实上创造出了它在生产中当作出发点的那些条件本身"——"为其自身的实现设定了条件""以其自身现实为基础"。资本主义"不再从前提出发，它本身就是前提，它从它自身出发，自己创造出了保存和增殖自己的前提"。这一论述再一次与马克思对政治经济学错误的批判有关，后者混淆了使资本主义成为现在样子的过去条件和使资本主义得以组织与占有的现在条件，马克思将该错误归咎于政治经济学将资本主义的和谐律令视为自然的和"一般的"倾向。

面对这种来自《大纲》和后来来自《资本论》的证据[①]，虽然马克思在《导言》中简短地论述了"范畴的演替"，但很难说马克思为一种本质上共时的、结构主义方法（在通常的意义上）而完全抛弃了"历史的"方法。非常清楚的是，马克思有时候非常执着地对资本主义社会的某些关键范畴和资本主义关系的起源进行最巧妙的重构。我们必须把这些重构和对资本主义方式的结构所进行的"解剖式"分析区分开来；从分析和理论的角度看，资本主义将"当下的历史生产组织"复原为正在进行中的"生产结构"，一种生产方式的组合。在后面这种"解剖"方法中，历史和结构被决定性地重建了。他的读者需要一种方法论来同时掌握这两种理论分析的模式——在《资本论》第1卷的"跋"里马克思非常雄辩地表达了这一观点。这种严格的要求使他的理论既显得无所不包，又构成了理解上的特殊困难。但是，因为在倾向于方法的一面时就需要埋藏另一面带来的诱惑——或者以牺牲结构的代价强调历史或者反之——往最好处说，也不过是逃避马克思自己的著作所提出的理论困难；对这种逃避而言，《导言》中也没有什么担保的结论。正如霍布斯鲍姆（Eric Hobsbawm）所言：

> 一种仅能够展现系统维持的结构模型是不充分的。这种模型必须能够反映出同时存在的起稳定作用和中断作用的因素。……这种

[①] 参见 *Capital I*, p.762ff。

双重（辩证的）模型是非常难以建立并运用的，因为在实践中容易受好恶不同或者场合不同的诱惑而去操作它，要么将它作为稳定的功能主义要么提出一种革命性的改变；有趣的是，与此相反，它是两者兼而有之。①

这里提及的问题成了"方法问题"的核心，不仅对《导言》来说是这样，对《资本论》也是如此：这是一个《导言》提供了线索但并没有解决的问题。例如，戈德利埃（Godelier）为"对结构的研究优先于对发生和进化的研究"辩护：他认为该观点镌刻在《资本论》自身的所有架构里。② 然而，《资本论》主要强调的是对资本主义生产方式的系统分析，而不是要全面地重建资本主义社会形构的起源。因此，在《资本论》第3卷关于"地租"的长篇章节是以下面这段话开始的："对土地所有权的各种历史形式的分析，不属于本书的范围……我们假定，农业和工业完全一样受资本主义生产方式的统治。"③ 这与许多章节的中心并不矛盾，它们在形式上实际直接都属于历史起源式的论述（包括《资本论》第3卷上述章节的部分内容）。确实，不同类型的写作之间存在重要的区别。许多现在看起来像是"历史的"著作对马克思而言毋庸置疑却是有关于近代的和当代的。另一方面，《资本论》第1卷中关于"工作日"的一章有生动的历史描述，它也支持一些理论观点——在资本主义条件下对工业劳动形式和资本主义制度的能力的分析，这种分析先是延伸到工作日，然后由于劳动被组织起来，又转向限制工作日（"长期的内战的产物"）。二者都与之前的内容不同④："指明这种货币形式的起源……怎样从最简单的最不显眼的样子一直发展到炫目的货币形式。"马克思说这种起源会使"货币的神秘性消失"，但是，它实际上并没有投射到"货币的历史"本身的形式上，而是作为

---

① E. Hobsbawn, "Marx's Contribution to Historiography", in *Ideology & Social Science*, ed. Blackburn.

② Godelier, "Structure & Contradiction in *Capital*", in Blackburn (ed.), *op. cit.* 另外，关于戈德利埃的扩展性论争可参见 *Rationality & Irrationality in Economics*, NLB.

③ *Capital* III, p. 720.

④ *Capital* III, p. 48.

马克思的方法论笔记：1857年《〈政治经济学批判〉导言》解读

对"价值形式"的分析，就像货币形式的表现一样完全是另外一回事。这些都再次与《资本论》第1卷翔实的历史资料不同，它明确要解决的是"起源"问题，但是马克思有意将之放置在基础理论阐述的后面而不是前面。所有这些性质都不能更改我们对贯穿于《资本论》的深刻历史想象的理解。有决定意义的是，《资本论》的系统形式从来都没有削弱支撑了全部论述的根本性历史前提，并且马克思是在此前提的基础上声称自己的论述是"科学"的：资本主义时代具有历史特殊性，因而也是短暂的，表达这种本质的范畴也是如此。早在1846年，马克思在评论蒲鲁东时对安年柯夫说过："他没有看到：经济范畴只是这些现实关系的抽象，它们仅仅在这些关系存在的时候才是真实的。"① 他也从未改变过自己的想法。②

当然，整体来看《资本论》的研究对象是资本主义制度自身进行扩大再生产所需要的形式和关系：研究"结构及其变体"。手稿中某些最光彩夺目的部分构成了对这种"变形"发生的资本循环形式的"揭露"。但是，马克思的方法依赖于对两种辩证地联系在一起但却不具连续性的层次的区分：一是矛盾、对抗的"真实关系"，它使资本主义的生产过程得以维持；二是"表象形式"（phenomenal forms），在其中，矛盾看似得以"平衡"。正是"表象形式"使系统的"载体"显露出来，并生成了作为资本运动中介的法理的与哲学的概念。批判科学必须揭示出资本结构变形的被颠倒了的形式，揭露它充满对抗性的"真实关系"。"商品拜物教"一章晦涩却又意义非凡的开头部分（将其作为另外一种黑格尔主义痕迹而抛弃现在有时是非常时尚的做法）不仅仅为剩余的论述奠定了坚实的基础，还生动地展示了马克思的逻辑和方法，《资本论》中的其他发现也是凭借这些逻辑和方法才取得的。③ 因此，虽然对马克思而言资本主义真正惊人的一面确切地说是其自身的再生

---

① 重印于 *Poverty of Philosophy*, p. 209。
② 在《资本论》第2版的"跋"里他引用了《欧洲通报》（*European Messenger*）对他的评论，表达同样的意思，明确无误。
③ 马克思的"反历史主义"阐释者最近又引人注目地重申了"拜物教"在资本中的核心地位，参见 "Interview with Lucio Colletti", in *New Left Review*, 86。

产，但是他的理论超越了政治经济学，从而表明这种结构的"显现形式"(forms of appearance) 是可以在其前提中被解读出来，也可以在这些前提的背后解读"显现形式"，还可以通过"显现形式"而倒着解读其前提——就仿佛一个人在"竭力要猜出这种象形文字的含义，要了解他们自己的社会产品的秘密"一样。并且，马克思让我们注意到资本主义的这些永恒的、自我再生产的"显现形式"，确切地说，是由对资本主义运动作为一种源自社会及历史性生产形式的"遗失"（错误认知）而造成的：

> 对人类生活形式的思索，从而对它的科学分析，总是采取同实际发展相反的道路。这种思索是从事后开始的，就是说，是从发展过程的完成的结果开始的。给劳动产品打上商品烙印、因而成为商品流通的前提的那些形式，在人们试图了解它们的内容而不是了解它们的历史性质（人们已经把这些形式看成是不变的了）以前，就已经取得了社会生活的自然形式的固定性。

马克思还补充说："我们前面所考察的经济范畴，也都带有自己的历史痕迹。"它们"对于这个历史上一定的社会生产方式即商品生产的生产关系来说……是有社会效力的、因而是客观的思维形式"。[①] 但是，这种解读不仅仅是一种批判（它在其"实际上"是马克思的方法："如果事物的外部显现和事物的本质会直接合而为一，一切科学就都成为多余的了"[②]），它也是对某种特殊类型的批判——这种批判不仅揭露了隐藏在"表象形式"背后的"真实关系"，还以某种方式揭示了在资本主义制度表面看起来只是"表象形式"的东西实际上必定充满矛盾和对抗，它们对于资本主义的自我扩张产生作用。为马克思所"破译"的每一个核心范畴也都是如此，如商品、劳动、工资、价格、等价交换、资本的有机组成等。以这样的方法，马克思综合使用了两种分析：一种

---

① *Capital I*, pp. 74–75, 169, 42. 亦见 Engels to Lange, in *M-E Correspondence*, p. 198。
② *Capital III*, p. 797.

是剥开了资本主义是如何运行的"外衣",发现了它们的"隐藏的基础",并且能够揭示它是如何真正运行的;另外一种分析则揭示了为什么功能主义在深层上看也是其自身"否定"的来源("像自然规律一样无情")①。前者将我们引向意识形态层面,在这个层面上,"表象形式"被视为正当的表面价值:它们是"直接地自发地作为流行的思维模式被再生产出来的"——属于一种普遍盛行的常识性知觉。后者则戳穿了"它所表现的本质关系"从而看到"它们背后的基础":它们"只有通过科学才能揭示出来"。古典政治经济学仅仅是通过批判为第二种科学的层面提供了基础,因为它"几乎接触到事物的真实状况,但是没有自觉地把它表述出来"。② 马克思的批判超越了其政治经济学来源,不仅仅是因为它有意识地表达了原来没能说出的东西,还因为它揭露了"自动的方式","自发的生成"③ 背后隐藏的对抗性运动。马克思在《资本论》开头对商品的二重性形式进行的分析(使用价值和交换价值),在最初所显示的仅仅是一种形式化的论述,仅仅提供了商品的第一个实质性结论,但在"资本的总公式"这章中,当"等价流通"(M-C-M)被重新定义为不等量流通时,"才把这个增殖额或超过原价值的余额称为剩余价值",并认为"正是这种运动使价值转化为资本"。④ 因此,正如尼古劳斯所说的那样:

> 剥削是隐藏在交换的背后进行的……生产包含了交换,另一方面它也包含了与交换相反的行为……等价交换是生产的根本社会关系,然而对非等价物的抽取却是生产的基础性力量。⑤

如果将马克思单方面看作一个有关"结构与其变体"运行方式的理论家,而不是同时将之看作也是面对局限、断裂和超越的理论家,那就

---

① *Capital I*, p. 763.
② 关于这一点,还可参见 "Interview with L. Colletti", *New Left Review*, 86。
③ *Capital I*, p. 542.
④ *Capital I*, p. 150.
⑤ In Blackburn (ed.), *op. cit*, pp. 324 – 325.

是从全然抽象的科学主义的兴趣出发，将以其结构—功能分析替换了他的辩证分析。

戈德利埃意识到，对某一结构各种变异的分析是需要将矛盾概念包括在内的。但是由于"功能主义"对之的影响，使之在用结构主义处理这方面的问题时依然陷入其中。因此，在戈德利埃看来，在马克思对资本主义制度的分析中存在两对基本矛盾，即资本/劳动（这是生产社会关系内部的矛盾）和大规模工业条件下的劳动的社会化性质/资本的生产力（这是结构之间的矛盾）。戈德利埃将后者（它来自资本主义制度的"客观性质"）置于前者（阶级斗争）之上。而马克思则具有代表性将二者结合起来：在系统的客观矛盾倾向性中发现自觉的阶级斗争实践。① 戈德利埃给出的清晰的二元对立，即在"科学性"矛盾（它是客观的、物质的、系统的）和阶级斗争实践（它是附带的、目的论的）之间存在的对立，在面对这种实践与理论的内部关联时已不复再现。柯尔施在很久之前就曾正确地指出，将"社会的阶级对立贬低为生产力和生产关系的潜在矛盾的临时表象"是"黑格尔式"的主张。② 在信的结尾马克思以下面这段话概括了《资本论》第 3 卷的理论问题："最终，既然这三种形式（工资、地租、利润）是……构成了这三个阶级收入的各自来源，那么我们的结论就是阶级斗争，它会将所有那些狗屎的东西都清理干净。"③

然而，当戈德利埃引用马克思写给库格曼（Kugelmann）④ 的信——"我不仅把大工业看作对抗的根源，而且也看作解决这些对抗所必需的物质条件和精神条件的创造者"时，他似乎根本没有看到马克思这段话的后半部分。然而对马克思而言，恰恰是生产方式与阶级斗争的相互渗透才使他自己的理论从"乌托邦"层面升级，具有了科学地位：正如一种完备化理论是建立在"自为"阶级形成基础上的，这保证了理论与实践作为"复杂统一体"的存在。马克思不会认为理论和实践的统

---

① 在某些文本中，二者是完美而又不可分割地接合在一起的，如 *Capital I*, p. 763ff。
② K. Korsch, *Karl Marx*, p. 201.
③ To Engels, *Correspondence*, p. 245；dated 30/4/1868.
④ 这封信写于仅仅三个月后的 1868 年 11 月 7 日。

合能够以单一理论为基础，尤其是在他扬弃黑格尔后。

《导言》结尾的"注解"部分仍旧相当晦涩[1]，是"应该在这里提到……而不应该被忘记的"，如此而已。在这几页中简短提到的几点的确在理论上至关重要，但是这里并没有任何可以称得上是"澄清"的东西。它们最多也就算是"线索"：它们所能告诉我们的是这些问题已经存在于马克思的头脑里——这就足够了。其中没有明确表达马克思关于它们的看法。它们主要是关于上层建筑形式的："生产资料和生产关系。生产关系和交往关系。国家形式和意识形式同生产关系和交往关系的关系。法的关系。家庭关系。"关于这几点，现代读者也许会希望用类似"政治经济学方法"部分的篇幅来论述之，但是它却没有。

然而，我们还是能够在这里注意到，马克思所关注的问题是什么。这与我们应该如何确切理解诸如"生产力""生产关系"等关键概念有关。还有，它们在更具中介性质的层面上详细说明了这些概念：这些基础概念与战争和军队的关系；它们与历史和历史编纂之间的关系；它们与国际关系之间的关系；它们与艺术、教育和法律之间的关系。有两个最重要的概念得到了简短的说明。第一，它再次提到，生产力/生产关系的区分远未达到可以构成两个互不相关的结构的地步，因此需要辩证地看待它们。这些辩证关系的边界仍然需要在所有的成熟理论中被明确（"应当确定"）：这是将生产力/生产关系这两个术语联系在一起的辩证法，它们并不是"直接同一性"，也没有"抹杀"两个术语的"现实差别"。第二，艺术、教育、法律等领域的发展与物质生产的关系被明确了，它们构成了一种"不平衡的关系"。这又是一个具有重大理论意义的注解。

接下来，马克思简短论证了艺术发展与物质生产之间的关系。他举了一个对比性的例子证明艺术与生产的"不平衡发展"：希腊文明早期伟大艺术作品的繁盛与"骨骼"般建立起来的社会组织之间的对比。因此，史诗看起来是一个在简单、古老的生产关系中产生的发达范畴。这个例子与前面关于"货币"的例子是并行的，那时的"货币"出现

---

[1] *Introduction*, pp. 109–111.

于仍不发达的生产关系背景中。虽然马克思提出了一个极端复杂的问题——生动地展示了"结构与上层建筑不平衡关系法则"——但他却对提出一种特殊的马克思主义美学有点漠不关心,却更注重方法和概念化的问题。他的观点是,像"货币"和"劳动"一样,艺术也不是简单、有序地从早期到晚期、从简单到发达、与其物质基础同步"向前进"的,必须在特定阶段看待它们的"模式性"关联。

他举的具体例子是希腊艺术——这属于同一个理论问题。希腊艺术的出现是以一组特殊的"关系"为前提的。它需要具体的古代社会生产力组织——与精纺机、铁道、机车不能共存。它需要自己独特的生产方式——这种史诗的口头艺术与电力和印刷术是不相容的。另外,它要求自己的意识形式——神话。不是任何神话都如此——埃及神话属于另外的意识形态综合体,因此它不能作为希腊艺术的背景。但是,神话作为一种思维方式(在意识形态层面)仅仅在科学未达到完全把握自然变化的程度时才能存活下来。只要科学技术在社会和物质方面安抚大自然的能力还没有压倒魔法,神话就会存在。因此,神话是一种意识形式,只有在生产力发展的特定水平上才会出现——既然神话形成了史诗典型的内容和想象方式,那么史诗就会通过复杂和不平衡的中介链条与希腊社会的生产力和生产关系联系在一起。这种历史耦合是可逆的吗?古代社会没有与史诗一起消失吗?在现代战争中还可想象阿喀琉斯式的英雄形象吗?

马克思没有在论证艺术和物质形式的历史兼容性时结束自己的探索。他发现,更大的理论困难是解释这种显而易见的古代形式与"现在的历史生产组织"的关系。马克思再一次举了一个具体的例子,以他的方法,即具体问题具体分析的方法,将对历史进程中复杂结构的划时代发展,与现代生产方式内相互联系和相互依赖的结构性"法则"联系在一起。尽管他的论述非常简略,但是却具有范型意义。马克思以"历史上的人类儿童时代"为何对我们仍有"魅力"的方式提问,为什么我们还在对史诗或者希腊戏剧有肯定的反应呢?答案还是漫不经心的几句话,几乎所有的方面都不尽如人意。马克思用自己的书写风格而不是在概念上去解答这些复杂的理论问题(在我们的时代,它越来越具有核心和决定意义）。

那么，1857年《导言》又为马克思的"理论断裂"问题带来什么启发呢？马克思认为古典政治经济学是新兴资产阶级的新科学。政治经济学的古典形式试图详细论述资本主义生产的法则。马克思对这种政治经济学不抱幻想，认为它不经转变就不可能成为理论上的科学并足以指导革命行动：虽然他一而再地严格区分由配第（Petty）、布阿吉尔贝尔（Boisguillebert）和亚当·斯密所开启，以李嘉图和西斯蒙第（Sismondi）为结束的"古典"时代以及"庸俗化"的政治经济学，并对他们不屑一顾，但是他却通读了这些经济学家的书籍并与之进行激烈的论争，直到他生命结束。而他的某些最尖锐的批判却指向那些"激进"政治经济学家——"左翼李嘉图主义者"，如布雷（Bray）、欧文主义者（Owenites）、洛贝尔图斯（Rodburtus）、拉萨尔（Lasalle）和蒲鲁东——虽然这些人的理论运用到政治时会有偏差，但他们都认为政治经济学在理论上是自足的，并且提倡自上而下的变革，使社会关系符合理论需求。李嘉图派社会主义者认为，既然劳动是价值的根源，那么所有人都应该成为等量劳动交换的劳动者。马克思选择的道路更为艰难。他认为虽然等价交换在某个层面上"足够真实"，但是在另一个层次上却非常"不真实"。这也是政治经济学所无法逾越的界线。然而，在马克思看来，仅仅知道它是"正确的"并不能使人在实践中实现它。这些法则只能在实践中才能被推翻，而无法通过改变范畴转变它们。在这一点上，他对政治经济学及其激进修正主义者的批判，就与对黑格尔及其激进修正者（左派黑格尔主义者）的元批判合而为一了：因为黑格尔也"只构思了围绕自己圈子的抽象概念"，"将范畴的运动误认为"是历史本身的世俗化运动。他那些激进的徒子徒孙认为黑格尔的体系是完备的，只不过在应用它时缺少点睛之笔。确实如此，马克思曾经提到蒲鲁东所述的"在政治经济的异化范围内来克服政治经济的异化"，以为如果这不是在有意反讽的话，就是对自己之前对黑格尔所做批判的直接仿效。[1]

---

[1] *Holy Family*, p. 213.

在马克思看来，要想在理论上完全取代资产阶级的关系，就必须在实践中首先推翻它——正是这一点解释了马克思成熟时期的著作与古典政治经济学之间复杂、矛盾的关系。因此，也就存在一种巨大的困难，即需要我们准确地找到马克思主义作为一种科学究竟是在哪里完全、最终与政治经济学决裂的。确切地说，这一困难最近这些年已在马克思和黑格尔关系的讨论中有力地凸显出来，也许我们应该尝试着将相同的答案退还给问题的每一种形式。

其实，马克思成熟时期的全部努力都集中在对政治经济学范畴的批判。《导言》非常明确地开启了这种批判的方法但是却没有完成它。政治经济学仍旧是马克思理论的唯一起点。甚至当它已经被征服和改造后，例如废除了李嘉图的工资理论或者突破了被悬置的剩余价值概念时，马克思还会不停地回到那里，精细地确认他与政治经济学的区别，研究它、批判它、超越它。因此，甚至当马克思的理论阐述为历史唯物主义科学奠定了基础之后，政治经济学的"法则"依然在理论上控制着这一领域——因为它们在实践中支配了社会生活。我们可以重新表述一下马克思对德国"理论意识"的评论：如果不在理论上抛弃政治经济学就无法在实践中认识之，换句话说，如同未在理论上"认识"它之前就无法在实践中抛弃它一样。

这里无意否定马克思取得的"突破"。《资本论》里马克思用无数其他的方式，以揭露与重构的两重方式，奠定了他对资本主义生产法则批判的基础：它的长期悬置（马克思揭露资本主义循环"似乎实际如此"，仅仅是为了在后面的部分说明当我们将这一"纯粹情况"归还给其真实关系时会发生什么），它的转换，等等。最终它也还是保留了一种批判：的确，这种批判（通过回归到1857年文本），作为范型，呈现为一种科学的方法论形式。

必须讲清楚马克思的批判所指向的这种"目的"的性质。它不是要试图建立一种科学的自足理论，以取代政治经济学论证结构上的不足：不能将他的著作视为是用一种知识取代另一种知识的"理论主义"。在1848年革命之后，马克思非常显然地已越来越致力于理论工作。毋庸置疑，马克思的著作所具的系统性与规范性，使其带有排斥与包容的双重取向：他的文字雄辩地证明了这一点。然而，尽管如此，在《资本论》的后继手稿和它之前的手稿中的理论劳作，却有不同于"科学基础"的东西，这与他的预期"目标"是相矛盾的。同样，我们不能假装已经理解了将历史唯物主义的科学形式和阶级斗争的革命实践连在一起的极端复杂的接合体。但是我们可以正确地假设马克思理论中的力量、历史表意恰恰是与理论和实践的双重接合相关联的，只是我们还不能完全理解它们之间的关联方式。到现在为止我们熟悉了更具论战性质的文本，例如对《共产党宣言》的解读，在其中理论是通过更加"直接的"政治分析和修辞被瞥见，或者说是被"折射"出来的。但是，在后面的文本中，当阶级斗争运动通过理论建构和论证被瞥见或者是折射出来时，我们仍然会感到非常疑惑。后面这些文本强烈地诱惑我们相信只有科学才能占领这一领域。

马克思成熟时期的方法——我们可能会说——并不是以以下方式构成的，即试图去创立一个封闭的理论，以取代资产阶级政治经济学，或用理想的"真正的人性"来取代被异化的资产阶级关系。确实，马克思著作的大部分都包含有深刻的革命和批判的任务，确切地展示了政治经济法则是如何真正工作的。在某种程度上，政治经济法则是借助一种形式主义的方式工作的：马克思非常细致地分析了各种"表象形式"。马克思的批判将我们带到另外一个层面，在那里我们可以透视并揭示资本主义的真实关系。在系统阐述这些批判的节点时，政治经济学——作为由心智范畴所捕捉的这些关系的最高级表达——为我们提供了唯一可能的起点。马克思就是从那里出发的。《资本论》的主题仍旧是"政治经济学批判"而不是"共产主义：资本主义的替代品"。认为马克思与政治经济学是"断裂"的——最终的、彻底的、完全的断裂——是一种过于主观主义的看法：这种看法无法公正地对待理论劳作的复杂性——《资本论》及所有导向它的文本。

上面的话也适用于马克思和黑格尔的关系，虽然我们更容易辨认出二者之间实质性的"断裂"——无论如何，马克思本人也不时地会提到这一点。在马克思和黑格尔的关系中，仍旧困扰我们的是方法问题。马克思和恩格斯无论是早期还是晚期都有一以贯之的态度，即必须抛弃黑格尔思想的全部观念主义框架。为了使其真正的科学内核成为历史唯物主义的科学起点，必须彻底改造观念主义形式内的辩证法。有人认为，当马克思和恩格斯说可以从黑格尔的观念主义外壳中获得某些合理的东西时，他们并非真的是这个意思——但是，对于那些一生都试图在语言中用思想驾驭历史的人来说，他们似乎更沉溺于那种让人迷惑的"核心"与"外壳"的隐喻。当黑格尔的体系作为神话的和观念主义垃圾而不得不被完全抛弃时，他的方法能否在经历了彻底改造之后保留下某些东西呢？然而，这就好比是在问，既然李嘉图标志着资产阶级科学的终结（还是一位富有的银行家），马克思这位历史唯物主义的创始人是否还要向他学习点什么东西？当然，答案是肯定的：很清楚他也这么做了。他从来没有停止过向李嘉图学习，甚至当他在拆除李嘉图的理论的困境时也是如此。甚至当他明白在脱离了资产阶级外壳后政治经济学就无法思考时，他也从未停止过从古典政治经济学中获取灵感。同样地，虽然黑格尔的体系从整体上讲是不可接受的，但当马克思回顾它时总是准确说明他从这位"伟大的思想家"那里学到的东西，以及什么东西必须被"颠倒过来"才有用。这没有使成熟时期的马克思成为"黑格尔主义者"，就像《资本论》没有使他成为一个李嘉图主义者一样，否则就是将批判的本质和辩证法误解为同一种知识形态了。当然，就《导言》所关注的范围而言，恰恰是在马克思很明显地从黑格尔的辩证法中学习或者再次学习某些东西的地方，黑格尔被一次又一次地果断抛弃与推翻。《导言》为我们所留下的光辉线索之一是，它阐明了马克思在后期是如何令人惊异地取代了之前的理论——不停地返回和改造之前的理论。

（张道建　译）

科学的腹地：意识形态与
"知识社会学"*

"意识形态"（Ideology）在英语中不是一个朗朗上口的术语，也一直顽固地拒绝"归化入籍"。英国政治理论有时会提及"意识形态"，仅仅指的是"系统化的观念体系"。但这个概念在很大程度上是描述性的，没有担当起重要的分析功能。一般地来看，"意识形态"这一概念始终未被充分地吸纳进盎格鲁—撒克逊的社会理论中。罗伯特·莫顿（Robert Merton）在1949年出版的一个重要的论文集中，收入了两篇论文，即《知识社会学》（The Sociology of Knowledge）、《卡尔·曼海姆》（Karl Mannheim）。[1] 在这本集子的引言中，作者刻意地向我们示意，他的这些篇章标志着在美国的社会科学中"重新发现"了意识形态的概念。这种"重新发现"是基于对两种极为不同的思想样式的一般性语境的对比而作出的，即一是欧洲的思想样式（这个概念已经扮演了重要的角色），另一是美国的思想样式（直到现在，这一概念还是极为匮缺的）。但是莫顿的开启式工作并没有因这一概念的输入而被新的研究潮流所尾随。他所谓的"知识社会学"直到最近在美国的经验社会科学中仍然只为少数人感兴趣。

在这个重新发现的工作中，莫顿以开放性的姿态认为，"就这一方

---

* 原题"The Hinterland of Science: Ideology and 'Sociology of Knowledge'"，原文载于 *On Ideology*, London: Hutchinson, 1978, 后载于 Ann Gray et al. (eds.), *CCCS Selected Working Paper*, Vol. 1, Routledge, Taylor & Francis Group, 2007。

[1] In *Social Theory and Social Structure*, 1968.

面看，同样也在其他方面，马克思是知识社会学（wissensociologie）的风暴中心……我们能够在马克思与恩格斯的著述中去寻觅对之的基本构想"。在美国社会学中对意识形态问题缺乏兴趣，很明显与美国思想传统中无所不在地缺乏与马克思主义概念在重大问题上的公开交锋有关，这种情况一直延续到最近。既然在美国社会理论中缺乏"意识形态"的概念，那么也可以写一篇有趣的文章，来讨论下究竟哪些概念充当了它的职能，例如在结构功能主义中有"规范"的概念，在帕森斯（Parsons）的理论中有"价值"和"核心价值体系"的概念，等等。随着大众传播与公共舆论研究中越来越多的著作的出现，这种匮缺也很自然地引起了莫顿的注意。然而，意识形态的概念至今仍未被严格地应用于这一可期待的工作领域。①

培根曾主张对传统知识的根源进行彻底考察与批判，并将之称为"偶像批判"。爱尔维修——一个马克思特别喜爱的人——提出了更进一步的看法，以为"我们的观念是我们生活其中的社会的必然结晶"。但是当前对意识形态概念的大多数"回溯"，都认同就现代的意义上看，这一词语源自法国大革命期间的"学士"群体，由于一个新的革命思想中心即坐落在新建的法兰西学院中的一个机构的设立，这些人被1795年的国民议会委任就职。②"意识形态学家"（ideologues）的术语就是首先用来指称这一群体的，他们的命运也对所有后来的意识形态学家构成了有益的警示。这个思想者群体一度还成了革命理念的代言人——法国大革命"处在其思想之中"。他们的目的是在实践中实现他们所构想的对大革命的"承诺"——思想与表达的自由。但他们从一开始就被悬挂在为"意识形态"概念所困扰的两难处境上。如同利希海姆（Lichtheim）所指出的，他们在逻辑上将互不相容的"意识形态"的两个含义置于一起。首先，他们发现了历史与思想之间——革命的潮汐与表

---

① 既然莫顿自己早期的著作关注的是英国17世纪科学革命的社会根源，那么将这一主题再次介绍给美国社会学便是顺理成章的，可参其论文 "Puritanism, Pietism and Science", "Science and Economy of Seventeenth Century England"。

② 下述材料来自 G. Lichtheim, "The Concept of Ideology", in *The Concept of Ideology and Other Essays*, 1974。

达它的"观念"（ideas）之间的关系。但是他们又希望提出某种"真实的"观念——一种无论安置在何种历史情境中都将是真实的观念。为此，他们就让"为了观念的理由"与他们想象中有力量去使他们的观念变为现实的历史行动者（agent）——拿破仑·波拿巴达成妥协。这是一个判断失当的信念。拿破仑在1799年的雾月"时刻"雇用了他们，以便在等级斗争中赢得支持，既然这些学士能对有教养的中产阶级产生极大的影响。他甚至在1798—1799年向军队签署了一道公告，"法兰西学院的成员，可以充当军队总领"，但是到了1803年，在所谓的教堂协约"时刻"，拿破仑又抛弃了他们，有预谋地着手去摧毁法兰西学院的核心，这个"代表科学道德与政治的阶层，自由与共和的观念正是从这里传布到整个教育机构的"。利希海姆的结论是："拿破仑的倒行逆施，可以根据其与意识形态学者的关系来加以描述。"

然而，对意识形态的兴趣并没有随这一群体的解体而消遁。特拉西（Destutt de Tracy）随后创辟了一个"观念的自然史"（nature history of ideas）的科目，研究作为生物种类的人类心智所含的内容及其进化的历史——对于他所担保的这一事业，他声称已在洛克与孔迪亚克那里发现了根据。他将自己的著作命名为《意识形态的要素》（*Eléments d'Idéologie*，1801—1815）。但是特拉西的著作与他的前代人一样因相同的矛盾而蒙受阴影。他想要去揭开观念史的面纱，但是又想让这种揭示生产出一套真实与普遍的人性知识。他的"唯物主义的主题"因此而为"规范化的诉求所贯穿"。这一规划的矛盾属性也显现出了其真实的启蒙根源。甚至在孔德那里，作为这一探索路径上的一位后继者，也没有能够避免这种矛盾。怀揣宏大的进化论模式，孔德在此路径上也将致力于研究人类心智进化的"实证科学"的一个分支，构想为"社会的"一个进程。但是他以为这种研究将会表明社会是隶属"恒定不变的自然法则"的。利希海姆后来将这种看法称作"冷冰冰的思想"，不管其自身如何，目的都在于"全面地维护理性的信仰"。从这一时期的这些例证与其他例证中，我们都可以看出，自现代伊始，"意识形态"的概念均被笼罩在它的"另者"（Other），即真理、理性与科学的阴影中。

不管它所示意的是其他什么，意识形态的概念都直接地涉及观念（ideas）所担当的角色。它也规定了观念不是一个自足的命题，其根源驻扎在其他的地方，如果我们能够发现非观念的东西控摄了观念这一决定性的属性，那么某些与观念相关的核心意义便会呈现出来。对"意识形态"的研究也能因此成为一种解释观念如何产生的方法，承担起对观念主义（idealism）①批评的承诺。当然，困难依然存在，那就是一旦观念的研究被置于探索的中心，那么不管你是否愿意，都需要以一种巨大的理论努力去防止这一研究漂移进观念主义的巢穴中。这种两难困境很清楚地呈现在一种重大的哲学思潮的发展历程中，贯穿了对观念与意识形态的研究——这便是为康德所创立的那个传统。

康德主义（源于笛卡尔理性主义与洛克经验主义）接受了一个有关抽象"理性"的启蒙观点，并使之从属其整体的批判。康德将"心智"（mind）的构造与范畴看作高于一切之上。"心智"将经验组织成为清楚易晓的整体，并"构造"了现实。康德主义的思想踪迹能够在随后的许多"意识形态"理论中觅得；但是由于它自身属于一种观念主义的批判，因此也无法推进对知识的历史性根源的研究。这段故事与康德的主要对手黑格尔并没有直接的干系，虽然黑格尔将康德的勉为其难的观念主义"外在-理念化"（out-idealised）了。因为黑格尔的目的是愈合康德哲学对世界的划分，即将世界分割为由我们的心智范畴产生的有关事物的知识与极端不可知的"自在之物"。黑格尔克服这种断裂的方法便是他的辩证法。辩证法提出了有关知识与世界之间、心灵与物质之间、理念与历史之间的特定概念关系：这也是每个事物与其他事物之间的辩证代谢关系。一旦黑格尔的综合化推论从其主观主义的基础上推翻并被倒置——如他的激进门徒所做的——那么作为一个理论问题的知识的历史根源就会再次呈现出来。在费尔巴哈（他以最为极端的方式完成了对黑格尔的"倒置"）及那些追随他的左派黑格尔的著作中，可以看

---

① 虽然国内已多习惯于将"idealism"译为"唯心主义"，但考虑到"idea""ideology""idealism"三个词语之间的同源性及其意义的对应性，在这篇特殊主题的文章中我们还是将"idealism"翻译为"观念主义"。当然汉语中也有这样的译法，另有译成"主观主义"的，想必与不同文本的语境有关。——译者注

到他们最为重要的任务便是揭橥宗教观念的人性与感官基础。① 对于费尔巴哈的工作，正如马克思所见，"主要是将宗教消融到其世俗的基础中"。但是：

> 他忽视了这样一个事实，即在完成这一工作之后，还需要去做那些重要的事……世俗的基础……因此必须首先是在其矛盾中被理解……在实践中进行革命。②

在费尔巴哈倒置黑格尔之后，马克思明确地推进了一种唯物主义的意识形态理论。

当然，对于黑格尔来说，特殊的知识——单方面的知识，任何特殊"时刻"的知识——都是片面的。分析理性无法克服这种局限。但是在辩证理性中黑格尔瞥见了一种真正普遍性知识存在的可能。如果一个"时刻"是由在历史中心灵的客体化构成的，那么另一个"时刻"便再现了心灵对历史的挪用。作为如其所是的彻底的观念主义者，黑格尔在其综合推论飞跃的第二步中，在把"现实的"消融进"理性的"之后，将自己设定为了最后的典范。那么——如同其之前的大革命中的学士——他在现实中也无法抗拒将这种普遍性时刻置于一个特殊的历史情境中，正如学士们选择了拿破仑，而黑格尔选择了普鲁士国家。这个"具体性"（concretization）对待黑格尔的方式也差不多相当于拿破仑对待那些学士们。

黑格尔认识到概念是历史性的，但是，他也争辩道："历史性概念具有真实的一般性，因为它们是与特殊的民族与文明的历史中展现的具有普遍意义的行动者联系在一起的。"由此，马克思论辩道，对于黑格尔来说，"概念性的思想是真实的人类存在……概念性的世界因此同样是唯一的现实，概念的运动是如同真实的生产活动那样显示的"。③ 但

---

① 参 *The Young Hegelians and Karl Marx*, 1969, by David Mclennan, 以及 Karl Lowith 在这些主题上对黑格尔哲学的讨论，见其 *From Hegel to Nietzsche*, 1967。
② 见马克思的《德意志意识形态》中的章节 "Thesis on Feuerbach", 1970。
③ *The 1857 Introduction to the Grundrisse*, 1973.

是黑格尔哲学的体系，一经"倒置"，被确切地引向对立的结论："真实"——即费尔巴哈所谓的"感官性人类本质"，就会成为历史的唯一原动力；观念便只是基本的人类本性与人类践行的一种投射，是后者的一种反映。这就是从这个"倒置辩证法"中获取的，在此，马克思通过与之进一步决裂而前行，开创了一个历史唯物主义的意识形态理论（虽然，就如我们所知，他最初希望去完成的著作《德意志意识形态》依然在决裂中保留了"倒置"原有的痕迹，特别是在其对"人类践行"所做的含糊论述中）。在这个确定的一般性的框架中，我们必须理解马克思的著名主张，即"不是意识决定存在……而是社会存在决定意识"。[①] 然而，唯物主义的意识形态理论必须被理解为是对黑格尔体系的一种决裂，而不仅仅是将黑格尔的观念主义置放在唯物主义的脚下，既然，如同阿尔都塞所说的，体系的倒置依旧是倒置的体系。[②] 对于马克思来说，费尔巴哈只是将宗教消融进了其所说的"人类本质"，而重要的还是得去"反思"人类本质所表现的"社会关系总体"。因而，如果说左派黑格尔哲学揭示了宗教的"真实人类根源"，那么马克思则揭示出了左派黑格尔主义的历史根源。他将之称为对"之前的哲学意识"的"彻底清算"。

　　脱胎于黑格尔与康德而形成的唯物主义之路，既不是唯一的，也确实不是这一理论对决中最具影响力的余声。在德国思想中，对意识形态的问题的构制，在这个世纪余下的时间里还有两种展现：正如斯特曼·琼斯（Stedman Jones）所主张的，这需要在康德哲学体系的分化与黑格尔哲学体系的分化之间去把握。[③] 而其中的每一分支都留下了它们独特的轨迹。这个迂回之路也以令人惊奇的捷径回到了马克思主义。在这里我们指的是那样一条缠绕的弯曲之路：从黑格尔出发，经由狄尔泰、西美尔与舍勒，到马克斯·韦伯与新康德主义，然后到卢卡奇、戈德曼与曼海姆。这条垂沿线路的起点伏于黑格尔的概念中，直至归为最后的统

[①] 这是《德意志意识形态》中最著名的论断之一。
[②] 用"倒置"的隐喻去描写马克思与黑格尔的关系，在阿尔都塞的《保卫马克思》中有广泛的论辩。
[③] 参见 Stedman-Jone, "The Marxism of the Early Lukacs", *New Left Review*, 70.

一体即"精神"。心灵持续地经由辩证的过程,在世界(历史)的可感知形式中将自身客体化(objectivating itsself)。心灵被赋予黑格尔所述的"客体化形式"(objective form)。在这一段较长的时期中,意识形态的研究不折不扣地成了一种对客体化心灵的研究。

虽然黑格尔一直没有离开启蒙对之的激发,但是他不是一个进化论者,不可能用那种无限止的辩证法去构想性地排列出明确分化的阶段或时期,例如有一个宗教的"时代",随后是诗的"时代",随后是科学的"时代"——当然,这是为哲学的时代所加冕的。尽管对这些时期的草绘还是模糊的,绝不意味着是确切地根据历史分期表来排置的。的确,如启蒙思想,看似始于某个历史时刻,但是事实上,其中的某些思想却更像是源自所有人类历史的原初时刻:古希腊。正是新黑格尔派哲学家——最主要的是狄尔泰(1833—1911)——真正地采用了心灵自身客体化的观点,并通过一些特定阶段的某个序列的历史对之加以论证,始而在此基础上建构出了"客体社会心理学"和"客体历史"——一种关于人类思想发展阶段的历史。[①] 根据狄尔泰的论述,观念能够被当作一个系列形式加以构想与研究,并递进性地将之安置于历史扩展的诸阶段中。每一个阶段都能被其自身的"思想样式"(style of thought)特征化。每一个时期中大量不同的客体化都能作为一个"整体"来加以考察,因为所有这些都反映出了有关世界、世界观(world-vision,Weltanschauung)[②] 的特殊"看法"。特定的世界观能够为每一个时期,每一个社会所确认。因此,狄尔泰的观点很容易扩展为这样一种观念,即每一个国家或"民族"都具有自身独特的世界观或"精神"。这一看法与更早有关"民族人民"(Volk)的观念是有关联的,起源于德国浪漫主义,进而渗入随后出现的有关特殊的历史性格、民族或民族文化命运的论述中。德国思想中的这一中心主题因此能够根据对"精神"(Gei-

---

① 在英文中狄尔泰的著述不容易找到,但可参 Pattern and Meaning in History,带有 Peter Richman 的导论,有关于他的一个长篇的,需要忍耐力去阅读的论述,可参 The Philosophy of Wilhelm Dilthey,by H. A. Hpdges,1952。

② "world-vision""Weltanschauung"这两个概念在霍尔的表述中是有微妙区别的,但由于国内长期已译为"世界观",又并没有其他合适的词语区分之,因而目前暂均译成"世界观",并在必要时通过加括弧的方式注出原文。——译者注

st）的这一界定的复杂历史而被构绘出来，并有持续的表现，直到 20 世纪 30 年代为法西斯主义的意识形态制造出其低劣的制品。马克思曾经将德国理论化的"过度发展"与其历史与经济发展的相对落后加以对比，解释了其整个传统过于空灵化（etherialization）的原因。但是"精神"概念的历程也映射在一个重要的层面，即德国统一的复杂与曲折的政治历史及德国作为一个国家兴起的"特殊"形式上。

"意识形态"问题向世界观研究的转换，在 19 世纪的大部分时间里，构成了德国思想中某种占据主导地位的传统。这是一种复杂的演变过程。就如我们所见到的，这归功于德国民族主义的崛起。它哺养了德国"历史主义"[①] 这一伟大学派。通过对"思想样式"的关注，又孕育出了一个有关艺术史的杰出传统。[②] 在卢卡奇的著作中，我们可以清晰地见出对这一遗产的继承：将马克思的"意识形态"观点转译为"世界观"（world-vision），同时又用世界观（Weltanschauung）的概念去分析文学文本及其分期。[③] 卢卡奇早期的著作《心灵与形式》（*The Soul and Its Forms*）及《小说理论》（*The Theory of the Novel*），在灵感上即直接源自黑格尔哲学与狄尔泰思想，又特别体现在前一书对"形式"的演替——如从史诗到抒情诗、诗歌、小说等的论述中。在后一著作中，卢卡奇尝试性地将特定的"世界观"（world-vision）与阶级观联系起来，但是潜在的世界观（Weltanschauung）绝没有在这种分析中消失。在另一部著作《历史与阶级意识》（*History and Class Consciousness*）中，每一个民族都有自身鲜明的"世界观"被替换成了每一个阶级都有它的"客观化"的世界观（world-vision）。这一概念在这一文本中的流连不去也部分地证明了其受到的激进历史主义的影响（有关卢卡奇思想的更为丰富的证据，可参见这本期刊随后的文章）。

取道于早期的卢卡奇，这一传统直接地传递至戈德曼处。这也构成

[①] 对这一发展的一种概述，可参 Carlo Antoni, *From History to Sociology*.

[②] 就艺术家与历史学家的研究来看，李格尔（Riegl）的著作是一个很好的范本，但要追溯其影响，则有潘诺夫斯基（Panofsky）与贡布里奇（Combrich）的著作，后者可参其 *In Search of Cultural History*, 1969。

[③] 卢卡奇在为《历史与阶级意识》（1968）所写的"新版序言"中重新考察了他与黑格尔的关系。

科学的腹地：意识形态与"知识社会学"

了《隐秘的上帝》（*The Hidden God*）这本著作的整个理论基础，戈德曼赋予了该书一种更为浓重的马克思主义或社会历史阐述的色泽。但是许多相同的观念在卡尔·曼海姆的著作中以及所谓的曼海姆式的"资产阶级马克思主义"中，依然以有所差异的方式得到了呈现。曼海姆对意识形态的关注集中在其最为著名的《意识形态与乌托邦》（*Ideology and Utopia*）一书中，在这本著作中，曼海姆试图对这个从一开始就形成的问题架构及尾随的问题提出自己的解决方式：如果观念是"历史地相对的"，那么在哪儿能够发现"真理"呢？（曼海姆的回答是：存在于独立知识分子的相对而言的非相对论思想中）。但是曼海姆更早的研究，如其论文《保守思想》（Conservative thought，主要处理 Weltanschauung 问题）、《对世界观的解释》（On the Interpretation of Weltanschauung）[①]则与狄尔泰的思想有更为明显的关联。黑格尔哲学体系中诸要素的系列转换的历史，标识出了某种马克思主义与某种历史主义在汇流后出现的其中一个创新点——而这两者又都深深地烙上了来自黑格尔哲学灵感启发的色泽。

对作为客体心灵的文化研究（人文科学，Geisteswissenschaft）与对所谓"精神客体化"历史（观念史，Geistesgeschichte）的研究也涉及对一种特殊方法的采用。对人类的客体化研究需要不同于对自然世界对象进行研究的自身独具的"知识模式"。这种方法的确立需要一种"理解"（Verstehen）的行为——一种通过想象性投射或"移情"（empathy）而对具形化的意义加以重构，从而使客体化心灵能借助历史连续地显示出来，使它们所表达的"世界观"可以作为"总体"加以把握。特殊的显示（manifestation）仅仅是在与它们所表达的"总体"（whole）或"整体"（totality）的关联中取得意义的。精神，作为历史之基础，因而是能在每一时期的这个更大模式或构形中被发现，并在其每一个形式中显示与表达出来。通过"解释"来研究文化的方法被称为"阐释学"；在一个无限的"双向配置"中将部分对整体与整体对部分联系起来的程序，被称为"阐释学循环"。

[①] 参见曼海姆的 *Essays on the Sociology of Culture and Essays on the Sociology of Knowledge*。

在阐释学与更具实证主义的分析方法之间所发生的论争，进而构成了一个重大理论论争的场所——这也被称为"基于方法的斗争"（struggle over method）——对之，社会学家马克斯·韦伯作出了重要的贡献。韦伯不是一个狄尔泰式的学者，尽管他关于文化"独特性"的概念，如在其论文集《社会科学的方法论》（The Methodology of the Social Science）中所例证的，转瞬就被历史主义者的公式扭曲了。但是当他开始构想他自己的社会行动（social action）概念时，便与解释学的传统产生了纠结。这个争论转而朝向两组"事物"——文化的世界（观念、人类行为、精神）与自然的世界，事实上是否可以以同样的方法被研究的问题。在他看来，每一个世界都会有与其相适应的分析方法。文化的世界要求有一种基于对过去的思想与行为的结构进行想象性重构的"历史主义阐释学"；而自然的世界则要求服从一种实证主义的或因果分析的解释模式。这一论争使德国知识世界出现了分化。马尔堡（Marburg）学派①在面向该问题时成了更为严苛的康德学派的一个中心。与马尔堡相关的那些人物，主张在两个领域与两种方法之间做极端的分割，将实证主义方法视为一种纯粹科学，并将之置于首要的地位。海德堡学派则在大的方向上更属于"历史主义"，因此更倾向于接受狄尔泰的著作与影响深远的社会学家西美尔的反实证主义思想。曾经在马克斯·韦伯《社会科学的方法论》的论文集中被批驳过的文德尔班（Windelband）与李凯尔特（Richert）就在海德堡大学任教。他们的优等生，哲学家拉斯克（Emil Lask）也同样在那里。年轻的欧洲知识分子曾受到拉斯克也包括卢卡奇的很大影响，正如我们已见到的，卢卡奇的早期著作即受到这种人文科学传统的浸染。

为了寻找一种完备的社会学方法，韦伯在其研究中也曾致力于同样的问题。他企图在每种方法中融合其最佳者，与之同时，也像那些更为激进的康德主义者如拉斯克那样，以更严格的选择来处理方法论的问题。正因如此，韦伯在《社会科学的方法论》一书中曾争辩道，文化，

---

① 19世纪末至20世纪初的德国哲学流派，属于新康德主义的一个分支。因其创始人柯亨任教于马尔堡大学而得名。——译者注

科学的腹地：意识形态与"知识社会学"

是一个历史进程的而不是自然进程的产物，有其自身的"独特性"；对之的研究，不可能期待去产生一种源自实证主义视域的普遍的法则，将之打造成那种完全"科学的"研究。另一方面，他又要求有一种相比于纯粹阐释学所能提供的更为经验主义的方法。就此，韦伯至少是在方法论上满足了一种折中的立场。在他那里，这些试探性的模式——理想类型（ideal types）——每一个都强调了某种现象所具的不同样式，这个立场也预示了曼海姆的"关联主义"（relationism），它的建立确保了对现象的观察可以有一种更为周全，同时也是更为细致的规定，这当然不是简化的移情说所能提供的。就涉及的对文化对象与历史事件的解释而言，韦伯认为需要将阐释学的（作为解释的）理解与对因果历史的理解结合起来。一个事件或一个文化对象产生的客观条件必须严格地根据外部状况构建出来，通过对其特殊形式的分析，显示出其在哪里有可能产生，因果链是怎样生产出"结果"的，而这些都是特定的。当然这样做的时候也需要根据其意义的逻辑，从"内部"对之加以追踪。因果－历史的解释，在韦伯看来，也需要"在意义层面上是具有充足性的"。在《社会科学的方法论》中，韦伯也提供了许多的例证对这种折中的方法论予以论述，但是从我们的观点看，韦伯的综合化学说最为重要的成果，则可以确定地认为是其在《新教伦理与资本主义精神》一书中，对一种意识形态的独到分析，这也是他最有影响的贡献。韦伯明确地表示，他所想要去重构的与欧洲资本主义兴起具有重要关系的新教主义的"内在逻辑"，是与他所界认的唯物主义或马克思主义对意识形态解释的片面性相对立的。他认为后者是一种经济化约论的表述。争论的激烈性到后来集中在《新教伦理与资本主义精神》一书是否事实上是与马克思主义的意识形态理论是无法相容的。在这样一种研究即典型的韦伯式姿态中，资本主义与新教被建构为"理想类型"——并片面地加以强调。当然，有时韦伯似乎也认为，新教也可以从另外的角度，如从更为唯物主义的角度加以观察；对这一层面强调也显示出了某种相对真理的存在（尽管还不是完整的真理，正如其提到马克思主义的主张时说的）。对于韦伯来说，他的这种提法不单单是一种姿态，因为他在世界宗教研究方面的随后著作中还以社会学结构作为支撑点，考察了犹

· 175 ·

太、印度与古代中国的宗教。从传统的意义上看，这种基于宗教机构的视角来处理宗教问题的更为"社会学的"路径，当然要比其在《新教伦理与资本主义》一书中的方法更具"马克思主义"的特色。在其他地方，即在其后来的著述中，韦伯的确又将其著作明确地称为是"反马克思主义"的。就其在涉及上述两种方法与理论时的偏重看，这一提法无疑也是符合韦伯自己的取向的。

新教与资本主义的关系，就其自身来看，并没有超出马克思主义的问题范畴。马克思与恩格斯都曾经指出过这种联系。[①] 在德国历史主义学派中，它也是一个受人偏爱的主题。在英国，托尼（Tawney）与克里斯托弗·希尔（Christopher Hill）的研究表明，在不落入将观念视为历史必然基础的观念主义问题框架的情况下，也可以对这一问题作出持续性的关注。诚如希尔的著作所主张的，对意识形态与宗教重大作用的关注，是马克思主义对17世纪从封建主义到资本主义过渡进行分析的一个确定特征。甚至可以这样认为，希尔在决定用自己的方式认真处理"英国革命"中的宗教、意识形态与知识阶层等侧面的问题时——而不是简单地将这些归之于对经济作用的单一反映——便将其著作从更早的经济化约论倾向中解救了出来，也可以那样说，这种解救，不是依据马克思主义而是为了马克思主义（not from but for Marxism）（马克思主义不是一种经济化约论，尽管在第二国际期间有时会被这样认为，就此而言，韦伯也是可以被谅解的）。我们提到这点，也就是想要表明，除了对"观念"的关注，更多的东西应当被添加到对经济作用的分析中去。恰当地说，便是要提出一个马克思主义意识形态理论的命题。

马克思主义对一个作为"复合体"（complex unity）的社会形构的理解，是由不同的层次组成的，"在最后时刻"（in the last instance）起到决定作用的情况下，这些层次会展现出自身的"相对自主性"。一个特殊的情境如17世纪革命，便是由源自各个层次上的矛盾积聚而成的，并为具有相对自主性的境况（instance）之间的效应多重决定的。赋予

---

① 例如，可以参考恩格斯的《德国农民战争》以及《社会主义，乌托邦与科学》《费尔巴哈与德国古典哲学的终结》，后面两个文本载于《马克思恩格斯选集》，1951。

任何社会形构一种表述上的全部复杂性，而不是去假定在各层次间具有一种"给定的"、简单的或直接的一致性，正是马克思主义与"表现性整体"（expressive totality）所做的决裂，后者在其他的思想传统中主要是以上文已勾勒的人文科学为中心的。资产阶级在17世纪这一历史阶段的出现，采用了一种与各种宗教意识形态相冲突的意识形态形式，这一事例——如用一个流行的短语来表示的话——就是切题效应（pertinent effects）。上层建筑有其自身的功效，即使马克思主义要求我们考虑到它是"在最后时刻"由经济所决定的。① 意识形态也不是自足的；但在马克思主义的意识形态理论中，它们不是空洞与虚假的形式，也不是纯粹的想象性臆造之物。此外，在马克思主义理论中，意识形态也不是一个重要的分析领域。任何一个人，如果他曾认真注意到马克思主义对北爱尔兰危机问题的分析，都会很难以去说，由宗教意识形态所表达的阶级斗争不具有切题的特征。因此，就这个范围而言，由于对宗教意识形态的研究构成了一个真实的，而非只是"附带的现象"，因此也成了马克思主义理论的题中之意，而韦伯的著作中有一些重要的东西也是马克思主义者能够利用的。韦伯对新兴意识形态构形的内部结构化过程所做的分析，具有重要的贡献。他的学说的主要缺点，准确地说，表现在这样一个点上——他没有能够去显示出意识形态境况与其他境况之间的接合（articulation），而这恰是所有马克思主义意识形态理论的一个聚焦点。他在这一点上的不足，很清楚地与他所采用的理想类型（ideal-typical）及其所定义"资本主义"的唯名论方式相关（从根本上看，"资本主义"概念的成立，是依据将经济活动合理化与规则化的解释），同时，他也缺乏一种在资本主义生产模式层面上处理分析的阶级形态理论。

有关《新教伦理与资本主义精神》一书的详细论争——这也可看作一种智力方面的绝活（tour de force）——不可能在此详述。但有些更为一般性地影响到意识形态理论的要点，无论如何应当去提及：

---

① "在最后时刻"起决定作用的最清楚论述，可见阿尔都塞《保卫马克思》中的"Contradiction and Over-determination"。

1. 这本著作的讨论，是围绕着韦伯所谓的在清教观念（这首先是加尔文主义的变体）的结构与资本主义发展必需的资本积累的合理化计算结构之间存在的"选择性亲和"（elective affinity）关系而进行的。这也意味着，韦伯对经济变化直接提供资本主义内容（content）的任何观点都是持反对意见的。取而代之，他认为重要的是在资本主义的需求（为了成为一个规范经济活动的与有约束力的体系）与清教徒规划和规范自身"活动"的冲动之间，存在着一种"同源性"（homology）。他还补充了一个中间性的、调和性的术语：即新教/资本主义的"性格结构"（character structure）。值得注意的是，在戈德曼的《隐秘的上帝》的表达中，出现了从"内容"到"结构同源性"的转移，为此提供一种关键性的理论推进；同时也要注意到，"性格结构"也是"法兰克福学派"与赖希（Leich）①在后来给予甚多关注的一种解释样式。②这一路径，虽然造成了与马克思主义意识形态理论的激进驳离，但没有对马克思关于"统治阶级的观念是每一时期的统治观念"（见《德意志意识形态》）的命题形成挑战；相反，它主张另一条探索道路，因此而引发了一场历史性的转捩。

2. 由此，《新教伦理与资本主义精神》一书提出的这样一个思考路径，即观念是如何在一个阶级中运行并创造出"内在强制性"，且以某种方式去规范其行动的：这揭橥了意识形态的"心理学的"样式，但又未落入个体心理主义的窠臼中。它也指出了这样一个问题，即意识形态是如何有利于去突破传统观念的掌控，并给扎根其中的那个阶级带来一种新的不可抗拒的观念力量。

3. 该书认为，既存在着意识形态与经济力量——新教主义与资本主义——连接在一起的"逻辑"，而同时意识形态也有其自身的、复杂的、内在的接合方式，因此其特殊性也必须予以阐明。在后一方面，韦

---

① 指威廉·赖希（Wilhelm Leich, 1897—1957），奥地利籍美国学者，马克思主义心理分析家。——译者注
② 在"法兰克福学派"未译出的著作 Studies in Authority and the Family，以及阿多诺等的 The Authoritarian Personality 中，赖希的论述随处可见，尤可见之 The Mass Psychology of Fascism, 1970。

伯的解说是令人吃惊的：因为他开启了一个悖论，即最为世俗的、物质主义的经济体系即资本主义，是在一种意识形态层面上构建出来的，富有悖论的是，它不是通过天主教的渐次腐蚀与世俗化，而是通过清教主义日益增强的精神化产生的。只是要到更晚些时候，当转型已经完成之后，宗教的成分——詹姆逊（Jameson）曾称为的"消失的调停物"（the vanishing mediator）①——才消隐不见。因此，尽管在很长的时期中，意识形态与经济发展呈现出相同的倾向性目标，但是它们在各自的逻辑上是通过差异而不是一致性接合在一起的。欧洲开始变成资本主义——在意识形态的层面上——不是通过进一步离开上帝，而是通过将所有事物，包括人们的鄙俗行为都直接置于上帝审视之下。一个有关意识形态"相对自主性"的理论，因此能够从韦伯的作品中捞救出来，我们不必对他的看法作出冒渎的反应。当然，有必要加上一个补充，这确实不是韦伯自己想怎样去安置这个问题。他没有继续在朝向意识形态的"区位"（regional）理论中发展出什么思想。在他后来的研究中，他只是倒置了这个观点。他没有从这个行家式的研究中勾勒出一般性的推论。笼统地说，韦伯至最后仍是一个"方法论上的个体主义"。他持续地在新康德主义的框架中探索知识问题的解决，因此在理论上，他不是一个马克思主义者。

在我们一直以来的考察中，存在着三条来自德国传统的垂沿线（lines of descent），有必要给予简要说明。第一条垂沿线，与我们在更早指出的在回归马克思主义传统中出现的某种重要捷径有关。这儿的范例是卢卡奇。卢卡奇对意识形态理论的最具实质性的贡献——正如在《历史与阶级意识》中所呈现的——会在下面做更为丰富的考察。但是因为他处在两个传统——后黑格尔哲学的观念主义与马克思主义——联结处的一般性位置上，因此在这一故事序列中也占据部分重要的地位。卢卡奇，因其所使用的"世界观"这一术语，常被认为是一个过于简单化的意识形态概念的加害者，有时也似乎是它的受害者。如其自己所

---

① F. Jameson, "The Vanishing Mediator: Narrative Structure in Max Weber", *WPCS* 5, 1974.

承认的，在海德堡学派的诱人氛围中，他作为一个颇具天赋的知识分子，为其人文学科（Geisteswissenschaft）的精神化所迷醉。为了摆脱实证主义徘徊不去的系脉，他试图走向"进一步的回溯"——走向原来的黑格尔（青年黑格尔）。为了摆脱黑格尔，他又转向了马克思——但是从这一处到那一处的路线却无法根除原来的痕迹：黑格尔的缺席——横卧在卢卡奇奔向马克思的道路上，就像消失的飞行器留在天空中的踪影。在途中，他经过了德国非理性主义的驿站——它对受黑格尔形而上学影响的欧洲思想实施了最终的报复。

"非理性主义"构成了第二条垂沿线。"基于方法的斗争"使两个主要的阵营即实证主义与历史主义出现了分化。但历史主义自身是许多不同分支融会的结果。其中包括浪漫主义，这一派绝没有被狄尔泰这样的男人所完全驯服，以致去有序地从事客体心灵（"超越科学"）的研究，而是以其自身的方式去解释"科学"。德国"保守思想"代表人物曼海姆的研究清晰地呈现出了其非理性主义的根源。在 19 世纪的末年，这种冲动再次在欧洲思想界浮现于世——这一次主要表现在活力论（Vitalism）中。尼采由此成为最具有影响力的代言者，并且没有留下任何具有指导性的哲学或方法。只有对所有观念形态的无情揭露，对那些遮盖在野心勃勃的"一般性"之中的肮脏兴趣进行了粗野的还原。"我活着"，尼采宣称，"仅仅是通过幻象……所有伟大的与活着的事物都是建立在幻象的基础上的。对真理的悲怆将我们引向毁灭"。① 尼采相信，意识形态观点内部的矛盾终将被消除：理性是一个诡计，所有被留存下来的都是幻象与利益之间的赤裸裸的权力斗争。最为成功的幻象便是指示出最大"权力意志"的那个观念。我们知道，希特勒与 20 世纪 30 年代聚集在他身边的那些制造幻象的精明大师，便是采用了这个观念。他们将尼采的白日梦转换成了现实：去着手构建一个"偶像的黄昏"。② 当"法兰克福学派"出现在气焰甚高的法西斯主义的环境中，并去考察"意识形态"的问题时，他们当然有充足的理由将对其的研

---

① 尼采的地位见 Lichtheim 前引书。
② "偶像的黄昏"（Götzendämmerung）原是尼采一本集子的书名，霍尔在此用之作为隐喻。——译者注

究只是处理为一种对管制"幻象"的大众操纵的分析。在他们重构理性时代怎样在最终导致理性的毁灭的努力中,阿多诺与霍克海姆不得不去追溯那些非理性主义的要素是如何一直以来呈现在启蒙主义的梦想中的;他们由此揭橥了所谓的"启蒙辩证法"。①

第三条垂沿线并非真正地直接从人文学科,而是从马克斯·韦伯对之的慎谨回应中延伸下来的。尽管在韦伯的《社会科学的方法论》中,作者已经直接进入与人文学科的论争中,但是在他的普通社会学中,就如我们已述的,依然保留着某种"方法论上的个体主义"。这并不意味着,他相信所有的社会现象都能在具体的历史的个体层面上加以还原,他的意思是,既然社会学的概念"在意义的层面上是具有充足性的",那么就需要根据那些能够被归属到典型个体行动者中去的典型行为、意义与位置,被富有启发地建构出来。因此,他的社会行动概念便指的是,在面对一个行动导向"其他人"的"个体"时,如何去确定其典型动因的归属性。所有随之而来的社会学概念,都必然是一种富有启发性的装置,也可称之为二次性建构(second-order constructs)。根据这个韦伯式的综合,试图去发展出一种更为严密的社会学路径的关键人物,便是阿尔佛雷德·舒茨(Alfred Schutz)。②

舒茨是一个"现象主义者",他曾离开自己的故乡维也纳而去担任伟大的现象学家胡塞尔的一个助手。舒茨接受了现象学关于所有能够恰当"所知"者均是由意识的内容与结构组成的观点。鉴于马克思倾向于将意识视为一种"虚假表象"的领域(当然,马克思又认为这种虚假表象有其必然性),因此现象学所采取的是一种与之对立的立场。现象学认为,外在于意识的任何事物都必须"放在括弧里"。意义是意向(intention)的产物,意识是意向性(intentionality)的一个出类拔萃的领域。能被研究的便是个体意识的意向性,以及意识之间的互动——主体间性(inter-subjectivity)。在这个纯粹的形式中,现象学的确表现为向心灵主义的一种倒退。甚至于韦伯试验性地捕捉到的那个在社会行动

---

① 阿多诺与霍克海姆讨论过这一情况,特别见《启蒙辩证法》,1974。
② 参见舒茨的三卷本 *Collected Paper*。

世界中上演的"剧本",也被彻底移位到意识与意识之间的交流之中。

舒茨执着地维护这一现象学的观点。同时他也相信,在此基础上能发展与扩展出一个严密的"现象学社会学"。[①] 问题是怎样依据这个现象学的起点,来说明"真实"社会世界中的现象。在这里,舒茨再次悄悄地折回到客体心灵的领地,即认为意识的意向性是借助行动在这个世界中得以实现的——也就是被客体化。人们因此必然是生活在客体化了的意义结构中:他们头脑中的意义在外部世界"取得形式"。但是这些客体化"世界"并不单方面就是那个单一意向性意识的产物,而是主体间性在意识之间交流的产物。意义因此是通过这个互惠——视域的互惠或校准而产生的。这一"视域的互惠"(reciprocity of perspectives)对于"意义的建立"和"意义的解释"来说,是一个基座,一个共同的基础。其最为活跃的根基便是面对面的交流,在此,每一个行动者对于他人来说都是"同时呈现":他们在那里"约盟"。他们分享了相同的视域、相同的"历史",并不断地一起去"构造社会现实"。这个相互建构的空间构成了"活生生"的主体间性世界。通过那些介质,即语言与记号系统的库存,这些行动者能够"激活"其他人原来实际上未曾取得的存在维度(通过对"典型"结构的建构)。它们也能唤醒过去。对于舒茨来说,尽管基于"各种结合"之间建立起来的共享基础,可以建构起最为大量"呈现"与最可视为当然的现实空间,但是社会与历史生活的整体其实也能根据意义构建/意义解释的基本过程被理论化地绘制出来。既然存在于世界上的每一事物都是意向的主体间性意识的产物,那么它们就都属于意义。只是想到其他人或提到其他人——无论他是不是在场的,还是从过去的记忆中提取的——都不算是"向意识"(to consciousness)的呈现,此外,关于社会行动的"理论"也只能看作二次性或三次性建构。

语言使得那些在面对面的交流中事实上不在场的所有维度都得以保存,储藏,重新唤起。经常重复或制度化的行动有一种使活跃的意义变

[①] 依据马克斯·韦伯,舒茨最为系统地发展了"现象学社会学"的著作是《社会世界的现象学》(*The Phenomenology of the Social World*)。

得稳定、标准化的效果，以至于使传递这些行动的意义似乎不再能够去建构新的意义维度。在这儿，意义被标准化、体制化与"背景化"了。"典型的、出类拔萃的介质……便是日常生活的语汇和句法。"它们曾经建构了预期中的意识，但是现在则被停卸"在世界中"，获得了其自身的确凿性。它们成了客观化的意义，只能背靠在安居它们的主题上，就好像是从"外部"而来的。生产它们的意义建构活力（实践）已经无法再朝向意识（被疏离了），似乎现在也只能从外部去利用这些意义，并以之去约束与控制人们。萨特也曾受到这种一般性论述范式的影响，这样提道：

> 因而表意（signification）原是来自人们及其规划的，但是它们又随处被铭刻在事物与事物的规则中。每一事物都随时处在表意过程中，表意进而通过我们的社会结构来向我们显示出人们与人们之间的关系。①

虽然萨特在此所采用的语言是相当有别于"现象学"术语的，但是就像他取自胡塞尔一样，也更多会取自早期的马克思，但是，它们都还是栖居于一个相同的论述范式：最终，从其阐述目的来看，其提出的问题架构仍是基于所谓的"主-客体辩证法"。无论其所显示的形式是什么，对主-客体辩证法的表达始终是为了印证那个尚未被除的"黑格尔的幽灵"。

舒茨认为世界上多种多样的客体性是与意识的不同层次或层面对称一致的。现实被结构进不同的"区位"，每一个现实都对应于意识的合适层面，如游戏、戏剧、着迷、剧场、理论、意识等"多样化的现实"。② 当一个人从社会现实的某个领域移动至另一个领域，都会"提出"自己的解释框架：将一个意识模式带向前方，并使余下的留在身

---

① 来自萨特的《方法的问题》（*The Problem of Method*），1963。原是1957年的一篇论文，后来作为序论添加到了萨特《辩证理性批判》的卷1。在这篇论文中，萨特摆出一种反对"懒惰的马克思"的姿态，并将克尔凯郭尔确立为一个"现象学的极端分子"。

② 参见 Schutz, "Multiple Realities", in *Collected Works*, Vol. I.

后。沉淀得最深的现实与意识区位,便是人们必定最视为当然的那个现实部分,因为它构成了人们日常、普通行为的基础。这是一个"日常生活"领域:适应于它的意识的模式,便是在所有模式中最视为当然的那个模式,这也是常识的界域。舒茨认为,当我们"在常识内"活动的时候,是很难察知到我们是在一个被建构出来的意义界域中活动的。我们只是单纯地将之视为当然。舒茨由此提出,社会学应当首先关注那个"日常生活中常识世界的结构"。

在舒茨的著述中,我们看到"知识社会学"被带到了它的最为极限的那个点上。我们不再关心社会知识与社会关系之间的联系。社会关系基本上被构想为一种知识结构(假如我们在最为泛化与日常的意义上去看待"知识",那么就不会因系统化的观念及更为狭隘意义上的"意识形态"而陷入困惑)。现代社会学家伯格(Peter Berger)与卢克曼(Thomas Luckman)曾在他们的著作《现实的社会建构》(*The Social Construction of Reality*)中,尝试将这条垂沿线推进到更远的边界,下面是一个简要的表述:

> 日常生活的社会现实因此而是在一种典型化的连续体中得以理解的……社会结构是典型化与因之而建立的可互动的各种再生模式的总和。

正是首先以这一形式,"知识社会学"开始对美国社会学的主导传统施加了强有力的影响。后来的"符号互动主义"学派和"民族志方法学"都是直接由其扩展而来的。[①]

一般来看,知识社会学在与意识形态理论的关联中会处于一个复杂的位置上。在此,观念的处理不再依据其历史根源,其所依附的阶级,其所产生的特殊情境,以及其在赢得被支配阶级的共识时的效应(以使这个世界可为支配阶级所定义与解释)。在一个社会形构中的意识形态

---

① 舒茨与曼海姆的"纪实方法"是以"社会学视域"建立的"民族志方法"的两个主要支撑之一。可见 H. Garfinkel, *Studies in Ethnomethodology*。

境况与其他境况的关系被涂抹掉了（obliterated）。它们的特定的实践—历史功能被丢弃了。观念被赋予一更为宽泛更具包容性的周延：构成了每一个社会过程的背景。甚至于，更准确地说，社会过程本质上都是根据观念来处理的。观念是至上的，因为我们正是通过观念来建构社会现实的。没有客观现实——因此，也不可能有关于它的"科学的"知识。有的仅仅是不同的"现实显现"，它们归属不同的视域（perspectives），这个视域是由社会行动者带到世界上来的。日常社会的互动领域只是感觉像一个实在（substantial）的现实部分，因为它是一个十分广泛个体的视域交叠的区域。

由此看来，对于马克思的意识形态理论来说，不管是否能从传统中救赎出怎样有益的洞见都务必认识到，这些观点中的每一个都产生于相当不同的问题架构。马克思在写作《德意志意识形态》的时候，准确地表明社会的历史发展不可能"按照人们所说的，所想象的，所构思的……按照人们的叙述，思想，想象与构想……"被重构，然而现象学则假定，除了人们所说的、所想象的、所构想的，就不存在历史现实（我们还应当补充一句，既然对于马克思主义来说，历史并不是由人们所说的、所想象的、所构想的构成的，那么去说明人们为什么去说、去想象、去构想、他们做了什么、这些思想是从何产生的，以及达到了何种程度的效应——仍然是一个为了马克思的问题。当然，这是一个有所不同的问题）。真实的情况是，对于舒茨来说，并不是以为世界整个地都可以被还原为人们头脑中的思想；他所关心的重心是思想是怎样获取一个客观确凿性的，以及通过对人类行动的塑形，去影响到现实是怎样被建构的。但是这个由"纯粹"现象学冲动所导致的片面错位，并不能带他回到马克思，也没有将之引向这一方向。而是将之引向了期待之外的另一个方向上：与现象学的趋同——走向与涂尔干及其"学派"所提出的实证社会科学传统保持一致的那个现象学的聚结地。

涂尔干在这个问题上的立场在他生活的时代就已被人误解，并自那之后一直被误传。[①] 其中的一个主要原因，在于对之所做的选择性解

---

① 涂尔干当即纠正了一些错误的解释，参见 Rules of Sociological Method 的第 2 版序言。

读,即涂尔干的作品被美国主流经验社会科学所征用(更准确地说是被侵占)的情况。① 涂尔干被视为"实证社会科学之父",这是因为他反对所有德国人在观念、心灵、精神问题上的胡言乱语。他把"观念"放进一个小黑箱中,这不是说它们不重要,而是因为它们不能被分析。取而代之,他决定去处理能够被分析-模式化的社会互动,这个社会互动是为规范所控制的,同时又为机制性结构所疏通。必须将这些对象的可观察样式,处理为它们好像展示出了对象在自然化世界中所具的坚硬性与连贯性。因此他的一个著名忠告便是——"将社会事实看作事物"(treat social fact as things)。② 涂尔干确信,社会现象具有自身的现实性——一种自成一体(sui generis)的现实性,因此必须根据严格与客观的研究方法对之加以分析。在所有这些方面,他坚定不移地站在了法国实证主义传统一边。

通常被遗漏在这个论述之外的,是涂尔干想要将之处理为"事物"的那个著名的概念:"事实"。在涂尔干那里,它也是被观念所传递的社会行动(action)——或者将之置于更具实证主义的语言中看,是为规则和规范所支配的行动——是支配行为(behaviour)的规则。它携有一种建立在个体行动之上的"社会生活规则"所具的强制性效应,与此同时,通过使行为系统化,可将之构造成实证科学的可能性对象。为此,涂尔干会去关注方法——关注排列为等级的事物,关注对"规则"的发现,关注社会现象的"类型"与"比差"。这是因为他对阐释学是否能够给予我们这些事物以充分的知识的能力已经绝望,由此而转向实证的方法。他对观念怎样传递给行动没有丝毫的兴趣。他的问题是:你怎样去发现什么样的规范在运行?规范是怎样削弱或增强的(因而什么才是社会稳定的参数)?如何确定规范的标准化或多样化、强制性与可

---

① 对于美国社会学,涂尔干的《劳动分工论》(*Division of Labour*)提供了一个基本的问题架构(有关秩序、社会聚合、共识等的问题),《社会学方法原理》(*Rules of Sociological Method*)提供了方法,《自杀论》(*Suicide*)(解释了多种变量的互为关系问题)则提供了例证。对涂尔干的简单化理解到处可见。对之征用的事实环节最清楚地体现在帕森斯对韦伯与涂尔干的使用上,借之而创建出一种帕森斯综合说,可见其所著《社会行动的结构》(*The Structure of Social Action*)。

② 这是《社会学方法原理》中充满误解的一条强制令。

选择性？取代去追问隐藏在个体行动者内心的"意向"是什么？涂尔干开始走向另一端：考察与观念相关的那些已成文的法律与道德体系。因为这些是社会关系的"集体表征"（collective representations），在其中，以一种可研究的方式，至少能够去发现那些人们以为值得编入正式法律体系中去的"规则"。在这个意义上，涂尔干式的实证主义便有意识地与黑格尔所开创的整个主—客体辩证法剥离开来。实证主义选择了从已然客体化的社会现实起步，从社会生活的"规则"已经施行，规则的强制性力量已作用于行动的事实性出发。它将"可知的"世界看作是已然的，是一种物化现象。尽管他们在奔向目标时经过了非常不同的路途，但在涂尔干式实证主义与社会现象学之间建立起了一个确定的公共界域。

如果不论表象，那么，可将涂尔干归入新康德主义的传统。但是在他那里，"本体的"（noumenal）现实又必须经由它的表象形式——"现象的"（phenomenal）现实得以研究。这种对两者（本体的与现象的）关联性的思考，在相当不同的方向上使他的新康德主义立场有所变调——以致造成了只有用"两个涂尔干"才能描述其理论格局。首先是对社会稳定性质、阶位与类型所给予的经典式的关注。涂尔干尾随更早的理论家，相信社会稳定的纽带在个体竞争的社会（如资本主义市场社会）中已经大大削弱。这种削弱，确切地说，是因为凌驾于个体行为之上的强制性力量"规则"的松懈。在这种典型的社会状况中，行动无法有效地为规范所支配，他将之称为"紊乱"。这是实证主义社会学研究的经典领地；涂尔干为之奉献了一些重要的著作，这包括《劳动分工论》（*Division of Labour*）、《自杀论》（*Suicide*）与《社会学方法原理》（*Rules of Sociological Method*）。这也是美国社会学所征用的涂尔干。

但是涂尔干也相信，社会的整合有赖于规范的整合——或如布尔迪厄在最近所指出的："逻辑的整合是道德整合的前提。""规范的"整合相应地依赖一个社会中规范的强弱——或涂尔干所谓的"集体意识"（conscience collective）。但是规范与规则的来源是社会自身。因此逻辑范畴是以社会作为它的起始性来源的，正是"社会"——规范的来源——使得规范成为"神圣的"，因此而成为一种约束：这个"社会"

由此才为人们敬重（这也是涂尔干《宗教生活的基本形式》所讨论的核心议题）。

涂尔干解说这部分历史的开创性文本是与他的学生马塞尔·毛斯（Marcel Mauss）一起写的《原始分类》（Primitive Classification）。在其中，涂尔干打算去揭示"原始人"通常思维他们世界的认知性概念与大脑分类事实上是怎样在社会关系中塑形的。社会并不——像十分粗鲁的功能主义所主张的——会提供社会分类学的内容。相反，涂尔干认为——追随康德——社会所能做的，就是去提供人们"思考"他们世界的范畴。当然，康德所关心的是最抽象的范畴，如时间、空间，而涂尔干所关心的则基本上是社会范畴。正是这条思想线索为他的法国追随者与合作者输送了涂尔干式的重要灵感，并借之与聚集在他周围的年鉴派社会学群体区别开来。①

随之，并不令人惊讶地，当列维－斯特劳斯继任法兰西学院社会人类学主席之职，并递交了他的开创性报告，宣布人类学的中心议程应当是对"社会生活核心中的符号生活的研究"时，他为自己的事业作出了辩解，以为这只是对"涂尔干－毛斯计划中那些遗忘部分"的重启式展开。② 列维－斯特劳斯的"结构主义"穿过了许多路径而不仅局限于涂尔干及其伙伴的学说，他所受到的影响包括马克思与弗洛伊德、卢梭，以及雅各布森介绍给他的布拉格语言学派与俄国形式主义，还有弗朗茨·博厄斯（Franz Boas）的人类学语言学，后者也是美国印第安语的伟大学生。博厄斯将自己与美国文化人类学的系脉连接在一起，这个学派已经开始接受所谓的"萨丕尔－沃尔夫"（Sapir-Whorf）假说——认为可以将每一种文化加以不同的分类，在土族语言的范畴中，我们能

---

① 这一工作含括涂尔干与毛斯对澳大利亚图腾制度的研究，毛斯关于魔法与"礼物"的论文，休伯特（Hubert）与毛斯关于献祭的研究，罗伯特·赫尔兹（Robert Hertz）对于"死亡与右手"中的表意的分析，葛兰言（Marcel Granet）关于古代中国"心智"的开创性分析（这个概念的来源之一，后来进一步为法国年鉴学派所扩展），莫里斯·哈布瓦赫（Maurice Halbwachs）关于集体记忆的范畴与社会阶级的社会心理的研究，梅耶（Antoine Meillet）的结构语言学研究。其他开创性人物，很少直接地与之联系在一起，但他也受到了年鉴学派如列维-布留尔（Levy-Bruhl）的原始心灵研究，当然还有索绪尔结构主义语言理论的影响。

② 参见 The Scope of Anthropology。

够发现这些社会分类的主要清单。语言学的这个或那个路径给结构主义提供了重要的助力,同时也给了它最终的"承诺",即对文化可以进行一种真正"科学的"研究。然而,正是来自涂尔干与莫斯的遗产,才使得列维-斯特劳斯能如此自信地去宣称这个作为社会人类学的新走向。为此,列维-斯特劳斯对结构主义的最初运用,便是由两个社会人类学的经典主题构成的:一个是亲属制度系统(亲属与亲属制度术语间的关系是十分重要的);另一是图腾制度。① 法国结构主义便是在这个经典领地上开始展开其工作的,早期(在《野性的思维》)它被用以对一个宽泛的表意分类的研究,随后,扩展到对丰富的神话领域的研究。

结构这个关键性术语的两个含义,也带来了理解上的重要分化。经典社会人类学所理解的一种社会的可观察性结构是体制性秩序。而在列维-斯特劳斯那里,这个术语则更接近"深层结构":它指在一种语言模式中被概念化的不同术语之间的潜在关系体系。在分类、意义的秩序和"真实关系"的秩序之间——在这两个层次上,不再存在任何一对一的、简单的相关性。两个层次都必须被构想为是通过不同于反映或对应,或甚至简单类比的关系被接合在一起的。的确,这一路径决定性地放弃了那种认为在语言中人们是按照真实的世界来为单纯的功能化对象"命名"的主张。两条路径之间的鸿沟恰好可以通过下面的分疏来体现:马林诺夫斯基认为,原始人将某种可吃的东西归为图腾,这是因为这些东西好吃(或不好吃的)。列维-斯特劳斯的回应是,这些东西被安排在图腾系统中"并不是因为它们是好吃的,而是因为它们与好的想法联系在一起"。在《忧郁的热带》(*Tristes Tropiques*)中,列维-斯特劳斯宣称地质学、心理分析与马克思主义是他的"三大情妇"。当格卢克斯曼(Glucksmann)认为这主要是在方法论意义上而言的,她自然没有说错。② 所有这三种思想都与列维-斯特劳斯的学说具有共通之处,这就是它们都显示出了,虽然对事物的理解往往是将现实的一种类型还原为另一类型,但真正的现实从来不是最为客观的反映,它的本质显然

---

① 这两项研究是 The Elementary Structures of Kinship 与 Totemism,相似的主题在 The Structural Study of Anthropology 与 The Savage Mind 中也有扩展性的讨论。

② Miriam Glucksmann, *Structural Analysis in Contemporary Social Thought*, 1974.

会逃避我们的审视。① 如同马克思曾经提及那些庸俗的经济学家："在他们的大脑中所呈示的仅仅是这些关系的直接的现象形式，而不是其内在联系。顺便说一句，如果后者是一种如实的情况，那么科学所需要的又是什么呢？"② 将"直接的观察"还原到结构的层次，由此构成了列维－斯特劳斯科学方法的核心。但是对于思想、观念、意义又是怎样与真实的世界相联系与相契合的却是特别重要的。人们的脑袋里也充满了"观念"、观点，以及对他们行动的二级化推理与"解释"。这些也构成了一组无穷开放的、多样与不可限定的文化语汇。在此，它也必然会根据其潜在结构的限制来表达可观察的观念的多样性，以便能够经得起科学分析的检验。因此，列维－斯特劳斯宣称他的兴趣是对"野性的思维"的研究，这不是偶然的。持续地将形式强加在标识为思想起源的内容之上，被看作一种"心灵"的冲动，这也造成了自然与文化之间的一种分野。基于这种数不尽的编排（arrangement）在不同文化中的出现，列维－斯特劳斯确认了一种普遍性行为的踪迹，就此而言，土族人中从事零打碎敲的匠人（bricoleur）与现代工程师之间其实也有相通之处。这种给事物赋予意义的活动，也是一种集体性的、无意识的表意活动。只是为了去完成——也是混淆——这种循环，他称这种普遍的能力为"人类精神"。

　　结构主义的兴起使得文化与知识维度的分析有了重要的发展。罗杰·波尔（Roger Poole）在其令人钦佩的著作中提到③，结构主义所标识出的那个转型，发生在图腾研究的分化点上，列维－斯特劳斯用结构主义的提问即"图腾现象是怎样被编排的"，置换了传统的"图腾是什么"的问题。这也表明在将结构主义作为一种方法效应的时候，需要确认是什么引起了原则性的转型。这在列维－斯特劳斯那里，便是从内容向形式或结构的转变。正是通过表意领域中的编排，将"图腾分类的逻辑"与澳大利亚土族人对事物和对象的编排关联在了一起，或更恰当地说是接合（articulates）在一起了。这是在编排的形式中实现的——对

---

① Levi-Strauss, *Tristes Tropiques*, 1965.
② Marx to Engels, 27 June, 1867. In Marx-Engels *Correspondence*, 1955.
③ Roger Poole, "Introduction" to the Pelican edition of *Totemism*, 1964.

此，结构的构成样式给了我们一种特许的入口——使之与心灵及社会的范畴相连。因此，在讨论埃文斯·普里查德（Evans-Pritchard）《努尔人》(*The Nuer*) 中涉及原始思维对"鸟"（birds）与"孪生"（twins）之间关联的一个重要章节时，列维－斯特劳斯评论道："孪生'是鸟'，不是因为将两者之间混淆一起，或这个像那个，而是因为在与其他的人们相联系时，孪生被看做'在下面的那些人'对'在上面的那些人'；在与鸟相联系时，被看做是'在下面的那些鸟'对'在上面的那些鸟'。"[1] 两个层次之间的关系，不是一种直接指涉、作用、反映、对应的关系，甚至也不是相似与类比的关系。这是一种分类领域中的内部编排，一直被用于"类推"（resemble）自然对象与人类这两个领域中的内部分类。"'类同'（resemblance）居间在这两个差异系统间。"或者说，主要还不是因为类同，而是因为两个领域相互类推时存在着差异。

因此一个人只能通过考察生产这些领域的内部关系，去破译支配文化与知识的规则。结构主义语言学（特别是索绪尔，也包括雅各布森在语音系统的对比特征上所做的开创性工作）[2]，对于帮助列维－斯特劳斯去发展一种"解码"其产品的方法是有重要意义的。编排便是将事物——如要素、术语、片段——编排到范畴类别（categories）中，由此构成了类别组（classificatory sets）和范型域（paradigmatic field），使一种文化的诸要素在其中"被编目"（inventoried）。然后，你还需要了解某种术语或要素从这些文化分类系统中被选择出来，与另一些文化分类系统组合，去生产出特定文化的"言述方式"（utterance）。文化的接合方式规定了组合要素形成的方向。对于结构主义来说，基本要素的"移动"便是分析家能够根据前者去表达后者：先将文化表意（如神话）的语料库移位到各种分类中，然后依据选择与组合的要素及规则使这些分类系统能够生成出来。这个分类系统便是各种神话语料库的"结构"——它们中的许多情况至今还没有人告诉我们！因此神话的许多变体——如我们在口头语言的表层列（surface-strings）看到的——也能够

---

[1] Totemism，见前引。

[2] 参见 Saussure, *Course in General Linguistics*, ed. by Bally, etc., 1960, 以及 Jakobson and Halle, *Fundamentals of Language*, 1956。

显示出其是如何根据深层结构的运演所造成的变异与转换而生成的。每一个变体都是通过转换或移位某个给定结构中的诸要素而构成的。因此，神话语料库无非是某个结构及其变体所制造出的（在表层显示的）一个结果。在不同时间或地区生产出来的神话的不同"片刻"（moments），因而都能看作结构变体的表现。在这些方式中，通过时间（历时性）的链接所显示者，当它也作为一个"结构及其变体"——与框定的时间（共时性）一起并被再现出来时，就只能以科学的方式加以把握与研究。索绪尔曾经认为，真实与可能发生的言述（言语，paroles），不可能被纳入科学的研究中，准确地说是因为它们不能构成一种闭合的领域。只有"语言的社会部分"——按索绪尔的说法即语言（langue）——能够作为科学语言学研究的对象。以相同的方式，对于列维-斯特劳斯来说，表层的文化制品由于呈现为无限的多样性，对于一种科学研究来说便是杂乱无形的。科学研究领域首先不得不采取"必要的化约"，以便能将结构的要素与规则作为某种科学探索的对象。为此，在《图腾》（*Totemism*）一书中，列维-斯特劳斯主张：

> 让我们将研究中的现象界定为两个或更多术语、真实或假定之间的关系；构造出一个这些术语之间可能存在的序列表；将这些列表本身看作分析的一般性对象……

文化"像语言一般"被组织起来，因此，它只能在结构主义语言学的类比基础上予以研究。这将结构主义直接带到了分类与符码的领地上：诉诸"在符号系统中对关系与转换的分析"。这些关系不是我们所经验的，而是我们通常"用以去思维世界"的：concus，not vécus（是设置，而不是生活）。这一事业的目标因此既不是要去译解闭锁的，或以某种方式在符号形式中表达的社会内容，也不是去考察被构想出来的对象与去构想它们和人之间的关系。其目标是译解某种内部链接：去撬开符码（to crack the code）。毋庸置疑，这在文化与意识形态研究的领域中，是一个十分特别的问题架构趋于成形的时刻，它建立在与对社会范畴与心智范畴之间做因果联系式解释相当不同的观点之上：这也被看科学的腹地：意识形态与"知识社会学"

作"结构主义因果模式"开始浮升于世的时刻。

结构主义作为一种整体性的文化理论的诞生，及其新方法的出现，在知识社会学领域中，酿成了某种类似"哥白尼式"的革命，尽管其明显地受到混杂多样的理论的支持并有其前因。当知识分子风尚倾向于从列维－斯特劳斯的工作摆向结构主义的另外一个点时，它的具有干预性的开创特征，以及尾随而来的一切，都似乎在对之的追溯中被掩抑了。其中至少也有三条"垂沿线"需要提及，但在此无法全面追踪，只能提供一些最为概要性的勾勒。首先的一条垂沿线是有些特殊的所谓"马克思结构主义"的发展，尤其可以阿尔都塞的工作为标志。在这份杂志的另外一篇稿件中会对之有充分的讨论，在这里不准备做进一步的展开。然而，值得一提的是，阿尔都塞与他的合作者艾蒂安·巴里巴尔（Etienne Balibar）在其主要理论著作《阅读资本论》中，花大量的篇幅去勾画他们的"马克思结构主义"与列维－斯特劳斯结构主义的区别。在随后的著作《自我批评集》（*Essays in Self-Criticism*）中，阿尔都塞认为他对许多理论欠下了债务，最为值得注目的是其中还有斯宾诺莎，但他一直对列维－斯特劳斯的影响很少提及或没有给予有分量的评价（"自我批评的要素"的相关段落只有5页）。在书中，他重复到，他在其他的地方已经确认了一个"最为重要的分界线"：列维－斯特劳斯偏向于"真实来自诸要素组合而成的效应，并是这种效应的观念性产品"，反之阿尔都塞与马克思则"认为诸要素的'组合'是在产生模式的结构中实现的。因此这种组合不是一种形式化地'组合的'"。[1] 阿尔都塞与巴里巴尔在《阅读资本论》中挑明了他们与列维－斯特劳斯的具体分歧。[2] 但是，既然两位理论家都在随后承认，在他们的著作中也存在着"形式主义"的倾向，那么马克思主义与非马克思主义之间的差异——不是据其被断言的，而是根据在实际的论述中显示出的——便是值得再次谨慎对待的。

---

[1] Section 3 of "Elements of Self-Criticism" in *Essays in Self-Criticism*, 1976.

[2] 参见《阅读马克思》中有关 "combination/combinatory" 的讨论，pp. 215 – 216, 226，同时，阿尔都塞对"结构主义"指责的"回应"，见 "Foreword to the Italian Edition"，《阅读马克思》的重印版，1970。

第二条主要的"垂沿线"是由结构主义方法在符号学领域中的运用引起的：这最为清楚地体现在巴特的研究中，其次也体现在拉康与克里斯蒂娃的研究中。通过对巴特所著《符号学的要素》（Elements of Semiology）的判断，这一思路主要来自索绪尔，而不是来自列维-斯特劳斯（也就是更多的是来自语言学而非人类学），因而巴特的研究多是从符号学获得动力的。索绪尔认识到，可以将所有记号系统看作整个语言科学的一部分。巴特将这个命题反转过来，宣称语言学体系只是更为宽泛的记号系统，即符号科学领域的一个部分。符号学是那样一种方法，借助它，文化的心智、符号或表意系统能够被系统化地加以考察。由此，列维-斯特劳斯所关注的对文化库存清单的绘制在巴特那里却归在了符号学研究的名义下。[①] 不同于列维-斯特劳斯，巴特保留了"意识形态"的概念，并将之与文化的一般概念区分开来，但认为正是后者构成了"记号科学"的合适对象。意识形态仅仅是对文化中特殊表意系统的一种特殊"使用"，是支配性阶级为维持其永久的支配地位而征用（appropriated）来的。在随后的符号学发展中，巴特也许可看作符号学家中的杰出代表，他持续地对表意系统与"意识形态碎片"之间的交界表示出浓厚的兴趣。在总体上看，早期符号学研究的主流传统，更多的只是瞩目表意本身呈现的规则。因此，虽然符号学已确定地被安放在这样的日程中，即对特定文化系统与意识形态进行更为体系化与严谨化的分析，但是这一期许一直以来没有被充分地兑现。巴特《今日神话》（Myth Today）[②] 的文章——不管其如何涉及神话的试探性属性——仍然属于在所谓的符号学最初阶段对表意与意识形态关系作出创始性阐述的文献之一。拉康的出现，引发了与符号学第一阶段的断裂，同时也造成了与列维-斯特劳斯学说直接带来的进程的断裂。特别有趣的是，拉康的转型始于从语言学的角度对弗洛伊德的"重读"；并持续地将结构主义语言学的一些关键性概念纳入他的术语清单中。拉康心目中的弗洛伊德被视为梦中语言的探索者，由此他也多偏重于对做梦过程中的"规

[①] 巴特对列维-斯特劳斯的评论，见"Sociology and Socio-Logic"，英文译本，CCCS, Birmingham, 1967。

[②] In *Mythologies*, 1972.

则"如聚结、置换等的关注；当然，那只是写作《梦的解释》的弗洛伊德，而不是写作《自我与本我》的弗洛伊德。拉康也将无意识看作仿佛"像语言一般被结构化"。拉康的工作，尤其是其追随者的研究，已经转回到了对"意识形态"问题的关注，尽管其涉及的只是如何通过无意识装置，"将主体定位"在意识形态中，而与源自特定历史结构、社会表征与公共语言的对象化的意识形态研究无关。

以列维－斯特劳斯与巴特的观点来看，使我们能对记号系统进行系统化研究的是这样的事实，即我们不再"将形式强加于内容"——而是通常会"将经验领域做分门别类"。然而不同的是，在巴特那里，任何一组特殊的表意都是被历史性地定位了的，而列维－斯特劳斯则更多地对分类与组合的自身规则感兴趣，并将这种规则看作共时性的与超历史的。列维－斯特劳斯对"原始的"与"成熟的"所做的分类比较，显示了每一种文化都利用了相同的基础设置，以"使事物得以表意"。在为《图腾》一书作序时，他引用了孔德的句子来表示这一大概的意思："完全支配心灵世界的逻辑法则……基本上是恒定不变的。"在《野性思维》中他将自己描述为对"马克思几乎没有接触到的这个超结构（superstructures，即中译"上层建筑"）理论"作出了适度的贡献：

> 只要不去质疑那个底层结构（infrastructure）所具有的确凿无疑的首要地位，那么我相信，在践行（praxis）与实践（practices）之间始终存在着某个中介物，即事物与形式通过其运作而成为结构的概念框架。

这些就是列维－斯特劳斯所持有的最让人为难的模糊表述。当然，唯一没有异议，并为列维－斯特劳斯所接受的特征表述，便是利科（Ricoeur）对他所做的评判，将他看作一个"不带有先验命令的康德"（如在他的理论中不存在上帝）。①

要想去确切知道为什么康德的遗产，在多种多样的变换中，一直如

---

① The "Overture" to *the Raw and the Cooked*, 1970.

此顽固地持续萦绕在意识形态理论之上,是一件困难的事。有一种解读只是认为,这因之于观念主义,它以这种形式或另种形式,建构出了具有主导性的资产阶级哲学传统(从而与一直对观念问题没有任何兴趣的行为经验主义相别);而唯物主义也常处在回归观念主义的危险中。另一种解读认为,康德问题架构的一些变体一直以来对这整个领域施加着影响,这也是因为唯物主义的意识形态理论一直处在滞后的状态中,未曾占领这些空间。前一种说法的确有其道理,后一种说法也有一定的针对性。

在马克思主义理论中,意识形态是一个发展相当不充分的"区位"。甚至在有可能去构建意识形态场域(site),以及构建意识形态境况(instance)与其他境况一般关系的地方也是这样,其面向这个区位时对其形式与过程特征的阐述,都是异常模糊与未予展开的。符号学为我们理解表意系统是如何运行的、事物与关系是怎样表意的提供了巨大的帮助,但是——确切地说,在建构一个能够经受实证科学检验的闭合领域这一期待上,它在"语言"内部关系如何与社会实践及历史结构接合起来的前沿阵地上停下了探索的脚步。意识形态的唯物主义理论对我们认识观念是由经济与社会历史的属性所决定的方面有重大的推进,但是,它缺少一套被充分演绎的表征理论,离开这一理论,对意识形态区位所具的特异性的描绘就难以构建起来。

布尔迪厄最近在关于两种综合的讨论中,再次推进了这一批评模式。[1] 第一种综合完成于列维-斯特劳斯,而此又是建立在杜克海姆与其他学者所标界出的地形之上的。它将分类领域的内部关系视为分析的对象。这使得思想史的其中一条线索,即康德哲学的那一条走向了其终结。马克思主义强调符号系统的政治功能,将逻辑关系处理为权力与支配的关系。就这个立场上来看,各种意识形态"都是有利于支配阶级的真实整合的……有利于将社会视为一个整体的虚假的整合,因此也有利于遣散那些被动员起来的被统治阶级……以及通过确立区隔(distinc-

---

[1] 布尔迪厄论文《符号权力》(Symbolic Power)的英译,参见 *Two Bourdieu Texts*, trans. R. Nice, CCCS Stencilled Paper, No. 46, 1977。

tions）与将这些区隔合法化，而使已确立的秩序合法化"。这就是布尔迪厄所描绘的第二种综合。

布尔迪厄认为上述二者所持的观点都不够充分。第一种综合将分类领域内部关系的研究看成一种自足——自主的现象：与之相反，第二种综合则将意识形态的符号领域全然归属于阶级关系的社会领域，因此，据布尔迪厄所述，便属于化约论的。布尔迪厄希望将两个分隔的领域相互接合起来，以处理这一问题。在他看来，符号关系对于阶级关系来说并不是伪装的隐喻，当然也不是"纯然的表意"。正是因为人们往往是在一个确定的种类上来从事符号活动的，因此能够与另一个领域——阶级关系的领域以接合的方式进入运行——由此也能去从事权力与支配的活动。

> 正是信息与知识成为被结构与正在结构化的工具，"符号系统"履行了它们作为支配工具的政治功能……［就此］意识形态定位的领域会以一种变异的方式（in a transfigured）再生产出社会定位的领域。①

在这些论述中，我们即刻便能发现布尔迪厄将自己看作——第三种？——综合：他所关心的是将许多不同领域建构为区隔的"法则"，再生产自身，通过"一种变异的方式"，每一种又都会去再生产出其他的领域。这一综合呈现了它自身解决问题的规则。不可怀疑的是，当布尔迪厄正在尝试"思考"第二种综合的（马克思主义的）问题架构时，他也把握到了为第一种综合的（结构主义的）问题架构所提供的优点。因为结构主义语言学的首要原理便是，一个记号不能在自身的层面上表意（只在与其他术语关系之内表意），同时也不能通过直接指涉世界中的某个对象而表意。正如布尔迪厄对索绪尔的改述（这也包括列维－斯特劳斯，但没有提到阿尔都塞），意义出现在"一个结构与另一个结构（意识形态领域与社会领域），或一种位置与另一种位置（上述领域中

---

① Bourdieu，同前。

的每一个）之间的对应中，而不是出现在一个要素与另一个要素之间的联系中"。当列维－斯特劳斯讨论图腾系统与自然世界间的关系时，他坚持认为，我们不能将图腾分类中的任何单个术语，视为对大自然中某一客体或动物的直接"指涉"。这是因为在系统中的一个术语与另一个术语的关系，是在结构中，才可类推到——对应到——被提到的物种中的一种动物与另一种动物之间的关系。

不管我们是否尝试从这点出发去发展一个完备的马克思主义意识形态理论，似乎已经出现了这样一种情况，意识形态问题向我们呈现出了马克思主义理论所具的这样一种范例：即阿尔都塞所说的，想要马上去把握住"链条的两端"，这既是必要的，也是困难的。这个两端便是：在区位上（如意识形态）其具有相对的自主性，同时，又存在着"在最后时刻的决定性"（例如，意识形态为其他境况所决定，在最后时刻是为经济所决定）。就我们而言，有必要去紧紧地抓住后面那一项规定，时不时地去认可那样一种趋势，将一种特殊形构的层次——特别是"观念"或"意识形态"回归于"基础"（狭义地说，便是"经济基础"）；另一方面，也需要去探查（意识形态）"相对自主性"的艰难地带，它给了意识形态领域自身一种十分尴尬的开放性。正是通过这一裂口——借用阿尔都塞的话来说——符号学的"小狗"会不断地在马克思主义意识形态理论的"两腿之间滑落"① ……

（黄卓越　译）

---

① 这个大胆的隐喻出现在阿尔都塞"Elements of Self-Criticism"的小节"Science and Ideology"的结语中。

表意、表征和意识形态[*]
——与阿尔都塞及后结构主义者的争论

本文试图评价阿尔都塞在重新界定意识形态范畴方面的贡献。本文并不想对此提供详细的注解,而只是想围绕阿尔都塞同经典马克思主义的意识形态表述相决裂所促成的理论收获,提供一些概括性的思考。文章认为这些理论收获在马克思主义内部打开了一个新视角,有助于人们以一种非常不同的方式对意识形态进行再思考。

阿尔都塞过去让我相信,而且现在我依然相信:马克思把构成一个完整社会的那一整套关系——马克思所说的"整体"(totality)——概括为一个在本质上很复杂而非单一性的结构。因此,这个整体内部各不同层面——例如,经济的、政治的和意识形态的(如阿尔都塞所说)——之间的关系,就不可能是一种简单的或直接的关系。因此,仅仅依据某种占主导地位的社会和经济组织原则(经典马克思主义所说的"生产方式")去解读不同社会实践层面存在的各种社会矛盾,或者,仅仅依据两种实践之间的一一对应关系去理解各种不同的社会形构(social formation),这两种观念都是无效的,而且都不是马克思最终概括社会整体时所采用的方法。的确,一种社会形构之所以会有复杂的结构,并不单单因为一种事物与别的事物之间的相互作用——也就是说,传统的、社会学的、多元因素的方法在其中并没有单方面占据决定性的

---

[*] 原题"Signification, Representation, Ideology: Althusser and the Post-Structuralist Debates",原文载于 *Critical Studies in Mass Communication*, Vol. 2, No. 2, June, 1985。

优先地位。一种社会形构是一个"受支配的结构"。它有某些明显的趋势；它有某种特定的构形（configuration）；它有某种明确的结构化过程。这是"结构"这一术语依然重要的原因之所在。即便如此，它也是一种复杂的结构，我们不能将其中一个层面的实践轻易地还原为另一个层面的实践。长期以来，一直就有学者在反对马克思主义意识形态理论的传统解释中存在这两种还原论倾向——实际上，正是马克思和恩格斯本人开启了这项修正工作。而阿尔都塞是当代对这一问题进行理论探讨的关键性人物，他显然破除了一些旧的探讨规程，并且提供了一种富有说服力的替代方案，后者依然大体上还保留在马克思主义的问题框架之内。这是一项重要的理论成就，尽管我们现在反过来还要对阿尔都塞取得突破的说法进行批评和修正。我认为阿尔都塞还正确地指出了，马克思1857年所写的《政治经济学批判大纲》"导言"在对社会形构进行理论探讨时，实际上使用的就是这种方法，而此文正是马克思在方法论上最为精心构制的一个文本。

  阿尔都塞在理论上提供的另一种全面的推进，就是他使我能够包容差异并与之相处。阿尔都塞要与一元论的马克思主义观念决裂，就需要对差异进行理论化的探讨——承认存在各种源自不同根由的不同的社会矛盾；承认推动历史前进的各种矛盾往往不会在同一个地方呈现出来，也不会产生同样的历史效果。我们必须思考不同矛盾之间的接合，思考这些矛盾展开时所依据的各种具体情况和时距，思考它们发挥作用时所借助的不同模态。我认为阿尔都塞正确地指明了：许多非常杰出的马克思主义者在实践中都有一种顽固的一元论习惯，只要能进一步确保一体性（unity），他们就会舍弃复杂性而草率地对待差异。但是人们在马克思1857年所写的《大纲》"导言"中，就发现了他对这种迟延的目的论（delayed teleology）所做的重大推进。例如，马克思在这篇文章中说，所有的语言必定会有一些共通的元素，不然我们就无法把它们视为隶属同一种社会现象的东西。但是当我们这么说的时候，我们只是在一种非常普遍的抽象层面——"语言一般"的层面——谈论某个事物。我们仅仅开启了我们的考察。而更重要的理论难题，要考虑到不同语言的具体情况和差异，要在具体的分析中去考察很多决定特定语言或文化形态的因素，考察对这些形态进行彼此区分的特定方面。马克思认为，批判性的思考会从抽象转向思想的具体——后者是由各种规定性产生的结果，这一洞见是他提出的最深刻的但却最容易被忽视的认识论命题之一，甚至连阿尔都塞本人对此也有几分误解。①

可是我必须立即补充一点，阿尔都塞还让我用一种特殊的方式思考"差异"，而这种方式与经常把阿尔都塞视为创始人的那些后续理论传统有着很大的差别。如果你浏览一下话语理论②——比如看看后结构主义者或福柯的话语理论——就会发现，现在不但出现了从实践向话语的转变，而且有关差异的阐述（例如，强调话语的多元性、意义的不断滑动和能指的无休止滑移）也在发生转变，并且已经超越了原来的立论点——即可以在理论上阐明一个复杂的统一体必然存在的不均衡的状态，或一个复杂结构所具有的"差异性统一"。我想我们由此可以理解，为什么每当福柯看起来要冒险把各种事物聚合在一起的时候（例如，他列举的许多知识转型，都凑巧与法国历史上旧制度向现代制度的转型相当一致），他又必须赶紧让我们确信没有任何事物与其他事物是完全相符相应的。强调的重点往往指向持续不断的滑动，偏离任一个可以预料的情境（conjuncture）。我认为也只有从这一思路，我们才能理解福柯为何对国家这个论题保持了意味深长的沉默。当然，他会说，他知道国家是存在的；那么，法国知识分子究竟不知道什么呢？但是，他只能将国家假定为古拉格集中营（Gulag）那样的国家，假定为一种抽象而空洞的空间——带有同等抽象的反抗观念的不在场/在场的他者。福柯的基本表述不仅提到"国家而且提到遍布社会的微观权力机制"，但他在使用中始终特别重视后者而忽视国家权力的存在。

福柯（1972/1980）非常正确地指明，有许多马克思主义者将国家视为一种单一的事物；也就是说，把国家简单看成统治阶级委员会的统

---

① 可参考作者1974年发表的"Notes on the '1857 Introduction'"。
② 一般意义上使用的"话语理论"这个术语，指的是语言学、符号学和精神分析理论等领域的一些相关的与新近的理论发展，是伴随20世纪70年代的结构主义理论与罗兰·巴特和阿尔都塞的著作的"决裂"而出现的。在英国的一些例证，可见于《银幕》杂志上新近发表的一些讨论电影和话语的成果，这些批评和理论写作受到拉康、福柯以及德里达解构主义的影响。而在美国，许多这样的写作潮流现在被归属在"后现代主义"的名号之下。

一意志，根本不顾及它今天面对的是什么样的情况。而从这种观念出发，就会认为所有的事物都具有必然的因果"扣连性"（yoking together）。我同意人们不能再以这种方式来思考和探讨国家问题了。国家是一个充满矛盾的结构形态，这意味着它有各种不同的行动模式，在许多场域发挥作用：它是个多中心、多维度的结构。它有一些非常明显的主导倾向，但并没有单一铭刻的阶级特征。另外，国家在现代资本主义的社会结构中依然占有至关重要的位置，各种不同的政治实践都聚结（condensed）于其中。在某种程度上，国家的职能恰恰就是把各汇聚起来或者接合成一个有复杂结构的实体，及各不同场域相关联的一系列政治话语和社会实践，而其使用的是对权力进行传输和转化的方式——有些实践，如家庭生活、市民社会、社会性别和经济关系等，本身与政治领域原来几乎没有多大关系，而通过权力的传输与转化，则与其他一些被接合进国家的领域发生了关联。国家是一个展现聚结功能的实体，它使得不同实践之间互有交叉的场域转化为社会内部一套关于法规、规则、规范和常规化操作的系统实践。国家聚结了各种迥异的社会实践，并把它们转化为一种对某些特定阶级及其他群体进行统治和支配的运作。要对此进行概念化的思考，采用的办法不应当是用差异来替代它的对立面（统一），而应当依据一个新的概念——接合（articulation）①——来对二者重新进行思考。这恰恰是福柯不肯采用的方法。

因此，我们决不能只从阿尔都塞对"差异"的强调这一角度来描述他作出的理论推进，相反，应该顾及对统一和差异进行思考的必要性，顾及复杂统一体内部的差异，而不要让这一点成为让差异本身获得特权的口实。如果德里达（1977）的观点——能指总是在永远滑动，不断

---

① 我用"接合"一词，指的是一种结合或链接。这种链接并不像一条法规或现实生活那样必然是给定的，而要求必须呈现特定的存在条件，必须得到某些具体过程的明确支持，它不是"永久不变的"，而必须不断地得到更新，在某些情境下可以消失或被废除，导致旧链接的解除和新的结合——重新接合（re-articulation）——重新建立。还有非常重要的一点是，不同实践之间的接合并不意味着它们会变成完全相同的事物，或者一方会溶化在另一方中。每一方都保留自身独特的规定性和存在条件。然而，一旦接合被构建起来，两种实践就可以一起发挥作用，不是以一种"直接的同一性"（用马克思在《导言》里的语言），而是以"统一体内部的差异"发挥作用。

"延异"的——是正确的，那么以下这种说法也应该是正确的，即，如果没有一些任意的"定位"或者我所说的"接合"，也不会有任何的表意实践和意义呈现。意识形态如果不是如下运作——通过选择和组合以确立等值链（a chain of equivalences），并以此来确定其意义定位——又会是什么呢？正是这个原因，我提议你们不要过多关注那个带有原拉康主义、新福柯主义和前德里达主义色彩的阿尔都塞式文本——《意识形态与意识形态国家机器》（1970/1971），相反要重视另一本在理论思考上并不周全的著作《保卫马克思》（1965/1969），在我看来，也许正因为这本书具有比较强烈的试验性色彩，才显得更具原创性和生成性。尤其是其中的《论矛盾与多重决定》（On Contradiction and Over-determination）一文（第87—128页），其思考的问题恰恰就是无法还原为简单一体化的各种复杂的决定性条件。[1] 我在这里不想涉及《保卫马克思》在理论上的绝对严谨性问题：我甘冒理论折中主义的风险，倾向于宁愿要那种"正确但不很严谨的"思路，而不要那种"严谨但错误的"思路。《保卫马克思》促使我们去思考不同层面和不同类型的决定状况，给我们提供了《阅读〈资本论〉》所无法提供的理论概括力：对真实发生的历史事件，或者对特定的文本（《德意志意识形态》，马克思与恩格斯，1970），或者对由多个结构所决定的某些特定的意识形态形构（人道主义）进行理论概括（即，去思考多重决定的过程）。我认为"矛盾"和"多重决定"是含义非常丰富的理论概念，它们是阿尔都塞从弗洛伊德和马克思那里借来的一笔巧妙的"贷款"；在我看来，阿尔都塞对这两个概念的运用方法实际上还没有充分挖掘出它们的丰富性。

差异与统一的接合包含了一种试图对马克思主义决定论这个核心概念进行概念化思考的不同方法。对经济基础/上层建筑的一些经典的公式化表述一直支配着马克思主义的意识形态理论，体现着各种对决定论进行思考的方法，这些思考方法基本上依据的是这样一种观念：一个层

---

[1] 我一直偏爱《保卫马克思》，而不是写作上更为完善、更具结构主义色彩的《阅读〈资本论〉》（Althusser & Balibar, 1968/1970）。我的这种偏爱，不仅仅出于其对贯穿于《阅读〈资本论〉》的整个斯宾诺莎结构主义-因果关系，而且源于我对一种流行的学术假设所持的成见的怀疑，这种假设认为凡是"最新近的"研究成果就必然是"最好"。

面的社会形构必然与另一个层面的社会形构是相互对应的。他们认为，无论有没有直接的同一性，无论是迟是早，政治、法律和意识形态的实践都将会符合并因此进入一种与所谓的"经济"必然对应的关系。但现在的情况是，由于标新立异的后结构主义理路和放弃"必然的对应关系"已成了时髦的思路，就出现了一种常见的、径直走向对立面的、不可阻挡的哲学滑移；也就是说，简单滑向了那种听起来几乎相同但本质上非常不同的论调——宣称世界上"必然不存在对应关系"。保罗·赫斯特（Paul Hirst）作为一名经验丰富的后马克思主义理论家，也在耗用自己巨大的影响和威望去支持这种有害的滑动。"必然不存在对应关系"正好表达了话语理论的基本观念，即任何事物与其他事物实际上都是不关联的。甚至当对于某些具体话语形态的分析已经不断显示出一套话语与另一套话语的叠加或者一套话语向另一套话语滑动的时候，所有努力似乎还在死守一种对于原理的反复的争辩：必然不存在对应关系。

我不同意这种简单的反转（inversion）。我认为我们发现的是并不存在必然的对应关系，这是有差别的；这种表述体现了第三种立场。这意味着并不存在这样一条规则——它可以确保某个阶级的意识形态已经被明确地给定了，或者对应于该阶级在资本主义经济生产关系中所占据的某种地位。声言"不做担保"（no guarantee）就是与目的论决裂，并且还隐含着并不存在必然的非对应关系。就是说，我们并不能确保如下的情形：意识形态与阶级在所有情况下都绝不会以任何方式接合在一起，或者在一段时间里绝不会产生出一种可以在阶级斗争中担当起自觉的"行动统一性"的社会力量。一种建立在实践与斗争的开放性之上的理论立场，自身必定会产生某种可能的结果，在效果方面形成某种接合，而这种接合并不是必然对应于它的起源。更具体地说，例如，某些特定的社会势力有效地干预了1917年在俄国发生的事件，但这并不就要求我们说，俄国革命是整个俄国无产阶级一致支持某种单一的革命意识形态所取得的成果（事实显然不是这样的），也不要求我们就得认为，工人、农民、士兵和知识分子之间的联合（接合在一起）构成了干预行动的社会基础，这种联合的决定性特征就是由这些人在俄国社会结构中所处的原有地位以及各种附属于它们的必然的革命意识所保证的。然而1917年的革命的确发生了，而且就像列宁惊奇地发现的那样，那是"一种极其独特的历史形势的产物，各种完全不同的潮流、完全不同的阶级利益、完全相反的政治和社会斗争……以一种罕见的'协调的'方式……整合起来了"。正像阿尔都塞在《保卫马克思》当中对列宁此文的评述所提醒我们的，这一点正好指明了一个事实："如果一种矛盾想要能强有力地'活动起来'并成为引爆变革的动因，它就必须有对各种'环境'和'潮流'的积聚，以至于不论它们因何原因产生或有何意义，最终都得'汇合'成一个促使社会变革爆发的统一体"（Althusser，1965/1969：99）。一种富有理论含量的政治实践的目标，必然会在社会或经济因素方面与那些可以引导它们以渐进方式介入历史实践的各种政治与意识形态之间促成或建构起一种接合——这种接合必须通过实践才能建构起来，因为那些因素最初的构成方式并不能确保这种接合。

　　与正统的立场相比，这种模式获得了更多的不确定性、开放性和偶然性。这说明，你无法从一个阶级（甚至它的某些成员）在社会经济关系结构中所处的初始位置去直接"读出"它的意识形态。但我们也反对由此就认为人们不能通过正在展开的斗争实践，把某个阶级或该阶级的某些成员甚至其他的社会运动，与那些让他们作为群体的社会推动者发挥历史作用的社会政治和意识形态接合在一起。理论上最重要的逆转是通过"不存在必然的对应关系"实现的，从而说明决定性因素从阶级或其他社会力量在结构中的源初位置转移到了实践效果或成果方面。因此，我更愿意赞同（我自己读到的那些）阿尔都塞关于维持"结构"与"实践"之间双重接合关系的论断，而不接受《阅读〈资本论〉》或尼科·普兰查斯（Nicos Poulantzas）在《政治权力与社会阶级》（*Political Power and Social Classes*，1968/1975）的开篇部分所提供的那种完善的结构主义因果律。我用"双重接合"这一术语，意味着也可以从其他的视角来理解结构，不只是把它当作既定的存在条件和某种处境中的决定结构，而是看作完全由先前的实践所促成的成果。我们可以说，一种结构是以前有组织的实践所产生的一种结果。这些随后又为新一代的实践构造出一些"既定条件"和必不可少的起点。在任何情况下都不能认为"实践"有显而易见的目的：我们是在创造历史，但却是在一些并不是由我们所创造的先在条件的基础上创造历史。实践就是人们如何积极地再造一种结构的过程。不过，如果我们要避免陷入把历史仅仅视为结构主义机器内在自行推动的结果这一困境，就需要同时关注结构与实践这两个方面。结构主义对"结构"和"实践"的二分法——就像"共时性"与"历时性"的相关二分法——服务于一种有效的分析目的，但不应该被盲目推崇为一种僵化的相互排斥的区分。

让我们试着再进一步思考这个问题。并不是各社会集团、政治实践和意识形态结构之间必然的接合，而是可能的接合，可能最终创造出那些历史性的断裂或转变，而我们在资本主义生产方式的特定结构和规则当中，不再能够发现那些已经内嵌于其中或必然发生的所谓断裂和变化。大家千万不要把这一点理解成：我们在社会关系结构内部所处的地位不会产生任何政治倾向。我们绝不允许自己从一种对实践相对自主性的认识（依据其产生的效果）直接转向对"实践"（practice）的膜拜，这种转向使得许多后结构主义者在服膺时髦的法国右翼"新哲学"之前短暂地做了一阵子毛主义者。结构显示出的各种倾向——各种力量、缺口和闭合都在限制、形塑、引导并在这个意义上"决定方向"。但是它们不可能是在更为牢固的、绝对固定和确保的意义上决定方向。人们并不会不可改变地、永久地在头脑中铭刻他们理应去思考的观念；他们理应拥有的政治见解似乎还没有铭刻上他们的社会基因。问题不在于去拆解某些必然规律，而是没有必要非去创建各种联系——尽管可以制造出一些联系来。我们无法保证各阶级会出现在它们被指定的政治位置上，它们不会像普兰查斯生动地描述的那样，都在自己的后背上挂着牌照。通过开展一些可以将差异接合成一种集体意志的实践，或者通过促生一些可以浓缩一系列不同含义的话语，就能够把提供给不同社会集团进行实践的、分散的条件有效地聚集起来，从而让这些社会力量不仅成为一个"自在的"阶级（只能被自己无法控制的一些其他关系所定置），而且成为一个"自为的"阶级（能够作为一种历史力量介入实践，并能够确立新的集体目标）。

在我看来，这些都是阿尔都塞的著作所引发的一些极富创生性的思想推进。我认为,这种基本概念上的反转比之于其著作中的许多其他特征具有更为重要的理论价值,而这些特征显现出来的时候,对阿尔都塞的追随者就会有强大的吸引力。例如,要么通过对列维-斯特劳斯式的[1]多样性所包含的结构主义组合进行巧妙运用——如同《阅读〈资本论〉》的问题框架所显示的,便能将马克思著作中隐含的结构主义思想痕迹系统地转化为一种完全成熟的结构主义;要么通过一种显然唯心主义的努力,隔离出一种所谓的自治的"理论实践";要么通过对历史主义与"历史"进行糟糕的合并,许可他的拙劣追随者们纷纷提出许多反历史的理论主义推断;甚至干出注定倒霉的事,用斯宾诺莎来替代马克思主义架构中的黑格尔幽灵。E. P. 汤普森(1978)攻击阿尔都塞的苛评之作《理论的贫困》(*The Poverty of Theory*)存在的主要缺陷,并不在于他对阿尔都塞的方案中这些及其他的基本方向性错误的罗列——汤普森绝对不是头一个这么干的人,而是缺乏起码的辨识能力,他没有看出尽管如此,阿尔都塞的著作还是促成了真正的理论推进。这造成了对阿尔都塞的一种非辩证的评价,顺便也对一般的理论工作提出了非辩证的评价。因此,在这里有必要再次坦率地指出,虽然阿尔都塞的著作存在许多弱点,但他作出的推进工作确立了一个起点,我们不能容忍自己落在它的后面。在《矛盾与多重决定》之后,马克思主义对于社会结构和决定性的讨论就完全不同于以前的情形了。这本身就构成了"一场潜力无限的理论革命"。

意识形态

现在让我们转向意识形态的具体问题。阿尔都塞对于意识形态的批判,沿袭了他在批判上述经典马克思主义问题框架中某些一般性立场时的许多思路。也就是说,他反对意识形态中的阶级还原论,后者认为可以确保一个社会阶级的意识形态立场总是与该阶级在社会生产关系中所处的地位相对应。阿尔都塞在这里要批评的是人们从《德意志意识形

---

[1] 这一观点将在本人即将出版的《文化研究》一书的第三章中有说明。

态》(经典马克思主义关于意识形态理论的开创性文本)中获得的一种非常重要的见解:占支配地位的观念总是与统治阶级的地位相对应;统治阶级作为一个整体有其自身的思想,后者被内置于一种独特的意识形态当中。此处的难点在于,这种观点无法帮助我们理解:为何我们在现实中知道的是所有统治阶级在真实的历史情境中提出他们的看法时,实际上运用了各种不同的意识形态,或者这一阵子用这种意识形态,另一阵子用另一种意识形态。它也无法帮助我们理解:为什么在所有重要的政治结构中,都存在着一些针对可用于保障统治阶级利益的"观念"而展开的内部斗争。还有,它无法帮助我们理解:为什么在很多不同的历史社会结构中,被统治阶级很大程度上一直用"统治阶级的思想"来解释和界定自己的利益。把所有这些都简单称为某种占统治地位的意识形态,并认为这种意识形态会毫无阻力地自我复制,并且从自由市场开始出现以来就一路领先,这其实是一种毫无根据的观念强迫,认为阶级与意识形态之间存在着一种经验上的一致性,而具体的历史分析否认了这种一致性。

阿尔都塞的第二个批评目标,是"虚假意识"这个概念。他认为这个概念假定每个阶级都有一种真实存在的先赋的(real ascribed)意识形态,然后解释说这种意识形态无法显现自身,依据的理由是:主体与其所置身的真实关系之间存在一层屏障,后者使得他们无法认识他们本来应有的观念。阿尔都塞十分正确地指出,"虚假意识"建基在一种关于知识的经验主义的关系之上。它假定社会关系本身为那些有察觉力、好思考的主体提供了明确的知识,并且认为在主体置身的处境与主体如何去认识和了解这些处境之间存在着一种透明的关系。因此,真正的认识必然受到一种遮蔽,这种遮蔽的根源非常难以确认,它妨碍人们去"认识真实的世界"。从这一观念来理解,往往是别人,而决不是我们自己会陷入虚假意识当中,会被支配性意识形态所迷惑,成为历史的盲从者。

阿尔都塞的第三条批判是从他的一些理论观念发展而来的。他强调知识肯定是一种特殊的实践所产生的成果。无论是意识形态的认识还是科学的认识都是实践的产物,它们并不是现实在话语和语言中的反映。

社会关系必须"在言说和语言中得到表述"以获得意义。意义是意识形态工作或理论工作所产生的结果。它不单单是经验主义认识论的结果。

因此，阿尔都塞要去思考意识形态实践的特殊性，思考它们与其他社会实践的差别。他还要去思考将意识形态实践层面与其他社会结构实体接合起来的"复杂的统一性"。所以，阿尔都塞通过对那些横亘在他面前的传统的意识形态概念的批判，想要提供某些替代性的思路。让我简单察看一下阿尔都塞所说的这些替代性的思路是什么。

"意识形态国家机器"

大家很熟悉的就是《意识形态与意识形态国家机器》一文提出的思想。这篇文章中的一些理论命题在随后的争论中产生了非常强烈的影响或反响。阿尔都塞首先试图从再生产概念出发，去思考意识形态与其他社会实践之间的关系。意识形态的功能是什么？是对社会生产关系进行再生产。对于任何社会结构或任何生产方式的现实存在来说，社会生产关系都是必需的。但是一种生产方式的要素或动因，尤其是劳动力这一关键性因素，其本身就必须不断地进行生产和再生产。阿尔都塞指出，在资本主义社会结构中，劳动力的再生产越来越多的不是在社会生产关系自身内部而是在其外部进行的。当然，他不单单是指生物学意义上的或技术方面的再生产，还指的是社会和文化方面的再生产。这种生产是在上层建筑领域（诸如家庭和教会这样的机构）中进行的。它需要诸如传媒、工会、政党这类文化机构，这些机构虽然与生产本身没有直接关联，但是在"教化"（cultivating）劳动力方面却起着关键性的作用，它们教给劳动者某种资本主义生产方式所需要的道德和文化"素养"。但是阿尔都塞还提醒我们，一个技术上能胜任工作但政治上并不驯服的劳动力对资本来说根本算不上是劳动力。因此，更重要的任务是培养出那种有能力并心甘情愿在道德上和政治上屈从的劳动者，他们要屈从于为达到资本主义每一个发展阶段的经济生产模式所要求的纪律、逻辑、文化和强制力。也就是说，劳动者要永久地服从统治制度。所以，意识形态通过各种各样的意识形态机器所要做的事，就是在这种更宽泛的意义上去再生产这套现存的社会生产关系。这就是阿尔都塞提出的第一条明确的表述。

毫无疑问，这个意义上的再生产是马克思的著作中提出来的经典术语。阿尔都塞并不需要在《资本论》上做进一步的推进以发现它；尽管我们可以说，他对这一术语作出了一种非常有限定性的界定。他仅仅指的是劳动者的再生产，然而在马克思那里，再生产是一个非常宽泛的概念，包括由财物占有、剥削和生产模式本身所构成的社会关系的再生产。这就是典型的阿尔都塞手法——当他把手伸进马克思主义的袋子并取出一个带有宽泛的马克思主义连带意义的术语或概念之时，常常会给这个术语或概念赋予一种他本人特别限定的新奇意义。通过这种方式，他不断地"强化"马克思的结构主义思想特征。

这种立论是存在问题的。意识形态在这篇文章中似乎基本上指的是统治阶级的意识形态。如果存在一种被统治阶级的意识形态，似乎它只是一种完全适合统治阶级在资本主义生产方式内部的职能和利益的意识形态。在这一点上，阿尔都塞式的结构主义有滑向马克思主义功能主义之嫌，而且已经有人提出过这种指责。意识形态似乎在行使它被要求行使的职能（即，再生产出占支配地位的意识形态的统治），在有效地发挥作用，而且在继续发挥作用，没有遇到任何对抗性的倾向（在马克思讨论再生产的地方通常都会出现一个类似的概念，而且正是这个概念区分了《资本论》中的分析与功能主义的不同）。当你要问意识形态这个充满矛盾的领域是怎样的，要问统治阶级的意识形态是如何得以生产和再生产的，要问那些带有抵抗、排斥和背离倾向的意识形态是怎样的这类问题的时候，这篇文章并没有提供任何答案。这篇文章对阿尔都塞所说的那种被有效地缝合进社会结构的意识形态为什么会产生出与它对立或相反的意识形态这一问题，也没有给出解释。

《意识形态与意识形态国家机器》一文提出的第二个有影响力的命题，就是强调意识形态是一种实践。也就是说，意识形态通过一些特殊的装置、社会建制或组织内部的仪式得以显现出来。阿尔都塞在这里对镇压性的国家机器（repressive state apparatus）与意识形态的国家机器

（ideological state apparatus）进行了区分，前者如警察和军队，后者如教会、工会和传媒等，并不是由国家直接主办的。这种对于"实践和仪式"的强调只要不被用作狭义或争辩性的解释，完全可以接受。意识形态是思考和估量世界的思维框架，是人们在估算社会如何运作、他们自身在社会中处于何种位置以及他们应当如何行事时使用的"各种观念"。唯物主义或非唯心主义理论的问题，就是如何去对待观念，而观念是精神事件，因此就像马克思所说，只能以一种非唯心主义的、庸俗唯物主义的方式出现"在思想和头脑当中"（还能在哪里？）。阿尔都塞的强调是有益的——不但有助于我们跳出哲学的困境，而且在我看来还有一种额外的保持正确的优势。他很重视观念是在何处显现的，精神事件是在何处显示出来的或者被当作社会现象而意识到的。毫无疑问，这种情况主要发生在语言当中（在涉及符号使用的表意实践的意义上来理解；在符号学领域，即意义和表征的领域）。它同样还会出现在社会行动或行为的仪式和实践当中，意识形态嵌入其中或在其中打上自身的印记。可以说，语言和行为就是意识形态在实体上得以显示的媒介，是意识形态发挥功能的手段。这些仪式和实践通常发生在一些与社会机构相关联的社会部门。正因为这一点，我们为了破译那些内嵌于语言和行为当中的意识形态性的思维模式，就必须对它们进行分析或拆解。

我们在思考意识形态时所取得的这一重要的进展，有时会被一些理论家搞混——这些人声称意识形态根本不是"观念"而是实践，而且认为正是这一点确保了意识形态理论的唯物主义特性。我不赞同这种强调。我认为这种观点受到了"误置具体性"（misplaced concreteness）[①]的有害影响。马克思主义的唯物论不可能通过宣称它废止了精神事件（即，思想）的精神特征——更不用说其所产生的真实效果——来进行立论，因为这恰恰犯了马克思所说那种片面的或机械唯物主义的错误。[②] 它必须以物质形式（思想在其中得以显现）和客观事实（真实

[①] "误置具体性"严格地讲应是"误置具体性谬误"（the fallacy of misplaced concreteness），是怀特海在《科学与近代世界》中提出的概念，即"以抽象的概念或理论去解释具体的事态，或以更抽象的去解释更具体的，把抽象的概念看作具体的真实"。——译者注

[②] *Thesis on Feuerbach*, Marx, 1963.

的、物质的效果）作为立论基础。至少，这是我从阿尔都塞那句被人们广泛引用的论断——"因为意识形态嵌入在实践之中"，所以它以实体形式存在——当中学到的方法。阿尔都塞在这一部分论证的末尾处机智地写道："消失：观念这个术语"，这种太过夸张和浓缩的表述，已经造成了一些损失。阿尔都塞已经完成了很多推进，但在我看来，他实际上并没有取消观念和思想的存在，无论这种取消显得如何便利如何可靠。他向人们揭示的是，观念具有一种实体的存在。正如他本人所言，"主体的'观念'存在于他（或她）的行为当中"，而行动则"被嵌入由各种仪式所支配的践行当中，通过这些仪式，这些践行被纳入到某个意识形态机器的实体存在之中"，二者是不同的（Althusser，1970/1971：158）。

但是，阿尔都塞的命名术依然存在重大问题。《意识形态与意识形态国家机器》一文再一次理所当然地假定：市民社会的许多"自治"部门与国家存在着同一性。相比之下，这种接合在葛兰西（1971）所说的霸权问题当中居于中心位置。葛兰西之所以很难对国家/市民社会的界限作出明确阐述，恰恰就在于这种划分本身是复杂而且成问题的事情。成熟的自由民主制的一个关键问题，恰恰就是意识形态是如何从所谓民间市民社会机构（达成共识的舞台）中产生出来的——这种产生过程显然超出了国家直接运作的范围。当然，如果任何事情或多或少都处在政府的监督之下，我们就很容易明白为什么得到再生产的那一种意识形态会成为支配性的意识形态。但是更具针对性、更困难的问题，是一个社会如何给市民机构提供相对的自主权，允许它们在不受政府指导和强制的情况下日复一日地在意识形态领域发挥作用；为什么市民社会通过非常复杂的再生产程序"自由运转"的结果，一直不过是将意识形态重新构造成一个"有支配力的结构"。这是一个更难解释清楚的问题，而且"意识形态国家机器"这个概念恰恰排除了这个议题。正是一种封闭的宽泛的"功能主义"模式，在生产方式的需求与意识形态的功效之间又一次预设了一种必然的功能对应关系。

毕竟在民主社会，我们无法用这样的方式来圆满地解释媒体中存在的结构化偏见，即媒体刊登什么或者电视上播放什么完全取决于国家的指令，这么说应该没什么问题吧。但是，我们恰恰需要解释如下这种情况，即，众多新闻记者为何只顾及他们发表新闻和遭人忌恨的"自由"，却在非强迫的情况下，总是不由自主、一次又一次地复制那些在基本上相同的意识形态范畴之内构建起来的对于世界的描述？他们为何总是被一次又一次地驱动到这些局限于意识形态领域内部的、有限的指令系统当中？即使那些遵循揭丑传统来写作的新闻记者，也似乎经常会打上某种意识形态的烙印，也会不自觉地委身于此种意识形态，并让其反过来"书写他们"。

这是自由资本主义之下的意识形态最需要解释的一个方面。当人们说"这当然是一个自由社会；媒体在自由运作"的时候，如果用"不是，媒体只是通过国家的强制来运作的"这句话来回应，并不会有什么效果，其原因就在于此。或许它们真是这么做了！那么，所需要做的或许应该是拔除四或五个关键的控制因素，把我们自己的一些控制因素加进去。实际上，意识形态的再生产无法依据个人的偏好或公开的胁迫（社会控制）来解释，就像经济的再生产不能依据直接的推力（direct force）来解释一样。这两种类似的解释还是得从《资本论》开始的地方开始：分析一下这种"自发的"流通"自由"事实上是如何运转的。这正好是"意识形态国家机器"这种命名术要完全排除的问题。阿尔都塞拒绝对国家和市民社会进行区分（基于同样的理由，普兰查斯随后不合逻辑地支持他的观点，即，认为这种区别只适用于在"资产阶级意识形态"内部进行）。他的命名术对葛兰西所说的现代社会结构中极其复杂的社会构造——"市民社会中的各种壕堑和堡垒"——没有给予足够的重视。这完全不能帮助人们理解如下的程序——资本主义必须着手去规范和组织一个市民社会，而且从管理技术上看，后者并不直接受其控制——有多么的复杂。这些是意识形态和文化领域相当重要的问题，而"意识形态国家机器"这种公式化的表述却诱导我们回避这些问题。

阿尔都塞的主张包含的第三个命题，是意识形态只有借助对"主体"范畴的构建才能持续存在。这里面本来有很多复杂的事可讲，限于时间我只复述其中的一小部分。我在别处已经说过①,《阅读〈资本论〉》在论证模式上与列维－斯特劳斯和其他非马克思主义的结构主义者的做法很类似。像列维－斯特劳斯一样,阿尔都塞也将社会关系当作一种没有主体的过程来讨论。与此类似,当阿尔都塞坚持说阶级只是经济社会关系的"持有者和支撑者"的时候,他就像列维－斯特劳斯一样在运用索绪尔的语言概念,将其应用到一般的实践领域,以取代经典西方认识论当中传统的行动者(agent)/主体概念。阿尔都塞此处的观点与以下观点——就像神话在"言说"神话的创造者一样,语言在言说我们——是一致的。这就消除了个人的主观认同问题,也消除了个体或团体如何成为意识形态阐明者(enunciator)的问题。但是由于阿尔都塞提出了自己的意识形态理论,他就抛弃了意识形态只是一个没有主体的过程这个观点。他似乎接受了这样一种判断,即主体和主体性的领域不能仅仅被当作一个真空。"主体的去中心化"作为后结构主义的一项重要提议,依然没有解决对意识形态进行主观化阐述和主观化处理的问题。这里依然需要对主观影响的过程作出说明。如果我们没有主体或主体性的概念,具体的个体如何在特定的意识形态当中找到适当的位置呢?另外,我们必须用一种不同于经验主义哲学传统的方式来重新思考这一问题。这只是一个非常漫长的发展过程的开端,"意识形态国家机器"一文的开头就提到这个问题——阿尔都塞坚持认为,所有的意识形态都是通过主体范畴起作用,而主体只有在意识形态之内并且从属于意识形态的时候才真正存在。

这里的"主体"不能被混同于有生活阅历的历史性的个体。正是在这个范畴和这个位置上,主体——意识形态陈述中的"我"——才得以构成。意识形态话语本身将我们构造成适合于话语的主体。阿尔都塞借用拉康(1966/1977)的"询唤"(interpellation)概念来解释这种构造主体的方式。这意味着我们受到各种意识形态的召唤或感召,后者将我们吸收成它们的"作者"(authors)和必需的主体。我们是被意识形态的无意识过程构建起来的,在我们与表意链之间构成了这种被承认或固

---

① 这一观点将在我即将出版的《文化研究》一书的第五章中有说明。

定的态势，如果没有这种关联，对于意识形态意义的所有显现都不能展开。正是从这个论证的转向，打开了通往精神分析和后结构主义（最终脱离了马克思主义的问题框架）的狭长通道。

在这篇讨论"意识形态国家机器"的长文的论述形式当中，包含着某种非常有价值但又极其令人遗憾的思考。它必须明确地处理自己包含的两个结构要件：第一部分涉及意识形态和社会生产关系的再生产；第二部分涉及主体的构建和意识形态以何种方式在想象领域询唤我们的问题。由于此文是在两个分开的领域来讨论这两个方面的问题，结果就出现了一种不可避免的错位。关于主体的理论最初被设想为一般意识形态理论当中的批判性因素，后来却富有转喻意味地替代了整个意识形态理论。本来已经得到发展的诸种非常复杂的理论，就全都变成了关于第二个问题的理论：主体在不同的话语中是如何被构建起来的？无意识的过程在构造这些主体定位时起了什么样的作用？这是话语理论和受语言学影响的精神分析学的关注对象。要么可以探究一下在一种特定话语形构中进行阐释的条件。这是福柯的问题框架。要么可以探究一下主体和主体性的建构得以展开所依赖的无意识过程。这是拉康的问题框架。因此，在"意识形态国家机器"一文的第二部分，有相当多的理论说明。但在该文的第一部分，什么也没有。结束了！此处的探讨止步于阿尔都塞对社会生产关系再生产所做的并不充分的表述。意识形态难题的这两个方面在此文中是分离的，而且自此以后被分派给不同的两极。再生产的问题分派给了马克思主义，男性的一极，而主体性的问题分派给了精神分析学，女性主义的一极。自此之后，这一对问题再也没有相遇。主体性的问题构成了关于人的"内在性"、精神分析、主体性以及性行为的问题，而且被理解成应该"做"的事。正是通过这一途径并在这一点上，与女性主义的联系得到了更多的理论推进。再生产的问题"讨论"的是社会关系、生产和生产体系的"硬轮廓"，而这方面正是马克思主义和还原论的阶级话语要"讨论"的。理论规划上的这种分叉已经造成了严重恶果，使得意识形态难题随后的展开呈现出不平衡的态势，更不用说，它还产生了极其严重的政治后果。

《保卫马克思》当中的意识形态

我不想顺着这两种思路再继续讨论，想暂时从这种死胡同中摆脱出来，想在阿尔都塞的其他著作中寻找可替代的起点。通过这些起点，我认为依然可以作出一些有益的推进。阿尔都塞早在到达"意识形态国家机器"这篇文章的"晚期"立场之前，就在《保卫马克思》（1965/1969：231—236）的一个章节中简单提及过意识形态，这些话还是值得重申和考虑的。他在此处将意识形态界定为由各种概念、观念、神话或意象构成的表征系统（systems of representation）——通过这种表征系统男人们和女人们（女人是我附加的）感受着他们与现实生存条件的想象性关系。这一陈述值得一步一步地来考察。

把各种意识形态命名为"表征系统"，实际上承认了它们在根本上具有话语和符号特征。表征系统就是我们用以向自身和其他人描绘世界的意义系统。这就承认了意识形态性的认识是特定实践的结果——这种实践包含意义的生产。但是由于所有的社会实践都只能在意义（符号）的统辖范围之内展开，难道所有的实践就只是话语吗？

我们这里必须非常谨慎地进行推论。我们还得面对另一个没有被充分发掘的术语或排中律。阿尔都塞提醒我们，观念不可能只漂浮在真空中。我们知道它们存在，正是因为它们往往物化在社会实践当中，并显示社会实践。从这个意义上说，社会从来不会超出符号的统辖范围。每一种社会实践都是在意义和表征的相互影响之中构成的，而且它自身是被表征的。换句话说，没有超出意识形态范围的社会实践。然而，这并不意味着，由于所有的社会实践都在话语之中，所以社会实践就仅仅是话语。我知道，在描述过程当中赋予的东西，就是我们通常把观念作为实践来讨论；"实践"让人感觉到是有形的。实践是在具体的场所和装置——比如教室、教堂、工厂、学校和家庭——中发生的。这种具体性使得我们可以宣称它们是"物质性的"，但是我们必须注意到不同实践之间存在的差异。让我来举个例子。如果你介入现代资本主义劳动过程的某个环节之中，你就是在结合某些生产手段、利用以某种价格购买的劳动力去把原材料转化成某种产品或商品。这就是对一种实践——劳动实践——的界定。这种实践会脱离意义和话语吗？当然不会。如果劳动不在表征和意义的影响范围之内，那么大量的人怎么能够学习这种实践，怎么能够在劳动分工中将他们的劳动力与其他人日复一日地联合起来？那么，这种转化的实践仅仅只是一种话语吗？当然不是。我们不能因此断定，因为所有实践都在意识形态之内，或者内嵌于意识形态之中，所有实践都只是意识形态。这些实践有一种特征，它们的主要目标是生产意识形态表征。它们不同于其他一些有目的的、明明白白生产其他商品的实践。在传媒行业工作的人，本身就处在生产、再生产和转化意识形态表征的领域。他们与一般意识形态之间的关系，就不同于那些生产和再生产大量物质商品的人——尽管这些生产也内嵌于意识形态。罗兰·巴特很早就说过，所有事物也都具有表意性。后一种实践虽然也是在意识形态之内展开的，但就它们的目标特征来看，并不具有意识形态性。

我想保留的观点是，意识形态虽然是物化在实践中的表征系统，但是我并不想推崇"实践"。在阐明理论的层面上，人们的论证往往容易把社会实践等同于社会话语。尽管在指明意义和表征的重要性方面对话语予以强调是正确的，但是这种强调往往被施用到与它完全相反的一面，这使得我们在讨论所有实践时，似乎以为只有意识形态了。这简直是一种反转。

我们应该注意到，阿尔都塞说的是复数的"系统"（systems），而不是单数的"体系"（system）。表征系统的重要特点，就是它们不是单个的。在任何一种社会结构中都有许多表征系统。它们是复数的。意识形态不是通过单个的观念发挥作用的，它们是以话语链和集群方式在语义领域与话语构形当中发挥作用的。当你进入一种意识形态领域并挑选出一个结点性的表征或观念的时候，立即就会引发出一连串的隐含关联意义。意识形态表征之间彼此暗示，彼此召唤。因此，在任何一种社会形构中都可以找到各种不同的意识形态体系和逻辑。有关某种占支配地位的意识形态与某种处于从属地位的意识形态的这种观念，并不能充分地反映现代发达社会当中各种不同的意识形态话语和结构之间存在的复杂的相互影响。意识形态领域也不是一个由各种相互排斥的、内在自足的话语链条构成的领域。它们彼此争论，常常采用一些共通的、共享的概念资源，在各种不同的包含差异或等同的系统之内，对这些概念重新加以接合或予以拆分。

下面我要讨论阿尔都塞的意识形态定义所包含的下一部分内容——男男女女们生活（live）于其中的这种表征系统。阿尔都塞给"生活"一词打上了引号，因为他指的不是盲目的生物学或遗传学意义上的生活，而是在文化、意义和表征当中所体验到的生活。我们不可能终结意识形态而纯粹去经历现实。我们总是需要（表征）系统，通过它们表呈那些对我们和他们来说是真实的东西。"生活"的第二个重要之处，就是我们应该对它做宽泛的理解。他用"生活"一词，说的是男人和女人要利用各种表征系统去感受、解释和"理解"他们的生存状况。因此可以断定，意识形态总是会规定着以不同方式存在于现实世界当中的同一种所谓对象或客观状况。在社会关系或社会实践的状况与它们被展现的许多不同方式之间，并不存在"必然的对应关系"。不能由此断定，就像一些研究话语理论的新康德主义者所设想的那样，因为我们只能在"意识形态之内"了解或体验社会关系，所以一切存在都必然依赖表征工具。这一点马克思在1857年《政治经济学批判大纲》"导言"中已经阐发得很清楚了，但遗憾的是却被阿尔都塞本人给误解了。

或许"生活"这一术语最具颠覆性的含义是它隐含了经验的领域。我们恰恰是在文化表征系统内部并通过它去"体验"世界，而经验是我们的理解规则和解释模式所造就的东西。因此，不存在超出表征范畴或意识形态之外的经验。然而，那种认为我们头脑里充斥着虚假观念——并且认为当我们自己向"现实"敞开并且可以绝对验证其真实性的那个时刻，这些虚假观念会完全消散——的想法，大概是一种最具意识形态色彩的观念了。这恰恰是一个"确认"的时刻，在此刻，意义取决于表征系统介入的事实不复存在，而且我们在自然主义态度的范围之内似乎很有把握。这是一个意识形态进入极端闭合的时刻。我们在这里几乎受控于一种高度意识形态化的结构——常识，"视为当然"的管理体制。在这一点上，我们看不到观念本来就是我们表征系统的产物这一事实，陷入了自然主义的（naturalistic）幻觉——某种意识形态的高地（或深坑）之中——而不是真实自然（Nature）当中。因此，当我们将意识形态与经验或者将幻觉和本真事实做对比之时，我们未能认识到，在某个特定社会的文化和意识形态范畴之外根本无法体验这个社会的"真实关系"。这不是说所有的知识都只是我们权力意志的产物，而是说可能还有一些意识形态范畴，相较而言可以给我们提供一种了解这些特定关系的更充分、更深入的知识。

由于在我们生活于其中的社会生存条件与我们以何种方式体验这些条件两者之间并不存在一对一的关系，所以在阿尔都塞看来，有必要把这种关系称为"想象性的"关系。也就是说，我们切莫要将它们混同于现实。只是在他后来的研究中，这一领域才变成完全拉康意义上的"想象界"（Imaginary）①。这大概是因为他在这篇早期的文章中已经考虑了拉康，但还没有特意申明只有凭借拉康设定的精神分析步骤才能了解和体验这种关系。他把意识形态描述为想象性的存在，无非为了将之与"现实关系"可以准确无误地显示自己的含义这一提法区分开来。

最后，让我们讨论一下阿尔都塞对"现实生存条件"（real conditions of existence）这个短语的使用——这种用法（在当代文化理论内部）多受非议，原因就在于阿尔都塞本人持这样一种看法：社会关系实际上脱离意识形态表征和经验而存在。社会关系的确存在。我们诞生于各种社会关系之中。它们的存在不受我们意志的支配。它们的确有自己的结构和趋势。我们只有以某种方式把那些条件展现给我们自己，才能开展社会实践；但是这些表征根本无法详尽地探讨它们的意义。社会关系的确独立于精神和思想而存在，可是它们只能在思想和脑海当中得以概念化。马克思（1953/1973）在1857年《政治经济学批判大纲》"导言"中就是这么讨论的。重要的一点在于，尽管阿尔都塞随后的著作为一种完全不同的推理提供了依据，但他肯定了组成社会结构内部生产方式的各种现实关系所具有的客观性质。相较于他后来一些带有康德色彩

---

① 在拉康的著作（1966/1977）中，"想象界"标志着一种与意象的丰富关系。与之相对的是"实在界"和"符号界"。

和斯宾诺莎色彩的表现，阿尔都塞在这里更接近于"实在论者"（realist）的哲学立场。

　　现在，我想跳出我一直在阐释的这个特定的短语，详述几个与这种表述相关的更普遍的事情。阿尔都塞认为这些表征系统从本质上来说是建基于无意识的结构之上的。他在早期的文章中似乎用了一些类似于列维－斯特劳斯在界定神话编码时所用的方法——将一种神话的编码解释为关于规则和范畴的各种无意识——来思考意识形态的无意识本性。当我们阐述一种意识形态主张的时候，我们自身并没有意识到这种意识形态所包含的分类规则和分类系统。不过，就像语言规则一样，它们通过阻碍和解构的模式去接受理性的审视与分析，这些模式展现出一种适合其基本原则的话语，并且允许我们去审视那些促生它的范畴。我们知道英国海军军歌《统治吧，不列颠尼亚》（*Rule Brittania*）的歌词，但我们"没有意识到"深层结构——国家的概念以及帝国主义历史的大量涂抹和切割，对于全球统治和至高权力的预设，将其他民族作为从属者所必需的"他者"——会在那些完全赞美性的共鸣中产生巨大影响。这些隐含性的制约因素不愿意或不容易接受意识层面上的改变和重新表述。难道因此可以说，它们都是精神分析意义上的那些特定的无意识过程和心理机制所造成的产物？

　　这就把我们带回到一个问题：主体在意识形态当中是如何确认自己的？即各个单独的主体与某种特定的意识形态所建构的主体定位之间究竟是什么样的关系？情况很可能是这样的，个体在语言中的某些基本的定位以及在意识形态领域中的某种基本的位置，在其早期构成阶段都是通过精神分析意义上的无意识过程构建起来的。这些过程可以对我们产生深远的、方向性的影响，决定了我们将以何种方式在随后的意识形态话语当中给自己定位。很显然，这些程序的确在幼儿早期就开始运转了，并在幼儿与他者和外在世界之间促成一种关系结构。一方面，这些过程首先与性认同的本质和形成有着密不可分的关联。另一方面，我们不能充分证明这些定位可以独自构成那种可供所有个体在意识形态当中安置自身的心理机制。当我们开始进入"从生物学存在向人类存在的过渡阶段"之时，并没有被完全缝合到位，没有在那一刻与那些历史情境化的意识形态话语构成的复杂领域单独建立紧密关联。在我们全部的存在过程中的各个不同时刻，我们依然保持着开放的心态去应对各种形式的安置和定位。

有些人认为，后来的各种定位只是对俄狄浦斯情结解除（resolution）后所确立的最初位置进行重述。但更确切地说，主体与意识形态的关系似乎并不仅仅是由婴儿期无意识过程中的俄狄浦斯情结的解除所定置的。它们还被特定社会形构所包含的话语形构，以及与各类社会部门相关的各种关系所定置。在我看来，这种假设似乎是错误的。我们不能认为，仅就使用语言来说，个人在任何条件下可以讲话或发表见解的过程，完全等同于个人申明自己是一个在一定社会团体的特定表征体系当中被赋予特定社会性别、种族化和社会化性征的个人的过程。询唤的普遍机制可以为语言提供必要的一般条件，但我认为这只不过是推测和断言，充其量在提示人们，这些机制为阐明那些处在特定历史阶段的不同的意识形态提供了足够具体的条件。话语理论片面强调说，依据拉康的无意识过程对主体性所做的解释就是整个意识形态理论。不可否认，鉴于早期的马克思主义理论未能发展出一种关于主体和主体性的理论，意识形态理论就必须做这方面的工作。它必须在意识形态话语当中对自我确认作出解释，哪些东西容许主体在这种话语中辨识自身，以及作为它的作者去不由自主地言说。但这并不等于说，要把由拉康以语言学方式重读过的弗洛伊德思想模式当作社会构形中的一种充分的意识形态理论。

阿尔都塞本人此前似乎已经意识到，拉康的主张必然带有暂时和推测的性质。[1] 他重复了对"同一性"的续演——拉康以此来维持其论点——即，与从生物向人的存在的转变并行的是秩序法则，文化法则与其完全相同，而且"在形式本质方面与语言秩序相混同"。但是他随后又在一个脚注中注意到了这些同源关系的纯**形式**性质："从形式上看，由于文化法则首先是被当作语言引入进来的……是语言所不能穷尽的；

---

[1] 参见他的《弗洛伊德与拉康》（Freud and Lacan）一文，最初写于1964年，发表于阿尔都塞1970年出版的《列宁与哲学及其他论文集》一书。

它的内容是现实的亲族结构和确定性的意识形态结构，内嵌于这些结构中的人们发挥着他们的作用。单单知道西方的家庭是父权制的和异族通婚制的是不够的……我们也必须理解那些支配父系身份、母系身份、夫妻关系和孩童状态的意识形态结构……多数研究依然要依据这些意识形态结构来展开。这是历史唯物主义的一项任务。"但是在后一个表述中（在随后更具拉康色彩的表述中尤其如此），这种警示在各种十足的断言中已经被抛到九霄云外去了。通过一个大家熟知的滑移，"无意识就像语言那样被建构起来的"变成了"无意识等同于进入语言、文化、性身份和意识形态等等的通道"。

我以上所做的努力，是要追溯到一种开启意识形态思考的更简单、更具创生力的方法，我在阿尔都塞的著作中也发现了这一点——尽管这些研究达不到最新的程度。应该认识到，在这些事情上，尽管我们使用的概念工具已经非常精致和"高级"了，并且依据真实的理解、大量的研究，以一种真正"开放的"（即"科学的"）方法来推进知识，但我们仍然处在讨论这个问题的起点上，前面还有很漫长、很艰巨的道路要走。从其思想学术"长征"的角度来看，《保卫马克思》要比那些充满想象甚至有时充满幻想的讨论还要早一些，而后者却晚于《意识形态国家机器》一文而作。但是我们不能只因为这个，就把它丢弃不管。《矛盾与多重决定》一文包含的决定观念尽管在理论上还达不到非常严谨的程度，但比《阅读〈资本论〉》里所讨论的决定观念要丰富。《保卫马克思》里的意识形态概念尽管还不够全面，但要比《意识形态与意识形态国家机器》里的更为完整。

解读一个意识形态领域

让我来举一个简明的例证，以我本人作为样本，以此显示我们如何运用以上所述的阿尔都塞的一般意识形态概念来思考那些特定的意识形态结构。我想思考的是一套特殊的综合话语，后者涉及有关身份认同、住所、族裔的各种意识形态以及围绕"黑人"这一术语产生的社会形构。这个术语会"像语言那样起作用"（functions like a language），的确是这样。这些语言，由于我置身的社会结构，凭借的是我自身的经验，来自加勒比地区和英国，实际上与美国的情境并不完全对应。只是在语言一般而言的"混沌"层面上，它们才是相同的。事实上我们发现的东西，是处在不同历史来源（尽管它们也有关联）中的差异和特殊性。

在我来到英国的30年当中，在不同的时间段，我曾经分别被"召唤"或询唤为"有色人种"、"西印度群岛裔"、"黑鬼"（Negro）、"黑人"（black）和"移民"等各种名号。有时是在街上；有时是在街角；有时带有侮辱色彩；有时以友好的方式；有时充满暧昧的歧义。（我的一位黑人朋友因犯有"种族主义"而遭到他的政治组织的惩罚，他为了引发白人社区——我们俩作为学生居住在其中——的震惊和愤慨，专门在深夜骑车到我的窗前，站在街道中间大声地喊叫"黑鬼"以引起我的注意！）所有这些称号将我嵌入表意链上的"适合位置"，表意链通过肤色、族裔和种族等范畴来建构身份认同。

我在牙买加度过了自己的青少年时代，一直被称（召唤）为"有色人种"。实际上，这种称谓与有关种族或族裔的语法系统有接合，这种接合实际上会生成这样的含义——"不是黑人"。而"黑人"是指其余的人，指那些占人口比例最高的普通人。"有色人种"属于有肤色的、"混杂的"中产阶级等级，比其他的人要高一等——即使现实不是这样，但他们期待这样。我的家庭推崇这种精细的等级分类和区隔，而且从阶级、地位、种族、肤色等方面的差别所显现的含义，突出了这种标记。的确，他们在任何情况下都坚守这种标记，似乎它就是最终的意识形态生命线一样。当我来到英国时被本地人称（召唤）为"有色人种"，恰恰是因为在他们所能理解的范围内我的确曾经是"黑人"，你可以想见我的家人发现这种情况时会感到多么丢脸。总之，同一个术语由于在不同的"差异和等同系统"中被使用，就会传达出非常不同的隐含意义。正是一个术语在不同的表意链之内所处的位置，而不是它的字面意义，"意味着"在一个单独的术语与有色光谱里某些暗示性的观点之间存在某种固定的对应关系。

加勒比地区的话语系统，是借助当地那套精细的殖民地种族话语等级系统组织起来的，准备沿着一个层层向上的等级直到最终到达"白人"这个词——而"白人"通常是一个遥不可及的、不可能的和"缺席的"词，它的缺席/在场状态建构了整个表意链。在为争夺地位和立场而进行的那些更为激烈的、集中体现各归属社群特征的斗争中，每一个语词等级上的较量都对表意有深刻的影响。与之相比，英国的话语系统则是围绕一种更简单的二元分类——"白人/非白人"——组织起来的，更适合殖民秩序。意义并不是通过语言对世界作出的透明反映，而是凭借语词、范畴和指涉系统之间的差异生成的，这个指涉系统对世界加以分类并让其以这种方式挪入社会思想和常识当中。

作为一个有着具体生活阅历的个体，难道我真的就是这些询唤的任意一个对象？难道它们当中的随便一种都在针对我？事实上，我目前"不属于"这些对我进行表呈的方式中的这个或那个人，尽管我在不同时期曾属于他们所有人，而且现在某种程度上依然是他们中的某些人。但是，没有一个本质的、统一的"我"，只有一个我所变成的碎片化的、自相矛盾的主体。很久以后，我又一次遭遇到"有色人种"称谓的对待，现在似乎来自另一边，很远的一边。我试图在我的儿子学习光谱的各种颜色时，让他知道自己是"黑人"，而他一直说自己是"棕色人"（brown）。当然，他两者都是。

我的确来自西印度群岛——尽管我的成年生活是在英国度过的。"西印度群岛裔"和"移民"之间的关系对我而言其实是非常复杂的。在20世纪50年代，这两个词是对等词。而在当下，"西印度群岛裔"这个词是非常富有浪漫色彩的。它意味着雷鬼乐、蓝姆可乐酒（rum-and-coke）、墨镜、芒果等诸如此类的东西，而这些东西都罐装了从椰子树上掉落下来的热带水果沙拉。这是一个被理想化表达的"我"（我希望在更多的时间更多地感受到这种情况）。我对"移民"一词也很熟悉。这个词没有一点浪漫的意味。它将人置于一个可疑的位置，好像他真的属于另一个地方。"你何时返回家乡？"这类问话属于撒切尔夫人所说的"外人楔入"（alien wedge）。事实上，我是在相当晚的人生阶段才理解了以此种方式安顿"移民"这个词所隐含的意味，而且在那个场合出现的"召唤"竟然来自一个意想不到的指令。当我短暂回家省亲的时候，我的母亲对我说："我希望在那边他们不要把你误认为是一个移民!"这真是身份确认的震撼。我在很多场合也被人用其他不在场的、未明言的语词来"招呼",那个语词决不会在这儿出现,是个让人感到很失尊严的"美国"词,甚至以大写的"N"开头(即 Negro 一词)。围绕这个语词的"秘而不宣"大概是所有称谓中最意味深长的地方。明确标示的词语因其与不在场的、未标示、未明言和不可言说的意味有相互关联才"显现意义"。在一套含有在场和不在场的意识形态体系当中,意义是相关联的,是弗洛伊德所说的"去/来"(Fort,da)游戏。

阿尔都塞的《意识形态与意识形态国家机器》当中有一段广受争议的话:我们"从来都是"主体。赫斯特(Hirst)和其他一些学者其实都对此有质疑。如果我们"从来都是"的话,我们从一生下来就得具有识别结构,就得具有将我们自身放置到既定语言构形之中的方法。但是受到阿尔都塞和其他学者重视的拉康,却是用弗洛伊德和索绪尔的思想来解释识别结构的构成方式的(通过镜像阶段或俄狄浦斯情结的解除等)。不管怎样,我们可以暂时搁置这一缺陷,因为在阿尔都塞所说的话里隐含着一种关于意识形态的更普遍的事实。我们感受到的意识形态,好像它是从我们内心自由地、自发地生发出来的,好像我们就是它的自由主体,"靠我们自身运转"。事实上,我们在意识形态话语中早被言说或预定好了,它们甚至从我们一出生就等着我们,我们从其中出生并找到自己的位置。依照阿尔都塞对拉康的理解,新生的孩子也必须接受被置于"文化"规则当中的方式,他已经提前"经由各种(父系的/母系的/婚姻的/兄弟的)意识形态"被期待、命名和定位过了。

这种见解让我回想起了早年的一些生活经验来。这是在我们家被多次复述的一个故事,家里人都感到这事很好笑,但我当时一点也不明白这个笑话。当母亲把刚出生的我从医院抱回家的时候,我姐姐把头探进我的婴儿床并大喊:"你从哪儿带回来这个苦力的宝贝?""苦力"(Coolie)在牙买加指东印度群岛裔,最初是对美国废奴运动之后进入这个国家的契约制劳工的称谓,他们取代了种植园劳动中的奴隶。如果有可能的话,"苦力"在种族话语中的地位要比"黑人"低一些。这就是我姐姐议论人的方式,这些事经常在条件最好的混血家庭里发生,我一生下来皮肤就比家里其他人深很多。我几乎不知道这是真实发生的事,还是我家人杜撰的故事,这甚至或许是我自己编造的,现在已经忘记什么时候和为什么编造的。但是从那时到现在,我分明感到是这个说法把我召唤到我的"位置"上。从那一刻起,我在这个指涉系统中的位置就一直是不确定的。这也许有助于说明我最终为什么和为何会变成我最初被指定的身份:我家里的"苦力",那个不相宜的人,局外人,在街上跟那些不般配的人闲逛,伴随着各种奇奇怪怪想法长大成人。另一个人。

产生这种意识形态战场的矛盾是什么?是不是"资本和劳动之间的主要矛盾"?这种表意链显然是在一个特定的历史时刻——即奴隶制时代——形成的。它并不是永恒不变的,也不是普遍存在的。它是这么一种思想方式,借助它我们可以理解在强制性劳动的生产背后的社会关系中的被奴役人民是如何被嵌入"新大陆"的。我们暂时先不讨论这个令人困扰的问题:奴隶社会中的生产方式在全球市场中是"资本主义的"还是"前资本主义",或者是两者的接合?在发展的早期,种族制度和阶级制度实际上是重叠的。它们是"同等的体系"。种族和族裔的范畴今天依旧是统治与剥削结构的"存在"形式。在这个意义上看,这些话语具有"再生社会生产关系"的功能。可是在当今加勒比社会,这两套话语系统并不完全对应。有些"黑人"爬到了某些行业的顶端,他们当中有些人在剥削其他黑人劳工,有些人是华盛顿的坚定朋友。世界不会整齐地分割成社会/自然范畴,意识形态范畴也不会必然生产出与它们"相匹配的"意识方式。我们因此不得不说,在这两种话语系统之间存在一系列复杂的接合点。它们之间的对等关系并不是稳固的,而是随着历史变化的。这种关系并不是受单一的原因"决定"的,而是一种"多重决定"的结果。

这些话语显然把牙买加社会建构成了一个充满社会差异的空间,这些差异是围绕种族、肤色和族裔等范畴组织起来的。意识形态在此处发挥着一种指派功能,即把全体人民指派到以这些范畴组织起来的各种等级当中去。在阶级话语和种族-肤色-族裔话语的接合中(以及由此在它们之间可能发生的移位中),后者往往被指定为"主导性的"话语,借助这些范畴产生出了流行的意识形式,在这一领域当中男男女女"激发并获得了关于他们的立场和斗争等方面的意识"（Gramsci，1971：377），通过这种再现系统人们"与他们真实的生存关系保持着一种想象关系"（Althusser，1965/1969：233）。这种分析并不是一种学术的分析，只在进行理论的和分析的区隔时才有意义。阶级和种族的这种多重决定对牙买加的**政治**和各地的牙买加黑人都产生了极其深刻的影响，其中一些影响恰好是矛盾的。

那么，现在就可以来考察牙买加与英国的社会关系领域了，我们依据的是一个至少由三种不同矛盾（阶级、种族、社会性别）产生出来的交互性话语领域，每一种矛盾都有一个不同的历史和不同的运作方式；每一种矛盾都以不同的方式在对世界进行划分和分类。因此，就有必要在任何一个具体的社会形构中去分析阶级、种族和性别这几个要素彼此的接合方式——这些接合确立了具体的社会地位。我们可以说，这些社会地位在这里从属于"双重接合"。它们当然是多重决定的。换言之，考察一下它们之间的重叠或"统一"（融合），它们在意识形态领域接合差异时彼此暗示和唤起的方式，无法排除每一种结构所具有的特殊效应。我们可以根据哪种接合成为主导性接合并在那个时刻发挥作用的情况，来思考以不同方式产生联盟的政治形势。

让我们在一个特定的语义场或意识形态结构当中来讨论"黑人"这个词语，而不是只把它当作一个单一的词语，也就是说，我们在它的指意链（chain of connotations）当中来讨论。我在这里举两个例子。第一个是由黑人懒惰、恶意和狡猾等组成的指意链，产生于对奴隶制度时代这个特定历史时期对"黑人"的确认。这提醒我们，尽管"黑人/白人"的区分是通过这种指意链接合而成的，它并不单单是由劳资矛盾赋予的，体现那个特定历史时代特征的社会关系在这种话语结构中充当了指称对象。在西印度群岛裔的例子中，带有这种指意反响的"黑人"这个词，是一种表呈方式，体现的是那些带有鲜明族裔特征的人最初是如何嵌入社会生产关系的。当然，这种指意链并不是唯一的。另一个完全不同的指意链产生于富有影响力的宗教话语当中，后者就强烈冲击到加勒比人：将光明与上帝和精神联想到一起，将黑暗与"黑色特征"与地狱和撒旦、罪恶和诅咒联想到一起。当我还是个小孩，有一天被我的一个祖母带入教堂的时候,我便以为黑人牧师向万能的神发出求助语("主啊,请照亮我们的黑暗")是对某种有点个人味的神助的非常具体的吁求。

意识形态斗争

任何一种具体的意识形态链的能指都在语义链之内展示意义,因此考察语义域是非常重要的。马克思提醒我们,昔日的观念像梦魇一样纠缠着活人的头脑。历史观念形成的关键时刻对语义场域有重要影响。这些语义场域形成于特定的历史时期,如资产阶级个人主义的观念就形成于17世纪和18世纪的英格兰。它们在自身指涉的社会关系消失很久之后,还留下了一些关联的痕迹。即使话语已经分裂为各种连贯的或有机的意识形态之时,这些痕迹在随后的时代也可以被重新激活。常识思维包含着葛兰西所说的"没有库存清单的"意识形态的痕迹。例如,在一个信仰世俗化并因此将"神圣事物"投入世俗理念的世界,去考察一下宗教思维的痕迹。尽管对于术语的宗教阐释逻辑已经被削弱,但宗教的思想储备依然在继续穿越历史,适用于各种各样新的历史语境,强化或巩固那些显然比较"现代的"观念。

在这种情境中,我们可以找到意识形态斗争的可能性。当人们试图用一些全新的替代性的术语去取代一种特定的意识形态链,并对其进行移置、质疑和决裂的时候,当人们打断意识形态场域并试图通过改变或重新接合(re-articulate)其引申义(如从否定转向肯定)来转换其意义的时候,这种特定的意识形态链就成了斗争的场所。意识形态斗争事实上包括为某个现存术语或范畴争得某些新意义的尝试,也包括让这个术语从其表意结构的位置上脱链(dis-articulate)的努力。例如,正是因为"黑人"这个词语暗含着非常强烈的被鄙视、被疏远、愚昧无知、未开化、没有教养、诡诈和无能等意味,它会被质疑、被转化并被赋予一种肯定的意识形态价值。"黑人"这个概念并不专属于任何一个特定的社会组织或任何一种单一的话语。用拉克劳(Laclau,1977)以及他和墨菲(Laclau and Mouffe,1984)的话来说,这个术语尽管引发强烈的共鸣，但并没有必然的"阶级归属感"。它在此之前已经被深深地嵌入那些关于种族区隔和凌辱的话语当中了。长久以来，它显然被绑定到了社会和经济剥削的话语与实践的某个位置。在牙买加历史的某个阶段，当民族资产阶级为从殖民政权那里获得正式的政治独立而希望与大众联合起来共同战斗之时（在这场斗争中，是本土资产阶级而不是人民大众成了领导性的社会力量），"黑人"这个词就成了某种用来伪装的符号。在20世纪60年代末和70年代席卷整个牙买加的文化革命当中，当人民第一次认识到并接受了他们的非裔－奴隶－黑人传统，而且由于要展现"牙买加性"（Jamaican-ness）的文化本质，那是一个政治激进化和群众动员的时代，是一个与其他地方黑人团结起来斗争以争取解放的时代，是"黑人兄弟"（soul brothers）与"黑人文化自信"（Soul）以及雷鬼乐、鲍勃·马利（Bob Marley）[①] 和拉斯特法里教（Rastafarianism）[②] 流行的时代，社会的重心支点和中心就移向"本根"，移向城乡"黑人"下层阶级的生活和日常感受，而"黑人"这个词就被改组成与它原来相对立的意义。它成了一个构造"团结"和"黑人经验"的正面认同的场所：构造新型集体主体——富有斗争精神的黑人群众——的重要时机。"黑人"一词在意义、立场和指涉内容方面发生的这种转变，遵循和反映了牙买加那个时期发生的黑人文化革命。它是那些新型主体得以构成的一种方式。人民——具体的个体——一直都存在着。但是他们作为面向新历史阶段而斗争的主体，则是第一次出现的。通过一个古老的范畴，意识形态就被构造出了他们反对的意义形态来。

所以，这个词虽然有一段不能被轻易废除的很长的历史，但其本身并没有特定的阶级指意。随着各种社会运动形成了一场围绕一种具体规

[①] 鲍勃·马利（Bob Marley，1945—1981），牙买加著名歌手，雷鬼乐主要创始人，被誉为"雷鬼乐之父"。——译者注

[②] 拉斯特法里教（Rastafarianism）源于牙买加黑人的一种信仰，他们崇拜曾经带领埃塞俄比亚获得民族独立的前皇帝海尔·塞拉西（Haile Selassie，1892—1975），塞拉西1930年登上埃塞俄比亚王位前被称为特法里亲王，该教因此而得名。拉斯特法里教把塞拉西当作黑人的救星，相信"巴比伦"（白人的殖民权力）即将崩溃，黑人民族会获得解放，重返非洲故乡。该教通过雷鬼音乐和拉斯特法里运动传到了牙买加境外与加勒比海、北美和英国等地。——译者注

划而进行的斗争，那些看似永远被固定在适当位置的意义，就开始从锚定点上松动了。总之，围绕指意链和社会实践（通过对"黑人"进行否定性的构建，让种族歧视成为可能）而展开的斗争，使概念的意义已经发生了转变。通过干扰那种否定性定义的核心内容，黑人运动试图抢夺这个术语本身的火力。因为"黑人"这个词曾经意味着最不受人尊重的一切事物，而现在可以被确认是"美好"，是我们正面社会身份——在我们中间需要并引发尊重——的基础。"黑人"只是以意识形态的方式存在于围绕那些意义链而展开的相关争论中，而一些社会力量卷入了这种争论。

　　我本来可以采用任何一个由社会集团组织和动员，并已经发展成新兴社会实践的基本概念、范畴或意象。但是，我希望用一个对整个社会能产生深刻共鸣的术语，围绕它，社会斗争和社会运动的整个方向已经在我们自己生活的时代发生了历史性的变化。我因此希望指明，在意识形态理论之内以一种非还原论的方式思考这个术语，会开辟出一个新的天地，它不只是在一些"好的"或"坏的"意义之间做一种唯心论的互换，也不只是在话语当中展开的一种斗争，也不是为那种在婴儿阶段即解决的特定的无意识过程的方式所永久不变地固定的意义。意识形态领域有自身的运作机制；它是一个包含着惯例、规则和社会斗争的"相对自主的"领域，并不是一个自由的、不受决定因素控制的领域。但是它也不会还原为其他任何一种社会构形等级的简单的决定性，在后者当中黑人与白人的区隔差别已经成了带有政治相关性的问题，并与有关种族的整个"无意识"接合在一起。这一过程对整个社会结构如何以意识形态方式复制自身产生了真实的后果和影响。遍布"黑人"这个术语的斗争所产生的影响，如果变得足够强大的话，就阻止了社会以那种旧的方式功能性地对自身进行复制。社会再生产自身从而成为一个充满争辩的过程。

　　与阿尔都塞的观点相反，意识形态并没有因此只对"社会生产条件的再生产"起作用。意识形态也会对居于支配地位的社会不费力地、顺畅地和有效地自我复制在一定程度上设置限定。那种认为意识形态一直就存在的观念，并不能为我们提供充分思考语言和意识形态之侧重点转移的条件，这种转移是一个持续的、无止境的过程，也就是沃洛希诺夫（Volosinov，1930/1973）所说的"意识形态符号的复调式重音"（multi-accentuality）或"语言当中的阶级斗争"。

参考文献

Althusser, L. (1969) *For Marx* (B. Brewster, Trans.), London: Penguin Press, Original work published 1965.

Althusser, L. (1971) *Lenin and Philosophy and Other Essays* (B. Brewster, Trans.), London: New Left, Original work published 1970.

Althusser, L. & Balibar, E. (1970) *Reading Capital* (B. Brewster, Trans.), London: New Left, Original work published 1968.

Derrida, J. (1977) *Of Grammatology* (G. G. Spivak, Trans.), Baltimore: Johns Hopkins University Press.

Foucault, M. (1980) *Power/Knowledge: Selected Interviews and Other Writings 1972 – 1977* (C. Gordon, Ed., C. Gordon, L. Marshall, J. Mepham, & K. Soper. Trans.), New York: Pantheon, Original work published 1972.

Gramsci, A. (1971) *Selections from the Prison Notebooks* (Q. Hoare & G. Nowell-Smith, Trans.), New York: International.

Hall. S. (forthcoming) with J. Slack, & Grossberg. *Cultural Studies*, London: Macmillan.

Hall. S. (1974) "Marx's Notes on Method: A 'Reading' of the '1857 Introduction'", *Working Papers in Cultural Studies*, 6, 132 – 170.

Lacan, J. (1977) *Ecrits: A Selection* (A. Sheridan, Trans.), New York: International, Original Work Published 1966.

Laclau, E. (1977) *Politics and Ideology in Marxist Theory*, London: New Left.

Laclau, E., & Mouffe, C. (1985) *Hegemony and Socialist Strategy*, London: New Left.

Levi-Strauss, C. (1972) *Structural Anthropology* (C. Jacobson & B. G. Schoepf, Trans.), London: Penguin, Original Work Published 1958.

Marx, K. (1963) *Early Writings* (T. B. Bottomore, Trans.), London: C. A. Watts.

Marx, K. (1970) *Capital* (Vol. 3), London: Lawrence and Wishart.

Marx, K. (1973) *Grundrisse* (M. Nicholaus, Trans.), London: Penguin, Original work published 1953.

Marx, K., & Engels, F. (1970) *The German Ideology*, London: Lawrence and Wishart.

Poulantzas, N. (1975) *Political Power and Social Classes* (T. O'Hagan, Trans.), London: New Left, Original work published 1968.

Thompson, E. P. (1978) *The Poverty of Theory and Other Essays*, New York: Monthly Review Press.

Volosinov, V. N. (1973) *Marxism and the Philosophy of Language* (L. Matejka & I. R. Titunik, Trans.), New York: Seminar, Original work published 1930.

（孟登迎　译）

意识形态问题：不做担保的马克思主义[*]

在过去的二三十年里，马克思主义理论历经了一次引人注目的复兴，但这种复兴是很不均衡且偏向一端的。一方面，它再次提供了对抗"资产阶级"社会思想的主要对立资源。另一方面，许多青年知识分子在亲历了这次复兴并经过一段鲁莽躁进的学徒期之后，又完全走向了另一方面。他们对马克思主义的遗产"进行了清算"，随后转向一些新奇的知识领域——但并非完全是新的。后马克思主义仍然是当代影响面最大、最盛行的理论流派之一。后马克思主义者们在使用马克思主义的各种概念的同时，又在不断地强调它们不再适用了。事实上，他们依靠的立论基础似乎依然是他们之前明确要捣毁的那些理论。既然马克思主义不复存在，那么后马克思主义就不得不发明它，因此要进行再次"解构"，才使得"解构主义者"有更多的事情可做。所有这些都给马克思主义赋予了一种奇妙的、死而复生的特性。它总是显得既有"超越"又有"保存"。要对这一过程作出评述，得找到一个富有启发性的立足点，意识形态范畴就是。

我不打算再回溯近期这些争论所引发的那些具体的扭结和转向，也不想沿用伴随这些争论而出现的那种错综缠结的理论化方式。相反，我试图将这些关于意识形态的争论置于一种更宽泛的、整体性的马克思主义语境当中。我还想将它当成一个一般性的问题——理论问题提出来，

---

[*] 原题"The Problem of Ideology: Marxism without Guarantees"，原文载于 B. Matthews (ed.), *Marx: 100 Years On*, London: Lawrence & Wishart, 1983，重载于 *Journal of Communication Inquiry*, 1986, 2/10。

因为它还是一个涉及政治与策略的问题。我希望在经典马克思主义关于意识形态的表述中去识别其最显著的弱点与局限性，进而去判断它取得了什么进展，我们应当抛弃什么，必须保留什么，或者说在批判的眼光下还需要重新审视什么。

不过先要讨论在近些年关于马克思主义的争论中，为什么意识形态问题占据了如此显要的位置？佩里·安德森在其对西欧马克思主义知识图景（intellectual scene）的权威检视中，指明了在涉及哲学、认识论、意识形态和上层建筑等问题的诸方面存在的强烈成见。[1] 他显然将这一倾向视为马克思主义思想发展过程中的一种扭曲。他认为，在马克思主义当中对这些问题予以优先考虑，反映出西欧马克思主义知识分子普遍脱离了对群众政治斗争和组织的诉求，他们摆脱了"与无产阶级受众有直接或积极关系的控制张力"，他们远离了"民众的实践"，依旧屈从于资产阶级思想的支配。安德森认为，这种情况造成了与成熟期马克思及马克思主义的经典主题和问题的普遍脱离。对于意识形态的过度关注，可被视为这种背离的一个具有说服力的标志。

这种观点很有道理——在近些年里亲历过"西方马克思主义"领域出现的理论主义洪流的人们，想必都可以证明这一情况。"西方马克思主义"强调的重点很好地说明了意识形态问题是以怎样的方式被建构起来的，相关的争论是如何引发的，以及在多大程度上被抽象为高级的思辨理论领域。但是我认为我们必须拒绝所有此类暗示，即如果排除"西方马克思主义"的歪曲，将意识形态依然安放在从属与次要的位置，马克思主义本会顺当地沿着既定路线按部就班地发展。意识形态问题越来越受人关注，有其更客观的基础。首先，形塑和转变大众意识的诸种手段确实发生了变化——"文化工业"有了海量增长。其次，工人阶级群众开始"赞同"欧洲发达的资本主义社会制度并随之偏爱其稳定性，这既是个棘手问题，也出乎人们的意料。当然，"赞同"并不只是通过意识形态机制来维持的。但是二者不可分割。这也反映出马克思主义最初对于意识形态的表述存在某种理论局限。它有助于阐明发达资本主义

---

[1] P. Anderson, *Considerations on Western Marxism*, London: New Left Books, 1976.

社会的政治策略以及社会主义政治运动中面临的一些关键问题。

在简要回顾这些问题时，我要强调的与其说是理论，不如说是关于意识形态的问题。意识形态问题就是要在唯物主义理论的范围之内，对社会观念是如何产生的作出解释。我们需要了解这些观念在某个特定的社会结构形态中所起的作用，为的是给改变社会的斗争提供参考，为通往社会主义的社会改造开拓道路。我用意识形态来指精神框架——即语言、概念、范畴、思想的表象和表征系统，不同的阶级和社会集团通过它们来理解、界定、断定和明了社会的运作方式。

因此，意识形态问题涉及各种不同的观念是如何把握群众的头脑并将其转变为"物质力量"的。通过这种非常政治化的视角，意识形态理论帮助我们去分析某套观念是如何支配一个葛兰西意义上的历史集团（historical bloc）的社会思想，从而有助于从内部去统合这样一个集团，以维持其对整个社会实施统治和领导。它尤其要处理一些关于实践思想的概念与语言，后者有助于强化某种形式的权力与支配，或者能促使民众顺从、安心于社会结构中的从属地位。它还要处理新的意识形式和新的世界观得以形成的过程，并促使民众投身于反抗现行制度的历史行动之中。这些问题在一系列社会斗争中至关重要。为了更好地理解和掌握意识形态斗争的领域，我们不仅需要一种理论，更需要一种能够适用于我们正在试图解释的这些复杂性的理论。

在马克思和恩格斯的著作中，并不存在此类现成的理论。马克思对资本主义生产方式下的经济形式和关系进行了历史—理论的研究，与之相较，他并没有对社会思想如何运转提出普遍性的解释。他在这方面提出的看法也从未打算获得某种"定律性的"地位。有些人把这些看法误认为是高度理论化的陈述，这很可能就是马克思主义意识形态问题最初形成的缘由。事实上，马克思对这个论题的理论推导具有浓烈的即兴色彩（ad hoc）。所以，他对这一术语的使用出现了几次明显的波动和变化。在我们这个时代——一如上述所见——"意识形态"这一术语比起在经典马克思主义文本中的用法，具有了更广泛、更具描述性但相对缺乏系统性的指涉。我们现在用它来指涉所有组织起来的社会思想形式。此处并没有处理它产生"歪曲"的程度和性质之类的问题。意识形态必定指涉实践性思考和推论的领域（毕竟，大多数观念都有可能以这样的形式把握住群众的头脑并促使他们付诸行动），而不仅仅指一套经过精心思考的、内在连贯的"思想体系"。我们指的是那些有助于人们去"理解"社会的实践性与理论性的知识——我们凭借这些知识的范畴和话语来"经受"与"体认"我们在社会关系中所处的客观位置。

事实上，马克思在很多场合都是以这种方式使用"意识形态"这一术语的。所以，这种用法在他的著作中其实是被认可的。

例如，他曾在一篇著名的文章中提到"人们凭借意识形态形式意识到……某种冲突并努力解决它"。[1] 在《资本论》中他频繁地在插入语中讨论资本主义企业家的"日常意识"或者"资本主义的常识"。他用此来指各种自发的思想，资本家凭借这些思想来自我想象资本主义制度的运转，并以此来"感受"（即，真实地体验）他与资本主义制度的实际关系。事实上，在后续对意识形态这一术语的使用中已经出现了如下一些迹象，我怀疑很多用法并不是依据马克思本人的研究成果推导出来的。例如，各种自发的"有关日常事务的资产阶级意识"是真实存在的，但它们并不是特别适用的思想形式，因为资本主义制度有各种特征——比如，剩余价值的产生，仅靠这些通俗的范畴并不能对此作出合理的"思考"或解释。另一方面，它们也决不能被认为是单纯意义上的虚假意识，因为这些务实的资产阶级男性似乎非常胜任诸如获取利润、运转体系、维持社会交往和剥削劳动的工作，根本用不着对自身所处的境况作出更复杂或"更真实"的理解。再举一例，从马克思的表述中可以合理地推出：同一套关系系统——资本主义的循环流通——可以呈现为几种不同的形式，或者（像当代学界所主张的那样）可以呈现在不同的话语体系当中。

我们只举出三种话语作为例证。一是有关"资产阶级的常识"的话语；二是古典政治经济学家（如李嘉图）等人相对复杂的理论——马克思从中获益良多；当然，还有马克思本人的理论话语——关于《资本

---

[1] K. Marx, *A Contribution to the Critique of Political Economy*, New York: International Publishes, 1970, p. 21.

论》的话语。

一旦我们不再迷信地、教条化地解读马克思，那么意识形态这一术语的许多经典用法之间存在的缺口以及近些年来对之所做的详尽阐述，就不再像流行的理论主义论辩术诱导我们相信的那样封闭了。

尽管如此，但事实上马克思经常用"意识形态"一词特指资产阶级思想的显现，尤其是那些负面的、歪曲的特征。而且，他喜欢在争论中——例如，在马克思和恩格斯合著的《德意志意识形态》当中——使用这个词来批驳那些他认为不正确的观念：通常是那种为人熟悉的、成体系的思想观念，即我们现在称之为"理论意识形态"（theoretical ideologies），或者是葛兰西所说的那种与实践意识范畴相对应的"哲学"，或者是葛兰西称之为"常识"的那些观念。马克思把这一术语用作批判的武器，针对黑格尔主义的思辨神秘、宗教及宗教批判、唯心主义哲学以及庸俗的和退化的政治经济学提出批判。在《德意志意识形态》和《哲学的贫困》中，马克思和恩格斯一直在与资产阶级思想做斗争。他们对巩固资产阶级思想统治地位的反唯物主义哲学提出了质疑。为了提出论点，他们简化了自己的许多表述内容。我们后来遇到的问题，在某种程度上就源于此，即，把这些争辩性的反诘当成了进行明确的一般性理论概括的立论基础。

在宽泛的用法当中，马克思提出了某些得以更为充分阐述的命题，后者已经为所谓的意识形态经典表述范式确立了理论根基。首先是唯物主义的前提：思想观念是从物质条件和环境中产生出来的，也是对物质条件和环境的反映。它们在思想中体现着社会关系及其矛盾。从这一点来说，人们必然会认为如下观点——即，观念是推动历史前进的动力，或者可以脱离物质关系而产生并独立自主地发挥作用——是带有思辨和虚幻色彩的资产阶级意识形态观念。其次是决定论：观念从属于社会结构中最终起决定性作用的层面——归根结底是经济——并且只是它产生的附带影响。所以，后者（经济层面）的变化迟早会引发前者（观念层面）产生相应的转变。最后是社会经济领域的支配权与意识形态领域之间的对应关系："占统治地位的思想"就是"统治阶级"的思想——后者的阶级地位提供了与前者的耦合对应（coupling）关系并确保了二者之间的一致性。

　　这些命题恰恰是经典马克思主义理论的批判者一直针对的对象。认为观念"只不过是各种反映",这虽然确立了它们的唯物论基础却忽视了它们的特定作用;也就是说,把观念看成了一个完全从属性的存在。认为观念"归根结底"受经济所决定,是沿着经济还原论的思路在陈述。最终,观念可以被还原为它们的实际存在——经济内容——的本质。在最终陷入这种还原论之前,唯一能阻止的办法就是采取延迟手段,通过增加"中介"的数量来保存一些机动空间。认为一个阶级的"统治性"确保了某些观念的支配性地位,就是将这些思想视为该阶级独有的思想,将某些特定的意识看作是有明确阶级内涵的意识。

　　值得注意的是,尽管这些批评直接针对的是关于意识形态问题的表述,但它们实际上概括出了一种对于经典马克思主义更普遍、更广泛的批评的实质:经典马克思主义僵化的结构决定论;关于经济和阶级这两类范畴的还原论;对社会形构本身进行概念化思考的方式。马克思关于意识形态的立论模式遭到了批评,原因就在于它没能把社会形构概括成一个由不同实践方式构成的并带有决定性的复杂结构,而是把它视为一个简单的(或者像阿尔都塞在《保卫马克思》和《阅读〈资本论〉》中所说的"表现性的")结构。阿尔都塞用"表现性结构"(expressive structure)这种提法,指的是"经济"作为一种实践,以直接的方式决定着其他所有的实践,"经济"产生的每一种作用在其他所有层面都会得到完全同步的、相应的复制(即"显现")。

　　了解相关文献和争论的人,应该很容易看清那些从不同侧面针对这些见解所做的更具体的修正体现出的主要思路。他们首先认为,在恩格斯对"马克思的所思所想"所做的注释中(特别是在晚期的通信中),并没有提到任何这类简单的对应关系,也没有说过"上层建筑"自身完全不能产生特定的作用。恩格斯的注释极为丰富,且富有建设性和创造性。但它们并没有为意识形态问题提供解决方案,而只是为如何认真思考意识形态问题提供了起点。他认为,马克思之所以会将这个问题简单化,原因就在于他处在与自己同时代的思辨唯心主义的斗争当中。在论战中这些观点往往伴有夸大言辞的现象,也会产生片面性的扭曲。通过像卢卡奇这样的马克思主义理论家们极具匠心的努力,在论辩中坚持以某种严格的、正统的,也是特定的"黑格尔主义"来理解马克思,同时在实践中引入一系列的"中介与调和因素",从而减轻和取代了马克思最初的一些表述中暗含的还原论与经济主义倾向,这些批评意见得到了推进。这些马克思主义理论家还包括葛兰西——不过他是从另一方向推进的,他的贡献我将在后面讨论。这些批判在阿尔都塞和阿尔都塞追随者们高度复杂的理论干预中达到顶点:他们围绕经济还原论、阶级还原论以及"表现的总体性"方法展开了争论。

阿尔都塞在《保卫马克思》,特别是在《列宁和哲学及其他论文》一书的《意识形态与意识形态国家机器》一文中提出的一些修正观点,引发了一次重要的转向。他不再将意识形态理解为"扭曲的观念"和"虚假的意识",而开始倾向于接受一种更具语言和"话语"特征的意识形态概念。接下来我们有必要讨论一个整体上被忽视的问题:即意识形态是如何内化到我们心中的,我们是如何在那些外在于我们(更确切地可以说是在思索我们)的思想范畴的限制之下"自然地"(spontaneously)言说的。(这就是所谓处在意识形态话语中心的主体被意识形态询唤的问题。精神分析由此就被引入了马克思主义当中,用来解释个体究竟是如何进入意识形态的语言范畴当中的)。阿尔都塞通过强调意识形态(例如,在《意识形态与意识形态国家机器》一文当中)在社会生产关系再生产中所起的作用功能和基础-上层建筑这一隐喻的比喻效应(在《自我批判文集》中),试图在经典马克思主义领域展开某些最后的重组。

但是他的第一条修正意见太过于"功能主义"(functionalist)了。如果意识形态的功能是依照现行秩序的"需求"对资本主义的社会关系进行"再生产",那么我们该如何去解释那些颠覆性的思想观念和意识形态斗争呢?第二条意见又太过"正统"了。恰恰是阿尔都塞本人把基础/上层建筑的隐喻给彻底置换掉了!事实上,他所打开的大门恰恰为许多人又提供了通道,这些人借此彻底抛弃了经典马克思主义意识形态理论的问题架构。他们不仅抛弃了马克思在《德意志意识形态》中独特地提出的"统治阶级与占统治地位的思想"的耦合对应关系,而且抛弃了马克思提到的一些前提性的关注,如意识形态的阶级构成以及它对于领导权的生成和维持所起的作用。

话语理论与精神分析理论,最初被设想为是给理论修正与发展中的关键性工作提供理论支撑的,后来反而提供了一些取代早先范式的替代性范畴。因此,在马克思主义理论的"目标"推进中,围绕各种形态的意识和意识形态的"主体化"而出现的一些真实的裂缝和空隙——阿尔都塞打算用"询唤"(借用弗洛伊德的说法)和"定位"(positioning,借用拉康的说法)等术语来处理,而其自身又恰恰变成了这一实验的排他性目标。关于意识形态的问题,完全变成了意识形态主体通过精神分析的过程如何被构造的问题。如此一来,理论上的张力便解除了。这是长期针对意识形态的"修正主义"研究的不断延续,最终(在福柯那里)导致了对于"意识形态"范畴本身的完全取消。然而,那些非常老练的理论家却以相当含糊的理由,依然坚持认为他们的理论"真正"具有唯物主义的、政治和历史的品格等,就好像马克思的幽灵仍然神出鬼没地游荡在理论机器(theoretical machine)上一样。

我之所以在上面非常简洁地概括这一情况,是因为我不打算细致地反击其中那些推测或反驳证据。相反,我想重拾它们的思路,至少要承认它们在根本上修正有关意识形态的经典命题方面的影响力和说服力,而且,要依照它们的观点去重新检验马克思早期的表述,考虑能否从这些新提出的批评意见中得到启发,在不丧失其原初就具有的某些本质特征与洞见(曾被称为"合理内核")的条件下,像大多数优秀的理论所能做到的那样对马克思的这些表述予以重塑或者扩展。大致来说,这是因为我承认——正如我希望展示的那样——许多新提出的批判蕴含着巨大的说服力。但是我并不相信它们全然抛弃了唯物主义意识形态理论中所有有用的洞见和所有最基本的起点。如果按照时下的标准,接下来要做的事,一如那些辛辣地提出来的、机智而富有说服力的批评意见所言,只有进行重复不断的"解构",那么,我这篇文章则要致力于一项稍微谦逊的"重构"工作——我期待这项工作不会过多地受到那种例行公事的正统观念的妨害。

意识形态问题：不做担保的马克思主义

例如，关于意识形态产生"扭曲"（distortions）的理论依据和"虚假意识"的问题，都极其棘手。现在就不难看出，为什么这类表述会导致马克思的批评者们那么咄咄逼人了。"扭曲"直接暴露了一个问题，即为什么有一些人生活在由扭曲的意识形态范畴构成的生存条件之中却察觉不到它是扭曲的，而我们凭借自身出众的才智或一些特有的、成形的概念就可以意识到。难道这些"扭曲"仅仅只是谎言吗？它们是刻意弄虚作假的吗？如果是，那会是谁干的？意识形态真的像蓄意而为的阶级宣传那样在起作用吗？再者，如果意识形态是"结构"而不是一个阴谋集团产生出来的结果或功用，那么一种经济结构怎么会产生一系列必然的意识形态效应呢？显然，这些说法都是站不住脚的。它们将资本家与群众都视为好像缺乏判断力的笨蛋。它们还包含一种看待替代型意识构成的特殊视角。可以推测，它们出现时大概类似人们从梦中觉醒或被唤醒一样，突然间恍然大悟，直接透过事物并瞥见它们的本质真实和隐蔽的结构过程。这种对于工人阶级意识发展过程的论述，竟然是以令人惊奇的圣保罗与大马士革之路①的故事为依据的。

让我们再做一点发掘工作吧。马克思并没有想当然地认为，由于黑格尔是资产阶级思辨思维的顶峰，而且"黑格尔的信徒们"已经把他的思想庸俗化和神秘化了，因此黑格尔就成了一个不值得认真对待和借鉴学习的思想家与重要人物。马克思同样很重视（甚至更重视）从斯密到李嘉图的古典政治经济学，在这里，那些意识形态构成不同层面之间的区别又一次显得很重要。古典政治经济学被马克思称为"科学的"政治经济学；将之庸俗化的人热衷于"纯粹的护教"，讲求实际的资产阶级企业家则在这种"日常意识"中借鉴李嘉图或亚当·斯密在此主题上的高深思想来谋算自己获胜的概率，但这种借鉴完全是无意识的（直到撒切尔主义出现）。更具启发性的倒是马克思的主张：（a）古典政治经济是一个强有力的、内容充实的科学工程，（b）然而，它包含一种基本的意识形态限定和一种扭曲。在马克思看来，这种扭曲与他们

---

① 圣徒保罗在前往大马士革的路上遇耶稣显圣，从一个基督教的迫害者转变为虔信者。——译者注

观点中存在的技术失误或疏漏并无直接关系，而与一种更为广泛的限定有关。具体来说，古典政治经济学展现出来的扭曲的或意识形态的特征，源自如下的事实：他们把资产阶级政治经济学的范畴假定为所有经济计算的基础，拒不理会它们的起点和前提带有的历史限定性；而且，在另一端又假定，随着资本主义的生产，经济发展不仅仅达到了它迄今为止的最高点（马克思赞同这一点），也达到了它自身的终结与顶点。在它之后，不会再有新型的经济关系。它的形式与关系将永远持续下去。确切地说，在相对更"科学的"资产阶级理论意识形态内部出现的这些扭曲，还是真实的和具体的。它们并没有破坏这种意识形态在很多方面的科学效度——因此它不是"虚假的"，只是因为受限于资产阶级思想的界限和视野。另一方面，这些扭曲也限制了它的科学效度，限制了它超越某些观点的能力，限制了它解决自身内部矛盾的能力，限制了在自身所反映的社会关系表层之外进行反思的能力。

马克思和古典政治经济学家之间的关系，体现的是一种在所谓的科学思维方式内部更复杂地讨论"真实"与"虚假"之间关系的方式，这是马克思的批评者们难以想象的。事实上，批评马克思的理论家为了寻求更大的理论活力，在"科学"与"意识形态"之间划出了一条绝对的分界线，在"资产阶级"和"非资产阶级"的思想之间设定了一个清晰的认识论断裂，他们自己其实极大地简化了马克思实际上（虽未进行太多论证）已经确立起来的复杂联系（即，关于他实际上如何把古典政治经济学既当作资源又当作对手来看待）。我们可以用另一个名称来称呼马克思所指责的政治经济学特有的那些"扭曲"，并提醒我们以后要记得早先的概念所具的普遍适用性。马克思认为它们把特定历史阶段实际存在的关系看作永恒的存在；并且看作一种自然化的效应（naturalization effect）——将特定历史时期的发展当作普遍有效的存在，仿佛这种发展不是通过历史进程，而是由自然律（Nature）本身产生的。

我们可以从另一个立场来思考一下关于意识形态的"虚假性"或扭曲性这一极具争议性的观点。众所周知，马克思认为庸俗资产阶级思想产生自发性范畴的根源，在于它植根于资本主义循环流通的"表层形式"。马克思尤其确认了市场与市场交换的重要性——物品的售卖与利润的生成都在其中得以进行。马克思指出,这种方法没有考虑资本主义生产本身所包含的关键领域——"隐蔽场所"(hidden abode)。他最为重要的一些表述都来自这一论断。

概括起来,这个论断如下。在资本主义制度下,市场交换看起来在支配与调节经济过程。市场关系靠许多因素来维持,而这些因素呈现(或被再现)在每一种试图从这一立场解释资本主义循环流通的话语当中。市场在公平交易的条件下,把消费者与生产者这两类互不了解——由于市场拥有"看不见的手",也不必互相了解——的人群聚集在一起。同样地,劳动力市场把那些想要出售某物(劳动力)与那些想要(用工资)购买某物的人们也聚集在一起:二者之间达成了"公平价格"。由于市场好像是靠魔力在运转着,"盲目地"协调着需求和对需求的满足,所以其中就没有任何的强迫行为。我们可以"选择"是购买还是出售,或者什么都不做(大概得承担这种后果:这一部分在有关市场的话语中没有得到很好地表述,它们只是大谈特谈市场选择的积极影响,而较少提及消极后果)。在市场博弈中,买卖双方交易的完成并不需要靠善意、对邻人之爱和同情来驱动。事实上,如果交易的每一方仅仅完全地考虑他(她)的自身利益,这个市场就会运转得最好。它是一个受私人利益的真实诉求和实际需要来驱动的系统。然而,它让整个社会的每个成员都同样获得了某种满足。资本家雇佣劳动力,获取利润;地主出租土地,获取地租;工人挣到他的工资,因而可以购买他所需的商品。

市场交易还"呈现"出一种相当不同的意义。它是资本循环流通的一部分,每个人对此都看得清清楚楚,它也是我们所有人每天都能感受到的一些片段。在货币经济中,如果没有买卖,我们所有人在身体和社会方面都会很快陷入停顿。除非我们深入地参与到资本主义过程的其他方面,否则我们无须更多地了解循环流通的其他环节——但如果要对资本进行定价,要让整个过程自身能够得到再生产和扩张,这些环节又是必需的。然而,除非商品生产出来了,不然就没有任何东西可卖;而且马克思指出,在任何情况下劳动力首先是在生产本身当中遭受剥削的。

市场意识形态最容易理解和明白这类"剥削",它是"牟暴利的"——从市场价格上拿了太多回扣。因此市场只是我们普遍遇到和感受到的现行体系的构成要素。它只是那些明摆着的和可见的要素：那些持续呈现的要素。

现在,如果你从这组立足于市场交换、衍生性的范畴去推断,就有可能将其延伸到社会生活的其他领域,就可以认为它们也是基于相似的模型构建的。这正是马克思在一个非常有名的段落中所指出的：

> 劳动力的买和卖是在这些范围内进行的,这个领域的确是一个天赋人权的真正乐园。只存在自由、平等、所有权和边沁。自由,是因为商品例如劳动力的买方和卖方,只取决于自己的自由意志。他们是作为自由的行动者缔结契约的,他们达成契约,只是因为将法律的表达体现在他们共同的意愿中。平等,是因为他们只是作为商品的所有者进入相互间的关系之中,进行等价物的交换。所有权,是因为每个人只支配自己的东西。边沁,是因为每个人仅仅关心他自己,使他们连在一起并发生关系的唯一力量,是他们的利己心,每个人的所获与私人利益。

总之,我们关于"自由""平等"和"边沁"(即利己主义)的看法——这些资产阶级词汇中占统治地位的意识形态原则与关键性的政治主题,于我们的时代,在撒切尔夫人和新自由主义的主导之下,已经以强势的姿态重返意识形态舞台——也可能来自我们在日常实践中所使用的那些对于市场经济进行常识性思考的范畴。那些有关资产阶级法律、政治、社会和哲学思想的权威范畴,就是通过这种方式从日常的世俗经验中产生的。

这是争论中经常被引用的一段权威的文字,马克思由此推断出几个命题——这些命题构成了意识形态理论中富有争议的领域。首先,他将资本经济流通中的一个特定的时刻或环节确立为"观念"的来源。其次,他说明了经济范畴向意识形态范畴的转化是如何完成的;也说明了从"等价物的市场交换"到资产阶级的"自由"和"平等"观念,从

意识形态问题：不做担保的马克思主义

每个人必须掌握交换手段这一事实到掌握有关财产权的法律范畴的转化过程。再次，他用一种更精确的方式定义了他所说的"扭曲"。这种从资本再流通的交换环节"脱离"（taking off）的过程是一个意识形态的过程。它"掩盖、隐蔽和隐匿"（这几个术语原文都有）了另一套关系：这些关系在表面上并不显现出来，而是隐匿在生产的"隐蔽场所"（财产权、所有权、剥削雇佣劳动、榨取剩余价值的事全都在此进行）中的。意识形态范畴"隐蔽"了这个更根本的现实，全然代之以市场关系的"真相"。这段引文在很多方面将经典马克思主义意识形态理论的所谓罪孽全部包纳了：经济还原论，在经济与政治意识形态之间确立的一种太过简单的对应关系；真实/虚假，现实/扭曲，"真实"意识/虚假意识之间的区别。

然而，在我看来，我们似乎可以从许多当代批判立场去"重读"这段文字：（a）保留原作中深刻的洞见；同时（b）用近些年来发展出的一些意识形态理论去扩展这些洞见。

在马克思看来，资本主义的生产可以被定义为一种循环流通。这一循环流通不仅解释了生产与消费，还解释了再生产——维持该循环流通持续运转的条件。每一个环节对于价值的生成和实现都至关重要。每一个环节都为其他环节确立了某种决定条件——即相互依存或相互决定。因此，如果某些通过出卖劳动已经完成的要素没有获得劳动工资的偿付，那么劳动力便不能在身体和社会方面进行自我的再生产，便无法承担起另日的工作及再一次的购买行为。这种"生产"也依赖"消费"；即便如此，马克思在分析中还是倾向于强调他赋予生产关系以优先的分析价值。（这本身就产生了严重的后果，因为它不但导致马克思主义者把"生产"置于优先考虑的地位，而且导致他们在立论时似乎将"消费与交换"的环节当成了对理论没多大价值或无足轻重的东西——一种产生负面后果的、片面的生产主义式的解读。）

今天，我们可以通过不同的方式，在意识形态领域对这一循环过程作出解释。这也是当代意识形态理论家们强调的所在，他们反对庸俗的意识形态观念，即认为在经济关系与其在观念的"表达"或表征方式之间，存在一种固定不变的对应关系，意识形态源于这种对应关系。当代理论家通过借鉴近年来学界在语言和话语的本质方面取得的成果，倾向于同一种简单的经济决定意识形态的观念进行决裂。语言是最卓越的媒介，事物经由它在思想中得以"表征"，因而它也是意识形态得以生成和转化的媒介。但是，同样的社会关系在语言中也可以得到不同的表征与解释。他们会这么认为，由于语言在本质上与它的指称对象是一种不固定的、非一对一的关系，而是有"多重指涉的"：它可以围绕表面上相同的社会关系或现象构造出不同的含义。

人们一般都认为，在我们所讨论的这段话中，无法肯定马克思是否承认在市场交换与其在思想当中如何被挪用这二者之间存在一种固定的和确定不变的关系。但是，从我所做的陈述中，你们就将看到我自己并不是这么认为的。据我的理解，"市场"意味着在庸俗的资产阶级政治经济学和讲求实际的资产阶级的自发意识当中存在的一种东西，它完全不同于马克思主义经济学分析的对象。所以我的观点是，马克思含蓄地说明，在一个存在着市场且由市场交换支配经济生活的世界，如果不给我们提供去思考、陈述和行动的相关范畴，显然非常奇怪。在这个意义上，所有的经济范畴——资产阶级的或马克思主义的——都是对现存社会关系的表达。但我认为，它还产生自另一个论点，即市场关系并不一定总是由相同的思想范畴来表征的。

市场是什么与它是如何在一个意识形态或解释框架当中被解释的，这二者之间并没有固定不变的关系。我们甚至可以说，《资本论》的目标之一恰恰就是要置换掉资产阶级政治经济学的话语——最普遍、最浅显易懂的市场话语，并且要用另一种符合马克思主义思想框架的市场话语来取代它。因此，如果我们不是太过本本主义地看待这个问题，那么理解意识形态的两种方法就不是完全矛盾的。

那么，又该如何理解作为一种意识形态的资产阶级政治经济学产生的"扭曲"呢？一种解读方法是，既然马克思说资产阶级政治经济学是"扭曲的"，那它肯定就是虚假的。所以，那些将自身的经济生活关联仅仅限于这种经济学的思想范畴和经验范畴之中的人，当然就处在"虚假意识"之中。我们在此必须再次对这些轻易得到的论断保持警惕。马克思对"庸俗"版的政治经济学和高级版的（如李嘉图的）政治经济学作出了一个重要的区分,他明确地指出后者"有科学价值"。但是,他在这种语境中所说的"虚假"和"扭曲"又指什么呢?

他不可能指的是"市场"并不存在。事实上,市场实在太真实了。从某种观点来看,它恰恰是资本主义的生命线。没有市场,资本主义根本无法冲破封建主义的框架;没有市场的不断延续,资本的循环流通将会产生突然的灾难性的中断。我认为,只有我们考虑给经济流通提供一种解释(经济流通包含几个相互关联的环节,我们单单从其中某一个环节的有利位置入手),我们才能理解这些关系。在我们的解释中,如果我们只优先考虑某一环节,而不考虑它所属的那个差异化的整体或"整套组合"(ensemble),或者,如果我们仅用一些只适合这个单独环节的思想范畴来解释整个过程,那么,我们就会陷入马克思所说的(追随黑格尔)提供"片面"解释的危险之中。

片面的解释通常就是一种扭曲。这不是说它们就是一套关于现行秩序的谎言,而是说,"片面的真理"(half-truth)不可能是关于事物的全部真相。通过这些思想观念,你永远只能再现整体的局部。因此,你就只能拿出一种不够充分的——在这层意义上说,即"虚假的"——解释。同样,如果你只用"市场的范畴与概念"去理解整个资本主义流通体系,那么你肯定就看不到这一流通体系的许多方面。从这层意义上说,市场交换的范畴不但让我们更加难以理解资本主义的过程,还让后者变得更神秘了;也就是说,它们恰恰无法让我们看清或阐明那些不可见的其他方面。

工人难道仅仅是在"虚假的意识"中凭借"公平的价格"和"合理的工资"这类范畴,来保持自身与资本主义生产流通过程的生活联系?如果是的话,我们一方面指的是他无法用他使用的范畴来理解他自己的某些处境;另一方面还指的是,由于手边现有的概念只够让他了解多个环节中的一个环节,关于整体过程的一些事情就被彻底隐蔽了。如果不是的话,我们则指的是他完全被资本主义体制下发生的事情给蒙骗了。

因此,虚假的产生,并不是因为市场是一种幻觉、一种把戏、一种花招,而只是因为对循环过程没有提供充分的解释。它还用过程中的局部要素去代替整体，这种程序在语言学中被称为"转喻"（metonymy），在人类学、精神分析和（带有特殊意义的）马克思的著作中，被称为拜物教（fetishism）。然而，循环过程中其余"遗失"的环节，并不是弗洛伊德意义上的未被发觉的无意识，因为它们并非不可见，只是由于我们目前使用的概念和范畴而被意识给抑制住了。

这也有助于解释《资本论》中另外一些极其令人迷惑的术语，这些术语事关"表面上呈现出来"的东西（有时被认为"只是现象性的"东西，即不很重要和不真实的东西），也事关"隐蔽起来"的东西，后者嵌入在结构当中，并不在表面上。然而，最重要的一点是要明白：就像市场交换/生产的例证所显示的那样，"表面"和"现象"指的并不是这些词在一般意义上所包含的虚假或虚幻之意。市场并不比其他方面——例如生产——"真实"多少。在马克思看来，"生产"只是我们应该对循环进行分析的起点："整个程序通过这个行动再次进入正常运行的轨道。"[1] 但是生产并不能独立于循环之外，因为在市场中获得的利润和雇佣的劳动力必须回流到生产当中去。所以，"真实"只是体现了马克思主义的分析在理论上对生产赋予了一定的优先性。在其他任何意义上，市场交换同样是一个物质性的过程，而且是现行体系完全"真实的"需求。它在这一点上与其他所有要素都是相同的：它们都是"一个过程的各个环节"。[2]

还有一个涉及"外观"和"表面"这类术语的难题。"外观"可能暗示某些东西是"虚假的"：表面形式似乎没有"深层结构"那么深入。语言层面的这些意指（connotation）对我们产生了负面影响，让我们按照较为真实、较不真实，较为重要、较不重要的标准把这些不同的环节排成各种等级。但是从另一个角度来看，表面上的、不断呈现出来的东西，就是我们经常看到的和每天遇到的东西，是我们理所当然看成这一过程的显在形式的东西。因此，出现如下这种情况就不足为奇了：我们根据那些经常引起我们注意的和显然在展示自身的资本主义制度的

---

[1] K. Marx, *Grundrisse*, New York: Harper and Row, 1971.

[2] Ibid.

各种片段，去自发地思考资本主义制度。比起口袋里的工资、银行里的存款、投币孔里的硬币、抽屉里的钱这类"铁的事实"，对"剩余劳动"榨取这种概念会有多少的理解。即使是19世纪的经济学家纳索·西尼尔（Nassau Senior）①，事实上也无法搞清楚：工人究竟何日何时在为盈余而不是为补偿他（她）自己的生计而工作。

在一个充斥着金钱交易的世界里，到处都是以金钱为中介，"市场"经验就是每个人对于经济制度的最直接、最日常、最普遍的感受。因此，我们把市场视为理所当然的存在，并不去质疑它因何而成为可能，它的基础与前提是什么；这一点并不奇怪。如果大多数劳动人民没有掌握一些概念，不能用这些概念从另一个位置去切入这一过程，不能构想出另一组问题，并把那些经常被市场呈现出的强势的真实性（facticity）所遮蔽的东西揭示出来，我们也不应为此感到惊讶。显然因为这个缘故，我们应该从这些基本范畴当中——为此我们在实践意识中已经找到了一些日常的用语、措辞和惯用语——促生出那种包含其他社会和政治关系的模型。毕竟，它们都属于同一系统，并且看起来是依照这个系统的条款在运行。因此，在市场的"自由选择"中，我们看到了象征更多抽象自由的物质符号；或者在市场利益所包含的利己性和内在竞争性当中，我们看到了对于某些事关人性本身的、自然的、正常的和普遍的事物的"表征"（representation）。

按照一些较近的评论和新推进的理论，我在上面对马克思这段文字的意义进行了"重新解读"，现在我要从中得出一些初步的结论。

我们不再围绕"真实"与"虚假"之间的区别来安排对意识形态的分析。意识形态的含混或神秘作用不再被看作一种骗局或神奇幻觉的产物。我们不再简单地把它们的产生归因于虚假的意识——我们贫穷、愚昧、不善于推理的无产者们永远被禁锢在其中。人们生存于其中的各种关系是"真实的关系"，他们所使用的范畴和概念帮助他们在思想中理解和表达这些关系。但是——我们在这里或许可以走一条相反的路

---

① 纳索·西尼尔（Nassau William Senior, 1790—1864），英国经济学家、律师，著有《政治经济学大纲》。西尼尔反对劳动价值论，提出关于劳动时间的"最后一小时"理论，替利润辩护。——译者注

线，不去强调"唯物主义"通常对应的那些含义——经济关系本身无法规定出一种单一的、固定的、不变的对其进行理论概括的形式。它可以在不同的意识形态话语中得到"表达"。再说，这些话语可以采用一种概念模型，然后将其转换到其他更纯粹的"意识形态"领域当中去。例如，它可以发展出一种话语——例如近代的货币主义，这种话语从摆脱强迫（在每个工作日一次又一次地迫使男女劳力进入劳工市场里面去）的具体自由之中演绎出了大写"自由"的崇高价值。

我们还绕过了"真实"和"虚假"的区别，代之以其他更精确的术语，例如"局部"和"充分"，或是"片面的"和"差异化的整体"。我们说一种理论话语可以让我们在"思想"中充分地把握某一种具体的关系，就意味着该话语为我们提供了一种对包含这种具体关系的所有其他关系以及为这种具体关系构建了存在条件的许多限定因素的更全面的理解。这意味着我们的把握是具体而全面的，而不是单薄的、片面的抽象。片面的解释即局部性的、以部分代替整体的解释类型，它只能让我们抽象出一个元素（例如，市场）以及那些恰恰没有充分依据的解释。仅仅出于这个原因，它们就可能被认为是"虚假的"。但是，严格地说，如果我们记得的只是对真实与虚假，或科学与意识形态所做的若干简单的、极端的区分，这个词就会有误导性。不管是幸运还是不幸，关于社会的解释很少落入这种简单划一的分类当中。

在我们的"重新阅读"当中，我们也试图采纳一些从最近关于"意识形态"的理论探讨中所衍生的从属性的命题，这些命题试图搞清它们与马克思的表述在哪些方面是不相容的。正如我们所看到的，这种解释与概念、思想、术语、范畴有关联，或许还与图像和符号（金钱；钱包；自由）有关联，后者让我们可以在思想中去把握社会过程的某些方面。这些都让我们能够向我们自身和其他人去描述现行体系是如何运作的以及它为什么是这样运作的。

同样的过程——资本主义的生产和交换——可以用不同的"表征系统"、在不同的意识形态框架内进行表达。有关于"市场"的话语，也有关于"生产"和"循环"的话语：每一套话语都对现行体系提出了一种不同的定义。每一套话语也都给我们限定了不同的身份——如工人、资本家、工薪阶层、工资奴隶、生产者、消费者等。从而，每一套话语都将我们置于社会行动者（actor）或者某个与该过程有特定关系的社会群体的成员的位置，并且为我们规定了某些社会身份认同。换句话说，每套话语所使用的意识形态范畴，将我们置于与这套话语所描述的关于过程的解释相关联的处境当中。工人们作为"消费者"，其生活状况与资本主义过程息息相关，可以说他们通过这个通道（消费）进入了现行体系；他们参与这一过程的实践形式，不同于那些嵌入现行体系中的"技术工人"，当然也不同于那些丝毫未被嵌入其中的"家庭主妇"。所有这些嵌入的印记都有真实的效果。由于我们在某些情况下的行事方式取决于我们对处境的界定，所以它们产生了实质性的差异。

我认为，联系近年来激烈争论的另一套关于意识形态的命题——例如观念上的阶级决定论，以及将"占统治地位的思想"与"统治阶级"直接对应起来——我们还可以开展一种类似的"重读"。拉克劳已经明确证明了这一命题——即阶级就其本身而言是那些固定的和归属其的阶级意识形态的主体——在本质上是站不住脚的。[①] 他还拆解了特定观念和概念仅仅"属于"某个特定阶级这一命题。他富有成效地证明了，所有的社会形态都无法对应于带有归属性的各种阶级意识形态图景。他令人信服地提出，为什么这一观念——即某些特定的观念被永久地固定在某个特定的阶级上——与我们现在所了解到的有关语言和话语的本质是对立的。在语言或思想中，理念和概念并不是带着它们的内容和铁定不移的指涉，以那种单一而孤立的形式出现的。从最宽泛的意义上说，语言就是带有实践性的理性、思虑和意识的载体，因为正是通过这种方式，某些意义和指涉被历史性地确立了。但它的力量依赖这样一种"逻辑"——在一个相互关联的指意链条上把一个命题与另一个命题连接起来；在此，社会意指和历史意义被聚结在一起并彼此呼应。再者，这些链条决不是永固的，无论是在它们内在的意义系统当中，还是在它们所属的社会阶层和群体方面。否则，意识形态斗争的观念和意识的转变——事关马克思主义事业的核心政治问题——都将是空洞的骗局，僵

---

① E. Laclau, *Politics and Ideology in Marxist Theory*, London: New Left Books, 1977.

死的修辞格之舞。

正是因为语言是思想和意识形态筹思的媒介，如沃洛希诺夫（Volosinov，即巴赫金）所言，它是"复调式重音"（multi-accentual），所以意识形态领域永远是"多重重音的相互交切"和"不同社会利益倾向相互交切"的领域：

> 因此，多个不同的阶级会使用一种或相同的语言，作为结果，则是不同定位的重音会在每一个意识形态的记号中交切。记号由此成为阶级斗争的场所……一个已经从社会斗争的压力中退出的记号——可以说其超越了阶级斗争的围栏——也不可避免地丢失了其力量，退化成了寓言，并成为不再是一个存活的带有社会可理解性的，而是文献学认知的对象。①

这一思路取代了把意识形态的意义与阶级归属的意识形态固定在一起的观念，而采用了意识形态斗争地形（terrains）和意识形态转化（transformation）的观念。这一思路的总趋势，是远离抽象的、一般的意识形态理论，转向一种更具体的分析，分析在特定的历史情境下，观念是如何"组织群众，并且创造出一块领地，让人们在这里活动，并获得关于他们的地位和斗争的意识，等等"（这段引言摘自1971年出版的葛兰西著作）。这种分析使得葛兰西的成果在马克思主义关于意识形态领域的思想发展历程中具有了开创性的意义。

这种修正主义的工作产生的一个后果，是容易完全取消掉意识形态的阶级构建以及意识形态如何干预社会斗争这个问题。这种方法通常会用一个同样不能令人满意的"话语"（discursive）观念——意味着所有的意识形态要素和话语都是完全自由浮动的——来取代那些理由很不充分、将各种意识形态整个归因于阶级的观念。那种在斗争场所周围扛着自身意识形态重担、背上贴着意识形态铭牌（如普兰查斯曾说过的那

---

① V. Voloshinov, *Marxism and the Philosophy of Language*, New York: Seminar Press, 1973, p. 23.

样)、高大而坚定的阶级队伍的形象,在这里被一些无穷的微妙变化所取代,通过这些变化,一种话语的构成要素似乎就自发地结合起来,并且彼此重新组合起来,除了话语运作活动本身所提供的一些变化组合之外,不存在任何实质性的限制。

现在,说"民主"这个概念并没有一个完全固定的含义,这完全是正确的,因为那种固定的含义可以完全归因于一种关于资产阶级政治表征的话语。在"自由西方"的话语中,"民主"一词所带有的含义与我们所说的"人民–民主"(popular-democratic)斗争或深化政治生活中的民主内容的含义大不一样。我们不能让这个词完全被右派的话语给征用了。相反,我们需要围绕这一概念本身展开一场战略性的争论。当然,这不只是"话语层面上的"操作。那种强有力的符号和口号,由于带有非常明确的政治负荷,不会在语言或单独的意识形态表达中左右摇摆。对这一概念的征用,必须通过展开一系列辩论、通过实施特定形式的意识形态斗争来争取:从公共意识领域中分离出这一概念的某种意义,然后在另一种政治话语的逻辑当中取代它。葛兰西明确地指出,意识形态斗争的发生,并不是通过把一个完整的、整体的、与阶级相关的思维模式置换为另一个完全成形的思想体系来进行的:

> 关键的是这样一种意识形态复合体所需要面对的批判……这使得差异与变化的过程所占的相关比重增大,而这原来则是为旧的意识形态要素通常所据有的……原先处于边缘和次要地位的……开始成为新的意识形态和理论复合体的核心。过去的集体意志融入了其矛盾性要素,因为从属的要素在社会中得到发展……

简言之,他设想的意识形态斗争是一场"位置战"。这也意味着,要在整个一连串相关的思想观念当中对不同的"民主"概念作出阐发。它还意味着,要把意识形态的解构和重构过程与一组系统化的政治立场以及一股特定的社会力量结合起来。意识形态不是作为一种物质力量开始产生效应的,因为它们源自成熟的社会阶级的需要。但反之亦然——尽管它把思想和社会力量的关系放在完全相反的方式当中。任何意识形态性的观念除非它能贯穿到政治和社会力量的领域，贯穿到不同势力之间利害攸关的斗争之中，都不可能产生实质性的效应。

当然，如果我们说，尽管我们不能将观念归属某些固定联盟中的阶级位置，但观念确实产生于并且可以体现社会集团和阶级得以生存的物质条件，这种说法未必是一种庸俗的唯物主义。在这层意义（即历史观点）上说，那些逗留在与现代资本主义发展进程有关联的"街角小店"当中的人，与他们可能因此容易被臆想为某种事实——即以为可以用这种"街角商店"的方式去对全面发达的资本主义经济进行理论概括——之间，很可能存在某种趋势性的关联（tendential alignments）。我想这就是马克思在《路易·波拿巴的雾月十八日》中所说的那种意思，他说，人们实际上没有必要因为受到小资产阶级观念的影响，而像旧的小资产阶级成员那样来安排自己的生活。但是他又提出，在那个阶级的一小部分人的客观位置与他们不由自主地被吸引的思想的界限和视域之间，也仍然存在某种关联或趋向。这是一种对"思想的特有形式"的判断，它作为理想类型适合于对社会结构中的特定位置的认知。在实际发生的历史事实中，阶级位置和思想观念之间绝不是一个简单的等式。"趋势性的历史关系"（tendential historical relations）这个观点是说，没有什么必然的、必需的或永远不变的东西。诸势力的趋势性路线只是界定了历史领域的给定性（givenness）。

它们指出了该领域是如何被历史性地建构起来的。因此，完全有可能给"民族"这个概念赋予一种进步的意义和内涵，让它体现一种民族－民众（national-popular）的集体意志，如葛兰西所指出的那样。然而，在像英国这样的社会里，"民族"观念的表达则一直是被右翼所主导的。"民族认同"（national identity）和"民族荣耀"的观念与帝国的霸权紧密相连，带有种族主义的含义，支撑这种观念的是长达四个世纪之久的殖民统治、世界市场霸权、帝国扩张和主宰土著人民的全球天命（global destiny）。因此，要给"英国"这个概念赋予一种社会激进或民主的指意，便是十分困难的。这些关联的含义并不是每时每刻都会被赋予它。但它们很难打破，因为这个特定社会形态中的意识形态领域已经被它先前的历史强有力地建构了。这些历史联系限定了一个特定社会的意识形态领域被图绘出来的方式。它们是葛兰西提到的"踪迹"："民众哲学中的层层沉积物"①，它们也不会有详细的清单，但却确立和划定了意识形态斗争可能会转移的领域。

葛兰西认为，这一领域超出了他所说的"常识"领域：是一种历史性的而不是本然的、通用的或自发的流行民众思想形式，而必然是"零散的、杂乱的和偶发的"。常识的"主题"（subject）——由极为矛盾的意识形态构型组成——"包含来自石器时代的要素，更为先进的科学原则、来自当地所有过去历史阶段的成见，以及对预言全世界所有种族将会和睦相处的未来哲学的直觉"。② 然而，由于这种包含先在踪迹和常识要素的网络构成了人民群众的现实思考范围，因此葛兰西强调，在这个领域肯定会频繁地发生意识形态斗争。"常识"成为开展意识形态斗争的主要着力点之一。最终，"'政治'确保了常识和高级哲学之间的关系……"③

观念只有最终与特定的社会力量联盟结合在一起之时，才会产生效应。从这个意义上说，意识形态斗争只是为争取掌控和领导地位——简言之即霸权（hegemony）——而开展的普遍的社会斗争的一部分。但是在葛兰西看来，"霸权"需要的，不是让整个阶级以它完全成形的"哲学"去简单提升自己的权力，而是在这样的一个过程——在其中构造出某个包含各种社会势力的历史集团并确保其处于支配地位。因此，我们对"占统治地位的思想"和"统治阶级"之间关系的理论概括，就最大限度地考虑到了"霸权支配"的过程。

另一方面，因为最初陈述有关"统治"（霸权、支配和权威）的问题或难题时所用的方法差强人意，就有人会试图舍弃这个问题或难题，这像是要把婴儿和洗澡水一起倒掉，显然也是不合适的。占统治地位的观念并不能凭借它们与统治阶级既定的匹配来确保自身的支配地位。相反，让占支配地位的观念与特定时期取得霸权的历史集团进行有效的结

---

① A. Gramsci, *Selections from the Prison Notebooks*, New York: International Publishers, p. 324.
② A. Gramsci, *Selections from the Prison Notebooks*, p. 324.
③ A. Gramsci, *Selections from the Prison Notebooks*, p. 331.

合匹配，才是意识形态斗争试图促成的事情。这是一个试验性的目标，而不是在演示一个已经写成的、完结的剧本。

很明显，虽然这一论断的提出与意识形态问题有一定的关联，但它对整个马克思主义理论的发展产生了更广泛的影响。在讨论中涉及的一个一般性问题，其实是如何看待"理论"这一特殊概念的问题：是否把理论视为对一系列担保的兑现行为（the working out of a set of guarantees）。另一个尚在讨论中的问题，则是对"决定"（determination）的一种特殊界定。从我先前提供的"阅读"中，我们很显然可以看到，鉴于生产的循环过程在范畴中被思考时是以意识形态方式进行的，资本主义生产过程的经济方面具有真实的限制和约束作用（即决定性），反之亦然。经济为思想提供了可以使用的范畴清单。经济无法做到以下两点：(a) 为任何特定时代的特定社会阶层或集团的特定思想提供内容；(b) 在任何时候都确定或保证某种思想应该被某个阶级使用。因此，经济对于意识形态的决定性，只能是指这些方面：经济为思想的运作范围设定了界限，并为思想安排了"素材"。物质环境是带有限制性的网络，是对社会进行实际思考和筹划的"存在条件"。

这是一种与众不同的"决定"概念，它既不同于那种由"经济决定论"的标准意义衍生的"决定"概念，也不同于那种以表现性的总体方式构想社会形态中不同实践之间关系而衍生的"决定"概念。这些不同层面之间的关系的确有决定色彩：即相互决定。因此，包含各种社会实践的结构——总体——既不是自由浮动的，也不是非实体性的。但它也不是一种可传递的结构，似乎可理解性仅仅处在从下向上的单向的效果传递当中。经济不能在意识形态领域产生一个最终的了结——严格说来总会确保一种结果。它无法永远确保一组特定的对应关系，也无法总是根据某些特定阶级在社会体系中的地位而将某些特定的推断模式交付给它们。这恰恰是因为(a) 意识形态的范畴是依照它们自己的发展和演化规律而发展、生成和转化的；尽管它们肯定也是从既有的材料中产生出来的。还因为(b) 实践和斗争的历史发展必然具有的"开放性"。我们必须承认政治上实际存在的不确定性，这个层面聚结了所有其他层面的实践，并确保了它们在一个特定的权力体系中的运行。

这种相对的开放性或相对的不确定性对于作为一种理论的马克思主义本身来说是非常必要的。马克思主义政治理论的"科学"之处,是它试图理解政治活动运作的领域对其自身设定的界限。这一领域,是我们可以用自然科学的确定性来预测的那些力量所无法界定的,只能靠社会力量在目前的平衡状态和具体形势的特定性来界定。它是"科学的",因为它把自身理解成是有决定性的;也因为它寻求发展一种可以从理论上明晰的实践。但是,如果说政治斗争行为产生的政治结局和后果肯定是经济运势所注定的,那就是不"科学"的。

从设定界限,确立变量,划定行动空间、具体的生存条件、社会实践的"给定性"等方面,而不是从对某些具体后果的绝对可预见性来理解"决定性",是一种"不做最终担保的马克思主义"的唯一原则。它确立了马克思主义讨论确定性——没有保证性结局——的开放视野。完全封闭的、完全可预测的思想体系是宗教或占星术,而不是科学。从这个角度看,从"首先被经济所决定"这个方面去思考马克思主义理论的"唯物主义"其实更可取,因为马克思主义反对一切的唯心主义,强调没有任何社会实践或关系网络可以自由浮动于其所处的具体关系的决定性作用之外,这一主张肯定是正确的。然而,"最终决定论"长久以来一直蕴藏着某种失落的梦想和对于理论确定性的幻觉。而且,人们已经为此付出了相当高的代价,因为确定性激发了正统的观念、僵化的规矩和已经见证了真理的论调,以及不能产生新鲜见解的理论所具有的所有其他特征。它代表了理论化过程的结束,对新概念与新解释进行提炼与发展的告终,而这些新概念与新解释本身就是一个鲜活的思想体的标志,能借之而继续去把握新的历史现实之真相。

(相明　译　孟登迎　校)

"后现代主义"与"接合"[*]
——斯图亚特·霍尔访谈录

问题：我首先想请教的是，你如何定位自己的兴趣与目前大量涌现的"后现代主义"著作之间的关系？也许，你可以先评论一下自己在哈贝马斯和利奥塔之间的争论中所持的立场，作为进入这一系列错综复杂话语的通道。

霍尔：我对后现代主义的兴趣来自几个主要原因。第一，我对后现代主义在美国突然盛行到如此地步感到着迷——与其他概念，如后马克思主义或者后结构主义等相比，后现代主义作为一个概念很快就取得了成功。"后现代主义"目前成了一个最成功的事例。并且，它实际上成功得有些过分——准确地说它是关于美国文化的成功事例——因此它的流行程度似乎有些好笑。就好比你问别人，在世界的末日你能够活多久？你从宇宙大爆炸（big bang）中躲过了多少轰炸？除此之外，人们也必须接受这一概念，它针对当代文化的形态与趋向提出了一些关键问题。它在欧洲甫一出场就成为争论的焦点，并且与许多重要的问题关联密切。接下来我来谈谈关于哈贝马斯和利奥塔之间的争论。

简言之，他们两个的观点我都不赞同。我认为哈贝马斯对于启蒙/现代主义工程的辩护既非常有价值也很有勇气，但是，我认为他并没有充分揭示现代文化中某些深层的矛盾趋势，而后现代主义则正确地揭示

---

[*] 原题"On Postmodernism and Articulation"，是两个采访的合编，编辑者为 Lawrence Grossberg，原文载于 *Journal of Communication Inquiry*，10（2），1986。

了这些趋势，这也是其魅力所在。我认为利奥塔和鲍德里亚用一种庆典模式欢迎直接突破了这道声障。他们不仅仅确认了新的趋势或趋向和新的文化构形，还在学习如何热爱它们。我认为他们将分析它与开药方这两个步骤合为一体了。这有点像后现代主义的先驱和先知麦克卢汉（Marshall McLuhan）。麦克卢汉刚开始写关于媒体的著作时还是一名来自剑桥的忠实的利维斯主义（Leavisite）批评家。他在第一部著作《机械新娘》（The Mechanical Bride）中对新技术进行了严厉批判。事实上，他将该书视为"抵御大众媒体负面影响的民防工程"。但是，不久他醒悟过来并走向了反面——由批判转向庆祝，因此他在后期著作中采取了极为不同的立场，他所做的就是躺下来任由媒体碾压，颂扬许多原来他所攻击的东西。我认为类似的事情也已经发生在后现代意识形态中了。你能够看到，在这种颂扬美国时代的背后是人们对巴黎左岸文学知识界的深刻幻灭感。在哈贝马斯批判理论中透露出仍然过于完整化的立场，与之相比，后现代主义者关于启蒙工程被侵蚀、现代主义所发生的急剧变化等观点都非常正确。但是，我认为"后现代主义"的标签，尤其是它在美国的挪用（并且它也是和世界如何把自己梦想为"美国"的方式有关的）带来了两个额外的信息，它不仅指现代文化的发展状况，还有其他内涵，首先是不存在有意义的东西——不存在什么矛盾力量和反向趋势；其次是这些变化非常强烈，我们只能顺从它。依我之见，美国接受后现代主义的方式是本质主义的、非批判性的。就整体的认识论方面而言，它无疑是欧洲中心主义或者西方中心主义的。

因此，我们被两个都无法接受的选择困住了：哈贝马斯对旧有的启蒙工程的辩护性立场和利奥塔对后现代式崩塌表示颂扬的欧洲中心主义立场。如果我们足够久远地回溯历史的话，就非常容易解释为什么会有这种过度简化的二元选择了。我不认为存在后现代主义者所言的单一的现代性。现代主义本身就是确定无误的"西方"现象。它由不同的工程（project）组成，这些工程并非都可以被整合在一起，相互之间也不是同质的。事实上，它们经常产生冲突。以阿多诺和本雅明为例：他们都是现代主义理论家，他们的理论构形在某些方面也非常接近。然而，在某些关键议题上，他们都尖锐而深刻地彼此对立。我认为像"后现代主义"这样的简约术语在我们的日常交流中会有用处，但是，我不知道如果分析起来，现代主义的单一工程所指为何物。现代主义若不是一个单一的工程，那么在其历史发展过程中就总会存在许多系列的不同倾向，理解这一点非常重要。我认为佩里·安德森（Perry Anderson）批判马歇尔·柏曼（Marshall Berman）的《一切坚固的东西都烟消云散了》的观点与此非常接近。我非常喜欢柏曼的书，同时也认为佩里·安德森的回应具有非常传统的现代主义观点，但是，关于历史分期的争论，我还是更倾向于安德森的观点而不是柏曼。我不认为柏曼描绘的是一个新时代，而毋宁说他是在强调过度发达的"西方"文化中某种重要的趋向，如果我们能够正确理解现代主义的复杂历史，就明白自从现代主义诞生以来，其发展就是极度不平稳的。

现在我们走到了后现代主义，那么，后现代主义是一个全球性的现象还是"西方的"现象呢？它指的是重组那些被纳入现代主义工程中的诸多因素后出现的新的构形（configuration）吗？或者，正像那些后现代主义的理论家想要表明的那样，它是一种新的、与过去的彻底决裂？新的全球时代的开端？这不仅仅是一个寻找断裂处在哪里的公式化的问题。如果你身处开启了帝国主义、大众民主、大众消费的1880—1920年，你就必然会期待它存在某些连续性和转变的同时也有断裂与中断。

现在我来谈一谈后现代主义关于"现实"的崩坍或者内爆（implosion）的争论。全世界四分之三的人还没有进入这个所谓的"现实"的时代。进而言之，即便是在西方，自现代大众传媒产生以来，将自己大规模地引入文化生产领域，利用文化产品来影响受众，我们就见证了绝对"现实"的逐渐衰落，也见证了伟大的现实主义话语及与此密切相关的现实主义者、理性主义者的承诺和某些主流的表征类型的衰落。我并非是说，新的话语和这些事物之间的关系，在本质上与我们所称的"现代主义"——在1980年和1900年都是一样的。但是，我不明白我们用以指称某些事的"后现代主义"与发生在世纪转折点上的断裂在整体上或基本上是否相异。我并不否认我们从那时到现在所经历的深刻质变。因此，当代文化具有某些令人困惑的特征，它们肯定会超越产生于现代主义早期的批评和理论概念。在此意义上，我们必须不断更新我们的理论和处理新的经验。我也认为，这些变化可能会构成新的主体位置和社会身份。但是，我不认为存在任何全新的、绝对统一的"后现代状态"。这是美国文化中历史失忆症特征的另一个版本——"新事物统治一切"（the tyranny of the new）。

我意识到，无论是在经验和意识形态方面，当人们提到这一"状况"时所指是什么。但是，我认为它不仅仅是一种新兴的趋向或者存在于其他趋向中的一种——它还没有完全结晶成型。例如，有一部非常有趣的电影叫作《韦瑟比》（Wetherby）①，编剧是英国剧作家大卫·黑尔（David Hare），表面上看，它是一部传统的故事片，讲的是一位在地方城镇教书的中年妇女［由瓦妮莎·雷德格瑞夫（Vanessa Redgrave）饰演］。在她举办的生日晚宴上来了一位学生，影片没有清楚地说明他为什么到这个小镇上来。这位女士认为他是朋友们邀请的，而朋友们则认为是她邀请的，总之，他被当成嘉宾参加了晚宴并和其他宾客交谈。在宴会期间他与这位教师有一次短暂的性行为，但是没有成功。第二天，他又来了，然后坐在桌子旁与她聊天，紧接着他开枪自杀了。影片剩下的内容是这个不知来自何处的人到底是谁、他为什么在那里自杀、他与这位老师一生中的其他经历有没有关联。非常有趣的是这部电影没有传统意义上的"故事"，这也是我说它包含新兴的"后现代主义"因素的原因。没人知道他从哪里来；影片也没有讲关于他的完整故事。当他女朋友出现时，她也不知道自己为什么到了那个地方。她仅仅是前来参加葬礼并且在小镇待了几天。所以，虽然电影的结构非常传统，但其核心是我称之为后现代经验的东西。在某些方面，这一特征在英国电影界是具有全新性质的。但是，它并非完全与那些破碎的整体经验不同，或者完全与自我作为一个完整的、具有完全历史的人有根本性的差异，其生活还需要从那些固定的、稳定的"有问题"的状态中获取意义，这至少与弗洛伊德、毕加索、詹姆斯·乔伊斯、布莱希特和超现实主义没有

---

① 这是1985年出品的电影，有的翻译为《陌生男子》。韦瑟比是电影里一个小镇的名字。——译者注

根本性的不同。

因此，后现代主义是一个目前使用的称呼，我们用它来指那些旧的确定性是如何从20世纪初开始就遇到了麻烦。我不会在这个意义上拒绝某些后现代主义所指出的新事物。传统的哈贝马斯式的辩护没有提及这些重要的内容。但是，后现代主义是以非常特殊的方式运作成为意识形态的，即它企图将所有事物都归于一个单独的符号之下——这就暗示了某种与现代时期最终的断裂或中断。它所说的是：这是世界的末日。历史跟着我们一起终结了，在此之后没有什么前进的余地了。如果有人说这将是历史上发生的最后一个事件了，那么在狭义上讲，这便是意识形态发挥作用的标志，也就是马克思所说的"永恒化"（eternalizing）效应。既然世界的大多数地区还没有进入现代时期，那么谁是"没有未来"的人呢？如果你能原谅我用词矛盾的话，我要问这种"没有未来"的状态在未来会持续多久？如果泰坦尼克号会沉没（参考这个口号："如果你要乘泰坦尼克号航行，请坐头等舱"——劳伦斯·格罗斯伯格），那需要多长时间？如果炸弹已经爆炸，它能不能永远都处在持续"爆炸"状态？你不可能在一个总是遭遇世界末日的情况下活过一个世纪。你可以将它作为一个隐喻，如果你相信世界末日是诸多即将来临的可能性之一的话，这就表明你认为某些当代状况或观念现在已经被严重地削弱了，你认为它们表现得似乎越来越脆弱了。这是一种根本性的新的历史事实，我认为它把我们都去中心化了。在此意义上讲，在后现代时期的爱与人类关系与以前相比也有了很大的差别——它更具短暂性、临时性和随机性。我们在这里审视的是一种非常相似的深邃的文化和历史趋势的加深与延长，它们也构成了与"现代"（我们所谓的"现代主义"）的决裂。我想保留"现代性"（modernity）这个术语，用它来指称这些趋势的漫长历史——漫长的绵延。

问题：所谓的后现代理论家鲜明的特征之一是他们抛弃了对意义、表征（representation）和表意（signification）、意识形态等问题的讨论。你对这种转变有何评论？

霍尔：这里有着非常尖锐的两极对立。我认为，抛开意义就无法对语言进行概念化，而后现代主义者却在讨论意义的崩坍或内爆。我仍在使用表征和表意的概念，而鲍德里亚却说我们已经走到所有表征和表意实践的尽头了。我依然在使用意识形态概念，而福柯却在谈论无意识形态维度的话语了。也许我在这些方面守旧落伍、不合时宜，但是我认为如果放弃了这三个坐标点，就非常难以理解当代社会和社会实践。反对这三个概念的理论论述没有说服我。

　　首先，我以福柯用话语反对意识形态的争论为例。福柯所谈论的是通过将话语体制（discursive regime）、大量带有竞争性的真理体制（regimes of truth）制度化，并予以定位，并通过所谓的规范化（normalization）、管控（regulation）和监控（surveillance）等实践，使权力得以运作。这可能仅仅是一种技巧，但是将真理体制和规范化/管控/监控等加在一起，就与我所试图使用的意识形态中的支配概念相去不远了。因此，福柯的观点可能真的是论题性（polemical）而非分析性的，他是要反对那些在线性的基础/上层建筑模型中理解这些术语的方式。我认为从旧的基础/上层建筑范式走出来而进入话语领域，具有非常积极的意义。但是，虽然我从福柯关于知识与权力关系的论述中学习到了很多，但我不知道如何才能像福柯一样既保持"抵抗"的观念，又能逃避支配意识形态的结构成分这一问题。福柯基于其原教旨无政府主义（Proto-anarchist）的核心理论而回避了这一问题，这恰因为他的抵抗不知是在哪里被鼓动起来的。没有人知道它出自何处。幸运的是，它就在那里进行，一直都得到保证：只要有权力的地方就会有抵抗。但是，无论何时，当你想了解权力到底有多强大、抵抗到底有多强烈、力量的平衡如何变化时，你都得不到答案，因为福柯的模型没有将这些力量存在的场域理论化。为什么呢？因为如果不能将社会概念化为一个"形构"（formation）而只是作为一个统一体（unity）的话，就不能在不同的真理体制内将权力的平衡理论化。如果福柯要防止真理体制分裂为支配意识形态的同义词的话，他就必须要承认在社会构形中存在不同的真理体制。并且，这不仅仅是"多元"（plural）的问题——它们定义了意识形态的势力场域。对于处于从属地位的主体来说，从属性的真理机制所产生的意义似乎是有道理的，虽然它们不属于占支配地位的认知体系。换言之，只要你开始将话语当作一个形构而不是单一的规训（discipline）

的话，你就必须讨论知识场域内结构了的话语间性（inter-discursivity）或文本间性（intertexuality）的诸多权力关系。你是否称之为意识形态都无所谓。重要的不是术语而是概念化本身。我讲的"意识形态效应"是指在任一时刻，对社会形构内维持社会秩序的力量产生一定影响的相对权力和不同的真理体制的分布问题。因此，我仍然继续使用"意识形态"这个词，因为它迫使我继续思考这一问题。福柯抛弃了这一概念，我认为他让自己摆脱了一个圈套，不必以更为激进的方式对意识形态进行重新理论化；也就是说，他用对权力概念的坚持为自己保留了"政治性"，但是他否认自己的理论属于政治学，因为他没有"力量的关系"的观念。

现在让我们来看看鲍德里亚关于意义的表征和内爆的论述。这似乎是建立在这个假设基础上的：事物具有纯粹的真实性，即事物就是通过透明表象看起来的那样子。它们并不意味着或者表意任何事情，它们不能被"解读"。我们越过了解读、语言和意义。同样地，我同意鲍德里亚挑战旧有的阐释学中呈示/潜在（manifest/latent）这一分析类型所做的尝试；他著作中的这个立足点和福柯著作中的基础/上层建筑模型所起的作用一样——它们都必须受到挑战和置换。呈示在上/潜隐在下的二分法无助于思考与结构性力量相关的现象。但也许我还是得承认文化研究中也的确实存在某些这样的倾向：现象形式/真实关系的二分法意味着事物的表象总是非常重要的，以至于需要穿越表象才能去把握潜在的规律和代码，不管我们是否受到认识上的限制。因此，鲍德里亚使我们回归到存在生活的真实性、表象、景观（spectacle）等地方时，他是非常正确的。在英国，这意指存在于左翼思想中的某种类型的"现实主义"，认为你不能总是透过大众的表面所想而了解其实际所想：你必须承认他们理解世界的方式都有其合理性。但是，我认为鲍德里亚的立场在一定程度上也变成了某种被放大到N级的超级现实主义（super-realism）了。他的立场是，在辨识真实的过程中，除了表象上转瞬即逝的东西之外一无所有。当然，在所谓的后现代社会，我们感到被它所生产的表象的多样性、多元性淹没了，我们不得不去辨识现代文化生产中丰富的技术基础，它们使人无休无止地对表象进行仿拟（simulate）、再生产、重复和重述（recapitulate）。但是，声称不存在一个最终的、绝对的意义——不能被最终表意、只有无尽滑动的表意链条的世界，与声称不存在意义的世界是完全不同的。

本雅明很早之前就已经提醒我们，蒙太奇会永远毁掉唯一艺术品的光晕。可被复制会毁掉唯一艺术的光晕，这种现象一旦发生就意味着我们进入了新时代，你无法用旧有的方式理解它，如用传统的理论概念。在进行意义分析时你必须丢掉意义闭合的幻觉：你会更依赖本雅明所提议的语义突袭（semantic raids）去发现碎片、去解读它们的组合、去看你如何能够像做手术一样切入它们、一而再地收集文化生产中的工具和手段。现代纪元就是这样开启的。但是，虽然这将单一、真实的意义打成碎片并且将其置入多元性总体的无穷代码中，却没有摧毁编码的过程，它总是会产生出一个强迫性的独断"闭合"（closure）。确实，由于意识形态对语言的介入，我们将意义理解为独断的而非自然的，这丰富了我们对意义的认识。因此，我不同意鲍德里亚的说法，他认为因为文化代码变得多元化了，所以表征已经走到了尽头。我认为我们处在一个与此不同的历史时期，其中编码过程存在着无穷的多样性。在这个时代，我们都已经令人惊奇地变成了可符码化的编码者。我们身处解读和话语的多样性之中，产生了自我意识和自我反思的新形式。因此，作为文化生产和消费模式扩张的结果，文化生产和消费都发生了质变，但是这并不意味着表征本身已经坍塌了。表征的过程更成问题了，但并不意味着表征的结束。同样，恰恰是因为"后现代主义"一词本身使你懒得去辨识新事物、使你不愿意努力去调动积极性从历史角度思考它们是如何被生产的。后现代主义试图将过去封闭起来，说历史已经结束了、没有必要再回顾它了。只存在当下，你所能做的就是和当下在一起并沉浸其中。

问题：你在多大程度上可以将自己说成是一个试图理解后现代趋势的现代主义者？后现代主义的内在批评范畴在多大程度上可以用来分析文化生产和接受当前形式与状态？例如，后现代主义能在何种程度上理解MTV？

霍尔：我认为MTV是非同寻常的文化形式。它将表意的碎片和多元性带到了新的高度。但是，我肯定不会说 MTV 是不可理解的。对我而言，每一个所谓的无意义的碎片都似乎暗含着丰富的意指（connotation）。好像非常清楚的是 MTV 来自何处：非常容易断定其"出乎意料"的性质。出乎意料是一种后置信息（meta-message）。我们要是非常了解过去百年间大众文化趋势的话，就会明白 MTV 并非无中生有、突然从外太空降临的。不要误解我。在这些新的文化趋势和力量面前，我非常欣赏后现代主义真正的"开放性"。但是，后现代主义犯了愚蠢的错误，直接以其自身的隐喻为基础，从这些新趋势和力量中引申出普遍性论断就过于夸张、太具意识形态性了。无论以何标准衡量，所有这些趋势并非全都是前进性的；许多趋向具有矛盾性。例如，像大事件（mega-event）这样的现代大众现象——如赈灾演唱会（Liveaid）①、农场救助音乐会（Farmaid）② 等，或者像史普林斯汀（Springsteen）当前的走红——都含有许多后现代的因素③。但这并不是说上述事例是对全新时代毫不含糊的文化表达。对我而言，多样性、矛盾的多元性似乎能够定义此类事件的性质。史普林斯汀事件是可解读的，至少有两个完全相反的解读都同样让人信服。他的观众组成似乎从 5 岁到 50 岁的都有，各自都忙着用自己的方式解读他。这些象征非常美国化——具有暧昧的民众主义（populist）特征；他既在白宫又在路上（On the Road）④。在 20 世纪 60 年代，你要么是前者，要么是后者。而史普林斯汀则同时二者兼具。这就是我所说的碎片的意义。

那么，如果后现代主义认为，多样性和碎片化过程——后现代主义就是首先试图这样为其命名的——已经走得足够远了，它们以新的方式被技术支撑起来，并且深深渗透到大众意识中，等等，我会同意他们的

---

① 指 1985 年的 Live Aid 非洲赈灾义演演唱会。——译者注
② 指 1985 年首次组织的为农民家庭提供援助的音乐会。——译者注
③ 布鲁斯·史普林斯汀（Bruce Springsteen, 1949—），美国著名的摇滚歌手、创作者与吉他手。——译者注
④ 霍尔在这里使用了"白宫"和"在路上"两个隐喻。白宫代表了官方的文化，而"在路上"是个双关语：一方面指史普林斯汀正在进行的演唱会之旅；另一方面则指杰克·凯鲁亚克（Jack Kerouac, 1922—1969，美国作家，美国"垮掉的一代"的代表人物）的代表作《在路上》，是一部"反文化"的名著。——译者注

说法。但是，并非说这可以构成一个全新的时代，或者说我们没有任何工具去理解当代文化中的这些主要趋势，因此我们除了爱上它之外别无选择。我没有觉得后现代主义所指出的这些现象彻底颠覆了批判理论，以至于使它们都失效了。问题是它假设了一种包含一系列封闭范式的理论。如果范式是封闭的，就会非常难以解释新的现象，因为新现象的基础是新的社会状况，吸收了新的话语因素。但是，如果我们将理论化理解为一个在某些基本概念的磁场内移动的开放性疆域，它在新的文化实践形式中经常被那些真正具有原创性、新奇性的事物重新利用，并且承认主体具有重新定位自己不同位置的能力的话，我们就会立于不败之地了。确实，古典理性、理性主义行动者或主体等宏大话语现在的解释能力要比以前削弱许多，与之相伴随的是某些以目的论、演进的历史运动为基础的对宏大进化链条的预设性解释的削弱。但是，在高科技、大公司、国际经济和全球通信网络的时代，除非将其作为一种为了制造效果而夸张了的隐喻，当你说理性时代已经结束了时，你要表达什么意思呢？只有那些谈论文化时，将之从生活的物质、技术和经济状况中萃取出来的人才会持有这种立场。

  后现代主义者可能会觉得我的反应太自鸣得意了，也许这也是你将我描述为现代主义者所要表达的意思。我认为在现代主义工程的早期阶段——当它在历史、审美方面取得突破，当它突然降临在布拉克（Braque）[①]、毕加索、乔伊斯、克利和包豪斯、布莱希特、哈特菲尔德（Hartfield）[②]、超现实主义和达达的时代，那是20世纪历史上极为令人激动的智性运动，如果现代主义指的是这些，我就承认自己是个现代主义者。当然，我承认这一运动的局限性，它没有直接让民众参与或者改变民众。这怎么可能呢？文化自身是在其所处的社会、政治和经济领域中运行的，它如何能超越这些领域呢？当然，许多现代主义的冲动在当时都被拉回到更加精英主义的形态中，因此它并没有实现自己的基本承诺。威廉斯在很久以前就解释过新兴的运动是如何被吸纳进主流中的。

---

  ① 指乔治·布拉克（Georges Braque, 1882—1963），法国立体主义画家。——译者注
  ② 约翰·哈特菲尔德（John Heartfield, 1891—1968），德国流亡艺术家，他1938年到英国，是20世纪德国杰出的艺术家之一，柏林达达摄影蒙太奇技术的奠基者之一。——译者注

这并没有削弱它与现代主义者所代表的现代认识论的根本决裂。此后，现代主义与大众之间的盟约就走上了快速而不平坦的道路。这种接合——还远未完成——只是刚刚开始。这并非是说我对许多后现代主义因素的反应不够积极，而是说有许多分离且多样的条脉，当后现代主义者企图用一个框架将之聚拢在一起时，它们却再次分离了。因此，现在有所谓的审美后现代主义、建筑后现代主义、后现代主义理论、后现代主义电影等。后现代文化成了一组互不相干的专业领域。我仍然被现代主义的开端所吸引，那是一个旧范式正在瓦解、新范式正在降生的高度矛盾的时刻。我仍被激动人心的知识所吸引，这种兴奋来自可以从事物甲转向事物乙、制造出多元交叉联系、使多重声音并存的能力，它处于现代主义工程的核心地带。然而，在我倾向于现代主义的同时，我不知道如何在现代主义的理论工程之中定位自己。

问题：我觉得对你的接合理论——及其政治含义——的最强有力的挑战来自鲍德里亚，他将大众描述为一种"不能再被言说、表达和表征的"内爆力量。

霍尔：我认为密特朗（François Mitterrand）时期法国批判知识界的整体崩坍都被刻写进了这一论断中。我在政治方面感到愤慨的是，法国知识分子现在心安理得地声称历史会何时终结、为谁而终结，大众（masses）能否被表征，他们何时是或不是真正的政治力量，他们什么时候能或不能在法国革命传统中被神秘地动员来，等等。法国知识分子一直有利用抽象的"大众"推广或者支撑他们自己的知识立场的趋向。现在这些知识分子已经宣布放弃了批判思想，他们也毫无顾忌地以为可以代表大众宣布放弃了这种思想——他们与大众的命运仅仅存在着抽象的联系。我觉得这非常讽刺：知识分子昨天才发现的沉默的大多数今天便在加剧后现代的崩坍了。法国像其他欧洲资本主义社会一样深陷困境。与法国知识分子保持了很久的革命神话相反，我们在如此发达的西方工业社会中所要面对的是，在主流文化实践中如何更加精确地、持久地将大众置入各种从属性的位置中去的问题。历史越悠久，通俗文化就越是被表征为不可避免的堕落。正是批判的知识分子们把自己锁进了自身的文化精英主义之中，他们常常经不起诱惑，用大众文化是虚假意识或者说大众文化粗俗无聊等去描述他者——大众。因此，认识到大众或者大众媒介是重要的历史要素，非常有利于纠正后现代主义的偏见。但是，认为大众只不过是对进入现代工业大众社会构造中的历史、经济和政治力量的被动反应，从中得出的政治观点对我而言似乎不仅是经不起历史检验的，而且也是在政治上不恰当的。

我认为情况与此恰恰相反。沉默的大多数肯定在思考。如果他们没有说话，不是因为他们无话可说，而可能是因为我们夺走了他们要说的话，剥夺了他们表达的工具。我会为此而争辩，尽管事实上人民群众（popular masses）在20世纪从来都无法成为任何完整意义上的文化实践的主体-作者（suject-authors），作为一种被动的历史-文化力量，他们的持续在场经常中断、受限，以及会去搅乱其他所有事物。群众像保守自己的秘密一样默不作声，而知识分子却在忙着兜圈子，试图去理解这个秘密到底是什么、到底发生了什么事。

这就是本雅明说的，中断历史的不仅是新的机械生产工具，还有大众的历史性在场。他没有将此当作一种保证，从而认为大众不断地夺取世界并按照自己的形象重塑现代文化。他所指的是，现在大众已经不可挽回地站在历史的舞台上，除非将这种"在场"考虑在内，否则任何东西都不可能取得进展，包括占统治地位的文化工业。除非承认在现有的教育实践的分配下艺术与大众经验的相对分离，否则就不能产生任何高雅的艺术。如果不能与人民群众的经验、符码等相协商，就不能成为流行的……

任何事物若要流行就必须斗争；就像葛兰西提醒我们的那样，流行从不是一个简单的过程。没有无缘无故的流行。这就意味着，普通人的直接实践意识或常识与他们有可能会成为什么样的人之间，永远都存在着巨大的鸿沟。我不认为历史会终结，也不同意历史终结的论断，作为后现代主义的核心观点，它泄露了后现代主义大师不可原谅的种族中心主义——欧洲中心主义。在西方，欧洲中心主义还在统治他们的文化，但就全球范围而言，它就要历史性地终结了。大众就像是刺激剂，是一个你绕不过去的点。我认为后现代主义还没有通过这个点；它仍不得不思考并且认真对待大众这一问题。我认为鲍德里亚也需加入大众行列中一段时间，看看保持沉默三分之二个世纪是个什么滋味。因此，大众的政治可能性问题是我在政治上反对后现代主义并与之争论最激烈的地方。

问题：某些后现代的理论家关心他们称之为"接合"的问题，如德勒兹（Deleuze）和瓜塔里（Guattari）强调欲望生产（desiring production）的接合。你能否描述一下你关于意识形态和意识形态斗争的接合理论？

霍尔：我一直在用"接合"这个词，虽然我不知道人们是否完全理解我赋予它的意思。在英国，这个术语有两个微妙的意思："articulation"表示说出来、讲出来、发音清晰等。它有正在使用语言、正在表达等含义。但是，我们也用以指一个 articulated 的拖挂式货车（卡车）：它的前半部分（驾驶室）和后半部分（拖车）能够连接在一起，但这种连接不是必须的。车头车尾要通过特殊的联动装置相互连接，这个装置是可以被拆卸的。接合因此是一种连接的形式，在特定条件下它可以将两个不同的因素连接为一体。但这种连接不是必然的、具有决定性作用的、绝对的或者本质的。你可能会问，这种连接在哪些环境中才可以形成或者产生？因此，话语所谓的"统一性"实际上就是不同的、独特的因素的接合，它们也可以被以不同方式再次接合，因为它们并没有必然的"归属"。在这里发挥作用的"统一性"是被接合的话语与社会势力之间的关联物，在特定的历史条件下"统一性"可以将它们联系在一起，但并非必然如此。因此，接合理论是指理解意识形态因素是如何在特定的条件下在某种话语里聚合在一起的方式；对特定的意识形态主体而言这也是一种询问：在某些特殊的情势下，各种意识形态因素是如何被接合或者如何没有被接合在一起的。让我用另外一种方式表述吧：接合理论是询问某种意识形态是如何发现其主体的，而不是主体是如何思考那些属于该意识形态的必要的、无法避免的思想内容的；它能够使我们思考某种意识形态是如何使人们能够开始理解或者明白他们所处的历史状况，而不会简单地从社会—经济、阶级位置或者社会地位方面进行理解。

我所使用的接合理论是由欧内斯托·拉克劳（Ernesto Laclau）在他

"后现代主义"与"接合"

的《马克思主义理论中的政治和意识形态》（Politics and Ideology in Marxist Theory）一书中提出来的。他在这本书中争论说，意识形态因素的政治意指没有必然的属性，因此，我们需要思考不同实践之间偶然的、非必定的结合，也要考虑意识形态和社会势力之间、意识形态内部的不同因素之间，以及组成某个社会运动的不同社会群体之间的这种偶然、非必定的结合。他用接合概念打破了那些与马克思主义意识形态理论纠缠不休的宿命论和还原论的逻辑。

例如，宗教即没有必然的政治意指。任何对当代文化政治学感兴趣的人都一定会意识到在现代生活中文化形式所具的持续不断的力量，它们在我们的理性体系出现之前就具有悠久的前史，并且有时候还会构成人类理解世界的唯一文化资源。这不是要否认，宗教在一连串的历史-社会形构中被紧紧地束缚在某些特殊的方式里，它非常直接地被串接为支撑某种特殊权力结构背后的文化和意识形态基座。历史上当然有这种情况：在那些社会中存在强大的、极具力量的可称之为"倾向势力线"（lines of tendential force）的东西，它们会把宗教形构与政治的、经济的和意识形态的结构接合在一起。如果你进入那个社会，便认为你能够轻松地将宗教从它嵌入的历史中分离出来并将其移到另一个地方，这无疑是非常愚蠢的。因此我说这些结合不是必然的，并不意味着我认为宗教是自由浮动的。它在历史上存在于某种特殊的形构中，在与很多不同力量的直接关联中站稳脚跟。尽管如此，它没有必然的、固有的、超越历史的属性。其意义——政治的和意识形态的意义——恰恰是来自它在一个社会形构中的位置。它是伴随着和它接合在一起的事物而来的。既然这些接合并非是不可避免的，不是必然的，它们有被潜在改变的可能性，因此宗教可以被以不止一种的方式接合。我坚持认为，在历史上，长期以来它已经被以特殊的方式插入特殊的文化中去了，这构成了难以中断的倾向磁力线（magnetic lines of tendency）。用一个地理学的隐喻来说，如果在某个国家里围绕宗教进行斗争，你就需要知道意识形态的地形和地层的分布。但这不是说，"就是这样的，它一直都这样"。当然，如果你想去打破、驳斥或者中断这些倾向性的历史结合的话，你就必须清楚你正在与这些历史形构的纹理（grain）对抗。如果你想移动宗教，

· 271 ·

让它以另外一种方式接合，你就要面对已经与它相接合的所有习惯带来的挑战。

但是，如果我们审视现代的、发展中的世界，会看到宗教形构所起到的真正作用极为多样。我们还会看到宗教赋予特定民众社会运动的文化和意识形态何等非凡的活力。这就是说，在某种特定的社会形构中，宗教成为稳定的意识形态领域，是所有不同的文化流派都被迫进入的领域，在这样的社会中，如果没有与意识形态领域进行协商，任何政治运动都不可能成为民众性的运动。社会运动必须对其进行改变、买入（buy into）①、反映、澄清——他们必须与宗教协作。如果不介入宗教问题的话，你根本不可能创造一个民众性的政治运动，因为正是在这个角力场中这个群体才会形成特定类型的意识。这种意识也许是有局限性的；它可能无法成功地帮助民众去重塑自己的历史。但是这些人曾经被民众宗教的话语"言述"（languaged）过。他们第一次以宗教为工具创造某些将过去和现在联系起来的叙事，无论这种叙事是多么的贫乏和粗糙：他们来自何处、去往何方、他们为何在此……

以牙买加的拉斯特法里人（Rastafarians）为例。拉斯特语很有趣，它借用《圣经》的文本，但并不完全屈从于后者；为了能够使《圣经》文本的意义契合他们的经验，他们不得不将其颠倒过来；与此同时，他们重塑了自己；并将自己定位为新的、不同的政治主体；他们将自己再建为新世界中的黑人：他们成为应有的样子。通过这种自我定位的方式，他们学会了新的语言。并且，他们是报复性地说这种语言的。他们学会了说和唱歌，但他们的说唱没有采用自己过去唯一的文化资源。他们没有回到过去并努力发现某些绝对纯洁的、未被历史污染的"民间文化"，似乎这才应该是他们学习说话的唯一途径。不，他们也利用了现代媒介如广播去传递他们的信息。"不要对我们提什么森林里的对对鼓（tom-toms）②了。我们想用新的接合与生产手段去制造新的音乐，传达新的信息。"这就是文化的转换。这不是什么全新的事物。这也不是什

---

① buy into 有两种主要意思：一是买入，二是完全相信。霍尔以之隐喻社会运动必须从宗教里找到可资利用的东西并且试图控制它。——译者注

② 用手拍打的成对小鼓。——译者注

么来自过去的单向型的、没有中断的延续的直线。这是一种转换，它重新组织了文化实践的多种因素，这些因素本身并没有必然的政治意指。拥有政治的或者意识形态意指的不是某种话语中的单个因素，而是这些因素在新的话语形构中被组织起来的方式。

现在我把话题转向社会的势力（forces）方面。意识形态虽然在文化方面显示出了其巨大的能量，改变了人们的自我意识和历史状态，但是并没有将自己直接构建为一种社会和政治的势力。就像所有的宗教解释形式一样有其局限性。但是它确实被接合到了某种社会运动，一种人民的运动中。它的功能是利用或者吸收某些之前从未在历史集团（historical bloc）中出现过的人群。它是阶级吗？就拉斯特法里运动这一个案而言，其核心是经验、位置和牙买加社会中经济生活的决定因素。其核心是一种阶级形构。它仅仅是阶级吗？不是，它不会成为一种历史或者政治势力，可以被简单地还原为已有的、具有统一性质的阶级。它从来都不是具有统一意识形态的统一阶级。其他的决定因素和意识形态在这里纵横交错。事实上，他们通过统一的意识形态将自身构建成集体性的主体，它只是成为一股统一的社会势力。在它开始拥有通俗易懂的形式来阐述其共有的集体状况之前，它不会成为一个阶级或者统一的社会势力。即便如此，我们也不能够将决定其位置和统一性的东西还原为过去使用的经济、阶级等术语。社会势力中各种不同的支流在此刻都会被接合进某种特殊的意识形态并成为其中的一部分。因此，事情不是像以下这样的：社会势力、阶级、群体、政治运动等是首先通过客观的经济状况而构建了自己的统一性，然后又产生了统一的意识形态。过程恰恰与此相反。你必须看到不同的社会群体在某一时间进入并且构成某种政治和社会势力的方式，在某种程度上这些群体也在构建其身份的意识形态中认为自己是对统一势力的反映。社会势力和意识形态之间的关系是完全辩证的。一旦意识形态的视域出现，群体也就出现了。马克思可能会说，拉斯特法里人作为一个群体其本身是由穷人构成的。但是他们没有被构建为统一的政治势力，也是因为他们是穷人。事实上，支配意识形态没有将他们理解为"穷人"，而是将之视为软弱无能、游手好闲的下层阶级。他们仅仅构成了一种政治势力，即是说，一旦他们被构建为新的政治主体，他们就能成为一种历史性的力量。

因此，那种正在自身形成的社会势力，与有关于世界的意识形态或者概念之间没有必然联系，这些意识形态或概念使我们能够理解正在经历的过程。而两者的接合则开始将新的社会位置和政治位置——一组新的社会主体——带上历史的舞台，这就是接合。在这个意义上讲，我不否认在意识形态或文化与社会势力之间存在联系；实际上，我坚持认为，就由民众势力组成的有机意识形态（organic ideology）而言，它所依靠的总是被它所接合并且也要经由它而接合的社会群体。你必须把接合原则放置在这里。但是，我认为这种接合在特定的社会-经济结构或者位置中不是必然的，而恰恰是一种接合的结果。

问题：考虑到与话语理论和话语分析的密切关系——你的接合理论似乎是主张将社会形构中的诸因素理解为像一种语言那样运行——后结构主义认为社会本身是可以被当作一系列相互竞争的语言而被分析的，我不知道你会在这种立场上走多远。这里我特别想起了拉克劳和墨菲的最新著作《霸权与社会主义策略》（Hegemony and Socialist Strategy），我想知道你和他们的立场之间有何异同。

霍尔：你说到，我正在重新思考实践是像话语那样发挥功能的——例如，像语言一样运行，并且已经沿着这条路径走得很远了，这种说法是正确的。这一隐喻对我来说具有很强的启发性，并且渗透在我的思考里。如果非要我说什么算得上是我们时代的理论革命，我认为就是这种隐喻——它的发展方向虽然五花八门，但却重新组织了我们的理论世界。这不仅仅是发现了话语的重要性和特殊的统一分析形式；它还比喻性地产生了将其他实践重新概念化的能力，在某些重要的方式上，将这些实践看作是像语言那样运行的。例如，在讨论时常被称作"经济的"东西时认为它是像话语那样在运行的，我认为通过专业的讨论可能取得很大的理论进展。话语的视角还使一个非常重要的洞见即关于主体性的全部维度——发挥作用，在意识形态领域尤其如此。我认为马克思主义和结构主义已经与传统的经验主义有关社会主体的观念产生了重大决裂。也许，它们不得不沿着被称为"没有主体的历史"（a history without subjects）这条道路前进，到达一种没有言说者的语言的观念。但是，这显然也不过是到达其他地方的经停站而已。毫无疑问，没有主体就不可能创造历史。话语的视角要求我们去思考以非整体论、非同一论的方式重新引入、整合主体的维度。从这一观点来看，我们就不能忽视拉克劳和墨菲关于构建政治主体的重要著作，他们解构了这种主体观念：政治主体一定来自完整的自我、是完整的言说者和稳定的表达主体。因此，话语隐喻具有极其丰富且重要的政治后果。例如，它使文化理论家意识到，被称作"自我"的东西是从差异中、并通过差异而构建出来的，它仍然是矛盾的，还有与此类似的文化形式，它永远都是不完整的、永远都是不可能完全闭合或者被"缝合"的（sutured）。

紧接着这一论点我们要面对的问题是：除话语之外，没有其他可被实践的东西了。他们最近的著作就持这种立场。无疑，这是他们持续的哲学努力，试图将所有实践都重新概念化为话语，除此之外没有实践，他们也将历史行动者（agents）当作话语构建的主体，他们谈论位置性（positionalities）却从来不谈论位置，他们只是关注个体被询唤进不同的主体位置的方式。这本书因此是努力探索这一理论会带来何种政治学后果的大胆尝试。我认为这些都很重要。相比之下，我仍然更喜欢《马克思主义理论中的政治与意识形态》而不是《霸权与社会主义策略》（也许我应该插入一句，我确实有这种倾向，更喜欢别人不太成熟的著作，而不喜欢他们后来更成熟、更完整的著作。与《资本论》第2卷相比我更喜欢《路易·波拿巴的雾月十八日》。与阿尔都塞的《阅读〈资本论〉》相比，我更喜欢他的《保卫马克思》）。我非常喜欢别人的中期著作，因为这个时候他们克服了青年时代的理想主义，同时思想还没有变得太确定，凝固成一个系统。我喜欢那一时期的拉克劳，他正在努力寻找逃离还原论的出路，开始将马克思主义重新以话语模式概念化。但是，在他们最近的著作中，已经没有用来解释事物与事物接合或者不接合的理由了。对还原主义批判的结果就成了这样的观念：社会是一个完全开放的话语场域。

我将以下列方式与之进行论辩：他们的最近著作认为世界和社会实践都是语言，而我认为社会像语言那样运行。语言隐喻是重新思考许多根本问题的最佳方式，但是，他们在承认其效用和力量的同时却又滑向了另外一边，即认为事物真实的运作方式也是这样的。一旦人们在理论上到达了第一个位置，就会产生强劲的趋势，迫使他们一直沿此进行理论上的逻辑推演。也许在理论上他们比我更加具有一致性。一旦你打开了一扇大门，就要穿过它并且看一看另一面的世界是什么样子的，这非常符合逻辑。但是，我认为这本身也会变成一种还原论。我想说的是，彻底的话语立场就是一种向上的还原论，而不是像经济主义那样向下的还原论，语言隐喻本来说的是 X 像 Y 一样运作，结果却成了 X = Y。在其运动中就存在一种非常戏剧性的聚合，它以非常强烈的方式使我联想起理论的还原论。在拉克劳对心理分析的重新解释中你可以非常清楚地看到这一点。

我认为这在理论上是错误的。事实上，我身上残留的旧唯物主义让我想非常粗鲁地说："收回你说的话！"① 让我用另一种方式严肃地讨论这个问题。如果你回到早期的历史唯物主义表述中，马克思一直讲的是社会和文化结构对自然结构进行多元决定的方式。马克思意识到，我们仍然保留着自然的属性存在、仍然处在自然状态。他所讨论的问题是社会和文化组织的构制如何使自然结构得以完成。我们的基因构造极具开放性，因此它是人之为人的必要但不充分条件。由于社会与文化的介入，在历史上正在发生的是社会的愈益复杂化，自然被多重决定所重塑。自然不再是唯物主义的最终保证。早在 19 世纪，马克思就已经在辩论中反对那种庸俗唯物主义了，但是过去和现在都存在一种意识，认为正统的马克思主义相信存在某种最终唯一真实的东西，你可以在自然中用手触摸到它。我们不能是这种意义上的唯物主义者了。但是我们仍然需要思考，在物质关系的决定性原则中，意识形态/文化/话语事件是以何种方式继续存在的，而且还要考虑对自然的征用（expropriation），这是另外一个问题了。物质是所有历史事件的必要而不充分条件。当然，当我们思考物质条件时，也需要考虑它们的决定性话语形式，而不是将其作为固定不变的绝对条件。我认为，我们对话语的定位经常会面

---

① 原文是 I'd like to make you eat your words，字面意思是"我想让你把自己说的话吞下去"，含有证明并迫使某人承认错误的含义。——译者注

临失去与物质实践和历史条件相互参照的危险。

问题：在你谈论滑动（slippage）时，似乎有两个各自分离的问题纠缠其中。第一是这种话语分析具有什么样的政治和历史特殊性，第二是打开话语的疆域是否会使你落入还原主义的境地。这种滑动是因过度抽象和理想化所导致的结果吗？因为过度的抽象和观念化会使它在特定话语接合另一种话语的过程中失去与政治和历史界限的联系？在将社会形构纳入开放的话语场域时，所丧失的是历史必然性的特殊意义，以及对语言在某种社会形构中与另一语言并置的界限的特殊认知，这是一个更具限定性的问题。可以用一种简单的方式指出拉克劳和墨菲所存在的问题，即他们的立场在政治灵活性（political inflection）方面是有所不足的。这并不一定是说，因为他们打开了通往将社会视为话语形构的大门，因此他们必然会被拖进还原主义中去。

霍尔：我不认为打开通往话语场域的大门就会必然落入还原主义的境地。它没有将我带到那里。所以我比较赞同你的第一个说法。在《马克思主义理论中的政治与意识形态》中，拉克劳挑战了将阶级先验地嵌入马克思主义分析中的做法，因为没有途径可以证实这一哲学先验性。然而他又的确将阶级作为一种历史的决定因素重新引入自己的理论中。很难就这一点跟他们争论。我认为政治灵活性对许多完全采用话语路径的人而言是一个非常真实的问题。但我不认为应该用它来批判拉克劳和墨菲。这本新书确实试图通过对身份位置的阐述来构建新的政治学，这一点非常引人注目。在此意义上，这本书是非常负责和具有原创性的。它说，让我们穿过话语的大门吧，但是，此后我们仍旧还要政治地行动。他们的问题不在于政治而在于历史。他们让历史的问题溜走了，而正是历史造就了现在，并且持续性地作为对话语接合产生抑制和决定的力量发挥作用。

问题：在抽象化的层次方面这两本书有什么差异？

霍尔：他们的新书非常大胆地认为，如果一个人不能够以一种严格的有关接合的总体理论来表达新的立场，那么他就依然深陷局部示例、情势分析等语用主义泥潭之中。我没有认真思考过这个层面，但是我不否认有时候所谓"理论实践"的重要性。与阿尔都塞追随者的主张不同，我认为理论化不是一个自发的实践，但它的确有其自身的动力。在许多方面，《资本论》就是在理论化的层面上产生效果的；这是必要的抽象层次。所以，这个目标本身并没有错。但是，在实际操作时，他们倾向于无视现存的历史形态的抑制因素，而这一点是必须考虑在内的。无论你同意与否，他们承认他们的立场确实具有政治性后果，这是负责任的态度；然而，当他们低下头来面对特殊的政治情境时，却无法在分析中纳入其他的决定性层面。相反地，他们以非常严格和概念化的方式，将自己提出并认真阐述的抽象理论推到了非常高的哲学层面，然后再把它们嵌入此时此地。你看不到他们一而再、再而三地添加不同的决定性层面；你会看到他们在哲学地制造具体事物，并且有时候会存在某种我所言的分析性滑动。这并非是说，不可能在他们的理论框架中发展一套更加充分的政治立场，而是说，他们所走的路线让他们没有压力去这样做。例如，因资本植入而引发的结构性力量和倾斜性路径就这样从他们的论述中消失了。

问题："后－马克思主义"和"后结构主义"在文化理论中渐渐变得很常见。在各种不同的时候有人用它们来描述你的作品。你能否谈谈与这两个范畴的关系如何？

霍尔：我承认必须超越正统马克思主义和由历史规律所担保的马克思主义，从这个意义上讲我就是个"后－马克思主义者"。但是，我依然在我所理解的马克思主义立场的话语界线内进行工作。我对结构主义的态度与此一样。我既不拒绝阿尔都塞的立场也不为其辩护。我拒绝这样的立场。阿尔都塞对我的思考产生了巨大影响，我承认这是积极的影响，即便他如今已经是明日黄花了。所以，"后"对我来说意味着要在一系列既定问题构架的基础上进行思考。这不意味着要放弃原来的那个理论而是要以它为参照点。因此在这个意义上我是一个后－马克思主义者和后结构主义者，因为这两种话语与我关系最为密切。它们处于我思想形态的中心。我不相信那些接踵而至的时髦理论家，他们没完没了地围绕着新潮兜圈，就像换T恤一样用新理论打扮自己。

问题：很显然，文化研究在美国取得很大成功。我不知道你对文化研究最近以来成功地被体制化和典范化有何感想？

"后现代主义"与"接合"

霍尔：我要区分一下你使用的两个术语。我更喜欢体制化这个词，因为需要经历组织化的环节——通过漫长的组织过程——才能把人聚拢起来，共同建造某种集体知识工程。但是我对典范化这个词感到不快，尤其是当它与我所涉入的事情相关时。人们在讨论"伯明翰学派"（伯明翰大学当代文化研究中心——编者按），我所听到的是我们曾经在伯明翰大学的很多争论，但是我们从来不是一个学派；可能存在四五种观点，但是我们从来都没能够把它们统一起来，我们也没有想要创造某种正统。对于美国学术界挪用伯明翰的所有论点及一般意义上的文化研究，我会就此说几句，当然可能会有争议，因为我看到了某些令人感兴趣的在场和缺席。例如，我发现这里的符号学迅速变成了某种另类的阐释方法论，而在英国任何人都不会相信它是一种完整的方法，这非常有趣。当我们接受符号学的时候，我们将它当作一种方法论；当你说这才是文化形式或者文化实践的意义时，你就必须说清楚为什么和怎么样。这是符号学必须做的事：说清楚你所谓的"意义"是以文本化的方式构建的。但是，我们不会将其看作形式的或精细的方法论。在美国，使用符号学就似乎必须承担全部的结构主义意识形态重负。与此类似，我注意到阿尔都塞的思想要旨被文学研究快速吸收了，但失去了其马克思主义的内涵。我发现他们对待葛兰西的著作也是这样。我突然就看到葛兰西被到处引用。糟糕的是，我看到葛兰西的概念直接替换了那些我们在使用葛兰西的时候极力要避免的东西。例如，人们在谈论"霸权"时将它作为意识形态支配的代名词。我为避免将"霸权"解释成这样曾经奋斗了20年。

有时候，当有人谈论文化研究的时候，我就听到一些类似的轻率挪用。我认为文化研究在现有学术部门、知识分类和学科课程的基础上发展得非常快。它成了"被接受的知识"，却失去了真正的批评和解构的锋芒。但是我不知道你们做何反应，也不知道你们是否能够拒绝这种成功。我认为在美国，文化研究有时候仅仅被当作一种新增加的范式而已。你知道，周围有15种这样的范式，现在我会说我又有了一种文化研究方法……我理解为什么会这样，因为，在某种意义上讲，是有一种具有折中主义和相对的开放性视角在那里。研究总是试图将自身纳入某种视角里。无论何时，只要你试图召集人进行集体研究，这就不可避免，因为他们不得不在试图回答具体问题的时候进行合作。所以，当一个规划开始发展并产生作品的时候，就不可避免地会有一种冲向典范化的推动力量。换言之，为了给学生授课，你不得不确定一种立场，但是你也必须保持足够的开放性，明白你下周上课时可能会改变你的观点。作为一种策略，这就意味着在站稳脚跟去考虑某种立场的同时，你的视域也要向理论化过程保持开放，并以此方式表达你的立场。保持这一点对文化研究而言非常重要，至少，如果要保持批判和解构的目标的话就必须如此。我是说，文化研究总是会自我反思式地解构自己；它总是在理论化需要的前进/后退运动中运行的。我对大写的理论不感兴趣，但对正在进行的理论化过程感兴趣。这也意味着，文化研究必须对外界的影响保持开放，如新的社会运动、心理分析、女性主义、文化差异理论的兴起等。这些都可能对目前所使用的思想内容、思维模式、理论问题架构等产生重要影响，我们必须承认这一点。在此意义上，如果文化研究将自身在学术方面与其他外部影响隔离开来，它就不可能繁荣。因此，我认为无论在哪个方面都可以很有理由地说，文化研究必须保持开放，我这样说不仅仅是出于我个人的喜好。就此而言，如果你愿意承认的话，那么文化研究在后现代语境中的理论化，就是不相信一种理论范式会最终完成。

【编者按】这篇文章关于后现代主义的部分是 1985 年在爱荷华大学新闻与大众传媒学院对霍尔访谈的节录，参与者有 S. Elizabeth Bird、Marilyn Smith、Parick O'Brien 和 Kuang-Hsing Chen，关于接合的部分录自 1985 年 8 月在伊利诺伊大学批评与阐释理论部对霍尔的访谈，参与者有 Kuang-Hsing Chen 和 Michael Greer。

（张道建　译）

第三辑

媒介、传播与表征

电视话语里的编码与解码[*]

本文是为欧洲委员会"电视语言批判性解读培训"讨论会提交的论文。1973年9月,由欧洲委员会和莱斯特大学大众传播研究中心共同组织了本次讨论会。

本次讨论会有两个主题:第一个主题集中讨论"电视语言"的性质;第二个主题比较宽泛,讨论的是"文化政策与文化项目"。乍看上去,两个主题似乎背道而驰:第一个导向形式问题,第二个则导向社会和政策问题。然而,我将在同一框架里对它们进行讨论。我认为,文化分析中的关键问题是社会结构和进程与形式结构或符号结构之间的相互联系。我思考的中心问题是媒体传播过程中的"编码/解码"(encoding/decoding)环节,并且以此为出发点,认为我们社会中的广播业生产精英与其受众之间的信息交流实际上是一种"被系统地扭曲的交流"。这样的话,我的讨论就与"文化政策"——尤其是那些教育政策——有了直接的关系,因为这些政策的目的可能是"帮助受众更好、更有效地接受电视传播"。因此,我想为研究电视语言的"符号学/语言学"方法保留一个基础:我认为,这一视角一方面与社会和经济结构有合理的交叉联系,另一方面与翁贝托·艾柯(Umberto Eco)提出的

---

[*] 原题"Encoding and Decoding in the Television Discourse",原文载于 *Stencilled Paper* No. 7, Brimingham, CCCS, 1973, 后载于 Ann Gray et al. (eds.), *CCCS Selected Working Paper*, Vol. 2, Routledge, Taylor & Francis Group, 2007。

"文化逻辑"也有交叉。① 这就意味着,虽然我会采用符号学的视角,但在谈论电视话语的内在组织时,它并不是我唯一考虑的正式视角。我们必须将信息交流过程中的"社会关系"考虑进来,在讨论使用电视语言的各种(在生产与接收两端)"能力"时尤其如此。②

哈洛伦(J. D. Halloran)教授在他的论文③中合理地提出,要研究"完整的大众传播过程",即要研究从信息的生产结构这一端,到受众的理解和"使用"的另一端这一过程。他对"完整传播过程"这一问题的强调是非常全面、合理而又及时的。然而,需要提醒大家的是,信息传播过程中的产品、生产和流通实践有其特殊性,与其他类型的生产不同。电视生产实践和结构的"对象"是信息的生产:一种记号载体,或者说像其他任何一种交流或者语言形式一样,是某种在话语的聚合关系链(syntagmatic chains)中通过符码(codes)的操纵而组织起来的特殊记号载体。在确定的时间里,生产装置(apparatus)和结构是在"语言"规则所构成的符号载体形式中运行的。"产品"正是以这种"表象形式"(phenomenal form)被传播的。当然,这种符号载体也需要其物质基础——如录像带、影片、传递与接收装置等。对"产品"的接受和"产品"在不同受众群体中的流通都是以这种符号形式进行的。这个环节完成后,信息必须再次转译为社会结构,才能实现整个信息的循环过程。这样就不能将研究方法局限于"仅仅从内容分析法而来的那些指南"④,必须承认信息的符号形式在传播过程中具有优先地位,因此与整体的传播过程相比,"编码"与"解码"虽然只具有"相对自主性",但它们却是决定性的环节。电视新闻节目不可能播放未经加工的历史事件。它只能在电视语言的视听形式中被表现出来。历史事件一旦被语言

---

① Umberto Eco, "Does the Public Harm Television?" Cyclostyled paper for Intalian Prize Seminar, Venice, 1973.

② 参见戴尔·海姆斯(Dell Hymes)借用"运行"(performance)和"能力"(competence)概念对语言转换方法的批评,"On Communicative Competence", in *Sociolinguistics*, ed. Pride & Holmes Penguin Education, 1972。

③ J. D. Halloran, "Understanding Television", Paper for Concil of Europe Colloquy, Leicester, 1973.

④ Ibid.

记号过滤，它就受制于语言表意（signifies）时所需要的复合形式"规则"。换言之，事件必须成为"故事"后才能成为传播事件。在这一阶段，语言形式的次规则会占据"支配地位"，当然，虽然通过此方式使所表意的历史事件或者表意的事件的历史后果处于从属的地位，却并未让它们完全消失。"信息形式"是事件的必要呈现形式，通过这种形式事件从源头传达给接受者。因此，进入和退出"信息形式"或者意义范围（或者信息交换模式）的环节不是"随机的"，我们不能为了方便或者简单想提就提一句、不想提就忽略掉。"信息形式"是具有决定意义的环节，虽然在某个层面上它只是组成了传播系统所需的表面运动，但在另一个阶段它会被整合进传播的基本关系中去，仅仅是这些关系中的一部分。

从上面笼统的观点出发，我们能够大致勾勒信息交流的如下特点。广播的体制结构及其生产的体制结构和网络、它们的常规组织事务和技术基础设施等，都是生产节目所必需的。这里，生产启动了信息，因此，从某种意义上讲，流通就是从这里开始的。当然，生产过程从头至尾都在意义和观念的框架内。与常规的生产事务相关的实用知识，如技术技能、职业观念、机构知识、各种定义与假定、对受众的预设等，都会通过生产结构为电视节目设定框架。然而，尽管电视的生产结构可以产生电视信息，但是这些结构却没有构成一个封闭的系统，它们也不过是社会－文化和政治体系中一个被区分出来的部分，需要从更为广泛的社会－文化和政治系统中获取话题、处理方法、议题、事件、受众形象和"情景定义"（definitions of situation）。菲利普·艾略特（Philip Elliot）在论证"受众既是电视信息的源头又是接受者"时，曾经简洁明了地表达过这一点。因此，流通与接受都是电视生产过程中的"环节"，它们通过一些歪曲的和被结构过的"反馈"被再次吸收到生产本身的过程中去。

因此，电视信息的消费或者接受本身就是生产过程的一个"环节"，并且，因为接受是使信息"成为现实"的"出发点"，因而也是"支配性的"。电视信息的生产和接受不是一回事，但它们是相关的：如果将传播过程作为一个整体，它们是这个整体中不同的环节。

然而，在确定的意义上讲，各种广播结构必须产生一个以有意义的话语为形式的、经过编码的信息。生产的机构－社会关系必须进入并通过语言的模式才能"实现"其产品。这就产生了另一个可以区分的环节，话语和语言的形式规则都在该环节运行。在信息产生"效应"（无论怎么定义它），或者满足"需求"或者被"使用"之前，都必须首先将它视为一种有意义的话语，并且可以被有意义地解码。正是这一套解码意义在"产生效应"、发挥影响、娱乐受众、说教或者说服他人，并产生复合的概念性、认知性、意识形态性或者行为性后果。在某个确定的环节，结构利用符码并产生"信息"；在另一个确定的环节，"信息"通过不同的解码而进入结构。现在我们完全意识到，既不能简单地从行为论方面去理解信息对受众接受结构的二次进入，也不能简单地从行为论方面理解受众是如何"使用"信息的。效应、使用、"满足"等都是被理解的结构所架构的，也是被社会和经济结构所架构的。社会和经济结构在接受链条的末端使传播"成为现实"，同时也使语言所表现的意义被传送到实行或意识中。

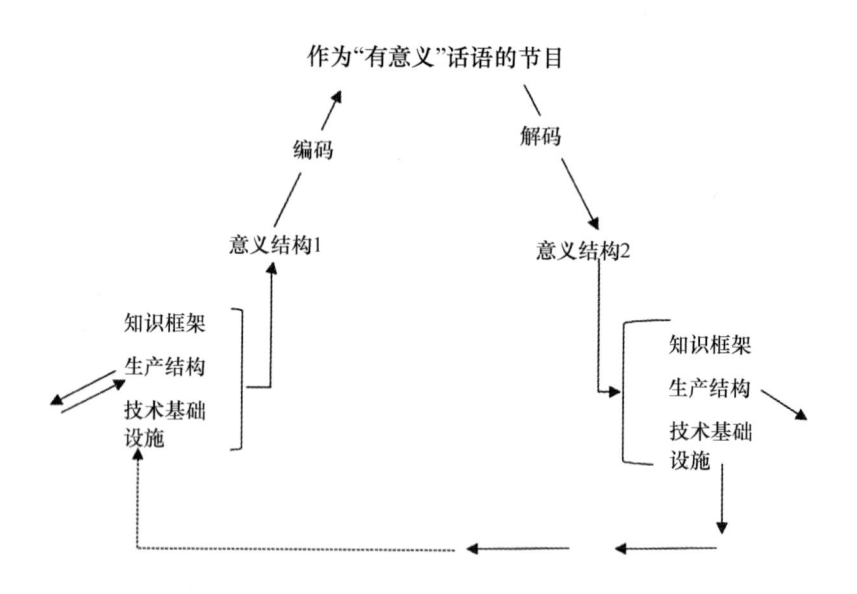

```
                作为"有意义"话语的节目
                  ↗              ↘
              编码              解码
                ↗                    ↘
          意义结构1              意义结构2
        ┌ 知识框架              ┌ 知识框架
        │ 生产结构              │ 生产结构
        │ 技术基础              │ 技术基础
        └ 设施                  └ 设施
```

显然，我们所说的意义 1 和意义 2 可能并不一样。它们没有构成"直接的同一性"。编码和解码的符码可能并不完全对称。对称的程度——在传播交流过程中出现的"理解"与"误解"的程度取决于编码-生产者和解码-接受者之间位置的对称/不对称的程度，也取决于符码之间的同一性/非同一性的程度，这些符码或者完美地或者不完美地传播、干扰或者系统地歪曲它所传送的内容。符码之间缺乏"吻合"，在很大程度上，这是由播送者与受众之间的结构性差异所造成的，有时也与"信息形式"在进入与移出的转换环节中，信息来源和接受者之间存在的不对称性有关。在信息交流的过程中，正是由于这两端缺乏对等性，才引起了所谓的"扭曲"和"误解"。这也再次说明，信息进入或退移出其语言/信息形式的过程虽然只具有"相对自主性"，但却具有"决定作用"。

应用这一基础范式就足以转变我们对电视"内容"的理解了：我们也会开始看到，这一范式会转变我们对受众如何接受电视节目和进行反应的理解。之前的传播研究中，就有人阐述过传播过程的"开端"与"结尾"，对之我们必须谨慎待之。但是，现在有理由相信，受众研究已经达到了令人激动的新阶段，也许要开启一种新的研究类型了。在研究传播链条的任何一端，对符号学范式的使用都必然要驱逐长期以来困扰着大众传媒研究的行为主义范式。虽然我们知道电视节目不是像敲击膝关节那样的行为输入，但如果不去终止回到一种或另外多种低层次的行为主义，对于研究者来说要想去重新认知传播的过程似乎是不大可能的。就像格伯纳（Gerbner）所说，我们知道电视屏幕对暴力的再现"不是暴力而是有关暴力的信息"[1]：但是，在我们继续研究暴力问题的时候，好像没有能力理解这一认识论上的差别。

让我们以电视的喜剧—娱乐板块为例说明，如果将电视看作一种"话语"、一种传播事件，而不是简单的行为事件，那么就会对电视/暴力关系这一传统研究领域产生重要的影响。[2] 以好莱坞早期的 B 级[3]西

---

[1] Gerbner, et al., *Violence in TV Drama: A Study of Trends & Symbolic Functions*, Annenberg School, Univ. of Pennsylvania, 1970.

[2] 这一例子在"内容研究新方法"中有更详细的讨论，in "New Approches to Content", *Violence in the TV Drama-series*, CCS Report to Home Office Inquiry Into TV/Violence, Centre for Mass Comm. Research, Shuttleworth, Camargo, Lloyd and Hall, Birmingham U. (Forthcoming).

[3] B 级片指低成本且拍摄时间较短的影片，一般不把低成本的艺术电影包含在内。——译者注

部类型片为模板，早期西部电视剧（现在的儿童剧也是如此）继承了其简单的结构：用摩尼教式的道德体系截然划分好/坏，用泾渭分明的社会和道德称呼区分英雄与恶棍，也继承了其清晰明白的叙事线条和情节、画面风格和具有鲜明特征的高潮桥段，如激烈的枪战、追逐、人物的摊牌、街头或酒吧决斗等。长期以来，在英美电视节目中这种形式都是占主导地位的戏剧－娱乐类型。就数量而言，这类电影/节目中的暴力事件、死亡和受伤等内容占了很大比例。在黑夜降临之后，一帮男人、一支印第安部队中的所有人都在奔赴死亡。研究者们——包括希默尔魏特（Himmelweit）——认为早期电视/B级西部片太过于轮廓鲜明，动作太俗套、太程式化，以至于多数孩子（有趣的是男孩子要比女孩子明白得早些）都很快将它们当作"游戏"解读："牛仔和印第安人的"的游戏。因此可更进一步假设，与那些暴力比例较大而又没有过于模式化的节目相比，这种结构俗套的西部片更不易引发观众对暴力或其他侵略性"行为"进行侵略性模仿。但是，将西部片作为一个"符号游戏"意味着什么或者隐含着什么，仍然是一个值得考虑的问题。

这意味着，存在一组被严密编码的"规则"，某种类型的故事内容和结构通过它们就很容易在西部片的形式中被编码。这些"编码规则"在生产者和受众中间的分布是如此广泛，并能被对称分享，以至于对"信息"的解码方式极有可能与对其进行"编码"的方式也是对称的。这种双向符码在模式化或"惯常化"过程中必不可少，并且双向符码的存在能够定义或者使某种类型的存在成为可能。这可以对编码/解码的环节进行合理的解释，我们谈论的这个案例似乎也不存在什么问题。

但是，我们的讨论可以更深入一点。例如某些领域的惯常化是为什么和怎样兴起（和消失）的？当然，虽然西部故事很快就偏离了历史真实，但它们源于真实的美国的西部开发历史。在某种程度上，西部片的类型化符码的生产所造成的结果是将西部真实历史有选择地转型成符号的或神话的"西部"。但是，为什么要通过一组模式化符码的介入，才能将历史转型为神话并呈现给我们的时代，而不是仅仅表现这段历史呢？在某一环节中，通过语言和话语规则的介入过程，从而转换和"移植"某一组特殊的历史事实，对任何试图将自身的根基建立在历史事实上的符号学来说都是最为重要的一项检测。我们了解并且能够简单勾勒那些因素，它们规定了符码对历史的操纵。这是典型的美国故事，在法律和社会秩序完全建立以前，人们在边远的美国西部开疆扩土、开垦"处女地"，这个时候它更接近自然而不是法律和秩序。这是块男人的土地，独立男人的土地，他们在与自然或者邪恶的冲突中显得孤立：因此这些都是关于男子气概、技巧力量和命运的故事，是关于"露天环境"中男人被内在的义务感和外在的必要性所驱使到自己的使命中的故事——被命运或者被"男人必须做的事情"所驱使，因此在这片土地上，道德准则是其明确的内核，它不是在对话中被完全对象化的，而是要通过姿势、步态、服装、"装备"、外貌等手段表现出来。在这片土地上女性要么处于从属地位（"居家小女人"或者"从东部后方来的"），要么是某种程度上更开放的女性，如好的/坏的酒吧女郎，她们命中注定会被不经意地、习惯性地枪杀，或者在倒数第二卷的电影胶片中被除掉，等等。如果要进行严格的符号学分析，我就得追踪那些特殊符码的踪迹：它们在某部电影、情节或节目的表层-结构中被用来表意这些因素。清楚的是，这一组深层-结构符码（其因素非常有限）完成了许多表面的线索和转型：在电影和电视中，这种深层-结构一度为我们提供了想当然的故事中的故事、动作叙事的范式和完美的神话。

从符号学的角度来看，能够定义西部片研究对象的就是以有限变型为基础的表面多样性。因此，我们从早期开始就已见到的各种变型也就不足为怪了。借此至少可以明白与追踪我们所需要的那些基本方法。从而去解释简单-结构的西部片是如何转型为心理西部片和巴洛克西部片〔如《左手持枪》(*Left Handed Gun*)〕，"西部尽头"的西部片，喜剧西部片，"空心面"西部片，甚至是日本和中国香港的西部片，"恶搞"西部片〔如《虎豹小霸王》(*Butch Cassidy*)〕，重回暴力的西部片〔如《日落黄沙》(*The Wild Bunch*)〕，家庭肥皂剧式的西部片〔如电视连续剧《弗吉尼亚人》(*Virginian*)〕，或者拉丁美洲的革命西部片。像《原野铁汉》(*Hud*)这样的电影，在开头的一组镜头——也就是当"英雄的"西部牛仔开始穿越"堕落的西部"时，"英雄"开着凯迪拉克穿越熟悉的景物，或者奥尔兹莫比尔牌卡车上载着一匹马，这远非是要给分裂的符码编目，而是表明，如何通过颠倒符码中有限数量的"词汇子目"(lexical item)而获取相反的意义，实现意义的变形。

从这个角度上看，大众媒介研究者长期以来关注的关于暴力与西部片之间关系的问题就越来越显得随意与匪夷所思了。如果我们拒绝强调暴力问题或从支配这一类型的复合符码矩阵中产生的暴力片段，那么当研究者们忙着数尸体的同时，其他许多重要的意义事实上还是能被传递出来的。这并不是说暴力不是西部电视片的元素，也不是说不存在能够调控表现暴力方式的复合符码，而是说观众接受的不是"暴力"而是关于暴力的信息。一旦我们使用这种干预方法，某些研究和分析的后果就随之而来了：它会彻底打破赋予自己某种"自然逻辑"的连续性的光滑链条。例如在O. K. 牧场的大枪战[1]和在斯康绍普(Scunthorpe)的街头一位阿飞撞倒了一位老太太之间所具有的逻辑联系。

结构简单的西部片的叙事结构中的暴力元素，如枪战、斗殴、伏击、抢劫银行、徒手搏斗、受伤、决斗或屠杀等，就像其他在结构话语中的任何句法单元一样，其本身不能表示任何事情。它只能作为整体表示信息的结构意义。进一步说，这些元素只有在与其他元素或单元的关系中（或者说在一定数量的类似和差异的关系中）才能完成其表意过程。布尔格林(O. Burgelin)早就明确讲过[2]，恶棍的暴力或邪恶行径只有在与善行的在场/缺席的关系中才有意义。他说：

> 很清楚，我们不能从简单地计算他的邪恶动作的次数（十次或十二次根本就没有什么区别）中得到任何有效推论，因为事情的核心显然是：诸多邪恶行径的意义是在与某一单个善行的对比中获得的……人们可能会说常发事件的意义是通过与稀有事件的对比揭示出来的……因此全部问题是要辨认出稀有的或消失的事件条目。结构分析提供了一种解决这一问题的路径，而传统的内容分析法则对

---

[1] 指的是电影《O. K. 牧场大决斗》(*Gunfight at the O. K. Corral*)，中国大陆译为《龙虎双侠》，是1957年出品的西部片。——译者注
[2] O. Burgelin, "Structural Analysis & Mass Communications", *Studies In Broadcasting*, No. 6, Nippon Hoso Kyokai (1968).

此无能为力。

确实，结构简单的西部片会带有某种统治-控摄性的道德经济规则，而且又是如此坚固地被构建起来，以至于"恶棍"的一项善行不仅能够，而且很显然地必然引起对其最终结局的某些修改或转化。因此，恶性-暴力行为的在场（显性的）＋补偿性善行的缺失（隐性的）＝不知悔改的恶棍：在电影最后的一段情节中，人们可以无缘无故地开枪打倒他，给他制造一个"坏的"或者平淡无奇的死亡（假如英雄主角没有从背后开枪打死恶棍，或者没有意识到，因此也没有先拔枪）。但是，暴力恶行的在场（显性的）＋单个补偿性善行的在场（显性的）＝恶棍可能被救赎或者再生，在弥留之际与英雄或者以前的好友和解，补偿被伤害的社群，或者至少能够弥留一段时间，得到"好死"。也许我们会问，当"暴力"在组织坚固的西部片道德经济中仅仅出现或者表意任何事情的话，那么，"暴力"的意义是什么呢？

我们认为，第一，西部片或西部节目中的暴力行为或者暴力情节不能在与其他元素隔离的情况下、在电影或者节目的意义结构领域之外表意。第二，只有在与其他元素的关系中根据它与其他元素相结合的规则和习惯才能表意。现在我们必须加上第三条，暴力行为或情节不可能是固定的、单个的或者不可改变的，而是能够根据它被叙述的方式、它和什么一起被叙述而表示出不同的价值。作为诸多元素中的表意的元素，在一种话语中它依然是多义的。确实，在它与其他元素的结合过程中，被结构的方式就是要在特定的场域限定其意义，并且产生出"封闭性"，由此而暗示其优势性意义（*preferred meaning*）。某一词目永远都不可能只有一个、单个、唯一和确定的意义，但是，根据它在符码内被整合的方式，其可能的潜在意义就会被组织为从支配意义到从属意义之间的任何一种意义级别。当然，这对传播链条的另一端即接受端而言，也有重要影响：没有法则可以保证接受者会采取和生产者编码时完全一样的方式，去接受暴力情节中的优势性意义或者支配意义。

研究者基于某种假设才将"暴力"元素从西部片中分离出来，这是非常典型的研究方法。这种假设是，所有其他元素，如布景、动作、人物、肖像、移动、举止和外貌、道德结构等——都是作为对暴力的惰性载体而出现的：它们都是要保证或者支持暴力行为。现在已经非常清楚了，暴力可能会仅仅为了保证或支持人物的形象而出现。因此，通过"内容"被符码组织起来的方式，我们能够粗略勾勒出不止一种的意义路径。以简单西部片那种无所不在的句法项目为例：英雄拔枪，比任何人都快（他似乎总是知道应该怎么做），并且像击中靶心一样射杀恶棍。用格伯纳的话说，这究竟表示了什么样的规范、命题或者文化表意呢？[1] 有可能将这条内容解码为："英雄人物知道如何更快地拔枪，比敌人的枪法更准：当面对坏人的时候，一枪就能使其致命。"这也许可以称之为"行为论"或者"工具论"的解释。但是——研究表明——直接的行为"信息"由于高度组织化的符码和类型惯例（表示符码的符码，或者元符码）而被程式化与常规化了。符码的干预可使一组意义失效，而激活另一组意义。或者，换句话说，符码会使同一个意符（denotative，本义）[2]的内容单元发生转换或置换，使其从一种指涉符码成为另一种符码，因此产生表意的转型。伯格（P. Berger）和卢克曼（T. Luckmann）[3]认为，"惯常化"或者"沉淀"（sedimentation）的作用虽然都是服务于将某种动作或者意义程序化的，但也为新的、创新性意义释放了前景。特纳（V. W. Turner）[4]及其他人也表明了仪式习俗是如何重新分配仪式表演重心的，使其从一种领域（例如，情感的或私人的）转移到另一种领域（例如，认知的、宇宙的或者社会的）。弗洛伊德[5]在他对症候-构形的仪式化分析和他关于梦的著作中，都表明在对潜在材料和意义通过明显的象征进行编码的过程中，聚结（condensa-

---

[1] 关于"命题分析"（proposition-analysis），见 Gerbner, "Ideological Perspectives & Political Tendencies in News Reporting", *Journalism Quarterly* 41, 1964；E. Sullerot, "Use Etude De Presse", *Temps Modernes*, Vol. XX, No. 226, 1965。关于"规范分析"，参见 Gerbner, in *Violence & the Mass Media*, Task Force Report to Eisenhower Commission on Causes & Prevention of Violences, US Printing Office, 1969。

[2] 意符（denotative），英语原文指的是词语的本义；下文中的意指（connotative），指词语的转义。——译者注

[3] Berger & Luckmann, *Social Construction of Reality*, Penguin, 1971.

[4] V. W. Turner, *The Ritual Process*, Routledge & Kegan Paul, 1969.

[5] 特别是在 *Interpretation of Dreams* 中。

tion）和置换所处的枢纽地位。记住这一点，我们就可能通过思考对这个词目①形成一种可选性的意指性（connotative，转义）"阅读"。"是某种类型的人（英雄）就意味着他有能力通过老练而职业的'沉着冷静'，去掌控所有的偶发事故。"这种解读将同一（意符）内容从其工具论－行为论的意指（转义）内容调换到（男子气概）动作的礼貌、品行、惯用语和风格等意指内容。"信息"或者"主题"现在可被理解为不是关于"暴力"的信息，而是关于品行甚至职业特性的信息，甚至是关于人物与其职业特征之间关系的信息。此处我们要重温罗伯特·沃肖（Robert Warshow）富有洞见的直觉，根本上讲，西部片不是关于"暴力"的符码而是关于"品行"的符码。

我一直在试图说明——不用再多举例了——传播具有符号/语言/符码等性质，注意这些性质不是要把我们关进记号封闭的形式领域，而是打开进入一个领域的通道，在其中，文化内容的传递是最能引起共鸣的，但却处在"潜伏"的状态，尤其是符码与这一内容相互作用的方式会将意义从一个框架置换到另一个框架中，因此该过程会以"伪装的"方式将在某种文化中被压抑的内容带到表面。在这种联系中，值得记住的是艾柯的话，他说"符号学会将存在于符号领域的符码和次符码（codes and sub-codes）中的意识形态领域展示给我们看"。② 我本人的观点是，如果符号学视角的进步所获得的洞见没有在新型的形式主义中丢失，那么就要在这个方向上推进更远。③

现在让我们讨论节目和符码运行的另一方面。我们知道，电视的符号非常复杂，是一个被强大的辅助性听觉－语言所支撑起来的视觉记号。按照皮尔斯（Peirce's）的说法，它是一种图像记号。书写记号与它的所指之间的关系是任意的，与此相比，图像记号则是以能指的方式再现了所指的某些元素。皮尔斯说，它"拥有被表征的事物或物体的某

---

① 此处指的是上文关于英雄拔枪射杀恶棍的例子。——译者注
② U. Eco, "Articulations of Cinematic Code", *Cinematics*, 1.
③ 参见霍尔的论辩及在此问题上的拓展，S. Hall, "Determinations of the News Photograph", *WPCS*, 3, CCS, 1972; "Open & Closed Uses of Structuralism", Stencilled; CCS, 1973。

些属性"。① 事实上,既然图像记号将三维世界转译为了二维表征平面,那么就图像与所表示的对象而言,其"自然主义"就不是存在于链条的编码端,而是以解码记号的观看者的习得知觉(learned perception)为依据的。因此,艾柯的观点令人信服,他认为,图像记号粗略地说(如奶牛的照片或图画和作为动物的奶牛)"看起来就像真实世界中的物体",因为它们"再现了接受者的知觉条件"。② 观看者的这些"认知"条件构成了在某种文化内所有成员都共同使用的最基本的知觉符码。这些知觉符码被使用的范围是如此广泛,以至于意符的(本义的)视觉符号可能会比语言的符号产生更少的"误解"。英语语言会放弃许多普通的说话者无法在意指的(转义的)层面上理解的词汇,但是如果提供足够的"信息",同一文化的成员就能对更为宽泛的视觉能指进行意指性的理解或者解码。在这种意义上,在意符(本义)的层面上,视觉符号可能比语言符号更具普遍性。在像我们这样的社会中,语言能力在不同阶级和人口的不同群体(主要是以家庭和教育体系为划分依据)上的分布是非常不均衡的,而我们称之为"视觉能力"的东西会在意符的层面上分布得更为广泛。(当然,需要提醒大家的是,视觉能力事实上也并非是"普遍"的;还有,我们所面对的是一系列问题:存在许多种视觉表征,由于缺少"纯粹的抽象",它们创造了对普通观众来说是各种各样的视觉难题,例如卡通,某些类型的图解式表征,使用不熟悉的习俗表征,不同类型的照片或电影的剪辑,等等。)由于图像记号过于"自然"和"透明",事实上它也有可能会遭受"误读"。误解可能出现,不是由于作为观众我们无法照着原图解码符号(很显然图画就是这样的),而是因为我们被其"自然性"所诱惑从而将形象"误读"为它所表呈的东西。③ 然而,虽然有这些附加性条件,但我们可能还是会惊奇地发现,对于大多数电视观众来说,当他们以字面的或意符的方式去辨认他们在屏幕上所看到的视觉记号指涉与表意什么的时候,竟然还有许多困难。大多数人为了能够成为他们语言社区中语言能

---

① C. S. Peirce, *Speculative Grammar*.
② Eco, op. cit.
③ 参见 S. Hall, "Determination", op. cit.

力较强的人，都必须经过长期的教育过程，但是他们又似乎在早期阶段就学会了识认视觉－感觉符码，根本不用经过正式训练，并且很快就能拥有使用它的能力。

然而，视觉记号也是一种意指记号。并且，它在现代大众传播话语中地位显赫。视觉记号及其语境指涉的转义层和视觉记号在各种相关意义领域内所处位置的转义层，恰恰是意符记号与文化的深层语义结构的交叉点，并且带有意识形态性。例如，在广告话语中，我们也许会说几乎没有"完全的本义"传播。广告中的每一个视觉记号都"暗含"着质量、状况、价值或者推论，它们以转义的指涉（reference）为基础，被作为暗示或者暗含的意义而表现出来。也许我们对巴特关于"毛衣"的例子非常熟悉，它在广告和时装的修辞中的本义是"一种温暖的外衣"或者"取暖"，通过进一步的阐释，它指的是"冬天来了"或者"大冷天"。在特殊的时装次符码下，"毛衣"指的可能是"高级时装的新款式"或者"休闲的服装款式"。但是，如果将它放到合适的背景并加入表示浪漫的次符码，它的转义可能是指"漫步于金秋的小树林"。① 显然，这一次序的转义符码已充分地被建构起来去表示意义，但是它们比本义符码更为"开放"或者"结尾更开放"。还有，它们与某种文化、历史或者民族志中的普遍意识形态有明显的合约关系。这些转义符码是"语言工具"，社会生活的领域、不同的文化领域、权力和意识形态等都通过它而得以表意。它们是"意义的地图"，所有文化都要被组织进去，并且这些"社会现实的地图"会将全部的社会意义、社会实践和用途、权力和利益都"书写"进去。巴特认为，意指性的能指"与文化、知识、历史等都有密切的交流，也就是说，环境世界通过意指性的能指而侵入语言的和语义的系统。也许，如果你愿意这样说的话，它们是意识形态的碎片"。②

电视符号的意符（本义）层面也许会被固定在确定、复杂但是有限或者"封闭的"符码中。但是，它的意指（转义）层次虽然也比较固

---

① R. Barthes, "Rhetoric of the Image", in *WPCS*, CCCS, B'ham, 1971.
② R. Barthes, *Elements of Semiology*, Cape, 1967.

定，却保持着开放性，受历史的型构、转型和衰落的影响，并且从根本上是多义的：任何一个这样的记号都有潜力被映射入多种转义构型的地图。然而我们一定不要把"多义性"和多元性相混淆。意指符码并不是对等的。任何社会/文化都有不同程度的封闭性，都会倾向于将其对社会-文化-政治世界的不同分类强加于其成员。仍然存在支配性文化秩序，虽然它既不是单义的也不是无异议的。"支配结构"是一种文化中的关键问题。可以说，社会生活的不同区域似乎都会被标记在支配性意义或优先意义的意指界域（domain）中。新的、问题性的或者带来麻烦的事物和事件打破了我们的经验，与我们的"常识建构"和对社会结构"视为当然"的理解背道而驰，必须将它们分派到各自的意指界域才能"产生意义"：最常见的"将它们绘制到地图中"的方式是将新出现的问题分派进某界域或者其他现存的"社会现实的问题地图"内。我们用的词是"支配性的"而不是"决定的"，因为总是有可能在不止一种的"地图"内将事件整理、归类、分配和解码。我们用"支配"这个词，是因为存在"优势性阅读"的模式，这些"地图"既铭刻着体制/政治/意识形态的秩序，同时也使它们自身被体制化了[①]。"优势性绘制"将整个社会的秩序作为一组意义嵌入进来：这包括实践与信念，对社会结构的日常认知，对"事情是如何在该文化中为现实所有目的而发挥作用的"日常认识，权力与利益的秩序等级以及合法化和制裁的结构，等等。因此，要在意指层面上澄清或者解决"误解"，我们就必须根据符码，去同时参考社会生活的规则、历史和生活状况的规则、经济和政治秩序的规则，最终，参考意识形态的规则。更进一步讲，既然这些转义的"绘制"是"在支配中被结构"的，但却不是封闭的，因此传播过程不是在早已安置好的符码内将每一个视觉项都毫无疑问地分配到合适的位置，而是由述行规则（performative）——权限规则（rules of competence）和应用逻辑的使用规则——去构成一种效果，即试图强化一种语义范畴而弱化另一种，或者更倾向于一种语义范畴而不是另一种，并且强行使这些词项进入或者离开其合适的意义集组。形式

---

① R. Barthes, *Elements of Semiology*, Cape, 1967.

符号学在阐释时经常忽略这一层面，虽然它事实上构成了电视广播时间的深层结构，尤其是在与政治和其他"敏感区域"有关的节目中更是如此。在谈到支配意义时，我们并不是简单地谈论一个一边倒的过程，好像是它决定了事件会如何被表现出来一样（例如，我们可能会想到智利最近的政变）：它还包含某些必需的"工作"，即为事件的解码中去强化、赢取合理性，以合法性的样式掌控其进程，而事件就是在这种支配性定义中被以转义的方式表呈出来的。特尼尔博士（Dr. Terni）在他的论文中说："我们用'阅读'一词所指的不仅仅是辨别并且解码某些记号的能力，而且还指一种主观能力，可以将这些符码置入其与其他记号之间的创造性关系中：这种能力本身便是一个人可以全面意识到其所处之总体环境的条件。"① 我们唯一要辨清的是"主观能力"这个概念，它似乎是说电视符号的本义指涉（denotative reference）是一个客观过程，而转义和连接层面上却好像是个体的、私人的事情一样。对我们而言，事情恰恰相反。电视制作恰恰是承担了"客观的"（系统的）责任，要为不同符号之间相互缔约负责，因此不断地限制和规定这些项目会被安排在什么样的"总体环境意识"中。

这就把我们带到编码者与解码者之间"误解"的核心问题了，在兜了一大圈必要的圈子之后，现在要谈论"文化政策"这件事了：制定文化政策的目的是"有利于更好地传播"，"使传播更有效"。电视生产者或者"编码者"发现他们的信息没有"被理解"，就会经常考虑将传播链条上的纽结弄直，认为这样有利于提高信息的"有效性"。许多研究都试图发现受众能够记住或回忆起多少信息。在意符层面（如果我们能对这一环节做分析性区别的话）无疑存在某些"误解"，虽然我们并不真的知道误解的范围有多广。对此，我们也能看到某些可能的解释。例如，认为观众都"不说这种（电视）语言"，如果不是在字面上不说的话，就是在比喻的意义上不说，这是指：他或她并不能理解议论或者阐述的复杂逻辑，或者有些概念太陌生，或者剪辑（它在某种阐述或"叙事"逻辑内安排义项，因此它本身就想将不相干的事物联系在一

---

① P. Terni, *Memorandum*, Council of Europe Colloquy, Leicester, 1973.

起）得太快了，削减了内容或者让内容变得复杂了。在另一个层面，编码者也意识到他们的受众常用与他们所期待的不同的方式去"理解"他们的信息。他们真正的意思是，观众没有在支配的或者优势的符码内行事。这就导致相反的结果，即他们不得不面对"被系统化扭曲的传播"的事实。

近年来，人们经常用个体的"偏离"（aberrant）式解读来解释这些差异，并将之归因于"选择性感知"。最近的研究中，有人认为"选择性感知"是一扇门，通过它在高度结构化、不对称的文化运作过程中保留了残余的多元性。当然，总会有个体化、私人化的多样解读，但是我不成熟的观点是"选择性感知"几乎从不可能像它所暗示的那样具有选择性、任意性和私人性。这些模式表现出比通常假设更多的结构化和类聚化（clustering）的属性。任何一种受众研究的新方法，都不得不通过"解-码"概念对"选择性感知"理论提出批评性的挑战。

艾柯最近指出另一个结构化的层面，它存在于支配符码和"偏离的"个体解读之间的中间层面：这一层是由亚文化的（sub-cultural）形构所产生的。但是，既然亚文化根据定义属于文化内部的差异性表达，那么，将这个中间层定位在某种不同框架里可能会更有用。①

观众可能会在处理电视信息时采取某种更宽阔的社会视角，我们也将从这一方面来解释"误解"（我们认为这个用词是不够恰当的）这一概念。下面的总体类型学简述就是我们在这方面做的尝试，并试图援引葛兰西关于"霸权"和"协作"（cooperation）的意识形态形构与帕尔金（F. Parkin）最近关于意义系统类型的著作。② 现在我想（采用帕尔金的框架）去讨论受众在对大众传播解码时所拥有的四种"理想的位置类型"，并且依据"系统化扭曲的传播"理论去再次讨论人人皆知的"误解"概念。

人们对字面上或意符（本义）上产生的"错误"相对而言争论较小。它们代表了频道中的某些噪声。但是，在意指（转义）或者上下

---

① Eco, "Does the Public Harm Television?", cp. cit.
② Antonio Gramsci, *Selections from Prison Notebook*, Lawrence & Wishart, 1971; F. Parkin, *Class Inequality & Political Order*, McGibbon & Kee, 1971.

文语境的层面上对信息的"误读"则是另外一回事。从根本上讲，这些误读来源于社会而不是传播。在"信息"层面上它们所指向的是经济、政治和文化生活的结构性冲突、矛盾和协商。我们要识别的第一个位置是支配性或者霸权性符码（当然，为了在支配性符码中制造一个事件，需要许多不同的符码和次符码）。当观众从电视新闻或者时事新闻节目中直接获取完全的隐含意义，并且根据与编码方式一致的优势符码对信息进行解码，我们就可以说观众是在支配性符码内行事的。这是"完全透明传播"的理想－典型案例，或者说，我们为了"所有的现实目的"而尽可能达到的程度。接下来（这里我们会放大帕尔金的模型），即我们要识别什么是"专业符码"。职业广播公司在播送以霸权方式被指涉的信息时会采用这种符码（或者说一个符码集组，因为此处我们所讨论的东西被称为"原符码"可能更好一点）。与支配符码相比，专业符码具有"相对独立性"，因为它使用自身的标准和运行方式，尤其是那些具有技术－实用性质的标准和操作方式。然而，专业符码是在支配符码的"霸权"下运行的。确实，恰恰通过悬置霸权性质，并且与诸如视觉品质、新闻、表象价值、电视质量、"职业性"等相关的专业编码一起运行，职业符码才能够再生产出支配性定义。对北爱尔兰政治或者智利政变，或者《劳资关系法案》的霸权式解读是由政治精英进行的。例如他们会通过操纵专业符码，选择要表现的事件和形式，挑选在镜头里露面的人员，选择图像和辩论"舞台"，等等。[1] 广播职业人员是如何能够既与"相对自主"的符码一起运行，又以这种方式生产（并不是没有矛盾）事件的霸权性意指的，是一件非常复杂的事情，此处无法进行更多的讨论，只提一点就足够了：职业人员与政治精英的联系不仅仅是通过作为"意识形态机器"[2] 的广播本身在体制中的位置而建立的，更要通过节目播送的结构（电视中对精英人物做系统的"过度播放"和"对情况进行定义"）才能建立。甚至可以说，专

---

[1] 参见 S. Hall, "External/Internal Dialectic in Broadcasting", in *Fourth Symposium on Broadcasting*, Dept. of Extra-Mural Studies, U. of Manchester。

[2] L. Althusser, "Ideological State Apparatuses", in *Lenin & Philosophy, and Other Essays*, New Left Books, 1971.

业符码再生产霸权定义时，在运行过程中并没有过度偏向它们自己的方向，因此意识形态的再生产的发生是漫不经心、无意识的，是在"背地里"进行的。当然，支配性和专业性的表意与他们所表意的行动间的冲突、矛盾甚至是"误解"会经常发生。我们要确认的第三个位置是协商性符码或位置。大多数受众或许能够充分理解在传播领域中所说的被支配性定义和专业性定义的东西是什么。然而，支配性定义之所以是霸权性的，恰恰是因为它们是代表了对情况和事件的"支配性"、全局性的界认。支配性定义将事件或明或暗地连接到宏大的总体性和大规模聚合的世界观中：它们对事件采用"大视野"，将事件与"国家利益"或地缘政治的层面联系起来，甚至，它们不惜以削减、颠倒或神秘化等手段建立这些联系。"霸权"观点的定义是（a）它在自己的术语范围内定义精神层面、定义整个社会或文化的全部可能意义；（b）它带有合法性的印记——它似乎与被认为是"自然的""不可避免的""视为当然的"社会秩序一致。协商性解码是适应和反对因素的混合体：它承认制造出宏大表意的霸权定义的合法性，同时，在更局限的、更视情况而定的层面上建立自己的基本规则，在运行时与规则的"例外"情况配合。协商性解码使优先位置与对事件的支配定义协调一致，同时保留了以更"协作"的立场和更"协商"的方式利用"局部状况"的权力。这种支配意识形态的协商变体因此而充满矛盾，虽然这些矛盾只有在某些情况下才会充分显现出来。协商符码通过所谓的特殊或情势化的逻辑而发挥作用：这些逻辑来自在这个谱系中占据该位置的那些特定位置，也来自特定的和不平等的权力关系。关于这种协商式符码的最简单的例子是，它控制了工人对《劳资关系法案》的反应，该法案限制罢工权力，或者为冻结工人工资而辩解。在有关国家利益的层面上，工人在经济辩论中可能会接受霸权的定义，同意"为了对抗通胀我们必须减少自己的报酬"。然而，这也许与他为了争取更高报酬和更好的条件而罢工的意愿关系不大或者毫无关系，与他们在车间或工会的层面上反对《劳资关系法案》也无甚关系。我们怀疑大多数所谓的"误解"都来自霸权－支配性解码和协商－协作性解码之间的矛盾。正是各种层次上的不相称才招致某些精英和专业人员认定存在"传播中的失败"。最后，观众有可能完美理解赋予事件字面意义和转义的变调，但是却决定以完全相反的方式对此进行解码。为了在某种替代性参考框架中重组信息的整体性，他首先在优势性符码中拆解了信息的整体性。我们可以举个例子，有个观众在听关于限制工资的必要性的辩论，但是他每次提到"国家利益"的时候都会将其"解读"为"阶级利益"。他在此使用的便是我们所称的对抗性解码。最重要的政治时刻之一（出于明显的原因，在广播组织中它们也与危机政治同时发生）就是这么一个时间点：以协商的方式被表意和解码的事件开始被赋予一种对抗性的解读。

虽然论证过程有些笨拙，但对文化政策问题的解释现在该水到渠成了。当我们处理社会传播的时候，一旦人们越过了信息严格的意符层面，无论在何种程度上把"改进传播"或者"使传播更有效"的任务作为中立的、教育的目标都是极困难的。教育者或者文化政策制定者最重要的倾向性行为之一，就是与对现实冲突和矛盾的再表意化（re-signification）串通一气，就好像这些冲突和矛盾仅仅是传播链中的一些纽结，而意符层面上发生的错误不具有结构性的意义。但是意指和语境层面的"误解"却是具有或者可能具有最为重要的意义。将社会-传播系统中真正的系统性歪曲的根本因素阐释为是由技术错误所造成的，就是将传播过程中的深层结构误读为表层现象。为使统治精英的霸权符码对大多数受众而言更加有效和透明而进行的干预，不是技术中立的，而是政治化的行为。将政治选择"误读"为技术选择，表明了其与统治利益的无意识合谋，社会科学和研究者都具有这种倾向。虽然这种神秘化的源头既是社会的又是结构的，但是，通过对不同符码的操作大大便利了实际的过程。这不是科学研究人员第一次"无意识地"在霸权的再生产中所扮演的角色，也不是通过公开的方式，而只是通过操作它们的"专业支架"去顺应之。

（张道建　译）

越轨、政治和媒体[*]

本文主要是推测性思索[①],它研究的是大众媒体处理某些形式的政治越轨（political deviance）和政治活动的方式,以及这些政治越轨和政治活动在政治领域被标记的方式。这项研究还处于起步阶段,因此,我们不可能提供任何实质性的研究结果或是对实验性证据进行总结。不过,我们现在正勾勒出一些研究假设,这些假设表明:越轨和政治行为的研究与大众媒体研究之间存在一定的联系,所以,为了评论和讨论之,以概括和暂定的形式呈现出这一特定理论化的过程是适宜的。

一

政治越轨在越轨行为的研究中并不占主导地位。贝克（Becker, 1967）提出,这是因为在许多形式的社会越轨中,"带有冲突性的段落或顺序不是为了冲突本身而组织的;没有人试图改变等级结构的状况"。然而,很明显,某些越轨行为被定义为"社会问题"的过程,对其进行标注的过程以及对其实施社会管控,都包含有本质上是政治的内容。霍诺维茨（Horowitz）和利博维茨（Liebowitz）认为"对越轨进行的研

---

[*] 原题"Deviancy, Politics and the Media",为斯图亚特·霍尔1971年在英国社会学协会大会上提交的论文,原文载于 *Stenclled Occasional Paper*,又载于 M. McIntosh and P. Rock （eds.）, *Deviancy and Social Control*, London: Tavistock, 1973。

① 和这一项目相关的以经验为依据的工作,目前正在伯明翰大学当代文化研究中心的新闻/媒介项目中进行。

究已经采用了共识性的福利模式而非冲突模式"（1968）。这种模式倾向于压制与"正常"社会进行异常交往中的政治因素。李马特（Lemert, 1967）似乎是互动主义学派中公开承认标签理论与权力和意识形态间具有密切相互作用的最早研究越轨的理论家之一：

> 社会行动和管控通常来自精英权力集团，他们拥有自己的价值观体系，这些价值观与普通大众的、其他群体的，甚至与个体精英成员的价值观都不同。这些精英的有组织价值观及其程序规则也对事件管控有重大影响。团体和个人在社会结构中互动时的地位对于预测社会要实施管控或是解除管控所采取的行动具有重大意义。

霍诺维茨和利博维茨（1968）认为，传统上，越轨理论接受了一种"高度形式主义的政治观"，将政治局限于"社会生活中正式的司法方面（例如选举过程）和对通过程序规范的政党机构的维护上"。

> 依据这种观点，只有选举过程中的行为才被定义为具有政治性质的。

根据这种强势的观点，对越轨和政治的研究彼此间自然没有什么可说的了。然而，现实世界中的事件正在越来越多地揭示出关于政治这一正式命题在运作和意识形态上的内容。从标准的观点来看，所有的政治行动，如果不是通过选举进程予以表现的、如果无助于维持政党的组织运作，并且不受程序规范的管辖，那么根据定义，这些行动就是与政治相关的越轨行动。但是，正如所有的标签理论一样，问题是，谁来定义哪个行动属于哪一方面呢？在操作上，维持"政治"与"非政治"之间的界限，并将某些"政治"行为归入"非政治"领域，这本身就是政治行为，反映出权力和利益结构的诉求。政治领域中的这些标记行为（这并非不言而喻，也并非是自然界的规律）构成了权力精英方面持续进行政治"工作"的一种形式：它们通常是整个政治控制过程中的序曲。

社会越轨行为和政治越轨行为之间的明确区分越来越难以做到。这至少有五个原因。第一，许多越轨的社会团体正在被政治化。第二，激进的政治团体在生活方式和价值观上也经常在"越轨"。第三，与传统阶级政治中更加"客观"的内容相反，越轨政治团体的"政治"有其独特的文化或生存内容：他们与现状（status quo）的分离既表现在文化态度、意识形态和生活方式上，也表现在政纲或经济的劣势上。第四，这些政治少数群体通过其集体组织和活动已经将一些问题从"社会问题"转移到了"政治问题"的类别。这样，越轨行为中隐藏的政治因素就变成透明的了，社会性越轨的地图也被改变了。第五，在事件的压力下，社会学理论的共识性质——属于这种性质的越轨理论的早期形式，例如默顿（Mertonian）理论的分支——已经出现了两极分化和分裂。[①] 基于整合的自我调节的功能性社会秩序这一假设的很多社会行动模型逐渐受到其他模型的挑战，在所谓的其他模型中，恰恰是"社会制度"的内在凝聚力，及其对持不同政见者和行为有偏差的人们进行"冲突管理"的能力被认为是存在问题的。对这些反理论（counter-theories）的论述显然同样适用于对社会越轨行为和政治冲突行为的分析。因此，在行动和理论的不同层次上，现在已经出现了更为激进地看待越轨行为的视角，其中越轨和政治之间的明确区分被削弱了。所以，霍诺维茨和利博维茨宣称的"政治边缘性"与"社会越轨"之间的区别将会越来越成为"过时的区别"，这一观点似乎是正确的。这给我们提出了定义方面的新问题，反过来，这些问题再次开通了越轨和政治之间的汇合路线。

李马特对"越轨群体"和"政治少数群体"之间的区别作出过一个经典表述：

> （越轨）群体是那些因为头脑不够清醒而失去其价值观的人，他们可能没有体系来表述他们模糊感觉到的不满。另一方面，少数

---

① 在整体的美国结构—功能主义的范式中，越轨总是被呈现为一种"离经叛道"的领域。参见 D. Matza, *Becoming Deviant*, 1969, Prentic-Hall。

群体，因为其纲领是明确定义的，其权利是有组织并适时行使的，所以更容易将他们的价值观转化为新出现的社会行动模式。（1967）

这种区别也不再是那么清晰了。当然，我们需要一种方法来区分那些被标记为越轨的行为，或是指那些没有制订任何计划的参与活动，只需要留给管控当局加以处理便可，或是指那些更具组织性的政治活动。许多所谓的"没有受害者的犯罪"或"犯罪"都被归为第一类，其中唯一的受害者就是参与者自身。这种形式的行动与政治少数群体的行动不同，政治少数群体的"价值观"是更容易被转化为"社会行动的新兴模式"的。然而，越轨群体因为他们的越轨经常违反法律，并遭到执法机构和法院的侵扰，所以他们会相应地制订方案，发展组织和开展行动，以结束他们所遭受的歧视，或是重新定义不利于他们的法律。这至少代表了离经叛道的亚文化之政治化进程的开始，该进程至少是沿着两个维度进行的：（1）反对长期以来以法院、政治立法和社会管理机构等形式建立起来的官方机构，这些群体在对抗上述官方机构的过程中开始成为有组织的团体。他们试图借助一些计划"来改变等级结构的面貌"。这会转而导致他们与出于其他原因同样反抗等级结构的那些群体，组成正式或非正式的联盟。（2）在组织自身的过程中，越轨群体通过回顾过去，开始从政治上重新定义那些针对他们的社会歧视。因此，近年来，许多越轨群体，如吸毒成瘾者、同性恋者、救济金申领者等，已经开始独自或与其他更公开的政治团体合作，"倡导以发展组织的形式来应对所遭受的歧视"。转而，（特别是在"新左派"的政治范围内）这种越轨的亚文化为"政治组织提供了广泛的基础"。在美国，越轨群体和政治少数群体对"软性毒品"文化的共享程度是越轨的因素与政治因素在可能被宽泛地标注为"代别性地下组织"（generational underground）的一项合并标识（Hall，1969）。对这种相互渗透的过程的证明也受到了如下事实的促进，即认为无论如何，最有可能与离经叛道的亚文化结盟的政治团体很少会有清晰和永久的组织形式，如果有的话，也只是松散地附属在明确表述的政治改革方案上。[1] 在许多情况下，越轨群体和/或政治活动少数群体的"成员"是完全相同的。犯罪标签和意识形态标签的广泛趋同证明了这种合并的过程，打标签的机构未进行过多区分就将这两种标签应用到了包含"离经叛道"和"政治"这两类存有异议的少数群体当中。

霍诺维茨和利博维茨指出，"持有异议的权利"传统上是不被赋予大多越轨群体的（1968）。但是，随着政治少数群体日益从私人的越轨跨越到进行公开抗议，"传统的持有异议的权利"对于这两类群体都变成了有争议的问题。

霍诺维茨和利博维茨也认为，对越轨的自由主义表现形式的传统认识来自"政治多数主义的公式"（majoritarian formulation of politics）：

> 这是一个限定于政治策略上的框架，被多数人或那些进入精英群体中的有权的少数人所使用的。被剥夺权利的少数群体所使用的策略在很大程度上都被忽略了，所以，越轨的政治也是一未经检审的概念。（1968）

这表明了我们不能忽视的一个重要区别。在经典民主理论中，当然保留了一个非常简单的模式，在其中，政治决定是通过代表广大人口的有组织的多数人的论争与互动，在成文或不成文的宪法、选举过程、国会代表和国家的框架内达成的。现在，人们（甚至是其捍卫者们）已经清楚地认识到，这样一个简单的多数主义民主政治模式与现代工业国家的形态没有什么关系。"随着大众政治的出现……这种直接性和可理解性的所有希望不可避免地丢失了。"（Wolfe，1965）。在选民有组织的多数派和政治决策的过程之间，逐渐形成了复杂网络，它由大型的工业集团（国中之国）、与国家和地方行政及政府相关联的中介性官僚组织、自发的组织网络，以及私人协会、施压集团和利益集团等所组成，

---

[1] 我在别的地方试图确认美国新左派政治在"政治"和"体验"的角色之间的另类规律。参见"The Hippies: An American Moment", 1969, in *Student Power*, ed. J. Nagel, Merlin Press。

所有这些都系统性地调解和改造着简单的多数主义政治进程模式。虽然简单意义上的民主理论得以部分保留下来，但作为一种意识形态上合法化的神话，政治理论本身不得不将就现代国家更加复杂和分散化的性质，特别是在有组织的多数选民和政治进程之间的中间协会组织所带来的复杂性。

正如帕特里奇（Partridge）所评论的：

> 现在只有最幼稚的人会接受这种政治制度模式，以为从公民组织和政府职能部门那里发出的政策倡议将会实现人民的意志。由于许多来自经验的原因，我们认识到复杂社会的政治不会像那样运作；政党和其他组织、领导人和精英、官僚机构和政府等一定会担保这样一些功能，例如选择和阐明汇集与发布的议题或问题、提出和倡议一些政策、进行公众说法、通过开始实施被认为是可行的实际措施来表明对一般政策的满意度……凭借这些方式，政府（和其他有影响力的政治组织和团体）可以建立、巩固和扩大能够使他们继续享有和行使其权威的赞同或支持，或正如我们通常所说的，制造共识（manufacture consent）。（1972）

这种对"多数主义政治"简单变体的修改通常被定义为是向民主精英主义或民主多元化的转变。但在民主多元化理论中，世界上那些大型公司机构和有影响力的少数利益集团或是施压集团之间总是存在着区别。后者在国家机关内部运作并对其发挥作用，在政治谈判和妥协的过程中，这些被剥夺权利处于边缘化的新生的少数群体没有被纳入制度化的考虑中。虽然在理论上民主多元化允许新的团体和协会组织进入政治领域，但实际上民主多元化在实践中的运作方式是系统地忽视和剥夺某些新出现的、在共识之外的团体和利益群体的权利，同时又保持了现有政治利益结构的完整性。关于民主多元化在美国政治生活语境中的运用，乌尔夫有一个评论：

> 在合法利益群体和绝对在自其之外的那些团体之间的公共领

域，存在着非常鲜明的区别。如果群体或利益团体在可接受的框架内，则它肯定可以赢得某些它所寻求的东西，因为国家政治的过程具有分配性和妥协性。另一方面，如果是一个利益团体在可接受范围之外，则它不会受到任何关注，并且其支持者会被视为狂想家、极端分子或异物。利益团体也可以以令人迷惑的速度实现从"外部到内部"的移动，其支持者虽然一直被社会中长期存在的地位坚固的党派所藐视，但却随着这种移动会变成总统顾问和报纸专栏作家……因此，多元化理论的"矢量和"（vector-sum）这一说法会通过倾向于拒绝新的群体或利益集团进入政治高地（political plateau）而在意识形态上发挥作用。它是通过在实践中忽视他们的存在，而不是通过在理论上否定他们的主张来发挥作用的。（1965）

就我们的研究目的而言，重要的不是政治上"多数主义"和"少数"构成之间的区别，而是有影响力的、合法的少数群体和处于边缘地位、新生的弱小的少数群体之间的区别。有影响力的政治少数群体，无论是世袭的、自愿的，还是基于施压团体或利益团体的，都会和精英群体以及有组织的多数人分享行使施加影响力的权利，为进一步宣传他们的观点进行组织的权利，以及表示异议的权利：他们被理解为是以"政治的"方式进行活动。相反，那些非法的、非制度化的处于边缘地位的弱小的政治少数群体，则与社会越轨者们共用一个从"社会问题"范式上对其活动进行的定义：对他们的"解释说明"是在福利国家、治疗或心理框架中进行的，他们的活动则被定义为是"非政治性的"。

如果从这个角度将政治领域作为整体来看，很明显，虽然一些新出现的少数人利益团体可以随时进入政治进程当中，在有关决策或稀缺资源的谈判过程中被赋予合法地位，并且作为成功形成的利益团体开始壮大起来，但还有一些团体因为与那些越轨群体共享许多的社会特征，就政治过程本身而言，这些团体也就会被定义为"越轨"的：适用于后者的是不同的解释模型，并且他们遭受的是完全不同的社会歧视和管控过程。

我们现在可以以下列方式表述越轨的政治少数群体出现时的一个中心问题：

1. 当新的政治运动出现时，至关重要的问题是它们在"政治"类别中是否是公开合法化的，或是被归入"越轨"这一类别而被取消了合法地位。越轨群体和个人可能是病人、处于劣势的人、被他人腐化的人、误入歧途的人或遭遇社会混乱的人，但是他们没有被利用。所以，他们可以再次改好（治疗）、隔离以防止传染（隔离）或是取得支持（福利国家），但他们不能有组织或提出异议。

2. 在某些情况下，合法的政治少数群体要服从苛刻的"身份降级"（status degradation）仪式，和更边缘化的群体被归并为一类。然后他们就会受到不同形式的公众反对、歧视和排斥。他们已被象征性地解除其合法性了。

因此，一般来说，社会越轨和少数群体的政治好斗性之间的界限正在消失。某些类型的社会越轨和政治边缘化之间的联盟已经得到强化：政治在社会规范方面变得更加"越轨"，而越轨的现象逐渐政治化了。现在越轨过程中潜在的政治内容和激进政治中的越轨元素一起作为一种单一现象出现了。"当这种情况发生时，以越轨方式表示的政治异议将受到不同类型的镇压，这一直是对社会越轨的传统应对方式"（Horowitz，1968）。

二

基于本文的目的，文中对政治越轨的定义非常宽松。[①] 这些政治越

[①] 尽管已存在大量的文献，但关于 1960 年代的反抗运动的斗争形式和策略，仍然没有足够的类型学研究。尽管这场美国运动遗漏了一些东西，但它也可能表现出最广泛的策略运用。参见 *The New Left*: *A Documentary History*，ed. M. Theodori, 1969, Bobbs-Merrill. Part Two of *Politics of the New Left*, ed. M. Stolz, 1971, Fress Press Glencoe. 关于"行动形式"的摘要，Horowitz 在 *The Struggle Is the Message*（1970, Glendessary Press）的附录研究了一系列有计划的反战行动。Oppenheimer 在 *Urban Guerilla*（1970, Penguin）一书里专门研究了都市暴乱。也可以参见 *Weatherman*, ed. H. Jacobs, 1970, Ramparts Press。

轨团体的项目一定包含有明显的政治目的或目标，或许还含有表现其社会越轨态度和生活方式的潜在内容。他们的活动往往超越了常规性政治冲突所具的协商一致的规范，并且也乐于采用通常被定义为"非法"的方式来促进或确保其目的的实现。在有关生活方式的态度和关系中，他们在社会上被认为是非正统的、自由放任的甚至是具有破坏性的。和政治领域内制度化的那些更有影响力的群体（包括有组织的多数人、合法的少数群体、利益集团、精英）相比，他们处于边缘化的地位。他们挑战了对英国政治结构起稳定作用，并具有协调冲突的复杂机制的代表/选举/议会框架。他们往往会绕过有组织的"左派"大众党的"改良主义"和工会的"经济主义"。我在此文中所想到的政治越轨的形式都具有激进的政治视角，并且是最近才出现在先进工业社会的政治生活中的。我们在这里重点关注的是涉及学生和年轻人、种族和宗教上的少数群体的运动。这些群体及其形成从阶层上来说是非常复杂的，但又不是明确基于阶层的。他们在形式上的主要表现就是在议会之外，所涉及的越轨的政治活动类型则包括学生的激烈行为和抗议（与大学当局的对抗、静坐、占领等）；可能涉及与警察冲突的激烈的议会外的示威；城市暴乱和叛乱（如瓦茨）和城市暴动（如阿尔斯特）；零星事件或爆炸性的纵火事件、因政治原因对财产的攻击（气象员[①]或"愤怒军旅"[②]活动）；占屋运动、集体抗租行动、好战分子行动；种族倾向的"黑人权力"或黑豹党式的行动。可以立即清楚地看到，所有这些群体的活动都大致属于过去10年中在西方发达资本主义社会的政治舞台上明确出现的"新政治"或议会外反对派团体这一类别。我还想将"非正式罢工"作为特殊的过渡类别加以考虑。这类工业罢工是通过车间组织而非工会的官僚体制的倡议发起的，即使随后经过官方赞助机构的批准，这类罢工也被系统地定义为对政治制度本身的"越轨"、与"国家利益"

---

① 气象员（Weatherman）是美国的一个极左派组织，由其前身美国大学生民主会（Students for a Democratic Society）的成员于1969年成立。其名字来源于著名歌手鲍勃·迪伦的歌曲《隐秘思乡蓝调》（Subterranean Homesick Blues）的一句歌词："我们不需要气象员就知道风向哪里吹。"他们鼓吹采用暴力，通过暴力革命使政府垮台。——译者注

② 愤怒军旅（Angry Erigade）是英国一个小规模的左翼革命团体，1970—1972年曾经策划了一系列炸弹袭击事件。——译者注

的背离。这个类别还可能包含抵抗（有时是官方工会赞助的）最近两大政党试图通过某种形式的《劳资关系法案》（*Industrial Relations Bill*），以立法来控制工会的企图。

我们特别关注对这些新形式的政治激进活动进行定义和标签的方式。但是，首先有必要了解它们的出现及其在整个社会政治结构中的地位。这本身至少就是一篇论文，所以不会在这里进行完整的讲述。但是，简而言之，我们可以说，在第二次世界大战后的几年里，东西方之间的军备竞争有助于稳定西方的内部政治制度。福利资本主义结构的扩张、中间偏左派和中间偏右派这些大众党派占据了主导性地位，以及社会民主党派对资本主义的普遍适应，都是这一进程的组成部分。近年来，发达资本主义社会极力促成的稳定已经被打破：首先是因为"第三世界"的解放运动和武装斗争，其次是因为在西方资本主义世界内部出现了激进的少数群体运动。在大多数情况下，这些后出现的政治团体所占据的位置，相对于制度化的权力集团和基于福利资本主义共识而确立的阶级冲突的制度化形式而言，是处于边缘位置的。在许多情况下，这些激进的少数群体相对于处于变化中的传统的阶级主体而言，仍然是边缘化的。即使他们有意识地公开支持革命的阶级观，他们在很大程度上与有组织的工业工人阶级仍然是有分别的。这些群体也可以为建立具有阶级形态的联盟和联合而努力，并且可以暂时成功：1968 年法国发生的许多事件便最能清楚代表这种联合的事例。但在其他情形下，这些群体在阶级冲突中很显然在某种意义上或是另外的一个"首选人"（vanguard elects），他们阐述并宣传来自外部更广领域，并代表了他们自身的异议。据此，"黑人权力"武装分子便是那种明确代表美国南方腹地被剥夺权利的多数黑人以及城市贫民窟的弱势贫穷的黑人群体的组织；而北爱尔兰的早期民权运动则表达出了阿尔斯特地区贫穷的被剥夺权利的天主教少数群体对原组织结构的不满。显然，在这种新型的新兴政治少数群体和他们真实或潜在的"成员"之间的关系中存在着一个波动的图谱。但是，总的来说，这些少数激进群体发展的速度、内容、方式、方向和节奏与那些劣势阶层和多数人的组织性抗议在增长速度上还是不同的。在这里，议会之外的对抗与更传统意义上的阶级冲突表述之间的关系展现出了"联合与不均衡发展"的所有特征。① 他们相对的边缘地位不仅是针对他们自己社会的政治中心而言的,也是针对他们所代表的群体和阶层而言的,这种相对的边缘性仍然是他们最典型的特征之一。

正如雷蒙·威廉斯所说:

> 在晚期资本主义社会中,一些最有影响力的运动往往始于具体的、未被容纳的(因此必然是边缘化的)经验和状况,这似乎是真实的。在这方面,美国的"黑人权力"运动、阿尔斯特的民权运动以及威尔士的语言运动,与学生运动和妇女解放运动是具有可比性的。这些运动在早期阶段会倾向于将当地的经验作为绝对真理来强调,这些经验作为更大范围内社会危机的一种标记,当然是真实的,而且是非常重要的。

尽管这些群体在内部和彼此之间存在许多差异,但他们基本上具有某些共同特征。在社会组成方面,他们往往倾向于在生产关系领域之外最为成功地征募成员:就像黑人运动、贫民窟叛乱、租户和索赔人组织等,或者是从"失业游民"这些下层阶级中进行成员征募,或者是从其他在生产性的阶级关系结构上处于边缘地位的群体,如地位较低的专业人员、学生、越轨者、辍学者、知识分子和波希米亚人中征募。通常,他们会从社会、文化和经验以及经济方面来定义他们与优势结构的异质性:正如朱丽叶·米切尔(Juliet Mitchell)(1971)所言,"他们的地位使他们能够接受对资本主义的'全面'攻击"——因此能够超越那些已有效地使工人阶级组织中立化的经济主义,这些组织业已被工会或社会民主模制所铸造。在许多情况下,学生已经成为这些群体的核心

---

① 对于这些新出现的运动还没有足够的理论解释。尽管哈贝马斯的观点是抽象的、温和的,仍然具有启发性的意义。参见 *Towards a Rational Society*,Heinemann,1971。两个适当的重要文献是 J. Mitchell 的 *Woman' Estate* (1971,Penguin) 和 T. Nairn 的 "Why It Happened",in *The Beginning of the End*,ed. Quattrocchi and Nairn (1968 Panther)。任何充分的解释都必须与葛兰西所说的"有机""联结"的性质有关。

人员，他们恰好来自扩大的高等教育和技术教育领域，这些领域本身就是再生产模式日益复杂和差异化，以及技术发达的成熟的资本主义社会中先进的劳动分工的后果。通常，这些群体不会寻求通过获得精英影响力这种传统方式来推动他们的事业；他们不谋求在政治谈判的制度内提升他们的地位。相反，他们采用好战的、激进的、"极端的"政治战术，并明确挑战制度本身及其"游戏规则"。他们表达抗议和异议的方法背弃了将政治冲突制度化的政治合法性的规范。他们关注越轨的问题，采取越轨的生活方式和态度，部分是因为在他们的政治目标和社会颠覆性价值观之间存在的选择性亲和，部分是象征他们与霸权制度的主导方向疏离的一种戏剧化表现方式。他们不仅不再试图通过传统的影响力和谈判手段来赢得他们的选择，而且也不再试图从边缘进入权力的主流，而是强调他们对多数人认同的价值观的不满。他们对那些隐秘的机制有特别的敏感，正是借助这些机制，主导体系通过赢得和制造共识以谋求霸权——这包括将家庭和二级机构社会化，对教育过程进行内容操纵和约束，以及在大众媒体中创建共识性的环境。也就是说，他们的地位使他们对意识形态的统治和强制特别敏感。[①] 历史地看，这种敏感性正好发生在意识形态统治在平复阶级冲突中发挥特殊作用的这个阶段。

> 在消费社会中，意识形态的作用是如此重要，以至于正是在意识形态的范围内，整个体系的压迫有时才得以非常显而易见地表现出来。中产阶级的激进主义也正是在这里找到了自己的位置。（Mitchel，1971）

本质上而言，正是这种类型的群体活动和策略为它们自己政治越轨招致了这一污名。

简而言之，这些新兴的多种形式的政治激进主义的出现是高度偶然的，从历史的角度来看，它们是在发达的工业资本主义社会晚期的演变

---

① 尽管当代批评既关心"主导意识形态"，也关心"共识"，但对于他们之间的调和的研究还很少。

中出现的。它们既是管理型资本主义社会的社团主义结构和协商风格的产物，也是对该结构和风格的应对（它们也是这些社会更具体和更不确定的结构特征的产物；因此，它们在同一历史时刻的出现是具有双重确定性的、"多重决定的"）。

各种形式的"共识政治"（consensus politics）已经变成了管理型资本主义中制度政治的稳定形式。[①] 在战后的英国，两大政党一直积极追求合法性的根基，不是在阶级或是群体或部门利益中寻求，而是在一个定义宽泛的政治共识中予以寻求。共识政治并不代表权力和权威的真正分散。相反，它是精英阶层运用权力在分层化、差异化的所谓"多元化"社会里管理"大众"并获得其同意的形式。在"共识政治"这一意识形态和措辞中，"国家利益"被描述为是超越所有其他集体社团的利益的。我们区分了"福利国家"和各种变体的"共识"资本主义政治：在"福利国家"中，政府承认利益冲突，但会进行管理并通过改革予以缓解；在"共识"模式中，"所有的正直与诚实的人士"无论他们的阶级和社会地位或人生观如何，都应该将维护和推进共识视作最重要的事情。冲突，特别是公开的或激进的冲突都被象征性地置于政治边缘。那些参与冲突政治或以冲突方式解读社会的人都被予以强烈指责。共识政治的基本任务是：

> 通过协商就每个问题进行处理，使利益联盟妥协；在国家的层面上将立法程序与大的权力部门联系在一起；并在此基础上管理公众同意，对异议进行隔离或排除。（Hall, 1967）

在英国，持续的经济停滞和危机支持了"共识政治"这个发展方向。因此，在英国"共识政治"这一措辞基本上是以经济学上定义的"至高无上的国家利益"为中心的。保守党政府和工党政府的战后努力一直是为了赢得传统的工人阶级组织，说服他们放弃组织和捍

[①] 关于"共识政治"的简述，可以参见 *May Day Manifesto*, ed. Raymond Williams, 1968, Penguin。

卫政治经济管理体系内的积极整合和与该体系的合谋。在其他地方（Williams，1968），我们认为社会民主党派像工党一样，在开拓整合和融合之路中发挥了进行调适的特别作用，尽管没有成功完成这一进程。

议会外的反对派的政治就是"被整合的"资本主义社会演变过程中这一阶段的具有特殊性的政治。这并不是说它是政治的唯一形式——它作为一种并存的表达不同意见的新的政治形式，与更传统的变革机构有着复杂的关系：在这种更高层次的整合中寻求稳定的资本主义没有消除而是进一步加剧了它未能超越的矛盾。但越轨的政治是对现代资本主义演变的具体阶段作出的明确而带有权宜性的反应。这种形式的政治抗议正好在此阶段出现是因为：（1）和该体系的早期阶段相比，这些群体的立场对该体系的再生产模式更加重要了；（2）它对变迁中的传统机构具有部分遏制作用；（3）这些群体对意识形态的支配模式尤其敏感，这些支配模式部分取决于"国家"的镇压和强制功能，部分取决于协调和整合之间存在着的在意识形态和社会化领域中起作用的无形界限，或者是所谓的"意识形态国家机器"（Althusser，1971）。当传统的机构在变革中暂时被纳入国家的协商性结构、带有福利的缓解性机构、作为政治实践的劳工主义以及经济主义中时，来自学生的抗议和来自黑人的抗议就成了政治冲突的中心，学生是新社会中有特权的但是被疏远的核心骨干，而黑人是"丰裕社会"中永远失业流浪的阶层。霸权要求很快以其被取代的原初政治形式（proto-political form）出现在那些额外增添的社会阶层中，然而，该阶层仍然是既没有得到充分发展，也没有独自演变成为关键的革命性政治改革。

各社会阶层对"共识政治"的态度模糊不清，因此引发了对抗性政治，即越轨的政治。既然共识的形式和内容都存在很大问题，因此就必须在意识形态方面大力推进。但对抗的形式与价值观，即反文化或"越轨"形式的政治活动的传播与发声，使得处于政治进程核心的推动实施共识的支配性形式受到抵制，特别是在意识形态领域。只是强调共同的规范、价值观和制度，即共识本身的"神圣"特性，而观点和利益上的冲突却遭到压制。因此，迫于这种情况，另类的少数人政治不是简单地在受管制的阶级冲突和"正当程序"的模式中推进利益对抗（counter-interests），而是去放大其对机制化过程本身的越轨的程度。新出现的系统性矛盾在寻求共识的过程中离开了政治生活的中心。而表达这些抱怨和矛盾的群体也就被看作边缘化的政治阶层，并打上了"边缘化"的标签：将他们与很多遭到严重歧视的群体捆绑在一起，以"越轨"的概念形塑了他们的表象。在这种情况下，他们的越轨便成为遭受公开谴责的借口，并象征着低下的地位，由此而使"取得共识的规范"——镇压性的社会管控合法化了。一个有关越轨的扩大化螺旋（amplification-spiral）的经典政治版遂被加入其中。[①] 因此，向共识政治的转移及对其进行的推动不仅造成了其自身类型的冲突，而且作为一种回应，往往还会产生一种特定类型的对立运动，即政治越轨。政治越轨是在体制向国家的"共识"管理转移过程中，在某些节点上冲突加剧的表现形式。少数人政治的越轨特征和形式是在制度化生活与管理发达资本主义社会的过程中朝着共识主义发展时意外出现的结果，也是对该发展的断然否定。

三

我们认为，激进的政治越轨是在其定位的范畴和形式中出现的，是对制度化的共识政治一种对抗性实验（counter-praxis）。但是，无论是就其政治的或意识形态的形式来看，共识都不会自发演变：必须对它进行积极的建构。这种越轨政治所进行的实验是作为共识政治对立面出现的。当冲突政治是以其越轨的形式出现时，就社会而言便成了一个"问题式"（problematic），因此，也需要有自己的"解释性工作"。既然有一个问题式境况，就会包含其新的发展的含义，因此那些现成可用的通用方法和定义是无法对之加以解释的，也不易将这些方法与定义扩展开

[①] 有关越轨的扩大化螺旋的概念，可参见 Leslie T. Wilkins 的 *Social Policy, Action and Research*, Social Science Paperbacks, 1967. 关于这种理论被应用到媒体的角色的研究，可参见 J. Youngd, "Pole of the Police as Amplifiers of Deviancy", in *Image of Deviance*, ed. S. Cohen, 1971, Pelican。

来以涵盖对之的解释。① 新的政治发展在经过共识确认的规范中既是引人注目的又是"无意义的"（meaningless），这些新发展对规范化的世界构成了挑战，使得如何定义政治世界以及政治世界应该如何都成了问题。它们"违反了我们的期待"②，中断了那些在日常政治生活中"看得见却不曾被注意到的可期待的背景特征"（Garfinkel，1967]。如果这些实际理由和解释站不住脚，而且我们对社会现实的另类界定"缺少"共识性支持，则构建新意义的积极工作就不应当与原有的理论和解释模型相混淆（尽管新意义的构建会经常包含有其中的"对等性"元素）：后者属于系统性的解释，由更正式的命题逻辑予以控制，这些逻辑试图在内部保持连贯一致。政治结构造成了自己特有的意识形态和理论，或更准确地说，政治结构、意识形态和理论形式这三者，是任何具有"统治结构"的特定社会构形中具有相互渗透的要素或"实践"（Althusser，1971）；但是对政治现实进行的公共和务实的管理工作不可能在这个层面上完成。③ 我们正在处理的是构建具有自己情境逻辑（或"使用逻辑"）的一种对等性"解释"，它"适用所有实践目标"的说明，有可用的政治现实定义，并可用之"理解"这一问题式的境况，从而成为"具有社会认同的，人们在其日常事务中使用推理和行动的依据，而我们假设其他人也以相同的方式使用之"（Garfinkel，1967）。正如伯格（Berger）和卢克曼（Luckmann）提出的：

> 如果只能根据其成员了解的制度秩序的"知识"来理解制度秩序的整合，那么对该"知识"的分析对于分析所涉及的制度秩序而言是必不可少的。但要强调的重要一点是，这不完全，甚至是根本

---

① 关于"问题式境况"，可参见 J. Douglas 同名著作中的一章 "Deviance and Respectability"，ed. Douglas, 1970, Basic Book, 以及 J. Douglas, "Devince and Order in a Pluralistic Society", in *Theoretical Sociology*, ed. Mckinney and Tiryakian, 1970, Appleton-Century-Crofts。

② 这里被采用的视角当然是民族志的，特别是 H. Garfinkel, *Studies in Ethnomethodology*, 1967, Prentice-Hall。

③ 关于一个结构化的复杂集合体的"曾经预先的已知性"中的实践性和矛盾性的特殊性，阿尔都塞的构想看起来是关键的，明确的。参见 *For Marx*, 1969, Allen Lane, The Penguin Press, 其中提到的"冲突性和多重决定论"，以及"关于马克思主义的对话"。

不涉及对作为制度秩序合法性依据的复杂理论体系的关注。当然，理论也必须考虑。但是理论知识只是社会中世代相传的知识的一小部分，而绝不是最重要的部分。……关于制度秩序的主要知识是前理论层面（pre-theoretical level）的知识……它是"大家都知道"的有关社会的所有知识的总汇，是格言、谚语智慧、价值观和信仰以及神话等的总和，对所有这些进行理论上的整合本身需要有相当大的知识能力……（1967）

这一层次上的解释所涉及的那些旨在解决有问题的、令人困扰的或者越轨事件的社会建构和"解释性工作"是一个复杂的过程。围绕社会或政治生活存在问题的特点构建新的"知识"这一工作是通过语言的调解来实现的：公众语言的相互影响是特定的实验——是公众表意（public signification）的实验[①]——新的"知识"及其社会基础经过语言的调解就变得"具有辩证性"了：

也就是说，知识是一种社会产品，而且知识是社会变革的一个因素。社会生产与作为其产品的客观世界之间存在的这一辩证法原则已经被阐明了。（Berger and Luckmann，1967）

在问题式领域中，新的定义的社会生产提供了"解释"和"辩解"。合法化是"解释和辩解"的过程。

对制度秩序的合法化"解释"是通过将认知有效性归因于其客观意义来实现的。对制度秩序的合法化辩解是通过将规范性尊严（normative dignity）赋予其实践需要来实现的。重要的是要理解，合法化具有认知性以及规范性要素……合法化不仅告诉个人为什么他应该执行一个动作，而不是另一个，还会告诉他事物为什么如

[①] 作为一种实践方式，关于"表意"的特殊性的研究工作才刚开始。除了结构马克思主义的研究（如 *Tel Quel* 群体）之外，参看对列斐伏尔的 *The Sociology of Marx*（1968，Random House）具有启发意义的评论。

此。(Berger and Luckmann, 1967)

在结构复杂、社会分化明显的社会，如英国或美国，因为先进的分工，各群体间的生活是高度隔离的，并明显保持了这种离散性，经常在"这些问题式的社会现实地图"中发生冲突。在这样的社会中，涂尔干（Durkheim）观察到"集体表征日益变得不确定了"。政治领域尤其如此，它逐渐成为一个隔离的地带，对于这个有限领域的社会性世界，需要有特殊的专门知识、熟悉度并投身其间：

> 现代大众社会确实是由各种令人困惑的社会性世界组成的。每个（社会性世界）都代表了一种有组织的人生观，这是人们在彼此的互动中建立起来的，因此，每个沟通渠道都产生了一个不同的世界……这些世界中的每一个都是一个有序的统一体，一个合法化的相互响应的宇宙。每一个都是带有某些结构的区域，这些结构使得人们可以合理预期他人的行为，因此，在这个区域里，人们可以怀着安全感和信心行动。每个社会性世界都是一个文化领域，其边界既不是由领土，也不是由正式的群体成员确定的，而是由有效沟通的范围确定的。(Shibutani, 1955)。

这并不意味着没有"在一个符号化整体中，整合了不同区域的意义，囊括了制度秩序"的（Berger and Luckmann, 1967）、占有优势和支配地位的符号化世界。但它的确意味着，这种符号化的领域是在以高度典范化的方式下运作，并被大多数人认为是沉积下来的定型化的结构。① 它也意味着，那些不直接关注在问题式领域或有争议的政治生活领域中执行规范和定义的人，在很大程度上会依赖那些能够获得权力并占有意义表达手段的代表、机构和渠道所给出的"起作用的定义"。这符合我们对大众媒体通常得以发挥其创新力的情况的了解。

---

① 关于"典范化"的程度，可参见 Berger and Luckmann, *The Social Construction of Reality*, 1967, Anchor Books。

如果我们在思想上是一张白纸，大众媒体所传播的意义和信息不会影响我们。但是，它们确实有阐明和使政治现实合法化的综合影响力，该影响力可以塑形和定义政治现实，特别是在那些陌生的、带有问题或有威胁的境况中：在此境况中，我们没有可以使用的"传统智慧"，没有牢固的个人影响力网络，没有富有凝聚力的文化，没有适用于相关活动或响应的先例，没有对这些命题进行第一手测试或验证的方法来面对或修改它们的创新力。我们在这里所想到的"效应"（effectiveness）并不反映在传统大众媒介研究中通常追求的原初行为层面。最好的表述见之于哈洛伦（Halloran）的如下陈述：

> 我所想到的境况是，通过电视传播，即将一种态度或行为模式作为受重视群体必须具有的行为要素呈现出来，电视让人们接受了该态度或行为模式。明示或暗示的意思就是如果个体要继续成为群体的一员，则某些形式的行为、态度、所有物等是必要的……那些不具备这些必要条件或是拒绝做出努力的人会被作为行为越轨者或不合规者予以呈现。针对越轨行为进行的适当的社会处罚以及社会接纳的许可方式有时会给出解释说明。采纳该行为或态度也可以被呈现为有利于群体的融合和总体福利……这种类型的影响会涉及展示以前不存在的社会现实或是给予已经存在的趋势新的方向，目的就是传递这种观点，即采纳新的态度或行为是社会上可接受的行为模式，而不采纳则是在社会上被拒绝的越轨行为。（1970）

在政治越轨领域，普遍存在的"常识"是三类主要机构的产物：专业政治家（或工会领导）——政治领域的合法"守门员"；面对面实施管控机构的中介人或代表；以及大众媒体。[①] 在对政治现实进行定义方面，

---

① 媒介的作用不但可以作为表意的基本中介，产生描述和解释他们自己的论据，而且可以作为第二层中介，传送或扩大别的中介提供的论据。就它的次级作用而言，这一连接必须通过媒介的"可信的证人"（accredited witness）这一概念才能实现——它对社会中其他权力表意中介的敏感性，通过另类的少数群体与进入的问题抗衡。它是通过一些结构的方法完成的，这种结构由可信的见证/被限制的路径/新闻价值的观点所组成，媒介在公共话语中再生产出支配性和附属性的结构。

这三类机构对于政治越轨现象都有各不相同的观点，但是，和在"支配中被结构"的社会构形中的所有要素一样，在面对公开挑战时，这些观点显示出"团结一致"的强烈倾向。我们所谓的政治守门员的意思当然是指有组织的大众党派，因为每个党派在共识的"神圣"性质中都有既得利益。大众媒体主要是指电视、纸媒（区域性、国家性和地方性的）以及广播。"面对面实施管控"的机构，就学生激进主义而言是指副校长和大学的管理者们；就阿尔斯特事件而言是指公开发言人和军队；就"非正式罢工"而言是指官方工会；就擅自占用住房、拒交租金、激烈的示威、"黑人权力"激进分子等而言，则是指警察和特殊的福利机构。

四

格尔兹（Geertz）认为，意识形态的研究作为一种特定的社会践行缺乏的"只是符号化过程的最基本的概念"：

> 意识形态的形成原因及其影响之间的联系似乎是偶然的，因为连接元素——自动形成符号化的过程——在沉默中被忽略了。利益理论和张力理论（strain theory）都是直接从来源分析到后果分析，而没有认真研究作为相互作用的符号系统和相互作用的意义模式的意识形态。在内容分析中自然会对主题进行概述，甚至会列出所有主题。但是提及这些主题不是为了提及其他主题或是语义理论，而是为了阐明，为了引证其反映的效应或是其歪曲的社会现实。意识形态如何将情感转化为意义并使该意义在社会上通用，这个问题还是没有得到解决……（1964）

政治越轨的新定义不会是一种终极性的呈现，被当作"充分发展的，绝对的整体"。这项工作需要对政治领域进行"分类"、建立有意义的"语义区"（semantic zones），从而使越轨的政治行为可以归在该分类和语义区内并使之能够得到"理解"；这包括伸缩、归类和详解"次要地位特征"描述与属性的过程；使用带有关联性的，并集中了已有的含义来解释不熟悉现象的隐喻;有选择性地将互不相连的事件组合成政治行动的"行动图像"和"场景";使用"将情感转化为表意"(transform sentiment into signification)的类比和隐喻;由此而去赢得合信性并引领意见的统一,提升公众的意识。这些和其他过程一起,在"社会关系整体"内,作为独立的一个层面,构成了政治表意这一实验的特点。① 同时,这种解释性工作具有社会性和象征性:列维-斯特劳斯曾将此工作研究描述为"对社会生活中心的记号所进行的研究"(1967)。

> 意识形态的语义结构比它表面看上去的要复杂得多,此外,对该结构的分析迫使人们追踪它与社会现实之间的多重指涉性连接(referential connections),从而使得最终的图像成为不同意义组合中的一个,不同意义的相互作用产生出了最终形成的符号的表达力和修辞性力量。这种相互作用本身是一个社会过程,不是在"头脑中"发生的,而是在"人们"在一起交谈、命名事物、做出断言以及在某种程度上相互理解的公共世界中发生的。(Geertz, 1964)

作为研究越轨(特别是政治越轨)以及政治和媒体的一个必要与不可或缺的部分,这种理论性的工作只是刚刚开始。② 我们仍然常常使用"故意偏见"和"蓄意歪曲"这些较为初步的概念(而不是"无意的偏见"和"系统性歪曲的传媒"这些更为结构化的概念)。③ 这些概念基

---

① 要试图勾勒报刊的表意模式,可参见霍尔为 The Popular Press and Social Change, 1935–1965 写的导论, Rowntree Report: Centre for Contemporary Studies。
② 我在这里所参加的辩论,特别是有机会和 Jock Young、Stan Cohen 在媒介与越轨领域的讨论作品,大部分还没有出版,它们推动了这次讨论。参见 Jock Young 的 "Mass Media, Drugs and Deviance"(inter alia), BSA 大会未出版的论文 "Social Control, Deviance and Dissent", 以及 Stan Cohen 的 Mods and Rockers: Folk Devils and Moral Panics, 1972, Paledin。
③ 关于"无意的偏见"(unwitting bias)和"论证结构"(interential structure),可参见 Kurt and Gladys Lang 的 "The Unique Perspective of Television and Its Effects", Amarican Sociological Review, Vol. 18, No. 1, 1953, 以及 "The Inferential Structure of Political Communication", Public Opinion Quarterly, Vol. 19, Summer 1965。这些概念的新近应用,可以参见 Halloran Elliott and Murdock 的 Demonstrations and Communications, 1970, Penguin。关于抗议的表意,可参见 Kurt and Gladys Lang 的 "The News Media and Collective Violence", Murray Edelman 的 "Myths, Metaphors and Political Conformity", Pyschiatry, Vol. 30, No. 3, 1967。Ralph Turner 的 "The Public Perception of Protest", American Sociological Review, Vol. 34, No. 6, December, 1969, 以及 Allan Grimshaw 的 "Three Views of Urban Violence", American Behavioural Scientist, March-April, 1968。

于简单的功能主义或是对意识与社会两者间关系进行反思的简单模型，完全不足以应对需要它们进行解释的情况。它们限制了社会经验和处理经验的文化形式之间的结构性互动。

某种政治越轨以独特方式表现出来的过程以及表意中介（agents of signification）与此过程的关系是复杂的，只能通过详细分析来予以实现。这里处理的事件以及相关引用仅供说明。也没有余地来展开如何进行这种分析的论述。但是，我们必须坚持认为通过语言交易分析公共领域里的政治表意，必须特别重视语言调解和符号化过程本身，如格尔兹（1964）所主张的。我们在分析中采用了"内在结构分析"的方法，而不是定量分析政治传播中明确表达的内容。这种方法关注的是语言形式在语篇"系统"内建立的"内部关系"，以及将语言项目整合在论证结构中的"代码"和"使用逻辑"。这个逻辑是"情境化逻辑"的过程（通过聚结和置换这些基本修辞），也使用了推论和直接陈述这些方式。需要特别注意表达的文体特点和修辞特点。

> 结构分析提出了……这样的框架，其中风格是对形成内容的编码进行整合的水平。因此，对风格的分析，特别是对编码内部内容的修辞分析是解读编码的最佳方式。修辞是……编码（通常是无意识地）泄露并承认它存在的那一刻。（Burgelin，1968）

通过这种符号学分析的方法对有关政治越轨的政治传媒进行的分析，揭示了材料中占支配地位并普遍存在的深层结构。[1] 这就是我们所称的少数/多数结构。在处理这种类型的政治行为时，所有表意中介都采用了这种少数/多数的区分。就是根据这种基本的对立对政治越轨这个领域进行了系统的"分类"。地方和全国的政治家们（在公开演讲和报告声明中）、一切形式的媒体以及面对面实施管控机构的中介自始至终都采用了这种少数/多数的解释模型。

---

[1] 现在正在法国发展的意识形态话语的符号学分析看起来对传统的内容分析或大众传播"效应"（以内容分析作为基础）的研究影响不大或毫无影响。

简单的一个比较就能表明这个少数/多数的结构有多么强大。这两个案例涉及了1969年1月/2月发生在伦敦政治经济学院大楼内的大门被毁事件，以及1968年12月伯明翰大学学生占领主要行政区的事件。第一个事件是伦敦政治经济学院学生和大学当局在为期三年的一系列激烈对抗中发生的一例；第二个则是在以保守观点和政治稳定而闻名的大学里发生的一起孤立事件。第一个事件涉及破坏财产和殴打受伤的事例，第二个则没有出现破坏财产和可能被称为"政治暴力"的事件。第一个事件导致学校关闭数日；第二个事件中，只有行政楼被占领，正常的教学自始至终照常进行。然而，对这两个事件播报方式的研究揭示了少数/多数范式的趋同使用。在这两个案例中，出动的警察被定义为压制他们大多数同胞的"少数群体"，惯例制度及公众都受到他们的"威胁"。在伦敦政治经济学院的案例中，支持激进行动的两个动议在2月3日几乎全票通过，阴谋集团（conspiratorial group）在此投票中得以幸存下来；在伯明翰大学的案例中，对行政楼的占领得到了在大学生协会召开的相关的特别会议上投票的绝大多数人的支持。

伦敦政治经济学院的活动在全国新闻中得到了广泛报道，而对伯明翰大学行政楼占领的报道则很少，主要是在区域性电视和广播新闻以及当地报纸上进行报道。在伦敦政治经济学院这个案例中应用少数/多数范式的一个明显例子是 Sketch 中的下列报道：①

> 伦敦政治经济学院约300名学生组成的阴谋集团，因为显然是自私和让人不解的原因导致其他2700名学生无法学习。
>
> 他们故意策划了该学院的停课。大多数人都受其害。这个流氓团体已经撤退了，准备疗伤之后在另一场令公众愤怒的风暴中寻求刺激……我相信，即使是已经准备好容忍学生特性的人现在也已经受够了这种有计划的无政府状态。这个团体有300人，包括外国人……

---

① *Sketch*, 27th January, 1969.

越轨、政治和媒体

另一个例子来自《晚报》(Evening News)中的报道①：

> 这是令人惊讶的无政府状态……3000名学生，他们大多数想工作并重视他们的特权地位，但却被较少的一群革命社会主义者（可能不超过50人）剥夺了他们的权利，这些革命社会主义者公开宣布的目标是进行物质大破坏，以推翻伦敦政治经济学院和国家的体制……这些革命者想要的是出于他们个人目的的暴力。

这种论证结构对于伦敦政治经济学院事件的新闻报道整体而言是共用的，虽然流行的和"一流的"报纸在语气与轰动效应方面通常存在着区别。因此，《电讯报》②更加镇静地预测：

> 伦敦政治经济学院的学生很可能在今天的尤斯顿联盟会议上与激进的少数派脱离。

这个预测是错误的。报纸和电视报道作为一个整体，报道的都是"学校的破坏者"；这也是当时的教育大臣肖特先生（Mr. Short）对"学术暴徒"和"X品牌革命分子"所发表的现在也很著名的言论。

完全相同的范式主导了当地报纸（《伯明翰邮报》和《晚报》）对伯明翰大学事件的报道。描述这类报道特点的最简单的方法是引用11月30日星期六《邮报》中的地方社论——在相关的8天中关于该主题的5篇社论的第二篇：

> 副校长的真正痛苦在于，大学也成了少数群体的聚集地，这些少数群体在多种标签之下倡导革命并煽动麻烦。虽然他们的目标主要是政治方面的，但这些目标都可以有效地利用学生的真正不满或愿望。副校长有责任满足大多数人的正当愿望，同时不会为故意制

---

① *Sketch*, 27th January, 1969.
② *Telegraph*, 3rd February, 1969.

造麻烦的人提供场地。

在接下来的星期二,《邮报》在首页整个页面的顶部,抢在当天的主要新闻标题前面印刷了一封来自61名学生的信,谴责了"激进的极端主义少数群体"。该报以如下方式向其读者介绍了这封信:

> 《邮报》认为,伯明翰大学的活动是由少数群体挑起的。不幸的是,越来越多的证据表明,公众倾向于将所有学生与极端分子联系起来。这封信强调了我们认为大多数人所持的态度。

在地方议员和市参议员就学生占领行政楼所做的意见报告中,以及伯明翰大学行政管理部门代表所做的报告中都可以看到同样的论证结构。一位议员的评论是"少数具有煽动性的青少年"妨碍了"整个大学的生活"。另外一位议员的评论是"我相信大多数学生都很好,想要继续他们的学业……"

在1967年至1969年学生活动频发的时期,绝大多数有关激进学生抗议活动的报刊和电视报道都采用了多数/少数的范式。政治家代表和面对面实施管控的那些机构的公开声明也是如此。这种范式已经成为普遍使用的"常识性解释",用来解释令人困惑的现象,如为什么政治舞台上出现了学生抗议,以及为什么学生抗议要采取这种激进的方式。因此,这种范式发挥了将存在很多问题的现象变成可理解的术语这一潜在功用。它是一个强大的添加标签的手段,具有认知能力,能有效地将"学生"分为两类群体。它还具有评价能力,因为它将偏爱的"多数"这个名称给了受肯定和支持的群体,将议会民主制中所有"多数"被赋予的神圣的象征意义,都转移到了这一类别的群体身上。它也具有阐明观点的价值,因为它将学生激进主义中的复杂分群和原有构成分离成了简单与定型化的组成单位,解决了歧义问题。它还具有生成能力,在这种简单的两极分化的基础上,可以生成各种"次级状态归属"(secondary status attributions)。分类的各组现在获得了他们的位置特点,因而变得具体化了,这些位置特点是从其他那些已经存在陈规分类的越轨区域中归纳出来的。因此，"少数群体"变成了"极端主义者"，并且随着时间的推移，开始具有了其他各种定性特征：他们是"流氓"……"流氓团体"……"破坏者"……"具有煽动性的青少年"……"阴谋集团"……"暴徒"……"青少年流氓"……"精神紊乱"……"现在破坏以后思考的核心小组"……"外来的煽动者"……"无赖"……"策划者"。这种范式也具有表达力，提供了创造具有强大表现力的新名词的框架："X类型的革命者"……"'棕皮白心'的黑人"（hairy coconuts）。最重要的是，它具有解释和断定的能力。只有当学生世界可以被分化为少数-极端-集团和多数盲从者这两级，只有多数盲从者即"进行判断的傻瓜"对合法改革的渴望和对自己学业的关注正在被"脑子里装着其他东西的"少数颠覆和利用的时候，才能够在政治应该是什么这一达成共识的规范内对学生激进主义这一现象进行解释。最后，这个范式具有安慰的力量：如果可以孤立少数煽动分子——在伦敦政治经济学院他们"可能不超过50个人"——被维护的现状通常可以得到恢复。

少数/多数范式也是一个有说服力的定义。它不仅可用于解释说明学生激进主义这一现象，也包含它自己隐含的遏制策略和对报应性惩罚的呼吁。少数/多数范式在几乎所有情况下都试图在温和派和管控机构之间建立联盟。它试图赢得"多数盲从者"，使他们与当局积极合作。最清楚的例子是《邮报》社论中已经引用的：

> 在6000名的伯明翰大学的学生中，至少有六分之五的学生对开始展开"直接行动"的运动是拒绝参加的，可以认为甚至有更多人是不赞成该运动实际所采取的形式的。副校长不仅有权向公众寻求支持，也有权向一般学生团体寻求支持，因为他坚持他们有权利不让他们的学业和大学生活受到喧闹的和显然是不能容忍的少数群体的干扰。不幸的是，在类似的情况出现时，人们通常会深思针对激进主义的少数群体的坚定行动，多数人群体有时会认为他们也应该支持那些受到纪律处分的人。学生中的多数人应该记住，如果伯明翰大学因为学生不守纪律而被关闭，则公众大概会忍受这个事

实。如果这样，受到损害的是学生中的多数人。

这种"解释"因此常常会显示出明显的修辞化形式。① 它将学生团体简单切分（splits）为两个相对立的团体——"纯粹的"但是（愚蠢的）和"受污染的"两类：它试图"说服"大多数人，让他们站到合理的、理性的、正常的、自然的这一边来（所有这些规范性因素都内含在少数/多数这个范式本身中，并且在实际使用该范式中都会经常被提及）；但它也将作为一个整体的学生和"公众"对立起来，就像是观众和他们所看到的场景之间的对立，根据这个推断，"一般公众"与正在发生的事情之间的关系，只可能是遥远的、被动的、没有利害关系的和疏远的。如果这种范式是用固定模式将少数极端分子和多数人进行刻板的分类，即将前者定型为为了自身目的有意实施暴力活动的人群，将后者定型为有理性的但思想简单、其善意正在被利用的人群，则它也将"公众"定型为了遥远的、异质的和没有卷入其中的大众——即面对一个危险然而却具有消遣性的象征剧的观众，他们与该剧的联系，仅仅是用他们还未表达出来的愿望去观看正常合理的"正当程序"再次恢复到其稳定的状态中，而"公众"就是那些沉默的大多数。切分/隔离和投射（projection）的这个过程正是掌握权力的精英在"大众"社会中采用的修辞形式。它是"分而治之"（divide and rule）这一古老原则的新的象征性版本。

就我们的目的而言，一个重要的事实是，这种放大的少数/多数的范式在政治领域和媒体中已经成为表示各种政治越轨的最持久的"推论结构"之一。它早已成为对激进的政治示威进行定义和标签化的标准的"深层结构"，例如在反对南非板球和跳羚队的抗议，以及1968年10月27日在海德公园/格罗夫纳广场举行的反对越南战争的示威时，《泰晤士报》就报道了英国当时的内政部长卡拉汉（Callaghan）在反对越南战争示威运动前的一个星期五于下议院发表的讲话：

---

① 相似的模型可参见 J. Young, "Mass Media, Drugs and Deviancy", op. cit。

卡拉汉先生说，当他们召集大量的人在一起时，示威团体就承担了沉重的责任。游行中的绝大多数人可能非常关注越南的和平问题，但他们必须小心不要让自己被少数人利用了，那些少数人基本上不关心越南和平这个问题，他们关心的是破坏允许抗议得以进行的机构制度。

根据自己从少数/多数这个范式中得到的提示，马库斯·利普顿（Marcus Lipton）先生做了扩充，将示威游行活动的组织者称为"一群形形色色的疯子……"

长期以来，主流定义也适用于"非官方组织的罢工"——阴谋集团挑战了他们自己领导层的权威，以无辜公众为筹码实现自己的目的。长期以来，在"非官方组织的罢工"方面使用这个范式含有"联盟建设"这个强大因素——它旨在"说服"工会领导和英国劳工联合会议（TUC）支持政府努力限制某些类型的工会冲突，并使大众（消费者/观众）"远离"此类活动。

该范式的使用当然也与一个和北爱尔兰发展相关的公众表意形成过程有相同的特征。特别是对于1970年后几个月在阿尔斯特发生的一些事件，该范式确实达到了"自我实现的预言"这一标准。那些事件包括爱尔兰共和军（IRA）的名声受损、与阿尔斯特信仰两大宗教的绝大多数"诚实与理性的民众"出现分裂和对立，以及少数人利用这些民众的不满所进行的针对北爱尔兰议会、白厅、军队和温和力量及改革力量的"圣战"。事实上，IRA的出现以具体简化的方式强有力地向英国公众表明了阿尔斯特危机的复杂问题。IRA是一个被打上标签、名声受损的极端主义团体，致力于实施武装暴动和武力等策略。它允许那些有表意能力的代理人——北爱尔兰议会和白厅的政治领袖，在军队与公共关系机构中那些实施面对面管控的代理者，以及报刊、广播和电视组成的媒体——对少数有组织的致力于发动针对政府暴力事件的"外来"叛乱分子，从受剥削压迫并被剥夺权利的阿尔斯特少数群体的复杂构成中进行提取、孤立和定型化分类，将他们从眼前北爱尔兰议会阶级统治下的关联性综合体（interlocking complex），以及处在与英国和新教支配权

(the Protestant ascendancy)具有持久联系的遥远的殖民统治中剥离出来。爱尔兰共和军准军事力量和军队之间的交战,现在可以用简单的方式描述为少数极端分子和维持和平军队之间的直接对抗。报道每周和每夜的轰击、爆炸和街头交战等所用的语言表明,爱尔兰共和军一贯被认为是起破坏性作用的活跃力量,而维和军队则被认为是被动和中立的。因此,被狙击枪弹无意射中的女孩在新闻标题中被描述为"IRA 狙击手射中的女孩",而被军队无意中射伤的女孩则被描述为"IRA 和军队交火中被射中的女孩"。[①] 因此,找到阿尔斯特危机的政治解决方案这一艰难任务已被压了下去,取而代之的是要求采取军事措施以"结束暴力"的号召。在这个基础上,公众被带向了与这样一种展开的舆论的密谋,即未经审讯便可以强制拘留,基于"枪手和投弹手必须就范"这一推论逻辑而出现的,是可以使用强行与高压的审讯方式。1971 年 2 月 27 日英国广播公司(BBC)的电视新闻播报可以证明,在定型化和简化的术语中,这种范式的力量可以使复杂的政治境况得以澄清。阿尔斯特的记者指出:"北爱尔兰局势正在变成少数武装的煽动分子群体和英国军队之间的正面战斗。"伴随这一评论的是同一天在贝尔法斯特发生的事件的一个短片,短片画面显示的是在一栋公寓楼("主要是天主教"的)前面,那里的"青年"(但能看到也有妇女和儿童)向士兵持续投掷石头和怒骂,军队为了"根除暴徒"而不得不对该公寓楼进行攻击。这些事件的表现形式,完全没有留下可以提出最关键问题的任何空间:那些问题将暴露这一事实,即军队不可能准确地孤立和摧毁爱尔兰共和军的枪手,因为在主要信仰天主教的地区,绝大多数工人阶级是天主教徒,他们默默地、积极地为那些枪手提供庇护、支持、预警和协助。将高压控制和恐吓方法合法化的这种表意力量,在暴露用于审问被拘留者的方法的整个事件中得到了最有力的证明。明显的事实是,由《康普顿报告》(*Compton Report*)所调查的,并在报纸和电视中广泛报道的绝大多数关于对身体施虐的指控都得到了证实;但是,运用纯粹的

[①] 例如,可参见 E. McCann 的 *The British Press and Northern Ireland*, N. I. Socialist Research Center, 1971, M. Foot, "Ulster Coverage or Cover up", Ink, 7th January, 1972。

语义设置，就将这种折磨身体的审讯方式的意义在符号上合法化了：将审讯方法重新定义为（可接受的）"身体上的虐待"（physical ill-treatment），而非（不可接受的）"残暴行为"。正如康普顿（Compton），（1971）所说的：

> 我们得出的结论是，折磨身体的事情是发生了，但我们现在还没有发现处理这些申诉者的那些人有残暴行为。我们认为，残暴行为是不人道的，或是野蛮的残酷方式，这种残酷意味着一种施加痛苦、同时对受害者的痛苦表示冷漠或从中感到愉悦的习性。我们认为这不会发生在这里。

这是一种很不错的区分。少数/多数范式具有的生成和联想力量在英国广播公司电台晚上7点播放的新闻节目中得到了证明，该节目对北爱尔兰议会的一位政治家进行访谈，在回答街头的"年轻无赖"是否是有人组织他们这个问题时，这位政治家回答说："是的，组织者是那些所谓的神秘人物……就是那种心理世界阴暗的人，例如那些和卡尔（Mr. Carr）一起在背后策划爆炸事件的人……你可以称他们是无政府主义者、原教旨革命者等那些你所愿意用的称呼。"这些只是从阿尔斯特危机报道中随机抽取的几个简例。对政治表意的传播过程进行任何质性分析时，阿尔斯特的事件几乎都可以充当这种范式的典型示例。

这种范式从表意的方面看，也明显被用于其他很多活动，不仅可用在罢工情况下的非官方少数群体身上，也能用在官方工会的领导层身上，如果他们的工资要求威胁到了工党和保守党政府试图去控制的工资水平。最近，例如工会便采取罢工行动以捍卫他们的要求，通过举行一天的罢工来反对被提交的《劳资关系法案》。这也适用于该范式。使用少数－极端主义分子/多数－温和主义者这个范式对那些无论如何都不能被贴上"政治越轨者"标签的群体的活动进行常识性解释的情况是越来越多了，形成了将有影响力的大多数群体和合法的少数群体越来越激进的行动划归为"越轨"这一类别的趋势。威尔逊先生1966年6月针对全国海员联盟（National Union of Seamen）的罢工事件发表的著名演讲就突出说明了这种取向,他说:"一个对自然意义上的民主的厌恶,在好斗的名义下,现在正在屈服于绝非民主的压力……个别人向全国学生联合会(NUS)执行委员会的精英施加压力,这些精英转而又能支配别的立场坚固的联合会中的大多数人……这群联系紧密的有政治动机的人……"最近的一个例子是卡尔在第二次为反对爱尔兰共和军的为期一天的罢工前夜(1971年3月17日)发表的电视演讲中,将这一行动描述为"无知的激进主义"活动、"对民主领导的否认"、"少数人对任何人或任何事不承担任何责任的行为"、违背"绝大多数人,包括反对《劳资关系法案》那些人"意愿的行为。

这种以少数/多数,极端主义/温和主义给政治越轨行为贴标签的方法现在正在应用于本质上明显不同的情况,如关于劳资冲突。这种"交叉归因"(cross-attribution)和简化的过程是带有推论性解释特征的,也是带有说服性的,所有这些解释都试图解决歧义,同时也试图去积极地遏制带有危险性的与问题式的政治展开。在这个关系密切的分析路径中,这种污名性和表意性的过程也是为其他深层范式所支撑的。这些范式以类似的方式汲用广泛共享的、神圣的符号价值,例如:多数的神圣性;作为解决冲突方式的谈判的"正当程序";对暴力和对抗的禁忌;合理性、理性、节制和妥协在调节冲突中的作用——就是英国体制性政治生活的神圣价值——或者会在面对新的、问题式境况时"绘制"出来,或是会根据已知和合法的价值去"绘制"出新的表现形式。[①]

五

上面提供的模型和说明提出了一些非常复杂的问题。这里只能简单总结一下这些问题。第一组问题涉及的是理论和经验层面上处于支配地位与从属地位的不同形式的意识形态观念之间的关系,一方面是两者在特定历史时刻在社会中表现出来的关系,另一方面是两者在我们主要关注的意识形态"运作"和践行层面上的关系。这种讨论的出

---

① 关于"绘制"的概念,可参见 R. D. Laing, *Popitics of the Family*, Tavistock, 1971。

发点必须采用葛兰西（1971）关于霸权和阶级合作形态的概念，以及与此相联系的马克思主义关于支配阶级和从属阶级价值体系的本质是什么的观点——对之的经典表述就是《德意志意识形态》。在对这个模型的一个有用的发挥中，珀金（Parkin，1971）建议我们必须关注至少三个层次的意识形态观念：首先是支配性价值体系——"那些在社会中占有最大权力和优势地位的群体往往也最有可能获得合法性的手段"。其次是从属性价值体系，"地方性的工人阶级社区"是其世代依居的环境，其内容既不同于支配性价值体系，但也从属于支配性价值体系，并与之相容纳——它是一个"支配性价值体系的协商版"。最后是珀金所谓的激进的价值体系，它实际上是与霸权意识形态相对立的一个价值体系。虽然所有的意识形态体系都包含有霸权阶层利益的印记，但是支配性价值体系将自己表述为自然而在的思想环境和整个社会的活动界域，对于新的问题式现象的解释与说明，往往是在思想领域，通过符号形式，以及在这些观念的形式中嵌入其利益来完成的。正如马克思看到的那样："每一个新阶级……都不得不……将自身的利益表述为社会上所有成员的共同利益……最理想的表达就是：它必须赋予自身理想一种普遍性，并将之表述为唯一的理性和普遍有效的那一个。"（1965）这种灌输式的意识形态观点，因此不仅是统治集团社会利益的符号承载者（symbolic bearers），而且往往被放大成为列斐伏尔（Lefebvre）所说的"世界的愿景或概念，一个基于推断和阐释的世界观"（1968）。它们的功能不仅仅是以直白或直接的方式主张阶级权力的确立，而且还为整个社会提供了哈里斯（Harris）所谓的"一个对于我们经验来说或多或少具有连贯性的组构"（1968）。意识形态是将某些阶级利益的支配优势扩展和扩大成为霸权形态的主要机制之一。它们的作用正如列斐伏尔所说："是为了获得被压迫者和被剥削者的赞同。意识形态对后者意味着除了攫取他们的物质财富，还要使他们从'精神'上接受这种境况，甚至是获得他们的支持。"普兰查斯提出的重要论点是"支配性意识形态不仅仅反映了统治阶级/主体的'纯粹和简单'的生活条件，还反映了社会中统治阶级和被统治阶级之间的政治关系"（1971）。斯特曼·琼斯（Steadman

Jones）的解释是"意识形态不仅仅是不同阶级'权利意志'的主观产物：它们也是由相互竞争的阶级之间的整个斗争领域所规定的客观系统"（1972）。因此，虽然随着时间的推移，我们可以看到支配性意识形态在主题、利益和内容方面的连续性，但我们仍然必须研究意识形态在竞争状态下的再生产，以及寻求和赢得共识的过程，它们通过这种社会践行在社会生活中更新了自己，并且作为支配性的观点赢得了合法性。当然，至少有另外两个因素令这一过程更加复杂化了。首先，社会分工、权力分配以及不同阶层和群体的划分与分化会"在既定的正统观念中强调不同的元素"。正如哈里斯所说：

> 正统观念具有弹性，可以涵盖极具差异性的社会群体并将它们统一在一个共同的术语语义内，但不可避免地，不同社会群体持有的正统观念的版本将是不同的，其中包含了每个群体的具体观点。（1968）

第二点是，意识形态如果不能改变、转化和增强自身，不能在现有的心理环境中对新的社会冲突事件和社会冲突的新发展予以考虑与整合，就不能幸存下来。正如格尔兹所坚持的，意识形态是"展现问题式社会现实的地图"。形式和内容完全固定的意识形态不够灵活，不足以面对具有问题式和威胁性的事件。因此，一方面，尽管意识形态在它们所代表的阶级利益及其合法化的构成要素上可以保持持久稳定；但在另一方面，它们需要不断地再生产、扩充和阐述，以"涵盖"有待解释的事件和现象。正如列斐伏尔所说："任何历史局势都不能永远保持稳定不变，尽管这是意识形态的目标。"因此，在特定意识形态形成的环境中，社会知识的客观化是一种持续的、具有其自身特定矛盾的社会过程（Althusser, 1971）。这个过程构成了作为一种特定社会践行的意识形态工作——这就是阐述，即我们试图"在公共话语"中"捕获"我们的表意性概念（的一种工作）。因此，意识形态话语的特征在于其结构在"深层"利益方面具有的坚硬性以及在"表面"上具有的相对"开放性"，即其形式的灵活性和易变性。借用乔姆斯基（Chomskyean）

"深层"和"表面"结构的隐喻来研究意识形态的话语并非偶然，因为对作为社会特定层面的意识形态进行研究恰恰是需要这样一个模型的，借助该模型，通过转化"规则"和各种具体形式的践行（表意）和机构（如大众媒体），非常受限的因素可以在"表面"形式上生产出各种异质多样性。最近对意识形态话语本质的研究强调了其多义性的特点。阿尔都塞（1970）评论说，虽然具体的意识形态有历史，但没有"意识形态史"（history of ideology）：

> 与科学不同，意识形态在理论上是封闭的，在政治上则具有灵活性和适应性。它顺应时代的利益，但没有任何明显的运动，只是反映历史变化，通过对其特有的内部关系进行一些细微渐进的修改从而吸收和掌握这些历史变化是它的使命……因此，意识形态也在变化，但是以不为人察觉的方式保留着它作为意识形态的形式；它在变动，但只是静止地运动，从而保持它的位置和作为意识形态的作用不会发生改变。

意识形态话语的多义性或多元性特征向我们提出了另一组问题，其范围在这里只能粗略触及。格尔兹强调了修辞和符号化在阐述意识形态构形中发挥的中介作用。像其他"文化"体系一样，意识形态由内涵丰富多样的符号组成，通过人类的使用和社会结构，这些符号经过整理排序，形成了多样化和相互贯通的意义系统。巴特（Barthes）（1971）和其他符号语义学家正确地提醒我们注意这样一个事实，即因为这些意义系统中的单个符号具有"任意性"，所以重要的是关系系统（对应和对立），进入该系统的是符号组成的语义场中的各种表意因素——或者是列维-斯特劳斯所说的意义系统中的差异关系。哈里斯指出："文化的核心作用……是给我们提供多种不完整的或连贯的系统来组织我们的经验，以便我们能够通过识别事物并赋予它们系统化的意义，以克服我们在寻求生存过程中面临的各种问题。当然，相同的事物在不同系统内可以有不同的识别方式。"

社会关系使得某些意义系统得以建立和存续，并使这些意义系统具有了稳定性，成了"视为当然"的现实，社会关系的结构允许某些意识形态集群（ideological clusters）保留它们以旧有的合法的术语来说明令人不安的新事件的能力，它们往往会"否认"其他替代意义。这样，通过某些意义在特定社会构形中的持续生产或客观化，这些意义就开始表呈伯格和卢克曼所说的"手边的社会知识库存"了，它为我们提供了"社会生活的主要例程所需的类型化图式（typificatory schemes），不仅是其他人的类型化……而且是各种社会性和自然性事件与经验的类型化"。

> 当政府变得与组成政府的人员一样易变时，当机构制度表现出的客观性渐渐成为不协调的大量个体表现出的相互矛盾的主观思想时，就难怪一些旁观者会有"无意义的感觉"了。（Harris, 1968）

意识形态系统不仅在其符号化内容方面具有多元性：它们经常被扩展和放大，通常以不合逻辑或不连贯的方式将以前更有序或稳定的意义系统的片段进行"组合"以解决新情况。随着这种发展，它们也开始利用葛兰西提及的以前积累的文化传统中所含有的踪迹。正如哈里斯所指出的，意识形态阐述的过程更接近列维-斯特劳斯所说的拼贴（briccolage）的过程，而不是接近理论或哲学上对"世界观"进行的一致性阐述。通常的意识形态分析模式，例如在卢卡奇或戈德曼的著作中所显示的常见的分析模式，是对最具代表性和连贯性的意识形态构形进行分析，将它们和主要的哲学整体联系在一起，这样就错过了意识形态被用来影响具体境况、组织特定群体和阶级人群的经验这一关键的特别层面。哈里斯认为"高级"和"低级"意义系统之间的区分非常重要，因为它将历史上随时间沉淀的、表达具有罕见的逻辑一致性的那些伟大的概念方案和整体与那些"低级"系统区分开来了，后者是与直接经验更为直接相关的系统，涉及的是"我们使用这种逻辑的特定方式，以及我们是如何与之制造和解除关联的"。

> 低级系统是人们争论的目标，它不断改变，在各历史时期都有不同。关于高级系统，哲学家研究的或许只是冰山一角，说明了我们在普遍使用中预设的一些规则……

与此相似，似乎正如伯格和卢克曼所说，既然日常知识为我们提供了社会现实得以被理解与维持的术语、范畴和分类，那么意识形态的批判性研究必须处理日常知识本身的连续性生产。他们说：

> 任何社会中只有数量非常有限的一群人在从事理论、"思想"和世界观的建设工作，但社会中的每个人都在以某种方式参与社会"知识"的生产。

因此，这种批判性研究必须以"社会中被作为'知识'的一切事物的形式、内容和生产"为反思对象。换言之，也就是以意识形态观念的日常形式为反思对象，这包括新知识在现实世界中被合法化并赢得人们对其进行合理性赞同这个过程。

这给我们带来了第三组问题：我们称之为不同的"表意中介"之间的关系，或是负责生产和放大"知识"的机构在层级结构复杂的社会构形中发挥作用的问题。这种讨论的出发点必须是葛兰西（1971）提出的关于形成和维持社会霸权的概念。

> 我们能做的……是修复两大上层建筑（superstructural）"层面"：这可以被称为"公民社会"的层面，即通常所称的"私人化"的有机整体；以及"政治社会"或国家这个层面。这两个层面一方面与占支配地位的群体在整个社会中行使的"霸权"功能相对应，另一方面与通过国家和"合法的"政府行使的"直接统治"或掌控的功能相对应。我们所讨论的功能正好是带有组织性和联结性功能。知识分子是占统治地位的群体的"代表"，行使着社会霸权和政治统治的次级职能。

葛兰西预期的这种双重结构的功能包括组织"自发地"赞同和行使强制性的权力,前者即"广大人民群众对最重要的占支配地位的群体所强加的社会生活的总体方向给予的赞同,后者则'合法地'向那些不主动或是被动表示'赞同'的群体强行实施的规训"。葛兰西的表述是基于这样一种观点,即"带有强制性装置"(coercive apparatus)的国家扮演了突出的角色并占据着有利的位置,使得"人民群众与特定时刻的特定类型的生产和特定的经济相适应";同时,作为维持社会霸权的这个装置,也"是通过所谓的私人组织,如教会、工会和学校等来实施的"(1971)。葛兰西补充说:"正是在公民社会,知识分子的作用才是特别的。"阿尔都塞和普兰查斯这些理论家最近对这种区分进行了增述,虽然他们对阿尔都塞(1971)所谓的"国家机器"和"意识形态国家机器"这两者之间的关系有截然不同的看法,但他们根本上与葛兰西一样,决心思考意识形态层面或上层建筑层面在复杂的社会构形中的特殊性。实质上,两者都坚持认为占支配地位的社会阶级不仅通过国家的强制性机构,而且通过"整个资产阶级权力机构的上层建筑:政党、改革派工会、报纸、学校、教会、家庭等"(Steman-Jones,1972)来维护其统治和合法性。因此,两者都强调上层建筑各层级的特殊性,在"最后时刻"(last instance)出现之前所具的"相对自主性"。普兰查斯认为,虽然国家权力对意识形态体系施加了限制,但"国家意识形态机器内的权力关系不直接取决于国家权力的阶级性质,也不由它所完全决定"(1970)。因此,"在社会构形中存在着一些相互矛盾和对立的意识形态"。阿尔都塞认为"意识形态在机构及其固定程序和实践中得以形成"——"正是通过设置这种意识形态得以形成的国家意识形态机器,它才变成了占支配地位的意识形态"(1971)。

  但是这种设置不是自发实现的;相反,它是在痛苦的与持续的阶级斗争中实现的:首先是反对前统治阶级及其处身于新旧 ISA(国家意识形态机器)间的地位,然后是反对被剥削的阶级……事实上,ISA 中的斗争确实是阶级斗争的一种样式,有时甚至是重要的和带有征兆性的一种样式……但是 ISA 中的阶级斗争只是跨越旧的 ISA（国家意识形态机器）的一种斗争样式。

尽管这些理论家在强调的重点上存在着重要的差异，但他们所研究的重要问题都是关于在"间接霸权"的意识形态机制与"直接统治"的国家机构这两者之间，有关意识形态或表意中介（signifying agencies）存在的一体化和差异性的关系问题。只有通过具体分析，我们才能确定表征机构在优势性权力和利益结构所规定的限度内，可以在多大程度上发挥和阐述意识形态观念的具体形式，而不是"由它（表征机构）全部确定的"——即其会决定性地成为定义各种相互冲突和争执的境况的中心，或在官方机构和（民众）认同的层面上的斗争焦点，以及（如阿尔都塞所说的）意识形态阶级斗争的"场所和界标"（seat and stake）。

> 意识形态不是"脱胎"于 ISA（国家意识形态机器），而是阶级斗争中各社会阶层斗争的结果：他们的生存条件、他们的实践、他们的斗争经验等。（Althusser，1971）

因此，在历史上任何特定的情境中，我们都需要审查那些表意中介所发挥的作用和所承担的工作的特殊性；承认相互冲突的定义在其范围内是如何争夺霸权的；同时认识到它们的形式、内容和方向不可能从某种抽象的"支配性意识形态"中推断出来，并以为这种支配性意识形态不经冲突就很容易地从一端到另一端渗透到社会的各个复杂层面。正如葛兰西所说：

> 占支配地位的群体与从属地位的群体的一般利益是被具体地协调起来的，国家的生活被看做是一个非稳定性的构形与更替的持续性过程……在支配群体利益与从属群体的利益之间寻求平衡——在平衡两者利益的过程中，占支配地位的群体利益将占优势，但也只能是到达某一点的优势，即不能超过勉强合作的经济利益这个底线。

在我们的例子中，我们需要提供分析，以澄清意识形态共识的主导范式源自何处；媒体、政治机构、司法机构和其他实施面对面管控的机构在阐述这些定义时所发挥的作用；不同层次上的民间机构和国家机构在扩大这种"问题式的社会现实的地图"中存在的分裂；不同机构之间的差异以及它们在"支配模式下的一体化"中所表现出的复杂性；在阐述共识的观点中斗争与冲突的要点；以及为这些相似性和差异性所表现出来的阶级斗争形式。

我们不能在这里进行这样的分析。但是，对我们最初的分析所提出的这些问题进行的概述使我们能够更准确地阐述本文所探讨的问题核心。我们尝试探讨的是带有修辞的意识形态话语，研究其社会定位和功能之间的相互调协。所采取的立场是，必须立即研究这些层面，注意它们所有的特殊性，同时考虑它们在结构复杂的社会构形中的地位。这种可尝试通过现象学的某些关键概念和观点、符号的相互作用和民族方法论的观念进行，使初次看上去似乎是理论上的迂回（detour）成为必不可少的一部分。通过这一迂回，在被持续关注的这个问题的前范式中所呈现的未经调解的决定论（庸俗的马克思主义者）或是正式的决定论（结构主义）被重新转化为了实验的概念——即维持和解释社会现实、定义工作等那个表意。我们不认为关于问题式政治事件的意识形态话语是从讲求实用的资产阶级人士的头脑中和那些机构中形成的、完全成熟的话语，也不认为这些话语对于这些人和机构而言是不存在疑问的，以为它们是服务那些被封闭在自己思维疆界内的人们的。政治事件的"解释"被认为是规范结构，必须通过自己特定的社会实践予以客观化、通过特定群体和机构得以展现与认知、在境况中的冲突性界定中得以维护和持续，并且也会在赢得从属群体的认同时会遇到一定困难。这些"解释"与更稳定、更全面的历史意识形态构形有关，因为它们是在比较低一些的具体性层次上，从主题学、语言学、修辞学的意义上来排练"动机语汇"（vocabularies of motive）的，占支配性地位的群体和阶层的历史利益与经验，其实也都被嵌入在公众语言环境中，并在特定的支配性场景中以一种说服（persuasive）的"活计"被扯进来，被激活。第一次完成意识形态的拼贴工作时，有些定义性解释会被重新发明；其他时候，这些修辞元素会以其截取的形式躺在公众语言里睡觉，等待合适的一系列事件将它们唤醒。但在危机时刻，当那些"为了所有实际的目的"而服务于将政治世界进行有意义划分的对应公式遭遇危机，合法性的限定受到问题式冲击的时候，以及新问题和新群体开始出现并对权力的统治地位及其社会霸权构成威胁与挑战时，我们就会处在特别有利的观察位置，去观察在这个构形的历程中带有说服性的定义是如何运作的。对于研究意识形态的学生而言，这是特别有利的时机。在这个过程中，大众媒体发挥着极其重要的作用，但它们依然只是这一表意过程的若干机制中的一个。这里涉及诸多的关系与问题，例如有任何特定时刻进入该界域中的对应性的定义与优势性或支配性意识形态结构之间的关系；有管理社会现实的解释这一工作与再现生产和权力之关联之间的关系；有意识形态机器和国家强制性装置之间的关系；这也关系到那些在各自领域中围绕着表意的方法和模式进行争论的群体的结局；尤其是存在为国家机关采用的有关权力和控制的有效界义与"由整个阶级斗争领域所决定的"这一说明性结构之间的关系，该斗争领域就是媒体似乎过于依附的共识领域——所有这些问题和其他相关问题，只能通过研究不同层面的实践和机构在某一历史时刻的特定情境（conjuncture），才能予以说明。

我们说过这样的研究只能在理论迂回的基础上进行。但是，得以洞察意识形态话语特异性的路线不能成为理论的最后归宿。现象学教导我们需要再次关注意义层面：符号间的互动强迫我们去注意作为关键中间变量的"境况性界说"（definition of the situation）层面所具的决定性；民族志方法论引导我们去参考互动工作和表达的索引特性，这种互动工作为解释社会境况的规范性特征提供了持续支持。然而，最终，那些异常的政治事件得以表意的过程所呈现的不同样式，还必须通过权力、意识形态和冲突这些关键概念的使用，回返到对社会构形这一层面的考察中。

德莱兹（H. P. Dreitzel）（1970）最近评论说："问题是要明白表意是如何指派给社会活动和事件的。我们必须通过解释性沟通的模式来分析这种规范和类型化的建构。"但是，为了克服现象学所设定的限制，传播行为的研究应该接受这样一个事实，即解释性规则不是社会生活世界的不变本质，而是规则本身会受到其他社会过程的影响……事实上，传播行为取决于工作和权力的关系以及语言；如果我们将语言的类型化图式（typification schemes）理解为日常生活的最基本的规则，我们也必须注意，即使语言也会因为我们生活方式的条件不同而被曲解……解释性范式可以有助于更深入地了解生产和再生产社会现实的传播行为模式所具有的潜力和局限性……然而，社会性世界是结构化的，造成这种结构化的不仅是语言，还有物质生产的模式和力量，以及支配性系统……

六

本文所描述的激进的政治活动是我们社会中政治冲突新表现出的真实特点。它作为一种形式的"政治越轨"所具有的意义，虽然不完全归因于将这种行为标记和定义为越轨行为的文化过程，但在很大程度上似乎又通过这一标记过程而使之成为最易理解的一种样式。事件是真实的，但只有当它们被文化所定义时才能被征用到社会意识中。因此，我们的分析必须尽力发现能够揭示这些定义的想法、价值观和态度；必须揭示对事件进行分组归类、排序和等级划分的那些意识到的和未意识到的范畴，以使这些范畴具有意义。这些价值和意义的框架是"可以推论出的规范的（社会生活）结构"。它们被广泛分享，虽然不是被所有人分享，并且各个群体对它们的理解方式也不同，因为这些群体的生活境况和目标不同，而且他们可能是那些"论述"的客体而不是主体或作者（authors）。通过将零散的事件置于共同的意义世界中，这些意义地图赋予了这些事件合理性的顺序和一致性。通过对带有问题式的社会现实进行重叠的、部分封闭的、不完整的绘制，文化得以编织在一起。这些"结构"倾向于去定义和限制可能出现的新意义排列，这些新意义可以用来解释尚不熟悉的事件。在某种程度上，这些规范性结构都是历史的构造物，作为非正式的社会知识——"众所周知的"社会境况，它们已经被客观化了，是公众可以获得的知识。随着时间的推移，它们经过沉淀已经成为常规，可以用来构造新定义和简化的标签。它们也表现出了不同程度的"封闭性"和"开放性"以及与不同程度的支配性结构的一致性或矛盾性。它们是"移动的结构"，因为它们必须被不断修订和修改，以"涵盖"新的事件。它们从来都是不稳定的。修订和修改已知的定义或是构建新定义的过程是一个社会过程，与社会中的所有过程一样，是"支配模式下的被结构化"（structured in dominance）。它们也是不固定的。它们包含或使用它们自己的"使用逻辑"，这个逻辑是一组松散的生成规则，决定了可以使用"解释"的方式。那些规范性定义含有以某种方式"看"事件的强烈倾向：它们往往将某些种类的额外推论予以"划入"或"排除"。

处于问题化的境况时，旧的规范结构经常被用来"绘制"新的境况，或是用旧有的意义来"绘制"新情况。这些结构不局限于狭义的"社会利益"，并会因为社会生活短暂的相互作用而出现和存续；因此可以说，它们已是将自己包含在了积极规划他们那些人所在的社会性世界中的生活境况、观点、利益和非正式的模式中了。它们由权力和统治构成：不可避免地，与那些处于从属地位的群体相比，专门为那些支配性群体所做的规范性对应解释会倾向于行使更大的权力，"覆盖"更为广泛的主题及提供更具包容性、更为全面的阐述。因此，社会群体之间的冲突总是不可避免地由对立的规范性定义之间的冲突来进行调解。事实上，冲突也只有在这些不同观点存在的情况下才能被理解。因此，这些结构也会在社会生活的不同层面、在更广泛或更狭窄的区域内，因结构的扩大或缩小而"背叛了它们自己"。而在日常理解的水平上，常识中的世界则会被人们用那些以独特方式将复杂的社会过程简化和概约化的定型方式进行"分类"。在该层面上，它们是以非正式的"模式"、对应性的解释、谚语、格言、惯例、秘方、缩略了的社会寓言、图像和脚本将自己外观化的。在整个社会生活的层面上，它们则"外观化"（surface）为充分成熟的意识形态、符号化的世界，以及世俗版的神圣华盖（sacred canopy）。

参考文献

Althusser, L. (1969) *For Marx*, Allen Lane, The Penguin Press.

Althusser, L. (1970) *Reading Capital*, New Left Books.

Althusser, L. (1971) "Ideology and the State", in *Lenin and Philosophy and Other Essays*, New Left Books.

Barthes, R. (1971) "Rhetoric of the Image", *Working Papers in Cultural Studies*.

Berger, P. and Luckmann, T. (1967) *Social Construction of Reality*, New York: Anchor Books.

Burgelin, O. (1968) "Structural Analysis and Mass Communication", in *Studies of Broadcasting*, No. 6 (Tokyo).

Compton, E. (1971) Report of the Enquiry into Allegations against the Security Forces of Physionl Brutality, in Northern Ireland Arising out of Events on 9th August 1971, Omni 4825 (HMSO).

Dreizel, H. P. (1970) "Introduction: Patterns of Communicative Behavior", in *Recent Sociology* 2, Collier-Macmillan.

Garfinkel, H. (1967) *Studies in Ethnomethodology*, New Jersey: Prentice-Hall.

Geertz, C. (1964) "'Ideology' as a Cultural System", in *Ideology and Discontent*, ed. D. Aptter, New York: Free Press Glencoe.

Gramsci, A. (1971) "The Intellectuals", "Notes on Italian History" and "The Modern Prince", in *Selections from Prison Note*, ed. Q. Hoare and G. Nowell-Smith, Lawrence and Wishart.

Hall, S. (1967) "The Condition of England Question", *People and Politics* (Easter).

Hall, S. (1969) "The Hippies: An American Moment", in *Student Power*, ed. J. Nagel, Merlin Press.

Halloran, J. D. (1970) "The Social Effects of Television", in *Effects of Television*, ed. J. Halloran, Panther.

Harris, N. (1969) *Beliefs in Society*, Watta and CO.

Horowitz, I. L., and Liebwitz, M. (1968) "Special Deviance and Political Marginlity", in *Social Problems* 15.

Lemert, E. M. (1967) "Alcohol Values and Social Control", in *Human Deviance, Social Problems and Social Contrail*, Prentice-Hall.

Levi-Strauss, C. (1967) *The Scope of Anthropology*, Cape Editions.

Marx, K. and Engels, F. (1963) *The German Ideology* (1846 – 7).

Mitchel, L. J. (1971) *Woman's Estate*, Pelioan.

Parkin, F. (1971) *Class Inequality and Political Order*, McGibbon and Kee.

Partridge, P. (1971) *Consent and Consensus*, Macmillan.

Poulantzas, N. (1968) *Pouvoir Politique et Classes Sociales*, Maspere, Paris.

Poulantzas, N. (1966) "Vers Une Theorie Marxiste", *Les Tomps Modernes* 240 (May).

Shibutant, T. (1955) "Reference Groups as Perspectives", *American Journal of Sociology*, Vol. 9 (May).

Steman-Jones, G. (1972) "Marxism of the Early Lukens", *New Left Review* 70.

Willams, R. (ed.) (1968) *May Day Manifesto*, Penguin.

Wolff, R. P. (1965) "Beyond Tolerance", *Critique of Pure Tolerance*, Wolff, Moore and Marcuse, Beacon (Boston).

(胡疆锋 译)

影响广播的外部因素[*]
——内外辩证法：广播/电视的矛盾处境

我将在本文详述一个在我看来是清晰而正确，但却遭到普遍忽视和压制的论题。在英国，广播机构在形式上拥有诸多不受国家和政府干预的自主性，但是这些机构最终的播出权是由国家和政府赋予的，因此最终也要对国家负责。这部分观点可能没有什么异议，但我认为对其的必然性推论值得进一步讨论。广播机构在制作节目时享有宽泛的编辑自主权，但是，它们最终是在国家的现实模式下运行的，因此支配性意识形态最终是会主导节目内容的，其霸权意识也会控制节目的导向。通常被当作"对广播的外部影响"的这些东西实际上构成了广播的日常工作语境；对这些具体"影响"的研究目前还只能提供了一个不完善的模型，用来考察广播和权力之间的"中介关系"。数月以来，外界对广播施加的影响更加明显了。这并非意味着广播的角色与地位发生了根本变化，而是更多地与广播公司运作背景的改变有关，也与广播作为一种社会问题的能见度的改变有关。

在任何有争议的问题面前，公众的注意力结构总是存在清晰的模式和波动。这就是与社会问题相关的"社会能见度"或其"社会史"。广播与其他大众媒介一样，淋漓尽致地展现出了这种注意力的结构模式。在20世纪30年代，德国首次凸显了这种状况。这与法西斯主义利用宣

---

[*] 原题"External Influences on Broadcasting: The External-Internal Dialectic in Broadcasting—Television's Double-Bind"，原文载于 *Fourth Symposium on Broadcasting Policy*, Feb, 1972, ed. F. S. Badley。

传在德国人民中取得合法地位、争取人民的同意（consent）有关。关于广播和法西斯之间关系的争论，先是在有关电影的争论被重复提起，又在有关电视的争论中被重复了一遍。在每一阶段，当人们关注具有最广泛的社会和政治意义的问题时，都是通过对媒体进行争议的方式进行的，因此对媒体的争议反而取代了真正的问题。"德国"争论的实质是法西斯主义影响下德国社会体制的分裂，争论涉及法西斯主义和"大众社会"的问题。在四五十年代，媒介研究在美国还属于社会科学的领地。它集中于媒介对社会的短期效应、可测量的行为影响的研究，使用简化了的"影响"模式，采用的是实证主义理论和定量研究法。但是，它的那些重要发现——关于"个人影响"（personal influence）的作用或者关于"世界公民"和"本地人"的作用，也被更重大的问题所渗透：美国是一个"多元化"社会吗？在所谓的多元社会中，区域的、家庭的、邻里的和小团体的网络能够提供有效的"抵消力量"来对抗媒介的影响吗？此阶段研究的总趋势是谨慎地用"是"回答这个问题。这一阶段当然也正在成为过去。随着多元主义共识的分裂及其公开的社会冲突的卷土重来，在美国及其他越来越多的地区，媒介再次被置于争论的中心。社会科学研究有助于我们认识媒介与社会之间的关系，但是，它却既没有平息公众的焦虑，也没有充分解释这种关系所带来的问题。在非意识形态的社会中，"价值中立"的研究氛围为伪装后的意识形态争论提供了一个机会——但是其代价是致命地压制了对该问题的内在政治层面的考察。

事件就这样再次将媒体拖进了讨论日程。我们正身陷公众新一轮表达不满的过程之中。这种争议明显地影响到了广播公司的地位和士气。但是，我们通常并不清楚这一问题为何再次出现。因此，我将简要地总结那些势力和趋向，是它们正在改变广播的"工作语境"并使限制广播的隐蔽因素显现出来。

（1）现代传播体系的形式无论是国家的、半国家的还是商业的，都具有高度垄断的结构。

（2）广播机构的官僚属性。它们的规模、复杂的结构、自身决定雇用谁的特征、机构动机等都仿佛是"封闭的"。特别在像英国这样具有更广泛的广播自主权的地方，行政影响力要通过介入"缓冲"组织，如英国广播公司或独立电视管理局（ITA），才能传达出来；这些机构似乎是"不负责任的"。它们的相对自主性掩盖了对其进行限制的结构，并且将这些结构神秘化了。因此，人们也只有在节目及其日常运行中才能觉察到广播机构得以发挥功能的部分逻辑。

（3）现代广播的"单向"性。收音机和电视本质上都是单向传播的，少数职业精英对着分布广泛、身份各异的广大受众讲话。受众的反馈（如吐槽或者关掉电视机、收音机）是微弱无效的。最受欢迎的"反馈"——受众调查、观众或听众人数和对谈式节目——都是为广播公司利益而不是为受众利益服务的。它们使广播公司的产品在公共舞台上能够更有效地"赢得同意"。

（4）媒介在影响公共舆论、形成公共态度、削弱正统力量等方面所具的权力越来越让人担心。有许多关于媒介成为"替罪羊"的事例。如果英国确实变得更加"悲观"了，电视可能在加速这一进程方面起了点作用，但它自身却无法对道德氛围的转变负主要责任。然而由于广播及时呈现了这种具有深层结构的趋向，结果就引火烧身，成为来自各方批评的目标。传统研究在这里几乎毫无用处，因为它只测量短期的、直接的影响和心灵与思想的波动。公众关心真实却更加抽象的过程，如媒介在塑造次生环境（secondary environment）时所起的作用；媒介在为社会行为和冲突得以展开的形势提供基本背景知识时所起的作用；媒介对在其中形成社会舆论和政策决议的社会思潮的影响；媒介在有限范围内建立并维持对问题性事件进行普遍解释的权力；媒介传送"世界图像"、行为图像、表现冲突场景的图像的能力，等等。毫无疑问，在高度隔离、社会阶层分化的社会中，广播主要是对没有其他选择的受众传播他们并不熟悉的情况和事件的基本知识。公众对阿尔斯特（Ulster）[①] 和孟加拉的了解主要来自媒介。公众怀疑这种知识不是"中立的"——就像肯尼斯·伯克（Kenneth Burke）所说的那样，

---

① 阿尔斯特昔时为爱尔兰一地区，今为北爱尔兰及爱尔兰共和国分割。霍尔对媒介报道这一地区骚乱的详细分析可参其《越轨、政治和媒体》一文。——译者注

在社会传播过程中，如果要识别社会行为者并为其命名，就必须同时对其态度进行命名。

（5）包括政治、政府、专家、机构发言人、利益团体等在内的社会精英对"垄断对其有利的传播市场"的特殊兴趣和自由裁量权。新闻管理实践的日益发展、公共关系或"印象管理"（impression-management）行业的扩散和形象制作在政治中的作用等都是同一现象的不同方面。

（6）人们对媒介削弱社会和道德习俗的担忧。当道德－社会共识快速分化并且广泛扩散时，这一担忧就出现了。所谓的"道德"争论隐藏着政治维度：地下组织的出现及其所引发的道德对抗、伴随而来的法律制裁动员和社会控制等都与政治和维护社会秩序直接相关。在这些方面媒介受到来自两方面的攻击：一是受到道德提倡者的攻击，他们认为媒介腐蚀了公共权力和道德服从的美德；二是受到自由意志论者的攻击，他们认为媒介为中产阶级的市侩作风提供了最后的堡垒。

（7）媒介在具有重大意义但意见不一的事宜方面起着关键作用。这包括诸如白人社会中的黑人地位、打一场不得人心的战争等这样的问题。我们此处暂不讨论媒介是否在使战争变得"不得人心"的过程中发挥了首要作用。

（8）公众利用媒介的权力是不平衡的。人们对媒介的利用以及在媒介中的曝光率昭示了层次分明的社会结构。媒介更倾向于权力集团、有资历的精英见证人、机构发言人和专家，而不喜欢"局外团体"——没有社会背景的人、不属于任何组织的人、离经叛道的人、少数民族群体、工人阶级团体等。当后面这些群体出现时都会倾向于被动地让人为他们系统地解释自己的问题。他们总是被小心翼翼地"平衡掉"。

（9）当这些"局外"群体在政治上得到组织并发声时，媒体所具有的特殊敏感性。在处理学生激进主义和抗议、大规模游行、"黑人权力"团体、城市暴乱、激进社区行动、索赔人联合会、妇女和"同性恋"解放、非官方罢工等问题时，媒介的意识形态结构显现得最为清晰。

(10)媒介在为其他社会里发生的事件提供背景知识时所发挥的作用。在复杂社会中,不同群体更加依靠媒介获取"他者"生活状况的形象和模式。类似地,我们依靠媒介报道和以自己民族为中心的"眼睛"了解所有非西欧与非北美的社会。我们对拉丁美洲或者中国的社会语境非常无知就是两个明显的例子。

总之,这些对媒介影响的指责和偏见已经在快速变化的语境中汇聚起来。政治和道德共识在稳步分化。因为议会外反对政治的兴起,体制化的"左""右"党派(无论是保守党和工党,基督教民主党和社会民主党还是共和党和民主党)之间调节性的政治斗争受到挑战和"超越"。这些局外群体所挑战的不是体系内的"资源"分配(如经济的、社会的、道德的)而是"游戏规则"本身。传统派〔滨海绍森德(Southend-on-Sea)①〕和世故派(NW3②)之间温和的争论被经久不衰的道德-社会自由意志论所侵蚀,青年文化的形式、"越轨"亚文化的盛行和地下社会与反社会团体的结合都在表达这种道德-社会自由意志论。国际上,由东西方核僵局所造成的第二次世界大战后的休战期由于斗争的恢复(通常表现为武装解放斗争)而出现了裂痕。这些新兴的力量削弱了维持社会秩序的共识性机构、价值和信念的框架,也挑战了使社会冲突中立化和政治-道德秩序合法的、被视为当然的"规则"。在此情况下,就存在不易捉摸但是却持续的汹涌情绪,结果使那些很少或者根本没有可能进入权力的群体要求更广泛地参与和控制影响到他们生活的决策,这种要求不断增长。总之,在被视为当然的语境里,这些灾难性剧变的结果却变成了对广播的争议。这一争议为更广泛的社会危机——其性质和分界线仍然模糊不清——提供了一个多棱镜。当然,斗争场所的转移和共识的破坏使广播接受的直接压力比以前更加明显。但是,以我之见,它所呈示的最重要的——以致其成为问题式(problematic)的——便是那些限定性(constraints)的语境,正是在这种语境中,广播日复一日地在我们的社会中发挥着其特

---

① 滨海绍森德是英国英格兰东南部城市。——译者注
② 指伦敦西北部的区域,NW 是邮政编码区。——译者注

殊的作用。

我认为，意识形态和机构的潜在结构限制着广播的运行，当结构出现分裂时，其施加给广播的"外部影响"会变得更加明显。例如，只要我们将政治现实的领域限定在两大政党之间进行调节性政治斗争的范围之内，"争议"在广播中的性质就不会成为问题。朱利安·克里奇利（Julian Critchley）最近在保守政治中心出版的小册子《为广播辩护》（Counsel for Broadcasting）中清楚地说明了这一点。丹尼斯·福尔曼（Denis Forman）先生是格拉纳达（Granada）的董事总经理，他认为"电视必须给那些希望改变国家宪法基础和维护它的人以充分的发声机会"，作为对这一观点的回应，克里奇利评论说："保守党和工党之间的调和折中不是问题所在，那属于面临对自由共识本身的攻击时所做的自我防御。"很显然广播机构并没有效忠于任何一个政党。确实，如果它们不能在两党之间表现出严格的播送平衡的话，就会受到直接攻击。克里奇利的观点认为广播应该被理解为、并且它自己也应该将自己理解为，是忠于"自由共识本身"的机构。我认为这是正确的。相似地，虽然我们不赞成怀德豪斯夫人（Mrs. Whitehouse）的观点，她和其他道德提倡者提出的问题对我而言却是正确的——如果广播的合法权力不是来自上帝、女王、国家和既有的道德习俗的话，那它是通过什么样的合法权利才取得合理地位的呢？

广播可能不会对婚前性行为持有具体意见，目前它却有责任坚持为与这些问题有关的、定义模糊的"道德共识本身"表态。只有借助外部力量，广播公司才能最终获得逃离这种责任的权力和借口——例如，根据它的判断，关于这些问题的道德共识确实正在改变。正是因为共识这只"看不见的手"不再为广播公司提供这些问题的合法性框架以及对其进行约束和限制的惯用结构，来自政府、政客、国家、既得利益群体、道德提倡者的外部压力才如此公开而猖獗——广播公司对这些压力而言是非常脆弱的。因此正是在分化和冲突的时刻，广播才最能公开地揭示出那些在其他时候隐蔽的、沉默的、被视为当然的东西：它与权力和支配意识形态那种隐藏的、普遍的共生关系。我们提到它与"权力和支配意识形态"的共生关系而没有提及金钱和利益驱动是因为，虽然电视自从垄断①结束以来开始成为最为粗略的商业算计的"边疆省"（frontier province）②，但我认为，与其随机的金融回扣相比较，广播在权力关系和社会意识形态结构再生产中的作用更加重要。道德提倡者几乎毫无例外地将他们的攻击指向了BBC，这不仅标志着某种形式的道德能够更为轻易地与ITV开放的商业要求结盟，而不是与BBC那种正在崩溃的家长制结盟，而且也标志着权力-意识形态-广播的联姻在目前的形势下处于绝对中心的地位。

如果这一观点正确的话，用"外部影响"来为广播问题设定框架的方式就远远不够充分了，它仅以某种广播模式为基础，根据外表判断其形式和编辑的自主性：外部影响因此被视为对自由领域的非法侵入。我不是要否认广播公司在最近几个月内遭受的压力或者影响和审查等具体情况的升级。我也不是要否定广播在日常实践中的"相对自主性"。然而，这一模式彻底使广播、权力和意识形态之间的真实关系神秘化了。其中一个难题是来自"自由主义意识形态本身"的产物——我们几乎不理解权力与影响是如何在形式民主的社会模式中流动的，也不理解相对的机构整合在其中是如何实现的。一般要么认为机构是受控制或被支配的，在这种情况下它们显然是权力复合体的一部分；要么认为机构是自由、自主的，并且受制于外来的非法的压力和影响。我认为两种观点都经不起推敲。我们不能从这样一个模式预测或者理解公民社会中不同机构之间具体会在哪里出现接合或分离。从最近几个月发生的一系列具体事例来看，广播公司在面对明确的政治压力时正确地维护了自己在编辑方面的独立性，我们很难解释这样的事实——《昨日之星》（Yesterday's Man）和《阿尔斯特问题》（The Question of Ulster）就是两个例子；同时也不能解释广播和权力机构之间，在广播的核心领域中每天都会发生的相互协调、互利互惠和相互定义的情况。我们可能会尖锐而具体地提出这一问题。显然，最近对北爱尔兰事件的报道受制于大规模的内部警

---

① 指1955年英国独立电视台（ITV）成立之前英国广播公司（BBC）在英国的垄断地位。BBC的主要收入来自执照费，在本土是不能播放商业广告的。——译者注
② 霍尔的意思可能是说，电视在商业广告方面受到的控制较小，所以才用了"边疆省"这一隐喻。——译者注

觉和外部约束。具体来说，这涉及广播公司能否采访代表爱尔兰共和军（IRA）的发言人的权力。显然，广播公司既受制于"外部的影响和压力"，又受制于广泛的对机构内部的自我审查。但是，如果广播公司没有收到关于事件的具体的交涉，我们能否想象一种情况：拥有"自由"协议的广播公司在报道时事时，会赋予爱尔兰共和军及其同情者提出的"对北爱尔兰情况的解释"以优先的地位吗？在我看来，如果要广播公司普遍接受这种做法，那就需要一种遥不可及的偶然性，即（例如苏伊士危机的时候）意见的凝结到了足可以有力地反对政府的政策的地步，以至于广播公司能够通过利用外部权威替代国家权威，从而使他们的僭越行为合法化：这就是"舆论"。否则的话，不管国家是否直接审查广播公司对阿尔斯特的报道，广播公司就已经普遍倾向于用支配性定义引导自己解释那里的情况了。广播公司决定不采访爱尔兰共和军发言人，这是在节目的符号性内容中"自由地"再生产了国家对爱尔兰共和军"非法组织"定义：这是对保守党和工党共同结论的镜面式反映与放大，两党的结论都认为在阿尔斯特局势中爱尔兰共和军不属于合法的政治机构——它们不符合"党派"的定义，而只有在党派之间才有可能相互讨价还价或者和解。

我们不能用简单的"阴谋论"和"自由与压迫"模型来解释这一事实，而只能用将社会及其主要机构作为"在支配意识形态中被结构出来的复杂形构"模型来解释它：这一模型在权力与意识形态的复合体（complex）中辨别不同机构的特性，确定它们的"相对自主性"位于何处，这里所说的"相对自主性"包括机构之间冲突和矛盾的可能性，同时也保留它们之间交汇和结合的中心区域——权力的"多重决定性"。

接下来我会以左右两派都喜欢提及的那些简单、误导性的模型为参照，认真地阐述这一模型。克里奇利先生在我们之前提到的那本小册子里试图将所谓的"喜好政治宣传鼓动"部分地解释为广播公司喜欢"他们发现谁对社会不满就招募谁"的做法。他说："'电视人'（television man，指电视从业者）一直都是属于左派的——如果不是在意识形态意义上说，也有这种倾向。"来自左派的广播批评家也从相反的方向提出非常相似的观点。我不相信他们的话。当然，广播是从非常狭隘的社会圈子中招募人员的，这些人被电视机构的精神气质强有力地同化了。但我认为不能用个体从业者明显的政治倾向——无论是偏向左还是右——来解释电视的内在偏见。确实，更重要的是，不同的人群及其状况被系统性地限定在一个有限制性的解释框架中，去处理他们每天要面对的各种新闻报道。除了极个别的案例，我也不相信广播公司会遭到来自外部的系统性压力和审查。就像不可能用广告商明确威胁编辑不再前来光顾的次数"净算"（net）广告在新闻业的影响一样，也不能用部长直接抗议了几次广播公司的总裁来"净算"电视或无线电的真实利益结构。当然，对某些事件和领域，审查系统是非常严格的，因此，确定它们在哪里发生和它们属于什么性质非常重要。但是，广播机构的"相对自主性"不仅仅是一个"封面"：我相信它在我们这样的社会中是处于权力与意识形态相互调停的中心位置上的。

最敏感的区域恰恰来自社会秩序本身被质疑的地方。当广播涉及与"公共秩序""国家安全""法律与秩序"或者"压倒性国家利益"等相关的话题，尤其是它们与被解释为"暴力""对抗论者"或者"非法"的策略等联系起来的时候，广播就会受到更严格的控制。在这一领域被施压、审查、施加影响的具体案例会有更多，因为这代表了外部对系统本身的容忍度。游戏规则本身在这里受到质疑。因此，就阿尔斯特问题而言，随着政治态势从"公民权利"问题（可容忍度内）变成内部暴乱（不可容忍）的问题，外部对广播施加的压力会越来越大。在将公开的社会控制和压迫当作最后手段的国家里，当对冲突进行遏制和压抑的体制性机制破裂时，广播与其他机构就没有什么区别。但是在国家对社会-政治现实的总体定义之内，在面对广泛的问题和话题时，广播因为是在其自身限度与限制的范围内运作的，它可以被看作一种半自主性的自律性机构。

广播也通过大量重要的调解性概念使自己适应与权力-意识形态之间的关系。这些概念调节广播和权力之间的关系。它们提供了一种合法的结构，使广播公司能够使用具体的编辑标准并行使日常控制而不与总体霸权构成冲突。同时，必须认识到，在霸权意识形态内，广播的导向不是一个被完全控制的、完全一体化的单维系统。就像恩岑斯贝格尔

(Enzensberger)最近所说的那样,现代广播系统必然是"有漏洞的系统"。它们屈从权力的总体决定,但它们的日常运行却无法被完全控制。一方面,广播机构强大而复杂,不可能被完全控制。恩岑斯贝格尔注意到:"过去在某个中心点上对这样的系统进行全面控制是可能的,但是在未来这是不可能的……干扰能够渗透媒体在连接点上的漏洞,并且通过共振以最快的速度在媒体中扩散和增殖。"这不仅是因为很难对它们进行日常监控。媒体的本性就是以新闻为导向:它们被那些戏剧性、争议性、非典型的事件所吸引。它们在竞争激烈的新闻市场上投身于传播业,因此都对那些还没有完全成型但是却有可能预示未来发展的趋势和活动非常敏感。由于许多内在的本质性原因,大众传播系统本身不可避免地会将自己带入危险地带,这使它们担忧那些打断社会生活平静基调的活动和问题可能播撒引发未来争论与不满的种子。由于这个原因和其他我们马上就要讨论的原因可以得知,虽然媒介主要是在意识形态领域内运作的,但它并不是简单地对霸权意识形态进行再生产,而是在各种矛盾中对统治意识形态进行再生产的。在公民社会,掌握国家和其他机构权力的统治阶级可以直接通过法律、法令和最终的武力手段在权力与社会领域内发挥作用,但是在意识形态领域,统治阶级却只能间接地通过松散的共识机构发挥作用。在冲突力量快速分化的情况下,运行在意识形态领域内的机构自身就变成了阿尔都塞所说的"不仅是阶级斗争的争夺对象,还是阶级斗争的场所"。

现在我们讨论调节广播与权力-意识形态复合体之间关系的那些核心概念。它们是:平衡、公正性、客观性、专业性和共识。

平衡:两家广播公司[①]都被要求在利益和观点冲突的各方之间维持"平衡"。直到最近,人们还期望制片人在节目中保持"平衡"——当话题存在争议时,就会更严格地执行这一基本规则。在其他情况下对话题的阐述可能会更自由一点——只需在合理的时间内保持"平衡"。由此就要求广播公司意识到存在利益和观点的冲突。确实,因为争议具有话题性并且能产生"良好、生动的广播",所以争议性节目充斥荧屏。

---

① 指 BBC 和 ITV。——译者注

他们经常是包含多种观点。这样的话广播看起来就似乎不是单一声音的——而是公开、民主和具有争议性的。但是根本上讲，"平衡"是在一个关于政治权力分配的总体假设性框架下得以维持的：这里的冲突是受到严格管制的。工党和保守党发言人之间的辩论本身是受双方协议框定的，它是在其他地方被设定然后在演播室、电视的播放装备和其自身的话语中被再生产的。政治"平衡"主要在议会体系内存在的合法大众政党之间才得以维持的。当共识各方之外的群体参与进来时，"平衡"就变得更困难了，因为这样的话冲突就变成政治合法性本身的问题了：工党和保守党发言人对此立场一致，会共同反对其他参与者。因此，虽然电视没有偏向某种观点，但它确实偏向并再生产了某种政治定义：它通过这种定义而排除、压制了其他定义或者使其失效。当一个新闻评论员评论从北爱尔兰议会大厦所在地的斯托蒙特（Storment）撤回反动派议员的提议时，说白厅和斯托蒙特都急于让他们"重返政治"，现在我们能更好地理解他的评论意味着什么了。拒付房租、民防游行和其他行动一出现就立刻被视为非法的政治活动。因此，虽然电视和收音机不止提供"一种观点"，但是，通过在既有结构中维持平衡，电视默许性地维持了对政治秩序的主流定义。也就是说，电视既表达冲突，又抑制冲突。它不知不觉地再生产了其赖以生存的被体制化的阶级冲突的结构基础。因此它也认同了主流利益结构的合法性，同时严格遵守"党派间的平衡"。它也偶尔表现该系统作为一个系统的良好形象，"对冲突开放"和对不同"观点"开放。最后，正是这种扭曲，使结构能够去维持其灵活度和可信度。

公正性：公正性界定了广播公司在内部对冲突进行谈判的方式。广播公司被认为不应该对争议性问题发表个人观点：它们努力在冲突各方保持严格的公正性。有经验的采访者知道他们在采访希斯（Heath）先生时要采取占下风的角度，而在面对威尔逊（Mr. Wilson）先生时则要采用占上风的角度，目的是要表现出严格的公正性——演播室的政治管理艺术是时事类广播公司首要的职业技巧。当然，实际上所有广播公司都有自己的观点。在工作中的妥协就是要坚持一点，即广播公司必须是最不可能表达观点的人。但是，就像所有优秀的制片人所了解的那样，剪辑节目的方式不止一种。制片人对生产"平衡的"演播小组的技术炉火纯青——不停地计算出有多少伯纳迪特·代弗林（Bernadette Devlin）①的支持者等于一个伊恩·佩斯利（Ian Paisley）②的支持者，是所有制片人都熟练地能察觉到的编辑行为之一。但是公正行为有几个不可避免的后果：（1）它会使广播在谈论问题时走到虚假对称的死胡同。所有的争议性问题都一定有两面性，并且这两面性通常都被赋予大致相等的比重。各党派之间共同承担责任：每一方都受到赞扬或指责。这种势均力敌的对称性只是形式上的平衡：它与各方真实的比重关系甚小或者没有关系。如果一个工人声称他受到来自有毒工厂的排放物的毒害，主席一定会被卷入进来并说正在采取所有必要的措施……这种对称排列的辩论也许能保证广播公司的公正性，但却很难表现事实。对抗被这种策略中和了：冲突中的政治层面和阶级内容都被超越了。（2）公正性赋予广播公司/主持人一种内置的兴趣，即在冲突—化解的过程中充当折中的角色。这使它对政治抱有非常务实的观点。它积极介入争论的唯一方式就是在演播室扮演折中者的影子角色，即中间人。它唯一的合法干预就是去拯救一揽子建议中的某些"最低共同标准"或者那些根深蒂固的反面立场的讨价还价。由此，所有的冲突都被转译为"妥协"语言：所有妥协失败的原因要么是"不让步""极端主义"，要么是"沟通失败"。另外一种中和冲突的方式是断言某些"压倒一切"的利益来压制冲突的各方。这样，所有的广播公司都可以安全地宣称，即便罢工是一种"好的情况"，但英国糟糕的经济状况的重要性会压倒一切工业冲突。在节目主持人与一群愤怒的阿尔斯特新教徒面对面时，他可能会提到"天主教"的情况——但不会提到天主教"公民权"或者爱尔兰共和军；为了使天主教代表"走到谈判桌上"，他可能会呼吁某些"和解的姿态"。（3）广播公司在冲突—化解过程中的这种立场具有使冲突中的那些"现实"因素合法化的功能——它们能从总体事例中被抽

---

① 伯纳迪特·代弗林（Bernadette Devlin，1947—），爱尔兰社会主义者、共和党社会活动家，北爱尔兰天主教民权领袖。——译者注
② 伊恩·佩斯利（Ian Paisley，1926—2014），英国北爱尔兰民主统一党政治家和自由长老教会牧师。——译者注

象出来,从而被置入"一揽子建议"中。那些本质上不适合这一进程的事例显然是"不现实的"——因此也是"不合理的"。这样,由于对北爱尔兰局势的阶级分析中插入了伯纳迪特·代弗林的支持者提供的证词,也由于该证词与那些生产"可行的妥协"所需要的琐碎因素格格不入,所以《阿尔斯特问题》节目中的"三人行"(three wise men)就无法对此进行处理了。(4)通过公正性概念,广播超越了它所处理的各种冲突。它好像置身于报道和评论的真实利益游戏之外。那些生产节目的人都是真实的社会个体,他们也身处自己所报道的冲突事件之中。但是节目"主观性"的这一面被"客观性"压制住了。他们制作的节目存在于冲突之外——他们不过是再现这些冲突并进行判断而已,并不事实上参与其中。就像最近出版的一部小册子《电视与国家》(Television and the State)中所说的那样:"节目的认同感取得了神奇的效力,因为它被当作社会之外、与社会和阶级冲突相分离的分析理性的结果,而不是被看作包含涉事各方的认知或知识的所谓辩证理性的产物,也不是将节目的'真实'看作来源于涉事各方的。"

广播站在冲突之上并所谓公正地对其进行判断的这种取向,对观众来说是非常有害的,他们被引导着认同主持人,因此也将自己视为在党派激烈斗争中保持中立和头脑冷静的参与者,以及在冲突景观面前事不关己的观众。

客观性:如果广播公司需要在见证人之间保持公正性,那么它也乐于在"事实"面前保持"客观性"。但是,像公正性一样,客观性也是一个可操作的虚构物。一切拍摄和编辑都是对原始数据的操纵:对它们进行选择性地感知、诠释和表意(signified)。电视无法捕捉事件的"全貌":那些认为它们是对事实的"纯粹"转录、认为事实面前的摄像机是中立的等观点都是想象和乌托邦。所有被拍摄的现实都是选择性的。所有被编辑或者被操纵的符号性现实都浸透着各种价值、观点、暗含的理论和常识性假设。选择拍摄事件的这一方面而不是那一方面受"物质本身"以外的标准所左右:这一方面比那一方面更有意义,更能表现某种特殊的、非同寻常的、意料之外的、典型的……东西。每一个这样的观念都是以一组被视为当然的知识为基础而发挥作用的,并且只有在这一语境中才有意义。每一个将此摄影片段与彼片段联系起来的决定、每一个从各自分离的被编辑片段所创造话语的决定都只有在陈述逻辑（logic of exposition）中才有意义。社会行动者的身份认同、他们在世界中的投影都是以主流诠释系统为背景而完成的，我们经常用这些诠释系统战术性地识别和解码社会场景：为了理解他们的世界和发生在其中的事件，它们就要从能够获得的社会知识库中吸取并利用这些知识。知识库不是"中性结构"——它大量地掺杂着以前沉淀的社会意义。"真实"的幻觉或者说逼真的幻觉，是以认知和诠释的意义语境、背景体系为基础而构建出来。新闻纪实或者时事记录节目中有关矿工罢工纠察线的镜头有多少"客观性"呢？我们所看到的画面非常真实：没有人会怀疑摄影师和记者就在现场，亲眼所见发生了什么事情，并且努力以"本来的样子"表现给观众。但是，对事件前景即意符化（denoted）的简要提取是对富含内涵的信息进行压缩后的产品。只有在多重语境中它们才有意义：（从罢工者的视角看）纠察线可看作他们在罢工时有权去掌握的某条线路的一个标示；（从煤炭部的角度来看）纠察线可看作普通百姓的抵抗力量及其效果的一种标示；（从政府的视角来看）纠察线是打击他们的工资政策的一个要素；（从政治视角来看）纠察线可看作不断升级的阶级冲突的一个标示；（从警方的视角来看）纠察线又是监控阶级冲突的一个难题，诸如此类。无论这个图像是否伴有评论、是否为播放室的辩论提供了"事实"的基础，其表达的意思都有赖于相关意义语境中的指示性表意（indexical significance）；我们要对其表意进行解码——这不能从字面上去"读出"意符性图像本身的意义——而是根据这些意识到的语境，根据"信息"的意指（connotative）能力去解码。要使用不同的诠释逻辑才能使客观呈现出来的画面片段在公共话语中产生意义，而这些逻辑并不是中立的意义网络，如果没有将节目置入这种或那种逻辑中，广播节目就不能提供上述列目。

专业性：所有的职业都生产它们自己鲜明的意识形态和惯例。但是在广播业，专业性的增长似乎还有另外一个功能——一种本质性的防御屏障，它们使广播公司在任何节目制作中都与处于敏感领域中的冲突各方绝缘了。它通常是一种职业退缩和保持中立的技巧。生产者将实质性问题转化成技术术语,也将自己的主要责任放到制作节目的技术竞争上,这样就超越了节目的争议内容。它所关心的是识别那些组成"优质电视"的因素:用专业性的剪辑和编辑对事件进行最后加工,在演播室或节目各元素之间的流畅转换,即制造"优质的图像",使其充满事件性和戏剧性,等等。这种半技术语言使生产者及其节目看似与总体的编辑决定、对平衡的算计、眼前的争议性问题分割开了。他将这些当作介入性的惯例结构并且依赖它们"与广播工作友好相处"。这种半技术结构中最普遍的就是所谓的新闻价值本身。新闻记者,就像他在新闻业的其他同行一样,"当嗅到一个新闻故事的时候知道这故事不错",但是没有多少人能够定义这其中所包含的标准。"新闻价值"是一个人造的、渗透了价值观的关联系统。这一系统非常实用,因为它使编辑能够在工作计划压力非常大的情况下完成自己的工作,而不用考虑那些基本原则。但是,如果认为这种沉积下来的知识是中性的、仅仅是一套技术规范,那就是一种幻觉。

共识:共识(consensus)可以被定义为关于某社会中人们广泛共享的价值和信念的"最低共同标准"。它是普通社会生活保持连续性和取得基本意见一致的基础。大体而言,"共识"是公众常识意识形态和信念的结构。在形式化的民主社会中,将社会秩序捏合在一起的力量不是被写进宪法的协议和条文,而是在处理基本事务时默认的、共有的一致意见,它们深嵌于"常识意识形态"内。然而,对任何具体问题的"共识"都是极不稳定并且难以界定的。几乎没有人的观点会与"共识"完全一致。但是,如果人们没有通过讨价还价或者相互妥协而达成某些共享观念,在形式化民主社会中无论是进行治理还是广播都是非常困难的。"共识"保护我们避免霍布斯所说的"一切人反对一切人的战争"。也许最重要的共识就是承认共识的存在。在现代复杂的官僚阶级—社会里,共识扮演了理想的民主理论中"公共舆论"的角色。在现实中,因为大多数人在平时并没有真正行使决定权和利用信息的机会,常识意识形态通常是对支配意识形态的混合式反映,在社会中被动、松散地发挥作用。作为所有的实践性目标,现代民主形态认识到,除非激活产生决定、疏通政策的整个智力环境,才会形成在重大的形式与结构中掌握权力的所有阶级的联盟。当然，最终，在形式化民主社会中，该系统是通过"同意"而不是武力或者暴力而取得合法化的，因为它以某种无形的方式向"公共舆论"即共识负责。

虽然"共识"极其难以定位，但是其存在却担保了广播公司的日常功能。广播公司意识到公共舆论的"运行状况"为自己的表现提供了某种保证，这也为其提供了一个大致的方法，以使自己可以参考"普通人对这个问题的所想所感"。广播公司没有对共识进行再生产的义务并且它也理解这一点：因为阶级地位和权力、身份状态存在差异的群体在这个模糊的建构中确实占据不同的端点，所以他们对共识的定义不同，因此广播公司在每次广播时都无法避免在某个地方违反"共识"。但是，共识仍然能给它提供一种外在的范围、一组"正常的、期望之内的、可以理解的、被视为当然的"视域，它可以利用这些东西系统地反击所面临的风险。在形式化民主政体中，虽然权力实际上是以精英为中心的，但是精英还是要"在精神上仰仗"全体公众才能取得合法性。在我的印象里，这些精英的日常职业行为受观众的制约要比其他任何单个因素都更加常见。在广播的许多领域内虽然很难定义公共接受的外部限制，但是广播公司为自己假定的"共享的一致"的结构却非常灵活，足以使它实现自己的工作。当真正的利益冲突产生时，广播公司经常会求助共识——求助在某种问题上正在变化的公共情感，即"广泛的英国公众情感"——将之作为一种可供选择的合法性资源，这类似于将之递交给上诉法庭，它也属于那种既有的资源。

但是，就像前面提到的那样，共识至多算是一个流动的模糊结构。实际上，政府和控制机构，因为需要在形式的意义上对人民/选民/舆论/受众等负责，出于这个理由，会被迫将共识的领域当作为自己行为和政策、定义和见解赢得支持或同意的竞技场。在形式化民主的阶级社会内，民主代议和意见的结构是在权力的利益中被协商的。处于权力位置的精英是这样赢得同意的：（a）他们在汇聚问题的过程中发挥了主导性的作用。（b）他们可以提供材料和信息去支持自己偏爱的诠释。（c）他们可依靠公共知识和情感的非组织状态，依据惯性去提供某种战术性的认同，以使事件的现状得以持续。我们于是处于高度自相矛盾的境地,权力精英因此会不断地求助于强有力地被预先结构化的某种共识,作为其行动的合法性依据。这样,意见和态度的汇聚过程像我们所讨论的其他许多过程一样,是一个"在支配意识形态中被结构出来的"过程。我们现在能够理解了,为什么广播本身的地位会如此关键而又模糊。因为在这样一种复杂的官僚阶级-社会中,媒介和支配性的传播机构、意识形态机构本身就是形成舆论所需的态度和知识的主要来源,也是霸权阶级和受众之间进行沟通的主要渠道。同时,当社会中道德-政治共识裂痕扩大时,共识不再为广播公司提供内置的意识形态罗盘,即一种可供选择的合法性来源。如此一来,为了让共识-形构(consensus-formation)有利于其优先描述和诠释,统治精英就想要直接垄断各频道,由此而扩大霸权:在掌握这些设备时,他们也还有一种既得利益,以确保让媒体自身去再生产出代表其利益的、对他们的霸权有利的尝试性共识结构。在这样的时候,媒介自身就成为阐述霸权和反霸权意识形态的场所,同时也是在意识形态层面上进行社会和阶级斗争的领地。电视的两个功能都被锁定在这个过程中:在有些时候,电视为了自己的利益而对世界进行阐释和描述;在更多的时候,通过倾斜的媒介使用结构,它被迫对事态或者被认可的证据进行再生产并使其产生效果,电视也必须处理和听从这些见证人的意见并且在其他地方播送他们的陈述(如在议会、会议、董事会议室、法庭等)。在没有接触到共识之外的见证人的情况下,媒体无法长期在公众中保持其信誉:它不敢在没有至少采访了民权运动的组织者凯文·博伊尔(Kevin Boyle)的情况下在纽里(Newry)游行的前夜对全国广播这件事。只要它一这样做,就会立即面临被批评者攻击的危险,他们会攻击广播不明智地在政治秩序中"破坏了公众感情的平衡"。为了以更有利于自己的方式重新解释他们在其中行动的形势,双方都在为赢得一个为自己辩护的发言机会而激烈斗争,电视对两方的策略都要保持开放。这就是广播所面临的恶性双重困境。

附 录

这些注释简要地处理了某些在提交给曼彻斯特大学的讨论文章中没

有完全展开的观点。

注释1：机构性动机

将广播机构为了生存而产生的机构性动机视为一个限定性（constraints）的根源，文章对这一点的论述过于简略了。它之所以被忽略，部分原因是安东尼·史密斯（Anthony Smith）的论文已全面地处理了这个问题，虽然我认为他将这方面的作用抬得太高了。但是，内部编辑和"控制者"的限定作用显然反映了广播机构利益——尤其是BBC——是为了自己的生存。为了实现他们拥有编辑自主权的目标，他们必须被认为是能够控制自己不当行为的。这一方面是因为广播本身就"有权有势"并且还寻求维持这种地位，另一方面是因为所有的复杂机制都是在内部进行调控的。但是，对广播而言这尤其重要，因为它们所玩弄的是棘手的政治气候。因此，BBC既然知道它在政府中有许多敌人，它就不得不努力使政坛大佬们相信，在和ITV的竞争中，它才是拥有多数观众的通信频道；它需要保持其政治信誉以及并没有正式地涉足政治圈；为了保证其执照费①、从运营中获取更多利润，它需要保护自己的总体声誉；当其执照被审议时，能确保其职权范围没有受到更进一步的侵害。BBC创立"三人行"模式的目的就是建立自己的上诉法庭，这是一种从内部防止受到比1976年或之前的法案更危险的审查的手段。为了最终防备这种情况的发生，BBC设立了许多限定性的编辑措施并传达给各级组织。这些都是策略性的决定。类似地，生产者和控制者都知道BBC正在经历一个困难时期，他们不想因为推进其他的公众争论而危害到公司的利益。因此，他们"为了公司的利益"而自我审查，避免棘手的话题，寻找处理这些话题的其他方式。安东尼·史密斯的论文非常好地论述了在组织网络的中心地带，生产者及其员工总体上对这些"蔓延的情绪"和"氛围"是多么的敏感。ITV合同的更新发挥了相同的作用。

---

① 指观众缴纳的费用，也经常被翻译为"电视税"。

注释2:"对支配性意识形态及其所有矛盾的再生产"

我们认为广播不仅仅是"再生产支配性意识形态",而且同时也再生产出那种意识形态与其的矛盾。我们对此提出了几种实用的理由——媒介是"有漏洞的系统",某些另类内容确实能够穿过这些漏洞;"平衡"使他们持有"不止一种观点";他们的新闻导向预先就倾向于使他们面向危险地带,等等。但是,从理论上讲,为什么这是一种"在矛盾中进行再生产"的过程呢?矛盾不是在支配性意识形态之内被再生产了吗?不一定。但是在支配性意识形态内有某些东西促进了这种"在矛盾中的再生产"。这是因为,支配性意识形态本身是(a)一种自由主义意识形态,(b)它存在于形式化民主体系中。这样,有许多个体和团体为权力与利益而斗争,因此就一定会被定义为多元的:这就为"不止一种观点"敞开了大门——"平衡"也无疑是自由主义的概念。因为选举的最终结果必须通过"公众的赞同"(虽然很模糊)才能被合法化,自由主义意识形态要通过"共识"才能发挥作用,因此共识对广播及其行政管理的重要性就像选举和投票对议会制度一样。"民主的组成部分"在支配性的(自由主义)意识形态中是一个隐含的矛盾因素。但是,恰恰就像在自由主义—政治意识形态中理想的状态是"一人一票"那样,其实也是阶级霸权的延续。所以,在意识形态领域,形式上存在的"平衡"和"公正"其实是由"主流定义和诠释"占支配地位的。如果说支配性意识形态中的矛盾在意识形态层面上再现了以前赢得的让步,它要为其持续的霸权付出的代价便是选举权、普遍选举权、议会代表制、行会的合法化和罢工的权力、王权或贵族统治的终结和福利社会等。"自由主义意识形态"是社会的共识哲学,它不是没有冲突,但是通过那些没有打破社会基础协议的理念,这些冲突被调节了。这是一个冲突(以及意识形态)得到调节的社会,一个"在支配性意识形态中被结构"的社会。

注释3:表意的层次

如果对支配性意识形态的生产是自由而又毫无争议的——如果没有

其他东西"从中通过"——那么对风格、技术、形式、演播室直播等的研究都会成为一种简单的、在微观层面上对支配性结构的研究。但是，就像我们上面所说的那样，它是对意识形态及其矛盾的再生产，表意的层次（风格、技术、形式、内容等）就成了分析的关键层次，它自身具有"相对自主性"。无论如何，如果出现多个竞争者对决的话，其结果就无法完全预测：在这个区域里，为表达另类观点以赢得聆听的表意之战有时候会取得胜利，因此对这些冲突情况的管理必须在原地完成。主持人也有可能会失去对情况的控制，虽然这很少发生（因为它们拥有对事件进行定义的最终表意权，也是这些对决的主要管理者）：并且在某些关键区域，不得不通过协商而获得定义和认同。在对电视进行微观研究的层面上，这似乎也是民族志方法和激进的符号互动主义思路之间的区别。总体的社会秩序在民族志中被视为当然，因此每一次对决无论是在意义构建还是在具体情境的层面上，都是对还没受到这些交易（transactions）影响的既定社会秩序的再生产。就此而言，严格的加芬克尔式（Garfinkel）的电视节目的分析也可以与帕森斯式（Parsonian）的统一社会秩序论相一致。戈夫曼（Goffman）的立场与此相近，虽然他允许在"社会秩序"和"在面对面的具体情境下构建社会秩序"这两个层面之间存在更多的差异。贝克（Becker）等人则可以被推到另外一个立场，认为具体情境层面上的交易（交互性的和符号性的）结果可以影响到"社会秩序"层面上正在进行的社会再生产。因此，具体情境虽然"在支配性意识形态中被结构"（例如显示出对支配性定义霸权进行再生产的系统性趋势），但却不是被它所决定的。冲突与矛盾因此和共识与社会秩序一样都是可以在微观层面被生产出来的。每一次对决因此都是对"在支配中结构"的考验：对情境的不同定义必须为争取到支配地位而斗争，在反对他者的过程中赢得人们对他们看法的赞同，努力放大定义以迎合支配性观点，等等。因此表意的层面是一个具有"相对自主性"的优先层面：但是它既不完全被更大的结构所决定，也不完全不受这些结构所约束。允许广播公司将某种模糊的情境（如静坐抗议）定义为"暴力"，从而去赢得（反对暴力）共识的技术是"符号现实协商"的关键区域。

权力-意识状态游戏的简约模式

行为	行为者	共识	向公众开放
选举行为	政府/国家	强烈	保证
政党-政治行为	政党		
机构利益（生意）	商人		
特殊利益集团（医生）			强烈要求
已有的压力集团	机构		
新压力集团	发言人	竞争	
草根行为	道德提倡者		答辩权
工资谈判	工会/经理		
罢工（官方）	工会/商人/政府		小心处理
抗议集会			
和平示威	政治组织者	协商	
社区行动			
带有冲突的示威	军方		
静坐和占领示威	极端分子		拒绝播送
直接行动			
非官方罢工	煽动者	反对	
零星恐怖主义	流氓		
城市骚乱			
城市叛乱	投弹手和枪手		

（张道建　译）

文化、媒介与"意识形态效应"*

文化有其自身的根源，马克思在其所著《德意志意识形态》一书中，将之视为人与自然及他人的"双重关系"。马克思认为，人们通过某种器具与工具的帮助介入自然，利用自然去重建生存的物质环境。从人类发展历史的最初端点上看，这种通过劳动对自然的介入是社会性地被组织起来的。人们与其他人合作——首先体现在简单工具的共同使用，劳动的初步分工，与物品的交换上——为了更为有效地重建他们的物质环境。这也是社会组织与人类历史的开端。由这点再向前推进，人与自然的关系便成为社会化的关系。人类社会的再生产以日益复杂与扩展的形式展开，物质生存环境的重建基本上被联系在一起，即让自然适应于人们的物质需求实际上仅仅是通过与其他人进行社会合作所呈现的方式来实现的。因而，人们也是通过拥有物质与生产的社会形式来将自己重建为一个"社会个体"的。不管持续发展的社会形式有多么的复杂与扩展，围绕着人们生存所需的物质再生产所建立起来的社会关系都是构成所有其他结构的决定性例证。依据这个给定的模型——在不同历史时期中生产力与生产关系，以及人们被社会化地组织起来的样式——便造成了所有的社会结构、劳动分工、社会不同类型间的差别发展，人们用技能与知识去改造物质环境的新的方式，公民与政治组织的形式，家庭与国家的不同类型，人们的信仰、观念与理论的构架，以及与之适

---

* 原题"Culture, the Media and the 'Ideological Effect'"，原文载于 J. Curran et al. (eds.), *Mass Communication and Society*, London: Edward Arnold, 1977。

应或对应的社会意识类型等的——更为精细的形式。这是唯物主义对社会发展与人类历史的一个理解基础，同时也一定是任何唯物主义与非唯心主义有关文化定义的基础。马克思事实上认为，并没有一般意义上的"劳动"或生产。（Marx，1973）在确定的条件下，生产始终呈现为特定的历史形式。那些发生在特定历史条件下的社会类型、社会关系与人类文化也将呈现为一种确定的形式。一种生产类型基本上不同于其他的生产类型。既然物质生产发展的每一个阶段都会造就不同的社会合作形式，技术与物质生产的不同类型，以及政治与公民组织的差异性种类，那么人类历史就会根据生产发展的模式被划分成一些有所区分的、历史的特殊阶段或时期。一旦物质生产与社会组织的对应形式达到了一个复杂的发展阶段，那么它就会需要有大量的分析去精准地确立这些层次间的关系，并将之概念化。怎样恰当地思考物质与社会生产，以及其他的社会发展形态之间的关系，这也许构成了唯物主义学说的最大困难。

我们一会儿还会回到这个问题。但是根据界定，一个唯物主义者的理由必须包含思考这一关系的一些具体方式——即在马克思主义的分析中正式涉及的"基础"与"上层建筑"的隐喻——如果这个在劳动与物质生产中创立的人类文化起源论的前提不是毫无根据的。马克思的"唯物主义"至少还在这个前提中增添了另一个要求，即这种关系必须在确定的历史条件中被思考，它必须被看作是具有历史特定性的。这是第二个要求，它将一个历史唯物主义对待人类社会与文化形式的看法，与一个依据生物属性这一简单事实的唯物主义（这是一个"粗俗"或马克思所谓的非辩证的唯物主义），或将技术发展单方面看作决定性例证的唯物主义区分开来。在其他人中，科尔施（Korsch）认为在《德意志意识形态》一书中（在其中，马克思学说第一次成为富有"历史性"的），然后是在其成熟的著作中，马克思已将其唯物主义的"历史的特殊性原理"做了很清晰的表述。"事实是……以确定的方式参与生产活动的确定的个体，进入了确定的社会与政治关系中。经验性的观察必须排除任何神秘化与猜测，并在每一个单独的例证中经验性地呈现出社会和政治结构与生产之间的关联。"（Marx，1965）关于这个基本点或"解析"，马克思也将之与"观念、概念与意识的生产"——以及"精神生产"的空间联系在一起论述。对于马克思来说，在每一不同时期与阶段中，那些在物质生产领域中对社会组织起支配作用的各种关系均是特定的或说是"确定的"，由此而构成了各自的"模式"。社会与文化的上层建筑对应于每一种生产模式，同样是具有历史特定性的。在马克思那里，迄今为止人类历史上每一种主要的生产模式基本上是建立在一些人对另一些人的劳动进行剥削的类型上的。那些生产模式——不管有多复杂，发展到何种程度与如何富有成效——也都是建立在对抗性冲突之上的。但是这种冲突，虽然会表现为制度化的社会形式，理论化的法律"解释"，与活生生的、可体验的对抗性的"意识"形式，却仍然是在确定的、带有历史特定性的方式中运行的。马克思与恩格斯的大部分著作都致力于分析这种具有历史确定性的、支配资本主义生产模式的"规律与趋势"，分析与社会的物质发展阶段相应的不同的上层建筑与意识形态方式。与其理论相一致，这些模式及相对应的社会形式，展示了自身特定的规律与趋势。这也是被建立在特定的冲突类型上的，其中包括劳动消耗和物品生产，以及劳动价值被盘剥的问题，而动态与速涨的物质发展阶段又受到历史的限定——它们注定会通过一系列的变革来进化与扩展，在达到其潜在发展的外部限阈之后，为人类历史发展的另一阶段所取代——这些均是为"内部连接"（inner connection）而不是为外部力量所推动的。（Marx，1961）的确，马克思看到每一种生产模式都是通过其更高阶段，确切地说是通过对更低阶段的内在冲突的"克服"去推动发展的，进而在更高的层次上再生产出那些对抗，由于冲突的发展，前期的冲突注定会消隐。这种分析，是在经济形式与过程的层面上作出的，构成了《资本论》的主题。

现在，既然每一种物质与社会组织的模式都是具有历史特定性的，那么与之相应的社会生活形式也就必然呈现为一个"确定的"、具有历史区分的形构或形式。"不能认为这个生产模式简单地就是作为个体生物性的再生产，相反，它是这些个体活动的一个确定形式，个体表达其生活的一个确定形式，人们生活部分的一个确定模式。当个体表现他们生活的时候，它们就显现为如此。因此，它们是与人们的生产联系在一起的，其中包括生产什么与怎样生产。"（Marx，1965）生产的社会与物质形式，劳动被组织起来并结合工具去生产的方式，技术发展的水准，商品流通与价值实现的机制，公民协会的类型，以及家庭生活、国家与之对应的类型——这些关系与结构的集结展现了一个可确认的构形（configuration）与模型，一个作为社会个体与群体存在于其中的"生活模型"。这个模型，可以说，便是社会实践不同层次间互相连接的效果。这个模型也表现为这些相互连接的层次所产生的综合效果是怎样通过其"持有者"（bearers），并作为一个整体而"生活"（lived）的。在唯物主义理论中（在其中，术语本身并没有扮演重要的角色），这似乎是一个可把握的最佳路径，而文化就恰好在此浮现出来。

以之作为比喻，"文化"指的就是我们所做的安排，即在确定的历史条件下为社会存在所呈现出来的"形式"（forms）。假如这个隐喻对于我们的理解是具有启发性的，那么我们会认为，如果术语"社会"指的是一种关系式的内容，在其中人们并非自觉地进入任何社会形构（formation）中，那么，"文化"便指的是这些关系所呈现的形式（当然，我们不可能对形式/内容的区别做过多的发挥，马克思本人应当对之有过阐述，他曾对资本主义生产模式中价值呈现的形式有大量的关注，并用这个术语来区分上述的方式）。在有可能将两种有所分叉的理论话语混淆在一起的危机中，我们应当在此牢记这样的一个要点，这就是罗杰·波尔（Roger Poole）在为列维－斯特劳斯的《图腾》（Totemism）一书所撰写的序言中所述及的："取代连篇累牍地问'什么是图腾'他要求我们一开始就去知道……'图腾是怎样被安置的'，从'什么'转向'怎样'，从实体转向形容化的姿态，便是相当不同的两件事，首要的是'结构'这件事，可借此去留意我们之前的工作。"在这个意义上，"文化"并不是指在实体上与社会相区别的某种事，而是指在根本上与社会现象具有一致性的某种差别性样式。

从术语的词义上看，文化，就是对人类存在的客体化设计，以某种适应自己的需求与"只有人类所具有的劳动印记"（Capital，I）的形式，在"确定的人与确定的条件下""征用自然"的一种产品。这与我们所谓的"文化的人类学定义"是很接近的（它们也在不同的方式中，为雷蒙·威廉斯的理论著作，以及汤普森对威廉斯理论的修订所论及，也在不同的文本中，为基要功能主义，以及社会人类学家对原始人或殖民地人的"物质文化和社会结构"研究所阐发，可将之归入这一传统）。

当然，在这个简单描述的意义上，马克思，特别是恩格斯很少使用"文化"或其同源词。他们更多的是在动态与进化的意义上使用之——将之视为具有决定性的物质与生产的力量。人类文化是人对征服自然的发展过程，以及他改造自然为己所用的能力的一种成果与记录。它是通过社会劳动而使自己趋于完善的一种人类知识形式，由此而为人类生产与历史生活中的每一新的阶段奠定基础。这不是一种抽象地储存在脑袋里的知识，而是在生产中具体形成，在社会组织活动中呈现出来，通过实践与理论技术以获推进，尤其是保存在语言中并借此传播的知识。在《德意志意识形态》中，马克思谈到"一种物质性的成果，一组生产力量，一种历史地创造的个体与自然及他人间的关系，这也是从前辈传递给每一代的……事实上又被新的一代所改进，但同时……又是为其生活条件所规定的，赋予了其一种确定性的发展，一种特定的性格"。由此而将人与动物王国区别开来。恩格斯对这个过程的动力性要素做了解释，即"首先"是"劳动，在此之后并与之相随的是语言……也会在大脑及随之相伴随的知觉的发展中，在意识即抽象与判断能力日益清晰的过程中反作用于自身，为劳动与语言的进一步发展提供持续更新的刺激"。[①] 马克思在《资本论》的著名章节中，很好地对"最蹩脚的建筑师"与"最灵巧的蜜蜂"做了比较，这是因为："建筑师在现实中建造屋子以前，就已经在自己的头脑中形成了其结构。……他不仅使自然物发生形式变化……而且他还在自然物中实现了自己的目的，并用发现的规律去指导其方式方法。"（*Capital*，Ⅰ）在早些时候，他还确认了语言这种最重要的媒介，认为借此，人类在征用与顺应自然的过程中获取的知识才得以阐明、储存、传递与应用，它也是"根据人的需要，及与他人交往的需求"（Marx，1965）而产生的一种"实践意识"的形式。之后，马克思还描绘了这种积聚（accumulated）的知识是怎样通过工人的

[①] 恩格斯《劳动在从猿到人转变过程中的作用》，1950a。

实践性劳动与技术被侵占，以及为进一步的发展而作为一种不同寻常的生产力被应用到现代工业当中，且强迫"为资本服务"的（Capital，I）。在这里——文化——是人类在征服自然过程中累积性增长起来的，也是在劳动的工具使用与实践中，以及在像记号、思想、知识与语言等的媒介交流过程中具形化的，借此，作为人类的第二天性而一代代传承下去。（Woblfson，1976）

现在我们可看到，在《德意志意识形态》中，马克思坚持认为历史是不可能作为一种人类意识的整体来读解的，而许多开创性的公式都有基于此。观念、概念等，发生在"思想"之中，但是它们必须根据物质实践而不是其他来解释。这与其所述的一般性命题是完全一致的，即文化、知识与语言是扎根于社会与物质生活中的，而不是独立自持的。然而，也是就一般而言，马克思在该书中认为，物质需求会相当直截了当与鲜明地反映在思想、观念与语言之中，后者什么时候发生变化，怎样保持与原先的一致，是与其"基础"的变化相关的。一种社会形构不是由一组"相对自主"的实践，而是由一个意味深长的整体构成的，在这个整体中，建立在决定性基础上的"需求"或趋势会以同构（homologous）的方式影响其他层次，在那里，每一件事都源于"真实的、活跃的人们"与他们"积极的生活过程"，以及人们在"确定的物质性限定，与独立于其意志的前提与条件下"的历史践行（praxis）。在一个相关但略有不同的公式中，我们会期待每一种实践都与呈示"令人惊讶的对应"相关，每一种存在都被理解为如此多的"人类动能"（human energy）的表达形式。（Williams，1961）

问题是怎样去解释这样的事实，即在观念、意义、价值、概念与意识的范围内，人们如何以不完全符合他们真实情况的方式去"体验"自己。我们怎样认为人们会有一种"虚假"的意识，他们是怎样承受之，并将之与自己生活与生产的真实状况联系在一起的？"人类学意义"的文化是通过语言、媒介传递的，那么它们也会因被"扭曲"而成为工具吗？（Thompson，1960）人们借助这个工具来描述与解释，并使得他们能够理解与意识到他们的"世界"，那么它究竟是约束与限制了他们，还是对他们而言是一种解放？我们怎样才能够去思考他们真实状况中那些隐蔽的方面而不是满足于去澄清它们？简而言之，我们怎样能够去说明这样一种事实，即在"所有的意识形态中"，人们（他们是"自己意识、观念等的制造者"）与他们的境遇被神秘化了，是"倒置地呈现在暗箱（camera obscura）中的"？有关于此的推论，基本上是在《德意志意识形态》一书相同段落的第二部分提及的，其根本原因在于人们是"受其确定的生产力及与之相适应的交往方式的发展限制的"，也是因为，可以说，人们从他们生活与生产的决定性条件中被剥离出去了，而依赖于并非由他们所创造的、他们自己不情愿进入的环境与条件，在任何充分与无懈可击的意义上讲，是因为他们不能够成为自己行动的集体作者（authors）。他们的实践不能无条件地去实现他们目标与意愿。因此，人们"理解"他们的世界，以一种主体的经验体验他们的客观境遇，以及"意识到"他们是谁及要做什么——不是由自己所能加持的，而是常常地、无法通透地反映出他们的境遇。因此，马克思所称的"上层建筑"的基本确定性，以及在此界域内的实践，事实上是受其他方面条件限制的，并且仅仅是在意识形态中才获得体验并得以认识的。

在"人类文化"自由发展的过程中，作为具有基本限定的意识形态概念会有一个去中心的及置换（displacing）的效应。它打开了那种需求，去"思考"在不同层次的社会形构之间的根本的与系统的不连贯性：这种不连贯性也存在于物质生产关系，形成阶级与其他社会关系的社会实践（在此，马克思确定了"上层建筑"的含义，指的是公民社会、家庭、司法－政治形式、国家），以及"意识形态形式"的层次即观念、意义、概念、理论、信仰等和与之相适应的意识的形式[①]——之间。在《德意志意识形态》中，马克思尤其致力于第三"层次"的研究，在德国思想中，它已经取得了某种主动的，与物质生活相对平行存在的自主性。同时，在黑格尔的绝对精神中，也被看作整个系统的发动机——而马克思则对这些不连贯是怎样发生的提供了一更为详细的说

[①] 可参见著名的《〈政治经济学批判〉序言》的公式，1859；Bottomore and Rubel 的著述，1963。

· 373 ·

明。随着劳动分工的进步（基于物质生产的扩张），出现了精神劳动与体力劳动之间的区分，二者在不同的领域、不同的实践与机构，也在不同的社会阶层（如知识分子、职业思想家的出现）中设摊分位。精神生产作为一种整体的独立性显现出其与物质与社会基础方面的不同，被规划为一个超然的王国，"将自己从现实中解脱出来"。但是在资本主义状况下，精神劳动的手段依然是为统治阶级所侵占的。因此，我们不能将"意识形态"简单地视为资本主义社会形构的某种必然层次，而是也将之看作"统治阶级"支配性意识形态的一个概念。"在社会中统治物质力量的阶级，同时也是统治精神力量的阶级……他们也支配着精神生产手段，因此，一般地讲，那些缺乏精神生产手段的人的观念也会屈从之……统治地位的观念不过是占统治地位的物质关系在概念上的表现……掌握了观念，因此也掌握了使得一个阶级成为统治阶级的关系，并使这个阶级的观念成为支配性的……既然他们作为一个阶级进行统治，并决定着某一历史时期的整体面貌，那么，他们也会作为一个思想者，作为观念的生产者进行统治，并调节着自己时代观念的生产与分配。"（Marx，1965：60）

在下文中，我将特别集中探讨这个意识形态的维度。但同时我们应当提到另一个术语文化与在此所勾画出的模式一直以来就存在的一个模糊与不明确的关系。在术语"文化"所展开的问题构架与经典马克思主义理论的术语之间似乎存在着理论上的不连续性。歧义的产生是因为，如果我们将之移入马克思主义的框架中，"文化"现在指的至少是两个层次，它们紧密关联但是又应当分开来予以关注，"文化"往往是更为稳定的。资本主义的生产方式依赖那些占有生产资料的人与仅仅只能带有生产工具与器具出卖劳动的人的"组合"，在这个关系中（生产关系/生产力），劳动是一种有能力去生产更大价值的商品，而不限于他所生产出来的物质。当劳动者被给予维持生命的工资后，留下来的盈余被那些占有生产资料的人所剥夺，并通过市场上的商品交换而完成这一过程。在生产模式的层次上，这种关系在阶级实践与阶级关系（"上层建筑"）的领域中，同时也在意识形态与意识的领域中通过自身特殊的机制与效应，生产出了资本主义的阶级构形。现在，工人阶级所生活的

文化、媒介与"意识形态效应"

社会实践状况将会展现出一种独特的样态,在某些情况下,这种实践将通过他们的闲谈方式塑形(与其他阶级在实践与斗争中所做的一样)——可以说这些样态构成了他们自己社会化地组织起来的方式,这就是工人阶级的文化形式。① 这些社会阶级的实践包含了这些阶级的某种独特的价值与意义,因此其"文化"是活生生的(lived)。但是也存在着一些不同的领域,在那里,他们用自己经历的阶级"经验"制造出了某种领悟,给出了对之的描述,并用一些观念将之带入某种想象性的贯联——即我们所称的意识形态正确(ideology proper)的层面。其阐释依赖的主要介质便是语言与意识的实践,因为意义的给予是通过语言实现的。这些"意义",我们将之归于是由我们的关系决定的,并通过我们掌握它的方式在意识中形成,告之我们是怎样生活与我们实践什么,而不单纯的是某些人对之的一种理论与意识形态的投影。在这种方式中去"给予意义",基本上可以说,是将自己与一个人的生活体验、他的生存状况定位于已被客体化的意识形态话语中。这套现成的与预构的"经验"是通过语言来展示与安排的,语言填充了意识形态的空间。

这一意识形态与意识的界域也常常令人困惑地被称为"文化",虽然如同我们已知的,我们会发现在意识形态的表述中对实践既有准确的,也有扭曲的反映,但在它们之间不存在必然的清晰的对应。马克思本人也部分地造成了这种混淆,他用一个单一的术语——"上层建筑",来同时称呼社会阶级实践的区域与意识形态的领域,甚至更为混乱地,还用了"意识形态的形式"(the ideological forms)这一术语。然而阶级关系的活生生的实践与在意识形态方面使之能"清楚易晓"(intelligible)的心理表征、想象与主题,两者都属于"意识形态形式"吗?加之我们现在通常地、错误地将意识形态这个术语解释为虚假的,即想象性的幻想、对事物的虚构的信念,似乎是存在的但却不是真实的,因此而使这一问题变得更为模糊不清。我们有关自己状况的观念也许是"不真实"的,但是社会实践怎么能够是"不真实"的?为了去

---

① 如霍加特《识字的用途》与罗伯茨(Roberts)《典型的贫民窟》(Classic Slum)中指出的那些方式,在其中,那个阶级在特殊时期的"文化",以其特有的物质与社会存在的模式被载录下来。

澄清这样的问题，让我们在马克思理论的差异性表述的基础上去对之做些修订，一方面去保留其胚胎与轮廓，另一方面则在承继我已勾画出的原理的情况下更进一步地发展意识形态的理论。（Mepham，1974；Geras，1972）在马克思看来，资本主义是我们人类历史上迄今为止最具活力并快速扩张的生产模式。其充满活力然而也充满对抗性运动的一个结论是，就其逻辑看，生产的增长有赖急剧扩展的"社会化"或其与劳动的相互依赖。在这一层面上，资本主义有助于人的生产力的进一步发展和转化。但是在生产的空间中，劳动上的持续的、全方位的相互依存，在资本主义条件下的每一时刻，都是在市场中完成并通过市场组织起来的。在市场中，人们的全方位相互依存，即"社会性"的基础被体验为"个体所面对的，外在的与客观化的某些事，不是作为人们彼此之间的关系，而是作为对维持各自独立性关系的从属，浮升于相互冷漠的个体之间的碰撞间"。（Marx，1973：157）由此，那种日益激增的社会生产特征所表现出的便是一种相互不贯通性与冷漠的状况。因而，劳动的"社会化"与它的对立面——作为个体商品的劳动被出售，其产品被私人剥削，由市场与商品的交换带来的碎片化等——便是真实的，此即资本主义确定状况下冲突的本质及其生产的结构化对立的特征。我们必须以一种类似的方式去把握资本主义状况下文化冲突的基本属性。

在以下的时间里，我们可以发现有关于它是如何施行的一些要点，以及马克思处理在资本主义社会中劳动的社会属性与个体的实现属性之间矛盾的途径。造成社会产品与个人实现之间错位的是市场中的商品交换。市场当然是真实存在的，它不是任何人所想象的虚构之物，而是使一种关系（社会）显现（真的显现）为另一种关系（个体）的中介。（Marx，1973：255）这第二种关系不是"虚假的"或其并不存在，而是在限定的意义上讲是"虚假的"，因为它不能表达与体现系统最终确立起来的充分的社会关系。市场代表一个包括生产与交换在内的体系，虽然它看似仅仅是由交换组成的，这当然是许多政治经济学的核心前提。因此它在某一或相同的时间里有如下的功能：（a）将一种关系转化至其反面（如暗箱的比喻）；（b）使后者，即资本主义生产与交换关系的某一部分，显现为或去代表整体（这是一种拜物教理论，于《资本论》第一卷第一章中展开）；（c）使前者——资本主义社会在生产上的真实基础——在视野中消失（这是一种隐匿的效应）。因此，我们仅仅能够"看见"的是劳动与产品在市场中的完成，不再能"看见"在生产中的劳动被盘剥及剩余价值被提取的过程。这三种功能使资本主义的市场关系同时变得"真实"与"意识形态化"了。它们的意识形态化并不是因为它们是一种幻觉，而是马克思所说的资本主义经营其生意的"真实关系"的层面，在意识形态结构和关系的显现形式之间出现了结构性的错位——后者也被马克思称为"现象学形式"——借此生意才得以完成。这种"真实关系"与它们是怎样显现之间的区分，是"意识形态理论"的绝对支点，它也包含在马克思后期的与更成熟的著作中——但却以一种含蓄的与非理论化的方式体现出来。可以看出，在资本主义社会中实践的物质基础与其怎样显现之间并不存在一种同构性的关系，现在必须去严肃思考的是，将两者看作在资本主义社会形态中不仅是关联的，而且是系统性错位的"接合"（articulations）。它们是关联的，但却是通过系统的差异——一系列必要的转化关联的。意识形态的层次、意识与体验的层次，必须依据意识形态的形式与关系对物质实践的解中心化（de-centering）来思考，一定得有对应于这两套社会形构的有所区别的实践层次。要想去理解意识形态的角色，我们也必须能够解释那个在现实中一直维持一组表征（representations）的那个机制，这些表征对于其事实上所依赖的"真实关系"不是那么虚假的，而是对"真实关系"的一种虚假的变奏（inflection）（让我们记得，自从市场出现及人们开始从事买卖，市场意识形态就已经在市场的情境中显形了）。

我们能对之做进一步的探讨。因为在市场空间中，不仅是社会性的相互依存式劳动作为一组互相独立与冷漠的关系显现了，而且这种意识形态关系的第二个层面，也引起了一整套填充其中的理论、想象、表征与话语。薪金、价格、"个体买卖者""消费者""劳动契约"或安置在法律中的财产契约理论，或个人所有权、个人"权利与义务""自由代理人""人的权利""代议制民主"等多种话语——总之，法律、政治、经济与哲学话语的整个巨大的错综空间，构成了现代资本主义社会缜密的意识形态复合体（complex），所有的根茎都来源且扎根在一个相同的前提中，这个前提又是建立在市场与"市场社会"、"生产合理性"观念的基础上的。马克思在一个显明的段落中清晰地表达了这种关联，在那里，他离开了"这个嘈杂的空间，每一件在表面发生并为所有人看到的事"，追随资本主义的过程而进入"为生产所隐蔽的场所"。后一个领域——交换的领域——马克思评注道，它"的确是一个天赋人权的真正乐园。只存在自由、平等、所有权和边沁。自由，是因为商品例如劳动力的买方和卖方……（似乎）只取决于自己的自由意志……平等，是因为他们只是作为商品的所有者进入（似乎会进入）相互间的关系之中……所有权，是因为每个人只支配（似乎会支配）自己的东西。边沁，是因为每个人仅仅关注（似乎关注）他自己，在周边没有一个人会给自己找麻烦，正是因为他们这样做，所有人都这样做，与预先设定事物的和谐性保持一致，或在一无上精明的天意的庇护之下，他们一起工作并互相促进，为了共同幸福与所有人的利益"。[①] 至关重要的是这一反讽性的段落透露出来的整个力量，它既是一种日常生活话语，也是一种高级的政治、经济或法律理论的话语，它的提出并不单单依据市场交换的意识形态关系，而是（虽然不好看但却具有必然性）也依据现实的生产关系被显现出来的方式，后者是在以市场交换的意识形态或"想象性"关系中显示出来的。同样至关重要的是，"意识形态"现在不是作为隐蔽或隐匿的，而是被明晰地当作最为敞开、透明与显在的——"每一件在表面发生并为所有人看到的事"来理解的。在视觉中被隐蔽、被抑制，或被变奏的东西，恰是它的真正基础，是源头或其无意识之所在。

这一点是极为重要的，但又不是轻易能把握的。因为，这些我们自己思想、交谈、推理、解释与经验的领域——也是我们意识活跃的领域——怎样能够被看作是无意识的？我们在此想到的也许会是最为明显与"透明"的，在我们日常经验与平常语言，即常识中运行的那种意

[①] 《资本论》第1卷，第176页；也可参考《政治经济学批判大纲（1857—1858年草稿）》，第245页，以及我们的说明。

识的形式。在我们的社会中被误认为的"常识"（common sense）——绝对基础性的、普遍赞同与共同认可的智慧的残留——用简单然而有意义的词语帮助我们去分辨世界事物。准确地说，常识并不要求推理、争辩、逻辑与思想，它是自发性的，完全可识别的，可被广泛分享的。的确，它会被感到好像始终在那里，是"种族"的带有积淀性的、基石性的智慧，一种"自然而然的"（natural）智慧形式，也是一种几乎不能因时而变的内容。当然，常识具有一种内容，一种历史。正如诺维尔·史密斯（Nowell-Smith）让我们想起的（Nowell-Smith，1974），当鲁滨逊·克鲁索（Robinson Crusoe）完全靠自己，以自然的状态生活在一个荒岛上的时候，他所自发性地发展的并不一直是普遍性的共识，而是一种明显的"原始资本主义"心智。以同样的方式，共识的当代形式是带有早先残痕与踪迹而闪烁的，是一种更为发展的意识形态系统。作为我们特殊时代与社会的智慧，它未有例外地能予参考的是已经过去的，带有传统主义余晖的阴霾。

这恰好是它的"自发的"属性，它的透明性，"自然而然性"，拒绝对其所建立前提的检测，抵抗变化或修正，是即时性的认识，以常识的方式移动的封闭式的循环，同时表现为"自发的"、意识形态的与无意识的。你不可能通过常识学到事情是怎样的，而是仅仅能发现它对事物存在框架的适应。在这种方式中，视为当然（taken-for-grantedness）的是，它是作为一个介质（medium）建立起来的，在其中，通过易见的透明性掩藏了其自身的前提与预设。（Gramsci，1968）正是在这个一般的意义上，马克思谈到了意识形态形式，以为人们借此而"形成意识"，以其自身的逻辑、机制与"效应"，将形成意识的过程（或是积极的、革命性的，或是消极的、常识性的）处理成一个清晰的过程，而不是被简约或缩减为其他的社会实践。也是在这一般的意义上阿尔都塞提到意识形态，是"这种特定无意识的新的形式被称为'意识'"。阿尔都塞认为，虽然意识形态通常由表征、想象与概念的系统组成，但是"它首先是作为一种结构而将之强加于广泛的人群"。它们是一种感知-接受-承受（perceived-accepted-suffered）型的文化客体，通过逃逸的程序功能性地对人们产生影响。意识形态因此就是一个亲历的空间、经验的空间，而非"思想"的空间。"人们的确是在意识形态中表达，但不是依据他们与自己生存环境（例如资本主义条件下劳动社会化）间的关系（比如在资本主义状况中的劳动社会化），而是依据于'生活'在自己与生存环境之间关系的方式中（比如我们是生活在市场关系、资本主义生产的真实环境中的）……去表达人们与他们'世界'的关系……真实关系的（多重决定）统一体，以及人们与现实生存环境的想象性关系。"（Althusser，1965）这是一个十分重要的新论述。

我们可以看到，这种将文化与意识形态概念化的方式，隐含了对物质基础与复杂的上层建筑之间关系进行"思考"的非常不同的方式，似不同于《德意志意识形态》中的核心表述。阿尔都塞与他的"学派"一直以来都在批评"人道主义－历史主义"的做法，后者将社会实践的不同层次概念化并将之与马克思的文本关联起来，其后的理论家则随之亦步亦趋，阿尔都塞将之称为"黑格尔派"。虽然社会可以被看作一个充满矛盾、调停与辩证的运动过程，但社会的形构却最终被化约为一个单一的结构，带有"内在一体化的原理"，并在所有不同的层次间均匀地"铺开"。这是将社会形构看作"表现性整体"（expressive totality）所下的一种定义。当这种思考社会的做法被带进马克思的"经济最终决定一切"的视域之后，那么社会形构的其他每一个层次——公民生活、国家形式、政治、意识形态与理论实践等，都因此而完全地，并从根本上，因"表达"而被化约为一种单一的矛盾——"根据单一矛盾原理的单一演绎而运行"（Althusser，1965：103）。根据这个"基础"，文化与意识形态的形式便似乎简化为对一个单一的、无差别的人类践行的多重投射对象，这种践行在资本主义的状况下具形化与被异化了，其"内在一体化的原理的唯一可能，指的是一个人因内部精神化原理的对象化－异化，接受了其整个具体生活的绝对条件"。再一次，阿尔都塞主张，我们务须认识到，一种社会形构，是作为"预先给定的、被结构化了的复杂整体"而存在的。没有单一的本质，对于那种潜藏的预在的结构复合体来说，任何单一的实践——如意识形态的生产——都可能实际上被简约化了。正如马克思详细论述的："最为简单的经济范畴……

都只能作为一个既定的、活生生的具体整体的单方面的及抽象的关系而存在。"（Marx，1973）为此，我们必须去"思考"一个社会或社会形式始终是由一组复杂的实践构成的，每一层面都会带有其自身的特征、自身的接合样态，表现出与其他层面相关实践的"不平衡发展"。任何在这个结构复合体中的关系都会有它的入口、它的"效应"，整体的所有其他层次，如经济的、社会的、政治的、意识形态的层次，没有一个能够被简化或缩减为另外一个。

尽管如此，如果这个社会形式——目前不是被概念化为一个"经济基础"及其"反映性的上层建筑"，而是一个结构-上层建筑复合体（structure-superstructure complex）——不是被概念化为一组整体独立的、自足的与不相关联的实践——那么这种关系就必须通过对不同的机制与接合被"思考"，这种接合是在整体中将一个与另一个连接在一起的——接合不是在必然性的串联中进行的，而是通过他们的差异性及其间的错位，而非通过他们的相似性、一致性或同一性连接的（Hall，1974）决定论的原理——正如我们所看到的，是任何唯物主义理论的基础，因此必须去考虑，但不是一个层次覆盖所有层次那种单一的决定，而是多种层次的决定构成一个结构整体，这也是一个具有整体效应的结构。阿尔都塞在此给出了一个双重性的思考路径，即将之构想为既存在一个实践的"关系性的自主体"，同时也存在"在最后时刻的决定"（determination in the last instance），从而使用了"多重决定"（over-determination）这一概念。当在所有不同的层次间出现了一个熔合（fusion）或"断裂性接合"（ruptural conjuncture）的时候，这并不是因为"经济"（"作为陛下"）自身出现了分离，自身"显现"出一个赤裸的决定论原理，而是因为不同层次上的矛盾在一个单一的接合性情境中积聚了。这个接合性情境也是为其他的所有情形与效应所多重决定的，"在支配性趋势下被结构了"。（Althusser，1965）

我们现在可以尝试"兑现"这种独特的思考方式，通过对"意识形态实践"的层次及其主要的中介，即语言的探讨，去思考社会形构中的实践与关系的相互作用。多种社会知识的生产源自对思想、概念化与符号化等手段的使用，又主要通过语言来运作，借助一组客观化的记号

(signs)与话语使思想的过程物质化地显形，调节社会的思想交流。如同索绪尔所主张的，语言在根本上是社会的。个体首先需要将自己安置于一种语言系统之内方能思考与言说。这个系统是社会地构成与延续的，不能仅从个别言说者单方面来说明之。因此言说与其他的话语——也包括沃洛希诺夫（Volosinov）所称的"内部言说"——构成了使"思想"对象化与中介化的记号系统。它们言说我们，就好像是我们在它们之中或通过它们来言说。为了在这个对象化的记号系统中去表达我们自己，我们必须利用那些支配言说与表达的规律或惯则。面对多样化的符码（codes）——在不同的语言与文化的社群中，符码的确切数量与配置都是不同的，在我们的文化中，人们也是通过这种符码来对我们的社会生活进行分类的。

现在，就所有的社会生活来说，每一个社会实践的断面，都是通过语言来交流的（语言被构想为一种记号与表征的系统，编排为符码，以多样的话语来表达），语言充分地涉入了物质与社会的实践，语言的分布与使用在根本上是被利用它的社会形构的所有关系所结构化了的。根据沃洛希诺夫的观察："记号的形式首先是受到参与其中的社会组织的限定的，同时也受到参与者互动的当下条件的限定。"（Volosinov, 1973）因此他主张，语言，就像所有其他的社会现象一样，是"服从历史唯物主义的所有前提的"，它的使用由此也将反映出资本主义社会关系的阶级结构。这将有赖于被嵌入其中的社会关系的属性，社会性地被组织在一起的使用者的态度，以及使用语言的社会与物质语境。同时，这个"记号的世界"与话语也有其自身的内部法则与规律、符码与惯习特征，有其自身的模式与机制。语言表达的首要因素是记号。记号是意义的物质性入口。记号能够传递，不是单纯地因为它们是社会现象和物质现实的一部分，而是因为它们具有折射现实的特殊功能，并且它们也是现实的一部分。正如结构语言学家所显示的，一个记号并不是通过单方面地代表"真实世界"中的客体或事件来运载意义的。在记号与其所涉及的事物、事物是什么之间，不存在如此透明的、一对一的关系。记号能够传递意义，是因为它们在一个特定的语言系统或一组符码中被内在地组织在了一起，表达了事物在客观的社会世界中联系在一起的方式。巴特认为其是,"同时被分割成了两个漂浮的王国"。(Barthes, 1967)因此,在"真实"世界中的事件与关系将不会有一自然而然的、必然而然的、清晰无误的,通过记号被简单地投射进语言的意义。在不同的语言与文化系统中,相同的一组社会关系能够以不同的方式被组织起来去取得意义(甚至在最为简单的方面,我们知道爱斯基摩人对我们所说的"雪"有几种不同的称谓)。当我们从自然对象的意符(denotation)转向更为复杂的社会关系的表意(signification)时,在不同文化中划分社会生活界域的方式也会不同,并且其间会出现更为明显的断裂。确定的意识形态界域会被完整地铭刻在一种社会形构上,并被复杂的意识形态记号完整地表达,同时,超出其外的其他界域则会保持一种相对的"虚空"状态且难以展开。与其去说这样的关系是"有意义的",还不如去考虑语言是"能够使事物产生意义的"。这就是"意含"的社会实践,通过这个实践,文化与意识形态表征的"劳作"得以完成。与之相随,人们开始认识到他们与资本主义真实存在状况的关系,也是受制于语言的传递的,是语言使意识形态成为可能。由于置换与变奏,"真实"的关系能被从文化的意义上赋义(signified),被意识形态化地变奏,视为一组"想象性的生活关系"。就像沃洛希诺夫指出的:"一种记号不是单纯地作为现实的一部分而存在的——它反映与折射出另外一种现实,因此,它可能扭曲了现实,或者对之是真实的,或会从一个特殊的角度来理解现实,等等。每一种记号都会受制于意识形态的评价标准。……意识形态会与记号保持一致,它们是相互等同的。记号所呈现之处,也是意识形态呈现之处。所有的意识形态都具有符号学上的价值。"(Volosinov, 1973)

沃洛希诺夫认识到在任何社会形构中,这个空间都会被组织进一个复杂的意识形态话语领域中。话语的作用就是赋予那种在特殊领域中可被"清楚易晓"(intelligible)地把握的社会关系以一种确定的、限定的"可理解性","在艺术想象、宗教符号、科学公式与法律条令等的界域中,每一个意识形态创造的领域都有其自身面向现实的指向,都会在自己的类型中去折射现实。每一个这样的领域都会在社会生活的统一体中掌控自身特殊的功能。然而其符号特征又会将所有的意识形态现象均安放在同一个整体状况下"。(Volosinov，1973：10-11) 普兰查斯则在近来企图设想各种不同区域中支配性意识形态被组织起来的情况。他认为，在资本主义状况下，意识形态的司法政治领域将扮演一个主导性的角色，它的功能部分的是去隐藏或"遮蔽"在生产模式中经济所扮演的支配性作用——以至于"看起来每一件事的发生都好像与支配意识形态的中枢无关，另有真正的知识需要去探索"，其他的意识形态区域——哲学、宗教与道德意识形态——将倾向于从扮演支配性角色的司法政治中去"租借观点"。(Poulantzas，1965：211-212) 我们是否接受这个独特的概述，对于理解意识形态既不是个体简单的"虚假认识"，也不是个人主体能够被概念化地看作意识形态的来源与创制者，是十分重要的。(我们坚持这点，自从唯物主义理论的当代发展，已经将马克思主义与弗洛伊德精神分析接合在一起，那么就可以明白他与她在意识形态中的个人主体"位置"在根本上是作为一种无意识，以及个体与跨文化的过程呈现的，也在此时，凭借俄狄浦斯情结，人们"进入了文化"。) 这个理论线索的重要性在于其阐明了进入意识形态的主体性时刻，对于强调意识形态作为一种社会实践，是由特殊情结中的自身"主体"位置，以及特殊历史情境中的客体化文化构成的——是十分重要的——这也是赖特·米尔斯（C. Wright Mills）所称的"情境性作用"（situated actions）与"动机词汇"（vocabularies of motives）。(Mills，1963)

根据艾柯的看法，"符号学为我们展示了在记号的世界中意识形态世界被编排在符码与次符码（sub-codes）中的情况"。[①] 这主要是记号的属性与记号对其多样化符码与次符码、统序与次统序、符码的"互文性"进行编排的方式，以使文化意涵能够在社会中持续"运行"。尤其是，意指（connotative）符码会使一个记号去"指涉"（reference）社会意义、关系与联系的宽广之域，成为社会知识、社会实践，以及作为视为当然的知识得以广泛分布的手段，上述这些知识也使得拥有其机制、信仰、观念及其合法性的社会成员"被带进"语言与文化的疆域。这

[①] Eco, "Articulations of the Cinematic Code".

些符码构成了意义、意指的指涉与积淀的纵横交叉的框架,它覆盖在社会生活的表层,并使社会生活成为可分类、可理解及有意义的。(Hall, 1972;1974)它们构成了某种文化的"意义地图"。巴特称之为"意识形态的碎片"……"这些所指与文化、知识与历史紧密连接,因而可以说,通过它们,外部环境世界侵入了(语言的)系统中。"(Barthes, 1967)这些文化词汇中的每一个都"与实践和技艺的语料库……相对应,这些汇集(collections)隐示着体系的消费者……具有不同的知识等级(按照'文化'的差异),解释了相同的词汇怎样……能够在不放弃归属于给定的'语言'的情况下依据相关的个体被差异性地译解"。社会生活的不同领域,关系与实践的不同层次与种类,似乎是通过这种优选的意义网络在社会的可理解性上被"捏在一起"的。这些网络被集结在一些界域(domains)中,在一个上下文的语境中似乎很自然地会将某种事物与别的事物连接在一起,并排斥其他的。由此,这些意义的界域便形成了折射其分类框架的整个社会秩序与社会实践。

但是马克思坚持认为,人们不仅"以意识形态的方式"生活在他们与自己真实生活状况的关系中,而且在资本主义生产模式中,人们也会去"思考"这些状况,在一般情况下,这种思考会受到支配性意识形态,通常而言即支配阶级的意识形态的限定。事实上,在资本主义社会中,无产阶级"生活"在集体性的社会化劳动中,他们通过市场的碎片化形式,在意识形态地组织市场实践的话语中去思考其物质生活的状况(或者,在资本主义条件下,无产阶级是生活在剩余价值被剥夺的"薪金意识形态"中的——这种形式形成了它自己的意识形态话语,即薪金协商、经济主义,也就是列宁所称的"工会意识""用一天的公平劳动换来一天的公平工资"等),就马克思而言,这不单单是对资本主义的一个描述性特征。这种意识形态变奏对于资本主义关系的维持及其在这种社会形构中的持续统治,扮演了一个至关重要的角色。因而,在考虑大众媒介在与这些过程的关联中究竟起到了什么样的作用之前,我们必须简要地去审视支配性意识形态的这个观念是怎样获得"支配性",又怎样造就了"支配性"阶级的。它对资本主义及资本主义关系的维持起到了什么作用?完成这一"运行"的机制又是什么?

与"支配"相关的三个概念

雷蒙·威廉斯在其最近的一篇文章中,对他早期的立场作出了重大的修改,他争辩道:"在任何特定时期,都会有一实践、意义与价值的核心系统,我们能够恰当地称之为支配性与效力性的系统……它被组织起来并运作。"但不是将之理解为一个固定化的结构——即"一个意识形态的干壳"(Williams,1973),而是作为一个过程——一个收编(incorporation)的过程。威廉斯引用教育机构的例证,将之看作这一过程中最重要的一种能动性(agencies)。借助于此,虽然不同阶级的人们生活在不同的生活状况中,然而某些可用的意义与价值却"被做了重点选择",其他的则被舍弃掉了。更为重要的是,许多处在这一核心选择与选择重点之外的意义与价值被持续地"另加阐释、削弱,被置于对核心系统提供支持,或至少不与效用性支配性意识形态中的其他要素相对抗的形式中"。支配性系统因此必须不断地编制与修订自身,以便"包容"这些与之对抗的意义、实践与价值。威廉斯由此而认为,任何的社会都会包含有更多的意义与价值系统,而不只存在"由核心的实践、意义与价值所组成的"那个系统——"没有生产模式,因而也没有支配性的社会集团与秩序……因而也没有在现实中可以穷尽人类实践、能量与意愿的支配性文化",使支配性意义与实践能够构成"支配性优势"的是那样一种机制,这种机制允许它"在全方位的人类实践"中去选择、收编,因此也能排斥其他的要素(在此,对传统的遴选扮演了一关键性的角色)。威廉斯为此确定了两类阶级的意义与实践。其一是"残余的"(residual)形式,或称之为对抗性的文化,它是由那种在支配性结构中受压抑的意义与价值所组成的,"但是在社会形构上其主要来自过去与某个早期阶段"。那些与乡村的过去及"有机社会"联系在一起的观念,便是我们文化中残余要素的例证。它们常常构成对现存文化形式与趋势的一种批判性基础(英国的"文化与社会"传统是其最佳的例证),由于它们"威胁"到了当代文化,因此而言其是源自过去的。另一种新兴的(emergent)文化属于新的实践、新的意义与价值的领域。

当然，残余的与新兴的文化形式都会被部分地"收编"进支配性的结构，或者会被当作不同于核心价值的偏离者或飞地而保留下来，此时其已没有威胁。

尽管经验与意愿被不断强调，然而在威廉斯那里，"支配性文化"的定义很清楚地源自葛兰西对霸权所具的中枢性与掌控性的论述。（Gramsci，1968）葛兰西认为与统治阶级（或相当于一个由分散的统治阶级联盟，一个"历史集团"）联系在一起的"霸权"，不但能强制从属阶级去遵循其利益，而且也能够运用"整体社会权威"凌驾于其他阶级与社会形构之上。"霸权"在运行时，支配阶级的这个联盟不仅占据着支配的地位，而且也起到指导/引导的作用，同时他们不仅占据着带有强制性的权力，而且积极地组织，进而去掌控与赢取从属阶级的同意，使后者服从他们的持续统治。"霸权"因此有赖于权力与同意的融合。但是葛兰西也认为，在自由资本主义国家，共识通常是通过引导而达成的，其背后有"强制性的盔甲"（the armour of coercion）的操纵。因而，霸权不可能是在生产或经济的领域中单独赢取的，它一定会在国家、政治与上层建筑的层次上被组织起来——后者的确是霸权得以实现的领地。在部分的意义上看，"霸权"是通过在上层建筑内对从属阶级的包容而获取的，但是至关重要的是，这些"霸权"的结构是通过意识形态而运行的。这意味着"真实的定义"有利于支配阶级联盟，并在公民生活与国家的框架中被制度化，由此构成从属阶级主要的"生活现实"。在这个方式中，意识形态在社会形构中提供了一种"黏合剂"（cement），"以维护整个社会集团的意识形态统一"。其运作，不是因为支配阶级能够详尽地制定与颁布从属阶级生活的精神内容（他们也"生活"在自己的意识形态中），而是因为支配阶级力图，并且也在一定程度上，在其视野的范围内，成功地架构了所有有关现实的竞争性定义，将一种选择性带进了人们思想的疆域。他们设置了一些限制——精神的与结构的——从属阶级"生活"在其中，并在这样一种方式中去理解其从属的意义，为此而去支持那些统治他们的秩序。葛兰西清楚地论述了意识形态霸权一定是通过现存的意识形态而赢取与维持其地位的，在任何时间中都会呈示为一种复杂的领地（不是简单的、单一的结构），并承载着先前的意识形态系统与积淀的"踪迹"，以及与当下相关联的复杂的意识形态标记。"霸权"不可能为单一的、一统化的"统治阶级"，而是只能为一特定情境中的阶级组合的联盟所维系，因此，支配性意识形态的内容也将投射出支配性阶级内部复杂的形态。霸权通过上层建筑这一代理——家庭、教育体系、教堂、媒介与文化机构，以及国家的强制性机构，如法律、政治、军队等，部分地也"通过意识形态的运作"来施行。霸权这一概念的重要性——不在于其是一个"给定的"与不变的状况，而是在于其是一种积极赢取与维护的过程，因此其也可能遗失。

葛兰西对意大利社会有透彻的观察，在那里，从长时段上来看，各式各样的统治者联盟都是在没有接管一个权威的与合法领导权的情况下以"强权"（force）来统治国家的。因而没有永久的霸权，它只能在具体的历史情境中建立与分解。反过来看，那就是，甚至在霸权条件下，也没有能够实现对从属阶级的整体组合与融合（例如，就像马尔库斯在《单向度的人》中所预见的）。支配性阶级在生产关系系统中具有自己的目标基础。他们自己独特的社会生活形式与阶级实践——常常是以一种区分性的、独特的、致密的、有黏着力的结构——一种无论怎样也会具有边界性控制的共同的阶级文化所维持。当那些从属阶级尚未强大或被充分地组织起来，以致呈现出一种对现有秩序的"反霸权"力量时，他们自身的共同结构与机制会被支配性结构（霸权化了的）利用来当作实施持续性压迫的工具。尽管如此，作为工人阶级的一套防御性机制而产生的工会，仍然提供了一个使自身阶级的共同性得以持续的建构，在系统所能包容的（如"经济主义"所做的）界限内去限定其对立面。当然，就葛兰西而言，这并未表明从属阶级就整个消隐在支配集团的文化中，而是在霸权与从属阶级及其各自的文化之间取得了某种补替性（complementarity）。这种补替性——葛兰西称之为一种不稳定的平衡——是从未消失的阶级斗争所表现出的某一时刻，而其又或多或少地带有某种开放性，或多或少地带有某种包容性，或多或少地具有某种对立性。由是，大体而言，霸权在阶级间的斗争中建立起了某种平衡，以至于无论做怎样的妥协，统治"集团"都需要去赢得同意与合法性，它的根本基础才不会被颠覆。"换言之，支配性群体会具体地协调从属阶级的一般性利益，一个国家的生活被看作是不稳定均衡的一种形成与接力的持续过程……在支配性群体与从属性群体之间——达到平衡，在其中，支配性群体的利益会占据优势，但是只能提升到某些点上，也就是需要遏制那种狭隘的集团经济利益。"（Gramsci，1968：182）在葛兰西看来，这常常也与所采取的姿态相当有关，其中，在上层建筑与国家的层面，特殊的利益能被显现为让所有的阶级都能享有平等利好的"一般性利益"（general interests）。

由葛兰西"霸权"概念带来的巨大的理论上的革命是怎么强调也不过分的（在上已有例证，在《德意志意识形态》中的许多论述则属过于简单与机械化的构想）。通过这个概念，葛兰西大大地扩展了整个支配性概念的意义。葛兰西将之从根本上置于"结构（structure）与上层建筑（superstructure）的关系中，如果需要对一个特定时期中处在活跃状态中的强势性力量做出准确的分析，那么上述关系也必须被确切地展示与解答"（Gramsci，1968：77）。在对之的论述中，葛兰西使这一概念与所有类型的经济还原论和机械还原论，以及"经济主义"与共谋论都保持着一个批评性的距离。他重新界定了整个有关权力的观点，从而对非强制的侧面给予了充分的重视。他也使支配性的概念与对狭隘的阶级利益的直接表述保持了某种距离。他认识到意识形态不是"心理的或道德的，而是结构的与认识论的"。尤其是，他让我们开始认识到在维持与黏合"支配中被结构化的"社会中，上层建筑、国家与市民联盟、政治与意识形态所扮演的核心角色，这也包括其对那种面向生产体系需求的整体趋势而形成的整个社会、伦理、精神和道德生活的积极整合。这个扩展了的阶级权力与意识形态的概念，为阐明在资本主义社会中形成的上层建筑与意识形态的复合体的"区域化"理论，提供了一最为先进的理论基础，而这一领域在过去则是被严重忽视与常常被简约化了的。

与支配性相关的第三个概念，也与受到葛兰西论述的启发密切相关，虽然在葛兰西走向唯物主义的哲学之路中，它属于对"历史主义"踪迹的一种批评。这个主题在阿尔都塞的重要与具有影响力的论文《意识形态与意识形态国家机器》中，也以探索的方式显现过。由此而引入了一个关键性的概念，即"再生产"，这一概念在新近有关这些问题的理论化讨论中扮演了一个极为重要的角色。阿尔都塞认为，作为生产体系的资本主义"在一扩大的水平上"再生产了其生产的条件，这务须包括社会再生产——劳动力与生产关系的再生产。也包括薪金，没有它，劳动力就不可能再生产自身；也包括技能，没有它，劳动力也不可能作为一个发展了的"生产力"去再生产出自身；再就是"适当的想法"——"对既定秩序规则予以服从的观念的再生产，也就是对统治意识形态予以服从的观念再生产，同时也是对那种精准地处理好统治意识形态作为盘剥与压迫的代理人的能力的再生产……这是一种形式，并处在意识形态臣服的形式之下，制造出为劳动力技能的再生产所遵循的规约"。（Althusser，1971：128）然而这一延伸了的"社会再生产"的观念恰好需要所有的那些装置（apparatuses）去代理服务，而这些装置明显地又不是直接地与生产相连接的。

以工资方式体现的劳动力的再生产需要家庭的配合；先进的技能与技术的再生产需要教育体系的配合；"服从于统治意识形态的再生产"需要文化机构、教堂与大众媒介、政治装置与国家的全部设置，在发达的资本主义国家中，越来越将所有这些其他的、"非生产性"的装置带入这一领地中。由于国家是保证这一"社会再生产"得以贯彻的建制，那么它是通过如下的方式来实施的：（a）整个社会的共识，因为国家被理解为"中立的"，超越阶级利益的；（b）阿尔都塞称为参与这一过程的所有装置（无论它们是否严格地被国家组织起来），由此去保证资本与统治阶级集团的长期利益与持续性霸权，这便是"意识形态国家机器"（事实上，无论是阿尔都塞还是普兰查斯，在这方面都紧密地追随阿尔都塞——夸大了国家的角色，并低估了在资本主义社会关系再生产中其他要素所扮演的角色）。不同于国家的强制性机构，这些意识形态国家机器（ISAs）主要是通过意识形态来实施统治的。阿尔都塞认识到，统治阶级不是直接地或以自己的名义与显在的利益去"统治"社会的，而是通过必要的置换，在早期的实验中，是通过将国家设定为"阶级中立"的建制，以及复杂构成的意识形态领域。但是针对"多样化的、冲突的不同领域",不同的装置功能依然被统一到了"统治意识形态之下"。在这一场域中,阿尔都塞给了其所称的"学校-家庭"组合以特别重要的位置。根据他的阐述(早先的概括),将"主导意识形态"理解为"观念与表征的系统",以为人们是通过这种方式去认识及"生活于"一个相对于他们真实生存状况的想象性的关系:"因而在意识形态中所表征的,并不是那种决定人们生存的真实关系系统,而是那些相对于其生活其中的真实关系而言的某些人的想象性系统。"

在此,尽管阿尔都塞的表述在专用术语与理论视野上均与葛兰西存在重大的差异,他还是非常贴近地转向了葛兰西所述的领地(要比其在《阅读〈资本论〉》一些部分中所显示的,也是目前公认的"过度理论主义"的形构更为贴近),但是,也至少尚存有两个重要的差异。首先是,阿尔都塞坚持认为,既然意识形态的领地不是简单的而是复杂的,不是简单地由"统治观念"构成的,而是由支配阶级和从属阶级"在观念中"的关系所组成的意识形态论题构成的,那么意识形态国家机器再生产出来的就必定是"恰处在其冲突中"的统治意识形态。意识形态的再生产由此而成为"除了利益,同时也是阶级斗争的场所……"其次,他也坚持认为,"一体化"(unity)的形式要比功能性的"适合"(fit)更为重要。但是他《研究笔记》(即《意识形态和意识形态国家机器》)中的两个方面——一是持续斗争的观念,一是在意识形态领域中的冲突性再生产的观念——尽管他会积极地坚持与显示之,但是事实上还是在其论辩的理论核心处被愈益边缘化了,而集中于对系统中社会关系持续再生产概念的阐述。由此而产生的效应(可比之于葛兰西),使得阿尔都塞的理论框架更倾向于他所明显偏爱的功能主义。

意识形态为支配性资本主义秩序"做"什么

追随马克思,葛兰西主张,对于上层建筑而言存在着"两块大的落面"(great floors):一是市民社会,一是国家(我们记得,马克思曾经将之称为"意识形态"或"现象形式")。应当注意到,葛兰西对两部

· 391 ·

分的区别是特别迷惑的——事情在后来变得更为复杂了，因为在发达的垄断资本主义状况中，这两块"落面"的分界在任何情况下都处于移动之中。（Gramsci，1968：206ff）与这两个层面相关，思考意识形态一般功能的一条出路便是普兰查斯所谓的分属与统合（separation and uniting）！在市场关系与"自我中心化的私人利益"的领域中（最为显著的是"市民社会"领域），生产性的阶级显现或被呈现出以下情形：（a）作为被私人或自私的利益单方面所驱使的个体经济单元，（b）它被诸多的隐形契约——即资本交易关系的"看不见的手"所捆绑。就如同我们已经评述的，它再次呈现出了如下的效应，首先是强调与凸显了从生产到交换的转移；其次是将阶级碎片化为个体；最后是将个体捆绑入消费者的"消极社群"。而且，在国家与司法－政治的意识形态领域中，政治阶级与阶级关系被表征为个人主体（在法律与表征系统眼中的市民、选民与独立个体），这些个体化的政治合法主体于是被作为一个民族的成员"捆绑在一起"，被"社会契约"与他们的共同的、相互的"一般性利益"所整合（马克思称这种一般性利益为"恰到好处的自我逐利的一般性)。再一次，国家的阶级属性被蒙上了面纱，阶级被重新配置为个人主体，而这些个体又在国家、民族与"民族利益"的想象性连接中被整合到了一起。令人惊讶的是，有多少支配性意识形态领域是通过这些装置去完成其特有的变奏的。

　　普兰查斯将许多意识形态的关键功能与这一范型化的意识形态角色联系到一起。在资本主义条件下，一般性的意识形态的最重要效应似乎就是遮蔽与置换。阶级支配、阶级盘剥的体制属性，在生产空间中这一根本性征用的根源，经济生产模式中的决定性要素——一而再地让我们看到，支配性文化中的意识形态功能的一般方式，就是去遮蔽、隐匿或抑制其体制的这些敌对性的基础。第二个一般性的效应，便是碎片化与分属。国家的不同领域的组合被驱入"权力的分属"的理论中。（Althusser，1971）工人阶级的共同利益被片段化为该阶级不同层面之间的内部对立，集体创造的价值被个体化与私人化的理解所盗用，生产者的"需要"被表呈为消费者的"需求"——两个方面被如此分离，以至于事实上它们被安置在了相互对峙的状态中。在这一支配意识形态的大部分区域，那些正在建构起来的范畴便是普兰查斯所称的"个体/个人"。没有这一以"个体所有权"为标榜的彻底的资产阶级范畴，作为实践、价值与意义存在的支配性体系，以及其道德的、司法的、表征的与心理的诸种语汇，是根本无法构造出来的（因此阿尔都塞强调意识形态"对主体的询唤"）。意识形态的第三个"效应"便是，将一体化与一致性（unity or coherence）的想象强加于那些被表征的单元。由此而用第三层次的"想象性生活关系"去取代第一层次的真实单元。这包括将个体的个人/主体重构为各种意识形态整体——"社群""民族""公意""共识""一般利益""民愿""社会""普通消费者"（甚至希思先生的伟大集团，"国家工会"！）。在这个层次上，一体化被再一次生产出来，但是现在的形式遮蔽与取代了阶级关系和经济冲突的层次，并将之表征为无对抗性的总体。这就是葛兰西霸权论述中指出的共识与聚合（cohesion）的功能。

这种遮蔽—碎片化——一体化过程的一个关键点是国家，特别是在现代发达的资本主义状况下。在这点上我们不可能去详细阐述马克思主义的国家理论，但是关于国家一个重要事实是，就其目的来看，它是这样一个领域，具有均化的美德（par excellence），阶级利益在一般化与普遍化之后，以"一般性利益"的面目出现。霸权不仅建立在强权之上，而且也建立在共识与精准的领导力上，因为在其中，通过国家这一中介通道，阶级利益被普泛化了，葛兰西将这一过程看作"从结构（structure）到综合化的上层建筑（superstructures）领域的关键通道"。（Gramsci，1968：181）国家对于确保资本的持续扩张的状况是必不可缺的，但是它也代表资本发挥作用——就像恩格斯所称的是"理想的总资本家"，常常去保护的是资本的长期利益，而反对资本家在特殊段落中显示出的狭隘的、直接的阶级利益，由此展现出了它相对于任何统治阶级联盟（而非统治国家）的相对独立性。就像列宁所称的"行政委员会"，这些阶级必须经过国家的中介来施行统治，在那里，（通过不同的意识形态话语）阶级利益能够恰如其分地承担"一般性利益"，（就像马克思在《德意志意识形态》中所述及的）被赋予"普遍性的形式，以及［被］表呈为……具有唯一理性、普遍正当的那一个"。这种功能首先不仅是被国家的支配性意识形态所保护的，也是被它的关系与结构所保护的——国家强行建立的这一"秩序，并通过舒缓阶级间的冲突，使这一［阶级］压迫合法化与永久化"。(Lenin, 1933) 这就是恩格斯所评述的："一旦国家成为一相对于社会而存在的独立力量，它就会立即进而生产出一种意识形态。它的确是为专业政治家、公法理论家与擅长私法的法理学者所支撑的，而一旦与经济行为联系在一起，便会失去其公正性……由于这个中介环节……概念与物质存在状况之间的互连关系（interconnections）就变得越来越复杂，越来越模糊不清。"(Engels, 1950b)

我们必须提及这个意识形态效应的第三个场域，需要去处理的，并不是意识形态的表征过程，而是如何去维护这些表征的合法性并赢取共识。合法性与共识的问题在葛兰西的霸权概念中是十分重要的，既然借此，支配阶级才能够利用意识形态领域去明确地构建霸权（葛兰西也将之称为教育与伦理的功能），同时，也因为借此，支配性体系才会从被支配阶级那里赢得某些赞同。这个遮蔽—碎片化—一体化的相同过程，在前面已有评述，也需在维护这个从属性模式的合法性与认同的过程中建立起来。在此，在政治代理、"分属权力"、自由权利的结构中，它们处于既作为上层建筑也作为存活的意识形态的资产阶级/自由主义民主形式的核心之处，以塑形与生产共识的方式（通过提供社会知识的可选择形式），进行阶级等级的运作，也往往是不可见的。这个意识形态化的阶级支配实验，通过对无数个人意志与意见、分属权力的碎片化经营而被散播于各处，分散的意见于是被认为是在"共识"的神秘体中形成的一种想象性联结，自由与自治的个体与他们的意志在其中"自发地"流淌。在这个过程中，同意-霸权的前提与预设将会常态性地去结构出社会中个体的思想、信仰与需求的一个总和，它会以表象的方式表呈出来，并被当作一个自由的给定与"自然而然的"聚合物（coming-together），进入使权力实验得以合法化的共识中。这个对一致同意与共识的结构化与重塑化——即"霸权"的另一面——是支配性意识形态运演的主要工作之一。

在一般的情况下，也只有在这一点上，才有可能去为当代资本主义文化、媒介与"意识形态效应"

社会中的大众媒介所支持的意识形态角色与效应加以定位。这个媒介的意识形态角色不是指它们的单一的、排他的功能。现代形式的媒介的正式出现，是在18世纪，与英国转型为农业资本主义社会的进程相伴随，虽然比较于现在的密度，其规模还相对较小。在此，也是第一次，艺术产品开始成为商品，艺术与文学作品在文学市场中充分实现了其交换的价值，基于市场关系的文化机构开始出现，诸如书籍、报纸与期刊、书商与循环图书馆、评论与审查、记者与雇佣文人、畅销书与粗制滥造的作品等大量涌现。最初的新"媒介"——小说，与新兴资产阶级在这一时期的崛起有密切的关系。(Ian Watt，1957) 这种文化关系、文化生产消费手段的转型也引发了"文化"上的第一次重大断裂——出现了第一次现代"文化论争"。① 媒介演化的历史不可能在这里被追踪，但是它与下一个深度转型——即农业资本主义社会与文化转化为工业—城市资本主义社会与文化有密切的关系。这设置了一个场景，并且为作为文化生产与传布的媒介在第二个伟大阶段中的变化与扩张，提供了物质基础与社会组织。第三个阶段与从第一个阶段向第二个阶段的工业资本主义的转换，或说是从放任自由主义向有些模糊地被称为发达的"垄断"资本主义的转换相衔接。这个"漫长"的时期（根据威廉斯所述），是不平坦的，在许多方面没有完整的过渡，从大约1880年开始持续——经过通俗帝国主义（popular imperialism，新的通俗报刊奠定了牢固的基础）、英国工人阶级文化的"再次形成"（Steadman-Jones，1975）和郊区的兴起、资本的集中与兼并、资本主义劳工分工的重组、生产与技术的大幅扩张、大众市场与大众国内消费的组织等——一直到现在。在这个阶段中，现代大众媒介开始进入自身的大规模扩张与多样化的发展，将自身设定为文化生产与传布的主要方式和通道，将越来越多的公共传播领域吞并到它的势力范围中。这是与我们现在理解为具有"垄断"特征的资本主义（从长时期上来看，这一概念是在"大众社会"的理论中被意识形态化地误用了）的所有现象是一致的，也是决定性地联系

---

① 可参见洛温塔尔（Lowenthal，1961）。这是一个巨大的讽刺，这一发生的历史时刻，居然是被"文化与社会"传统中的保守主义及其继承者在回顾中所呈现的，并被看作"有机社会"最后喘息的机会。

在一起的。在这一发展的新近阶段，媒介已经直接渗透进了现代劳动与生产过程的核心之处，扎根于资本与国家的重组性进程之中，像系统中其他的如经济与技术部分一样，在大众组织的相同规模中起到了引领的作用。对媒介的这些历史发展与扩张样态，以及媒介作为"意识形态机器"特征的详尽探讨，在此只能搁置一边。

无论是从数量还是从质量上来看，在20世纪发达的资本主义中，媒介都已经在文化领域中建立起了一个具有决定性与根本性的领导地位。仅就其对经济、技术、社会与文化资源的利用来看，大众媒介都要比所有至今还幸存下来的旧的、更为传统的那些文化通道掌控着一富有质性的更大的切面。更为重要的是方式，在其中，整个庞大与复杂的公共信息空间，以及信息的互相传递与交换——在该类型的社会中"社会知识"的生产与消费——都有赖于现代传播手段的中介。它们已经逐步地将文化与意识形态领域殖民化。随着社会群体与阶级的生活，如果不是就其生产活动同时也是其社会关系而言，已经变得日益碎片化与局部区分化，大众媒介越来越承担起如下的职能：（a）为一些群体与阶级建构生活、意义、实践与价值的"想象"提供依据，这些原是属于其他群体与阶级的；（b）为由所有那些分离的碎片组成的，并能够被聚合起来拿捏为一个"总体"（whole）的"社会整体"（social totality）提供想象、表征与观念。这是现代媒介最伟大的一个文化功能：为社会知识、社会想象赋义（provision）并进行选择性的建构。通过这些，我们明白了"世界"、他人的"生活现实"，并想象性地将他们与我们的生活重新建构为一些清楚易晓的"总体的世界"、一些"生活整体"。

随着处在现代资本与生产条件下的社会变得越来越复杂与多样化，对之的体验也在形式上更为多元化了。从区域上看，有阶级与亚阶级、文化与亚文化、居住区与社群、利益团体与少数族裔联盟，生活模块的多样性正在以令人眼花缭乱的复杂性方式组构与重构。由此，一个显在的多元性，一个无限多样的重新类分与编排的社会生活的趋势正在将自己表达为"集体表征"（collective representations），以替代在之前时代中的单一而伟大的意识形态世界，那个带有"合法性华盖"的主子。现代媒介的第二个功能是去反映这个多元性，并通过对这个多元性的反映，去提供一个在此被客体化了的有关生活风格与意识形态的持续不断的语汇式编目。在其中，不同的"社会知识"类型被类分、排序与编排，并依据优势性的"问题化的社会现实地图"（Geertz，1964）指派给其指涉的语境。在这种情况下的媒介功能，就如同哈洛伦（Halloran）已评述的，是"给尚不存在于以前的社会现实赋义，或给已呈现的趋势指定新的方向，以这种方式，使得对新的行为态度或方式的采纳，成为一个社会性的可接受的行为模式，并同时去汰除那些被看作为社会所不容的越轨行为"。（Halloran，1970）在此，媒介所选择性地传递的社会知识，是在一个规范的、可测评的分类系统中，按照优势性（preferred）的意义与解释来排序和安置的。既然如此，就像我们在前已经讨论的，就不存在单一的意识形态话语，所有的这些选择性知识都能够被编制，既然更多的"世界"而不是单一的"统治阶级"的世界，一定会在媒介的貌似开放与多样性的姿态中被选择性地表呈与分类，那么这种将社会关系指派给它们所属的分类框架与语境的活动，也的确是浩量的意识形态劳作（labour）与运作（work）所驻扎的场所。它需要在每一个界域中建立"规则"，积极地去掌控与排除某种现实，提供标识出领地的地图与编码，将问题化的事件与关系指派给解释性的语域，帮助我们不单单去了解更多的"世界"知识，而且也赋予它意义。在此有一条线索——在斗争与矛盾状况下的所有冲突中，在偏好与排斥的解释和论据之间，在允许与叛逆的行为之间，在"无意义"与"有意义"之间，在合作与对立的实践、意义与价值之间——被不停地描绘与重绘，处在不停地被辩护与协商中，的确，这是一个斗争的"场所与界标"（site and stake）。沃洛希诺夫注意到："（阶级）与记号共同体不相一致，即与由使用同一组记号进行意识形态交流的整体不相吻合。因此，多个不同的阶级会使用一种或相同的语言，作为结果，则是不同定位的重音（accents）会在每一个意识形态的记号中交切。记号由此成为阶级斗争的场所。作为意识形态记号的社会的复调式重音，是一个非常关键的方面。总的来说，正是由于这一重音的交切，使得记号能够保持其活力与动力……一个已经从社会斗争的压力中退出的记号——可以说其超越了阶级斗争的围栏——也不可避免地丢失了其力量，退化成了寓

言,并成了不再是一个存活的带有社会可理解性的,而是文献学认知的对象。"(Volosinov,1973:23)

从这个观点来看,媒介的第三个功能,便是组织、编排与汇集那些已经选择性地表呈和分类的事物。在此,不管其如何碎片化与"复数化",一定程度的整合与聚合,一些想象性的一致性与一体性必须开始建构起来,那些已清晰化及分类的事物需要转化成认同的秩序。可以确定,一个复杂的秩序,虽然会被现实中的一些组织(阶级、权力、盘剥与利益的组织)直接与不加掩饰地介入,但也可以通过更为中立化与综合化并达成一致的公共舆论被永久性地维系。经过艰巨与微妙的协商工作,共识与一致同意的问题化场域开始显现。在互动中,意见被自由地给出与交换,共识的观念始终会行使它的鞠躬礼,一些声音与意见会显示出更大的分量,引起共鸣,去限定与限制权力——因为古典自由/民主理论所谓的纯粹的共识,长久以来即为更构形化与结构化的共识指出了现实的道路,并在无组织的群众与权力、意见的巨型组织之间的不平等交易中被构造出来——因此也可以将之说成是"大营"(big battalions)式的共识。然而,按照自身的方式与时间,为其他人的声音,为"少数人"意见,为"对立"观点服务的空间也一定会建立起来,直至一种所有理性人都能自我依附的形态开始浮现于世。这使得媒介意识形态的运行进入一个广泛统一与巩固的层次,在媒介意识形态的运作与大规模的投资之下,潜藏着充满生成力的结构,在它所通行的社会世界中,在表面现象的及时性与多样性中运行。共识的生产,合法性的构造——并不是体现在大量的自身成品上,而是体现在整个论述、交换、争论、商议与炒作的过程中,并借助这些过程而使之呈现出来——这便是媒介意识形态效应的第三个关键的方面。

最后,使大众媒介能够去执行这一"意识形态运作"的实际机制是什么呢?在等级民主制度中,媒介在整体上并不是由国家直接掌控与组织的(虽然像英国广播公司的情况,它与国家的关系是很紧密的),不会被某一截"统治阶级"自身发出的声音而直接扰乱,也不能为某个统治阶级政党所直接地殖民化,没有一种资本的主要利益能够在没有一些"抵消性"声音的前提下行使进入传播频道的特权。在日常的管理与实践中，媒介被定位于在一个由工作意识形态（例如新闻价值的"中立"结构，像法律规则那样，致力于"平等地"对待所有各方）指导下的一套不偏不倚的、专业技术的框架中，尽管它们所提供的形构是明显地带有选择性的，是根据绝对限定的指令（repertoire）提炼出来的，但对"偏见"的开放性运作是一种例外，而不是常规。那么，媒介的话语是怎样为支配性意识形态所系统化地渗透并变奏了的呢？

在这里，我们仅仅只能涉及一些机制的问题，以电视为例，来说明媒介是怎样获取其意识形态效应的。就像我们已经述及的，媒介是被社会地、经济地与技术地组织起来的装置，以此去生产安置在复杂话语中的信息与记号，或说是符号性的"商品"。如果不通过语言的传递，不是作为表意（signify）的记号系统被广泛地理解，那么符号信息的生产就不可能完成，那些依附于它们的事件，如同我们已尝试显现的，就不可能表达出意义。它们必须被弄得清晰易晓，而社会的可理解性过程恰恰存在于由将"真实"事件转译为符号形式的实践中。我们将之称为编码（encoding）。但是编码（Hall，1974）确切地是指——选择那些将意义赋予事件的符码，将事件安放在一个将意义传送给它们的指涉性语境中（虚构性的符码也履行这样的工作，并不限于"事实性"与"自然主义"的符码）。当然事件——尤其是那些成问题的或令人烦恼的事件，它们会背离我们的正常的、共识化的期待，或者违背事物的确定倾向，或以某种方式危及现状——是有可能被以十分不同的方式去编码的。符码的选择，那些在不同界域中的优势性符码，以及看起来表现为"自然而然的"解释并且为大部分社会成员接受的符码（似乎自然地体现出我们特定社会的"合理性"），会将这些问题化的事件以共识的方式掷入支配性意识形态全部指令的某个地方。我们必须记住，这里存在的已经不是单一性、单元化的，而是多元化的支配性话语，它们不再被编码者深思熟虑地选择，"在支配性意识形态的疆域内去再生产出事件"，而是建构出它们务须选择的意义领域。正是因为它们已经成为"被普遍化与被自然而然化"的了，由此这似乎是唯一可用的一种可理解性形式。它们已经沉淀为"唯一具有理性及普遍有效性的那一个"（Marx，1965）。这个维持其合理性的前提与预设，使得我们早先描绘过的意识形态遮蔽与"视为当然"变得不再可见。它们似乎，甚至于对于那些为了编码的目的使用与处理它们的人，仅仅是"我们所已经全部知道的"。它们包含了前提，而这些前提又体现了支配性意识形态所处的位置，表征与折射出权力、财富和统治的现存结构，因此，它们也结构了它们所表意的每一个事件，以再生产出既定意识形态结构的姿态为这些事件加注重音——这个过程已经成为无意识的了，甚至对于编码者。它常常也会遮蔽在专业意识形态——那些与实践相关的实用技术常规（如新闻价值、新闻意识、生动的呈现、撩人的画面、好的故事、热点新闻等）的介入中，在现象的层面上，去结构编码的日常实践，将编码者设定为专业化/技术化的中立性人才，以种种方式，使他有效地与他正在处理的材料的意识形态内容，以及他正在使用的带有意识形态偏见的符码保持距离。因此，虽然事件不会在一个单一的路径上被系统化地编码，但是编码者会倾向于系统地利用一个非常有限的意识形态性的或解释性的指令，而这个指令（虽然在每一种情况下，它都需要意识形态的"运作"将新的事件带入其疆域）则会具有使事物在支配性意识形态范围内"平均化"的完整旨趣。

此外，既然编码者想要去强化其解释的辖域（reach），以及他对自己正在处理的事件的"意识"的可信性与有效性，那么他就会设法促使整个编码指令（视觉的、语词的、展示与表演）在受众中"赢得赞同"，这不是为了维护他自己在解释事件时的偏颇，而是为了维持他正在操作中的编码的合法性范围与边界。这些"认同点"使得对事件的优势性阅读成为可信的与有说服力的，通过意识形态领域的重音支持它的偏爱（沃洛希诺夫会说，他们利用了记号的意识形态熔解力）。其目标即是在受众中"赢得赞同"，因此构建出了这些方式，以使那些记号的接受者能够顺利地解码信息。在他处，我们已经试图表明（Hall，1974；Morley，1974），受众的解码会不可避免地折射出其自身的物质与社会状况，受众不需要在相同的意识形态结构中去解码那些事件，因为它们已经被编码在其中了。但是"有效沟通"的全部意向必须去赢得受众对优势性阅读的赞同，因此而会让其在霸权的框架内解码。即使没有通过"完美的传递"去解码，在霸权的框架中，大量的解码依然会此，我们作出的陈述"具有了意义"。因此，相同的"主体"（例如，经济上划分的阶级或种族群体）便可以在不同的意识形态中被差异性地构建……

那么，让我们再来更为仔细地观察审视一下生成和传播意识形态的机制。在现代社会，不同的媒介是意识形态生产、再生产和转换的特别重要的场所。当然，意识形态在社会的许多地方运作，不仅仅在头脑之中……然而，像媒介这样的机构在其中则是格外关键的，因为，根据定义，它们是意识形态生产手段中最重要的一部分。它们所"生产"的恰恰是社会世界的表征，人们通过这些图像、描述、解释与框架去理解这个世界是怎样的，及为何会像被言述与被表现出来那样地运行。与意识形态的其他劳作一起，媒介为我们构建了什么是种族的定义、种族意象所携有的意涵，以及"种族问题"如何被理解，它们让我们根据种族的范畴对世界进行分类。

媒介不仅是关于种族观念的强有力的来源，它们也是这些观念被阐释、运作、转型和阐述的一个场所。我们用复数形式来表达"观念"和"意识形态"，因为，那种认为媒体是一致性地并被合谋掌控在一个单一的种族主义概念中的看法，也是失当且带有误导性的。在媒介世界中运作的自由和人道的观念中，种族之间的"良好关系"是基于开放和宽容的姿态的……

如果认为所有媒介对世界都只是持有一种统一的和种族主义的"统治阶级"的概念，那也过于简单化和便利化了。然而，不论是一个统一带有合谋的媒体，还是一个具有统一性的种族主义的"统治阶级"的存在，都不可能如此简单。我个人并不一定要坚持用复杂性分析的方法，但是，如果媒介的批评者认同那种过于简单或化约式的媒介运行观念，那便不可避免地会丢掉信誉，他们所作出的评论也将大打折扣，因为这种理论和批评并不与现实相符……

在我们可能会称之为"公然的"（overt）种族主义与"推论的"（inferential）种族主义之间也存在着重要的区别。所谓公然的种族主义，我指的是在大量的场合下，以公开的、偏颇的报道去支持相关的论述、立场，以及那些从事于公开阐述种族主义或推动种族主义政策或观点的发言人……

所谓推论的种族主义，我指的是那些表面上看上去对种族相关的事件和情形采取一种自然化的表征，无论是"事实的"还是"虚构的"，种族主义的预设与命题总是会作为一套毫无疑问的假设被嵌入其言述中。这些情况使种族主义的论述得以表达，而又不会让人意识到其表述所基于的种族主义预设……

这种种族主义意识形态的一个实例就是那些处理有关种族"问题"的电视节目。制作这种电视节目的也许是善良、诚实而开明的人，他们希望为带有"种族关系"的世界贡献自己的一份正面力量，在进行节目采访时也小心翼翼地保持平衡与中立。这些节目的目的在于说明，如果种族对抗的双方所持的"极端主义"不复存在，那么"普通的黑人和白人"就能更好地学着和谐相处。然而，这种节目的每一个字眼和画面都浸透着无意识的种族主义，因为它们全部基于这样一个未被说明和意识的假设：黑人是种族问题的根源。事实上，所有关于种族和移民等"社会问题"的电视节目恰恰都是基于这样的种族主义前提，尽管毫无疑问都是带着好意和开明的心态制作的……

……近来，对帝国主义文学的批评认为，只要把19世纪小说的定义从"严肃小说"的一个分支扩展到流行文学，我们就会发现在英国文学的想象中有一个次一级的、强有力的部分，它们有别于国内小说，是一个男性所主导的帝国冒险的世界，它放眼于帝国，而非沉迷于《米德镇的春天》(*Middlemarch*)里的微观世界……在这个时期，冒险的概念成为殖民者展现其对被殖民者在道德、社会和身体上进行征服的同义词。

后来，这种"冒险"成为一种主要的现代娱乐方式，这一概念不再局限于出版物，它进入了犯罪和间谍文学、儿童读物、好莱坞大片和漫画。它们不断涌现，一直没能消亡。随着时间的流逝，很多比较老旧的形式不再那么吸引人了。这显然是因为当代人有了更高明的智慧和更开明的思想。然而这些表述仍不断出现在电视屏幕上，特别是以"老电影"的形式出现（当然，有些"老电影"也被不断创造出来）。但若想更好地理解它们为何会有重复性的共鸣，我们就要去识别为"种族语法"制造出的那些原象（base-images）。

例如，有一种人们熟悉的奴隶形象：他们忠诚可靠、单纯无邪——他们可能是转动着眼珠的慈爱"保姆"，也可能是忠实的家仆，他们都对主人很忠诚。这方面最有名的电影是《飘》（Gone with the Wind），里面描绘了各色奴隶形象。"奴隶形象"绝不仅限于有关奴隶制的电影和电视节目。一些"印第安人"（Injuns）和很多亚洲人也会以这种形象出现在电视屏幕上。人们对这种模式化的奴隶形象怀着一种深刻而无意识的矛盾心理，认为尽管忠诚单纯，"奴隶"也是不可靠、难以捉摸、不可信赖的，他们很有可能"变坏"或谋划危险的举动，一旦主人不在，他们就会变得偷偷摸摸、狡猾残忍，一有机会，他们就莫名其妙地想要逃到灌木丛去。白人从来不知道这些天真的傻瓜——"三宝"（Sambo，指黑人或黑人、印第安人与欧洲人的混血儿）——会不会一边赞扬白人的文雅，又一边偷偷嘲笑白人的规矩。

"土著人"则是另一种原象。他们一方面有原始的高尚品行和淳朴的尊严，另一方面则狡诈欺瞒、野蛮残暴。今天的大众文学中依然充斥着无数野蛮躁动的"土著人"，电影中不断重复着夜晚瘆人的敲鼓声，浸染着原始仪式和邪教的色彩。食人族、托钵僧和印第安部落会浮夸地出现在电影中，不断在屏幕中泛滥。他们随时可能从黑暗中浮现，斩首美丽的女主角，绑架孩子，烧毁营地，威胁将无辜的探险家、殖民首领和他的妻子变成口中的餐食。这些"土著人"毫无性格，总是成群出现，与他们对立的总是一个孤胆英雄的白人形象，他单枪匹马，站在"黑暗的中心"，或直面自己的命运，或肩负身上的责任，展现着烈火下的镇定自若和岿然不动的威严，征服着叛乱的土著人，仅用他钢青色的眼睛怒目而视，就能镇压一群躁动不安的土著人。

第三种形象是"小丑"或"艺人"。这体现的是表演艺人在为他人表演时表现的"天生"幽默和外表的优雅。我们从来不知道自己是被这种形象逗笑的，还是在嘲笑这种形象，究竟是欣赏"表演艺人"外表和节奏的优美及开放的表现力与情感力，还是厌恶"小丑"的愚蠢。

我们可以注意到，在白人的眼睛所及之处，所有这些形象都带有深刻的矛盾——这样一种双重的看法。不论是逐渐老去的部族成员或首领的原始高贵，还是土著人优雅的旋律，总是包含两种相互抵牾的讯息，一方面，是对已被文明所取代的纯真过去的乡愁；另一方面，是重新复燃的野蛮将会颠覆或削弱文明的威胁，这种威胁始终潜伏在表层之下，藏身于不羁的性欲，时刻蓄势待发。这便是原始主义（primitivism）作为善与恶而存在的两种样式。在这些图景中，"原始主义"被固定地定义为接近自然的那些人。

我们有时认为，这些屏幕中有关种族的内容离我们太远了，可事实果真如此吗？那些特定的版本可能已经式微了，但在很多现代的推陈出新的形象中，我们仍会看到它们的痕迹。虽然它们可能承载着不同的意义，但往往还是被构建在传统法则之上。如今，躁动的土著群体依然存在并活跃着，如津巴布韦、安哥拉或纳米比亚"灌木丛"中的游击队和自由战士。在纽约的警匪片中，最恐怖、狡诈和难以捉摸的小偷（和警察）仍然都是黑人。他们是跑得飞快、说话疯疯癫癫的下人，在《警界双雄》（*Starsky and Hutch*）中毒品泛滥是与贫民窟联系在一起的。在007詹姆斯·邦德（James Bond）和其后代的世界中，诡计多端的恶棍和他们身材魁梧的手下仍然明显是从牙买加那里招募来的，那里还处在蛮荒时代。可供消费的"性奴"依然存在并活跃于一些异域风情的电视节目或平装书的封面上，即使她已然身穿亮片礼服，有白人歌舞团撑场，受到特别的关注，但是原始主义、野性、狡猾和不可靠性仍"潜藏在表象之下"。我们仍可以在全世界的黑人政治领袖脸上看到这些东西，他们正狡猾地谋划着对"文明"的颠覆……

（丁珂文　译）

第四辑

政治形构：作为过程的权力

政治与意识形态：葛兰西[*]

一 引言

葛兰西的作品中并不存在关于意识形态的系统理论，虽然里面无疑存在很多极富启发性的段落和评论。如果我们能够考虑到葛兰西主要概念相互交叉的特征，那就有可能对这些丰富多样的洞见进行比较有条理的阐释。但这种理论化抽象的任务不应该遮蔽其思想的特点。本文的第一部分会罗列出葛兰西式的问题架构，我们将论述，这个问题架构主要指向的是政治视角及对之的分析，而非一般的认识论原则。在葛兰西的作品中，对具体的历史性的特定研究至关重要。就我们当前的主题来说，这种特定性的基础主要体现在葛兰西对如下做法所提出的警告，即将意识形态作为上层建筑进行研究。（Gramsci，1971：376）如果想要研究意识形态，就不能脱离葛兰西对结构/上层建筑复合体的理解，这种理解的基础由霸权、市民社会、国家、政党和知识分子等概念所构成。没有这些概念，葛兰西所思考的意识形态就变成完全不可"思考"的了。只有让意识形态的概念服从葛兰西的思考所围绕的政治概念时，它才占据了至关重要的位置。

我们说过，想要在葛兰西的作品中寻找"哲学"必然会失望。然而

---

[*] 该文为斯图亚特·霍尔、罗伯特·鲁姆利（Bob Lumley）、格雷格·麦克莱南（Gregor Mclennan）共同署名。原题"Politic and Ideology: Gramsci"，原文载于 *On Ideology*，London：Hutchinson，1978，后载于 Ann Gray et al. (eds.), *CCCS Selected Working Paper*, Vol.1, Routledge, Taylor & Francis Group, 2007, 稍有变动。

众所周知的是，葛兰西将马克思主义称为"践行的哲学"（philosophy of praxis），并且将《狱中札记》最后的三分之一部分用于探讨哲学。这种明显是非常奇怪的自相矛盾之处是基于葛兰西对所谓的"历史主义"倾向所做的评判，而历史主义的一般问题会在后面的章节通过分析阿尔都塞和普兰查斯（Nicos Poulantzas）发展葛兰西的方式来展开详细分析。与葛兰西更为"有机主义"的取向不同，阿尔都塞和普兰查斯的"结构主义"视角似乎提供了一种认识论的位置，但明确的是，他们承认与受到诸多批评的历史主义代表人物卢卡奇相比，葛兰西是截然不同的理论人物。但似乎还存在另一个矛盾。

我们将会论述，尤其是就普兰查斯来说，这些作者不大愿意承认葛兰西那些在概念上的实质性讨论曾对自己的理论工程产生过至关重要的影响。我们也将说明，葛兰西的历史主义问题绝非那么一目了然。当然，在他的某些哲学性概括中，葛兰西倾向于将意识形态还原为主要阶级对"生活的概念认识"，或者他会给出这样的暗示，而这些阶级与某些长期的历史目标存在有机的关联。这么说也未尝不可：在葛兰西看来，对理论有效性的判断是相对于它们的历史背景而言的。

这些"谬见"似乎肯定了阿尔都塞和普兰查斯对历史主义所发起的挑战。然而，葛兰西对意识形态的物质形式与生产及围绕于此的政治斗争，对将意识形态视为认识论和结构问题的反心理主义的批判（Gramsci, 1971: 164 - 165），以及对他自己特定概念价值的维持（至少是那些源于"实践"状态的概念），都有着无以匹敌的认知：所有这些都确保了葛兰西历史主义的复杂性，不能一概而论。另外，如果可以证明葛兰西的概念是阿尔都塞主义所分析的要点背后的重要基础，那么我们就可以完成一个反还原论的任务。从这个意义来说，我们希望可以重新确立葛兰西核心概念的根本特征。即便如此，我们也不会说，葛兰西为我们提供了强有力的意识形态理论或者其他理论。作为科学（或意识形态）的马克思主义的全部问题，以及葛兰西与当下西欧的共产主义战略所存在的相关性这个敏感问题——我们仅列举这两个紧迫的理论和政治问题——依然是悬而未决且至关重要的。

二 《狱中札记》的概念矩阵

在《狱中札记》中，葛兰西很少使用意识形态这个术语，而是多少会使用一系列的替代性术语，如"哲学""世界观""思想体系"和"意识形式"。他也使用"常识"这样的概念，虽然不能完全等同于意识形态，但可视为后者的地基。这些术语从无所不包的世界观到非常具体的意识形式，有着明确的用法和意义范围。葛兰西对意识形态的复杂用法应该通过这些术语重构出来，而且应该将其置于他用来分析社会形构的整个概念领域中来理解。正是在这里，他通过"霸权"和"有机知识分子"这样的概念以及对其他概念如"国家"与"市民社会"的重新解读，对马克思主义理论作出了重要贡献。在葛兰西的作品中，意识形态作为历史中的"物质性力量"被赋予了新的表意，远远不同于第二国际的意识形态理论——将其视为经济基础的简单反映，同时葛兰西也探索了意识形态和文化的组织与宣传的特定形式，将之视为阶级斗争的一种样式。

结构与上层建筑

葛兰西考察问题的起点是马克思主义中结构与上层建筑（structure and superstructure）的模型。在他的作品中，结构即"世界经济"总是在场的；其运动为上层建筑的发展设定了范围，但只是"在最后时刻成为历史的动力"。（Gramsci，1971：164）葛兰西对结构与上层建筑关系的分析基本没有借鉴马克思主义政治经济学。他借鉴更多的是写作《路易·波拿巴的雾月十八日》的历史学家马克思，而非写作《资本论》的马克思。葛兰西使用的是"历史-政治分析"的术语，如"历史集团"和"有机的""情境的"（conjunctural）运动等。然而，这些并不单纯意指上层建筑的层面。例如，"历史集团"既意指阶级在经济层面（在这个基础上，葛兰西区分了"根本"阶级和阶级派别）得以构成的结构，也意指阶级和阶级派别（fractions）组合成的政治层面。（Gramsci，1971：60）类似的，葛兰西也依据上层建筑对生产模式转换与重组

所表现出的依赖程度，区分出"有机的"和"情境的"两种运动。（Gramsci，1971：177）

一般都认为，葛兰西仅仅考察了上层建筑的构成，对历史的考察完全是政治－文化性的。[①] 葛兰西的确强调这些方面，他的意图主要是与克罗齐所代表的文化主义或唯心主义的传统以及第二国际的经济决定论相决裂。《狱中札记》所使用的一系列概念跨越了经济基础和上层建筑（即历史集团、霸权）这个简单的地形学模型，并且开启了理解社会形构的错综复杂的接合道路。其中一个关键概念就是"市民社会"。

市民社会是一个很难定义的概念，葛兰西在使用这个概念的时候也通常是含混不清。例如，在论知识分子的某一章节，市民社会被称为"上层建筑的某一层面"（Gramsci，1971：12），而在其他很多地方，这个术语被用来意指经济结构（Gramsci，1971：52）。《狱中札记》的英译者也承认，面对葛兰西复杂的用法，有时会感到不知所措。（Gramsci，1971：208）理解市民社会的一个有效方式就是将其视为包含结构与上层建筑某些方面的中介性领域。这是"通常被称为'私人'性的各种组织的总合"的那个领域；因此它不仅包括像政党和媒体这样的社团与组织，而且也包括统合意识形态与经济功能的家庭。用葛兰西的话说，市民社会"居于经济结构与国家之间"。它是一般性的"私人"利益的领域。但市民社会的这个概念与18世纪政治理论家的用法是不相容的，后者将其视为完全远离国家的领域。当葛兰西使用"国家＝政治社会＋市民社会"这个等式的时候，他所要表明的是形式上"公共的"与"私人的"之间的真实关系。这就让他可以破除政治和法律的抽象观念。就后者来说，葛兰西写道，统治集团让其他阶级服从生产过程的

[①] 在博比奥（Norberto Bobbio）看来，葛兰西对"市民社会"概念的使用标志着与马克思主义传统的彻底决裂。马克思用这个概念来指代"物质生活的整个综合体"（经济基础的一个方面），而葛兰西则将其视为上层建筑。基于这种阐释，博比奥这样解读《狱中札记》：经济基础对上层建筑的决定作用被颠倒了，"客观"条件被转化为阶级主体性的潜在工具。当博比奥将葛兰西在其历史性研究中使用的"市民社会"简单地等同于指认"进步"与"反动"阵营的工具时，这种解读的贫乏就一目了然了。博比奥试图将葛兰西放进历史主义的模具里去，并且让他的著作看起来非常接近卢卡奇。参见 Norberto Bobbio，*Gramsci e la Concezione della Società "Civil"*，Feltrinelli，1976。

要求，采取的手段不仅仅是颁布法令，而且还要通过在市民社会中对道德价值和习俗进行持续的改造。（Gramsci，1971：265）因此市民社会是各阶级争取（经济的、政治的以及意识形态的）权力的领域。正是在这里，霸权得到应用，且结构与上层建筑之间联系的各种条件也得以展现。

葛兰西将政治也视为"上层建筑的一个层面"，在结构与上层建筑的关系中处于关键环节。这是"标志着从结构转向复杂的上层建筑领域"的"纯然政治的环节"（Gramsci，1971：181），在这里，阶级关系的本质最终由不断转变的力量对比关系所构成，并受到后者的挑战。葛兰西写作《狱中札记》的计划是通过对自己的经验和意大利历史的反思，对政治层面进行理论化的处理而完成的。对他来说，政治层面有自身的与经济不同的法则，以及自身的"突出氛围"（Gramsci，1971：139），正是通过对政治的分析，他认识了意识形态。

在这个语境下，不能根据真相与虚假的标准来判定意识形态，而是要看意识形态在将各个阶级和阶级团体整合进支配与从属关系中所起到的作用和功效。意识形态起到"黏合与统合"（cement and unify）社会集团的作用。（Gramsci，1971：328）关于意识形态，葛兰西做了两个相互关联的区分。第一个区分是系统性的思维方式（"哲学"和"意识形态"）和汇集一处但又充满内在矛盾的思维形式（"常识"和"民俗"）。第二个区分是有机的、半有机的和非有机的意识形态；这可以根据意识形态与历史中的主要阶级的潜能和运动的对应程度，以及它们对境况具体分析的能力作出。对葛兰西来说，某种意识形态的"真理"就在于其政治动员的能力，并且最终在于其在历史中得到实现的结果。（Gramsci，1971：376-377）

我们会在下一部分探讨这种倾向在实用性地将历史唯物主义融入其他意识形态时，这种概念化方式在理论上存在的不足。但这里我们应该注意到，就马克思主义对意识形态的理解来说，葛兰西开辟了新的领地。可以说马克思主义对意识形态的理解因为《德意志意识形态》的如下说法而陷于停滞："统治阶级的思想在每一时代都是占统治地位的思想。这就是说，在社会中统治物质力量的阶级，同时也是统治精神力量的阶级。"（Marx，1970：64）葛兰西接受了马克思如下的重要概念，即占统治地位的资产阶级意识形态将自身呈现为具有普遍性的理念。为此，任何预设了人与人之间存在内在不平等的"身份与地位"的污点都被冲刷干净；统治集团以"人民""民族"和"人类"等名义进行说话的权力是确立自己在国家中的地位以及确保自身延续的前提。（Gramsci，1971：78）然而，葛兰西摆脱了这样一种意识形态概念，即将之只是看作对经济层面的关系的简单反映，以及只是将之看作统治阶级的齐一化表述。虽然占支配地位的意识形态必然是被系统化处理的，并且将自身呈现为普遍性的，但它并非自动源自统治阶级，而通常是统治集团各个分支之间力量关系较量的结果。（Gramsci，1971：83）为此，葛兰西认识到在统治集团内部和被统治阶级内部对支配性观念的挪用是有差异的。第一种挪用基于统治集团的分化以及知识性和更为实用性的功能之间的劳动分工；第二种挪用则基于从属阶级对主导观念的吸收、改造和拒绝的复杂过程。

霸　权

我们来看葛兰西的霸权概念。最近对这个概念的使用倾向于将其等同于"意识形态支配"（ideological domination）并且通过支配和从属的简单镜像关系将其工具化[①]；因此应该说清楚的是，对葛兰西来说，霸权包括意识形态层面但又不完全等同于这一层面，而且还意指阶级力量之间的辩证关系。不能孤立地看待意识形态的支配与从属，而应该将其视为在经济的、政治的以及意识形态/文化的所有层次上的——各个阶级与阶级分支之间关系的一个十分重要的方面。葛兰西用霸权这个概念来分析阶级之内以及阶级之间的关系，这涉及对那些可以争取的"自发

[①] 卡尔·博格斯（Carl Boggs，1976）采用的就是这两种做法。博格斯试图拒绝第二国际的经济决定论，但他重复了同样问题的另一方面，那就是"历史主义"。例如，他用价值体系的"渗透"来解释霸权："在这个意义上，可以将霸权定义为'起到组织作用的原则'或'世界观'……这些通过生活各个方面的意识形态操控和社会化的机构而得到传播。"于是葛兰西霸权的概念便被降解为马尔库塞的社会操控模式。查尔斯·伍尔夫森（Charles Woolfson，1976）在其《工人阶级演讲的符号学》一文中指明，"阶级社会中的任何霸权都必然是有限的，不彻底的，并且存在张力"；尽管如此，他也将霸权和意识形态上的支配与从属混为一谈。

的"同意加以组织,例如统治集团可以在经济上有所让步,"但不会触及他们的根本利益",同时还存在其他培养从属地位的意识形式的方法(葛兰西将其称为宗派和社团意识)。(Gramsci,1971:161)这个概念让这样的分析得以可能:让社会形构的层次既彼此区分又相互关联;为此葛兰西使用"政治霸权"(Gramsci,1971:57)或"哲学中的霸权"(Gramsci,1971:442)来表明霸权的主导性方面。葛兰西并没有对这个概念更为具体的用法加以理论化,尽管他开启了更为复杂且阐述更为详细的霸权观念。

葛兰西承认,是列宁最初提出了霸权的概念(Gramsci,1971:357),但是后者对霸权的看法更多是限于政治层面。列宁用无产阶级在其与贫农联盟中所取得的领导权来定义这个概念。葛兰西保留了这个用法,这可从他认同列宁主义对雅各宾派的肯定中看出来,但同时也扩大了这个概念的范围,因为对他来说,霸权应该在市民社会的领域内争取。葛兰西频繁使用"伦理－政治霸权"来昭示这个概念的广度;统治集团的霸权不光体现在政治层面,而是影响到社会生活和思想的各个方面。

葛兰西既不认为意识形态是统治阶级强加的,也不像卢卡奇那样,认为存在一个自发性的内在主义的意识形态理论。他将这两者结合起来,但他的做法是基于不同的问题架构,而非源自某种简单的总体性。大部分论述意识形态的理论家只会想到系统性思想,或者竭尽全力去将意识形态的形式系统化,从而确立内在的逻辑,但葛兰西清楚地注意到意识形态表现为"活生生的关系"(lived relation)的方式。他对撒丁岛农民文化[①]以及作为革命组织者的亲身体验都让他认识到抓住如下问题的重要性,即观念是怎样被征用的,以及这些观念和行动与行为方式存在怎样的关系。他或许是第一个从"更低层面"来认真考察意识形态的马克思主义者,这样他就将意识形态理解为大众"知识"的积累以及处理日常生活的手段——他所谓的"常识"。

---

① 当我们阅读葛兰西的《狱中札记》(Letters from Prison, New Edinburgh Review Special Editions, 1974)的时候,会有更为清楚的认识。

常识、知识分子与政党

对葛兰西来说，常识思维既是一种历史产物，同时对不同的阶级也有不同的意义。这在他对这个概念的发展的考察中表现得非常清楚，这是17、18世纪的经验主义哲学家用来对抗神学的概念，后来用于肯定某些约定俗成的意见。（Gramsci，1971：348）然而葛兰西关于常识的简要笔记在很大程度上是对某种思维方式的一般观察。他认为常识的特征是兼收并蓄和不连贯性。因为常识不是系统性的，而且并不会表明自己的论证模式，它可以将互相矛盾的观念包纳进来而不自知。结果就是，它建立了来自先前意识形态和各种社会阶级的"知识"的储藏室。

> （常识）……是一种千奇百怪的混合物；它包括来自石器时代的要素，更为先进的科学原则，过去历史阶段的成见……以及未来哲学的直觉，这种哲学将成为人类借以联合的哲学。（Gramsci，1971：324）

在葛兰西看来，"历史意识"以及自我认知的匮乏，是因为将常识思维贬低到依附和从属的位置。诸如"人性"这样的流行观念非常有效地消解了改变的可能，并且将现有的社会秩序看成"自然而然的"。（Gramsci，1971：355）这个"自然化"的过程对马克思来说处于资产阶级政治经济学的核心，并且在葛兰西看来，是常识思维的核心机制。恰恰在围绕"人性"观的"物质性"和毫不含糊的事实性之中，我们可以看到处在"高层"的支配性结构与处在"低层"的意识形态领域之间的紧密接合关系。

然而支配性意识形态与常识之间的关系并非处于固定的等级结构内，而是由内在的阶级矛盾所驱动的。前者可以"积极地"介入民众思维来重构其要素并增添新的要素，或者通过在民众思维的展开中确立边界而"消极地"介入，同时让其在受限的自由中进行内部讲述。（Gramsci，1971：420）这些关系的条件通常会受到诸如语言这样的要素的影响，而这些要素也可以成为群众进行自我防御和伸张引以为傲的自我主张的手段。于是某种方言既可以是民间习俗和地方观念的基础，也可以成为反抗手段，两者可视为社群主义（corporatist）积极和消极的两极。（Gramsci，1971：325）尽管如此，不同的思维模式之间的矛盾依然存在，并且在常识本身中显现出来，这种常识处于借用占支配地位的意识形态的观念和自发地源自阶级团结经验的观念之间。在冲突公开化的情况下，这些矛盾会在"表层的、一目了然的或者表达出来的意识"与"隐藏于行为"中的意识之间开启出一道裂缝。（Gramsci，1971：325）这些时刻通常意味着统治集团出现了霸权危机。

虽然葛兰西通过将意识形态定位于上层建筑的层面来确认其动能，但它绝非自由漂移的。他引入了"知识分子"的范畴来指认那些有着如下任务的人：组织、传播和保存与精神而非体力劳动相关的技术与观念。为了分析与阶级相关的意识形态与文化的形成，他区分了"有机知识分子"与"传统知识分子"，前者坚定地基于某个根本性阶级的利益而行动，后者属于先前社会结构残余的阶级和阶层。（Gramsci，1971：333）这两个范畴的确存在不同的概念价值，"有机知识分子"指的是特定的阶级隶属关系，而"传统知识分子"则缺乏这种隶属关系。关键就在于在体制中发挥的功能，但是葛兰西也注意到了上层建筑和结构之间不同的层级关系，因此也注意到了次生意识形态（sub-ideologies）——葛兰西认为这在"传统知识分子"中尤为重要——的重要性。这说明对一个群体或者组织的隶属程度，而这种隶属程度可能与对某个主要阶级的忠诚相冲突。葛兰西在谈及教会（说到教会，我们就会想起"传统知识分子"）时写到"组织性特征的内在必要性"，以及：

> 如果有人想要在结构中为每一场意识形态斗争都找出一个直接性的基本解释，那么这个人必然是处在昏昏欲睡中。（Gramsci，1971：14-15）

葛兰西的"知识分子"范畴让他得以将意识形态的组织与生产作为一种特定的实践进行分析，而这种实践不可还原为知识分子所关联的阶级。因此观念并非阶级的表达，而是构成了一个领域，在这个领域中，阶级冲突采取了特殊的形式。通过教会、媒体和政党（市民社会的机构）以及（为统治集团服务的）国家等组织，知识分子在为某一主要阶级取得自发支持的斗争中起到了主导性的作用。（Gramsci，1971：408）

在对资本主义社会的霸权进行组织的过程中，统治集团同时动员了市民社会与国家的机构。葛兰西关注到了阶级统治中非强制的方面，而先前的马克思主义者，包括马克思本人和列宁，都在很大程度上将国家视为统治阶级的有组织的暴力机器。葛兰西论及学校的"积极的教育性"影响以及法院的"压迫性的和消极的教育性"影响。（Gramsci，1971：12）但是，对葛兰西来说，最为重要的关系存在于国家与市民社会之间；也就是说，统治集团到底在何种程度将市民社会置于自己的霸权之下。最终，统治集团之所以能保持自己的权力，是因为它能够控制压迫性的机器（警察和军队），这让统治集团即便在失去对其他阶级所拥有的霸权的时候，也能让其他阶级乖乖就范。（Gramsci，1971：258）因此"操控战"（war of movement）[①]，即夺取国家权力，就是"位置战"（war of position）的必然推论结果，在位置战中，各阶级要占领市民社会的有利地形。然而，葛兰西彻底地重构了国家在维护阶级统治方面的核心地位。对他来说，西方世界市民社会的重要发展改变了国家与上层建筑其他部分的关系，以至于国家在防御中仅仅起到"护城河"的作用。这是因为市民社会构成了"堡垒和外围工事体系"，这可以为统治集团提供长期的稳定。（Gramsci，1971：275-276）这让葛兰西将革命的政党的策略重新概念化，即在夺取权力之前先赢得政治霸权。（Gramsci，1971：238）既然统治集团划定出了其政治地形并且越来越多地在市民社会中组织其霸权，那么政党就必须探索这片地形并且构建出相应的战略。其中的关键就是政党对有机知识分子的发展以及传统知识分子对统治集团的疏离。

霸权基于自愿和自发性的"同意"之上，但是根据其所体现的阶级

[①] "war of movement"这个术语应当是"war of maneuver"的笔误，在其他地方霍尔所用的都是后一个词语，包括这篇文章后面所用的。——译者注

关系，会以不同的形式表现出来。例如，教会通过外在的灌输来维持对大众的控制——如打压教会知识分子的思想自由，蒙蔽群众，让他们无法摆脱混乱的常识思维，从而掌握更为系统的思维形式。相比之下，革命政党争取霸权的斗争标志着与之前霸权形式的断裂。马克思主义者关注文化层面，并且试图打破因为资本主义社会中脑力劳动和体力劳动的僵化区别而造就的制度化的文化压迫。葛兰西认为，政党不应该从外部机械地作用于民众思维，而是要进入常识思维内，从而揭露其矛盾：

> 这不是一开始就将科学的思维形式灌输进所有人生活中去的问题，而是对已有的行为进行革新和批判的问题。（Gramsci，1971：57）

政党与群众的关系也不是一个单向传递机制，而是引导与自发的辩证关系。因此葛兰西并没有采取真实/虚假意识或科学/意识形态的模式，他的思考指向的是自发的、非体系性的思维和行动形式中所存在的矛盾性可能。（这里他正面评价了诉诸情感和道德态度的做法，拒绝用纯粹逻辑来进行说服的理性主义做法。）他认为自发性本身是死路一条，因为这种自发性既存在内在的矛盾，同时也无法生产出对世界的系统认识，但是对葛兰西来说，当自发性"被教育引导并且消除外在的矛盾"，就可以成为革命的动力。（Gramsci，1971：339）

《狱中札记》所论述的意识形态与政治密切相关；正是通过政治，"常识与更高层次的哲学之间的关系得到了保证"（Gramsci，1971：339），而政治根本来说与国家的概念紧密相关。葛兰西对派系/社群意识和常识思维的分析意在指出，它们无法理解资本主义国家的角色，因此也无法把握社会形构中作为关键层次的政治。社群意识和常识共享同样的思维基础，这种基础是具体而非理论的甚至是反理论的。在这里"情感""个人经验"和直接的经验知觉是主导性的。葛兰西对农民的"颠覆主义"（subversivism）的评论凸显了作为"消极性"阶级回应的特征：

那些人对自己具体的历史身份不仅没有准确的意识，而且甚至也不了解自身对手的确切弱点。存在的就是对官场的厌恶，而官场就被视为国家的唯一形式。（Gramsci，1971：198）

但社群意识和常识也存在"积极的"方面（葛兰西为此指认了阶级团结的要素以及在民众性反教权主义中所包含的"朴实的怀疑"）。尽管如此，它们依然是从属性和防御性的。

葛兰西著作的全部力量就在于其坚持用理论来分析社会形构，这恰恰是因为非理论的分析无法超越直接性的表象，因此只能以非常含糊的方式来指认"敌人"。对葛兰西来说，马克思主义与其他任何意识形态都不一样，因为它能够让我们理解阶级斗争得以发生的地形。作为理论作品，《狱中札记》是非同凡响的，它以善辩的方式，从工人运动的角度处理支配性意识形态持续掌权的问题。这样一来，他重构了与政治层面相关的全部意识形态问题。

三　意识形态与历史主义问题

我们试图表明，葛兰西对政治和一般社会形构的定义是想要尝试解释复杂对象。我们要记住的是，他的作品旨在反对机械主义的或者经济决定论的马克思主义，相应地，对葛兰西来说，意识形态决不能还原为无足轻重的附带现象。也不能用心理学的方式将意识形态解释为某些（统治）阶级个体追求"肮脏的犹太人"式的利益的做法。（Gramsci，1971：331）他的作品中绝没有宿命论和阴谋论。相应地，对葛兰西来说，工人阶级也不存在预先就给定的"利益"。虽然葛兰西也承认，宿命论的经济决定论会为在政治上处于困难时期的群众提供道德安慰，但他不厌其烦地指出，需要一个一般性的政治视角——这个视角必然要认识到意识形态的重要性。他对居于意识形态底层的常识的具体关注揭示了与"观念"和"经济"的简单二元对立截然相反的分析方式。对结构与上层建筑的复杂统一体的反复强调说明，葛兰西（在我们看来正确地）拒绝了任何简单的单线的因果等级链。经济决定论的立场本身在实践经验中有其根源，是在资本统治下，与资本进行对抗的雇用劳动的日常斗争的现实后果，而克服葛兰西称之为的"社群"意识中所包含的二元性和宗派性，就是马克思主义政党至关重要的任务。意识形态并不是统治阶级所谋划的用来永远欺骗工人的"阴谋诡计"，阻止其获得（根据推测而具有的）那个预设性的历史角色。意识形态在物质现实中有自己的基础，并且本身就是物质性的力量。尽管如此，基于物质现实的工人阶级视野并非一定就是社群主义的。我们能够且必须对常识和现实的经验进行加工，它们包含"善识"（good sense）和阶级本能（Gramsci，1971：272-273）的要素，而这些可以转变为具有连贯性的社会主义视角，因为日复一日的社群斗争，无论怎样被限定于支配与从属的关系中，其本身都是一种矛盾现象。

　　对葛兰西来说，意识形态就像其所归属的社会形构一样，具有复杂和矛盾的身份。例如，与阿尔都塞不同，葛兰西除了解释意识形态具有物质性的社会角色之外，并没有提供认识论层面上的定义。对葛兰西来说，作为意识形态的意识形态既非真实也非虚假，尽管它们或多或少存在着关联。从根本上来说，意识形态被视为一种将结构（经济上的阶级斗争在这里展开）和复杂上层建筑的领域凝聚在一起的"黏合剂"（cement）。但是意识形态是否或者能在多大程度上完成这个任务绝非事先决定的。于是，在意识形态的地基上，尤其是就与常识的关系来说，总是存在着某种豁口。这个豁口就构成了共产党活动的空间：与社群意识（在这种意识的统治下，群众必然会从支配阶级那里"借来"他们对于世界的概念认识）（Gramsci，1971：328）的理论界限相决裂，从而取得实现霸权所需要的连贯性和政治-文化的广度。只有实现这个目标——而这只能是政治、经济和智识实践的差异化统合的结果——关于生活的概念才能说是真正"有机的"。最终，大致的接受意味着意识形态的"起效"。葛兰西对于作为现代资本主义有机组成部分的某些"技术"阶层所起到的客观的智识性功能的论述，以及他对这些人必须由政党争取过来的反复强调的看法，都是非常重要的。这些看法反对任何诉诸自发主义或者某个特权的阶级主体的先验概念来解释大众对于意识形态的接受。注意到这点是很有意思的，即无论葛兰西何时提及"心理上的效力",以为它是通过大众的接受赋予某种意识形态的,他的论述总是用隐喻而非直白的术语。(Gramsci, 1971:165)葛兰西认识到政党必须像"集体的知识分子"(Gramsci, 1971:152)那样运作,从而来面对结构/上层建筑的复杂性,这让他的视野更加敏锐:历史只能是在具体的历史-政治境况下创造出来的。

这里有必要再度提及葛兰西的"历史主义"问题,因为上文中的"群众接受"程式意味着向相对主义的某种让步,而阿尔都塞和普兰查斯将这种相对主义视为历史主义思想的特征。简要说来,历史主义者被指控为将社会总体性的复杂性还原为简单的单一的本质,并且将理论立场的有效性还原为某些观念所"表现"的历史时期的历史状况。这个概念引发了经济基础和上层建筑(或某种社会形构的各个层面)的先验性解体,变成了某种可以借助经济、文化或精神来定义的"表现性统一体"(expressive unity)。例如,一段时期或过程的"本质"可以视为生产力的发展水平,而这从目的论视野下的图式来看,为一系列"不断前进的"历史阶段奠定了节奏。前面的段落说明了我们对葛兰西的"文化主义"挪用是怎样得来的,它是与"经济决定论"的立场不同的。然而,为了直接反对经济决定论,文化主义的解读会走向另一个极端。历史被视为这样一种运动,在这场运动中,最为进步的阶级就是具有潜在能力,在历史中最大限度地完成自我实现的群体。因此好比对卢卡奇来说,无产阶级是第一个能够在(社会主义/共产主义)历史中具有完全自我意识和获得自我实现的阶级,因为历史就是意识与实践的表现性统一体。虽然在形式上反对经济决定论,但这种概念却以明显不过的方式与另外两者分享了某种否定理性确证的本质主义。关于过程、本质、目的以及阶级主体的观念从根本上来说是抽象的,甚至是神秘化的,这在理论上困扰着"生机勃勃的"法国马克思主义流派。在科学中,不存在非理性主义的概念空间,无论这些概念在政治或道德上多么"进步"。

无疑,葛兰西有时会用历史主义的术语进行表述。在本文的下一部分,我们会对此问题予以更详细的文本分析,以回应某些对葛兰西立场进行结构主义重构的做法。这里仅需指出这个问题并且表明对这个问题进行评估的基础或要素。

我们已经认识到，意识形态是"对生活的概念化"。可以说这个概念与卢卡奇的"世界观"或"阶级意识"相类似。另外，葛兰西认为，有机意识形态既与"根本性阶级"相连，同时也是政党（"集团"的另一个例子）的中介。（Gramsci，1971：197，331）事实上在某个地方，葛兰西也曾提到，每个阶级都有自己的政党，这在某种意义上造成政治层面难以拥有自主性。现在很显然，存在着某种立场，这种立场也许可以解释为卷入自我运行的每个阶级"主体"都拥有自己在历史中展开的有机观念。意识形态的必要性，是因为它被历史进程本身的表现，以及作为历史进程本身的实质被证明是合法的。我们说过，葛兰西的主要反思是基于这样的观念前提，即社会总体性是复杂的，但如果将之前的论点与葛兰西的哲学评论放在一起，这个结论就会引起质疑。例如，葛兰西宣称，经济、政治和哲学的活动"形成了同质性的圆周"（homogenous circle）。（Gramsci，1971：328）这可以理解为暗示了社会的各个层面之间具有预先给定的和谐性，而且似乎破坏了一切关于现实的或理论复杂性的论断。历史与人类践行之间的根本性统一这个观念在某些论述中被进一步引申了，下面就是代表性的例子：

> 似乎存在一种外在于历史和外在于人类的客观性。但谁来判定这种客观性？……客观性所意指的总是"人类的客观性"，这恰好对应于"历史的主观性"：换言之，客观性所意指的也就是"普遍的主观性"。
>
> 我们只有通过与人的关系才能认识现实，而且既然人是一种历史生成，那么知识与现实也是一种生成，同理，客观性也是如此。（Gramsci，1971：377）

很明显，鉴于这些黑格尔主义以及某种神秘化言论，我们不能期待马克思主义会逃脱相对主义的标准：

> 然而，即便实践的哲学也是历史矛盾的某种表现。（Gramsci，1971：152）

黑格尔主义的内在主义变成了历史主义，但只有实践哲学才能让其成为绝对的历史主义——绝对的历史主义加绝对的人本主义。（Gramsci，1971：152-153）

马克思主义是科学还是意识形态的问题在葛兰西这里是最为棘手的问题之一。（社会）科学与意识形态之间的区别不应是质上的区别（自然科学的问题更为复杂）。因此没有明显的证据表明，作为生活概念化的马克思主义与加尔文主义有什么区别。事实上，真正的有机意识形态（马克思主义似乎属于其中一员）看起来只在群众接受所依赖的历史环境下才呈现出其差别。

若要对这些"历史主义"的指控提出质疑，我们可以首先去关注葛兰西其他的一般性论述，更为重要的是，我们可以论述说，如果这些指控是正确的，那么他的主要概念就无法理解了。

这个作为历史唯物主义根本前提的论断，即政治与意识形态的每一次波动都可以呈现为并且阐述为结构的直接表现，必须在理论上将其视为原始的幼稚病并予以批判。（Gramsci，1971：403）

甚至葛兰西的哲学评论在理论上也并非完全前后一致的。例如，无疑，他承认科学具有相当的自主性（Gramsci，1971：445-446），但是他对布哈林的驳斥并非如有时候人们所认为的，是对科学性的拒绝。而是说，在驳斥布哈林的机械论时，葛兰西认为，每种科学都是具体的，因此不可能创造出一般性的、规范性的科学实践模式。像布哈林所采取的实证主义哲学的标准，事实上妨碍了其所要推进的问题，即将之作为说明科学的内在"方法"的一种理由。葛兰西得出结论说，在后一种话语中成为人们所知的"一般科学"是一种形而上学的或者说哲学的观念，它无法遮盖个别化的自然科学内部的差异，更不能遮盖自然与社会科学之间的差异。葛兰西认为方法中存在着无法还原的差异。熟悉阿尔都塞最近所做自我批评（更多相关内容请见结论部分以及关于阿尔都塞的论文）的读者，会因为这些批评与葛兰西观念之间有趣的相似性而感到吃惊。

然而，我们首要的任务是转向葛兰西历史唯物主义的实质性概念，从而寻找他不那么简单化的历史主义图景。我们稍后会进行详述。同理，葛兰西对意识形态的物质形式、一致性内容的匮乏以及社会生产（知识分子）的重视再度让我们远离简单的（一般性的）哲学立场。

正是对历史具体性（而非历史相对主义）的坚持将一切空洞的概括都挡在门外。这不是争辩说——尤其是就葛兰西的哲学论断来说——葛兰西有时采取了与人本主义甚至是实用主义相接近的立场。（Gramsci，1971：405）应该指出，这种趋势的最好例子在于反对实证主义和马克思主义内所出现的理论上的经济决定论的论辩中。在这种语境下论及社会形构各层次之间的统一性是完全有道理的，尽管葛兰西自己的术语"同质性的圆周"（Gramsci，1971：417）当然是言过其实了。一般来说，葛兰西从没有质疑一体化的社会层次的复杂性。

确认霸权性的阶级、政党和观念的做法所提供的视角绝没有预设某种先验的目的论。这些概念就何为历史情境具体性以及马克思主义政党与实际境况的关系问题，提供了实际的并且在理论上一贯的分析。这里需要指出，对与情境"相关"的要素的论述并不必然意味着在这种分析中所使用概念的相对化。这些概念当然是一般性的，但它们并不指向一般的实体。对葛兰西来说，意识形态一般（ideology-in-general）并不存在。只存在这样的概念，它们的政治作用依赖它们在具体境况中所产生的现实效果。他对"个体的胡思乱想"[①]不感兴趣，而是对观念所起到的社会和政治作用感兴趣。如果是这样的话，那么这样说会更准确，即葛兰西牺牲了哲学论述，意在处理意识形态的实践-社会功能，而非误导别人，去寻求他的哲学思辨与对历史唯物主义的实质性工作的贡献之间的统一。这种对意识形态的具体分析的关注——它们与经济上的阶级构成的关系以及在某种情境中霸权的存在与行使程度——在葛兰西看来，是马克思主义者介入实践的理论前提。这种立场不可还原为历史主义（人本主义，尤其是经济决定论）的谬误，因为它明确且有力地超

---

① 阿尔都塞的论文《矛盾与多重决定》与此非常相关，尤其是第 98—101 页。

越了这些谬误。

四 对葛兰西的结构主义解读——阿尔都塞

我们已经提及了葛兰西"历史主义"的复杂性质。当我们考察葛兰西与"结构主义马克思主义"（这里具体指的是阿尔都塞和普兰查斯）之间的关系时，会发现问题更为复杂，结构主义马克思主义与"历史主义"水火不容，事实上，前者正是建立于后者系统性解体的背景之上的。葛兰西与"历史主义"的关系尤为复杂，正如我们所表明的，在很多重要方面，葛兰西完全不是"历史主义者"，如果我们说的是以卢卡奇为代表的那种取向的话。因此，阿尔都塞和普兰查斯与葛兰西的关系必然是很难解释清楚的。

葛兰西一直将历史唯物主义称为"实践的哲学"。他对这个称谓颇为认真——我们不能完全将这个定义视为葛兰西为了躲避监狱审查而为"马克思主义"所发明的委婉说法。因此，当结构主义者在一般的哲学层面来处理葛兰西的时候，他就成为尖锐批判的对象。尽管如此，阿尔都塞也做了一些重要辨别。他在对卢卡奇、柯尔施和萨特等人的历史主义进行一般性的批判时，总是煞费苦心地将葛兰西视为"例外"。他会小心翼翼地将葛兰西对作为"实践哲学"的"历史唯物主义"的地位的看法与后者的实质性的概念区分开来，这些概念也会被单独挑出来，并受到赞许的与积极的关注。这些区分对确定结构主义与葛兰西之间关系的某些参量意义重大。但先不具体考虑葛兰西或者他的贡献，我们可以看出，葛兰西起到了生成性（generative）的作用，并且在与结构主义马克思主义作品的关系中占据了关键位置。

然而，葛兰西与结构主义者之间的关系昭示了某种关键的不均衡性。可以绘制某种"图表"，这不仅会更加清晰地说明这种关系，而且也会解释何时以及为何葛兰西的作品与结构主义者具有特别的相关性。以这种方式确立关系也有助于确立两种立场交叉与分歧的关键点。在其早期的具有开创性的文章《矛盾与多重决定》（Contradiction and Over-determination，出自《保卫马克思》，1969）中，阿尔都塞关注的是在某种社会形构内确定"矛盾"的性质。他的论述是,社会形构并非某种简单的"表现性整体":矛盾并非必然在社会形构的各个层次上同时出现,或者波及居于"(经济)基础"的某种"根本性矛盾"的所有层面。矛盾有它们自己的具体性。问题在于,源于"完全不同的潮流"(列宁语)的矛盾如何能够有效地"并入"或者融入主要的断裂性统一中,并且构成具有决定性的政治情境的场所。阿尔都塞在"思考"这个问题的时候主要想到的就是列宁和1917年。① 但阿尔都塞所关心的领地与葛兰西在他的《狱中札记》中的论述绝非毫不相干——例如,葛兰西在《现代君主论》中就讨论了怎样去区分在阶级力量关系中危机所呈示的"有机的"与"情境的"两种特征。

在《阅读〈资本论〉》时期,阿尔都塞关注的是完全不同的问题——并非毫不相干,但是问题的背后有着非常不同的理论重点。在这里他所关注的是确认《资本论》中反映的"马克思巨大的理论革命"的本质。在"思考"这个问题的时候,阿尔都塞借助了全新的概念;如意识形态与科学的区分;"理论实践"的本质;在为马克思主义的"科学性"提供认识论保障方面,哲学所起到的作用;"结构上的因果性"(structuralist causality)理论。这些概念大都是在与"历史主义"的某些概念进行直接对抗的情况下发展而来的。此时阿尔都塞距葛兰西最为遥远。虽然正如我们接下来即将详细看到的,并不存在全面的批判,但对葛兰西"历史主义"的批判构成了《阅读〈资本论〉》中篇幅较长且非常重要的一篇文章的核心观念——这篇文章就致力于证明"马克思主义不是一种历史主义"。②

自此之后,阿尔都塞的作品中存在两个重要的发展趋势。第一个就是非常重要的"ISAs"——《意识形态与意识形态国家机器》一文,在这篇文章中,阿尔都塞再次将注意力转向对意识形态例证的具体分析,以及"意识形态国家机器"在具体的社会形态中再生产主导意识

---

① 特别参见《现代君主论》中的"对形式和力量关系的分析",*Prison Notebooks*, pp. 175–185。

② 见《阅读〈资本论〉》第五章。

形态霸权方面所起到的作用。① 其次是阿尔都塞在《自我批评集》(Essays in Self-Critiicism, 1974) 中在自我澄清和修订方面所付出的努力。这里无法对后一本著作进行详述。但注意到如下方面至关重要：阿尔都塞修改了在早期作品中所确立的意识形态/科学的区分；他承认某些立场的"理论主义"；哲学不再是"认识论上的保证"，而是对"理论中的阶级斗争"的介入。虽然不能将马克思在理论上实现突破的科学地位还原为让这些突破得以可能的历史条件，但是这些历史条件不再被视为是与"断裂"何时以及如何形成不相干的问题。阿尔都塞接下来坚持说，这些修订——并非全部修订都有道理——并未触及他对人本主义和历史主义的批判的核心。

但侧重点的转变以及实质性的重估的确有这样的效果，即再度削弱了"结构主义马克思主义"与葛兰西作品之间的隔阂。例如，它们让结构主义理论家有可能去承认那些批评家——他们对阿尔都塞的"理论主义"持批判态度———直以来所论说的：在葛兰西对"政治性"具体性的关注中，在他对所有形式的经济决定论的批判中，在他对结构-上层建筑复合体的必然复杂性的坚持中，我们已然发现这里贯穿的——尽管所用术语与结构主义者截然不同——恰恰是关于"相对自主性"和"某个社会形构预先被给定的复杂统一体"的问题，而这些问题一般认为构成了阿尔都塞的"巨大的理论革命"。因此，无论葛兰西是否是"历史主义者"，《狱中札记》中某些清晰、有力且一贯的论述让他与无论表现为经济还原论还是作为"表现性整体"的社会形构理论都实现了决裂。这也是与阿尔都塞所说的"历史主义"的本质相决裂——同时还有其镜像，经济决定论。

概言之，如果葛兰西依然是"历史主义者"，那么他的历史主义也是与结构主义所定义的历史主义问题架构之本质相决裂的历史主义。因此这是结构主义者应该积极面对的"历史主义"——应该认真思考，而非简单排斥。对结构主义马克思主义来说，葛兰西构成了"历史主义"

---

① "Ideology and Ideological State Apparatuses: Notes towards an Investigation", in *Lenin and Philosophy and Other Essays*, New Left Books, 1971. 我们接下来也将其称为 ISAs。

政治与意识形态：葛兰西

的极限例证（the limit case）。① 这个争论并没有终结，依然是一个开放且尚无定论的相遇——是当代马克思主义理论中最为重要的相遇之一。客观来说，这是葛兰西的问题架构与阿尔都塞和普兰查斯的问题架构短兵相接的地方。阿尔都塞与普兰查斯在不同的地方如何在这种理论情境中商定自己的立场，这是一个需要认真梳理的问题。

在阿尔都塞的早期作品中（《保卫马克思》），只是零星地提及葛兰西。所有这些都昭示了葛兰西的重要性，并常常会将之置于与卢卡奇这个最大的历史主义者的直接对比关系中来看。葛兰西是"另外一种伟人"（114）。特别是考虑到葛兰西认识到需要"详述上层建筑具体要素的特定本质"的时候，阿尔都塞尤其承认这一点。"霸权"也是作为一个新的概念，一个"引人注目的解决方法"被具体地引用的。在随后出版的论文集的文章中，阿尔都塞开始发展关于意识形态的理论——首先是区分意识形态/科学，然后是考察"人们'体会'他们与生存条件的真实关系的方式"，或者是与"现实生存关系的想象性关系"：这里阿尔都塞在大规模"思考""意识形态"的时候并没有借鉴葛兰西的作品。②《阅读〈资本论〉》将葛兰西"对马克思主义哲学的伟大解读"视为意义重大的命题。和其他马克思主义理论家一样——如卢卡奇、卢森堡、柯尔施——他们一般被视为将马克思主义发展为"革命的人道主义和历史主义"的人物，都在确保自身是在"推进'人'的进步，而人最终总会取胜"（120）。阿尔都塞承认，支撑这种解读的内容可以在马克思的作品中找到。但他坚持说，必须对马克思进行"症候式"（symptomatically）阅读——注意到标志着不同时期作品的不断变化的问题架构，以及标志着不同时代的"认识论断裂"。然而，正如我们可能预见到的，正是在这里阿尔都塞展开了对葛兰西的重要批判。阿尔都塞非常小心——以免他的"图式性的论断可能扭曲这本天才之作的精妙细致之处"（126）。他将葛兰西对辩证唯物主义的"历史主义"解读以及

---

① 阿尔都塞对葛兰西的这个评价见"Marxism is Not a Historicism"，p. 131。
② 阿尔都塞在《保卫马克思》的"马克思主义和人道主义"一章中对意识形态给出的第一个定义是"想象性的活生生的关系"。这些定义在《阅读〈资本论〉》中得到发展，特别是在 ISAs 论文中得到了阐发。

对马克思主义中哲学地位的看法，与自己在历史唯物主义中的"发现"区别开来。这种区分让阿尔都塞号召也对葛兰西进行"症候式阅读"。葛兰西的人道主义论断"首先是批判性和论战性的"（127）。而其关于意识形态的作品则没有受到批判。这里评述的侧重——葛兰西对意识形态作用的关注，将之看作"黏合与统合"整个社会集团，以维持其"意识形态的统一性"，并且将意识形态置于上层建筑的层面——指向了《意识形态与意识形态国家机器》一文，以及普兰查斯的《政治权力与社会阶级》（*Political Power and Social Classes*，1973）。尽管如此，在将葛兰西对"历史唯物主义"中历史一面的强调与马克思对唯物主义一面的强调做对比时，前者受到了菲薄。这就是对实践哲学的批判的要害：这种哲学混淆了知识与"真实"（the real）——因此这种马克思主义便不能成为科学知识，而只是另外一种伟大的有机的意识形态。[1]葛兰西的问题架构其实贯穿着几条思路，但是当历史主义这条路线出现时，其他一切都要"服从其法则"。

《阅读〈资本论〉》对葛兰西的处理方式还有一点需要我们进一步阐述。在一个重要脚注中，阿尔都塞批判了葛兰西对"市民社会"的用法，并且宣称应该用马克思主义的理论词汇对其进行反驳（162）。后来普兰查斯的批判更为严厉。但是正如我们所见，"市民社会"的概念对葛兰西来说至关重要——因为葛兰西的某些含混用法，以及无法准确将这个概念置于结构与上层建筑的地形学中，这个概念变得更加难以理解。可见这里并非简单的意见分歧；因此应该深入探索，因为这不仅会让我们对葛兰西的作品有更深的认识，而且也会对我们认识阿尔都塞和普兰查斯有更新的启发。

阿尔都塞主义者对"市民社会"的敌意并非什么无法理解的问题。[2] 市民社会这个概念在古典政治经济学和18世纪的政治哲学中都是

---

[1] "最终，除了对这个出于实用的用法之外，葛兰西对马克思也存在'历史主义'的认识"：即对马克思的理论和真实历史之间关系的"历史主义"认识。见 Althusser in "Marxism is Not a Historicism"，p. 130。

[2] 阿尔都塞对"市民社会"概念所发起的关键批判是在这样的语境下展开的：当时他讨论的是"黑格尔主义模型的幽灵"以及马克思对他的所谓"颠倒"。见 "Contradiction and Over-determination"，pp. 108–111；*Reading Capital*，p. 162。

关键概念，尤其是在黑格尔那里。这三方都用这个概念意指资产阶级出类拔萃的"个人主义"的领域——占有式个人主义、"个体"之间契约性市场关系、个体的资产阶级"权利和自由"的领域，以及首要的，经济需求和经济人本身的领域。政治经济学者将市民社会视为经济生活的场所，黑格尔将其视为代表特殊性的"自利主义"场所，所以需要由国家将之提升为更广泛的普遍性——政治公民权。马克思在很多处介入了与之相关的所有主题中。他对政治经济学的持续批判是因为后者将市场关系视为资本主义经济关系的总和，完全忽视了剩余的生产：在马克思看来，正是这个概念的匮缺让古典政治经济学只看到"资产阶级的表面"。在《资本论》中，马克思对基于鲁滨逊模式的经济理论所作出的最具反讽性的评论颠覆了对市场的"自然化"认识。特别是他在《黑格尔法哲学批判》中对黑格尔对这个概念的用法进行了直接的批判。在《论犹太人问题》中他质疑了消灭资本主义的任务可以视为仅仅是争取"资产阶级政治权利"的斗争的观念。在《德意志意识形态》中我们可以发现马克思还在使用这个概念，但是他的用法更具有包纳性：

> 社会的概念依赖于我们从生活的物质生产出发，阐释生产的现实过程的能力，以及理解与生产方式（即作为全部历史基础的处于各个阶段的市民社会）相关并且由后者所创造的交往形式的能力。①

结构主义者似乎认为——我们认为他们是对的——写作《资本论》时期的马克思已经将这个问题抛之脑后。他们想要将这个词从马克思主义理论术语中清除出去，因为如果保留这个术语，就意味着在马克思主

---

① 既然这里出现的术语"市民社会"，就这个文本来看，定然会被看作一个带有原创性的构想，阿尔都塞的解读似乎有些牵强："当然，马克思依然谈论'市民社会'（尤其是在《德意志意识形态》中），但他主要是在处理过去时使用，用来意指他发现的场所，而非重新启用这个概念。"或许更为准确的说法是，马克思的确"启用"了这个概念，但改变了这个概念的内涵，从而表明了他所发现的场域。

义话语内仍然保留了对"人类主体的需求"①这个领域中的"人道主义"残余。"市民社会"在葛兰西作品中的出现因此被视为他残留的"人道主义"的隐秘证据（虽然在我们看来，这种指控在葛兰西对这个概念的使用中找不到可靠的支撑）。但是如果在葛兰西的作品中，这个概念不具有18世纪的内涵，那其所指为何？我们先前试图说明，这个概念在我们看来如何在葛兰西的话语中起到作用。这里我们想要说明，为何在我们看来这个概念与马克思在《资本论》中的问题架构不相兼容，尽管葛兰西并没有以完全同样的方式使用这个概念。

很明显，在《资本论》第1卷中，马克思因为坚持走到市场交换关系的背后去探索资本主义生产的"隐蔽场所"——这是剩余价值得以生产以及劳动力受到剥削的场所，从而超越了古典政治经济学。当然他并没有完全忽视市场关系与"交换"的环节。在《大纲》以及《资本论》第1卷中，他说明了资本如何以不断增长的速度再生产自己并且通过漫长的资本积累周期实现自己——这个周期需要不同"环节"的接合，不同形式的资本的接合，其中包括积累和交换这些"依赖性"的领域。在确立生产相对于资本流动的优先性之后，马克思在《资本论》第2卷中重拾流通与再生产的关键问题。交换领域与生产领域接合了起来，但不是以松散和偶然的方式，而是以具体的机制接合起来。正是在流通的领域，商品通过最为抽象和普遍的"形式通道"而成为"可交换的"——那个有能力去调停所有商品交换的商品也就是货币。正是通过这种"变形"——"商品—货币—商品"——商品找到了自己的"等价"表现方式，即价格。但也正是在这个领域，资本通过劳动力市场（在这里资本购买有价值的商品以及劳动力，且必须让其在生产过程中投入使用）的机制，雇用了"自由劳动"。也正是在这个领域，资本向

---

① 阿尔都塞的观点是，"需求的社会"在马克思的话语中消失了，因此他并非只是颠倒了黑格尔，而是与黑格尔彻底决裂了。然而，理论发现不能仅仅限于"让旧的概念消失"，同时也必须保留这些概念，但在话语中要改变概念的内涵，或者开启具有不同内涵的理论空间。阿尔都塞很清楚——虽然马克思和黑格尔都使用"辩证法"，但正如他所表明的，"辩证法"在他们那里意指不同。当阿尔都塞讨论"倒置"（inversion）问题的时候，他似乎将原本正确和必要的辨析推到了极端。这源自对"认识论断裂"的固执用法——阿尔都塞在《自我批评集》中承认了这个问题。

个体劳动者支付维持生命的工资,即再生产其劳动力的成本。这两个对资本来说至关重要的功能都是由资本来支付的,它们是资本的"可变部分",是由劳动力生产出来的,而资本利用这些要素来进行劳动力的再生产。但这个"可变部分"(再度通过货币的中介)以特殊的经济关系形式——工资关系——在交换领域中出现,即以"工资形式"体现出的资本。资本主义是建立在"自由劳动力"——通过市场的手段而分配到生产的各个部门——基础上的一种生产方式,同时也是一种经济生产模式,在这种模式中,劳动力与其生存的手段相分离,这种生产模式要求一个交换领域,即便这个领域依赖资本主义生产关系。因此交换关系是生产的"真实关系"所表现出的"表象形式"。马克思在《资本论》中的很多地方都对这个问题进行了论述,但是我们这里具体想到的是在《资本论》第1卷中的"劳动力的买和卖"。马克思或许不再使用"市民社会"这个术语来意指资本流通的阶段,但是他当然认为这种关系是资本主义经济关系的一个部分,而且他即便没有保留这个概念,也保留了这个术语所意指的概念空间。①

但是马克思就流通和交换领域的关系还提出了其他重要的内容。他指出,这些关系具有掩盖真实基础的意识形态功能——在生产过程中生产和剥夺剩余。交换的"嘈杂的场所"掩盖了资本主义生产的"隐蔽场所"。我们应该抛弃前者,进入后者从而"找出利润生产的秘密"(176)。这并非只是因为前者用"非公莫入"的牌子隐藏了后者。这里其实存在着具体的意识形态机制。这就是表征的机制(mechanism of

---

① 参见马克思致恩格斯,1858年4月2日:从这种简单流通本身(它是资产阶级社会的表面,掩盖了产生简单流通的各种较深刻的过程)来考察,除了形式上的和转瞬即逝的区别以外,它并不暴露各个交换主体之间的任何区别。就是自由、平等和以"劳动"为基础的所有制的王国。在这里以储藏的形式出现的积累只是较大的节约等的结果。一方面是经济谐和论者、现代自由贸易派(巴师夏、凯里等)的庸俗伎俩:他们把这种最表面的和最抽象的关系当作他们的真理应用到较发展的生产关系以及这些关系的对立中去。另一方面是蒲鲁东主义者以及类似的社会主义者的庸俗伎俩:他们把适应这种等价交换(或被认为是等价交换)的平等观念只拿来同这种交换所导致和产生的不平等相对立。通过劳动来占有等价交换,在这一范围内就表现为占有规律,因为交换只是以另一种物质形式再现同样的价值。总而言之,在这里,一切都是"美妙的",但同时都会得到一种可怕的结果,而这正是等价规律的缘故。对这一问题的更为详细的论述,参见《资本论》第3卷第八篇的第48、第49和第50章。

representation）或者表 – 征（re-presentation）。市场上的交换在行动者看起来是"自由和平等的"交换。他们看起来是"等价"交换。因此在经济理论和"经验"中，劳动力只是通过他在市场领域内得到呈现的术语和范畴来"体会"他与资本主义的关系，那么（生产中）剥削的根源就变得不可见了。他会这样"体会"——经历——资本主义生产的剥削关系，就好像这是"等价交换"一样。如果"自由交换"成为阶级斗争的目标，那么这些斗争就会限于"恢复真正的等价"关系，而这种关系在现实中是非等价的，在根子上是剥削性的。因此列宁将这些斗争称为"经济主义的"，而葛兰西用的术语是"社群主义的"——在葛兰西看来，这些都没有"触及根本"。

但是关于这个领域，马克思还有更多的论述。他说，在这个领域就出现了资产阶级社会政治与法律上层建筑的根本关系，同时还有关键的意识形态主题与话语。这个领域"确实是天赋人权的真正乐园。那里占统治地位的只是自由、平等、所有权和边沁"。这恰恰是源自这样的事实，即"嘈杂的场所"是个人交换的（依赖性）领域——因此也是资产阶级社会中"占有式个人主义的"政治与法律自由的所在与源泉（所有这些都基于个体性的主体），同时也是成为资产阶级"常识"的个人主义意识形态的所在与源泉。因此，

> 自由，是因为例如劳动力商品的买方和卖方，（似乎）只取决于自己的自由意志……契约是他们的意志借以得到共同的法律表现的最后结果。平等，是因为他们只是作为商品的所有者进入相互间的关系之中，进行等价物的交换。所有权，是因为每个人只支配自己的东西。边沁，是因为每个人仅仅关注他自己。（176）

简言之，借用阿尔都塞本人的一个说法，这个"嘈杂的场所"为这些上层建筑的实践和意识形态形式提供了基础，而人们在这种形式中，被迫在现实的（不等价的，集体的）存在境况中，去"体会"等价的、个人主义的"想象性关系"。在《资本论》中——这是马克思为数不多的段落中的一处——明确表明了某种社会形构中经济的和政

治-法律的层面与意识形态层面的接合。另外，在这个地方，马克思远没有简单地抛弃黑格尔、洛克与亚当·斯密使用"市民社会"时的意涵，而是采纳了这个概念，并且通过重新考察，将其置于改造之后的资本及其流通的概念领域，从而从中生产出了新的概念。这不再是个人主义的场所与源泉，而只是资本走向扩大再生产循环中的个体化领域。因此"个人主义"不是系统的来源——无论是在事实（鲁滨逊漂流记式的故事）还是在理论上。这是资本所生产出的一个必要的"表象形式"——它是必要的但具有依赖性的效果。最能说明马克思这个新的理论空间的独特之处的，是他所使用的意指经济基础与上层建筑间某些复杂关系的概念。去确认在资本的循环的某一点上存在的"直接的形式"，意味着开始追踪葛兰西所称的从经济基础到"复杂的上层建筑领域"的"通道"。

阿尔都塞似乎把握到了这一点，但在关键的地方退缩了。他说，如果我们要保留"市民社会"这个概念，我们就必须认识到，这个概念中不存在经济性，而只是"法律和政治意识形态在经济领域中所共同产生的效果"。但这个解读与我们前面所引的马克思的解读不一致。在这一点上普兰查斯认同阿尔都塞——他也只将市民社会视为法律-政治的和意识形态层面的内容。但马克思在这个单一的例证中明确表明了各种效果的累积——经济的、政治-法律的以及意识形态的。

正如我们所见，葛兰西对"市民社会"概念的使用非同一般。首先，他的用法与马克思不尽一致，但他的确好像与马克思的这个论断非常接近：至少二者都将"市民社会"视为标志经济基础与上层建筑之间具有耦合（coupling）效应的概念。但葛兰西是在另外一种意义上使用这个概念，这个概念的范畴更为广泛，与马克思《资本论》中所提出的概念没有多大的关联性，而是属于葛兰西为了"思考"政治现实的具体性并且阐述霸权而发展出来的概念。葛兰西作出了如下重要的区分：一方面是统治阶级联盟通过力量和强制对社会构成的"支配"（domination）；另一方面是这种联盟通过同意所进行的"指导"（direction）或领导。他的"霸权"就是用于后一个环节的。其特点是，统治集团有能力将其领导权和权威范围扩大到整个社会的范围，并且积极地让经济、公民和文化生活、教育、宗教以及其他机构都遵从自己的指导。很明显，其中很多领域都是远离国家、政治社会和经济的直接权威的。在他的后一种用法中，这些就是葛兰西所称的"市民社会"所包含的某些领域。

在特定的阶级联盟的霸权中，占统治地位的意识形态以及意识形态国家机器所起到的"黏合与统合"社会形构的功能，就成为阿尔都塞在 ISAs——有关意识形态国家机器那篇论文中关注的问题。但因为他不认同市民社会和国家的二分法，所以他抛弃了这个区分，声称这个区别只是资本主义下纯粹法律意义上的区分，并没有实质性的意义。这就使得他将所有的"意识形态机器"都视为国家机器，他称之为"意识形态国家机器"。他论述说，不存在某些是直接由国家组织的，而其他则是由私人组织的这样的结论，因为所有的意识形态机器都是在"同质的意识形态之下"发挥作用①。这个定义是一种同义反复。这也遮盖了某些关键的区别。在直接由国家所协调的机器和由私人所协调的机器之间存在差别。这些区别非常关键——它们会影响这些机器的运作方式，与国家接合的方式；它们也可以为处于国家和统治集团复合体内的不同的机器提供关键性的内在矛盾的基础。例如，就英国来说，（私人所有的）媒体和（由国家间接协调的）电视的功能有所不同，因为两者之间有着不同的传播模式；而这些差异有着切题效应（pertinent effects）——例如，阶级斗争的不同方面在意识形态方面相互影响的方式。例如，宗教在意识形态方面所起到的作用取决于其是否作为"国家宗教"的组织基础——正如葛兰西所关注的意大利天主教所显示的道理。工会的复杂地位也不能出于实用目的，简单

---

① 令人感到意外的是，阿尔都塞为葛兰西的这种概念解体找到了保证："作为一位清醒的马克思主义者，葛兰西已经用一句话事先反驳了这种反对意见。公共与私人的区分其实是内在于资产阶级法律的区分，只有在（从属性）的领域中才有效力，而正是在这个领域中，资产阶级施行其'权威'。""Ideological State Apparatuses"，p. 253. 当然，阿尔都塞正确地认识到公共/私人区分首先是由资产阶级法律所确立的，其次两者的边界是不断转变的。但是如果他认为在具体的历史时刻，这个边界到底怎么划定的问题在葛兰西看来是无关紧要的，那么他就犯错了。正如阿尔都塞在之前的脚注中所说，葛兰西有着"非同一般的观点"，将"宗教、学校和工会等"也添加进压迫性国家机器，"他包纳了来自市民社会的某些机构"。因此对葛兰西来说，公共/私人的区分依然重要，虽然不会最终起到决定作用。

将其视为"国家机器"。因为这会遮蔽国家所不得不从事的"工作",国家会无休无止地积极地对工人阶级的社团性和防御性的机构施加霸权。因此,不假思索地将工会视为国家领域的做法会模糊现代资本主义与社会民主之间接合的关键问题。从另一种不同的角度来看,家庭也是这个道理。当资本与劳动力再生产的职能从作为"私人"机构的家庭来承担转移到服务国家时,便出现了某种关键性过渡,这也是一个关键的环节,需要认真分析。阿尔都塞坚持认为,我们需要将具体性作为马克思主义总体性概念的"必要复杂性"的一部分。但是对于"市民社会"概念的反对则具有另外一种理论效果,即让我们抛弃具体性,追求便利的一般性。再一次,我们看到阿尔都塞是如此坚持"具体情况具体分析"的首要性。但正是葛兰西对国家与市民社会的区分,以及霸权的不同形式内的不同环节与组合形式的区分,对具体情境的分析产生了真正的回报效果。

我们已经指出了困扰着阿尔都塞有关意识形态国家机器那篇论文的问题——这包括公共/私人区分的瓦解,不假思索地将所有的机器都划归到国家领域,以及倾向于认为国家为了资本而行使"再生产"的功能这个论断是不存在问题的(同样的问题也存在于普兰查斯的《政治权力与社会阶级》中,里面的论述紧紧跟随阿尔都塞,并且也存在将所有一切都置于资本主义国家领域内的趋势)。然而在更一般的层面来说,这篇至关重要的论文在我们看来,离开了葛兰西的文本,就变得不可思议。在这里,意识形态的全部问题似乎因为考虑到了葛兰西的范畴,而得到了重新思考。阿尔都塞的这篇论文直接借鉴葛兰西的《狱中札记》。在其中意识形态不再作为科学的对立面而得到思考,而是主要考虑到其在主导性意识形态之下在凝聚某个社会集团方面所起到的实践-社会效果。这是一个非常葛兰西式的概念。阿尔都塞将这篇文章中介绍的所有领域都定义为"再生产"的领域——服务"再生产生产关系"的机器。但这与葛兰西的如下概念非常接近,即上层建筑的作用就在于让社会"服从"资本的长期需求。阿尔都塞用教育系统和家庭的意识形态国家机器的对子取代了宗教-家庭的对子,并赋予前者以中心地位,这与葛兰西在论述知识分子不同范畴时对学校和教育系统角色的探讨之间存在呼应关系。① 两者都认为教育在现代资本主义的上层建筑的复杂本质中处于核心地位——后来普兰查斯认为作为意识形态国家机器的教育系统在再生产脑力劳动和体力劳动之间的区别方面起到了核心作用。② 阿尔都塞承认："葛兰西是唯一一位与我同行的思想家。"不幸的是，"他并没有将他的直觉进行体系化"。阿尔都塞这篇论文的前半部分可以视为某种将葛兰西"缺席的体系化"进行到底的尝试。阿尔都塞承担了这个任务，但并非直接从他的"直觉"中推断而来，而是将葛兰西的概念重新移置到"再生产"的更为坚实的结构主义领地上。这种对葛兰西的移置无疑让葛兰西的论述变得更为体系化、更为严苛。有时，这也会让处理《资本论》的这篇论文比葛兰西的工作更言之有理，更具有必要的功能性的效应。另外，一般来说，其论述更多聚焦的是意识形态的"一般理论"，而不是对具体的历史情境的分析。在阿尔都塞所从事的转变与变换的工作中，有得有失。也许写作这篇论文的阿尔都塞与葛兰西之间最为重要的一点共识就是，将"意识形态"的概念深深植根于上层建筑的实践与结构中。葛兰西似乎一直都是这样来思考意识形态问题的。对阿尔都塞来说，与其早期的某些立场相比，这代表了重点的转换——且这是一个应该肯定的转换。我们这里论述的重点不是证明或者证伪直接的理论传承关系，或者只认出明确的"影响"关系。我们的重点是证明两个问题架构之间的交汇。隐喻地说，当阿尔都塞作品中与"意识形态"相关的重点发生转变时，很明显与葛兰西在理论上已"近在咫尺"。

总起来看，我们可以说，如果写作《阅读〈资本论〉》和《保卫马克思》时期的阿尔都塞，对葛兰西"才华横溢的洞见"始终是充满敬意并采取积极肯定态度的，那么写作"意识形态国家机器"时的阿尔都塞的探索领地最先也是由葛兰西所标界出来的；即便他对问题的处理在理论构想和方向上会与葛兰西有所不同（更接近拉康以及"意

---

① 参见葛兰西《狱中札记》中的"The Intellectuals"，"On Schools" and "Americanism and Fordism"。
② 这个论点在普兰查斯的 *Classes in Contemporary Capitalism*（1974）中得到了最为全面的论述。

识形态中主体的建构"——这是 ISAs 论文后半部分的主题——阿尔都塞的论述中也有这个主题),偏向于阿尔都塞自己话语中的那个要素。

五 对葛兰西的结构主义征用——普兰查斯

我们在其他地方会对普兰查斯进行详述。因此我们这里只是概述他和葛兰西的关系——主要是围绕最能体现这种关系的文本,即《政治权力与社会阶级》。这本书旨在用阿尔都塞所开创的一般性马克思主义-结构主义框架来发展出关于政治事例与资本主义国家的"区域性"(regional)理论。因此其核心的关注点就是政治的"相对自主性",政体的类型,阶级和国家的关系,与霸权和支配意识形态相关的问题。这些当然也是葛兰西的作品所探讨的问题群。进而,普兰查斯构想这些问题的方式也昭示了葛兰西的关键影响。例如,普兰查斯区分了"根本性阶级"和支配性国家的不同阶级的联盟——葛兰西也阐述了这个问题。[①] 两者都是在很大程度上借鉴了马克思对英国的分析、《路易·波拿巴的雾月十八日》以及《法兰西的阶级斗争》(这些似乎是少有的葛兰西在狱中能够详细记起并引用的马克思文本)。在列宁和葛兰西之后,普兰查斯是第一个在国家理论中赋予"霸权"概念以核心地位的马克思主义理论家。他和葛兰西一样(正如我们所论述的,还有后期阿尔都塞),都关注支配意识形态在社会形构中所起到的"黏合"功能。

很明显存在诸多重叠和交汇。当然,普兰查斯注意到,葛兰西的理论化远没有他自己的成体系。葛兰西从没有像普兰查斯所说的那样,向"结构上的因果性"理论的方向大步前进。对阿尔都塞来说,这意味着抛弃因果链的概念,并试图用"内在"(immanent)于其效应的原因,来"思考"社会形构不同层面之间的关系,"我们是在斯宾诺莎的意义上使用内在一词的……而整个结构的存在是由其效应构成的"(《阅读

[①] 尤其参见 *Political Power and Social Classes*, pp. 227–252。

《资本论》》,第189页)。普兰查斯则将之确定为是对"资本主义生产方式事例的具体的自主性"进行理论化的必然性(《政治权力与社会阶级》,第139页)。葛兰西当然没有使用过这种"结构主义的"语言。他没有从"具体的自主性的事例"之间的关系这种形式上的划分来思考社会形构,因此他没有关于某种社会形构内不同区域的理论,从而也就没有构成"区域"理论的适合每个区域的理论。[①] 但是在他的作品中,他的确坚持政治和意识形态的"相对自主性"和具体的有效性(effectivity);他强烈反对将上层建筑还原为经济基础的所有形式,无论是表现主义、经济主义还是自发主义的还原论。他还在《狱中札记》中——就像普兰查斯在《政治权力与社会阶级》中——对政治和国家给予了很大关注。因此如果没有考虑到普兰查斯著作的理论架构与葛兰西所开启的领域之间的关系,我们就无法思考其作品,尽管我们承认,普兰查斯对这个空间的理论化的模式在特点上更接近于阿尔都塞而非葛兰西,他得到的启发也更多来自列宁。于是问题在于,普兰查斯比阿尔都塞更加疏离葛兰西,更不愿意承认他对葛兰西所负有的理论债务。他对葛兰西"历史主义"的攻击比阿尔都塞更具有一种语言纯正癖。[②] 他不厌其烦地将自己的作品与葛兰西式的污点区别开来。

有些区分的确是真实且富有成果的,有些则是无关紧要的。第一类区分的一个例子是关于"恺撒主义"和"波拿巴主义"——这个概念在普兰查斯后来的研究即《法西斯主义与独裁》(*Fascism and Dictatorship*)中有更为全面的发展——的辩论。这些是葛兰西在探讨以政治的方式解决危机和断裂时所采取的不同类型——非霸权性的解决或者资本主义国家的"例外"形式。葛兰西的定义是比较松散的;普兰查斯正确地对这个概念进行了体系化。普兰查斯论述说,葛兰西的"恺撒主义"概念指的是一种例外的时刻,在那种时候,既没有出现根本性阶级的统治,也没有出现权力的平衡,由此而陷入一种僵局。然而,法西斯主义并不是阶级之间的僵持状态所造成的后果,尽管在法西斯主义的情

[①] 关于"作为科学对象的区域结构",见 *Political Power and Social Classes*, pp. 16–18。

[②] 例如,*Political Power and Social Classes*, pp. 137–139。

况下，资本主义国家的确展现出某些"自主性"的特征——葛兰西将其称为"恺撒主义的解决"。① 这可以让普兰查斯比葛兰西更为细致地区分例外国家的不同类型。因此这是一个有用且具有生产性的区分。

就"霸权"来说，情况有所不同。② 普兰查斯用"霸权"的概念意指"一个由好几个在政治上占支配地位的阶级或团体所构成的权力集团的运作"。他的用法与葛兰西有所不同。但这种区分似乎是错误的：这当然是葛兰西在使用这个概念时的一个意思。普兰查斯反对这样的事实，即葛兰西用"霸权"来意指被支配阶级的策略。现在，一个不占有国家权力的阶级能否成为"霸权性的"问题就对葛兰西之前作品中的用法构成了挑战。在与安德森（Anderson）的著名书信往来中，E. P. 汤普森也质疑了对这个概念的使用——吊诡的是，他采纳了普兰查斯的立场。但这个问题因为意大利共产党的整个策略和目标而变得更为急迫与现实，这个目标就是在意大利共产党夺取国家权力之前获得社会"霸权"，例如通过与天主教民主党之间的"历史性妥协"（Historic Compromise）：这是一个进行中的战略，葛兰西的名字因此而不断被提及。这些应用是否可以因为参考了葛兰西而真正得到批准尚未有定论。但是在他对"操控战"（war of manoeuvre，对国家权力的正面进攻）与"位置战"（占据并且渗透市民社会的外部壕沟和堡垒）的精细区分中，葛兰西的确表示工人阶级政党需要某种"霸权性策略"。③ 但普兰查斯跟随列宁的观点论述认为，被统治阶级"在夺取政治权力之前无法取得意识形态的主导权"（204）。现在的困难在于，普兰查斯不满于简单肯定这个经典的列宁主义立场。他转而将他所见到的葛兰西的失误视为葛兰西的历史主义。然而他承认，葛兰西的问题架构"就表面来看，与卢卡奇式的观点是截然相反的"，后者将崛起的无产阶级视为阶级主体，视为一种普遍的"世界观"的承载者。这似乎消解了葛兰西与卢卡奇之间

---

① 关于"恺撒主义""波拿巴主义"和"法西斯主义"的段落主要出现于 *Political Power and Social Classes*, pp. 258 - 262。

② 普兰查斯充分讨论了"霸权"的概念以及他和葛兰西对这个概念的使用的区别，见 *Political Power and Social Classes*, pp. 137 - 139，204 - 205。

③ 葛兰西对"操控战"与"位置战"的区分，见"Notes on Italian History", pp. 108 - 110，"State and Civil Society", pp. 229 - 235。这两篇文章都出自《狱中札记》。

很多真实的、实质性的差别。正如普兰查斯本人在其他地方所承认的，葛兰西的确在理论上处理了"支配意识形态与在政治上占主导地位的阶级之间的错位关系"。① 事实上，从理论上来说这种对"错位"的关注奠定了葛兰西对政治具体性的关注，以及对消解经济基础与上层建筑之间区分的拒绝。这就是葛兰西与卢卡奇之间主要的和不可逆转的理论分歧之所在。普兰查斯急于批判各种形式的"历史主义"，因此忽视了这种分歧，并且也没有认清葛兰西独特的理论贡献。

这里的问题不在于卢卡奇主义如何看待阶级主体和世界观，而是更为宽泛的霸权概念。正如我们所试图要说明的，葛兰西的确在更广泛和更具有包纳性的意义上使用"霸权"。他虽然是"非理论化地"用这个概念来处理马克思主义理论中的主要问题：借助复杂与通常是非直接的方式，整个资本主义社会的构造是如何被拖入合乎资本长期需求的轨道，而这种方式也是阿尔都塞所谓的"咬牙切齿的和谐"（teeth gritting harmony）②。我们已经论述过，阿尔都塞将葛兰西所开启的问题称为"再生产"问题。正如我们所注意到的，阿尔都塞在向这个问题进发的时候，他不得不承认葛兰西的贡献。普兰查斯则在更为严格的意义上对"霸权"进行定义。他倾向于将其限制在政治和意识形态的领域，因为它源自政治和国家。正是这种更为严格的处理以及对"历史主义"急不可待的批判导致普兰查斯"误认"了葛兰西的问题架构。③

---

① *Political Power and Social Classes*, p. 204.
② 这个短语来自ISAs论文，p. 257。
③ 我们所说的"还原"可以用如下一段话来进行说明："为了把握这两个'环节'（'强力'与'共识'）的关系，他（葛兰西）使用了'补替性'（complementarity）这个重要术语。这里产生了不同领域的混淆，而霸权就是在这些领域中行使的……根据霸权理论，强力是国家在'政治'社会中行使的，霸权是国家在'市民社会'中通过一般所认为的私人机构的方式行使的……这个区分是历史主义借以理解经济与政治之间关系的模式的关键所在：它将政治（阶级斗争）视为以机械论视角看待的'经济法则'的动力和力量；换言之，政治被视为经济'自动主义'（autonomism）的动力。"（*Political Power and Social Classes*, p. 26）强力与同意之间的"补替性"当然是葛兰西的观点。然而，他并没有简单地将前者置于政治社会，将后者置于市民社会。因此并不能得出结论说，葛兰西以历史主义的方式来思考政治与经济的关系。就政治作为"以机械论视角看待的"自动的经济法则的动力来说，很难调和对葛兰西的阅读。另外，这种还原主义的最后行动似乎通过一个双关语运作——强力（force）——而这无法通过对葛兰西的阅读得到支持（他并没有用"实施强力的时刻"来意指自动的经济法则的"力量"）。简言之，随着论述的展开，"历史主义"越来越呈现为一种理论衍生物——但是我们离对葛兰西的解读也越来越远。

政治与意识形态：葛兰西

这与普兰查斯全部著作中的其他特征也紧密相关。"过度政治化"（over-politicise）相关问题的习惯让他忽视了葛兰西对"市民社会"（这个概念也被判为"历史主义的"，见我们前面的相关讨论）的使用。而这又导致普兰查斯（如前所述，也导致阿尔都塞）将所有要素都归入国家的领域（我们作出这个论断，同时也完全承认普兰查斯在对资本主义国家进行概念化方面作出的重要贡献）。这或许与普兰查斯著述中的另外一个特征有所关联：在他处理国家和意识形态时所表现出的一定程度的"功能主义"。当阿尔都塞揭示同样的问题时，他试图乞灵于"阶级斗争"来加以补救。但是在《意识形态与意识形态国家机器》这篇论文中，这主要出现在脚注、补充的话以及后记中，并未将之置于其文本问题架构的中心。对"阶级斗争"的关注在普兰查斯的作品中处于更为核心的位置——无处不在，并且是作为一般性的问题被述及。但这还是让人感觉到——用阿尔都塞式的隐喻来说——更多的还是姿态性而非理论性地存在于普兰查斯的话语中。虽然这个术语本身并非总是出现在葛兰西的作品中，但阶级斗争的概念却从未缺席。对葛兰西来说，没有一个霸权国家或霸权时刻不受到对抗，不是由主导阶级联盟最终通过掌控阶级斗争而得以实现的，没有什么"霸权"不需要去赢得、保卫并时刻防御的。即便阶级斗争的场所明显远离于经济的领域以及根本性阶级之间的直接对抗，情况也是如此。正是这样的情况让葛兰西作出论断，即便是被支配阶级的政治组织也需要霸权性的实践；这也让葛兰西认识到，即便无产阶级只能在不利的地形——在"位置战"中——进行斗争，也必须持续进行夺取"霸权"的斗争。他论及被统治阶级的"霸权"，这或许是错误的——严格来说，在葛兰西自己的术语中，这是一个矛盾的概念。但他使用的是更宽泛意义上的"霸权"概念，或者可将其视为争取被支配阶级的斗争，在这个斗争中，任何"解决方案"都涉及边界（妥协）和系统性的矛盾，并没有错。普兰查斯明显倾向于将"霸权"视为掌权的阶级联盟所主导而产生的"功能性效应"——并不将其视为一个问题。而葛兰西则从没有犯这个错误。

因此，对普兰查斯来说，"霸权"似乎是统治阶级联盟在资本主义国家中的支配性权力能够或多或少得到保障的一种特征，而葛兰西则偏

· 473 ·

向于将这个概念看作更具对抗性,同时也更具情境性定位的方式。对葛兰西来说,某些阶级可以在没有"霸权地位"的情况下而"统治"很长时间:意大利的例子在他看来是最具权威性的。可以存在"霸权的危机",但不一定会导致体制的崩溃。也可能存在霸权模式的转变——例如"强制"会超过"共识",或者相反。的确,葛兰西对"霸权"形式的支配和"非霸权"形式的支配的进一步区分让我们可以对资本主义国家的不同时刻与形式,以及任何一个资本主义国家形式的不同阶段进行具体分期。这就让我们直接来到了葛兰西所认为的从根本上构成马克思主义政治理论具体性的问题:对特定情境,特定"霸权"时刻以及维持某种"不稳定平衡"或者激发断裂的阶级力量对比关系的分析。这也引导他去考察"妥协"的本质,这种妥协可以将臣属(subaltern)阶级争取过来,从而强化统治集团的统治;不仅考察任何特定的"力量的平衡",而且也考察这种平衡中主导性趋势的构成——无论是生产出对阶级斗争行动来说是有利还是不利的场所,从而定义无产阶级政党的策略。从全部实践的目的来看,葛兰西的概念远没有构成一种卢卡奇式的方案——这种方案将某种特殊的"阶级意识"划归给无分别的阶级—主体——而在我们看来,直接指向了列宁的论域:"具体情况具体分析"。应用这些概念去分析所有可能的政治情境的做法给我们带来了很大的启发——同时又尚未开始。

然而,考虑到我们之前的论述,毫不奇怪的是,普兰查斯也不同意葛兰西对"霸权"和"支配"所做的区分,并且攻击葛兰西,因为后者将"霸权"视为那种共识(consent)战胜强制(coercion)的时刻。普兰查斯反对这种区分——这是葛兰西的核心区分之一(相应的还有强制/共识、支配/指导等)。他批判葛兰西,因为后者认为政治或者国家权力的这两个要素总是存在"互补性"。另外,他论述说,国家无法成为"霸权性的";只有支配性阶级才能成为"霸权性的"。就第一个反对意见来说,我们只能说在强制和共识之间的确存在互补性,而这种区分是大有裨益的。而且我们也注意到,当阿尔都塞在《意识形态与意识形态国家机器》中论证共识的机器也通过强制起作用(媒体审查)并且强制的机器也需要共识(警察对于公众形象的关注)

时，认为这种区分非常有用。就第二个反对意见来说，似乎国家的确无法成为"霸权性的"。但是在让特定的阶级联盟对社会结构的支配提升到共识的层面方面，国家的确扮演了至关重要的角色。这精确地抓住了这样的概念，即国家如何通过赢取、确保和黏合被支配阶级的"共识"来维持其"霸权"。这也是马克思处理国家的概念——并加以"普遍化"（universalisation）的场域，通过让事实上是特殊的阶级群体的利益具备"普遍利益"的形式，让阶级统治合法化和隐蔽化。① 但是普兰查斯消解了国家权力的两"极"——强制与共识——之间的区分，并且将"霸权"限于统治阶级，他似乎忽视了他在其他地方所要强调的重点，即为何基于普选权的资本主义国家从根本上来说是阶级支配普遍化的必然场所。因此，虽然他急于将自己和葛兰西区分开来，但他似乎忽视了葛兰西所发展的一些不容易察觉的论述，而这些论述是支持他自己的理论立场的。普兰查斯当然认识到"共识"对于资本主义国家支配正常化的重要性，但他有时似乎视其为理所当然。葛兰西认为，资本主义国家的首要问题是赢取并且维持被支配阶级对于支配的共识，但也不会允许我们哪怕有片刻忽视阶级斗争和国家权力的核心特征。

当然，正如普兰查斯所论述的，葛兰西的"洞见"是随性的，不成体系的。（阿尔都塞用的词是"出类拔萃的"——呼应马克思对恩格斯一篇对自己产生极大影响的早期文章的评价；阿尔都塞的这个引文可以视为对这种理论债务的隐蔽承认。②）这里普兰查斯和葛兰西展现的是相反的力量——和缺点。虽然葛兰西缺乏系统性的理论化，但他对情境有具体的分析。虽然普兰查斯获得了理论力度，但是却反对对具体情境的分析，这也导致他未能完全清除功能主义。葛兰西对阶级斗争和具体情境——以及情境间的运动——的分析总是翔实的，从而揭示了特定的

---

① 特别参见 *Political Power and Social Classes*, pp. 210 – 228（"Bourgeois Political Ideology and the Class Struggle"）, and pp. 274 – 307（"The Capitalist State and the Field of the Class Struggle"）.

② 参见 *Pour Marx*, Maspero, 1965, p. 78 n. and p. 114 n。阿尔都塞用的法语是 Génial，英语翻译为 brilliant 而非 genial，见 *For Marx*, p. 81 n. and p. 114 n. 。

社会形构。普兰查斯则倾向于"例证性地"（illustratively）援引特定的情境，善于处理系统性的特征和功能，但是对"力量关系中的环节"却不那么敏感。我们或许可以说，葛兰西的概念总是情境性的——并没有"普遍"或者"一般"概念。这既是长处也是短处。普兰查斯对区域有更为完善的理论——如区域性的案例，以及对社会形构各个层次的具体自主性有所论述。葛兰西的工作则涉及一个更为熔合（fused）与耦合的结构－上层建筑概念。前者当然更为清晰，更为有力。但后者更具动态性，不那么固执于事例之间的组合形式。

因此，问题并非于理论上在葛兰西和普兰查斯之间作出选择。如果正如我们所论述的，葛兰西构成了结构主义马克思主义的极限例证，那么也正如阿尔都塞的《自我批评集》所明确表明的，存在某种未完成的理论相遇。问题在于普兰查斯倾向于取消这个理论探讨。而他的手段是——我们甚至可以说是迫不及待地——不仅攻击"历史主义"，而且将所有的"历史主义"都还原为一个一般性的理论敌人；将所有的历史主义都还原为"历史主义"的要素和逻辑；然后无论何时何地问题抬头，就去攻击"历史主义"的问题架构。这些导致普兰查斯过分夸张了他与葛兰西的分歧，并且在这个过程中简化了葛兰西的马克思主义本质。

这种还原论的处理结果，以及其背后的理论"纯粹主义"就是将葛兰西置于某种位置，从而让自己无法承认在智识和理论上对葛兰西的债务。与他伟大的导师阿尔都塞相比，普兰查斯对葛兰西的处理更为还原化。在这个意义上，他比阿尔都塞要更加阿尔都塞。这种趋势随处可见——例如，在《政治权力与社会阶级》开篇就存在非常机械的"阿尔都塞式正统观念"。这种正统很难坚持，因为阿尔都塞本人会不断检视并重新定义自己的立场——当然，总是带有自己在辩论时的某种确信。一般来说，在普兰查斯和阿尔都塞"征用"葛兰西的方式方面，存在着惊人的可比性。阿尔都塞对葛兰西作品的必要的复杂性给予了更多的承认。而葛兰西在这种征用中仍然幸存了下来，并保持了自己的独立地位，这个事实也证明了他作为马克思主义理论家和斗士的不朽地位。

六 结论

本文完成了两个任务，我们希望借此能够对当下关于葛兰西的广泛讨论有所贡献。首先，我们说明了"意识形态"这个概念是如何与《狱中札记》的理论框架发生关联并且得到处理的。其次，在过度与简化的意义上将葛兰西视为一个历史主义者的看法是不合适的。无论从何种意义上看，葛兰西是否是或者在多大程度上是一个历史主义者，这个与葛兰西相关的议题所引起的问题与确立历史主义概念的范围所引起的问题一样多。

就第一个任务来说，可以说在葛兰西的作品中并不存在"明确的"意识形态理论。尽管这样一种理论可以从《狱中札记》中的"实践状态"中建构出来，但这个概念只有置于葛兰西一般性的因政治而激发的概念群中才具有意义。这个概念群的核心是"霸权""常识"和"知识分子"等概念。从目前看，这些概念是葛兰西用来检测具体的历史情境的；或者更为政治地说，是用来分析具体情境中各力量间的平衡的。因而这些是历史唯物主义的概念。因此毫不奇怪的是，葛兰西更为关注的是具体的意识形态，而非意识形态一般。这并不是说，意识形态或霸权不是可以在一般性层面上得到定义的一般性概念（如果对葛兰西来说，它们在那个层面上具有有限的价值），而是坚持认为，它们并不意指一般性的实体。对葛兰西来说，意识形态一般并不是合法的研究对象。虽然他并不接受将马克思主义区分为历史科学和哲学（辩证唯物主义）的做法（Gramsci, 1971: 38, 434-435），但也不能因此认为马克思主义就不是合法的研究对象。因而，虽然不能将它视为理论上的相对主义者（无法完全将概念还原为它们所指涉的历史境况），但是对葛兰西来说，马克思主义的确是且仅是关于具体且仅关于具体现象的哲学的和历史的理论。意识形态也不例外。

在本文中我们论述了，阿尔都塞和普兰查斯虽然批判马克思主义的历史主义表现形式（葛兰西算是其中一种），但是他们对葛兰西所欠的理论债务比他们（尤其是普兰查斯）愿意承认的要更多。就政治和国家的角色以及相对自主性来说，情况尤其如此。当我们考察阿尔都塞在最近的《自我批评集》中所提出的论点，诸如阿尔都塞之类的理论家与葛兰西复杂的"历史主义"之间的关系就会变得更为复杂。因此本文以对这个立场的概括作为结尾。我们说过，葛兰西并不完全"符合"历史主义标准。通过《自我批评集》来看，如果这个标准本身就不像原本认为的那么可靠，那么葛兰西不仅可以摆脱反-历史主义阵营的无端指责，而且其作品可以在马克思主义理论问题的严肃讨论中占据关键位置，而这些理论问题并没有得到充分讨论。

对于历史主义的批判主要是基于《阅读〈资本论〉》的论述。[①] 就我们的意图来说，最为关键的是这样的论断，即马克思主义提供了科学的和独特的认识论；这种认识论将马克思主义与所有形式的经验主义或唯心主义区分开来。当然，历史主义包含这两种要素。如果可以用一般的理论术语来表示马克思主义的科学性，我们可以推论说，历史主义的任何形式或要素都与马克思主义毫无关系。应该搞清楚，这样一种论述依赖的是如下观念，即只有马克思主义哲学才具有科学的特征。历史唯物主义相比而言具有相当不同的对象：对具体情境的分析（《阅读〈资本论〉》中的其他一些问题已经被他指出，因此这里就省略不述了）。

阿尔都塞的自我批评拒绝了科学的哲学这样一种观念。他再度提出这样的命题——这个命题在"正统"马克思主义那里隐而不彰，在葛兰西那里比较明显——并不存在科学一般（science-in-general），在逻辑上保证大写的科学的哲学学科也不存在。虽然《阅读〈资本论〉》中的论断与此相反，但阿尔都塞论述说，这样一种进程无法逃脱（资产阶级的）"知识问题"。在早先的文本中，意识形态（一般）是通过其逻辑对立面的科学（一般）而得到定义的。在这种"思辨的"立场下，阿尔都塞认为应该将科学理解为"把握具体对象所必须的最小程度的一般性（the minimum of generality）"。（Althusser, 1976: 112 n.）另外，这种概念上的一般性应该置于历史唯物主义之内。（Althusser, 1976: 124 n.）如果阿尔都塞的自我批评没有错的话，那么对作为认识论命题的科

---

① 参见阿尔都塞的文章。

学与意识形态的一般性对立就不再是马克思主义的信条，而其他奠基于这种对立的论述也不再成立。至少反对历史主义的部分论述可以归在这个范畴之下。因为历史主义必然会区分辩证唯物主义与历史唯物主义，并且纯粹地专注于将理论和意识形态的内容还原为它们对历史境况与效应的"表现"——这些特征当然可以归入哲学的马克思主义之下。那么，历史主义者归根结底是正确的吗？

幸运的是，事情从来就不简单，理论辩论也不例外。在为我们所认为的葛兰西的核心概念辩护时，我们并没有暗示说，对历史主义的批判是错误的。我们也没有这样的意思：在结构主义介入的背景下，可以回归到对葛兰西的"无辜的"阅读。我们想要说的是，这存在着某种危险，即将真正的历史唯物主义概念置于那个一般性的范畴之下。例如，有必要重新检视这样一种观念，即认为在将理论和意识形态还原为它们存在的历史境况的做法同将理论和意识形态与这些境况建立起关联的做法之间，存在着理论的对等。在我们看来，后者是马克思主义的命题；前者则不是。同理，阿尔都塞依然固执地反对历史主义、经验主义和唯心主义，这个问题不易解决。具体来说，《自我批评集》只是反对了《阅读〈资本论〉》中所提出的问题架构的某些特征。事实上我们可以合理地指出，阿尔都塞最近的立场是充满内在矛盾的（或者说是需要完善的"过渡性"工作），因此我们依然需要马克思主义关于知识和意识形态一般的理论。当然，对阿尔都塞来说，在与科学的关系中，哲学继续扮演着特殊的（或者说降级的）理论角色。

本文无法评价这些重要议题。我们能说的是，在马克思主义的自我定义的界域中，还有很多路要走。阿尔都塞转变后的理论视角无论存在什么问题，他的论断——必须将科学与意识形态的概念吸纳进历史唯物主义而非哲学——却无法轻易置于一边。这个论断是葛兰西在论述（与哲学相对的）科学概念时所提出的站得住脚的概念。我们应该公开承认这个贡献。

本文发表时，佩里·安德森发表于《新左派评论》第 100 期中的关于葛兰西的长文尚未面世，因此我们没有探讨安德森在那篇论文中对葛兰西的阐释。

参考文献

Gramsci, A., *Selections from the Prison Notebooks*, ed. Hoare and Nowell Smith, London: Lawrence and Wishart, 1971.

Althusser, L., *For Marx*, London: Allen Lane, 1969. *Reading Capital*, New Left Books: London 1970. *Essays in Self-Criticism*, London: New Left Books, 1976.

Bobbio, N., *Gramsci e la Concezione della Società "Civile"*, Feltrinelli, 1976.

Boggs, C., *Gramsci's Marxism*, London: Pluto, 1976.

Lukàcs G., *History and Class Consciousness*, London: Merlin, 1971.

Marx K., *Capital*, Vol. I, Moscow, 1966. *The German Ideology*, Lawrence and Wishart, 1970.

Poulantzas, N., *Political Power and Social Classes*, New Left Books, 1973. *Fascism and Dictatorship*, New Left Books, 1974.

Woolfson, C., "The Semiotics of Working-Class Speech", in *Working Papers in Cultural Studies*, 9, Birmingham, 1976.

（王行坤　译）

解析"民众"札记[*]

首先，我想谈一谈关于民众文化（popular culture，通俗文化）研究中的分期问题。分期在这里带来了难题——我提出这一点，不是单纯地向历史学家摆一种姿态。分期主要的变化大都是描述性的吗？它们大都来自民众文化本身，还是来自民众文化的外部但却是影响民众文化的因素？"民众文化"与哪些其他的运动和分期有着最为启示性的联系？然后，我想告诉你们一些我遇到"民众"这一术语时的困难。当我遇上"文化"这一术语时，也几乎遭遇了与"民众"一样多的问题。而当你们把这两个术语放在一起的时候，所遇到的困难将是相当令人吃惊的。

在向农业资本主义过渡，以及后来在工业资本主义的形成和发展的整个漫长过程中，多少会有一些与劳动人民文化、劳动阶级文化和穷人文化有关的持续不断的斗争。这个事实必须是任何民众文化研究的起点，不论是研究民众文化的基础还是其转型。在整个上述历史中，不断变化着的平衡和社会力量关系，一次又一次地在民众阶级（popular classes）的文化形式、传统和生活方式的斗争中彰显自身。资本在民众阶级的文化中占有重要地位，因为在最广泛的意义上，围绕着资本，一个完整的新的社会秩序的构成，是需要一个或多或少的、持续性的，或者间歇性的再教育的过程的。对人民进行"改造"需要借助一定的形式，而对这些形式进行抵抗的主要场所之一，便是民众的传统。这就是

---

[*] 原题"Notes on Deconstructing 'the Popular'"，原文载于 Raphael Samuel (ed.), *People's History and Socialist Theory*, London: Routledge & Kegan Paul, 1981。

民众文化长期以来与传统，与传统的生活形式问题紧密相连的原因，以及它的"传统主义"经常被误解为只是一种保守的冲动、向后看和不合时代产物的原因。斗争和抵抗——当然，还有强占和剥夺，一次又一次地使我们真正看到的，是对特定生活方式的主动破坏，以及它们向新事物的转变。"文化变迁"可以说是对这样一个过程的一种文雅的委婉说法，通过这一过程，一些文化形式和实践被驱逐出了民众生活的中心，被主动地边缘化。不是在走向现代化的长征中简单地"被淘汰"，而是主动地把事情搁在一边，由此而使别的事物可以占据它们的位置。治安官和福音派警察（evangelical police）在民众文化的历史上，拥有或应该拥有一个比他们通常被赋予的更加"受人尊敬"的地位。比禁止和限制更重要的，是微妙和狡猾的主顾——"改造"（包括它今天所有的积极的和明确的含义）。不管怎样，"人民"经常是"改造"的对象：当然，经常是为了他们自己好——"为了他们的最大利益"。如今，我们对斗争和抵抗的理解，比我们对改造和转型理解得的确要好。然而，"转型"却是民众文化研究的核心。我的意思是应积极地对现有传统和活动施加影响，使之可以积极地重构，并使之呈现出一种不同的方式。民众文化似乎处在一种"持续"状态——但是，从一个时期到另一个时期，其与劳动人民生活方式的关系是不同的，因此定义它们与彼此之间、与"他人"，与他们的生活条件之间关系的方式也是不同的。转型是劳工阶级"道德化"、穷人"志气消沉"和人民"再教育"的漫长而持续的过程的关键。在"纯粹的"意义上，民众文化既不是对这些过程抵抗的传统；也不是叠合（superimposed）在它们上面的形式。它是转型得以运作的基础。

在民众文化的研究中，我们应该始终从民众文化的双重支点开始，即挟持（containment）和抵抗的双向运动，而这是不可避免地包含在其中的。

民众文化的研究往往在辩证法的两极——挟持/抵抗——之间剧烈摇摆。其中也有一些惊人的和奇妙的反转情况。想想在历史认识中的真正重大的革命，及其随后的"上流社会"的历史，还有18世纪英国的辉格党（Whig）贵族的历史，这些历史都由于骚动和难以控制的人民的加入而被翻转。18世纪的劳工穷人、民众阶级和"散漫而无序"的人的传统，通常地在现在已表现出真正独立的构形：他们在相对和平与繁荣的时代，在一直不稳定的平衡状态下忍受着被压迫的生活；或在恐慌和危机时期，被迫去随处漂泊与远走。虽然，从形式上来看，这是处在"围墙之外"的人民的文化，超越了政治社会和权力三角，但是，它们从未置身于更大的社会力量和文化关系之外。它们不仅不断地挤压"社会"；它们还通过多样的传统和实践与它连接和联系。既有"联盟"线，也有分裂线。从这些文化基础出发，"人民"常常背弃法律、权力和权威的设置，不断地威胁要暴动；当他们这样做的时候，他们会用一种威胁性的喧嚣和吵闹——用鼓掌和鼓声、徽章和肖像、宣言和仪式，以及一种令人惊异的、流行的仪式性规范——冲击着庇护者和权力的舞台。然而，他们从来没有完全割断与父权制、服从和恐怖的微妙联系的绳索，在其中，他们常常地受到束缚，即便是不牢靠的。在下一个世纪，当"劳工"和"危险"阶级没有从改革者渴望划出的那一精美的区隔（这是一种文化上的区隔，一种道德和经济上的区隔：大量的立法和法规被设计为直接在其基础上运行）中得到益处时，一些地区会长期保存一个实际上无法渗透的飞地特性。"法律与秩序"的代表——新警察——几乎花费了整个世纪，才在它中间获得一个常规的和习惯的立足点。然而，同时，劳动群众、城市贫民的文化在这一时期的渗透比以后任何时候都更深、更具有持续性——这也是一种更持续性的"教育"和改革。

  妨碍民众文化适当分期的主要困难之一，是在19世纪80年代和20世纪20年代之间发生了民众阶级文化的深刻转型。关于这个时期的情况，有待整个的历史去书写。但是，尽管很多事情可能不是直接关于这段历史细节的，我的确认为加雷思·斯特曼·琼斯（Gareth Stedman Jones）关于这一时期的文章《英国工人阶级的重建》（Re-making of the English Working Class），已经使我们关注有关这一时期根本性的、本质上不同的和那些重要的事情。这是一个十分深刻的结构变化的时期。我们越是考察它，我们越是相信，在这个时期的某些方面，存在着许多因素和问题的母题，而我们的历史——以及我们的特殊困境，也就出现在这里。一切都在改变——不仅是力量关系的转变，而且也包括政治斗争领域本身的重构。在这个时期，我们现在认为的作为"传统"的民众文化的许多特有的形式，或者已从它们独特的现代形式中出现，或者诞生在这些现代形式中，这不是偶然的。我们已对17世纪90年代和18世纪40年代的民众文化进行了研究，并且正在对18世纪的民众文化进行研究，现在也非常需要对我们称之为"社会帝国主义者"（social imperialist）出现危机的时期进行研究。

就民众文化而言，前面所提到的关于这个时期的总的观点无疑是真实的。在这个时期，我们还发现独立、自主与"正宗"的工人阶级文化。例如，大多数最直接的民众娱乐形式，都已被通俗帝国主义（popular imperialism）所渗透。我们还能期待别的什么吗？尽管被统治阶级的文化有着复杂的内部构形和差异，但也与资本的重大改组有着非常特殊的关系；其本身也与这一世界的其余部分有着特殊的关系；这群人被最为复杂的纽带束缚在一系列变化着的物质关系和条件中；他们不知道怎样去建构不被最强大的主导意识形态——通俗帝国主义所沾染的"某种文化"；对于这样一种情况，我们如何给予解释，又对之能够做些什么呢？尤其是，当那个徒有虚名的意识形态同样被用以指导对之的解释，如在世界资本主义扩张中的英国所发生的那样。

在与通俗帝国主义问题的关系中，需要考虑人民与文化表现的主要方式之一的新闻界之间的历史和关系。回到置换和叠合的问题上来——我们可以清楚地看到，19世纪中叶的自由派中产阶级新闻，是如何在本土激进新闻界和工人阶级新闻界的主动解体以及边缘化之后而建构起来的。但是，在那一过程的高潮时期，在该领域中的某些性质上的新要素出现在19世纪末和20世纪初：一个发达和成熟的工人阶级受众积极地、大规模地介入了一种新的通俗化、商业化新闻中。这具有深刻的文化后果：虽然在狭义上，它不完全是一个"文化"的问题。它需要重组整个文化产业的资本基础和结构；利用新的技术形式和劳动过程；通过新的大众文化市场建立新的分配方式。但其中的一个效果，的确是重构了统治和被统治阶级之间的文化与政治关系：这一变化是与对公众民主的防卫直接关联的，在此基础上，"我们的民主生活方式"在今天似乎如此安全地得以建立起来。其效果在今天依然明显地存在着：一个通俗化的新闻媒体，当它逐渐萎缩时，却变得越来越咄咄逼人与充满恶意；它由资本"为"工人阶级而组织，然而，却在"弱者"的和"我们"的文化与语言中，具有深刻的和有影响力的根源，即其有力量以最因循守旧的形式来表达阶级本身。这是"民众文化"历史中的一个片段，完全值得去弄清楚。

当然，如果不去谈论很多通常在讨论"文化"中根本没有出现的东西，也就无法开始从事这一工作。它们与娱乐、舞蹈和通俗歌曲相关，也一样与资本的重构、集体主义的兴起，以及一种新的"教育式的"国家类型相关。作为严肃的历史研究的一个领域，研究民众文化是会与研究劳工史及其制度一样的。声明对它感兴趣，就是要去纠正在这一问题上的重大失衡，并弥补曾有过的严重失察。而最终，当我们把它放在一个更为一般与广泛的历史关系中看待的时候，便会取得更多的收获。

我选择19世纪80年代至20世纪20年代这个时期，是因为对于人们重新激发对民众文化的兴趣来说，它是真正的检测案例之一。我绝不会以任何方式贬低那些早期已经完成并仍在进行的重要的历史工作，我确信，只有当我们开始仔细考察一个时期的民众文化时，才会面对许多真正的困难（理论上的和经验上的），这个时期类似我们自己的时期，提出了与我们自己提出的相同的可阐释问题，并通过我们自己对当代问题的感知而得以理解。我不大相信以下这种对"民众文化"的兴趣，以为它在与宪章运动衰落大致相同的时间点上，突然地与意想不到地停止了。20世纪30年代，我们很少有人研究民众文化，这不是偶然的。我怀疑有一些非常尴尬的事，特别是对于社会主义者，在30年代，一个富有战斗性的、激进的、成熟的工人阶级文化并没有出现，说实话，在这个时期，我们大多数人是希望它出现的。从纯粹"英雄的"或"自主的"民众文化的观点来看，20世纪30年代是一个相当贫乏的时期。这种"贫乏"——就像早先意想不到的丰富与多样性——不能仅仅从民众文化内部得到解释。

我们现在开始要谈的，不仅是非连续性和属性上变化的问题，而且是一种非常严重的断层，一种深度的断裂——尤其是其发生在战后的民众文化中。在这里，不仅不同阶级之间的文化关系发生了变化，而且人们与新的文化机制的集中和扩张之间的关系也出现了变化。但是，在深刻的技术革命的背后（不言而喻，没有一种"深刻的技术革命"在任何意义上是"纯粹"技术的），一个人现在可以认真地开始书写民众文化的历史，而不去考虑文化工业的垄断吗？完全从这些阶级内部去书写民众阶级的文化史，而不理解他们不断地与主导文化生产的各种制度发生联系的方式，就不算是生活在 20 世纪。关于 20 世纪的观点是清楚的。我相信它也适用于 19 世纪和 18 世纪。

关于"分期问题"的分析，到此为止。

接下来，我想说一下关于"民众"的问题。该术语可以具有多种不同的含义，但不是所有的都有用。就其最常见的意义来说：被称为"民众的"（"通俗的"）东西，是因为人民群众倾听它们、购买它们、阅读它们、消费它们，并且似乎会充分地享受它们。这是这个术语的"市场"的或商业性的定义：这个定义也将社会主义者带出了他们自己拟定的框架。非常确切的是，这个概念与对人民文化的操纵和贬低是联系在一起的。在某种意义上，这与我之前使用这个词的方式直接相反。尽管有两个考虑使我不能完全把这个术语的这一层意义完全抛弃掉，但关于这个术语的意义并不能令人满意。

首先，在 20 世纪，广大的人民的确在消费，甚至确实在享受我们现代文化工业的文化产品，如果这是真的，那么，大量的工人一定被包括在这些产品的受众之中。现在，如果参与这种商业性给定的"文化"所依赖的形式和关系，是纯粹被操纵和被贬低的话，那么，消费和享受它们的人，一定是或者自己被这些活动所贬低，或者生活在永久的"虚假意识"中。他们一定是"文化傻瓜"，无法分辨喂养他们的是人民鸦片的现代形式。这种判断可能使我们觉得我们对大规模操纵和欺骗的代理人——资本主义文化产业——的指责是正确的、体面的和自我满意的。但是，我不认为这种对文化关系所做的充分阐释会是长期有效的，而对工人阶级的文化和性质的社会主义认知则是短视的。总的来看，人民（people）的概念作为一个完全消极的、外围性的力量，是一种完全非社会主义的观点。

其次，那么，我们能够绕开这个问题，而不去关注大量商业化民众文化被操纵的侧面吗？这些关注是不可避免与必需的吗？有许多为此而提出的策略，它们曾为激进的民众文化批评家与理论家所采纳，但我认为，这些多是十分可疑的。一种方法就是用另一个整体的"另类"文化——真正的"民众文化"的观念来对抗它；并认为"真正的"工人阶级（不论是什么）是不会被商业替代物所欺骗的。这是一个英雄式的选择，但不是一个非常令人信服的选择。它的基本错误是，忽略了文化权力的绝对本质的关系——支配与从属的关系——这是文化关系的内在特征。我想在相反意义上说，并没有整体的、真实的、自主的"民众文化"会置身于文化权力和支配关系的力量领域之外。另外，它大大低估了文化植入（cultural implantation）的力量。这是一个棘手的问题，因为一旦这个命题成立，就会受到这样的指责，就是他认同了文化收编（cultural incorporation）论。民众文化研究不断地在这两者之间转换，但完全不可接受这样的两极：纯粹的"自主"或完全的挟制。

实际上，我认为没有必要赞同哪一方，或者说这样做就是对的。由于普通人不是文化傻瓜，他们就完全有能力识别工人阶级生活的现实被重组、重建和重塑的方式，如在《加冕街》（Coronation Street）中他们被表呈（再现）的方式。文化工业的确借助权力常常去再造和重塑他们所表呈的东西；并通过重复和选择，去强加和植入有关我们自身的这些定义，以便更容易适合支配性的或优势文化对我们的描述。这就是文化权力的中心化——即少数人头脑中的文化创造手段——所实际意味的。既然我们的头脑不是空白屏幕，这些定义就无法置入我们的头脑，不能对我们起作用。但它们的确在被统治阶级身上置入和重构了情感与知觉的内在冲突；的确在那些受其影响的人的心中发掘或清理出了一个认知空间。文化统治具有真正的效果——即使这些效果不是全能的也不是包含一切的。如果我们认为这些强加的形式没有影响，那就等于说，人民的文化可以在文化权力的分配和文化力量的关系之外，作为一个独立的飞地存在。我不相信这一点。相反，我认为存在着一种持续的、必然不平衡的和不平等的斗争，通过支配性文化，不断地破坏和重组民众文化；由此可以将其定义和形式限制在更具包容性的支配性形式范围内。存在着对抗点，也有更新的时刻。这是文化斗争的辩证法。在我们的时代，它继续在复杂的抵抗和接受中拒绝与投降，这使得文化领域成为一个持续的战场。在这个战场中，没有一个一劳永逸的胜利者，总是需要去赢得和失去战略位置。

因此，这第一个定义对我们的目的来说没有用；但它可能迫使我们更深刻地思考文化关系的复杂性，思考有关文化权力的现实以及文化植入的本质。如果给定的商业民众文化的形式不是纯粹的操纵，那是因为，除了虚假的吁求、缩略、琐碎化和短路之外，还有可以认可和认同的元素，接近对所认可的经验和态度进行再造的东西，而这些经验和态度是人们正在回应的。危险之所以出现，是因为我们倾向于把文化形式看作是完整的和连贯的：完全糟糕的或完全真实的。但它们是有着深刻矛盾的；它们在矛盾上运作，特别是当他们在"民众"领域发挥作用的时候。《每日镜报》的语言既不是舰队街（Fleet Street）"新闻发言人"单纯地建构的，也不是工人阶级读者实际上言说的。它是一种高度复杂的语言腹语术（ventriloquism），其中，流行杂志的粗野主义被巧妙地与工人阶级语言的某些直接性和生动性特性的元素结合起来，并形成复杂的关系。如果没有在一种地道的方言——在"the popular"中——保留其根源性的一些元素，它就不可能是真实的。它不会走得很远，除非它能够把民众元素重塑成一种罐装和中和的俗语民众主义（demotic populism）。

"民众"的第二个定义更容易被接受。这是一种描述性的定义。民众文化是"人民"做或已经做过的一切事情。这一定义接近于"人类学"的术语："人民"的文化、道德、习俗和民俗，以及所有定义他们"独特的生活方式"的东西。当然，我对这个定义也有两个疑问。

首先，我怀疑它，是因为它太具有描述性。这是一个温和的表达。实际上，它是建立在无限扩充的列表的基础上的。事实上，"人民"做过的任何事情都可以加入这个名单。养鸽子和收集邮票，在墙上飞翔的鸭子（flying ducks on the wall）和花园小矮人（garden gnomes）。问题是如何用除了描述性的方式之外的任何方式，把这个无穷无尽的列表与不是民众文化的东西区分开来。

但第二个疑问更重要——涉及早先提出的一点。我们不能简单地将"人民"所做的一切事情归为一类，而没有看到其在分析上的真正区别，不是来自列表本身——事物和活动的惰性类别——而是来自关键性的对立：是人民的/不是人民的。也就是说，在这个意义上，"民众"的结构化原则其实便是精英或主导文化的核心领域与"边缘"文化之间的紧张和对立。正是这种对立，将文化领域不断地结构化为"民众的"和"非民众的"。但是你不能以一种纯粹描述性方式建构这些对立。因为，从这一时期到另一个时期，每一类别的内容都变化了。民众形式在文化价值上提高了，沿着文化的自动扶梯上升了——发现自己走到了对面。其他的东西不再具有很高的文化价值，被挪用进了民众的行列，并在这个过程中被转换。结构化原则并不是由每个类别的内容组成的——我坚持认为，类别将随时期的变化而变化。毋宁说，它包含着维持区别和差异的力量与关系：大致而言，又取决于在任何时代什么被看作精英文化的活动或形式，什么不属于精英文化的活动或形式。这些类别仍然存在，虽然列表在发生变化。而且，需要一整套机构和制度程序来维持每一个类别——并不断地标记它们之间的差异。学校和教育制度就是一个这样的机构——把文化的重要部分、文化遗产、需要传递的历史与"无价值的"部分区分开来。文学和学术机构是另一种情况——把某些有价值的知识与其他的价值区分开来。因此，重要的是并不仅仅提供一种描述性的列表——这会产生负面效应，会将民众文化冻结成某种无时间性的描述模型——重要的是权力关系，它不断地被打断并将文化领域划分为优先的一类和剩余的一类。

所以我决定选用"民众"的第三个定义，虽然这是一个相当不稳定的定义。在任何特定时期，相关形式和活动都有其特定阶级所具的社会和物质状况根据，都体现在民众传统和实践中。在这个意义上，它保留了描述性定义中有价值的东西。但它进一步坚持认为，对民众文化的界定至关重要的是对那些关系的揭示，即在与主导文化持续的紧张（关联、影响和对抗）中去定义"民众文化"。这是一个围绕着文化辩证法这种两极化思维而建立起来的文化概念，并将文化形式和活动的领域视为不断变化的领域。然后它也考虑到了不断地将这个领域建构成支配和从属构形的关系，以及这些支配和从属关系得以接合的过程。它把这些关系视为这样的一个过程：通过这一过程，一些事物被主动优选，从而使其他事物被废黜。它的中心表现为变化和不均衡的力量关系，由此而去定义文化的领域——这就是文化斗争的问题及其多种形式。它的主要关注焦点是文化和霸权问题之间的关系。

在这个定义中，我们必须关注的不是民众文化的"真实性"或有机整体性的问题。实际上，它承认几乎所有的文化形式在这个意义上将会是矛盾的，并由对立和不稳定的因素组成。文化形式及其在文化领域中的地位或位置的意义并不会被刻写进其形式之内。它的位置也不是永远固定的。今年的激进符号或口号将被中和进明年的时尚中；一年后，它又将是一个深刻的文化怀旧的对象。今天的反叛民歌手，明天就将出现在《观察者》（Observer）彩色杂志的封面上。文化符号的意义部分的是由它所融入的社会领域、它所接合的以及被用于回应的实践所赋予的。重要的不是内在的或历史地被固定的文化对象，而是文化关系中的游戏状态：如以直率和过于简单的形式表达——那么重要的便是在文化中和文化间的阶级斗争。

几乎每一个固定的列表都会背叛我们。这部小说是"资产阶级"的形式吗？答案只能是历史的、暂时的：什么时候？哪些小说？给谁看的？在什么条件下创作的？

使用沃洛希诺夫这个名字的伟大的马克思主义语言理论家，曾经谈过记号（sign）——所有表意实践（signifying practices）的关键要素——真实的文化形式：

> 阶级与记号共同体不相一致，即……与由使用同一组记号进行意识形态交流的整体不相吻合。因此，多个不同的阶级会使用一种或相同的语言，作为结果，则是不同定位的重音（accents）会在每一个意识形态的记号中交切。记号由此成为阶级斗争的场所。……总的来说，正是由于这一重音的交切，使得记号能够保持其活力与动力，以及进一步发展的能力。一个已经从社会斗争的压力中退出的记号——可以说其超越了阶级斗争的围栏——也不可避免地丢失

了其力量，退化成了寓言，并成了不再是一个存活的带有社会可理解性的，而是文献学认知的对象。……统治阶级努力赋予意识形态记号一种超阶级的、永恒的特性，努力消除记号内部社会价值判断之间的斗争，或驱动斗争向内转，以及努力使记号失去重音。事实上，每个活生生的意识形态记号都有两面性，就像嘉纳斯①任何流行的诅咒词都可能成为一个赞美之词，任何流行的真理对许多人来说听起来必然是最大的谎言。只有在社会危机或革命性变革的时代，记号的这种内在辩证性才会完全展现出来。②

当然，文化斗争有许多形式：收编、扭曲、抵抗、谈判、复原。雷蒙·威廉斯已经通过概述这些过程，为我们作出了很大的贡献，他还在新兴的、残余的和被收编的文化之间做了区分。我们需要扩展和发展这个基本的构架。重要的是去动态地看待它：把它作为一个历史过程。新兴的力量披着古代的历史伪装重新出现；新兴力量，指向未来，而当其失去了预言的力量，就变成只是怀旧了；今天的文化断裂可以恢复，并作为对明天的主导价值和意义系统的一种支撑。斗争在继续，但几乎从未在同一个地方，历经相同的意义和价值。在我看来，我们社会中的文化过程——文化权力——首先是建立在关于什么能而什么不能将被整合进"伟大的传统"这样的分界线上的，这条分界线总是在每个时期处在不同的地方。教育与文化机构，以及他们在积极从事的许多事情，也帮着规训和监控着这个边界。

这让我们再次思考民众文化中这个棘手的术语："传统"。传统是文化中一个至关重要的因素，但它与仅仅保持旧的形式无关。它与各要素被联结在一起或被接合的方式有很大关系。在民族-民众（national-popular）文化中，这些安排没有固定或指定的位置，可以确定地说，没有任何意义会在历史传统的长河中不发生任何变化。不仅"传统"的要素可以被重新安排，以便它们可以与不同的实践和位置接合，呈现出

---

① 嘉纳斯（Janus），罗马神话中的两面神。——译者注
② A. Volosinov, *Marxism and the Philosophy of Language*, New York, 1977.

新的意义和相关性,而且通常情况是,文化斗争会以最尖锐的形式,正好在不同的、对立的传统相遇、相交的点上出现。他们试图将文化形式从其所植根的传统中分离出来,给它一种新的文化共振或重音。传统并不是永远固定不变的:当然也不会被固定在与一个单一的阶级相关联的任何普遍的位置中。文化,被认为不是独立的"生活方式",而是"斗争的方式",常常相互交切:相关的文化斗争就出现在这些交切点上。想想在18世纪,某种合法的、立宪主义的和"权利"的语言,在两种不同传统,即上层阶级"威严和恐怖"的"传统"与民众正义传统之间的交切点上变成了战场。葛兰西给自己提出的问题,即一个新的"集体意志"将如何产生,一种民族-民众文化将如何转型,并为之提供了一个暂时的答案,他指出:

> 重要的是提出这样一种批评,即认为这种意识形态复合体(complex)是由新历史阶段的第一批代表所主导的。这种批判使不同的过程有可能出现,并改变了影响过程的旧意识形态要素的相对权重。那些以前是次要的,从属的或甚至是偶然的,现在被认为是主要的——成为一个新的意识形态和理论复合体的核心。既然从属的一面已经是在社会上发展了,旧的集体意志便会让那些冲突性的元素溶解进其中。

这是民族-民众文化和传统作为战场的地域。

这为我们提出了一个警示,去反对那些对待民众文化的自我封闭的研究方法,这种方法只是因"传统"自身的理由而重视之,以一种非历史的方式对待传统,分析民众文化的形式,好像它们自己在最初时刻就包含着一些固定不变的意义或价值。历史位置与美学价值之间的关系是民众文化一个重要而困难的问题。但是,试图在文化形式和实践的起源时刻就建立某种普遍的民众美学,几乎可以肯定是非常错误的。现在的许多年轻人,选择从昨天的装扮盒中搜罗出来的无生命的符号和小摆设加以组合,以此来装饰自己,还有什么比这更加中和与随意的呢?这些符号和零碎的东西是带有深度含糊性的,成千个失落的文化因缘可以通过它们被召唤出来。时不时地在其他饰品中，我们会发现那个记号：万字符（swastika），它会优先于其他的记号，在其文化意义和表意上——被永久地固定——凝固了。然而，它却在那里摇晃着，部分地——但不是全部——摆脱20世纪历史的深刻的文化指涉。它有什么意思？它表意什么？其表意是丰富的，但也是非常含糊的，当然也是不稳定的。这个可怕的记号可能界定一系列的意义，但它不能保证自身属于某一个单一的意义。街道上充满了不是"法西斯"的孩子，即便他们可能在所戴的链子上加上了万字符。另一方面，也许他们可能是⋯⋯在青年文化的政治中，这个记号的含义最终将很少取决于事情本身的内在文化象征，而更多地取决于力量之间的平衡，例如，国家阵线和反纳粹联盟之间，白石乐队和双音调乐队之间的力量平衡。

不仅在文化记号或形式本身内部没有内在保证，而且也不能因为有一次这个记号或形式与一个有关的斗争相联系，就保证它永远是某个阶级的活生生的表达。如此，每次你给它一个表达的机会，它都会"说着社会主义的语言"。如果文化表达体现了社会主义，那是因为它们被联系了起来，作为一种活生生的斗争的实践、形式和组织，这一斗争成功地挪用了这些符号，赋予了它们社会主义的内涵。在这场斗争开始之前，文化并没有被永久地铭刻上一个阶级的状况。斗争取决于是否能成功地给予"文化"一种社会主义的声调。

"民众"（"通俗"）这一术语与"阶级"这一术语有着非常复杂的关系。我们知道这一点，但往往是煞费苦心地去忘记它。我们谈论特殊形式的工人阶级文化，但我们使用更加包容性的术语"民众文化"来指研究的一般领域。很清楚，我所说的话在没有参考阶级观点和阶级斗争的情况下是没有意义的。但同样很清楚的是，一个阶级和一个特定的文化形式或实践之间并没有一对一的关系。术语"阶级"和"民众"是深度关联的，但它们不是绝对可以互换的。原因很明显。没有完全独立的"文化"会在一种历史的固定不变的联系中，典范性地附属于特定的"整个"阶级——尽管有明显不同和可变的阶级文化构形。阶级文化往往在同一个斗争领域相交和重叠。"民众"一词表明文化与阶级的关系多少有点被置换。更准确地说，它指的是构成"民众阶级"的阶级和力量的联盟。被压迫者的文化、受排斥的阶级：这是"民众"一词所指给我们的领域。与此相反的一面——具有决定什么属于什么，什么不属于什么的文化权力——根据定义，不是另一个"整体"的阶级，而是其他阶级、阶层和社会力量的联盟，他们构成了什么不是"人民"，不是"民众阶级"的东西：这就是权力集团的文化。

人民与权力集团相对：这不是"阶级与阶级对抗"，而是围绕着文化被两极化的界域形成的矛盾的中心线。民众文化，尤其是围绕着矛盾而被组织起来：即民众力量对峙权力集团。这赋予了文化斗争的界域自身固有的特性。但是，"民众"这一术语是有问题的，而它必定所指的集体主体——"人民"则问题更多。这是被制造出来的问题，例如，撒切尔夫人也有资格声称，"我们必须限制工会的力量，因为这是人民想要的"。这意味着，正如"民众文化"这一范畴没有固定不变的内容一样，"人民"也没有固定不变的附属于它的主体。"人民"并不总是回到他们一直所待着的地方，在那里他们的文化毫无变化，他们的自由和他们的本性完好无损，仍然努力对抗诺曼人的枷锁或任何别的什么：好像，只要我们能够"发现"他们，并把他们带回到舞台上，他们就会永远站立在正确的、指定的地方，是可以被信赖的。把阶级和个体建构为一种民众力量的能力——这就是政治和文化斗争的属性：使分处的阶级和隔离的民族——由于文化与其他因素而分处和隔离——合成一种民众-民主的文化力量。

我们可以肯定，其他力量也有将人民定义为别的什么的理由，"人民"需要更多地被规训、更好地被统治、更有效地被监控，他们的生活方式需要得到保护以免受到"外来文化"的影响，等等。我们每个人中都有这两个选项的某些部分。有时候，我们可能被建构为对抗权力集团的力量：这是历史性的敞开，由此而有可能去建立一种真正的民众的文化。但是，在我们的社会，如果我们不是像这样被建构，我们就将被建构成它的对立面：一个有效的民众主义者的力量，对权力说"是"。民众文化是支持和对抗权势者文化的斗争场所之一：在斗争中也有利益上的输赢。这是同意和抵抗的竞技场。它部分是霸权兴起的地方，也是霸权得以确保的地方。它不是社会主义及已经完全形成的社会主义文化可以简单地"表达"的一个领域，但它是社会主义可能构成的地方之一。这就是"民众文化"（通俗文化）之所以重要的原因。否则，说实话，我根本就不会在乎它。

（和　磊　译）

花园中的癞蛤蟆：理论家中的撒切尔主义*

这篇论文在以下几个意义上是一个纲要。第一，在论争的过程中，它概括了近期关于意识形态论争中的许多立场，但并不试图去详述那些论争细节。第二，此文呈现了我在这些论争中目前暂时采取的立场或对之的概要。本文的结构较为简单。近几年，我们已经历了名副其实的将意识形态领域理论化的风暴，其中有很多采取了将经典马克思主义意识形态理论进行精心解构的形式。这篇文章缘于这一热火朝天的理论论争时期，也是对这一时期的反思。然而，这一密集又理论化的时期也引起了相反的效果——严肃地批判了大约自20世纪70年代早期以来由于受到结构主义的影响，将理论思辨高度抽象化和过度理论化的倾向，并指责了为追求理论而抛弃具体的历史分析的做法。

爱德华·汤普森的著作《理论的贫困》，以极端论的方式映衬出了它正在批评的对象（阿尔都塞主义规划）所存在的问题，这仅仅是最新的、最有名的一个反击的例子。虽然我相信《理论的贫困》带有一种判断失误的、过度的雄心，是借助一种看似精彩但很粗鲁的辩论和漫画讽刺的方式来进行的，其中，精巧的论点和严谨的范例组成了其论证必需的模式，但又很明显是有其要点的。① 这有可能——并实际上已经

---

* 原题"The Toad in the Garden：Thatcherism amongst the Theorists"，原文载于 Gary Nelson and Lawrence Grossberg（eds.），*Marxism and the Interpretation of Culture*，Urbana and Chicago：University of Illinois Press，1988。

① Edward Thompson，*The Poverty of Theory*，New York：Monthly Review Press，1978.

被广泛尝试——将一个复杂的、精致的理论构造堆积在另一个之上（同时也构成了双关语，这些词语通常是从法语中借用来的，由此整个地导致了最为粗鲁的混杂性的语言），但从不去触及现实，也不参照哪怕一个具体的案例或历史的例证。

因此，我不再重复纯粹的理论批判和驳斥的路线，而仍然以概括的方式，尝试在这篇论文中参照关于意识形态辩论中出现的一些实质性的立场，来分析一个具体的政治问题，尤其是分析英国目前政治的特定情境。这一特定情境的标志，便是新右翼的出现，以及先是保守党的，后是在两届连续的政府中撒切尔夫人的掌权和她所代表的政治哲学（"撒切尔主义"）的提出。我提出的问题很简单。理论化的目的不是提高一个人的知识或学术声誉，而是使我们能够掌握、理解和解释——去生产一种关于历史世界及其过程的更充分的知识，进而传递给我们的实践，以便我们可以变革它。如果是这样，那么在当前关于意识形态的争论中，是哪些立场在解释新右翼的兴起和它所导致的非同寻常的政治情境方面，展示出了最大的范围、洞察力和解释力？很显然，这是不能在单独的一篇论文内详细回答的，但可以进行一种探索性尝试，以纲要式的方式处理该问题。这就是我要在这里进行的尝试。

首先，让我简要和纲要性地描述那个政治情境在其更为明了方面的特征。战后，英国的政治特征是为20世纪40年代达成的"政治和解"（settlement）所界定的。基本来看，出现了一种新的不成文的社会合作，通过它，社会中不同的冲突利益方之间进行讨价还价，形成了一种历史性的妥协。右翼——那些更为保守的和自由市场的要素被边缘化——勉强接受了福利国家、综合教育、凯恩斯主义的经济管理政策，以及作为资方和劳方和平妥协条件的充分就业的承诺。作为回报，左翼广泛地认同了改良资本主义以及西方集团的战略影响空间。尽管存在许多强调重点上的不同和许多时常出现的标志着政治事件的政治和工业斗争，但情势却体现为一种在基本的社会和经济框架上的一种深远的、潜在的共识或妥协，在这一框架内，目前的冲突已得以"和解"或被污染了。

相当不同的实际政治体制有可能会在其中发挥作用或主导这种类型的历史性妥协。但是，一系列不能进入其中的结构性因素，社会民主的变种（主要是改革派工党政府的形式）伴随着短暂的间断，开始主导20世纪60年代和70年代英国社会的形构。紧随战后的"恢复"时期，基本的资本主义的需求，在"丰裕的20世纪50年代"，在哈罗德·麦克米伦（Harold Macmillan）的保守党体制的庇佑下，在美国世界霸权和不断扩大的大西洋主义的框架内，被恢复到了其应有的位置。用"主导"一词，我的意思是，工党在英国历史上第一次看起来像一个具有取代性的政府多数党，而不是一个暂时的中间人；改革者的目标和战略倾向于为政治舞台确定目标，即使实际的运行状况非常不协调。最重要的是社会民主，而不是保守主义，似乎最能管理作为这一时期经济政策和规划基础的新的大－国家/大－资本（big-state/big-capital）社群主义（corporatist）的安排，这既可以通过工会保护工人阶级进行社群主义的讨价还价，还可以同时通过工党与工会的历史联盟对工人阶级进行规训。在20世纪60年代初，哈罗德·威尔逊（Harold Wilson）做了一次大胆的尝试，通过利用一个广泛的联盟或由"体力和脑力劳动者"（不像是一个社会联盟，从工厂车间的熟练的白领机械师到富有前瞻性的公司管理团队）组成的历史集团中的一些不同的部门，以及将社会民主与社群主义国家背后的新技术的"白热化"联系在一起，以巩固这一社会民主的霸权，如果这一尝试取得成功，它将为社会民主管理下的改革资本主义的长久与和解创造历史条件。

然而，这种稳定的潜在条件并不存在。英国经济和整个产业结构太弱，太过于依赖传统的全球帝国金融角色，太不现代化，"落后"，以及资本不足，导致无法产生巨额盈余来维持资本积累和盈利过程，以及无法抽取足够的资金来支持福利国家和高工资，改善不够富裕者的条件——而这是历史的妥协可以运作的唯一条件。随着世界经济衰退开始加剧，英国——资本主义链条中最古老的，现在是最薄弱的环节之一——开始在冲突的压力下两极分化，这种压力侵蚀了早先稳定的基础。工党被迫在危机中捍卫它从来没有打算变革的体系，被迫越来越多地承担起规训自己的工人阶级的角色。铭刻进历史性妥协的内部矛盾从一开始就出现了——首先是20世纪60年代的社会和政治动荡，然后是越战期间的反文化社会运动，最后（在爱德华·希思的保守派介入期间)在20世纪70年代初的工业冲突和交战中——那个曾经使英国政治舞台得以稳固的以社会民主为主导的共识,至此而开始崩溃,其合法性也随之蒸发了。在经济生活的中心地带,出现了工资、生产、罢工、工业冲突、工会斗争等问题,在社会生活的新兴领域出现了犯罪、放任、种族、道德和社会价值观、传统的社会角色和道德等问题——社会由此陷入危机。一个霸权阶段已经瓦解;社会进入了竞争、危机和告警的时期,并经常伴随着一种为新的霸权构形所进行的斗争。

这是新右翼的时刻。当然,它不会从真空中突然出现。自从(19、20)世纪之交,自由党作为政府的替代政党消失和工党崛起以来,许多传统的自由市场的意识形态因素已经从其传统的自由主义家园引向了保守党,在其内部至少可以发现一种对自由企业制度、占有性个人主义(possessive individualism)伦理和粗放型竞争的基本承诺,并为之提供了意识形态的保护。这些元素与更传统的、父辈的、组织化的保守党传统相结合,构成了现代保守主义得以确立的高度矛盾的形构。但在战后妥协时期,这些新自由主义的因素被决定性地推到了政党的边缘。在党的会议上,通过为严格的管控松绑,他们被允许去传播原有的社会学说,比如惩罚旅(hangem-and-flogem brigade)主张的那样[①],推动一种粗暴的经济个人主义和小资产阶级的竞争伦理,来对抗他们认为是非常有利于孵育保守党地主政治(squirearchy)的学说。但是,在保守党中,决定政治方向的更根本的力量,是那些试图使保守主义适应生活状况的力量,在其中,国家福利、广泛的社会援助、自由市场的运作中有限的国家干预、凯恩斯的经济需求管理、工会谈判、社群主义管理战略和大-国/大-资本组合,正是当今的秩序。

诚然,在希思政府(1970—1974年)的艰难岁月里,当危机的迹象开始清晰地显现的时候,出现了一些重大的变化,使保守党人接近于新自由主义政治的一极。法律和秩序、为对抗正在兴起的无政府主义而提出的对社会规训的需求、针对黑人移民的强烈的种族主义——这些民

---

① hangem-and-flogem brigade,英国政治中常常以之描述极右翼之人,他们支持死刑、体罚和废除某些"人权"。——译者注

众主义规划的不稳定因素在1970年的选举中是非常突出的。在一段时间内，在希思的领导之下，国家工会的谈判链条断裂了，社群主义被埋葬，政府实施了与工业好战分子和工会的直接对抗，并试图打破在英国工业时期中已经变得正常的国家资本主义的温和要素，恢复一个更具自由市场的、竞争性的经济制度。这个时期始于房价的飙升，一种明显地处在摇摇欲坠和可疑状态的新的银行大肆地挥霍资金，普遍的破产被作为产业调整的一种方式以应对欧洲经济共同体更具竞争的氛围。这个时期结束于英国工业一周三天的工作时间，政府则在与矿业工会的正面碰撞中降低了姿态。许多人曾回顾性地解释这一时期中伊诺克·鲍威尔（Enoch Powell）[1]思想的流行，以及他对种族、民族和自由市场的关注，作为对撒切尔主义的生动预见或排练，在希思早期即呈现出了强大的法律－秩序、竞争或毁坏的精神。

然而，当撒切尔主义最终出现时，那种反对所有近期政府，包括希思先生的"温和的社群主义"（creeping corporatism）的声调已被提升到了一个高度。它由杰出的皈依者——基思·约瑟夫先生（Keith Joseph）[2]，一位意识形态领袖和曾经是希思政府部长的撒切尔夫人自己所引导，但现在，她却大马士革式地（Damascus-like）[3]否认了所谓的"国家社会主义"的倾向，而认为无论掌权政府的实际肤色是什么，都应当建立一种为社会民主所支配的情境。在保守党内部，在约瑟夫的领导地位形成前期，他首先是作为一个党内革命的意识形态领袖出现的，发表了一系列演讲而提出了他的"新哲学"。约瑟夫一直是撒切尔主义"有机知识分子"中的核心成员之一，但由于他专横的态度和不能平易近人，使他疏远了许多重要的选民。随着他的退休，不是作为集团的意

---

[1] 伊诺克·鲍威尔（Enoch Powell，1912—1998），英国政治家、古典学者、文学家，曾任议会保守派议员、卫生部长等职。1968年发表《血流成河》（Rivers of Blood）的演讲，反对英国的移民政策，由此被认为是"种族主义"的首倡者，并被希思从影子内阁中辞退。——译者注

[2] 基思·约瑟夫（Keith Joseph，1918—1994），英国保守党成员，曾在四任首相的内阁中任职，与撒切尔夫人在1974年成立政策研究中心（Centre for Policy Studies），提倡激进的自由市场政策。——译者注

[3] 来自《新约》的传说。圣徒保罗在前往大马士革的路上遇耶稣显圣，从一个基督教的迫害者转变为虔信者。也比喻思想或心灵的转变。——译者注

识形态领导者退休，而是从党的领导者的公共政治位置上退休，撒切尔夫人作为公众人物就出现了，她最擅长将货币主义的高级秘方和自由市场的福音转化为保守主义者的普通俗语。

撒切尔主义因此首先是赢得保守党的拥戴并改革了这一政党，然后才赢得和去改造国家的。我将随后回到葛兰西所称之为的"组织化时刻"——"政党时刻"。虽然有充分的理由认为撒切尔主义的成功可以归为其对传统的保守主义的关键要素的整合，但却是一种完全不同的政治和意识形态力量，与在整个战后时期主导该党的保守主义的旧版本完全不同——或者毋宁说，以一种完全独特和原初的方式把保守主义的不同元素整合了起来。它首先通过竞争和击败老卫兵——党的监护人、贵族——和旧的教义，从而获得优势。它的第一个历史使命不是去扭曲和颠覆，而是去挑战与分化自第二次世界大战结束以来主导政治舞台的社会民主社群主义共识，以及去解组（disorganize）英国战后政治和解的共识——政治上的"视为当然"。它的第二个历史使命，是扭转英国社会的主流趋势。在政策问题上，这意味着颠覆国家补贴福利的趋势，打破公共支出和公共部门的曲线，恢复私营企业和自由市场的力量，击退国家干预的潮流，支持利润，抑制工资，打破工人阶级已经通过工会在社会、经济和政治生活中实施的权力。

在这里我们更着重关注的是撒切尔主义对社会思想或意识形态领域的颠覆。它的使命是去遏制它认为在20世纪60年代被允许聚集起力量的反资本主义潮流——这个观点，概括地说，就是聪明的年轻人绝不会打算进入商业领域——从而也去打破整个建立在日益提高的国家支持基础上的社会预期模式——或如来自政策研究中心（稍后会更详细地说明）的小册子的预言性标题中所称的"打破福利国家的法术"。撒切尔主义的使命是重建一个独特的基于新自由主义、自由市场、占有型个人主义类型的另类意识形态集团；变革凯恩斯国家的基本意识形态，从而解组目前习惯于用凯恩斯主义处理经济生活危机的技巧的权力集团；打破工人阶级力量和议价能力的增量曲线（incremental curve），扭转权力平衡，恢复管理、资本和控制的特权。这并不是在狭隘的经济基础上构想的。目的是重建一个作为整体的社会生活，回归旧的价值观——传统哲学、英国性、尊重、家长制、家庭和国家。撒切尔主义最新颖的方面，的确表现在将自由市场的新信条与组织性保守主义的一些传统重点结合起来的方式上。围绕着这种矛盾的观念结构，撒切尔主义以其所具的优势性黏合了意识形态统一体的表象，这也在政治理论家安德鲁·甘布尔（Andrew Gamble）所创造的具有悖论性的口号"自由市场和强大国家"中得到了最好的理解。

在其无敌魔法的灵韵开始散去之前，这种形构已经取得了巨大的进展，当然，其在这个历史性冒险事业的任何点上都未曾获得普遍的成功。这一判断可能并且已经受到质疑。但在我看来，就像我在1979年暂时性地发表的一个声明，更有可能的是，已经随着时间的流逝而得到了加强和证实，而不是被驳倒，也正是在这一年，我成功地预测到撒切尔主义会在当年的选举中取得意想不到的胜利。当然，撒切尔主义从来没有在选举中取得绝对的主导性优势。政府一直受到略少于大部分英国选民的支持，1983年的选举胜利的规模无疑被福克兰群岛事件，以及工党和新形成的自由社会民主联盟之间的对立分裂虚幻性地放大了。在1983年的第二次历史性胜利之后，很快地，撒切尔夫人持续地遭遇到困难，因为一些长期的战略失败（例如，失业人数持续高于300万）加重了她许多战术失误和错误。没有政府是完美的，没有政治家在议会选举制度中会永远获胜。

另外，从成功竞争党的领导直到目前，在整个政治论争时期中，撒切尔主义已经成为根本的、毫无疑问的居于领导地位的政治和意识形态的力量。即使在容易发生意外的执政期间，工党也只能在粗选率的支持下，努力在民意调查中达到平衡——这样的地位还没有强大到扭转撒切尔主义在议会中获得的绝大多数支持——即使这是一个太过粗略的量上的估量。事实是，撒切尔主义成功地颠覆了或逆转了许多历史性的战后潮流。它已经开始拆除和消解了许多不成文的社会契约条款，这些契约是战后各种社会力量得以和解的基础。它改变了政治思想和论辩的流通。在以前因社会的需求而开始建立自身必要的职责，用以对抗市场的法则，而现在，"货币价值"问题，处置自己财富的私人权利，以及自由和自由市场之间的方程，不仅在议会、新闻、"期刊"和政策圈子的政治论争中,而且也在日常评估的思想和语言中成为一种交易的术语。这里有一个价值的明显逆转:过去常常附属于公共福利的价值上的光环,现在附着在了任何私人的或可能被私有化的东西身上。一个主要的意识形态逆转正在社会上迅速发展;它并没有扫除之前的一切,而是仍然存在着许多重要的抵抗点或零星的抵抗(如国家卫生服务就是一个),但是这并不与下面的事实矛盾:如果是不从直接胜利的方面,而更多的是从对不平等的平衡的掌握方面来考虑,撒切尔主义在不到10年的时间内,不仅扭转了局面,而且开始重建社会秩序。

这种意识形态成功的一个标志,是对部分中心地带、主流和工党社会基础的有效渗透与拆解。技术工人和半技术工人阶级的大部分,有组织工会成员的很大一部分,工人阶级中具有城市投票权的大部分,尤其是在该国非工业化程度较低的地区,以及大多数失业者——这仅仅是对某些社会类别的命名——在过去两次选举中已经转向了撒切尔主义,抛弃了他们传统上对工党的忠诚。这一运动趋势有些可能是暂时的,也可能会回归。但在绝对关键的10年里,也是英国吸纳了世界资本主义衰退的全部影响的年代里,撒切尔主义在这些领域都积极地赢得了空间。它开始并且有效地成为一个民众主义的政治力量,在被统治阶级的重要部分中赢取了民众的同意,成功地把自己展现为一种站在人民身边的力量,走向一个命令式的或领导式的社会位置,这是一种通过把自上而下强加的社会规训——铁的时代,铁的政体——和自下而上的民众主义动员组合起来实施的方法——这种组合我在别处称为"威权民众主义"(authoritarian populism)(我将稍后回来)。我们要认定的战后英国社会的许多趋势和倾向,是英国资本主义生存条件不可缺少的一部分——晚期资本主义经济似乎要把大国家/大资本社群主义管理战略和其他社群主义特征,强加于市场力量的自由运作上——这些战略和特征正在被拆解或重构成新的组合。

当然,意识形态不能自己运作;我们不应该把对一种意识形态的解读误认为对作为一个整体的特定情境的分析。撒切尔意识形态中被肯定的许多事情还没有在所谓的现实世界中得以实现。通货膨胀率已经下降了，公共支出减少了，但经济并没有复苏，失业率也没有下降，货币供应也没有受到有效的控制。例如，小资产阶级模式的社会价值——尽管在创业、货币价值和费率的神圣特性领域，以及在恢复家庭价值和妇女的传统作用中，得到了强有力地表达——但是，迄今为止仍然缺乏可能被称为"原料效应"（crudely material effect）的东西。小企业正在迅速建立，但几乎又很快失败了。经济领域中的主张，不是"货币主义在运转"，而是"没有别的选择"——这是一种清醒的、泰然自若的和长期寻求支持的赌博。然而，撒切尔主义在政治语言和谋划中界定新轮廓的意识形态效应却是惊人的，不仅仅是站在狂热的制高点上，如同站在福克兰群岛冒险的顶峰上。就我们的目的而言，特别重要的是，撒切尔主义有能力流行开来，特别是在社会的那些部门，但这一术语的任何常规含义被认为不可能代表这些部门的利益。就各种意识形态理论而言，这种现象也是最需要获得解释的。

虽然这一解释看起来还不够充分，但是只要对这种现象的依据作出解释却已经是足够的了。对这个依据的解释，尽管简略，但在理论上并不是纯然无依的。由于对情境的描述已经通过一系列概念被秩序化和组织起来，因此不可能再给出理论上的中立解释。这也指出了所谓具体的历史或经验性的工作总是被特定理论所铭刻的程度。然而，仍然存在着一些共同的特征，因此不同的解释也会至少认识到将那些提出的共同问题按照不同的理论视野加以处理（因此，也没有奖赏会授予那些机械地认同葛兰西式概念的读者，这些概念已经运用到了我对情境的解读中）。

尽管有上述限定，我认为，通过运用我们所谓的马克思主义意识形态理论的"经典变体"（classic variant），例如我们在马克思和恩格斯的《德意志意识形态》中找到或衍生出来的理论，仍足以表明我刚才所概述的特殊情境还仅仅是部分的与不充分的解释。在那个理论中，我们会期望在"统治阶级"和"统治思想"之间建立广泛的一致或对应。然而，我们发现在所谓的支配阶级内部，意识形态的形构仍存在显著的差异，这些意识形态形构在阶级之间被分配的方式是不存在完美的或一致的阶级对称性的。事实上，我们已被要求谈及一套统治思想与另一套统治思想之间的内部争论，以及一套被另一套部分替代的情况。同样，对

花园中的癞蛤蟆：理论家中的撒切尔主义

支配阶级的意识形态世界进行内部分割的想法，或者以为不同的观念定然会进入一个激烈论战的过程中，以便去形成规范化/常态化的概念结构，而借助于此，一个阶级会"自发地"和真实地思考其与世界的关系或生活在这种关系中——以上的这些想法至少在其更抽象和一般的形式上是异于经典马克思主义的命题的（《路易·波拿巴的雾月十八日》对意识形态形构的具体分析是一个完全不同的问题）。传统的方法表明，支配性的观念会被铭刻，或铭刻在一个阶级在社会关系结构中所占据的位置上，而支配性的位置则会在别处得到担保——由阶级位置所担保。然而，我们不能假定这些观念一定会在一种特定的和偶然的（在开放式的，不完全确定的意义上）意识形态斗争过程中赢得优势（不是随便给予的）。

从经典的观点来看，撒切尔主义会被理解为，在并非重要的方式上有别于传统的保守的统治观念。我也已经注意到，撒切尔主义属于一种相当独特的、特殊的和新颖的意识形态要素的组合。不同于其他组合，通过这些组合，英国统治阶级的支配地位得到了历史性的表达。它也是对右翼话语中的某些关键要素进行积极重组的结果——部分地受到之前和解式形构解组的影响。撒切尔主义也是作为在统治集团内部延伸的意识形态斗争的结果而出现的。传统上，我们以为作为一个"整体"阶级的资产阶级，总是会被"它的"意识形态所刻写，并带着货币主义的印记穿越历史（以普兰查斯难忘的短语而言），这"像在后背佩戴着一个牌照"（like a number plate on its back）。然而我们在此正在寻找的却是一种思想的重大转变。通过告别一个整体统一的阶级观，即那种被锁定在对立阶级永久斗争中的旧的阶级观，我们有必要对一种新的意识形态进行解释，这种意识形态已有效地渗透于被统治阶级的领土，并使后者分裂和碎片化，由此也加速了被统治阶级传统话语（劳工主义、改革主义、福利主义、凯恩斯主义）的断裂，并积极地在话语空间上运作。而占有或掌握这样的空间，就使它能够成为领导民众的意识形态力量。

当然，历史地看，后者并不是新奇的。在英国工人阶级的四分之一和三分之一之间，不论如何界定，他们已经在 20 世纪中投票给了保守党。确实,在撒切尔主义出现之前,在现代保守主义重建的最重要的时期,即从19世纪的最后10年到20世纪初的10年这一时期,面对大众民主的兴起,自由党的消亡及其被工党所取代,保守主义不得不把自己重构为一种能够在选举上赢得大多数的大众政治意识形态。目前,许多被撒切尔主义重塑的意识形态要素,恰恰是那些被合并进现代保守主义的要素:国家先于阶级、英国民族的有机统一性、"英国天才"与传统主义之间的一致性、特权阶层对底层阶级所欠下的父辈责任,作为"权力"秩序等级的社会、宪法主义,等等。以这种方式——从19世纪80年代和90年代,由迪斯雷利(Disraeli)①、张伯伦(Chamberlain)和圣茨伯里(Saintsbury)对帝国主题的吸收,到20世纪20年代和30年代鲍德温时代的"伟大的标准化"(great normalization)——保守主义排除万难,开始对民众阶级主要部分实施强有力的霸权,这在后来也没有消失。撒切尔主义的出现由此而对经典马克思主义的意识形态理论,提出了一个长期存在的历史分析的问题,而这一分析只能以一种新的和富有挑战性的形式进行。

面对这一历史事实,经典马克思主义的传统回避方式便是求援于"虚假意识"。我们必须假设的是,民众阶级在意识形态上被支配阶级所欺骗,借用《德意志意识形态》所述,是他们"垄断了精神生产的手段"。因此,大众便一度被诱引到一种与其在社会关系结构中的真实物质利益与地位相对立的陷阱之中,通过一种强加的但却是"虚假的"虚幻结构,生活在其物质存在真实状况的关系中。建立在这个前提下,传统的对左派的期望便会如此,即当真正的物质因素再次开始发挥其效应时,虚幻的蛛网将被拂去,"现实"将直接转移到工人阶级的头上,工人们就会恍然大悟,密涅瓦的猫头鹰(Minerva's Owl)——《共产党宣言》承诺的伟大结局,因劳动的社会化逐渐为大众团结和启蒙创造了条件——将最终起飞(即使时间到了大约150年后)。

这种解释必须处理令人惊讶的事实,即大规模的失业已花费了比预

---

① 本杰明·迪斯雷利(Benjamin Disraeli, 1804—1881),两度出任英国首相,在位期间大力推行对外扩张与殖民政策。——译者注

期更长的时间渗透进大众的意识中；失业者，可能被期望首先看穿虚幻的面纱，但他们仍然还不是劳工主义的，更不用说是社会主义的自动的皈依者。从失业的事实中得出的教训证明，其不是单一的和可预测的，更不是由严峻的物质因素决定的，而是比假定更具可变性的。同样的事实可以用不同的方式来阅读或理解，这取决于所采用的意识形态观点。大规模失业可以解释为对该体制的可耻控告；或者解释为英国潜在的经济虚弱的标志，对于经济衰弱，单纯的政府——无论是左派还是右派——能做得很少；或者解释为是可以接受的，因为"没有其他选择"，不会对经济造成更大的灾难；或者说，的确——在社会性自虐观点中，这种视野有时似乎呈现为英国意识形态的一个特别强烈的特征——被解释为对苦难的必要的衡量，而苦难会保证补救将最终实施，因为它伤害得那么厉害（英国是最好的，但是它也患了绝命的综合征）！在此情况下，意识形态推理的逻辑变得更加多元化，物质因素和观念因素之间的自动联系不如经典理论让我们相信的那样是确定的。

这只是历史的偏差——经典马克思主义的"局部困难"之一吗？并非如此。在理论预测和历史-经验现实之间所凿开的鸿沟中，其实也被刻上了在我们这个时代作为政治行动指南的经典马克思主义理论的整个窘境；也就是说，它缺乏足够的对发达资本主义世界中工人阶级意识和实践的具体经验发展的阐释力——这一鸿沟，无论是卢卡奇对客观和经验意识的区分，还是更为经典的对虚假意识的阐释，都没能有效地弥合。

虚假意识一直正确地受到一种严格的认识论的批判。它假定主体与知识之间有一种经验主义的联系，即现实世界不可消除地将其意义和兴趣直接印进我们的意识中。我们只能去寻找及发现它的真理。如果我们看不到它们，那么必定是因为有一种"未知之云"（cloud of unknowing）遮掩了真实的片面真理。这样的命题——除了心理感觉论的极不成熟的形式之外，因其以物质主义之名，有时也会获得支持——并不包含任何对实际机制的有进步意义的解释，通过这些机制，物质因素曾经而且总是再生产出被规定的知识；或者，更令人担忧的是，借此机制，在虚假意识的情形下，现实世界的透明度有可能会被遮蔽。

第四辑　政治形构：作为过程的权力

在此，我增加了两个多少更具政治性的批评。其中一个是关于世界高度不稳定的理论，它断然地假定，广大的普通人民，就像你或我那样，在心理上是以同样的方式被设置的，完全可以彻底地和系统地被欺骗，以致完全错误地认识他们真正的利益之所在。更不可接受的是这样的立场，"他们"——群众——是历史的受骗者，"我们"——特权者——不知何故没有虚幻的痕迹，可以不断深入地看透一种形势的真理和本质。然而，事实是，虽然有人非常愿意运用虚假意识来解释他人的虚幻行为，但很少有人愿意坦白地承认，他们自己就生活在虚假意识之中！这似乎（像色情造成了腐败这种说法）是一个总是为别人保留的状态。这太过明显地看起来是一个自我开脱的策略，以至于在很大程度上不能要求我们轻信它是对一个大规模历史现象的严肃解释。

这绝不是一个——可以完全抛弃经典马克思主义阐释中的某些洞见的理由——如解构主义者让我们相信的。知识的社会分布是倾斜的。由于最直接地与其形构和传播——家庭/学校/媒体三元体——相牵连的社会机构，是建立在阶级关系之中和被阶级关系所建构的，因此，围绕着这些关系，用于解码或读译世界上事件意义的可用代码的分配，以及我们用来构建利益的语言的分配，必定会反映出在符号生产领域中存在的不平等的权力关系，这与在其他领域是一样。关于这个世界的统治的或支配的概念，并不会直接规定那个猜想会填充统治阶级大脑的幻觉的心理内容。但是，支配性观念的不断循环确实积累了可为他人图绘或分类世界符号的权力；它的分类的确不仅获得了支配其他思维模式的强制力，而且还获得了习惯和本能的惯性权威。它成了所有实践性目的的理所当然的基准线：去测定世界是什么，以及它是如何运作的。在我们可以得到的、给定的动机和行动的词汇中，统治思想通过设定什么将显现为理性、合理、可信、确实是可说的或可想象的，去主导与支配其他的关于社会世界的概念。它们的优势恰恰在这些权力之中，而这些权力必须在他们的掌控范围之内，以及在他们的思想边界以内运行，去设定其他社会群体的推理和谋划的框架。"精神生产方式的垄断"——或可用一个更为现代的短语概括之"文化机器"（cultural apparatuses）——相比于其他的、较不连贯的和不够综合的对世界的解释，这种概括当然是

· 508 ·

一种可对符号的支配性予以囊括的收获，它们未必在字面上去替换其他有关虚幻的理念，以便获得一种霸权的位置。意识形态不会作为组织性的实体附着在对应的阶级之上，但这并不意味着，社会上的意识形态的生产和转换可以摆脱权力与阶级的结构化框架，或在其外运行。

但接下来也不能这样认为，利益——包括物质利益（无论它们以前是什么）——在决定观念的运作中没什么作用，不同的群体总是在这些观念中来理解世界、自身的角色及对之的忠诚。问题是，利益不仅不是作为我们所归属的社会体系（以及使那些恰当的意识形式悬而未决的社会体系）中的一种位置结构的客观特征，而且它们也是历史地变化的（马克思自己谈到了"新需求"）。阶级不是社会利益（如性别、种族）的唯一决定因素。更为重要的是，利益本身是在意识形态过程中和通过这一过程被建构与被构成的。而且，社会集团有不止一套利益；而利益又可以并且经常是矛盾的，甚至是相互排斥的。社会体系中的工人，既有兴趣在其中促进和改善其地位与利益，也不愿意失去他们所处的位置。他们既依赖资本主义体系，也受其剥削。因此，从属和相互依存的径线是可以悖逆的，在劳资关系中形成的团结与抵抗的径线也是可以横越与阻断的。没有任何规范性的法则将永远占优势（马克思对阶级意识的这种实际矛盾的基础的理解，比后来的马克思主义者要好，后来者往往倾向于构建纯粹的、脱离肉体的革命无产阶级的本质，并以此作为他们自己提炼的道德义愤的替代品）。

因此，有可能持有两个命题：一是物质利益有助于建构观念的命题；二是社会结构中的位置具有影响社会思想方向之倾向的命题，但并不因此可以认为，物质因素会单一地决定意识形态，或者某一阶级位置就会保证一个阶级将具有恰当的意识形式。我们现在知道的是，并没有统一的从这一个到那一个的推理或推论的逻辑。不同的意识形态形构的逻辑仍然是多元的，或者如沃洛西诺夫所谈及的，所有的话语，都是"复调式重音的"，虽然不是无限开放的，但在本质上是具有多元特征的。

循此，一个多少被修定的立场将是这样的，阶级利益、阶级位置和物质因素在对任何意识形态形构的分析中是有用的，甚至是必要的起点。但是，由于它们还没有充分的决定性，因此还不能充分地去解释在真实的历史社会中实际的经验和观念的运动。因此，我们必须接受以下的看法，即伴随着英国的革命政治传统（由于历史上特定的原因，它总是相对薄弱的），改良主义传统一直有很好的基础，并嵌入在历史进化和社会妥协的漫长传统中；同时，它也通过一系列很深地嵌入在统治阶级文化中的机构，得到了很好的表达；并且在特定的历史条件下（迄今为止在英国历史上盛行的那些条件），能够有效和合理地为劳动人民区分这个世界，并且能够理解特定的行动和支持的过程，如同其他现有的传统一样。这不是一个孤立的意识形态的问题。支撑有关世界的改良主义定义的结构，会从构成社会分化的"我们/他们"的方式中获得其依据，不仅滋养了一种具有阶级归属的合作意识，而且也从有关忠诚的跨阶级切分径线中获得养育，例如，将冲突的阶级和社会群体编织进更大的、象征性的国家统一之中。这里需要的是去理解，在不同的具体条件下，被支配阶级的感知和概念如何能够同样强有力地、合理地在现在被组织进改良主义的和革命的话语中。两者都属于话语式的组织方式，但不是虚假的，而是真实的，或（就拘谨的认识论上来说）可归于足够真实的利益和经验。两者都对相同矛盾的可选择性推理逻辑元素施加了影响。这里所说的改良主义——与革命的逻辑一样，在确定的历史条件下，作为与生俱来的工人阶级意识形态——能够而且也已经被我们所谈及了，并在撒切尔主义那里得到了呈现。为了政治行动，"组织化的"意识形态意想不到地成功地组织了大量的不同领域的群众，并动员了他们，要问一种"组织化的"意识形态是什么，首先不要去问它有什么是假的，而是问它里面有什么是真的。做这样的事情，用"真的"这个词，并不意味着作为普遍的法则它就是完全正确的，而是指"创造出良好的感知"——将科学留在一边——对于意识形态来说，这通常就足够了。

对马克思主义意识形态理论的一些经典命题，如我们在《德意志意识形态》中可能发现的，进行的最有力的批判，是在阿尔都塞的著作中建立起来的，尤其体现在其具有开创性的《意识形态与意识形态国家机器》这篇论文中。这篇论文在当代论争中作为一种替代性的理论而常被引用。那么，根据这种论点，如何看待撒切尔主义现象？

阿尔都塞的一些主要洞见得到了积极的肯定；例如，意识形态总是在具体的实践和仪式中体现并通过特定的机制运作的。我们已经谈到了撒切尔主义广泛的意识形态变革工作，但还没有详细指出，这些在多大程度上归于这些新概念被具体体现的方式，例如通过在国家机器——在教育、学校教育、家庭政策、地方和中央政府的行政管理机器中——甚至更多地在特殊的意识形态机器中的国家规训实践体现的。我不能在这里详述这个问题，但是，如果注意到所谓的私人机构的作用将是非常重要的，像经济事务研究所（Institute for Economic Affairs，IEA），在20世纪50年代的黑暗日子建立起来，在推动自由市场、新自由主义事业中便发挥了很大的作用。经济事务委员会在许多撒切尔主义的概念变得时尚或直接附属于任何政党或派别之前，即把它们纳入了公共流通领域中，它现在可以真正地声称，在建构新的正统思想方面发挥了主导性的作用，并"为证明市场分析是理解和解决经济任务和问题不可或缺的，创造了战后的焦点"。① 这个机构不仅致力于推进"经典政治经济学的真理"，而且致力于证明亚当·斯密的哲学观点即所谓"人类的天性是'在市场上以物易物'"的有效性。有人可能会说，后来由基思·约瑟夫爵士领导建立的政策研究中心（Centre for Policy Studies）也是如此，这个中心是作为这样的智库来运行的，即支持约瑟夫爵士掉头转向支持货币主义，直接控制自由市场经济和社会思想的自由漂流——这一点在首席经济记者如彼得·杰伊（Peter Jay）和塞缪尔·布里坦（Samuel Brittan）以及经济部门主要的国家知识分子那里取得了进展——直接将之带进了保守党的主流。或者，从另一个方面来看，撒切尔主义已逐渐通过殖民群众的通俗小报的出版（英国是世界上有最密集的大众报纸 - 阅读公众的国家），此后则是主要的领跑者（不包括《镜报》）——《太阳报》《邮报》《星报》《快报》——争相用极端与生动的方式去赞同和颂扬撒切尔主义，并将撒切尔夫人个人视为一种哲学的和象征性的人物。

---

① Institute for Economic Affairs, *The Emerging Consensus*, London: IEA. 1981.

第四辑　政治形构：作为过程的权力

在自由市场论者认为的凯恩斯式的社会民主的黑暗时代，就是通过以上这些机制和中介才对严肃的、明了的和流行的大众观点取得了压倒性的优势，并为醒悟了的反凯恩斯主义知识分子提供了具体的聚结点，在这些聚结点上，另类的自由市场、货币主义理论意识形态被具体应用于一个又一个实际问题。在撒切尔夫人继承保守党领导人和赢得1979年选举之间的宣传期间，这些做好了准备的组织就是某种战壕和防御工事，也是处身于市民社会的前沿哨所，从这些工事中他们发动了对占支配地位的共识的反击；财政部门、公共空间、智囊团和商学院是国家知识分子与学术界战略重组的基地，据此，发动了对权力集团内现有霸权的猛攻。通俗出版也是关键的场所——并在这个过程中具有其所具的那部分战略意义——他们将教义和哲学转化为具有实际成效的实践、政策与流行习语。它们有助于使"不可容忍"（intolerable）变得可以想象。

所有这些都代表了一种累聚起来的优势，以大量不同的战略方式，覆盖在社会的舆论机制之上，这也正是阿尔都塞式理论模式遭遇困难的地方。阿尔都塞会认为，这些都是意识形态的国家机器——而不管它们是否属于国家这种纯粹形式的问题。在阿尔都塞看来，根据其功能，应当属于"国家"的——既然它们是在意识形态中和通过意识形态去维护"生产的社会关系的再生产"，因此便可将此功能归于国家。而撒切尔主义令人震惊之处，恰是其参与斗争并在市民社会之中赢得空间的能力；在国家的权力范围之外，把市民社会的壕沟和设防打造成一个巨大的意识形态的与知识的权威，作为一个必要条件，在取得正式国家的权力之前——将之用作对抗权力集团内部关键性争论的一部分策略（经济事务委员会既然着手要去捕获民心，就不仅会将其意见广泛地传递给公众舆论，而且也会特别地传递给那些主要的高级公务员），就像它们所看见的，它曾经被错误的凯恩斯妙方所破坏。

这里存在着一个悖论吗？我想不是。尽管有措辞上的明显相似（这部分是由于阿尔都塞和我在这一想法上均受到了葛兰西的影响，并且反映了葛兰西的思想），但所描述的却是两个根本不同的过程。第一个（参见阿尔都塞的《意识形态与意识形态国家机器》）是使用现有的机制来再生产既定的统治意识形态；第二个（我的）是争夺和竞争在其中建构意识形态霸权的空间。事实是，意识形态的权威和领导权——在知识上和道德上的优势位置，是在市民社会的看似"自由的空间"中通过控制力量和意见的线路建构起来的，它具有明显的耐久性、深度和忍耐力，因为它在人们中间赢得的亲和力不是强迫的，如果说国家是直接参与的，当民众认同这种权力时，它似乎是自由地和自发地生产的。因此，这里存在的差异便触及了我认为的关键问题——对民众同意撒切尔主义这一现象进行解释的问题。

是阿尔都塞的功能主义，驱使他给予意识形态再生产一个过于一体化的解释，这使他撤除了对国家和市民社会之间的区分，好像这种区分没有真正的或相关的影响。一切都表明，我们必须将这样的过程做概念化的处理，借此明了主导意识形态是如何将自身再生产为一个矛盾的和有争议的体系的。的确，"再生产"一词具有强大的功能主义的联想，负载着相当错误的内涵。这个过程必须根据意识形态持续性生产和转型的事实而进行概念化；简练地说，这也是因为撒切尔主义已在某种程度上产生影响，并使自身成为现实。通过消除这种区分，后一种路径**要求**我们继续维持国家/市民社会的区分，而不是将两者混为一谈，因为市民社会是生产共识的关键场所。当然，阿尔都塞后来也承认了《意识形态与意识形态国家机器》一文中的错误要点[①]："统治阶级的共识效应"——它的意识形态——不能被认为是"一个简单的给定的事实，作为一个准确界定机构的系统，以为这些机构会自动复制同一阶级的暴力规则，或由这一阶级明确的政治意识来安置，而这一阶级的特定目的又是由其功能来界定"。[②] 他们成功地建立了自己的霸权，"同时通过内部斗争来克服资产阶级分裂的矛盾，以及在作为统治阶级的资产阶级内部去生产统一"。统治阶级的统一，"总是'不完全的'，总是'需要重新开始的'"。这在某种程度上纠正了最初论文的功能主义（虽然论文仍然没有充分处理国家和市民社会的区别）。但是它不能回溯性地纠正具有损害性的理论效应。在阿尔都塞最初的论文中，也在那些试图严格遵

[①] 在原初脚注和他的《关于意识形态国家机器的注释》（1977）中，英文翻译见《经济和社会》（*Economy and Society*）。

[②] Louis Althusser, "Notes on the ISA's", *Economy and Society*, 12: 4, 1983.

第四辑　政治形构：作为过程的权力

守其理论脉络的人当中，阿尔都塞更具功能主义式地将由对统治阶级的赞同得出的"再生产"进行概念化的方式，已经成为后来争论的主线。

当然，阿尔都塞的文章包含的不是一种，而是两种相关但却截然不同的方法，它们试图去确保其意识形态的唯物主义特征而不流于化约主义。正是这第二种构形，提供了一个非常广泛的重构经典马克思主义理论的位置——从拉康那里引发的命题，即意识形态是物质性的，因为它在主体的生产中和通过主体的生产来运作。随着阿尔都塞对整体的、权威的个体性主体的摧毁，这一意识形态和主体生产的问题，揭橥了处于传统意识形态概念核心处的意识形态话语的主体起源。他求助拉康，试图通过拉康根据结构主义和索绪尔对精神分析的传统重读，填补结构主义者在废弃大写的"我"（I）的存在之后所造成的空白。

现在，任何真正对意识形态生产和机制感兴趣的人，都必须关注主体的生产和能够使明确的主体性形式得以产生的无意识范畴的问题。很明显，新右翼话语恰恰涉及了这一新主体位置的生产和主体转型的工作。当然，可能有一个本质上的撒切尔主体会隐藏或潜伏在我们每个人中，并努力地想走出去。但是，似乎更可能的是，撒切尔主义已经能够构成新的主体位置——从这一位置出发，其关于世界的话语是可以理解的——或者能够使自身适合于现有的、已经塑形的询唤。这些都是通过某些过程呈现的，是意识形态本身的机制的核心，借此过程，新的位置打断与部分地取代了旧的位置；或者出现了确保真正的认同点的新话语。在许多情况下，这种询唤可能已经就位。在其他情况下，我们不是在寻找本质上一直就是反动的工人阶级主体（去反对他的/她的对立面，在本质上始终是革命的工人），而是被驱使着去掌握新的政治话语能力，在已塑形主体的破碎的、不可避免的矛盾的结构之上和通过这样的结构来表达他们自己；同时也被驱使着在一个已经塑形的常识，或如佩肖（Pêcheux）和亨利（Henry）称为的"预构"（preconstructed）的东西的基础上运作，从而在新的话语关系中征召已形成的主体。

没有篇幅去详细阐明这种主体位置的重构实际上是如何通过话语实现的，但它能够被呈现出来。例如，撒切尔主义的整个话语将意识形态元素组合成一个话语链条，以这样一种方式，话语的逻辑或统一性就建

· 514 ·

立在负载有许多特殊主体位置的主体基础之上。如果它从自立的、自利的、自给自足的纳税人的想象性的知识位置中被清楚地阐述的话，这种话语就能毫无问题地被解读或说出，这些纳税人包括所有权个人（Possessive Individual Man）（原文如此）、或"热心的爱国者"、或爱慕个体自由及激情地反对来自国家的对自由侵犯的主体、或受人尊敬的家庭主妇、或本土的英国人。进而，通过被拉克劳描述成"聚结意指"（condensed connotation）的这一过程，在他们与渊博知识之间足够充分的关系中，这些想象性的位置，在构造想象的一连串关联性询唤中相互引发与暗示——这就是所谓的统一、话语、言述交流，以及将一个与另一个通过接合的方式联结在一起的条件。一个热爱自由的公民同时也是一个忧心忡忡的父母，受人尊敬的家庭主妇，家庭预算精细的管理者，因"作为英国人而自豪"的坚定的英国公民。撒切尔主义话语不断地用这种方式，通过询唤，为它们正在建构的位置规划新的主体。

所讨论的问题不在于这种询唤过程是否就是意识形态借此发挥其影响力过程的核心，而是我们如何去理解这一过程。拉康对弗洛伊德的重读，是阿尔都塞借用的来源，以及从那以后为之提供了后来理论的主要资源。在这一重读中，这些位置从根本上是通过一些主要的精神分析过程对婴儿和儿童早期的研究成果得以确保的，其中有俄狄浦斯情结、原初自恋、镜像阶段等。在目前著名的话语理论构型中，这些同时也是压抑的主要机制，而这种压抑也成了所有看似稳定的主体性认同的基础，以及建立知识的想象性位置的基点，这种知识似乎就是一种在经验上可验证的与世界的关系。它们是进入语言本身，从而进入大写的文化（Culture）的机制。既然这些主体形构的不同方面被视为相同的或同源性的，并在同一系列的解决方法中得以完成，它们最终也进入了与父权制、大写的父性（Father）制度，或阿尔都塞的"大写的S"即主体（Subject）的合谋。这些精神分析过程提供了可认知的基质，这种基质始终是不够稳定的，在意义和语言方面，因而也就意识形态自身而言，总是处在冲突性的位置与方向上。如果跨越了这一主体性空间——当然，它就不再是统一的，而是通过拆解压抑的效果——使所有后来话语的运作发挥作用的一个可进行常态性置换的场所。

现在可能是，从批评性的角度来看，既然性别身份的确证，是通过这些无意识的解决方式（弗洛伊德）来运作的，而婴儿的性征领域显然是主体性形成的这样一个关键领域，因此，我们很难质疑上述过程对性别询唤的至关重要性——它不仅显示了自身对社会和意识形态的重要性，而且也会在广泛多样的其他的领域，当然也包括政治领域中被重新铭写与转播。作为一个具有聚结性的接合点，父权制的位置在中间阶级、小资产阶级和工人阶级的体面话语中，居于绝对中心的位置——对于右翼来说，这是一个对于稳定和巩固其整个系列其他话语具有明显效应的非政治因素。然而，并不能接着就认为，话语定位的整个过程可以从这些初级定位中读出，或者大部分被设想为是对这个系统的单纯概括，其入口就被原始的俄狄浦斯认同的解决方案永久地密封了。如此进入语言本身——从而进入文化/意识形态——确实在主体性本身形成的该阶段开始出现。但在世界上，在使用语言本身和挪用的能力，与想象性地认同特定语言及其特殊的意识形态的和话语的世界之间存在着差异。撒切尔夫人所提出的是理解已经被定位的主体如何有效地从他们的应用点上分离，并且通过一组新的话语对之有效地重新定位的问题。这恰恰是意识形态询唤的应用所具有的一个历史的特殊的层面，而这里的意识形态，是没有被拉康主义超历史的普遍性推论所充分占据或作出解释的。

似乎是，拉康式的精神分析已被用来解释我们是如何作为主体被形成的，以及我们如何进入语言、意义及表征的。但我们面临的问题是相当不同的，是主体在非常不同的意义或表征体系中，如何能被引导去弄清楚他们与世界的关系。供理论在其上运作的抽象水平（即使我们当它是正确的），在很大程度上与正在被推进去解释的客体属性是不相容的。

在整个过程中，我一直在谈论意识形态。但是，当然，在许多领域中，意识形态的问题本身已经转移到对话语实践和形构本身的多样性的分析中。这与福柯的影响直接相关。在本文的范围内，不可能对福柯的研究优势和局限进行彻底的评估，但可以作出某些说明。从已有的分析中，我们可以看到，我们绝不拒绝由话语分析的发展所带来的研究进展。所有的社会实践都存在于符号学领域——实践和意义的生产之内。

花园中的癞蛤蟆：理论家中的撒切尔主义

这必然会以激进的方式修正经典马克思主义意识形态理论中所存在的传统的有关物质/观念、基础/上层建筑的二分法，以及修正在社会实践的总体中将各种依赖性位置都归于意识形态的观点。由此，本文中采取的积极立场与福柯的《知识考古学》中所包含的关于话语的一般重点（不一定是特定的认识论立场或其他的构想）相符。《知识考古学》这一文本虽然充满了有趣的波动，但还是被后来的"真正的福柯们"抛入一种症候式的沉默中（symptomatic silence）（例如，真正的门徒现在所理解的福柯是，话语关系"必须与我们称为的原初关系区分开来⋯⋯这种关系被看做独立于所有的话语⋯⋯它可以在制度、技术、社会形式等之间被描述。毕竟，我们非常清楚地知道，在 19 世纪，那种关系存在于资产阶级家庭与司法当局和各部门的运转之间，这是可以以自身情况来分析的"。[①] 这些"其他关系"被整个地吸收到那个巨大的非本质主义的本质中，那是在福柯认识论中的最后一个克尔凯郭尔式的痕迹，即大写的身体：The Body）。

现在，离开深刻的认识论问题（福柯的立场似乎更接近我自己采取的现实主义哲学立场，而不是随后它所走向的成熟的新康德主义），福柯许多关于话语运作的洞见，深刻地刷新并告诉了我们对意识形态形构如何运作的理解，即使在他主动拒绝意识形态概念本身的地方。话语形构（或通过话语规律运行的意识形态形构）"规划"它们自己的知识对象和它们自己的主体；它们有自己的概念清单，由它们自己的逻辑驱动，实施它们自己的表达方式，并在它们自己的真理王国中，建立起自己确认什么是真实的，排除什么是错误的这样的方式。通过其规则建立了一个"形构的空间"，在其中，某些陈述可以得到阐述；一个星丛（constellation）被不断地中断、移位和重新排列成另一个。这与福柯的规划是一致的：去解释"一个特定的陈述出现而不是另一个"是怎么回事。

并不能由此就认为社会实践只是话语。这将把一个争论性的声明（社会存在于符号学中；意识形态极为重要，而且有真正的效应）转换

[①] Michel Foucault, *The Archaeology of Knowledge*, New York: Pantheon, 1972, p. 45.

为一个解释性的声明——带有从一个片面的强调翻转到另一个片面的强调的效果。我注意到，相同的目标也被一些人注意到，像加里·威克汉姆（Gary Wickham）在《经济与社会》中最近发表的一篇文章中指出的那样，他的规划是超越福柯或外在于福柯的。因此，当威克汉姆写道："我选择'实践'（而不是话语），因为它似乎较少地被困在知识/现实区别的现实方面，更多地将'话语'视为是靠近一面的"的时候，我是同意这种看法的。"通过实践，"他补充说，"我的意思不仅仅是制度上受限的行为，也不仅仅是一些不在知识之外的东西"。（据推测，他在定义中包含了那些"更多的"东西）"在这里，通过实践，我（威克汉姆）是指技术和话语的共同基础"——这也是我更乐于强调的。

在寻找一种非本质主义的解释中，更难以承受或考虑的是将话语实践的"必然的非对应性"（necessary noncorrespondence）推向极端。这似乎消解了话语中对差异及多元性的认同，以及对意识形态的非本质主义的、复调式重音特征的认同所取得的真正的理论成果——推动它们经过危险的边缘，走向绝对多元化的真理。福柯最近在特定的话语形构方面的研究已经取得了伟大的洞见（根据我的判断，他在《规训与惩罚》中对监视群岛的研究，超越了那些在性征研究中更为时尚的著作所持有的摇摆不定的历史概述），但是，他的研究有时似乎过于偏重对虚假的和外在的理性的揭示。它们的特殊性——法律、医学、精神病学、性征——强化了"回到具体"的做法，而不必非得承认那样一种主张，即将旧的、相当不时髦的知识形式才称为历史。福柯著作中所包含的那些神奇术语如"权力""抵抗"和"庶民"（plebeian）等，使他的理论获得了一种持久的、激进的光彩。

抛开这样的奇异之处——例如，通过绕过意识形态的概念而提出的知识/权力，并以之来替代意识形态的问题框架——我们需要注意的是，这些收获，在通常情况下使得激进的权力概念得以广泛地传播，并也是通过德里达对福柯的解读而取得的（变得更为困惑的是，福柯有时似乎也以这种方式来解读自己！）。需要在此谈及开关和继电器的比喻，通过它们，一个话语实践中断了另一个——而对撒切尔主义恰恰需要诉诸这样的分析。如果他们持续地经过不同的轨道，如同夜间的火车，行驶在无限多个目的地的路上，则是完全不同的另一回事了。不断推进的对权力的分析——"从其无穷小的机制开始"，从其"微物理学"开始，这是非常好的。它颠覆了我们这样的一种认识，就是倾向于把权力看作一种自上而下强制约束的被强加的体系。但是，在市民社会和社会关系中的横向权力与国家和政治关系的垂直权力之间的深刻而困难的关系问题（这涉及以前称之为"同意权力"的问题）并没有解决，而是通过"无处不在"的权力分配来回避这个问题。由此，权力的技术和策略在福柯看来是高度具体的，但却牺牲了一个被普遍化和被本质化的权力概念（正如我们已经指出的，大写的身体，以及大写的抵抗，在福柯话语中，属于其他那种虚假—有形的非基础的本质）。事实上，这是一个非常涂尔干式的（Durkheimean）权力概念——即认为社会上的抽象权力或集体良心束缚了我们所有的一切，或者我们借此不断地约束彼此。它导致一个同样普遍化的涂尔干式的社会控制的概念——除了它现在被重塑为规训，似乎完全没有涉及任何有如国家这样的具有凝聚或接合作用的要素（福柯在这一点上高度模糊，虽然他的门徒不是）。正如对撒切尔主义的这一分析清晰表明的那样，权力的话语关系不会仅仅在国家的领地上构成，它们也会准确地交叉穿越社会的身躯。没有这样一个时刻，在国家层面上能够尽力持续并予以黏合的权力，就会因实践的多元化而被消散。不管怎样，权力进入国家及其在那里凝聚成一个确定的规则体系的时刻，都是一个关键的历史性的时刻，代表一个独特的阶段。当然，话语集权的一体化不会随之展开："国家"的时刻，像"党"的时刻一样，不是最后一个，正如在古典政治理论中所设想的那样。撒切尔主义作为一种话语构形，仍然是一种多元话语——关于家庭、经济、民族认同、道德、犯罪、法律、妇女、人性的。但是，正是由这种多样性构成了某种统一，并且有不同的应用点。通过这些点，这种真理的组构式政体反过来确保了特定的政治立场。除非我们能针对那种消散的倾向，使接合问题也能够被提出，话语的运作对于学术解构主义者来说，就只是一个高级的、先进的游戏，一个智力消遣的问题，因为一个接一个的话语的复杂性，永远无法得到拆解。更具体地来说，撒切尔主义把市场逻辑和所有权个人主义，与一种组织化保守主义逻辑之间的矛盾关键点缝合在了一起，这种缝合的特定方式，是非常适合一种福柯式的分析模式的，只要我们理解，正是矛盾的统一体，如此建构和持有那一规则——不单纯是多样性的规则。福柯的问题，粗率地说，是一个没有接合概念的差异的概念，即一个没有霸权概念的权力概念。

当然，霸权的问题把我们带到了葛兰西那里。再次要说明的是，在本文的范围内不可能全面地阐述葛兰西，但是可以在通向历史的阐释和分析的任务中，建立关于霸权相对于其他概念具有优势的一些标示。霸权指向一种将撒切尔主义的出现进行概念化的方式，即以为其会努力地争取对整个社会形构的优势地位，在一系列不同的社会生活领域中迅速取得领导地位，在广泛的战略前沿上赢得一种掌控的地位。它使得一个支配系统的关键部分成为一个领导集团的权威，该集团不仅能够通过在不同部门和社会力量之间建立联盟而组织自己的基地，而且作为那一过程的主要特征，也会在被支配的阶级自身的关键部分中建立和赢取民众对权威的一致同意。霸权概念的优点首要地在于其直接涉及（不是以一种片面的、虚假的意识的方式）民众的共识这一核心主题。

另一个优点是隐含在所有葛兰西理论中的对本质主义的批判。霸权是通过一系列复杂的斗争或斗争过程被建构的，而不是在现有的社会结构或一种生产模式的给定的阶级结构中给予的。它不能一劳永逸地被建构，因为它所依赖的社会力量的平衡会受到不断演变和发展的形势的影响，而这又取决于各种斗争是如何进行的。霸权，一旦获得，必须持续地、不断地更新，然后去重新获得。这表明了这样一种观念，即社会再生产的过程是连续的和矛盾的——这与功能性的研究成果正好相反。这里的核心是斗争的多种形式和强度。它是这些斗争的多样性结果，而不是已经存在的位置的重塑，它决定了一个被建立的社会集团的权威是具有不稳定性平衡的，同时也指明了它的弱点或不稳定点，以及可进一步展开和发展之点。典型地看，葛兰西式对特定情境的分析，不是从援引给定的"经济发展规律"，而是从对"当前的力量关系"的分析来推进。这也不是一个一劳永逸的预定过程，葛兰西认为，必须区分"各种时刻或层次""不同频率的间隔"，甚至可能要区分在一个展开过程中的"各种革命"（如法国大革命）。而霸权的实现从来不会只有一种模式,只有一个主要趋势;它总是"破坏和重建"(后者"已经在毁灭的时刻"),或者葛兰西在其他地方称为的"革命/复辟"。①

因此,对于葛兰西而言,将支配系统的分析扩大到更广泛的社会权威,与其对经济主义的批判是联系在一起的。对于葛兰西来说,霸权问题不能是纯粹的意识形态问题,因为它必须把特定社会集团"在经济活动中具有决定性的核心"的统治作为其基础。所有那些赞扬葛兰西的霸权概念,以为霸权就是意识形态的这种观念的人,其实是在损害他广博的思想。葛兰西深刻地认识到了霸权斗争的伦理的、道德的、知识的、意识形态的和文化的维度,但霸权作为一个概念不单纯是道德的或文化的。对葛兰西的文化主义的解读,已经造成了深深的伤害。另一方面,对于葛兰西来说,霸权也不能唯独限定于经济领域,无论是首先的还是最终的,因为根据定义,它包括并超越了"纯粹经济阶级的团体性局限",必须也能够"成为其他从属群体利益"的东西,就此而言,便能够"占据上风,在社会中传播自己——不仅带来经济和政治目标的统一,而且带来知识和道德的团结,提出斗争的所有问题,围绕着这些问题,斗争不是在一个公司,而是在一个'普遍的层面'上爆发,从而创造一个基本的社会群体对一系列从属群体的霸权——一种普遍扩张的动力,所有'国家'能量发展的动力"。② 这个葛兰西的观点相当于建立了一个"从结构(structure)到复杂的上层建筑(superstructure)空间的通道",这一分析过程对他来说是不可倒置的。

当然,葛兰西是以编码的方式书写了革命政党、共产主义者和工人运动的历史任务(然而,也需要注意朝向国家或世界层面的常态运动),但他的分析术语显然也可有效地运用到对撒切尔主义的分析上。在我们的时代,没有什么(从左派那里的确得不到什么)如此紧密地可与葛兰西的描述相匹配的了,例如在下列话中所说的,在危机中,"正在努力保护和捍卫现存结构本身的政治力量,是如何在进行着……不断和持久的努力……这些力量……必须完成特定的历史任务"。竞争

---

① Antonio Gramsci, *Prison Notebooks: Selections*, trans. Quintin Hoare and Geoffrey N. Smith, New York: International Publishers, 1971, p. 168.

② Antonio Gramsci, *Prison Notebooks: Selections*, pp. 181 - 182.

和斗争的过程"是在一系列意识形态的、宗教的、哲学的、政治的和司法的论战中发展起来的，这些论战的具体性，可以通过它们令人信服的程度来进行评估；竞争和斗争的过程也改变了以前存在的社会力量的配置"。这些话的可应用性已是够精确的了。① 在更狭义的层面上，葛兰西关于自由放任的附带性的评论，对新自由主义旨在回归的哲学基础的教义的评论，也同样有效。在《现代君主论》（*Modern Prince*）中，葛兰西发现，"放任自由也是一种国家'监管'的形式，是通过立法和强制手段引入和维护的"，因此，"放任自由主义是一个政治计划，旨在改变——就其取得的胜利而言——一个国家的领导成员的思想，以及去改变国家本身的经济规划"。②

虽然那些早前段落所引的论文更为人所知，但与这个探究同样有密切关系的，是将建构或转变霸权的更广泛的斗争过程与意识形态过程之间的那些关系加以概念化的讨论。葛兰西的"意识形态"这个术语，现在看来似乎是在这个术语的古典意义上，并作为观念的系统来使用的，但其也是在一个广泛的语境中来使用的："这个词是在其关于世界概念的最高意义上被使用的，隐含地表现在艺术、法律、经济活动以及个人和集体生活的所有表现形式中。"就其历史功能来说，葛兰西也看到了它在"维护整个社会集团的意识形态统一"中所起的作用；以及为个人和群体提供影响与改变他们各种"世界观"方面所起的作用；而最重要的是，作为"组织群众，创造人们在其上移动的地形，获得自己的位置并为此去斗争等意识"的手段。"组织化意识形态"为了一些巨大的历史任务，努力在社会上宣扬自己，创造民族-民众意志的新形式，其作用是要去干涉平凡的、矛盾的和偶然的常识地形，朝着更系统的方向截断、革新和改造群众的实践意识，以及他们被给定的精神生活的意向。常识本身是一种民众意识形态的结构，是自发的关于世界的概念，反映了沉淀在日常理性中的以前思想体系的痕迹。常识，"一种文化给定的基础和意向"——自己以前斗争的复杂结果，反映了以前的霸

---

① Antonio Gramsci, *Prison Notebooks: Selections*, 1971, p. 178.
② Antonio Gramsci, *Prison Notebooks: Selections*, p. 160.

权形式和更早的"不稳定的平衡"——成为组织化意识形态去寻求重塑与改造的目标。这种组织化意识形态也在演进中,通过党派活动,发展出了自己的有机知识分子阶层。

意识形态过程是被葛兰西以不同的方式构想的:既被看作一个"教育任务",也被看作"改造人民心智的文化战场";更恰当的是,它作为"对立的政治'霸权'斗争,首先体现在道德领域,然后体现在政治正确(the political proper)领域中"。① 由此而去直接反对"主导意识形态"的一元论概念,这些都自不必说了,葛兰西要问的是:"在所有时期,同时共存的哲学思想的诸多体系和潮流是如何发生的,这些潮流是如何诞生、如何扩散的,以及为什么在扩散的过程中会沿着特定的线路和方向发生断裂?"这种提法反映了意识形态领域在冲突、重叠或相互交叉的潮流或形构方面的特征。关键的问题是其所出现的断裂——这也是提给福柯的,即在一个决定性的非福柯式的形构中——是什么决定了它们扩散的路线、它们的结构、它们的分化,以及它们的再接合?再次,在福柯那里也存在着对立的两极,一面是来自整个阶级的观念,另一面是由另一个基本群体带来的已经形成的整个阶级的概念。葛兰西断言,摒弃这种本质主义的最后残余,"重要的是提出这样一种批评,即认为这种意识形态复合体是由新历史阶段的第一批代表所主导的。这种批判使不同的过程有可能出现,并改变了影响过程的旧意识形态要素的相对权重。那些以前是次要的,从属的或甚至是偶然的,现在被认为是主要的——成为一个新的意识形态和理论复合体的核心。既然从属的一面已经是在社会上发展了,旧的集体意志便会让那些冲突性的元素溶解进其中"。② 拉克劳随后对接合/去接合的整个阐释也都被包含在这一思想的核心中。

这也涉及了"主体",葛兰西不会无视现代理论家所意指的问题,虽然他不使用相同的术语。但他理解意识的矛盾形构,例如,"逻辑上确认"的世界概念与"隐含在他的行动模式中"的世界观念之间存在

---

① Gramsci, "The Study of Philosophy", in *Prison Notebooks*.
② Gramsci, p. 195.

着分裂；主体性的社会性质——"人被构想为一个历史集团"——及其具有的复合的、断裂的特征——常识的"不连续的和偶然的"特性，大众哲学中的"层层沉积物"（stratified deposits）；个性的"千奇百怪的混合物"特征，其中包含诸如"石器时代的要素、更为先进的科学的原则、过去历史阶段的成见……以及未来哲学的直觉……"[1] 葛兰西说，每个人，"不仅是现有关系的综合，而且是这些关系的历史的综合。他（或她）是所有过去的汇要"。

这些选择性的引文应该很清楚地表明了其思想，不需要进一步的与更系统的例证。首先可以看到，葛兰西离开马克思主义意识形态概念传统的或经典的版本已有多远；第二，他所期待的是如此之多——即便他所使用的语言并不是通过对结构主义、话语理论、语言理论或精神分析学的借用来重建的——但在理论化这些对后来发展所能带来的观念时却作出了许多实际的贡献；第三，他的一些概念是很具原创性的——如霸权这一概念的丰富含义在其他理论家那里是绝对没有对等物的（例如，福柯的权力和抵抗的概念便显得单薄，像是营养不良的抽象物）；第四，葛兰西通过将意识形态置于一种更广泛系列的历史和政治过程中，并留存了其他可选择的理论化工作所缺乏的东西，来推广一种新颖的意识形态理论。我指的是最后的系列引文——它不是经典马克思主义中的术语和教义内容，而是马克思主义的问题框架（problematic），由此建构了葛兰西的话语和思想的整体，即致力于社会主义变革的规划，并将马克思主义作为一种没有担保的活生生的理论、一种开放式的批评思维规划，而与目前试图在知识世界中取得霸权的许多其他封闭性话语区别开来。

由此，我以一个悖论来结束本文：提出一种主要用于分析资本主义社会构形的理论，其目的是指明一种有益于社会主义运动发展的借鉴策略——这也是葛兰西所做的——而这一理论最终可以告诉我们怎样去分析20世纪出现在英国社会的那个最具历史性反动和复辟的霸权诉求形构。这个结论可能不像初看上去那样悲观，既然直到现在，从严格意义

---

[1] Gramsci, p. 324.

上看，马克思主义仍然没有充分地更新自己的思想，以便去解释现代资本主义是如何在工业化社会中持续地存在，并保持其霸主地位的。理解撒切尔主义可能是我们为在马克思主义的问题框架中真正推动理论上的重新启蒙所必须付出的代价。至少，葛兰西应该会从下一次（最后一次）其所意想不到的辩证式环路中获得某种喜悦。

（和　磊　译）

伟大的右转秀[*]

在目前的形势下，对于真正关心左翼政治策略发展的人来说，没有人可以忽视正在发生的"向右摆动"（swing to the right）的趋势。我们可能还没有完全理解这一现象的发展程度、特性、兴起的原因或影响。右倾现象会短期存在还是长期存在，是一种表层的运动还是一种深深寄居于政体中的事物，这里尚有一些争议。但是，这一趋势是难以否认的。它不再像是政治兴衰中的一种暂时性的摆动。实际上，仅仅把激进右翼的兴起看作政党博弈中撒切尔夫人，以及她的强硬的亲信们——同其命运与共的保守党内部高层官员们的成功，这将是错误的。虽然撒切尔夫人赋予了"向右摆动"一种强有力的动力和一种独特的个人印记，但是，当时已经有人恰当地分析过，可以从撒切尔夫人的人格化中发现一种更为深层的运动在更早就形成了轨线。自20世纪60年代后期起，右派势力就已经成型，并且持续发展，经历了几个不同的阶段。首先是对"1968年"诸如此类的革命骚乱的强烈"反击"。其次是鲍威尔先生大胆的民众主义的叫卖——向党派的领导层宣讲"人民"，以他们最具有爱国主义的、最具有种族主义的，以及最符合宪法的伪装来建构"人民"。之后——通过借来对手的"外衣"，在最好的保守党传统中——希思来到了英国政治的核心。担任首相的希思本来是一个温和的中间派政治家，但在20世纪70年代早期令人忧

---

[*] 原题"The Great Moving Right Show"，原文载于 *The Hard Road to Renewal：Thatcherism and the Crisis of the Left*，London：Verso，1988。

心忡忡的岁月里，却赞同恢复"塞尔斯登人"（Selson Man）①——一个尼安德特人（Neanderthal Man）②的远亲——所提出的计划参与大选。正是这个希思版本的反击——一个自行其是的冷漠与反动的幽灵——使得矿工和其他人在其轨道上止步不前。当然，他们并没有使潜在的运动停顿下来。

至今似乎还有些疑惑的是，随着我们走过20世纪70年代，民众的情绪坚决而急速地转向了与左派的对立。这一事实在工党领袖卡拉汉政府的衰落中得到了反映。随着工党失去议会中的优势实力，它也深深地滑入了右翼的意识形态领地之中，并装模作样地占据了许多右翼刚刚撤出的位置。实际上是工党而不是保守党在向福利国家开刀。还有希利（D. W. Healey）③先生的并不是完全不可预期的向正统货币主义和财政紧缩的转变——这被看作是由国际货币基金组织和石油价格所主导的。在这一艰难的形势下，凯恩斯已被得体地埋葬了，右翼已经重新建立起其对"善识"（good ideas）、"资本主义"的垄断，"自由市场"已经恢复了作为人们积极认同的术语的通常用法。

然而，在对这场右翼迅猛降临的全方位考察中，还缺少对于左翼的一个恰当分析。这次危机持续不断地被左派从某些牢不可破的、很大程度上无法质疑的假想中去解读。我们的幻想依然丝毫未减，即便它们已经很明确地不再提供一个充分的分析框架。当然，在一个"正确的"分析和一个"有效的"政见之间，没有单纯的一对一的对应。尽管如此，分析的失败往往会与显而易见的政治视野的缺失有一定关系，而这样的政治视野正是左派所不具有的。

尽管仍然有许多欢迎危机的人认为"越糟越好"（worse means bet-

---

① 在此是指英国的一个主张自由市场经济学的团体，由一群年轻的自由主义保守主义者创立。这一政治团体认为经济自由是政治自由和社会自由的必要条件。随后，他们与爱德华·希思及他的影子内阁进行了密集的讨论，并在塞尔斯登公园酒店达成了有关执行激进的货币主义与自由市场的一些协议。消息传出后，工党左翼首相哈罗德·威尔逊立即指出保守党的政策失当，并以"塞尔斯登人"来取笑保守党的倒退政策。——译者注

② 尼安德特人（Neanderthal Man），据有些科学家的考古发现这种亚人类是4万年前即已灭绝的欧洲人的祖先。霍尔在这里使用了一个讥讽式的借喻。——译者注

③ 丹尼斯·温斯顿·希利（Denis Winston Healey，1917—2015），20世纪70年代曾在工党威尔逊政府与卡拉汉政府中担任财政大臣。——译者注

ter)。认为"矛盾的尖锐化"、因形势渐紧的阶级斗争而联系在一起的政治伙伴,将最终确保无处不在的进步力量的胜利。那些坚持这一立场的人也许会享受没有打扰的夜晚,但是他们只拥有短暂的政治记忆。他们忘记了近期"矛盾的尖锐化"是如何频繁地导致偏好资本与极右翼的和解与交融,而非相反。

有些人误把右翼的发展看作"仅仅是因为一种意识形态"。正如我们所知道的,意识形态不是"真实的",因此,不能成为一种实质的因素,更别说是一种政治力量了。我们只能等待,直到真正的经济力量发挥其决定性的作用,然后,所有这种意识形态的蒸汽就会被吹散。……当然,还有另一种通常的回应,可看作前一个立场的延伸。它认为,目前的"右摆"仅仅是人们对于每一次经济衰退的简单的普遍的表达方式。据之,当前的意识形态和其他任一类型的保守主义的思想信条之间存在着根本性的联系。"撒切尔主义""鲍德温主义"(Baldwinism)等——每一个都仅仅是相同现象的不同的名称而已:都指向恒久的、不变的保守观念样式。那么,作出很好区分的关键点是什么呢?

这些观点特别体现了来自"强硬"左派的某种头脑清晰的反应。因此以其看来,所有这一切的分析,就其所显示的来说,都是多余的。兢兢业业工作的人不会把时间浪费在这样的推论上,而是起来"参与到真正的斗争"中去。事实上,这后一个立场忽视了对于这一历史情境来说,每一个特定和独特事物所具有的意义。它建立在这样的观点基础之上,以为每种社会形构都是一种单纯的结构,在其中,经济状况会即刻透明地、无差别地被转换到政治和意识形态的舞台上。如果你在"决定性的层面"上操作,那么,所有其他各桩难题都将各归其位。然而,我们应当把一个特定情境看作即将到来的常常有区别却又彼此联系的矛盾的汇集,这些矛盾根据不同的节奏发展着,同时又被压缩进相同的历史时刻,这与前面提到的方法是相悖的。列宁的名字就经常和虔敬地出现在对这些领域的分析中。可见上述的观点的确忽视了列宁生动的提醒,那就是,1917年是"一个极端独特的历史境况",其中,"绝对不同的思潮,绝对混杂的阶级利益,绝对矛盾的政治和社会斗争已经被熔合进……极端'融洽的'模式中"。① 首要的，所有需要解释的都被看作是理所当然的——但也不是简单或明了的。问题在于，一次资本主义的经济衰退（经济上）是如何为一个获得了大量工人阶级支持，在工会中有着深入组织的社会民主党把握住的（政治上），它是如何被数量上不断增长的民众借由心怀憎恨的、新兴的"小资产阶级"意识形态的主题和表征（意识形态上）而"体会"到的。当前危机的这些矛盾特征以相当大的代价被吸收进某些正统的分析中。极右翼的意识形态与其说是经济衰退的"表达"，不如说就是这种衰退的生存状况。意识形态因素已经影响了作为一个整体的社会形构——包括影响了经济危机本身以及可能提供的政治解决方式。

此外，我们也遇到了"革命乐观主义"的各种变体，它们被看作夸大了的"革命悲观主义"的对立面。据说左派将像之前那样再度崛起。我们应寻找某种抵抗点，因为阶级斗争在继续！当然，在某种意义上，他们是正确的。我们不应当低估斗争与抵抗的可能性。我们必须看到表面现象背后的东西。我们必须发现干预点。但是，从另一方面说，如果我们还能够在政治上发挥作用的话，那么，分析就只能建立在实事求是的严肃分析基础之上，而不是建立在如我们所冀望的样子这样的基础之上。葛兰西曾经欣赏这样的人，他们能够在政治上有效地把他们的思想"激烈地"转向"原本所是"（as it is）的现实上。黑暗中吹口哨是一种职业危险，而在左派那里并不是都不知道这一点。葛兰西的口号过时了，但却一点不少地包含着问题的本质："智性上的悲观主义，意志上的乐观主义。"

最后是被期待已久的"法西斯主义"的威胁。有这样一种感觉，在政治舞台上，有组织的法西斯主义的出现似乎是要为左派去解决所有问题。它证实了我们极坏的假定，正在唤醒着人民熟悉的鬼魂和幽灵。将法西斯主义和经济衰退连接在一起似乎使得那些大部分时间是昏暗的、隐藏的和被取代的联系透明化了。还是赶跑那些浪费时间的理论设想吧！毕竟马克思主义的承诺在此，立等待命。让我们走向街头。这不是

---

① V. I. Lenin, "Letters from Afar", No. 1, *Lenin Selected Works* Vol. 2, Moscow, 1970.

一个反对走向街头的观点。实际上，这是对正在走运的民族阵线（the National Front）的直接干预，构成了这一情境中少数成功的实例之一，这表现为地方运动，工会、同业公会、妇女组织的反法西斯活动，在反纳粹同盟背后的社会动员，反示威，尤其是反种族主义摇滚（这是最及时和组建得最好的文化干预运动，值得去进一步严肃分析）。这些正是那种反对满足于把简化的分析框架应用到复杂事件中去的主张。在此，我们必须去解释的是一种朝向"威权民众主义"（authoritarian populism）的趋势。"威权民众主义"是一种特殊的资本主义国家形式，不像经典的法西斯主义，它已经使大部分（虽然不是全部）官方的代表机构各就其位，同时能够围绕着自身建构起一种积极的、普遍的认同感。这毫无疑问体现了一种在力量平衡上的决定性的转变，民族阵线在这出戏中只是扮演了一个"跑龙套"的角色，它明显削弱而不是悬置了民主的形式和精神。仅仅从称谓来看待问题，我们恰恰容易忽视资本主义国家危机这种独特形式的特殊性。

一种有组织化的危机？

向右转是葛兰西所称之为的"有组织化"现象的一部分：

> 危机发生后，有时可以持续几十年。这种非同寻常的延续性意味着，不可救治的结构性的矛盾暴露了它们自己……尽管如此，正在奋力保护和捍卫现存秩序本身的政治力量还是在竭尽全力地在特定限度内解决矛盾，克服矛盾。这些不懈和持久的努力……构造了情境化的地形，对立的力量在这个地形上得以组织。①

葛兰西坚持认为我们必须将"有组织化的"与"情境的"危机置于合适的关系中看待。所确认的"情境"——即刻的斗争领地——并不是一个单纯地给定的经济境况，确切地说它是那种被用来维护和保持现

---

① A. Gramsci, *Prison Notebooks*, London, 1971, p.179.

状的不懈的与持续的努力。如果面对的危机是深层次的——"有组织化的"——这些努力就不仅仅是防御性的了。它们将是形构性的（formative）：致力于建立一个新的力量平衡，产生新的因素，力图组合一个新的"历史集团"，新的政治构形和哲学，实现对国家和意识形态话语具有深远意义的重构（正是意识形态话语构成了危机，并把它表呈为一个像实践真实那样去"体会"的东西）：这也指新的规划和政策，并"在特定限度内"，指向一种新的结果，一种新的"和解"（settlement）。这些新的因素并不是自己"出现"的：它们必须被建构。政治与意识形态工作需要将旧的形构分解，把他们的要素改造成新的要素。"右摆"不是危机的反映：它本身是对危机的应对。下面，我们要考察这一应对的许多方面，尤其是集中考察被忽视的政治和意识形态维度。

经济危机

我们必须首先考察急速降临的迅猛形势。这些是一系列非连续但又相互关联的"历史"的结果。在经济方面，英国工业和经济的结构性衰弱，出现在紧随战后繁荣的余波中。20世纪60年代表现为衰退和复兴之间的震荡，具有一种稳步而潜在的恶化趋势。这些有效地摧毁了"激进规划"的最后遗物，而在其基础之上，工党领袖威尔逊于1964年赢得了政权，他试图去控制一个新的社会集团。在20世纪60年代末期，经济已经陷入全面衰退——萧条膨胀——以及与有组织的劳工正面冲突之中，而萧条膨胀则一直延续到希思执政的1971—1974年。到20世纪70年代中期之前，英国的经济参数受到全球规模的资本主义衰退与英国特定的资本主义积累危机之间的同步性影响，上述的这个链条是有微弱联系的。国内政治由此被危机管理和遏制策略所主导：这一点与日益增强的干预主义国家相吻合，干预的目的是确保资本主义生产与再生产的条件。占统治地位的策略有一种独特的"社群主义"（corporatist）特征，即将工人阶级和工会的部分人员带进国家、资方和劳方这三个利益方之间的博弈之中。危机管理成功利用了同一基本套路的不同变体，包括收入政策、先赢得同意后强制推行、薪水限制、社会契约。这一危机"自然的"管控者是在位的社会民主党：工党。最后这一要素在解组和重构工人阶级对危机本身的回应中有着深远的影响。

然而，在意识形态层面，事情以一种相当不同的节奏发生了转变，在某些方面，它们要早于经济方面。极右翼的许多关键主题，如法律与秩序、在面对国家敌人的阴谋以及社会无政府主义的攻击时对社会规训与权威的诉求、"来自内部的敌人"、外来黑色因素对英国血统的污染等，已经在经济衰退的所有维度显露出来之前就得到了很好的表达。它们出现在与 20 世纪 60 年代激进运动与政治极端化的关系之中，既然"1968 年"必须承担起一种方便使用的尽管还不是很完善的标符（notation）。许多这些主题被不断转送到其他的前线，用来对抗有组织的劳工，以及在希思政权过渡期发展起来的军事抵抗。对于极右翼基本主题的构成来说，这必须被看作一个形构的时刻。①

极右翼

极右翼因此并不是诞生在真空中。应当在与试图占有和控制相同空间的另类政治形构的直接关系中来理解它。在主导的历史集团内部，它致力于争夺霸权的斗争，对抗社会民主和其政党中的温和派。它不仅在相同的空间中运作，而且直接在这些竞争位置的内部的矛盾中运作。其干预的力量部分在于其致力于打破惯常规则所采取的激进主义，而不是单纯去重新使用流行的"哲学"主题。当然，这样做的时候，它也采用那些早已被构成的要素，然后去拆解他们，把他们重构进新的逻辑，以一种新的方式表达这一空间，并极端化地将之摆向右翼的思路。

这可以从较早的竞争立场中看出。希思的立场在应对有组织的工党的时候受到打击，当然这种立场同样也为保守党内部存在的矛盾所削弱。他没能赢得与工党的对决，没能赢得民众对这一决定性对峙的支持。退败中，他转向了选择其政治光谱中业有的"自然的"立场，采

---

① 对之的进一步分析，可参见《监控危机》（*Policing the Crisis*）中的一些章节如"Exhaustion of Consent"，"Towards the Exceptional State"，by Hall, Clarke, Critcher, Jefferson and Roberts, London, 1978。

用它自己的社群主义讨价还价的版本。随后兴起的"撒切尔主义"由此通过直接取用"温和社会主义"（creeping socialism），以及希思这一翼的卫道学式的"国家集体主义"（State collectivism），成功地步入这个空间。由此可以看到，撒切尔主义所聚焦的正是共识政治（consensus politic）的中枢，这一主导和稳定了十多年局势的政治图景。在资本危机中，为了维持其作为政府政党的信誉，"撒切尔主义"与这一核心地带保持着缠绵不去、摇摆不定的关系：吉姆·普赖尔（Jim Prior）[①]传递出这些声音，但是是低调的。在其他方面，她还通过积极地摧毁来自右翼的共识政治，从而赢得了大量的空间。当然，她的目标是寻求建立自己的国家共识。撒切尔主义所摧毁的是以社会民主为主要倾向的共识形式。这种与中心地带的疏离解除了在战后较长时期内被禁锢的右翼的政治力量。

社会民主内部的矛盾

当然，社会民主党内部的矛盾是政治光谱中右转的关键。因为，如果希思"政党"的失败确保了撒切尔主义对右翼的领导权的话，那么，社会民主内部的矛盾则有效地解组了左派和工人阶级对危机的回应，并为撒切尔主义的运作提供了空间。

这一矛盾可以简而言之，为赢得选举权，社会民主党必须最大化地宣称正是它代表工人阶级和有组织的劳工的利益。这个党能够（a）控制危机，（b）并在由资本主义衰退所强加给的限制的内部，维护工人阶级的利益。重要的是要记住，这一社会民主版本——劳工主义——并不是一个同质的政治实体，而是一个复杂的政治形构。这不是"执政的"工人阶级的表达，而是这个阶级的政治表征的主要手段。表征在这里必须被理解为一种积极的和形构性的关系。它在其被建构的同时，组织了阶级，将之建构为一种特定类型的政治力量——一种社会民主政治

[①] 吉姆·普赖尔（Jim Prior，1927—2016），英国保守主义政治家，曾在希思政府中担任农业、渔业和食品部部长，下议院议长，在撒切尔政府中担任国务大臣。但他的一些主张与撒切尔夫人并不一致，这使他成为保守党中所谓的"湿"派（wet faction）领袖。——译者注

力量。每一件事都取决于方法——实践、机构与哲学——借此,一个阶级通常分散的和矛盾的利益,被一起焊接在一个连贯的位置上,并使之能够在政治和意识形态的斗争场所中被陈述与表呈出来。

这一代表性的阶级—政党(class-to-party)关系的表达,在目前时期,决然依赖于工党与该阶级的工会代表之间的一系列广泛的讨价还价的谈判中。这一"不可分解的"联系,是工党宣称自己是这一危机的自然的管控政党的实践基础。这就是它所传达的契诺。但是,一旦掌权,社会民主党就致力于寻求能够赢得来自资方主要部分支持的解决危机的方法,因为其解决方法是在资本主义生存的限度之内设计出来的。但是,这需要的是政党与阶级之间直接的不可分离的联系,同时要推进和规范它所代表的阶级与组织。这只有在阶级—政党联结能够以某种方式被重新界定或被拆解,以及在能够为其提供一种另类的接合,即人民—政府(people-to-government)的情况下才是可能的。"国家利益"的修辞,是基本的意识形态形式,在其中,一系列的失败被掌权的社会民主党强加给了工人阶级。这样的修辞确切地说是矛盾借此展示和正被持续再造的。但是,用人民—政府的概念来剖析斗争的领域是与采用阶级—政党的概念非常不同的。在斗争的关键时刻——从1966年的右翼罢工一直到1975年的5%的赔付标准——它是通过"站在国家一边"的定义来对抗"部门利益""不负责任的工会权力"等,从而也是通过对抗阶级来界定工会的。

在率先通过工业关系法案及其后来的岁月中,希思先生以他对"国家大工会"的期望和对贪婪的工人阶级"绑架国家索要赎金"的极度担忧为名义,在这个领地上玩弄了一种摧毁性的游戏。"撒切尔主义"带着巨大的气势和民众主义的吁求,利用"国家"和"人民"的话语来对抗"阶级"与"工会",瞄准了相同的客观矛盾。正是在这一空间内部建构出一种攻击,但这一攻击不是以由一个特殊的工会所发起的这个或那个"不负责任的讨价还价"为基础的,而恰恰是以有组织的劳工为基础的。数量众多的民众——包括很多工会人员——发现他们通过这种对"国家"和"人民"的询唤而被反映与被安置就位,而"国家"和"人民"则处在不断攻击具有防卫性的工人阶级组织的核心地带。

反集体主义

与极右翼新哲学密切相关的内容是反集体主义和反国家主义主题。"撒切尔主义"的出现赋予了保守哲学内部这些新自由主义信条的要素一种广泛的复苏。在理论的意识形态层面,反国家主义已经由货币主义刷新为最时尚的经济信条。在整个战后时期,凯恩斯主义是社群主义国家干预的理论意识形态的核心思想,几乎占据着一个神圣的正统地位或已成为套语(doxa)。就其自身来说,在某些最有权力和最有影响力的政府机构中,在研究机构和大学中,在被恢复到哈耶克和弗里德曼占有性的个人主义与自由市场的妙方中,要去替换它本身就是一种明显的颠覆。然而,意识形态的变革并不会魔幻般地发生。多年以来,像经济事务所(Institute for Economic Affairs)这样的机构一直坚持待在保守党,以及关于经济政策的透明的公共论辩的边缘,刷新了亚当·斯密和自由市场的信条,削弱了新凯恩斯主义的设想,规划和突出了"竞争式刺激"是如何再次运用到一个又一个部门中去的观念,正如他们看到的,这些部门已经陷落进了社群主义的深渊。

慢慢地,在更为敌对的20世纪70年代的气候中,这些种子开始开花结果。首先是在学术期刊上,其次是在大学的资深教师圈中,最后是在"新学者"与比较"敏感的"高等公务员之间的非正式的交流中,一种新古典主义经济的货币主义版本开始提供经济论辩可接受的参考框架。经济新闻工作者在媒介与严肃的金融出版物中,促进了这一革命性观念的可接受性,由此,不久之后,每个人都会想象得到的是,在已长时间被弃之不用的企业会议室里,正在启动一场为了国家资本主义安全所展开的竞争。

然而,既不是凯恩斯主义,也不是货币主义在选举市场中赢得了如此重大的胜利。但是,在"社会市场价值"话语中,撒切尔夫人找到了一种强有力的方法,把经济信条转译进经验、道德律令和常识的话语中,由此提供了一种更宽泛意义上的"哲学"———一种"关怀社会"(caring society)的另类伦理。这种将理论意识形态转译成民众主义习语

第四辑　政治形构：作为过程的权力

的办法是其主要的政治成就，从而也将难以直面的经济转换成了令人着迷的道德主义，这在很多方面是这次变革的核心内容。人们再次将"成为英国人"与竞争、利润的回归联系起来，与紧缩的货币和健全的财政（你花费的不能超出你所赚的！）——投放在家庭预算模式上的国家经济——联系起来。英国人民的本质被认同为自立和个人责任，它是与高税费消耗的个体形象相对立的，而被福利国家悉心照顾则会导致虚弱无力，他或她的道德性格也会被国家救济不可避免地摧毁。这一攻击，不仅仅是针对福利国家的过度支出，而且针对的正是集体社会福利的原则与本质，即巴茨凯尔主义（Butskell）[①]时期以来的共识政治的核心，在不断升级的攻击中，这个共识政治不再被看作值得尊重的阶级如何在福利国家中赚得最多，而是集中在对"乞讨者"的情感形象，即新的民间罪恶（folk-devil）的厌弃上。

对于这种民众主义语言，以及重构"自由市场"伦理的话语，过度自傲的基思·约瑟夫先生和过于平庸的罗德·博伊森（Rhodes Boyson）先生[②]，《时代》《电讯报》和《经济学家》的"冷漠的"评论员，在《邮报》《快报》以及《星报》和《太阳报》中持有民众主义观点的口技表演者们，都奉献出了他们全身心的专注。在争取界定这个时代的共识方面，通俗出版物的殖民化获得了一场至关重要的胜利。在这儿，它承担着围绕"撒切尔主义"而建构一种民众主义共识的批判性意识形态的工作。

撒切尔民众主义是一种格外丰富的混合体。它组合了组织化保守主义的共振主题——国家、家庭、责任、权威、标准、传统，以及重新复苏的自由主义的那些激进主题——自我利益、竞争的个体主义、反国家主义。这些因素中的一些在早期已经借助"一个国家"的民众保守主义的宏大主题确定了下来，保守党以此绕过了民主，把自己放置在了人

[①] 战后保守党丘吉尔政府上台执政，延续了前任工党的经济政策，从而使两党在经济与政治上达成了基本共识。1954年《经济学家》（*The Economist*）杂志上出现了一个新词即"巴茨凯尔主义"来描述这一共识。该词是由工党大臣盖茨凯尔名字的后一半与保守党大臣巴特勒名字的前一半拼合而成的，意指两党形成的共识。——译者注

[②] 罗德·博伊森（Rhodes Boyson，1925—2012），英国教育家、作家，保守党成员。著有 *Centre Forward: A Radical Conservative Programme*，1978。——译者注

民的中心，极力去组建一个又一个民众政府。其他的要素则来自政治经济和占有性个人主义的不合时宜的词汇。只有当旧的自由主义停止向保守党提供一种切实可行的政治基础时，它才被吸收进保守党的雄辩中。"人民的自由等于自由的市场"这样的观念从来没有整个地从保守党的宇宙观中排除出去，但是，尽管有鲍威尔主义（Powellism）以及"塞尔斯登人"时期的希思先生，这样的观念依然没能在战后时期的政党内部获得完全的优势，甚至直到最近也没有改观。但是现在，随着社会民主共识主导的时代的到来，在一种沾染了明显的社群主义倾向的保守主义中，"自由/自由市场"再次站在了保守意识形态全部剧目的前沿。"自由市场－强力国家"：围绕着这一冲突点，新自由主义政治经济融合进了组织化的保守主义，"撒切尔主义"的真实语言已经聚结。早在20世纪70年代中期，它已经被谈及，反过来看，它也"说出"——界定了——危机：危机是什么以及如何走出危机。危机已经开始在其术语中被"经历"到。这是一种新型的理所当然（taken-for-grantedness），一种逆动性的常识，被捆绑到了极右翼及其所渴望去代表的阶级力量的实践和解决方法中。

撒切尔主义的剧目单

反集体主义这一丰富的剧目单呈现出了两个方面的特征，我们能够在这篇文章的空隙处对之予以陈述。首先，存在着这样一种方式，即在支配阶级的传统哲学与实践意识形态中，他们的话语会直接作为流行要素运演。这些要素——正如欧内斯托·拉克劳（Ernesto laclau）和其他人已经阐述过的[1]——经常会表达出民众利益与权力集团之间的矛盾。但是，由于这一矛盾被表达的方式没有根本性的、必然的或稳定的阶级意义，因此能在非常不同的话语中被有效地重组，并以不同的方式去定位民众阶级与权力集团的关系。在一次危机中，当传统的秩序被打破的时候，在这个断裂的基础上，人民很可能被建构进一个民众主义的政治

---

[1] E. Laclau, *Political and Ideology in Marxist Theory*, London, 1977.

第四辑 政治形构：作为过程的权力

主体中：与权力集团一道，而不是与之对抗，并在一场巨大的国家运动中，与新的政治力量保持一致，以便"使英国再次'伟大'"。在一种变革驱动下被统一起来去转变"温和集体主义"的发展趋势，去消除国家机器中的凯恩斯幻觉，去革新权力集团，这可看作是"人民"语言的一个有力的例证。它的激进主义与激进的民众情感是连接在一起的，但它有效地转变了民众的情感，吸收了民众的批评锋芒并使之中立化了，在民众断裂的某个地方创造了一个民众主义的统一体（populist unity）。它在统治和被统治阶级之间制造了一个新的"历史集团"。我们能看到在"撒切尔主义"与"人民"之间出现了一种意识形态的跨联盟建构，而它也在撒切尔夫人自己的修辞结构中行进着："在一个集体中，不要和我谈论'他们'和'我们'"，有一次她对《我们妇女自己》（*Woman's Own*）的读者说："在一个集体里，你们都是'我们'。集体在你们就在，集体兴旺你们就兴旺——所有人团结一致。未来在于合作而不是对立。"这就置换了已存在的对立结构："他们"VS"我们"。她把自己设定在一个另类对等物的位置上："他们加上我们（us）等于我们（we）。"然后把我们——"人民"——定位在一个关于资本的特殊的关系中：其背后，则由其必要的规则（利润、资本积累）所统治，并且同时屈从于它、认同它。"你与集体同存"；也很可能的是，你与集体同亡⋯⋯因为是合作而不是对抗！我们在这里看到的过程与葛兰西曾经有一次描述的转型主义（transformism）过程非常相似：在一个意识形态的形构中某些要素被中立化了，它们被吸收进并被积极地挪用为一种新的政治构形。

第二个方面与这一转型主义的进程也密切相关。迄今为止，我们总是将某种意识形态描述为一种纯粹的虚幻，纯粹的"虚假意识"，这也是经常被传统左翼所描绘的。认为它们只是一套意识形态的欺诈，而一旦被推进现实环境的严格考验，其面具就将被吹走。然而这种解读极大地低估了这些民众主义建构被安置其上的理性内核，同时也低估了它们真实的而非虚假的物质基础。尤其是，这样一种解读忽视了"人民"——民众的需要、利益、欲望以及向往（从一个方面上说）与实际的、被强加的干预主义国家（资本主义发展垄断时期的国家）结构

（从另一个方面说）之间的矛盾的物质性。"撒切尔主义"，远不是简单地在幽深处变换魔术，它是在社会－民主的社群主义名义之下，直接地在民众阶级的真实和清晰的矛盾经验之上来运演自身的。

理解工党的社会民主为什么容易受到"国家主义"（statism）的挟制，以及由此理解为什么"反国家主义"被证实会采用如此有力的民众主义口号是很重要的。否则，我们自己也许会糊涂到将撒切尔主义在工人、真诚的选民以及某些熟练工人阶层中间制定的毋庸置疑的前进道路整个地归作"虚假意识"。正如我们所看到的，社会－民主社群主义为自己设定的规划，是对英国资本主义危机的控制和改革，而不是转换。当资本以其自身无法完成什么的时候，"改良主义"就会不得不把资本与国家捆在一起，把国家作为普遍利益的代表者，由此创造条件，以便有效地恢复资本主义的资本积累和利润。社会民主没有其他切实可行的策略，尤其是对"大"资本（"大"资本也没有切实可行的可供自己选择的策略）而言，这不会涉及巨大的国家规划和支持。由此，国家已变成了一个巨大的在场，将自己铭刻在社会与经济生活的每一个特征上。但是，随着衰败愈演愈烈，对危机的管理又需要工党去规训、限制和监控那些它宣称要去代表的阶级——再次，这仍然需要通过国家这个中介。

对这一问题进行查考的最好索引便是收入政策策略，尤其体现在其最后和最令人迷惑的表达形式——社会契约上。社会契约论是那种无限期的或双面的意识形态机制之一，在其中每一方都能读出完全相反的意义。对于左派来说，它代表着一种努力，试图用社群主义与国家谈判，把特定的有力的社会与经济目标转嫁到限定薪水需要的"价格"上。对于工党政府来说，它清晰地代表了社会与经济的规训能够被"出卖"到工会运动中去的唯一的形式。在重新分配的社会契约语言与其实际的规训特征之间，存在明显的不一致，这一不一致是在社群主义的管理下，"国家"如何开始被体验为"人民公敌"的最好的索引。伴随着反对收入政策的运动和对"集体商谈"的支持，这一矛盾越来越深入地楔进了工党/工会联合体中，直到它削弱了卡拉汉政府自身的信誉和存在的合理性。而极右翼则欢迎工会以回头浪子的方式，来反抗"国家对自由集体协商的干涉"。

　　人们很容易相信劳工主义只是在最近和无意中被国家主义抉择拖入困境中的。然而事实上，劳工主义，或劳工社会主义身上有其费边－集体主义（Fabian-collectivist）血统的深深烙印。在国家公务人员和专家的管理下，国家机器的扩张通常在这一传统中被界定为社会主义本身的同义语。工党一直希望使用这一国家去为工人阶级改变处境，假如其还没有太深地陷入资本主义积累的"逻辑"中的话。但它拒绝了在民众层次上像瘟疫一样对民主权力的鼓动。这通常是在这样的地方，工党被从悬崖边拉了回来，拉回到其对"宪政制度"的深深敬畏之中。的确，没有什么事值得如此喋喋不休地把工党领导者的镇静看作在自己航道上行驶的民众阶级的奇观，以为这些人远离了"负责任的"指导和领导的职责范围。事实是，"国家主义"并没有离开劳工社会主义的轨道。社群主义只是郑重承诺代表人民利益行使国家权力的最新形式，但它并没有动员民众参与，这已经是不证自明了。

　　极右翼利用了这次致命的犹豫，这一工党社会主义深刻的弱点。当撒切尔夫人把国家官僚和温和的集体主义认同为"社会主义"，又把"社会主义"认同为东欧政体下"真实存在的社会主义"的幽灵时，她曾由此对自己的夸大其词而内疚，但也仅仅如此而已：随后她又将那种宿命般的推论，即好听的"自由"的声音与前者对立起来，当然，这只是她和她的新模范保守党所表呈的"自由"。

　　同样的情况是，工人阶级虽然拥有对社群主义国家的实际经验，却并没有激励他们对这一领域中激增的右翼观念的进一步支持。无论是在不断增长的领取救济金的队列中，在人满为患的国家健康服务的候诊室里，还是在蒙受社会保险的屈辱中，工人阶级都日益体会到社群主义国家并不是一种福利，而是一强加在"人民"头上的强有力的官僚机器。国家在他们面前，不是作为一个福利或再分配的中介，更多的是作为"垄断资本的国家"。既然工党已强调了垄断资本的需要高于其他，那么在这一意识中，有什么能够被说成是"虚假的"呢？

　　劳工主义并没有直面其处于策略核心的这一矛盾，而是惯常地滑落回对国家中性仁慈界定的重新确认上，将自己看作国家利益的化身，并能超越具有竞争的阶级斗争。很明确，这一抽象的国家现在在撒切尔主义话语中已经被转化为敌人。正是"国家"介入过多与过度消费、刺激膨胀、愚弄人民，让人们认为，总会有更多救济品的来源；试图去确定像薪水、物价等的规则，可这些最好是留给隐藏不见的市场之手；尤其是，它用干预、干涉、介入、指导，以及定向——来对抗英国民族的本质与精神（Genius）。正如她所说的，这是要把人民的命运再次放在他们手中的时候了。

这样，在任何沿着国家和人民之间裂缝前行的极端化表达中，工党被表现为权力集团不可分割的一部分，与充满官僚主义色彩的国家机器有密切的干系。简言之，它被看作是与国家"一道"的；而撒切尔夫人则是与人民一道，一只手抓住了自由的火把，像是那些从未与人民分开的人一样。工党相信那些如其所是的事情——而撒切尔夫人则想从根源上将社会撕裂开来，然后激进地重构它！如他们所言，这就是极右翼由此而"变得流行起来"的过程。

教 育

我们将转向另外一个被极右翼成功殖民化的领域：教育。直到最近，"机会平等"与"弥补教育劣势"的社会民主目标在整个中等教育界占据主导地位。争取综合化教育（comprehensivization）① 的斗争是其政治姿态。这一领域的论战只能通过一系列策略上的干预慢慢加强。"黑皮书"（Black Paper）集团②——起初仅仅是一个精英主义的教育集团——已从开始时的极温和的立场，转变到正当地宣称其可以全身心地为工党政府于1978年发动的"大辩论"（Great Debate）设定日程的地步。在20世纪60年代，"进步的"与"社区的"教育在公办学校中获

---

① "综合化教育"既指课程的设置，即为不同水平的学生开设相同的课程；也指一种办学的模式，即所有阶级的学生均能入学的一种公立制学校。这一理念体现了左翼的平等教育思想，大致是在20世纪40年代试验的基础上引入的，后来变得更加普遍。——译者注

② 这是指1969年至1977年的"批评季刊"（*Critical Quarterly*）发表的一系列讨论英国教育的文章，因主要对国家政策持批评的态度，其名称与政府白皮书形成了鲜明对比。——译者注

得了巨大的进步。现在,"进步主义"完全不被信任,一些良好的公办学校实体——如威廉·廷代尔(William Tyndate)及其后来的学校,可以这样说——用谎言撒满其路。对降低标准和不识字工人阶级的恐慌,对课堂上具有政治动机教师的担忧,关于在有"暴力"的城市学校中的令人恐慌的故事,以及关于吸引移民中标准掺假的令人恐慌的故事,等等,已经成功把教育领域的潮流引向了由右翼力量所建立的主题和目标。新闻业,尤其是那三种流行的代表极右翼声音的期刊:《邮报》《太阳报》和《快报》,已经在这里占据着非常核心的位置。它们以高度耸人听闻的形式公开一些"个案",而且还描绘其中的联系。

这些联系和连接是这一过程的主要机制,经由这一过程,教育作为一个斗争的领域已经被接合到右翼中去了。在国家教育哲学内部,有一些漫长的根深蒂固的抵制,抵制任何试图直接以工业需求和需要来衡量学校教育的做法。这些抵制通常都含混不清,这对我们的目的并不重要。然而,它出现了,并不情愿地以眼下对资本的价值来支付学校教育经费,而这种不情愿是能够引发运动的,并希望得到专业管理上的支持。当然这些维护现在已经被废除了。标准在下降的明显证据已经存在:主要目击这一令人警觉的趋势的是雇佣者,他们抱怨工作应聘者的品质,这反过来对国家的效率和生产必定产生影响——而经济衰退则会使两方面的情况都会进一步恶化。一旦无根无据的因素经常被一起缝合进这一推论链条中时,政策就会开始被政治上右倾的教育领导者所转变,甚至是在他们负责教育与科学部(DES)之前。那是为什么呢?

首先,因为正在被引导的论辩的领域已围绕着这一新的"逻辑"被如此彻底的重构,以至于要求变革的呼声已很难抵制。其次,因为工党本身总被困在学校教育的一些竞争目标之间:是去提高工人阶级孩子及穷人在教育中的机会呢,还是把教育与生产体系的经济的和有效的需求捆绑在一起?即使在社会民主教育规划内部,我们现在能看到,这一矛盾是我们早前所称之为的社会民主在这一时期的主要矛盾的另一变体。教育专家和发言人、教育出版社、某些专业部门、媒体、许多教育利益集团和组织,的确一直在这一两难之地运作着——在经济衰退的条件下——和工党政府进行辩论,而这时的工党政府相应地会在推进辩论和政策中占据领导的地位,而这些政策是被设计用来使这一方程——"教育中的成功＝满足工业的需要"能够实现的!

"大论辩"

这样,为了社会民主,"大辩论"就被极右翼社会力量切实地提上了议事日程。综合教育这个术语随后为精英教育这一术语有效地取代了。工党政府发起了这次"大论辩",几乎可以确定,它依然相信,这基本上是一场非政治的论辩,就像关于教育应当是什么样子的论辩。"教育不应当是一种政治足球。"这是工党部长郑重宣布的口号,他们试图把这一口号推销到公共学校校长们的会议上!为避免人们认为这毕竟只是一场辩论,我们应当意识到,对教育国家机器的重构正在发生。教育与科学部被或多或少地放置在一边,而能够以更为直接和实践的形式实现这个方程的新机器,已经转向了这一领域中的核心机制:人力资源服务委员会(Manpower Services Commission)、新的培训服务局(TSA)和"高端"再培训计划,以便直接适应工业的需要与发展,并对那些沉默的失业者进行再技能化和去技能化。

从上层重构国家机器是一回事。但是,来自家长的积极的和正面的支持——包括很多工人阶级的家长——是另一回事。随着失业的持续增长,工人阶级的父母被迫更为严肃地考虑教育的竞争问题:去接受技术训练——即使只为一些没有出路、低技能、重复性劳动的特定职位做准备,也比领救济金要好。如果所提供的综合化教育不打算提供有用的东西的话,那么工人阶级的孩子可能就不得不满足于以任何他们能做到的方式"被培训"和"被阶级化"。这就是马克思所述的经济生存中"无声的强制"(dull compulsion)所具有的含义。

但是也有这种情况,当社会民主不能主动去转变教育劣势这一状况变得更为清晰的时候,工人们对于他们的孩子能够接受教育的真切渴望,会被重新表述为一种对更为习惯性的和传统的通往教育市场之路的支持。这种返回到已知和熟悉的领域、可靠的路径、传统和正统,以及是其所是的安全领域,是最为强烈和深刻的常识情感之一;而也正是这个原因，这种撤退也成为极右翼话语中最具回应性的主题之一。在20世纪60年代，父母权力与激进运动相关，也与伊凡·伊里奇（Ivan Illich）的"去学校教育"有关。① 在20世纪70年代和80年代，这却是由保守党政府发言人所洗的教育牌中最强大的一张牌。

法律与秩序

如果说教育是右翼在无须获得权力的情况下即已赢取下来的一个领域，那么，极右翼的剧目中还有两个领域——种族与法治，在传统中他们一直扮演着领导者的角色。我们可以简略地谈及它们，因为近期它们已获得了左派极大的关注。它们在此被选择作为例证，仅仅是为了引出一个总体上的论点。在法律和秩序方面，其主题——如更多的监控、更为强硬的审判、更好的家庭规训、作为社会解体标志的不断上升的犯罪率、来自盗窃和抢劫等的对因私事而外出的普通人造成的威胁、非法的浪潮以及守法的缺失——这些都是保守党会议的永恒主题，也是由道德倡导集团和善于引用事例的编辑们发动的诸多民众主义运动的话题资源。但是，如果右翼在某些领域的工作已经赢得了其阵营的支持的话，那么，法治主题就会引起人们的恐慌。法治语言会受到一种民众道德主义的支持。"好的"对"恶的"、文明与非文明的标准，以及在无政府与秩序之间的选择，这样的宏大语法，持续地分割着世界，并将各自归类到指定的位置。在这一领域，对"价值"与道德主题起作用的，便是赋予法治更多圣战（crusade）的色彩，由它去掌握大众的道德和常识意识。当然这也具体触及诸如犯罪和偷盗、剩下的不多财产的损失等经验，以及担心在工人阶级居住区及其周边遭到始料未及的攻击；但是既然没有提出针对这些问题潜在原因的其他补救措施，那些舆论就会将人们焊接到"需要权威"的提法上，而这对于右翼去建构一种服从其威权规划的共识来说，具有十分重要的意义。

---

① 伊凡·伊里奇（Ivan Illich，1926—2002），原为奥地利人，后居美国、波多黎各等，教育家、宗教家。他提出的"去学校教育"，以批判学校教育为出发点，对制造贫困的社会基础即商品化、机构化等过程与结构进行了深入的剖析。——译者注

种族的议题建构了这一相同过程的另一个变体。在近几个月，种族、种族主义与种族间的关系问题，以及移民问题已经被右翼的激进正派（radical-respectable）和激进粗暴（radical-rough）力量轮流主导。据说在20世纪60年代和70年代早期，提出反移民主张的鲍威尔失意了。如果从单一个体的事业角度来衡量，并将之置于整个情境之中看，这样的判断是真实的。但在另外的意义上，有一种观点认为鲍威尔主义赢了：不仅是因为他在官场失意后，其多数主张仍在随后被立法生效，而且因为鲍威尔能够在种族、移民控制主题与国家形象之间，在英国人民与"我们的文化，我们的生活方式"被摧毁之间，建立起了魔幻般的联系及捷径。

我已经专门考察了极右翼出现的一些政治-意识形态维度，不是要引起人民对其程度的疑惑，而是试图确认其特殊性之所在，是什么使其与第二次世界大战以来兴起的其他变体不同。首先需要看到的是，当社会民主派在经济衰退时期掌权，并试图在"特定限度内"提供解决方案的时候，右翼与社会民主的际遇之间存在着复杂而又相互纠结的关系。总是存在着这种情况，即右翼是什么，部分是因为左翼是什么。其次是，右翼在将人民与国家/权力集团之间的矛盾自然化，且决定性地询唤民众的意识中取得了普遍性的成功。简言之，这就是其民众主义的本质。但是，现在，还必须给它添加一条理由，就是它没有浮夸的技巧或欺诈，因为这一民众主义是在真实的矛盾基础上运作的，具有一种理性的和物质的核心。它的成功与有效性并不在于其有能力去欺骗毫不怀疑的人民，而是在于这样的方式，即它提出了真正的问题，真正的活生生的经验，真正的矛盾——而且还能够在一套话语逻辑中表达出这些内容，而这套话语又能系统地把民众拖进右翼阵线及阶级策略中。最后（并不局限于对这一问题的分析，虽然它看起来与之密切相关），有证据表明，意识形态的传播与这一秩序的政治重构是如何被实际地实施的。它在已建构的社会实践与活生生的意识形态的基础上运作。它通过不断地利用这些因素去赢得空间，这些因素随时间而确保了对一种传统的回应，并把自己的痕迹留在民众的记忆清单中。同时，它通过改变处所、位置，以及任何一套话语内部整合的相对权重（the relative weight），并根据另类逻辑来建构它们，由此改变了这场斗争的场域。改变人们的不是"思想"，而是一种特殊的社会斗争实践：即意识形态的与政治的阶级斗争。使这些表征得以流行的，是它们对实践的把握和塑形，即将这些表征刻写进右翼的物质性中。如果这种建构是带有危险性的，那么正是因为是它改变了这一领地原有的性质，在这一领地中，不同类型的斗争在发生着，而它们会对这些斗争产生相关的影响。它们的效应是去建构一种新的政治力量的平衡。正是在这一领地，对抗的力量必须在此组织，如果我们想转变之的话。

（和　磊　译）

新工党的双洗牌[*]

1997年新工党选举的胜利，发生在一个遭遇巨大政治机遇的时刻。撒切尔主义已经完全被选民抛弃。但是，撒切尔18年的统治已经极大地改变了英国的社会、经济和政治地形。因此，对于即将到来的政府，就会遇到一个基本方向上的选择问题。

一个方向是提供一针对撒切尔主义的另类的激进策略，与20世纪70年代到80年代所发生的转变相一致，带有同等的社会与政治深度，但却是建立在非常不同的原则基础之上。两个基本的考量可以支持这一观点，这就是撒切尔主义似乎已经移除了凯恩斯式的福利国家社会民主、威尔逊模式（Wilsonian-style）和旧式国有化的配置。更有意义的是，撒切尔主义已经发展到不仅仅是一种对权力的有效占有，而且获得了一种支持其威权的广泛的霸权主义基础。这一"革命"拥有一种有效的民众策略，也拥有深刻的哲学基础……通过一种新的新自由主义共识，撒切尔主义激进地重塑了国家与经济，也"殖民化"了市民社会，并将自己的统治建立在这一基础之上。撒切尔主义的影响是"划时代的"（为此也界定了一个新的政治舞台）。

这似乎不可能被一种决定命运的选举之轮的转动所颠覆。就左派的历史机遇来说，就像在掌权的早期阶段，它需要大胆而富有想象力的思想和果断的行动，去标示出一个新的方向。有批评认为这是一种"转型的规划"（transitional programme）——如一些批评意见所给出的例据，

---

[*] 原题"New Labour's Double-shuffle"，原文载于 Soundings, Issue 24, Autumn, 2003。

第四辑　政治形构：作为过程的权力

它需要兼及民众并具有冒进性，例如通过提高税收来修补业已损坏的社会构造、重塑国家教育体系、撤销极不受欢迎的铁路私有化——这些都需要立即引进，将之视为标示性意义的选择。

　　作为批评家，我们曾专注于撒切尔式的对政治/意识形态领域的重构。在对这一问题的阐述中，我们的看法基本上是对的。但是，我们也许低估了所有这一切本身与更为深刻的全球转变之间的关联程度，这些新的全球转变有：新的后工业社会、资本为恢复其"管理权"而进行的斗争、国际经济的"全球化"（这使其能逃出绝境之路）、技术革命，以及新个体主义与新自由主义自由市场观念霸权的兴起。这是一场超越了20世纪70年代世界而发生的巨大变化，并构建出了每个人包括左翼都需要去面对的那个"视域"（horizon）。

　　当然，其他的选择也要适应撒切尔主义的/新自由主义已勾画出的地形。有诸多的标示，这将成为新工党优先选择的方向，例如彼得·曼德尔森（Peter Mandelson）的著作①以及在这一由新工党知识界提出的必胜主义短语（triumphalist phase）中的修正主义观念——这些短语有："左派与右派之间的差异已经过时"、"没有例外"（对于新自由主义全球化来说）、"我们对人民变得满身铜臭没有异议"——这些观念提供了在新工党圈子内部进行反思的清晰证据。当然，一个人不会混淆"作为掌权的新工党和作为管理的新工党"意味着什么。马丁·雅克（Martin Jacques）②和我在1997年选举前的周日为《观察者》（Observer）写了一篇文章，叫《带着人性脸庞的撒切尔主义》（Thatcherism with a Human Face），文章认为撒切尔主义不可挽回地把我们带入了外面的政治黑暗中。我们知道，一旦虚掷光阴，这样的时刻将会失去好多年，也许永远。我们也强烈地预感到，新工党已经作出的策略选择会不可挽回地

---

①　彼得·曼德尔森（Peter Mandelson，1953—），英国工党政治家，国际智囊团政策网络总裁，曾在布莱尔和布朗政府中担任内阁职务。著有 Labour's Next Steps, 1997；The Blair Revolution Revisited Politico's, 2002；The Third Man: Life at the Heart of New Labour, 2010。——译者注

②　马丁·雅克（Martin Jacques，1945—），曾担任英国著名杂志《今日马克思》主编，并于1989年与斯图亚特·霍尔共同编辑《新时代：90年代的政治变化》（New Times: The Changing Face of Politic in the 1990s），后出版有《当中国统治世界：中国的崛起和西方世界的衰落》一书。——译者注

将自己推向第二轨道。

结果正是如此。在深远的意义上，新工党已经适应了新自由主义的地形——但是是以一种意味深长和独特的方式。那些批评它的人依然不能充分地明了其适应的本质是什么。其创新性——如果不是以其所构成的样态而论，而是以这些因素是如何被整合的而论——并没有得到很好的理解。然而在1997年，只是过了几个星期，新工党的基本方向就已经豁然可知了：它作出了追随保守党的支出优先及对之的承诺的重大决定，嘲笑放弃再分配的声明（税收和支出），妖魔化其批评者（"老派工党"），新的管理上的独裁主义潮流（"我们知道我们是对的"），带有准宗教式的直呈其信念的气氛（"或者支持我们，或者对抗我们"），对平等、普遍性和集体性社会规约的历史责任的颠覆。

福利国家过去一直是工党最大的成就，之后在撒切尔夫人当政期间遭到了激烈的抨击和削弱。然而对福利国家的解构却成了新工党的历史使命。双重社会（two-tier society）、企业贪婪和需求的私有化是必然的后果。而这又被断然无疑地用"现代化"的概念搪塞过去。谁会有可能反对它？语言学上的运作是这整个冒险事业的关键，由此形成了一个充斥着谎言、空话、逃避与"快速转体"（spin）的名副其实的"第三条道路"（Third Way）的兴盛，当然这也取决于是在向哪些受众说话。

首相近来宣称，新工党的学校和医院改革（也就是重新引入选择性和温和的私有化）"紧紧地建立在工党为争取社会正义的历史斗争内部"，或者宣称慈善医院要完全与奈·贝文（Nye Bevan）①的努力一致，从而创建一个去商品化及具有健康关怀的普遍的国民健康保险制度（NHS）——这样，医院真的就被规划用来"把权力回归地方社区"，而不是向私人投资打开大门——这只是最新的露骨的例子。这一广为散布的推诿之无耻——谎话连篇成为政府的一个原则——和其所暗含的对选民的严重蔑视，已经远远地污染了整个政治文化。犬儒主义（cynicism）与政治冷漠很明显已紧随而来。（新工党"转体"的效果可以在

---

① 奈·贝文（Nye Bevan, 1897—1960），威尔士工党激进政治家，曾于1945年至1951年担任卫生部长。——译者注

选举参与的低落中见出，这可看作测试大众满意度的一个标记。如果选举的结果是与保守党人在根本上一致的新工党组阁执政，那么，满怀热情投票的意义又何在呢？）

新工党的确有一长远的策略，"一个规划"：安东尼·葛兰西称之为将社会民主转变为一种自由市场新自由主义特殊变体的"转型主义"（transformism）。当然，否认像这样一个规划能够在这儿运行依然很流行。即便不再抱有幻想的人也会绝望地抓住那样的希望：期待英国式的实用主义将会获胜。新工党的理性的批评者——罗伊·哈特斯利（Roy Hattersley）、弗兰克·多布森（Frank Dobson）、克里斯·史密斯（Chris Smith）、比尔·莫里斯（Bill Morris），甚至波莉·汤因比（Polly Toynbee）——便保留着这种"忠诚"（但是对什么忠诚呢？）。他们满怀希望地寻找这样的信号，即新工党虽然已经在第二次转体中失控，也许还有第三次？——但能够自行重新把自己重塑为某种不同的东西。谈论新工党的关键事情，便是这样的，其所谓的"实用主义"是英国所必须有的脸面，以便在一系列利益中去"管控"，而同时又维护选举的支持率。从根本上看它并不太实用，因为比撒切尔主义强不到哪里去，虽然这并不意味着它没有不断地推动事情向前发展。在与国民健康保险制度的关系中，撒切尔夫人短期内也是务实的（"国民健康保险制度已被我们安全掌握"），但从策略上看她又是某种反实用主义者。例如就矿工罢工这一事件而言，她知道何时撤回，为的是在另一天更为有效地再次战斗。

实用主义是一种对策略性规划的狡猾地、渐进地实施方式——灵活地对待你要推进的路线，当抵抗白炽化时就让步，必要的时候就策略性地修改自己的规划（我们所看到的有"有能力的国家"的提法和对"风险"的颂扬，著名的"第三条道路"领袖安东尼·吉登斯，现在正毫不费力地把我们拉向一个"有保障的国家"——当很多企业免除了他们自己的养老金义务的时候）。它需要温和地转变重点以适应当前的政治风向，说什么要使传统的"中心地带"的支持者们满意（"可能会偶然遇到一些技术官员和管理者"——首相），然而又总是返回到一个固化的意识形态基本路线上来（"我们领导国家的根本方向是正确的"——首相)。当然,也会有1000个由新工党的蔚蓝天空政策专家(blue-skies policy-wonks)想出的骗局和方案,如所谓的"重塑政府"——被看作已变为人民公仆的政策顾问的使命,以及具有新工党倾向的"智囊团"[公共政策研究所(IPPR),迪莫斯(Demos)]①的使命,这在作为战略和创新工程的第10号政策中得以体现,但是准确无误的是,在战略层面上,这一规划又返回到了其常用的口号:"创造财富""改革"和"现代化"。

这儿有一个主导运作的策略或者逻辑,而从根本上来说,它在性质上是新自由主义的。因此,新工党在国内及世界上(通过"全球治理"机构,如国际货币基金组织、世界贸易组织、世界银行等)致力于企业的经济自由,确保其获取在国内外有效运行的必要条件。它已经放弃了把更广泛的社会目标嫁接到企业界的尝试,如威尔·霍顿(Will Hutton)的"利益攸关者权力"的项目总共只历时5分钟。它也解除了对劳动力等市场的管制,维持严格的工会立法,并建立相对薄弱、柔性监管的体制。例如,铁路监管者削减了火车服务,提高了票价,目的是使铁路更"高效"(!)。它主要作为向低效率的私人公司提供大量公共补贴的渠道,排除投资风险,但是仍然无法找到一个替代铁路支离破碎的结构的公共方案。那些新的广播监管机构的主要目的,似乎是要拆除目前阻止像默多克这样的全球利益者随意买进和垄断英国媒体与媒体渠道的障碍。

新工党广泛散布"市场原教旨主义"的信条——将市场和市场标准作为价值的真正衡量的尺度。它"向商业示好",在公共与私有两方面偏袒商业的利益(从一级方程式香烟广告丑闻起)。不平等的趋势已在其管理国家期间成倍增长,并逐渐接近美国的此项比例。迈克尔·米彻(Michael Meacher)即认为,"现在的富人比在撒切尔夫人执政的任何时候都享有着更大的国家税后收入份额"。它保护着公司董事会的贪婪,

---

① The Institute for Public Policy Research(IPPR),是英国一家带有偏左政治倾向的智库,在全英设有四个分支机构,旨在通过公布其研究成果而影响公共政策。Demos(迪莫斯)是英国著名的跨党派智库,服务于政府的政策制定,并以所谓的原创性研究、出版创新思想家的著作、发起热点话题等为己任。——译者注

提高了商业在形成有利于政府核心利益集团的社会议程中的影响（政府在转基因与环境问题上的建议，与制药和生物技术公司利益之间的联系才刚刚为人们所知）。它提升了"商人"和"企业家"作为主要社会榜样的形象，在这块土地上散播"企业价值观"（"效率""选择""选择性"）的信条。它追求一个极大的具有可变性的私有化范围——持续抛售重要的公共资产（交通、伦敦地铁、空中交通管制、邮政服务），迫使公共部门在其内部运作中"模仿"市场，毁灭性地模糊了公共/私人的区别（如民间主动融资，公私"合作"），偷偷地为私人向公共部门（监狱服务、学校、国民健康保险制度）投资以及为企业向公共部门渗透打开大门。每个媒体最近都在讨论的温和式私有化是否属于"真正的私有化"，已成了一种常识性的问答。

　　由此可见，新工党已经适应了新自由主义基本规划，以便与其社会民主政府的治理条件相称，即试图在以新自由主义的目标来管理的同时，又维持传统工人阶级和公共部门内的中产阶级对之的支持，这将伴随着所有的妥协，以及所带来的困惑。通过"重塑积极的政府"，新工党已经修正了美式新自由主义经典的反国家主义（anti-statist）的立场。这不是回归到我们已知晓的政府，而是一场"治理"革命（见《1999年现代化政府白皮书》）。术语"治理"（governance）本身是另一个不靠谱的新工党概念：不是"政府"的同义语，而是"一种新的治理过程，一种有序规则的可变条件"的能指，专门用来模糊国家与市民社会之间的差异。① 正如保罗·杜盖伊（Paul Du Gay）指出的，这涉及"一种新的规则理性"，其中"政治化的政府已经以有效利用的逻辑之名被重构了"。②

　　"企业化治理"的倡导者建议，这种方式可以促进服务提供商之间的竞争，支持从官僚机构向"社群"（community）的转变，关注产出（交付）而不是投入，重新将客户定义为消费者，并通过"参与式管理"去除权力集中化，偏向市场机制而非行政机制。③ 其新自由主义的

---

① 参见 R. Rhodes。
② 参见 Paul Du Gay, p. 12。
③ 参见奥斯本（Osborn）和盖布勒（Gaebler），引自 Paul Du Gay, p. 13。

起源是难以掩饰的。这远不是与新自由主义决裂，而是以一种转换的方式出现的新自由主义，并由"企业化治理"构成了对之的延续。"更好地治理国家，就是要管得更少，并使国家'企业化'"（杜·盖伊）。

被牢固地确立起来的一个新工党正统的理念便是，只有私营部门是"有效的"衡量方式。公共部门，被界定为是"低效率的"和过时的，部分是因为它带有超越经济效率和货币价值的社会目标，它只能通过变得更像是市场来解救自己。这是"现代化"的真正含义。正如艾伦·芬利森（Alan Finlayson）指出的，"现代化"是一个松散的述行式言语-行为（speech-act），在这一意义上，"它只有在其使用的那一刻才能获得意义与力量……这是一个'向上'的词，让事情听起来令人激动、有进取心和积极性……（它的）使用有助于产生一种结构化的和带有统合性的思想的外观……它促使了那些并非如此必要的东西'自然化'，使其变得无可争议"。①

它的部分目的之一是要建立新绵羊和老山羊之间的永久鸿沟。反对这种趋势的公共部门的工作人员因沉浸在过去，被看作已经严重"过时"而成为"内部的敌人"。他们也必须"被现代化"。当然，实际上他们在与私营部门的关系中是拿着极低的回报的，并且在推动提高他们实际上所提供的服务中，完全被排除在合伙人之外——是"改革"的对象而从来不是改革的主体。首相建议他们把自己更多地看作"社会企业家"！同时，"公共利益"和"公共福利"的整个概念已经崩溃，它也被宣布为是过时的。甚至连新工党的左翼批评家或媒体评论员都羞于去关注之。市场是"社会福利"的唯一衡量尺度，这一命题由哈耶克提出，被撒切尔夫人所采纳，又被新工党生吞活剥地、不加鉴别地重新使用。

市场化现在已被装配在政府的各个领域。"治理"上的无声的变革将撒切尔主义与新工党无缝连接了起来。这是支撑新工党部长们在睡梦中说出的"行话"（jargon）的代码。它是来自伦敦政治经济学院

---

① Alan Finlayson, *Making Sense of New Labour*, L & W, 2003, p. 67.

(LSE)这种神圣之墙地方的新工党的福利知识分子①,作为"真理"而发出的声音。

新管理主义

在整个20世纪80年代,持怀疑态度的批评者常常会问,撒切尔主义式的意识形态分析是如何影响"现实世界"的。我们对之的一种回答便是:通过管理实践,即使现在也依然走的是这样的道路。显然,这只是一种中性化的社会技术。可以确定地将"新管理主义"(the New Managerialism)看作一种运载方式,新自由主义思想正是借之而能够如实地传递到体制性的实践之中。与之相似,新工党也是通过所谓的新公共管理办法在公共部门中实施其规划的。这涉及国家治理和管理实践的市场化,从而使公共服务的个体能被转变为"企业性主体"(entrepreneurial subjects),而国家机器的任务便是要适应这种"企业治理"的"使命"。治理和国家重建的核心,是充满热情地把"公共选择"的方法运用到公共部门,由此"转变(从输入到交付)的激励平衡……在20世纪80年代的英国,这导致外包服务、国内市场的普及和彻底的私有化"。② 这也是把公民重组为消费者的主要动力来源。③

对于其产生的影响,我们现在会将这种令人厌烦并重复提及的"选择",归于布莱尔话语中对关键性的"现代"价值的倡导。其实,在绝对的意义上,并不存在对作为更多"选择"的公共需求的认同。毫无疑问,很多人都很想为孩子选择一个好的中学和生病时的高效医院,无论他们住在哪里,也无论他们是贫穷还是富有——这是一件完全不同的事情。但是,重复指出"选择"是一种广泛的需求,便是一种将断言作为事实的方式,而实际上这又只是一种预言,一种自我满足,是建立

---

① 这里是隐指在LSE(伦敦政治经济学院)担任院长职务的安东尼·吉登斯,他曾为当时首相布莱尔政府的学术顾问,与后者共同推动"第三条道路"的思想。——译者注
② Finlayson, *Making Sense of New Labour*, p. 111.
③ 对之的一种批评,可参见Catherine Needham的小册子 *Citizen-Consumers*, Catalyst, 2003。

在"能让人们相信是真的那些事情其结果也将是真的（也就是'现实'的）"这一原则之上的。正如首相在一个关于"第三条道路"冗长的官样文章的经典例子中所说的，"选择为最贫穷者提高供给的质量，有助于解决不平等问题，同时也能够加强中产阶层对集体供给的承诺"。①他补充说，公共服务改革的目的，便是"以一种现代的，以消费者为中心的方式去交付产品"。恰如凯瑟琳·尼达姆（Catherine Needham）正确地指出的："部长们已经开始从明显的消费主义和竞争语言中退后，但仍然继续认可其背后的原则。"②

新公共管理"授权"公务员去放弃政治中立的原则，并像私营部门的首席执行官那样，以更为"能动"的风格"取得"他们部门的"所有权"。③它通过对审计、检查、监督、效率和收入评估的整个微观管理实践的大量引入，取代了专业判断和监控，尽管事实上，无论是他们自己的公共角色，还是公共利益目标的设定，在之前都没有以这种方式被彻底地重构过。既然如此，我们便需要一支管理人队伍，虽然这些人很少知晓自己领域的内容，但是他们了解关于管理控制策略的一切。我们也需要大量的顾问，对顾客提出"创造性地"回避监控的建议。在更为广泛的方面，新公共管理促进了协同驱动，把公司业务领导人引入公共生活的各个部门，以便传播有利于"企业主义精神"（entrepreneurialism）的氛围。由于从商业中贷款的私人公司和顾问实际上越来越在政府中心盘踞，他们的代表在更多地方层面积极地提供"自愿"服务，由此而使得"公司制企业"本身逐渐成为国家的新模式……

国家的"教育"功能把密集的微观管理、目标的集中化与更多的战略性干预结合在了一起，以形成"文化上的"与"某种距离上的"规划实施。后者是一种新福柯式的"治理"方法——对于行为与结果的控制，不是通过直接限制，而是通过个体的同意和"自由"，这也可以解释为什么像尼古拉斯·罗斯（Nikolas Rose）这样的新福柯人会这么乐意为之着迷！这种方法并不需要组织一场大规模的向企业价值转

---

① "The Courage of Our Convictions"，2002，p. 28.
② Citizen-Consumers，见 Catherine Needham's Pamphlet，p. 25。
③ 其教义体现在著名的《下一步》（Next Steps）的文件中。

第四辑 政治形构：作为过程的权力

移的运动（像我们的批评家在 20 世纪 80 年代所犯的另一个错误）。相反，只要知道个体能占据不同的主体位置，新管理主义的目标便可以通过培育某种特定的"能力"，同时降低其他的能力，通过改变人们的工作环境而间接地改变个体行为，通过"现代化"的老做法来推行新价值，在我们所有人中再生产出"企业性主体"的新位置。你只要通过改变人们的实践而不是改变他们的思想，便能够改变个体，并由此改变"文化"。

更宽泛地看，便是在广大民众中灌输一种新的习性（"文化—变迁"）：将那些习惯和做法建构成一种新的常识类型，使之能够适应新的"自由市场"及以消费者为中心的"治理"概念。在国家机器之外，这种方法是很有效的。慢慢地，但是可以肯定的是，每个人——即使你踢打乱叫到最后——都会成为他/她自己的那类"人才"。市场和市场标准由此成为根深蒂固的"治理"和体制生活的运作模式。在这种情况下，媒体评论员和新闻界根本无法知道还能用其他什么语言去解答公共问题，他们可能会反对新工党过于集中化的"管理主义"的这一部分或那一部分，但似乎又无法去解释其所产生的逻辑。民主早已褪去其作为一个实际理想的光彩。除了继续使用"自由民主"的平庸话语之外，布莱尔在其两届政府中一直没有提出关于这一主题的其他思想。一般公众似乎已经完全对这个管理主义的话语信以为真。

市场原教旨主义假冒为一种"新常识"，有助于让人清楚地认识支撑福利国家"改革"的重要教训：国家在"时下"的作用，不是在一个"自然地"生产财富、权力和机遇的巨大的不平等的社会中，去支持那些不那么幸运者或有权者，而是帮助个体自己，让他们自己提供所有的社会需求——健康、教育、环境、旅游、住房、育儿、失业保障、老年退休金等。那些新中产阶层中的大多数人如果能够做到就必须这样做。其余的社会底层——则必须能对之做"精准定位"，对其收入进行调查，并保持最低限度的供给，以免使他们成为威胁"财富创造"的负担。这就是我们通常所称为的"三分之一/三分之二策略"，现在指的就是"双重社会"的概念。当然，新工党会说，它不能认可这种现象。然而，这明显是公共部门"现代化"的关键所在。这听起来已是敲响了"公共领域"、个体的社会概念("没有像社会这样的东西")和基本的集体供给的社会民主这些旧观念的丧钟。

双重政体

新工党由此而在其所发出的信号中陷入迷乱,很难将自己特征化为一种政体。它不断地说着谎言,并把经济新自由主义与"积极政府"的承诺捆绑在一起。更有意义的是其与广泛的全球利益、企业的资本价值,以及权力的可怕的结盟,由此造就出新自由主义的规划,并使这一规划在其政治剧目中占据主导性的地位,同时又使之与另一个更具社会民主类型的规划即底层民众规划一起运行。他们也会为回护自己而坚持认为新工党毕竟不是"新自由主义",以便合乎人们的期待。而事实上,新工党是一个混杂性的政体,并由两个分支组成。只是一个分支——新自由主义——处于主导的地位,另一分支——社会民主——则处于从属的地位。而且,它的混杂特征不单纯是一个静态的形构,而是组合这两个重要因素的过程。这一过程可看作是"转型主义"(transformist)的。后者始终从属并依赖前者,并且通过不断地被"变体"而纳入占主导地位的前者。

我们如何解释新工党的双重性格?政治学家安德鲁·甘布尔(Andrew Gamble)早就指出,政府中的左翼政党往往遭受相反方向的拉扯——是要实现其政府计划的方向,另一个是有必要去赢得选民的支持并握紧其权力。这两个方面经常会发生冲突。新工党的底层民众规划是由第二个需求驱动的,也是为维护其传统支持者忠诚度所付出的必要"成本",而其政府规划则偏向于一组相当不同的利益相关者。这不一定只是投机取巧的算计。许多试图说服自己相信新工党的工党议员,则仍从根本上附属"旧"工党的价值,由此而在某种程度上去最终重新确认他们自己的位置;布莱尔政府则试图通过修辞性地使其言语的连续性发生"转体"(spinning),来为其对旧价值的巨大偏离进行辩解。因此,它就必须在其规划中找到一些空间,去处理底层民众的压力并对其选民喊话,以让他们不脱离向更加发达的市场国家前进的轨道。因此,新工党的"平衡行动",以及它的双重洗牌(two-step shuffle)——这也包括它所陷入的无休止"转体"的方式,目的是将不可能的事情变为现实。

其中也还有另一种考虑。正如我们在撒切尔主义中所看到的,全面爆发的新自由主义在导向市场国家的进程中,是有其代价的。其粗野性引起了社会中的很多人,包括一些原来的支持者的反抗。人们认为新自由主义在"弱肉强食"这一步上走得太远。甚至很多撒切尔夫人的狂热皈依者最终在选举的考量中也放弃了她。当然,像新工党那样通过一条底层民众的社会民主路线去走向完全成熟的市场国家,也有解决那些剩余者和失败者问题的优势,这批人有可能从新自由主义路线中获益最少。这样的规划同样考虑到了某些"成本"和由"转型主义"带来的社会动荡问题。因此可以说,它是一种真正的"霸权"的策略,尽管它也许不能够产生一种稳定的霸权结果。它的目的是赢得足够多的同意,并把底层民众的要求放回到其主导逻辑中去。从左翼转向右翼,从而去构筑一个貌似合理或实用的路径,在某个特殊点上当然也赢得了一部分原来的支持者,分化了对立者并使那些对立者处于界限混乱状态,从而为规划的实施赢得一定的同意度,这些都可能有助于将新自由主义社会建立在坚实的、更少争议的基础之上。然而,在它自己的序列中,这种双向战略引起的混乱也会模糊长远的目标,阻扰一个带有聚合性的有组织的反对党的出现。通向新自由主义的社会民主路线,可能最终会成为列宁所称的全球资本主义的"最佳保护壳"(the best shell)。

新工党计划的附属部分涉及对间接税收和再分配的某种度量,如对最低工资、家庭税收信用、刺激复工的改革(然而,给予"技能和培训"以高可见度,与新自由主义所强调的"供给学"主张又完全一致)。对此,在第二个任期内,我们将之归功于逐步建立起来的对公共服务交付系统的关注,包括将公共资金实质性地投入健康和教育行业。在一种回顾性的注解中,新工党现在认为,后者一直是其为第二任期所准备的目标,但证据却不是那么令人信服。在其第一任期内,它系统地妖魔化了公共部门和再分配机制,并表现出一种坚持不懈的、不容辩解的"企业性精神"。大约在彼得·基尔福伊尔（Peter Kilfoyle）[①]辞职期间，失败的公共服务才作为一个没有宣布与预料之外的主题浮出水面，而新工党的第一任期也随之结束了。此时，处于新工党"核心地带"（heartland）[②]的传统支持者们的幻灭达到了白热化，从中可以看出，这个公共服务政策显然是从外部强加到新工党的政治议程中的。

第二任期中的公共服务供给，的确是理解这一混杂的新工党政体如何发挥职能的关键。在这一时期，新工党开始致力于提高公共服务的供应。但实现这一目标的途径毋庸置疑仍然是"新管理主义"。再分配发生的地方，一定是秘密进行的，以免一个更为嘈杂和有组织的选区围绕它而发展起来。新工党板起了严厉的面孔，反对在企业中征用公众服务工人和专家。它拒绝支持回归到一个更富有活力的"混合"的公共/私有政体，因此冷酷无情地封杀了肯·利文斯通（Ken Livingstone）有关投资地铁的事。[③] 相反，它采用了集中控制的自上而下的管理主义的方法，并通过"审计文化"（the audit culture）的一整套丰富的措施而补充之，这包括：扩大公共服务管理者的指数，使之多于工作在第一线的专家；无法及之的目标；社会调查中不透露信息的排名表；永久监控；道德"羞辱"；毫无意义的官僚细节的无情扩散；在"多元化"（另一种语言的征用）的伪装下对选择性的引入；在新工党领导普雷斯科特（Prescott）、布伦基特（Blunkett）、克拉克（Clarke）、里德（Reid）管理下的新"拳师学校"（bruiser school）中，通过对公共部门部长的再培训而实施粗鲁的恐吓；以及那种新奇的、矛盾的所谓"严厉之爱"（tough love）的策略。

在公共服务"改革"中，底层民众的"社会民主"部分与占主导地位的新自由主义的部分是如何衔接运作的？公共部门中的每一种变化，作为对"改革"的不可动摇的利益权衡（trade off），一定会伴随着

[①] 彼得·基尔福伊尔（Peter Kilfoyle, 1946—），英国工党政治家，国会议员，有著作 Left Behind: Lessons from Labour's Heartland（Politicos, 2000）等。——译者注
[②] 从基尔福伊尔以上所撰著作的书名中可以见出，工党的"核心地带"是其讨论的一个棘手问题。——译者注
[③] 肯·利文斯通（Ken Livingstone, 1945—），原伦敦市市长，工党成员，被称为"红色的肯"，与布莱尔的政见有隙。——译者注

第四辑　政治形构：作为过程的权力

"现代化"螺丝的进一步拧紧。公众觉得这里的目的是"更好的供给"。政府知道必须支付的这个价格是"更多的现代化"。没有任何事情——无论是好的还是必要的——如果不伴随着另一剂量的"改革"是不允许发生的。而这种暗含着的"改革"必须满足以下标准：（a）它必须向私人投资打开大门或模糊公共/私人投资之间的区别；（b）必须满足效率和物有所值的市场标准；（c）必须掌控管理的权威；（d）必须在更少集体化，更多个体化的方向上改革工作实践；（e）必须通过引入薪酬激励制度和削弱集体性的谈判，刺激竞争和区分工人；（f）必须削弱工会的谈判力；（g）必须降低劳动力规模和服务成本；（h）必须将公共部门的薪资维持在低于私有部门的现有水平上；（i）服务必须通过引入选择性，沿着"双重"路线而加以重塑。总之，市场化和私有化，无论是正面地还是逐步地引入，就是"改革"现在的路径。这类"现代化"便是新工党面对任何一种变化作出的"权衡"。

就拿关于消防人员的争议来说。当然，一种现代消防服务应该有效地发挥作用。消防员值得因其代表我们所承担的风险而获得很好的收入，作为回报，应该提高他们的辅助性医疗技能和专业水平。"西班牙的做法"，如果有的话，起不到任何有益的社会目的。但新工党规定不让他们多得一分钱，除非和直到他们首先屈从来自上层所强加的新的管控形式，并承担劳动力和消防站数量削减的代价。

新工党的"混杂性"有其政治先例。它的直接先辈是克林顿式三角策略（Clintonian triangulation）。① 克林顿借鉴了民主党与共和党的理念，并进一步把整个的马车队赶向市场——这是一个"骑士的举动"，或三管齐下的转档，这在新工党早期阶段很有影响力，并且在克林顿赢得令人羡慕的第二次选举胜利后得到了更为充分的显现。这种"转型主义"游戏的精髓，依赖于对对立的政治剧目的选择性牵引，并在一个有序的层次结构中，保持了对不同"公众"的双重发声，这样一方面可以提出一个"激进的"（原文如此）整体的治理战略；另一方面，可以保持

---

① "克林顿式三角策略"指一位候选人将他们的意识形态呈现在传统民主政治光谱的左右侧之上或中间的策略，最初被美国总统比尔·克林顿的前首席政治顾问迪克·莫里斯（Dick Morris）用来描述他在1996年总统大选中让克林顿连任的策略。——译者注

选民的支持和确保第三个任期。附属性的议程——再分配、迟来的公共投资、公共服务"供给"等——根本上是与这第二个目标相关的。这是新工党参与的至关重要的"双洗牌"或"三方游戏"（triple-play）。它实现了菲利普·博比特（Philip Bobbitt）[①]所谓的"市场国家"，或者更简单地说，一个"新自由主义的社会民主变种"（撒切尔主义以完全相同的方式提供了一种经典保守主义的"新自由主义变种"）。确认这一共同的脉络不要得到奖品！

这是"转体"会成为新工党规划一个必不可少的有机组成部分的主要原因。它不像许多批评家所天真地假想的，是一种表面的赘瘤。"转体"有明显地把一个偏爱的注解放置在每一件事情上的目的。它通过修辞的诡计手法，使每次争论都转向对新工党的青睐。它也是把政治化约为公共关系和舆论操控的符号。但是，"转体"也有"解决两难问题"（squaring circles）的更为深刻的功能：它可以调动社会上工党的投票者和支持者，以及工会和不太富裕者的普遍认同，通过这样一种方式，重新呈现出广泛的新自由主义的规划，及有利于公司资方和富人的全球利益。这种花招，只能通过不断地把一个议程滑动到下面一个议程来完成。新工党的语言滑动现象由此具有这样双管齐下的表达功能。它使"改革"这个词发生转体，带着其积极的联想——改革法案、工厂法、福利国家等——直到它在某种程度上成为完全相反的等同物——市场化！它通过利用像"变化"或"激进"这些可指向任何方向的词语的变幻莫测的含义，掩盖了从公众利益到私人利益的持续性的转换（毕竟，即使墨索里尼还能使列车运行准时！）。选择，其目的是引进选择性和私营部门，并再次表现为反不平等战略的一部分。"转体"则推动了一个概念去作出积极的回应——并把这种回应转变为一种非常不同的，通常是相反的观念。

就拿国民健康保险制度来说。它保留了"在供给的时候是免费"的提法（实际上，它并不是免费的，只不过是暂时不去谈论这个问题）。

[①] 菲利普·博比特（Philip Bobbitt, 1948—），美国政治学家、法学家、律师，曾担任从卡特到比尔·克林顿四位美国总统的特别顾问。——译者注

当然,有些公立医院现在将由私营建筑公司以民间主动融资的方式建造。其真正的成本只会在未来两三代才会愈益显露出来,它的一些服务将由私人的美国或英国药品或健康服务公司提供,用以建造已"被自由地"筹集资金和职工竞聘的医院。但谁会来关心整个社会卫生保健供给的费用及与此相关的基本通用性原则呢?这会创造出一种双重服务吗?你突出强调"供给"的务实的实用性,只是为了让你对不乐意回答的原则与目的这些尴尬的问题保持沉默。供给所假定的是,没有人再关心谁在拥有、谁在经营、谁在控制或谁从中获取利润,以及谁得到了保健这样一些问题,只要作为占有性个体的消费者需求得到满足就可以了。把市民化约为消费者,以及在市场模式的中心将"需求私有化",对于这一策略来说,绝对是至关重要的,但是其中仍有一个未被说清楚的基础。新工党不仅希望这一转变已经发生而成为事实,而且正在积极地"转体"以使其发生。新工党不是这一社会学变迁的被动的受害者,而是其解体中的积极能动者。如果人们认为他们自己在国民健康保险制度中有利害关系的话,那么这关系到谁拥有它,以及是什么原则在指导其运作。但是,如果他们可以被无情的"转体"所诱导,认为国民健康保险制度只是涉及个人主义命题中的如"我需要一张更好的床",或"我需要更快地提升等候名单"这些问题,那么他们将不会介意谁生产了它,或介意健康是否成为私营部门投资的一个利润丰厚的地方。这仅仅是一个对消费者需求所作出的更具"市场"化的回应。

目前,对新工党计划的抵制主要来自反对入侵伊拉克的风潮,以及布莱尔让英国全面地无条件地支持美国,以推动后者的全球霸权的决定。如果不考虑它的国内议程是如何融入其全球使命,从而去促成一种全球新自由主义的议程,以及在外交政策和地缘政治领域所产生的依赖性的话,那么对新工党规划的解释便将是不完整的。由此看来,我在这里提供的解释也是不完整的。然而,它确实是有政治目的的。新工党的"规划"是一个复杂的政治倡议,我们需要比现在更好地去了解它的复杂性。有观点认为,这简直像托普西(Topsy)① 一样乱七八糟地发展,

---

① 也可看作"topsy-turvy"的缩略语,意指"颠三倒四"。——译者注

这样的观点完全是无稽之谈。现在，有一些严肃的力量希望自己能远离那个总体目标，我们需要使不同的、特定的反抗点（战争、美国同盟、慈善医院、教育的选择性、公共与私人的主动性、国民健康保险制度的重建、工会反对私有化等）成为更具实质性的和整合性的批判的一部分，以便有更加协调一致的愿景，并促使那种流行和有效的政治力量能够出现。从现在起到下次选举还有两年，有足够时间为左派去构建一个替代性的政治计划。如果做不到这一点，大选之后就只能等待第三次新工党的双重洗牌，或者——但愿不会如此！

（和　磊　译）

新自由主义革命*
——撒切尔、布莱尔和卡梅伦：新自由主义的长征还在继续

我们如何认识当下不同寻常的政治境遇，如债务驱动的经济繁荣的终结、2007—2010年的银行危机、新工党的失败以及保守党和自由民主党的联合执政？这到底是怎样的危机？这是主导全球资本主义的垂滴（trickle-down）[①]、双赢、繁荣与萧条循环的经济模式所面对的巨大动荡吗？这预示着经济还会如往常那样沿着当前的趋势滑向深处，抑或是社会的力量得到动员，从而走向激进的变革？这是一个新情境的开端吗？

葛兰西说过，虽然我们不能忘记经济的作用，但情境性危机（conjunctural crises）从来都不单纯是经济性的，经济也并非"在最后时刻"（in the last instance）起决定作用的。当诸多不同的实践和场所中的大量矛盾在同样的时刻与政治空间中汇聚一处，或者说连-接（con-join）在一起，就如阿尔都塞所说的，"在断裂的统一体中熔合"时，情境性危机就会出现。我们这里的分析关注的是危机和断裂，以及随之而来的"历史性和解"方案的明确特征。在危机时刻，不同的力量聚结在一处，新的社会构形涌现，这就导致新的"情境"。

---

* 原题"The Neoliberal Revolution: Thatcher, Blair, Cameron—the Long March of Neoliberalism Continues"，原文载于 Sounding, Vol. 48, 2011。斯图亚特·霍尔是 Sounding 的创始主编。

① "垂滴"原是西方经济学提出的一个理论模式，即"垂滴理论"（trickle-down theory），大意是政府通过对富人与企业的减税，而使后者在得益之后用自己的开支来刺激社会的经济增长，将好处"垂滴"给底层民众。——译者注

我的观点是，当前的形势就是一场危机，是某种情境下的另一个尚未得到解决的断裂，我们将这个情境称为"新自由主义革命的长征"。自20世纪70年代以来，每一场危机看起来都有所不同，因为它们都产生于具体的历史境况。然而，这些危机似乎共享某些根本性的特征，可以在它们的前进方向中找到关联之处。吊诡的是，我们所反对的政权似乎都殊途同归地在扩展这项新自由主义规划。

"新自由主义"这个术语并不让人非常满意。新自由主义意指资本主义对现代生活具有构造性的影响，但这个词听起来并没有多少新意。知识分子批评家说这个词包含太多的意思，很难说它有一个单一身份；它是还原论的，很难注意到内在的复杂性和历史－地理的具体性。我认同这种批评。尽管如此，我认为这个词也具有共同的特征，从而赋予其暂时性的概念身份，只要我们意识到这是一种粗略的概括。甚至马克思也说，分析会在不同的抽象层次上产生认知，而批判性思维通常始于"混沌"的抽象，虽然在之后我们仍然需要添加"新的规定性"，以便"在思维中再生产其具体性"。我也认为，采取新自由主义这个名称在政治上有其必要，这样可以赋予反抗以内容、焦点和边界。

可以用实用主义来部分说明这种对作为概念的新自由主义的怀疑：英国知识分子通常看不到长期性的理论观念所具有的实际效力。例如，关于死刑背后的原则的讨论通常很快就退化为到底是绞刑还是车裂更能达到目标。我想到，很多人拒绝使用"规划"（project）这个词来指代撒切尔主义和新工党，虽然很清楚，这两股政治势力都不是由梦游者所构成的，不是由纯粹实用性的命令所驱动的。但是在英国人的常识中，凡事都出于实用原则。

新自由主义模式

新自由主义模式的主导性观念是什么呢？我们这里只能提及一点。无论看起来多么过时，新自由主义植根于"自由主义的、占有式的个人主义"，并将国家视为独裁和压迫性的。特别是，福利国家被看作自由的最大敌人。国家决不能管制社会，告知个人如何去处理自己的私有财产,不能去调控自由市场经济,或者干涉获利以及积累个人财富的天赋权利。国家引导的"社会工程"决不能破坏企业和个人的利益。国家决不能干涉自由市场的"自然"机制,或者将改善自由市场资本主义必然会导致的不平等状况作为自身的目标。大卫·哈维(David Harvey)的著作是很好的参考。① 西奥多(Nik Theodore)、派克(Jamie Peck)和布伦纳(Neil Brenner)对之的概括是:开放的、竞争性的和没有管控的市场,摆脱国家和社会集体的干涉,这代表了社会-经济发展的最优机制……这是复兴了的资本主义在20世纪70年代对"凯恩斯主义福利政策的危机"所作的回应。②(资本主义的其他回应还包括通过"走向全球"来逃避国家干涉。)

在新自由主义的叙事中,福利国家(因工人阶级对20世纪30年代大萧条作出的回应以及第二次世界大战过程中的群众动员而产生)错误地将自己的目标设定为干涉经济、对财富进行再分配、实现机遇共享、消灭失业、保护弱势群体、改善被压迫或者边缘群体的状况并且直面社会不公。福利国家试图打破社会需求与个人支付能力之间的"自然"关联。但是它的善举以及乌托邦情感削弱了国家的道德力量,侵蚀了个人责任感以及穷人最为重要的工作责任心。它在植根于个人贪婪和自利的经济中植入了社会性的目标。国家干涉决不能危害到私人资本的如下权利:发展业务、提升股价、分红以及向经理支付高薪和奖金。自由国家的功能应该仅限于维护这样的前提:所有人都参与盈利性的竞争但不至于陷入霍布斯所说的"一切人反对一切人的战争"(war of all against all)。

得到基思·约瑟夫(Keith Joseph)精心指导的撒切尔夫人从直觉上领会到了哈耶克的观念——"共同善"要么不存在,要么难以计算:"不存在什么社会。只存在个体以及他的(原文如此)家庭。"她也把握到了米尔顿·弗里德曼(Milton Friedman)所说的道理:"只有危机——无论是真实的还是感觉中的——才能产生真正的变革。当危机出

---

① David Harvey, *A Brief History of Neoliberalism*, OUP, 2007.
② Nik Theodore, Jamie Peck and Neil Brenner, "Neoliberal Urbanism: Cities and the Rule of Markets", in Sophie Watson and Gary Bridge (eds.), *The New Blackwell Companion to the City*, Wiley, 2011, p. 15.

现时，采取的行动有赖于当时存在的观念……我们的作用就是发展出不同于现有政策的另类政策……直到原本在政治上绝无可能的政策成为政治上的别无选择。"① 作为宣扬自由市场的智库，英国经济事务研究所在撒切尔主义崛起的过程中认识到，"市场观念的时代到来了"。这也可以视为联合政府的愿景宣言。

福利国家已经深入渗透进私人资本的领土。自从丘吉尔在20世纪50年代想要点燃"控制的篝火"（a bonfire of controls）时，取消战后的这种"安排"并且重新恢复资本的特权就一直是福利国家的反对者所梦寐以求的。70年代后期的危机是新自由主义的机会，而撒切尔和里根政权牢牢地抓住了这个机会。

新自由主义对当下的地缘政治来说也至关重要。结构性调整政策迫使"发展中国家"放开市场，向自由贸易和外来投资敞开大门，同时推行"自由的"美德，如选举、多党政治、法治和"善治"。这是带来"自由民主"的药方，福山将其视为意识形态的终结和追求美好生活的斗争的完满实现。西方超级大国在近些年来一直在全球层面干涉其他国家，以推行这种模式。

当然，应该注意到，新自由主义有多种表现形式。例如，美国、英国和欧洲的"社会市场"之间、东南亚国家支撑的增长和中国的"国家资本主义"之间、俄国的寡头国家和拉美的货币主义"试验"之间都存在重大区别。新自由主义绝非一物，它会演化和衍生。尽管如此，从地缘政治来看，新自由主义的观念、政策和策略正越来越占据上风，重新规定了政治、社会和经济的模式，主导了各国的战略和步伐。

正如我们所注意到的，新自由主义在英国的首要反对目标是改良主义的社会民主式的福利国家。尽管这种福利国家因为依赖资本主义的增长来创造再分配所需要的财富，因此不可避免会有很多妥协，但其充分就业的目标，福利体系、国家医疗服务体系（NHS）、免费的综合教育和高等教育等改变了数以百万计的英国人的生活。在这种模式中，国家接管了某些核心服务（水、公交和铁路），但在将生产性产业（汽车、

---

① Friedrich Hayek, Preface, 1982 edition, *Capitalism and Freedom*, first published, 1962.

能源、采矿）国有化的过程中则没有那么成功。

自由主义的遗产

　　新自由主义的观念从何而来？从历史来看，这些观念植根于"古典"自由主义经济和政治理论的原则。这里我们只能以非常概括的语言列举这个观念体的大概发展。最为关键的是18世纪英国的农业革命，市场（在土地、劳动、农业商品方面的）扩张以及第一个广告-消费社会的崛起。这些现象之所以出现，是因为英国在战争中取得胜利，对欧陆国家取得海上霸权、商业扩张、征服印度以及殖民地的奴隶种植园经济，这些——通常是在非-自由劳工、暴力和体制性堕落的前提下——为大都会的市场这个"王冠上的宝石"（法国人在海地革命之前就是这么称呼圣多明克即海地的）生产商品和利润。

　　从经济上来说，其基础在于自由人——"万物的主人和自己灵魂的舵手"——处置自己财产的权力，如亚当·斯密所说，交易、盈利并积累财富，凡事总是出于自利心。斯密的《国富论》将这种经济模式进行了完美的"编码"（就一个案例而言，没有一个企业要比那个大头针工厂更具说服力！）。

　　马克思曾经将资本积累周期的这个时刻称为"天赋人权的真正的乐园"，是资产阶级观念中核心词汇的源泉——"自由、平等、所有权和边沁"（即占有式个人主义和自利）：

> 　　自由，是因为商品的买方和卖方……只取决于自己的自由意志……他们是作为自由的行动者缔结契约的。……平等，是因为他们只是作为商品的所有者进入相互间的关系之中，进行等价物的交换。所有权，是因为每个人只支配自己的东西。边沁，是因为每个人仅仅关注他自己，使他们连在一起并发生关系的唯一力量，是他们的利己心，每个人的所获与私人利益。[①]

---

① Marx, *Capital*, I, p. 112.

新自由主义革命

政治自由主义源于上升的（资产）阶级的斗争，他们要挑战、打破并且取代君主、贵族和地主的权力。英国人生而自由：英格兰是自由的真正家园。这就需要自由的、拥有财产的英国人承认有限的国家，并且在社会中取得主导地位以及更广泛的政治代表。关键的时刻包括英国内战、处死查理一世、1688年"光荣革命"的"历史妥协"、崛起的商业阶级在商业和贸易中的成功、丢失美国殖民地和美国宪法——让人感到安慰的是，自由拥有财产的美国人的共和国宪法受到了洛克的启发。然后是1789年，法国大革命的暴力和没有节制的平等主义，接下来是拿破仑战争的胜利以及保守派对国内动乱的回应。

19世纪见证了工业化和制造业的崛起：当英国成为"世界工厂"，随之而来的是对雇佣劳动的"规训"，工厂制度，自由贸易的胜利，城市化和工业贫民窟。霍布斯鲍姆（Hobsbawm）将这些称为资产阶级和资产阶级观念、组织方式、思维和价值观的胜利，并称之为"资本的年代"。但是在自由主义的繁茂枝叶下艰难孕育的激进潮流也开始显露：雅各宾俱乐部，激进主义，彼得卢游行者（demonstrators of Peterloo）[①]，宪章派，争取扩大选举权范围的斗争，合作社和乌托邦共同体，早期工会与互助组织。这些矛盾推动了"改良年代"的到来——扩大选举权范围的斗争，限制工时，限制童工和女工，争取天主教徒解放（Catholic Emancipation）[②]，废除奴隶制，取消《联合法》（Combination Acts）[③]和《谷物法》[④]；同时也促使独立的工人阶级利益逐渐摆脱自由主义。

后来，家庭企业演化为股份公司——企业资本主义经济的基础——并且主导了国内的和帝国的经济扩张。这种发展为英国成为全球最大、

[①] 1919年因为经济持续凋敝，政治激进主义日益壮大，曼彻斯特的工人在圣彼得广场游行示威，要求议会改革，但遭到了屠杀，后人用滑铁卢（waterloo）战争这个词的词根来指称这场发生于圣彼得广场的屠杀，所以叫彼得卢。——译者注
[②] 主要是为了争取英国的爱尔兰天主教徒的公民权，1929年英国通过"天主教解放法"。——译者注
[③] 1799—1800年，英国通过的《联合法》（The Combination Acts）使得资本家仅需要提供给工人维持生计的最低工资，这个法案旨在消灭工人的一切工会和集体谈判。——译者注
[④] 《谷物法》是英国1815年制定的限制谷物进口的法律，强制实施进口关税，借以"保护"英国农夫及地主免受来自从生产成本较低廉的外国所进口的谷物的竞争。它规定了国产谷物平均价达到或超过某种限度时方可进口。其目的是维护土地贵族的利益。——译者注

第四辑　政治形构：作为过程的权力

领土最广的帝国奠定了基础，并且成全了自由主义的帝国性阶级——"创造一切的老爷们"（the lords of creation）——的成功以及他们"传播文明"的重任。

这两个世纪内的发展塑造了古典自由主义政治和经济思想的核心，新自由主义现在想要旧梦重温。但是在这里自由主义也开始暴露出其矛盾和含混之处。"自由"的政治观念完全被自由市场的经济观念所统辖：这就是伴随着新自由主义再度兴起所呈现出的那道自由主义在交切时存在的断层线。正如埃德蒙德·伯克（Edmund Burke）不无讽刺地说："如果几内亚（奴隶船）的船长既出版自由宣言，又宣传自己的奴隶贸易，这当然会很奇怪。"但这恰恰是自由主义所从事的"分裂行为"：进步，但同时必须遏制"自下而上的威胁"；宽容、改良、中庸和建立英国人民的代议制政府，但同时在国外施行殖民统治，对拒不服从的"其他"土著人进行规训和统治；解放和镇压；伦敦的自由民和西印度群岛的奴隶；"人类"的普世语言和女性的特殊性话语；传播文明的"使命"和造就文明人与野蛮人之间不可逾越的鸿沟；今天，一边是富于同情心的"保守主义"和"大社会"，另一边是各种各样的福利削减，鼓吹努力工作以及自力更生的"福音"。

古典自由主义理念在19世纪后期走向衰落。丹杰菲尔德（George Dangerfield）①认为"自由英国的离奇死亡"的主要原因有：普选权，工会，上议院的改革（一个古老的贵族堡垒）以及爱尔兰的独立斗争。在一个富豪越来越占据主导地位的社会，土地和资本日益联合起来：工厂主想要在他们新的乡村庄园中获得尊重，而过去的贵族和地主阶级则乐得在城市投资，因为帝国贸易让利润率急遽上升。新的财团阶级对世界市场予取予求。但是与其他国家不断加剧的竞争以及为取得帝国权力的"混战"让列宁将帝国主义描述为"资本主义的最高阶段"。

面对普鲁士和日本的竞争，一种拥抱国家干涉和"共同体"（一如既往是防止阶级话语的好办法）的新式自由主义（New Liberalism）在

---

① 丹杰菲尔德（George Dangerfield，1904—1986），英裔美国人，《自由英国的离奇死亡》（*Strange Death of Liberal England*）是他于1935年出版的一本著作，在这本书中作者考察了第一次世界大战之前英国自由党的迅速衰落。——译者注

英国出现了。1906—1911 年的联合政府（自由党的劳合·乔治和保守党的丘吉尔）所推行的社会保障改良为福利国家奠定了初步的基础。后来针对失业和贫穷的干涉政策——主要归功于凯恩斯和贝弗里奇（William Beveridge）——让福利国家进入第二阶段。这是尼克·克莱格（Nick Clegg）[①] 和自由民主党——他们紧紧跟在保守党盟友之后——乐得遗忘或者从未理解的一段历史。

19 世纪 80 年代到 20 世纪 20 年代是一段重要的分水岭，见证了资本主义"大众社会"的崛起：批量生产，大众消费市场，收编大众并赋予其从属地位的市场方式，大众政党和产业工会，大众媒体，大众文化，大众休闲，大众体育和娱乐，大众广告以及新的营销手段，对大众的"需求"进行测试和供给，塑造需求——今天焦点群体的雏形，生活风格市场的切分，品牌营销，人际关系咨询，消费服务，等等。"管理革命"——股东和资本的资深管理者之间的利益联合——创造出的不是资产阶级企业家，而是现在遍及全球的巨型跨国公司中的投资者和经理阶级。

接下来新自由主义也开始演化。它从古典自由主义理念那里借鉴和吸收了很多；但每一种观念都被赋予更多的"市场"规则和概念修补。古典自由主义原则得到了彻头彻尾的改造，从而适用于现代的、全球性的后工业资本主义。在将这些观念转译到不同的话语形式和不同的历史时刻时，新自由主义进行了大量的转码（transcoding）工作，但依然属于其所吸收的词汇的范围。它能够完成这种去接合（dis-articulating）和再接合（re-articulating）的工作，是因为这些观念已经深深嵌入社会实践和制度中，并且融入日常生活、常识和大众意识的"惯习"（habitus）——那种没有存货清单的踪迹（traces without an inventory）。

当然，转码也可以成为神秘化的机会。因此保守党议员杰西·诺曼（Jesse Norman）在《大社会》（*Big Society*）中引用约翰·邓恩（John

---

[①] 尼克·克莱格（Nick Clegg, 1967— ），前英国自由民主党党魁，2015 年 5 月，他参加首相大选但自由民主党不幸惨败，随后辞去党魁一职。2010 年他所领导的自由民主党与保守党组成联合政府。自由民主党成立于 1988 年，由自由党和短暂存在的社会民主党合并而成。——译者注

Donne）的精彩诗句，来说明人与人之间的相互依赖："没有人是孤岛……任何人的死亡都是我的损失，因为我是人类一员。"诺曼接下来引用托克维尔，就好像后者所说的与邓恩如出一辙："［国家］越是取代社团的地位，私人就越是不想联合，而越要依靠国家的援助。"① 这是一种恶意的拼贴，编辑时将"国家"放入［］中以起到增强效果的作用。

战后的新自由主义：撒切尔主义和布莱尔主义

新自由主义是如何在战后的情境中得到孕育、磨炼和发展的呢？在第二次世界大战之后的几年，有一段非常罕见的插曲——"巴特勒"时刻（the 'Butler' moment）② ——在这段时期，对福利国家和混合经济的基本雏形达成了相近的共识。但随着战后经济的复苏，美国取代英国成为"范式性的榜样"，国内的冲突越来越浮出地表。阶级结构的转变以及丰裕社会的出现使人们对左派的信心出现危机。盖茨克尔（Hugh Gaitskell）③ 不无焦虑地问道："随着电视、洗衣机、冰箱和小汽车的到来，工党还能存活下去吗？"在 20 世纪 60 年代，摇滚乐，新兴的青年文化，服从意识的衰落，避孕药所导致的妇女解放，反文化和致幻的毒品，所有这些都是即将到来的麻烦的具体表现：通过仪式抵抗。1968 年开启了雪崩式的抗议、不满和异见：学生占领、参与式民主、社群政治、第二波女性主义、"率性而行，静观世界，清静无为"（turn on, tune in and drop out）④、意义不明的自由放任主义；同时还有对切·格瓦拉的崇拜、

---

① 参见托克维尔《美国的民主》下卷，董果良译，商务印书馆 1988 年版，第 637—638 页。中文译本中的"国家"翻译为"政府当局"，而一般的英文版译文是 government 或 governing power，鉴于霍尔使用的是 state，我们翻译为"国家"。——译者注
② 巴特勒即 R. A. Butler（1902—1982），英国保守党政治家，被称为"现代教育制度的创立者"，同时也是党内推行战后共识的领导人之一，这个共识得到了主要政党的基本认同，其所制定的政策一直延续到 20 世纪 70 年代。——译者注
③ 盖茨克尔（Hugh Gaitskell, 1906—1963），工党领袖，同时也是党内右翼修正主义的创立者。——译者注
④ 这是 20 世纪 60 年代一个非常流行的短语，指的是年轻人拒绝服从企业或政府规则的反抗态度。——译者注

新自由主义革命

越南、爱尔兰共和军（IRA）、工业中的暴动、黑人权力运动、红色旅①，等等。虽然所有这些运动一直在继续，但到了20世纪70年代中期，随着通货膨胀势的不可抵挡，基于国际货币基金组织在第三世界国家施行的强迫性结构调整计划所作出的示范，英国的财政大臣也只能接受。在一周三天工作日②的昏暗灯光下，当时的首相泰德·希斯（Ted Heath）宣布这个国家无法治理。战后的"和解方案"就这样崩溃了。

1979年，撒切尔主义开始对社会和凯恩斯主义国家发起进攻。同时它也用第一波私有化浪潮对社会－经济大厦进行了彻底的重构［主张"一个民族"的保守党③成员哈罗德·麦克米伦（Harold Macmillan）将其称为"卖掉传家宝"（selling off the family silver）］。撒切尔主义彻底让左派不知所措。这会不会不仅仅是选举钟摆的一次摇摆，而是沿着全新的新自由主义路线展开的对社会重构的开始？

当然，有破才能有立。撒切尔蓄谋发动了针对内阁温和派的无情战争，同时密谋要摧毁工会这个"内部敌人"的力量。她驱使人民接受新的、个体化的、充满竞争的解决方案："出门找工作"，做自由职业或股东，买政府提供的廉价救济房，为拥有财产的民主投注。她给社会带来了翻天覆地的变化，作为这些变化背后的核心的新自由主义观念，撒切尔给出了简要的说法：物有所值，管好自己的预算，财政紧缩，货币供给和竞争。大众的回应是愤怒、抗议和抵抗——当然也存在着支持无情的强人政治的民众主义浪潮。

撒切尔主义动员了社会变迁中普遍存在但无所适从的焦虑感，引导民众主义"自下而上"对"高高在上"的国家的吁求，从而通过确立社会秩序来拯救国家。这种滑向"法律与秩序"的结果（见《监控危机》）是步入"威权民众主义"（authoritarian populism）的矛盾重重道路上的关键一环。④

---

① 意大利极左翼组织，成立于1970年。——译者注
② 指希思政府于1974年1月1日至3月7日为省电而采取的工作制。——译者注
③ 即One-nation tory，这是英国保守主义的一种思想，将社会视为有机整体，从而否认阶级的存在。这个短语来自英国首相迪斯累利（Benjamin Disraeli，1804—1881）。——译者注
④ S. Hall, C Critcher, J. Jefferson, J. Clarke and B. Roberts, *Policing the Crisis*, Macmillan, 1978.

第四辑 政治形构：作为过程的权力

在撒切尔遭到选民冷遇的灰暗日子里，一个反直觉的特征是，她明智地召唤出了过时的英国民族主义，而非市场理性，从而让自己渡过难关。马岛战争让撒切尔主义只要有需要，就可以利用两套不同的意识形态系统，来回应两种截然相反的公众情绪：穿着过去的盔甲走向未来。"市场"是现代的、理性的、高效的、实用的话语，嵌在日常生活之中。带有帝国主义暗流（保罗·吉尔罗伊称之为"忧郁症"，即对丧失的物体的徒劳悼念）的民族主义话语被这些幻想所纠缠：回归国旗和家庭价值，民族性格，帝国荣耀，或者帕默斯顿式（Palmerstonian）[①] 的炮舰外交精神。

意识形态总是充满矛盾的。没有单一的整合的"占统治地位的意识形态"——这是我们容易再度犯下错误的地方，那就是没有区分保守主义和新自由主义的资源。当意识形态能够将自相矛盾的论述口径和情感投注缝合在一起时，即找到拉克劳所说的等效体系（systems of equivalence），它的功效就能发挥到最好。矛盾是意识形态的专长。安德鲁·甘布尔（Andrew Gamble）将撒切尔主义概括为自由市场加上强国家。很多人认为这个矛盾会让撒切尔主义自我解体。但是虽然这在逻辑上说不大通，但在赢得同意方面，很少有像使用那些植根于常识、民众生活和意识的矛盾要素中的策略那样成功。甚至今天，市场/自由企业/私有财产话语也和保守主义对民族、同种同源、帝国和传统的依恋紧密相连。"市场的力量"可以恢复资本的权力并且摧毁再分配主义者的幻象。在艰难时世，我们可以信任"帝国"的反击。当"人民"看到军舰从南大西洋的土地回到普利茅斯，他们会欢呼雀跃；他们会在伍顿·巴西特镇（Wootton Bassett）的大街上排成长队，向从阿富汗"没有终结的战争"中归来的死者致敬（有多少人记得，这是英国第四次阿富汗战争了？）。

最终说来，撒切尔主义在社会层面极具破坏性，在意识形态层面则会以走极端的"焦土"（scorched earth）形式去取得胜利。甚至她内阁

[①] 帕默斯顿（Lord Palmerston Henry John Temple, 1784—1865），英国政治家，首相（1855—1865），自由党创建人之一。——译者注

的粉丝俱乐部都知道这是不可持续的，但这是一个他们永远不会忘记的"信念时刻"（conviction moment）。今天很多人再度想要回到更稳固、更长久、更确定的形式。

悖论的是，这种形式会继续由布莱尔的杂交党即新工党所提供，这个党抛弃了工党的历史议程并且重构了社会民主，将其作为新工党版本的新自由主义的"最好外壳"。之所以说是杂交党是因为新工党从克林顿那里借来了三角划分的技术（从政治光谱的左中右各借来一个理念，组成"第三条道路"），从而再接合了社会改良、自由企业和市场。这种组合是新工党"策略"的真正源泉，不是非理性的习惯，而是严肃的政治策略，是一种"双洗牌"。新工党将自己从中左翼的政党重新配置成了中右翼的政党。在"现代化"这个含糊其词的概念背后，新工党的"圣贤们"肆无忌惮地摧毁了"老"工党。工党的"核心"左派再也没有回来。但是"中间立场"——即所有主流政党竞相在上面跳舞的针尖——成为优先选择的政治目标。

新工党认为，通往政府的旧路径永远被堵上了。它转向了新自由主义和市场。新工党引进美国商学院所宣扬的公共选择理论的管理理念，并最终认识到，无须政治的介入去推行私有化。你可以消解国家与市场区分的关系。外包、性价比以及合同竞争等标准一个接一个地打开了大门，让私人资本进入公共部门，然后从内部展开蚕食。这意味着新工党采纳了市场策略，服从竞争的规训，提倡企业价值并且构建了新的企业主体。安东尼·吉登斯（Anthony Giddens）——"第三条道路"的先锋——应该对布莱尔说过，没有什么能抵抗"市场力量不可阻挡的前进步伐"。"市场化"成了新工党新自由主义规划的前沿阵地。

新工党因此拥抱"管理式市场化"。经济得到了积极的"自由化"（对将来的危机产生了毁灭性的后果），而社会则被约束在立法、管制、监视和说不清楚的"目标"与"控制"文化中。它采取了"低干涉"的管理模式，但是其"管制者"缺乏毅力、政治勇气、杠杆或者另类的社会哲学，因此总想两头讨好。将社会目标屈从于自由运转的私有经济最后就像是托尼（Tawney）所说的"顺着条纹给老虎剥皮"（trying to skin a tiger stripe by stripe）。

有很多亟待关注的社会问题，但最令人吃惊的是新工党在面对这些问题时由道德所驱动的立法热情：反社会行为令（ASBOs）、社区监察、更广泛的监视、私人监察和保安公司、外包以及驱逐没有护照的移民，未经审判就关押恐怖主义嫌疑人，最后是与非常规引渡合谋，以及"掩盖"折磨囚犯的行为。虽然是所谓的"自由主义"，但惩罚占据主导：更长的刑期，更恶劣的监狱环境，更严厉的青少年犯罪规训。新形式的自由主义"威权主义"成为新工党政策的一大笑话。迈克尔·霍华德（Michael Howard）[①] 宣称说"监狱有效果"，并暗示那些不以为然的人属于"软心肠的自由主义者"。布莱尔——当然不止他一个——就提倡"强硬的爱"。（后来卡梅伦发明了"肌肉发达的自由主义"！）这当然不是自由主义两张相互矛盾的面孔第一次显露出来。

新工党的确开启了非常重要的社会改良，如最低工资、更短的等待时间、更好的医疗目标、尝试减少儿童贫困、让入学学生人数翻倍以及（不大情愿的）某些平等和人权立法。但三角划分是其生命线，其主导趋势。在费边主义的、边沁主义的调节和管理趋势与市场的意识形态之间存在着难以消除的张力，另外市场想要进入公共生活，而在此之前，市场是被排斥在公共生活之外的。规章制度总是解决矛盾的场所，如得到强化的私有部门的角色和展示积极成果的需求之间的矛盾。但是存在强烈的要求取消"保姆式国家"的愿望，如在计划、医疗和安全调控方面，从而走向劳动市场的"灵活性"。

新工党策略中明确具有的新自由主义特征是什么？新工党通过公共财政计划在私募基金方面所取得的巨大成就，让后来人在未来30年内不得不以超高的利率去偿还债务。但是"公私合营"成为所有公共合约的必备条件。合同外包、竞争性招标和"可竞争性"让国家向资本开启大门。私人承包商能够削减支出、开除员工，即便这意味着服务质量的下降。为了获取利润而提供公共服务的私人公司的崛起是令人震惊的。顾问跑进跑出，用企业商务的方式去"教育"公共部门。资深的

[①] 迈克尔·霍华德（Michael Howard, 1941—），曾为撒切尔与梅杰政府的资深大臣，2003年成为保守党党魁，并兼任下院反对派领袖。——译者注

公务员通过"旋转门"进入私人供应商的董事会。公共部门从内部被攻破,公共服务的风格也经历了不可扭转的"文化转变"。私人部门的习惯和设想开始嵌入国家机制之内。

新自由主义话语推崇两种话语形象——"纳税人"（勤劳的工人,被过度征税去资助福利"乞讨者"的那些人）和"消费者"（幸运的家庭主妇,在市场内"自由地"进行有限选择的人,对这种人来说,"选择议程"和个性化的配送都是特别定制的）。从没有人想过要做一个需要或者依赖公共服务的公民。

当然,主导性的市场话语属于意识形态表征的问题,正如多伦·马西（Doreen Massey）[①] 在本期的文章中所指出的,真正的市场并非那样运作。它们并非鬼使神差就会自我运作,或者在最优点上"一目了然"。只有将买家和卖家的相对财富排除出去,市场才能算是"公平的"。没有什么"看不见的手"来保证共同的善。市场通常需要外部的国家权力和法律来确立与调节自身。但是这种话语让主体与自身的现实存在状况产生了"活生生的""想象性关系"。这并非意味着市场只是被制造出的虚构物。事实上,它们真实得过头了！它们之所以是"假的",因为它们对整个过程只是提供了部分的解释。但应该铭记的是,"我们认为是确实的（true）东西就结果来说的确是'真实的'（real）"。

在全球层面,新工党认为,"发展中国家"必须向自由贸易和国外投资敞开大门。全球治理的主要目的就是保护市场并维护全球资本主义企业成功的前提条件。这就要求服从新的地缘政治秩序,同意军事开支,并且确立附庸国及独裁者。这些独裁者会频繁使用压迫、暴力、囚禁和酷刑等手段；如果有必要还会使用直接的军事干涉——当然,这要披上人道主义的外衣。

布莱尔的试验突然就终结了——这也是长期对美国外交政策亦步亦趋的后果。英美的"特殊关系"确保英国在地缘政治中保有小伙伴的地位,并且在全球中占有一席之地。英国和美国"肩并肩地"反对伊

[①] 参见 Doreen Massey, "Ideology and Economics in the Present Moment", *Soundings*, 2011。——译者注

斯兰原教旨主义的崛起。新保守主义游说团体所支持的乔治·W. 布什让布莱尔加入了对伊拉克的武装干涉与推翻政权的行动中。布莱尔的道德主义被他华而不实的逻辑、掩饰、很多人都不知道的秘密协议、模棱两可的文档以及问题迭出的情报给毁了。他的名声彻底毁了。

接下来的戈登·布朗（Gordon Brown）并没有从根本上改变新工党的新自由主义倾向。布朗从来就没有放弃"第三条道路"。他的背景，高调的道德严肃性以及工党的早先结构阻碍了他。新工党"双洗牌"的积极一面成为他的标志：公共投资、缩减第三世界的债务以及儿童贫困。但是"通过偷窃而实现的再分配"并没有能确立稳固的政治支持，也没有在原则上维护福利国家。

另外，布朗羡慕美国自由企业资本主义的机制。他迷恋这样一个严重错误的信念，即工党终结了"繁荣与萧条"的循环。他没有注意到，繁荣不可能一直延续下去——不可控的房产市场，不断增加的私人和公共债务，野心勃勃的年轻交易者所发明的风险工具，对冲基金和私募股权投资行业肆无忌惮的掠夺，银行出售比很多借款人年收入还要多很多的次贷抵押的丑闻，股价的上涨，经理人天文数字般的工资和红利，银行转向风险投资的行为。这些都是身为老到的经济技术人员的布朗不应忽视的现象。在危机面前，布朗在国际上的领导措施让人印象深刻，但已为时太晚。新自由主义的傲慢造成了巨大的破坏。在选举时（布朗本应该在前一年布置选举），工党很明显要输。它的确输了。

变动的联合政府

保守党和自由民主党的联合政府与改组的主导性政治逻辑完全一致。卡梅伦以布莱尔为楷模，决意将保守党重新定位为"富有同情心的保守党"，虽然结果成了某种不伦不类的东西。

与此同时，很多人低估了没有权力的现实是多么深刻地分化了自由民主党的灵魂，并且误判了自民党的领导所擅长的自欺、虚伪和缺乏原则。联合执政现在让倾向于新自由主义橙皮书的支持者——他们支持与保守党联盟——反对"进步主义者"，其中包括之前的社会民主党人，他们曾倾向于工党。协议——其细节已被遗忘——就此达成,自由派彻底被打倒,卡梅伦和克莱格在10号玫瑰花园觐见了女王(他俩看起来非常开心)。自民党为卡梅伦的领导提供了他所需要的"遮羞布"——而银行危机则提供了"托词"。联合政府抓住机会,推行了自第二次世界大战以来最为激进、影响最为深远的难以逆转的社会革命。

联合政府的政策通常看起来都非常无力,难以形成思路或者解决问题。但从另外一个角度来看,就20世纪70年代以来开展新自由主义规划的三届政府来说,其政策或许是准备最好、涉及范围最广、最为激进和富有野心的。保守党人投入了大量精力来为执政做准备——不只是在政策细节,而且也在如何利用政策让新的政治"和解方案"行之有效的方面。他们认识到,得进行大刀阔斧的改变,来满足债券市场和国际评估员的要求。但危机能否像弗里德曼所说的,可以用来"产生真正的变革"?

立法方面的雪崩很快就出现,目前并没有好转的趋势。它以负面评价开始("之前的政府让我们处于一片狼藉之中"),以正面评价结束,将激进的结构性改革作为解决之道。意识形态起到了引导作用,虽然他们不承认这一点。那些反对党的意识形态专家——奥斯本、兰斯利、高夫、莫得、邓肯·史密斯、皮克斯和亨特——都接受了新自由主义观念并且决意要在立法上推行。正如《飞越疯人院》中所说的,"疯子接管了疯人院"。他们对社会改造一意孤行,手段残酷无情,否定"失败者"的存在。奥斯本(George Osborne)[①]——聪明、愤世嫉俗、"笑里藏刀"——狂热地挥舞着砍刀。卡梅伦——收放自如、审时度势、自信迷人、出身豪门,"一个平和的人"——在联合政府的电视转播中占据主导。这个团队很早之前就接受了熊彼特的箴言:除了"创造性破坏",别无他途。他们通过立法上的行动,让自己拥有5年不受干扰的时间来完成这个任务。

其任务的范围之广得从如下三个方面来看:机构以及机构想要"改

[①] 奥斯本(George Osborne,1971—),2010年始任英国财政大臣,卡梅伦的政治密友。——译者注

革"的实践的操作限度；他们想要将国家资本转入私人部门的勇气；他们准备好要面对选民的数量。改革与选择——这是已经被新工党所挟持的两个词——是主导叙事。他们可能是保守党人，但这并不是在"保守"政权（这是一个困惑的工党，和"蓝色工党"①的保守主义观念纠缠不清）。保守党人和自民党人不断重复他们媒体与公关的祈祷文："我们在清理前任政府所留下的一片狼藉"，但新自由主义的发动机已经加足马力。

这里我们无法详细处理那些大刀阔斧的改革。他们只是刚刚开始。我们这里仅限于追踪策略背后的新自由主义逻辑。

第一，目标选民，即任何与国家和公共服务相关或者依赖后者的人。对富人来说，从来就没什么衰退。对公共部门来说，将会存在如下问题：大幅裁员，工资冻结，工资涨幅远远落后于通胀率，养老金岌岌可危，退休年限延后。对困难家庭的补贴将会削减，福利依赖也会解体。福利会越来越少，工作相应地会越来越多。老人必须卖掉房子来支付养老费用；工薪父母必须购买照看孩子的服务；领取残疾救济金的人也必须工作。"确保性的开端计划"（Sure Start），学校翻修项目和独立的维持基金（Independent Maintenance Grants）②都已经搁置。富有的父母可以为孩子购买牛津剑桥的教育，但大部分学生拿到一个学位意味着背负一辈子的债务。你不可能在英国国家医疗服务体系中存入200亿英镑，而不影响到一线的临床看护服务。然而安德鲁·兰斯利（Andrew Lansley）③"并没有认识到那个数据"。同理，尽管每个人都知道大多数大学都会收最高9000英镑的学费，而"双脑人"大卫·威力特（David Willetts）④却没有考虑到这个数据。而这种与事实不相称的想法成了英国议会中前排座席议员的特长。

---

① 这是工党内的一个分支，成立于2009年，在社会和国际事务上主张用保守主义观念来吸引工人阶级。——译者注
② 这些都是针对学生的福利政策。——译者注
③ 安德鲁·兰斯利（Andrew Lansley, 1956—），2010—2012年任英国卫生事务大臣。——译者注
④ 大卫·威力特（David Willetts, 1956—），2010—2014年任英国大学与科学国务大臣。因为他栖于学院与政治之间，并表现出色，因此获得"双脑人"的称号。——译者注

妇女也面对诸多冲击。正如坎贝尔（Beatrix Campbell）所提醒的，削减国家福利意味着让妇女失去发出声音、找到盟友以及得到社会和物质支持的机会；只有在国家福利中，她们的关注才能得到承认。这也意味着削减社会集体性赋予儿童的资源——让儿童成为大家共同的责任——以及一般性关爱的"劳动"资源。

第二，私有化——让公共和国家服务回到私人资本，以重构社会大厦。私有化分为三种类型：（1）直接卖掉公共资产；（2）合同外包给私人公司获取利润；（3）偷偷摸摸的所谓两步走私有化，假装那是不经意的结果。例如，在刑事司法中，运营监狱的合同会以真正新自由主义的方式拍卖，肯·克拉克（Ken Clarke）说他看不出监狱公有或是私有到底有什么区别；在医疗方面，已经存在大量利润导向的私人部门，专门挑选那些医院无法再提供的医疗服务来获取利润；而在影响最为深远的自上而下对国家医疗服务系统所进行的重组中，普通开业医生和其他专业人员组成私人团体，从而掌管64亿英镑的医疗预算。因为很少有开业医生有能力或者时间去管理这些预算，他们"自然"会转向私人医疗公司，而后者正对英国医疗服务系统虎视眈眈。代表了公众对融资过程投入兴趣的初级保健信托基金现在正在被削减。在普遍的"竞争"精神下，医院必须消除接受病人人数的"限制"。

第三，"地方主义"的诱惑。与卡梅伦"大社会"的精神相一致，认为"免费学校"（从公众钱包里出资——高夫的复仇）会为家长"赋权"，并且将权力转让给"人民"。但是家长——则受到家庭和看护孩子的责任压力并困扰其中——缺乏运营学校、评估教学水平、制定课程、理解科学或者数学或者说一门外语的能力，同时又觉得历史非常无聊，中学毕业后就没有读过一本严肃小说——最后会转向私人教育部门来管理学校和制定学校的前景。这种两步走的逻辑不是很清楚吗？

第四，虚假的民众主义：用"共同体"来反对地方民主。埃里克·皮克斯（Eric Pickles）[①] 想要让市政部门永远摆脱中央救济金体系。同

[①] 埃里克·皮克斯（Eric Pickles，1952—），时任英国社区与地方政府事务部大臣，曾在2009年至2010年担任保守党主席。——译者注

时，社会住房陷于停滞，住房补贴被砍掉，市政建房租金也上升到了商业住房的水平。很多人搬到了更便宜的地方租房，失去了原来依赖的网络，即那些连接朋友、照看孩子、家庭、学校伙伴和学校的网络。父母必须在新地方找到工作——如果有的话——不然就得负担更长的通勤时间。待业者的津贴也会被压缩。正如私人住房的游说人员所说："我们期待发财的机会。"从撒切尔上台以来，我们还没有见到对市民社会、人们的关系和社会生活的大厦产生如此剧烈的破坏。

第五，削弱国家在生活质量方面的介入。图书馆、公园、游泳池、运动设施、青年俱乐部、社区中心等设施要么被私有化，要么被取消。那些不要工资的志愿者要么"面对挑战"，要么就关门大吉。事实上，目标不是——如思想混乱的卡梅伦厚着脸皮从"1968"年所借来的术语所说的——将"权力归于人民"，而是要破坏地方民主的结构。支持志愿服务、社区服务和参政的左派——谁不是呢？——现在再度陷入不确定之中。尽管"大社会"的概念是如此空洞，大学为了获得资助，不得不将这一概念放在研究项目的首位——或者这样政客们就能认识到这个概念的意义：对思想自由粗暴的、傲慢的、奸诈的干涉。

目标是永久革命。社会会永久沿着这个路线得到重构吗？新自由主义取得霸权了吗？

抗议在高涨。重量级的专业声音反对在脆弱的经济中进行这种结构性变革以及削减的范围和速度。他们提出了如阻断、重新考量和改弦更张等主张，也许还有更多。如果自民党散布的削减政府开支的"花招"在下次选举中没有通过，他们很可能在选举中彻底失败。联合政府也许会分崩离析，尽管在选举中保守党会得到他们上次未能获得的多数票。一切还未可知。

霸权是一个麻烦的概念，可能会导致糊涂的思想。没有什么规划能作为完整的规划取得"霸权"。霸权是一个过程，而非状态。没有什么胜利是永久性或一劳永逸的。霸权需要不断"运作"、维护、更新和修订。那些还没有表示赞同、其利益还没有被纳入考量的被排斥的社会力量会形成逆动、反抗、另类的策略和视野，而争取霸权体系的斗争还会重新开始。它们构成了雷蒙·威廉斯所说"新兴的"趋势（the emergent）——这就是历史永远不会终结而是永远会向未来开放的理由。

当然，因为与过去决裂的夙愿以及造成的深度与广度，很多场域都已被殖民，对常识产生了影响，社会结构发生了变化，新自由主义的确构成了一个霸权式的规划，多伦·马西在她的文章中也有所论及。今天，日常生活中的民众思想和评估系统对这种新自由主义的观念几乎全盘接受。要传递新的思想也许变得更为困难，新旧矛盾依然困扰着处于重构过程中的认知结构。然而，为了打好基础并在于己有利的地基上走向未来，新自由主义的规划还有些步骤要完成。用马克思的一句话："掘得好，老田鼠！"哎！

（王行坤　译）

第五辑

种族、族性和身份

最小的自我[*]

仅仅是一些延伸性的感想……

在思考我自己的身份感时，我意识到它一直都基于以下事实：我是一个移民，并与你们其他人存在着差异。所以，关于这一问题的讨论，最让人着迷的地方之一便是发现自己终于有了一个聚焦点。既然在后现代时期，你们都有着如此强烈的弥散感（feel dispersed），因此我也开始聚焦这一问题。吊诡的是，那些我一直认为是弥散的、碎片式的东西，竟然渐渐成了典型的现代体验！这是一种带有复仇感的"回家"。大部分的东西，让我非常享受——欢迎你们来到移民社群。它也使我能够理解近三年困扰我的身份问题。

我一直对这一事实感到困惑不解：生活在伦敦的黑人青年如今被边缘化和碎片化，没有选举权，贫穷且处于弥散状态，而且还被驱逐出他们自己的家园，他们只是看上去好像拥有一片土地。不论什么事情，他们均以某种方式被集中在这一点，即没有足够的物质支持，这是真的。但是尽管如此，他们在这个聚焦点上占据了一种新的空间。我一遍遍问自己：在这种移民情境下，黑人在经历这种身份的发现与再发现的漫长过程后，还有什么使得他们能够确定地去宣称，地球上的某一部分是属于他们的？我确实感到——我敢说——围绕他们充满了嫉妒。英国人在此刻最终会感到嫉妒——甚至想要成为黑人！这真的很搞笑。但我感觉

---

[*] 原题"Minimal Selves"，原文载于 The Real Me: Post Modernism and the Question of Identity, ICA Documents, 1987。

到,你们中的一些人在悄悄地移向那一边缘化的身份。我也欢迎你们这么做①。

现在的问题是:我们对边缘的聚焦真的就是典型的后现代体验吗?于是便有了这篇文章《最小的自我》。我了解那些从理论上生产出"最小的自我"这一概念的各种话语,但我的体验是,后现代话语生产出来的不是什么新话语,而是对身份一直在某处的承认。正是在这一意义上,我想要重新界定这种一般性的感受,因为越来越多的人似乎对自己都有这种感觉——他们所有人,在某种意义上,都是新移民(recently migrated),如果我可以杜撰这一语词的话。

每一个移民所面临的经典问题均是成对的:"你为何在这儿?"和"你打算何时回家?"所有的移民直到被问及第二个问题时,才会有答案。只有在那时,她或他才知道,从深层意义上讲,她/他永不打算回家。移民是一场单程旅行。没有可以回去的"家"了。从来就没有。但"你为何在这儿?"也是一个相当有趣的问题,我也无法给出合理的答复。我知道人们会给出这样的回答:"为了求学","为了孩子","为了更好的生活,更多的机会","长见识",等等。真相是,我在这儿,是因为我的家人不在这儿。我来到此地,事实上是为了摆脱我的母亲。难道这不是个很普遍的生活故事吗?身处某地的某人努力要摆脱其他的另一个地方。那是我过去永远无法给别人讲述的故事。因而,我不得不找寻其他的故事,虚构的,但在某种程度上,又是更真实、更易于接受的故事,以取代不断躲避父权制家庭生活的宏大故事。我是谁——"真正的"我——在与其他一整套叙事的相互关联中形成了。我也意识到,身份从最开始就是一种发明,之后很久,我才在理论上弄清这一点。当主体性"无法言说"的故事与历史的、与一种文化的叙事相遇时,身份便在二者交汇的不稳定点上形成了。既然他/她是被安置在那些曾被挪用过的文化叙事中的某一位置上的,殖民化的主体总在"别处":总是双重的边缘化和双重移置(displaced),而不是他/她在何处,或是能

---

① 关于这个问题的具体背景可参霍尔的另一篇文章《在家与不在家》(At Home and Not Home)。——译者注

基于何处去言说。

当我说，我移居他乡是为了摆脱家人，我不是在开玩笑。确实如此。问题是，人们发现，既然家总是"在这儿"，你就无法真正离开家人。当然，他们迟早会在记忆中甚至会在生活中消退。但这些"埋葬"并不重要。我希望他们还在我周围，这样我就不必在心里携带着他们，将他们封存到我大脑中的某一地方，这样也就没有漂泊了。因而，从一开始在与他们的联系，然后是在与所有其他象征性"他者"的联系中，我确实一直都意识到自我是在与其他事物，以及另一些"真我"（real me）的那种在场与缺席的论辩中建构的，不论"真我"是在那里还是不在那里。

如果你和我一样，早期生活在牙买加一个较低层的中产阶级家庭中，并努力成为一个中产阶级的牙买加家庭成员，再成为上层中产阶级牙买加家庭成员，进而努力成为一个英国维多利亚家庭成员……我的意思是，既然"身份"是一种位置的移置（displacement），那么它就是一个你需要学着去经历的概念，甚至在你会拼写这一词语很久之前。去经历它，在差异中经历。我记得20世纪60年代早期，我有一次回牙买加探亲的机会，那是在第一次英国移民潮后，母亲对我说："我希望，他们不会把你当作那些移民中的一分子！"当然，在那一刻，我第一次意识到我是一个移民。突然，我开始将自己与移民的叙事关联在一起，在脑海里显现出一个"真我"的版本。我说："当然，我是移民，你以为我是什么？"她用那种典型的牙买加中产阶级口吻回答道："我希望那儿的人们会将码头那头的移民都打发走。"（自那之后，他们一直这么做。）

麻烦的是，当一个人得知自己是"移民"的那一刻起，就认识到自己再也无法当移民了，因为这不是一个站得住脚的身份。然后，我经历了漫长而重要的政治教育，去发现我是"黑人"。将自己建构为"黑人"，是通过差异而获得的另一自我认知：一个人总是参照某些明确的正反和极端来界定自己的。人们能够将自己在精神上建构为黑人，这对世界上已然发生的某些关键政治事件至关重要，但我们一直在低估这种重要性。长期以来，人们认为，这是相当简单的过程：认知——解决所有的不确定,逐渐归属某个一直在那里等待我们的位置。最终成为"真我"!

事实是,"黑人"从来也不存在于任何地方,它在精神上、文化和政治上,始终是一种变动不居的身份。它也是一种叙事、一个故事、一段历史,是被建构的、讲述的、言说的,而不是被简单发现的某种东西。目前,人们完全不了解我所来自的社会,却在谈论它。他们说,牙买加当然是一个黑人社会。事实上,它是一个由黑人和棕色人种构成的社会,他们在这里生活了三四百年,从没将自己说成"黑人"。黑人是一种需要习得的身份,而且只能在某一时刻才能习得。在牙买加,那一时刻便是20世纪70年代。所以认为身份是简单的——如果我可以用这一隐喻的话——黑或白的问题,这从来都不是黑人的体验,至少不是流散中的黑人的体验。说这些是"想象的共同体"(imaginary communities)——一点都不假,因为它们也是某种象征。在别的什么地方还会发生这种主体性与文化之间的身份对话吗?

尽管"自我"是碎片化的、移置的,它确实与真实的一组历史有关。但是,此次会议上,许多人承认了的"真实历史"是什么?这一新情境究竟有多新?看起来,现在确实有越来越多的人承认自己处于移置叙事中。但移置叙事在当代世界具有某些存在条件和真实历史,它们不仅仅或不完全是精神的,也不单单是"心灵的旅程"(journeys of mind)。那一特殊的时刻会是什么呢?它会仅仅是20世纪末对普遍的碎片化状况的认知吗?

自我,在某种意义上,总是虚构的,也许这是真的。正如那些用于创造了身份认同共同体的"闭合"(closure)类型——国家、族群、家庭、性别等——也是任意的;政治行为的各种形式,不论是运动还是政党或阶级,均是临时的、局部的和任意的。我相信,当人们认识到所有的身份都是通过差异建构的,并开始接受差异政治时,这将是极其重大的进步。然而,如果我们不接受和世界有关的虚构的或叙事的身份状态,也有必要设定一个它的对立面——承认有一个任意闭合的时刻吗?在一个没有任意闭合的世界——我们可能要求一个句子在结束时,必须有意义——是否有可能存在一种行为或身份?话语极有可能是无止境的：是有着无限意义的符号。但不论说什么具体的事，你们确实不得不结束呀。当然，每一个句号都是暂时的，下一个句子几乎会将它全部收回。所以，"结束"是什么？它是一种赌注，一种下注。它说："我需要说点什么，说点什么……就在此刻。"它不是永恒的、完全普遍性的真理。它不是以无边际的担保为基础的。但这是我现在想要表达的；这是我的身份。在某一个时刻，在某一个我们称为"自我""社会"和"政治"等未完全闭合的话语中。句号。可以了。事实上没有（如他们说的）那种句号。如果没有权力对语言的干预，没有意识形态的分割，没有定位、越界和决裂，就不可能有政治。没有那一时刻，我无法理解政治行为。我弄不清它源于何处。我弄不清它如何成为可能。所有致力于社会转型，并要求建构新主体性的社会运动，均得接受这种任意闭合的必然虚构，但是这种任意闭合的、虚构的必然性，不是结束，而是由于它使政治与身份得以成为可能。

我现在完全认识到，承认差异，承认"身份"不可能具有完全统一的意义，确实改变了我们对政治的感知，改变了政治承诺的本质。不可能有101%的承诺。但回过头看，这种无限进步的政治学是非常危险的。你会跌入一个洞穴中[①]。在承认自反性话语的同时，围绕着与我们常态性地处在"自我"形成过程中的各种想象性共同体，并已认识到现代自我必然具有的虚构本性以及闭合的任意性之后，是否有可能再去构建出另一种政治学呢？

考察新的身份观念，也需要我们对以下的政治形式，如差异政治学、自反性政治学、处理偶发性事件却仍有用的政治学进行重新界定。无限弥散的政治学（politics of infinite dispersal）是没有任何作用的，人们可以基于各种可能的最佳动机进入其中（例如，基于最受赞许的心智上的抽象概念）。因而人们需要考虑后现代主义的绝对主义话语在何处对我们施压，及其引发的后果。目前，在我看来，似乎已有可能去思考新的政治身份的属性——它不是建立在某种绝对的、完整的自我观念之

[①] 在《爱丽丝漫游仙境》中，爱丽丝掉入洞中，随后发生了许多无法控制的、奇异的事情。在此，霍尔使用"跌入洞中"，似有类似的暗示或隐喻。——译者注

上的，它也很显然无法从某种完全封闭的自我叙事中产生出来。这种政治学认为任何此事与彼事之间"没有必然的或本质上的一致性"，因此必然属于一种接合政治学（a politics of articulation）——可以将之看作一种霸权式规划（hegemonic project）的政治学。

我也相信，在此之外的其他身份也很重要。它们与我的内部空间不一样，但我与它有某种关系，有对话。它们抵制了大量后现代主义话语中的唯我论。不管怎样，我不得不应对它们。所有这些构成了一种政治学，从总体意义上，它是一种构建在差异中统合（"unities"-in-difference）的政治学。我认为，它是一种新的政治学观念，根植于新的自我和身份观念。但我确实觉得，不论是在理论上还是在学术上，它不仅需要我们采用弥散的语言，而且还需要，如同已述的，采用接合的可随机闭合的语言。

你们可以看到，我并没有真的被迫后退到"最小的自我"的身份定义。是的，"宏大叙事"将自我建构为一个完整性实体（integral entity）的语言真的是站不住脚的。但事实上，你们也要知道，并不是"最小的自我"在那里阔步走，与其他的自我毫无关系。让我们来考虑下民族国家与民族主义。人们意识到民族主义过去和现在都在某种程度上构成了自我接合的主要端极地或领地。我认为，一些人现在（我认为，尤其是被殖民的主体）开始触及一种与旧式的民族主义或民族身份话语相悖的新族性观念。

现在我们知道，这是一些很危险的相互交叠的领地。尽管如此，它们不是完全相同的。族性（ethnicity）可以是最猛烈的民族主义和民族身份回归的一个构成性因素。但在我们的年代，作为一个虚构的共同体，它也开始携带一些别的意义，为身份界定出一个新空间。它坚持差异——坚持这一事实：每一个身份都是被放置、定位到一种文化、语言和历史中。每一个声明均来自某处，尤其是来自某人。它坚持具体性和情境。但它并非一定要全副武装地去反对其他身份。它并不是被捆绑在固定的、永久的、不可改变的对立面上。它完全不是用排除法来界定自身的。

我不想将这一新族性表呈为一种非权力化的完美宇宙。与所有身份认同的领域一样，它也有权力面向。但它的构成框架与旧式民族主义形式中的强权与侵略、暴力与利用的极端形式有所不同。将身份来源从"民族主义"转向"族性"的这一缓慢的矛盾运动是新政治学的一部分，也是"西方衰败"的一部分——这一历史相对化的巨大过程，正开始使英国人至少感觉到有一点"边缘化"。

（张文瑜　译）

论新族性[*]

黑人文化政治一直在发生（现在仍在进行）一个重要的转变。我讨论的中心议题便是尝试着确认并描绘这一转变的特征。这一转变并非是确定性的，如通常意义上所说的，有两个明确的阶段——一个阶段发生在过去，现在已经结束，新的阶段正在开始——我们可以对两个阶段进行比较对照；恰恰相反，它们是同一运动的两个阶段，持续地重叠与交织在一起。二者不仅处在同样的历史情境之下，而且均产生于反种族主义政治学和第二次世界大战后英国黑人的经历。尽管如此，我认为我们仍可辨识出两个不同的"时刻"，其间的差异性也是颇值得注意的。

虽然很难精确描绘两个时刻的特点，但我想说，第一时刻是可根据一个特定的政治文化分析得出的。从政治上看，这一时刻发生在"黑人"这一术语被创造出来，并用于指涉共同的种族主义经历及在英国的边缘化境遇，并逐渐成为一个组合性的范畴，用以描述来自完全不同的历史、传统和种族身份的群体与社群当中的新型抵抗政治。在这一时刻，从政治上讲，"黑人经历"，作为单一、统一的构架，基于不同社群之间跨越种族与文化差异性的身份的建立，"统领"着其他的族裔/种族身份。当然，后者并没有消失。从文化上看，这一分析是通过批判以下做法来进行自我构想的，即将黑人定位于一种无法言说的、隐匿不见的、处在具有统治地位的白人审美与文化话语之下的"他者"。

---

[*] 原题"New Ethnicities"，原文载于 ICA Documents 7: Black Film, British Cinema, ed. Kohena Mercer, 1989。

这一分析也断言黑人经历在英国文化中是处在边缘化状态的。并非是偶然恰巧发生在边缘，而是被放置、安置在边缘，它是由一套相当具体的政治文化实践管控、治理和规范英国社会的表征与话语空间的结果。这些构成了文化政治的存在条件，而这种文化政治的目的意在挑战、抵抗，并在可能之处改变主导性的表征体制（regimes）——首先是音乐与时尚的形式，然后是文学、视觉与电影的形式。在这些空间中，黑人一直是很典型的表征实践的客体，很少成为主体。进入表征的斗争被认为就是去批判将黑人定型为拜物教、客体化与消极化的群体，这些曾如此多地表现在对黑人主体形貌的表征中。我们关注的不仅仅是黑人经历的缺席或边缘化，还关注对黑人经历的简化以及定型化（stereotypical）。

围绕着这一批判的文化政治与研究策略有许多面向，但只有两个主要目标：一是黑人艺术家与文化工作者获得表征权利的问题；二是用"积极"的黑人形象这一相反的身份对抗被边缘化、定型化和拜物教化的黑人形象。这些策略主要用于改变我所说的"表征关系"（relations of representation）。

我明显感觉到，最近，我们正在进入一个新阶段。但我们需要绝对清楚，我们所说的"新"阶段是什么意思，因为一旦你谈论一个新阶段，人们立刻会想这一定是某种政治为另一种政治所替代了。我很清楚，我们所谈论的转变不属于这种方式。尽管一些群体和个体急于用此种方式发起质询，但政治并非一定要通过一整套的对抗和反转才能进行。围绕着主导性的种族、表征与政治的关系的最初批判没有消失，也不可能消失，与此同时引发这一批判的情境——迪斯伯里式（Dewesbury）的文化种族主义——不仅一直在持续，而且还在撒切尔主义时期有了更大的发展。[1] 因此说黑人文化政治的新阶段就得取代先前的阶段，是没有道理的。然而，随着斗争的进行，呈现出的新形式确实在某

---

[1] 当白人父母将自己的孩子撤出亚洲学生占多数的当地学校——因为"英国"文化不再在课程之中——约克郡的迪斯伯里（Dewesbury）镇成为全国关注的中心。来自右翼的多元文化教育主张强化了围绕着布拉德福德校长雷·霍斯福德（Ray Honeyford）的争论，参见 Paul Gordon, "The New Right, Race and Education"; *Race and Elass* XXIX (3), 1987。

种程度上取代、重组和重置了不同的又彼此相关的文化策略,这的确是事实。如果这可以从"表征的重负"(burden of representation)方面来构想,我会这样解释这一点:黑人艺术家和文化工作者此刻必须去斗争,不是在一处边界上,而是在两处边界上的斗争。问题是,如果二元对立、替代这类的语言已经不再能满足描述的需要,我们该如何描绘这一转变的特征呢——如果我们也确实同意这样的转变已经发生或正在发生。我所提供的解释是尝试性的,只是在本文的语境中提出,主要是试图澄清一些相关的问题,而不是要取代这些问题。

最好将这一转变看作从对表征关系的斗争变为对表征政治本身的斗争。析出这样的"表征政治"再放入不同的因素中,是非常有用的。我们现在都用"表征"一词,但我们都知道,它是极其难捉摸的。一方面,它可用于单指讨论外界存在的现实是如何被描绘的,或事物被呈现的方式,这种观念源自有关表征的模仿理论。另一方面,这一术语也代表了对表征概念的非问题式观点的一种根本性置换。我个人认为,事件、关系、结构在话语领域之外确实有其存在的条件和真实的效果,但只有在话语之中,并受制于话语的具体境况、限度和样态,方具有意义,或能在意义中被建构。因而,尽管我不想将话语的疆域无限扩大,但在某一文化中事物是如何被表征的,或表征的"机制"与"体制"确实起了一种构成性的(constitutive),而非仅仅是事后反映的作用。这就引发了文化与意识形态的问题,并且表征的那些脚本(scenario)——主体性、身份、政治——都会处于社会与政治生活的建构之中,是形构式的(formative),而非仅仅是呈现式的。我觉得正是移向第二种意义的表征(正在进行),改变了黑人文化的表征政治。

这是个复杂的问题。首先,它是黑人文化政治与欧洲中心主义话语,主要是白人文化批判话语理论相遇的结果,后者近年来的重心便是分析表征政治。这种相遇,即使不是危险的相遇,也是极为艰辛的相遇(我想尤其是黑人遇到了后-结构主义、后现代主义、精神分析与女权主义话语)。其次,它标志着"纯真的结束"或本质主义黑人主体(essential black subject)纯真观的结束,我只能这样使用这些词语。在此,本质主义黑人主体再次成为人们日益争论的焦点,但人们也许无法完全预料到它带来的政治后果。此刻我要讨论的是，要认识到构成"黑人"范畴的主体位置、社会经历与文化身份均具有超乎寻常的多样性，即认识到"黑人"从本质上是一个政治文化建构的范畴，不是植根于一套固定的跨文化或超验的种族范畴中的，因而在本质上也是无法担保的。它带来了一种新的认识，即黑人主体的历史与文化经验也是有着巨大的多样性与差异性的。过去那些围绕着术语"黑人"的"种族"观念，或有关种族的一些混合观念总是认为，自己不但能够保证任何文化实践是有效的，而且也能确定它的终极审美价值，但正是新的认识的出现，使得这些观念不可避免地遭到削弱或处在衰落之中。

我们应尽可能地将之解释清楚。黑人制作的电影并非一定是好电影。也并非仅仅因为它们涉及了黑人经历，就一定是完全正确的。一旦迈入本质主义黑人主体结束的政治之中，你便一头扎进了持续的、偶然的、无法担保的政治论辩旋涡之中：这是一种批判性的政治（a critical politics），一种批评政治（a politics of criticism）。你就无法再用简单的颠倒策略——通过将新的本质上是好的黑人主体置于坏的、旧有的本质主义白人主体的位置上，来处理黑人政治。目前，这种配方看似会危及整个政治世界。或者，它会让人很欣慰，因为曾经看似必然的虚构消失了。换言之，要么所有的黑人都是好的，要么所有的黑人都是一模一样的。毕竟，种族主义的基础便是"你无法分辨出不同，因为他们看上去是一模一样的"。这并没有使如何建构一种新的政治的设想变得容易，在我们看来，这种新的政治应当通过差异发挥作用，并作用于差异，从而能够建立团结一致与彼此认同的各种形式，在不压制兴趣与身份异质性的情况下，创造出共同斗争与抵抗的可能性，而且还能在不确定永恒边界的情况下，有效地绘制出某种政治边线，因为只有这种边线的存在才会使抗争成为可能。这势必会引发黑人政治的转变，从葛兰西所说的"操控战"（war of manoeuvre）转化为"位置战"（war of position），即围绕着各种位置所进行的斗争。尽管将这种政治进行概念化的表达存在着诸多困难（以及具有滑入某种无休止滑动的自由-多元主义话语的诱惑），但无法卸下我们发展这一政治的责任。

本质主义黑人主体的结束也必然让我们认识到，种族的中心议题总是历史性地出现在与其他范畴和分类的接合、形构之中,并且不断地与阶级、社会性别和族性(ethnicity)范畴交叉与再交错(我在此将种族与族性区分开来,随后会来论述二者的区别)。在我看来,电影,诸如《新界》(Territories)、《追忆的激情》(Passion of Remembrance)、《欢乐洗衣店》(My Beautiful Laundrette)和《睡遍伦敦》(Sammy and Rosie Get Laid),清晰而又完美地展现了这种转变,也明确不谈论阶级、社会性别、性与族性,黑人主体问题就无法被言说。

差异与论争

这种表征政治带来的另一后果便是慢慢认识到认同与欲望具有深刻的双重性。我们通常将认同看作一个简单的、围绕着固定的"多个自我"——我们要么是这样,要么不是这样——构造而成的过程。同一性与差异的博弈建构了种族主义,将黑人放置在劣等物种位置的做法更是为之提供了动力。与此同时,一种无法言表的忌恨与欲望也推动了这一博弈,使得新的认识从根本上置换了许多到目前仍是稳定的政治范畴,因为它暗示了认同与他性的形成过程远比我们至今想象的要复杂得多。

当然,种族主义是通过在各种种族构成范畴之间建构无法跨越的符号界线而运作的,同时,它的典型的二元对立式的表征系统也会不断标识出归属性(belongingness)与他者之间的差异,并试图将之固定下来,使之自然化。沿着这一边界,便出现了斯皮瓦克(Gayatri Spivak)所说的对他者话语的"认知暴力"(epistemic violence)——包括帝国主义、被殖民者、东方主义、异域、原始人、人类学和民间传说等话语[1]。因而,反种族主义话语经常建立在反转或颠倒的策略上,即将殖民话语的这种"摩尼教美学"(Manichean aesthetic)式的二元对立上下颠倒过来。然而,正如法侬不断提醒我们的,认知暴力存在于种族主义话语的内外,通过在界线两边的裂变过程来运作,不仅在此处之内,也是在此处之外发挥作用。这就是为什么它不仅是"黑皮肤"的问题,还是

---

[1] Gayatri C. Spivak, in *Other Worlds: Essays in Cultural Politics*, Methuen, 1987.

"黑皮肤，白面具"的问题，即自我作为他者的内化过程。正如男性气质的表述常将女性气质建构为双重性的，既是圣母玛利亚，同时又是妓女，种族主义也将黑人主体建构为高贵的野蛮人与暴力复仇者的统一体。在这种双重性中，恐惧与欲望互为成对，穿行于他者性的结构之中，使他者政治复杂化。

我最近读了几篇黑人评论家或黑人文化从业者写的关于罗伯特·梅普尔索普（Robert Mapplethorpe）摄影文本的文章，尤其是他对裸体黑人男性的铭写[1]。这些文章在一开始恰好都将梅普尔索普作品中的拜物修辞、黑人形象的碎片化和对象化确定为是对白人、同性恋凝视的征用形式。当我阅读这些文章时，我知道某种东西正在发生，不仅发生在生产文本的过程中，也发生在阅读这些文本的过程中。通过有可能将梅普尔索普视为那种携有白人恋物癖与同性恋的摄影师，围绕着他作品的这种持续不断的循环论证也不会枯竭；这是因为它也被暗中回归的欲望所标识——在认同中出现的深层矛盾，使得那些我们之前思考、讨论黑人文化政治与黑人文化文本所用的范畴，成为极有问题的。这让人们看到一个不愿接受的事实，即过去那些直接与种族和族裔问题有关的大量黑人政治，不论是被建构的还是被讨论和展开论述的，均是建立在某种假设的基础之上的，即假设社会性别与性范畴会保持不变，且一直是固定不变。新的表征政治所要做的，便是质疑这一点，从而将种族主义问题与性别问题不可避免地勾连在一起。那就是为什么《追忆的激情》这部片子会让我们稳定的政治习惯感到如此不安。[2] 双重的破碎使不同类型的政治成为必要，因为，如我们所知，黑人的激进政治经常会被定型在对特定的黑人男性气质的表述上，而这些观念现在已经受到了黑人女性与黑人男性同性恋者的质疑。在某些特定时刻，黑人政治也被一种深度的阶级缺席或更为典型的阶级回避所强化。

---

[1] Kobena Mercer, "Imaging the Black Man's Sex", in Patricia Holland et al. (eds.), *Photography/Politics: Two*, Comedia/Methuen, 1987, 许多文章收录于 *Ten.* 8 22, 1986, 这一期是关于"黑人经历"的，由 David A. Bailey 编写。

[2] 这是 Blackwood 与 Julien 在 1986 年拍摄的一部反映英国黑人经历的电影，它揭示了黑人经历的复杂性，以及经常为人忽视的种族、阶级、性别和性之间的交集。——译者注

第五辑　种族、族性和身份

　　铭写入新的表征政治的另一元素与族性问题有关。我了解，将"族性"作为概念的所有危险性，并且就此写出以下事实：族性，以一种文化建构意义上的英国性和一种特别封闭的、排他性的以及退化的英国国家身份为形式，是当今英国种族主义的核心特点之一。[①] 我也清楚地意识到，反种族主义政治常常将自身建构为是主张"多族性"或"多元文化主义"的。另一方面，因为围绕黑人主体的表征政治的转变，我想我们可以开始看到一种关于"族性"术语含义的新主张。

　　如果黑人主体与黑人经验没有借助某种本质或其他本质性的保证而被固定下来，那么事实应该是这样：它们是被历史、文化与政治建构的，暗指这一点的概念便是"族性"。族性这一术语承认历史、语言和文化在建构主体性与身份过程中的重要性，也承认所有的话语是被安置、定位和处于某一位置上的，因而所有的知识都是语境性的。表征得以实现仅仅是因为表达总是在各种符码（codes）之内生产的，而符码的编织在具有特定时空的话语形构中有其自身的历史与立场。替换西方话语的中心地位必然要质疑这一话语的普遍主义特点，以及它可为每个人言说的超验性声明，同时它又是无处不在的。事实上，扎根于差异性的族性曾为种族主义话语所使用，作为不承认种族主义现实与压迫的一种方式，但这并不意味着我们能允许这一术语被永久性地殖民化。这种占用将被争夺过来，在"多元文化主义"话语中使这一术语从其原来的位置中脱链（dis-articulated）出来，转换其代码，正如我们先前不得不将"黑人"术语从其消极对等物系统中的位置复原回来一样。新的表征政治因而也触发了围绕术语"族性"的意识形态论争。但为了进一步讨论那一转变，我们不得不将差异的概念重新理论化。

　　在我看来，在各种黑人文化生产的话语与实践中，我们已经开始看到，一个如此新颖的族性观念正在建构之中：一种新的文化政治，它引起差异，而不是压制差异；它部分地依赖新的族裔身份的文化建构。差异，如同表征，也是难以捉摸的，因而是有争议的概念。有一种差异会

[①] Stuart Hall, "Racism and Reaction", in *Five Views on Multi-Racial Britain*, Commission for Racial Equality, 1978.

导致完全的、不可逾越的分离,还有一种差异,则是位置性的、条件性的和情境性的,与德里达的"延异"观念比较接近。当然,尽管我们关心的是去支持一种政治,但也不能完全从无限滑动的能指角度去界定它。我们仍需做大量的工作,以将族性从它的对等物如民族主义、帝国主义、种族主义和国家概念中剥离出来,因为它在主导话语中仍起作用。这些对等物是一些连接点,围绕着它们,一种鲜明的不列颠性,或更准确地说,英国族性得以建构起来。但我认为,这一工作规划不仅是有可能的,也是必需的。事实上,这种将族性从国家暴力中分离出来的做法隐蔽地存在于文化实践的一些新形式中,这些新形式也已在电影《汉沃思之歌》(*Passion and Handsworth Songs*)中出现了。我们已开始思考如何表述这种非强制性的、更加多样的族性观念,以抗衡这种严阵以待的、霸权性的"英国性"观念,后者在撒切尔主义时期将许多主导的政治文化话语稳定下来。并且,由于它处于霸权的地位,根本不将自己表述为一种族性。

这标志着论争点的真正转变,因为它不再仅存在于反种族主义与多元文化主义之间,而是存在于族性观念之内。所涉及的是两种族性观念之间的割裂:一方面是与国家、"种族"联系在一起的主导观念;另一方面是我所说的,在边缘、外围的积极的族性观念。也就是说,认识到我们都是从特定的位置,出于特定的历史、经验和文化来进行言说的,而不是受控于"族裔艺术家"或电影制作者这样的位置。在这一意义上,我们都是族性定位的,我们的族裔身份对于我们是谁的主体感至关重要。但同时要认识到,这一族性并非像过去的英国性一样,注定仅仅通过边缘化、驱逐、换位和遗忘其他的族性才能存活。族性政治恰好是基于差异与多样性的。

我想,这种新的表征政治所引发的最后一点便是意识到黑人经历是一种流散经历,这些最终被带入去稳定、重新组合、杂交化和"切割-混合"(cut-and-mix)的过程中,简言之,就是它所暗含的文化流散化(diaspora-ization,我杜撰的一个丑陋术语)过程。就我们所讨论的年轻的黑人英国电影和电影制作者而言,这种流散经历肯定为以下的因素所深深激发与滋养:如第三世界电影的出现,非洲人体验与非洲-加勒比人体验的连接,以及对来自亚洲与非洲文化的复杂表征与美学传统的深刻继承。但尽管有如此丰富的文化根基,新的文化政治是在一个崭新的,相当不同的场域中运行的,具体来说,是关于它对是"英国的"这一词语意味着什么的论争。这一文化政治与过去的联系,以及它与不同的"根源"之间的联系是深刻而复杂的。它也不可能是简单或直截了当的。如电影《梦幻河》(*Dreaming Rivers*)提醒我们的,它是经由回忆、幻想和欲望而形成与转变的。或者如《汉沃思之歌》这样的典型政治电影所明确表明的:联系是互文式的(inter-textual),并处在与各种其他"文本"的调解状态。因而,不会有对祖先过去的简单"回归"或"复原",如果那种过去没有通过当下范畴的再经历的话:传统形式如果没有为当下的技术与身份改变,对之的简单再生产是无法为创造性表达提供基础的。这一点最初在电影《黑色英国人》(*Blacks Britannica*)中即有表明,而最近对之作出表达的是保罗·吉尔罗伊的重要著作《英国的国旗下也有黑人》(*There Ain't No Black in the Union Jack*)①。15年前,我们不关心或至少我不关心,在英国的国旗下是否有黑人。现在我们不仅关心,而且我们必须关心这一点。

这最后一点也表明在黑人文化政治中某种纯真性批评的结束。在此,也许大致提一下我与萨尔曼·拉什迪(Salman Rushdie)几月前在《卫报》的论辩较为合适。这次论辩并没有讨论《汉沃思之歌》与《追忆的激情》是否是伟大的电影,因为鉴于我说过的,一旦你进入这一特别的问题架构中,诸如好电影是怎样的、电影的哪一部分是好的、为什么诸如此类的问题都属于批评政治。一旦你抛弃了本质主义的范畴,除了批评政治,你也无处可去。而进入黑人文化的批评政治中,就是要让自己成长起来,离开纯真性批评的岁月。

我所论争的并非是对萨尔曼·拉什迪的特殊评判,而是他表达这些批评的模式。在我看来,他好像用来自《卫报》评论员的那些稳定的、根深蒂固的批评标准来谈论这一电影。我试图想要说明的是(也许并不

---

① Paul Gilroy, *There Ain't No Black in the Union Jack*: *The Cultural Politics of Race and Nation*, Hutchinson, 1988.

很成功），我认为这不是政治批评的充足基础，而且恰好忽视了创新的迹象和制约电影制作者的一些限制。很难去界定另一种处理模式会怎样。我当然不愿萨尔曼·拉什迪说，他认为这些电影好是因为它们是关于黑人的。但我也不愿他说这些电影不好，因为"我们这些创造性的艺术家都知道什么是好电影"，因为我不再相信我们可以通过使用那些超验的、公认的文化范畴解决审美价值的问题。我认为还有另一种立场，既将自身定位在围绕着黑人表征的持续斗争与政治的内部，但又能展开关于主题、表征形式、表征主体，尤其是表征体制的持续性批评话语。我以为，在那个点上尝试性地介入其中，从而矫正与新黑人电影有关的批评表达模式，是一件很重要的事。它也是极难处理的，如我所知，这是因为当它发生时，在干预的过程中，我们也会在表达模式的选择上出错！我当时没有传达这一事实：萨尔曼在《卫报》上发表的文章对《汉沃思之歌》的评论是完全错误的，但这丝毫没有减少我对《午夜孩童》（*Midnight's Children*）水准的不满。我对不能矫正这些观点而感到遗憾，确切地说，这是因为批评政治必须能够使得二者均是正确的。

这样的批评政治必须能够说明（只是给一例子），《欢乐洗衣店》为什么是近年来黑人作家生产出的最吸引人的重要电影之一，也恰恰是同样的原因让它如此备受争议：它拒绝将黑人在英国的经历表征为铁板一块的，独立自足，性别稳定，并且总是"完全正确的"，一句话，永远是、只能是"正面积极的"，或用汉尼夫·库雷什（Hanif Kureishi）的话，是"欢快的小说"（cheering fiction）：

> 作家是公共关系的官员，受雇的说谎者。假如真要理解当今的英国——不同的种族与肤色混杂，歇斯底里与绝望相混合，那么关于英国的书写必须是错综复杂的。它不能致歉或理想化。它不能伤感，也不能仅把一个族群表征为享有美德垄断权的。①

《欢乐洗衣店》极具影响力与创造力，尤其是在它的操控力方面，

---

① Hanif Kureishi, "Dirty Washing", *Time Out*, 14–20 November 1985.

当文本穿越社会性别、种族、族性、性与阶级之间的种种边界时，它自己知道在做什么。《睡遍伦敦》也是一部大胆、充满冒险的影片，尽管在有些方面缺乏连贯性，也不确定在一种几乎无法操控的、冷漠愤怒的过度驱使下，影片最终走向何处。我们要能够提供这样的评判并且对之进行论辩，从而改变人们的想法，但又不减少他们对黑人表征政治这一规划的基本投入。

（张文瑜　译）

谁需要身份？[*]

近年来，围绕着"身份"观念，出现了真正的话语爆炸，与此同时，它也被纳入了探索性批判的领域中。那么，该如何解释这种悖论式的发展？关于这个概念，还有继续探寻的空间吗？各学科领域已对之进行了解构，且所有的学科均以这样或那样的方式对那种整体性、本源性、统一性的身份观念做了批判。对后笛卡儿的西方形而上学以自足主体为核心的批判，全面推进了哲学的发展。主体性与无意识形构的问题已然在深受精神分析影响的女性主义和文化批评话语中得以展开。后现代主义派生出的一些知名理论流派也在不断提升无限述行自我（endlessly performative self）的观念。在对与文化身份相关的族群、种族、民族等概念和"定位政治"（politics of location）所做的反本质主义批判中，一些大胆的理论观念也已大致成形。那么，继续论辩"身份"问题，有什么必要？谁需要身份？

可以通过两种方式回应以上问题。第一种方式是考察解构批评独有的特点：它批判了许多本质主义的观念。与那些企图用"更真实的"概念补充不够充分的观念，或是追求生产实证性知识的批评不同，解构的方法是将一些关键概念置于"擦除之中"（under erasure）。这就表明，那些概念，尽管"用来思考问题很不错"，但不再以本源性的、未重新建构的形式加以使用。然而，因其没有被辩证性地加以替代，也没

---

[*] 原题"Who Needs 'Identity'?"，原文载于 S. Hall and Paul Du Gay (eds.), *Questions of Cultural Identity*, London: Sage Publications, 1996。

有其他完全不同的观念取代它们，也只能继续用这些概念去思考——尽管是采用了去整体性或解构的形式，因此已无法在它们原初生成的范式中运演（Hall，1995）。吊诡的是，一方面要去终止这些概念的边界，另一方面又允许它们继续被解读。德里达将这种方法描述为临界思考（thinking at the limit）或间隔思考（thinking in the interval），即一种双重书写。"借助于这种双重的、精确分层的、移位的和被移位的书写，我们也必定能标识出高级、低级间的倒置与新'概念'侵入式的突然出现之间的间隔，这一新概念不再，而且永远无法包含在之前的领域中。"[1] 身份就是这样的概念——在颠倒与突然出现之间的间隔中进行"擦除"式运作，是一种无法用旧有的方式思考的概念，但没有这一概念，又压根无法思考某些关键性的问题。

第二种方式则需要我们关注以下两个问题：身份概念的不可还原性出现在何处？与什么类型的问题相关？我以为对之的回答，需要集中在能动性（agency）和政治性上。就政治而言，我既指作为能指的"身份"（signifier identity）在各种现代形式的政治运动中的表意（significance），以及它与定位政治的重要关系，也指那些明显的困难性与不稳定性，它们对所有当代"身份政治"形式产生了独特的影响。就能动性而言，我无意于回到一种不设中介的透明观念，认为主体或"身份"是社会实践的核心创造者，或者复原那种"将自己的视角放置在一切历史的起源处的观点——这，简言之，会导致一种超验意识"。[2] 我赞成福柯的观点，我们此处需要的"不是一个认识主体的理论，而是话语实践的理论"。但是，我相信，这一去中心的过程需要的不是抛弃或废除"主体"（福柯的研究清晰地表明了这一点），而是将之再概念化，即在这一范式中，采用一种新的、被替代的或去中心的位置思考主体问题。身份问题的重现似乎是在尝试着重新阐明主体与话语实践之间的关系，或更确切地说，如果我们更倾向于强调主体化朝向于话语实践的过程，那么所有此类主体化似乎都会引向一种排除政治学（politics of exclu-

---

[1] J. Derrida, *Positions*, Chicago: University of Chicago Press, 1981.
[2] M. Foucault, *The Order of Things*, London: Tavistock, 1970, p. xiv.

sion），这就是身份认同（identification）的问题。

认同因而成为最难理解的概念之一，几乎和"身份"概念一样棘手，尽管比后者更可取，当然它也无法保证能够抵御那些困扰了后者的一些概念上的困难。它不断从话语与精神分析语库中汲取意义，但又不仅限于任何一方。这一语义领域过于复杂，以至于无法在此阐述清楚，但至少在标示性地确定其与所要解决问题的相关性方面还是很有用的。在通常的语言表述中，身份认同的建构是基于承认共同的起源，或与他人或团体有着共享的特征，或与一个以团结和忠诚为基石的自然圈子有着共同的理想。与这一"自然主义"的定义相反，话语分析则将身份认同视为一种建构，一种永未完结的过程——始终"处在过程之中"。这不取决于它总是能被"赢得"或"失去"、保存或遗弃的意义。尽管并非没有明确的存在条件，包括使之得以维持的物质与符号资源，但身份认同仍然最终是视条件而定的，带有某种随机性。一旦获得，它不会抹除差异。事实上，它所隐示的完全融合只是一种合并的幻想（正如我们此刻看到的，在谈论"消费他者"时，弗洛伊德总是提及这一点）。因而，身份认同是一个接合、缝合和多重决定的过程，而不是一种涵摄（subsumption）。它总是有"太多"或"太少"——多重决定或匮缺，但永远没有合适的一致性和整体性。像所有的表意实践一样，它也受制于延异的游戏。它遵循的是"不止一个"（more-than-one）的逻辑。既然作为一个通过差异来运行的过程，就需要借助话语分析，去约束与标识出那些符号性边界，制造出"边界效应"（frontier effect）。它需要游离其外的，即它的构成性外相（constitutive outside），来一同确证这一过程。

从身份认同概念在心理分析中的使用来看，它承继了丰厚的语义学遗产。弗洛伊德将之称为"与他人感情纽带的早期表达"[①]，然而，在俄狄浦斯情结的语境下，它将父母形象既当作爱的对象，同时又是敌对的对象，由此将矛盾情绪植入这一过程的核心位置。"身份认同，事实

[①] S. Freud, *Group Psychology and the Analysis of the Ego*, in *Civilization, Society and Religion*, Vol. 12, *Selected Works*, Harmondsworth: Penguin, 1921/1991.

上，从一开始就是矛盾的。"① 在《哀悼与抑郁》（Mourning and Melancholia）一文中，它不是将人捆绑到现存的对象之上，而是附着在一个被抛弃的选择对象上。它首先"按照他者塑形"，以补偿原初自恋生发出的力比多快感的丧失。它是建立在幻想、投射和理想化之上的。它的对象很有可能既是被憎恨的，亦是被深爱的，一个人经常被带回到无意识自我之中，就像"一个人常被带离自身"一样。正是在关于身份认同的问题上，弗洛伊德详尽说明了"作为存在"（being）与"拥有"（having）他人的重要区别。"它就像最初的力比多，口欲期的衍生物，在这一时期，我们渴望的对象会通过吃而被吸收掉，并且也会用诸如这样的方式而被消除掉。"② "被视为整体的身份认同"，拉普朗绪和彭塔力斯（Laplanche & Pontalis）特别指出，"绝非是一个前后一致、相互关联的系统。这些需求是多样的、相互冲突的，也是无序的，共存于一个能动体之中，例如超我。同样的，理想的自我是由与文化理想达成的认同而构成的，这些认同不必一定是和谐一致的"。③

我并不是在建议应将所有这些意指整体打包、不经任何转化地搬入我们关于"身份"的思考中，但引用这些意指可表明：在新意义的语库中，这一术语正在发生曲折变化。此处所用的身份观念因而不是本质主义的，而是策略性的或立场性的。也就是说，与确定性语义这一历程恰恰相反，身份概念并不指示一个历经各种历史巨变，却从头至尾都不会改变的稳定的自我内核；也不会指示出自我的一小部分，能够历经时间的变化而始终或已然保持"原样"，与自身完全相同。如果我们将本质主义化的概念转化为文化身份的阶段，那么身份也不是"隐藏在许多其他的，更加表面化的、或人为强加的'多个自我'之中的那个集体的、或真实的'自我'，尽管这种自我乃一个有着共同的历史与祖先的民族所共同秉承的"④，是可以稳定下来、固定下来或是在表面差异之

---

① Freud, p. 134.
② Freud, p. 135.
③ J. Laplanche, J.-B. Pontalis, *The Language of Psychoanalysis*, London: Hogarth Press, 1985, p. 208.
④ S. Hall, "Cultural Identity and Diaspora", in J. Rutherford (ed.), *Identity*, London: Lawrence & Wishart, 1990.

下确保一成不变的"同一性"（oneness）或文化归属感。它承认身份不是统一的，在现代晚期，身份日益碎片化、断裂化；绝不是单一的，而是通过差异被多重因素所建构的，时常处于多种话语、实践与立场的交切与对抗状态。它们受制于一种彻底的历史化过程，并不断处于变化与转化的过程之中。我们需要将关于身份的论辩放置到具体的历史发展与实践中，因为它们扰乱了许多群体与文化的相对"稳定"的特性。首先与全球化的进程相关，我认为，它与现代性以及被动或"自由"的移民进程是一致的，后者已然成为所谓"后殖民"世界中的全球现象。尽管身份似乎要唤醒过去历史中的某个起源并继续与之相一致，但事实上，这是一个关于在"变成"（becoming）而非"作为存在"（being）的过程中使用历史、语言与文化资源的问题：我们可能变成什么？我们是如何被表征的？这种表征是怎样影响到我们表征自我的方式的？这些问题远比"我们是谁"或"我们从哪儿来"这类问题要重要得多。因此，身份是在表征之内而非表征之外构成的。它们与发明传统和传统本身的关系同样密切，这就要求我们在阅读时，不能将之视为周而复始的重复，而应视为"正在变化的相同物"（the changing same）[1]：不是回归到本根，而是在我们的"路线"（route）中逐渐寻求关联。它们浮现在对自我的叙事化过程中，当然，对这一过程的必要的虚构丝毫不会削弱话语、素材或政治的有效性，即便身份问题是通过"缝合进故事"而浮现的，归属感也部分地是在"想象中"（如同在符号中）完成的，因此，它也一直是部分地在幻象中，或至少是在幻象的领域中建构起来的。

恰恰因为身份是在话语之内，而非话语之外构建的，我们就需要将它们理解为是在特定的历史与体制场域中，通过特定的表达策略，在特定的话语形构与实践中产生的。此外，它们的出现也与特定的权力模型的运演相关，因而更应将之视为差异与排他的产物，而非属一种同一的、自然构成的统一体的标志，以至将之看作传统意义上的身份（一个具有完整覆盖的同一性，无缝对接，没有内部差异性的身份）。

---

[1] P. Gilroy, *The Black Atlantic：Modernity and Double Consciousness*, London：Verso, 1994.

特别需要指出的是，身份并非通过外部的差异建构起来的观点，与常被援引的公式恰恰相反。这必然产生一种令人极为不安的认识，即任何术语的"真实"意义，以及它的"身份"，只有通过它与他者的关系、它不是什么、它恰恰缺乏的东西，以及被称为它的构成性外相，方能建构出来。① 在人们的整个生涯中，身份之所以能够充当认同与情感的纽带，仅仅是因为它们具有排斥、排除、屈服于"外部性"的力量。每一种身份在其边缘之处均会有越界，或超量的东西。身份这一术语将统一体与内部同质性视为其根本，但二者又非是一种自然的，而是被建构起来的闭合形式，每一身份均按照它所缺乏的必需物来命名，即使那是沉默无语的他者。拉克劳的论辩不仅充满力度，且有说服力，他说"社会身份的构成是一种权力行为"，因为：

> 如果……一种客体性设法确认自己部分上的正确性，它只能压制那些对其构成威胁之物。德里达已经展示了身份的构成是如何总是基于排除某物，并在势必会发生的两极建立其暴力性等级制，如男人/女人。第二个术语的独特性就在于：相对于第一术语所具的本质性，被降格为了一种附属的性能。在黑人－白人关系中，也是如此：白人，当然等同于"人类"。相对于"男人"和"白人"这些非标示性术语，"女人"与"黑人"因此而成为标示（即被标示的术语）。②

因此，身份所声称的"统一体"，事实上，是在权力与排除游戏内建构的，它不是一个自然的、必然的或原生整体性的结果，而是一个被归化的、武断性的"闭合"过程的结果。③

如果对"身份"只能采用逆向解读，也就是说，不将其解读为在根

---

① J. Derrida, *Positions*, 1981; E. Laclau, *New Reflections on the Revolution of Our Time*, London: Verso, 1990; J. Butler, *Bodies That Matter*, London: Routledge, 1993.

② E. Laclau, *New Reflections on the Revolution of Our Time*, p. 33.

③ H. Bhabha, "The Other Question", in *The Location of Culture*, London: Routledge, 1994; S. Hall. "Cultural Identity in Question", in S. Hall et. al. (eds.), *Modernity and Its Future*, Cambridge: Polity, 1993.

源与稳定点上铭刻的差异游戏,而是将之视为在延异中或通过延异建构的,并且不断地通过它所删除之物去除稳定性,那么,我们如何能够理解它的意思呢?又如何从理论上解释它的出现呢?阿夫塔尔·布拉赫(Avtar Brah)在她的杰作《差异、多样性与区别》(Difference, Diversity and Differentiation)一文中提出了将身份概念化所引出的一系列重要议题。[1]

> 尽管法侬(对主体性的种族化问题作出了巨大的贡献)[2],但就种族化的"他者"是如何在心理领域构成的这一问题,仍需要做大量的研究工作。如何分析后殖民的性别化与种族化的主体性?精神分析重点研究"性别差异"和早期童年,在帮助我们理解诸如种族主义这样的社会现象的心理面向时,是否会制约它的解释价值?在主体形构的过程中,"符号秩序"和社会秩序是如何接合的?换言之,社会现实与心理现实的联系是如何被理论化的?[3]

这些问题很重要,但又令人困扰,接下来,我试图开始回应这些问题。

近来对这一主题的研究,我挪用了身份术语,当然,这一术语没有得到广泛的共享,也许不易理解。我使用的"身份",是指交汇点(meeting point)或缝合点(point of suture)——一面是话语与实践试图"询唤"(interprellate)我们,与我们交谈或召唤(hail)我们进入特定话语的社会主体的位置上去;另一面是生产出主体性,并将我们建构成能被"言说"的主体的过程。身份因而成为联系主体位置的临时纽带,而主体位置又是话语实践为我们建构的。[4] 它们是将主体成功接合或

---

[1] Avtar Brah, "Difference, Diversity and Differentiation", in J. Donald and A. Rattansi (eds.), *Race, Culture and Difference*, London: Sage, 1992, p. 143.
[2] 括号内的内容在原文中没有,是译者根据《差异、多样性与区别》中上下文的内容添加的。——译者注
[3] Brah. J. Donald and A. Rattansi (eds.), *Race, Culture and Difference*, p. 142.
[4] 参见 S. Hall, "Fantasy, Identity, Politics", in E. Carter et al. (eds.), *Cultural Remix: Theories of Politics and the Popular*, London: Lawrence & Wishart, 1995。

"链接"到话语流中的结果。斯蒂文·希思（Stephen Heath），在其具有开创意义的文章《论缝合》（Suture）中，将之称为"交切"（intersection）①。"意识形态理论不是始于主体，而是作为缝合效果的依据，促使主体汇入意义结构之中。"身份，暂且可以这么说，是主体必须占据的位置，尽管主体一直"知道"（意识的语言在此背叛了我们）身份是表征，而表征是通过"匮缺"、区分于他者的位置而建构的，因而是欠缺的，不能等同于主体过程。将主体有效地缝合到主体位置所需要的不仅是主体被"召唤"，而且需要主体将自身投入这一位置，这一想法意味着缝合必须被看作一种接合，而不是单边的过程，如此便将认同问题（如果不是身份问题）明确地置于理论议程之上。

引用"询唤"这一术语来描述话语对主体的召唤提醒我们：这一论辩有一段重要但未完结的前史，它是由阿尔都塞的《意识形态与意识形态国家机器》（1971）一文直接引发的。该文引入了询唤的观念和意识形态窥镜结构（specular structure，指具有镜面反射效果）的提法，试图回避经典的马克思意识形态理论中的经济决定论，从而将（马克思的）唯物主义意识形态论与意识形态符号论（借自拉康）放置在同一个阐释框架之中，前者关注的是社会生产关系的再生产，后者则倾向于主体的建构。米雪儿·巴瑞特（Michele Barrett）最近在讨论这一论辩时，大费周章，以说明"阿尔都塞的论证展现了深刻的分裂与矛盾的本质"②（也可参见霍尔所言："意识形态这一难题的两面在文章中都被肢解了，自此以后，不断地被指定到不同的端点"③）。然而，《意识形态与意识形态国家机器》一文，正如它所显现的那样，尽管不是很成功，却构成了这场论辩中最有意义的重要环节。例如，杰奎琳·罗斯（Jacqueline Rose）在《视野领域中的性》（*Sexuality in the Field of Vision*，1986）一书中也论述说："关于身份问题，即身份是如何构成并延续的，因而是一个中心议题，凭此，精神分析进入政治领域。"

---

① S. Heath, *Questions of Cinema*, Basingstoke: Macmillan, 1981, p. 106.
② M. Barrett, *The Politics of Truth*, Cambridge: Polity, 1991, p. 96.
③ S. Hall, "Signification, Representation and Ideology: Althusser and the Post-structuralist Debates", *Critical Studies in Mass Communication*, 2 (2), 1985, p. 102.

这是拉康的精神分析经阿尔都塞的意识形态概念，通过女性主义与电影分析两大路径进入英语知识界的原因之一（这一事实常被用来质疑以上三者）。女性主义的介入，是因为存在一个个体是如何将自己认定为男性或女性的问题，解答这样的问题似乎可以取代女性主义旨在改变的不平等与依附性的基本关系。电影研究的介入，是因为作为意识形态机器，它的权力栖居在身份认同与性幻想的装置之上，而我们似乎都参与到了其中，但在电影之外，它常常只在床上得到承认。如果意识形态是有效的，那是因为它在心理认同及内驱力的最基本层面发挥了作用。[①]

但是，如果我们不是从经济还原论直接进入精神分析，我们需要补充一点：如果意识形态是有效的，是因为它在以下两大层面上发挥作用：一是"心理认同及内驱动的最基本层面"；二是构成社会领域的话语形构和实践的层面，而真正的概念问题就坐落在这些相互构成又不全然重合领域的接合部。身份这一术语，恰恰出现在两大层面的交汇处，因而成为难题。还值得补充的一点是，我们无法将这两大层面做均等的摆放，这是因为无意识自身即在二者之间设置了障碍或将二者切分开来，从而使身份成为"均等性被用永久推后或延期的场域"[②]，但我们不能因此就放弃对之的探索。

希思的文章（1981）提醒我们注意，正是迈克尔·派彻（Michael Pecheux）努力发展了阿尔都塞视角下的话语陈述，事实上，也正是他注意到了阿尔都塞文中第一部分与第二部分之间无法弥合的鸿沟，"在意识形态与无意识之间缺乏概念上的接合"。[③] 派彻试图采用福柯的话语形构观念，即"话语形构决定什么能说，什么必须说"，"来描述将主体嵌入其位置上的机制"。[④] 希思对派彻的观点阐释如下：

[①] J. Rose, *Sexuality in the Field of Vision*, London: Verso, 1986, p. 5.
[②] S. Hall, "Fantasy, Identi, Politics", 1995.
[③] S. Heath, *Questions of Cinema*, p. 106.
[④] S. Heath, *Questions of Cinema*, pp. 101–102.

个体是通过话语形构而构成为主体的，在这一降服的过程中（采用阿尔都塞借自拉康关于主体性构成的窥镜特征），个体是在误认（misrecognition）的结构中被确认为隶属于话语形构的（因而主体以意义之源的形象得以呈现，而这只是一种效果而已），询唤为误认结构的机制命名，事实上，也通过话语与意识形态为主体的术语命名，为它们的对应（correspondence）点命名。①

然而，这种"对应"始终没有得到解决，并引发了诸多麻烦。尽管"询唤"一词一直普遍用于描述"将主体传唤到某地方"，却遭到了赫斯特（Hirst）的批评，并引起了很大的反响。赫斯特认为，这依赖某种认识，即在主体被构成之前，事实上，已经被要求具有能够作为一个主体在话语中扮演自身的能力。当然，"这还不是一个主体定然已经具有的、可将自己视为一个主体的认知所需的那种能力"。② 这一理由说服了许多后继的阿尔都塞读者，事实上，这也使得整个研究领域过早地停歇下来。

这一批评的确令人佩服，但就此停止进一步的探究则未免过早。赫斯特批评的作用在于，它显示出了，将在话语中构成主体的所有机制都看作一种询唤（这个误认的窥镜结构来自拉康的镜像阶段理论），会存在一种预先设定一个已然构成的主体的危险。但是，既然没有人提出要弃绝这一观念，即主体是在话语中构成并作为一种效应存在的，那么依然留下了一个需要阐明的问题，即有什么机制不会因为这种预设性而受到质疑，而这种建构又能够成立。这一问题被拖延下来，没有得到解决。这里存在着一些困难，至少似乎是由于没有设定任何条件，在表面含义上，过多接受了轰动一时的拉康主张，即其所谓主体构成中的一切不仅将通过恋母情结危机的解除机制（mechanism of the resolution）得以发生，而且与之同时发生。在狂热的拉康理论传播者的高度浓缩语言中，恋母情结危机的"解除"等同于对父权法则的屈从、性别差异的

---

① Heath, *Questions of Cinema*, pp. 101–102.
② P. Hirst, *On Law and Ideology*, Basingstoke: Macmillan, 1979, p. 65.

接受与固化、同时进入语言实践和无意识的形构中，它们都是通过以上这些平行机制得以实现的——而在阿尔都塞之后——则是被招募（recruitment）进晚期资本主义西方社会的父权制意识形态中！在过程中得以形成主体这一较为复杂的观念，因此而丢失在这些众口一致的好辩，以及假设为整齐划一的对应中。［在这一时刻，主体是否也被种族化、国族化，并被建构成一个自由主义晚期的职能性主体（entrepreneurial subject）了呢？］

赫斯特似乎也曾推测过，米雪儿·巴瑞特所说的"阿尔都塞的拉康"是什么。但正如他所说："从'小动物'成长为成年人的这一复杂而危险的过程并不总是与阿尔都塞的意识形态机制保持一致……除非儿童……停留在拉康的镜像阶段，或我们用各种人类学的假设去填充儿童的摇篮。"① 他对此的回应是敷衍了事的："我不与孩童争吵，也没有打算宣布他们又聋又哑，又麻木，仅仅是否认他们具有哲学主体的能力，否认他们可以无须作为社会人的塑形与训练便具有'预知'主体的特质。"此处讨论的问题是自我认识的能力。但如下的推断也是无法证实的，如"认识"是纯粹的认知，更不用说"哲学"特质了，这些也不可能以之前/之后这种断裂的方式一下子出现在孩童身上。事实上，这里的界标也莫名其妙地定得太高。很难要求我们去赋予个体"小动物"以完整的哲学装置（philosophical apparatus），从而解释它为何该有误认自己的能力，而且还需要从他者的位置上去看，在拉康的理论中，这种能力是我们所有人都需要去设置的处在想象界与符号界之间的一个通道。毕竟，根据弗洛伊德的理论，身体活动区域的基本欲能投注（cathexing）和感觉、快感与痛觉等装置定然会一直处于"活跃中"（in play），尽管还在萌芽形态，其目的均在于与外界建立各种类型的联系。当其与那种快感之源建立了联系——即与想象界的母亲建立了联系——便能够"认识"到快感是什么。拉康在他的文章《镜像阶段》（The Mirror Stage）中指出，"孩童，在一岁的某一时期，尽管在使用工具的智力上比不过黑猩猩，但已经能在镜中认出自己的形象"。此外，这种

---

① P. Hirst, *On Law and Ideology*, p. 65.

说法似乎也采用诸如之前/之后,或者/或者,这类明显的二元论逻辑形式。镜像阶段不是某物的开端,而是一种中断(interruption)——丧失、匮缺与分割——从而启动了确立性别差异主体(和无意识)的进程,并且,这不单单有赖某种内部认知能力的瞬间形成,也依赖于从他者在位置去观看的方式的错位性断裂。但对拉康而言,这已然是一种幻想,即正是这种想象,将其身份分割为二。进而,这一时刻也只有在补替性在场(supporting presence),及确保母亲的脸对孩子来说是真实的情况下,方具有意义。彼得·奥斯本(Peter Osborne,1995)指出,在《他者之域》(*The Field of the Other*,1977)一书中,拉康描述了"母亲将他抱到镜子前",孩子确定地看向母亲,孩子将她视为"参照点……不是他的自我理想,而是他的理想自我"。① 奥斯本暗示,这一论说"揭示了一固有的不确定性,即在以下两者之间的摇摆的矛盾:一方面是作为一个'阶段',在镜像中,孩子遭遇了自己的形象,这也是拉康所谓的暂时性状况;另一方面,在拉康的规范性描写中,它又是一个场景,是限定于只有两个'角色'即孩子与他的身体形象之间关系的某个剧情点"。然而,正如奥斯本所说,要么它代表了对"镜像阶段"观点的批评式补充——如果是这种情况,它为何没有得到进一步的展开与论述呢?要么它引入了常出现在拉康随后著作中的另一种隐而不宣的逻辑。

认为直到有了俄狄浦斯式的剧情,才有主体,是对拉康的夸大式解读。那种认为直到解除恋母情结危机,主体性才能完满地构成的断言,并不需要一个被某类剧情突变所创造出的黑屏(blank screen)、白板(tabula rasa)或之前/之后的主体概念,即使——如赫斯特所明确指出的那样——"个体"与主体之间的问题式关系仍未解决(尚未成为主体的那个个体"小动物"究竟是什么?)。

我们可以补充一点:拉康的阐释是众多关于主体形构的阐释中,唯一将各种无意识心理过程及其与他人的联系考虑在内的,因而虽然"拉康的热潮"(Lacan Deluge)已稍有消退,失去了早期强劲的势头(阿

---

① P. Osborne, *The Politics of Time*, London: Verso, 1995, p. 257.

尔都塞的文本使之有所恢复),他的论辩仍看上去与众不同。彼得·奥斯本最近在讨论上述谈及的"认识"概念时,引用了黑格尔最初对这一概念的阐释,并批评拉康的做法。他认为,拉康"将孩童抽离出了他与他人(尤其是母亲)的关系语境,从而将孩童与形象的关系绝对化",而从本体上看,这一关系构成了"符号模型,而在这种模型中'我'被降格为原初的形式"。此外,彼得还考虑到其他几种变体,比如在克里斯蒂娃、杰西卡·本杰明(Jessica Benjamin)和拉普朗什(Laplanche)学说中所述,均没有受限于拉康情景描述中的这种异化的误认。这些是突破僵局的有益线索,因为这种讨论,紧随着"阿尔都塞的拉康",为我们留下了许多可供编织的心理、话语丝线。

我想说,福柯也探讨了赫斯特对阿尔都塞的批评所造成的僵局,但可以说,是从截然相反的方向。福柯无情地抨击了"内在性的伟大神话",并在对人文主义批评、意识哲学以及对精神分析的否定性解读的驱使之下,将主体范畴进行了彻底的历史化处理。主体是通过话语,并"作为效果"在话语中生产出来的,在具体的话语形构之中,从一个主体位置到另一主体位置之间不存在主体,当然也不存在超验的连贯性或身份。在他一系列的考古学著作(《疯癫与文明》《临床医学的诞生》《词与物》和《知识考古学》)中,话语是通过形构规则和"说话模态"(modalities of enunciation)来构建主体位置的。尽管这些著作引人入胜、观点新颖,但对这些著作的批评在以下方面似乎是对的:它们提出了在话语中建构主体位置的形式依据(formal account),但几乎没有揭示为什么是确定的个体占据主体位置,而不是其他的个体。福柯没有分析个体的社会位置与某种"空置"(empty)的话语主体位置建构是如何相互作用的,而是再度铭写了主体位置与占有这些位置的个体之间的悖论。由此,他的考古学著作虽然提供了话语主体的形式依据,但却是缺乏深度的。话语性的主体位置由此成为一个先验的范畴,个体似乎可以无条件地占据之。[①] 麦克内(McNay)引用了布朗(B. Brown)和卡森斯(M. Cousins)的重要观点,认为福柯在此处意欲省略"一个陈

[①] L. McNay, *Foucault: A Critical Introduction*, Cambridge: Polity Press, 1994, pp. 76–77.

述（statement）的主体位置，并用个人能力来填充这些位置"①，由此，通过不同的路线，他遇到了阿尔都塞未能解决的难点。

福柯从考古学向谱系学方法的批评转向，使其早期著作中的某些"空洞的形式主义"变得更为具体化了，尤其是提出了具有更强说服力的关于权力的观点，这在之前有关形式依据的论述中从未触及，而如今则被重新引入了其理论的中心位置，进而，福柯关于臣服/主体化（subjection/subjectification）过程两面性特点的讨论也打开了许多可能性，令人振奋。此外，权力问题的中心化，以及话语本身就是一种制约和被制约的形构，而能否进入话语形构是由渗透于社会领域的权力关系决定和构成的这一观念，使得福柯的话语形构概念更接近于阿尔都塞试图通过"意识形态"概念来处理的那些经典问题。当然，阿尔都塞的意识形态概念去除了阶级化约论和经济主义、以真理为断言的泛音。

然而，在主体与身份的理论化领域，仍存在某些问题。这些著作中关于权力概念的新型阐释，暗含了对"身体"——"人"的最后居所或藏身之处的彻底"解构"，也暗示了身体在历史、谱系和话语形构方面的一种"重构"。身体是由一系列惩戒性的话语实践的交切来建构、塑形与再塑形的。福柯宣称，谱系学的任务"就是要揭示身体携带着历史印记，铭写着历史对于身体的各种摧毁过程"。② 尽管我们可以接受这种彻底的"建构主义"的含义（身体变成可无限锻造的、依据受情况而定的），我仍不确信，我们是否能够或应该走得更远，接受他的观点，即"人的任何方面，包括身体，均不够稳定，以致于无法充当自我认识或理解他人的基石"。这不是因为身体作为自我理解的真确依据是如此稳定与真实，而是因为，尽管很可能是一种"误认"，但正好表明身体作为个体中的各种主体化要素的聚结物的能指是如何发挥作用的。关于这些不能简单地置之不理，因为正如福柯所清楚展示的，它不是真的。

---

① B. Brown and M. Cousins, "The Linguistic Fault", *Economy and Society* 9（3），1980, p. 272.

② M. Foucault, "Nietzsche, Genealogy, History", in P. Rabinow（ed.），*The Foucault Reader*, Harmondsworth: Penguin, 1984, p. 63.

此外，我个人认为，尽管福柯遭遇到了反对者，但他援引身体，并将之作为一个突破点应用到了对各种规训实践的考察中，这倾向于给他的规训理论赋予了某种"移置的或错位的具体性"——一种剩余的物质性——以此方式在话语中运作，以"解决"或似乎去解决主体、个体与身体之间未加限定的关系。粗略地说，它将三者用别针别在一起，或"缝合"在一起，因为如果主体的话语生产理论一旦走到极限，就会不可挽回地断裂与破碎。我觉得，在后福柯主义的著作中，"身体"恰恰是因为它所具的护身符般的地位，已经具有了图腾价值。这几乎是我们在福柯的"超验能指"（transcendental signifier）论说中可以留作追寻的唯一踪迹。

然而，要做较为完善的评论，还需要关注以下的问题：首先，当福柯在《规训与惩罚》和《性史》中演绎其权力理论时，他事实上也遇到了理论方面的阻力；其次，他所讨论的主体自我监控的概念，均源自规训、忏悔与牧师式指导这三种权力形态，但是却缺乏对可能打断、防止或干扰个体顺利嵌入话语所建构的主体位置中因素的任何关注。身体通过"灵魂"屈从于正规化的真理体制（regimes of truth），借此，我们可以用有效的方式重新思考所谓的身体的"物质性"。[①] 我们很难不去重视福柯的系统阐述，以及它所带来的所有难题，即通过此种方式建构的主体是一种"驯顺的身体"（docile body）。但福柯对于身体是如何，又是为何一直未在合适的地点、正确的时间出现，还没有提出理论化的论据（这恰巧是经典马克思主义的意识形态领域开始瓦解，阿尔都塞正式将意识形态的功能界定为"社会生产关系的再生产"并开始重新铭写这一难题之际）。进而，也没有对心理机制或内在过程做理论化的解释，以致无法见到这些自动化的"询唤"是如何被生产出来的，或更重要的是，它们的失败或被抵制，或需要协商等。尽管这些研究工作无疑是有效的、富有生产性的，但情况仍然是，"福柯如此轻易地从将规训化权力描述为现代社会的一种控制形式，转为将之设定为完全安置好

[①] 尼克拉斯·罗斯（Nikolas Rose）对此作出了富有成效的研究，他还研究了"治理术"，朱迪思·巴特勒（Judith Butler）在《身体之重要》（*Bodies That Matter*，1993）中也用另一种模式论述了身体的物质性。

第五辑 种族、族性和身份

的并能浸透到所有的社会关系中去的整体力量，这自然也就夸大了规训权力的效能，同时也将个体理解为一个无法在'驯顺'身体之外解释自我经历的可怜虫"。①

尽管福柯的追随者拒绝这一批评，但福柯很清楚这一点，这可从他后期未完成的作品《性史》中的进一步与众不同的转向上清晰可见。② 在此，福柯没有过多偏离他对规范管控（normative regulation）的生产性特征的极富洞见的研究（如朱迪斯·巴特勒所言，法律之外没有主体），只是默默承认，仅仅依靠法律去传唤、规训、生产和管控是不够的，还必须考虑到与之相一致的主体反馈（和主体性能力与装置）的生产。福柯在《快感的享用》的引论中，列出了我们对他研究的期待，即希望去探讨"知识领域、规范性类型、主体性形式，尤其是文化上之间的相互关系"，但现在又着重增添了以下的意思：

> 各种实践，去引导个体关注自身，去辨认、认识和了解他们自己作为欲望主体，调动他们自己之间的某种关系，使得他们去发现，他们在欲望中的存在真相，不论这是自然的，还是堕落的。简言之，带着这一谱系，去深入研究个体是如何被引导着去对待自己与他人的，便可看作一种欲望阐释学（hermeneutics of desire）。③ (1987: 5)

福柯对之的描述，我们认为，是"第三次转向，是为了去分析是什么被命名为'主体'。这似乎适合去寻找与自我发生关系的形式和模态，正是借此，个体将自己构成并认知为准主体（qua subject）"。当然，福柯不会犯如此低级的错误，会真的采用"身份"这一术语。但我认为，伴随着"自我的关系"和将"他自己"构成并认识为准主体，

---

① McNay, *Foucault*, p. 104.
② 也可参见《快感的享用》（*The Use of Pleasure*），1987；《自我的呵护》（*The Care of the Self*），以及目前我们所收集到的从上述提到的批评视角评论《性反常》（The Perversions）的未出版物。
③ M. Foucault, *The Use of Pleasure*, Harmondsworth: Penguin, 1987, p. 5.

也依据文章更早确定的术语,我们正在走进属于"身份"这一问题式的某个领地。

此处不是要追溯许多源自福柯对真理游戏的分析和他对道德、自我管控与自我塑形的政体,以及构成欲望主体所需的"自我技艺"(technologies of the self)阐述的真知灼见。当然,在此也不会一下就转换到对"能动性"(agency)、意向(intention)与选择性意志(volition)的论述(尽管这些都主要集中在自由的各种实践,因为它们能防止将主体仅仅看作始终是驯顺的性别化身体)。

但在这世界上,还有将自我作为客体的生产,自我构造、认识与反思的各种实践,与规则的关系,以及与之相伴随的对规范性管控和规则强制性的谨慎关注,没有这些,主体化(subjectification)也无法产生出来。这是个重大的进步,因为它首次在福柯的主要作品中阐明了主体内在景观的存在,对规则赞同的某些内在机制,以及其客观存在的规训力量。这就将他的理论从"行为主义"和客观主义中解救了出来,毕竟,这两种主义对《规训与惩罚》的部分内容构成了威胁。在这一著作中,道德和自我的实践常常被福柯完全描述为"存在审美学",即将日常生活做了刻意风格化的处理;而且,它的论述技艺也最为有效地显示在对自我生产实践与具体行为模式的论述中,以及在其后期作品中我们也能辨认出来的,对所谓述行性(performativity)这类东西的论述中。

我想,我们在此可以看到的是福柯被他自己思维的严谨性所推动着,通过不同阶段自身作品中的一系列概念转换,逐渐认识到:既然主体的去中心性不是主体的毁灭;既然没有主体的构成,话语实践的"聚中心化"(centring)也无法运行,那么,不去补充话语和规训管控的论据,其中也包括主体自我构成实践的论据,理论著作也无法得以完成。关于个人是如何被传唤到话语结构的位置中的这一理论,马克思、阿尔都塞和福柯在著作中均未给予足够详尽的说明。对于主体是如何构成的问题也需要论证,而福柯在这部著作中,在有关特定历史的话语实践、规范性的自我管控和自我技艺的讨论等方面,均作出了相当重要的研究。现在的问题是,我们是否需要在某种程度上弥合二者的差距,也就是说,一个理论,一方面需要回答作为主体的个体是通过什么机制认同

(或者不认同)他们被传唤的位置的,它们又是如何制造、生产和"运行"这些位置,及将这些位置程式化的;另一方面,也需要回答他们为什么不完全这么做,有的是一次性的,有的则一直这样,有些从来都不这样做,或者带有一个不断对抗的过程,与他们所遭遇到的、监控他们的规范或管制进行斗争、抵制、协商与顺应等。简言之,剩下的问题就是思考主体与作为接合的话语实践之间的关系,而所有的接合恰好是"没有必然对应"(no necessary correspondence)的,属于建立在那些"重新激活历史"偶然性上的各种关系。①

因而,当福柯最终确实移步于这一面向上时(他的思路悲情式地中断了),一切都变得更加让人感兴趣了:这自然阻碍了福柯到主要的根源,即精神分析上去思考这一被忽视的样态;也阻碍了他通过对规训式权力关系的另一个网络的自我批评而移步于这一面向。他用以取代并提供的,是主体的话语现象学(也许凭借着早期的依据和影响,这一论述的重要性有些削弱)和自我技艺的谱系学。但这一现象学正处于被过度强调意向性(intentionality)而淹没的危险之中,其准确的原因在于它无法与无意识相啮合。不论是好还是坏,那扇门已经提前合上了。

幸运的是,并非一直都是如此。在《性别麻烦》(Gender Trouble, 1990),尤其是《身体之重要》(Bodies That Matter)一书中,朱迪斯·巴特勒通过关注"'性'的话语限制"与女性主义的政治,将从福柯和精神分析视角所获得的洞见与见解放置在同一个分析框架之下,来探究主体、身体和身份三者之间的相互作用与影响。巴特勒采用了主体是话语性地被建构的,以及在法律之前和之外没有主体的观点,展开了一个颇有争议的案例:

> 性,从一开始就是规范性的,福柯称之为"管控的典范"(regulatory ideal),那么,从这一意义上,性不仅可充当规范,还是管控实践的一部分。这种管控实践(通过反复重申没有本源的规范)生产出身体,并治理它,也可以说,它的规范性力量很清楚地

---

① 可参见 Laclau, *New Reflections*, 2000, p. 35。

是作为一种生产性权力被制造出来的，去生产——划界、流通与区分——它所控制的身体……"性"是一个通过时间强行物质化的典范概念。①

此处的物质化得到重新思考，且作为一种权力的效果。主体是在物质化的过程中被生产出来的，这一观点深深植根于语言的述行理论与主体理论，但是述行性切断了与意志、选择和意向性的联系，而且（针对《性别麻烦》的部分误读）在此重复了"不再是主体可借之以生产出她/他的命名之物的一种行为，而是作为话语的反复重申力量，以生产出它管控和限制的现象"②。

然而，从我们正在探讨的论题来看，决定性的转变是"将这个对性的'推测'过程与身份认同问题，以及话语方式连接起来，依据话语方式，异性恋的职责许可了某些性别认同，排除并且/或者拒绝去承认其他的身份认同"③。通过将身份认同问题，连同"假定一个性别"的主体问题框架置于中心的位置，巴特勒在她的著作中开启了福柯与精神分析之间的批评和反思的对话，这具有巨大的意义。诚然，巴特勒没有为这两种视角，即话语的视角与心理的视角之间的关系提供一个详尽的、理论性的元论证（meta-argument），没有在她的文本中将两者放在一起"思考"，从而去扩展她曾提到的那种暗示性的表达，即"也许有一种方式，可将精神分析隶属于福柯的新描述，尽管福柯本人拒绝这一可能性"。至少，

这一文本将接受福柯的观点作为出发点。福柯认为，管控性权力生产出了它所控制的主体，这一权力并非从外部强加，而是作为管控和规范的方式运行，而主体是依照其方式形成的。那么，要回归到精神分析，则需要追问：某些管控规范是如何塑造出"性别"

---

① Judith Butler, *Bodies That Matter*, London: Routledge, 1993, p.1.
② Butler, *Bodies That Matter*, p.2.
③ Butler, *Bodies That Matter*, p.5.

主体,并由此证实心灵与身体的形构没有区别的?①

然而,巴特勒还是在将这一(元)论证关联起来的方面做了更为杰出的表达,因为她的论述是在讨论社会性别(gender)与生物性别(sexuality)的语境下,在女性主义框架下进行的,因而直接重现了身份和身份政治问题,以及阿夫塔尔·布拉赫早先在作品中提出的与排除轴线(axes of exclusion)相关的性别差异的范式功能问题。巴特勒在此强有力地证明:所有身份都是通过排除法,通过构成性外相的话语建构及对被鄙视的边缘化主体的产生来扮演的,明显地置于符号与可表征领域的外部——去"生产出某种外相,产生出一个具有可识别性效应的界域"②——进而反过来干扰我们过早称之为"身份"的预先处理权(foreclosures)。在有关主体的性别化和种族化这两个问题上,她有效地使用了这一论证——如果主体是在种族话语的规范化管控的效应内或通过它来构成的,那么就需要对之有一个理论化的展开,而到目前为止,这仅限于对社会性别与生物性别的讨论〔当然,她也提供了最有效的例证,去讨论了性鄙视(sexual abjection)和日常生活中的一些难以理解之事的各种形式,且这些形式是通常"被规范化为"病态的或变态的〕。

正如詹姆斯·苏特尔(James Souter)所指出的:"巴特勒对女性主义身份政治及其基础主义前提的内部批评,质询了表征政治的适当性,因这一表征政治正是基于主体是具有普遍性和统一性这一假定之上的,是一个有关女性的可无缝对接的范畴。"看似矛盾的是,这一身份,与其他在基本姿态上从政治上考量的身份一样,"是建立在排除'具有差异性的'女性基础之上……并且规范性地优先考虑异性恋关系,及将之作为女性主义政治的基础"。苏特尔还指出,这种"统一性"是一种"虚构的统一性",是由权力结构生产出来及受其限制的,并也只是借此而去寻找某种解放。当然,重要的是,就像苏特尔提出的,这并没有

---

① Butler, *Bodies That Matter*, p. 23.
② Butler, *Bodies That Matter*, p. 23.

引导巴特勒去推断应该就此抛弃所有的身份观念,尽管它们具有理论上的瑕疵。[1] 事实上,她是将身份认同的窥镜结构作为其论证的重要部分。但是她也承认这样的论证确实隐示了"身份政治必然具有的局限性"。

> 从这一意义上,身份认同属于想象界,是对结盟、忠诚、含糊不清的跨肉体聚居的一种幻觉式尝试,扰乱了"我"(the I)这一概念;它们是构成任何一个"我"时的"我们"的沉淀物(sedimentation),是在"我"的构想中存在的他性(alterity)的结构性在场。身份认同从不会完全最终确定下来,而是不断地在重新建构之中,并且受到反复变化的可重叠性逻辑的支配。它们不断被组合、强化、删减、质疑,偶尔也会被迫让位。[2]

按照这种逻辑,种族化与族性化的身体是通过"强制性欧洲中心主义"(因为找不到另一词来替代它)这一管控规范典范而话语式地建构的,目前,思考此种逻辑独特性的努力还不能简单地嫁接到以上简短勾画出的论证上。但是,它们已经从这一缠绕不清且没有结论的论证中获取了巨大的原动力,这无疑表明:身份的问题及对之的理论化具有重要的政治意义,且只有完全、明确地承认身份的必要性与不可能性,将身份构成中的心理与话语缝合在一起,身份的理论化方可能进一步发展。

(张文瑜 译)

---

[1] J. Souter, "From *Gender Trouble* to *Bodies That Matter*", unpublished manuscript, 1995. 未发表的手稿。
[2] Butler, *Bodies That Matter*, p. 105.

多元文化问题[*]

主持人、女士们、先生们、前同事们、朋友们、《每日邮报》的政治报道负责人和其他各界的来宾们，能够再次来到开放大学，我确实非常高兴，尤其是以这样一些资助的方式来到这里。也许有些人知道，但我想你们大多数人或许并不知道，帕维斯中心（Pavis Centre）是因开放大学的一位学生的遗赠而建立的。这名学生曾在这里的社会科学系学习，选修社会学课程，他英年早逝，留下了一大笔遗产创立了这一社会学研究项目，我们每年一次的讲座和出版物均是这一项目的一部分。一名学生给一个机构提供这么不同寻常的馈赠，这并不是很常见的，所以首先我想对这种极其慷慨的行为表示感谢。

今天的演讲，我选择了"多元文化问题"这一话题。我得承认，这是一个很大且有所限定的话题。然而，自两年前我加入"多种族英国的未来智库兰尼米德信托委员会"（the Runnymede Trust Commission on the Future of Multi-Ethnic Britain）以来，它就一直是我尤为关注的焦点。上周三，委员会发表了它的研究报告，我还没有从这一旋涡中完全恢复过来。这一话题与主题如此广泛，包罗万象，在一次的讲座中，我无法全然公正地处理之。事实上，实际情况是，我已经多次做过题为"多元文化问题"的讲座，今天的这次，我想是第五或第六个版本了，而且每次都是从相当不同的方面来审视这一问题的。所以我希望你们不要把问题

---

[*] 原题"The Multi-cultural Question", Pavis Center for Social and Cultural Research, Faculty of Social Science, 2001。原是斯图亚特·霍尔于2000年10月19日在位于密尔·凯恩斯的开放大学瓦尔顿·霍尔校园所作的帕维斯讲座的手抄本，在形式上编辑做过处理，并加有注释。

与讨论仅仅限定在我今天所讲的内容上，如果你们想问这个题目以外的问题，不必犹豫，如果我对之一无所知，我想我也有勇气承认这一点。

我主张我们要认真地接受多元文化问题；也就是说，作为一个还在讨论、争论与探索的话题，它的扰乱性潜能仍会一直持续下去。这一主张在你们看来，也许显得不合时宜，有些落伍。确实，你们有权这样想："我们早已认真地讨论过这一问题了。"的确，从某些意义上说，我们确实已经讨论过了。多年来，"多元文化"这一术语，已经成为涉及一个四处扩散、具有令人抓狂的弹性和含糊不清的话语领域：带有一连串的错误踪迹，到处让人误入歧途。它所涉及的是各种歧义纷呈的政治策略。因此，保守派的文化多元主义把差异性归属于多数人的习俗；自由派的多元文化主义则认为差异性应服从普世公民的要求；多元论的多元文化主义把差异性圈入以社区性进行分隔的社会秩序中；商业性的多元文化主义则会在异国情调的"他者"奇观中不断开发和消费差异性；公司化的多元文化主义则为了其中枢的各种利益来经营差异性。

相应地，多元文化主义便有了许多各不相同的敌人。保守派以国家的文化完整性与纯洁性为借口来反对它，我们在上周已经见识到这一点。[①] 自由主义者以个人自主性和个体自由为由来反对它。左派常常反驳它，认为它将文化的优先权置于经济之上，分裂了反对不公正和剥削的联合阵线。现代化一派则反对它的多元论的特殊神宠论，进而肯定西方大同主义的普世价值。近几个月，多元文化主义遭到了更为深远的新一轮攻击，其中新闻记者叶斯敏·阿里拜－布朗（Yasmin Alibai-Brown）的批评影响力尤为广泛。她认为，多元文化主义已不再为当今的我们是谁这一问题提供一个共同叙事了；也不再能提醒青年人，或是激发他们的志向，得到他们的认同，捕捉到他们感知世界的方式了。她说，我们需要对我们自身与我们的社会进行一次集体的再想象，以便对一个不同于多元文化主义所创造并服务的世界的到来做好准备。我感到，这意味着论辩正在进入一个崭新的阶段，并大大扩展了其范围。阿里拜·布朗

---

① 此处霍尔教授所指的是对兰尼米德信托信报告的媒体覆盖报道——参见编辑的前言介绍。这也影射了极端保守的国家日报《每日邮报》的政治报道负责人，在其报道中，尤为严厉地批判了兰尼米德信托报告。下文未特意说明的均为原编辑所做的注释。

在最近出版的一本题为《多元文化主义之后》（After Multiculturalism）的书中也存留了这种意味。更为彻底的是当代最伟大的社会理论家之一的皮埃尔·布尔迪厄（Pierre Bourdieu）和他的同事卢瓦克·华康德（Loïc Wacquant），他们在最近指出，多元文化主义只是美国社会和大学所特有的，却以一种显而易见的非历史的形式强加于全世界，因此而是一种美国学术帝国主义。斯拉沃热·齐泽克（Slavoj Zizek），这位可能是基督教黑格尔主义辩证法的最后信徒，坚持认为：多元文化主义是一种新型的种族主义，事实上，也是跨国资本的文化逻辑。随着这一最终的，同时也是启示录、还原论和甚为陈腐的转向，旋转的轮子似乎完整地绕了一圈。

但我此刻应该指出，事实上，多元文化主义并不是我所主要关注的。这一术语涉及应对现代社会的文化多样性和社会异质性（heterogeneity）的多种策略。据说，问题在于，多元文化主义中的"主义"一词已经将它转变为单一的政治信条，将之简约化，并固定在一个凝固化的状态中。如此一来，它就把多元文化状态的异质性特征归属到一个简单乏味的信条之中。那么，我的目的就是让我们再次回到那些基础性条件和它所提出的实践问题与理论化问题上来。我认为，多元文化问题是我们如何设想众多不同社会未来的问题——这些社会是由有着不同历史、背景、文化、语境、经历和在世界排列秩序中具有各自位置的各民族所构成的。在这样的社会中，差异性是不会消失的。也就是说，在这样的社会中，社会、文化的同质性是无人问津的，因而无法为行动、实践、政策和解释提供绝对一致的视域。然而，尽管如此，如果可能的话，这样的社会却执意要建立一种共同的、正义的生活。所以，这个问题可简化为：如何想象与建构这种差异中的共同性？我们究竟是聚焦于多元文化主义还是聚焦于多元文化问题，其间的一个重要区别在于：多元文化问题，在我看来，关注的是作为一个整体的社会的本质，因而表达的是每个人状态的变化，而多元文化主义传递出的则主要是少数族裔和种族的人群与社群的声音。

我一直努力用一种简单的方式来界定这一问题，因为它牵涉到要去聚焦于一批或一套与差异性相关的问题。不论是主张确立一些首要的普世价值，还是主张建立自足自给的、互相独立的不同社会，暗中破坏以上主张的主要因素均是一种以递增的或夸张的速度释放而出的力量，这种力量似乎可以逐渐削弱并扰乱现存的所有整体性。我们或许可以将之称为"差异的游戏"（the play of difference）。我们可以在地区的、国家的和全球的层面上找到这种差异游戏的踪迹，它也存在于社会内部的许多不同的场所。在地区层面上，我们可以想到的是在这一国家中的所谓少数民族社群。在这里，据我们所知，"社群"（community 共同体），这一术语是非常模糊的。其模型是对面对面关系的理想化表征，有时被说成是单一村落的特征（如果你能找到这样的村落的话），它暗示着一个同质化的群体或有着强大约束力、重叠的内在纽带和明确标识出外部边界的多个同质化的群体。对于所谓的少数族裔社群而言，这个模型与实际情况之间存在着怎样的分歧，是一目了然的。当然也存在着一些密集重叠和交切的变量，如住所、位置、共享的地域和原初的文化背景；共享着社会、经济上的相对剥夺感，以及在真实界与象征界获得商品、财富和机会等方面的社会结构中的地位的相同性。我认为，这许多重叠与交切的变量的存在，为共享社群的观点提供了现实的依据。然而在这一语境下，"社群"这一术语还会反映出身居其中的人们的某些共同的自我认识：强烈的群体认同，以及其他的强制性纽带如共同的语言、宗教实践、历史、社会习俗、传统的关系类型，尤其是那些通过家庭或当地建制来维护的关系类型。在此，我们或许可以想到伦敦布里克斯顿区（Brixton），或托特纳姆区（Tottenham）、莫斯塞德区（Moss Side），或汉兹沃斯市（Handsworth）、利物浦的托克斯泰斯（Toxteth）这些非裔加勒比人社群，或者是邵索尔区（Southhall）、哈姆雷特塔伦敦自治市（Tower Hamlets）、布拉福镇（Bradford）、巴萨尔希斯区（Balshall Heath）、奇普镇（Chapeltown）这样的亚裔社区。[①] 当前，在另一方面，这些相互叠加的人口密集社区又已经在拒绝、一直坚决地拒绝被强化为永久性的孤立社会区域。这些所谓的社群没有一个是种族或族裔隔离的

---

① 为了方便不熟悉英语地理的读者，我们做些提示：巴萨尔希斯和汉兹沃斯市在伯明翰，莫斯塞德区在曼彻斯特市，奇普镇在利兹，托克斯泰斯在利物浦，其他所提到的区均在伦敦（当然，除了英格兰北部的贝尔福市）。

"少数民族聚居区"。不论是亚裔社区还是非洲裔加勒比人社区，其内部均具有高度的差异性，循着阶级、性别和民族的线路、社会态度和生活方式，尤其是代际面向，差异性更加明显。这些并非是缺乏活力的社会变量，事实上，它们会积极反映当代的立场、内在的关系和未来的指向。

事实上，所有这些社群都存在着种族混合的现象，少数民族人口与大量的白人人口共享着许多重要的生活资源。所有的社群在多个方面均被嵌入与所谓的主流社会的关系之中，并卷入这些关系之中。所谓的传统生活方式，虽然在自我界定与认同方面仍然很重要，但只要条件允许，它们在与主流社会生活的各领域进行广泛的日常接触中也会不断地发挥效用。与旧式的观念不同，这些社群并非沉浸于不受任何影响的大写的"传统"之中。在此，与移民体验相关，传统正处于不断的修正和改变中，我想说，这个传统包括宗教传统。传统日益多变，但不会完全消失。它们依群体而变，因人而变——甚至因人内在的变化而变。在不同的民族和语言群体之间，不同的阶级地位之间，现在不论在信奉上还是在实践上都有相当多的变化；而且，所谓的少数族裔的阶级地位，在全社会各个地方的不同宗教信仰内部和男女老少间也正在迅速变得多样化。一些顽固的文化与宗教实践正变得更为激进，也就是说，当从外部给予它们的影响愈益加剧之时，导致它们愈益变得更像原来的样子。其他的一些人表示要继续拥护那些抽象信念，但据调查，这些抽象的信念在当今的现实活动中已经明显衰微了，尤其是在更年轻的这一代人中。例如，许多妇女一方面维护她们父辈的权利，以尊重和实践她们原初的文化传统；另一方面，她们也强烈地反对这样的观点，即用公共规范来管辖她们本人在教育、婚姻、社会关系、择业上的权利，或者服从家长的强迫。每一个家庭，我想引用比库·帕雷克（Bhikhu Parekh）的一句话，"都已经变成了抑制与争议同时存在的斗争地带"。这正是一种常态。

在更广阔的社会层面上，我们也意识到这种日益混杂的差异性播散（dissemination），变得愈益可见并在实际中呈现。与此同时，我们既在各社会领域中遭受着来自深处的这些要素的冲击，也无法摆脱以下的事实，即这种播散本身是社会性地建构与形塑的。现在，这一既存在争议又不太稳定的组合状态，事实上与所谓的多元文化的多样性的真实特征较为接近——不论好坏，它都能在英国社会生活和政治话语的许多地方发现。我认为，不论是想象还是推动一些政策，均会造成一种基本的归类错误，因为这意味着，这种独特的族裔流散（diasporic）形成的混合状态，或者只是被看作对原初文化遗产继承的表面伪装，或者被看作向完全同化（assimilation）缓慢与不可避免转换的某种标记。在我看来，这两种情况在纯粹意义上都没有发生，而且我也敢肯定，它们是不可能发生的。相反，它们代表了一种新颖的、易变的构形（对于社会科学家而言，他们喜欢把事情都放入他们可以测量与计算的盒子里）：我们可以称之为世界性社群（cosmopolitan communities），尽管这一称谓在措辞上有着明显的矛盾。它们对英国社会和公众生活产生了巨大的多方面的影响，将英国一个个城市的面貌——当然，并非整齐划一地——转变成为多元文化大都会。任何一个大都会都无法在相互影响、相互适应的形势下仍保持其纯粹性，尽管它们希望如此，并为此尽了很大的努力。也没有一个大都市会因被同化而将其特色遗失殆尽。它们均是处于转变中的社群。

需要附加说明的是，同类的情况也明显存在，我们可以称之为在"国家的层面"上，并将这个术语标上引号。这是许多令人不安的事实之一，看似出现在社会边缘，不知怎么地，就如洪水般涌入社会的主流之中，并改变了人们的所有感受。最为明显的便是原来在种族与文化上同质化的英国主流文化，已经被不可阻止的、常常是非法的，或者是被强迫的，或者是被驱使的移民，或者是所谓的自由移民之潮流进行了多样化的重塑，这同样也出现在最为发达的北美、欧洲与太平洋地区的社会中。移民是全球化的负面效应，或者至少是负面效应之一，是不被人们承认的软肋。在全球化过程中，一切都在移动——资本、货物、精英、形象、货币——只有人与劳动被假定是原地不动的。然而，我想说，移民只是致使英国社会大规模多元化和多样化的众多因素之一，它搅乱并拆散了许多历史上的定居点，摧毁了所谓的文化同质性……的确，移民是造成这种状况的原因之一，但依我看，它仅仅是众多因素之

第五辑　种族、族性和身份

一（尽管，当然，它恰巧成为人们为了界定为何所有的事物会非常不幸地不断变化，以致不再能被辨识出来的原因时，通常会挑选出来的那个要素）。

　　要详细描绘英国社会文化的多样性，这远远超出本文的讨论范围。我只能满足于确定一些主要的原因：长期以来，英国在国际舞台上的经济和军事地位已经经历了一个长时期的相对衰退；所谓的帝国的终结影响深远，毕竟，长期以来，帝国与民族身份、自我意识和它本身的伟大形象均深深交织在一起；在所谓的民族国家中，日益加剧的民族情感和区域情感——当开始意识到并没有单一民族的国家，国家也一直是多民族的时——导致一种在发展过程中的迷失感；伴随着老工业化经济的衰退及与之相连的所有价值观、就业、利益群体和经验的跌落，社会处在巨大的裂变中；所谓的新经济内部的不平衡与冲突，也造成了碎片化的结果；人们也许会认为，在英国及其他许多地方，与作为政治形式的民族国家相关的至高无上的国家主权行为遭到了相对的侵蚀，而这种主权行为又是与有力地捆绑在国家政策上的所谓的民族经济联系在一起的，这些政策包括再分配政策和税收政策等，在某种程度上，它们又是参考自身的人口制定出来的；民族文化是否有所增强，是与国家底层或上层各种力量的凸显或影响力的增长有相应关系的（特别是从超国家与全球的层面看）。毕竟，在这一阶段我们还无法详细述之——它们都是多元化的众多形态，但近年来已经占领了一个又一个地盘。人们普遍认为，它发生在20世纪末，因为在那之前，有关国家文化的主导定义还认为：不列颠事实上是一个由某种漂浮的精神和气体，即"英国性"（Englishness）组合成的紧凑的小岛，这种气质均匀地散布在整个岛屿，从外赫布里底群岛（the Outer Hebride）到多佛尔的白崖（the White Cliffs），从沃斯（Wash）到奥马（Omagh）。最近，保守党议员杰拉德·豪沃斯（Gerald Howarth）说，我们写的报告是"6%的人对94%的人的侮辱"。我也注意到，在这些问题上，94%的人被猜想为是同质性地焊接在一个绝对的统一体中的，由此可与6%的人区别开来，并事实上可以不用"种族"或族性的概念去界定它。当然，即使是在这一框架下，去否认自入侵潮以来定居地的长期历史稳定性也是极其愚蠢的，如多少还有的共同语言——虽然有些人会认为共同少了而不是多了——但大致还有共同的语言和某种共享的治理框架（但苏格兰人还不愿立即遵守）。这些已经创建之物，人们可以随意地称之为共同一致和互惠的关系，尽管还存在不均衡的方面。当然，这无法去细致地论述它，我只能表明，所谓的英国社会一直都比主导的历史神话所呈现的更加多样，其内部也更加分裂、更加矛盾。

英国，当然是一个政治实体，它也是一个想象出来的共同体。此刻，如果你们同意，我想引用伊诺克·鲍威尔（Enoch Powell）的话："国家的生活和男人（不是女人）的生活一样，主要是生活在想象之中。"（那么，会是什么样的想象！）可以说，它取决于如何表征与想象。正是通过民族文化——它不是一种事物，而是一种社会表征体系，也不是一种原始存在——只有通过各种表征形式，所谓的民族身份的认同（身份意味着认同或要求认同）才能创造出来。也就是说，获得了身份，相应地，有时会遗失掉身份。按照所谓的公民民族主义的自由主义观点，任何的文化特殊论（cultural particularism）在公共场所均不能凌驾于普遍的世俗的公民权利之上。回顾过去，这一观点是不合适的，还需要从根本上补充以下的认识：我所说的英国不仅仅是一个政治实体，它也是一个想象出来的共同体。英国性，和所有的国家话语一样，被深深地嵌入了由文化意义、符号和意象构成的复杂肌理的密集外层，由此而在主导的国家叙事中被有选择性地编织到一起。这些被填充到了英国性中，否则，英国性便不过是一个空洞的能指，虽然也带有具体的社会内容。国家叙事的主导性版本，在我看来，系统化地夸大了民族的统一性与同质性，同时，又系统化地弱化了一直固存于民族、地区、本土、阶级、性别和语言中的深刻差异。事实是，这样的国家话语所反映出的统一性并非是已然存在的，而是在面临的诸多富有挑战的差异时建构出的某种统一性。许多复杂的、相互冲突的分支均被简化，从而展现出一个基本的、不朽的、一致的、取得了最终胜利的统一体的简单故事。例如，构成英格兰或不列颠巨大成就的所有图腾物品——事实上，大多数都是英格兰的，正如你看到的——在大多数成就中，我们会列出议会的最高统治权、自由言论（或至少能够报道议会）、扩展选举权、废除奴隶制、禁止雇用童工、有权为捍卫工作条件而联合起来、国家医疗服务、福利国家等，其中的每一项都是一种英格兰人与另一种英格兰人惨烈斗争后的产物。只有在回顾之中，当尘埃被清洗之后，这些才被天衣无缝地编织到展示崛起的英格兰性的故事之中，或者毫不费力地在英国性中被删除掉。

当《每日邮报》用6页的篇幅讨论那些批评我们报告的意见时，他们委托保罗·约翰逊（Paul Johnson）写了一篇题为"作为英国人的骄傲"（In Praise of Being British）的历史散文，并附有一幅由诸多英国杰出人物头像构成的照片加以说明。我注意到照片中没有黑人或亚裔人。我大吃了一惊！照片中也没有出生于维多利亚女王时代之后的人；入选的苏格兰人只有查理一世和詹姆斯一世；查理一世像与克伦威尔像紧挨在一起，由此神圣君主的至高权力和议会的至高权力便同时并列为我们英国人应引以为自豪的事。正如诺曼·戴维斯（Norman Davies）曾指出的："英国被视为是固定不变的、永恒的，但英国人似乎并没有意识到，自1066年以来，这个国家已经发生了根本性的变化。"

最后，让我们回到全球化层面上的差异问题。从文化上看，全球化的主导趋势便是朝向文化上的同质化。故事当然不是如此简单，但似乎这是大多数人的感觉：全球化在全世界的文化领域中已然产生了某种整体推动力。我们需要提醒自己的是，全球化在不同社会之间和社会内部均具有扩展性的不同效果。从这一视角看，全球化——不论是认为它将改变万物，还是认为它是业已长期存在的体制的更新和现代化形式，不论你采用哪种视角——均不应被视为一个自然、必然的过程，其必要性就像命运一样，无法抵抗和转变，只能服从。也就是说，它并非像安东尼·吉登斯对托尼·布莱尔所表述的那样。恰恰相反，它是葛兰西意义上的霸权化过程。即它当然是被结构在支配性形式中的，具有某种主要的驱动力和整体导向性，但它无法将万物都控制在自己的运行轨道之中，同时浸透万物。事实上，它也生产出了各种仍处于碎片化和分散状态的次属形构（subaltern formations）和新兴的对抗趋势，以作为其意料之外的效果之一，但它又无法简单地整合这些形构与趋势，不会尝试去取代同质化——也就是说，将自己拴在更广泛的目的之中。它是一个顺应差异的系统，而不是抹除所有差异的代名词。如果我们打算考虑全球化的临界处在哪里，如何发生的，在哪里可能展开抵抗和对抗策略，这一观点绝对是至关重要的。

如此看来，与全球化的同质化趋势相伴随的，还有我称为的"差异的次属性繁衍"（subaltern proliferation of difference）。这是一个悖论。一方面，从文化上看，它似乎更加像是——如全球文化的某种美国化趋势，与此同时，也存在着一种明显的差异的次属性繁衍；也就是说，美国的文化、经济和高科技的垂直面似乎不断地被横向切割，并被后一种力量稍稍抵消了，产生出了这种感觉，即世界是由许多本土差异组成的，全球化的垂直面必须考虑到这些差异（尽管这些本土差异不会立即形成整体，成为全球化的替代物，或是成为世界可能呈现的图像）。在这一模型中，古典启蒙式的二元论，如此频繁地出现在传统主义与现代性之间的领域，也被我称为的一系列本土现代性所置换。例如，认为可努力用西方电视大餐渗透印度和中国的方式，不得不被迫进行战术上的退却——而不是如愿以偿，之前的想法太乐观了。它只有通过当地电视产业的本土化方能推进。它们的本土化，尽管当然要与大媒体公司的技术和全球规则相接轨，但确实在形象的排置上做了复杂化的处理，因为这些形象是由当地提供的，且推动了根植于不同文化传统的当地产业的发展。有人将之视为一种缓慢的西方化，其他人则认为是因为这些地区的人们确实试图进入现代性的方式中——即获得高科技的成果——但仍想依照他们自己的方式去做。

在全球语境下，本土利益与全球利益之间的斗争在任何意义上都不可能最终解决，甚至也不能获得圆满的解释。法国哲学家德里达在一个全然不同的语境下使用了延异（differance），而不是差异（difference）概念。他将延异称为无格式的运动，由此生产出差异的效果。关于延异观念，最重要的一点是，它不是二元论的，不是在绝对相同和绝对他者或不同之间的一种非此即彼的差异，而是"相似性与差异性交织在一起，拒绝隔离为固定的二元对立"。在以延异为特征的系统中，每一个概念、意义均是铭写于某种链条上或某种系统中，并通过系统化的差异游戏去涉及他者和其他的概念与意义而得以描述的。从这一意义上说，任何的意义均没有起源，没有最终的目的地，它永远处于过程之中、转变之中，并沿着一个光谱取得位置性的界定。无法本质化它的政治价值；也就是说，无法将之从不断建构它的相似性和差异性游戏中攫取出来，而只能将之置于所有那些试图在某种程度上，在那一时刻去界定文化空间的所有力量的关系中，方可获得界定。

现在，承认延异的策略仍然无法开创一种全然不同的生活形式，也无法完整保持旧有的生活形式，这是绝对正确的，也是符合实际的。这些策略在霍米·巴巴所谓的"少数人的分界时间"（the borderline time of minorities）中才能取得最好的运行。有意思的是，我们中越来越多的主流人群也开始处在"少数人的分界时间"中。然而，对于延异而言，最重要的是，它阻止任何系统将自身作为一个完全缝合的（sutured）、依然完成的整体稳定下来。更准确地说，它浮现于构成抵抗、改变、干涉和转换的政治场域的各种缝隙之中。

在这些裂隙中，可能存在着我之前所说的本土现代性的播散景观（disseminated set of venacular modernities）——这些社会从未拒绝过现代性，但也相信现代性并非必然以全套打包的形式呈示给它们。通过讨论这类社会，你们会理解我的意思：从文化上看，这一本土既有的秩序策略不能在前沿阻止西方化的技术现代性浪潮，但是，以我的理解，它们会继续从下层偏转或转换现代性的必然指令，通过采用这种办法，建构出我所说的"一种新型的本土主义"（a new kind of lacalism）——这种本土主义并非是一种狂妄自大的特殊性，而是在全球化的范围之内突现出来的（并非仅仅是对全球化的简单反映）。

这一本土主义不仅仅是即将逝去的过去的残留物，它还是一种崭新的东西：全球化形影不离的伴侣。它是全球化横扫一切时被搁置在一边的东西，又反过来干扰、并扰乱那些看似已与全球化达成文化和解的东西。它就是哲学家所说的全球化的"构成性外相"（constitutive outside）。即任何身份认同总会把一些东西留在其外部。确实，要知道一个东西是什么，就要知道它不是什么，所以任何身份都有构成性外相，是身份从未包含在内的，或尚未包含在内的。正是在这里，我们在全球化的所谓全景愿景的中心发现了这一特殊的和特定差异性的回归，以及这一全景化的终结。在这个意义上讲，本土没有稳定不变的、超越历史的特性：它并不总是些传统惯例，或各种父权形式，或是每人自一开始就已做之事。它采用了我们可称之为的差异性情境时刻（different conjunctural times）来抵制对之的清扫。本土主义没有固定的政治铭文：有时它是持续演进的，有时它是突发的，有时它是批评性的，有时它是革命性的。它没有那些你能够将之粘贴在某个政治行装上去的固定的政治特征。它出现在多个场域——尽管最有意义的场域之一是移民，不论这种移民是有计划的还是无计划的，是自由的还是强迫的，它均将边缘带入中心。事实上，即使是在现代性规划的中心地带，我们所有人确实继续生活在不同的时间规划中：个人时间、家庭时间、工作时间、社交时间、非社交时间、欧洲时间、欧洲以外的时间。我们都会占用不止一个这样的时空体。

*　　　　*　　　　*

我一直试图——只能用完全总结概括性的方式——描述这种在不同层次上，以不同方式穿越世界的差异性播散。它对不同的层面产生了各种不同的效果。我想强调的是，这些效果具有不平衡性和未完成性。那么，在最后这一部分，我想要简要地考察其对政治理论和社会实践所具的启示，即这种差异性播散为那些努力按照自己的命运来生活的社会所带来的启发。

第一个关注点是差异与平等之间的张力。建立社会公正、终止种族暴力和歧视的规划，确立更广泛的社会平等并保障公民权利和社会权利是每个公民固有权利的规划——所有的这些规划，通常是以对平等的允诺为基础的。我们应该立即注意到——考虑到它被援引的频率——虽然这种平等思想是相当模糊的。自由主义派的理论家支持建立在公民国族主义（civic nationalism）和个体自治之上的普世公民权，认为在任何实际的意义上，差异在公共领域根本没有立足之地，差异性应该保留在私人领域。他们认为，近来有可能将什么是公共的、什么是私人的完全分开，虽然我认为这些想法是有些过于勇敢了。然而，他们所推动的平等——机会均等、公平竞争、公平竞争的环境［不要让我再次听到"协同政府"（joined up government）① 这个术语！——只是词典中的用语，真的应该被抛弃了］……只是他们脑子里想到的平等，还有就是公平的竞争平台，在那里，我们所有人都站在同一起跑线上。当然，鉴于我们才能各异，等等，我们的终点会有不同，但这就是游戏规则！当然，这是平等的反面版本，来自古典自由主义的资源库——不管那是多久以前的事情——它承诺要终结进入社会竞争的各种限制，不然也就没有更为广泛的社会或集体信奉。尽管这类自由主义话语似乎已经变得很普遍了，但它从没有依凭自己的力量为正处于危险中的特殊群体带来社会正义；或者认识到有一种持续存在的力量在造成集体的不平等；或者甚至承认，作为人类，我们是一种对话式的建构——我们都内在地依赖他人、依赖"他者"——我们不仅仅是民族的、精于计算的原子，而且还总是被嵌入各种具有自身真实权利、主张和需求的特殊关系与生活形式中。

种族主义是这样的一种特殊主义，面对权利的反面版本、正义或"美好生活"，它顽固地拒绝让步，这是因为种族主义所建构的差异是在更深的层面上运作的，而不是在表面化的公民权利、平等和个体自治的游戏之中。事实上，在某种意义上说，种族主义并非一股支流，在当代世界，它已然完全扩展了其形式，并且成了混合式的。

对于有色人种或反犹太主义的这种生物学意义上的种族主义，我们现在必须在种族主义的繁衍形式中再加进文化差异、种族暴力和清洗、宗教偏见等含义，这些形式自冷战结束和种族化冲突以来就已经存在了。这意味着，我们以愤世嫉俗的智慧所定义的反种族主义的旧议程中的种族正义和社会平等，不仅有力地保存了下来，而且还被迫地强化了。现在我们比以前更加需要这些观念，这是因为抵制种族压迫、种族不公正和种族暴力的问题已被组合进多元文化社会的新要求中：它不是消极地阻止不利的方面，而是积极地促进一种认知，即将多样性作为社会存在的基础以及政府实践的社会行动的积极目标，将多样性作为一种

---

① 20世纪90年代晚期和21世纪初，英联邦的政策制定者常用这一术语，用于指将政府不同部门分支协调配合的尝试。

政治目标。事实上,我们现在正在经历的这种多元文化漂移(multicultural drift)①状态,是可以与种族主义并存的。多元文化主义与种族主义之间没有本质的对立,也无须对立:二者可同时兴盛。在庆贺帝国疾风号(Empire Windrush)抵达英国时,不列颠开始庆祝自己跨越了边界,成为一个多元文化社会。②而同时,斯蒂芬·劳伦斯(Stephen Lawrence)③一案也在召开听证会。这两个事件能相互抵消吗?不能,二者均存在,均是真实的,均可发生在同一社会中。

撇开由主流大多数中94%的一致意见统一起来的这个社会之外,在多元文化问题上,我想说,大致估算,可分成三类人。第一类人,只要离开多元文化的概念,就简直无法理解现代生活。这类人主要是生活在城市中的年轻人,他们无法认同生活在现在大都市中的人们在种族和文化上是同质的,这些人接受多元文化。第二类人确信,多元文化已经发生了,任何人对此都是无能为力的。他们搬离城市中心,并且认为,只要他们不去东南部或任何的大城市,多元文化主义就不会影响到他们,当然也不会影响到女儿的婚姻。第三类人对多元文化主义是完全敌视的。他们暗中破坏所有与多元文化存在有关的事物,甚至在某种程度上赞成多元文化并非是所谓的主流自由社会的一部分。这类人中的少数人完全准备好了去做下面的事:对多元文化捅刀子,或是将之扔进泰晤士河,或是在街上遇到它时就将其烧毁。这是多元文化漂移所导致的真实情境。正因为它从来不是某种一致同意或同质性整体这样的"大事",因而我们不需要去过多谈论它。

---

① 该术语更早出现在霍尔2000年5月4日为谢菲尔德的政治经济研究中心年度讲座所做的名为"多元文化问题"的讲座中,霍尔将之解释为"未经计划,英国的黑色和棕色人口日益卷入一种明显席卷英国社会的差异性游戏中"。——译者注

② 这是指1948年,由于第二次世界大战之后英国出现了劳动力的短缺,政府派出了"帝国疾风号"船舰到达牙买加,带回了近500名加勒比人。并规定这些移民只要提出申请,合乎条件,即可入籍。——译者注

③ 斯蒂芬·劳伦斯是一位英国的黑人少年,于1993年在伦敦的东南部地区被杀害,1996年被指控为杀人凶手的五人经审理后无罪释放。经过斯蒂芬父母和反种族主义者的不懈斗争,1998年,工党政府召开了听证会,以谋杀成立,宣布了警察的失职。听证会的总结报告《麦克菲尔逊报告》(*Macpherson Report*)指出,伦敦警察厅犯有"机构种族主义"(institutional racism)罪。这一案件凸显了种族主义在英国的持续存在,政府机构,如警察局,在有关黑人和亚裔英国人社区方面的失职。

第五辑 种族、族性和身份

于是，在这种情境下，出现了新的呼声，尤其是在少数族裔中，我认为，他们要求真正广泛的种族正义，要求主要的社会经济过程的结果平等，并承认差异性。这就是所谓的平等政治与承认政治（politics of recognition）。

现在，在理论上和实践上出现的一个极其困难的问题是，如何将要求平等、正义与要求承认差异性以某种方式结合起来，而不会使得一方中的任何因素驳倒另一方，或使得另一方无效，因而我此刻的主张只是一个出发点，也是为了试图劝说你们相信，我们面临的多元文化问题其实是一个政治任务。事实上，这日益成为一个双重需求的问题——你们也许将之视为无法实现的需求——在这种需求中，差异性在日益相互依赖的世界中繁衍，将多样性提到了平等议程之中，而不是替代之。让我们注意到一个更深的企图，即将平等与差异同时带入同一空间中，无论是在政策或论辩或协商中，以此去扰乱并移置我们所承继的政治词汇。我想说的是，它只是隐示了一种政治逻辑的转换已经开始。

当然，在现代性的中心地带，在采取行动以走向更加文化多样性时，我们必须更加小心，以防止我们只不过是倒退到族裔封闭的新形式之中。我们需记住，所谓的族性（单数形式）及其与社区的自然化关系，是在某种擦除（erasure）形式下运行的另外一个术语而已：不再是它声言要表呈的意义了。我们都将自己放置在文化词汇之中：没有这些词汇，我们根本无法作为文化主体来进行言说，并为人理解。我们均来自某处，从某一位置进行言说，我们从不同的路线进入现代性，我们均是"被定位的"（located）——从这一意义上看，即使是最现代的人，也携带着某一文化身份的痕迹，没有文化身份便无法立足与言说。然而，世界主义评论家提醒我们，在晚期现代性中，我们会倾向于采用碎片化的痕迹和数种文化或族裔的语料，这种提醒是相当正确的。去坚持认为社会世界并非能整齐地划分为一些特征鲜明的文化，一种文化正好对应着一个社群；每人所需的也并非仅仅是这些实体中的一个单一的、前后一致的文化，从而去形塑生活，为生活赋予意义——这种想法不是在否认文化。的确，我们通常会遵循一个过于简单化的归属观念。有时，当我们拼命想要摆脱一些依附关系时，与它们争吵时、批判它们时，或事实上完全反对它们时，我们最容易为它们所言说，正如父母关系和文化传统均会塑形我们，无论是在父母培育和支撑我们时，还是在我们需要挣脱他们以生存下来时。此外，尽管我们并不总是承认这一点，我们对于和我们共享同一世界的人总是会有一些依附，但是一定是与我们有所不同的人。对差异性的单纯维护只能在实施严格隔离制度的社会中才能最终得以实现；也就是说，它最终的逻辑是种族隔离的逻辑。

那么，兜了那么一大圈后，个人自由、个体选择和自由的公民权利最终必须赢过现代社会中的每一种特殊性吗？它比其他任何身份——正在争相得到承认的身份，暂且这么说——更强、更大，也更有包容性吗？那是自由主义的断言。我认为，并非一定如此。例如，从内部赋予的生存权——不是仅仅从外部强加的、规定的，而是从内部赋予它一种真实性——这是现代个体观念的核心。嗯，当然，在西方的自由传统中，它得到发展并兴盛起来，且以多种当代形式带来了一些非常消极的社会后果。但人们需要认识到，此种意义上的所有民族内在的生存需求与权利，以及他们被安置于其中的各种生命方式，不再仅仅被限定于西方所确认的价值——部分是因为让它得以发展的这种生命形式不再专属于西方。它已经成为一个世界化的价值，如人权的话语形式（尽管这一话语有不少的问题），便与在全球体系边缘地带斗争的第三世界工人，或与发展世界中奋起反对父权制的女性角色观念，或与在遭受折磨威胁持不同政见者——关联在一起，这也类同于它与在失去重量的经济中的西方消费者之间的关联（尽管在"石油问题"出来之后，西方经济看上去不再那样重要了![1]）。

从上述意义上看，也就出现了一个悖论：一方面文化归属性既是与每个人都相关之事，另一方面每个人在参与方式上又都是特殊的。这正是马克思曾经所说的具体的普遍性。根据定义，一个多元文化社会必然总会涉及不止一个群体之间的实践与争议。因而，需要有某种框架，使

---

[1] 霍尔此处是指之前发生在英联邦的一系列针对汽、柴油价格过高的抗议。抗议的卡车司机封锁了港口，并成功地切断了燃料零售商的供给，造成了工党政府的一周"危机"。

得各种严重冲突的世界观、信仰和利益能在其中相互协商,这一框架不能单纯地是某一群体观念与利益的扩大化或普遍化——从而导致为欧洲中心主义所同化。没有考虑到所有他者所提供的更广阔语境,是无法绝对断言一个群体或社会的具体而特殊的差异性的,因为只有面对这些他者,特殊性才可获得相关价值。从哲学上看,延异的逻辑意味着意义与身份总是在与一个"他者"的关系中构成的,一个特殊的身份无法仅仅通过它的肯定之物来界定。所有的身份术语均依赖于标识出它们的范围;也就是说,界定它们是什么,要依据它们不是什么。正如拉克劳曾说的,如果不从语境中进行区分,我就无法断言某种身份是不同的,并且,在我对身份进行区分的过程中,语境也是身份术语自身的一部分。我在现实的语境中断言存在着不同的术语,以便界定为何一个特殊的术语不同于另一个。每一个身份都是基于排除法的,也正是在这一意义上,它必然是具有效力的。在身份之外肯定存在某物,而这一外部物是由系统中的所有其他术语构成的,它的缺席和缺失又是由它的在场构成的。我是一个主体,恰好是因为我不能成为绝对意识,因为在社会生活中的每一时刻,都会有某种外在于所谓自我的构成物与我面对。于是,在这种意义上,每一个特殊的身份就其他者而言,都是有严重缺失的,这意味着,就我是被必须与之联系的这些他者的缺失所形塑的而言,普遍性也是构成我当前身份的一部分。问题是,这种论点似乎又为善良的旧式自由主义所推崇的普遍主义从后门的悄然回归提供了一个托词。

最后,当我们跑不动的时候,在我们无力可施之处——去与这些复杂的差异性问题进行斗争时——我们便会抓住普世价值的工具包,希望它能为我们提供解决难题的栖息地。这提示我们:欧洲帝国主义必须借普遍文明化之名来行驱逐之实,而其他文化的抵抗也须装扮成特殊性和特殊主义的一部分。事实上,启蒙理性也是如此。你们知道,启蒙运动并不成功,它没有将理性有效地、充分地发展为其符合逻辑的结论。它更像是令人生厌的一种混合的、福柯式的权力游戏,更多的是与那些胜利者、能够将自身界定为普遍自我的人有关。在这一范式中——古典自由主义与西方化的世界主义者——普遍主义,在任何一点上都是与差异背道而驰的。然而,如果如我之前所说的,这个"他者"其实是我们正在探索的差异性的一部分,那么,任何一般化的申明或包含"他者"的对话并非来自普世价值存在的外太空——自宇宙诞生之日起,超时间性的普世价值便在那里一直不停地挣扎——它们肯定是出现于某一特殊文化或某一套机构的内部。普遍出自特殊,但仅仅是一种将你的特殊性与我的缝合在一起的未完成的视域,并非如某个潜在原理所解释的那样。这便是将我对世界的看法向一般性扩展,同时又无法达到完备的原因,因为我需要将你的看法考虑进去。也就是说,普遍性其实是一个与自身不同之物协商的过程。为什么这一过程是未完成的?因为它无法为具体不变的历史内容所填满。需要重新加以明确的是,无论何时,一种特定的文化或身份在考虑那些不同于自身的他者时,都必须承认自己的不足,并被迫扩展自己的视域,使得所有的需求均能在这一视野中得到满足,使得所有的困难——在相互冲突的生命形态之间存在的巨大而众多的困难——能在这一视野中得到协商。这是无法预先确知的。以拉克劳的观点来看,这便是一个行动中的视域(a horizon to action)。

事实是,某种理论把戏是无法认识到特殊与普遍、差异与平等主张的。可以说,没有简单的答案躺在那里,等着我们从现有的政治词汇中挑出来。这是个进退两难的困境,一个复杂的谜,一个难题,这便是多元文化的问题。在思考多元文化对所有社会再构形的影响这一核心问题时,需要我们超越现存政治话语的传统边界,以及现存的、事先想好的解决方案。它表明:我们不应再反复重申自由主义者、社群主义者和其他理论间的这些毫无结果的争论,而是需要仔细思考一些新颖的方式,以寻找差异与同一性可以亲密接触和共同交流的空间,并采用相同的界域,将直到近来在政治理论中依然认为不可用同一标准衡量的问题如与差异相关的自由与平等、善良和权利,聚集在一起讨论。

问题、评论与讨论

格兰姆·汤姆森(Grahame Thompson):斯图亚特,在你说的时候,我一直在思考一个词或是术语:宽容。你没有提到和涉及这个词,我想知道为什么。是不是因为,在你看来,它完全成了对古典自由主义美德的一种妥协？还是有其他的原因？我问这个问题，是因为我觉得在你所谈论的语境中是极有可能思考宽容问题的。我此处所说的宽容，在某种意义上，是指人们培养一种特意形成的对差异性的无视。用这种方式来思考宽容，在我看来，会是你谈的语境中一个具有无限潜力和吸引人的规划。但我的总问题是：在你的讲座中，宽容这个概念发生了什么变化？

斯图亚特·霍尔：是的，这个问题很好。不是我认为它与我的话题不相干，尤其是在你所界定的那个意义上。我想，说它是众多的妥协性术语之一，更接近我的立场，因为有种屈尊的态度在宽容中非常显眼："是的，好，如果你不得已，你可以待在这，我确定，你不会打扰到我的。"但这跟两个平等的人之间和两个平等文化之间的对话不是同一回事，后者中的双方均认为自己有权界定他们将共同存在的空间会是什么样子的。但那并非是因为我不在这种二元论的形式中去思考培育一种对差异性的无视，认为它不是非常重要的因素，而是因为如果立足于这种传统的位置，我便无法使用"社区"这一术语，也无法使用"种族主义"的术语，宽容是在我们的社会中被置于擦除之中的众多语词之一。也就是说，它们携带着历史的某种包袱，就其自身来看已经是过时的了。另一方面，如果没有它们，你也无法思考未来，因而，每次你要进行言说时，首先要进行解构："我不是这个意思，我不是那个意思。"我认为，宽容应归入这种混合范畴，但我发现要想在一种转化的形式中将其重新吸纳进来也不容易，因为从排斥的角度来看，它似乎携带着……我不知道为什么被排斥者总感觉宽容没有表达出平等的关系、对平等的承认，暂且这么说吧，但这是我避免使用它的原因所在。但就我们正在讨论的协商（negotiation）而言，这种协商还需通过愿意与那些我们完全不赞成的人进行交流才得以架构，因此，你不得不容忍所有的交谈势必会引发的紧张和由于兴奋或恐惧而带来的战栗。

问题：我只想问问你，斯图亚特，对我们许多人来说，世界似乎正变得动荡不安，已经被解构了——而且这个世界常常破坏我们所遵守的许多原则——在这样的世界中，你仍然相信真的可能会迎来对多样性和平等的认同吗？我非常质疑这种可能性。但也许你会对此乐观一些。

斯图亚特·霍尔：智识上的乐观主义，意志上的悲观主义（optimism of the intellect, pessimism of the will）。不可否认，这变得日益困难，且这些困难现在存在于如此大的范围中。你知道，当一个人在谈论全球力量时，似乎这些力量在某种程度上占据了他的意识的全部空间，不可能再会想别的方式，除了零星的活动。你知道，这零星的活动也是不太容易发生的。因而，我理解那些对此感到悲观的人，但我生来就不是那样想的。我猜想，那是因为我从不相信，可以从混沌中获得某种简单理想的替代物。我想，我们总是致力于研究混乱，我们或者为混乱的好的一面工作，或处在坏的一面，所以，我们觉得一切并不顺畅，我对此一点都不奇怪。我只是觉得，生活就是这样。如果你确实要尝试在一个对我们来说是复杂与相互依存的世界中，去解读一些边缘化的或更为边缘的价值和美德，并将之带回到中产阶级层面上来看，那的确不是一件轻松的事。这不是件容易的事，肯定要引入斗争和组织，甚至于还有真正更令人心烦的事情，即批判性地重新审视我们自身所携带的种族和政治包袱，这是最艰难的那部分工作。它不会建构于我们通常的思想之外，因为它无法建构在一个我们认为过去存在的世界之外，同时也是因为它在我们的眼前是处在不断变化中的。

当然，目前，人们可以用这种方式来解读变化，以至于可以说"总体性的观念是与之完全不相关的"。我不会那么说，但我确实会说，除非你回到对眼前世界的令人费解的描述中，在某种程度上看，所有的描述都是自相矛盾的，只有到那时，你才可以获得一个伦理标准或政治伦理，这一伦理是基于某种基础之上的、是被定位的、是相关联的——这也就是为什么我在某种程度上是从对我们大家都熟悉的事情进行简单、直接的描述开始我的讲座。也只有到那时，你才能开始说："谁可能会为之所吸引，而不是为现存的思考这些事情的方式所吸引。"因此，它是经受过考验的、合格的乐观主义。它并非在一刻不停地转型，也不是必胜主义者。我们还未到达历史的终点，历史一直是开放的领域。它不会立刻向自由开放，不会立刻整体改变，但它从不关闭，否则它就不是历史了。在现存的主导机构、实践、公司和权力结构中，得有一些尚未被考虑到的随机的可能性。余下的是构成性外相（constituent outside），你得以构成性外相来理解那个呈现为完成状态的结构。在这个时代，我们已经谈论过：历史正在走向终结。西方民众一直都是如此自以为是，以至于向世界其他地区的人民宣布：历史已经终结。那么，在那一时刻，我们得说历史并没有终结。

约翰·克拉克（John Clarke）：我想问的问题跟您刚才的所谈有关，但回到您所描述那三种（对多元文化的态度）：赞成、躲避和否定。我的问题是，贯穿于这三种态度的政治运动是什么？尤其是，是否存在着某种政治，它能再次吸引那些搬离城市，"根本就不想了解多元主义的"回避者，并再次在一个积极的方向上动员他们？或者，这种态度在一定程度上是否是世代相传的——我甚至不知道如何表述这个问题的后半部分——也许只能等我死了？（笑）

斯图亚特·霍尔：这是对大学振兴充满希望的观点的一个例证（笑）。死亡不久就会降临。不，我觉得我要说的最重要的事是，它可能是一个区别性的策略。这是其一。其二是，它可能是各种短期措施的混成，这些措施确实试图促成那些已有的进步成为现实，并深化它们，使它们发生效用，与此同时，这些措施会携带着其如何实施的讯息，在这种方式中，它不会过于疏离和损害人们不得不放弃的自我感与历史感。我想，以上的两方面，是人们想要兼得的。矛盾的是，那些看似最敌视多元主义的人，我却真心觉得，可以和他们交流，至少我们能解释他们如此反应的原因。我们理解这是为什么。这些人，除了一种想象的英国性，没有社会归属感的其他方式，而多元主义却将英国性也从他们那里带走了。

你们是否冷静下来，仔细思考过那五个被控杀害斯蒂芬·劳伦斯的白人男孩，以及他们罪行的可怖性？他们中没人有一份稳定的工作，他们中也没人获得过普通教育证书。他们甚至感到自己被出卖了，因为他们现在正成为警察的审讯对象，他们本以为，至少警察会像无赖光头仔一样对待他们。但是，如果警察机关采用现代化和自由化的管教政策，那么他们究竟还可以去哪里呢？我在这里具体谈的不是被开释的人，而是边缘化和排斥的状况，这些状况传递出了潜藏很深的关于"种族"、多元主义的讯息，以及正在衰落的英国与不得不去改写我们自己的故事等的讯息。他们问："你们究竟想让我们待在何处？"现在，我不得不承认，要求我们这些努力使这个社会更加公正、平等的人替那些准备对我们捅刀子的人着想，实在过于苛刻。但实际上，除非我们所使用的策略打算做一些事，以逐渐削弱这些维持无力性与无望性的状况，否则，总会有一些激进的少数人试图反转这些进步。因而，这不容易，但是也算是知道我要去往何处。我觉得，更为困难的是，知道该对那些因不喜欢变化而搬出城市去的旧式中产阶级及中产阶级下层说些什么。他们不是不喜欢黑人，而是不喜欢有任何改变。他们想要住在乡村，假想着这是一处稳定不变的地方。他们会说："嗯，我没问题，这儿没有多元主义，你在我的村庄也看不到黑人。"如果不重新思考一些深刻的问题，如我如何理解我的生活、社会、民族、我所属的文化和让我安适自在的文化，我便无法看到我的生命终结之路。

他们也不是不可交谈的人。关于斯蒂芬·劳伦斯的听证会，我想，最显著的意义之一，不是关于谋杀、关于听证会，而是让每天没有面对这一问题的人们确实接触到了这一问题，他们不住在城市中心，没有每天看到它，他们也不是城市生活的一部分。但他们确实说："这是个正派的男孩，有很好的学业前途，他的父母都是基督徒，并一直尽其所能地培养他，除了是黑人，他与我的孩子是一样的——不可能发生，不可能发生这样的事。"我想，在这个国家，曾经有某个时刻，如果在那时抓住时机，这类人中的大部分本可以转变他们的想法，转而认为反一种族主义的政策才是他们真正关心之事，反种族主义并非仅仅是东南部或其他地区的事情，但我认为，在那时，那一时机并没有被抓住，也没有以那种方式得以利用。所以，所有这一切都会对我所概括出的困难进行顽强抵制，但他们并非是不可变动的。我觉得，你确实需要更加策略性地思考，用什么方式给这些各不相同的听众呈示多元文化问题。正如保守人士会受到某种同质化英国的诱惑——94%的人具有相同的想法——因而，反种族主义者会有这样的倾向：认为每个人要么是种族主义者，要么是反种族主义者，事实并非如此。我们自己也没有一幅足够细致地展示社会是怎样分化的图片，以理解这些有关教育重塑的较为耗时的问题。

来自墨西哥城的问题，由特为该讲座设立的网上聊天室转述：在这一多元文化叙事中，媒体——既包括像电视、电影这样的非互动媒体，也包括像因特网这样的互动媒体——扮演着什么角色？

斯图亚特·霍尔：嗯，这是个很大的问题。首先，我想谈一谈比较主流的媒体。当我说，我认为民族国家话语事实上总是一个文化表征系统时，它便成为英国、英国历史及其所有关系是如何被表征的问题。嗯，你立刻会发现，广义上的媒体，我将文学列入其中——因为在英国这一语境中，无论如何，文学是英国性形象的主要载体，是英国性形象的一个重要而又深刻的载体——当在再生产出什么是英国的、英国历史是什么样的等问题的定义时，媒体通常起着非常明显、重要的作用。我认为，教育体系也是如此，顺便提一下，对此我一直没有机会多谈。就英国的教育体系而言，我只想说一点：如果你们涉及的是将全体居民看作整体的话，那么历史在国家课程体系中是缺失的——甚至于所谓的当地居民也没有任何深刻的途径去理解这一社会的形构，不理解它曾是复杂的、散布全球的——那是我们输掉的一场重要战役。而且在即将出现的所谓公民教育中，我也没有看到任何修补措施。它几乎不承认英国性是多样的。

让我们回到这一问题。媒体不是简单地重现一个故事。如果说它们只是重现故事，那就大错特错了。每次当你说，"英国人认为""每个人认为""人人支持"时，我们得谈谈那些一直都被认为是理所当然之事和所作出的类似基本假设带来的巨大的影响力。什么是每个人？哪一个每个人？每个人在其中所占据的时间有多长？在我看来，正是在这些地方，媒体拐弯抹角地强化了这一观念：尽管在表面上有着明显的现代社会多样性，但存在着某种一致性。这是真正构成民族国家身份的核心意义和核心价值。目前，互动式媒体非常不同，这有着重要的意义。这种不同源自非同寻常的方式，即它们能对相对弱小的社群开放——相对弱小的社会和边缘化的社会——也对所谓的全球公众开放。当然，它不是包括每一个人的全球公众。它不是像默多克新闻公司所做的那样，会对着一大群民众讲话，而是实行一种特殊的定位交流（niche communication），在这一点上，它是非常灵活的一种交流方式，因为它要自问，

多元文化问题

在全球范围内，谁会对这一问题，如生活在亚马逊河流域的当地人感兴趣。没有人感兴趣？嗯，那不是真的，不是真的，（互动式媒体）创造了双边交流的形式，相较而言，具有不可控性。

事实上，说实话，我很惊讶，媒体管理当局会允许它们如此不可控。也许是因为在技术上不易控制它们吧。但这确实为所谓的少数人文化留出了一定的空间，不会因其规模和在世界重要性方面的边缘化而被支配，相反可以跟外部交流。这也确实使得人们能够联系到更广范围中可能会支持他们的人，广而告之自己的特殊问题和展示自己的斗争。环境问题的出现总是地方性的，在其后果与启示方面，又总是跨国、跨地区的，因为可以为那些离你千万里的人提供一些启示：他们能做些什么？或需要做些什么？因而它们能将本土的与全球的结合起来，这样便无须通过惯常的国家媒介过滤通道和地区新闻的过滤，通常，地区新闻只会将全球新闻放到晚间新闻节目的最后。它可以跳过各种滤选，直接在各地播报给民众。因而，小团体无处不在，这也是非常重要的新进步。我想英国人肯定还清楚地记得那几个公路搬运工，他们用自己的手机来协调一个交通大阻塞，结果导致整个地区的交通中断。这就提醒我们：技术没有内在的政治内容，但既可以被用来做好事，也可用于做坏事。不过，那都不重要——它仅仅意味着认识到这种可能性：媒体不再仅限于当地媒体、地区媒体、国家媒体和全球媒体间那些精细的节目划分关系，而是可以绕开或简化那些联系与渠道。

问题：我也来自西班牙语社区。你所论述的这个多元文化问题——它对于像开放大学这样的机构会有什么启示？因为它在与全球、互联网、电子相关的多元文化环境中的教学正在不断增加。而且，也许会与之相关，开放大学要如何保护自己，不受诱惑，不会通过商业的驱使行为，在全球出口一个以英联邦为中心的课程呢？

斯图亚特·霍尔：我会自投罗网吗？嗯，就其广义上的影响而言，就课程及其他而言，在我看来，它在两大因素和两种方式上影响到开放大学的做法，要辨识出它们也很容易。一是开始理解，真正地理解作为主要受众对象的英国民众正在日益真正的多样化，并开始进行反思，这种反思也不是在报道的结尾处写一些零散的装饰性语句。因而，多样性问题在国内已然开始，它始于国内。我认为，在这方面，开放大学比其他许多大学都做得要好。如果你要了解——先去做一份开放大学课程清单会很有趣，并时刻问问自己：谁是被描述之人。谁是"我们"，谁是隐含的"我们"，谁是正被谈论的隐含的"他们"，书写的策略、话语与展示的策略分别是什么。因为我们对外部环境很敏感，因此我们已经开始将来自主流的那些摇摆不定也组合在其中，但总的来说，我们仍感到有必要将这个社会说成似乎比我们真正了解的更为同质化。这是第一种方式。

第二种方式是参与到全球教育环境和网络中，毋庸置疑，我们必须这么做……我认为，试图通过全球零散受众的增补来解决国内受众减少（如果真是这样）的问题，从某种程度上说，会是个根本性的错误，因为它模糊了地址。过一阵，你会变得如此国际化，以至于不知道在谈论谁，和谁谈什么，为什么而谈。你可以让大量的人理解你。但教育，教育话语或对话要求更加专注的互动，所以，我想，那会很糟糕。另一方面，我们和开放大学都不可避免地处于更广泛的网络系统之中，目前为止，它正处于它需要解释的这个更广大的网络系统之中。但我认为，此刻，它还没有意识到，在某种程度上，它应该为向受众讲述的方式负责任，除非在开始时就能更清楚地界定这些受众。因而，我想，有时会稍微调用一下全球化的开合（open-ended）方式，部分地作为对当地问题和困难的回应，部分地使用一种时髦语来说，这是你知道的，即"我们正在走向全球"。

事实上，如果你真正理解世界——几乎没有人是用那种普遍化的方式走向世界的——没有人。它属于另一个时代。走向世界，千人千法，我想这是人们的意思。走向世界就是去理解：为了和不同环境中的人们连接，得会说多种语言，正是语言的多元化使得要在全球层面活动更加困难、更加不易。不是因为我们不应该，而是因为很难真正做到这一点，且维护教育的功能。这也就是说，我依然守旧地认为，教育的功能，它是特殊的话语，不同于其他种类的话语。它不仅仅是闲聊，不仅仅是向民众兜售某个东西……——它是不同的，非常不同的话语，在这一话语中，人们不必一定要被安置在平等的关系之中，而这一话语却逐渐建立起了共同理解与信任的关系，因其所用的方式是让人们相互交谈。在认真关注既有联系又有区别的教与学的职责时，要从根本上承认二者的共同点。如果你认识到什么是一个教育机构的独特之处，它不同于（一个超级市场），那么你就无法像你在（一个超级市场）上那样，在全球市场上去运作，你确实得找到更加情境化的路径。对这个机构来说，试图在最广泛的框架上谈论这类事情，会与哪些特殊受众有关？这个问题很难回答，我想，涉及许多对所谓的全球化的真正样子是什么的实际分析。

（张文瑜　译）

葛兰西与种族和族裔研究的相关性[*]

一

本论文集的目标是促进"对缺乏论述的种族主义现象进行更为成熟的考察,同时就宽容与种族主义,以及这两者所提出的问题的复杂性,来考察人文与社会科学的理论构形、范式和阐释框架完善与否"。这个一般性的题目让我可以更为准确地将研究葛兰西的成果置于更大的规划之中。在我看来,葛兰西的作品并没有提供一种一般性的,可以用在不同的历史性社会中分析各种社会现象的社会科学框架。他的潜在贡献是有限的,但却至关重要。他的作品准确来说是非常"复杂"的。他在马克思主义的范式内展开工作。然而,他对这个理论框架的很多方面进行了修订、创新与完善,让其与20世纪的社会关系更具相关性。因此,他的作品对现有社会理论的"完善性"问题有着直接的影响,因为他最为重要的理论贡献正是为了让"现有的理论和问题复杂化"。在对葛兰西的理论贡献进行实质性的列举和评估前,这些还需要进一步阐释。

葛兰西不是一个"一般性的理论家"。事实上,他本来就不是什么学院型或者学者型理论家。他自始至终都是意大利政治场景中的一名政治性知识分子和社会活动家。他的"理论"写作都是从他对自己的社

---

[*] 原题"Gramsci's Relevance to the Analysis of Racism and Ethnicity",本文最初作为会议论文在种族与族裔分析的理论视角国际研讨会(International Seminar on Theoretical Issues of Race and Ethnicity)上宣读,这个会议由联合国教科文组织的人权与和平分部于1985年在米兰举办。会后的论文集由 UNESCO 编辑出版。

会和时代的有机介入中发展起来的，不是为了服务抽象的学术意图，而是旨在"为政治实践提供知识"。因此我们要注意，不能搞错葛兰西的概念所能应用的层面。他认为自己是在历史唯物主义的广泛范围中工作的，这个范围由马克思与恩格斯以及20世纪早期的列宁、卢森堡、托洛茨基、拉布里奥拉和陶里亚蒂等人物所定义的马克思主义学术传统所规定的。（我列举这些名字是为了表明葛兰西在马克思主义思想中的坐标，并非要表明他与这些特定人物的具体关系——要确定具体关系是个更为复杂的任务。）这意味着，必须将他的理论贡献始终置于这样的认识中——即其在马克思主义广泛的界域中运作——进行解读。也就是说，马克思主义提供了一般性的界限，正是在这些界限中，葛兰西可以发展、改良、修订、推进更进一步的思想、新的概念以及原创性的程式。然而，葛兰西绝非教条、正统或者"宗教"意义上的"马克思主义者"。他知道，马克思理论的一般框架需要不断在理论上进行发展；要应用于新的历史境况；要与马克思和恩格斯所不可能预见的社会发展相关联；要补充新的概念来进行扩展和重构。

因此，葛兰西的作品既非已经完成的教条主义马克思主义大厦的"脚注"，也非对教条思想的仪式性召唤，这种召唤是自我封闭的，因为它只能生产出已知的"真理"。葛兰西实践的是真正"开放"的马克思主义，这种马克思主义在面对新问题和新情况时发展了马克思主义理论中的诸多洞见。最为重要的是，他的作品让经典马克思主义并未提出的概念起了作用，没有这些概念的话，马克思主义理论就无法充分解释我们在现代世界所遭遇的复杂社会现象。如果我们想要在现有的"社会与人文科学的理论构形、范式和阐释图式"背景下来评估葛兰西的作品的话，就必须理解这些。

葛兰西的作品非但不是社会科学的一般性著作，没有社会学"奠基人"马克斯·韦伯或者涂尔干那样的地位，而且也不是以我们能够识别的一般性和综合性的形式出现的。葛兰西理论方面的主要作品都散落在他的临时性散文和论战性作品中——他是一个活跃且多产的政治记者——当然，在他写作《狱中札记》时，无论是他被囚禁在都灵的墨索里尼监狱时（1928—1933），还是在他出狱后病入膏肓住在医院时

(1934—1935），都没有受惠于图书馆或其他参考书。这些片段性的写作——其中包括《狱中札记》——可以在罗马的葛兰西中心（Istituto Gramsci）找到，他的有些作品在那里还有待编辑出版。①

这些作品不仅是分散的，而且在形式上还是片段性的，并非"完成"的作品。葛兰西总是在非常恶劣的情况下写作，如《狱中札记》：在狱卒的监视下，并且没有任何参考文献可用以修复他的记忆。考虑到这些情况，《狱中札记》代表了非同一般的智识成就。然而，这样的写作方式，因为没有时间回过头来进行批判性的反思，其"代价"也是可观的。"札记"就是一些笔记——或长或短的笔记。但并没有成为一个完整的文本或一贯的话语。在编辑的过程中，他把有些最为复杂的论述从正文移至脚注。有些段落被重新编排，但并不清楚哪些是葛兰西所认为的更为"确定性"的文本。

好像这些"片段性"还没有给我们的理解制造足够的麻烦，葛兰西的作品在另外更深的意义上也呈现出片段性。葛兰西经常用"理论"来说明具体的历史案例或政治问题；或者根据具体和现实境况来思考更大的概念。结果就是，葛兰西的作品一般看来几乎是过于具体了：过于具有历史具体性，过于局限于具体案例，过于具有"描述性"（descriptively），过于局限于时间和语境。他最具启发性的观念和公式都典型地具有这种情境性的特征。为了让这些观念更具一般性，我们需要小心翼翼地将它们抽离具体的现实的历史语境，然后移植到新的土壤。

有些批评家认为，葛兰西的概念之所以在具体性的层面运作，是因为他没有时间或者偏好将它们提升到更具一般性的层面——"理论观念"得以运作的崇高层面。因此阿尔都塞和普兰查斯在不同时机都想将葛兰西不够理论化的文本进行"理论化"。但在我看来，这个观点并不正确。这里的根本是要理解，从认识论的视角来看，这些概念可以在非

---

① 在本文写作期间，原定的八卷本选集中的几卷已经付梓，由都灵的艾瑙迪（Einaudi）命名为 Scuti。在英语世界已经有好几个版本的选集，其中包括 G. Nowell Smith 和 Q. Hoare 所编辑的 *Selections from the Prison Notebooks*, New York: International Publications, 1971；由 D. Forgacs 和 G. Nowell Smith 编辑的 *Selections from Cultural Writings*, Cambridge: Harvard University Press, 1985。本文中的引文都来自以上所列举的文本。

常不同的抽象层面上运作,而且这是葛兰西本人有意为之。关键是不能将抽象的某个层次"误读"为另外一个层次。当我们试图"读取"原本用于更高抽象层次的概念,并以为这些概念可用于另外更为具体的、"更低"的操作层面,还会自动地取得同样的理论效果时,我们就可能犯下严重的错误。一般来说,本来就很明确的是,葛兰西的概念是在历史具体性的更低层面运作的。他并没有瞄向"更高处"——然后错失理论靶心!我们应该从葛兰西与马克思主义的关系来理解这种历史具体性的描述性层面。

如我所说,葛兰西依然是"马克思主义者",因为他在马克思理论的一般框架内发展了自己的观念:像"资本主义生产方式""生产力与生产关系"等都被其视为当然的。这些概念是马克思所确立的最具一般性的抽象概念。也就是说,这些概念可以让我们把握、理解对资本主义生产方式进行组织和结构的广泛进程,以及其历史发展的任何阶段或时刻。这些概念在其范围和指涉方面是"划时代性的"。然而葛兰西明白,一旦需要将这些概念用于具体的历史社会形态,用于处于资本主义发展具体阶段的特定社会,理论家就必须从"生产方式"的层面转向更低的、更为具体的应用层面。这种"移动"不仅需要更为翔实的历史观察,而且——正如马克思所论述的——除了与劳动和资本之间的剥削性关系相关的概念外,还需要使用新的概念和更进一步的规定性的层次,因为前者仅仅是在最高的指涉层面上用以说明"资本主义模式"。马克思在他方法论分析最为全面的文本(1857年《〈政治经济学批判〉导言》)中,将"思维中具体的生产"设想为是由在分析上不断接近的过程所造成的,将每一个规定性的层次添加到在最高层级的分析性抽象中形成的必然性框架与抽象性概念中。马克思认为,我们只能通过连续性的抽象层级才能"思考具体"。这是因为在现实中,具体是由"许多的规定性"所构成的,我们用于思考的抽象层次必须在思想中接近它们。[1]

---

[1] 关于马克思主义认识论的问题,见 Hall, "Marx's Notes of Method", *Working Papers in Cultural Studies*, No. 6, 1977。

这就是葛兰西在从马克思（在《资本论》中所提出的）成熟概念的一般领域转向具体的历史情境时，依然能够在相关的领域内"继续展开工作"的原因。但是当他讨论细节问题时，如意大利20世纪30年代的政治境况，或者在帝国主义之后、大众民主崛起时，"西方"阶级民主的复杂性的变化，或者欧洲内部"东方"与"西方"社会形态的具体差异，或者能够抵御法西斯主义崛起的政治类型，或者现代资本主义国家的发展所导致的新的政治形式时，他明白，必须用新的具有原创性的概念来发展和替补马克思的概念。首先，因为马克思关注的是在最高的应用层次来发展自己的观念（如《资本论》），而非更为具体的历史层次（例如，马克思并没有具体分析19世纪英国的国家结构，虽然他提出了很多具有启发性的洞见）。其次，因为葛兰西写作时所处的历史境况与马克思和恩格斯有所不同（葛兰西敏锐地注意到理论生产的历史情境）。最后，葛兰西认识到有必要在马克思过于简略和未完成的地方，来进行新的概念化，例如在对具体的历史情境的分析层面，或者对政治和意识形态的分析层面——这是在经典马克思主义对社会形态分析中被极大忽视的维度。

这些问题不仅可以帮助我们就葛兰西与马克思主义传统的关系来对其进行"定位"，而且也可以搞清葛兰西的作品起作用的层面及其扩展的层面所需要的转变。葛兰西的作品与新的概念、观念和范式的创造最为相关，而这些概念、观念和范式又主要与对1870年之后社会形态中的政治和意识形态方面的分析相关。并不是说他曾经遗忘或者忽视社会和社会关系的经济基础中的关键要素，但是他对那个分析层面原初构形的贡献相对来说微乎其微。然而，在很大程度被遗忘的那些领域，如情境分析，政治，意识形态和国家，不同政体类型的特征，文化和民族-民众问题的重要性，以及在不同社会力量之间不断转换的平衡中市民社会的角色，等等——在这些问题上，葛兰西贡献甚巨。他是主导对20世纪下半叶的历史境况进行原创性分析的首批"马克思主义理论家"之一。

尽管如此，就与种族主义的特定关系来说，葛兰西独创性的贡献不可能简单地从他作品的既存语境中转现出来。葛兰西并没有在当代的意义上论及种族、族裔或者种族主义。他也没有深入分析过殖民经验或者帝国主义,现代世界中很多"种族主义的"经验和关系的特征都是由此发展而来的。他首要关注的是他的祖国意大利;在那背后是西欧和东欧建设社会主义的问题,"西方"发达资本主义社会没有爆发革命的问题,第一次世界大战和第二次世界大战之间法西斯主义崛起所产生的威胁问题,以及在确立霸权方面政党的角色问题。从表面上看,这些或许说明葛兰西属于所谓的"西方马克思主义者"群体,这些人因为主要关注更为"发达"的社会,所以对非欧洲世界所产生的问题,或者对处于资本主义"中心"的帝国国家与处于边缘的被动全球化和被殖民化社会之间的"不平衡发展"的关系问题并没有多少论述。

在我看来,以这种视角来解读葛兰西可能会犯望文生义的错误。事实上,尽管葛兰西并没有论述种族主义,并没有具体关注这些问题,但他的概念对我们来说依然有用,可用来思考这些领域内现有的社会理论范式。另外,他自己的个人经验和成长经历,以及他自己在智识上的关注,事实上并没有像我们的第一印象所告知的那样远离这些问题。

葛兰西于1891年出生于撒丁岛。撒丁岛与意大利的大陆是"被殖民"的关系。他是在撒丁民族主义高涨的情形下接触到激进的社会主义理念的,而这种民族主义受到了意大利的残酷镇压。在他搬到都灵并且深入那里的工人运动之后,他抛弃了早期的"民族主义",但他并没有抛弃早期生活赋予他对于农民问题和阶级与地区复杂辩证关系的关注。[①] 葛兰西敏锐地注意到将工业化与现代化的意大利"北方"与农业的、不发达的和依赖性的"南方"分割开来的巨大鸿沟。他对后来被称为"南方问题"的论辩有着巨大的贡献。当葛兰西于1911年来到都灵,他几乎是理所当然地采取了"南方主义"的立场。他终其一生几乎都在关注"南方"和"北方"之间的依赖与不平等的关系:城市与乡村、农民与无产阶级、恩庇主义(clientism)与现代主义、封建化与工业化的社会结构之间的复杂关系。他完全认识到,区域、文化和

---

① 参见 G. Nowell Smith and Q. Hoare, Introduction to *Prison Notebooks*, 1971。

第五辑　种族、族性和身份

民族差异会对阶级关系所造就的分割线造成多大程度的淆乱；同时这种分割也受到区域或者民族历史发展差异的影响。1923年，作为意大利共产党的创立者之一，葛兰西提议将党的官方报纸命名为"团结报"，他给出的理由是："我们必须对南方问题给予特别的关注。"在第一次世界大战前后，他完全投身于都灵工人阶级政治生活的方方面面。这种经验赋予了他一手的内部知识，让他了解了欧洲工业"工厂"无产阶级中最为先进的那一部分。因为与现代工人阶级中先进部分的关系，他有了积极而长期的事业：首先，他是社会党周报《人民呼声报》（*Il Grido del Popolo*）的政治记者；其次，在都灵动乱浪潮（所谓的"红色年代"）中，他参与了工厂占领和劳工委员会；最后，他成为《新秩序报》（*Ordine Nuovo*）的主编，直到建立共产党。尽管如此，他不断反思能够统合不同斗争类型的政治行动和组织的策略与形式。他非常关注这样的问题，即在不同社会阶层之间的复杂联盟和关系中，能够确立什么样的基础，来建立一个真正现代的意大利国家。这种对区域具体性、社会联盟以及国家的社会基础的关注与葛兰西所关注的（我们今天所说的）"南方和北方""东方和西方"之间的关系也有直接的关联。

对葛兰西来说，20世纪20年代初期他面对的是如下艰难的问题：对新的"政党"形式进行概念化，以及在以苏联为基础的第三国际的霸权下，根据意大利国民状况的具体特点发展出适合自身的道路。这些最终让意大利共产党在考虑到东西方不同社会截然不同的具体的历史发展境况下，对"民族特殊性"的境况进行了深入的理论化探讨。然而，在20年代后期，葛兰西将注意力主要投入日益猖獗的法西斯主义的威胁，直到他在1929年被墨索里尼逮捕和关押。[①]

因此，尽管葛兰西并没有直接涉及种族主义问题，但他的作品所关注的主题——不同于浮光掠影的解读所得出的结论——为当下事务能够提供更为深入的智识和理论方面的启发。

---

① 更为详细的介绍见 *The Prison Notebooks* by G. Nowell Smith and Q. Hoare，1971 的精彩导言。

二

我们现在就要转向思考更为深入的相关性，以及在我们现在正在转向的领域中它们对我们更为充分的理论化探索所造成的重大影响。我要试图阐述，葛兰西作品中的某些核心概念正是我们应该关注的方向。

我对这个问题的阐述的起点，在某种意义上，就葛兰西作品中的编年学而言，更多来自他生命的后期：他对经典马克思主义内部的"经济决定论"与"还原论"各种残余的不遗余力的批判。我讨论的"经济决定论"——希望我能够说清楚——并不是想忽视社会秩序中经济基础的强大作用，也不是说忽视了在塑造和结构社会生活的整体基础方面，社会中的主导性经济关系所起到的强大作用。我指的是这样一种具体的理论路径，这种路径倾向于将社会的经济基础解读为唯一的决定性结构。这种路径倾向于将社会形构中的所有其他维度都简单视为"经济"在另外接合层次上的镜像，而这些维度自身并不拥有其他决定性或者结构性的力量。简言之，这种方法将某个社会形态中的一切都还原到经济层面，而其他一切社会关系类型都直接地被视为与经济要素相"对应"的。这就让马克思自身的某些问题化公式——经济是"最后的决定要素"——变成了还原论的原则，即经济从最开始、中间阶段和最后都一直起到决定作用。在这个意义上，"经济决定论"就是理论上的还原论。它简化了社会形态的结构，将它们纵向与横向接合的复杂性都还原为单一的决定路线。它简化了"决定"这个概念（在马克思那里这是一个复杂的概念），将其视为某种机械功能。它抹平了社会不同层面之间的全部中介关系。它将社会形态——用阿尔都塞的话说——呈现为一种"简单化的整体性"（simple totality），在这种整体性中，每个接合的层面都对应着另外一个层面，从头到尾在结构上都是透明的。我可以直接明了地说，这代表了对马克思作品的过度的粗糙化和简化——这种简化和还原曾经让他绝望地声称，"如果那就是马克思主义，那我不是马克思主义者"。但无疑的是，马克思的某些作品中包含着这样的倾向。这与马克思主义的教条版本相呼应，这种教条后来在第二国际时期成为

· 659 ·

经典，而且甚至在今天也经常被视为"经典马克思主义"的纯粹教条。这种对社会形态和不同接合层面之间关系的理解对我们理解政治与意识形态维度来说，几乎没有留下任何余地，更不要说对其他类型的社会差异进行概念化了，例如社会分化以及因为种族、族裔、国籍和性别而产生的矛盾。

实际上，葛兰西从最开始就表现出坚定的姿态，不接受这种经济决定论；在他生命后期，他发展出了对经典马克思主义传统内的经济决定论的持续性的理论批判。我们可以从他的作品中找出两个例子加以说明。在《现代君主论》(The Modern Prince)的文章中，葛兰西探讨了如何去分析一个特定的历史情境。他用更为复杂、更差异化的分析，来取代这种还原论的方法，这种方法只能从经济决定论中"读取"政治和意识形态的发展。其背后的基础不是"单向的决定"，而是"力量关系"(the relations of force) 的分析，并且旨在区分（而非视为同一）这种情势发展中的"不同的时刻或层级"。① 他根据他所称之为的"从（经济）结构向复杂的上层建筑领域的决定性转移"，确定了这个分析任务。通过这种方式，他明确地反对任何将政治和意识形态上层建筑化约为经济结构或者"基础"的倾向。他认识到，这是反对还原论的斗争中最为关键的场所。"如果我们想正确分析特定历史时段中积极的力量并且认识这些力量之间的确定关系，那么我们就必须准确认识到结构与上层建筑之间关系问题的重要性。"② 他补充说，从理论上来看，经济决定论无法让我们提出关于这些关系的关键问题。经济决定论会用基于"直接的阶级利益"的分析（例如："谁从中直接获利？"）来替代对"注意到内在关系的经济的阶级构成"的更为全面、更为结构化的分析。③ 他表明，可以排除这样的结论："直接的经济危机可以产生根本性的历史事件。"这是否意味着，经济要素在历史危机的发展中毫无作用？绝非如此。但其作用是"创造出某种界域，让其更有利于某些思想

---

① 《狱中札记》(The Prison Notebooks)，后面简称 PN, pp. 180 – 181。
② PN, p. 117.
③ PN, p. 163.

模式的传播，更有利于提出和解决关涉国民生活全部后续发展的问题"。① 简言之，如果我们不通过社会力量平衡中的变动关系，来展示"客观的经济危机"如何真实地发展为国家与社会的危机，以及在伦理－政治斗争中成长起来并形成的政治意识形态，同时还影响到大众的世界观，就无法驻扎于结构与上层建筑之间决定性的、不可逆转的"通道"（passage），进行恰当的分析。

葛兰西论述说，经济还原论所产生的那种放之四海而皆准的道理"是非常廉价的"。在理论上毫无意义——只具有非常有限的政治含义或者实际效果。"一般来说，除了道德教训和难以说清的人格问题，它什么也生产不了。"② 这样一种概念基于"一种坚定的信念，即在历史的发展中，存在着像自然规律那样的历史规律，同时还有像宗教那样的前定的目的论"。除了"具体地摆出霸权问题"，无法找到取代这种还原论的其他方式，而在葛兰西看来，这种还原论被错误地等同于历史唯物主义。

从对这一段落的论述的一般取向来看，葛兰西的很多关键概念（如霸权）和独特方法（例如通过对"社会力量对比关系"的分析）是他有意识用来抵制马克思主义某些版本中的经济还原论倾向的。他将马克思主义内部的实证主义、经验主义、"科学主义"、客观主义等取向与对"经济决定论"的批判结合了起来。

这在《马克思主义问题》（The Problem of Marxism）这篇文章中体现得更为明显，这个文本主要是对布哈林的《历史唯物主义理论：民众社会学手册》中所隐含的"庸俗唯物主义"进行的批判。布哈林的作品于1921年在莫斯科出版，有很多版本，通常因为被视为"正统"马克思主义的代表而广为引用（尽管列宁观察到，布哈林很可惜地"对辩证法一无所知"）。在"对民众社会学的尝试所做的批判性笔记"——这构成了《马克思主义问题》的第二部分——中，葛兰西对经济主义、实证主义的认识论和对科学保证的虚妄追求进行了一以贯之

---

① PN, p. 184.
② PN, p. 166.

的批判。他论述到，这些都是奠基于错误的实证主义模式之上的，即认为社会和人类历史发展的法则可以直接用社会科学家（在我们看来是错误的）所认为的统治自然科学世界的法则的"客观性"来作为模型。葛兰西指出，像"规则性""必然性""法则""决定"这样的术语不应该视为"来自自然科学的衍生物，而应该视为对源于政治经济学领域的概念的阐释"。因此"被决定的市场"必须真正意味着"在被决定的生产机器结构中，社会力量之间被决定的关系"，这种关系由一个被决定的政治、道德和法律上层建筑所担保（也就是说，提供一种永久不变性）。葛兰西由此从还原性的实证主义公式转向与社会科学相关的更为丰富、更为复杂的概念化，这种转变在这种替代性思维中表现得非常清楚。这让葛兰西的总结性论述也变得非常重要，"任何政治和意识形态的变动都可以呈现与理解为结构（经济基础）的直接表达，有观点认为这是历史唯物主义的根本预设。我们必须在理论上将这种观点斥为原始的幼稚病，在实践上用马克思——这位书写具体的、政治和历史作品的作者——的真正理念来反驳"。葛兰西在马克思主义领域内想要有意识实现的这种转变可以说圆满完成了，对其后来思想的整体推进可以说是决定性的。如果不从这个理论断裂出发，我们就不能很好地理解葛兰西与马克思主义学说传统之间复杂的关系。

如果说葛兰西抛弃了还原论的简单化，那么他如何对社会形态进行更为充分的分析？这里我们要稍作理论迂回，并且小心翼翼地给予论证。阿尔都塞（受到葛兰西的很大影响）和他的同事在《阅读〈资本论〉》（*Reading Capital*）[①] 中对"生产方式"和他们所称之为的"社会构形"作出了重要区分。前者指的是经济关系的基本形式，这些关系规定了一个社会的特征，但却是出于分析需要的一种抽象，因为没有社会仅仅通过经济而运行；他们提出后一个概念的目的是提出这样一个观念，即社会必然是复杂结构化的整体性，在不同的组合中存在着不同层次的（如经济的，政治的和意识形态的）接合，而每一种组合都会导致社会力量的不同构形（configuration），从而导致社会发展的不同类

[①] Althusser and Balibar, London: New Left Books, 1970.

型。《阅读〈资本论〉》的作者试图提出这样的事实,即某个社会形构往往具有非同一般的特征,会有不止一种生产方式的结合。尽管这是对的,并且可能具有重要意义(我们会在下文提及,尤其是对后殖民社会来说),但在我看来,这并非这两个术语之间最为重要的区分。在"社会构形"中,我们处理的是由经济、政治和意识形态关系所构成的复杂结构化的社会,在这些关系中,接合的不同层面绝非简单地呼应对方或者成为彼此的"镜像",而是用阿尔都塞的恰当的隐喻来说,彼此互相"多元-决定"(《保卫马克思》)[1]。是这种不同接合层级的复杂结构化,而非一种以上的生产方式的存在,构成了"生产方式"的概念与必然是更具体且更具有历史具体性的"社会构形"概念之间的差异。

葛兰西追问的是后一个概念。他的意思是指,"结构"与"上层建筑"之间的关系,或者任何有机的历史运动在整个社会形构中从经济"基础"到伦理-政治关系领域的"通道",是处于所有非还原论或者非经济决定论分析的核心的。提出并解决那个问题就是进行这样的分析,这种分析奠基于对任何社会构形中不同社会实践之间多元决定的复杂关系的理解。

正是基于这样的原则,葛兰西在《现代君主论》中列举了他独具特色的"分析现状"的方式。这里无法一一列举他的复杂分析,但是有必要提纲挈领,将葛兰西的方法与更为"经济决定论"或者"还原论"的方法进行对比。他将"对政治的科学与技术的初步阐释——在此可以理解为研究的现实准则,以及有助于唤醒对于现实的兴趣并且激发更具穿透性的政治洞见细致观察"——视为一个讨论的议题,他进而补充认为,这种讨论必须是策略性的。

他论述说,首先我们必须理解社会中的基本结构——客观关系,或者说"生产力发展的程度",因为是这些要素为历史发展的整个形态确立了最为根本的界限和条件。在这里出现了某些主要的趋势,而这些趋势可能对这种或那种发展有利。还原论的错误就是将这些趋势和约束直接地转化为绝对得到决定的政治与意识形态效果;或者将它们抽象为某

---

[1] Althusser, *For Marx*, New York: Pantheon, 1969.

种"必然性的铁律"。事实上这些趋势和约束只是在它们能够定义历史力量展开——即在它们所定义的可能性界域中——才会形成结构化与决定性的作用。但它们无论是最开始还是最后,都无法完全决定政治和经济斗争的内容,更无法客观确定或者保证这些斗争的后果。

分析的下一步是将"有机的"历史运动与更为"偶然性的、直接的运动"区分开来,前者注定要深入社会层面,而且是相对长期的。在这个方面,葛兰西提醒我们说,一场"危机"如果是有机的,那就会延续几十年。这并非静态的现象,而是会伴随着不断的运动、论争和竞争等,这些代表了不同的群体试图克服或者解决危机的尝试,而他们这么做是为了自己长期的霸权。葛兰西论述说,理论上的危险在于"将原因呈现为直接起作用的,但事实上这些原因只是间接地起作用,或者在于宣称,直接的原因是唯一有效的原因"。第一种做法会导致过度的经济决定论;第二种做法会导致过度的意识形态主义(ideologism)(葛兰西非常关注在这两个极端之间的致命性游移,尤其是在失败的时刻,而这两者在现实中以颠倒的形式成为彼此的镜像)。葛兰西认为,根本就不存在什么能够必然将经济原因转化为直接的政治效果的"法则一样的"保障,在他看来,只有这些根本性的原因成为新的现实,这种分析才算成功并且成为"真实的"。用条件句的时态来取代实证的确凿性,这是非常关键的。

接下来,葛兰西坚持这样的事实,即危机的时长和复杂性无法机械地得到预测,但是会在较长的历史时期中展现;它们在相对"稳定化"的时期和快速、剧烈的变革时期之间移动。因此分期就成为分析的核心要素。这与早先对历史具体性的关注存在可比之处。"正是对各不相同的频率之间的'间隙'(intervals)的研究,让我们可以一方面重构结构与上层建筑的关系,另一方面重构有机运动的发展与结构中情境性运动的关系。"对葛兰西来说,这个"研究"绝没有机械论或者事先指定的色彩。

在确立动态的历史分析框架的基础之后,葛兰西开始转向分析构成政治与社会斗争和发展的现实领域内的历史力量——"力量对比关系"——的发展。这里他引入了一个重要观念,即我们所要探索的并不是一方对另一方的绝对胜利，也非完全将一方力量吸纳到另外一方。这种分析关注的是关系，即这是一个需要在关系中解决的问题，使用的观念是"不稳定的平衡"或者"对不稳定平衡的持续塑形和更替"。关键的问题是"力量对比关系对这种或那种趋势是否有利"。这种对"关系"和"不稳定平衡"的强调提醒我们，在任何特定历史时期失势的社会力量并不会从斗争的领域中销声匿迹；这些境况下的斗争也不会完全停止。例如，资产阶级对工人阶级的"绝对"或者彻底胜利，或者将工人阶级完全纳入资产阶级的筹划中去等观念，与葛兰西对霸权的定义毫无关系——虽然在学术评论中这两者经常被混淆。真正关键的总是力量对比关系中的趋势性平衡。

接下来葛兰西将"力量对比关系"区分为不同的时刻。他在这些时刻之间并没有确立必然的目的论性质的演变。第一个时刻与对蕴含着各种社会力量的客观情况的评估有关。第二个时刻与政治时刻，即"各个社会阶级所取得的同质性的程度，以及它们的自我意识和成立的组织"[①] 相关。这里关键的问题是，所谓的"阶级一体化"永远不可能先验地设定。一般认为，同一阶级虽然共享某些共同的存在条件，但也会被相互冲突的利益所分隔，在历史形构的真实发展过程中会被分化。因此阶级的"一体化"（unity）必然是复杂的，而且需要在具体的经济、政治和意识形态实践中生产——构建，创造——出来。决不能将其视为自动产生或者"给定的"。除了对处于原教旨马克思主义核心的这种自动的阶级概念进行彻底的历史化，葛兰西还进一步论述了马克思对"自在的阶级"与"自为的阶级"的区分。他注意到在恰当的条件下，阶级意识、组织和一体性得以发展所历经的不同阶段。首先存在的是"经济社团"阶段，这时职业的或者专业的团体认识到基本的共同利益，但并没有意识到更为广泛的阶级团结。其次是"阶级社团"阶段，这时利益阶级的团结发展了，但只限于经济领域。最后会出现这样的"霸权"时刻，这个时刻会超越纯粹经济团结在社团上的限制，包纳其他从属阶级的利益，并开始"在全社会宣传自己"，从而带来智识上、道德

---

① PN, p. 18.

上以及经济和政治上的一体化,并且"提出了斗争所围绕的问题……从而最终创造出某个基础性的社会群体对其他一系列从属群体的霸权"。正是这样一个过程构成了某个特定历史群体的"霸权",此时,会出现对一个支配群体的利益与其他群体的一般利益以及整个国家生活所进行的协调。① 只有在这种"民族-民众的"一致性的时刻中,才有可能形成葛兰西所说的"集体意志"。

然而,葛兰西提醒我们,即便是这种程度的有机一体化也并不会确保具体斗争的后果,这些斗争可能取胜也可能失败,这取决于军事和政治-军事力量上的对比关系的决定性战术的后果。尽管如此,他认为,"政治必须对军事要素享有优先权,只有政治才能创造出策略和运动的可能性"。②

关于这种论述,有三点值得特别关注。首先,"霸权"在社会生活中是一个非常特别、存在于具体历史中的短期性的"时刻"。在社会力量的具体构成或星丛中,一般来说很难取得这种程度的一致性,从而让社会开启一个非常新的历史议程。这种"和解"的时期很难长久维持。同时也绝非自动取得的,而是需要积极建构和维持。而危机表明了解体的开始。其次,我们必须注意到霸权的多维度和多场域（multi-arena）的特征。霸权决不能在斗争的一个阵线（如经济的）中得以确立或维持。霸权意味着同时对一系列各个不同的"位置"进行一定程度的掌控。它主要是依靠赢取广泛的大众同意,因此也意味着确立起社会和道德权威的深刻标准,而这些标准不仅为直接的支持者接受,整个社会也要接受。正是这种"权威"以及"领导权"得到实施的多元且广泛的场所,使得一段时期内在社会中"宣传"智识、道德、政治和经济方面的集体意志成为可能。最后,在霸权时期内的"领导"不再用传统的语言将之描述为"统治阶级",而是被称为历史集团。这与作为在分析上具有决定性层级的"阶级"有着批判性的关系;但霸权并不会将所有阶级转化为政治-意识形态舞台上的一体化的历史行动者。一个历

---

① PN, p. 182.
② Ibid.

史集团中的"领导要素"可能只是占统治地位的经济阶级中的一部分——例如金融而非产业资本；民族而非国际资本。与此相关，在"集团"之内，存在的是从属和被宰制的阶级部分，它们因为具体的让步和妥协政策而被赢取过来，并且构成了社会总体的一部分，虽然只是扮演从属的角色。对这些群体的"赢取"是塑造"扩张性和普遍化联盟"的结果，这又在特定的领导权之下起到凝聚历史集团的作用。每个霸权结构都会有其自身具体的社会构成和配置。这种概念化的方式与通常所使用的不够严谨的"统治阶级"概念有着很大的区别。

当然，霸权这个术语并非葛兰西的发明。列宁在分析的意义上曾用这个概念指出，俄国的工人阶级在建设社会主义国家的斗争中，必须确立对于农民的领导权。这是一个很有意思的问题。对发展中社会的研究向我们所提出的问题——这些社会没有经历向资本主义演化的"经典"道路，而马克思在《资本论》中是将资本主义（英国的例子）作为自己的范式的——是，在争取民族和经济发展的斗争中，不同的社会阶级之间的平衡和关系；在工业发展程度相对较低的社会中产业无产阶级相对次要的地位；以及最为重要的，在确立民族国家的斗争中，农民阶级究竟在多大程度上成为领导要素，或者甚至在某些案例中（中国是最为突出的代表，但古巴和越南也是重要的例子），成为领导的革命阶级。正是在这样的语境中，葛兰西开始使用霸权这个术语。在1920年的《论南方问题的笔记》（Notes on the Southern Question）中，他论述说，意大利的无产阶级只有在"成功创立一个允许动员工人阶级绝大多数去反对资本主义和资产阶级国家的联盟体系——（这意味着）成功取得广大农民群众的同意"——的条件下，才能够成为"领导的"阶级。

事实上，这在理论上已经是一个非常复杂和丰富的论述了。首先，这意味着，在有机的危机时刻成为决定性的社会或政治力量的，不是由一个单一同质的阶级所构成，而是有着复杂的社会构成。其次，这还暗示了，造成一致性的基础不是自动的，由其在经济生产方式的位置所给定，而是一种"联盟体系"。最后，尽管这种政治和社会力量植根于社会中根本性的阶级分化，但阶级斗争的真实形式有着更为广泛的社会特征——不仅是沿着"阶级对抗阶级"的路线分化社会，而且会沿着最广泛的对抗阵线进行分割（"劳动人口的绝大多数"）。例如，一边是全部的民众阶级，另一边是代表了资本利益的资本家以及国家的权力集团。事实上，在现代世界的民族和族裔斗争中，现实的斗争领域通常是以这种更为复杂、更为分化的方式而被分割的。困难就在于，这依然在理论上用了这样一些术语来这样描述，将真实社会构成的复杂性化约为两个简单的同质性的阶级集团之间的斗争。另外，葛兰西的再概念化将这些关键的战略问题提上了日程，如需要什么条件，将农民这样的阶级通过"赢取他们的同意"而非基于强制，赢取到民族斗争一边。

在他后期的写作中，葛兰西扩充了霸权的概念，进一步以概念化的方式对这一基本的"阶级联盟"作出论述。首先，"霸权"成为一般性的术语，可以用于所有阶级的战略；可以用于分析所有领导的历史集团的构成，而非仅仅限于无产阶级的战略。通过这种方式，他将这个概念转化为更具一般性的分析性术语。其适用性也更为明显。例如在南非，国家是以白人统治阶级与白人工人结成利益联盟来反对黑人的方式而得以维持的；或者说，在反对乡村大众与黑人的结盟中，南非政治的重要性即在于其企图"赢取"某些从属阶级和群体如有色群体或"部族"黑人的"同意"；又如在后发的后殖民社会中，为赢取民族独立而进行的所有解殖斗争都具有的"混合"阶级特征——这些以及其他一些具体的历史境况都可以通过这个概念的展开而得以澄清。

第二个发展就是葛兰西对"支配"（dominate）阶级和"领导"（lead）阶级所做的区分。支配和强制可以保证一个特定阶级上升为社会的统治阶级。但这种"上升"是有限度的。他必须时刻依赖强制性的手段，这比对同意的赢取更为重要。因为这个原因，它无法让历史性规划中社会的其他群体积极参与，从而来改造国家或激活社会。另一方面，"领导权"也有其"强制性"的一面。但这是通过赢取同意，考量从属集团的利益，并且让自己代表民众的方式而进行"领导"的。对葛兰西来说，并不存在纯粹的强制或同意——只存在这两个维度的不同程度的组合。霸权并非只限于在经济和行政领域内行使，也包括在关键的文化、道德、伦理和智识等领域内的领导权。只有在这些条件下，某些长期的历史性"规划"——如实现社会的现代化，提升社会运行的整体水平，或者改造国家政治的基础——才能有效地进入历史议程中。由此可见，葛兰西通过策略性地使用一些概念区分，扩展了"霸权"的概念，如支配和领导，强制和同意，经济—社团和道德与智识等维度。

在这种扩展的背后是基于葛兰西最重要的历史观念而作出的另外一个区分。这就是国家与市民社会的区分。在其《国家与市民社会》（State and Civil Society）一文中，葛兰西以多种方式阐述了这种区分。首先，他区分了两种斗争形式——"操控战"（war of manoeuvre），一切都聚结到一个阵线和一个斗争时刻，而且在"敌人的防御"中存在单一的战略性缺口，一旦打开这个缺口，就可以让新的力量"涌入并取得决定性的（战略）胜利"。其次就是"位置战"（war of position），这是一场漫长的战斗，有着诸多不同的阵线；几乎不存在单一的可以一次性大获全胜的突破点，或者如葛兰西所说"转瞬之间"就取得胜利。① "位置战"中真正关键的并非是敌人的"前沿阵地"，（继续使用军事性的比喻）而是"有赖于战场上军队背后领土上的组织和工业体系"，也就是整个社会结构，其中包括市民社会的结构和机构。葛兰西将"1917年"视为成功"操控战"的最后案例：它标志着"政治的技艺与科学在历史中决定性的转折点"。

这与第二个区分有所关联，即"东方"与"西方"的区分。这两个概念作为隐喻，在葛兰西这里代表了东欧和西欧的区别，同时也代表了俄国革命的模式与在工业化和自由民主的"西方"更为艰难的场域中所进行的政治斗争形式之间的区别。这里葛兰西触及了长期为很多马克思主义学者所忽视的关键问题，"西方"的政治条件无法匹配或者对应让俄国1917年革命成为可能的条件，这是一个核心问题，因为虽然存在根本性差异（以及"西方"无产阶级革命在后来的失败），马克思主义者依然着迷于革命与政治的"冬宫"模式。因此葛兰西对革命前

---

① PN, p. 233.

的俄国和"西方"在分析上做了重要区分，前者的现代化姗姗来迟，而且国家机器和官僚异常臃肿，市民社会相对落后，资本主义发展处于较低水平，而后者具有大众民主的形式以及复杂的市民社会，并且通过政治民主将大众的同意凝聚为国家更具共识性的基础。"在俄国，国家就是一切，市民社会还处于初生的混沌状态；而在西方，国家和市民社会之间存在着一种恰当的关系，当国家发生动摇时，市民社会稳定的结构就立即显现出来。国家只不过是外围的一条壕沟，它后面还屹立着坚固的堡垒和工事：所有国家都有很多堡垒和工事……这就让我们有必要去对每个单独的国家进行再认识。"[1]葛兰西并非仅仅强调历史具体性中的差异性，他也同时在描述一种历史过渡。正如《国家与市民社会》所表明的，他明显认识到"位置战"正在逐步取代"操控战"，因为"西方"国家的状况正越来越具备现代政治领域的特征（这里的"西方"不再是一个单纯的地理概念，而是代表了新的政治领域，这个领域由正在浮现的国家与市民社会的形式以及两者之间新的且更为复杂的关系所创造）。在这些更为"发达"的社会中，"市民社会成为非常复杂的结构……会抗拒直接的经济要素灾难性的'入侵'……市民社会的上层建筑就像是现代军事的战壕-系统"。只有一种新的政治战略形式才能适应这一全新的领域。"操控战更多地被简化为一种战术，而非战略功能"，而我们也从"正面进攻"转向"位置战"，后者需要"对霸权的前所未有的汇聚"，同时也是"非常艰难的，需要格外的耐心和创造性"，因为霸权一旦取得，就是"具有决定性的"。[2]

葛兰西从历史的角度来处理"这种从一种政治形式向另一种形式的过渡"。这在"西方"发生于1870年之后，与之伴随的是"欧洲的殖民扩张"，现代大众民主的出现，国家的角色和组织的复杂化，以及出现的对"市民霸权"（civil hegemony）的结构与过程的前所未有的阐述。这里葛兰西所要表明的部分是社会对抗的分化，权力的"分散"，而这发生在霸权得到维持的社会中，这种维持并非一定通过国家强制使

---

[1] PN, pp. 237-238.
[2] PN, pp. 238-239.

用的工具性，而是说这种维持奠基于市民社会的关系和机构中。在这样的社会中，市民社会中自主的结社、关系和机构，如学校、家庭、教会和宗教生活、文化组织、所谓的私人关系、性别、性取向和族裔身份等，实际上"对政治的技艺来说"，都成为"位置战前线中的'战壕'和永久性的堡垒：它们使得之前曾经是战争的'全部'运动要素变成了'部分性的'"。①

在这些背后是理论上进行重新定义的更为艰难的尝试。葛兰西实际上正在逐步改变某些版本的马克思主义对国家的狭隘定义，这种定义将国家还原为统治阶级的强制性工具，带上了某个排他性阶级的烙印，因此只能一击而破将其"砸碎"，对其进行改造。他后来不仅强调现代市民社会形态的复杂性，而且也强调现代国家的形态同样具有复杂性。国家不再被简单地视为行政和强制机器——它同时也具有"教育和塑造"的功能。这是凌驾于社会之上的霸权最终得到行使的地方（尽管并非霸权得到建构的唯一场所）。这也是多种要素聚结（condensation）的地方，并非是因为所有强制性宰制的形式必然会从其国家机器中发号施令，而是因为在其矛盾的结构中，聚结了各种各样不同的关系和实践，形成了一个明确的"统治系统"。正是这个原因，服从（使一致）或者"让最广泛群众的文明和道德适应经济生产机器持续发展具有了其必要性"。

因此他论述说，每个国家"都是伦理性的，因为其最为关键的功能之一就是将人民大众提升到特定的文化和道德水准（或类型）上，与发展所需要的生产力相适应，因此同时也就是与统治阶级的利益相适应"。② 这里我们要注意，葛兰西是如何强调权力和政治的新的维度，以及在伦理的、文化的和道德上对抗与斗争的新的领域的；他是如何最终回到更为"传统"的问题——"发展所需要的生产力"，"统治阶级的利益"的，但并非直接或者还原性地面对这些问题。这些问题只能间接地处理，通过一系列必要的置换和"转述"（crelays）：即通过不可逆

---

① PN, p. 243.
② PN, p. 258.

转的"从结构向复杂的上层建筑领域的通道转变……"

正是在这个框架中,葛兰西阐述了他对于国家的新的定义。现代国家要行使道德和教育方面的领导权——它会"计划、催促、激励、恳求,惩罚"。正是在国家这个场域,主导国家的社会力量集团不仅让自己的支配性正当化,并维持这种支配性,而且通过领导权和权威赢得了其所统治群体的积极同意。因此国家在建构霸权方面起到了关键作用。在这种解读中,国家不是一举就可以夺取、推翻或者"打碎"的事物,而是现代社会中复杂的构形,这种构形必须成为诸多不同战略与斗争的焦点,因为它是不同社会对立的场所。

葛兰西的思考中对概念的区分和发展如何丰富"霸权"这个基本概念,现在应该更清楚了。葛兰西关于国家与市民社会的真实看法在他的作品中也因为语境而有所不同,并且造成了某些混淆。[①] 但他对于这个问题的基本思考则是没有问题的。这就明白无误地指向了在现代社会中日趋复杂的国家与市民社会之间的关系。总体来看,它们构成了一个复杂的"系统",这个系统应该成为多面的政治策略类型的对象,而这种策略在多个不同的阵线上同时展开。国家概念的这种用法完全改造了关于所谓"后殖民国家"的绝大多数文献,这些文献预设了一个简单的宰制性的或者工具性的国家权力模型。

在这种语境下,我们决不能从字面意思来看待葛兰西对"东方"和"西方"所做的区分。很多所谓的"后发"社会都有着复杂的民主政体(用葛兰西的话说,它们也属于"西方")。在另外一些社会,国家吸纳了某些更为广泛的、具有教育性并掌握"领导权"的角色和功能,而这些角色和功能在工业化的西方自由民主国内,都处于市民社会中。因此关键并非按字面意思去理解或者机械地应用葛兰西的区分,而是利用他的洞见去阐释现代世界中国家与市民社会之间关系所具有的变动的复杂性,以及因为这种历史转变而造就的战略性政治斗争的主导特征的决定性转变——根本来说,就是将市民社会和国家同时视为斗争的整体性场所。他在某处论述说(某种程度上延伸了这个概念),一个扩展了的

---

① Anderson, "The Antinomies of Antonio Gramsci", *New Left Review*, No.100, 1977.

国家概念必须包括"政治社会＋市民社会"或者"由强制性的盔甲所保护的霸权"。[①] 他特别关注这些区分在不同社会中时如何得到不同的阐述,例如以"三权分立"为特征的自由主义的议会制民主国家和消灭这些分权形式的法西斯主义国家。在另外一处,他坚持国家的伦理和文化功能——提升了"绝大多数群众的文化和道德水平";以及"像学校这样的具有教育功能的关键机构"("积极的教育功能")和法庭("压迫性和消极性的教育功能")。这些强调将很多新的机构和斗争领域都纳入了传统上所理解的国家和政治中,从而使它们成为斗争的具体的和战略性的中心。其效果就是让政治的各种战线变得越来越多,并且让各种不同的社会对抗产生更多的分化。当我们以"位置战"的形式来理解现代政治时,斗争的不同战线就是政治与社会对抗的各个不同的场所,并且构成了现代政治的对象。传统强调的重点,例如围绕着学校教育,或文化性政治,及像家庭、传统社会组织、族裔和文化机构这样的市民社会机制所进行的各种不同类型的斗争,以及完全从属并被还原为聚结在工作场所中的工业斗争和只能在工会、造反政治或者议会政治之间进行简单选择的做法,都会在此得到系统性的挑战并最终被推翻。这对定义政治这一概念产生了令人激动的影响。

关于葛兰西作品中有趣的话题和主题,我打算最后来考察其关于意识形态、文化、知识分子的角色以及他所称之为"民族－民众"特征的筚路蓝缕之作。首先,葛兰西采纳了看似非常传统的关于意识形态的定义:"对于世界的概念或世界观,引领一场文化运动的哲学,某种宗教,能够产生某种实在行动或意志的'信仰',这种行动或意志中包含着某种哲学来作为隐而不彰的理论'前提'。"他补充说:"我们可以这样说意识形态,从前提上看这个词是在最好意义上被用以描绘的关于世界的概念,这种概念体现在艺术、法律、经济行为以及个体与集体生活的所有表现中。"接下来是试图明确提出意识形态就其社会功能所涉及的问题:"问题在于维持社会集团在意识形态上的一体化,而意识形态

---

① PN, p. 236.

就是用于凝聚和统合这种一体化的。"① 这个定义并非表面看起来那么简单，因为它预设了两个要素的根本性关联：一方面是处于任何明确的意识形态或世界观中心的哲学核心或前提；另一方面是对这种概念的必要阐述，并将其变为实用的和通俗的意识形式，以文化运动、政治趋势、信仰或宗教的形态来影响社会中的广大群众。葛兰西绝没有只关注意识形态的哲学内核；他总是关注有机的意识形态，之所以说有机，是因为它们触及实在的、日常生活中的常识，这些常识是"对大众进行组织，并且创造出人们活动，并从中可以获取关于他们地位的意识和斗争的领域"。

这就是葛兰西对"哲学"和"常识"所做的关键区分的基础。意识形态由两个截然不同的"地板"所构成。意识形态之所以能够前后一贯，主要依赖其专门化的哲学阐释。但这种形式的一惯性无法保证其有机的历史的有效性。只有当哲学潮流进入并且改变和改造实践的日常意识或者群众的流行想法时，这才能够被建立起来。后者就是他所称之为的"常识"。"常识"并非前后一贯的：它通常是"断裂的和片段性的"，零碎的和矛盾性的。更为一贯的哲学体系的踪迹和"层层沉积物"（stratified deposits）会慢慢渗透到常识中去，但并不会留下明确的观念体系。它将自身呈现为"传统智慧或者时代真理"，但事实上这很大程度上是历史的产物，是"历史进程的一部分"。常识为何如此重要？因为它是人民群众的实践意识借以形成的概念和范畴的领域。这是一个已然形成并"视为当然"的领域，更为一贯的意识形态和哲学必须在这个领域中争夺主导权；如果新的世界观想要塑造大众关于世界的认识并且成为在历史上有效的观念，它就必须考量、辩驳和改造原本的常识。"每一个哲学浪潮都会留下'常识'这种残余物；这是其历史效应的某种证明材料。常识并非僵化不变的，而是会持续改造自己，用渗透进普通生活的科学观念和哲学意见丰富自己。常识创造出关于未来的民间传说，这是处于特定时间和地点的民众知识的相对僵化的阶段。"②

---

① PN, p. 328.
② PN, p. 362.

正是这种对民众思想结构的关注，让葛兰西对意识形态的处理显得与众不同。因此他认为，只要思考，那么他就是哲学家或知识分子，因为所有的思想、行动和语言都是反思性的，构成了有意识的道德行为，并维系着对于世界的一定的认识（尽管并不是每个人都会行使"知识分子"的专门职能）。

另外，一个阶级对其生活的基本状况、所受约束的本质以及所共同承受剥削的形式，总会有自发的鲜活的理解，但这种理解并不是一贯的，不会在哲学观念上那么的清晰明确。葛兰西将这种一贯的、清晰的理解称为"善识"（good sense）①。但若是想要更新并且澄清这些民众的想法即"常识"，将其构建为更为一贯的政治理论或哲学思潮，总是需要更多的政治教育和文化政治。"对民众想法的提升"是建构集体意志过程中的核心问题，需要大量的智识组织工作——这是任何霸权性政治战略都需要的核心工作。葛兰西论述说，民众的信念以及人民的文化并非可以置之不顾的斗争领域，它们"本身就是物质性的力量"。②

因此这需要广泛的文化和意识形态斗争，来造就对塑造霸权来说必不可少的智识和伦理的一致性：这种斗争采取"以政治霸权和相反方向的斗争的形式，首先是在伦理领域，然后是在政治正确的领域"。③ 这对其他类型的斗争，如对民族运动、反殖民运动和反种族主义运动相关的斗争会产生直接的影响。在对这些观念的运用中，葛兰西的方法并非只是简单的"进步主义"。例如，他认识到就意大利的情况来说，缺乏真正的民众-民族文化，而这种文化可以轻易为人民的集体意志的形成奠定基础。他大多数关于文化、民众文学和宗教的作品都探索了意大利生活与社会中可能为这种发展奠定基础的潜在领域和趋势。例如，就意大利的情况来说，他证明了民众化天主教在多大程度上能够并且已经让自己成为"民众力量"的可能性，从而赋予其在塑形民众阶级的传统概念中独一无二的重要意义。他将此部分地归因于天主教对观念组织的

---

① 这个词的原本意思是理智、很好的判断力，这里为了与"常识"形成对应关系，翻译为"善识"。——译者注
② PN, p. 165.
③ PN, p. 333.

传统——尤其是维持哲学思想或教条与大众生活或常识之间直接关系的密切关注。葛兰西拒绝这样的看法，即观念和意识形态完全是自发展开的，没有方向的。就像市民社会的其他领域一样，宗教也需要进行组织：它具有其自身特定的发展场所，特定的转变过程，特定的斗争实践。他说："常识和更高级别的哲学之间的关系是由'政治'所确保的。"① 这个过程的主要机构当然是文化、教育和宗教机构，家庭，自主的社团等；同时还有也在意识形态与文化形成中居于中心地位的政党。核心的群体当然是知识分子，他们的特定责任就是负责文化和意识形态的发展与传播，他们或者与现有的社会和智识力量结成同盟（"传统"知识分子），或者与正在涌现的大众力量结成联盟，并且试图阐述新的观念潮流（"有机"知识分子）。就意大利的情况来说，葛兰西详细论述了与古典的、经院的，或教士的集团结盟的传统知识分子的重要功能，以及新涌现的知识分子阶层的相对弱势地位。

葛兰西关于这个问题的思考包纳了对意识形态主体的新颖和激进的概念化方式，这已经成为当下诸多理论工作的研究对象。他完全拒绝任何前定的统一的意识形态主体观念，例如，无产阶级具有"正确的"革命思想或者黑人必然具有反种族主义的意识。他认识到构成思想和观念的所谓"主体"的自我或身份具有"多元性"。他论述说，意识所具有的多层面特性并非是个体现象，而是集体现象，是"自我"与构成社会的文化领域的意识形态话语之间所形成关系的后果。他注意到，"人格是混合而成的，这非常奇怪"。它包含"石器时代的要素、更为先进的科学原则、过去历史阶段的成见……以及未来哲学的直觉……"② 葛兰西让我们注意意识中的如下矛盾：一方面是在行动中体现出的世界观，另一方面是在语言或思想中得到肯定的观念。这种复杂的、碎片化和矛盾性的意识的意识形态定义与"虚假意识"的定义相比要更胜一筹，后者是更为传统的马克思主义理论所持的观念，而且这种观念是基于自欺的概念。葛兰西正确地认识到了这一观念的不足。葛

---

① PN, p. 331.
② PN, p. 324.

兰西对传统观念中"给定的"和统一的意识形态阶级主体观念——这种观念是很多传统马克思主义理论的核心——的含蓄批判,与我之前所评论过的对于国家概念的有效修订,在重要性上不分伯仲。

葛兰西指出意识形态的问题总是集体性与社会性而非个体性的,并且明确承认在意识形态领域中所必然具有的复杂性和话语间性(inter-discursive)的特点。绝不存在渗透一切的单一的、一致且一贯的"主导意识形态"。在这个意义上葛兰西并不认同 阿伯克龙比(Abercrombie)等所说的"主导意识形态命题"。[①] 葛兰西并不同意这样的概念,即将一个群体可以完全吸纳进另一个群体的意识形态中,因而以为葛兰西也持有这种观念的想法在我看来是非常具有误导性的。"有很多的哲学思想的体系和潮流是共存的。"因此分析的目标,不是那种将所有人和事都吸纳其中的由"主导观念"构成的单一潮流,而是将意识形态作为由不同的话语潮流组成的差异性领域,其间存在着汇合点与分裂点以及不同的权力关系。简言之,是一个作为意识形态的复合体(complex)、总和体(ensemble)或者话语构成。问题是"这些意识形态潮流如何扩散,并且在扩散的过程中它们为何会在某些路线和方向上又出现了断裂"。

我认为,从这个论述思路中可以明确得出如下一点,即对葛兰西来说,尽管意识形态领域总是会被接合在不同的社会与政治位置上,但其形态和结构并不会准确反映、匹配或"呼应"社会的阶级结构。它们也不能被还原为自身的经济内容或功能。他论述说,观念"有一个构成、渗透、播撒和说服的中心"。[②] 它们也并非在每个个体的大脑中"自发孕育"。它们并不具有心理或者道德的特征,而是具有"结构性和认识论"的特征。它们在市民社会的机构和国家中以物质性的形态得到维持并受到改造。结果就是,与其说意识形态得到改造或改变是通过一个完整的、已然成型的世界观取代另外一个世界观,不如说是一种通过"革新和批判已然存在的活动"。当葛兰西描述旧的世界观如何逐渐

---

① *The Dominant Ideology Thesis*, Boston: Allen & Unwin, 1980.
② PN, p. 192.

被另外一种思想模式所取代,并且从内部得到加工和改造时,他已经明确认识到意识形态领域所具有的复调式重音和话语间性特征:"关键的是这样一种意识形态复合体所需要面对的批判……这使得差异与变化在过程所占的相关比重增大,而这原来则是为旧的意识形态要素通常所据有的……原先处于边缘和次要地位的……开始成为新的意识形态和理论复合体的核心。原有的集体意志融入了矛盾性要素,因为从属的要素在社会中得到发展……"这是认识意识形态斗争真实过程的更为原创性和更具生产性的方式。它也将文化视为在历史中塑形的领域,在这个领域上所有"新的"哲学和理论思潮都在运作并且它们也一定会来到这个领域。他让我们注意到那个领域所具有的被给定和具有规定性的特征,以及解构和重构过程的复杂性,正是借助这些过程,旧的联盟解体,新的联盟可以在不同的话语要素之间以及社会力量和观念之间确立起来。这不是用替代或者强行灌输的方式,而是依据观念的接合与去接合(disarticulation)的方式来看待意识形态的转变。

三

现在还需要指出,在分析种族主义和相关的社会问题时,葛兰西式的视角可能为我们提供哪些方式,来改造和再加工某些已有的理论与范式。我想再次强调,这不是将葛兰西的某些观点直接应用于某些问题。这是将一个特别的理论视角引入界定这个领域的根本的理论性和分析性的问题中。

首先,我想要指出对于历史特殊性的强调。无疑,种族主义存在某些一般性的特征。但更为重要的是这些一般性特征在它们得以变得活跃的语境和环境的历史特殊性中得到修改与转变的方式。在对种族主义特定的历史形式所展开的分析中,我们最好在更为具体的和历史化的抽象层面上(即不是一般性的种族主义而是各种各样的种族主义)展开工作。即便在我所知的有限情况(如英国)中,我认为,"强大"帝国时期的英国种族主义和衰落期成为英国社会结构基本特征的种族主义之间的区别——如果不是放在殖民背景上,而是将之视为本国经济中的劳动力和积累体制问题——比共性要大很多,也重要很多。通常是这样一种姿态会唆使我们接受如下误导性的观念,即因为种族主义在所有地方都是一种反人类和反社会的实践,所以在所有地方都是一样的,无论是就形式,与其他结构和进程的关系,还是就其效果来说。我认为,葛兰西有助于我们决定性地打破这种同质化的观念。

其次且不无相关的是,我想让读者注意到源于意大利历史经验的一个重点,这个重点让葛兰西对作为重要规定层面的民族特征和区域不平衡赋予了可观的重要性。并不存在同等影响某个社会形态各个方面的具有同质性的"发展规律"。我们需要更好地理解历史发展的不平衡的节奏和方向所产生的张力与矛盾。种族主义以及种族主义的实践和结构在社会形态的某些而非所有地方都频频发生;它们的影响是具有渗透性的,但也是不平衡的;正是它们影响的不平衡性可能有助于加深和激化这些带有冲突性的地区性对抗。

第三,我想要强调一下在涉及阶级和种族相互关系问题时所采取的非还原性的方法。这是最为复杂和艰难的理论问题之一,而且经常导致人们采取极端的立场。我们要么将阶级关系置于"优先"地位,强调说所有在族裔和种族问题上被分化的劳动力都从属资本内同样的剥削关系;要么会强调族裔和种族范畴与分化所具有的核心地位,将社会中根本性的阶级的结构性分化置于一边。这两个极端似乎彼此对立,但事实上它们是彼此颠倒的镜像,因为双方都觉得有必要生产出一个单一的、排他性的阐释原则——阶级或种族——即便到底哪个应该被赋予"优先"地位还存在分歧。我认为,葛兰西对阶级问题采取了非还原性的处理方式。他对任何具体的社会结构都有深刻的历史性的理解,所有这些都有助于走向一种非还原性的种族/阶级问题的方法。

葛兰西还注意到在任何具有历史特殊性的社会中,阶级构成在文化上所具有的具体特征,这也丰富了我们的方法。他从没有过这样的错误认识,即认为因为一般价值规律会让资本主义时代的劳动力具有同质化的趋势,因而在任何具体的社会中,这种同质化都会存在。事实上,我认为葛兰西的整个方法引导我们去质疑以传统形式表现出来的一般规律的有效性,因为它鼓励我们忽视价值规律——在全球而非国家范围内——得以运作的方式。价值规律因为劳动力在文化上具体的特征而运作,而非如经典理论让我们所认为的,通过系统性地消灭这些区别,将之看作世界范围内的划时代的历史趋势的不可避免的组成部分。当然,无论我们何时与"欧洲中心主义"的资本主义发展模式相决裂(甚至在那个模式中),我们真正发现的是资本在维护、适应其根本性的轨道,驾驭和剥削劳动力过程中的特殊性质,以及将它们整合进自己政体中所采取的多种方式。劳动力在族裔和种族结构化方面,就像其性别化构成一样,会对资本主义发展通常所认为的理性化的"全球"趋势产生抑制作用。然而,资本主义模式在全球的扩张中,也使这些分化维持了下来,事实上是得到了发展和强化。它们对分散的劳动力群体所进行的不同剥削形式提供了手段。在这种语境下,它们的经济、政治和社会效应是非常深远的。如果我们更加重视历史上不同的和具体的劳动形式在文化、社会、民族、族裔与性别上的构成的话,我们就可以更深入一步,认识到资本体制如何通过区别和分化,而非类似和统一进行运作。葛兰西虽然不是研究资本主义模式的理论家,但的确将我们引导向了那个方向。

另外,他的分析的确指向不同生产方式可以在同一个社会形态中进行组合的方式;这不光会指向区域的特殊性和不平衡性,而且也会指向在资本的社会体制内包纳所谓"落后"部门的不同模式(如在意大利结构内的意大利南部;在工业化欧洲更为发达的"北部"地区内的"地中海"南部;在通往依附性资本主义发展的亚洲和拉美社会中内陆地区的"农民"经济;大都会资本主义体制发展内部的"殖民"飞地;从历史上说,作为原始资本主义发展有机组成部分的奴隶社会;国内劳动力市场中的"外来"劳动力;成熟的资本主义经济内的"班图斯坦",等等)。从理论上来说,需要注意的是,这些具体的有所区别的"包纳"形式与种族主义的、在族裔上产生分化的以及其他类似社会特征的表象之间所具有的恒定的关联形式。

第四,存在着"阶级主体"的非同质性特征的问题。将阶级而非种族对于工人阶级或者农民的结构化置于优先地位的方法通常都基于这样的预设,即因为就与资本的关系来说,剥削模式是一样的,那么这种剥削模式的"阶级主体"必然不仅是在经济上而且在政治和意识形态上都是会统一起来的。如前所述，现在可以支持这样一种观念，即对劳动力不同部门的剥削模式的操作其实是"一样的"。而葛兰西的方法——对条件性进程、对不同的"时刻"，以及对从"自在的阶级"向"自为的阶级"转变或者对从社会发展的"经济-社团"到"霸权"时刻的转变的偶然特征进行区分——的确彻底且决定性地将统一性的简单观念问题化了。甚至"霸权"时刻也不再被概念化为简单的统一时刻，而是建立在不同群体战略联盟基础之上的，而非它们预先给定的身份之上的（永远不会彻底实现的）统一化过程。这就可以解释族裔和种族差异如何可以在一个阶级内——这个阶级就所有制和被剥夺了"生产资料"的意义来说从属大体类似的剥削形式——被建构为一系列经济的、政治的或意识形态的对抗。这些对抗——提供了神奇的护身符，并且从更为多元的社会分层模式和定义的角度对马克思主义的阶级定义作出了区分——当其需要在阶级内部的不同部门和群体内解释真实与具体的历史动态机制时，到现在已经耗尽了其理论的有用性。

第五，我已经指出过，在葛兰西式的模式内，经济、政治和意识形态维度之间缺乏一般认为应有的对应关系。但是这里我想为了强调起见，提出这种非对应关系的政治后果。这会产生这样的理论效果，即可以迫使我们抛弃关于阶级应该如何理想化地或者抽象化地在政治上行动的图式性建构，以取代它们如何在真实的历史情境下展开真实行动的研究。这通常是旧的对应模式的后果，即对阶级和其他作为政治力量的相关社会力量的分析，以及对政治领域本身的研究，已经成了一种不假思索的、图式化的和残渣化的活动。当然，如果存在着"对应关系"，另外还有经济对其他决定性要素的"优先地位"，那么当政治只不过是以置换和从属的方式反映经济的"最后"决定作用，为什么还要浪费时间来分析政治的领域？葛兰西绝不会有这种还原论的想法。他知道他是在分析结构上非常复杂，而非简单透明的社会形态。他知道政治有其"相对自主"的形式、节奏、轨道等，这些需要认真研究，发明出相应的概念并且注意到它们真实的和回溯性的效应。

另外，葛兰西使用了几个核心概念，这些概念有助于在理论上区分在如下概念中——如霸权、历史集团、更宽泛意义上的"政党"、消极革命、转型主义（transformism）①、传统与有机的知识分子、策略性同盟——哪些能够构成非常显著和独特的开端。在因种族而产生的结构化和支配关系的境况下，对政治的研究如何能够通过积极应用这些新提出的概念而得到启发，这还是有待澄清的问题。

第六，就国家来说，也可以提出类似的论述。就与种族和族裔的阶级斗争的关系来说，国家一直被视为具有排他性的强制的、支配性的和搞阴谋诡计的单位。葛兰西与这种观念彻底决裂。他对支配/指导的区分，再加上对国家的"教育性"角色、"意识形态"特征及其在构建霸权性策略方面的位置的分析——无论这些原创性的概念有多么的粗糙——都能用以改造与种族主义实践相关的国家的研究，还有与"后殖民国家"的相关现象的研究。葛兰西对国家与市民社会区分的辨别——即便这种区分在他自己的作品中也不是很稳定——是个极为灵活的理论工具，也有可能让分析者比过去更加关注所谓"市民社会"中的制度和进程——而市民社会本身也处于依据种族而被结构化的社会构形中。学校教育、文化机构、家庭和性生活、公民结社的模式和方式、教堂与宗教、公社化或者组织化的形式、与族裔相关的特殊机构，以及其他诸多场所都在给予、维持和再生产不同的，因种族而得以结构化的社会方面起到了绝对关键的作用。在任何受到葛兰西影响的分析中，这些都不会被置于无关紧要的位置。

第七，沿着这个思路，我们可能会注意到葛兰西的分析对社会发展中的文化要素所赋予的核心地位。这里我所谓的文化意味着任何特殊历史社会中的实践、表征、语言和习俗的真实而坚实的领域。我同时也指的是扎根并且塑造民众生活的"常识"的矛盾形式。我也想将葛兰西包含在"民族-民众"（national-popular）这个主题下的一切问题都纳入文化的范畴中。葛兰西认为，这些构成了建构民众霸权的关键场所。作为政治和意识形态斗争与实践的对象，它们是关键的问题，并且构成了变化中的民族资源，同时也是新的集体意志发展的潜在障碍。例如，

---

① "转型主义"和"消极革命"有联带关系。葛兰西借此名词来描述意大利建国过程中，左派与右派通过政治协商、延揽入阁等方式达成政治联合的关系。因此在转型主义的体制里，没有真正的反对派，或是权力转移。——译者注

葛兰西完全理解，在意大利的特定境况中，民众化了的天主教如何构成了强有力的趋势，而这个趋势与世俗的、进步的"民族－民众"文化的发展背道而驰；在意大利，存在着应该如何处理民众化天主教的问题，而非简单将其置于一边。他也认识到——很多人却没有——法西斯主义在意大利"同化"民族－民众文化的落后特征并且将其重构为反动的民族形式所起到的作用，这种同化和重构有着真正的群众基础，并且得到民众的真心支持。如果我们将这个视角用于其他可类比的情况，在这些情况中种族和族裔总是具有强大的文化、民族－民众内涵，而葛兰西的洞见依然具有很强的启发性。

第八，我想要提及葛兰西在意识形态领域的作品。很明显，即便"种族主义"不算是独一无二的意识形态现象，也有着非常关键的意识形态维度。因此，唯物主义的意识形态理论所具有的相对粗糙和还原论的特征，结果就成为这个领域内分析作品的巨大的绊脚石。这种分析特别被关于意识和意识形态的同质性的、没有矛盾的概念所简化了，这让很多评论者在需要说明在工人阶级或者像工会这样的机构内——这些机构从理论上来说应该采取的是反种族主义的立场——存在种族主义意识形态时会变得不知所措。"工人阶级种族主义"现象虽说不是唯一需要解释的问题，但事实证明需要艰难的分析。

葛兰西对携有民众意识的意识形态领域的形成和转变及其形成过程的整个路径的分析，决定性地解答了这个问题。他表明，从属性的意识形态必然且无可避免地具有矛盾性："石器时代的要素、更为先进的科学原则、过去历史阶段的成见……以及未来哲学的直觉……"他表明，这些意识形态背后的所谓"自我"并非是一个统一的，而是矛盾性的主体和社会建构物。因此他也帮助我们理解了"种族主义"最为常见同时也是最少得到解释的特征：种族主义的牺牲品"臣服于"囚禁和规定他们的种族主义意识形态的神秘化。他表明了，各有不同且通常是彼此矛盾的要素如何被编织进并且被整合进不同的意识形态话语中；同时还有试图转变民众观念和群众"常识"的意识形态斗争的本质与价值。所有这些对分析种族主义意识形态以及意识形态斗争的核心地位来说都有着极其重要的意义。

葛兰西以这些各有不同的方式——同时还有其他我在此无法论述的方式——证明了,在研究因种族而产生结构化的社会现象方面,他是在理论上最富有启发性的,同时也是最不为人所知、所理解的新观念、新范式和新视角的源泉。

(王行坤　译)

谁的遗产？*

——未决的"遗产"，重新想象后民族

这次主题为"谁的遗产？"的研讨会为我们提供了一个机会，以便从多元文化的英国的视角来批评性地审视"英国遗产"这个整体的概念，这种多元文化主义在第二次世界大战结束就开始出现了。这需要我们回答，"非裔英国人"的存在以及在我们日常生活现实中无处不在的文化多样性和差异性是如何——以及应该如何——去改变"英国遗产"的。

在准备这个会议发言的时候，我再次为"遗产"这个词语的离奇古怪的含义所震惊，相信你们大多数人也会这样。这个词已经如此无辜地滑进了我们的日常言谈！我将这个词理解为致力于保存和呈现文化与艺术的所有的组织、机构与实践——各种各样的艺术画廊、专家收藏、公共和私人博物馆（综合的，概况性的或主题性的，历史或科学的，民族的或地方的）以及那些具有特别历史价值的景点。

英国对这个词的用法的奇怪之处是特别强调保护与保存：保存已有的——而不是将它看作在不同媒介中生产与流通的新产品，后者只占据次要的地位。英国的"文化"观念里总有些某种含糊与让人不安的东西，就好像对文化的命名意味着让那些文人雅士意识到自己在无意识中吮吸自己的母乳！文化部门现在则被看作那些过时的，目前已经名声扫

---

* 原题"Whose Heritage? Un-settling 'The Heritage', Re-imagining the Post-nation"，原文载于 Third Text 49, Winter 1999–2000。本文也是作者于1999年11月1日在英国曼彻斯特的G-Mex会议"谁的遗产？——在现存英国遗产中文化多样性的影响"上所作的主旨发言。

地的东欧政体曾担当的工作，都是些有问题的协会！因此文化只有和更容易接受的具有大众色彩的"媒体"与"体育"在一起时，才能进入现代英国政府的命名中。

这就给英国的"遗产"观念赋予了一种特别的变义（inflection）。保存下来的作品和器物好像首先因为与过去的关系而"有价值"。为了让自身有价值，它们必须与那些被认证为"有价值"的作品同台出现，后者之所以有价值是因为与我们已经知道的"民族故事"的展开有所关联。遗产因而也就成为民族精神的物质载体，成为英国版传统的集体表征，成为关于英国美德词汇表中的一个关键概念。

这种回溯性、民族化以及传统化了的文化概念会在不同时刻回来纠缠我们的思想。然而，它也可以成为某种警示，即我的强调的确包含与对过去的保存联系在一起的积极的文化生产、活的艺术。

我们将越来越多的国家财富——尤其是自从"乐透彩"（The Lottery）出现以来——花在"遗产"上。但这是为了什么？显然，是为后代保存有价值的东西，无论这是以美学的还是历史的标准看。但这仅仅是开始。从西方社会最早的历史开始——通过"奇珍异宝柜"的各种各样的收藏——藏品为那些有权有势的人如国王、王子、教皇、地主和商人增添光彩，藏品让他们的财富和地位更加显赫。它们也总是与另一种意义上的"权力"，即规划知识、确立等级、分门别类、通过阐释性框架对事物赋予意义、发放奖学金和确立鉴赏家身份等象征权力的行使紧密相关。正如福柯所观察到的："没有对知识场域的相关建构就没有权力关系，没有预设与构建也就不存在有关权力关系的知识。"[1]

从18世纪开始，对文化物品和艺术作品的收集与非正式的公共教育紧密相关。这些已经不只简单是"治理"的一部分，而是"治理术"（governmentality）更为广泛的实践的一部分——国家如何间接地从一定距离诱导并要求其公民采取恰当的行为态度和形式。正如葛兰西所说，国家总是"教育性的"。通过保存和表征文化的权力，国家也承担某些教育公民的责任，正如维多利亚时期的人所说，传授"真正有用的知

---

[1] Michel Foucault, *Discipline and Punish*, Tavistock, London, 1977.

识",这会让粗野之人富有灵性,会让芸芸众生获取能力。这是对他们"归属感"(belongingness)的真正测试:文化于是完成了社会收编(incorporation)的任务。

民族国家既是一个政治实体也是一个地域实体,记住这一点很重要,而本尼迪克特·安德森(Benedict Anderson)将其称为"想象的共同体"。[1] 尽管我们彼此是陌生人,但我们组成了一个"想象的共同体",这是因为我们共享同一个民族的观念以及意义,我们可以在头脑中将它们"想象"出来。共享的民族身份因此有赖将每个成员都纳入更大的民族故事及其文化意义中。即便英国这样所谓的"公民"国家也被深深地嵌入了特定的"族裔"(ethnic)或者文化意义中,从而赋予抽象的民族观念以活生生的"内容"。

民族遗产是这些意义的强大来源。如此一来那些在镜中看不到自己形象的人就不能恰当地说是"属于"他们的了。即便博物馆和藏品也致力于展示文化的普世性而非民族性成就——如大英博物馆、卢浮宫或纽约大都会博物馆——它们也要被纳入民族故事中。卡罗尔·邓肯(Carol Duncan)和艾伦·沃拉奇(Alan Wallach)论述说,这些机构"宣称古典传统的遗产可以服务于当代社会,并且将这种传统等同于文明自身的概念"。[2] 现代或当代艺术博物馆基本也是如此,因为它们殖民了"现代""现代性"和"现代主义"的观念,将后者视为"西方"独有的发明。

遗产通过双重的铭写(inscription)而被吸纳到民族的意义中。民族的意义被本质化了:"英国人似乎没有意识到,自1066年以来任何根本性的东西都改变了。"[3] 其本质意义似乎在其初露端倪的时刻就已经出现了——这是一个注定要遗失在时间的神话和迷雾中的时刻——然后作为一种升华了的本质体现在多种多样的民族艺术和器物中,而遗产则为这种本质提供了可证明的档案。事实上,民族的"意义"是一个持

---

[1] Benedict Anderson, *Imagined Communities*, Verso, London, 1983.
[2] Carol Duncan and Alan Wallach, "The Universal Survey Museum", *Art History*, No. 4, December, 1980, p. 451.
[3] Norman Davies, "But We Never Stand Quite Alone", *The Guardian*, 13 November, 1999.

续的规划，处于不断的重建过程中。我们部分是通过用来代表和象征其核心价值的事物与器物来了解其意义的。其意义是从内部建构的，而未超出表征（representation）以外。正是通过与这些表征相认同，我们才成为其"主体"（subjects）——让自己"臣服"于其支配性意义。如果没有教堂、城堡、乡村庄园、花园、茅草屋、灌木树篱的风景、特拉法加（Trafalgars），敦刻尔克、尼尔森、丘吉尔、埃尔加和本杰明·布里顿（Benjamin Britten），"英格兰"还有什么意义？

我们应该将遗产视为一种话语实践。这是民族为自己构建某种集体社会记忆的方式之一。个人和家庭将生活中各种随机的事件和偶然的转折"编造"成一个单一的、连贯的叙事，以此来构建自己的身份，民族也会有选择地将光荣和值得记忆的成就编成一个逐步展开的"民族故事"，从而构建身份。这个故事就是所谓的"传统"。正如牙买加人类学家大卫·斯科特（David Scott）最近所观察到的："传统……试图在自身的叙事结构中，以权威的形式将过去、共同体与身份之间的关系勾连起来。"他继续论述说：

> 就其自身所体现的价值来说，传统绝非是中立的。我们可以说，传统在自身所建构的故事中并且通过这些故事而运作——哪些可以纳入进来，哪些不能纳入进来；哪些优点和美德应该珍视……从这个观点看……如果说传统预设了某种"共同拥有"，但他并不预设一致性或者共识。而是说传统依赖于冲突和竞争的游戏。它既是共识的空间，也是冲突的空间，既是同意的空间，也是异议的空间。①

遗产是雷蒙·威廉斯所说的"选择性传统"运作的经典例证：

> 从理论上说一个时期得以记录下来；在实践中，这种记录被吸

---

① David Scott, *Re-fashioning Futures: Criticism after Post-Coloniality*, Princeton, New Jersey, 1999.

纳进选择性传统中；这两者与人们所体验的文化截然不同……从某种程度上说，选择始于这段时期本身……尽管这并不意味着价值和重点会在以后得到肯定。①

社会记忆和个人记忆一样，也是高度选择性的，它会凸显某些事，也会淡化某些事，也会从偶然和随机的事件中构造出其开端、过程与结尾。同理，它也会简化、压制、否定、遗忘和逃避很多故事——从另一个视角看，这些故事也可能成为不同叙事的开始。这个选择性的"经典化"（canonisation）过程为选择性的传统赋予了权威和一种物质与机构上的确定性，想要让其改变与修正是极其困难的。负责制造这种"选择性传统"的机构也会在其自身的"真相"上大做文章。

遗产必然会反映其所处时代和语境的主导性预设。它总会被那些殖民过去、掌握历史解释权的权力和权威所扭曲。这些预设和权力的坐标好像是自然而然存在于此的——是确定的、永恒的、真实的、不可避免的。但是只需要一段时间，如情境的转变、历史的扭转，就可以昭示出这些预设是受到时间和语境制约的，是处于具体历史中的，并且要面向竞争、再协商和修正的。

因此现在我们可以追问，确立遗产是为了谁？就英国来说，答案很清楚。是为了那些"归属"于它的人，他们归属于一个被想象为在文化上同质和一体化的社会。

我们早就应该来彻底质疑这个根本性的预设。

当然，不可否认的是，英国最近已经成为一个相对稳定的社会与"文化"，但是在走向民族-国家的过程中，大不列颠和爱尔兰（后来叫"北爱尔兰"）联合王国事实上是一个相对晚近的历史建构物，是18、19和20世纪的产物。英国本身因一系列的入侵、征服和定居而被造就——凯尔特人、罗马人、撒克逊人、维京人、诺曼人和安茹人——他们的"踪迹"在民族语言中体现得非常明显。《联合法案》将苏格兰、英格兰和威尔士合并成了统一的王国，但从来没有实现文化上的平

---

① Raymond Williams, *The Long Revolution*, Pelican, Harmondsworth, 1963.

等——这个事实通常因为"不列颠性"（Britishness）和"英国性"（Englishness）的隐秘交叉与替代关系而变得模糊不清。[1]

1701年的《王位继承法》（The Act of Settlement）确保了新教支配权（Protestant ascendancy），在凯尔特/天主教和盎格鲁-撒克逊/新教之间确立了至关重要的象征边界。在1801年（《联合法案》确立的日子，爱尔兰并入大不列颠）和1922年[2]的爱尔兰分裂之间，事实证明，英国的国家故事无法将"爱尔兰性"（Irishness）收编到"不列颠性"中，或者说，无法将爱尔兰天主教移民整合进想象的"英国性"。爱尔兰人的文化和存在在今天依然处于边缘状态。

尽管相对稳定，但英国社会内部总是存在深刻的差异。总是存在不同的做"英国人"的方式。阶级、性别以及区域差别总会造就不同的英国人。一般人所知道的"真正的英国的生活方式"总是具有误导性的，因为它只是某种结构性社会不平等的特殊和解方式的别名。许多伟大的成就在回顾中如今已铭写进国家的词汇中，被看作原初的英国德性，如法治、言论自由、充分的公民权、结社权、国民医疗服务制度以及福利国家本身等。这些德性被某些英国人奋力争取，又被某些英国人极力反对。我们不禁要问，这种具有深刻断裂和裂痕的历史——安宁与冲突相交织——在主导性的国家叙事所呈现出的遗产中，到底处于何种位置？

大英帝国是现代世界最大的帝国。大不列颠中的"大"与其帝国的命运紧密相关。几个世纪以来，在帝国的联合运作体中，其财富得到巩固，其城市得到发展，其农业和工业得到革命性改造，其作为一个民族的运势已经确定，其海上和商业霸权得到保障，衣食丰足，交通便利，装饰华美。任何看了4频道《奴隶贸易》（The Slave Trade）系列、西印度军团的"隐秘历史"或者BBC的《布尔战争》（The Boer War）的人都会明白，殖民、奴隶制、帝国与所有阶级的日常生活以及英国人的境况是多么的息息相关。帝国的象征最后在遗产中出现了。但一般说来，

---

[1] 关于这个问题，见 Norman Davies, *The Isles: A History*, Macmillan, Basingstoke, 1999。
[2] 爱尔兰独立应为1921年。——译者注

"帝国"也越来越受到大范围的选择性遗忘和否定的影响。但帝国的象征真的出现的时候,它很大程度上是从殖民者的视角而得到叙述的。其主导叙事在具体场景、意象和文物中得到延续,这些都表现出了英国在推行其意志、文化和制度以及在全世界范围内完成其传播文明的使命方面所取得的成果。同时,这些民族文化中的构成部分又在现在被表呈为一种外部的附录,也就是说其对英国社会形构的国内历史和文化来说是外部性的。

尽管如此,遗产的观念必须回应起码两种主要挑战。我们可以将第一个挑战称为民主化进程。越来越多的普通英国人的生活、器物、房屋、工作场所、工具、习俗以及口述记忆已经慢慢在伟人的霸权位置边上占据了一席之地。当地乡土建筑和农业及工业革命,对"底层历史"兴趣的爆发,以及个人记忆的本地、家庭历史的传播,口述史的收集——例如拉斐尔·塞缪尔(Raphael Samuel)在《记忆的剧场》(*Theatres of Memory*)中对"民众遗产"的赞美——这些都让我们对价值的概念、哪些值得保存、哪些不值得保存的观念得以转变,并变得民主化了。这方面已经存在一些勇敢且不乏争议的尝试,如利物浦黑奴贸易博物馆和海事博物馆重新挂出的那些展品。然而,大体而言,这个过程至今已在未曾言明的英国价值观所确定的边界——即"白人性"上突然停了下来。

第二场"革命"源于对启蒙运动中超然的普遍知识的批判,这些知识曾经驱动并激发了过去诸多确立遗产的活动。这与崛起的文化相对主义是相伴而生的,后者也是不断对西方、西方中心主义或者欧洲中心主义的宏大叙事进行去中心化的一个部分。我们看到20世纪80年代巴黎蓬皮杜中心的"大地上的魔法师"(*Magiciens de la Terre*)展览,纽约大都会博物馆来自新西兰的"您,毛利"(*Te Maori*)展,人类博物馆来自新几内亚的"伊甸园"(*Paradise*)展览,加拿大卡尔加里关于加拿大"初民"的"灵魂在歌唱"(*Spirit Sings*)展览,纽约非洲艺术中心的"视角:非洲艺术的角度"(*Perspectives: Angles on African Art*)展览,等等,等等。对于"他者文化"的展览虽总是出于最好的意图,但结果总会产生争议。某些问题——"谁应该掌握表征的权力?""谁应该有表征他者文化的权力?"——总是会回荡在全世界博物馆走廊中,从而引发权威的危机。

这两种发展标志着我们与建构"遗产"行为的关系所经历的一个重大转变。它们也转而反映了我们可以粗略称为智识文化的东西所经历的一些概念转变。这些转变包括:边缘群体彻底认识到在表征行为中蕴含有符号的权力;越来越认识到文化的中心化及其与身份的关系;被排斥的群体已意识到与过去的平等政治相关并行存在着一种"承认政治"(politics of recognition);认识到某些人借以"写他者文化"的权威是构建出来并因而是可以质疑的;拒绝接受传统的权威在提供阐释和分析框架方面的权力,这些框架会对文化进行分类、定位、比较和评估,从而要求夺回"书写自己的故事"的控制权,并将之作为更广泛的文化解放进程的一部分——法侬和艾米卡·卡布拉尔(Amilcar Cabral)[①]将其称为"思想上的解殖化"(decolonization)。简言之,便是对"真理""理性"和其他抽象的启蒙运动价值进行相对化的处理,真理即阐释的观点和语境主义的概念愈益深入人心,这也是将"真理"视为福柯所谓的"权力意志"的一部分……

上述每一个发展都需要一场讲座来进行论述。但这里我只能整体概述,来对根本性的基础进行质疑和颠覆,而遗产-建构的过程直到最近都是基于这个基础展开的。我们看到它在很多方面都得到反映:支撑艺术作品并框定展品的文本如何在博物馆得到重新书写;将主导选择和阐释的语境化"视角"公之于众,从而为挑战和再阐释打开空间;昭示出价值、意义和关联背后的预设,将之作为文化机构与其观众之间更具有对话性的一部分;尝试将"主体"纳入展览过程,从而将他们客体化。这些都只是文化表征实践中深层次的、缓慢移行的革命的一些显著迹象。

这些努力已经小有气候,但肯定还没有在英国遗产"工业"的机构复合体中作为一个整体得到广泛与普遍的应用。他们的呈现最多只能算

---

① 艾米卡·卡布拉尔(Amilcar Cabral,1924—1973),几内亚比绍和佛得角的理论家、诗人与革命家,非洲最著名的反殖民运动领袖,于1973年被刺杀。——译者注

是补充性的，人们只是给予口头赞美，并没有当真。尽管如此，在当下向更为文化多元主义"偏移"的英国的背景下，"谁的遗产？"的问题应该成为这种正在出现的"转向"的主导要素。我将"文化多样性"的出现视为刚刚得到重组的艺术委员会的首要政策；这使得政府和文化部对自己意图的陈述有了更明显的呈示；也表明英国文化协会（British Council）最近想要在国外树立更为"多元的"英国文化形象的努力；这也包括宣布举办一直拖延下来的、晚于阿姆斯特丹两年的"文化多样年"，无论如何，它是很受欢迎的，可将之视为一种富有潜力的虽然还不甚确定的变化的先兆。

假设这会成为一个顺利的时刻。那些感觉自己在文化之镜中（遗产便是通过它来支撑英国社会的）没有得到充分表征的人，他们从中想得到什么呢？

毋庸多言，我们需要专门用于这一目标的经费。一旦提到实现这些目标所需的经费和物质资源，政府就会面露难色，然后"不要拿钱打水漂"的烦人抱怨声就会越来越大。然而，关键的文化-转变——不啻于某种文化革命——可能以这样的方式发生，民族会再现出自身以及自己的"臣民-公民"的多元性，而不是一个资源的再分配，这种将对整个问题显示为空洞与琐碎的讨论。

事实上，经费的确是不够的。因为如果我的论述没错的话，转变所遭遇的同样强大的障碍还有深层的制度性原因，很多关键的组织都依赖这种制度性，来从事他们过去一直从事的事情；同时还有操作层面的惰性，这种惰性会抗拒那些来自重要专业的人士，因为这些专家会从头开始重新审视他们的判断标准与把关工作，并且试图改变一种职业习性。这就要求有一个真正强化的项目，从"少数人"群体中培训和征集策展人、专业人员与艺术家，以使他们能让自己的知识和专业能力起到转变主导的策展与展览习惯的作用。这也要求国家和政府发挥大量杠杆性的作用，真正而非只是名义上生产出一个在文化上更具多元性，并具有社会公正、平等且包纳的社会与文化，让文化机构对公众负责。现在已有很多的讨论，但直到目前还没有连贯性努力的迹象。

尽管如此，在我看来，我们在这里还是有机会来澄清自己的思想，并且优化我们的规划,以便能抓住机遇去挑战现有的机制,争取资源,转变重点,让实践策略地纳入正确的方向。我接下来的讲话就是要致力于理清某些问题。

首先,我们应该搞清楚,以我们的名义来展开论述中的"我们"到底是谁。根本说来,我们想到的是从加勒比和印度次大陆来的"少数族裔共同体",自从20世纪50年代英国转变为文化多元的社会,他们的数量大为增加,其他还有来自非洲、中东、中国、远东和拉美的非欧裔少数群体。他们在让英国社会和文化变得更为多元的方面所起到的作用是显而易见且颇为关键的。如果我说现在英国的文化和艺术机构恰当地呈现了这些社群的复杂性,大家可能会非常吃惊。我们对他们的图像化认识主要是通过他们的"他者性"而得以规定的——这也是他们作为少数人与含糊不清的"大多数"所具有的关系,他们与欧洲规范的文化差异,他们的非白人性,他们因为族裔、宗教和"种族"而得到"标记"。这是一种负面的、化约性和简单化的描述。

有些民族在英国形成了社群,这种社群虽然在文化上有明确的标记,然而也并非分离主义或者排他性的。某些传统的文化实践还是以各种方式延续了下来,并且因多样化的方式赢得了尊重。同时他们对于那种文化的依赖程度和形式又是流动与变化的,不断处于协商之中,尤其是在男女之间,在群体内部和群体之间,特别是在代际之间。传统与新兴的、杂交的、跨域的文化形式并存,这些文化形式充满活力与革新。这些社群以它们的差异性相互接触,并没有完全为传统所裹挟。它们与周边生活的各个方面积极互动,并没有造成同化或者同一的幻象。这是一种新的差异,这种差异不是二元对立的(只能二者选一)而是"延异"的(如德里达所说),不会被擦除(erased)或者交换掉。①

它们的生活与经验由与犹太-基督教和古典传统极为不同的思想传统、宗教与道德价值所塑造;同时还有受压迫和被边缘化的历史经验。很多人所接触到的语言和文化都先于"西方"的语言和文化。尽管殖民主义在很久之前就已将这些文化差异归入帝国空洞的"全球"时间

---

① Jacques Derrida, *Margins of Philosophy*, Harvester, Brighton, 1982.

中，但是并没有通过对这些"世界"的入侵，而有效地擦除时间、空间和文化上的断裂与错位。这就是后殖民世界的余迹。正如詹姆斯（C. L. R. James）曾经所述，这些社群"位于欧洲，但不属于欧洲"。[①]尽管如此，他们三四个世纪之前就认识欧洲了。南迪（Ashis Nandy）对此使用了一个让人印象深刻的术语，"亲密的敌人"。[②] 他们也是大卫·斯科特（David Scott）所谓的"现代性的被征召者"（conscripts of modernity）。他们在移民很久以前，便在殖民化的双重或三重时间中生存多年，现在他们住在后殖民大都市的多重框架中，处在间性（in-between）或"第三"空间，即远离家园的家之中。

没有什么单一的项目或者议程能够充分展现这种文化复杂性，尤其是他们的"不可能的"欲望，既要公正地（"同样地"）被对待和表呈，同时自身的"差异"也要得到承认。这种议程应该开放且多元地展现出这样一种状况，即为新旧之间的横向关联与互惠性的全球影响所交切，并且拒绝静止或固化。我们自己也应当认识到，存在很多相互补充但有所不同的表呈方式，正如存在很多"做黑人"的不同方式。

这里我们只能简要概括，确立这样的议程需要哪些基本要素或构件？

第一，存在这样的要求，即大多数的、作为遗产的主流版本应该修订它们的自我定义并且将边缘重新纳入中心，将外部移入内部。这与其说是表征"我们"的问题，不如说是表征更多的人，因为"他们的"历史在几个世纪中即包蕴并且一直涉及"我们"，反之亦然。自16世纪开始，非洲人进入英国，从17世纪开始，亚洲人进入英国，19世纪的中国人、犹太人和爱尔兰人既要求成为拥有他们自身专有的遗产空间，同时又能被整合进"我们岛国故事"的更为"全球化"的版本中。在大城市和港口，在发财的过程中，在建造豪宅的过程中，在家族的世系中，在辅助帝国视野的掠夺和展示世界财富的过程中，在那些雕像般英雄隐蔽的历史与私人日记的背后，甚至是在两次世界大战的对伟大"英

[①] C. L. R. James, "Popular Art and the Cultural Tradition", in *Third Text*, No. 10, Spring, 1990, pp. 3–10.

[②] Ashis Nandy, *The Intimate Enemy*, Oxford, New Delhi, 1983.

国性"的宏大叙事的中心,都落下了被遗忘的"他者"的阴影。那么,首要的任务便是以一种更具深刻包容性的姿态去重新定义民族,重新想象"不列颠性"或"英国性"。英国人不仅对我们负有这个责任,对他们自己也是如此:继续将英国误认为一个封闭、严阵以待、自我满足、防御性的"闭塞小岛",会让英国人注定无法成功去面对一个全球化和去中心化的世界。

这不仅仅是历史问题。在20世纪,伦敦和其他主要城市都是"世界都会",广泛地吸引了各民族的创造性人才,并且处于极为多样的跨文化潮流和新的艺术影响力的中心。很多选择在英国工作并生活的杰出的习艺者,如罗纳德·穆迪(Ronald Moody)、奥布里·威廉姆斯(Aubrey Williams)、弗朗西斯·苏扎(Francis Souza)、阿维纳什·昌德拉(Avinash Chandra)、什木扎(Anwar Jalal Shemza)、麦达拉(David Medalla)、李元佳(Li Yuan Chia)、博林(Frank Bowling)以及很多人,都一直在静静地从事自己的活动。我猜想,他们对泰特(Tate)现代美术馆来说不够英国,对河畔(Bankside)博物馆来说不够国际化。西方艺术从其所定义的"原始"文化中吸收灵感的"现代主义"冲动已经成为艺术史的陈词滥调。但是在欧洲,尤其是在英国的现代主义中扮演了中心角色的大量非欧洲艺术家还远远没有得到应有的承认。瑞胥德·阿雷恩(Rasheed Araeen)在其历史回顾中将之称为"(很多没有得到讲述的)他者的故事"(1989)。重要的"其他诸现代主义"的存在,虽然在他处有着自己本土的根源,但并没有得到认真的关注。"在现代形式中表现出来的对新身份的追求已经成为非洲最新的艺术运动的共同主题",这样一个无可争议的事实对西方的策展人和艺术史家来说依然是个被保存完好的秘密。[1]

第二,在所有艺术领域(绘画、视觉艺术、摄影、电影、喜剧、文学、舞蹈、音乐和多媒体)的所谓"少数"社群中,出现了大量的、前所未有的、创造性的当代艺术家的爆发,这在过去的30年中一直如

---

[1] Salah Hassan, in *Reading the Contemporary: African Art from Theory to Market Place*, ed. Olu Oguibe and Okwui Enwezor, Institute of International Visual Arts (in IVA), London, 1999.

此。如果这种作品不能得到资助并展览出来，年轻的人才将会逐渐消失。需要说清楚的是，这不是那种可能立刻就会让艺术世界新的文化英雄——资助者——喜欢上的作品，他们更愿意在声名卓著的场馆中寻找下一个莫奈。一段时间以来，来自少数社群的当代艺术家都被圈围在一个"少数族裔"的飞地中，就好像只有非一欧洲的作品反映了它们得以构成的文化特色——就好像只有"我们"才具有"族裔性"。但这场运动很早之前就越界了，并且——只有在文化守门人允许的情况下——蔓延进了主流。其可见性在很大程度上依赖一些先驱人物以及各种各样弱小的、本地的社群画廊。

这种作品就像彩虹一样显露之后就会消失。重要的实验者出现，然后就悄无声息地消失在人们的视野，早早接受不应有的默默无闻下场。他们的作品偶尔也会出现在主流场所，并且具有大多数"土生土长的"作品所缺乏的创新性活力，但是不能恰当地被视作"遗产"。例如，自20世纪80年代以来在视觉艺术中，伟大的创造性潮流中所出现的重要唱片、展品和纪念品——黑人流散视觉文化的历史和批评性研究有朝一日总会将之书写出来——在人们为它们找到容身之处之前，已经在艾迪·钱伯斯（Eddie Chambers）[①]布里斯托的卧室档案柜的盒子里沉睡了很多年，我说的这个容身之处就是东伦敦大学的亚洲和非洲视觉艺术档案馆（Asian and African Visual Arts Archive）。没有适当的档案馆，没有常规的展览，没有批判性的装置[②]，没有确凿的历史，没有参考书，没有可比较的材料，没有日益提高的奖学金，没有面向年轻的实验者和策展人的对作品传统的传承，没有对相关社群中所获成就的承认……就难以说有什么遗产。

第三，这里存在对移民经验本身的记录。这是一个对处于欧洲心脏的黑人流散的历史形成过程的珍贵记录——也许是百年难遇的事件——而且依然存在于参与者的活生生的记忆中。那些观看了温德拉什（Windrush）节目并且收听了他们令人感动的详细访谈的人，那些看到（黑

[①] 艾迪·钱伯斯（Eddie Chambers，1960—），英国艺术史家、策展人、艺术家，现定居美国。

[②] 除了像《第三文本》（Third Text）以及现已停刊的《十8》（Ten 8）等期刊。

人摄影师协会)"签名组织"(Autograph)帮助研究并且在伊令(Ealing)的皮茨亨格展览馆(Pitshanger Gallery)展示图像的人,或者阅读了1940—1990年政治斗争一手证据的人——这些证据由未得到资助的乔治·派德莫(George Padmore)收集整理,老兵约翰·拉鲁斯(John LaRose)对其进行编辑,而我们还没有这位老兵的传记——所有这些人都将了解大量的视觉图像和口述证言,这些都有待汇编成重要的档案。

当然还需要大量的口述史、个人记录、文件和实物的补充,根据这些材料,20世纪50年代以来的"黑人经验"就可以再造出来。我们知道有些大胆的尝试,想要将移民的日常关注整合进"日常生活"的当地展览,例如充满冒险精神的沃尔索尔(Walsall)博物馆和艺术展览馆的丰富而复杂的细节中,如习俗、饮食、日常习惯、家庭照片和记录,居家和宗教物品,这些需要记录在家庭陈设中,它们被置于不同"世界"的边缘,并且不断与不同的"世界"进行协商。虽然"黑人文化档案"因为得到一笔彩票基金而有可能至少在口述史方面有所进展,但系统工作尚未展开。有些面向加勒比黑人社区的选择性尝试已经展开。据我所知,对亚洲的(诸)经验几乎还没有类似的尝试。遗产在哪?哪个遗产?

第四,还有"起源的传统"问题,这些传统通常用来表呈少数民族群体,这种所谓的少数性来自他们的"族裔"或者因为他们的"种族化差异"而被划归为另外一个人种。这些"传统"有时会作为异域风情的表演,来向参观的企业展示。但一般来说,公众对于这些传统大都是非常无知的。我们对作为宗教信仰世界体系的印度教或伊斯兰教的实践、解释和信仰的复杂性也还停留在未知状态,即便对知识分子来说也是如此。历史悠久且复杂考究的印度音乐或舞蹈传统、重要文本、诗人和小说家,印度次大陆极为丰富多元的文化史,所有这些都还处在高级知识分子的把握之外。同样让人难以把握的还有撒哈拉沙漠以南非洲的部族、语言和族裔的复杂性。

作为我们所栖息基础的新的全球世界,在目前所面对的是空洞、狭隘和充满地方偏见的"英国性"。除了大海、太阳、沙子、雷鬼乐和大麻,另外一个未被我们认识的宝藏,是多样且充满活力的加勒比"克里奥尔"（creole）① 文化，它们也是欧洲、非洲和印度元素在几个世纪"跨文化"的神奇纠合中生产出来的。与具有西班牙和美洲印第安人文化特征的拉丁美洲相比，我们可能更熟悉火星的地表。加勒比黑人的"怪异性"（peculiarity）——英国人非常熟悉，因为与他们共居良久，同时他们又和英国人截然不同——在大多数英国人（他们从没有被自己的"遗产"要求去思考这种怪异性）看来在文化上是完全无法解释的。这里，作为学科的全国统一课程（National Cuirriculum，英格兰和威尔士5—16岁学生的课程）和被删节的历史的残余，就完整的"遗产"观念上看，只存在最简单的关系，这就造成了无可修补的毁坏。

然而这些社群里的许多创造性天才依然被"框"在与他们的丰富的传统艺术实践的亲密关系中，他们如此深地与自己活生生的文化纠葛在一起；甚至那些新的实验性的作品也都会从这些库藏、习俗和表征语言中吸收灵感。除非年青一代能够进入这些文化库藏并且真正理解和实践这些文化，至少在某种程度上，从内部了解之，不然他们就会缺乏他们自己"遗产"的资源——文化资本，来将其作为介入其他传统的基础。如若丢失这个库藏，他们在一个要求我们在文化上成为双语人甚至多语人的世界上，即便不会失去声音，失去说话的能力，也会在文化上成为"单语人"。

保存和表征"他者文化"与我说的第五点，即介入新的流散形式的生产，其间是没有内在矛盾的。我们社会的通俗文化已经被当代的杂交文化或者"跨域"（cross-over）文化形式的丰富表达所改变，这表现在音乐、舞蹈、街头风格、时尚、电影和多媒体等方面，这标志着在传统和"保存过去"的尝试之外，还存在着"新的"和越界的文化的生产。在此，"现代性"（或后现代性）并不需要等待某个权威来"允许"或认证其在当代媒介和形式中对创造性的探索。这是我们时代引领潮流的文化现象——如多元文化中的"多"、"酷不列颠"中的"酷"。一段时

---

① 克里奥尔最初的意思是殖民地土地上生长起来的具有欧洲血统的人，后来转而指本地人并最终演变为语言名称。"克里奥尔语"广义上说并不是一种语言，而是以欧洲语言（如英语、法语、葡萄牙语、西班牙语）为基础融合了当地语言并大量简化而形成的语言群。——译者注

期以来，加勒比黑人是这些先锋文化实践的守护者，他们像是在雷鬼乐、Jungle 音乐、scratch 音乐、说唱和电音放克之间游走的非法的文化探索者。近些年来，亚洲年轻人的"迷失方向的节奏"（disorienting rhythms）也加入了他们的队伍中。也许文化生产的这个方面不需要"档案"或"遗产"。但这种生产在进行中没有得到记录和分析，便会转瞬即逝，成为随意抛弃的东西。但它代表了我们时代最为重要的文化发展之一：是在现代性、全球地域同在性（the local-in the global）中为"边缘"所确立的一个界标，是新的世界性、本土性、后民族性与全球感知（sensibility）所展开的先驱行动。

我在此提出的是一个很不充分的架构——没有涉及整个行动和数不清的事例。这种论述无疑受到我自己的兴趣和关注的影响。不过细节并不重要。重要的是对"大的图景"的更为清晰的论述。我已经试图去说明，什么样的"遗产问题"对我们至关重要，以及为什么如此重要。虽然我们大都是"英国人"，但这是很久以前的事了，另外，正如莎士比亚所说，"那村姑已经死了"。[①] 我们也不可能成为"英国人"。但我们与"他者"在命运上是紧密相连的——虽然我们坚决拒绝通过成为"他者"而属于他们——在这个全球化阶段，在我所称为的"后民族"中，我们毕竟都是利益相关方。但只有在重新想象或重新发明中，才能将我们容纳进去。这就是我们在这里所探讨的赌注和赌博。

（王行坤　译）

[①] 原文为 the wench is dead，并非出自莎士比亚，而是出自马洛的《马耳他岛的犹太人》，原文是巴拉巴斯的台词："Fornication—but that was in another country; And besides, the wench is dead."——译者注

第六辑

全球化：后殖民与流散

西方与他方：话语与权力[*]

一 导言

经历了各种漫长的历史进程，出现了一个新型社会——先进、发达、工业化，本书的前五章审视了这些进程，并从宏观上勾绘出了抵达这一被我们称为"现代性"社会的路径。本章要探讨的是：欧洲之外的社会在这一进程中所扮演的角色，主要检视"西方与他方"的观念是如何构成的；西方社会与非西方社会的关系是如何被表述的，这也是"西方与他方"作为"话语"形构的历史。

"西方"在哪里？是什么？

这一问题当初令哥伦布感到困惑不解，至今仍令人困惑。目前，许多社会渴望变成"西方的"——至少是达到西方的生活标准。但在哥伦布时期（15世纪末），往西部走是至关重要的，主要是因为人们相信，这是去往富裕东方的捷径。事实上，尽管哥伦布应该清楚地认识到，他所发现的新世界不是东方，但他还一直坚信，他所到达的地方就是东方，甚至用奇异的论断来增加其报告的刺激性：在第四次航海中，他仍然坚持说，他接近了行在（Quinsay，中国城市，现名为

---

* 原题"The West and the Rest: Discourse and Power"，原文载于 S. Hall and Bram Gieben (eds.), *Formations of Modernity*, Cambridge: Polity Press, 1993, pp. 276 – 320。属于霍尔统等的这本著述中的一章。在该文的一些章节之中，还附带有为读者提供的若干书目、思考题等，这与本书设计时所具的教材性质有关，因不属正文范围，已做省略。——译者注

杭州)①，忽必烈大帝住在这里，有可能接近天堂中四大河流的源头！我们关于东方与西方的观念中充满了神话和幻想，即使是今天，它们也基本上不是关于地方与地理的观念。

我们不得不使用简略的概括语，如"西方""西方的"，但我们要记住，它们代表着非常复杂的观念，没有简单、单一的意义。初看，这些词似乎是关于地理和位置的，但即使经过思量，也不是那么简单易懂，因为我们也用这些词指涉某种社会，某种发展水平，等等。确实，当我们说"西方"时，在西欧首先出现的的确是第二种意义。但"西方"不再仅囿于欧洲，而且，并非整个欧洲都属于"西方"。历史学家约翰·罗伯茨（John Roberts）曾评论说："很久以来，欧洲人都不确定欧洲的东面'止于'何处。在西方，朝南，大海是极好的标识……但朝东，平原绵延起伏，视野可无限延伸到远方。"② 严格地说，东欧就不属于（仍不属于？从不属于？）"西方"；而美国不在欧洲，一定属于"西方"。近来，从技术层面上讲，日本是"西方的"，尽管在我们的心理地图上，它几乎是你所能到达的远"东"了。相较之下，拉丁美洲的大部分是在西半球，在经济上属于正在奋力——但并不很成功——赶上"西方"的第三世界。这些不同的西方社会和东方社会，确切地说，是什么呢？显然，"西方"既是地理事实，也是一个观念。

本章的基本前提便是："西方"是一种历史建构，而非地理建构。我们说"西方的"，是意欲讨论如下的社会类型：发达、工业化、城市化、资本主义、世俗的和现代的。这类社会出现在一个特定的历史时期——大致上，是在16世纪期间，在中世纪、封建主义瓦解之后，它们产生于一套具体的历史进程——经济的、政治的、社会的和文化的——之中。如今，任何一个社会，不论它在地理地图上处于什么位置，只要有这些特征，就可以说是属于"西方"的。这一术语的意义因而实际上等同于词语"现代的"。我们已经在前几章描述过它的"形

---

① "Quinsay"一词最初出现于《马可·波罗游记》，因当时人将杭州称为"行在"，故有此说。——译者注

② J. M. Roberts, *The Triumph of the West*, London: British Broadcasting Cooperation, 1985, p. 149.

构",本章则是基于前几章的论述。

"西方"因而是一种观念、一种概念——这是本章关注的重点。"西方"观念和语言是如何出现的？有什么样的效用？我们将之称为概念，是什么意思？

"西方"的概念或观念的功能可见于以下方面。

第一，它将社会划分为不同范畴，并赋予其不同的特征——例如，"西方的""非西方的"。它是一种思维工具，用以设定某种思维和知识结构的运行。

第二，它是一个意象，或是一组意象。它将大量不同的特色压缩成一幅画面，在我们的大脑中构成——用口头与视觉语言表征出——一幅不同社会、文化、民族和地方图景的综合性图片。它是作为语言和"表征系统"（system of representation）的一部分在起作用的（称其为"系统"，因为它不是自成体系的，而是与其他意象和观念接合在一起，形成了整套意象。例如，"西方的" = 城市的 = 发达的；或"非西方的" = 非工业化的 = 农村的 = 农业的 = 欠发达的）。

第三，它提供了比较的标准或模式。它促使我们去比较，此社会与彼社会在什么程度上是相似的，或不同的，由此可以将非西方国家说成"接近"或"远非"或"赶上"西方。它有助于解释差异。

第四，它提供了评价其他社会的标准，依据标准，排除其他社会等级。并且，围绕着标准，有着强大的正面和负面感情集群（例如，"西方" = 发达的 = 好的 = 让人满意的；或者"非西方" = 不发达的 = 坏的 = 令人不满的）。它生产出关于主体的某种知识和对待某一主体的态度。简言之，它履行着意识形态的功能。

本章将会讨论"西方"观念的所有样态。

我们知道，西方本身是由某一历史进程在特定的地方，独特的（也许是无法重复的）历史条件下运作而生产出来的。显然，我们也必须将"西方"这一观念视为是以同样的方式生产出来的。事实上，这两种样态紧密联系，尽管二者是如何具体联系的，仍是社会学众多未解之谜之一。我们在此无法尝试着解决这一由来已久的社会学论辩：哪一个先出现，是"西方"观念，还是西方社会？我们所能说的是：这些社会出现了,关于"西方"的观念和语言就明确化了。然而,有一点我们是确定的,即"西方"这一观念并非仅仅反映已然建立的西方社会,而是形构这种社会的根本要素。

此外,"西方"观念,一经被生产出来之后,就具有了持续不断的生产能力。它具有实际效果:使得人们用某些方式认识或谈论某些事。它生产知识。它既是全球权力关系系统中的组织性因素,也是作为一个整体的思维与言说的组织性概念或术语。

本章的中心关注点是分析将"西方"与"他方"观念置于其中心的"表征系统",即特定模式的思想和语言的形构。

"西方"观念的出现是启蒙运动的核心,这一点在第一章中已经细致讨论过了。启蒙运动是非常欧洲的一件事,它假设欧洲社会是地球上最先进的社会类型,欧洲男人(原文如此)则是人类成就的顶峰。它将西方看作各种巨大的内部力量,作用于欧洲历史与形构的结果。

然而,我们在本章会提出,西方的缘起也是一个全球故事。如罗伯茨所说,"可将'现代'历史定义为是在向西方主导时代的行进"[1],西方与他方变成了一枚硬币的两面。每一方是什么样,我们描述它们所使用的术语的意义,均取决于二者在很久之前建立的关系。所谓的西方独特性,部分上是由欧洲与其他的、非西方社会(他方)的接触与自我比较中生产出来的,他方的历史、生态、发展模式与文化均同欧洲模式有别。这些差异成为度量西方成就的标准。正是在这些关系的语境中,"西方"观念被形塑出来,并确定了其意义。

需要认识到这种感知差异的重要性。一些现代的语言理论家提出,意义总是依赖于一个意义系统中不同的术语或词语间存在的关系。相应地,我们知道"夜晚"的意义,是因为它不同于——事实上,相对立于——"白天"。法国语言学家索绪尔(1857—1912)对这种确定意义的方法影响最大,他认为,单独的词语"黑夜"和"白天"没有任何意义,正是二者的差异,使得它们携带了意义(获得了表意)。

---

[1] J. M. Roberts, *The Triumph of the West*, p. 41.

同样的，许多心理学家和精神分析学家也提出，婴儿是通过认识到自己与他人（当然，主要是他的母亲）的不同——自身的差异——才首次将自己当作一个特殊的、独一无二的"自我"。以此类推，民族国家的文化，也是通过将自身文化与其他文化相对照，去获得强烈的身份感。由此，我们认为，西方的自我感——它的身份——的形成，不仅仅得益于逐渐将西方欧洲国家形塑成特殊类型社会的内在进程，还得益于欧洲与其他世界的差异感——即在与其他的"他者"关系中，它是如何表述自己的。事实上，差异经常会相互融合，让人无法察觉（黑夜是何时准确地变为白天的？"是英格兰的"精准的结束点在何处？而"是苏格兰的"精准的开始点在何处？）。但是，为了在根本上起作用，我们似乎需要一些截然不同的、明确的观念，而许多此类观念均有鲜明的两极化。如第五章论述的，这种"二元对立"似乎是所有的语言与符号体系的根本，也是它们的意义得以生产的根本。

然后，本章会讨论，"他方"在"西方"观念和"西方的"身份感形构过程中所起的作用。在某一特定时刻，曾经分离了几个世纪的不同世界的命运——有人会说，不幸地——在相同的历史时间框架中绾连在了一起。于是，"他方"在同一种话语，或言说方式中成了将后者关联在一起的要素。他们也成了一个全球性的社会、经济和文化体系的不同部分，或一个相互依存的世界，或一种语言中的不同部分。

在此需要提醒大家，为了突出这一"西方与他方"话语的特点，我不得不简化我对西方的表征，因而，你们在阅读时，需谨记这一点。像"西方"和"他方"这样的术语，均是历史与语言的建构物，其意义也会随着时间而改变，更重要的是，还有许多不同的话语或西方谈论与表述其他文化的方式。有一些，如"西方与他方"，是非常西方中心主义的或欧洲中心主义的。但还有一些，是较为文化相对主义的，我在此没有讨论。我选择聚焦于我所说的"西方与他方"话语，因为它已经成为非常普遍、富有影响力的话语，且正在帮助塑造一些延续至今的公共感知和态度。

另一个要限定的术语，便是"西方"，它使得西方显现为统一的、同质的——基本上是一个地方，对其他文化持有一种观点，一种言说方式。当然，这不是真的。西方一直包含许多内部差异——不同国家之间、东欧与西欧之间、北方日耳曼文化与南方拉丁文化之间，以及北欧人、伊比利亚人与地中海各民族之间，等等。在西方内部，对其他文化的态度差别也很大，如常见的英国、西班牙、法国和德国的文化之间的差别。

还需记住，在将非欧洲文化视为不同的、劣等的同时，西方内部也有"他者"。尤其是犹太人，尽管他们的宗教传统接近西方，但常常被排除在外，甚至被放逐。西欧人常将东欧人看作"野蛮的"，而且，在整个西方，西方女性被表述为低西方男人一等。

同样的一个必需的简化是我提到的"他方"。这一术语包含历史、文化和经济上存在巨大差异的各地区与人群——例如，中东、远东、非洲、拉丁美洲、北美土著和澳大利亚。它同样包括一些北美印第安的简朴社会和中国、印度或伊斯兰这样发达的文明社会。

当你在学习本章关于"西方与他方"话语的分析时，一定要牢记这些广泛的差异。但我们可以使用这一简化的方式去解释话语，因为简化恰恰是这一话语所做之事。它将事实上是如此不同（不同于欧洲文化）的事物表征为同类的（西方）。它断言，这些不同的文化因一个事实，即它们都不同于他方而结为一体。相似地，他方，尽管自身内部很不同，但从它们都在不同于西方这一意义上，可以被表征为相同的。简言之，话语作为"表征系统"，根据简单的二分法——西方/他方——将世界呈现为分裂的。这就使得"西方与他方"的话语具有破坏性——它采用简单粗暴的区别，建构一个过于简化的"差异"概念。

二 欧洲的外扩

接下来，你们需要记住第二章讨论的欧洲民族国家体系的演化。"发现性的航海活动标志着一个新时代的开始，它是欧洲人的全世界扩张行为的一部分，没过多久，即使是暂时的，便使欧洲彻底地……获得了全球的主导地位。"① 在这一部分,我们将概括性地展现这一扩张过程的早期图景。它何时开始?主要阶段是什么?它的扩张是出于什么原因?为什么会发生这样的事?

(一) 扩张是如何、在何时开始的

漫长的历史过程没有精准的起点或终点,很难确定精确的时间。你可能还记得第二章的观点:特定的历史模型是许多不同的偶然过程相互作用的结果。为了描述这些过程,我们被迫采用了现成的粗略年表和历史总概,涵盖了多年来整理出的宽泛模式,而将大量细节搁置在一边。这样做也没什么过错——不这样就不可能有历史社会学——它可以让我们知道我们的论述是在哪一概括层面上运作的。例如,如果我们在回答这样的问题:"西欧的首次工业化是在何时?"也许只要说"在18世纪下叶"就够了。然而,仔细研究工业化的起源,比如说,在兰开夏郡(Lancashire),就需要更加精细的时序表了(关于这一点的详细讨论,可见本卷的导言部分)。

我们可将欧洲扩张进程的起点大致与两个重大事件联系起来:(1) 早期葡萄牙在非洲海岸的探险(1430—1498);(2) 哥伦布去往新世界的海航(1492—1502)。

从广义上说,欧洲扩张与我们所说的"中世纪"的结束和"现代时期"的开始几乎同时发生。封建主义在西欧也已衰败,而贸易、商业和市场在向外扩展。法国、英国和西班牙出现了中央集权的王权。欧洲在生产力方面开始步入一个长期的、也是世俗化繁荣的时期,生活水平提高了,人口快速增长,艺术、学识、科学、学术与知识激增,出现了我们所说的文艺复兴(列奥纳多在1519年前设计出了飞行器和潜水艇,米开朗基罗在1508年开始修建西斯廷教堂,托马斯·莫尔的《乌托邦》在1516年出版)。在中世纪的大部分时期,中国和伊斯兰世界的文明都远比欧洲发达。许多历史学家会同意迈克尔·曼(Michael Mann)的说法,即"欧洲'赶超'亚洲的时间点肯定是在1450年前

---

① J. M. Roberts *The Triumph of the West*, p.175.

后，即欧洲海军扩张和伽利略科学革命时期"；诚如曼所说的，使之成为可能的许多过程都有着更早的源头①，我们在本部分的结尾处会再谈这个问题。

（二）五个主要阶段

扩张的过程大致可分为五个主要阶段：（1）探险时期：欧洲首次"发现"了许多"新世界"（当然，它们早已存在）。（2）早期的接触、征服、定居与殖民时期。在这一时期，那些"新世界"的大部分首次作为财产并入欧洲，或通过贸易为欧洲所控制。（3）在这一时期，形成了永久的欧洲定居点，确立了殖民化与剥削（例如，北美和加勒比的种植园社会；拉丁美洲的矿业与大农场；印度、锡兰与东印度的橡胶和茶叶种植园），出现了资本主义全球市场。（4）在这一阶段，对殖民地、市场和原材料的争夺达到顶峰。这是"帝国主义鼎盛时期"，导致第一次世界大战，随之而进入20世纪。（5）当今的经济依附时期，尽管许多国家已正式宣布独立，实现了解殖民化。

这些阶段之间没有简单清晰的划分，常常是交叠的。例如，尽管对澳大利亚的主要探险发生在第一阶段，但直到18世纪库克航行之后，澳洲大陆的形状才为人所知。同样地，葡萄牙在15世纪就对非洲进行了首度环洲航行，但对撒哈拉以南的非洲内陆的探险与殖民地的争夺则发生在19世纪。

因为我们的重点在于"形构"，所以本章聚焦于前两个阶段——关涉早期的探险、相遇、接触交往与征服——借此以描述作为"表征系统"的"西方与他方"观念是如何形成的。

（三）探险时代

探险时代开始于葡萄牙，在摩尔人（曾经征服西班牙的伊斯兰民族）最终被驱逐出伊比利亚半岛之后。葡萄牙探险的"领航人"与开

---

① M. Mann, "European Development: Approaching a Historical Explanation", in J. Baechler et al. (eds.), *Europe and the Rise of Capitalism*, Oxford: Blackwells, 1988, p. 7.

创者，亨利王子本人就是曾经在休达战役（北非，1514）中击败摩尔人的十字军斗士，他还帮着驱散了潜藏在地中海入海口的摩尔海盗。如埃瑞克·纽比（Eric Newby）所解释的：

> 随着海盗被控制，葡萄牙才真正可能接手商队贸易——这是沙金贸易的重要部分——休达是非洲内陆商队贸易的获益者。结果，攫取这一贸易的企图失败了……因而又萌生出另一目的，即发现非洲的哪些地方提供货物，尤其是沙金，然后再设法重新规划路线……最后驻扎到大西洋沿岸，沿岸居民可能业已转信基督教，由此，葡萄牙国王可统治这一地方。①

这段文字准确地描述了激发葡萄牙扩张的复杂因素——经济上、政治上和精神上的各种因素。那么，他们以前为什么没有仅仅向南航行呢？一个回答是，他们认为，他们的船不够坚固，无法忍受环北非海岸线航行时会遭遇的强烈水流与逆风。另一同样重要的因素是我们所说的"恐惧这一巨大障碍"——例如，显然是相信博哈多尔角（Cape Bojador）以外就是地狱之口，大海在沸腾，人也会因为炙热而烧焦。中世纪后期，欧洲对世界的观念，如技术与航海因素一样，构成了扩张的巨大障碍。

1430年，葡萄牙人沿非洲西海岸向南航行，希望找到非洲的金子、象牙、香料和奴隶贸易的来源，还希望找到传说中的黑人基督统治者"祭司王约翰"（Prester John）。葡萄牙人分阶段（每一阶段均由教皇颁布法令，赐予葡萄牙在向南和向东独享的海上权力）地向南推进，克服了"恐惧这一障碍"，越过了博哈多尔角。1441年，第一批由欧洲人抓捕的黑人奴隶抵达葡萄牙——由此开始了奴隶贸易的新时代。

1487—1488年，巴尔托洛梅乌·迪亚士（Bartolomeu Dias）绕过好望角，达·科维良（Pedro da Covilhã）则进行了横跨大陆的商队路线旅

---

① E. Newby, *The Mitchell Beazley World Atlas of Exploration*, London: Mitchell Beazley, 1975, p. 62.

行，到达苏丹，然后从苏丹航行到印度（1488）。后来，达·伽马（Vasco da Gama）环非洲航行，在一位穆斯林引航员的帮助下，穿过印度洋，抵达卡利卡特（Calicut，1497—1498）。10 年内，葡萄牙确立了海上商业帝国的基础，建立了到果阿、东印度、摩鹿加群岛和帝汶岛之间的港口链，取代了在红海与印度洋间长期经商的阿拉伯商人。1514 年，一个葡萄牙使团抵达广州（Canton，中国），1542 年，与日本首次接触。

相较之下，对于新世界（美洲）的探险，首先，也主要是由西班牙完成的。经过长期的陈请，热那亚航海家哥伦布终于说服了西班牙国王斐迪南和女王伊丽莎白，资助他的"西进事业"，以找到一条通往东方财富的西进路线。他故意少说了欧洲与亚洲之间的距离（根据中世纪与古典时期的资料，他选取了众多猜测中最短的距离），在 1492 年驶入"未知的茫茫碧海中"①。四次海航之后，他成为首个登陆加勒比诸多岛屿和中美洲内陆的欧洲人。他坚信，他"临近日本福冈（Zaiton）和中国的行在，大约有一百里格②长"③，且从未怀疑过。"西印度"的误命名便是"旧世界"意外发现新世界的永远明证。但哥伦布为西班牙的扩张打开了整个大陆，这一扩张不仅是建立在对金子的渴望上，还建立在将这一世界转为基督信仰的基督徒梦想之上。不久，亚美利哥·韦斯普奇（Amerigo Vespucci，美洲大陆的名字便是源自他）向北驶到美国的卡罗莱纳，向南沿着巴西的海岸线抵达里约、巴塔哥尼亚和福克兰群岛。

1500 年，一位叫佩德罗·卡布拉尔（Pedro Cabral）的人，航行去印度被吹到了大西洋，意外地在巴西海岸登陆，使得葡萄牙在拉丁美洲地区建立了第一个立足点。由于教皇的法令有利于西班牙人，西班牙—葡萄牙之间的竞争加剧，但最终《托尔德西里亚斯条约》（Treaty

---

① 这一短语应该来自 Gardner Soule 的书名 Christopher Columbus on the Green Sea of Darkness。——译者注

② 里格这一长度单位来自葡文 légua。葡制 1 里格等于 6000 米；用于航海中计程的 1 里格大约等于 5557 米。——译者注

③ C. Columbus, The Four Voyages of Christopher Columbus, ed. J. M. Cohen, Harmondsworth: Penguin, 1969, p. 26.

of Tordesillas，1494）解决了争端，沿着亚速尔群岛以西 1500 英里经度线将这一"未知世界"平分给西班牙和葡萄牙。这条线随后修改多次，其他的国家，如英国这一西班牙的主要敌人和新教竞争者，渴望分享新世界的财富，不久后便不再理会这条线，沿着西班牙控制的南美洲北岸开始海盗式的掠夺与偷袭。如约翰·罗伯茨对这一条约的评价：

> 它是具有巨大的心理与政治意义的里程碑：欧洲人，在那时还没有环绕全球，便已决定私下瓜分所有尚未发现和占用的土地与民族。这种潜在的暗示无处不在……对外海的征服是征服自然力的首个胜利，也是最伟大的胜利，这些势必会导致西方文明控制全球。知识就是力量，首批探险者所赢得的知识……已经为西方世界霸权时代的到来开辟了道路。[①]

1519—1522 年，麦哲伦领导的葡萄牙远征，进行了环球航行，1577—1580 年，弗朗西斯·德雷克（Francis Drake）重演了这一壮举。

早期西班牙的新世界探险者开启了残暴的士兵—探险者—征服者的方式，完全占领了中美洲和南美洲，完成了从探险到征服、殖民的过渡。

巴波亚（Balboa）曾经在南美洲的北部海岸探险，1513 年，他横穿巴拿马地峡来到太平洋。1519 年，科尔蒂斯（Cortes）在墨西哥湾登陆，随后摧毁了阿兹特克帝国。皮萨罗（Pizarro）向南推进，穿过厄瓜多尔到达安第斯山和秘鲁，征服了印加帝国（1531—1534），随后，奥雷亚纳（Orellana）沿亚马逊河横穿大陆（1541—1544）。征服者为无尽财富的前景所驱使着，"我们西班牙人"，科尔蒂斯坦言，"得了一种只有金子才能治愈的疾病"。[②]

西班牙人继续向北推进，进入现在的新墨西哥州、亚利桑那州、佛罗里达州和阿肯萨斯州（1528—1542）。同时，其他国家也忙着在更北

[①] Roberts, *The Triumph of the West*, p. 194.
[②] 引自 J. R. Hale et al, *Age of Exploration*, Netherlands：Time-Life International，1966，p. 105。

一些的地区进行探险。受到英国资助的维也纳人约翰·卡博托（John Cabot）在新斯科细亚、纽芬兰和新英格兰登陆（1497—1498）。葡萄牙人科尔特·雷阿尔（Corte Real）和意大利人韦拉扎诺（Verrazano）分别在 1500—1501 年和 1524 年对北美洲的大西洋海滨地带进行了探险。随后是华特·雷利爵士（Walter Raleigh）在 1585—1587 年对这些地区进行勘察，许多英国殖民地纷纷建立：纽芬兰（1583）、罗阿诺克（Roanoke，1585）和詹姆士敦（Jamestown，1607）。

然而，在更北的地区，英国的探险者，如吉尔伯特（Gilbert）、弗洛比舍（Frobisher）、戴维斯（Davis）、哈德森（Hudson）和巴芬（Baffin）（1576—1616）试图找到另一条通往东方的路线——经西北航道穿过北冰洋——但均以失败告终。这种探寻部分打开了北美洲，荷兰、法国和英国的殖民地如雨后春笋般出现在大西洋沿岸。然而，在加拿大和北美的重要探险主要是由法国人完成的：卡地亚（Cartier）、尚普兰（Champlain）和他们的追随者探勘了圣劳伦斯河、五大湖区和密西西比河，向南一直到墨西哥湾（1534—1682）。

西班牙人与葡萄牙人是最早在远东建立军事存在的，不久，西班牙人对太平洋进行了探险，将一些岛屿变成了殖民地，甚至在菲律宾的马尼拉和美洲西海岸之间进行往返（1565—1605）。但荷兰和英国开始无视西班牙与葡萄牙的商业垄断，1599 年建立了英国东印度公司，荷兰东印度公司也在 1602 年建立起来。荷兰自 1584 年脱离西班牙，获得独立后，逐渐变成了最强大的商业国家之一，荷兰东印度公司的贸易为荷兰资产阶级文化的兴盛奠定了基础。从古老的香料帝国的一个基地，荷兰人到了斐济、东印度、波利尼西亚、塔斯马尼亚、新西兰，并于 1606 年成为首个看到澳大利亚的欧洲人。在随后的 30 年，他们逐渐将澳大利亚的拼图连接在一起，尽管澳大利亚的海岸线直到著名的库克船长航行到塔希提岛、南太平洋和南极洲（1768—1779）后方才完整地绘制出来。

至 18 世纪，主要的几个欧洲世界大国——葡萄牙、西班牙、英格兰、法国和荷兰——均已就位。当务之急就是将它们发现的遥远文明拉入西方的贸易和商业轨道之中，占有他们的财富、土地、劳动力和自然资源，以发展欧洲（中国和印度长期闭关，仅开放一些沿海口岸供通商和基督传教士活动）。欧洲开始将自己的文化、习俗铭写于新世界。这些欧洲竞争者不断斗争，并定居于这些殖民地区。殖民地成为欧洲新兴帝国"皇冠上的珠宝"。通过贸易垄断和重利主义的商业体系，每个帝国，为使自己变得富有而竭力获得独有的贸易流通控制权。财富开始涌入欧洲：1554年，美洲的收益只占西班牙王室收入的11%，但在1590年，已经占到了50%。

（四）打破框架

临近15世纪末，欧洲打破了长期的禁锢。是什么抑制了它如此之久？这很难回答，但我们可以辨识出两套因素——一是物质上的，二是文化上的。

去往东方的物质性障碍

中世纪见证了欧洲与外部世界的真正隔绝和对外界的无知。亚历山大大帝的远征（公元前336—前323）让马其顿—希腊军队向东最远到达喜马拉雅山，只是他的部队不愿继续前行，他才没有到达他所认为的人类居住世界的边界。罗马帝国从英国延伸到阿拉伯沙漠。但在中世纪，欧洲自我关闭。它保留了一些关于印度的知识（尤其是在威尼斯商人中间），但对印度之外，一无所知。经过地中海地区的每个港口和贸易路线都绘制成了地图，但其他海洋和大陆的基本轮廓仍然是谜。例如，尽管欧洲购买了大量由商队横跨中亚运输而来的中国丝绸，但它对丝绸来源地的伟大文明不感兴趣。

打破禁锢的一个关键因素是，在公元7世纪，"海路和陆路均受到迅速崛起的伊斯兰教的阻拦，它好似一个铁幕横亘在东西之间"。[①] 正是阿拉伯中间人将东方的物品带到欧洲地中海和黑海的各个港口，进行出售。十字军东侵（1095—1291）尽管暂时不成功，却是基督教欧洲努力击退这一"异教徒威胁"的长期斗争。但就在欧洲似乎最终要赢了，犹如晴天霹雳，出现了一场来自某处的侵袭，出乎伊斯兰和基督教

---

① R. Latham (ed.), *Marco Polo: The Travels*, Harmondsworth: Penguin, 1958, p. 8.

第六辑　全球化：后殖民与流散

教徒的意料之外：来自中亚大草原的蒙古和鞑靼游牧部落入侵，使所到之处遭受了一连串的毁灭性破坏。然而，伊斯兰教徒要比基督徒受害更深，在13世纪，东部的幕布暂时拉开了。

在这一间歇期间，威尼斯商人马可·波罗和他的其他家族成员进行了著名的忽必烈汗大帝的朝觐之旅，到达了中国和日本（1255—1295）。

马可·波罗的《游记》描述了东方的巨大财富，在激发欧洲人想象着找寻一条到达东方的水路方面起着决定性的作用，而这种找寻也变得日益重要起来。因为不久，随着新的伊斯兰政权奥斯曼帝国的崛起，开启的东方幕布再次关闭，而中国，在明朝的统治之下，也再次转向闭关自守。

这些有着深远的影响。它激励了向西的扩张，有利于大西洋沿岸的欧洲国家（西班牙、葡萄牙、英国、荷兰和法国）。它也趋于将西欧与东欧相隔离——西欧（基督教）和东欧（东正教）教会之间的日益分裂更强化了这一分离过程。自此，东西欧的发展模式完全不同了。

思想上的障碍

通往东方的第二个主要障碍物存在于思想之中——不仅包括欧洲人对于外部世界的粗略知识，还包括他们对之的概念化和想象的方式。他们相信，向北，"什么都没有——或者更糟……野蛮民族，在为宗教所开化之前，是个威胁"。[1] 向东，穿过草原，有马背上的野蛮人：匈奴、蒙古人和鞑靼人。向南，则有狡诈的伊斯兰帝国，虽然它们早期容忍基督教与犹太教，但已经推进到欧洲内部——到达了普瓦捷和君士坦丁堡，越过北非进入西班牙、葡萄牙和意大利南部。地中海是欧洲文明与贸易的摇篮，在地中海东部，有拜占庭——基督教文明的一部分。但是，如我们所说，基督教与东正教教会随着时间的推移，逐步远离对方。

对于在拜占庭文明的那边是什么，欧洲依赖其他的知识来源——古典的、圣经的、传说的和神话的——来获悉。亚洲仍然主要是大象与其

---

[1] Roberts, *The Triumph of the West*, p. 117.

西方与他方：话语与权力

他奇观的世界，几乎和撒哈拉以南的非洲一样遥远。有四个大洲——欧洲、非洲、亚洲和"未知的南方大陆"（Terra Australis Incognita）①——被认为是通往后面大洲的路。在中世纪的地图上，大陆挤满了整个海洋：没有太平洋，大西洋也只是一条狭窄而又极度危险的水道。世界常被呈现为一个轮子，叠加在耶稣身体上，而耶路撒冷则处于轮子的中心（图1）。这一世界的概念不鼓励自由的、较大范围的旅行。

图1　13世纪圣诗集中的中世纪世界地图

---

① 这是15—18世纪欧洲人假想的大陆。最初是由亚里士多德提出来的，为托勒密进一步扩展，他相信印度洋就位于南方大陆的附近，因为这样才能与北半球的大陆达成平衡。18世纪时库克船长为寻找这片大陆而至澳洲，并确定澳洲还不是假想中的"南方大陆"。——译者注

（五）扩张结果与"西方"观念

尽管有许多的内部差异，西欧国家逐渐开始将自己构想为"西方"文明或这个单一家庭的一部分。伊斯兰的挑战是促成西欧与"西方"观念成形的重要因素。罗伯茨指出，"'欧洲人'这一词似乎首次出现在 8 世纪，即在提及查理·马特（Charles Martel）在图尔（击败伊斯兰军队）赢得胜利时。所有的集体在面对外部挑战时会变得更加有自我意识，这种自我意识又会提高凝聚力"。① 彼得·修姆（Hulme）也提到，"在大西洋探险之前，通过测勘（欧洲）东部边界来强化意识形态的一致性……1458 年，教宗庇护三世（Pius Ⅲ）将基督教等同于欧洲，象征性地完成了那一进程"。②

但在探险与征服时代，欧洲开始就某一新观念重新界定自己——因为存在着许多与自身迥异的新"世界"。这两大进程——日益增强的内部凝聚力和与外部世界的冲突、对照——彼此强化，有助于确立我称为"西方"的新型身份感。

三 话语与权力

我们已经回顾了产生"西方"观念的历史过程，它出现于欧洲日益增长的内部凝聚力和同非西方社会的各种关系变化中。下面，我们将关注语言或"话语"的形构，在这一话语中，欧洲开始描述并表呈在其扩张进程中自身与相遇的"他者"之间的差异。我们开始概述"西方与他方"话语的形构过程，但首先需要将"话语"这一术语的意思解释清楚。

（一）什么是"话语"

在通常的语言中，话语仅仅是"连贯的或有意义的一段讲话或文

---

① Roberts, *The Triumph of the West*, p. 122.
② P. Hulme, *Colonial Encounters: Europe and the Native Caribbean, 1492 – 1797*, London: Methuen, 1986, p. 84.

字；一段演讲，或说教"。但此处，这一术语具有更为具体的意义。①使用"话语"，我们是指表征"西方""他方"和二者关系的某种独特方式。一种话语是一组陈述语言，提供了讨论某一话题的特定知识——也就是表征的方式。当关于某一话题是在独特的话语之内陈述的，话语能够使这种陈述以某种方式去建构这一话题，同时限制用别的方式建构之。

话语并不仅仅包括一组陈述，而是几组陈述相互作用，形成了法国社会理论家米歇尔·福柯所说的"话语形构"（discursive formation）。② 各种陈述组合在一起，因为每个陈述暗示着与其他陈述之间的关系："他们暗指同一客体，共享同样的风格，支持'一个策略……一个共同的体制……或政治主旨、或模式'。"③

关于话语观念，最重要的一点是：它不是根据传统的思想与行动、语言与实践之间的区分得出的。话语是通过语言而进行的知识生产，但它本身又是由实践生产出来的："话语实践"——是一个生产意义的实践。因为所有的社会实践必然会产生意义，因而所有的实践也都会含有话语样式。所以，话语会进入所有社会实践中并对之施加影响。福柯提出，西方关于他方的话语也深深地包含在各种实践之中——影响着西方如何对待他方。

要完全理解福柯的话语理论，我们需要牢记以下几点。

1. 话语可由许多个体在不同的体制设置（诸如家庭、监狱、医院和精神病院）中生产出来。它的整一性和"连贯性"（coherence）并不依赖它是否由同一个位置或从一个单一的言说者或主体那里发出。然而，每一个话语都会建构其位置，并仅凭其位置产生意义。任何有效使用话语的人需将自己安置到主体的位置上。例如，我们本人也许不相信西方具有天然的优越性，但如果我们使用了"西方与他方"话语，我们必然会发现，自己不知不觉会从西方是更为优越的文明这一位置立场

---

① N. Abercrombie, S. Hill and B. S. Turner (eds.), *The Penguin Dictionary of Sociology*, 2nd edition, Harmondsworth: Penguin, 1988. 词条"话语"。
② Abercrombie, Hill and Turner (eds.), *The Penguin Dictionary of Sociology*. 词条"福柯"。
③ M. Cousins and A. Hussain, *Michel Foucault*, London: Macmillan, 1984, pp. 84 – 85.

进行言说。正如福柯所解释的："描述一个……陈述并不以分析作者和他（原文如此）所说的话之间的关系为重点，而是要确定什么样的位置能够或必须为个体所占据，如果他就是它的主体的话。"①

2. 话语不是封闭的系统。某一话语会吸收其他话语中的因素，将之捆绑到自己的意义网之中。因此，正如我们在前一部分看到的，"欧洲"话语吸纳了早期的"基督教世界"的话语，但改变或转换了它的意义。过去话语的各种痕迹被保存下来，嵌入新近的"西方"话语中。

3. 话语形构中的陈述不必是相同的，但它们之间的关系与差异则需要是固定的、系统的，而不是随意的。福柯将之称为"散布体系"（system of dispersion）："不论何时，人们都可以在大量陈述之间，去描述这种散布体系，不论何时……人们都可以确立其一种规范……（然后）我们会说……我们在处理一个话语形构。"②

当我们将以上几点用于某些特定的例子里，它们会变得更清晰，我们随后会举例说明。

（二）话语与意识形态

话语与社会学家所说的意识形态颇为相似：一套陈述或信仰生产出服务某一特定群体或阶级利益的知识。那么，为什么使用"话语"而不用意识形态？

一个原因是福柯认为，意识形态是建立在对世界（科学）真实的陈述和虚假的陈述（意识形态）的区别之上的，而相信世界的真实能帮助我们决定何为真，何为假。但福柯同时提出，关于社会、政治或道德世界不能仅仅用真假界定，"事实"也不能让我们肯定地确定其真假，部分是因为"事实"可以用不同的方式阐释，正是我们用来描述所谓"事实"的语言干预了最终决定何为真，何为假的过程。

例如，巴勒斯坦人为了从以色列人手中重新获得西岸领土而战斗，他们或许会被描绘为"自由斗士"或是"恐怖分子"。他们在战斗，这

---

① M. Foucault, *The Archaeology of Knowledge*, London: Tavistock, 1972, pp. 95 – 96.
② Foucault, *The Archaeology of Knowledge*, p. 38.

是事实,但这种战斗的意义是什么?仅凭事实是无法确定的。正是我们使用的语言——"自由斗士/恐怖分子"——构成了对之确认部分的困难。此外,某些描述,即使在我们看来是虚假的,也能够使之成"真",因为人们相信它们是真的,并按之行事,从而他们的行为产生了真实的后果。不论巴勒斯坦人是不是恐怖分子,如果我们认为他们是,并奉行这种"知识",他们事实上就变成了恐怖分子,因为我们把他们看作恐怖分子。语言(话语)在实践中有真正的效用:描述使之成"真"。

由此,福柯使用"话语",意欲逃避这一无法解决的困境——决定哪些社会话语是真实的或科学的,哪些社会话语是虚假的或属于意识形态的。现在,大多数的社会科学家认为,我们的价值观影响着我们对社会世界的所有描述,因此,我们的大多数陈述,不管是否确凿,也带有意识形态维度。福柯会说,巴勒斯坦问题的相关知识是由话语竞争——"自由斗士"和"恐怖分子"的话语——生产出来的,二者均与权力的斗争有关,正是这种斗争的结果,决定了境况的"真实性"。

于是,你们会看到,尽管"话语"概念回避了意识形态中的真实/虚假问题,但它没有逃避权力问题。事实上,它非常重视权力问题,因为正是权力,而不是关于现实的事实,使得事情成"真":"我们得承认,权力生产知识……权力与知识直接暗含彼此。没有与知识领域的构成毫无关联的权力关系,也没有不先行决定并构成……权力关系的知识。"[1]

(三)话语会是"纯真的"吗

在西方发展出的关于他方的话语会在权力之外运作吗?有可能在哪种意义上,是完全科学的吗?——即不携带任何的意识形态?或者它是由特定阶级的利益影响的吗?

福柯很不愿将话语简化为仅仅反映某一特定阶级利益的一组陈述,同样的话语应该还能被其他的群体使用,尽管这些群体有着不同的甚至

---

[1] Foucault, *The Archaeology of Knowledge*, p. 27.

是相矛盾的阶级利益。但这并不意味着话语在意识形态上是中立的或"纯真"的。以西方与新世界的相遇为例,有多种理由说明这种相遇为何不是纯真的,因而,出现在古老世界中的关于他方的话语也无法是纯真的。

首先,欧洲将自己的文化范畴、语言、意象与观念带到了新世界,以便对之进行描述和表征。它竭力将新世界拼接到现存的观念框架之中,按照自己的标准,对之分类,并将之并入西方的表征传统之中。这不足为奇:我们常常用我们已经了解的世界去解释、描述新奇的世界。这绝非是西方才有,不带有任何的先见,仅仅是去看、发现和描述新世界/他方这么简单的事情。

其次,在启程去探索"未知的茫茫碧海"那边有什么时,欧洲有某种确定的目的、目标、任务、动机、兴趣和策略。这些动机与兴趣是混杂在一起的。例如,西班牙人想要:a. 获得金子和银子;b. 为他们的天主教国王宣称土地所有;c. 以及让异教徒转信基督教。

这些兴趣常常相互矛盾。但我们应认为,欧洲人关于新世界的言说不仅仅是他们自己私利的自嘲式伪装。当葡萄牙国王玛奴尔一世(King Manuel of Portugal)给西班牙国王斐迪南和女王伊丽莎白致函时说:"这一事业(达·伽马的印度海航)的主要目的一直是……为我们的上帝和我们自己的利益服务的"[1]——由此而将上帝与作为罪恶之源的财富适时完美地结合在一句话中——也许他认为二者间没有明显的矛盾。这些天主教统治者,在宗教上极其狂热,完全相信他们所言之事。对他们来说,为上帝服务和追逐"自己的利益"并不矛盾,他们完全相信自己的意识形态,并依之生活。

因此,尽管试图将他们的陈述简化为私利,这样会不对,但显然,他们的话语受到其语言中的动机与兴趣的塑造和影响。当然,动机与兴趣几乎从来不是完全自觉的或是合理的,驱动欧洲人的各种欲望是如此强烈,但它们的力量并非总是服从于理性计算的。马可·波罗的"东方财富"是可见的,但它们对一代代欧洲人的诱惑力使得这些财富日益转

---

[1] 引自 Hale, *Age of Exploration*, p. 38。

变为神话。同样地,哥伦布向当地人不断打听的金子,很快也具有了神秘、准宗教的意义。

最后,"西方和他方"的话语无法是纯真的,也是因为它没有表呈出平等的相遇。欧洲人比当地人的航行技术和射击技术更好,也更机智,而当地人不希望被"探究",也无须被"发现",不想被"剥削"。与他者相比,欧洲人占据着权力主导的位置。这就影响到他们看到什么、如何看到,以及他们不会看到什么。

福柯将这些论述归纳如下:不仅仅是话语总暗含在权力之中,话语也是权力得以循环的"体系"之一。话语生产出来的知识构成了某种权力,作用于与知识相关的人。当那一知识在实践中实施时,那些以特定方式被认知的人便会服从(受制于)这一知识。这一直是一种权力-关系。[①] 生产这一话语的人也有权力将之变成真实可信的——强化其有效性,稳固其科学地位。

这使得福柯在真实这一问题上,处于一个高度相对性的立场上,因为他的话语观念打破了真实陈述与虚假陈述之间——科学与意识形态之间——的不同,许多社会学家对此表示赞同。这些认识论问题(关于知识、真理和相对主义的地位)过于复杂,不宜在此深究(有些问题会在第四辑进一步讨论(霍尔等,1992))。然而,目前需要掌握的重要观念是福柯所确定的话语、知识和权力之间的深刻而密切的关系。依福柯所言,当权力运作起来以强化任何一套陈述的"真实性"时,这一话语形构便生产出一个"真理体制"(regime of truth):

> 真理不在权力之外……真理是世间之物,它并非仅通过各种限制形式而产生……它诱发权力的常规效用。每一社会都有其真理体制,真理的"整体政治";即,它接受并使之以真理的形式发生作用的话语类型;使得人们能区分"真实"与"虚假"陈述的机制与实例;限定的区分方式;在获取真理的过程中,与价值观根本一

[①] 参见 M. Foucault, *Power/Knowledge*, Brighton: Harvester, 1980, p. 201。

致的技巧和程序；以及负责说出何为真实的那些人的地位。[1]

（四）小结

让我们总结一下这一论述的主要观点。话语是谈论、思考或表述某一特定的对象或话题的方式，它们生产出关于那一对象的有意义的知识。这一知识影响社会实践，因而具有真实的结果与效果。不能将话语简化为阶级利益，但它始终在权力关系中发挥作用——它们是权力循环与斗争的一部分。话语是真实的还是虚假的并不重要，重要的是，它在实践中是如何发挥作用的。当它发挥作用——组织与调控权力关系（如西方与他方之间）——时，它就可称为"真理体制"。

四 表征"他者"

到目前为止，对话语的讨论一直是相当抽象与概念性的。将概念与实例结合一起，也许更易于理解。爱德华·萨义德对东方主义的研究提供了福柯所说的"真理体制"的最佳实例。在这一部分，我想要简短地评判这一实例，然后确定我们在什么范围内使用话语理论和东方主义实例来分析"西方与他方"话语。

（一）东方主义

在他的著作《东方主义》中，爱德华·萨义德分析了各种将"东方"这一实体建构和生产成知识客体的话语与体制。萨义德将这一话语称为"东方主义"。请注意，虽然我们倾向于将远东（包括中国）包括在我们使用的词语"东方"之内，萨义德主要指的还是中东——基本上是伊斯兰各民族居住的土地。他主要的聚焦点是法国对中东的书写，以下是萨义德对这本书的规划与总结：

> 我的观点是：不将东方主义当作话语来进行检视，就无法理解

---

[1] Foucault, *Power/Knowledge*, p. 131.

巨大的系统性学科，凭借此学科，欧洲文化能够在后启蒙时代从政治上、社会学上、军事上、意识形态上、科学上和想象方面操控——甚至生产——东方。此外，东方主义具有如此权威的地位，以致我相信，不考虑东方主义对思想与行为所强加的局限性，任何人也无法书写、思考或处理东方。简言之，因为东方主义，东方不曾（现在也不）是一个自由思考与行动的主体，但这并不是说，东方主义可以单方地决定关于东方，我们能够说什么，而是说，它是完整的利益网，不论在任何时候，一旦讨论"东方"这一独特实体，势必会对之产生影响（因而总是牵涉其中）……本书也试图说明欧洲文化通过将自己与东方相对照来获得力量与身份，由此而将东方表述为某种替代者，甚至是隐蔽的自我（underground self）。[1]

我们现在使用福柯的"话语"理论与萨义德的"东方主义"实例来分析"西方与他方"话语，既然这一话语出现于15世纪末到18世纪期间，那么它是如何形成的？它主要的主题，即表征"策略"是什么？

（二）"档案库"

萨义德指出："从某种意义上，东方主义是一个共享的信息图书馆或档案库。将这些档案捆绑在一起的是一个思想系谱和一套统一的价值观，它们以各种方式去显示其有效性。可以用这些观念解释东方人的行为；为东方人提供了一种思想方式、一个谱系和一种氛围；更重要的是，它们使得欧洲人可以处理有关东方人的材料，甚至于将东方人视为一种具有固定特征的现象。"[2]"西方与他方"的话语吸纳了何种常识来源？吸纳了何种其他话语的档案库？我们可以辨识出四个主要来源。

第一，古典知识：这是关于"其他世界"的意象与信息的主要来源。柏拉图（大约公元前427—前347）描述了一连串的传奇岛屿，其中的大西洋之岛亚特兰蒂斯是许多早期探险者意欲寻找的岛屿。亚里士

---

[1] E. W. Said, *Orientalism*: *Western Concepts of the Orient*, Harmondsworth: Penguin, 1985, p. 3.

[2] Said, *Orientalism*, pp. 41–42.

多德（公元前384—前322）和埃拉托斯特尼（大约公元前276—前194）均对地球的圆周作出了异常精准的估算，哥伦布还参考过他们的估算。托勒密的《地理学》（公元2世纪），在它诞生1000年后为地图绘制者提供了一个模型。16世纪的探险家认为，在外部世界，不仅有天堂，还有"金色时代"，一处只有完美的幸福和"人类的春天"的地方，古典诗人，如贺拉斯（公元前65—前68）和奥维德（公元前43—公元17）都写过这一地方。

18世纪，人们还在争论，他们发现的南太平洋地区是否是天堂。1768年，法国太平洋探险家路易斯·布干维尔（Bougainville），根据维纳斯首先从海上来到这里的经典神话，遂将塔希提岛更名为"新塞西拉"（The New Cythera）。在另一端点上，希罗多德（公元前484—前425）和蒲林尼（公元23—79）对希腊边境野蛮民族的描述留下了许多"其他"种族的怪诞形象，这些对于后来的探险者来说，是些实现自我的预言，因为他们要去找到传说中他们会找到的东西。矛盾的是，这种古典知识在黑暗时期大多数都遗失了，仅仅在后来，经由伊斯兰学者，西方才得以获得，而其本身也成为"其他"世界的一部分。

第二，宗教与圣经来源：知识的另一源头。中世纪开始从《圣经》角度重新阐释地理。耶路撒冷成为地球中心，因为它是圣城。亚洲是三个智慧之王的故乡；非洲是所罗门王的故乡。哥伦布相信奥里诺科河（在委内瑞拉）是流出伊甸园的圣河。

第三，神话：很难分辨出宗教与古典话语止于何处，而这些神话和传说又是始于何处。神话将外部世界转变为一个魔幻花园，里面住着奇形怪状的民族和怪兽般的怪人。华特·雷利爵士在16世纪仍然相信，他在亚马逊的热带雨林中会找到"埃尔多拉多"国王（镀金的人），他的民众曾发誓要为他塑金身，然后会在圣湖中为他冲洗。

第四，旅行者的故事：也许最为丰富的信息之源是旅行者的故事——这是一个会将描述在不知不觉中退化为传说的话语。下面的这个15世纪的德国文本总结了1000多年间的旅行者故事，这些故事自身也常常引用宗教和古典典籍：

在印度的土地上，有些人长着狗头，通过犬吠来交谈……捕鸟为生……其他人只在脑门上长着一只眼睛……在利比亚，许多人生下来就没有头，只有嘴巴和眼睛。许多人是双性人……在恒河上的天堂附近，居住着什么都不吃的人。因为……他们通过一根吸管吸收了液体营养……（并且）靠花汁为生……许多人的下嘴唇如此之大，以致可以遮盖住整张脸……在埃塞俄比亚，许多人弯着背行走，像牛一样，许多人能活400年。许多人头上长角，长着长长的鼻子和山羊脚……在埃塞俄比亚，朝西走，有许多人长着四只眼睛……在埃里尼亚岛，住着美丽的民族，长着仙鹤一样的脖子和喙。[①]

尤为丰富的资料库是约翰·曼德维尔爵士（Sir John Mandeville）的《旅行记》（*Travels*）——事实上，这是由一些不同人创作的各种奇异故事的一个纲要。马可·波罗的《游记》（*Travels*）总体上更严肃，事实更确凿，但仍然获得了神话地位。他的文本（由罗曼司作家鲁斯蒂润色后）是旅行者叙事中读者最广的，帮助创造了"中国"（Cathy，中国或东方）的神话，也激励了哥伦布与其他许多人的探险之梦。

事实与想象的奇异混杂构成了晚期中世纪的其他世界的知识，重新讲述这种混杂性，并非为了取笑中世纪的愚昧，而是为了：（1）说明这些非常不同的话语，作为"迹象"，其地位在不断变化，它是如何提供文化框架的，新世界的各民族是如何通过这一框架被观看、描述和表征的；（2）强调是事实与幻想的混合构成了"知识"。这一点，在使用类比来描述初遇陌生动物时尤为明显。企鹅与海豹分别被描述为像鹅和狼；貘像公牛，长着大象般的长鼻子；负鼠一半像狐狸，一半像猴子。

（三）"真理体制"

逐渐地，观察与描述变得更为精确。在类比方面，一种对动植物、当地人的生活方式、习俗、身体特征与社会组织更为冷静的描述取代了中世纪的思维习惯。在此，我们看到早期民族志或人类学的轮廓。

---

① 引自 E. Newby, *The Mitchell Beazley World Atlas of Exploration*, p. 17。

但转向更加描述性和事实性的话语，并不能保证它所声称的真实和科学客观性。"巴塔哥尼亚人"（Patagonians）的例子就清晰有力地说明了这一点。许多神话传说提到了巨人族，16 世纪 20 年代，麦哲伦的船员还讲述了他们在南美洲突遇巨人族的故事，他们给巨人族起了"巴塔哥尼斯"（字面意思是"大脚"）的绰号，这一想象相遇的地区也被称为"巴塔哥尼亚"，这一观念在流传广泛的想象中固定下来，尽管在 1741 年，两位英国人来到巴塔哥尼亚，发现当地人的体形其实是中等个子。

当海军准将约翰·拜伦（John Byron）在 1764 年登陆巴塔哥尼亚时，他遇到了一群令人畏惧的当地人，他们肩膀宽阔，身材粗壮，比一般的欧洲人要高几英寸，最终发现，他们是相当温顺与友好的。然而，报纸在报道这一相遇时，极大地夸张了这一故事，将巴塔哥尼亚人描绘得更加高大、更加凶残。在一幅雕刻图案上，海员只到巴塔哥尼亚人的腰部，皇家协会更将这一话题提升到了科学地位的高度。"雕刻品取自探险者的原料故事，将他们按照欧洲人熟悉的形象塑造出来。"① 传说最终得以报复科学。

（四）理想化

"东方主义，"萨义德评论道，"是一个学科，而东方在过去（和现在），依照这一学科，被作为一种学识、发现和实践的主题进行系统的处理"。此外，他补充说："东方主义还指一套梦想、意象和词汇的集合，任何试图谈论分界线以东世界的人，均会使用这一集合。"② 和东方一样，除西方以外的其他方也很快成为梦想与乌托邦语言的主题和强大幻想的客体。

在 1590 年至 1634 年间，佛兰德雕刻家特奥多雷·德布里（Theodor De Bry）出版了他的 10 卷本插图书《美洲的历史》（*Historia Americae*），这些是关于新世界的新型通俗文学的重要事例。德布里的书中有精美的

---

① L. Withey, *Voyages of Discovery: Captain Cook and the Exploration of the Pacific*, London: Hutchinson, 1987, pp. 1175 – 1176.

② Said, *Orientalism*, p. 73.

版画，展示了新世界的生活与习俗。在此，我们看到新世界是按照欧洲的审美传统和西方的"观看方式"重新加工——被表征出来的。各种不同的美洲意象相互叠加。例如，1587年，约翰·怀特（John White）在弗吉尼亚看到了阿尔冈昆人（Algonquian），将他们绘制成简单狂妄的形象，德布里则对之进行了修改。按照更加古典的欧洲风格，他重新润色了面部特征，调整了手势，修改了姿态。其整体效果，如休·昂纳（Hugh Honour）所言，就是"要驯化这些白人新发现的人民，并使之文明化"。① 同样的改变还可见于对火地岛居民的三种表征中（图2a—2c）。

将之理想化的一个主要对象就是自然本身。热带的肥沃，甚至让地中海人都感到震惊。几乎没有人见过像加勒比和中美洲这样的景观。但是，描述与理想化之间的界限很难分清。在描述古巴时，例如，哥伦布

图2a 棚屋中的火地岛居民（Alexander Buchan，1769）

---

① H. Honour, *The New Golden Land: European Images of America*, London: Allen Lane, 1976, p. 75.

图 2b　火地岛上的印第安人（Bartolozzi，1773）

图 2c　火地岛上的原住民（Read，1843）

提到"上千种树……如此高，以至于像是触到了天"，锯齿山脊和高山"非常美丽，形态万千"，还有夜莺与其他鸟类，奇特的松林、肥沃的平原和种类繁多的水果。① 哥伦布的朋友彼得·马特（Peter Martyr），后来用他的描述表达了一套丰富的母题，这些母题在多个世纪广泛传播：

> 土族人生活在那一金色世界中，过去的作家对这一世界谈了许多，人们生活纯朴，没有法律，没有争吵、评判和诽谤，心满意足，只为令自然满意……（有）如此美丽的裸体女孩，以至于让人认为他（原文如此）看到了那些古人热烈赞颂的水中仙女和喷泉仙女。②

这段文字中的关键母题，值得确认，因为它们反复出现在后来的"西方与他方"的各种变体之中：（1）金色世界，一个人间天堂；（2）简单而纯朴的生活；（3）没有发达的社会组织和市民社会；（4）人们生活在纯粹"自然"的状态；（5）公开坦诚的性欲，裸体，女性的美。

在这些将新世界视为人间天堂、金色时期或乌托邦的意象与隐喻中，我们可以看到，一个强有力的欧洲幻想正在建构之中。

（五）性幻想

性是西方建构的幻想中的一个重要因素，并且，在"西方与他方"的话语中，纯朴的性与性体验、性占有与性臣服的观念扮演着错综复杂的角色。

当库克船长在1769年抵达塔希提岛，他再次重述了这一随处可见的性欲天堂的牧歌般故事。女人们极其美丽，热带植被茂盛，生活简朴，单纯而自由；大自然滋养着人们，无须劳作与耕种；性是开放坦然的——不受欧洲有罪说的困扰。博物学家对布干维尔的太平洋航行作出这样的评说：塔希提人"没有罪恶、偏见、需求或争执，除了信仰爱，他们不知道别的上帝"③。与库克船长同行的绅士科学家约瑟夫·班克斯（Joseph Banks）也说道："总之，我们看到的场景是我们可以想象的

---

① H. Honour, *The New Golden Land*, p. 5.
② H. Honour, *The New Golden Land*, p. 6.
③ A. Moorhead, *The Fatal Impact: An Account of the Invasion of the South Pacific, 1767 – 1840*, Harmondsworth: Penguin, 1987, p. 51.

世外桃源最真实的画面,我们将成为那里的国王。"① 正如库克的传记作者比格尔霍尔(J. C. Beaglehole)所评论的:"他们已经站在了一个梦幻世界的海滩之上,径直走入黄金时代,拥抱仙女。"② 而这一幻想仍然深深影响着当代西方对热带天堂和异域假日的想象。

还有其他探险者的叙述也广受欢迎,如亚美利哥·韦斯普奇的著述,在性的方面有些直言不讳,而哥伦布对此一直是持更为缄默的态度。韦斯普奇以为,新世界的人们,"是依照大自然来生活的",裸体而无羞耻感;"女人在生完孩子后,依然楚楚动人,有着很强的性欲,并用某种奇特的饮品使她们爱人的阴茎变大"。③

这些探险、征服和占有的语言,通过性差异得以标示,并借助性意象而吸取大量潜意识的能量(图 3)。

图 3 欧洲遇到美洲(Van der Straet,大约 1600)

---

① A. Moorhead, *The Fatal Impact: An Account of the Invasion of the South Pacific, 1767 – 1840*, p. 38.
② A. Moorhead, *The Fatal Impact: An Account of the Invasion of the South Pacific, 1767 – 1840*, p. 66.
③ Honour, *The New Golden Land*, p. 56.

在图3中,"欧洲"(韦斯普奇)代表了正直勇敢,是一个居高临下的男性形象,他的脚坚定地踩在地上。在他的周围,遍布着各种权力标识:西班牙天主教国王的权杖、其上方的十字架;他左手拿着为他指引方向的星盘,这是西方的知识成果;后面是扬帆航行的大帆船。韦斯普奇展示了一个至高无上的统治者形象。修姆评论道:"与现存的欧洲传统相一致,'新'大陆常被寓言化为一位女人。"——在此,赤裸地躺在吊床上,周围则是异域景观的各种标识:奇特的动植物,首要的是食人宴。①

(六) 差异的误认

萨义德说:"东方主义的精髓在于西方优越与东方低劣之间存在着不可根除的差异。"② 这种明显的差异性标识是如何建构的?

到他方之后,欧洲人会立刻感觉到,在新世界的各民族中,没有他们所理解的政府与市民社会,即所有"文明"的基础。事实上是,这些民族确实有几种非常不同、高度复杂的社会结构。欧洲人所发现的新世界也已经有数百万的民众了,他们已经在此生活了几个世纪,而且,他们的祖先是穿过连接美、亚两洲的狭长地带从亚洲移民至此的。据估计,西班牙"发现"西半球时,已有1600万人在此生活。人口最密集的地方在墨西哥,另有100万人住在北美。他们的生活标准与生活方式完全不同。中美洲的普韦布洛人(Pueblo)是村民,其他人则是以在平原上和森林中捕猎、采摘为生。加勒比群岛的阿拉瓦克人有着相对简单的社会类型,以农耕和捕鱼为生。再往北去,易洛魁族人和卡罗来纳人是凶猛的游牧猎手。

玛雅有着高度的文明,光辉耀眼的白城,它建立在发达的农业基础之上,社会稳定且具有文化素养。它是个联邦国家,有着复杂的政府等级。阿兹特克文明(墨西哥)和印加文明(秘鲁)庞大而复杂,以玉米培育种植为主,有着丰富发达的艺术、文化和宗教。二者也均有复杂

---

① 参见 P. Hulme, *Colonial Encounters*, xii。
② Said, *Orientalism*, p. 42.

的社会结构和中央行政管理系统,且均创造了非凡的工程成就。他们的神庙比欧洲的任何一座都要庞大,印加的皇室大道长达 2000 英里,穿越了山区——超过了罗马帝国从约克郡到耶路撒冷的距离。①

这些是功能性的社会。它们所拥有的,不是"欧洲式的",因此其差异性似乎扰乱了西方期待,需要欧洲与之协商,对之作出解释。几个世纪过去了,欧洲人对各具差异的美洲土族人的具体特征逐渐有了更多的了解。然而,在日常术语上,他们坚持将美洲土族人统称为"印第安人",将所有的差异堆砌在一起,压缩成一个并不准确的刻板形象。②

库克船长在塔希提岛的早期经历(1769)也表明:欧洲人无力应对差异。英国人知道塔希提人是财产共有制,他们因而没有"偷窃"这一欧洲化的概念。为了赢得当地人的好感,船员们给他们馈赠了大量礼物。但不久,塔希提人开始自我帮助。首先是一些小偷小摸,让英国人感到很可笑。但当当地人偷走了班克斯的小望远镜和鼻烟壶时,他用火枪威胁他们,他们才还回这些物品。库克的船员们持续不断地有着同样的遭遇。相似的误解导致库克在 1779 年死于夏威夷人之手。

与当地居民的首次接触通常是通过交换礼物,随后是更为固定的物物交换体系。最终,当然这一贸易融入欧洲组织的全球商业系统之中。许多早期的实例呈现了这些不平等交换的开始(图 4)。

在德布里的著名雕版画中,哥伦布受到印第安人的欢迎(图 4),哥伦布站立的姿势与范·德·史特莱特(Van der Straet)画中的韦斯普奇("欧洲")一模一样,像一个英雄,左边安放着十字架。当地人(看上去相当欧式化)来到这里,带着礼物,送给他们,以示欢迎。如哥伦布在他的日志中所记录的:当地人"对我们非常友好","事实上"他写道:"他们非常愿意用他们所有的东西来进行交换"。③ 随后使用的插图展示了为西班牙人生产金子与蔗糖(说明文字将这些称为"礼物")而劳作的印第安人。

---

① Newby, *The Mitchell Beazley World Atlas of Exploration*, pp. 95 – 97.
② R. Berkhofer, *The White Man's Indian*: *Images of the American Indian from Columbus to the Present*, New York: Knopf, 1978.
③ Columbus, *The Four Voyages of Christopher Columbus*, p. 55.

图4 哥伦布受到印第安人的欢迎

欧洲人的行为是由诸多复杂的认知与标准所左右的，这些认知和标准也操控着他们自己的货币交换、贸易和商业系统。欧洲人猜想：当地人没有这样的经济体系，他们根本没有体系，他们会对来访者奉上礼物，以示友好与谦卑，并立即承认来访者的天然优越性。因而，欧洲人觉得他们可以为自身的利益，任意地摆布这些持续不断的"礼物"供应。让欧洲人很难理解的是，这种礼物的交换是更为复杂而又完全不同的一套社会实践，即互惠实践的一部分，因为互惠实践只在某种文化语境下才具有意义。加勒比的实践就不同于欧洲的交换与商业的标准和实践，尽管二者的社会意义与效果同样错综复杂。

（七）堕落仪式

范·德·史特莱特雕版画（图3）右下角的食人宴席是一个令人烦

扰的细节。它指向一套主题，显然开始于首次接触，但这套主题，事实上，是我们之前讨论过的纯真主题、田园式的简朴和接近自然的反面——正好相反。似乎欧洲人将当地人表征为富有吸引力的和充满诱惑的，也可用来表现其相反面：野蛮与堕落的本性。在韦斯普奇海航的一个记述中，这两面被放在同一段文字中："人们因而没有穿衣服……身材适中，男男女女的头、脖子、双臂、隐私部位和脚都由薄薄的羽毛覆盖着。任何东西均不属于个人，而是人人共有……无论她们是这些男人的母亲、姐妹还是朋友，她们都可以当作妻子去愉悦他们……他们会相互争斗。他们会吃掉对方。"①

在此处的话语中，这种令人烦扰的逆转起了作用。吊床上的纯真、友好之人也会超乎寻常的冷漠，充满敌意。接近自然的生活意味着他们没有发达的文化——因而是"未开化的"。欢迎来客，他们也可以凶猛地抵抗，与其他部落进行战争性的对抗（新世界的敌对、竞争、冲突和暴力并不比欧洲少）。美丽的林间仙女和水中仙女——也可以是"好斗的和野蛮的"。片刻间，天堂会变成"蛮荒之地"。话语的两种版本同时运行，它们似乎会相互否定，但将它们视为互为镜像更为准确，二者均是建立在刻板形象之上的夸张，并互相滋养。它们相互需要。它们是相反的，却是有条不紊地相关联的：是福柯所说的"散布体系"的一部分。

从一开始，一些人将新世界的土族人描绘为"没有理性与知识的"，是"具有人形的野兽"。他们说，很难相信上帝创造了这么一个如此固执、邪恶与残忍的种族。性滋养了一些人的幻想，也激怒了其他许多人。据说，当地人比其他种族更沉迷于乱伦、鸡奸与淫乱。他们没有正义感，有着堕落的习俗，对宗教充满敌意，将所有这些压缩成一个特色意象，便是他们（所谓的）食用人肉。

食人习俗问题以一种谜的形式出现，至今无法解决。人类献祭——也许包括食人——是与宗教仪式相关联的，也许还存在别的献祭仪式，会涉及食人和吃掉俘虏。但仔细回顾一下相关的记录，似乎这些证据比

---

① 引自 Honour, *The New Golden Land*, p. 8。

想象的还要粗略、模糊不清。对于食人的描述通常认为是过于夸张的：常是一个部落对其他敌对民族或敌人的做法；许多声称是亲眼所见的第一手资料最终发现是第二或第三手的报道；通常是食人实践都结束了几个月后，欧洲来访者才到此地。证据非常少，仪式场合之外的典型描述当然是新世界的印第安人坐下来吃晚饭，晚饭便是他们同类的肢体。①

彼得·修姆（1986）论述了食人如何变成"野蛮"的主要象征或能指，从而帮助固化某些刻板形象的，很有说服力。哥伦布在报告中说（1493年1月），在伊斯帕尼奥拉岛（Hispaniola），他遇到好斗的一群人，他判断，他们"肯定是吃人的加勒比人中的一员"。②西班牙人将当地的土族人分为两个族群："和平"的阿拉瓦克人和"好斗"的加勒比人。据说后者入侵了阿拉瓦克的领土，偷走了他们的妻子，拒绝被征服，成为"食人族"。开始只是作为描述社会族群的一种方式，最终变成了一种方法，以"确定哪些美洲印第安人准备按照西班牙人的条件来接受他们，哪些是敌对的，或者说，是准备保卫自己的领土与生活方式的"。③

事实上，"凶猛"的加勒比人使食人者的想法变得如此根深蒂固，以致他们族群的名字（加勒比）逐渐被用来指代那些被认为是有罪的人。结果，我们今天有了这个词"食人"（cannibal），它实际上源于"加勒比"这一名称。

（八）小结：定型化、二元论与切分

现在可以尝试着将我们称为"西方与他方"的"表征系统"，或话语的运行模式、形构框架结合在一起描述。

休·昂纳（Hugh Honour）研究了自新大陆发现以来，欧洲人创造的美洲意象，指出，"欧洲人日益倾向于将美洲看作自己国家的理想化或扭曲了的意象，从而将自己的抱负与恐惧、自信与自责式的绝望投射

---

① 如 W. Arens, *The Man-Eating Myth: Anthropology and Anthropophagy*, New York: Oxford University Press, 1977。其中有对食人文学的大量分析。
② Columbus, *The Four Voyages of Christopher Columbus*, p. 40.
③ Hulme, *Colonial Encounters*, p. 72.

其上"。① 在这一部分，我们已经辨识出一些话语策略。它们是：(1) 理想化；(2) 欲望幻想与堕落幻想的投射；(3) 不承认亦不尊重差异；(4) 倾向于将欧洲的范畴与标准强加于他者，并通过西方的表征与感受模式看待差异。

这些策略在定型化描述的过程中不断得到固化。定型化是单边的描述和各种复杂的差异折叠成一个简单的"硬纸剪画"的结果。② 不同的特征混在一起或压缩成一个。这种夸大了的简化然后再归属某一主体或某一地方，它的特色变成了标志、"痕迹"，凭此，主体被认知。它们界定了主体的存在与本质。修姆指出：

> 通常情况下，定型化主要通过形容词的精确组合来确立（某些）看似永远真实（"真理"）的特征，如，"凶恶的""好斗的""充满敌意的""凶残野蛮、充满报复心的"。并且，这些特征不受任何社会历史时刻的影响——它们作为内在的、不受环境影响的特征而存在。……（因此，加勒比人）已被锁定为"食人族"，成为其存在的性质，无人会对此表示质疑。这种定型化的二元论证明了它是非常顽固的，不会受到其他与之矛盾的证据的影响。③

通过"定型化的二元论"，修姆想要说明，定型化已被切分（split）为两个相反的因素，它们也是"他者"话语中的两个关键特点。第一，几个特征折叠成一个简化的形象，再用这一形象代表或表述这个民族的本质，这就是定型化。第二，刻板形象切分为两半——"好"的一面和"坏"的一面；这就是"切分"或"二元论"。

"西方与他方"话语远非是统一的整石一块，切分是其固有的特点。世界首先被象征性地分为好/坏、我们/他们、吸引人的/令人恶心的、文明的/未开化的、西方/他方，这两半之间或每一半之内的所有其他的、诸多差异均被折叠、简化——换言之，定型化了。通过这一策

---

① Honour, *The New Golden Land*, p. 3.
② Abercrombie, *The Penguin Dictionary of Sociology*. 词条："定型化"。
③ Hulme, *Colonial Encounters*, pp. 49 – 50.

略,他方被界定为非西方的一切事物——西方的镜像。它被表征为一个绝对的、本质上不同的、其他的"他者"。这个他者然后又切分为两大"阵营":友好的/敌对的、阿拉瓦克人/加勒比人、纯真的/堕落的、高贵的/卑贱的。

五 "所有的世界最初都是美洲"

在谈及定型化在"他者"话语中的用途时,桑德·吉尔曼(Sander Gilman)提出,"这些系统内在地暗含着两级(形成对立的两部分),生产出成对的对立能指(意义明显相反的词语)。定型化的深层结构就是如此反映当时的社会与政治意识形态的"。[①] 他接着说:

> 随着自我与世界切分为"好"与"坏","坏的"自我被脱离出去,并被确认为是"坏"事物的心理表征。当自我有必要将"好"与"坏"的样式加以整合并呈现出矛盾时,这种投射行为可以将自我从矛盾对立中拯救出来。我们对自我与世界进行感知的深层结构,便是建立在将世界划分为两大阵营的幻象之上的:"我们"与"他们"。"他们"也包含有"好的"与"坏的"两方面。[②]

吉尔曼给我们的事例是"高贵的"对"卑贱的野蛮"。在这部分,我们会检视这种定型化的"发展演进"。它是如何在"西方与他方"话语中发挥作用的?它对现代社会科学的诞生又有怎样的影响?

(一)他们是"真正的人"吗

在不断演化的殖民体系中,应该如何对待新世界的土族和民族?这一问题与他们是怎样的社会与民众——这反过来取决于西方对他们的认识,取决于他们是如何被表征的——有着直接的联系。在创世界的级别

[①] S. Gilman, "Difference and Pathology", *Stereotypes of Sexuality, Race, and Madness*, Ithaca: Cornell University Press, 1985, p. 27.

[②] Gilman, "Difference and Pathology", p. 17.

中，印第安人处于哪一级别？在文明社会的级别中，他们的国家被放置在哪一级？他们是"真正的人"（原文如此）吗？他们是按照上帝的形象创造的吗？这一点至关重要，因为如果他们是"真正的人"，就不能奴役他们。希腊哲学家提出，男人（在这种论辩中，女人基本不出现）是一种被赋予了神圣理性的特殊创造物；根据宗教的宣扬，人类善于接受天惠。印第安人的生活方式和"文明"匮乏是否意味着他们在人类的天平上等级如此之低，以至于没有理性与信念呢？

这种激烈的争论在15世纪的大部分时间内持续进行。斐迪南和伊丽莎白颁布法令，申明："某种叫食人的民族"和"任何，不论是叫食人族还是别的什么，只要他们没有被驯化"都能当奴隶。有些人认为，"他们也许是另一个亚当的子嗣……出生在大洪水之后……也许没有灵魂"。[1] 然而，教士巴托洛梅·德·拉斯·卡萨斯（Bartolomé de Las Casas, 1474—1566）将自身变成了印第安人的捍卫者，强烈抗议西班牙人将印第安人变成强制性劳役的残暴行为。他坚持认为，印第安人确实有自己的法律、习俗、文明、宗教，他们是"真正的人"，他们的食人习俗纯属夸张。"所有的人"，卡萨斯声称，"不论多么野蛮与残忍……必然具有理智……"[2] 这一问题瓦拉多利德（Vallodolid）也曾在1550年当着皇帝查理十世（Emperor Charles X）的面，进行过正式的论辩。

卡萨斯争辩的结果是自相矛盾的：一方面他认为将印第安人变成奴隶是违法的；另一方面，却被说服，接受用非洲奴隶取代印第安奴隶，由此，打开了通往新世界非洲奴隶时代的恐怖之门。在非洲奴隶解放（1834）之前，对于非洲奴隶，也发生了类似印第安奴隶的争辩。由于将奴隶定义为"商品"，皇家非洲公司凭借着这种特许，组织了英国的奴隶贸易。随着奴隶制的扩张，一系列的符码得以建构，以方便西班牙、法国和英国的殖民统治与管理奴隶。这些符码将奴隶定义为可动产（chattel）——字面意思是"物品"，不是人。这给一些教会带来了困

---

[1] 参见 Honour, *The New Golden Land*, p. 58。
[2] 引自 Honour, *The New Golden Land*, p. 59。

扰。但在英国殖民地，英格兰教会认同种植园主，毫不费力地便接纳了这一定义，并且不费吹灰之力便让奴隶皈依了英格兰教会，这种状态一直持续到18世纪。然而，后来，在反奴隶制运动中，非国教教会成员主张废除奴隶，恰恰是因为他们认为每一个奴隶应当是"一个人和兄弟"。①

（二）"高贵的野蛮人"对"卑贱的野蛮人"

同一论述的另一变体可见"高贵的野蛮人"对"卑贱的野蛮"的论辩。英国诗人约翰·德莱顿（John Dryden）提供了"高贵的野蛮人"（noble savage）的著名意象之一：

> 我自由，就如同自然最初创造之人，
> 在奴役制度奠基之前；
> 那时，高贵的野蛮人在未开垦的林中奔跑。②

更早一些时候，法国哲学家蒙田在他的文章《论食人族》（Des Cannibales，1580）中，将他的高贵的野蛮人安放在了美洲。这一想法迅速吸引了欧洲人的想象力。在路易十四（1638—1715）的凡尔赛宫，勒·布朗（Le Brun）的著名油画《美洲的不同民族》中突出地呈现了一位"英雄般"的美洲印第安人——庄重、高大、自豪、独立、轮廓俊美且是赤裸着。③ 由此，身着古希腊和古罗马服装的美洲印第安人油画与雕版画开始流行起来。许多关于库克之死的油画将库克与杀死他的当地人都刻画成了英雄。正如比格尔霍尔所解释的，太平洋航行为"高贵的野蛮人"理想化赋予了新生命与动力，他们"在不加掩饰的庄严中进入学者的研究和欧洲的画室，撼动了道德与政治的先见"。④ 理想化

---

① C. Hall, "Missionary Positions", in L. Grossberg and C. Nelson (eds.), *Cultural Studies and in the Future*, London: Routledge, 1991.
② J. Dryden, "The Conquest of Granada", *The Works of John Dryden*, Vol. 11, Berkeley: University of California Press, 1978.
③ Honour, *The New Golden Land*, p. 118.
④ Moorhead, *The Fatal Impact*, p. 62.

的"野蛮人"在舞台上,以高亢的语调诵说着高贵的诗行,17世纪的文学中,阿芙拉·班恩(Aphra Behn)的小说《奥鲁诺克》(Oroonoko,1688)中能与之共享名誉的英雄便是少数"高贵的"非洲人(与美洲印第安人相比)之一,并且,足够的幸运,他有着"长发、罗马人的高鼻梁和美丽的嘴巴"。

自此,"英雄般的野蛮人"充斥在各种探险故事、西部片和其他好莱坞电视电影中,产生了一系列不断重复的"高贵的他者"意象。

"高贵的野蛮人"也由此在社会学科中获得了一席之地。1749年,法国哲学家卢梭描述了他理想中的社会形式:简单、单纯的人生活在自然状态,不受法律、政府、财产或社会等级的侵扰。"北美洲的野蛮人",他后来在《社会契约论》中写道:"至今还保留了这种政府组织方法,他们治理有方。"① 塔希提岛是这种先入之见的完美表现——"未被发现的星星之一,在宇航员证实其真实存在后,最终开始发光"。②

法国的太平洋探险家布干维尔(1729—1811)深深地为塔希提岛人的生活方式所吸引。哲学家狄德罗,也是《百科全书》的编辑,为布干维尔的航行写了著名的《补充》(Supplement),提醒塔希提人要提防西方对他们纯真幸福的入侵。他预言:"有一天,他们(欧洲人)回来,一手拿着有殉难耶稣像的十字架,一手拿着匕首,会割断你们的喉咙,强迫你们接受他们的习俗与思想"③,他预言的事情真的发生了。因此,"高贵的野蛮人"变成了批评西方社会过于精细的、带有宗教虚伪和社会等级划分的常用手段。

这只是故事的一面。因为,与此同时,相反的意象——"卑贱的野蛮人"意象——也逐渐变成了深刻反映欧洲智识界有关社会发展本质思想的手段。18世纪的智者,如霍勒斯·渥波尔(Horace Walpole)、埃德蒙德·伯克(Edmund Burke)和约翰逊博士,均极度蔑视高贵的野蛮人观念。正如后来的学者罗纳德·密克(Ronald Meek)所指出的,通

---

① J. J. Rousseau, *The Social Contract*, Harmondsworth: Penguin, 1968, p. 114.
② Moorhead, *The Fatal Impact*, p. 62.
③ 引自 Moorhead, *The Fatal Impact*。

过经由高贵的野蛮人观念而生产出的社会批评,当时的野性观念影响了18世纪的社会科学,"通过卑贱的野蛮人观念,还激发了一种新型社会发展理论的出现,尽管这一点并不被人人所知"。[1]

社会哲学家关心的问题是:是什么使得西方的高雅与文明到达如此的高度?西方开始时是如同"野蛮社会"一样简单,然后逐步演变的呢?还是它有不同的通往"文明"的路径呢?

许多启蒙运动的先驱与重要人物都加入了这场论辩。政治哲学家托马斯·霍布斯在《利维坦》(1651)中论述道,正是因为他们缺乏"工业……因而没有地球文化、没有航海,也不使用商品","美洲许多地方的野蛮人……到今天还是过着野兽般的生活"。[2] 英国的讽刺作家伯纳德·曼德维尔(Bernard Mandeville)在他的《蜜蜂寓言》(*Fable of the Bees*)一书中,辨识出了一系列的"步骤"或阶段,在各个阶段,诸如劳动分工、货币和工具的创造这些经济因素在从"野蛮"到"文明"的进步中起着主要作用。[3] 哲学家约翰·洛克声称,新世界折射出"亚洲与欧洲原初时期的图景"——欧洲就是从这一源点发展而来的。"最初",洛克说,"所有的世界都是美洲"。[4] 他这么说,是指世界(西方)是从美洲被发现时的阶段——未开垦的、不发达的和未开化的状态——一步步演变而来的。他还宣称,美洲就是"人类的童年时期",印第安人应该归类为"儿童、白痴和文盲,因为他们不具有抽象思考的理性"。[5]

(三)"粗野"与"高雅"民族的历史

"高贵的/卑贱的"和"粗野的/高雅的",这两组对立属于同一个话语形构。这种"西方与他方"话语深深地影响了启蒙运动的思想,

---

[1] R. Meek, *Social Science and the Ignoble Savage*, Cambridge: Cambridge University Press, 1976, p. 2.

[2] T. Hobbes, *Leviathan*, Oxford: Blackwell, 1946, pp. 82 - 83.

[3] B. Mandeville, *The Fable of the Bees*, Oxford: Clarendon Press, 1924.

[4] J. Locke, *The Second Treatise on Government*, Oxford: Basil Blackwell, 1976, p. 26.

[5] 引自 P. Marshall and G. Williams, *The Great Map of Mankind: British Perceptions of the World in the Age of the Enlightenment*, London: Dent, 1982, p. 192。

因为它提供了一种意象框架，而启蒙运动的社会哲学便是在这一框架中逐步成熟的。启蒙思想家相信，有一条通往文明与社会发展的路径，而所有的社会都可依据同一个坐标，进行早期或晚期、低等或高等的分级与排列。新兴的"社会科学"主要研究的就是推动所有社会沿着这条单一之路发展的动力，它们按阶段前行，或让某些社会令人遗憾地留在"最低"阶段——以美洲的野蛮人为代表——而让其他社会发展至文明的顶点——以西方为代表。

新的"社会科学"产生于启蒙运动，并以这种仿照西方而塑形出的普遍进步标准为特征。例如，当苏格兰的启蒙历史学家威廉·罗伯特（William Roberton）出版《美洲的历史》（History of America，1777）时，埃德蒙德·伯克即写信给他，说道："人类的伟大地图立即展开了，目之所及，没有野蛮状态或野蛮阶段，同时也没有高雅模式；只有欧洲与中国的不同礼节，波斯与阿比西尼亚的野蛮；鞑靼与阿拉伯不断移动、飘忽不定的生活方式，以及北美与新西兰的蛮荒状态。"[1] 启蒙社会科学，在其观念框架之下，再生产出了大量有关"西方与他方"的先入为主与定型化的话语。

此类例子太多，无法一一细说。密克写道："任何人，在读1750年代的法国和苏格兰社会科学先驱的著作时，都会注意到，所有人，毫无例外地均熟悉关于美洲人的当代研究；显然，他们中的大多数人已经深刻思考过美洲人的重要性，一些人甚至为他们着迷……对美洲人的研究为新的社会科学家提供了社会-经济发展的'首个'或'最早期'阶段基本特征的某些看似可行的假设。"[2] 法国启蒙运动中的许多重要人物——狄德罗、孟德斯鸠、伏尔泰、杜尔哥和卢梭——也是这样引用早期美洲印第安人研究成果的。

苏格兰启蒙运动亦是如此。亚当·斯密在《道德情操论》（Theory of the Moral Sentiments，1759）一书中，将美洲印第安人作为轴心，以详尽阐明"文明民族"与"野蛮人和未开化之人"之间的区别。他们也

---

[1] 引自 Meek, *Social Science and the Ignoble Savage*, p. 173。

[2] Meek, *Social Science and the Ignoble Savage*, p. 128。

是亨利·凯姆斯（Henry Kames）的《人类史纲》（*Sketches of History of Man*，1774）、约翰·米拉（John Millar）的《等级差别的起源》（*Origin of the Distinction of Ranks*，1771）和亚当·弗格森（Adam Ferguson）的《论文明社会的历史》（*Essay on the History of Civil Society*，1767）等书论述的核心。

这一"粗野民族/高雅民族"的论辩对社会科学的促成作用并非仅限于一种叙述，它还形成了这一较大理论框架的某些部分，我们应该注意到以下部分。

1. 它反映出社会进化不再是由于神话、宗教和其他，而是得益于一些可辨识的物质因素——社会学的、经济的和环境的，这至关重要。

2. 它产生了这一观念："人类"（原文如此）历史是沿着单一的差异序列而发生的，可分割成一系列的阶段。

3. 各类著述者最大的分歧，恰恰是他们相信什么物质或社会学因素在推动社会穿越这些阶段时起到了关键作用。但其中一个因素被认为是越来越重要的，即"生存模式"（mode of subsistence）：

> 非常具体地说，这个理论便是：社会在经过了大约四个不同的连续阶段后已经进步了，每一阶段对应着不同的生存模式，可界定为狩猎、放牧、农耕和商业；每一个生存模式均对应着不同的法律、财产和政府观念与体制，以及不同的习俗、行为方式和道德。①

那么，在此有个令人惊讶的新变化，即启蒙思想渴望成为"人的科学"（science of man）。它是现代社会科学的发源地，并提供了"现代性"得以首次被界定的语言。在启蒙话语中，西方是社会发展的模型、蓝本和衡量标准，它所颂扬的也是西方的进步、文明、理性与发展。然而，所有的这些都依赖以下的话语架构："高贵的野蛮人 VS 卑贱的野蛮人"和"粗野民族/高雅民族"，这些在"西方与他方"话语中有着

---

① Meek, *Social Science and the Ignoble Savage*, p. 2.

系统的表达。因此，他方对于西方启蒙的形构至关重要——因而对现代社会科学也很重要。没有他方（或它内部的"其他"），西方就无法将自己看作人类文明的顶点并如此表述自己。"他者"的形象被放逐到观念世界的边缘，并被建构成西方所代表的一切的绝对对立面、否定面，然后再次出现在西方的文明话语、高雅话语、现代性话语和发展话语的正中心。"他者"是"阴暗"面——被遗忘、压制与否定，是启蒙与现代性的反面。

六 从"西方与他方"到现代社会学

在回应这一论述时，你也许会不自觉地说——"是的，也许'人类科学'的早期阶段曾经受到'西方与他方'话语影响。但那是很久之前的事了。自那以后，社会科学变得更加经验化，更加'科学'了。今天的社会学，确实已经摆脱这样的'沉重意象'了？"但事实并非一定如此。话语不会突然停止。在它们理解、解释新状况时，会不断展开、变换其样式。它们的血统中常携带着同样的无意识逻辑和未经检视的推测。

例如，你们中有些人在启蒙观念的"生存模式"中已经认出了现代社会学的"奠基之父"卡尔·马克思（1818—1883）的思想轮廓，他随后将之演变为最强有力的社会学工具：他的理论，即社会是由阶级斗争推动前进的，是经过一系列以不同的生产方式为标志的阶段发展进步的[①]，在封建主义向资本主义过渡时期，这一理论对资本主义至关重要。当然，启蒙思想的"四个生存阶段"和马克思的"生产方式"有着巨大的分歧，但也有着惊人的相似之处。在《政治经济学批判大纲》一书中，马克思大致概括出亚细亚、古代、封建和资本主义或资产阶级四种生产方式。他主张，每种生产方式均由一个特定的社会阶级处于控制地位，这一阶级通过具体的一套社会关系来征用剩余财富。马克思认

---

① K. Marx, *Precapitalist Economic Formations*, ed. E. J. Hobsbawm, London: Lawrence & Wishart, 1964.

为，诸如中国、印度和伊斯兰国家属于亚细亚模式（只是不完全发达的）。该模式具有以下特征：（1）停滞不前，（2）缺乏具有推动力的阶级斗争，（3）国家机构臃肿，代表地主的统一利益。[①] 这一社会类型缺乏有助于资本主义发展的条件。马克思憎恶资本主义体制，然而，相较于亚细亚模式，他认为资本主义体制更为进步、充满活力，扫平了旧有的结构，促使社会发展前进。

这与另一位社会学奠基之父马克斯·韦伯的理论有着有趣的相似性。韦伯采用了一种极端二元论的模式来对比伊斯兰与西欧在现代社会发展方面的差异。在韦伯看来，要过渡到资本主义和现代性，需要如下的基本条件：（1）宗教禁欲主义，（2）法律理性化，（3）自由劳动力和（4）城市的增长。他认为，所有这些在伊斯兰世界是缺失的。他将伊斯兰世界描绘为各种部落与族群拼接的"马赛克"，没有整合为一个适当的社会体系，只是以伊斯兰教作为整体信仰，存在于一个专制统治之下，而这个专制统治将所有的社会冲突吸收到一个无止境、反复循环的帮派斗争之中。韦伯相信，权力与特权只轮流属于处于统治地位的伊斯兰家族，他们仅仅通过课税吸纳财富。他将之称为权力当局的"家产制"或"封禄制"。与封建主义不同，它没有为资本主义的积累与发展提供任何前提条件。

当然，这些是社会学中的一些最复杂和善辩的模式，几个世纪以来，历史学家与社会科学家都在潜心研究资本主义在西方发展的原因和前提条件。

然而，一些社会科学家认为，不论是马克思的"亚细亚"生产方式的观念，还是韦伯说的"家产制"统治形式，二者均包含着，或深深浸透着"东方主义"臆断。或者，用我们自己的术语说，两种模式都表明："西方与他方"话语仍然在现代社会学的某些概念范畴、刻板立场和理论二元论中发挥着作用。

布莱恩·特纳（Bryan Turner）在他的研究著作《韦伯与伊斯兰教》（*Weber and Islam*，1974）和《马克思与东方主义的终结》（*Marx and the*

[①] K. Marx, *Grundrisse*, Harmondsworth: Penguin, 1973.

End of Orientalism, 1978) 中提出, 社会学与马克思主义均受到了"东方主义"范畴的过度影响, 或者, 如果你们借助"西方与他方"的话语, 将这些主张抽离中东与亚洲语境,

> 就会发现……在韦伯论述伊斯兰教的衰落、专制的政治结构和自治城市的缺失时……采用了西方的封建经济与东方的封禄/家产制政治经济之间的基本二分法……(他) 将两个讨论重叠在一起, 将两个附加的部分——即"伊斯兰教伦理"和富有进取心的资产阶级的缺失——当作对发展内因进行论证的主要部分。①

马克思对东方缺乏资本主义发展的解释完全不同于韦伯, 但他采用了类似的路径, 因为他认为, 这是由于"亚细亚的生产模式"。特纳将马克思的观点总结如下:

> 由"亚细亚生产模式"主导的社会没有内部的阶级冲突, 因而陷入静止的社会语境中。社会体系缺乏社会变化的基本因素, 即地主与被剥削农民之间的阶级斗争……(例如)"印度社会根本没有历史"。②

尽管存在差异, 韦伯与马克思的论述均采用了宽泛而简单的对比性对立, 让"西方与他方"话语中的西方/他方、文明/野蛮、发达/落后互为镜像。韦伯的阐释属于内因主义 (internalist) 类型, 因为"他将'落后社会'的主要问题视为是社会内部的问题, 从而撇开任何国际社会语境以进行思考"。③ 马克思的解释看起来也像是"内因主义", 但他补充了某些"外因主义"(externalist) 特征。这里的"外因主义"是指"与发展理论相关联的, 将'发展中'社会所面临的问题归结为是来自

---

① B. S. Turner, *Marx and the End of Orientalism*, London: Allen & Unwin, 1978, pp. 7, 45–46.
② Turner, *Marx and the End of Orientalism*, pp. 26–27.
③ Turner, *Marx and the End of Orientalism*, p. 10.

该社会之外,并将该社会视为结构性国际语境中的一个单元"。① 在本章,在西方观念的兴起问题上,我们已经采用了一种"外因主义"或全球性的描述,而不是完全"内因主义"的。

然而,马克思论述中的这些补充特征使得他的解释朝着令人意想不到的方向发展。他提出,"亚细亚"类型的社会无法发展成现代社会,因为它们缺乏某些前提条件。因此,"只有引入西方资本主义的动力元素",才能激发其发展。这使得"资本殖民主义"(令人遗憾地)成为这些社会的历史必然,因为,单单是这种殖民主义就能"摧毁那些阻止它们进入进步历史路径的前资本主义模式"。马克思认为,资本主义必须扩张以生存下来,推动全世界进步,并将全世界纳入它的体系之中;而且,正是这种扩张"削弱了资本主义世界外围的前资本主义生产方式,并使之发生了革命性巨变"。② 事实上,许多古典马克思主义者还提出,这种通过征服与殖民化的西方资本主义扩张,尽管可能有破坏与毁灭作用,但它是历史的必然,会促成"他方"的长期进步。

我们之前讨论了一些推动发展中的西欧向外扩张至"新世界"的各种力量因素,但这是否是必然的,是否推动了社会的进步,是否是通向"现代性"的唯一可能的路径,这些问题在当今的社会科学领域得到了日益广泛的争论(霍尔等也在1992年讨论过③)。在世界的许多地方,西方殖民扩张并没有摧毁前资本主义发展的障碍,而是对之进行了保留与强化。殖民化与帝国主义没有促进这些社会的经济、社会发展,多数社会仍处于极度不发达状态。有些社会确实发展了,但这种发展是属于一种"依附"型的。

在这些社会中,摧毁了其他的生活方式,但没有引入新的社会秩序,许多社会仍由封建统治家族、宗教精英、军事集团和独裁者所控制,他们管控这些因贫穷蔓延而困扰着的社会。当地的文化生活被西方文化所摧毁,对多数人来说,这是一个祸福参半的事。当这种"西方发

---

① 引自 Turner, *Marx and the End of Orientalism*, p. 11。
② Turner, *Marx and the End of Orientalism*, p. 11.
③ S. Hall, D. Held and A. McGrew (eds.), *Modernity and Its Futures*, Cambridge: Polity Press, 1992.

展"形式带来的人性、文化与生态结果变得更加明显时，便愈加迫切地需要讨论这一问题：是否只有一条通往现代性的路径。西方对他方扩张的历史必然性与注定的进步性，也许不再如当初西方学者看到的那么明显。

七　结论

在本书的前几章，我们检视了我们称为"现代"的不同社会形式是如何出现的，以及造成其形构的主要过程。我们也检视了伴随着那一社会形构而出现的不同的知识形式——启蒙主义所称的"人的科学"，它提供了构想出现代社会科学与"现代性"观念的框架。总而言之，那些章节强调的是"内因主义"。尽管论述是比较性的——承认不同社会、历史与发展速度之间的差异——但叙述主要是从这些形构过程首先出现的地方，即西欧（西方）的内部构架进行的。

本章提醒我们，这一形构也是"全球化"过程的一部分。它也有重要的"外因主义"特征——一些不考虑世界的其他地区就无法得以解释的维度，尽管那些地方并未进入这一进程，也没有出现同类社会。这本书是一个很大的话题，我们在此叙述的只是这个故事中的一小部分。我们本可以聚焦于西方全球扩张的经济、政治和社会结果，然而，我们只是简要地勾勒出了大致到18世纪的一个殖民扩张略图。我们也需要去展现西方扩张的文化与意识形态维度。假如他方对于西方的政治、经济与社会形构是必需的，那么它就会在两个方面，即自我意识或"西方身份"的形成与西方知识形式的形成中带有根本性的意义。

由此，也就遇见了"话语"的观念。话语是谈论或表征某物的一种方式。它生产出形塑感知与实践的知识，是权力运作方式的一部分。因而，它不仅对使用它的人造成影响，对受它"支配"的人也会造成一定的结果。西方生产出许多不同的谈论自己与"他者"的方式，但我们所说的"西方与他方"话语是这些话语中最强大、最具形塑力量的话语之一，它变成了一种主导的方式。多年来，西方就是在这一方式中表征自己，以及自己与"他者"关系的。我们在本章追溯了这一话语是如何形成与怎样运作的，我们将之解释为"表征系统"——"真理体制"。它对西方与"现代社会"带来的形塑作用，如同世俗国家、资本主义经济、现代阶级、种族与性别体系，以及个人主义、世俗文化一样重要——是我们所讨论的历史构形四个主要"进程"中的一个。

最终，我们想要表明：通过变形与重新改编的形式，这种话语还会持续地影响西方的语言、自我与"他者"的形象、对"我们"与"他们"的领悟，以及朝向与他方的权力关系与实践。尤其是在全球化的今天，它对仍然强有力地运行的有关劣等种族和族性优越感的表述有着重要的影响。因此，"西方与他方"话语远非过去时代的一种"形构"，也非仅仅是带有历史性意趣的那种"形构"，而依然存活于现代世界。令人惊讶的是，它的效应也仍然可见于当代社会学自身的一些语言、理论模式，及隐蔽的预设之中。

（张文瑜　译）

加勒比身份协商[*]

这篇讲座，我想谈谈加勒比的文化与身份问题。我想要表明的是，这类问题在任何意义上均与政治动员、文化发展、经济发展等问题相关联。依据我们所了解和看到的，外围社会的斗争总是会利用一些稀缺资源来为己服务，那么理解在这一进程中的文化身份问题就会显得更为重要。加勒比作家与艺术家一直对某一话题——文化身份总是作为一个问题呈现在加勒比人民面前——进行了大量探究，我想要检视这一话题中的某些主题。[①]

它为什么是个问题，已经不是什么秘密了。但我仍想要探寻有关身份的一个疑问，以及为什么加勒比作家、政客、领导人、艺术家和其他人都不断地为之感到焦虑。在这样做时，我想在某种程度上，将我们思考身份的方式也当作一个问题来解答。我想要探究"神话"这一术语本身：英国人不擅长于神话，总是将它放在现实和真理的对立面，就好像你必须二者选其一。我很确定，不想在神话与现实间选择，只是想谈谈身份神话在当下和历史上的效用。我这么做还有另外一个目的，并也希望在讲座结束时能明确显现出来。随着我们进入 21 世纪，作为一种政治追寻的文化身份议题构成了最为严肃的全球问题之一。族性问题和

---

[*] 原题"Negotiating Caribbean Identities"，原文载于 *New Left Review*，No. 209，Jan/Feb 1995。

[①] 本文是受邀于华威大学（University of Warwick）加勒比研究中心的阿拉斯泰尔·亨尼诗教授（Professor Alastair Hennessy），作为 1993 年瓦尔特·罗德尼纪念讲座（Walter Rodney Memorial Lecture）而写的。

民族主义问题的再次出现——在现代世界中，在欧洲内部与外部，以及身份再发现带来的冷酷、危险与愉悦，均将身份问题放置到了当代政治议题的核心位置上。我想要表明的是，尽管加勒比人已度过了身份的困境与巨变，并将继续经历之，但我们却能借此而给世界传递一个看似微弱但却十分重要的关于如何进行身份协商的信息。

寻找精髓

关于文化身份，存在着清晰而又强大的话语，尤其是在西方。事实上，我们中的大多数人已经经历了，或正在经历一种训练，以界定并抵御某种特定的英国文化身份。当诺曼·台比特（Norman Tebbit）问及你会支持哪一支板球队，以揭示你是"我们中的一分子"，"他们中的一分子"，还是不属于任何一方时，我很困惑。我个人的回应是这样的：如果你能告诉我，英国运动队中这400多位运动员有多少是严格意义上的、确切的英国人，我就回答你板球队的问题；否则，我拒绝回答。但身份话语表明，一个民族的文化在根本上——根源的问题上虽然颇有争议——这也是关于民族文化精髓的问题，某一文化的基石问题。历史来来往往，人们有来有去，境遇会有变化，但在某个地方，跳动着我们都臣属其中的文化。它为我们的身份提供了一种根基，某种牢固的、固定不变的、稳定化的东西，使我们得以回归到它。围绕它，我们能够组织我们的身份与归属感。我们都认识到，如果不能触及这个根基，也就是所说的文化身份，现代国家和民族就无法长久地存活并延续下去。

在20世纪之前，尤其是在20世纪，加勒比文化身份的问题具有非凡的重要性。部分是因为征服带来的混乱、殖民化和奴隶制，部分则是因为殖民关系本身，以及因生活于一个文化上依附并受控于某些中心的世界之中而造成的各种扭曲，而且，这些中心又是远离大多数人生活的地方。但是它对逆向身份（counter-identity）的形成也是很重要的，可以为重要的运动，如解殖民化、独立、地区的民族主义意识的确立提供依据。从某种意义上说，只有能够说明谁会是独立运动的主体，又以谁的名义可以进行文化解殖民化，方能完成这一过程。而这一过程又关

第六辑　全球化：后殖民与流散

涉界定人民是谁的问题。在《黑皮肤，白面具》一书中，法侬提及此并将之称为"饱含激情的研究，主要针对私下里希望能发现某一个美丽而令人满意的地方，那儿没有当今的痛苦、自卑、听天由命和自我放弃，这一地方的存在不仅可以修复我们自己，也可以修复他人"。正如我之前说过的，由加勒比作家、艺术家和政治领导人所作出的饱含激情的研究，即对身份的追寻，一直就是20世纪我们在所有加勒比语言中所进行的主要艺术努力的具体表现。

流散的岔流

那么，为什么加勒比身份会成为一个问题呢？这是一个涵盖面很广的问题，但请容我说明部分的原因。首先，如果追寻身份总要涉及对起源的探索，我们无法在加勒比为所有的民族定位一个根源：在该地区土生土长的人几乎都不存在了，在与欧洲相遇后不久就消亡了。这其实是加勒比身份的第一个创伤。我知道，你们中的许多人都不知道牙买加的徽章是什么样的。它是由两个阿拉瓦克（Arawak）人共同扶持着中间的盾牌，这个盾牌又与一个短吻鳄顶起的菠萝相交叠。彼得·修姆（Peter Hulme）曾报道说，1983年，时任牙买加总理的爱德华·希伽（Edward Seaga）想要改换牙买加的国徽，因为他无法在国徽中找到一处可辨识的牙买加身份表征。他问道："被征服并灭绝的阿拉瓦克人能代表勇敢无畏的牙买加居民吗？这种低矮的、几乎灭绝的鳄鱼，一个冷血的爬行动物，怎能象征牙买加人热情崇高的精神？出口到夏威夷的菠萝，在何处显示出了重要性？是在我们的历史中还是在我们的民间传统中？"我读这段引文，仅仅是为了提醒你们，身份问题总是表征问题。它们总是创造而非发现传统，是对选择记忆的各种训练，并且总是让某些事情沉闷，以便让其他事情发声。

《搜索者报》（The Gleaner）著名的牙买加事务评论员莫里斯·嘉吉尔（Maurice Cargill）是这样回复总理的："新设计中包含相互缠绕的大麻，怎么样？相配的背景是美元、如织的游客和昂首伏卧状的女士？"不论是闭口不提还是要牢记，身份总是在未来生产出对过去的叙述问

· 754 ·

题，也就是说，它总是关于叙事、各种故事、文化，告诉他们，他们是谁？从哪儿来？这种努力查看——好像仔细看就能辨识出人们是谁的方式，是无法解决加勒比的身份问题的。在我为 BBC 的加勒比系列报道做准备期间，我有机会对大量的加勒比岛屿进行短时参访，其中，有几个岛屿是我初次见到的。我完全被我遇到的民族和文化的多样性惊呆了。没有一个统一的加勒比岛屿，在包括不同的起源、体征和民族特点的民族构成方面，没有一个岛屿是相似的。在你开始触及烙有不同殖民文化印迹的不同语言、不同文化传统之前，这种多样性就存在。

在几个加勒比岛屿，特别是在较大的岛屿上，黑人还没有占到人口的多数，在座的各位可能会对此感到惊讶。现在有两个重要的前英国加勒比社会，均是印度人占了多数。在古巴，首先让你们震惊的是在那里长期定居的竟是西班牙白人，其次是混血，最后才是黑人人口。海地，在某种程度上被视为黑人文化的象征岛屿，人们在此可感受到它对非洲的继承远超过其他地区，但是，在海地的历史中，穆拉托人（黑白混血儿）占据着绝对重要而有历史意义的地位。马提尼克岛是个让人困惑的地方，按照我的体验，它比巴黎还更加法国化，只是人的皮肤稍深一些。多米尼加共和国则是一个在我到过的加勒比地区中，能更多感受到西班牙和拉美西班牙传统的地方。前英国殖民岛屿的大熔炉使得你所见到的地方，处处都是各种基因特点与因素的不同组合，但每个岛屿均有其他民族文化的元素，如中国人、叙利亚人、黎巴嫩人、葡萄牙人、犹太人的文化。我知道这些，是因为我身上几乎承继了所有文化的一小部分。我的家庭背景是非洲裔，我又被告知还具有苏格兰血统——是那种门第颇低的，大概是囚犯——东印度血统和葡萄牙的犹太人血统。我无法将这些血统再一一呈现出来，但我想，如果努力搜索，我也是能够找到的。

此外，在另一意义上，那儿的每个人都来自别处。目前还不清楚是什么吸引他们来到此地，当然不用考虑其动机的实现程度。只是说，他们真正的文化、他们来自的地方，以及真正形构他们的传统均在别处。加勒比人是最早的、最原初的，也是最纯粹的流散者。今日，完成了这一三角路线旅程的黑人回到了英国，有时会提及正在出现的英国黑人流散，但我不得不告诉他们，他们和我均属于二次流散。此外，并非因此便仅仅是流散，生活在远非中心之地，而是当我们经历了这种暴力性断裂的创伤后，我们与原初的文化根源分离了。大量的人口被强行从他们自己的文化中掳走，塞入殖民种植园的奴隶制关系文化中，我不想谈论这种断裂的本质。我不想谈论这种离开自己的语言、部落和家庭群体，流放在外的创伤。我也不想谈论印度劳工制度（Indian indenture）的残忍后果。我只想说，在被迫的或自由的移民历史中，在那些由这些民族构成的社会人口的历史中，各民族的文化踪迹随处可见，彼此混合，且总携带着历史暴力与断裂的印记。

当然，被硬塞入这些古老的殖民种植园社会的民族会即刻分化为两极。如果还有人幻想着能撇开权力问题去讨论文化问题，那么你只需要看看加勒比地区，便能了解：几个世纪以来，每一个文化特色和特征是如何为它的阶级、肤色与种族所铭写的。你可以从人口到文化，再从文化到人口，全部流利地读出，每一个都是按照文化权力等级顺序排列的。不了解权力不断铭写加勒比文化的方式，就无法着手处理它。当然，在加勒比社会中，权力关系中的文化铭写并未分为两极，但我现在认识到，1951 年，当我来到英国学习时，我要逃离的诸多事情之一，即是那个渊源至深的文化等级化的社会，它与我成长的旧式的后殖民社会很相像。当然，这些文化关系不是固定不变的，而且相关的文化会迅速地融合、同化和交叉影响。它们几乎从来不是自给自足的。它们立刻会遭遇到同化、转换、改编、抵抗、再选择等构成的复杂过程。也就是说，它们变成了深层意义上的流散社会。因为不论一个人在哪里发现了流散，他总是能精准地发现那些协商与嫁接的错综复杂过程，这是加勒比文化的特点。我不想竭力描绘那一阶段的文化关系，我只想指认出那时加勒比社会中的三个关键过程——它们现今依然在创造非常精美雅致的花饰窗格——和文化认同的复杂性。

幸存与同化

首先，尤其要谈谈以下几个问题：那些曾为奴隶的人，那些保留下来的旧习俗与从非洲带来的文化特色；一些习俗与传统通过奴隶制、种植园、宗教而保存下来、并部分地保存在他们的语言、民俗、音乐、舞蹈以及所有那些表现性的文化形式中，使得这些男女得以带有这些奴隶制的创伤幸存下来。它们是不完整的，从来都不是纯一的，也曾一直受到维多利亚和前维多利亚英国社会的影响，从来没有摆脱过基督教的控制或完全在教堂控制之下，从来没有脱离《圣经》中的任何指令，总是为殖民文化所包围，但重要的是——如今，从某种程度上是至关重要的——它们仍然保留着与自己传统的某些联系。这些联系常常得不到承认，但存在于各种实践活动中；虽然经常不被重视，但人们就在这一传统中生活，只是不为所知而已。无论如何，在日常生活中，目前有可能的话，他们仍与我们常说的"另一个加勒比"保持着秘密的联系。这个加勒比是不被承认的、无法言说的、没有官方记录的，没有官方的材料记述他们是怎样被运送到各处去的，也没有官方的历史学家来做这件事，但是尽管如此，口头传说仍然维持了它与非洲家园和文化密不可分的联系。

但我们不要忘记，这种保留下来的东西仍然带有殖民文化与被殖民的特征。因为如果你看看这些殖民者创造的"小英格兰""小西班牙"和"小法兰西"，如果你带着惯常的殖民文化标签，仔细凝视这种化石般的复制品，就会发现，当人们在喜马拉雅山饮茶时，会比在他们英格兰中部的利明顿镇饮茶更像维多利亚人，因为它们活生生地复现了自己家乡或母国的传统与习俗的记忆。记忆所具有的这种重要的双重面向，也体现了自初次与殖民相遇后加勒比文化的特征。

其次，深远的同化（assimilation）过程，将整个社会拖入与另一文化的亲密关系中，但又永远无法完全抵达这一文化。当人们在加勒比谈论同化，总是会认为，加勒比人民不断地向前倾探，以几乎要倾倒的姿态去努力抵达别处。我的母亲常告诉我：如果她能获得准确的记录，她就能缝合出某种家谱——不是那种通向非洲西海岸的家谱，相信我，而是能够将她以各种方式与奥匈帝国的统治家族或是苏格兰的地主阶级拼在一起的家谱，她不太确定是哪一个。她也许还曾幻想着，在牛津墨顿学院的方形院子中，我会偶遇某些秘密之石，使我会以某种方式转变，成为一个他们一心生养、抚育、教导、教育、抚养与培育成的某个人，即某种黑色的英国人。当我在 20 世纪 60 年代中期首次回家时,母亲这么对我说:"我希望,他们不会把你当作那儿移民的一分子。"有趣的是,在这之前,我从未将自己叫作移民,甚至连想都没有想过。可一旦被召唤或询唤,我立刻就承认:那是真正的我。我在那一刻移居了。此外,"黑人"这一词在我整个的幼年与青少年时期,从未在我家和牙买加听到过,尽管有许多其他形式的命名,而且事实上,大多数人都是黑人,只是它没有被说出来过。因而直到 60 年代中期,我又一次回家时,母亲对我说:"美国充满了黑人意识、黑人运动,希望对英国不会有什么影响。"我立刻意识到,我已经再一次转变了身份。我再一次承认说:"事实上,您要知道,我就是我们在英国开始被称为黑人的人。"这从侧面说明:身份不仅仅是一个我们如何称呼我们自己的故事或叙事,而是随着历史境遇不断改变的多个故事。身份随着我们思考、聆听和体验它们的方式的变化而变化。身份,不仅仅来自我们内在的一点点真实性,事实上是来自外部,是我们认识到他人给定的某一位置,并步入这一位置的方式。没有他人,便没有自我,没有自我认识。

因而,考虑到我生长在这样一个结构扭曲的社会,就需要竭力获得任何一个自己所处的种族肤色结构的社会位置与等级,要努力去协商:在这样复杂的各套故事中,自己可能成为什么样的人;以历史为镜,自己在何处能找到自己的身份认同点或自我认知点,我们就不会奇怪,各个行业、各个阶级与地位的加勒比人为何均将在文化身份中安置自己的问题视为是一个谜,一个问题,一个公开的问题。关于这一问题,有许多的著作,对我来说,最有说服力的话语出现在法侬的《黑皮肤,白面具》一书中,因为只有在法侬那里,你才能理解,殖民化与奴隶制所造成的身份内部创伤。也就是说,并不仅仅是剥削的外部过程和压力,还包括人们内心逐渐与客体化的自我达成一致的方式,而这种客体化自我是一种自我身份的巨大误认。因此,在那一背景之下,不论是在新世界还是在加勒比地区,20 世纪为了获得独立和解殖民的各种尝试与努力、19 世纪的西班牙-加勒比社会为了独立于西班牙的各种运动,以及重造与建立社会的政治和社会生活,并使之有着稳固基础的各种尝试,并非只是无法完成的构图或想象,这不是对社会之外某物的一种怀旧,而是发生在复杂的社会现实之中,并需要与那一社会不断的协商。这就构成了一个问题,这一问题势必会引发身份的再界定,不这样做,就不会有任何意义上的独立。独立运动的复杂性或费解之处(当然是指英属加勒比岛屿)便是,在早期的此类运动中,发生了从殖民权力中赢得所谓的政治独立,但没有出现身份上的文化革命。

非洲与现代性

剩下的这部分时间,我主要谈一下第三进程。我想先从某些为不可命名之物命名的尝试着手,谈谈文化身份认同的可能性,这主要是指那些来自不同传统的、没有整体上的文化模式的各个民族,以及生活在社会底层的各民族文化身份认同的可能性。诚如你们所想象的,那总是关涉到再协商,以及对非洲的重新发现。20世纪,新世界进行的各种政治运动均不得不经历与非洲的再相遇。如果不象征性地回到非洲,新世界中的非洲流散者,无论以何种方式,均无法在现代历史中找到自己的位置。他们采用了多种回归形式,这在许多知识分子运动和民众运动中均有具体的表现形式。我想要谈谈其中的两三个。从知识分子的意义上看,也许最为熟知的是围绕着黑人文化传统认同感观念的运动,以及围绕着黑人性的发现和主要与艾梅·塞泽尔(Aime Cesaire)这一名字相关联的非洲人格确认的各种运动。在巴黎,会聚在塞泽尔周围的这些人,以及后来来自马提尼克岛的人构成了一个小团体,我早期用相当轻蔑的方式将该岛描绘为:是我在加勒比见过的,最为法国的地方,当然,也是法侬与艾梅·塞泽尔的出生地。塞泽尔作品的魅力在于它保存并理出了那些他最为熟悉的加勒比文化中的线索,这些线索关系到从最深处回到对非洲关联性的价值评估,以及对与非洲关联性、非洲意识、非洲人格和非洲传统文化的重新发现。

我很幸运,在做关于马提尼克岛的节目时能够访谈艾梅·塞泽尔,他的岁数大概是我的两倍,但看起来比我还年轻,身体健康,且开朗富有活力。在那篇访谈中,你们可以看到,当他讲述回到非洲,并首次重新发现马提尼克狂欢面具的根源时,他无比快乐,当他还是孩子时,他

第六辑　全球化：后殖民与流散

戴着这种狂欢节面具，还参与了面具的制作。这种认知突然闪现，使得破碎断裂的传统延续下来。他非常重要的作品均源自他参与的黑人文化传统认同运动，这些作品不仅仅包括那些受到运动鼓舞而产生的、或用加勒比意识与非洲过去重新协商而创作的诗、诗篇和其他书写形式，还包括那些他受到了马提尼克诗人、画家和雕塑家启迪的作品，它们深刻地展示了这种象征性的再关联是多么富有创造力。

当然，矛盾的是，当艾梅·塞泽尔开口讲话时，我们听到的是非常精致的法国公立学校式的法文。我认识的人中，没有谁能说出如此完美的法语，发音清晰且优美悦耳。"我是"，他说，"法国人，我的思维是法国式的"。找到了某种适当的类比后，他说："就像你去了牛津，你就会是英国人那样。我上了法国的学校，学习了法语，在家也不能说克里奥尔语（Kreyole）。我只学法国经典文化。同化传统很是强大，当然，我去了每一个年轻聪明的马提尼克人都去的巴黎。"因为政治同化的传统，他做了英国加勒比黑人没有做的事，即成为当地市政厅制宪会议员。然而，当艾梅·塞泽尔开始创作诗歌时，他想要的，也是出于个人的兴趣，就是提醒并关注自身身份和文化创作的隐性来源，以脱离法国经典诗歌的模式。如果你读过他的《回到我的祖国》（*Return to My Native Land*）的小册子，你就会知道那种语言是如何的奔放、嚣张与鲜亮，由此摆脱了那些经典模式。他变成了一位超现实主义诗人。也许正如你们所知道的，艾梅·塞泽尔从未为赞成马提尼克的独立而论辩。马提尼克的地位很是特殊，它属于法国的一部分，如果你们中有谁想要对之施与粗鲁或物质主义，或在你说这真是太糟糕了之前，最好去看看那些给予马提尼克岛人民的各种设施，对比一下加勒比群岛其他民众所使用的设施。但我认为，塞泽尔不愿断绝与法国的联系，并非仅仅出于物质考量，还基于精神上的联系，虽然我没有大量的证据来支持这一想法。他去了舍尔歇公立中学（schoelcher lycee）。舍尔歇是一位重要的早期马提尼克公众人物，在庆祝舍尔歇周年纪念会上，塞泽尔说："在我们脑海中，他将一个词语'法国'与另一个词语'自由'联系在了一起，因而通过我们心中的每一根纤维和脑海中的所有力量将我们与法国捆绑在一起。"他接着说："我只知道一个法国，革命的法国，杜桑·

卢维图尔（Toussaint-Louverture）①的法国，有着许多哥特式教堂的法国。"

嗯，那里的确有很多的哥特式教堂。塞泽尔所认同的法国，并在加勒比历史中起着非常深远作用的法国，是一个革命的法国，是自由、平等、博爱的法国，当然是在海地革命之前，便为杜桑·卢维图尔所了解的法国，一个鼓舞与触发奴隶和其他人想象力的法国。然而，在我们所掌握的真正的革命记述中，需要去商定的最难、最棘手的片段之一恰恰是这一问题：在各种引发并促成海地革命的火花中，一方面，有多少是得益于伴随着法国革命而蔓延开来的断裂感？另一方面，有多少要归因于长期的种植园严苛残暴统治下的经历？你会怎么称呼这种革命生活本身？当然，还有非洲传统和非洲的抵抗传统，种植园村庄本身的外逃传统。我们并不知道。在加勒比历史最具有里程碑意义的事件中，是什么不同的因素汇聚在一起，进而引发了革命的情境，还是个难解之谜。

塞泽尔在早期接触到了我们现在所说的美国重要运动"哈莱姆文艺复兴"（Harlem Renaissance），并在一定的程度上受之影响。我不知道你们对哈莱姆文艺复兴的作家了解多少，对兰斯顿·休斯（Langston Hughes）、康迪·卡伦（Countee Cullen）和凡·维克腾（Van Vechte）了解多少，但这是20世纪早期在纽约的作家、知识分子和艺术家中间进行的重要运动，对许多的加勒比作家、诗人和艺术家产生了巨大的影响。哈莱姆文艺复兴运动所做的重要事情之一便是，谈论了美国黑人文化、审美的独特性，及其对美国文化所作出的重大贡献。这一运动所做的另一重要的事情是，坚持认为美国黑人处于中心地位，并且是现代主义本身的核心。哈莱姆文艺复兴的作家不希望将他们定位，并隔离为少数族裔的艺术家，只能代表那些限定并禁闭在过去的边缘经历中来进行言说，因而被隔离到现代生活之外。他们要表达的是：在新世界中的黑人经历，以及他们进入并穿越殖民化、征服与奴隶制的复杂历史轨迹是与众不同、独一无二的，这会使得人们用一种完全不同的声音去言说。

---

① 杜桑·卢维图尔（Toussaint-Louverture，1743—1803），海地革命的领导人，率领起义部队驱逐西班牙与英国殖民军，1802年拿破仑的部队侵占海地，杜桑·卢维图尔被解往法国，第二年病死狱中。——译者注

但这种声音并非来自20世纪现代性生产的外部，或是被排除在现代性生产之外。它是另一种现代性。它是一种本土化现代性，布鲁斯乐的现代性，以及福音音乐的现代性，它是在整个新世界有着巨大的多样性的混杂黑人音乐的现代性。边缘民众的声音声称其拥有新世界。我将之称为某种隐喻，只是以防你们会误解我对艾梅·塞泽尔的观点。我很希望，你们会认为我并没有将他视为一个拥护同化主义的法国人，一个背信弃义的人，因为他在向非洲祈求灵感。我试图要说明的是其他的事。我所讨论的，是那些流散到新世界的黑人重新经历和重新发现非洲的唯一方式，因为他们无法改变这一流散状态，也无法通过针眼再回到过去。

文化革命

最后，让我们谈谈通过某个针眼回到过去的问题。20世纪60年代，在牙买加爆发拉斯特法里运动期间，有一个著名的时刻，某个颇为烦恼的总理说："嗯，也许你们应该回到非洲去。你们已经谈论了太多非洲的事，你们说，你们来自那里；你们说，你们在这里还处在奴隶状态，不在一个自由的国度，那个你们被带走的地方才是乐土，也许，你们应该回去看看。"当然，有些人确实回去看了，也许正如你们所知道的。当然，他们没有回到那个他当初离开的地方，那不是他们所谈论的非洲。在他们当初离开的非洲与他们想要回到的非洲之间，发生了两件绝对关键的事。一是非洲已经继续前行了。非洲——我们现在只能对某些加勒比的怀旧、感伤的民族主义者再次谈到它——没有停留在15世纪或17世纪，用部族的纯净等待我们回头，跨越大西洋，重新发现它，或用无逻辑性的混沌思想状态等在那里，等着回归的儿子和女儿从内部将其唤醒。它现在在努力应对艾滋病、落后和不断上升的债务这三大难题。它正在努力为人民提供食物，正在尝试性地去理解，在殖民政权的背景下，在他们的整个认知与社会世界都被可怕地撼动，在部落和社群都被分裂、破坏、重新切割与重新组合之时，民主意味着什么。那是20世纪的非洲努力的方向。不存在一个15世纪的母亲，在那里等着去救助她的孩子。因此，从原义上看，他们想去的是其他的某个地方，他们想去的是另一地方，一个已被干预过的非洲，是拉斯特法里运动用语言和仪式建构的另一非洲。

那么现在，正如你们知道的，拉斯特法里运动的语言和仪式，事实上，的确讲述了非洲，埃塞俄比亚、巴比伦、乐土和那些仍然在受苦的人。但正如每一种虔诚的语言都会被流散在新世界的黑人从基督教的控制下攫取过来，然后用其他的东西——新世界绝对充满了这些东西——来完全改变它们，或是进行逆向阅读，或是否定它们。因而，在我看来，不通过对这种人人要读的圣书语言的曲解，以理解宗教的文化作用，就无法理解新世界中的黑人文化和黑人文明。他们所感觉的是：我没有发言权，我没有历史，我来自一个我再也回不去也从未见过的地方。我过去使用的语言，现在再也不能说了。我有祖先，但我无法找到他们，我对他们所崇拜的神的名字一无所知。在这种深刻的分裂感之下，一种新型的强加性宗教的隐喻可以再次起作用，可变成某种历史得以再讲述的语言，在这一语言中，不仅解放与自由的抱负得以首次表达，而且我所说的非洲的"想象共同体"也可以得到象征性重构。

我刚才给你们说过，20世纪50年代，当我离开牙买加的时候，它还没有也无法承认自己是个以黑人为主体的社会。当我分别在60年代末和70年代两次回到牙买加时，它在物质方面比我离开时更穷困，但它已经经历并完成了文化革命。它已经扎根于自己的存在之所。它不再努力地成为别样的社会，不再努力地与某种别样的形象保持一致，不再努力地成为自己不可能是的某种形象。它有着所有黏合在一起的世界的所有问题，如找到所需资金以撑到下周，但在试图理解普通民众方面——我此刻不谈知识分子，而是在谈论普通民众——重要的是让普通大众重新意识到，他们可以操着他们过去通常与任何人交谈的语言。你们知道，最让我震惊的是听牙买加广播。我简直不相信我的耳朵，谁会有如此的胆量，敢于说土语，用那种方言腔调播报新闻。我受到的所有的教育，我母亲一生的事业就是专门为了防止任何人，尤其是我，用那种语言读任何重要的材料。当然，你可以用这种语言说其他的各种事情，如日常的交谈，但是重要的事情，天晓得，你必须用另一语言。遇到那些可以将标准英语转化为方言土语或克里奥尔语并相互交谈的人——事实上，有上百种不同的克里奥尔语或半克里奥尔语，它们覆盖了加勒比的各个地区——在某种程度上已经成为这样一种语言，它可以诉说重要的事情，可以构想出重要的志向与希望，可以书写下对形成了这些地方的历史的重要认识，艺术家也借此而首次愿意作为第一代人去践行上述想法，等等，这就是我所称谓的文化革命。

我认为，它产生于拉斯特法里运动的文化革命。我这么说，当然不是指每个人都变成了拉斯特法里派，尽管在20世纪60年代，一度很难不成为拉斯特法里派。我曾经访谈过一位年事已高的拉斯特法里人物，谈到了大量的金斯顿知识分子和学生将发绺留到脚踝那么长。在这个聚焦于拉斯特法里运动的本质的长谈中，我问他是如何变成拉斯特法里派的，以及其他问题，如："你怎么看这些周末拉斯特法里信徒，这些中产阶级教徒？你认为他们能胜任任何事吗？你认为他们能思考问题吗？"他是这么说的："你知道，我不会说他们的任何坏话，也不会对他们有不好的想法，因为在我们的教堂，每个人为自己思考。所以，如果他们用那种方式思考，那是他们自己的事情。"嗯，我想那是一段令人愉悦的温和话语，但我想要盯住他不放，因而我说："你听我说，海尔·塞拉西（Haile Selassie）[①]不是已经去世了吗？岂不是拉斯特法里运动的底基已经脱落了吗？他死了，既然是神的儿子怎么会死呢？"他回答道："你最近是什么时候从大众媒介那里得到了神之子的真相的？"

你们看，人们想要回归的不是真实的非洲，而是一种语言，一种象征性语言，用于描述受苦是什么样的。它是一种他们在哪里的隐喻，就像摩西的隐喻、向北方行驶的列车的隐喻、自由的隐喻、穿越到乐土去的隐喻，总是隐喻，一种语言有着双重语域，字面上的和象征的语域。问题并不在于一些人，或几个人能仅仅通过真正回到非洲便能接受自身，并发现自己的身份——尽管有些人这么做了，通常不是很成功——

[①] 海尔·塞拉西（Haile Selassie，1892—1975），埃塞俄比亚帝国末代皇帝，1974年被迫退位，在拘禁中死去。——译者注

而在于整个民族象征性地再投入一种经历中,使他们能够发现一种语言,并用这种语言再讲述和挪用他们自己的历史。

我想就此结束。我已经谈论了知识分子的黑人性运动,我也涉及了另一重要的运动,虽然并不发生在加勒比人中间,但影响了加勒比人,即20世纪20年代的哈莱姆文艺复兴,我还谈论了紧随着拉斯特法里运动而来的文化革命。大西洋此岸的民众对拉斯特法里运动了解的最重要的事情之一便是它产生了世界上最伟大的雷鬼艺术家鲍勃·马利(Bob Marley)。我想,许多欧洲人相信,雷鬼是一种秘密的非洲音乐,被我们塞进奴隶的背包中,这三四百年来,我们将它藏在灌木丛中,等晚上没人看时,就练习。渐渐地,当情势有所改变,我们就将之展现出来,开始弹奏,逐渐将之传播开来。但任何一个来自加勒比地区的人都知道,雷鬼音乐诞生于20世纪60年代。事实上,它是对斯卡音乐的一种回应。当我回到牙买加,我听到了这两种传统音乐。埃瑞克·霍布斯鲍姆(Eric Hobsbawn)与特伦斯·兰杰(Terence Ranger)合编的文集《传统的发明》(*The Invention of Tradition*)也表明,许多英国人认为是自爱德华一世以来的传统,事实上是由埃尔加(Elgar)或迪斯雷利(Disraeli)开发的,也就是在前天。当然,雷鬼是发明传统的产物。它是60年代的音乐,它对世界其他地方的影响并非仅通过保存——尽管它扎根于长期保留的非洲鼓乐传统——但主要是得益于它与许多其他音乐保留下来的传统的融合与混杂,它进行世界传播的最有力的器具或者起作用的事物是那些古老的部落器具、晶体管收音机、录音棚和巨大的音响系统。那就是这种我们视为珍宝的、深奥的非洲精神音乐如何抵达到这里的。

我不想在此谈论它在这儿的英国有什么影响,但它确实不仅为牙买加民众提供了某种黑人意识和身份认同,而且拯救了牙买加社会的第二代黑人青年。这是一种旧身份还是新身份?它是一种保存下来并被珍藏的古老文化吗?我们有可能回到这一文化吗?还是它不产生于任何地方?当然都不是。没有一个文化身份是凭空产生的。它是产生于那些历史经历、文化传统、各种消失的或边缘的语言、边缘化的体验,以及那些没有留下文字记录的各种民族与历史。这些都是身份具体的根源。另一方面，身份本身不是对这些根源的再发现，而是它们作为文化资源，使得一个民族能生产出什么身份。身份不是存在于过去，被我们所发现的，而是在将来由我们建构的。

我这么说，不是因为我认为，加勒比人民会因此放弃试图了解更多的故乡过去这一象征性的活动，因为唯有如此，他们才能发现并重新发现这些资源，从而得以建构身份。但我仍然坚信，他们21世纪的身份并不在于简单地采用老的身份，而在于将非常丰富复杂的文化遗产——历史也将促使他们成为这份遗产的继承者——化作不同的音乐，从而使得某一天，也许会生产出加勒比的声音。

我想引用 C. L. R. 詹姆斯的一段文字来结束我的讲座。是关于他听到的圭亚那小说家威尔逊·哈里斯（Wilson Harrison）的讲话。这就是詹姆斯要说的：

> 那天，我去了西印度学生宿舍听威尔逊·哈里斯关于西印度小说的一个演讲。最后，我们决定，应该将讲稿打印出来。我被告知，要为它写个简介（那是一个绝妙的詹姆斯式短语）；拉里·康斯坦丁（Larry Constantine）已经为此付过钱了，我这里有证据。哈里斯谈到西印度小说，我想读一小段，因为如果你们没听到哈里斯是如何为自己辩解的，我们就没法谈论威尔逊·哈里斯。哈里斯说：关于西印度，我想着重说明的一点便是，对某一奇特而微妙的目标追求——你们也可以根据自己的喜好来称呼它，比如称之为熔炉——使之成为美洲的主流传统，尽管这一点尚未被承认。但其重要性有点像欧洲人对炼金术的痴迷，对实验科学发展、科学之诗性以及实验性写作所具的轰动性的痴迷，它们是借助于各种意象的消散、不可知论者的谦卑和本质的美而被告知的，而不是由事物的固定推断与分类赋予的。

（张文瑜　译）

何时才算是后-殖民？
——在临界处的思考[*]

> 我们必须摒弃那些鼓励去制造令人安慰的认知游戏的倾向，这很有必要。
>
> ——米歇尔·福柯《尼采·谱系学·历史》

何时才算是后-殖民？这一框架应该包括什么？排除什么？它通过它的"他者们"（殖民主义、新-殖民主义、第三世界、帝国主义）的不断终结，但又不最终取代它们而标识出自身，那么它与这些"他者们"之间的隐形边界究竟在何处？本文的主要目的在于探究以上质询，因为这些问题已经开始紧密地丛聚并围绕在"后-殖民"问题和后-殖民时代的观念上。如果后-殖民时代是指殖民主义之后的时期，而殖民主义是通过殖民者与被殖民者之间的二元分裂来界定的，那么后-殖民时期为什么也是一个"差异"的时代？又是何种"差异"？它对当下这一晚期现代（late-modern）时刻的政治形式与主体构形会有什么样的启示？这些问题日益萦绕在后-殖民概念运作其中的争议空间，只有我们对这一概念的意义，以及它为何会成为如此强有力的无意识投入的承载者——对某些人来说是欲望的符号，但同时对其他人来说却是危险的能指——有了更多的了解，才能对以上问题给予令人满意的答复。

---

[*] 原题"When Was 'The Post-colonial'? Thinking at the Limit"，原文载于 Iain Chambers and Lidia Curti, *The Post-colonial Question: Common Skies, Divided Horizons*, London and New York: Routledge, 1996。

也可通过引入反对"后－殖民"的事例，来进行有效的质询，毕竟这类事例在近几个月的一系列批评、评论中已经迅速成形。埃拉·肖哈特（Ella Shohat）在这一领域的研究是值得批评学者效仿的，她对"后－殖民"这一概念进行了多方面的责难。她批评"后－殖民"概念带有理论与政治上的模糊性——"令人眩晕的多样性立场""反历史性与普遍化移置"和"去政治化的启示"①，并以为后－殖民所具的政治模糊性使得到目前为止与"殖民主义""新殖民主义"和"第三世界主义"有关的殖民者与被殖民者之间清晰的差别变得含混不清，而其目的是旨在于取代这些主义。它消解了抵抗政治学，因为它"假设不存在明确的控制，提出没有明确的对立"。与其所联合的其他"后学"一样，它将不同的历史、时间性和种族形构瓦解为同一的普遍化范畴。该领域的另一富有独创性的学者安妮·麦克林托克（Anne McClintock）也赞成这一批判。她认为，这一概念是线性的，并且"用符咒悬置了历史"。②对这两位批评者而言，这一概念是用来标识出一个历史时代的终结，好像殖民主义及其效果确实结束了一样。"后"，对肖哈特而言，意味着过去：确切的终结、结束。但对肖哈特而言，它同时也存在着部分的模糊性，因为它并没有解释这一历史分期指的是认识论上的，还是时间上的。"后－殖民"是标识出了思想史上两个认知上的分裂点呢，还是"仅涉及严格的历史编年"③？

著名的现代中国研究学者阿里夫·德里克（Arif Dirlik）最近对这一论辩发表了许多自己的看法。他不仅引用了许多肖哈特和麦克林托克的评论，并表示赞同——他也发现了对所谓的殖民主义结束表示"庆贺"的观念来源——但他补充了两个重要的批评观点。第一个观点是：后－殖民是后结构主义和后基础主义（post-foundationalist）的话语，主要是通过离乡的第三世界知识分子在美国著名的常青藤大学获得成功得以展开的，他们采用了语言学与文化"转向"的时髦语言"改述"了

---

① E. Shohat, "Notes on the Postcolonial", *Social Text*, 31/32, 1992.
② A. McClintock, "The Myth of Progress: Pitfalls of the Term Post-colonialism", *Social Text*, 31/32, 1992.
③ E. Shohat, "Notes on the Postcolonial", p. 101.

马克思主义，将其还原为"另一种带有普遍主义认识论腔调的第一世界语言"。第二个观点及其相关的论述是："后－殖民"明目张胆地淡化了"现代世界的资本主义结构"。它的身份观念是话语性的，而非结构性的，它拒绝结构与整体性。他很直白地指出，后殖民话语是"文化主义"。① 在德里克第一个观点中所隐含的，也是近来批评中反复重复的话，即将"后－殖民"术语视为"无处不在的学术畅销品"② 和在调用"第三世界出身的学院知识分子……（扮演）文化批评定调者"③ 方面具有重要地位。

让我们把第二个观点搁置一边，因其带着政治正确的散弹意味，并在无意识中对美国学界的"里里外外"（以及以美国人为基础的批评知识分子关注的奇特之事）提供了令人不悦的一瞥。此外，在暗处还悬浮着更大的问题，我们必须回到这类问题上——例如，德里克虽然主张后－殖民批评与被世界资本主义经济改变的全球关系之间存在着"概念需求上的共鸣"（我们上次听到这样的公式化表述是在何时！），但他认为，将其主张简化后便可解释为，一个意欲成为批判性的概念，为何"应该显得与'霸权的神圣化'有共谋关系"。④

当然，当我们在语境中仔细审视这些论述时，其内在的一致性还是要比它们显现出来的少得多。肖哈特认为后－殖民的"多样性立场"令人不安，这也许与麦克林托克对"多样性"缺乏的担忧并非全然有异，后者写道："我很震惊，这一术语很少用于指涉多样性。"德里克对后结构主义的攻击事实上与我们所了解的麦克林托克的实际研究并不相符，后者的大量作品在灵感上是根深蒂固的"后－基础主义"。⑤ 尽管肖哈特在结束其批评时也提到某概念框架并非一定是"错的"，而另

---

① A. Dirlik, "The Postcolonial Aura: Third World Criticism in the Age of Global Capitalism", *Critical Inquiry*, Winter, 1994, p. 347.

② A. McClintock, "The Myth of Progress: Pitfalls of the Term Post-colonialism".

③ A. Dirlik, "The Postcolonial Aura", p. 347.

④ A. Dirlik, "The Postcolonial Aura", p. 331. 德里克引肖哈特语；还可参见 M. Miyoshi, "A Borderless World? From Colonialism to Transnationalism", *Critical Inquiry*, Summer, 1993.

⑤ 例如，1993 年刊登在《新构成》（*New Formations*）上的著名论文《女性恋物癖的回归》（The Return of Female Fetishism），还可参见其 1995 年所著文章。

一个一定是"对的",但她的批评规模如此之大,如此具有杀伤力,以致很难知道她愿意看到从废墟中营救出什么实质性的东西。但这是在吹毛求疵。由这些批判和其他批评所推动的反对后-殖民的事例还很多,必须在后-殖民自身的条件中予以认真对待。

某种渴望回归到清晰的二元对立政治学的怀旧贯穿于这些论述之中,因为如此一来,便可以在好的与坏的之间的"沙地上画出一条清晰的界线"(肖哈特的文章便始于"阐明"海湾战争)。这一论述并没有乍看上去那么令人信服。这些"边界"也许曾经很简单自然(是这样吗?),但现在当然不再如此了。否则,除了作为某种简单的共谋,我们将如何解释左翼政治的普遍危机呢?这并不意味着没有"对""错"面,没有权力的博弈,没有需作出的艰难的政治决定。但难道我们时代随处可见的灼烧灵魂的教训不就是政治的二元性,既不能(不再能?过去能吗?)用任何永久的方式稳定政治对立的领域,也不能使它变得透明易懂的事实明证吗?"边界效应"不是特定的,而是建构的;因此,政治位置不是固定的,也不是从一个历史情境到另一个,或是从一个对立场到另一个的自我重复,总是"在适当的位置上"无休止地重复下去。从将政治视为"操控战"(war of manoeuvre)转变为将政治视为"位置战"(war of position),难道不是葛兰西在很久以前就已经断然绘制出来的吗?难道不是所有人均在用不同的方式,通过不同的概念空间(后-殖民肯定是这些空间之一)来拼命地尝试去理解:在一个必然开放与依时变化的政治领域中作出合乎伦理的政治选择,并采取某种政治立场会是什么样子吗?它意味着怎样的一种"政治"呢?

事实上,美国和英国在此会有不同的反应。毫不费力地,我便发现自己在不知不觉中坚持认为,海湾战争所提供的,并非是阐明"在沙地上画出界线"的政治体验,而是在沙漠中对抗西方战争的困难性,因为海湾局势显然包含两种暴行:一是盟军为了维护西方的石油利益,打着联合国的旗号,反对伊拉克人民(伊拉克的"欠发展"是有历史原因的,西方对此应负主要责任)所犯下的暴行;一是萨达姆·侯赛因反对自己的人民、不顾地区的最佳利益所犯下的暴行,更别提他对库尔德人和湿地阿拉伯人(Marsh Arabs)所犯下的暴行了。那里有一种"政治",但它也不能有效地消除复杂性与模糊性。它难道不是随机选出的典型事例,但具有我们"新时代"——"新时代"不仅深深铭刻着尚未完成的"解殖民"(decolonisation)斗争的危机,还铭写着"后－独立"(post-independence)国家的危机——的某种政治事件的特征吗?简言之,难道海湾战争在这种意义上,不是一个经典的"后－殖民"事件吗?

当然,埃拉·肖哈特即使没有支持所有的这些暗含的意义,但在某一层面上清楚地解释了这一观点。她评论说,"第三世界"在过去30年已经

> 经历许多非常复杂的、政治上模糊的发展……(包括)认识到全世界不幸者并非全是具有革命性的……而且尽管第三世界中存在着的广泛的地理－政治霸权模式,各种权力关系也还处在分散的与冲突的状态中。

她指出,"随着控制群体与属民群体之间关系的不断变化",冲突"不仅存在于各国家之间,也存在于各国家的内部"。[①] 然而,她的评论没有激发她去检视"后殖民"术语在理论上为这种转变所提供的可精确参考的潜在价值,反而以否定"英美学术界文化研究"中的"后－殖民"视野结束了这一部分的讨论。简言之,她本可以轻易地用一个概念性反思加以推理,但她却选择了一个论战性的结论。

关于"后－殖民"概念是否已经以令人困惑的方式而普遍化这一问题,毫无疑问,随着这一语词的流行和广泛使用,会出现一些随意的类同化,有时会有使用不当的情况。有一些严肃的特征一直被忽视,这也确实弱化了这一术语的概念价值,在此有必要进行认真的区分。英国的"后－殖民"与美国的"后－殖民",意义是相同的吗?事实上,可以将美国视为"后－殖民"吗?如果这一术语同样适用于澳大利亚,那么哪一个是白人定居者的殖民地呢?如果用于印度呢?是否如肖哈特在

[①] E. Shohat, "Notes on the Postcolonial", p. 101.

文章中所问的：英国、加拿大、尼日利亚和牙买加的"'后－殖民'是等同的"吗？生活在故乡和法国的阿尔及利亚人、法国人和在阿尔及利亚的法国人（Pied Noir）都可归入"后－殖民"的范畴吗？西班牙定居者曾经殖民化了拉美的"当地人"，但在他们后代的领导下，拉美在19世纪早期便开始了独立斗争，比近阶段的"解殖民"要早很久，而"后殖民"术语更显然是指"解殖民"，那么拉美是"后－殖民"吗？在文中，肖哈特充分有效地利用了这一弱点。显然，鉴于这一批评，在使用这一概念时，要更加仔细地关注它的差异性和特异性，并/或者更清晰地确定：这一术语需要在什么样的抽象层面运作，以及如何避免谬误性的"普遍化"。安妮·麦克林托克在提出有必要"共同思考权力的连续与中断"这一重要而令人信服的观点时，区分了许多不同的全球操控轨迹，颇有说服力。拉塔·曼尼（Lata Mani）和鲁丝·弗兰肯伯格（Ruth Frankenberg）也作出了细致评价，提醒我们：无须遵循所有社会是同种方式的"后－殖民"这一想法，而且，在任何情况下，"后－殖民"并不是在自行运转，"实际上是一种内部充满诸种差异的建构，这些差异主要来自它与其他展现关系的交切"[1]，这种提醒尤为有用。

因此，正确的做法是对不同的社会与种族构形要进行更加细致的区分。一方面是澳大利亚和加拿大；另一方面是尼日利亚、印度与牙买加，它们当然不是呈现为同种方式的"后－殖民"。但这不意味着它们不是任一方式上的后－殖民。就它们与帝国中心的关系及其方式而言，如同C. L. R. 詹姆斯（C. L. R. James）描述加勒比时所说的，它们"在西方体系内，但不是西方的"，显然，它们过去都是"殖民地"，现在被有效地指定为"后－殖民"，尽管它们在殖民化和独立的方式、时机和情势上截然不同。就这点而言，美国也在后殖民的范畴中。事实上，在美国殖民过去的框架之外是无法理解美国当下进行的"文化战争"的，因为它完全参照了某种神秘化的高度文明的欧洲中心观念。

然而，术语使用间的某些区别，在我看来，不是很有用。有些人会

---

[1] R. Frankenberg and L. Mani, "Crosscurrents, Crosstalk: Race, 'Postcoloniality' and the Politics of Location", *Cultural Studies*, 7, 2, 1993.

否认它是白人定居者的殖民地,将之保留为特定的、非西方殖民的社会。其他人会拒绝将之看作殖民化的宗主国社会,将之保留为处于边缘的殖民地。这是在用评价范畴来混淆描述范畴。这一概念能给我们提供的帮助,也许是描绘出了全球关系的转变——它标志着从帝国时代向后-独立或后-解殖时刻的过渡(这些过渡必然是参差不齐的)——或绘制出这一转变的特征。它也许还会帮助我们(尽管此处的价值更多是一种姿态)辨别出在新情势中出现的新关系和权力配置。但正如彼得·修姆最近提出的,

> 如果"后-殖民"是一个有效语词,那么它指的是从整体的殖民综合征中脱离出来的过程。殖民综合征呈现出许多形式,所有的国家,一旦曾经具有那种现象的特点,便无法逃避:"后-殖民"是(或者应该是)描述性术语,而非评价性术语……(它不是)某种美德的徽章。[①]

这种想法也帮助我们去辨别在何种层面必须进行细致区分,在哪个层面上"后-殖民"的普遍化是适宜的(换言之,它是用于指涉高度抽象层面的概念)。它指的是去殖民化的一般过程,这与殖民化本身很相像:对殖民社会与被殖民社会的印记同样强烈(当然,方式有所不同),由此,在新情势下,颠覆了旧有的殖民/被殖民二元对立。事实上,"后-殖民"术语的主要价值在于:它一直将我们的注意力引向多种方式,在这些方式下,殖民化从来不是仅仅针对帝国宗主国之外的社会的,它也深深铭刻于其内部,正如其铭刻于被殖民者的文化一样。这是一个过程,它的副作用提供了反殖民政治动员的基础,激发人们努力找回另一套未受殖民经历污染的文化本源。这一点,如肖哈特所言,是反殖民斗争的重要面向,然而,任何的对纯净的、未受污染本源的绝对回归,我认为,都会受到文化移植——殖民化经历的特征——在历史与文化上的影响,且这些影响是不可逆转的。当然,殖民文化与被殖民文

---

① P. Hulme, "Including America", *Ariel*, 26, 1, 1995.

第六辑 全球化：后殖民与流散

化间的深刻差异仍然存在，但不再是以二元对立的方式，当然今后也不再是这样。事实上，从反殖民斗争似乎呈现出的二元表征形式转变为当下的非二元结构表征，我愿将这一情境的转变描述为从一种差异概念向另一种的改变，即从差异变为延异，这种转变恰恰是向后殖民进行系列化或交错排列的过渡所要标识的。但它不仅仅没有用"那时"和"现在"这种二元方式进行标识，还迫使我们重新解读二元对立形式，然而我们长期以来就是用这种二元对立形式表征殖民相遇的。它迫使我们重新将这些二元性解读为文化移植和文化转变的形式，这注定会一直扰乱这里/那里的文化二元性。

恰恰是这种"双重铭写"，打破了殖民系统内部与外部的清晰界分，这种殖民系统曾使得帝国主义历史能兴盛如此之久，也是后殖民概念费尽周折才得以凸显出的问题。[①] 它所依循的观念是："后－殖民"术语不仅仅描述"这一"社会，也描述"那一"社会，不仅是对过去"那时"的描述，也是对"现在"的描述。它将"殖民化"解读为全球进程的一部分，这一进程在本质上是跨国界与跨文化的，也生产出一种去中心的、流散的或全球的重新书写，这与早期的、以国家为中心的帝国宏大叙事截然不同。它的理论价值恰恰体现在它对"这里"和"那里"视角的拒绝。此处的"全球"并不意味着普遍的，但也不指涉特定的国家或社会。它关注的是，吉尔罗伊（Gilroy）称为"流散"的这种多角度思考的交叉关系是如何增补、同时又移去中心/外围的对立，从而使全球/当地能够以互惠的方式重新组织、重新相互塑造。正如曼尼与弗兰肯伯格所主张的，"殖民主义"过去总是关于殖民社会与它们的"他者"相遇的不同的展现方式，"后殖民"现在当然也是如此，"尽管方式与程度不同"。[②]

这一主张连接了另一评价面向，即"后－殖民"是某种历史分期的形式，肖哈特将之称为"时间性的架构"（problematic of temporality）。后殖民当然不是那种基于时间"阶段"的历史分期——当一切都在同一

[①] 关于历史编撰学的意义及其对当今政治的启示，可参见凯瑟琳·霍尔（Catherine Hall）的文章。

[②] R. Frankenberg and Mani, "Crosscurrents", p. 301.

时刻倒转之后，所有的旧关系会消失殆尽，全新的关系会替代它们。显然，脱离殖民化的过程一直都是长期的、会不断延长的、充满差异的事情，而最近的第二次世界大战后的解殖民运动则成为最为显著，但也是唯一与众不同的一个"时刻"。在此，殖民化表明了直接的殖民占领和统治，而向后殖民的过渡则具有以下特征：从直接的殖民统治中独立出来；组建新的国家；经济发展形式受控于本土资金增长；对发达资本主义世界具有新－殖民的依赖关系；政治上，出现了强大的当地精英，对欠发展所带来的各种矛盾后果进行管理。同样重要的是，它还具有这一特点，即许多殖民化结果存留了下来，但同时从殖民者/被殖民者的轴心移出，而内化到解殖民社会自身的内部。因而，英国人曾在第一次世界大战后，通过托管地与被保护的"势力范围"网，强行干涉海湾国家、波斯和美索不达米亚的区域经济、统治集团派系斗争和复杂的政治，但却在这一解殖民时刻从苏伊士运河以西撤出了。然而，这种间接殖民霸权很有渗透性，它的后遗症会"存活"下来，并通过这些后殖民国家和社会的各种"内部"危机发挥作用，如海湾国家、伊拉克、伊朗和阿富汗，更不用说巴勒斯坦和以色列了。在这种情况中，"殖民"未死，因为它以后遗症的形式继续活着，但其政治已然不同于英国托管时期，当然在"后殖民"时刻也不再能完整映现出来。尽管还有其他的"解殖民"轨迹，有些出现得更早一些，有些还产生了非常不同的结果，但这些复杂性与再分期化（re-stagings）已经成为许多后殖民世界的共同特征。

有人会问——似乎一些评论者正在问——那么为什么要优先关注这一"后－殖民"时刻？难道它不是带着对被殖民/殖民关系的痴迷，仅仅对后殖民得意扬扬宣称的结束之事的复兴或再分期化吗？例如，德里克发现，后殖民评论者如此迷恋启蒙与欧洲，这非常奇怪，对之的批评——令人难以理解——成为他们的中心任务。麦克林托克也对此提出批评，认为，"全球历史再次集中围绕着欧洲时间的单一类目"。[①] 的确，后殖民表明了多种历史与时间性的繁衍（proliferation）、差异的闯

---

① A. McClintock, "The Myth of Progress: Pitfalls of the Term Post-colonialism", p. 86.

入、对总体化的后启蒙欧洲中心的宏大叙事的具体化、去中心和多角度文化关联的多样性、移动和移民,这些构成了当今的世界,又常常绕开旧有的宗主国中心。但也许我们本应该从其他理论事例——一些所谓的"后"学话语对核心概念的解构,不是通过废除使之消失,而是通过它们的繁衍(如福柯提醒的)——得到提醒。唯独"主体"与"身份"这两个概念,在彻底失去了统一的本质主义形式后,以各种去中心的形式和超乎我们最狂野期待的方式,繁衍到各种新话语位置之中。

与此同时,还有一点,如同拉塔·曼尼与鲁丝·弗兰肯伯格在评论罗伯特·杨(Robert Young)的《白色神话》(*White Mythologies*, 1990)时所说的,有时候,后-殖民批评似乎只服务一个目的,即批判西方哲学话语,如她们所评述的,这种批判有点像"仅仅采用了迂回的路线,回到他者的位置上,作为一种重新思考西方自我(Western Self)的策略"。正如她们所言,如果"阿尔及利亚独立战争的核心目标与成就是推翻黑格尔的辩证法",这会是出乎意料的事。[①] 事实上,我认为,《白色神话》的问题并不在于它领悟到了后殖民与批判西方形而上学传统之间的关联,而是受到独创性欲望的驱使,渴望获得理论上的终极正确地位——渴望在理论上超越其他人——因而在这么做时,建立起了一个从"差的"(萨特、马克思主义、詹姆逊),经"不是太差,但是错的"(萨义德、福柯),到"基本还行"(斯皮瓦克、巴巴)的等级,甚至没有一次认真公开地批评与检视规范性话语,以及其奠基人——德里达——整个线性的顺序展现的是他的缺席/在场理论。但那是另一个故事了,或者准确地说,是同一个故事,发生在另一丛林中。

于是,许多对"后-殖民"的批评——吊诡的是,考虑到它的后结构主义定位——纷纷认为它缺乏多样性和离散(尽管德里克强调资本主义的构造力,但仍深深怀疑这种后结构主义的轻佻)。然而,坚持差异性与具体性,我们便无法忘记殖民时刻的多重决定效应,以及一直需要殖民的二元性来再现文化差异和生活形式的繁衍。它们始终在那里,存在于被缝合(sutured)的、多重决定的"统一体",即西方与他方这一

---

① Frankenberg and Mani, "Crosscurrents", p. 101.

简化的、最重要的二元对立中（这一认识部分上拯救了萨义德的"东方主义"——有批评说，它没有区分不同的帝国主义）。如果我们没有陷入嬉戏的解构主义与苍白无力的差异乌托邦的幻想之中，我们得保持链条的两端——多重决定与差异，即聚结（condensation）与播撒（dissemination）——同时处在运动状态。我们也很容易落入这一陷阱中，会认为，既然本质主义在理论上已经被解构了，那么它在政治上便已经被移除了。

但是，就历史分期而言，"后－殖民"保留了某种模糊性，因为除了认为后－解殖时刻对全球关系的转变至关重要外，这一术语还提供了——如所有的历史分期所做的——一种可供选择的叙事，并凸显了它们嵌入现代性经典叙事中的一些重要而不同的连接点。基于这种"后殖民"视角，殖民化并非是某一宏大故事（例如，西欧从封建主义向资本主义过渡，前者孕育着后者的有机发展）中的当地的、边缘的次情节。在后殖民再分期化的叙事中，殖民化担当着重要的、延展的、断裂性的世界历史事件的地位。通过"殖民化"，"后－殖民"所提供的不仅仅是帝国强权对某些地区进行直接统治的依据，我认为，它还表意了扩张、探险、征服、殖民化和帝国霸权化的整个过程，而这些构成了欧洲与1492年后西方资本主义现代性的"外部面貌"，即其构成性的外相。

这种再—叙事化使得资本主义现代性的"故事"发生了以下移置：从欧洲中心移置到离散的全球"外围"；从和平演变移置到强加的暴力；从封建主义过渡到资本主义（这一论点在如西方马克思主义中，扮演着护身符的角色），再到世界市场的形制（用这一时刻的速记法术语来说）；或者准确地说，移置到了可使这些不同"事件"之间关系概念化的新路径中，即那种具有渗透性的新兴的"全球"资本主义现代性的内部/外部边界。在"后－殖民"这一历史时期中，真正显著而独特的元素是：在全球化的框架下，以现代性的各种断裂形式和各种断裂时刻（从葡萄牙进入印度洋，从征服新世界到金融市场和信息流动的国际化）回溯性地重新改述"现代性"。通过这种方式，"后－殖民"标志着对整个宏大的历史编撰叙事——无论是自由主义史学和韦伯的历史社会学，还是西方马克思主义的主导传统——的一种批评性介入，在那个过去基本上只能根据欧洲参照系来讲述的故事中，将一种从属性的在场添加到全球维度中。

用这种方式阐释或重读殖民化，只有将之作为具有全球意义的事件，方可理解——所谓的全球意义，这并非指"后-殖民"的普遍性与整体性，而是它的反定位与差异化的特征。也就是说，如果这是必须去理解的，那么也只能在当下被理解，这不仅包括殖民者与被殖民者的纵向关系，而且也包括跨越了民族-国家的疆界与无法依照民族-国家模板来解读的全球/地方相互关系这二者之间的各种横向联系，它由此指明了各种权力关系形式如何总是为另一套载体所替代，并去中心化的。"后-殖民"的"历史分期化"真正富有挑战的是，通过全球化的多种历史形式，对围绕着各种全球化关系的认识论与权力/知识领域所进行的重构。然而任何批评几乎都没有显影这一点。即使有（如德里克），其结果也与论述的措辞相矛盾，我下面要论证这一点。此外，跳过前面的几个阶段来谈这一时刻，恰恰是因为这种通过全球的批评接力，"后-殖民"已经能够如此敏锐、精准地调和以下面向，即如肖哈特发现的问题架构：混杂（hybridity）、类并（syncretism）的问题，以及文化的不可判定性和流散性身份认同的复杂性问题，这些都打断了族群封闭和以族群为中心的原初历史的回归之路。在这种全球、跨文化的语境下理解殖民化，它使得族群绝对主义这一文化策略日益站不住脚，也使得"各殖民地"本身，或更广阔的"后-殖民"世界在其文化根源方面看起来一直——已然是"流散的"。认为只有多元文化的第一世界城市才是离散的，这是一种幻想，也只能通过那些从未生活在混杂化的第三世界空间，即所谓的"殖民"城市的人来维系之。

这些横向的、跨国、跨文化运动一直铭写于"殖民化"的历史之中，但又被各种更加二元化的叙事形式所过度书写，在这一"后-殖民"时刻，它们当然已经以各种新形式出现，以瓦解那些确定的操控与抵抗关系，尽管这些关系是以其他的存留与讲述故事的方式来铭写的。它们重新放置并移置了"差异"，而不是在黑格尔的意义上"征服"差异。肖哈特评论说，尽管它的意义在于它是作为抵抗与集体身份的场域，但在"后－殖民"话语中，对"反－本质主义"的强调有时似乎是要将恢复或铭写共同过去的任何尝试均界定为理想化形式。她提出了非常重要的一个观点：这种过去不是"作为静止的拜物化阶段，可以真正地再生产出来，而是一种碎片化的叙述记忆与经历的凝集"，我们可以对之进行不同的协商。① 我很愿意赞成这一观点，但它所采用的是殖民化相遇的双重铭写、它的异己的对话性、"差异"的特殊性和叙事的中心化，以及严肃的政治斗争想象等策略。② 然而，这难道不正是用流散的、非原初的方式——通过，而不是围绕着"混杂性"——来思考殖民化过程的文化结果的意义所在吗？难道它不是在暗示：要在"后－殖民"的纹理中努力思考文化权力和政治斗争问题，而不是走相反的路线吗？

如果这些文化是在彼此隔绝的情境下发展的，那么在因殖民化引起的突然的、暴力性的断裂之后，差异存留于被殖民社会的方式与这些文化原有的发展方式便是决然不同的，而且也必须不同。自 15 世纪末的转折点以来，当然就没有"单一的、同质的、无限的（西方的）时间"。③ 但当所有不同的时间性在"当下"仍以不同的效果存留时，也会在涉及欧洲中心时间性这些表征与权力系统的多重决定效果时突然聚集起来，出现各种的聚结与省略，因而必须标识它们在多重决定效果方面的不同。这也意味着将殖民化放置到"全球化"框架下，或可准确地断言：区分现代性的是其时间性的这种多重决定、缝合和补替性（supplementary）的特点。混杂、类并、多面向的时间性、殖民与宗主国时期的双重铭写、具有"被殖民"城市交往地带（在它们变成"殖民"城市的典型修辞前）特色的文化双车道、从殖民关系早期便是殖民特征的转化与文化移置、拒绝与间性、这儿与那儿，这些都标示一些

---

① E. Shohat, "Notes on the Postcolonial", p. 109.
② 参见 S. Hall, "Cultural Identity and Diaspora", in J. Rutherford (ed.), *Identity*, London: Lawrence and Wishart, 1990。
③ 作者在此处未给出引文出处。"同质的、无限的时间"（homogenous, empty time）最早出自瓦尔特·本雅明，后安德森·本尼迪克特在《想象的共同体》中引用。根据他的解释，所谓"同质"，是指它不受特定事件的影响，被所有的主体想象为同一的；所谓无限的，是指它可容纳随意数量的事件。——译者注

无法解决的难题与纠错,殖民话语始终在与这些难题与纠错的间隙进行协商,霍米·巴巴对此有过深刻的见解与论述。① 毋庸说,它们当然要一直被放置在多重决定的权力/知识话语关系中,并依靠这些关系,使帝国政权得以被缝织或缠系在一起。它们是没有具体定位的、然而却被缝合起来的全球系统中的补替性与延异的修辞,这种全球系统只出现在,或只能出现在被玛丽·普拉特(Mary Pratt)称为欧洲-帝国探险②的殖民化扩张主义进程开始之时。

自16世纪以来,这些不同的时间性和历史便以剧烈的方式轱接在一起,无法改变。这当然并不意味着它们曾经或现在是一样的。它们的运行轨迹完全不同,这形成了政治敌对与文化抵抗的唯一理由,但却无法将各自当作独立的实体解脱出来,加以概念化或进行叙事:尽管这正好是主导的西方编史学传统一直竭力所为之事。没有哪一个场域——或者"那儿"或者"这儿",能够不考虑它显赫或卑贱的他者,仅凭自己想象的自治和中立性(in-difference)得到发展。这种自治的、自我生产的和自我等同的文化身份观念,恰恰如自给自足经济或绝对主权政体的观念一样,事实上,需要在"他者"中,并通过"他者"、相似性与差异性系统、延异的游戏和这些固定能指朝向流动的、不断滑动的能指的移动,才能在话语中建构出来。他者不再是一个术语,在身份认知系统中有着永恒不变的固定时间与地点,而是变成了一个位置,象征性地标识"构成性外相"和话语链中的不同标志。

现在,可以回答之前提出的后殖民研究者所痴迷的欧洲中心时间这一问题了。回归启蒙的声音,既处在后殖民话语中,也处在其去中心的位置上,这是因为它代表了一种殖民化进程中批判认识论的转变。当然从更广泛的意义上来解释,它的话语效果和权力-知识效果也仍在起着作用(在由科学和社会科学主导的西方话语中,它如何能不起作用呢?)。启蒙之前,差异是根据不同的存在秩序(order of being)被做概念化处理的——1550年当着皇帝查理十世的面,在瓦拉多利德

---

① H. Bhabha, *The Location of Culture*, London: Routledge, 1994.
② M. L. Pratt, "Imperial Eyes", *Travel Writing and Transculturation*, London & New York: Routledge, 1992.

(Vallodolid)进行的著名论辩中,塞普尔韦达(Sepulveda)向教士巴托洛梅·德·拉斯·卡萨斯(Bartolomé de Las Casas)提出这样的问题:"他们是真正的人类吗?"然而,在启蒙的普遍化全景视野下,各种人类生活形式均放置在单一的生存次序的整体范围之中,以至于要反复地用差异在单一的话语体系(延异)中不断地标识、再标识各种位置。这一过程是由那些转变中的"他者性"、异己和排除机制,以及盲目崇拜与病态化修辞来组织安排的,如果"差异"曾经是固定于"统一"的文明话语中的,这些机制与修辞则是必需的。它们在象征性地生产出一个构成性外相时便具有建构性,然而这些构成性外相总是拒绝被固定到某一位置上,不仅在过去,如今更是常常溜回去,跨越可渗透的或隐形的边界以从内部进行破坏和颠覆。①

我们的观点不是在此之后,万事保持不变——殖民化不断重复自身,永恒不变,而是殖民化如此重构了世界的界域,以至于自那以后,身份区隔的世界观念以及孤立或可分的自给自足的文化和经济观念,被迫屈服于所设计的各类范式,以便抓住这些不同的但又相关联的各种相关、互联和断联形式。这是播撒-聚结的独特形式,是殖民化使之运行生效。尽管殖民化特有的铭写与臣服形式依不同的地区每一方面都会不同,但仍需确切地标识它的总体效果,尽管这种标识是粗泛的,而"后-殖民"话语观念上的独特性恰恰体现在它赋予"殖民化"的官方叙事未触及或不起眼的面向以优先的特权。从理论上说,这与它的多元性与多样性是共存的。在我看来,这正是"殖民"这一非常规能指在按照"后-殖民"概念所做之事。

那么,更麻烦的前缀"后"的问题又怎么样呢?例如,肖哈特承认,"后"不仅表示"某一历史事件或时期的结束",也表示"不再能……评论某一智识运动"②,显然,她倾向于后者。然而,对彼得·修姆而言,"后-殖民"中的"后":

---

① 参见 E. Laclau, *New Reflections on the Revolution of Our Time*, London: Verso, 1990, J. Butler, *Bodies That Matter*, London: Routledge, 1993。
② Shohat, "Notes on the Postcolonial", pp. 101, 108.

有两个面向，且互为张力地存在着：在时间性面向，有着守时的关系，如，在殖民地与后-殖民国家之间；在批评面向，如，后-殖民理论通过批判一个理论体系才得以存在。①

此外，修姆认为，张力具有生产性，而肖哈特认为，它生产出一种结构化的双重性。从这一着眼点看，她似乎认为，"后-殖民"试图既是认识论的，又是时序方面的，这与其他的"后"学不同：它既是范式，也是按时间顺序排列的、后殖民声称要超越的殖民时刻。

然而，在我看来，后殖民似乎在这一点上与其他的"后学"并无差别。它不仅是"在殖民之后"，也"超越"了殖民，正如后-现代主义既超越了现代主义，也在其之后；后-结构主义不仅遵循了时间的次序，其理论成就也是"紧随"结构主义而获得的。更吊诡的问题是，二者事实上是否能够分割开来？这种分割在概念化"殖民化"本身的方式上会暗含着什么？"殖民主义"指的是具体的历史时刻（一个复杂的、充满差异性的时刻，如我们一直努力表明的那样）；但它一直也是展演与叙述一段历史的方式，其描述性价值始终框定在一个与众不同的界说与理论范式之中。为了指涉这一过程而创造出的一系列术语——殖民化、帝国主义、新-殖民、托管地和第三世界——均表明，每一个看似单纯的描述性术语都裹携着强有力的认识论、概念化，与真正政治内涵的潺流。简言之，每一个术语在某种程度上都需要在话语中进行理解。事实上，似乎这一批评所竭力强加于"权力"与"知识"之间的差异恰好是后-殖民话语（或准确地说，在话语中思考"殖民"与"后-殖民"）所移除的。借用"殖民化"和随后的"后-殖民"，我们便无法改变地进入了权力-知识的强力施动的领域。我们要拒绝的，正是一方面将殖民化当作统治、强权、剥削体系；而另一方面将殖民化作为知识、表征体系，并将二者区别开来的谬误与差错。正是因为作为殖民特征的各种关系不再处于相同的地方和相关的位置，我们不仅能够反对这些上述的持论，还能批评、解构并努力"超越"它们。

---

① P. Hulme, "Including America".

但这种"在……之后"和"超越"又确切地意味着什么呢？肖哈特指出，"赋予殖民叙事以特权，同时又疏远它，超越它，这种做法构造了'后－殖民'的'之间'框架"。① 她不赞同这种不确定性，但她可能赞同，认识论与时间顺序之间的张力并非是一种阻碍，而是具有生产性的。"在……之后"意味着紧随殖民关系占主导的那一时刻（殖民）的时刻。它并不意味着，如我们早先竭力表明的：我们所说的殖民统治"后遗症"已经用某种方式悬置了。它当然不意味着我们已经经过了权力－知识体制进入某一没有权力、没有冲突的时间地带。而是一些其他相关的，但作为新兴的权力－知识形构开始发挥其具体独特的效果，就这一事实而言，它也确实坚持了自己的主张。将这些范式间的转变——不是作为阿尔都塞/结构主义意义上的认识论的断裂，而更像是根据葛兰西称为解构－再建构运动的类推，或如德里达，从更为解构的意义上所说的"双重铭写"的类推——进行概念化的方式，这也是所有"后学"的特征。

葛兰西在谈论基本的常识领域中的转化时说，需将它们看作

> 区分的过程，旧有的意识形态因素的重要性不断变化的过程……曾经是次要的，甚至是附带的变得极其重要，成为新学说和新意识形态整体的核心部分。旧有的集体意愿蜕变成相互矛盾的因素，从而它们中的从属因素能够在全社会得到发展……②

这些理论描述，采用不同的方式，试图建构的就是这一观念：转变或转型被概念化为一个领域的再形构，而不是两个排除状态间的线性超越运动。这类转化不仅不会完结，而且在假设所有主要的历史转变均由必然论的逻辑所驱使以达目的论终点的范式中，我们同样可能无法最有效地把握之。拉塔·曼尼和鲁丝·弗兰肯伯格对"关键性的"转型（"后－殖民"当然是这种转型）和"确切的"转型进行了重要的区分。

---

① Shohat, "Notes on the Postcolonial", p. 107.
② 参见 A. Gramsci, *Quaderni* III (1875)，转引自 C. Mouffe, *Gramsci and Marxist Theory*, London: Lawrence and Wishart, 1979。也可参见 Hall, 1988, p. 138。

换言之,"后-殖民"的所有概念,如"后学"中的常规话语一样,是如德里达所说的,是以"擦除"(under erasure)的方式发挥作用。它们已然遭受到了深刻而全面的批判,揭穿了作为一套基础效果的推测。但解构主义并没有废止它们,如同古典哲学运动中所使用的是"扬弃"(Aufghebung)这一概念。而只是让它们成为思考当下的概念性工具——但仅仅是在解构的形式中才被采用。用另一种更加海德格尔式的构想,如伊恩·钱伯斯(Iain Chambers)所偏爱的说法,它们是"存在于搁置中的一种在场"①。

在当前著名的关于"在临界处思考"——这种说法在我看来,很好地描绘出了"后-殖民"作为形构化知识(episteme-in-formation)的地位——德里达曾经将哲学话语的范围界定为"知识型,只在基本限定与概念对立的系统中发挥作用,在此系统之外,哲学便行不通了"。他谈到了"在某些位置上以擦抹的方式标识这种必要的双重指示,使得人们能够对强行铭写于文本之内的擦除之物进行解读,这种擦抹往往试图从外部来支配文本"。他还提及,他竭力尽可能准确地尊重"哲学知识型的内部规定性游戏……直至使它们滑落到……它们的非相关点、枯竭点与结束点"。

> 要解构哲学,因而要用最恒定和最内部的方式,思考哲学观念的结构化谱系,但与此同时要确定——从某一在哲学中无法估量或无法命名的外部——这一历史一直无法掩饰或禁止的是什么。通过哲学内、外部之间的这种既恒定又强烈的循环……生产出某个文本作品……②

当他的对话者隆塞(Ronse)问他,通过这种方式,是否会"超越哲学/形而上学"时,德里达说:

---

① I. Chambers, *Migrancy, Culture, Identity*, London: Routledge, 1994.
② J. Derrida, *Positions*, 1981.

如果我们将之理解为仅仅是单纯地站在形而上学之外的地方，便没有了超越……但是，通过在临界处两边的一番活动，内部领域发生了些许更改，便产生了超越，因而超越是无法以既成事实（fait accompli）的形式存在的。①

因此，问题不在于"后－殖民"是一种逻辑－推理类型的传统范式，这种类型常常会错误地混淆是时序的还是认识论的问题。隐藏在其后的是在两种认识论，即理性的、连续逻辑和解构的认识论这二者间更深层的选择。在这一意义上，德里克准确地将后殖民与"后－结构主义"思维方式的关系问题描述为中心议题，其批评者也发现它尤为棘手。由此，在这一论争中，"更需要考虑"的是范围更广的问题，而不是这些已经广为传播的批评所表明的问题。

德里克在这一领域的批评尤为激烈，不难找出其原因。他发现术语"后－殖民"用来指称许多观点相左的作家，有些作家是德里克喜欢的，有些不是，这迫使他陷入充满争议的结论之中，即"后－殖民"不特意地描述任何人与事，而是"一种试图按照知识分子的自我形象构造世界的话语，这些知识分子将自己视为，或已逐渐视为后－殖民知识分子"，并在第一世界的学术界"表达（他们）新发现的力量"。这种相当粗糙的、过于主观的、反女性式的辱骂损毁了这位研究现代中国的著名学者的论述，也许可以机智地将之视为某种"病症表现"。那么，是什么样的病症呢？当他借用吉安·普拉卡什（Gyan Prakash）为后—殖民所做的精彩的后－结构主义论辩《后－殖民批评与印度历史编撰学》（Post-colonial Criticism and Indian Historiography，1992），作为他的主要借口时，我们便找到了回答这一问题的线索。让我们先把许多对该文的局部批评，即我们已经提到的一些放在一边。他所攻击的重点集中在后－殖民，因为后－殖民如同为之提供了哲学与理论根基的后－结构主义话语一样，是反－基础主义的，由此，被认为无法应对诸如"资本主义"这

---

① J. Derrida, *Positions*, 1981.

类观念和"资本主义结构化的现代世界"。① 此外,后-殖民是一种"文化主义"。它关注身份与主体问题,因而无法提供"一个主体之外的世界的记述"。其关注的焦点从国家起源转向主体位置,以及"一种定位政治学,其优先于为固定范畴所构成的政治(在这种情况下,国家也包含在内,尽管,很显然,有诸如第三世界和阶级这样的其他范畴)"。②"后-殖民赋予了殖民者与被殖民者相同的问题,即"身份问题"。③

20 页的文字论述是生动活泼、令人愉悦的,直到在第 347 页,出现了某种明显的"转向",开始自我揭示。"这些批评,尽管偶尔特别过激,但并非表示,后殖民主义的批评者会认为它一无是处……"毕竟,"后-殖民"话语,最终谈论了"与第三世界和民族国家这类概念相联系的理解世界的模式危机"。显然,它也没有否认,

> 随着社会主义国家的消失,所谓的第三世界国家间在政治、经济上出现的巨大差异和人们跨域国家与地区界限的离散移动,全球的形势已经变得更加模糊不清,全球碎片化为本土的,这已成为历史与政治意识的突出特征。④

单纯来看,这也许看起来像是在复原大量已被否认的领域,除了将自己包裹到一些有问题的形构中(一些后-现代评论者也许相信,世界已经分裂为本土,但大多数的严肃评论者认为,正在发生的是世界与本土的相互重组,这是非常不同的两种主张⑤)。且不去管它,因为紧随其后,在这篇文章的第二部分,还是提供了详细的、有说服力的论证,解释了有着各种命名的晚期资本主义——灵活生产或积累、去组织的资

---

① Dirlik, "The Postcolonial Aura", p. 346.
② Dirlik, "The Postcolonial Aura", p. 336.
③ Dirlik, "The Postcolonial Aura", p. 337.
④ Dirlik, "The Postcolonial Aura", p. 347.
⑤ 参见 D. Massey, *Space, Place and Gender*, Cambridge: Polity, 1994; K. Robins, "Tradition and Translation: National Cultures in a Global Context", in J. Corner and S. J. Harvey (eds.), *Enterprise and Heritage*, London: 1991; 以及 S. Hall, "The Question of Cultural Identity", in S. Hall, D. Held and McGrew (eds.), *Modernity and Its Futures*, Cambridge: Polity, 1992。

本主义和全球资本主义——的一些主要特征。

这些特征包括：新的国际劳动力分工，新的全球信息技术，"资本主义在国家意义上的去中心化"，跨国公司提供的联系，生产的跨国化，资本主义生产方式"在资本主义历史上首次"显现为"真正的全球抽象概念"[①]，文化碎片化与多元文化主义，本土文化与资本主义叙事的再接合（儒家学说在新兴的东南亚资本主义精英中的复兴便是一例），边界弱化，在曾经的殖民社会内部复制出了曾经与殖民差异相联系的各种不平等，"三个世界理念构想出来的世界的解体"，"同质化与异质化"同时进行的文化流动[②]，现代性"不再仅仅是欧美的"，各种操控形式无法强加而只能通过协商解决问题，重构跨越国界的主体性，等等。

这不仅仅是一个让人印象深刻、且极为全面的清单。我想，在某种程度上，它无疑也触及了使"后－殖民"成为与众不同的理论范式的每一个单一主题，并且明确标识那种内在的、不可改变的差异——也就是说，那种毋庸置疑的"后－殖民"是怎样成为被描述的世界与各种关系的。事实上，令读者惊讶的是，这一点得到了承认："后殖民性代表了对真正需求的一种回应，这种需求意欲克服由于旧有的范畴无法解释世界而造成的理解危机"[③]，在座的各位中，有不赞成这一判断的后殖民评论者吗？

文章的第二部分引出了两个争论点。第一个是严肃的——事实上，也是目前的后－殖民评论者与理论家迫切需要面对的最为严肃的批评——德里克对之进行了简要的解释："值得注意的是……对后殖民主义和全球资本主义二者关系的思考本应在后殖民知识分子的写作中缺席。"我们还是不要含糊其辞，举说一些后－殖民知识分子。这确实是值得注意的。它已经开始严重损害与伤害任何后殖民范式能够、并立志要获得的正能量。当前，"晚期现代性"论辩的两部分——后殖民与对全球资本主义新发展的分析——事实上主要还是在彼此相对隔离的情况下进行，并付出了共同的代价。这是不难理解的，为什么尽管德里克似

---

① Dirlik, "The Postcolonial Aura", p. 350.
② Dirlik, "The Postcolonial Aura", p. 353.
③ Dirlik, "The Postcolonial Aura", p. 353.

乎无意于将之作为一个严重的问题来探寻（他给出的答案是没有多大价值的，这很不同）。一个原因是"后"话语已然出现，而且已经（经常是悄无声息地）接合在一起，以对抗因某种经济主义的、目的论的、最后是简约化的马克思主义的崩坍而带来的各种实践上、政治上、历史的和理论上的后果。摒弃这种决定论式的经济主义所带来的是一次大规模的、排山倒海的、富有雄辩的拒绝，而不是思考经济关系及其效果问题的一些标新立异的方式，只是将经济关系及其效果当作其他实践的"存在条件"，将之以"去中心"或"反定位"的方式插入我们的解释性范式中。就好像，既然最广泛意义上的经济肯定无法如人们曾期待的那样，"最终""决定"历史的真正发展，那么它根本就不存在！这种理论化的失败是如此深远（鲜有例外，仍是相对粗略的概描）[1]，具有如此的摧残性，以致我认为，这使得那些相对更为脆弱同时又缺乏充分概念化的范式得以持续繁盛起来，并主导了这一领域。（德里克本人就这一点的说法很有趣，他说，他更倾向于"世界体系法"，尽管它像后殖民一样，"用话语的方式定位第三世界"[2]，但他没有继续这一有趣而富有成果的讨论路线。）

当然，并不仅仅是将这些范式间的关系问题搁置到一边，它本身部分上就是一种体制性的结果——也有人会说，后-殖民理论事实上是为文学学者最为充分地发展起来的意外之果，而这些文学学者又长期以来都不愿打破各种学科（甚至是后-学科）的界限以推进这一论述。可能也是因为在某种后-基础主义与对这些复杂接合的严肃检视之间会存有着概念上的不兼容性。但仍然不能将之当作不可逾越的哲学鸿沟而接受下来，尤其是因为，尽管他们没提到"资本主义"范畴会在后-基础主义的"逻辑"中扮演着概念性角色的问题，但是这种类序上的接合，事实上，或许属于隐含的推测，或许在几乎所有的后殖民批评作品的基本假设中已悄悄地发挥着作用。

因而，德里克直接而又颇有说服力地指出了后-殖民认知类型的严

---

[1] 参见 E. Laclau, *New Reflections on the Revolution of Our Time* 和 M. Barret, *The Politics of Truth*, Cambridge: Polity, 1991。

[2] Dirlik, "The Postcolonial Aura", p. 346.

重疏漏。如果以对后－殖民批评范式的未来启示作为结论，便会具有重要的、适时的策略性效果。假如这是他文章的结论，人们本可以忽略论述中令人难以理解的失衡性和内部的相互矛盾性（第二部分实际上复制了上一部分的所有语气与大部分内容）。然而，事实并非如此，他采用了第二条路径作为结论：他认为，"后－殖民性"远非仅仅"代表对真正（理论的）需求的反应"，还"与全球资本主义所提出的问题相呼应"，而且与这些问题"相协调"，从而满足它的文化要求。后殖民评论者，事实上，在不知情的情况下充当了新型全球资本主义秩序的发言人。他经过冗长而又详细的论述，得出了如上的结论。他的论述带有如此令人瞠目（有人会被迫说，平淡无奇）的化约主义，以及某种人们认为已然从严肃阐明任何事物的学术论辩中消失了的、徒有虚名的功能主义，以至于读起来像是来自遥远的原始时代的回声。而从其直接对立的位置上，也会发现非常相似的论述线路，这反而更令人烦扰，如罗伯特·杨在《殖民欲望》（*Colonial Desire*，1995）中毫无说明地单纯指控：后殖民批评者与维多利亚时代的种族理论存在着"共谋"，因为这两类作家在他们的话语中均采用了同一术语——混杂性！

于是，我们陷入锡拉和卡津布迪斯之间[①]，左右为难，腹背受敌。我一直知道，废除殖民范式会将许多稀奇古怪的恶魔从深渊中释放出来，而且各种各样的隐蔽物质也会伴随着这些怪物而来。然而，在论辩途中突然出现的这些令人棘手的、意想不到的各种转折与转向、转换与反转，应该提醒我们注意到在跨越了理性时代之后仍然存在着理性的沉睡，以及在思考临界或超越界限的危险事业中，在穿越权力与知识时，欲望所扮演的方式。

（张文瑜　译）

[①] 根据希腊神话，锡拉（Scylla）与卡津布迪斯（Charybdis）是居住在意大利与西西里之间的墨西拿海峡（Strait of *Messina*）两边的一对怪兽。锡拉原为海中仙女，受到海神波塞冬的垂爱，被其妻毒害，变成六头怪兽，每颗头上均有三排锋利的牙齿，会猎杀船员。卡津布迪斯为波塞冬之女，被宙斯因禁于墨西拿海峡，每日吞食海水，形成巨大旋涡，吞食过往船只。因而"在锡拉和卡津布迪斯之间"意为"在两个同样危险的事物之间"。——译者注

关于流散的思考：海外乡愁[*]

我这个讲演是提交给西印度大学建立 50 周年纪念会的。[①] 1948 年，碰巧也是"帝国疾风号"抵达英国蒂尔博里码头（Tilbury Docks）的那一年。这艘军舰随后载着西印度的志愿者，离开加勒比，返回英国，船上还有一小拨平民移民。这一事件标志着战后加勒比人移民英国的开始，也象征性地代表非裔加勒比人战后黑人流散的起始之日。1998 年举行的周年庆祝则标志着"多种族英国崛起的势不可当"。[②]

移民一直是加勒比叙事中恒久不变的母题。但疾风号开启了形成流散的新阶段，使得加勒比黑人能够定居英国。我在此无意于提供这一流散演变的历史性记述——尽管这段混乱的历史值得加勒比人更好地去了解，甚至值得更为系统的研究（有人敢于提出这样的建议吗）。尽管当代历史编纂学将生活在英国、美国和加拿大的加勒比人民建构在加勒比历史之外，但他们的命运并不在加勒比历史"之外"，正如帝国也不在所谓的英国国内历史"之外"一样。无论如何，在此提出流散问题，主要是因为它解释清楚了各种复杂性，不仅仅包括在日益全球化的时代中建立加勒比国家地位与身份的复杂性，还包括对之想象

---

[*] 原题"Thinking the Diaspora: Home-Thoughts from Abroad"，原文载于 Small Axe, Sep., 1999。

[①] 致谢：1998 年 11 月，西印度大学巴巴多斯的凯夫希尔校区举办了西印度大学成立 50 周年的一系列庆典，该讲座首次是以庆典的一部分呈现的。此处这篇修订稿是经过西印度大学许可后发表的。

[②] 这是由迈克·菲利普斯（Mike Phillips）和特瑞福·菲利普斯（Trevor Phillips）合编的书卷《疾风号》的副标题（London: Harper Collins, 1998）。该书与 BBC 电视系列同步发行。

的复杂性。

本尼迪克特·安德森认为,国家,不仅仅是拥有主权的政治实体,还是"想象的共同体"。[1] 独立30年后,加勒比国家是如何被想象的?这一问题不仅对其民众很重要,也是加勒比生产其艺术和文化所要考虑的首要问题,因为其中的某些"被想象的主体"总是受其影响的。从地域上看,它与每一个邻国在文化和历史上的联系是如此紧密,而且,有如此多的人离开"家园",生活在千里之外,他们的边界始于何处?又止于何处?我们如何想象他们与"家园"的关系,以及他们的"归属性"本质?鉴于这种流散经历,我们将如何思考加勒比地区的国家身份与归属?

英国的黑人定居地并没有完全与他们在加勒比的根分隔开来。玛丽·张伯伦(Mary Chamberlain)的《流亡与回归叙事》(*Narratives of Exile and Return*)讲述了移居英国的巴巴多斯人的生活经历,强调其与故里保持着多么牢固的联系。[2] 与许多跨国社群一样,多代同堂的大家庭——作为记忆网与记忆场——是连接两地的重要通道。她指出,在流亡过程中,巴巴多斯人一直牢记"家园"的样子,并努力保持巴巴多斯人的"文化身份"。对英国加勒比移民中进行的总体调查研究也证实了这一点。这就表明,在英国的所谓少数族裔中,对根源文化的"联想式认同"(associational identification)——我们也许可以这么称之——仍然牢固,甚至延续到第二代和第三代,尽管根源地不再是认同的唯一原因。[3] 加勒比人退休后返乡人数的日益增加也反映出这种脐带式联系在不断加强。张伯伦断定:"在英国,建构自治的巴巴多斯身份的这些决定因素……如果目前的趋势持续的话,很有可能会随时间而强化,而不是减弱。"[4]

但是,如果将这些趋势看作单一的或明晰的,则大错特错了。在

---

[1] Benedict Anderson, *Imagined Communities*, London: Verso, 1991.

[2] Mary Chamberlain, *Narratives of Exile and Return*, Houndsmill: Macmillan, 1998.

[3] 参见 T. Modood, R. Berthound, et al., *Ethnic Minorities in Britain*, London: Policy Studies Institute, 1997。

[4] Chamberlain, *Narratives*, p. 132.

流散的情境下，身份变成了多重的。伴随着与特定岛国"家园"的联想性联系，还有其他几种向心力：还有他们与其他西印度移民共享的西印度性。[乔治·莱明（George Lamming）曾评论他那一代（碰巧也是我这一代）不是在加勒比地区变成了"西印度人"，而是在伦敦！]与其他所谓少数族裔人群的相似性，新兴的"英国黑人"的身份，对侨居地的身份认同，同时也是与"非洲"和最近的"非洲裔-美洲"文化的象征性再认同——所有这些都簇拥在一起，被称为"巴巴多斯性"。

玛丽·张伯伦的被访者讲述了许多返乡者在与自己出生的社会重新建立联系时所遭遇的巨大困难，颇有说服力。许多人想念他们早已适应的都市生活节奏。许多人认为"家园"已经变得认不出了。反过来，他们被视为那些天然自发的连接链已被流散经历所扰乱的人。他们回到家，会感到幸福。但在某种程度上，历史已然改变了，且无法挽回。

这是一种熟悉的、极具现代性的无所适从感（dis-location），我们无须旅行到遥远的地方去体验它——这一点日益明显。也许我们所有人，在现代时期——在人类堕落之后，如果可以这么说——是哲学家海德格尔称为的"无家可归"（Umheuimlicheit）的人，按照字面意思，即"不在家"（not-at-home）。伊恩·钱伯斯对此作出了明确的阐释：

> 我们从未能回家，从未能回到原始场景（primal scene），回到遗忘我们的原初与"纯正性"的时刻，因为此间总是存在着别物。我们无法回到过去的统一体中，因为我们是通过它的效果，也就是当它在语言中开始生效，并由此引发了（没完没了的）分析之时，来了解过去、记忆和无意识的。面对"符号的森林"（"forest of signs"，波德莱尔语），我们发现，自己竟然是一直处在十字路口，把握自己的故事与记忆 [如本雅明所述，拾荒人是用"俗世化的遗物"（secularized reliques）来认知它们的]，同时浏览着眼前充满张力的星云，寻找可以主导星云运动并使其形成某种形状的语言与风格。也许在此，它更是一个在我们独有的时代和语境下试图在家的

问题……①

那么，流散经历对加勒比地区文化身份问题又有什么启示？既然这是一个概念性的、认知论的，同时也是一个经验主义的问题，那么流散经历对我们的文化身份模式意味着什么呢？紧随流散，我们将如何概念化或想象同一性、差异和归属性呢？因为"文化身份"携带着如此多的本质统一性（essential unity）、原初的同一性、不可分割性与相同性等暗示，我们将如何"考量"铭写于权力关系之中，并通过差异、分离而建构的身份呢？

人们假定，文化身份在本质上是由出身、通过基因中亲属和世系铭刻的部分天性以及最内在的自我构成所确定的，它是不会受到诸如临时搬家这样的"物质的"、俗世的肤浅事物所影响的。贫穷、落后、缺乏机遇——随处可见的帝国后遗症——也许会迫使人们移民，导致散居（scattering）——流散（the dispersal）。但每一次的播散（dissemination）均携带着救赎式回归的希望。

这一对"流散"概念的有力解释是加勒比人民最熟悉的。它已然成为新建的集体自我感的一部分，并作为民族主义历史的亚文本而被深刻地书写下来。它是以犹太人（术语"流散"首先源自犹太人）的现代历史为模本的，犹太人在大屠杀——少有的几个残暴性可与现代奴隶制相比的世界历史事件之一——中的命运，世人皆知。然而，对加勒比人来说，更有意义的故事是旧约版本。在那里，我们找到了对我们的历史至关重要的一种相似性："上帝的选民"被暴力带入"埃及"，成为奴隶、他们在巴比伦统治下受的磨难、摩西的领导，接着是出走埃及（Great Exodus）——"上帝之人的运动"——摆脱束缚，并回到了乐土。这是新世界关于自由、希望和救赎的伟大叙事的出处，在整个奴隶制时期，这一叙事不断地一遍遍重复——逃亡与"自由乘行"（Freedom Ride）。它为每一个黑人世界的解放话语提供了支配性隐喻。许多人相

---

① Iain Chambers, *Border Dialogues: Journeys in Post-Modernity*, London: Routledge, 1990, p.104.

信，这一旧约叙事比所谓的圣诞故事作用要大得多，是最受新世界黑人欢迎的想象。[事实上，就在我在西印度大学凯夫希尔校区首次做这一讲座的那一周，《巴巴多斯鼓动报》（*Barbados Advocate*）——正好在期待独立庆典——将"摩西"和"亚伦"这些充满敬意的头衔给予了领导巴巴多斯独立的"建国父辈"埃罗尔·巴罗（Errol Barrow）和卡梅伦·都铎（Cameron Tudor）！]

在这一隐喻中，历史——它对自由是开放的，因为它是偶然的——被描述为目的论的和救赎性的：循环回去，恢复到它最原初的时刻，通过这次回归，治愈所有的破裂，修复所有的暴力破坏。这一希望，对加勒比人来说，已经浓缩成为一种基本神话。不论按照什么标准，它都是一个伟大的版本。它的移山之力——甚至在现代世界——也是不容低估的。

当然，它是"部落"、流散和家园的一个封闭概念。要拥有这一意义上的文化身份，要与未改变的、永恒的本质内核进行最原初的接触，它将未来、现在与过去绑缚在一起，构成一条连续的线。这一脐带式的细绳，我们称之为"传统"，对其的检验则是它来源的真实性、它的自我存在、它的"可信性"。它当然是个神话——具有我们所支配的神话所携带的所有真实作用：塑形我们的想象物，影响我们的行为，给我们的生活赋予意义，并弄清楚我们的历史。

基础神话，根据定义，均是跨越历史的：不仅在历史之外，而且从根本上是反历史的。它们是时代错乱的，并且具有双重铭写的结构。它们的救赎力量存在于还没有到来的未来。但它们通过预言的方式来起作用，即将对即将发生之事的预言归因于对已然发生之事的描述，以及对事物原初模样的描述。而历史，就像时光之箭，如果不是线性的，那也是连续的。神话的叙事结构是循环的，但在历史中，神话的意思常会改变。毕竟，恰恰正是"祖国"这个具有排除意味的观念导致塞尔维亚人拒绝与居住在波斯尼亚的穆斯林邻居分享他们的国土——他们几个世纪以来都是这样做的——并为科索沃的种族清洗辩护。这一观念的另一版本便是犹太人的流散，而"回归"以色列的预言，便是以色列与中东邻国的争吵之源，为了这一预言，巴勒斯坦人民付出了惨重的代价，甚至被驱逐出以色列,这是很荒谬的,毕竟,那也是他们的祖国。

于是,就出现了悖论。现在,我们的麻烦也开始了。没有希望,一个民族就无法生活。但当我们完全接受我们的隐喻时,又会出现问题。流散中的文化身份问题就不能用这种方式来"思考"。① 事实证明,令加勒比人民如此烦扰与困惑的,恰恰是因为身份,对我们来说,是一个无法纠正的历史问题。我们的社会,不是由一个民族,而是由许多民族构成的。他们的起源不是单一的,而是多样的。最早居住在这一土地上的原住民基本消亡了——由于辛苦的劳作与疾病而大批死去。土地无法是"神圣的",因为它已被侵犯——不是闲置的,而是被清空的。在这里居住的每个人都来自别处。我们与过去那段历史的关系是以最可怖、最暴力、突然的断崖式断裂为标志的,远非一种连续性的。我们的"文明联想"(civil association)是由充满帝国意志的法令开启的,而处于西方现代性自由话语核心的文明联想,是缓慢演进的。我们现在将加勒比称作在暴力中重生或通过暴力重生。我们的现代性之路标记着征服、土地征用、种族灭绝、奴隶制、种植园体系和对殖民属地的长期监管。难怪在范·德·史特莱特(Van der Straet)的著名版画"欧洲与美洲的相遇"中,亚美利哥·韦斯普奇(Amerigo Vespucci)被绘作威严的男性形象,周围则是代表着权力、科学、知识和宗教的各种标志,而"美洲",常常被寓言化为一位女性,赤裸着躺在吊床上,周围的标识则是一个——尚未被侵犯的——异域国度。②

我们的各民族扎根于——或更准确地说,可以追溯自地球的四个角落:从欧洲、非洲、亚洲,以及这三处的会合之地,即新世界的"原始场景"。线路(route)绝非是单纯的。大多数人在出身上是"非洲人"——但,诚如莎士比亚说的,"西北偏北"(north-by-north-west)。我们知道,"非洲"这一术语,无论怎样,是一个现代建构,用来指那

---

① 参见 Stuart Hall, "Cultural Identity and Diaspora", in *Identity: Community, Culture, Difference*, ed. Jonathan Rutherford, London: Lawrence and Wishart, 1990; S. Hall and P. Du Gay (eds.), *Questions of Cultural Identity*, London: Sage, 1997, pp. 222 – 237。

② 参见 Stuart Hall, "The West and the Rest: Discourse and Power", in *Formations of Modernity*, Cambridge: Polity Press and The Open University, 1994, pp. 274 – 320。

些源自奴隶贸易的各种民族、部落、文化和语言。在加勒比，"非洲"还包括东印度人和中国人，他们是随奴隶进入此地的劳工。我们的文化特殊性显然是非洲、亚洲和欧洲的不同文化因素在殖民社会的熔炉中经过最为复杂的混杂与融合的结果。

这种混杂的结果无法再轻易地分割并恢复到原初的"确切"元素。我们不必要担心，这样会使得加勒比文化成为殖民者文化的一个模仿物或是拙劣的仿制品，因为很显然，这不是真的。但在这里，正在发挥作用的文化逻辑显然是"克里奥化"或跨文化的逻辑，这也是玛丽·路易莎·普拉特（Mary Louise Pratt）在承继了研究该地区的一些最好的文化理论作品的传统后，所使用的一个术语。① 通过移植嫁接，从属的和边缘的群体从主导都市文化传递给他们的材料中选择并再造。这是一个"交往地带"（contact zone）形成的过程，是指"先前为历史与地理的分离而分隔开来的主体……他们的轨迹交叉会合，共同存在于同一个时空空间"。这是一种对话式的视角，因为它不仅对殖民者如何生产被殖民者感兴趣，还关注后者是如何生产前者的："共同存在、相互作用、理解与实践的相互铰接，而通常（从加勒比的情况看，我们必须说，总是）又是在权力关系非常不对称的语境之下进行的。"② 殖民化与西方现代性引入世界的正是这种分离的逻辑，它进入历史并将1942年后的世界组建成一个极度不平等的全球性单位，使得加勒比人民成为大卫·斯科特最近所描述的"现代性的被征召者"（conscripts of modernity）③。

在20世纪90年代早期，我为BBC制作了一档名为"救赎之歌"（Redemption Song）的电视系列节目，讲述了加勒比文化中各个不同的文化支流。④ 在做与节目有关的一系列采访时，让我最为惊讶的是这些

---

① Mary Louise Pratt, *Imperial Eyes*: *Travel Writing and Transculturation*, London: Routledge, 1992. 参见其他的著作：Fernando Ortiz, *Cuban Outerpoint*: *Tobacco and Sugar*, New York: A. A. Knopf, 1947; Edouard Glissant, *Le discours antillais*, Paris: Editions du Seuil, 1981; Edward Kamau Brathwaite, *The Development of Creole Society in Jamaica*, *1770 – 1820*, Oxford: Oxford University Press, 1971。

② Pratt, *Imperial Eyes*, pp. 6 – 7.

③ David Scott, "Conscript of Modernity", unpublished paper.

④ 《救赎之歌》是Barraclough和Carey为BBC2制作的7个节目，1989—1990年播出。

文化存在着相同的基本痕迹因素（相似性），以及这些因素独特性地结合到各个地方的不同结构中的方式（差异）。在海地与牙买加，我觉得在表面上与"非洲"最为接近。然而，这种将非洲的神与基督教圣人综合到海地伏都教（Vodoun）的复杂领域内的方式是一种特殊的混合，仅见于加勒比和拉丁美洲——尽管存在着一些类同，在殖民地觉醒时期的任何地方都会出现可予比较的融汇。海地绘画的风格常被描绘为"原始的"，事实上，它最为复杂地再现了——在视觉方面——这种宗教的"双重意识"。著名的海地画家，安德列·皮埃尔（Andre Pierre），我们曾经拍摄了他，他在开始作画前会对基督教和伏都教的神都做祈祷，这和牙买加画家艾弗拉尔德·布朗修士（Brother Everald Brown）是一样的，皮埃尔认为绘画在本质上承担了一种视觉精神的任务。他一边作画，一边给我们描绘油画布上的"故事"——白袍，宽带缠头的黑人"圣徒"和旅行者在渡过圣河。

我感觉，海地和马提尼克岛与法国接近，然而是不同的法国：在海地，是古老的"法兰西"帝国，虽然海地革命（在杜桑·卢维图尔的领导下，非洲奴隶的抵抗与要求自由的法国共和传统迅速融合）使之濒临瓦解；马提尼克岛则更接近新"法兰西"帝国——共和主义（Republicanism）、戴高乐主义（Gaullism）、巴黎人的"时髦"交织着黑人"风格"的各种僭越，以及各种从属于法侬和塞泽尔的"法国性"。巴巴多斯，正如所期待的，与英国更相近，它的社会风气（social discipline）低调俭朴——一旦你这样做，时不时地，会感觉不再是在牙买加了。然而，巴巴多斯独特的习惯、习俗和社会礼节显然是一种非洲奴隶对这种小规模的、熟悉的、重塑了巴巴多斯景观的种植园文化的转化。在特立尼达，首先感到的是"东方"与"西方"复杂交错的传统——西印度狂欢女王、大草原上的烤肉摊、印度排灯节（Diwali）的蜡烛在加利福尼亚州圣费尔南多（San Fernado）的黑夜中闪烁，以及独特的西班牙天主教节奏：犯错—忏悔—得到宽恕，（周二的面具狂欢节（Shrovel Tuesday's Masque），紧接着便是周三的圣灰节弥撒（Ash Wednesday Mass），最后这一点与特立尼达人的性格是如此相像。混杂性与延异，到处可见。

封闭的流散概念是基于二元对立的差异概念之上的。它建立在对排除性边界的建构之上,同时依赖对"他者"的建构,以及内部与外部的固定对立。但加勒比文化身份的融合性构造需要用德里达的延异观念来理解,即差异并非通过二元对立起作用,模糊的边界不会最终分离,而是作为行程中的位置(places de passage)叠加在一起,意义是位置性的、相互关联的,总是沿着一个光谱滑动,没有起点,亦没有终点。我们知道,差异对意义至关重要,而意义是文化的关键所在。但在这场深刻的背离直觉的运动中,索绪尔之后的现代语言学家坚持认为:意义无法最终固定下来。在开放的符号化文化中,总是难免会有一些不可避免的意义"滑动",如同一个意义,看似是固定的,实则在不断地进行对话式的拖延。终极意义的幻象则不断受到"不足"与"过度"的缠绕,但始终无法在已存的众多意义中把握。正如巴赫金和沃洛希诺夫所论述的:

> 作为意识形态记号的社会的复调式重音,是一个非常关键的方面。……正是由于这一重音的交切,使得记号能够保持其活力与动力,得以进一步的发展。一个已经从社会斗争的压力中退出的记号……也不可避免地会丢失了其力量,退化成了寓言,并成了不再是一个存活的带有社会可理解性的,而是文献学认知的对象。[1]

在这一观念中,二元对立的两极,即"意义"与"无意义",由于"在移动中理解意义"这一更加开放与流动过程的引入而被不断削弱。

科比纳·莫塞(Kobena Mercer)将这种文化"逻辑"描述为"流散美学"。

> 在文化形式的整个范围中,有一种强有力的融合动力,它会批判性地从支配性文化的主导符码(master-codes)中挪用一些因素,

---

[1] M. Bakhtin and V. N. Volosinov, *Marxism and the Philosophy of Language*, New York and London: Seminar Press, 1973.

并对之进行克里奥尔化,使其脱离既定的记号,再用别的方法重新接合其象征意义。这种混杂化趋势的颠覆力量在语言层面表现得最为明显(包括视觉语言),各种克里奥尔语、方言和黑人英语,通过策略性的屈折变化、重音重置,以及其他的语义学、句法学和词汇编码中的述行变化,动摇、破坏并颠覆了英语——这一主导话语的官方语言——的中心统治地位。[1]

加勒比文化在本质上是受到流散美学所驱动的。用人类学的术语说,它的文化是"非纯净的",且无法回归到纯净状态。这种非纯净性常被建构为一种重负和丧失,其本身就是现代性的一个必需状态。如小说家萨尔曼·拉什迪(Salman Rushdie)曾评说的:"各种人、文化、观念、政治、电影和歌曲以出乎意料的新方式结合,引起混杂性、非纯净性、混合和转变","新事物就是这样进入世界的"。[2] 这并不表示,在融合性形构中,不同的元素之间是彼此平等的。权力关系——首先是被殖民主义本身长期保留的依赖和从属关系——总是会对它们进行不同的铭写。在独立后的后殖民时期,这些帝国历史依然活跃,发挥着各种作用,因而有必要进行文化斗争,对之修正,重新挪用。然而,不能将这种重新构造表述为"回到我们过去的地方",因为,正如钱伯斯提醒我们的,"此间总是存在着别物"。[3] 这种"此间的别物"使得加勒比本身成为最显著的现代流散实例。

因而,加勒比文化与其流散者之间的关系无法用起源的术语去复制,将之充分概念化,这只会使得最初的来源变成苍白的反映。需要将之理解为从一种流散朝向另一种状态。在此,国家框架用处不大。民族国家实施严格的疆界,只期待疆界内的文化繁荣兴盛。在欧洲民族国家统治时期,这是主权国家政治与它们的"想象共同体"之间的基本关系,也是独立之后,民族主义者与建构政治学采纳的基本框架。但问题

---

[1] Kobena Mercer, "Diaspora Culture and the Dialogic Imagination", in *Welcome to the Jungle: New Positions in Black Cultural Studies*, London: Routledge, 1994, pp. 63–64.

[2] Salman Rushdie, *Imaginary Homelands*, London: Granta Books, 1990, p. 394.

[3] Chambers, *Border Dialogues*, p. 104.

是，这是否仍然能够为黑人流散者之间的文化交流提供一个有益的理解框架。

当然，全球化不是一个新现象。它伴随着欧洲探险、征服和建立资本主义世界市场的整个时代。将这种所谓的全球历史的早期阶段结合在一起的是这些相互冲突的两极——全球市场的异质性和民族国家的向心力——之间的紧张关系，在这二者之间构成了早期资本主义世界体系的基本节奏之一。[1] 通过奋力斗争，在一系列帝国拓殖点取得了欧洲民族国家制度的稳定，加勒比是其中的重要场景之一。19 世纪末的帝国主义高潮标志着这一早期历史阶段达到了最高点，20 世纪的两次世界大战、民族独立以及解殖运动（decolonizing movements）则标志着这一阶段的结束。

现在，它基本上接近尾声。虽然民族国家的水平有高有低，但全球的发展已削弱了国家所能操控的区域与范围，同时也削弱了其"想象"的范围与完整性——那种全景性的假象。无论如何，文化始终拒绝被完全圈在国家边界之内。它们僭越各种政治限制，尤其是加勒比文化，从来都在国家框架之外。帝国体制强加的国家疆界将这一地区碎片化为几个彼此分离、疏远的民族与语言实体，再也没能恢复如初。保罗·吉盖伊提议了另一可供选择的框架，即"黑色太平洋"，它是对将加勒比在话语层面上插入欧洲民族故事中去的一个强有力的反叙述，显影了为民族主义历史所掩盖的，作为一个整体的地区中的多角度交流和"族源相似性"（family resemblance）[2]。

这一新的、20 世纪 70 年代后的全球化阶段，当然，仍然深深植根于财富与权力的结构性巨大差异之中。但它的各种形式，无论是多么不一致，在运作上更具"全球性"，显现出一种全球视野和跨国合作的兴趣，解除了对世界市场和资本、技术及信息系统全球流动的各种限制，使它们超越并退出了旧式的民族国家框架。这一"跨国"新阶段的文化"中心"处处皆是，但又处处皆不是。它在去中心化。这并不意味

---

[1] Immanuel Wallerstein, "The National and the Universal", in *Culture, Globalization and the World System*, ed. A. King, London: Macmillan, 1991, pp. 91–106.

[2] Paul Gilroy, *The Black Atlantic*, London: Verso, 1993.

着它权力不足，或者说，事实上，民族国家在此不起任何作用。但这种作用在诸多方面都依附于更大的全球系统的运作。超越于国家的各种机构的兴起，如欧盟，便是主权国家不断受到侵蚀的明证。在这一体系中，美国占有毋庸置疑的霸权地位，这与其民族国家的地位无关，而是与其全球新帝国的角色与野心有关。

因此，要将这种文化流散视角视为在颠覆传统的、以国家为导向的文化模式，这很重要。与其他的全球化过程一样，就效果而言，文化全球化是去疆域化的。受到新技术的推动，它的时空聚合（time-space condensation）松开了文化与"地方"之间的纽带。在不抹除不同的节奏与时代的情况下，那些明显的时空断裂迅速汇合。文化，当然是有其"地点位置"的。但要说出它们源于何处，不再是一件容易事了。我们所能绘出的图表更类似一种差异性重复（repetition-with-difference）过程，或是无开端的互惠（reciprocity-without-beginning）。从这一视角看，英国黑人身份并非是真正加勒比本源的暗淡影子，尽管后者注定会日益变弱，而是它们自身相对自治形构的结果。然而，控制它们的逻辑也涉及相同的移植、融合和流散化过程，而这些曾经生产出加勒比身份的诸过程，如今只运作于一个不同的时空框架下，一个不同的时空体中——在延异的时代。

因而，英国的舞场雷鬼乐（Dancehall）和亚文化，理所当然地为牙买加的舞场雷鬼音乐和亚文化所激发，并采用了其风格与态度。但它有其自身的英国黑人形式变体，有其自身的本土性。最近的一部歌舞电影《年轻母亲》（*Babymother*）"真实地"定位于哈利斯登区（Harlesden）一个多民族混居的城区、街头和俱乐部、录音棚和活跃的聚集地、街头生活和北伦敦的危险地带。① 电影的女主角是三个雷鬼女孩，她们在伦敦的另一郊区，以"小印度"而著称的绍索尔（Southall）区购买具有异国情调的整套服装。这些延异并非没有真实的效果。与对其他地方舞

---

① 《年轻母亲》1998年同时在伦敦、美国和牙买加上映，是由朱利安·亨里克斯（Julian Henriques）执导的。其父是居住在伦敦的著名牙买加人类学家。该片编剧为朱利安的妻子兼合伙人——帕明达·维尔（Parminder Vir），她来自印度的旁遮普省。不必说，他们来自帝国的两极，在伦敦相遇。

场雷鬼的经典表征不同,这部电影描绘了这三个女孩变成雷鬼舞厅调音师的奋斗经历——由此将牙买加通俗文化中令人头疼的性政治议题引入叙事的中心,而其他版本的叙事仍将这一议题藏匿于文化民族主义的背后。艾萨克·朱利安(Issac Julien)的纪录片电影《黑之更暗面》(*The Darker Side of Black*)聚焦于三个地点——金斯顿、纽约和伦敦。也许正是这种相对的"地方自由",使得他能面对匪帮说唱(gangsta rap)中常见的对同性恋(者)的强烈憎恶,而没有跌入"黑人群体天生就暴力"这类让人丢脸的语言中,但这类语言现在正在损毁英国新闻媒体的形象。

目前,舞场雷鬼乐是本土化的流散音乐形式——是几种已经赢得部分伦敦白人崇拜者的内心与灵魂的黑人音乐之一(那是在"粉黑"吧!),他们操着金斯顿市特伦奇镇区(Trench Town)的方言、纽约的嘻哈和河口英语(Estuary English)① 三者巧妙混合的语言,对他们来说,"黑人风格"象征性地等同于现代街头信誉。[当然,他们不仅仅是普通的英国青年。还有一些在废弃的白人城区,如埃尔瑟姆区的光头党,卍字饰文身的外籍居民,他们常在国际足球比赛时进行"全球性的"暴力行动,其中的5个人在南伦敦汽车站用刀刺死了一位名叫斯蒂芬·劳伦斯(Stephen Lawrence)的黑人少年,仅仅是因为死者胆敢在他们的"保护区"内换乘。]② 目前,为人熟知的伦敦丛林音乐(jungle music)是另一种介于牙买加混音雷鬼乐(dub)、纽约大西洋大道(Atlantic Avenue)的嘻哈乐、匪帮说唱和白人铁克诺(techno,或译为"高科技舞曲")之间的"原创型"多领域结合的音乐形式(自从有了英国版本的斯卡、黑人灵魂乐、根源雷鬼乐后,一直都存在许多混合音

---

① 河口英语为英国南部和东南部地区的人所操的方言,是标准英语与伦敦英语的混合体,多为工人阶级和更低阶层的人使用。——译者注
② 在斯蒂芬·劳伦斯的父母,多琳·劳伦斯(Doreen)和内维尔·劳伦斯(Neville),以及一小群黑人支持者英勇不懈的努力下,5年后召开了由威廉姆·麦克菲尔逊爵士(Sir William Macpherson)主持的劳伦斯案官方听证会,调查斯蒂芬·劳伦斯的死因。这一听证会是1998年的公众事件和轰动的讼案,也是英国种族关系的一个转折点。最终结果是法官宣布伦敦警察厅犯有"机构种族主义"(institutional racism)罪。见于克吕尼的威廉姆·麦克菲尔逊爵士《斯蒂芬·劳伦斯听证会报告》,Cmnd. 4262 – 1,1999。

乐形式）。正如邦格拉舞曲（Bangra）①和手鼓低音乐是介于快板敲击乐、铁克诺和印度经典传统之间的混合乐形式。

通俗地说，这种世界性的交流使得"第三"世界与"第一"世界的流行音乐传统能够相互滋养，并建构出一个象征空间，即所谓的先进的电子技术与所谓的原始节奏在这一空间相遇——在这一空间中，伦敦的哈里斯登区变成金斯顿市特伦奇镇区——除了沿着迂回的、不连贯的连接链，没有可供追寻的本源。新型混杂融合的音乐形式，它的繁殖与播撒也不再遵循中心/外围的模式，或是仅仅基于发现古老韵律的某种怀旧和异域化的观念之上。它是关于生产文化和生产新型的、完全现代的流散音乐的故事——当然，还得从许多碎片化的音乐传统中汲取原料与形式。

首先，需要重点强调它们的现代性。1998年，国际视觉艺术学院（Institute for the International Visual Arts）与白教堂美术馆（Whitechapel Gallery）共同组办了加勒比著名视觉艺术家奥布里·威廉姆斯（Aubrey Williams，1926—1990）的首个作品回顾展。威廉姆斯生于圭亚那，并在那里担任农业官员多年，随后，在他事业的不同阶段，分别在英国、圭亚那、牙买加和美国生活并从事绘画创作。他的绘画包含从形象的和肖像式的，到抽象式的多种20世纪的风格。他的主要作品展现出他受到的各种形式上的影响与灵感来源——圭亚那神话、人工制品与景观、前哥伦布时期与玛雅的母题、野生动物、鸟与动物形象、墨西哥大型壁画、肖斯塔科维奇交响曲，以及具有战后英国和欧洲现代主义特色的抽象表现主义形式。他的绘画公然反对被简单地特征化为加勒比的，或是英国的。这些充满生机、色彩醒目的画布，有着极为广阔的形状，其表面嵌入的模糊形状轮廓与图案痕迹，隐隐约约，但极富暗示性，这显然是属于"英国现代主义"基本叙事的一部分，虽然这一点未得到公开的承认。毫无疑问，他与欧洲音乐与抽象派作品的调情，让某些人认为，他具备了"加勒比"画家的资格。然而，正是得益于这两种冲动

---

① 在此，霍尔使用了Bangra这一源自印度民间舞蹈班格拉（Bhangra）的新造词，从用词上表明这种音乐的混杂性及其根源所在。——译者注

的共同协作、他在两个世界间的转换状态、几种审美观和许多语言这些因素，他才成为卓越的、令人佩服的、具有独创性的现代艺术家。

在威廉姆斯作品回顾展的目录册中，艺术批评家盖·布瑞特（Guy Brett）作出如下的评论：

> 当然，事情的微妙性——历史的复杂性有待书写——在于奥布里·威廉姆斯的作品应从以下三个不同的语境进行考量：圭亚那的语境、在英国流散的圭亚那人与西印度人的语境，以及英国社会的语境。需要在某种程度上分别考量这几种受到现实权力影响的语境，同时需要考量三者之间的内在关系。所有的语境需要调整为与威廉姆斯只想成为现当代艺术家的个人意愿有关，这一意愿与其他任何语境是同等的。有时，他可以说："我没有在根源问题上花费大量的精力……我关注了许多不同的事物……我为什么必须要将一种哲学孤立起来？"有时，他可以说："从我还是个孩子起，我作品中固有的核心一直是关于人类的困境，确切地说，是关于圭亚那的境遇。"①

那么，通过回到原初的发源地去重建加勒比身份的各种努力又会怎么样呢？这些复原文化的努力会是无用之举吗？远非如此。非洲在加勒比构架中重新发挥作用是20世纪文化政治中最强有力的，也是最具颠覆性的因素。它能去最终瓦解独立后的民族主义"居住地"的观念。但这基本上，并非是因为我们通过一条无法打破的链带，将某个单一的非洲文化代代传承，不发生任何变化，从而使得现在的我们与非洲的过去和传统有关联，而是得益于我们是如何在加勒比叙事中再次生产"非洲"的。在每个接合点（juncture）上——去思考黑人分立自治的加维主义、希伯特教士（Hibbert）、拉斯特法里主义、新型城市流行文化——一直是理解"非洲"、重新解读"非洲"，以及在流散之后，"非

---

① Guy Brett, "A Tragic Excitement", in *Aubrey Williams*, London: Institute for the International Visual Arts and Whitechapel Gallery, 1998, p. 24.

洲"对我们会意味着什么等的关键性问题。

在人类学学科中,这一问题常按"残存物"来处理。存在的标识与迹象,当然随处可见。"非洲"不仅活在非洲语言的各种词句与音乐的节奏模式之中;还存留于非洲言谈形式的方式之中,虽然这些形式已经永久性地改变,甚至颠覆了加勒比人的说话方式;同时也存在于他们挪用英语这一主导语言的方式中。它"存在于"每一次的加勒比基督教集会的方式之中,接近于穆迪和圣凯赞美诗集(Moody and Sankey Hymnal)中的每一诗行,尽管赞美歌《前进,基督士兵们》(*Onward Christian Soldiers*)的节奏放慢、拉长,回归到了更加传统的身体节律和嗓音音域中。非洲依然在流散中存活着,并处在尚好的状态。但它既非被后殖民地图绘制者搞的模糊不清的那块非洲版图——奴隶们从这里被攫走并运到别处;也不是今日的非洲——至少为四五个不同的"大洲"圈围起来——它维持生计的形式已被损毁,在全球结构中,其人民也被推入现代赤贫状态。[①] 在这一世界还存活着并尚好的"非洲"是在美洲这一新世界,即在殖民融合主义的暴力旋涡中演变而来的非洲,是在殖民炖锅的熔炉中重新锻造出来的非洲。

然后,具有同等重要性的是以下方式,即"非洲"还在为今日的幸存者提供资源、为那些被殖民统治压迫的人提供多个选项的历史,为在新的、独特的文化模式与形式中的重新运作提供原生性素材。在这一视角下,原初形式的"残存物"的价值正在被文化转译(translation)的进程大大提升。如萨拉·马哈拉吉(Sarat Maharaj)提醒我们的:

> 转译,正如德里达解释的,尽管传统上常用买、卖、交换这些术语来描绘,但与它们完全不同。它不是将一堆新鲜多汁的意义从语言的这边运送到另一边——就像在柜台这边的人打包好快餐,另一边的人带走那样。意义不是现成的,可以携带、分割的东西。译者需要在原语中建构意义,然后再将意义在他或她的译入语材料中

[①] 参见 David Scott, "That Event, This Memory: Notes on the Anthropology of African Diasporas in the New World", Diaspora 1, No 3, 1991, pp. 261–284。

表现并塑形出来。由此,译者的忠实性是分裂的。他或她需要忠实于原语言的句法、感觉和结构,同时还要忠实于译入语的句法、感觉与结构……我们面临着双重书写,可将之描绘为"背信弃义的忠实"(perfidious fidelity)……我们也被拉到了德里达的"巴别塔效应"中。①

事实上,在20世纪,加勒比的每一个重要社会运动和艺术的创造性发展均始于或包括在与非洲-加勒比传统重新相遇时刻的转译中。究其原因,并非因非洲是一个固定的人类学参考点——连线(hyphenated)的证据已然标识了正在进行的流散化过程,以及"非洲"被新世界种植园体系征用与转化的方式。原因在于我们的社会与历史的某一面向已遭到严重压制、有计划的羞辱和永久性的拒斥,而"非洲"是那一面向的能指和隐喻,而且,尽管已然发生上述所有的事情,但依然保留至今。这一面向便是弗朗兹·法侬所说的"黑人性的事实"。② 在加勒比,尽管发生了所有的事,如罪恶的秘密、隐藏的符码和无法言说的创伤,种族依然保持不变。正是"非洲",作为我们生存的社会与文化状态,使这些得以言述。

在加勒比的文化形构中,白人、欧洲、西方和殖民化的踪迹总是被作为优越的要素安放的,是得到言说的一面;黑人、"非洲",被奴役者和很多被殖民化的踪迹,始终是没有得到言说的、隐而不见的、具有破坏性的,它们是由不同的"逻辑"掌控的,总是被定位为从属的或边缘化的。各种在殖民意义矩阵中形成的身份被建构,以便取消并拒绝与我们的真实历史或文化"线路"(route)之间的关联。多年来,不仅仅是学界学者,还有文化实践者均在不遗余力地努力拼合这些碎片化的、通常是非法的"通往现在的航路",以重新建构这一未被言说的谱

---

① Saret, Maharaj, "Perfidious Fidelity", in *Global Visions: Towards a New Internationalism in the Visual Arts.* ed. Jean Fisher, London: Institute of the International Visual Arts, 1994, p. 31. 参考德里达的"Des Tours des Babel", in *Difference in Translation*, Ithaca: Cornell University Press, 1985。

② 这是法侬《黑皮肤,白面具》(London: Pluto Press, 1986)中最重要的几个章节中某一章的标题。

系，这些努力是理解阐释性矩阵、我们文化的自我形象、将不可见变为可见的必需的历史基础。这也是，非洲的能指所履行的转译"工作"，以及加勒比艺术家在这个后－民族主义时刻所务须去承担的作为"背信弃义的忠实"的工作。

在复杂的加勒比文化构形中重新发现非洲"航路"的各种努力，以及通过这一棱镜来讲述运输、奴隶制、殖民化、剥削和种族化的各种破裂，使得讲英语的加勒比人进行了20世纪绝无仅有的一次成功"革命"——所谓的20世纪60年代的文化革命——进而形成了加勒比黑人主体。在牙买加，例如，它的踪迹便可见于上千个未被核查的地方——在各种正式的和不定期的宗教集会上；在广受欢迎的街边牧师和预言者的话语中，虽然他们的发声被边缘化，多数人还被称为疯子；在民间故事和口头叙事中；在一些庆典场合和成年礼中；在新语言、新音乐和城市流行文化中，以及在政治与智识传统中——还可见于加维主义、埃塞俄比亚主义、基督教复兴主义和拉斯特法里主义之中。后者，正如我们所知道的，可以追忆到那个神话般的空间——"埃塞俄比亚"，在此，黑人国王的统治长达上千年；在欧洲基督教化之前的数百年，基督教集会也在此进行。但是，作为一个社会运动，如我们所知道的，它真正诞生于加维家乡附近一个重要却无法准确定位的地方，加维回到家乡，遇到尊敬的希伯特教士（Revd Hibbert）的布道和拜德华（Bedward）虚妄的幻想，导致这一运动先是撤退到皮那可（Pinnacle），然后又从那里扩散开去。它注定会作为一个更加广阔的政治化空间，可以代表那些——如果允许这么说的话——"被独立逐出的人"说话！

如所有的此类运动一样，拉斯特法里运动将自己表述为一种"复归"。但它归还给我们的是我们自己。在此过程中，它生产出了"又一个非洲"——流散中的非洲。拉斯特法里运动从过去吸纳了许多"遗失的源头"。但它与过去的相关性却是通过其颠覆性的传统、非正统性和伪经化（apocryphal）而根植于非常当代化的《圣经》阅读实践中：逆向阅读、上下颠倒和让文本自相矛盾。它提到"巴比伦"，说那里的人们还在"受苦"，但巴比伦不在埃及，而是在金斯顿——后来，地名不断横向组合、延伸，以至于包括伦敦布里克斯顿区（Brixton）、伯明翰附近的汉兹沃斯市(Handsworth)、曼彻斯特市莫斯塞德区(Moss Side)①和伦敦诺丁山区(Nottingham Hill)的伦敦警察厅。现代运动让牙买加及其他加勒比社会首次最终成为"黑人",这已不可抗拒,而拉斯特法里运动则在其中起着关键的作用。在进一步的转译中,这一陌生的教条和话语,在20世纪60和70年代,"拯救"了移居英国的第二代加勒比年轻黑人的灵魂,赋予他们自豪感和自我理解力。用弗朗兹·法侬的话,即"在思维中去殖民化"。

与此同时,有必要回顾一个令人尴尬的事实,这就是将用于描述整体加勒比人的术语"黑人""自然而然化",或是将其对等词,即将用以描述海外西印度移民的术语"非洲裔-加勒比人""自然而然化",这一问题在我们这个跨国新世界中依然未有人提出发声质疑。年轻的特立尼达艺术家斯蒂夫·欧迪特(Steve Ouditt)一直在美国和英国居住、工作,他将这种空间状况描述为特立尼达的"蔗糖托邦"②,将自己描述为"独立后受到英美教育的特立尼达基督印度教徒的西印度克里奥尔男性艺术家",他的作品——以书写和艺术展的形式——在视觉与文字间的区域艰难航行。在最近的一篇名为《幸存的奥秘》(Enigma of Survival)的网络日志中,他从正面讨论了这一问题:

> 非洲—加勒比人是对英国的任一个加勒比人的通用术语。这是真实的状况。如此的真实,以至于许多受过良好教育的人会对我说:"你来自加勒比地区,你怎么不是黑人,看起来像亚洲人"……我确实相信,"非洲-加勒比人"是英国人给起的名字,也许是指望它能呈现出战后来此的大多数西印度移民的形象。它用来标示出,并让人记住他们过去的政治和奴隶制的恐怖,以及欧洲将非洲人视为超级低劣人种的分类法。"文化"虽然破碎与丢失了,但可以渴望在这一流散之地与新型的"非洲性"(Afron-

---

① 莫斯塞德地区是曼彻斯特市非洲裔和加勒比裔居住的主要社区。——译者注
② "蔗糖托邦"(sucrotopia)是欧迪特的自创词,用于描述一个庶民(subaltern)的空间,一个"甜蜜之痛"的空间,这种痛是当受到如此多的体制上、法制上的不公正后,一个庶民在身体与情感上的痛。——译者注

ess）协商……在这一特异性中，我可以应对"非洲－加勒比人"……但当这一术语被用作带有恐怖色彩的特权化的索引，并将所有其他庶民的加勒比编纂史均置放于对英国加勒比人的"非洲友爱"（Afrophilia）之下，我便无法应对了……在特立尼达，劳工营隔离中的印度苦力历史并不比"有组织的"奴隶制历史短……①

这些例子表明：文化并不仅仅是重新发现的航行，回归的旅程。它不是一个"文化遗物"。文化是一种生产，它有自己的原材料、自己的资源和自己的"产品"。它依赖将传统理解为"变化着的同一"和有效的谱系集合。② 但这种"迂回到过去"的做法使我们能够通过文化重新生产出自己，成为新型的主体。因而，问题不是我们的传统打造了什么样的我们，而是我们打造了什么样的传统。吊诡的是，我们的文化身份，不论以何种完结的形式，总是位于我们前方。我们一直处在文化形构的过程之中。文化不是本体论问题，或"是"的问题，而是"变成"的问题。

在当下这个忙乱与问题重重的世界中，全球化也正在努力从其自身继承的一些本质化和同质化的文化模式中解脱出来，进一步颠覆这些模式，解除各种限制，并在这一过程中，揭示西方"启蒙运动"的愚昧无知。由于遭遇到日益繁衍的差异性，被视为稳定不变的身份正以失败而告终。在整个世界范围内，所谓的自由移民和被迫移民的进程正在改变原有的布局，使文化趋于多样化，使老的主导型民族国家、老的帝国权威，事实上，也是全球本身的文化身份更趋多元化。③ 不受调控的民族与文化的流动和受到赞助的资金与技术流动同样广泛。前者在旧有的都市社会中开创了一种"少数人化"（minoritization）的新

---

① Steve Ouditt, "Enigma of Survival", in *Annotations 4: Creole-in-Site*, ed. Gilane Tanadros, London: Institute of the International Visual Arts, 1998, pp. 8–9.

② 关于"变化着的同一"，参见 Gilroy, *The Black Atlantic*。

③ 参见，如 Arjun Appadurai, *Modernity at Large*, Minneapolis: University of Minnesota Press, 1996。

过程，而人们长期以来总是默认为都市社会是文化同质性的。但这些"少数人"的聚集在实际上并非都会形成少数民族聚居区；他们也确实没有长期待在这种飞地式的定居点里。他们沿着非常广泛的前沿，介入主导文化。他们事实上属于一种跨国运动，他们的连接既是多元的，也是侧向的。他们的出现也标志着专由西方术语界定的"现代性"的结束。

事实上，在全球化的当代形式中，运行着两种相反的过程，因为全球化本身在根本上就是相互矛盾的过程。主导的力量是文化同质化，因为它对文化市场的支配力与它对资金、技术和文化流动的控制，所以通过它，西方文化，更具体地说，美国文化似将淹没所有的来者，将一种同质化的文化同一性强加于来者——也就是将一切都命名为"麦当劳化"或"耐克化"。这种做法的后果会在全世界显现出来，包括对加勒比人的普通生活所施加的影响。但与之相伴随的恰恰是缓慢而又微妙的去西方中心化的过程，进而导致文化差异在全球扩散。

这"另一种"的趋势还没有力量从正面对抗和抵制前一种趋势。但它们确实有能力，在任何地方颠覆和"转换"全球文化对弱势文化的破坏，与之协商，并将之本土化。既然新的全球消费市场所依赖的便是"本土化"，并由此去获取利益，那些首先显得仅仅是"本土的"事物确实有某种影响力。近来，"纯粹的"本土性与全球性正铰合在一起，这并非是因为后者是本土的，要通过实质上的全球效果来产生效果，而是二者均是对方存在的条件。"现代性"一度是从一个单一的中心向外传播的。而如今，这种中心已不复存在。"多个现代性"遍布世界，但均带有地方特色。即使是世界最偏远地方的最朴实、最贫困的农民，他的命运与时运也会受制于各种非调控性的全球市场转变——现在，他或她也由此成为每一个全球计划的基本要素。政客们知道，无法将穷人们排除或界定在这一"现代性"之外。他们没打算一直禁闭在无法改变的"传统"之中，而是下决心要建构他们自己的"本土现代性"（vernacular modernities），这些都标识了一种新型的跨国、甚至后民族国家的跨文化意识。

这种"叙事"无法保证会有圆满的结局。在一些古老的民族国家中，许多人强烈感到，更为纯粹的民族自我理解形式很重要，因而实际上很受不了这种被侵蚀的现状。他们感到整个世界会因受到这种改变的威胁而坍塌下来。一种刻板的、族群化的和不可协商的"文化差异"已然取代了两性间的种族通婚，成为首要的后殖民主义幻象（postcolonial fantasy）。在所有的西欧和北美国家，某种由种族而催生出的"原教旨主义"已经浮出水面，这是一种新型的防御式种族化国家主义。在这种可实例化的"文化差异"的视角下，再加上基于肤色和生理差异的老式种族主义对"他者"的偏见、不公、歧视与暴力逐渐占据主流——萨拉·马哈拉吉将之称为一种"和种族隔离一样让人恐怖的事"。但伴随着反对种族主义、争取社会公正的斗争，也引发了一场"认同的政治"以及对之进行的回应。

初看起来，这些发展似乎与外围的新兴国家和文化的关注点离得很远，但正如我们表明的，它正在打破的，恰恰是旧式的中心－外围与国家－民族主义－文化的模式。那些受到全球化、多样性和混杂性等力量威胁的新兴文化，或是在现代化规划中失败的新兴文化，均想在他们民族主义的碑文周围封闭起来，建造起重重防御之墙。我们的选择之一不是要保持封闭的、单一和同质性的"文化归属"模式，而是要拥抱更加广阔的、正在转变中的全球文化——即相似性与差异性的博弈。这就是"流散"的路径，是一个现代民族和现代文化的必经之路。也许，初看起来，这有点像——但其实非常不同于——欧洲现代主义时期那种老式的"国际主义"。让·费舍尔（Jean Fisher）论辩说，直到最近，

> 国际性一直专门暗指政治、军事和经济归属关系的欧－欧流散同盟……这一牢固而强大的同盟，用莫斯克拉（Mosquera）的话来说，在别处创造出了"各种沉默地带"，并使得多角度的交流和其他联系变得很困难。阿雷恩（Araeen）和欧奎博（Oguibe）提醒我们，目前的新方案（在艺术与文化中确定一种新的国际性）还仅仅是尝试跨文化对话历史中的最新动态，它一直以来都曾被"英国的文化实践的既定叙事"所擦抹，这种叙事"（并没有）打垮我们所

· 811 ·

质询的那些根深蒂固的、牢不可破的结构"(欧奎博)。①

我们此刻所想的完全不同——那一"另一种"现代性使得 C. L. R. 詹姆斯这样评价加勒比人民:"这些人现在生活在西方文明之中,成长于其中,但被迫感到或自己正感到,他们是外人,因而他们对自己的社会有着独特的洞察力。"②

(张文瑜　译)

---

① Jean Fisher, "Editor's Note", in *Global Visions: Towards a New Internationalism in the Visual Arts*, ed. J. Fisher, London: Institute for the International Visual Arts, 1994, p. xii.
② C. L. R. James, "Africans and Afro-Caribbeans: A Personal View", *Ten 8*, No. 16.

流散知识分子的形成[*]

——陈光兴对斯图亚特·霍尔的采访

殖民处境

陈广兴（后简称为陈）：在您最近关于种族与族性的文章中，流散（diaspora）似乎成为一中心意象——与文化身份问题接合在一起的批评场域之一，以及您个人流散经历的碎片，在某些时刻，以强有力的方式讲述出来，以处理理论与政治的问题架构。我想请您谈谈，各种历史轨迹的具体性是如何形塑您的流散经历以及您个人的智识与政治立场的。

斯图亚特·霍尔（后简称为霍尔）：我出生在牙买加，成长于一个中产阶级家庭。我父亲大部分的工作时间都花在了联合果品公司上，在他所从事的每一个岗位上，他都是被公司首先提拔的牙买加人，在这之前，这些岗位主要是从美国总部派人来担任的。了解我父母的阶级和肤色类属很重要。我父母的家庭均为中产阶级，但又分属于不同的阶级层面。我父亲来自有色人种的下层中产阶级家庭，祖父在金斯顿外乡下的一个贫困村庄开了家药店，家人也是族裔混杂，有非洲人、东印度人、葡萄牙人和犹太人。我母亲的家族在肤色上要浅得多，事实上，如果你见到她的叔叔，会以为他是英国侨民，几乎就是个白人，或者是我们所说的"当地白人"。她的姑姑收养了她，而姑姑的两个儿子，一个是律

---

[*] 原题"The Formation of a Diasporic Intellectual：A Interview with Stuart Hall by Kuan-Hsing Chen"，原文载于 David Morley and Kuan-Hsing Chen（eds.），*Stuart Hall：Critical Dialogues in Cultural Studies*，Routledge，1996。

师，一个是医生，均在英格兰接受教育。母亲则在山上的一所漂亮房子中长大，生活在一小片自家的地产之上。因而，从文化上看，目前我生活的家庭属于下层中产阶级，牙买加人，明显是深肤色的乡下人，以及浅肤色的、带有英国偏向的，带有种植园偏向的阶层，等等。

因此我的家庭，从一开始，在文化上上演的便是殖民化语境下当地人与宗主国之间的冲突。这些阶级类属与贫困的牙买加黑人的多数人文化相反：带有高度的种族与肤色意识，并且认同于殖民者。

在我家，我是最黑的。有一个故事，在我家常被当作笑话来讲。当我刚出生时，我的姐姐，她比我白很多，看着摇篮里的我说："你们从哪儿弄来这么一个苦力小子？"现在"苦力"一词在牙买加是用于骂贫苦的东印度人的，他们属于底层中的最低层。因而，她不会说："你们从哪儿弄来这么一个黑小子？"因为这样的话，她就会有一个黑人弟弟，这简直是让人难以相信的。但她确实注意到，我和她肤色不同。这在牙买加中产阶级的有色家庭中是极为常见的，因为这些家庭本身就是非洲奴隶与欧洲奴隶主混合私通的产物，孩子自然显现出深浅不一的肤色。

因而，我在我家一直带有外来者的身份，是一个与家人不一致的，比别人都黑的"小苦力"。我也一直都在扮演这个角色。我在学校的朋友，大都来自上等中产阶级家庭，但因为比我黑，我们家就不接受他们。父母认为，我交友不善，总是鼓励我去和一些更为中产阶级的，肤色更高贵的人交友，但我不听。相反，我收回了对家人的感情，开始在别处会友。我的青少年就是在不断地与这些文化空间进行协商中度过的。

我的父亲想让我去从事体育运动。他想让我加入那些他参加的俱乐部，但我一直认为，他本人不太适应这个世界。他也在协调自己以便进入这一世界。他只是在表面上被英国人接受而已。我看到他们以高人一等的方式对待他。这是最令我憎恶的了，并不是因为他属于一个我拒绝加入的世界。我无法理解的是，他怎么能看不出那些人是多么的鄙视他。我心想："难道你不明白，当你走入那个俱乐部时，他们不会认为你是一个闯入者吗？""而你还要把我也放入那个空间，受到同样的羞辱吗？"

因为我的母亲是在牙买加种植园的环境中长大的,她以为自己差不多是一个"英国人"。她以为英国是她的母国,因而认同殖民权力。她对我们,她的家庭,存有一些渴望,虽然在物质上无法达到英国人的水准,但在文化上她渴望能像英国人那样。

我想要说明的是,那些典型的殖民紧张关系是我个人经历史的一部分。我个人的形态与身份是通过拒绝那些阻拦我的、具有主导性的个人与文化模式而建构出来的。我不想像父亲那样,靠恳求获得英美侨民社会的接受,我也不认同旧有的、植根于奴隶制的种植园世界,但我母亲将那一世界看作"黄金时代"。我更想成为一个独立的牙买加男孩。但在我的家庭文化中,却没有这一个体性位置的生存空间。

当时是牙买加独立运动的发展时期。作为一个青年学生,我对此很是赞同。我成为一个反帝国主义者,并且支持牙买加独立。但我的家人不是这样。他们甚至不支持民族资本家的独立抱负。在这一点上,他们甚至与他们自己的朋友意见相左。他们的朋友认为,一旦国家独立的过渡开始了,"那么,我们至少是掌权者了"。我的父母,尤其是我母亲最为惋惜的就是旧殖民世界的结束。这便是他们对我的期望与我怎样认同自己之间的巨大鸿沟。

陈:您的意思是,您"反抗"的推动力部分来自牙买加的局势。您能再说得详细点吗?

霍尔:就像一个有着光明前途的学生那样来到学校,并开始参与到政治活动中,因而,我对政治上正在发生的事情很感兴趣,譬如牙买加政党的形成、工会的出现和1938年后开始的劳工运动,以及战后民族主义独立运动的开始,这些都是后殖民或解殖民主义革命的一部分。一旦战争结束,牙买加就会开始走向独立。因此,欢快的年轻人,像我和我的朋友们一样,尽管有着不同的肤色与社会地位,但都卷入了这一独立运动中,这也是我们所认同并支持的。我们都在期待着帝国主义的结束,牙买加能够自我治理,实现自治。

陈:在这一早期阶段,您的智识发展是怎样的呢?

霍尔:我先是进了一所不大的小学,然后去了一所稍大的学院。牙买加有许多较大的女校和男校,完全采用英国公立学校系统的模式。我们参加英国的高中考试,正规的剑桥中学考试和英国的全国高考(A-Level)。当地没有大学,因此,如果你要上大学,就要出国,去加拿大、美国或英格兰学习。学校也没有本土化的课程。只在最后两年,我才学了一些加勒比历史与地理。这是非常"古典"的教育。但就正规的学院来讲,是非常好的教育。我学习了拉丁语、英国的历史、英国殖民历史、欧洲历史、英国文学等课程。但出于我的政治兴趣,我还对其他问题感兴趣。由于18岁才能拿到奖学金,而我太小,所以我参加了两次高考,在第六学级待了三年。最后一年,我开始读 T. S. 艾略特、詹姆斯·乔伊斯、弗洛伊德、马克思、列宁和相关的一些文学作品、现代诗歌。我的阅读范围比惯常的、偏向于英国导向的狭窄学院教育要广很多。但我更多地被形塑为殖民知识阶层的一员。

陈:您能回忆起在那一时期,对您的智识发展有着关键影响的人是谁吗?

霍尔:不是一个人,而是有许多人,他们为我做了两件事。第一,他们在提升学校成绩上给了我强烈的自信心。第二,作为老师,他们本人支持各种新生的民族主义倾向。尽管他们是学院派的,并偏向于英国导向的,但他们同样关注成长中的加勒比民族主义运动。因而,我从他们那里学到很多。例如,一位在布里奇顿学院(Codrington college)从事研究的巴巴多斯人教我拉丁文和古代历史。一位苏格兰人,前科林斯式足球运动员(Corinthian footballer)让我在期末历史考试时写关于现代时事的论文。现代时事论文是关于战后历史、关于战争与战争之后的,而这些并未被正式教授过。我第一次知道了冷战,俄国革命和美国政治。我对国际事件和非洲很感兴趣。他给我推荐了某些政治文本,尽管主要是在"灌输"要反对危险的"马克思"思想。我如饥似渴地速读它们。我成为一个名为"牙买加研究所"的当地图书馆的会员。我们会在每个周六早晨过去,读与奴隶制有关的书。这将我引向加勒比文学。我开始阅读加勒比作家的作品。在那段日子的大多数时间里,我独自阅读,努力理解它们,梦想着有一天成为一个作家。

战争对我来说很重要,我在战争中还是个孩子;战争是我最主要的体验。这种体验不是我们被袭击或其他什么,而是战争是一种真实的存在。我清楚地意识到战争。我过去常玩战争游戏，因而很清楚这些地方在哪里、是怎样的。循着美菲（菲律宾）战争，我得知了一些亚洲的消息。我获取关于德国的消息。在整个战争中，我密切关注当时的历史事件。回想一下，我仅凭观看与战争、入侵远东相关的地图和与友人玩战争游戏（我常常是德国将军，戴着单片眼镜！），就学到很多。

陈：马克思或马克思主义文学传统对您有多重要呢？

霍尔：嗯，我读过马克思的文章，如《共产党宣言》《雇佣劳动与资本》；还读过列宁关于帝国主义的文章。殖民主义的语境，比西方资本主义对我更为重要。阶级问题清晰地呈现于牙买加关于殖民主义的政治对话中，以及贫穷问题和经济发展问题，等等。我的许多年轻朋友，和我一同进入大学的，攻读了经济学专业。经济学被看作像牙买加这样，由于帝国主义和殖民主义而遭受贫困困扰国家的良药。因而，我对经济问题的兴趣也是从殖民的视角出发的。如果在那一刻，我有什么志向的话，那志向不是像父亲一样去经商，而是要变成一名律师。在牙买加，成为律师已然成为进入政界的主要路径。或者，我会成为经济学家。但事实上，我对文学与历史的兴趣远远超过了经济学。在我17岁时，我姐姐得了严重的神经失常症。她与一位从巴巴多斯来到牙买加的医科学生确立了恋爱关系，这位男友是中产阶级，但是一个黑人，因而我的父母坚决不同意。她和家里人大吵了一架，事实上，之后她就精神失常了。我突然意识到殖民文化的矛盾性，意识到一个人是如何在这种依赖肤色-阶级-殖民的经历中生活的，意识到这种经历会在个体的意义上摧毁一个人。

我告诉你这些，是因为这件事对我的个人发展很重要。对我而言，它永久性地打破了公共自我与个体自我之间的区别。我了解到，文化，首先很深地属于个体与个人的，同时也是你生活的结构。我能确定，是我父母投射到我们，也就是他们儿女身上的这些奇怪的期望与认同感毁了我姐姐。她是受害者，是我父母在这种殖民处境下，相互矛盾的勃勃雄心的承接者。自那之后，我再也无法理解，为什么人们会认为这些结构性的问题与心理——情感、认同感和感觉没有关联。因为对我来说，那些结构就是你们的生活。我并非只指它们是个人的，尽管它们是个人的，但也是被机制化的，它们具有结构的性能，它们压垮你、摧毁你。

这是创伤性的体验，因为在那时的牙买加，几乎或根本没有任何心理帮助，我姐姐在经历了一位全科医生多次电休克疗法治疗后，就再也没有康复，自此就再没有离开过家。她照顾父亲，为他送终。然后又照顾母亲直到母亲离世。她照料我的瞎眼哥哥，直到他离世。那是我和她一起经历过的一个十足的悲剧，且我断定，我无法接受这一悲剧，无法帮助她，无法伸出手拉她一把，尽管我知道错在什么地方。我那时才十七八岁。

但它使得我对于家庭召唤我进入的那个空间的感觉具体明晰化了。我不要待在那儿。我不要再被它毁掉。我必须走开。我觉得我一定不能将自己放回到那一空间去，因为再那样，我会被摧毁。当我看着自己在儿童与青少年时期拍的快照时，我看到了一个沮丧之人的画面。我不愿成为他们想让我成为的那个人，但我不知道如何去改变。为此，我很是沮丧。所有这些都是解释我最终移民到别国去的背景因素。

陈：自那以后，您与姐姐保持了一份非常亲密的关系，从心理分析的角度讲，您认同她了？

霍尔：不，不是这样。尽管整个系统将她的生活弄得一团糟，她从未反抗。因而，我反抗了，在她的位置上，暂且这么说。我也感到负疚，因为我将她留下来去继续抗衡这个系统。我移民到他国的决定是为了拯救我自己。而她留下了。

我在1951年离开家乡，直到1957年，我才知道我是不会再回去了；我从来没有真正想要回去，尽管在那时，我并不知道这一点。在某种程度上，我现在能够写这件事，是因为我已处在这漫长旅程的尽头。渐渐地，我开始承认我是一个黑皮肤的西印度群岛人，就和其他的每个人一样，我能够认同那一点，并能从那一立场或位置进行写作。事实上，花了很长的时间，我才能用那种个人化的方式写这件事。以前，我只能用分析的方式来写。在那一意义上，回家用了我50年的时间。我需要掩藏的事情不是那么多了。它是我无法占领的空间，一个我必须学着去占领的空间。

你可以看到这种成长轨迹——获得了整个破坏性的殖民化经验——为我的英格兰之行做了准备。我将永远不会忘记在英格兰登陆的场景。我的母亲带着我,我则穿着外套,戴着呢帽,提着我的扁平行李箱紧随其后。她以为是将我带回了"家",将我带到一艘香蕉形小船上,把我运到了牛津,将我交给牛津大学的一位家政人员,说:"这是我儿子,还有他的箱子,他的所有家当,请照管一下他。"这让家政人员很是惊讶。她将我运送到了牛津——一处她认为,她的儿子一直该属于的地方,然后签字、盖章。

我的母亲是一个有着绝对主宰权的人。我与她的关系是既亲近又敌对的。我讨厌她所拥护以及她竭力给我描述的一切。但我们和她都关系密切,因为她主宰着家里每个人的生活。她主宰着姐姐的生活。我的哥哥,家里的老大,视力不好,最终变成了盲人,这使得母亲的操控力变得更为复杂。从很小的时候,哥哥就非常依赖父母。当我出生时,这种母子模式已经根深蒂固了。他们试图在我身上重演这一模式。但当我开始有自己的兴趣与立场时,对抗就开始了。同时,我们的关系很紧张,因为母亲总是说,我是唯一对抗她的人。她想要操控我,但同时又鄙视那些被她操控的人。因此,她鄙视我的父亲,因为他对她言听计从。她鄙视我的姐姐,因为她是个女孩,正如母亲所说的,女人都是无趣的。姐姐在青少年时期一直反抗母亲,但一旦母亲打败了她,便鄙视她了。因此,我们有那种敌对关系。我是家里最小的一个,她认为,我注定是要反对她的,但她因此而尊重我。最终,当她知道我在英国变成的样子——实现了她对一个叛逆儿子的一切漫无边际的想象,她不想让我回到牙买加。她看透了我的政治观,说:"留在那吧,别带着你稀奇古怪的想法回来给我们找麻烦。"

他们去世后,我觉得我和牙买加的关系轻松多了,因为在此之前,我回到牙买加,不得不通过他们与牙买加协商,一旦父母离世,我很容易与20世纪70年代出现的新型牙买加建立联系。这个牙买加不是我当年成长中的牙买加。首先,在文化上,它已经变成了黑人社会,一个废除了奴隶的后殖民社会,而我生活在那儿时恰值殖民末期。因而我将她视为一个"熟悉的陌生人"进行协商。

吊诡的是，我与英格兰的关系却始终未变。经过殖民教育的铺垫，我从内部了解了英国，但我现在不是"英国人"，永远也不会成为"英国人"。我对这两个地方均有详尽的了解，但我又不完全属于任何一个地方。这正是流散的体验：足够远，从而能体验到流亡与丧失感，同时又足够近，能够理解总是无法"到达"的奥秘。

关于牙买加，这是非常有趣的，因为我的好朋友留在那里，然后遭受了我没有遭受到的经历。1968年，他们生活在那儿，经历黑人意识的出现，以及带着非洲记忆的拉斯特法里运动的兴起。那些年，他们和我过着不同的生活，我因而也不属于他们那代人。我和他们一起上中学，一直和他们保持联系，但他们的经历与我完全不同。如今，我们之间的沟壑难以填平。你再也回不了"家"了。

如此一来，你便有了西美尔所谈到的一种既是外来者又是内部人的经历，"熟悉的陌生人"。我们过去将之称为"疏离"（alienation）或"去根化"（deracination）。但如今它逐渐成为晚期现代状况的原型，日益成为每个人生活的写照。那是我认为的一种后现代与后殖民的接合。后殖民性，以一种奇特的方式为我们生活在后现代或流散的身份关系中做了准备。从范式上看，是一种流散体验。既然移民竟然是晚期现代性的世界历史事件，典型的后现代体验便是流散体验。

陈：但这种流散体验是何时有意识地表达出来的呢？

霍尔：在现代时期，从1492年开始，"欧洲帝国"开始至加勒比地区的探险，自欧洲殖民化和奴隶贸易始，在世界的"交往地带"，文化便以"流散"的方式展开。当我写20世纪60年代的拉斯特法里运动和雷鬼乐时；当我思考宗教在加勒比人生活中的作用时，我一直感兴趣的是基督教与非洲宗教或加勒比音乐之间的"转译"（translation）关系。我一直感兴趣的是，长久以来，没有一定被称为流散，结果却成为流散主题的东西是什么。有很长一段时间，我不愿使用术语"流散"，因为它主要用于指犹太民族。那是主导的政治性用法，并且我对该词用于巴勒斯坦人，也心存疑惑。术语"流散"原初的意思是：嵌入神圣文本，固定在最初的景观中，需要你将其他人都驱逐出去，收回这片已经居住了不止一个民族的土地。那种"种族清洗"的流散规划,在我看来是不合理的。尽管,我不得不说,黑人的流散与犹太人的流散有着某些密切的关系,例如,均经历了苦难与流亡,以及源自上述体验的解救与赎回(redemption)文化。那是为什么拉斯特法里运动引用《圣经》,雷鬼乐使用《圣经》,因为它讲述了一个为外族控制的民族流亡与远离"家园"的故事,具有赎回神话的符号性力量。因而,殖民性、奴隶制和殖民化的整体叙述被重新铭写到这一犹太文本中。在后解放(post-emancipation)时期,许多非洲裔美国作家使用了犹太人的经历,将之作为一种强有力的隐喻。在各州的黑人教堂里,逃离奴隶制与从"埃及"的解救也是类似的隐喻。

对于黑人奴隶宗教来说,摩西比耶稣更为重要,他带领着他的人民走出巴比伦,走出了束缚。我因而对这个双重文本,这种双重的文本性很感兴趣。保罗·吉尔罗伊的书《黑色大西洋》(*The Black Atlantic*)[①]对"黑人的流散"及这一概念在非洲-美洲思想中的作用进行了精彩的分析。在这方面,对我来说,另一里程碑式的文本是巴赫金的《对话的想象》(*The Dialogic Imagination*)[②],它阐明了关于语言与意义的一系列相关概念,如"杂语共生"(heteroglossia)、狂欢化(carnival)或复调式重音(multi-accentuality),我们在文化研究中,从理论上看,事实上是在语言与意识形态问题的语境中,改进了这些来自署名为沃洛希诺夫的巴赫金概念,但这些概念竟然是流散的经典、典型的话语修辞。

新左派时期

陈:您在 1951 年去了英格兰。那么,之后发生了什么?

霍尔:我和母亲乘轮船抵达布里斯托尔,转乘火车来到帕丁顿(Paddington),我驱车穿行于西部乡村景色中,我从未见过,但我知道这种风景。我读过莎士比亚、哈代和一些浪漫主义诗人的作品。尽管我

[①] Paul Gilroy, *The Black Atlantic*, Chicago: Harvard University Press, 1993.

[②] Mikhail Bakhtin, *The Dialogic Imagination*, Austin: University of Texas Press, 1981.

从未居住在这一空间,但就像我再次找到了它,在梦中,一处已然熟悉的理想化风景。尽管我在政治上是反殖民的,但我一直都强烈地渴望去英格兰学习。我一直想到那里学习。我花了相当长一段时间适应英国,尤其是牛津,因为牛津是英国性的典范,是它的一个中心,也是创造英国性的源动力。

可以分为两个阶段来说。1954年之前,我一直沉浸于研究西印度群岛的侨民政治。我的朋友大多是侨民,他们后来回到牙买加、特立尼达、巴巴多斯和圭亚那并发挥着自己的作用。我们热衷于殖民问题。在法国被驱逐出印度支那后,我们举行了盛大的庆祝晚宴。我们首次发现,我们是"西印度群岛人"。我们也首次遇见非洲学生。随着新兴的后殖民独立,我们梦想着加勒比联邦,将这些国家合并为一个更大的实体。如果当年这一愿望实现,我早就会回到加勒比。

实际上,几个西印度学生有一段时间共同居住在牛津的一所房子中,这也孕育了新左派。他们是作为黑人,反殖民或后殖民知识阶层第一代。他们在英国学习,完成研究生学业,并为成为经济学家而接受训练。他们中的许多人是由政府派来的,学成后便回去,成为后独立时期的领导干部。在牛津的早期日子里,我的政治观与性格在与他们的交谈中形成了。

在那时,我仍打算回到牙买加从政,投入西印度联邦的政治活动中,或是在西印度大学任教。然后我又第二次获得了奖学金,便决定继续留在牛津攻读研究生学位。在那一刻,和我关系密切的牙买加圈中的大多数人都回家了。在那一时期,我也开始认识一些左派的人,他们主要是来自共产党与劳工俱乐部。我有一位密友,叫艾伦·霍尔(Alan Hall),我曾专门写过一篇关于左派的文章来怀念他,发表在《出自漠不关心》(*Out of Apathy*)上。他是苏格兰人,一位古典考古学家,对文化与政治问题有着浓厚的兴趣。我们一起遇到了雷蒙·威廉斯。那时,我们和一些共产党人,如拉斐尔·塞缪尔(Raphael Samuel)、彼得·塞奇威克(Peter Sedgwick)交往甚密,但没有入党。另一位密友是哲学家查尔斯·泰勒(Charles Taylor),他像艾伦·霍尔和我一样,是另一个"独立左派"。我们对马克思主义感兴趣,但不是教条的马克思主义者;

我们是反斯大林主义者,不是苏联的维护者,因而始终没有加入共产党,尽管我们一直在与共产党员对话,拒绝为冷战所阻隔,而那时的劳工俱乐部领导人必须入党。我们组成了一个叫"社会主义者社团"(Socialist Society)的组织,独立的左派思想可以在此交流。它吸引了后殖民知识分子和英国的马克思主义者、工党人士和其他左派知识分子。例如,佩里·安德森就是其中的一员。这是在1956年前。我们中的许多人都是外国人或内部移民:许多的英国人是来自外省的工人阶级,或是苏格兰人,或是爱尔兰人、犹太人。

当我决定继续留下做研究工作时,我在这一综合性的左派组织中与一些人展开了讨论。我记得曾经参与了一次聚会,与一些共产党员展开论辩,反对马克思阶级理论的简化主义版本。那肯定发生在1954年,但似乎自那以后,我一直在为此事论辩。1956年,艾伦·霍尔、我和其他两位朋友(两人均是画家)一起外出,度过了一个长长的暑假。艾伦和我想写一本关于英国文化的书。这本书节取了《文化与社会》的三个章节,还有《识字的用途》、克罗斯兰(Crossland)的《社会主义的未来》(*The Future of Socialism*)、斯特雷奇(Strachey)的著作、《帝国主义之后》(*After Imperialism*)的一些内容。我们还节选了利维斯的书,这花去了我们很长时间。同样的问题在文化上也爆发了。我们选取了小说家金斯利·艾米斯(Kingsley Amis)的《幸运吉姆》(*Lucky Jim*)以及英国纪录片运动中出现在电影中的新事物,如杂志《视觉与声音》(*Sight and Sound*)中林赛·安德森(Lindsay Anderson)的文章。8月,我们还在康沃尔郡时,苏联进军匈牙利,8月底,英国入侵苏伊士运河。一切都结束了。世界变了。那是新左派形成的时刻。我们进入不同的时期,便卷入其他事情中。

以前在我们圈子里的共产党员退党了,牛津支部解体了。霎时间,在牛津,会聚于社会主义社团的这一群体,变成了左派的良知,因为我们以前一直反对斯大林主义,反对帝国主义。我们拥有道德资本,可以去批判苏联对匈牙利的入侵和英国对苏伊士运河的占领。就在那一刻,一个政治空间,即第一代英国新左派诞生了。拉斐尔·塞缪尔提议我们可以创办一本《大学与左派评论》(*Universities and Left Review*)的刊物,我对此也很感兴趣,越来越多地投入刊物工作中。当时有四个编辑,分别是查尔斯·泰勒、拉斐尔·塞缪尔、加布里埃尔·皮尔森(Gabriel Pearson)和我。1957年,我一度决定离开牛津,并来到伦敦的中学当代课老师,这些学校主要是在伦敦南部的布里克斯顿(Brixton)和欧沃(Oval)。我过去常常在4点离开学校,去市中心的Soho做刊物的编辑工作。因此,我起初并没有离开伦敦,因为我开始用一种新的方式,参与到英国的政治之中。

很有必要说一下,我现在对第二时刻的想法。我从未为新左派辩护,但从宽泛的意义上看,我与第一时期的新左派始终保持着认同。在那一时期,我总是对代词"我们"感到困惑。我不知道,当我说"我们应该做某件事"时,我到底指的是谁。我与英国工人阶级运动的关系也很难让人理解,而劳工运动的一些机构,如工党、工会与这一运动是保持一致的。我在这一运动之中,但在文化上又不是这样。我是人民中的一员,并作为《大学与左派评论》的编辑,主要是与那一左翼政治空间进行协商,但我却没有感到一种出生于此的民众所具有的历时持续性,或者认为它是"英国性"的根本之所在,如像爱德华·汤普森所认为的。我还在用某种方式学习与了解它,与之协商。对于我在新左派的位置,我确实持有流散的感觉,即使那时我并没有写流散,或黑人政治(那时英国的黑人定居者比较少),我审视着英国的政治,更多的是从一个与英国人有着不同成长经历的非英国人的视角,我总是能意识到那种差异。我意识到我来自这一进程的外围,我也是从不同的视角来审视这一进程的。我在学着去把握它,而不是感觉那一文化已经是我的了。我总是不愿意去为工党拉选票。我发现,直接面对面地问一个英国工人阶级家庭:"你们会选我们吗?"是很难的,我不知道怎样去说出那句话。

陈: 新左派基本上是一种知识分子形构还是有一个有组织的群众基础呢?

霍尔: 它没有组织性的群众基础。在新左派最兴盛的时期,也就是1956—1962年,它与各种政治力量和社会运动均有着非常牢固的基础关系,伦敦的新左派俱乐部不仅仅由知识分子组成。在1958年诺丁山种族动乱中，新左派的种族工作就是组织普通民众，组织租客协会，组织保护派去声援黑人群众。我们建立了各种俱乐部，如《大学与左派评论》俱乐部和"新左派评论"俱乐部，在那一阶段，有 26 个俱乐部。俱乐部成员有来自工党、工会和学生的，等等。所以，他们不仅是知识分子，尽管《大学与左派评论》起着领导作用，而知识分子处于领导位置（带头）。那时，我们与"核裁军运动"（CND）关系密切。与"核裁军运动"这一和平运动的关系，又不仅仅是阶级运动，但确实表现出，已经深深卷入最早的"新社会运动"中，因为我们处于后来，即 1968 年后的"新政治"的最前线。

我并非是要在社会构成上，将新左派描述得比它实际上更为宽广。但在它的兴盛时期，并非单单由学生和美国人意义上的知识分子构成，这是事实。请记住，在英国，大学从来无法达到能够构成一个自治的政治空间。这正是 60 年代的一个非常时刻。在这一时刻，阶级构成正在发生转变，有许多人处于传统阶级的过渡之中。有些人有着工人阶级的背景，又是奖学金获得者，首次来到大学和一些艺术学校，开始获得专业人员的工作，成为教师，等等。新左派所接触的人均是在阶级间移动的人。我们俱乐部的许多人住在新城镇中，住在那里的人的父母通常是体力劳动者，但他们自己却受到了更好的教育，接受了大学教育，回来当老师。霍加特与威廉斯均来自工人阶级家庭，通过成人教育运动变成了知识分子，他们是新左派的优秀成员，也是新左派俱乐部的观众代表和新左派期刊读者中的代表。与其说，我们有一个政党雏形，不如说我们是一项"新的社会运动"。

陈：为什么没有试着将这些"观众"组织起来形成某个团体呢？

霍尔：这真是个在"新社会运动"之前的问题。也是我们在还没有认识到这种"无结构暴政"（tyranny of structurelessness）是所有新社会运动的症结所在时，不断问自己的问题。主要有两个原因。

一是工党的存在。工党作为大众的社会民主党表明了一个无可争辩的事实，即只要一个人能在工党内部建立一个新联盟，就会发生一个为新左派思想所渗透的左派大众运动。工党就好像是一份等着人去赢取的奖品，要是能发生从旧左派转换成新左派的事就好了。所有的这种开始都将沿着一个熟悉的环线进行吗？显而易见，这是英国左派的困境。

二是因为新左派，从其根源上是反斯大林主义的，也是反对冷战官僚主义以及20世纪50年代早期党派的官僚机构的，还有其他，因此它期待一种新社会运动，用一种非常去组织和编制化的形式运行。因而，我们不想要任何的结构，我们不想要任何领导，我们不想要任何永久的党的机构。加入新左派，你就属于它了。我们也不想让任何人交任何党费。也许在这一点上，我们在很多方面都大错特错了，但我们是反对组织性的。同样的方式也出现在早期女性主义那里，她们也是反结构的。这是1968年的精神，即先锋（avant la lettre）。

陈：那么，有可能形成或接合成一个没有组织、没有等级制的联盟吗？

霍尔：有可能，那是一个志向，但我想我们不知道如何去实现。我们不能仅仅建立新左派，因为，毕竟工人阶级已经有他们的机构了，如工党、工会。而且，有些人赞同左派在劳工运动与工会运动中的观点。鉴于斯大林主义的教训，我们也深深质疑政党的官僚机构。因此，我们决定回避那一问题。我们一直认为，重要的是左派赞同什么样的新观点，而不是它采用了哪一个政党标签。它是一场为社会主义思想重生的斗争，而不是为了党的复兴。"一只脚在里面，一只脚在外面"，我们说。有趣的是，"你们实际在做什么？你们在当地从事核裁军运动吗？你们打算进入当地市场吗？"就好比占有了一个空间，不去组织它，也不强求民众选择机构并对之忠诚。

记住，那时没有"新社会运动"这类事。我们那时没有将这个确认为政治的新阶段（或形式）。我们认为，我们依然处于旧的政治博弈中，不过是用相当新的形式在进行。只是回想起来，我们才开始将新左派理解为"新社会运动"时期的一个早期的期待。我在描述的，恰恰是后来在核裁军运动中发生的事情：反核运动是一个自主的、独立的运动。

陈：关于《新左派评论》（*New Left Review*），是什么样的情形使得您处于主要的位置，而不是更有名的或更早的一代人，如您周围的汤普森和威廉斯呢？

霍尔：当时的情形是这样的：最初有两个群体，即《新明理者》（the New Reasoner）和《大学与左派评论》。《新明理者》的编辑主要是爱德华和多萝西·汤普森（Dorothy Thompson）夫妇、约翰·沙威尔（Saville）、阿拉斯代尔·麦金泰尔（Alasdair McIntyre），均来自稍早的一代，这一代基本上源自老的、持不同政见的共产主义传统，主要是由20世纪30年代和40年代的马克思主义历史学家组成的，雷蒙·威廉斯也属于这一代，尽管他在剑桥当学生、当党员的时间很短暂。随后他脱党，获得了一种独立的身份形态，因而变成了调解人之一，即在年代上属于《新明理者》，从其所从事的活动上看，又与我们更接近。我们是下一代，创办了《大学与左派评论》。我们与马克思主义有关，但更多的是对之的批评，更愿意思考新事物，尤其是打开与通俗文化、电视问题等相关的新空间，而老一代人认为这些新空间没有政治意义。但这两个组织却紧密地联系在一起，有着如此多的共同点，且均发现，在资金方面，很难将这两份不同的刊物继续办下去，逐渐地，两个编委会的成员开始会面。然后出现了只办一份刊物的想法。显然，主编一职得由《新明理者》的领袖爱德华·汤普森来担任。但那时的爱德华自1956年便深陷到斗争中，先是卷入赫鲁晓夫在二十大发言中揭穿了斯大林主义的恐怖后，共产党内部所展开的斗争，后来他被开除出党，随之又努力用很少的资金来维系《新明理者》，等等。他有两个孩子，我想他和多萝西简直无法再维持那样的生活了。因此将编辑一职交给了我，虽然对我来说，爱德华地位的模糊性会继续使之成为编委会紧张关系的一个根源。

陈：雷蒙·威廉斯呢？他是调解人？

霍尔：是的，他起着不同的作用。雷蒙从未承担过任何细致的编辑工作。他是主要人物，他的作品影响了我们所有人。他为两个刊物写稿，尤其是为《大学与左派评论》撰稿，而他的作品有助于赋予新左派事业一个特有的、独创身份。我深受其著作的影响。随后出现的是较年轻的一代，查尔斯·泰勒、我和拉斐尔·塞缪尔。拉斐尔是个精力充沛、富有灵感的人，尽管刊物的定期出版不交由他负责，但他是绝对不可或缺的，充满能量与想法。在 1958 年前，事实上，我已经成为《大学与左派评论》的全职编辑。查尔斯·泰勒去了巴黎，师从梅洛-庞蒂（Merleau-Ponty）。查尔斯对我个人而言，非常重要。我记得第一次讨论他从巴黎带回的马克思《1844 年经济学哲学手稿》，还记得我们一起讨论了异化、人文主义和阶级等问题。

陈：在《出自漠不关心》一书中，您提到多丽丝·莱辛（Doris Lessing），她又扮演了什么角色呢？

霍尔：莱辛没有参与刊物的编务工作，她为之撰稿。她和汤普森那一代的人很接近，也是 20 世纪 40 年代共产党中独立知识分子中的一员。她虽加入了《新左派评论》的编委会，但当时她已经和活跃的政治保持着距离。

陈：那么，在负责了两年的编务之后，在 1961 年，您全身而退。之后又做了什么？

霍尔：离开《新左派评论》之后，我在伦敦大学查尔西（Chelsea）学院教授媒介、电影和通俗文化课程。我所教授的这些课程，在当时被称为补充性研究（complementary studies），也就是我们今天所说的文化研究。我是被那里的一些教员引介过去的。他们支持新左派，对霍加特和威廉斯的研究工作很感兴趣，而且对帕迪·沃纳尔（Paddy Whannel）和我正在为英国电影学院（BFI）所进行的电影研究工作也颇有兴趣。在查尔西学院，我被指派教授电影和大众媒体研究的课程。而据我所知，当时别的任何学院均未设有任何电影和大众媒体的讲师职位。凭借英国电影研究院教育部门的支持，帕迪·沃纳尔和我一起完成了一些电影与电视方面的研究。我也和"自由电影"（free cinema）这一由林赛·安德森等人发起的英国纪录片运动有所联系，随后与期刊《银幕》以及电影与电视教育学会均建立了联系。1962—1964 年，沃纳尔和我最终以《通俗艺术》（*The Popular Arts*）一书作为成果，完成了研究。

陈：在那之前，您打算写亨利·詹姆斯（Henry James）作为您的博士论文，您是因为《新左派评论》放弃这一研究主题的吗？

霍尔：我放弃它，实际上是因为 1956 年。我是从更深层的意义上将之放弃的,因为想将我的研究时间逐渐地用来阅读有关文化问题的书籍,并且决定沿着这一兴趣往下走。我大多时间都在罗得(Rhodes House)图书馆阅读人类学文献,掌握有关非洲人在加勒比与新世界文化中"幸存"状况的各种争论。事实上,我关于亨利·詹姆斯的论文,和这些热议的问题离得不是太远。我的论文是研究詹姆斯小说中"美国"与"欧洲"对抗主题的。因此,主要讨论了美国和欧洲之间在文化与道德上的差异,这是詹姆斯作品中重要的跨文化主题之一。另外,引起我关注的还有詹姆斯小说中叙事"我"的弱化处理,这是在乔伊斯(James Joyce)之前的现代西方小说中几乎找不到。乔伊斯代表了消解叙事的"我"的技巧,而詹姆斯则处于这一边缘。他的语言几乎超过叙事"我"的能力之外。我对这两个问题很感兴趣,而它们也都对文化研究具有重大的启发意义。另一方面,我认为,继续从"纯"文学的角度去思考文化层面的问题是不正确的。

在查尔西任教期间,我仍旧与威廉斯和霍加特保持联系。我安排了霍加特和威廉斯的首度会面。会面时为了交流,他们的谈话重新出版在《大学与左派评论》上。他们一起讨论了《文化与社会》和《识字的用途》。那时,霍加特已经决定离开莱斯特大学,到伯明翰大学担任英语教授。他希望继续研究《识字的用途》一书所涉及的领域,不是纯粹的文学研究。但是,伯明翰大学却告诉他:"你可以做,但是我们无法提供资金支持。"然而,因为他曾经为企鹅出版公司在《查泰莱夫人的情人》一书的审判中出庭做证,于是他去面见企鹅出版公司的老板艾伦·雷恩爵士(Sir Allen Lane),并说服他为我们提供一定资金,创立一个研究中心。雷恩爵士每年付给霍加特几千英镑的经费,企鹅出版公司不必为这笔钱纳税,因为它是一笔定期的教育捐助费。有了这笔钱之后,霍加特决定聘请一个人帮助负责这一工作。当时他仍旧担任英语教授职务,便邀请我到伯明翰大学承担这份工作。霍加特读过《大学与左派评论》和《新左派评论》还读过《通俗艺术》,他认为,以我对电视、电影、通俗文学的兴趣,对利维斯辩论的了解,以及对文化政治的兴趣,我会是一个合适的人选。1964年,我去了伯明翰大学,并与凯瑟琳结婚,她在同一年,从苏塞克斯搬到伯明翰。

伯明翰时期

陈：人们普遍有这样的印象，即从历史上看，伯明翰大学当代文化研究中心（CCCS）最初只是对阶级问题感兴趣。但另一方面，又有一种传言说中心的第一个集体规划是分析女性杂志，但是不知怎的，在制作过程中这一规划的手稿丢失了，甚至没有留下影印本。这是真的吗？

霍尔：嗯，是的，千真万确。这两种情况都是事实。第一，文化研究在最初对阶级问题很感兴趣，它是在霍加特和威廉斯意义上的，而非古典马克思主义中述及的阶级。我们中有些人的思想便是在与马克思主义传统的批评性关联中形成的。我们对阶级问题感兴趣，但那绝不是我们唯一的兴趣。例如，你们也可以看到我们对亚文化的创造性研究，中心在早期就进行了这方面的研究。第二，当你们从理论上谈文化研究时，我们实际上也在拐弯抹角地拒绝对马克思主义做化约论的处理。一方面，我们阅读韦伯、德国唯心主义、本雅明、卢卡奇的著作，试图修正我们之前那种不切实际的看法，即以阶级化约论去曲解古典马克思主义，从而使它无法真正处理文化层面的问题。另一方面，我们也阅读民族方法论、对话分析、黑格尔唯心主义、艺术史图像研究、曼海姆知识社会学等方面的书籍；我们那段时间一直在读这些书籍，试图找到某个可供选择、还未被化约论所控制的社会学研究范式（以代替功能主义和实证主义）。不论是从经验主义层面还是理论层面上看，以为当代文化研究中心最初只是对阶级感兴趣，这是一个不准确的判断。第三，我们也参与到了女性主义（事实上是前女性主义）与性别问题的研究之中。我们研究了女性杂志中的虚构小说，对《拯救婚姻》（*Cure for Marriage*）这个故事研究了很长时间，写了许多论文，这些论文原本要写成一本书的，却不翼而飞了，这就意味着它在那一时刻便从文化研究的历史上消失了。那是中心的"前女性主义"时刻。

有一段时间，迈克尔·格林（Michael Green）和我决定邀请一些研究中心之外的女性主义者来中心，以便将女性主义问题引入中心。所以，某些"传统"的说法，如原初的女性主义是从文化研究内部突发的，并不正确。我们非常期待能够开启这种联系，部分是因为在当时，我们都和女性主义者生活在一起。我们在引入文化研究，但同时在与女性主义对话。从事文化研究的人对当时的社会性别问题变得很敏感，但对女性主义政治还不敏感。当然，真实的情况是，当女性主义确实真正自发出现时，我们，作为典型的"新男人"会被我们曾经努力地——从父权制上——确立的事物吓一跳。这些事情只是很难预料。之后，女性主义确实在中心内部爆发了，按照它的意愿，用它自身的充满争议的方式爆发了。但文化研究以前就思考过，或是一直都对女性主义政治有所意识。

陈：那么，在 20 世纪 70 年代晚期，您离开伯明翰大学当代文化研究中心赴开放大学，这又是为何呢？

霍尔：自 1964 年，我一直在中心，直到 1979 年离开，在那里待了很长时间。我比较关心"接班人"问题。下一代中的某个人必须接任，衣钵必须传承下去，否则，整个事业就会与你一起死去。我了解这一点，是因为当霍加特最终决定离开，我便遽然成了执行主任。他在 1968 年去了联合国，我替他担任主任一职有四年。1972 年，他决定不再回来，当时大学很想就此关闭中心，由此我们不得不进行抗争，使之能够保存下来。我从某种程度上意识到，只要我在那里，他们就不会关闭中心，因为他们拜访了许多学术界人士，征求建议，每个人都说："斯图亚特·霍尔会继承霍加特的传统的，因此，不要关闭中心。"但我知道，只要我离开，他们会再次试图关闭中心。因而，我必须确保这一位置的平稳交接。我认为，直到 70 年代末，这一位置才无法挪动，在确定了这一点后，我感到可以放心、自由地离开了。

另外，我也感到，自己经历了一年一次或多次的文化研究的内部危机。每年 10 月或 11 月，总是有新的研究生进入中心，然后总会出现当年的第一次危机，硕士课程进展不顺，所有事情便都是一团糟。我一而再、再而三目睹这种事情的发生。我自忖："你即将变成一个典型的、思想僵化的老学究，当体验尚美好，还没有被迫陷入这些老习惯之前，你必须离开。"

此外是那时的女性主义问题很难处理，主要有两个原因。一是如果我是反对女性主义的，那将另当别论，但我支持女性主义。因而，当我被当作"敌人"、典型的父权人物，并成为批判对象时，我被放置到了一个令人难以置信的矛盾立场上。当然，她们不得不这么做，她们这么做是绝对正确的。她们必须将我拒之门外，这是女性主义政治议题的全部所在。如果我是被右派驱之门外的，没有关系，我们会斗争到死予以回击。但我不能攻击我的女性主义学生。也可以将那种矛盾视为一种理论与实践的矛盾。你可以赞成某种实践，但这与一个活生生的女性主义者站在你面前，说："我们把雷蒙·威廉斯从硕士培养课程中取消掉，用朱丽娅·克里斯蒂娃来代替他吧！"完全是两码事。践行这种政治与抽象地赞成这种政治是不同的。我被女性主义者将死了。我在中心的工作，让我无法对女性主义作出让步。它不是个人的事情。我也无法在那一位置上再做出有益的工作。是离开的时候了。

在中心的早期，我们像是"另类大学"，师生间的隔阂并不大。然后我看到代际之间、不同身份地位的人——学生与老师之间出现了隔阂，而我不愿看到这些。如果我不得不担负教师的职责，我更愿意在更为传统的场景中。我一刻也不愿作为他们的老师、他们的父亲，因为是他们的父亲而被憎恨，或被树立为一个反女性主义者。这是让人无法存活的政治。

所以，基于以上这些原因，我想要离开中心。然后接下来的问题是，离开之后，去做什么。当时，英国并没有其他的文化研究科系。我也不想到别的地方当社会学系主任。然后，开放大学提供了一个机会。不管怎么说，我一直和开放大学有一些合作的工作，而我的太太也从开放大学创立时便担任该校教职工作。所以，我想开放大学会是一个比较可行的选择。因为在开放大学更开放、跨学科、非传统的情境中，我们这一代人的一些抱负，如可以在非学术的场景中和普通民众、女性和黑人学生直接交谈，可能就会实现。这也是我的一些政治抱负。另一方面，我那时认为，这是一个好机会，可将产生于中心这一温室环境中的精英文化研究范式带入普通大众层面，因为开放大学的课程向不具任何学术背景的社会人士开放。如果你要让文化研究的观念进入他们的生活，你就得乐意在更为通俗、更容易理解的层面上写作，转化那些观念。我想让文化研究接受这种挑战。我不确定，它是否会作为一种更广受欢迎的教育方法"存活"下来。

中心就是一个温室：有最聪明的研究生在此攻读他们的博士学位。他们渴望以有机知识分子的身份，与更广泛的运动联系在一起，但他们自身却处于非常严苛的选拔教育体系的最顶端。开放大学的情况便大不相同。它在挑战高等教育体系的选择性。所以，问题就在于："文化研究能在那里进行吗？"

陈：再回到流散这一问题。我认识的一些流散知识分子已经开始进行试验，不管是好是坏，回到他们自己的家乡，但是您却没有这么做。有一些人还在为回到家乡做各种的努力。所以从这一点看，您显得相当特别。

霍尔：是的。但请记住，是流散找到的我。我竟然成了到英国来的第一波流散分子。当我到英国时，这里的黑人全都是学生，而所有的黑人学生都希望在获得大学学位之后回到自己的国家。后来，在我研究生时期和新左派的早期，一些黑人工作者定居在此，这就出现了流散中的流散现象。加勒比人已然是非洲、欧洲、中国、亚洲和印度的流散人员，而这种流散在此地再次将自身流散化。这也是为什么，我近来的研究，并不仅仅是涉及后殖民问题，也涉及黑人摄影师、黑人电影制作者、剧场中的黑人，还涉及英国黑人的第三代。

陈：但是您从来没有试图将您的智识力量带回家乡。

霍尔：我曾经有几次介入我的家乡。在 1968 年之前的某个时间，我与我认识的那一代人进行对话，主要是试图解决黑人马克思主义族群和黑人民族主义倾向之间的差异。我建议他们彼此之间应该好好谈谈。黑人马克思主义者当时正在寻找牙买加的无产阶级，但牙买加没有重工业；他们不管黑人民族主义的文化革命目标，也不过问拉斯特法里教派，尽管后者正在发展出更有说服力的文化或具有主体意识的语言。但我基本上从未想过在牙买加扮演一个重要的政治角色，部分是因为当地的政治分裂情况：文化革命使得牙买加在 20 世纪 70 年代首次成为一个"黑人"社会，和我个人的事业转型是同时发生的。如果加勒比联邦持续下去，我会回去，并尽力发挥作用。在 20 世纪 50 年代的某一时刻，当我决定留下了，并开启了与后来成为新左派规划的"对话"时，那个梦就结束了。就在我个人在这里找到一种新型政治空间的那一刻，我活跃于牙买加政治的可能性关闭了。在那之后，我决定要生活在此而不是牙买加，我和凯瑟琳结婚，我回去的可能性就变得更渺茫了。凯瑟琳是一位英国社会历史学家、女性主义者，她的政治生涯在此。当然，出人意料地，她现在正研究牙买加及其和帝国关系，她现在对牙买加的历史比我了解得多，她喜欢住在那里。但在20世纪60年代，一个白人女性主义者住在那里，只会感觉到与牙买加当地政治情况格格不入，是个外人。我和加勒比的"再度联系"，是因为黑人在英国形成了流散人口社群。在替联合国教科文组织进行的族性与种族主义研究中，我开始写流散问题，而后我在《监控危机》中，也写了这一问题，主要聚焦于种族和种族主义的问题，以及它们和英国社会危机的内在关联。目前，我主要从文化认同的角度来讨论流散问题。

陈：所以，流散是由个人的或结构的历史情境界定的，而且流散的创造性能量和力量，部分地也是来自这些无法解决的张力？

霍尔：是的，但流散是非常具体的，并将一直保有这种具体性。这也是为什么我对身份问题的考量方式与后现代主义者的"游牧"（nomadic）稍有不同。我认为，文化身份不是固定不变的，总是混杂的。但这恰恰是因为它源自非常具体的历史形构，源自具体的历史以及文化表达系统，它才能构成一种"位置性"，我们暂且称之为身份。不是我们想怎样就怎样的。所有这些身份故事都镌刻在我们所占据和确认的位置中，我们不得不生活在所有具体性中，并成为各种身份-位置的组合物。

（张文瑜　译）

第七辑

新近的访谈与反思

在家与不在家[*]
——斯图亚特·霍尔和莱斯·巴克的对话

国际视觉艺术研究所（inIVA）以及伦敦东部的黑人摄影协会（Autograph A. B. P）的新居利维英敦艺术馆（Rivington Place）的正式开放，不仅是英国黑人艺术运动的里程碑，也是斯图亚特·霍尔长期参与知识和政治生活并为其作出贡献的明证。作为 IVA（国际视觉艺术中心）和 Autograph A. B. P.（黑人摄影师协会）的共同主席，斯图亚特在实现这一致力于创造性和多样性的公共空间的愿景中发挥了不可或缺的作用。这座由建筑师戴维·阿贾耶（David Adjaye）设计的价值 300 万英镑的建筑物为艺术展览提供了空间，同时也为视觉艺术的差异相关性提供了观念、思考和反思之所。在其正式开幕几周之后，利维英敦艺术馆举办了保罗·吉尔罗伊（Paul Gilroy）《黑人英国：摄影史》（Black Britain: A photographic History）的发布会。[①] 这本书最初计划与斯图亚特·霍尔合力完成，基于盖蒂博物馆（Getty Collection）收藏的照片来描绘和记录黑人在英国社会的地位。斯图亚特由于身体原因不能参与这本书完整的编辑工作，但他为该书做了序，并在发布会上和保罗一起在为庆贺该书出版而聚集一堂的读者面前共同讨论了这一项目。

斯图亚特善于借助他的情境观呈示自己的看法，他的注意力总

---

[*] 原题"At Home and Not Home: Stuart Hall in Conversation with Les Back"，原文载于 *Cultural Studies*, 23 (4), 2008, pp. 658 – 688。

[①] Paul Gilroy, *Black Britain: Photographic History*, London: Saqi, 2007.

是包含一种尖锐的历史敏感性。因此，作为这种思想的全然延续，新艺术事业的第一件事，就是应该重新思考如何讲述和展示英国黑人的历史。斯图亚特回到"纪录片冲动"这件事也使对形式的重新评估具有必要性。斯图亚特谈道："照片看起来更容易接近真相。""照片'存在于此'赋予了它这种特性，但是照片不能传达全部的真相。真相在照片中移动，真相也随我们而移动。"这些图像还包含负责拍摄的白人摄影师的特殊关注和偏重点。因此，阅读这些照片时要使它们鲜活起来，并注意到其他深层的含义，斯图亚特以为这些照片具有"偶然的纪录片特征"。"把黑人放在框架里，这不仅仅是一种图像实践。它也意指围绕着拍摄的图像发生了什么以及图像被安置的情景，即使拍摄者并没有真正在关注这些方面。例如，在这些照片中，身体语言便传递出了大量意味深长的含义。"作为一种结果，它提供的不仅是非常奇特的历史文献，也导向一种不同的历史和社会学分析模式。它欢迎读者不仅作为消费者，也作为生产者参与其中。

一位读者问保罗·吉尔罗伊，现在写这样一本书是不是没有什么浪漫可言。"黑人历史在亲吻中被塑形，我深受这样的想法所吸引"，他以狡猾的笑容回答，"我收到了很多来自照片中的人或是他们亲朋好友的电子邮件。照片中包含了很多的爱，或者我应该说，爱在这个历史中传播"。吉尔罗伊的文章与照片系列相配合，向读者提出了一些探索性的问题，拒绝使这本书成为一与过去有惬意关系的咖啡桌上的伴读物。这些照片似乎以一种询问的方式在回头看我们。它们对我们现在的社会提问，并质询在一个仍受到帝国与种族主义遗留问题困扰的社会中是否可以以妥协和适应的姿态面对之。

在发布会的尾声部分，保罗起身感谢各位读者、出版商和今晚的活动主持人。最后，他转向坐在他身边的斯图亚特，说："我同样也要感谢您，斯图亚特。"他顿了几秒，然后身子前倾，轻声说："谢谢您。"包含在这些话语之间的未言之处已远胜于个人的感激之情。也许没有人意识到，但保罗为我们直接或间接从斯图亚特·霍尔慷慨思想中获得帮助的读者表达了心声。大卫·斯科特（David Scott）写道："思考斯图亚特是一种改变自身的方式。"① 然而,这种思想上的转变始终是社交性的,是与他人对话中发生的集体活动,构成了一个更大型对话的一部分,并同时也改变他周围的人。他的作品抛开教条,包含对批判的罕见的融合性,伴随谦卑与敏锐的洞察力,以及严肃的政治郑重性,同时还保留了幽默感。

利维英敦艺术馆的活动结束几周之后,我在斯图亚特北伦敦的家中和他会面,并就他的生活和工作谈了好几盏茶的时间。对话主题从他对亨利·詹姆斯(Henry James)的热爱到目前黑人政治的状态,还包括这个特殊问题中的许多其他问题。这次对话中包含的那些笑声很难重现出来。有时候,这只是一个快乐的不时打断想法的方式,还有些时候,那些笑声又带着嘲笑和讽刺。我希望斯图亚特的倾心聆听和谈笑风生不会因这些话语转移为书面形式上而有所削减。以下是整个对话的转录,这次对话不间断地持续了两个多小时。它不仅涵盖了对我们时代关键问题的洞悉,同时也体现了大卫·斯科特称之为斯图亚特的"奉行慷慨的模式"。② 这是他说话的方式,就像他所说的内容一样。我们首先从利维英敦艺术馆中以他命名的图书馆开始此次对话。

莱斯·巴克:我想问您的第一件事是利维英敦艺术馆的一座图书馆,它被命名为"斯图亚特·霍尔图书馆"。

斯图亚特·霍尔:是的,他们以我的名字进行命名,这是一个非常友善的举动,真的非常友善。所以我很高兴。你到那里去过吗?

莱斯·巴克:我去过。

斯图亚特·霍尔:这是一个很棒的空间,是这栋建筑物中最好的房间之一。所有这些窗户——真的很壮观。从其大小和其他方面来说这是一个非常好的图书馆,所以我对协会感到非常满意,他们真的很棒。另外唯一一个用以冠名的是巴克莱银行(Barclays Bank),他们捐赠了10万英镑给协会。所以我有很好的同伴。

---

① David Scott, "Stuart Hall's Ethics", *Small Axe*, 17, 2005, p. 4.
② David Scott, "Stuart Hall's Ethics", p. 12.

莱斯·巴克：我们应该说他们有很好的同伴。我也一直认为图书馆是一种庇护之所，真的。

斯图亚特·霍尔：那么我要再告诉你一件事情。我本来想说我在生命晚年的时候才介入视觉艺术研究，但事实并非如此。我一直都对图像感兴趣，尤其对摄影感兴趣，我还一直对绘画感兴趣，却不太了解它，等等。之后我作为国际视觉艺术中心和黑人摄影师协会两大董事会的主席参与进来。有两件事与此相关。首先，这两个协会里的导演和艺术家年龄都只有我的一半大。他们真的只有 40 多岁，其中很多人都很活跃，在 20 世纪 80 年代开始露面，所以他们现在只有 40 岁出头，而他们则有点让我恢复了活力。这就像一剂猴腺鸡尾酒。

我再一次有了活力。外面有很多人想要和我谈谈，问我的作品会有助于谁的工作。我像往常一样，所写的和他们有些相关。我总是写一些与我正在做的事情有关的东西，而不是再做任何工作计划。所以慷慨的行为非常重要。但是我要说说他们的一件事就是，他们并不是很真心喜欢书籍。他们认为写作有些过时了。他们也不是很喜欢学术写作。这只是一个温和的批评，并非所有人都是如此。所以这不是一种敌意，但这种在他们宇宙中运行的方式并不适用于我的宇宙。所以我很高兴的是，这个视觉艺术空间里有一个颠覆性地收藏很多书籍的老式图书馆。

坐在这栋视觉艺术大楼、这栋美妙建筑物的心脏地带，内心也在平静中有点激动。

莱斯·巴克：真是太棒了。很多人都说，您的工作一直能给人力量，我当然强烈地感受到了这一点。图书馆里的很多书都是那些直接或间接受您影响的人写的。

斯图亚特·霍尔：是这样，是的。它应该这样，这并不奇怪或不合乎情理。另外，图书馆代表了我不太了解但希望了解的所有事情。我想更多地了解艺术和艺术史，特别是现代艺术的历史。我希望自己在写这方面内容的时候带有更多权威性，而不只是对自己正在做的事情充满信心，尽管我最近特别是在过去七八年里，写的关于这个话题的内容比其他方面的内容都要多，但我没有像在其他领域一样觉得这个是我的领域。我的工作与此相关，但实际上更令人惊讶的是，现在很多包括艺术家在内的人说，这些工作在某种程度上是如何对他们产生影响的。但我对此不是很明白。我接受了现在在蛇纹石画廊（Serpentine Gallery）工作的汉斯·奥布里斯特（Hans Obrist）的采访。[①] 他在一本与艺术家讨论的书中发表了这次采访，他主要想知道有多少艺术家在伯明翰当代文化研究中心（Centre for Cultural Studies），他们对什么感兴趣？当然一个也没有。有些人对摄影感兴趣了一段时间，但一般来说，不是这么回事。所以部分是因为文化研究现在的影响力已经更为广泛，而视觉文化研究是它一个不合法的孩子，它挑战了作为一门学科的艺术史并"感染"了这个领域，等等。因此我很明白为什么汉斯·奥布里斯特等人认为这是文化研究开始的地方，虽然并非如此。与电影有关的事情也是一样的。我们对电影充满热情，电影对我而言在某种程度上是对我影响最大的视觉媒介，有直接的和情感上的影响；但在文化研究中心，我们当时没有钱在电影方面开展工作、放映电影、得到剧透或拷贝。在没有基本材料可看的情况下你是没法工作的，所以我们决定，我们不能做很多关于电影的研究。但是，有人却猜想文化研究因为在电影研究方面投入不够而衰落了。这与现在人们看待视觉艺术有点类似。

莱斯·巴克：您以前曾说过，很多20世纪80年代成熟的艺术家的系列作品已经成为一个界标。

斯图亚特·霍尔：嗯，我认为在某种意义上这是一个非常关键的时刻，因为这是第二代黑人中视觉艺术和摄影的创意性爆发时期。它源于英国种族主义和反种族主义，与殖民地或奴隶制背景无关。它诞生于大都市的直接经验之中。那时，我一直在这个问题上进行写作，在某种意义上比之于以前也更具连贯性。而且，这是一种互利互惠的影响。我可以看到，第二代黑人非常关心他们的身份及其与现在和过去的关系，但是这种关联在回归根源方面无法准确地表现出来。保罗·吉尔罗伊说，不是"根源"（roots）而是"路径"（routes），所以我就此写了些东西，我用这些术语去探讨文化身份。黑人和亚洲艺术家是我当时正关注的人群，所以毫不奇怪，他们发现我正在尝试以共鸣的方式去探索身份问

[①] 参见 http://www.serpentinegallery.org/。

题。所以这的确是一个双向运动。我的意思是,这种事不是第一次发生的。我并不满足于此,但我离开了加勒比海,逃避加勒比海;我觉得我不能在那里发挥我的潜力,我也不能解决自己与牙买加文化的关系。我实在做不到。由于我是中产阶级,由于我的父母不仅是棕色人种,而且他们还认为随着英国人的离开世界将会消失。是的,所以我在逃避。然后我发现了我的写作主题,或者说它发现了我。我的主题产生自伦敦西部的帕丁顿车站。这里住着加勒比人,但我是从温德拉什(Windrush)到这里的。从那以后,我的主题便是:流散(dispora)。所以这是我在西印度群岛大学(University of the West Indies)参加"斯图亚特·霍尔的思想"会议时必须解释的。"你是加勒比知识分子吗?"是的,但不是你想象中的加勒比人。我遗憾地没有参加过那里的建设,所以我一直与在金斯顿发生的"点燃想象力"的民族运动有一点距离。但加勒比人民一直是我写作的连续主题。我所写的很多事情就是试图发现这些流散人群是谁,他们认为自己是谁,他们想要去哪里,他们来自哪儿,他们与过去的关系,他们的回忆是什么,以及他们如何表达自己的创造力,他们如何表达他们想去的下一个地方,这些似乎并不是通过棱镜去发现的。这在某种意义上就是我的主题。所以对我来说,这才是文化研究真正开始的地方。它没有从雷蒙·威廉斯开始,而是始于我在第一次发现自己是一个黑人知识分子时,就以自己的经历投入抗争之中。我以前从来没有把自己称为黑人,大多数牙买加人也没有。牙买加很多人,包括很多黑人,不像20世纪60年代后期以来的人们一样认为自己是黑人。所以这对我来说是一个发现,通过新的术语重新发现了加勒比地区,重新发现了我对文化的思考,重新发现了黑人这个主题。所以,毫不奇怪,那些描绘了黑人的隐匿与边缘化,将黑人主题、黑人经历图像化的人,应当会在我的写作中听到对某些相同问题的反响。这不仅仅是一种选择的知识项目,如果你知道我意思的话?我当时没有做选择。我别无选择。

莱斯·巴克: 我认为,对于您的工作而言非常重要的一件事情是,您正在试图理解那些私下的、被理解和不被理解的、陌生和知情的、特写化的经验,以及更广泛的社会、文化和政治力量。

斯图亚特·霍尔：是的。嗯，我知道你在说什么，这也不是我试图要做的，它只是我写的东西或我的想法，等等，但我有点儿知道这是源于什么。这源于我所拥有的可怕的家庭经历，我明白我的家人正生活在家庭的缝隙，在最私人化的本土空间，以及这个巨大的殖民地戏剧里。这就是它的样子。所以殖民地的意义被内化到家庭的亲密和充满情感的剧情中。在另一个领域上也是一样的。从那时起，我真的不是很擅长思考私性和公共性、内部和外部、主观内部和客观社会关系之间的区别，这不是我通常写作或思考的方式。

莱斯·巴克：您顺便提到了一个知识分子行业（intellectual vocation）的观念。因此我想问一些您进行思考、批评和写作的方法。或者说，现在您对这些事情已经习以为常了，以至于不需要再去思考"我怎样去探索一项知识分子行业的技艺"？

斯图亚特·霍尔：我必须向你推荐一本关于加勒比的书①，因为我在会议上作出了回应，我说："这个叫作'斯图亚特·霍尔思想'的奇怪对象是什么，这难道不是一个令人难以置信的会议标题吗？""我们这两天一直在讨论的人是谁？我好像每隔一段时间就会见到他一次，我认出了一部分他。我能认得一些对他的言论的引述，但我认不得所有的，我希望人们能够给我提供参考！"

当我们在伦敦开发布会的时候，我回到了这个问题，因为它不是被计划的事，不是意识中要去做的事情，也许我应该说是受到很多限制的。有很多事情是不能做的。我很敬佩所有那样的人，他们做事、写作与思考，在某些程度上比我收获更多也更有见地。在某一点上，在围绕文化领域迈向高深理论这一点，我几乎迷失在一种冒险主义里，通过这个我突然发现，人们一直是在英语中使用法语双关语来表述的。

它们只有在法语中才管用。并且我觉得这是一种疯狂的思考方式。所以，这并不是一个人要拒绝概念，而是……在那之后，我在某种程度上不得不用我自己的方式去思考。无论你认为你是在以何种方式进行思

---

① Brian Meeks (ed.), *Culture, Politics, Race and Diaspora: The Thought of Stuart Hall*, London: Lawrence and Wishart, London, 2007.

考的，你最好为此感到满意。这也是你写作的方式，所以就像这样写；不要在福柯的写作之后不断追赶模仿。不要像福柯一样写作，知道吗？我没有受过哲学的训练，我根本无法做到这一点。我不是那种人。所以像你自己写作的那样来写，接受你自己的声音。做到这一点，我不太善于谈论这个过程具体是怎样的。我想了想，现在我有一些关于这一点的想法，还有其他人说过的可以帮助我回想的东西。大卫·斯科特说，他不是因为文化理论，而是因为我的政治干预思想才读我的书。[①] 而我也明白了，我所写的几乎所有的一切都是一种政治干预。这可能不是明确的政治观点，但它正在试图转变辩论的条件，干预一方或另一方面，澄清一些东西，擦掉一些扭曲的、不合适的观点，以使另外一些东西可以通过。我认为这是批评或不管什么东西，但我知道这是一种政治干预。我认为，那就是为什么（1）我从来没有写过一本大书，除了《监控危机》[②]，总而言之这本书也不都是我写的。（2）为什么我写这么多不同的事情。我写主要是因为人们请我写，你知道的："您可以写一写这件事吗？您会来参加会议并之后写一下这次会议吗？"我不待在研究或思想中，"我现在应该就这件事写一下，并发表在这里"。如果你看看我写的有关身份的东西，会发现第一件作品是在加勒比首届电影大会上发表的。它们都是偶尔出现的碎片。这就是为什么它们不在严肃的社会学期刊上发表。有关身份和流散的大量片段就是发表在乔纳森·卢瑟福（Jonathan Rutherford）编辑的《身份》（*Identity*）这部小集子中的。[③] 你明白我的意思吗？

莱斯·巴克：是的，我明白。

斯图亚特·霍尔：所以它们是在某个领域的干预，而不是自主的学术作品。而我所知道的另一件事是我对情境（conjuncture）感兴趣。我在某种程度上是一位关于"现在的历史"的写作者，但我认为过往

---

① Brian Meeks (ed.), *Culture, Politics, Race and Diaspora: The Thought of Stuart Hall*, p. 3.

② Stuart Hall, Chas Critcher, Tony Jefferson, John Clarke and Brian Robert, *Policing the Crisis: Mugging, the State and Law and Order*, London: Macmillan, 1968.

③ Stuart Hall, "Cultural identity and Diaspora", in J. Rutherford (ed.), *Identity*, London: Lawrence and Wishart, 1990, pp. 222–237.

历史也是以这种方式被理解的。现在人们说这个"情境"是什么？我曾经忽视它，并说这是葛兰西感兴趣的东西，因为葛兰西的确主张历史的特殊性，以及情境与长时段之间的区别。但人们和我说，葛兰西认为情境是更为表面化的，而我根本不那么认为。我不否认社会和经济的长期、深层次的结构性运动，这标志着资本主义等的不同阶段。但我会结合其理解每个阶段具体的情况、与工业资本不同的商业资本的具体情况。福特主义阶段的资本有趣又不同于全球资本的是什么？当然，我提到资本的原因是这是我从马克思那里学到的东西。令人惊讶的是，不是大多数人想象中的马克思，因为他们认为马克思展现了资本主义运动的规律，这将始终不变。在某些方面是的，但在某些方面又不是。在15世纪的普遍资本主义水平上，商业资本与全球资本主义相同。但在情境的层面上，它们是不一样的。我不知道你有没有看过我写的关于马克思1857年《〈政治经济学批判〉导言》这篇文章？[①]

莱斯·巴克：我没有看过。

斯图亚特·霍尔：马克思在这篇文章里提到，首先，你不能仅仅根据经验来分析它，因为如果你看一下社会就会发现社会上到处都是人，所以你就从人口开始你的研究。但是人又分为资本家和劳动者，奴隶和奴隶主，而这方面的差异比他们作为人的事实更加重要。他称那种从人口开始的研究，是一团糟的抽象，而且从差异关系中产生的抽象反而更能解决问题。这就解释了他为什么说你需要理论，而不是产生更多的理论，不好意思，那是因为你不能没有它。你需要改变放大率的标尺。你必须打破"真正"显然存在的混乱的组构，并找到另一种方式。所以就像一个显微镜，直到你通过显微镜看到证据，你才能看到隐藏的关系。而他将这个过程看作增添越来越多的决定性层面（levels of determination）。基本规则可能是一样的，但你必须比之前增加更多的决定性层面——而这也符合他创造的另一个短语"思维的具体性"（the concrete

---

[①] Stuart Hall, "Marx's Notes on Method: A 'Reading' of the '1857 Introduction'", *Working Papers in Cultural Studies*, No. 6, 1974.

in thought）。所以我对情境的看法比起像葛兰西斯更像这样。我真的相信，这项工作是通过历史的特性，通过了解某些时刻的具体内容，以及这些时刻如何集聚在一起，不同的趋势如何融合并形成一种格局——没有一件事情会永远持续，霸权不会持续不变，它总是有难以驾驭的元素，它总是在努力扩张领域，等等。这些力量将转向另一个情境。在英国，20世纪70年代末绝对是一个这样的情势的转变期。我以为撒切尔主义的出现真的表明了一种构形（configuration）的结束——战后的和解——以及其他事情的开始。我们不会再回到从前那样，所以这就是为什么我对思考我们现在所持有的价值观感兴趣。但是，关于我对这种转折点的感受，人们会问我："你怎么知道的？"我说不上来。这不是用某种精确的方法，也不是运用外部的某些理论得来的。这是一个理解性的和历史性的问题。我需要感受到不同的事物在积聚，一同创造出一个新的时刻，并想到这是一种不同的节奏。我们过去生活在一个构形中，这是另一个构形。现在让我们试着说出，这个转变是什么意思，这个新出现的是什么，它的力量是什么，有什么矛盾的东西，等等。这就是"现在的历史"，所以我从历史的角度来思考事情。我是劳伦斯·格罗斯伯格（Larry Grossberg）所说的激进的情境主义者。[①] 我所能想到的，就是以自己的思维方式进行反思。

莱斯·巴克：我记得您在荒岛唱片（Desert Island Discs）的播音采访中曾说，如果您随身只能带一本书，那会是亨利·詹姆斯的《一位女士的画像》（*Portrait of a Lady*）……

斯图亚特·霍尔：我攻读博士学位时研究了詹姆斯的作品，但没有完成。

莱斯·巴克：我想问您还会选择其他哪些书带去那个荒岛，但在这之前，我想问亨利·詹姆斯的什么地方激起了您的想象力？

斯图亚特·霍尔：我本科学习的是文学。说实话，我从来没有接受过任何其他的教育。所以当开放大学副校长说："你一直在文学领域，

[①] Lawrence Grossberg, "Stuart Hall on Race and Racism: Cultural Studies and the Practice of Contextualism", in Brian Meeks（ed.）, *Culture, Politics, Race and Diaspora: The Thought of Stuart Hall*.

你一直在做文化研究，你愿意承认自己在做社会学吗？"我说："只要你能给我一份工作，我愿意承认任何事情。"

因此我接受的教育是在文学方面。我对牛津大学的课程感到非常失望，因为它一直停留在过去，我不得不做很多有关盎格鲁-撒克逊人的功课，而我从来不擅长语言，我讨厌它。我对中世纪文学感兴趣，但我感兴趣的是以一种批评的方式而不是以一种学术的方式，等等。所以我推进到了现代。当我想到留下来做博士论文，我在想自己能写什么？我想写的是社会现实主义文学和20世纪30年代的美国文学，他们说："你不能这么做，因为大多数人还在世。甚至连多斯·帕索斯（Dos Passos）都还活着。"

所以无论如何，我一直在阅读很多美国文学作品，美国文学对我来说是那些时候逃避牛津英文课程限制的一种方式。于是我开始读麦尔维尔（Melville）和霍桑（Hawthorne），而霍桑带我回到了詹姆斯，等等。所以我对詹姆斯感兴趣而且我知道这是一种非常奇特的相遇——这个来自金斯顿的黑人男孩，这个高度精致的男孩有着复杂的跨大西洋的头脑。所以我从来没有把自己和亨利·詹姆斯混淆。但是有两件事让我对他感兴趣。一个是国际主题，事实上，这些小说通常是……他的许多作品，不论早期和晚期，都是围绕着欧洲与美国之间的对比，一个地方和另一个地方之间的对比：欧洲和其他地方。虽然另一个地方和我自己的全然无关，但是我知道这是以流散的形式看世界，这是一个流散的问题。詹姆斯有一种流散的想象力，尽管大多数人不会在他的作品中联想到这个概念。所以我想写一下国际主题。这个主题在他的作品中出现过三次。首先是在早期的小说中，《黛西·米勒》（*Daisy Miller*）、《美国人》（*The American*）、《欧洲人》（*The European*）等。然后在长篇小说中，《大使》（*The Ambassadors*）、《金碗》（*The Golden Bowl*）、《鸽子之翼》（*The Wings of the Dove*）。最后还有一件未完成的精彩作品，作品中他回到美国，遇到自己，如果他留下来会是一个成功的商人。而这也是T. S. 艾略特关于蜿蜒楼梯第一回合线索的来源。有一座象牙塔，他在那里遇到另一个自我，他看到另一个自我跨越了空间。我只是认为这是不可思议的东西，也是一种我以前没见过的思考詹姆斯的方式。所以这就是我想写的。然后我当然对此感兴趣,如果你对詹姆斯感兴趣,你会对他所做的一个声明感兴趣:"我想成为一个没有任何东西丢失的人。"我想形成一种可以回应世界上一切事物的意识,不是普遍的而是具体而深刻的。詹姆斯说,你可以从晚餐时别人5分钟的故事里就知道,这是你下一部小说的源头。我不想再听了,我不想要文字细节。我想探索从那里产生的生活和冲突,但它必须尽可能在我的意识范围之内。现在有趣的是,任何人都不可能全部发挥自己的意识,因为总会有意想不到的无意识存在。而在詹姆斯身上也是这样——詹姆斯不知道也无法知道科尔姆·托比芬(Colm Toibfn)在《大师》(The Master)中写的美妙的事情是什么——我觉得这是一本很棒的小说。① 詹姆斯的小说中有过很多无意识的情况,但他仍然想在每种情况下尽可能地运用意识。我不在乎他主要描写富人这一事实。莎士比亚主要描写国王和王后,那又如何?这个在字面层次上来看无关紧要。如果你想了解国王和王后的一些轶事,你可以去阅读一些历史,你可以读李尔王从而知道其他东西。我也用同样的方式来理解詹姆斯。我不在乎他材料中的许多内容与我不同。我再说一个刚刚发生在我身上的事情,那就是他的"他者"(other)与我的不同,但他的他者是美国,而美国在我的思维中发挥了非常重要但矛盾的作用。当我在金斯顿时,美国是我想象中可以逃往的场所,虽然我没有去那里。我来到英国,因为它与我的母国相关联。现在来自加勒比的所有知识分子都去美国,在美国进行教学和写作。但是,尽管我与英国连在一起,我在电影中可以想象性地逃逸——在我十几岁的时候,我每周一或周六去看电影,那是个作品非常丰富的时期:博加特(Bogart)、贝蒂·戴维斯(Bette Davis)、电影黑色、情景剧——令人难以置信的电影,美国电影,当然还有美国音乐和爵士乐。之后一来到英国,美国继续以现代的姿势站立在那里,且没有被英国的社会阶级制度压垮。这是矛盾心理的一个来源,这是对美国的矛盾心理,虽然我现在感觉很遥远:我当时不能忍受,我不会去那里,我不去那里。我确定他们不会让我进入,但我真的不想去那里。而这不仅仅是因为老布什,这

---

① Colm Toibfn, *The Master*, London: Picador, 2004.

是关于更广泛的文化和政治。但有一点，美国是我们所有人解放的源泉。爵士乐解放了我的灵魂，摇滚乐的到来则改变了英国的流行文化。所以这不是詹姆斯的"他者"，他也不是在写这个。他没有写关于黑人的经历，想要成为像拉尔夫·艾里森（Ralph Ellison）和鲍德温（Baldwin）等那样的人。① 但美国仍然不像外界听起来那样。坐在牛津阅读詹姆斯关于新英格兰和佛罗伦萨的作品，并不像以前很多人认为的那样荒谬。

莱斯·巴克： 不，它不荒谬。但是，如您所说，您可能会遇上曾经拥有的生活，它让我想起您曾说过的，有时候您会想如果自己留在牙买加会过着什么样的生活。

斯图亚特·霍尔： 是的，我这样说过。我的确这样想过，因为我的同学一代都生活在国家独立运动风起云涌之时，而我离开了。人们不记得，我在1951年来到英国，牙买加直到1962年才独立。所以那些成为独立政治和思想领袖的人与在非殖民化后定义国家的政治人士，都是我知道的以前和我是一个学校的人，但我不在那里。我在远处跟随着它。我投入了希望和恐惧。我经常回去，在某些问题上和他们辩论。我曾尝试使黑人权利运动者与马克思主义者达成和解。所以我想成为它的一部分。但我一直有这种感觉，觉得我也会这么做，我知道很多像我一样的人。他们和我一样上了同样的中学，在牙买加学院与我同班，他们现在是法官、政治领袖和高级公务员等，其中许多人现在即将退休或者已经退休。所以总有另一种人生，也有很长一段时间我不知道自己是否要回家。在我放弃了我的论文并搬到伦敦后，我现在可以随时回家。也许我现在仍在随时归家的途中……

但事情并不是这样。我不会回去。我知道那时候回去的话对我而言是精神上的死亡——这种感觉包围着我，我可以感觉到它在等我，所以我不回去是对的。但不得不说，这是一个遗失。流散是一种遗失。这不

---

① 拉尔夫·艾里森（Ralph Ellison，1914—1994），当代美国黑人文学的重要代表作家之一。艾里森1952年问世的长篇小说《看不见的人》被评论界看作美国黑人小说史上里程碑式的作品。詹姆斯·鲍德温（James Baldwin，1924—1987），美国著名黑人小说家、散文家、戏剧家和社会评论家。代表作有《向苍天呼吁》等。——译者注

是永远的,这并不意味着你不能做一些事情,或者不能用其他填补这份空白和空虚,但是空虚永远是未实现的遗憾。历史被没有实现的事情所充满,我感觉到这一点。每当我回去的时候,我觉得我在家,但其实我不在家。

莱斯·巴克: 它让我想起,当您在谈论乔治·莱明(George Lamming)《放逐的快乐》(*The Pleasures of Exile*)① 一书时,一方面是在他乡(不在家)的快乐和自由,另一方面是您所描述的遗失。

斯图亚特·霍尔: 这是一本很精彩的书,也是一本对我非常重要的书。你问我哪些书很重要,这是一本。当然,我曾在伦敦与乔治相识。他曾经为加勒比世界事务部(the Caribbean World Service)工作,很多作家都这么做,而这本加勒比小说也是写在伦敦的。此外,我们在伦敦会意识到自己是西印度群岛人,而我是牙买加人。我从来没有去过加勒比以外的任何地方。我记得有一次在六年级班上,一名来自巴巴多斯的拉丁美洲导师给我们上课。我的老师中有苏格兰人、英国人和爱尔兰人,但从来没有加勒比来的老师。我当时觉得他的口音是我听过的最有趣的,像是来自外太空。我们曾经以此和他开玩笑:当然巴巴多斯出产优秀的板球运动员,因为它太小了,整个岛屿就是球场,你必须把球打到海里才能得到6分。

所以很奇怪。然后我们突然发现了加勒比人民之间的共同之处。尽管实际上这些岛屿都是不同的,但是有一种核心共同点。于是,我那时候发现自己是西印度群岛人,对我来说这是一个重要的解放时刻。我的意思是,那也有一个黑暗的时刻,因为这意味着政治上西印度联邦(West Indian Federation)的想法会成为我们所有希望的焦点。我们以为我们没有彼此就做不到这一点。联邦在伦敦运作,产生精彩的文学。每个地方都太小以至于无法独立维持。我想如果最后西印度联邦结束的话,我可能已经回家了。

我不知道自己什么时候决定不去的,但到那时,在某种程度上决定真的已经做好了。所以,才有《放逐的快乐》。我觉得我的经历与两本

---

① George Lamming, *The Pleasures of Exile*, Ann Arbor: University of Michigan Press, 1992.

在家与不在家

书接近。一本是莱明的《放逐的快乐》，另一本是爱德华·萨义德的《不得其所》(*Out of Place*)①。虽然后一本书来自世界的另一边，与不同的历史和文化等相关，我却发现自己"读"到了爱德华这本书的精髓。我在牙买加感到不得其所，当我来到英国时，我觉得在牛津大学默顿学院里也不得其所，我甚至现在都觉得不在适合自己的地方。我对英国人感到不适应，这可能听起来很奇怪，因为我已经在这里住了50多年。我知道不同种类的英语和英国人，我知道这个社会如何从内部工作，我喜欢这里的一些景致，我感觉已与它合二为一，从某种意义上说这是我的家，但我永远不会是英国人——永远不会。我不能，因为我在另一个地方生命中的痕迹、记忆中的痕迹和历史上的痕迹都根深蒂固。我无法将它们从我的脑海里拔除。我不想为此吵架，但这就是一个人的样子。所以，流离失所或不得其所，是我的一种独特经历。这贯穿我生命的始终。我甚至觉得也不适应牙买加的黑人文化。从一开始我就和我的很多朋友一样是民族主义者，我们都反对帝国主义，希望牙买加获得解放，等等。但就黑人文化和普通黑人的生活来说，我真的不知道它的深度是什么，我无法探究到这一点。我父母是中产阶级，我是一名中产阶级棕色皮肤的学生，我理解不了。我可以想象它，并通过同情与之相关，但我无法具有这种特征。我从来都不是金斯顿的街头男孩，我不能因为自己不是而假装。所以即使在与之相关的地方，直到后来的英国，我都是这样。黑人有时会谈论像奴隶制这样的事情，好像他们基因中早就知道一样。他们不需要去寻找它，因为如果你是黑人的话，你就应该知道它。首先，我不相信这点。我认为不幸的是，很多黑人对自己的历史不够了解，不会把历史传给他们的孩子，等等。这是一个单独的问题，但这是我所感觉到的。然而我一直觉得，没有什么会和一个人的归属自动关联。它是被制造出来的。牙买加在20世纪60年代和70年代初有意识地黑人化。我不在乎牙买加人看起来像什么——记住，人们并不总是像这里想象的这样。大多数去加勒比的人对当地人们的肤色感到惊讶，而且我们了解得越多，越发现很多看起来肤色深的黑人在基因上

---

① Edward W. Said, *Out of Place: A Memoir*, London: Granta Books, 1999.

不是任何意义上的"非洲人"。这是一个非常混合、非常混血的社会。黑人在历史上举足轻重,因为它是从未命名、从未说出来的部分,直到解放之后他们才能说出自己的历史,而直到独立之后他们才得以解放。所以我们以不同的方式学着去做一名黑人。我们对于奴隶制都不适应。我们如何看待奴隶制?我们怎么能想到自己的祖先被铁链锁着任其他人奴役,特别是英格兰人和苏格兰人呢?这是不可想象的。所以我认为不得其所(out-of-place-ness)不可避免的是流散的一个条件,但奇怪的是,加勒比地区也出现不得其所的现象,这当然也是一种流散,因为每个人都来自别的地方。属于那里的土著人在 100 年内已被消灭,之后每个人都来自不同的地方。西班牙人、荷兰人、法国人、英国人、非洲人、印度人、中国人和葡萄牙人,他们都来自别的地方。我们是最早的流散社会之一。所以我不认为"不得其所"是只属于我特有的自传史。

莱斯·巴克: 我想知道,这种错位和不得其所的一部分感受是否有助于形成某种洞察力?

斯图亚特·霍尔: 嗯,我想是的。我曾经以这种想法来安慰自己。你知道德国社会学家西美尔(Simmel)说过,一个陌生人能洞察他或她在哪里,这种观察是本能地生活在这个地方和文化中的人所不具备的。你需要转换带来的冲击,等等。所以我认为这可能是真的。我想你会说出些别的,很多流散者真的也会是这样的。这是詹姆斯(C. L. R. James)称之为"在欧洲而不属于欧洲"的人的洞察。

莱斯·巴克: 其中一个经验是,所有这些不得其所的故事会有相同的意涵,用萨义德的话说,"重叠的地域,交织的历史"。

斯图亚特·霍尔: 是的,这与我的看法吻合。我自己有篇小文章题目是"最小的自我"[①],不知你知不知道?

莱斯·巴克: 当然知道。

斯图亚特·霍尔: 这是在当代艺术中心(ICA)的一个会议上提出的,是我、霍米·巴巴(Homi Bhabha)、萨尔曼·拉什迪(Salman Rushdie),还有不记得是谁都谈论过的。这是关于身份的。我望向大

---

① Stuart Hall, "Minimal Selves", in *Identity: The Real Me*, ICA Document 6, 1988.

厅，看到很多白肤色的人，大家一个接一个地站起来说："其实我不是真正的英国人，因为我的父母来自'澳大利亚''北方''苏格兰''威尔士'或'工人阶级'。"我突然感到每个人都变得流散了。房间里没有一个英国人！我在厕所里遇到了一个朋友，我说："请为英国人发声。"我一直认为他是一个典型的英国人（但他不是）。所以我回到了房间里，说："欢迎一个流散时代的到来。"和现代经验有关的是混乱的经历，我将之和自己的经历以及生活在流散中的人紧密联系起来。

莱斯·巴克：我们可以回到您早年的伦敦生活吗？我读到过您曾在伦敦南部做过一段时间的老师，是吗？

斯图亚特·霍尔：是的，大学毕业后我来到伦敦，当时我正在编辑《大学与左派评论》，它在 Soho 有办公室。我住在伦敦南部的克拉珀姆（Clapham），在一个很棒的旧托洛茨基主义者乔克·哈斯顿（Jock Haston）的房子里，我想留在伦敦直到回家——我还没有决定什么时候回家。所以我想，好的，我能做什么呢？实际上什么都做不了！我不能开车，所以我开不了送牛奶的配达车。我可以教书，所以我在一家中学做了代课老师，接着我被送往不同的学校，由于我的学校在过去没有能留下任何一个代课老师，或者说是老师。所以一旦我进去，他们永远不会让我走。我是肯宁顿欧沃学校（Kennington Oval）的代课老师，在那里做了相当长的一段时间，有三四年。我曾经离开那里，坐上火车，去 Soho 编辑杂志，然后搭夜班巴士回来——努力及时醒来，再到欧沃学校上课。我写了一点关于这方面的事情。在《大学与左派评论》中，有一篇从未被重新发表的文章《绝对起点》（Absolute Beginnings），有点儿像是向一个老朋友点头，因为我已经和科林·麦金尼斯（Colin MacInnes）很熟了，但这是关于我在中学工作的经历。[1]

莱斯·巴克：我也喜欢这些书。这些书对我来说非常重要。

斯图亚特·霍尔：我也是。

莱斯·巴克：我读到，你当时由于街头种族主义闹得太厉害，而把

---

[1] Stuart Hall, "Absolute Beginnings", *Universities and Left Review*, 7 Autumn, 1959, pp. 17–25.

一些孩子带回家?

斯图亚特·霍尔：不，我只是跟着他们。我当时正准备去编辑杂志，突然这些伦敦南部的孩子——我不确定他们甚至是否到皮卡迪利广场（Piccadilly Circus）——实际上是在火车上。我问："你们要去哪里?""哦，先生，我们要穿过城镇。"我问："你们说的'穿过城镇'是什么意思?""我们要去谢普尔布什区（Shepherd's Bush）的诺丁山。"我问："发生什么了?"他们意味深长地说："发生了点争论。"于是我开始对那里发生的事情感兴趣。然后很多在诺丁山工作的人来到《大学与左派评论》俱乐部，他们参与了诺丁山暴动及其余波等。其中一个是迈克尔·X（Michael X）。我曾经去那里看到过这些孩子究竟都在做什么，他们站在街角，成年人在他们后面的酒吧里大喊大叫。他们正在骚扰那些工作下班回家的黑人妇女，钻进波厄斯台（Powys Terrace）和后面的混居公寓。就是这么一回事。然后，我通过俱乐部参与了诺丁山的政治。你知道迈克尔·德·弗雷塔斯（Michael de Freitas）吗?

莱斯·巴克：是的，迈克尔·X。[①]

斯图亚特·霍尔：迈克尔来到新左派俱乐部后，我就认识他了。首先，我们谈论爵士乐，因为迈克尔热衷于爵士乐，他曾经在周末去斯德哥尔摩听美国爵士乐队。但他稍后说道："你知道吗，我还有很多事情正在做。"迈克尔是被一个高额租金房主逼走的黑人家庭的一员，那个房主叫什么？拉赫曼（Rachman）。

莱斯·巴克：当然是他，这个臭名昭著的奸商彼得·拉赫曼。

斯图亚特·霍尔：他（迈克尔）在街上可以说是一个强壮的男人，他把无法支付租金的人的财物放在人行道上。另外，他拥有所有这些当地的联系，他不喜欢当时正在发生的事情。他说："我们必须为此做一些事情。"这就是为什么我认为迈克尔·X是一个悲剧，因为他与来自有同样逼仄背景的马尔科姆·X（Malcolm X）完全相同。马尔科姆

[①] 迈克尔·德·弗雷塔斯 1957 年从特立尼达移民伦敦。他重新起了迈克尔·X 的名字，使之符合自己对美国"黑人权力"运动的政治态度。1969 年，他创立了种族调整行动协会（the Racial Adjustment Action Society），成为北伦敦霍洛威路一个称为"黑色之家"（Black House）的黑人力量公社的自封领导人。

出名了，迈克尔却失去了方向。无论如何，这一切都是无关紧要的。只是我们参与了诺丁山活动，但我第一次意识到诺丁山发生的事情是在暴动之前，学校的孩子们警醒了我。当我们回到学校的时候，我说："你们在那里做什么？哦，你们知道的，为什么要对他们大喊大叫？""嗯，他们正在带走我们的女人。"我说："这是什么意思？如果你有女人就好了！"

"他们正在拿走我们的东西"等，所以我说："你是说这些吗？"我指着班上的几个黑人孩子，他们看着孩子，好像从未见过他们。"不，先生。"

莱斯·巴克：他是我们中的一员。

斯图亚特·霍尔："他们是我们的一员。"所以我问："那我呢？""不，先生。你不是。"这对我来说是一个非常重要的经历。

莱斯·巴克：难以置信。真的是一个难以置信的场景，我猜这一时刻真的是一个完整的情境。

斯图亚特·霍尔：那就是情境，毫无疑问，是的。那时候一直积聚在地底的种族主义终于可以说出来，终于以直接与公开侵略和暴力的方式爆发了。这就像1968年鲍威尔主义（Powellism）①时一样，人们直到这时才可以在街上谈论和做以前一直小心翼翼不敢说不敢做的事情。

莱斯·巴克：他们受教于斯图亚特·霍尔，一个不会被视为"他们"（them）中的一员或视为他们下课回家路上的黑人朋友，也许不是下课一起回家，但肯定在操场上是一起的，这些学生也不算是"他们"中的。

斯图亚特·霍尔：确实。很有意思，也很复杂。我开始意识到当地的拥护者和外地人的形象有多复杂。我想你已经写过这个了。我之后真的意识到那一点。我喜欢教学，虽然这对我来说是一个完全折磨人的经历。首先我无法维持纪律。我当时还很年轻，没有教学经验。我从来没有参加过教学培训，所以我刚刚入门。我被分配到4FX班。这是一所

---

① "鲍威尔主义"是指英国保守主义政治家伊诺克·鲍威尔（Enoch Powell）的政治观点。1968年4月，鲍威尔在英国伯明翰举行的保守派政治中心会议上发表"血流成河"演讲，强烈批评大规模移民，主张限制或终止有色人种向英国移民。——译者注

第七辑　新近的访谈与反思

中等技术学校,所以这里所有的人都已经在他们的 11 岁升学考试(11 Plus)① 中失败了。这些班级从 1A、1B、1C 开始,当到 1E 时他们又退回到 1FX。因此这是一些在最底层的孩子。我要为他们做什么呢?所以我说:"学校毕业之后你们要做什么?""哦,先生,我们会进入印刷行业。"他们的父亲当时都在印刷厂工作,那是进入印刷厂的唯一途径。你当时不能通过敲敲门,填写一张表格进入印刷行业。所以他们没有发现要再去学习些什么的理由。好吧,我会教他们,我试着教他们英语语法。你可以想象吗?动名词、逗号和分号。

我不得不教他们地理学。一天,一个地理学的老师走到教室里,说:"这很有趣。你正在教他们信风的知识,只是你将黑板上的东南方和西北方弄错了。"

我当时天真地把它留在黑板上了。我试图让他们演罗密欧与朱丽叶。疯狂——完全是疯狂,是从我脑子里蹦出来的。但我也不得不带他们学习游泳和急救知识。我一生中从来没有急救过任何东西,所以我很害怕。我说:"在我们去游泳池之前,我们要在楼上的大厅里练习急救。"

这些孩子都躺在大厅里,相互练习急救,而我读自己的书。最后我当然不得不把他们带到游泳池。我当时确定他们当中一个人快要淹死了,我绝对肯定,但他们不觉得。我唯一的问题是,星期五下午从游泳池回来的时候,我应该先把他们带回学校再解散。嗯,他们回来的路上经过他们的家门口——所以(回学校再解散)这完全是荒谬的。他们不用回去学校拿任何东西——更不用说把他们所有人带到学校再解散了。因此他们当然一个个离开队伍,消失了。所以我出发的时候有 30 个学生,最后回来的时候大约有 15 个掉队的人。这是一次非常丰富的经验,但时间并不太长。

莱斯·巴克: 我经常教学生阅读雷蒙·威廉斯所写的《文化是普通的》(Culture is Ordinary)一文。每次我教一年级课程的时候,我都以

---

① 这些由 11 岁孩子参加的考试,决定了他们是否可以选择文法学校或低一等级的中等技术学校。中等技术学校成为工人阶级教育的代名词。班级从 1A、1B、1C 往低走,排到大约 1E 的时候变成 1FX。所以这些是在学校最底层的孩子。

此开始。文章里有一些您说的不适应某一地方的内容,图书馆也在文中出现,还有茶屋和所有这些东西,但是我在这特殊的一年里做了很多关于威廉斯的谈论,谈到他的生活并展示他的一些图像,如铁路上的信号塔和所有相关图像。① 然后,坐在教室后排的一个黑人学生举手说:"莱斯,你知道吗,我读了这篇文章,我真的很喜欢它,但我确信威廉斯是黑人。"(斯图亚特皱眉笑了笑)他只是假设,因为他当时所描述的是我认为不得其所的那种感觉。

斯图亚特·霍尔:是的,当然。

莱斯·巴克:而且,我知道有些人批评您直到事业的后期才写关于种族主义和黑人经历的东西。我想知道,肯宁顿学校与在这里展示种族和种族主义剧情之间的联系,以及知识界和政治界的联系,这有可能吗?

斯图亚特·霍尔:我也成了一个社会主义者,也是牛津大学左派的一分子。《大学与左派评论》是在牛津大学开始的,为了响应1956年发生的那些事。所以如果你不得其所,没有归属感的话,左派可以说是一个家。所以有一段时间很多人,如拉斐尔·塞缪尔(Raphael Samuels)、彼得·塞奇威克(Peter Sedgwick)和查克·泰勒(Chuck Taylor)等,都是我的交流对象。在那段时间里,我之前读了一点马克思,但是我第一次读马克思,我以前经常去……我和一个叫艾伦·霍尔(Alan Hall)的苏格兰人,以及其他少数人,作为非党内人士被允许参加共产党的会议,因为这些共产党人认为"他们会很快会加入我们的",我无意成为一个共产党人,但是我以前经常过去。我会与他们争论,并与拉斐尔在阶级问题上进行争论。因此,当然,我参与了这些辩论和英国的社会主义政治。对政治阶级所具的排他性的批评之前就出现了,但直到20世纪60年代的社会运动时才正式提出来,在此之前,一切话题都是通过阶级和政治的角度来组织的。50年代初来到英国的黑人,他们是工人阶级的成员吗?是的,很多都是。他们有同样的阶级意识吗?显然

---

① 以上提到的图书馆、茶屋、信号塔等是雷蒙·威廉斯《文化是普通的》这一长文中描述的有关他自己经历的生活场景。——译者注

没有。如果你像我一样是一个情境主义者，那么就能看到，雷蒙·威廉斯这样一位带有阶级意识的南威尔士铁路工人的儿子与来自金斯顿后街的男孩之间的区别就是非常明显的。直到60年代中期，黑人的事业，或说是种族所引起的政治，还不是一个你可以与之相关的自治性的政治舞台。它没有以那种方式浮出水面。所以不是没有人想过。就我自身来说，不是我没有想过这个问题，但我认为一定程度上一个是另一个的从属要素——这真的是关于资本主义和帝国主义以及牙买加贫困的问题，在这种情形下，黑人男性和女性发现自己处于城市贫困之中，阶级政治的确只是整体中略有区分的部分。你知道，我不是在为此捍卫。我只是想告诉你，这是你内心的意识。这不是黑人政治自治的时刻，辩论直到后面才发生，它的出现是与黑人问题凸显在前景相关，而且是为了回应种族主义……就像我们谈到的，在诺丁山时期，种族主义只是作为有意识的政治运动和问题被公开化。在反种族主义方面，对此的回应直到那之后晚一点才到来。所以人们所说的"黑人政治"并不是那个意思。你在这里不能像在美国一样基于黑人政治进行写作，因为黑人问题在美国一直都存在。它被写入美国历史的一部分，而且对美国人是有意义的。它不会被写成英国人的一部分。当然，帝国主义也存在于英国，但这一切都发生在很远的地方。因此我们也需要尝试将种族问题与英国关联在一起，并找出一条路径，去确认种族与阶级政治之间的关系。所以我在这个阶段对此并没有写得很多，对我而言并不奇怪，虽然我在1964年去伯明翰时写的第一本小册子便是关于第二代人的，并预示性地给了一个标题："年轻的英格兰人"（*The Young Englanders*）！《伯明翰邮报》（*The Birmingham Post*）中有人写文章说，这写得太悲观了。对我来说这并不奇怪，但令人遗憾的是，那些比我年长和更有经验的人，如雷蒙·威廉斯和爱德华·汤普森，都看不到整个政治地形正在悄然改变。他们看不出黑人政治的出现意味着什么。人们说这是因为他们太英国人了。他们太英国人了，毫无疑问。我是《新左派评论》编辑委员会中唯一的黑人。我象征意义上的父辈们，如爱德华·汤普森、雷蒙·威廉斯、拉尔夫·米利班德（Ralph Miliband）、彼得·沃斯利（Peter Worsley）和约翰·雷克斯（John Rex）——这些都是非常有经验的人。他们对帝国主义感兴趣,作为左派政治的一部分,他们致力于反帝国主义的斗争,但他们不明白,英国黑人问题的呈现也将导致一个具有变革性的社会和政治问题的呈现,它将会扩大,成为随之而来并迅速扩展的浪潮的一个尖梢。他们没有看到这是一个变化了的情境。我知道你无法想象自己置身在那个时候,但实际上是那样的。我的意思是说它可能是那样,我可以更清楚地表达这一点。你还要记住,我刚决定留下来,就在考虑别的事情,真的。我在想,我要待在这里了,我要为这里提供些什么?我与英国政治有什么关系?是什么与英国的阶级问题相关?所以我的思想还有一点在别处。我想人们现在不能想象一个黑人知识分子的思想还放在别的地方,直到你想到 C. L. R. 詹姆斯。詹姆斯总是意识到种族问题。他并没有清晰表达英国本土的以及真实独立的黑人政治。他是托洛茨基主义者,是最好的演讲者之一。曾经和我一起住过的乔克·哈斯顿告诉我,他从来没有听过像 C. L. R. 詹姆斯一样在独立工党(ILP)竞选活动中的公共演讲。他并不是在给一群黑人做演讲。你懂我的意思吗?

莱斯·巴克:是的,我懂。

斯图亚特·霍尔:而现在,我发现詹姆斯一直在这个问题上思考的程度,事实上他已经不是一位马克思主义者了,没人想再说这个。所以,说大实话,我认为这真是一团糟。我认为有这么多事情需要解决,我想最重要的是,如果你有一种历史的想象力,你必须将自己送往你正在写的那一个时刻,到那个时刻里面去,在那个时刻里生活。询问为什么在 17 世纪她不是一个女权主义者——不好意思,这毫无意义。这与妇女是否受到压迫和剥削无关,即使 17 世纪的女性已经有些许意识要为自己的独立而奋斗。甚至当你到达沃斯通克拉夫特(Wollstonecraft)时代①,还有很多妇女谈到婚姻是一种奴隶制。但你不能单纯说,为什么她们不是女权主义者,就像你在 20 世纪 50 年代不能说英国的政治为什么不是黑人政治?现在我想从问题中分离出来,我是不是错了?我没

---

① 这是指玛丽·沃斯通克拉夫特(Mary Wollstonecraft,1759—1797),英国启蒙时代著名的女性政论家、哲学家、作家与思想家,也是西方女权主义思想史上的先驱。代表作有《女权辩护》。——译者注

有充分参与和承诺吗?难道我不能和那些人争论吗?他们是否对此盲目?所有这些都是真实的。

莱斯·巴克:对于威廉斯来说,不同于你的肯宁顿教室,环绕国界的景观是可供思考的首要地方。①

斯图亚特·霍尔:对于霍加特而言,我的意思是在约克郡、汉斯莱特(Hunslet)②,这种可敬的工业阶级景观一直在他脑后,无论他最终地位有多高。

莱斯·巴克:是的,的确,虽然在一方面它提供了一种想象力,但也带有排斥性。

斯图亚特·霍尔:是的,它总是这样,两方面都是。它提供给你真正的洞察,这是通过其他方式无法获取的,因为它在主观与客观上都带你到一种深密的情境中,在情感和分析上都适合你。所以有些洞见只能通过这种方式获得。但这意味着你的头脑的装备是被设定的。你能做些什么呢?你必须尝试扩大它。

莱斯·巴克:这是一个美妙的理解方式。您也写道,种族是一种模式,通过这种模式可以体验阶级,这对我来说是一个非常具有启发性的想法。

斯图亚特·霍尔:是的,我知道其他人是谁。这源于20世纪70年代为《监控危机》所做的工作,这也是对50年代种族和阶级会被认为是两个完全独立事物进行重新思考的方式。现在来说下这件事吗?好的,我也想提醒人们,阶级是种族存活的方式。一旦你被纳入全球化之中并且是工人阶级的一部分,人们每天在加尔各答赚一美元,阶级就是通过种族而存在的,而种族是通过阶级而存在的。所以他们是相互依存的,又不完全一样。之前的错误是试图将它们一起瓦解。如果你解决了阶级问题,你自然也就解决了其他问题。所以当爱德华·汤普森回应《监控危机》时说:"这些关于种族的东西是什么?"他并不是说种族不

---

① 这里意指雷蒙·威廉斯的早期论文集《环绕国界》(*Border Country*),主要反映其与利维斯主义在大众文化等方面的论争以及成人教育等的问题。——译者注

② 霍加特出生在约克郡的利兹,汉斯莱特是利兹南部的一个工业区。其著作《识字的用途》详细地描绘了当地工人阶级的生活状况。——译者注

重要，而是说一旦摆脱资本主义，种族问题自然会迎刃而解。我们当然是反对帝国主义的。我父亲是泰戈尔的朋友，我的家里充满了印度式的民族主义，事实确实如此。这不是一个参与英国阶级政治的人可以直接问的政治问题。这是一种限制，严重的限制。但当时就是那么意识的。所以现在我们是在另一个情势中。通过情势，我们来到了一个非常重要的时刻，开始看到种族、阶级和性别是具有重叠性的，但又是有所差异的形构。

莱斯·巴克：奥威尔对英国工人阶级的评论使我感到震惊，他们中的大部分人都不住在英国。

斯图亚特·霍尔：是的。

莱斯·巴克：我想问您《监控危机》的事情，因为之前再次阅读并进行了思考，这本书讲的是恐慌在这样一个社会中造成的巨大危害。这让我思考这些恐慌是怎样持续的，同时也在转变。我知道您对此有具体描述。

斯图亚特·霍尔：是的，我认为这在20世纪70年代表现得特别剧烈，因为人们可以看到，情感的无意识或潜意识释放与种族相关，而不与其他任何事情有关。我的意思是说，当然，有些人可能会讨厌工人阶级，或讨厌有组织的劳工运动等，但对种族的仇恨是内在的，这与"他者"的观念相关。人们以肤色定义种族，我认为这不是真正的思考方式，尽管肤色很重要。在那时肤色是非常重要的标记，它是被自然界铭写出的一种差异：这些人不同于我们；他们不属于"我们"；他们不从我们当中而来。400多年来，英国对与帝国主义相关的历史责任进行了大量的洗白，但无论如何也无法抹去。这使我想到玛丽·道格拉斯（Mary Douglas），你知道的。什么是"污秽"（dirt）然而又"不得其所的东西"（matter out of place）？这就是伊诺克·鲍威尔（Enoch Powell）的想法："不得其所的东西。"他们觉得黑人是污秽的，因为他们"污染我们的空间"。我对一个在做鲍威尔广播节目的人说，鲍威尔崇拜印度。他几乎是一个古典东方学家。他认为这是一种美好而丰富的文明。他认为他们（黑人）不应该在这里——不在这里，不在我的后院，不住在我们的房子里，在我的街道上扔他们的馅饼，而应该待在德里等，当

861

然,那里有美好的城市,美好的人们。所以我想我们在《监控危机》中写下了这种恐慌,因为我们意识到在英国文化中,这些无意识情感——根源于种族主义的失望。这并不意味着每个人都是种族主义,并不意味着没有反种族主义的白人,并不意味着任何这些事情,但这种文化中却有一部分人一直生活在种族情感的蓄水池中,特别是将之保存在无意识的状态。不知为何这些情感很难表达出来。当然你需要平等的机会,需要对人的权利进行合法的辩护,如果他们煽动暴力,也需要给予惩罚,等等,但你如何才能进入英国种族主义潜意识根源的核心,即那些殖民遗留的问题,我不知道。但我们在 60 年代知道的是,这是一种恐慌的扩散。我也记得,在 60 年代,他们开始害怕各种其他的事情——害怕年轻人、享乐主义、街头性行为的剧增、毒品和"开启、调入和退出"①、学生暴动还有你所知道的反越战示威,以及那个有很多问题的"他者"正在潜入英国的领土。

很多我们在新闻界看到的人和政治发言人都这么说。黑尔什姆(Hailsham)也谈到了这一点。我们开始认为这只是一个事件,其实不是。一切都有点失控,你可以从一件事转到另一件事。这是对危机的一种症候式阅读,因为种族问题只是暴力问题的症状,暴力问题又是毒品问题的症状……你知道,一切都是别的东西的症状。所以在《监控危机》中,我们称之为危机是有原因的,因为它是作为一场危机来经历的,那就是整个社会的崩溃,你们不是真的(明白)……你们只有明白它出自这个愿景才会明白鲍威尔的演讲。

莱斯·巴克: 我想有时候,人们会忘记你有多么关心那个九头蛇(hydra)② 的多种样态,特别是你编辑了《通过仪式抵抗》一书。③

斯图亚特·霍尔: 是的。在某些方面,英语文化的突破开始于此。它从电视开始,从青年文化开始,它以一种有趣的方式从《昼夜摇滚》

---

① 这是当时吸毒者中流行的一句俚语,表达的是吸毒后三个不同阶段的状态。据说是一位叫 Timothy leary 的迷幻大师在旧金山金门公园的聚会时对着 3 万嬉皮士所说的。——译者注
② "九头蛇"(hydra)在古希腊神话中频繁出现。传说它拥有九颗头,其中一颗头要是被斩断,立刻会生出两颗头来。这里霍尔用以意指连续出现的危机。——译者注
③ Stuart Hall and Tony Jefferson, *Resistance through Rituals: Youth Subcultures in Post-War*, London: Hutchinson, 1976.

(*Rock Around the Clock*）开始。①

我们听《昼夜摇滚》的人只知道这里发生了一些事情，如果迷失在其中，如果离开演奏厅并开始沉溺于此，就会打乱英国禁欲主义的、严格控制的、不露感情的阶级问题，或说是释放一种压抑。它将从内部解决这个问题。所以这样做了，所以这样做了。

莱斯·巴克：我知道您已经有几篇文章提到对这场革命运动的怀疑，它在那些天中改变了一切。但我也想问下您对多元文化潮流的看法。

斯图亚特·霍尔：我知道有革命发生，我知道在那种环境下必须有一场革命。如果明天有人能在缅甸发起革命，那是因为有这个需要——这个重大的决裂是它自己欠下的债务。所以这不是我担心的事情，虽然我从来没有那样投入过革命政治。那是因为加勒比没有经过反帝国斗争就已经独立了，而肯尼亚和缅甸等地方却不是。我来到英国并参与英国的阶级政治。很抱歉我的朋友，英国的阶级政治并不是革命性的，在某些方面它就是这样的。

莱斯·巴克：如果只是那样就好了。

斯图亚特·霍尔：但不是那样。所以，要了解阶级政治如何真正发挥作用、阶级和解如何运作，阶级之间的敌对是如何形成的，是更困难的任务……其中并不是没有阶级问题，但不是指向某个单一的爆发性时刻。这仅仅是因为我不得不考虑的环境吗？我觉得不仅是这样。因为还有两个革命性的时刻与我的政治活动有很大的关联：一个是俄罗斯革命，另一个是古巴革命。我所知道的俄罗斯革命不是某个元年（year one）的开始。它不是热月革命，不是从一个开端重新开始的。你只要看看斯大林主义期间发生了什么，就能看到过去对现在的复仇。只要看到期间存在的许多无法抹去的事情，那么你那些从其他方向推动社会的巨大企图，根本就无法离开譬如长期的专制政治文化及其束缚带来的影响。而古巴革命，当然我对古巴的革命感到更为激动。革命爆发一年后

---

① 《昼夜摇滚》是一首12小节布鲁斯风格的摇滚歌曲，由Max C. Freedman和James E. Myers创作于1952年。而最著名和最成功的演绎曲是由比尔·黑利（Bill Haley）录制的。在当时美国与英国极为风行。——译者注

我去了古巴,我当时认为这是不可思议的。走下飞机,我来到刚刚发生过革命的加勒比海岛的一个热带机场。这可能是牙买加,只是革命刚好发生在这里而已。而且我认为这场革命有许多成果必须得到捍卫,但不是从一个端点重新开始。我只是想,如果你有一种历史的思维方式……我不是一个历史学家,但是情境的概念和历史的特殊性赋予我的想法与作品一种始终存在的历史思维。如果你有一种历史性的思维方式,你不会相信一切都可以从某个端点重新开始。公元元年。社会主义者,热月……我真的不相信那种起源。我不相信文化的起源,我不相信他们的身份,我不相信他们的历史和政治。

莱斯·巴克: 我们谈话开始的时候您说,英国黑人生活的动力是您的一种参照性标杆,在某种意义上,您的写作生活和您的知识生活与此并行。

斯图亚特·霍尔: 这是我一直在思考的。这是我的主题。这不是我所写的唯一的话题,但这是我目前的主题。我已经将这些生活和经历写给了某个想象中的读者,至于借助基于此而产生的经验的棱镜可以看出新的问题,这是我的主题。这不是我一直在写的,我不知道该怎么称呼它。这不是我的主题,却在某种方式上是我的主题。

莱斯·巴克: 实际上我认为这是描述它的一种非常深刻的方式,然而您又使用了"多元文化潮流"的概念。

斯图亚特·霍尔: 是啊。不要误会这个术语。我不是说多元文化主义除了形成潮流就别无他物。没有反种族主义政治,没有区域层面的抵制种族主义,没有黑人意识的改变,也就没有任何的多元文化主义。多元文化的潮流其实是来自另一层面的想法。事情的进展真的没那么顺利。英国社会没有深刻的变化。我们没有在一直颤动的文化上触及种族主义的最深层次。那什么都没有改变吗?不,有些事情发生了变化。改变的是,你走在街道上——我1951年来到这里——它看起来就已经不一样了。英国永远不会再成为一个文化上的同质社会。它不能。我的意思是,它可以清除(异己),可以把人们抛到海里,可以强制同化,但它不能在自己的单一文化基础上恢复稳定。这不会发生。所以我想说,多元文化潮流是我们不得不面对的。至少这不是他们控制之下的东西。不幸的是，它不会带来或巩固一种非常活跃的黑人政治，你知道这种政治在20世纪80年代以来已在某种程度上衰微了。1980年和1985年是黑人真正有意识的大规模政治运动展开的最后时刻。

莱斯·巴克：您为什么认为会有人反对多元文化潮流？

斯图亚特·霍尔：这是因为人们不喜欢你所看到的"潮流"一词。他们认为政治必须是在理性层面展开的等，我也是这样认为的，但是如果你不能成功发起运动，事情会停止吗？它们不会改变吗？它们将继续逐步改变。它成了稍后另一个政治运动赖以利用的原生材料，所以最好还是注意一下它。它不是鲍勃·马利（Bob Marley）[1]，不是街上的孩子们，不是拉斯特法里主义（Rastafarianism）[2]，不是黑人意识，不等于黑肤色是美丽的，它是一个更加模糊的世界。但这是否意味着黑人对更广泛社会的影响已经停止了？没有。他们不能停止它。它开始被揭开，非常缓慢地揭开，而葛兰西则称之为一场被动的革命。多元文化潮流是一场被动的革命，但是被动的革命会发生，只是它们在更多情况下是逐步发生的。

莱斯·巴克：我喜欢和欣赏它的一点是，这些革命是小规模的、渐进的、累积的和不会回退的那种变化。

斯图亚特·霍尔：我认为是这样。这正是我想在"潮流"这个术语中捕捉到的。所以这不是一个建议，你应该为这种潮流而工作。你应该为更严肃、更广泛和深远的事情而努力。

莱斯·巴克：我的一些朋友说："有些事情使得当前的形势变化更快，而那就是你需要关注的事情。"

斯图亚特·霍尔：当然，绝对的，但当那不在身边时，马克思所说的那只老鼹鼠（old mole）[3]，那只黑色的老鼹鼠，仍然在工作，在社会

---

[1] 鲍勃·马利（Bob Marley，1945—1981），牙买加唱作歌手，雷鬼乐鼻祖，拉斯特法里教徒。——译者注

[2] "拉斯特法里主义"（Rastafarianism）是20世纪30年代在牙买加兴起的一个黑人基督教运动。——译者注

[3] 此语原出于《哈姆雷特》第一幕第五场，哈姆雷特称其父亲的鬼魂为老鼹鼠，黑格尔和马克思都曾利用过这个比喻。——译者注

的肠道里穿梭，寻找另一种出路。

莱斯·巴克：我也想问您，您在写作中有几次谈到，黑人在英国或其他地方的存在是怎样的重要，这种认知与表征是能够辨识的，这在某种程度上弄清了那种情境、那种困境、那些人的意义，如果您愿意这么理解的话。

斯图亚特·霍尔：是的，我认为那是非常重要的，在某些方面这是因为如果你朝向……如果你的分析朝向情境的层面，那么你必须考虑到更广泛的现象。你不能仅仅停留在底层的结构逻辑上。因此你会思考是什么在激发身份认同。没有身份认同就没有任何政治。人们必须授予自己某些东西，授予他们某些他们承认的东西，那些东西是他们的，或能针对他们的情况说话，而没有那个承认的时刻……政治也是一种潮流，所以政治会持续下去，但所有政治运动都包含有身份认同。因此，当然，对我来说很重要的是，是什么激发了民众的想象。不一定是某种政治理论或政治学说，但它会诉诸想象，在想象中开启通常在其他地方无法开启的东西。关于通俗文化我曾经说过，你们知道我一直是一名狂热的爱好者，现在仍然是——我一定是地球上仅剩的唯一一个还看《家有芳邻》（*Neighbours*）①的学术观众！——更深层次政治和社会破裂的第一个迹象往往出现在我们日常生活的文化之中。

所以我仍然沉迷于部分通俗文化，但我曾经说过，只有在民众中表现为危机的东西才是有价值的。否则谁会在乎它呢？否则它并不重要，而且它只是一份清单。这是通俗文化，那是高雅文化，而这是一种迈向高雅的通俗文化……谁在乎这些呢？重要的是民众的想象力是如何得以表达自己，意义是如何争夺的，而且它不是总在高雅的文化中表现出来。它在通俗文化肮脏的、妥协的、商业化的、越轨的世界中表达出来，这绝对不是一个没有矛盾的空间，也从来不是一个没有争议的空间。所以一定要对此注意。

莱斯·巴克：我在想，在没有黑人存在的情况下，英国通俗文化是不是还有意义？

---

① 一部澳大利亚肥皂剧。

斯图亚特·霍尔：当然是这样，它在政治上也是如此。这就是为什么我说，今天阶级就是通过种族而存在的，就如同种族是通过阶级而存在的一样。事实就是这样。所以你能想到的甚至你想不到的任何一种政治活动都是如此，黑人存在的迹象就在我们周围。黑人运动可能会少一点，对黑人意识的肯定会少一点，但它就在那里。你怎么看待通俗文化、民众生活，你怎么看待城市，你怎么看待足球，你怎么看待通俗音乐，你怎么看待任何这些领域，你怎么看待英国国民健康保险制度（NHS）？托上帝的保佑，我每周可以做三次透析，在那里就有多元文化潮流存在的一个截面。如果你想看多元文化潮流的影响，星期四和我去圣查尔斯医院（St Charles Hospital）的透析部门，你会看到它的。我告诉你，你会看到它的。

莱斯·巴克：在我的脑海里它也很生动，斯图亚特先生。医院是思考多元文化问题的一个难以置信的重要场所。

斯图亚特·霍尔：医院，绝对的。我在那里产生了很多想法。是什么维持了黑人的存在呢？它以各种方式维持，没有理由去放弃希望，因为它不像 20 世纪 80 年代那样表现为一种高调政治，属于一种高层政治意识。真的不是要回到那种状态，而是试着去想象下一个 10 年、下一个情境中可能会有什么。这些极其重要的非正式存在将如何在另一时刻聚集在一起，以产生另一种黑人或任何多元文化的政治？我们现在没有能力去想象这一点，但这仍然是个问题。所以关于维持黑人存在的东西以及他们之间发生了什么，包含很多矛盾的事情。我的意思是，正发生在黑人的年轻一代，特别是年轻男孩子身上的事情是相当可怕的，我必须向你承认，其中一个原因，或包含在这些事情中的其中一个，恰是一些黑人通俗文化正在变形。作为黑人通俗文化的一位狂热爱好者，不得不说它带给了我深深的痛苦，但黑人通俗文化也给黑人青年带来了一个身份认同的选项，这是他们在日常生活世界中或通过学术成就都无法找到的。有些人当然找到了，这是在多元文化潮流中发生的事儿——有些人成功做到了。一些黑人比以往任何时候都更加找到了自己的身份认同，有些是通过非常努力地工作——例如，许多底层妇女，她们在社会工作和医疗专业等方面努力学习，并自己抚养孩子，在这段时间里她们真的过着英雄般的生活。但并不是每个人都可以做到这一点。而在某些方面我们曾经提到过一个替代性方案,这也是我们过去很不切实际的想法——退出。是的,那很酷。但生命正在经历迷失,生命正在经历牺牲。

莱斯·巴克:我们无法轻松地谈论它是吗?

斯图亚特·霍尔:我发现要谈论这一点几乎是不可能的。对话的领域如此可怕地倾斜了,人们根本无法谈论它,但我每天都会为它惋惜。

莱斯·巴克:我认为那些年轻人正在毁害自己,实际上毁害的是自己镜像里的人。

斯图亚特·霍尔:毁害自己,也毁害像他们一样的其他人。

莱斯·巴克:访谈到尾声了,我想知道您关于我们目前情境的看法。您认为我们现在的情境会像许多人说的那样,在"9·11"事件之后有了一个新的开端?有些人认为多元文化和多元文化主义已经死亡。

斯图亚特·霍尔:纯粹从情境提供的条件看是这样的,但这只是猜测,我认为目前的情境源于20世纪70年代中期,撒切尔主义是它的第一个阶段。这真的是关于全球化——所有这一切都与这个世界和那个世界有关,与他者有关,与政治避难有关,与移民潮有关,与人们被赶出家园有关,与人们生活在临时难民营有关,所有这些东西在我看来都是全球化的阴暗面。全球化的意义就是资本如何在福利国家中拯救自己。一旦它意识到不能直接从福利国家中获利,就不得不去别的地方扩展对劳动力的剥削,而"全球化"就是资本前往的地方,在曼哈顿的办公室与印度尼西亚一天一美元的工人之间进行新的劳动分工。而我恰好认为现阶段的穆斯林极端主义,或者说,伊斯兰教的政治化,也是这个现象的一部分,这不是说不存在宗教根源,也不是说它不会再次迎来自杀炸弹手和恐怖主义的时刻。"9·11"事件在明确地制造文化差异和多元文化主义的危险方面的确带来了一场深刻的变革。另外,用武力去占领其他人民的国家也是一大退步,这种做法如此老旧,很显然,英国人和美国人是不会承认这一点的。他们无法想象为什么他们以这种方式被看待。他们是来拯救他们的!这是历史上最古老的帝国主义故事。"我们来这里是卸下白人的负担。"我想到伊斯兰教,想到了伊斯兰民族主义的可能性,想到了伊斯兰社会主义的时刻。所有这些人在冷战和冷战之后的这段时间里一个接一个地耗尽精力。除了宗教还剩下什么是识别自己身份的方式?不幸的是,这是政治光谱学倒退的一面,但它扮演了与前面提到的其他运动相同的功能。而我恰巧认为,正如他们所说,这真的是由年轻人、街头年轻人推动的。为什么他们这么穷?为什么他们觉得受到如此多的制约?为什么他们不能在现代世界认识自己?因为全球资本主义社会的劳动分工确实使它们成为经济、社会和文化发展的对象而不是主体。所以我认为有这些潜在的因素。这就是为什么我对说"9·11"事件来自人们的沮丧感到犹豫,我们不知道它来自哪里,突然一切都发生了变化。它不是源自沮丧,历史书上已有记录,英国人在1892年离开伊拉克,被赶出那里——这不是很久以前的事,当时我们就在那里。我们合谋在巴勒斯坦形成一个宗教排斥国,代价是将巴勒斯坦人赶进难民营。中东没有什么东西是昨天的——没有什么东西。当然这不是说它是维持不变的。这是一个新的阶段,这是一个对左派人士尤其困难的阶段,因为宗教信仰和宗教歧视的状况,因为我们从来没有理解过宗教,因为我们的非宗教社会学家自己就认为宗教将会消失,因为共产主义和社会主义运动都是非宗教运动,等等。文化对我们不了解历史这件事情已经进行了报复。所以,当然,在某种程度上,我觉得我们永远不会再一样了,我想我们可能永远不会,但我自己不会在2001年的"9·11"场景中辨认情境的转换。我在另一个地方辨认它。

莱斯·巴克:我想,认识到这一情境的转换,某种程度上可以轻松忘记或擦除之前的一些事。

斯图亚特·霍尔:是的,我认为它明确涉及这一点,我认为它恰恰让美国人可以摆脱自19世纪末以来持续的长期的历史责任。

莱斯·巴克:您多次说过,新工党错失了一个历史上的机会。

斯图亚特·霍尔:我想这是一个错失的机会,是的,但这真的是撒切尔主义的第二阶段——真的,就是这样。所以它错过了机会,只因为它不得不像撒切尔主义一样找到反政治活动。这就是我们左派一直在说的——目前你们不会回到全然的国有化,你们也不会回到老式的劳工运动。全球资本主义意味着整个世界的去中心化和分散化。方法不是回去，方法是向前。而且是在新的条件下，试图重新定义你们对这种向前的运动和平等的希望。这需要苦苦思索，而不是多愁善感。但这种想法从未发生过。这个想法是，既然没有别的选择，我们如何适应它？这就是吉登斯教给他们的。全球化是不可逆转的——我们只能适应它，改善供应方面，建立创业技能，使英国更具竞争力，市场化社会，开放贸易门户，降低壁垒，放松管制和私有化，使全球化发挥作用。令我惊讶的是，新工党形式的社会民主比撒切尔主义的更成功，因为除了注意穷人外，它还注意那些被遗忘的人。反之，撒切尔主义不关心任何人，只是通过社会等推动新的管理主义和市场化。撒切尔主义的结束对我来说真的是一个有趣的时刻，因为没有人完全解释过为什么会这样。保守党崇拜她，认为她是丘吉尔以来最优秀的领袖。那他们为什么最终还是要抛弃她？在某些意义上，你不能像她那样从根本上改造社会，那个代价太大，由这引起的分崩离析的结果是需要面对的。所以他们更进一步移动到中间地带，作出一点有效的治理等。所以我看到不是要发愿变革。如果你在谈论一个长期的政治项目，一个本质上是新自由主义的全球资本主义项目，那么新工党执政期是比第一期即撒切尔主义更加成功的一个时期。如你所知，我写了很多关于撒切尔主义的东西，其中大部分是试图说服左派认真对待它。我认为它不只是拧动选举螺帽的一个把手，而是在这里进行更深层次的运动。这种深入思考的呼求没有引起太大注意，但实际上有些人听到了——错误的一方听到了！布莱尔派的人听到并想："哦，是的。这是不可避免的。我们必须适应它。"但我当时要说的是，我非常关心所有这些对英国会产生的影响。所以我看到了它与国外的里根主义的关系，但我没有看到它所具有的全球性。这是一个全球性的时刻，而不是一个国家主义的时刻。它在民族主义的幌子下在大街上招摇——英国的价值观、国旗、福克兰群岛、输送船炮等，但这正好表现为马克思主义说过的，即未来会像过去一样伪装着到来，这是一场化装舞会。而下面发生的事情比这更深刻，更具变革性。

莱斯·巴克： 有时您提到了阿尔都塞关于拧曲枝条（bending the twig）的重要性，我只是想知道，您认为我们需要如何根据您所描述的方式来拧曲枝条，我们需要朝哪个方向拧曲，我们需要什么样的东西来向内或向外拧曲枝条呢？

斯图亚特·霍尔：（停顿）不，我的意思是说如果我更确定，我会写更多关于它的东西，所以这是一个非常暂定性的答案，它将显示我是多么守旧。我们需要把枝条拧向理解全球资本主义新阶段全面成果的方向。那就是关于差异的，就是为什么差异问题如此之多，为什么宗教会有报应，为什么一半的世界感觉就像成为另一半世界的工人阶级一样，为什么这么多人被遗弃了，为什么非洲处于这样一个可怕的灾难性的状态，等等。那还不够，许多事情会自此延续。但是，如果你问我将如何干预任何讨论，我是会进行干预的，提醒他们全球的事态发展。所以，鉴于20年前我会对种族性的黑人社会问题进行干预，我现在也会干预，一点都不会忘记种族问题，但我会从差异性问题这个方向进行干预。

莱斯·巴克：在新工党的领导下，边界出现了僵化，开放的手（the open hand）显示出这些人似乎也在谈论您曾经指出的某些事，同时也谈到聚合与一体化？

斯图亚特·霍尔：你以前问过我这个问题，我没有回复你，我是否认为这是正在发生的事情呢？是的。我认为所谓的宣布多元文化主义的死亡可看作是对同化主义（assimilationism）的一种回归路线。同化主义是通过消除差异来处理异同的一种新方法。它可能会说，"你们当中只有一部分人可以归属我们"，但是"如果你在我们这里，你必须看起来像我们，并像我们一样表现"。换句话说，你必须清除所有那些对你们有影响的分歧——清除它们，并变得像我们一样。如果你在深处成了黑皮肤英国人，是的，有些人可以留下来，这是新的归宿。当我想他们确实认为可以送我们所有人回家的时候，这已经不是鲍威尔的时代。全球资本主义的代理人并不了解全球资本主义不会将任何人送回家。我认为现在出现的危机是以完全不同的形式出现的。你谈到封闭边界，我因流离失所的人们而感到震惊，世界各地的数百万人生活在临时难民营或儿童基金会难民营中，他们是人道主义援助的对象，他们正在被从空中喂食。这是阿甘本（Agamben）所说的裸身生活（bare life）。这是一种系统将文明生活的一半简单地化为一无所有的方式，使得文明生活的另一半仅能依靠它的裸骨移动自己的身体，没有什么其他的可以给予。人们偷乘在飞机的起落架上以逃离出来,人们坐在有漏洞的船只上航行,尽管他们知道自己可能不会到达目的地,船只在他们离开之前已经开始渗漏了,但他们必须离开这种生活下的恐怖。我不像大多数人描述这个世界一样来认识世界。我清楚地知道,在另一端,梅费尔(Mayfair,伦敦西区高级住宅区)的两张床的公寓可以达到 200 万英镑。我知道。当然,市场一直都是这样运作的,总是创造出非常富裕的人和非常贫穷的人。但全球资本主义目前在富人与社会之间创造了这样一个差距。因此有些关于黑人和非洲的事情便会浮出水面,我们谈论的非洲人都是黑人。但在中东,人们是棕色肤色,而在中国,他们是别的人种。我不知道中国人是一种什么肤色,中国完全是一个神秘的地方,但你明白我在说什么吧?种族是领域的划分线,它不再仅仅依靠自身来维持当代斗争极端化的强烈差异感。你必须以某种方式扩大它,看看差异对当下富人和穷人协商共同空间与共同生活具有怎样的影响。这就是"多元文化问题"!

(丁珂文　译)

体验差异[*]

——比尔·施瓦兹对斯图亚特·霍尔的访谈

施瓦兹：在您的文章《伟大的右转秀》（The Great Moving Right Show）（原载于《今日马克思》，1979年1月刊）中，您告诉我们，撒切尔夫人并不仅仅是想要获得其执政生涯的成功；她还想要为未来从事政府管理的几代人设定一种政治基调。事实证明，您的预见是正确的。

霍尔：这说起来是一件有意思的事，因为实际上我是在伯明翰当代文化研究中心（CCCS）从事关于种族、抢劫以及犯罪研究的工作中，才逐渐认识到撒切尔主义所代表的这种政治文化变化的深刻性，这些研究成果后以"监控危机"为名出版。这本书是我们认识20世纪70年代英国状况和种族作为社会多棱镜的一种努力，毕竟，种族是一种反复出现的母题。这并不是说，70年代日益加剧的政治与社会危机均是关于种族的，而是说，第二次世界大战及战后社会民主情绪长足发展，不知何故，种族与犯罪问题恰恰处于撒切尔主义可以发挥作用以击退这种民主情绪的核心位置上，同时它也提供了某种棱镜，可借之对整个情境进行症候性的"阅读"。这不仅仅是新右翼在政治上取得胜利的问题。它是政治文化的一次深刻变革，标记着转换到一种新的历史情境。此时此刻，一旦左翼没有意识到正在进行的这场变革的深刻性，将会束手就擒——被迫在那个未被它所划定的领地上茫然行走。我认为，事实上，

---

[*] 原题"Living With Difference"，原文载于 Soundings，No. 37，2007。源自2007年2月比尔·施瓦兹（Bill Schwarz）在伊丽莎白女王大厅对霍尔所做的采访，其中也包含听众的提问，后由编辑摘录、编排而成。施瓦兹为英国伦敦大学教授，原CCCS主要成员。

这种情况已经发生了。

自那以后，我逐渐认识到撒切尔主义并不是一个简单的（仅仅是）英国现象。它是我们现在所称的全球化的开端；亦是全球资本经济新纪元的开始；并标志着冷战与福利国家之后国际资本的重新活跃。它是在新型的市场国家与全球社会文化关系的深刻转型连接在一起而出现的，并且在今天得到了新工党的支持。根据其地缘政治上的影响，我现在更加认识到了，可将撒切尔主义看作一种新的政治情境的开端。新自由主义作为世界的新纪元，取代了第二次世界大战之后方形成的世界秩序；新自由主义下的政治，即便是由一个保守党来执政，也会为社会民主观的视野所主导。这是一场席卷全球的变革。而我们现在正处在一个全新的时代。

施瓦兹：这种新的情境，即新自由主义全球化，是一个国际现象，也使西方和世界其他国家与地区的关系再次卷入武力和军备化之中。

霍尔：是的，全球化有许多的样态，包括其策略与军事维度。然而，我想要强调的是，它与生俱来的矛盾性。一方面，全球化是一个世界范围的工程，跨越了民族国家的边界，而这些民族国家的政治与社会生活在近二三百年来是以工业化社会的模式组织起来的（尽管在前全球化时代也有各自的组织方式）。全球化坚持主张我们曾惯用的"国际主义"（internationalism）的概念（尽管现在我们无法使用"国际主义"这一概念，因为没有什么事件是单纯地发生在国与国之间的）。这种国际间的相互依赖，可以潜在地被看作多中心世界的来源和差异性增殖的基础。

另一方面，全球化为将世界范围内的社会收编入西方生活模式的麾下提供了基础。在这个意义上，它是一个"帝国主义化"的工程，一场文明的争夺，尽管其形式有别于过去的其他斗争方式。而冲突的张力就在于：不断增殖的差异性 VS 所谓的世界范围内的"麦当劳化"——在全球的各个不同社会重复上演印刻上西方消费主义的各种形式，西方的价值观，西方的生活方式，西方的自由民主和西方的资本主义，等等。为了切实以支配的形式来运作，资本主义全球化必须将每个人纳入其网络，收入其政治地理学的版图。这是马克思所说的建设世界市场的一个新的阶段,他曾经认为这一进程已经接近完成,但实际上仅仅是刚开始。每个人必须看上去有一点儿美国范儿,或是在情感上有一点美式思维,抑或是在行动上有一点美式作风。这也是电视和文化产业显得如此关键的原因所在,因为如果你不多看看电视,就无法知晓该如何像一个美国人一般行动和思考了。

这只是全球化规划的一方面。有时,全球化甚至会以一种骇人的方式,让人们跨越边界,将不同的乃至相对立的文化拉扯到一起。人们被迫背井离乡、跨越边境。他们为了逃往他乡,找寻新的生活,不得不暂住在运输营地,躲藏在卡车、飞机的角落,甚至因此欠下人贩子(组织偷渡者)一笔难以偿还的债务。这也是全球化,是全球化黑暗的一面,也是底层的全球化。在全球化的这一面,包括投资、资本、影像和信息在内的任何事物都可以被转移,唯独劳动力必须留在原处。在全球化的模式下,为了国际资本利益,大量的劳动力被认为应当留在原处(相对不发达,廉价的劳动力地区),不应当迁徙,即便他们不得不忍受着当地的低收入,他们也只能如此有限地参与到世界经济之中。否则,劳动力该如何进行新的国际分配呢?然而,实际上,他们并不甘愿困在原地,而是奋力挤上那艘破旧不堪的漏水轮船,奔向心中向往的美好生活。当然,我们能够期望他们做什么呢?是你,告诉他们,好的生活理应如此,好的生活就在他乡,于是,他们上路了。"经济移民"只是那些向往更好生活的普通人。他们也是那些因贫困、饥荒、灾难和内战被迫背井离乡的可怜人。这一切是全球化社会的另一面,也是其底层的、不可告人的阴暗面。

如今,在一个新的历史情境中,我们的政治正处在这样两种全球化形式的紧张中,一方面是与那些新的可能性联系在一起的各种力量的呈现;另一方面是与之相关的种种惊人的残暴与危险。

施瓦兹:您以上谈论到的是全球化形势下多元文化的各个方面。但是,在过去的10年之中,您将您的研究重点转入艺术以及黑人视觉艺术。您能否与大家分享一下这次视觉转向背后的意义?您是否认为在观察现今种族和流散的问题时,英国的黑人视觉艺术提供了一种独特的视角?

霍尔：我来简单谈一谈，这两者之间是如何关联的。众所周知，我并不喜欢"多元文化主义"这个词，但是我对多元文化的问题相当感兴趣。对于我来说，多元文化的问题，就是：那些来自不同文化背景的人，说着各异的语言，信仰着不同的宗教，被源流迥异的历史所影响着；然而他们因为不得不生活在同一个地方，从而产生了直接的关联，或是因为共同生活在一个符号化的世界中（互联网、数字技术）而有了数字化上的关联。他们是如何过上了一种共同的普通生活，而不是退回到那种不同部落之间水火不容、相互残杀的乱象中，强迫他人必须在外表、行为和思想上完全和自己一致，也就是所说的文化同化中。我们是如何认识到，这个星球上真实而复杂的多样性？不同的社会以其形式各异的模式发展着——这是构成差异性的原因吗？长久以来，不同的历史、文化，构造了一个多样化的世界，然而，如今藩篱已被打破。人们发现自己必须去适应一种相同的生活；或者至少去寻求某个共同的协商基础。文化绝对论是多元文化规划的最大敌人。多元文化的问题就是：我们应当在不舍弃那些塑形我们自己是什么的历史前提下，还能怎样生活下去，这就是我所说的差异性。

文化差异并不是，你我之间全然不同。而是，我之所以成为我，是由于经历了与你不同的路径；于是，我们之间在进行对话时，需要认识到，不同的历史塑造了我们，也是相异的历史，使这场对话变得可能。我无法假装我是你。我不了解你的经历。我无法钻入你的大脑重读你的生活。于是，我们共同生活的基础必须依赖换位思考，依靠对话交流，还有就是转译（translation）的过程。转译永远无法是整体与完全的，然而亦不会脱离其起始之处。我并不妄图成为你。我也并不需要你成为我。我并不试图强迫你放弃所有而成为我。那么我们的共同生活应当如何继续呢？民主的问题，公平的问题，差异的问题都亟待解决。同时——长久以来，有一种概念被认为是理所应当的，即某种生活方式中的文明价值凌驾于所有其他生活方式之上，尽管这不在左派文化所熟悉的范围之内，却出乎预料地、未经检验地成了欧洲中心主义赖以想象的构成基础。而多元文化主义则是尝试解决全球化所制造的各种问题的一种独特方式。

这只是全球化引发的，多元文化问题的近况。早在二三十年前，乃至一百年以前，它就造成了同类的问题。其中的一个多元文化问题便是在后种植园奴隶制的加勒比地区，那里的黑人和白人如何共同生活？而几个世纪以来，有一个种族就简单地认为，自己的文明高于其他种族。另一个问题是，在现在的达尔富尔（Darfur，苏丹西北部一地区），穆斯林与基督徒应当如何共同生活？我们所审视的是同一个问题，不过后者是资本主义全球化新形式下产生的新样态罢了。并且现在，这一问题也径直地抵达了（英国）社会的中心部位。两百年以来，这个种族假装自己能够设置屏障以区隔他族；以为自己可以在保持一种安全的、不侵害自身文化同质性距离的前提下，管治其他族裔；认为因为自己看上去有别于（高于）他族，因此能为其他民族制定生活和经济的准则，为其开发利用资源提供合法的依据。多元化问题对欧洲社会的冲击尤为吸引我的注意。因为这是我们所拥有的所谓最"发达"的生活方式——那里的人们体验着差异，人们着装有别，语言各异，拥有着不同的记忆，知悉着迥异的生活，追随着不同的信仰——他们是如何以更为平等的方式相处并体验差异的？平等和差异，这两个看上去冲突重重的目标，是如何得以调解而共存的？

如果我脱下了长袍（伊斯兰服装），你是否愿意舍弃米字旗？那些能令我誓死捍卫的差异到底是什么？又是什么样的差异如此重要，以至于我愿为其肝脑涂地，甚至为了它对他人举起屠刀？或者，我是否愿意做一个交换？我是否愿意为了生活在一个和平的环境下，而与你协商交谈？虽然这场交换，可能会是一场激烈的争吵。不要幻想这场交谈会是现今所谓的社会聚合，它实际上抛弃了多元文化原则，不过是同化"他者"的礼貌用语罢了。压根就没有什么聚合可言。这只会是场剑拔弩张的争吵。任何形式的民主生活，在此我不单指政治上的民主，都是一场巨大的阶级区划的连绵不断的争论。因为存在真实可见的差异，并不会自生自灭，人们深深地投入其中，因此他们必须找到协商差异的办法，哪怕前行之路荆棘丛生。

现在，一个政治的议题应运而生。让我心驰神往的是在未来，有一种政治的协商能使得多元文化的社会成为可能。在现代世界的多元文化协商工程中，伊拉克和阿富汗是两个失败的例子。但是，我仍然对他者或差异是如何在人们的大脑中运行的这一问题深表兴趣。如果你想要知道得更多，或是想要了解差异是如何在人们大脑中运行的，你需要走近艺术，贴近文化——到那些人们想象、幻想与将之符号化的地方去。你必须从直白的描述语言，绕道而至那些想象的语言中去。除非我们能解构这种控制着大量英国民众意识的殖民化想象，否则，我们将永远无法经历多元文化形成的差异。一直以来，我不光对"直截了当"的观点兴趣浓浓，也涉身于迂回的战术。因此，我对视觉艺术的关注并不足为奇。文化是一个间接的领域，而我从未舍弃对它的求索。就如同莎士比亚曾经说过的，"通过间接去发现直达的目标"（By indirection find direction out）。

当然，现实的世界、历史的世界、政治的世界，都与文化有着莫大的关联。然而，我们并不能说，文化仅仅是这另一世界的反映。文化与世界相联系，但是在不知不觉中，在某种深层次的层面，我们无法直接地将此世界解码至彼世界。在这一神秘的地方，艺术来自经历，同时，又与之不同，并对之进行批判性的反思。这是社会界与符号界间隐匿的交切点。我们得后退一步，通过想象界进入文化的界域。

有时，人们对我说，文化研究认为文化就是一切，而我认为不尽然。我觉得文化是非常重要的，甚至于无法形容它的重要性——它是具有绝对构成性的（constitutive）。但是，它也是在众多其他事物之中的——你怎么能活在当下而不去关注资本和战争呢？当然，文化不是一切。但文化是所有事物的一个维度。一切实践均存在于物质世界，与之同步的便是表意（signifies），表意是意义与价值的载体。所有的一切既是真实存在的，也是被想象的。如果你想要介入人类深层情感的领域和人们难以理解之事时，你必得审视文化。人们并不了解是什么让他们如此畏惧差异。他们并不知道是什么让他们本能地对那些外表上、思想上与其不同的人产生防备。这到底是什么呢？它将他们带入了彼处，然而那不是一个你可以通过与他们理论而到达的地方。（你曾经试图用"种族偏见是荒谬的"为由规劝他人抛弃偏见吗？算了吧。）对于差异恐惧的普遍反应通常是，将他者与我们区分开来，从身体社会中将其符号驱逐出境,以至于我们会将最深处的恐惧与幻想归罪于他们。因此,如果你想要了解一个社会是如何以某种方式艰难地学会如何开始体验差异,认识到将他者建构为自己的对立物的方式,你必须了解文化是如何运行的。艺术述说事物的方式不同于其他领域。所以,我对那些在这里生活,并来自不同文化的人感兴趣。他们和"本地人"有着不同的成长路径,而现在他们同样遭遇着差异性的难题。在这个难解之局中,人们向往平等和公平。吸引我的,是人们在想象些什么,如何想象,在视觉与文字的领域中如何形象地表呈自己,在自我与社会的叙事中如何定位自己。我投身于更广阔的社会,以便有更多的通道可以达及这些视野、梦想、噩梦、创伤与恐惧。因此,我转向了视觉艺术。

观众提问:关于有人提出的人们应当忽略差异而不是去包容它,应当关注那些我们共享的事物和经验——你是怎样看的?

霍尔:这是一个庞大而复杂的问题。我曾经认为,我们本质上都是人类,所以我们应当忽略差异寻求共识。当然,我们确实都是人类,然而,在我生命的某个时刻,我突然认识到,找到人类共有的普遍人性是不够的,使我们与众不同的必然是在那些历史与其他经验之中造就的特殊性和具体性。此时,可以毫不犹豫地引述马克思的箴言!理所当然,人们之所以成为一体是因为我们都是人类,但是起主要作用的是人类社会中将人们分为三六九等的类别:奴隶与奴隶主,工人与资本家。奴隶与奴隶主这样的差异记录在历史中。这也正是问题的症结所在,至此产生了财富与利益争端。从分析上看,这显然比马克思提及的"无序的"一般性,或是了解人类的共有人性更为重要。从某些方面来说,这是一个让我难以接受的主张;一条更难遵循的道路。无论如何,我仍相信,差异不会自动消失。差异性是无法根除的。

当然,这也不是绝对的。我们的共有人性中的一部分会驱使着我们寻找共同的模式,为了共同的生活,而不是摧毁、压迫和奴役他者。然而,这应当是一种共有的认识形式,即认识到了人类历史、文化、语言等多方面的多样性。更为困难而伟大的一个目标是,尝试认识这些差异并将之推广,从而逐渐让那些被我们称为"他者"的人、我们之外的人,接受我们,而不是勒令他们变成我们。欧内斯托·拉克劳(Ernesto

Laclau）认为唯一可行的普世主义便是一种未完成的普遍化过程，它是这样一个过程，即试着去扩展这一经验领域的需求，以便接受和包容那些最初不同于我们的兴趣与志向，以及我们之外的"他者"。这实施起来很困难，但是我想我们可以设法找到一种行之有效的方法并采用之。我想，现在，虽然我尚未经过深思远虑，我仍觉得这是比去信赖共同人性的普遍主义更为复杂、更加困难，但也更具有野心的一个工程——特别是当那些被遮蔽或是被弃绝的差异性总是被牵扯入某种操控"他者"的权力中。

我并不希望其他的人变得像我一样。我不知道为什么他们需要变成我。我不认为我的经验丰富到足以包容世界上其他的任何存在。我必须去寻求到一种方式，去认识到自我的欠缺。我，自出生开始，从我牙牙学语、涉足文化开始，文化便依赖于与"我"不同之物。否则，爱便是自我之爱，爱是孤芳自赏，爱被锁在唯我论的金丝鸟笼中，永远无法超越顾影自怜的局限。这是不够的。我们依靠他者——哺育我们，去让我们认识自己，传授我们一门语言。我们共同的人性，就是你所谈论的话题，是一个与非我们、我们之外的、不同于我们的互惠的过程。于是，我希望当我们分道扬镳之时，我们能找到那一星半点的共同人性；只有这样我们才不会陷入霍布斯（Hobbes）所说所有人反对所有人的战争之中。但是，人道主义对于我来说仍是相当不够的。

观众提问：您可以谈一谈 20 世纪 60 年代初那段时期吗？新左派的时代，那时我们相当严肃和投入地议论政治，与此同时也有有趣的一面——我们同样谈论电影、美食。我希望您能谈一谈那一时期对您的影响，以及它是如何让您转向文化研究的。

霍尔：这对于我来说是一个非常重要的时期。其中最重要的莫过于，认识到政治与经济的问题基于并依靠文化。为了解决文化的问题，有必要展开来谈一谈政治的概念。我们并不是简单地喜爱走进电影院，或是我们爱看《愤怒中回顾》（*Look Back in Anger*）①，喜欢剧场抑或是其他；实际上，我们将这些事情看作政治主体性的构成要素。作为一个

---

① 这是英国剧作家约翰·奥斯本（John Osborne）1956 年创作的一部名作。——译者注

政治主体，你无法在制订一个经济计划、推进一场政治运动，确认被压迫者、被剥削者是谁等的时候，而不去考虑使这些结构就位，使这一切具有合法性。我们开始相信，文化是基本的。众所周知，经济是基本的，而文化亦是如此。存在的决定条件是文化、政治与经济。这三大要素必须接合起来，以弄清楚任何的状况、事件或情境。这便是人们赞赏雷蒙·威廉斯的原因。正是他提出了这一见解，虽然如今我们看起来是如此容易理解，但在新左派早期，这一主张却不同寻常。

我下面要说的这一点可能会让许多人感到惊诧，我将文化研究看作在另一个位置上出发的政治追求，而非一种职业。我进入文化研究中，是因为我想要追索与之相关的那些问题。即便是在早期，我也还是将文化研究（后期的文化研究又有了新的转变）看作一种在学术和知识分子框架中展开的途径，去探索由新左派在20世纪50年代中期所启动的那些基本问题。

所以说，你提到的这些，可以说是新左派对政治作出的最重要的贡献之一。然而，我想进一步谈谈，在那一时期，我们中尚无人意识到，当时也是这样一个新的情境，在这一情境中，文化也在以文化工业的方式，开始在经济、政治与社会的舞台上扮演着日益重要的角色。文化工业变成了——此处请允许我再次引述马克思的话——所谓的物质生产的一部分。文化现在是这些社会运作乃至全球社会运转中必不可少的部分，如同经济本身。所有的经济如今都是文化的，如同文化亦是经济的。在这个意义上，我并不是说，兴致盎然地走入影院的前提是拥有某种政治理念；而是想要重新定义政治本身，将政治这一观点扩充，将文化包含于政治之内。

当然，之后的20世纪60年代，政治观念出现了新的重大的扩充，特别是在女性主义那里，它将政治扩张至五花八门的新疆域——家庭的政治，卧室的政治，性的政治，食物的政治。50年代的新左派，乃至其后谈及的"所有的政治都是文化"，都未走到这一步，我们并没有达及与之相近的领地。

施瓦兹：我想您可以回过来谈谈关于美食的话题，快感原则的话题。

霍尔：快感（pleasure）的重要性在于，当认识到快感具有一触即发的、边界游弋的性质时，它是很难轻易地被裹挟到任何政治倾向或党派中的。这也是我不得不转换思路的一段历史。我曾转向文化，也曾转向性别与性，还曾转向差异——我在不断地转换着我的思考点——这也是我不相信身份是一个既定不变的准则的原因。我需要了解快感的属性。我不认为政治可以无所顾忌地涉入快感——认为快感是一个虚伪的政治价值。快感，就好比我早前提到的艺术一样，要求你进行主体性的投入，在其中，你是难以自控的，或是缺乏明确意识的，或难以处在目的和意图的理性审视之下。它在跨界运演。比方说，它把你和你并不喜欢的人联系起来。它让你爱上你政治上的敌人，或是让你看到了那些与你争论不休的人们的闪光之处。我想我的生活恰恰是在我意识到政治的这一特点时发生改变的。尽管政治总是由势如水火的双方所组成——如果人们不站在不同的立场上将没有所谓的政治可言——这些分庭抗礼的立场从未也无法孤立存在。快感的问题可以基于这个理解去讨论，一个人无法将自己的政治对手当作自己镜中的意象。

观众提问：有些人提出，无论是鼓励差异性的主张还是我们的多样性特质都是新自由主义资本主义工程的一部分；即使新自由主义资本主义的工作原理时时处处破坏着差异性，它仍试图将脆弱的誓言"我们的差异性是什么？"重新兜售给我们。您对这一观点怎么看？

霍尔：是的，这是我必须思考的一个最为复杂的问题之一。当代的消费资本主义必然是热爱差异的。它滋生于特定的差异。它能在昼夜之间瞄准机会市场。因此差异的增殖是一件复杂的事。因为它带你无限接近你本想提出质疑的这个系统之中。

这是我工作中的一个问题，我必须梯山栈谷涉身其中，靠近那些我原本要进行反驳的领域。我曾走近撒切尔主义，并且有时听上去像是在褒扬撒切尔主义是继切片面包之后最好的事情——因为在 20 世纪 80 年代，撒切尔主义以一种工党没能掌握的方式理解了霸权政治的斗争。我也贴近了差异，它终究是现代消费主义与市场的一种样态。文化研究与社会名流和商品文化也比邻而居。你喜爱通俗文化，当你在说出"商品通俗文化与严肃文化没有什么区别"之前，你便有了陷入一种虚假的文化民众主义（populism）的危险。

我不知道该如何用一种按部就班的方式来回答这个问题。换句话说，我并不知道这场运作中的普遍原则是什么。我知道的仅仅是策略。我明白如果我想要提出一个观点，就需要走近那些问题的对立面。我需要在其内部搞清楚它是什么，是如何运作的。这也归因于两极分化的二元绝对论的失败。当然，许多通俗文化是商业化基本公式的简单重复，但是与此同时，通俗文化包含主流文化与高雅文化所忽视而未能表达的感觉和经验。没有了它们，你无法了解普通民众是如何思考和感受的。因此，通俗文化是商品化与经验之物的复杂组合。你无法简单地在阳春白雪与下里巴人之间画上一条红线，只能在通俗文化之内画出区分线。为了找寻评判分别的临界点，你必须介入这个领域之中。因此，我不得不去关注差异，以辨明哪些差异不值一提，哪些差异仅仅是市场多种多样的肤浅性重复。就如，如果你要做汤，你可以做出上千种不同的汤，但它们没有太大的区别，这些差异无关紧要。然而，相反相成地，为了了解那些真正制造差异，在我们实际的体验与真实的历史中构成差异的差异，你就需要知晓为什么那种差异会吸引我们，让我们愉悦。所以我不能置身事外。没有以涉临险境的方式接近问题的本身，我就无法进行必要的区分和判断。我必须冒着被它同化的危险去了解它的真实面目。只有这样，我才能知道为什么它正占据着上风！

（丁珂文　译）

世界主义、全球化与流散[*]
——斯图亚特·霍尔与尼娜·韦伯纳对谈录

尼娜·韦伯纳（Pnina Werbner）：首先，我想向您请教一下关于全球化的问题，因为我们今天到处都在说全球化与多元文化主义，但是我认为世界主义（cosmopolitanism）跟这两个概念略有不同，从某种意义上看，世界主义是一种愿景，有的人会说它是一种乌托邦式的愿景——譬如关于世界公民、和平与人权……那么，您如何看待当今的世界主义，以及与之明显相关的区域性、暴力冲突，棘手的问题……

斯图亚特·霍尔：嗯，我确实把世界主义主要理解为一种理想，一个乌托邦。但是我不太确定关于"世界公民"的说法。我想说的是，在今天，这个概念与全球化的关系非常密切。我们不得不在世界范围内谈论跨越全球的各种相互依存关系，其中，每个人或多或少都是历史的参与者，彼此之间会有相互联系。当然，这种联系是以极其不公平的方式体现出来的——全球化是一个矛盾的体系，它是之前所谓的"有组合而不平衡的发展"的产物。在这个不平衡不公平的框架之外，世界主义便是一个非常有局限的概念。它仅仅意味着某些精英在极其有限的圈子内移动的能力。而一旦我们获得世界化的视角，并且存在全球公民身份的可能性，那么，作为乌托邦的世界主义的可能

---

[*] 原题"Cosmopolitanism, Globalisation and Diaspora"，原文载于 Pnina Werbner（ed.）, *Anthropology and the New Cosmopolitanism*, Oxford and New York: Berg Publishers, 2008。对谈时间为 2006 年 3 月。

世界主义、全球化与流散

性就变得更大了。当然了,全球化——这种相互联系性——所采取的形式实际上恰恰是相反的。它将断裂的历史连接起来,早期的与晚近的,更晚的与更早的,发达的、发展中的和欠发达的,被殖民者与殖民者,前殖民时期与后殖民时期,等等。因此,尽管在当代全球化的话语中,通过我们的表述,仿佛只存在一个空间、一个地球,因而可能只有一种公民身份,一套普遍化的人类道德体系,但事实是完全相反的。不是说这种相互依存关系无法构成新的东西。我认为它们构成一个具有深度的新的历史时刻。它们甚至可能构成这样一个时刻,即这种具有归属性的普遍愿景是有可能实现的。但是,事实上,当代全球化——相互关联性——的真相则应当被视为一种权力结构,一种全球化权力结构,因此也是一种全球化或跨民族间不平等和冲突的结构,而非良善的世界主义的基础。权力与资源的差异超越了相互关联性。因此,从现实主义角度来看,我认为当代全球化同时打开了两种截然不同的可能性,而非一种:一种是被敌对性的差异四分五裂的世界;一种是被逐入具有压倒性趋同和同质的世界,并处于那些有足够权力去声明成为一种普遍示范、代表整个文明的霸权之下。因此,当代全球化——准确地说,其实应该是资本主义现代性在全球范围内运行的最新阶段,我所能提供的就是这样一种双重性。

韦伯纳:您所说的不公平现象其实也跟这一事实相关:我们生活在一个有着大量跨国难民和经济移民的世界中。所以,我接下来要问您的这个问题便跟流散相关。流散者一直被视为典型的跨境陌生人,从这层意义上来讲,他们也被认为是世界主义的缩影。但是,从另一个方面来看,流散者也一直遭受着指责,认为他们对自己的国家不忠,不愿意在任何地方扎根,不愿意作出任何承诺,甚至在今天还被指责为不负责任的异地民族主义。按本尼迪克特·安德森(Benedict Anderson)的话讲——如果他们愿意用枪支支援爱尔兰共和军(IRA)的话,他们也会支持约旦河西岸的犹太定居者或印度教民族主义者的。所以说您是如何看待流散族群在这一全球化的,或者可以说是世界主义的世界中的角色的呢?

霍尔:在谈论流散之前,我要先说一句,我们必须坚持把全球化视为一个极其矛盾的过程。我把各族人民的跨国迁移浪潮——由于内战、种族清洗、饥荒、贫穷与生态灾难等原因，以及为了寻求经济利益，过上更好的生活——看作是"底层全球化"的一种形式。我认为它是跟我们之前谈到的历史上与当代世界存在的不平等和权力体系连在一起的。而且我认为，简单来说，关于这一点存在着两种生活方式。一种叫"上层世界主义"（cosmopolitanism of the above）——他们属于沿着全球化企业权力的道路以及全球化投资与资本轨迹的全球化企业家，甚至分不清自己在哪个机场，因为看起来都一样，他们在三大洲都有公寓。这是一种非常狭隘的全球化世界主义，但是它跟另一种"底层世界主义"（cosmopolitanism from below）——被迫跨越边境、背井离乡、住在临时难民营，或者趴在货车或漏水的船只或火车和飞机的底部到另一个地方去的人，区别很大。但这两种都是全球化的表现形式，并且由于它们都是在同一个星球范围内相互作用的，因而彼此间是深刻地相互关联的。然而无法由此构成"全球公民身份"的基础。

韦伯纳：但是世界主义一定得是精英式的东西吗？

霍尔：不，我不是说它一定得是。从历史上看，世界主义有很多种形式。我要说的是全球化在当代的表现形式强制产生了一种"底层世界主义者"；它强制施加在无法选择是否成为世界主义者的人身上。他们不得不学会在两个国家生活，说一种新的语言，在另外一个地方谋生，这些都不是出于选择，而是他们赖以生存的条件。他们不得不跟企业家一样学会适应和创新的世界主义技能——但是是从不同的地方。他们在不同的市场上运营——非法市场、黑市、人口市场、非法证件市场等。因此，从文化意义上来讲，他们每天都生活在"转换"之中；在其他地方则被称为"本土世界主义"：这不是那种作为地位、教育或财富的奖赏的全球化生活，而是作为由现代全球化形式的分裂而造成的被强迫的全球化生活。当然，这些新的定居点是底层全球化的结果。流散移居的人，因为他们是由来自不同文化背景的人组成的，这些人被迫迁居到别的地方，但是在某些深层方式上依旧跟自己的家园、文化及原居地相连，最终发展成一种我称之为意识与生活方式的流散形式……按牙买加人类学家大卫·斯科特（David Scott）的观点，我们应当称他们为"全球现代性的被征召者"。

接下来的问题就是：他们的位置在哪儿？对于他们现在身处的地方，或者他们原来居住的地方，他们的位置在哪儿？他们对那种迁徙经验及自身又是如何认识的呢？他们是谁，属于何处？这是身份问题，也是流散的困境，是我所感兴趣的——即在全球化与大规模移民的后殖民时代的语境下的身份问题。如果这种地域、文化、宗教、语言、文明、历史、时代之间的迁移变成了你生活中的现实，你会如何看待你自己以及你的生活呢？你如何能够说出，"我就是这样的人"，你说这句话到底是什么意思？我想说明的是，这不可避免地就是杜波依斯（DuBois）所谓的"双重意识"（double consciousness）的场景，或许也可以冒昧地说成我在其他地方提到的"混杂性"（hybridity）的场景。我不认为身份是一顿不受约束的自助餐——你早上起床之后决定自己要成为你想成为的任何人：那只是后现代主义的幻想。身份永远是跟历史与地点，跟时间、跟叙事、跟记忆与意识形态联系在一起的。它需要实质性的生存条件。你不可能随心所欲地选择身份。另外，我认为身份不是永恒地刻在基因中，或是由基因传递的。它是从社会、历史、文化层面进行建构的。因此，从这个意义上来讲，身份在某种程度上永远都是一个开放式的问题，永远，用他们的话说，"处于进行中"：不是因为它完全是自我建构的，仅仅是选择性的自我塑形，没有生存条件，而是因为，跟意义本身一样，它最终处在一个开放性的界域内，因为它最终没有定论。然而，上层全球化与底层全球化之间断裂的消解，也将影响身份在去位置化（dis-placement）的流散状况下的遭遇，这种去位置化是全球化进程必然会启动的东西。如果普遍性的结果是在全球范围内，在军事、技术、经济或文明层面上引起世界同质化的话，那么不管愿不愿意，人们都自然会被卷入同化的过程中去——这种同化便是英国新工党如今以"社会聚合"（social cohesion）的名义所推崇的东西。只有当你变得跟我们一样时，我们才会接受你。否则，你便被划分到对立的选项中去，选择保卫你自己来对抗大规模同化所要求的身份丢失，防御性地退避到你原来的地方，到那个被称为"传统"的范围中去，仿佛那个地方还是跟以前一样，没有被历史染指。

· 887 ·

韦伯纳：这里面没有一个选项可以说是真正意义上的世界主义。

霍尔：是的，当然不是（真正意义上的世界主义）。这些都是对世界主义的退避，因为它们是对不平衡与融合一体的历史发展所产生的必然结果——"差异"——的退避或否定。它将"差异"两极化为无法连接的极端。我们是完全不同于其他人的，而这些差异之间的障碍是无法逾越的。无法避免的是，作为抵抗同化压力的一种效果，差异确实变得越来越僵化、不容更改、趋向政治化、涉及情感并且是排外的。对这种同质化标准的任何变体所做的反抗也越来越带有惩罚性意味。我们开始在边界严加监管，对文化融合的标志予以规范。这种对变化与历史的抵抗，不管是否占据优势，都是文化原教旨主义的一种形式，一种绝非局限于某些政治伊斯兰分支的现象——事实上与某种程度的西方全球现代性是全然并行不悖的。

偶尔有人引用我的话来谈论身份问题时，忘记了我一直在谈这么一种可能性，即如果我们不在"底层世界主义"引领的一个更为开阔的层面上谈论身份的话，我们便会发现自己不是被驱使到上层世界主义的同质化中去，就是退避到所有人反对所有人（all against all）的地堡或战争中去了。

韦伯纳：您在您的作品中从某种程度上向我们展示了您的某种抱负，即去探索并承认差异和为不平等而抗争，这是同时进行的斗争。您不远万里来到英国，并把这里变成了您的殖民地。

霍尔：您过奖了。我希望我做到了。我们之前认为差异与平等是互不相关的问题。但是我认为它们都是有必要去关注的，并且为彼此设立了限制。没有平等的差异最终便会导致所有人反对所有人的战争。而没有差异的平等则是同质化。

韦伯纳：所以我的问题是——您觉得自己是世界主义者吗？

霍尔：（停顿了一下）你知道吗？我每次用到这个词时都会犹豫一下。因为世界主义的某种观点是包含在启蒙运动以及康德的那个著名问题"什么是启蒙？"中的。康德是世界主义这一普遍主义版本的缔造者。而我拒绝这种类型的世界主义，不是因为它当中没有扩展性的、"普遍性"要素，而是因为，我们都很清楚，它是一个将自己作为"普遍性"代表的那种世界主义的版本,但是这顶普遍性的帽子又不可避免地套回到了西方人的头上。"我们"是受启蒙的一类人,我们的文明责任与义务是要去启发其他人——那些未受启蒙的、非世界主义者。这是启蒙运动的核心悖论——它的普遍性概念具有特殊性。不可避免的是,我也是启蒙运动的受益者,从某种意义上来说,我相信历史,有时但并不总是相信进步;我没有宗教信仰(虽然我也不是激进的无神论者),我相信科学(但并非科学至上主义者),相信法治,等等。但是,从另一层面来说,我又并非启蒙主义的传人,因为除了"我们"之外,所有人都被置于洛克(Locke)所言的"人类的童年",只有西方人与西方文明是真正的成年人。尽管也对"高尚的野蛮人"充满兴趣,这才是启蒙运动的真正想法。这些年我发现自己被启蒙的热望招募了,但是我不得不提醒自己,它从未理解过差异,从不知道自己是建立在一种特别西化的理性概念之上的,从未接受过它的"自由主义"、世界主义的特殊观念,以及那种嵌入在某种历史特殊性中的所谓普遍主义的方式,并以这些作为支撑性的意识形态理论基础。

所以,如果你问我,我是不是一名世界主义者,从这个意义上来说,我不是。但是,某种意义上来说,我又是一名世界主义者,因为我从来都不认同这样一种观点,即政治进程的终极目标是民族、国家地位。我知道国家地位的理念,如在去殖民化的时刻具有巨大的价值。在某种意义上,它是让我们能够将自己从帝国主义、从殖民主义的堕落与剥削中解放出来的驱动力。所以我无法轻视民族解放的那一刻,但是我现在随处都能发现国家主义的局限,当它成为一种身份认同的全部支点时。在我个人的经历中,我有点刻意回避这一点,因为我在加勒比摆脱殖民化的时刻离开了那里。所以,当所有人的希望都放在建立国家上时,我并未成为这个过程的一部分。当然,从某种意义上讲,我对此觉得很遗憾。每一个流散移居的人都有自己的遗憾之处。尽管你无法回到过去,你却确实有一种失去了与历史、风景、家庭、传统、风俗——本土的某种亲密关联的感觉。在某种意义上,这是所有现代人的命运——我们不得不失去那些关联,但我们似乎需要神话(myth)、幻觉告诉我们,我们将回到它们身边。

第七辑　新近的访谈与反思

　　在我自己的经历里，事实上是，我的同代人待在家园，并深入地参与到为国家而斗争、书写国家的历史中去了。而我并不在。我对此有认同感，但还是在远处观望。但是现在，当我回过头看加勒比的时候，我看到了那一愿景的局限，我发现，如果他们试图在国家的框架内解决问题的话，他们是走不远的。事实上，国家受到全球化力量的驱动，而没有强大经济资源的小国家是无法左右这些力量的。

　　当我来到英国时，我发现自己同样无法成为这个国家的一分子。由于我的殖民构形，我本来就已是无家可归的。尽管我选择了住在这里，在这里结婚，但我并没有从根本上自我认知到自己是英国或英语国家的一部分。因此我被动成为世界主义者。像很多人一样，我得在诸多附属物和身份认同中找到自己的路，这些附属物和身份认同没有一样是自足或者完整的。我得承认那真的很有限。但它也让我保持了一种开放的姿态来对待我所谓的我不是的东西，我没有经历过的东西——那种个人的不完整感，对于那些其他的东西，需要我自己去"完整"（completeness）。

　　即便是在全球化的当下，也有很多经历是我们一无所知的。因此我们不能把所有事都囿于我们自己的叙事中。这个可能是属于世界主义的时刻，但是还有很多其他的世界主义化的世界仍然没有呈现出来。我不想表达对他者（Otherness）的崇拜，但普遍主义不会以一种本质存在（being）的状态运行的，它只能作为持续移动的边界而运行，不断地朝向我们所在、我们经历，以及我们的历史终结而其他历史开始的某个点；附属于我们，与我们重叠，我们了解其中的一部分，但有些方面还是跟我们完全不同，这也提醒我们认识到，每一种位置结构都不是自足的，它只能被它不是的东西、被它丢失或排除在外的东西——被它的外部构造性充分定义。

　　我想到的是巴勒斯坦，你知道，因为尽管我没有写过很多关于这个国家的东西，它这么多年以来却一直占据着我的政治思考的中心，部分原因是我跟爱德华·萨义德的友谊。它是我无法不去思考的一个国家。我不了解它，我从未去过那里。我看着约旦河西岸的图片，在电视上看到年轻的巴勒斯坦人的脸，我看着爱德华跟吉恩·莫尔（Jean Mohr）

合著的那本《最后的天空之后》(After the Last Sky)——我就会想，我认识这些人是因为我对他们的希望、困境与苦难感同身受。他们不是"我的国人"，但我应该好好了解他们。通过阅读他们的悲剧历史，我知道了他们的一些经历，但是我应该知道得更多。我知道被殖民、被另外一种力量占领、排斥、定义是什么感觉。我知道不在自己家是一种什么样的感觉，只能越过障碍，从远处看你自己的家。我跟他们有如此多的共同点，恰恰是因为他们来自另一种传统，另一个世界，另一个宗教体系，另一种语言，另一种文学。所以说尽管他们不是我——但是我在某些方面对他们如今作为全球世界存在的一部分持开放的态度。这是不是一种新的世界主义呢？

韦伯纳：您谈到了跟您一起长大的那些人，他们成了加勒比地区，牙买加这一国家的铭记者。您觉得您如果待在老家，在非洲或者在加勒比，能够成为一名世界主义者吗？是不是一定要把自己锁定在民族的视角中，或者说，您在自己的国家同样也能成为一名世界主义者？

霍尔：这个问题太难了，我无法给出一个好的答案，因为我的经历可能太特殊了，没办法从中提炼出一般性的结论。一个原因在于从定义上看，加勒比本身就是带有世界性的。原始居住者——新世界的阿拉瓦克印第安人（Arawak Indians）——已经灭绝了——他们被西班牙征服者、被一百年内西方文明带来的疾病给清除了。所以那里的每个人都是从其他地方过去的——西班牙人、荷兰人、英国人、被奴役的非洲人、契约在身的印度人和巴基斯坦人、葡萄牙犹太人、被驱逐出海地的法国人、中国商人和黎巴嫩商人……所有人都是从其他地方过去的。这是一个真正的流散社会。那么，也许，可以说你是一个"天然的"世界主义者，而加勒比文化的一个显著特征——今天真正属于加勒比本土的——是克里奥尔化（creolisation）[①]，不同元素的文化混合，是一种"本土的世界主义"。尽管是一个黑人占绝大多数的社会，非洲人的存在处于跟其他文化元素的"互译"（in translation）之中——它不是非洲的，而是存在于新世界的"非洲"。

[①] creolisation，混杂化，指欧洲语与殖民地语的混合。——译者注

那么，在哪个层面上，你既可以待在家里，同时还是一名世界主义者呢？我觉得这一点很难。但是我认为，如果你将你的历史永远理解为一段关于移动、迁徙、征服、转译的历史，如果你没有某种本源性（originary）的概念，即认为你自己的文化永远都是相同的——自部落时代起就跳动着，未有任何变动——那么你在家里也能够成为世界主义者。如果你没有某种本源性的历史概念，那么你会发现你现在是怎样的人以及你的社会如今达到的程度，是由漫长与断裂的社会形构过程所造成的，这一社会形构一直都处在构造与再构造中，而如今又正在被一种某些方面外在于你的带有根本性的全球力量再次构造。

但是我认为，这种世界主义跟那些出于选择或者作为拓展经历而四处漂泊永远居无定所的人接触到的世界主义并不相同。后者定然会认为自己并非全部"相同"，而是有所不同。他们没有关于文化的本源性概念，因为他们知道自己的文化在历史进程中已经被改变了。他们认为其他人也跟自己一样，被新的经验从文化层面改变了。

我觉得，就一位人类学家而言，我的问题是：存在两种或三种不同的文化概念吗？还是说，这样的文化在某种程度上总是开放的，尽管文化会在不同的步调中出现变化——譬如列维-施特劳斯将它们分为"熟"与"生"的社会？关于那些在很长的时期内相对未发生变化，在最近的时代未遭遇外界殖民或侵犯，没有被迫吸纳大量外来人口的文化，真正的问题在于它们是否可免于我的一般性结论？尽管它们的迁徙感、关于他者和差异的感知肯定更为有限，然而会不会也同样受到了外界的影响而并非自足的？对于那些像我一样出自流散与克里奥尔化文化中的人——我被双重流散化了！——是很容易认为文化的这种概念在某种程度上永远都是"未完成的"。

韦伯纳：现代人类学会认为，人，譬如说非洲人，已经自理论上封闭的文化状态中迈出了一段旅程，这种封闭的文化可能曾经存在过，也可能并未存在过。因此他们已经处在一段旅程中了。我觉得，特别是对精英阶层来说，甚至对进城务工或做其他工作的劳动移民来说，他们旅程的一部分，都一直是在创建自己的民族。一个人需要在民族的范围内思考自己是不是世界主义者。我是说，这可能会是一个问题——如果您是一位精英式的非裔人士，您会做一个拥抱外部全球化的人，还是拥护民族同质性的人，还是说您准备做一个相信这种开放性，相信康德启蒙思想的人呢？

霍尔：嗯，我会同意所有这些说法。我喜欢那种思考问题的方式。他们已经被很多力量进行了重塑，已经是世界主义化进程的一部分，所以事实上，这更多地已经成为一个问题，并非关于意识形态，而是关于文化如何进行自我理解的问题——其中是否存在某种冲动，想将自身的文化看作一种本源性的文化，就此而言，只有真正的文化"进步"才能回到这一本源。或者，是否将自己的文化看作必然具有开放性的，接着会努力在传统与创新之间，在需要改变、需要包容及以何种条件加以包容之间求得平衡，等等。在某种意义上，我们的全球时代存在一个很大的文化问题：一旦全球变成了"一个"——不是因为它完全一致才是一个，而是由于相互依存造成的组合以及差异的累积而变成"一个"——那么在不同的文化之间、不同的民族与历史之间的边界应当怎样穿越，是否它们还必须保留某种同一性与特殊性呢？他们要如何跟不同于自己的人共享一处空间，且不要求别人变得跟他们一样呢？这就是"多元文化的问题"。

韦伯纳：这个问题的另一层意义是，您能成为你们国家的世界主义者吗？如果您对某个地方、某个民族甚至文化没有任何责任感，您能成为一个世界主义者吗？没有这些根深蒂固的东西，有可能成为一个世界主义者吗？

霍尔：我会说不。因为这样的世界主义会隐含着某种东西，因此对这个词语我会有所畏惧。它让我想起了某些遗失文化和根基的人，他们处在自由漂浮状态，会择取所有的文化，你知道的，像我的一些全球商业伙伴，在机场的头等舱候机厅里时，喜欢日本的料理、印度的食物以及法国的美食。他们对所有食物都精挑细选，但是没有一样是源自对特定文化生态的认知，依附于处理食物的特定方式。这些差异并无任何的意义。虽然那并不意味着你只能吃同一种方法做出来的东西，但是你需要将你与那些可能与特定美食烹饪方式相关的知识进行分类。如果不这样，我认为，老马克思主义者所嘲讽的"无根的世界主义"的确点中了要害。在很多方面,我们会与带有自由主义色彩的思想进行交锋,这些思想确信地认为当我们从所有依附中解脱出来之时,就会真正地看到个体是什么样子的。没有宗教,没有文化,只有自由漂泊的原子颗粒的彼此关联。我知道为什么会有这样的想法出现,部分是因为启蒙运动渴望将人们从传统的束缚中解放出来。但我认为这恰恰是自由主义的局限性,他们从来没有理解过文化。尤其是从来不了解自己的文化。原子个体的观念当然在其中扮演了重要的角色,与之相应的法律观念则将个体从他们的文化和特殊性中抽象出来,而市场自由交换的观念同样也是如此获取的。当然它的确有自己的价值。但是自由主义从未明白自由是构筑在自己的文化之上的。没有一种自由民主不是根植于某个社群的。

韦伯纳：因此您始终是从特定的位置出发开展斗争——如果这些能称之为世界主义者的斗争。

霍尔：是的,确实如此。我推崇地域性、位置、依附性,但我认为这些东西不是单独存在的,不具有完全的决定性。每一种文化都应该意识到自身固有的"外部性"。

韦伯纳：有人将四处走动的个人旅行家标榜为世界主义者,譬如你所提到的熟悉不同的文化和品味,但是也许世界主义是一种群体现象？它从不同的地方汇聚而来,并且有可能创造一些新鲜事物。也许甚至是一种新的文化,所以我想知道您是如何回应那一问题的呢？

霍尔：我也更多将之看成一种群体现象。我对世界在早期的某些部分很感兴趣,在这一时期似乎形成了某种世界主义——贸易世界主义。这些地方多在地中海或者中东,因为这里是欧洲与东方的汇合点。我觉得这些地方非常有意思,虽然不同的文化并未混合为完全崭新的东西,但是这些地方却因多种文化并存而闻名,而且有许多跨越文化界限的友谊和婚姻。这种世界主义并不是由全球劳动市场的粗暴规训造成的,人们要到那里去寻找工作,而是由于更为地方化的那种市场,人们沿着不同的路径到来,被吸引到一起交换商品,这里也存在着市场,但不是抽象意义上的资本主义市场。像贝鲁特或黎巴嫩、东地中海、北非或穆斯林西班牙——这些都是差异得到包容的地方,而非充满种族暴乱、种族清洗或改变宗教信仰的地方。人们依赖自己独特的生活方式、家庭传统，等等。但它们不是福音化的社会，它们不会试图征招信众；不会有十字军东征的景象。这些对我而言是乌托邦式的存在。那里存在着完整的历史。阿米塔夫·高希（Amitav Ghosh）曾用优美的笔触书写过这些地方。你得称它们为世界主义。我觉得"多元文化的问题"，就是面对全球资本主义的多种相当不同的情境，西方社会是否能够沿着这种本土化的道路成为"世界主义的"。

在我做透析的医院里，我经常会坐在一位只会说俄罗斯语、一句英语不会说的病人身边。当我用俄语跟他说"再见"的时候他非常惊喜。他会教菲律宾护士俄罗斯短语，她们会反过来教他她们自己的语言。他跟她们说："你们教我的是什么？""当然是塔加拉族语啦。"她们笑着回答说。他从来没听说过这种语言！我想这个男人非常努力想学英语，同时作为一位阿塞拜疆人，他又坚持说俄语，所以只能跟打扫病房的波兰女士聊天，因为俄语是他们唯一的交流手段，尽管这种语言并不是他们的母语……嗯，这座位于伦敦中部的NHS医院真是一个充斥着多国语言、世界主义式的地方。

韦伯纳：真是太神奇了，在我们所住的这个国家的中心地区，有这么多世界主义式的场所，就像各种小岛。

霍尔：与社会相比，我更倾向于认为它们是场所（sites）。很难把它们跟某种政体、某种结构联系在一起。它们是"贸易路线"穿行而过的社会性场所。

韦伯纳：其中一个就是21世纪的英国医院。

我还有最后一个问题要问您，这个问题有点严肃，但是我想目前这个问题还没有一个明确的答案。您认为我们是不是应该在其他人身上或其他地方强制推行世界主义价值观呢？我们是否应该强制推行人权或民主制？我们能强制推行它们吗？

霍尔：首先，我不确定我会那样使用世界主义一词，把它跟民主与人权进行互换。我知道这些概念都属于一个共同的框架。在世界范围内，人们以现代性的名义强制推行民主，但它实际上却是一种新的帝国主义体制的一部分。从所谓的自由-民主中挖出越多的民主，就要有越多的人被要求拥有它！伊拉克人和阿富汗人选择了一条不同的历史道路,需要花费很长的时间来发展一种真正有利于民主体制发展的民主文化,但是他们却被要求一夜之间形成民主制,因为美国人需要一个稳定的国家。也有人说伊拉克和阿富汗的民主形式将全盘复制西方的自由民主制。这不是说我不想看到越来越多的社会走向真正受人民欢迎的民主制:人们正在发展各种自治的方式,而不是被寡头、精英、一个外面的国家或者小型的政治或经济阶层所统治。如果是那样的话,我觉得我们可以在这个国家实行更多此类的民主制。中东国家真正的问题在于它们的政府的贵族本质,从不同方面镇压着它的人民。但这些却正是西方这些年来帮它们建立的体制——这在欧萨姆·本·拉登那里无疑是个讽刺。它们完全可以实行民主制,但是在 AK44 的枪口下实行,还是在武装军用车的命令下实行,则完全是另外一回事了。我不认为西方可以随意踏上一片土地,强迫人们变为世界主义者。另一方面,当人们越能以世界主义的方式开始展现希望、施展抱负时,他们便越不会对跟他们不一样的人进行种族清洗,谋杀那些不能改变其宗教信仰的人,驱逐那些不遵循主流生活方式的人,等等。

韦伯纳: 在一些国家,民主可以说是奇迹般地回归了,譬如说在西班牙、在波兰、在南非等,部分是因为曼德拉和德克勒克(de Klerk)①的存在。

霍尔: 是的,这当然是有可能的。但是你要知道,在这一点上,南非尽管还有很多问题尚待解决,但它却是极其幸运的,因为没有人决定从外界对它施加反隔离制度。他们自己成功地做到了这一点,并且,在他们自己看到曙光之后,并未组织他人加入进去。这种不断扩大、拓展"想象的共同体"的能力才是民主文化真正的基础:真正的关于未来的民主概念的产物。而且,尽管这么说听起来有点个人主义,如果没有曼德拉——甚至是德克勒克这些人的远见的话,南非是不可能发生这一切的!但是当事情没有往那个方向发展时,南非人还是会选择相反的道路:用枪杆子去保护差异并强制实行同质化,而不是去增进对他者的批

---

① 弗雷德里克·威廉·德克勒克(Frederik Willem de Klerk, 1936—),南非政治家,1989 年至 1994 年担任南非国家总统,1994 年至 1996 年担任副总统。南非最后一位白人统治时代的国家元首,他和他的政府废除了种族隔离制度。——译者注

评性开放的话语。

这不是指一种简单的相对主义——他人做的所有事都是正确的。而是说出你的所想，但是要愿意协商差异，无论它看起来有多艰难、多危险。在这个层面上，我是启蒙主义的产物。我认为启蒙运动认识到的一件好事是，民主需要一个宏大的论证，需要公开的争执，需要发表很多讲话、很多针对对手的辩论性文章，等等。而不是在街上捅他们刀子。人们会讨论民主的稳定性，但是从其定义来说，民主是一个开放的、辩论的、吵闹的社会。争吵造成了妇女的解放。或者说它给了大多数人选举的权利。它是一种为将旧贵族与工业资本主义社会民主化，建立福利国家所做的斗争。所有这些进步都是在那个时代经过艰苦卓绝的，有时甚至是残酷的竞争得到的。因此民主化的过程绝非易事。共识是政要之间在关于什么是构成"良好的生活"这一问题形成的冲突中——而不是通过某种预先决定的一致性建立起来的。

但是如果把你的问题转换成另一个：我们应该在学校里教授世界主义的价值观吗？如果不给它们贴上这些标签，我的答案是肯定的，即采用世界主义的方式去发现"真理"。诚然，所有的学校一直都在传递文化以及知识和科学认知。它们在传递文化。我们需要自觉地去思考我们是否传递了批评性开放的价值，以及尊重而非臣服差异的价值，质询正统性的民主文化的价值。我们争论的核心是我们的学校是否应当学院化，由富裕的个人、私人慈善家和企业赞助并且在很大程度上由他们管理。我昨天在报纸上看到了下一批新工党学院策略人的面孔。会不会有人问这个问题，为什么我们要被这些人管理，为什么一个公共教育系统要受他们所代表的私人利益，以及对教育毫无经验或认识的人的优先影响？我可不放心让他们教我的孙子过马路！但是没有人问这个问题。所以说，我真的身在一种民主文化中吗？这种文化是真正能够质询执行权力和未执行权力的人的——毕竟这就是民主的出发点。为什么他们会有权去形塑那种统治我、我的生活以及我子孙后代的生活的道德精神，是因为他们有钱吗？我想如果我们能够在学校"自由"地教授创世说（Creationismc）或是"英国价值观"，我们应该多教一些世界主义课程。

因为，无论我们喜欢与否，英国都已成为一种世界主义社会的样板。无论我们是否放弃"多元文化主义"这一词,我们实际上已经不可逆转地生活在一种混合的多元文化社会中了。不是那样一种社会,即还由不同的群体监控着各种差异,在差异的边界巡查放哨,而是一个由不同文化和历史、语言、传统、饮食以及生活方式融合在一起的混杂性社会。多元文化主义作为一个政策目标也许会被抛弃,但是"多元文化的问题"——我们能否找到一种方式更加平等地生活在一起,而不是彼此吞噬——在全球化的世界里不会消失。多元文化就是英国如今的样子,不论好坏,已拥有一套不需要去讲授的课程体系,作为它的基础性价值观之一,这也是世界主义融合的积极观念,就是要去清算它的过去。而不可避免的是,我们也将回头陷入族裔特殊主义(ethnic particularism)中。

韦伯纳:所以在某种意义上讲,您在您自己的国家里是一名世界主义者。

霍尔:这样想很好,但我更像是一位不考虑世界主义的世界主义者。

以下是部分观众在观看过本对谈录的影像资料后作出的回应。

理查德·韦伯纳(Richard Werbner):在所有东西中,最吸引我的是斯图亚特希望我们去思考超越真实的范围,思考潜在性的东西。这一点对我自己而言,我认为是世界主义争论以及世界主义问题最核心的一个东西。但是在我听的时候,有一点让我很是困扰,因为我自己跟他本人,跟他的这种经验很有共鸣,这种经验是指一个人离开一个国家,之后有一种这个国家最初经历了什么的感觉。我越思考这个问题,就开始担心他在他举出阿里巴巴洞穴这个例子时,讲一个人环球旅行,各种东西都尝试了一点,他们与底层的世界主义之间存在着对立,这也许会妨碍我们认知这两者之间的关联,我指的是后殖民时代的精英和他们的同胞之间的关联。我开始去思考,一个人会如何看待那些不管你是否有意愿都会被迫成了世界主义者的工作,以及他们与有足够的豪华条件去世界上的不同地方旅行、享受一切舒适的人仍然会有的关联。我也认识一位在非洲的世界主义者,他跟(他的农村少数群体)还保持着有机联系。我觉得我们面临的挑战，在于不是在斯大林所欣赏的没有根基、无拘无束的世界主义者，与源自底层并似乎有其本根的世界主义者之间去建立一种简单的对立。所以我想说，我们面临的问题是：我们如何才能思考他们之间的联系，而不是只思考他们之间的断裂？

菲尔·斯特林翰（Phil Stennigham）：我很喜欢这段讨论，但是有一点真的让我感到惊讶，就是所有关于世界主义的谈话似乎都是围绕着一种物理现象的观念展开的，人们从一个地方搬到另一个地方，跟他人进行物理上的互动。但是在我看来，还有另一个整体性的方面与之相关，我想我得称它为视觉世界主义，它是通过互联网展现出来的——事实是在今天，你知道的，我可以坐在基尔大学里，不用真的走出我的办公室，就能跟世界各地的人联系、沟通。这在我看来是世界主义能够展开的另一种形式，与旅行或被迫迁移有相当大的区别。比如说我现在是一个从出生到长大在英国生活了22年的人，接着我又去加拿大生活了30年，之后我又去了新西兰，现在我又回到了英国。有意思的是，我现在返回的英国跟我35年前离开时差别很大。但是这种变化的原因之一，是互联网，现在我可以坐在我的办公室里跟世界各地的人聊天。

尼娜·韦伯纳：斯图亚特强调了普遍权力的启蒙原则与人们不得不被定位，他们要拥有一种文化，以及一种能够确认自我身份的意识之间的区别。我觉得斯图亚特在整个影像中一直在努力抗争，在这两个不同的维度之间搭建桥梁，并且思索世界主义是不是一个用来建造这一桥梁的非法化用词——我觉得这是谈话很有意思的一个方面。因为我觉得他在影像中开启了一段旅程，因此当他到影像最后的时候，变成了一名世界主义者——然而这却是他在开头时否认或担心的一个词汇。

奈杰尔·拉波特（Nigel Rarrort）：我希望斯图亚特能再多谈谈关于无根的世界主义的问题，以及他觉得这一点有什么失当的。他提到了一个马克思主义学派的术语，但并没有展开细讲。在我看来，他对无根的世界主义将往何处去的问题所进行的是一种价值评判而非分析性评判。因为就我看来，如同一种新康德主义，这是趋向世界平和的准确通道。这一点也影响了他早些时候说的话，即一个人如果生活在间性（in-between）中的话，那么他怎么能说这句话：这就是我。这句话似乎是每个人都会说的——这就是我,然而我们却以各种方式生活在间性中。他描述了不同类型的间性之路,譬如有移动的和不移动的,两者都以多样化的方式生活在间性中。他声称身份不是一顿自由浮动的自助餐,也没有被镌刻在基因里。但它与意识形态、历史与叙事相关。而那些正是在其间摆动的事物,在空间上并不固定。叙事与历史及意识形态不是人能够通过物理性接触到的东西,人也不可以真正地在认知或情感上把这些东西黏附到所处的地点上。因此,所有这些就构成了一个疑问,我想(我真希望他也在这里),因为我想逼问他一下。一个人不应该追求漂泊无根似乎已成了一种坚定的信仰。这看起来不像是他的人种论,或是他的一种分析或理论。所以我更想知道为什么我们要分享他的信仰,他的价值观。

尼娜·韦伯纳:我觉得斯图亚特已经说明了一点,奈杰尔,跟你的问题也相关,那就是他一直在强调世界上存在着不平等的问题——存在权力的不平等、经济的不平等。也许,我不知道那跟你的问题有没有关联,因为他不能脱离这样一个事实,即直到不平等的问题被解决了,否则世界主义便无从谈起。

伊恩·费尔韦瑟(Ian Fairweather):在我看来,在所有的问题与答案中,比较难解的是世界主义的个人与世界主义文化之间的关系,尤其是对"你在家里能成为世界主义者吗"这一问题的回答。斯图亚特·霍尔将加勒比描述成一个拥有世界主义历史的地方,那里的文化是在混合中被创造出来的;当然了,另一个创造了这种文化的著名地方就是美国,另一种熔炉式的文化。但是很显然,他不是在暗示来自那里的人就一定是一个世界主义者,尽管拥有那样的历史,或者说与来自长久以来只拥有单一文化的小村庄的人相比,前者更像是世界主义者。所以,我认为进一步探讨来自一个拥有世界主义历史的文化背景与作为一名世界主义个体之间的关系会很有意思。

戴德瑞·麦凯(Dieder Mckay):我对斯图亚特·霍尔把自己描述成启蒙运动的产物的说法很感兴趣,他还说到自己相信历史、进步、法治(我想应该是国家法),还有世俗性身份。我想把这当作一种认同政治,我们可以把它用到可能会称自己是世界主义者的人身上去:其他人的认同程度取决于他是否是一个受西方式启蒙影响的现代主体。如果我们谈论的是迁移或旅行并以各种方式与世界打交道的人,但他们却没有我们所认同的现代历史观念,不承认国家法的规则,事实上可能是被边缘化的或发现与自己的国家处于敌对的关系中,而且并不具有,从来都不具有世俗化的身份——那么我们该何去何从呢?我有点担心只有作为现代的与启蒙主义的臣民,才有可能成为世界主义者,而我们正在谈论的是一个将不在同一谱系中的人排除在外的一种谱系。那么我们是否需要将他们置入这个进程呢?我想听听霍尔会怎么说,因为我觉得他将某种德行看作成为世界主义者的条件。

尼娜·韦伯纳:我想,这是他同时也在挣扎并体现出的某种张力,因为他也提到了底层世界主义。

卡伦·雷纳德(Karen Leonard):回归到(访谈)影像本身,我对某些问题印象很深,关于个人主义与集体主义,或者是人们在家里重写或书写一个民族的历史;当然了,人们也会移居到国外去,重写、重构过去,当他们审视当下,审视当下的权力结构时,我认为这是访谈非常有趣的一个方面。

(丁珂文 译)

中西词语对照表

说明：本表呈现的并非全部的译名，尽管我们已经在原初的工作中罗列出人名、地名、机构名、书名、文章名与术语名共六个中西文对照组，将文集中出现的主要译名均从原著中提取出来，但仍考虑到总量过大，而且读者事实上也可在我们的译稿中进行识取，因而，目前只择取"人名"与"术语名"两组对照表分列于下。在人名表中，有些因霍尔在随文中仅标出 Surname，而未标出 First name，为防止推测有误，因此也多从原文而仅列出 Surname 部分。术语表则非面面俱到，而是根据重要性与必要性从文内选出，在单个术语中，列在最先的是为我们所确认的定型语，后面的属于其变义。特此说明。

第一部分　人名表

A

Abercrombie　阿伯克龙比
Abrams, Mark　艾布拉姆斯, 马克
Adjaye, David　阿贾耶, 戴维
Agamben, Giorgio　阿甘本, 吉奥乔
Aitken, Maxwell William　艾特肯, 马克斯韦尔·威廉
Allsop, Kenneth　奥尔索普, 肯尼思
Amis, Kingsley　艾米斯, 金斯利
Anderson, Benedict　安德森, 本尼迪克特
Anderson, Lindsay　安德森, 林赛
Anderson, Perry　安德森, 佩里
Angus, Ian　安格斯, 伊恩
Araeen, Rasheed　阿雷恩, 瑞胥德
Arawak　阿拉瓦克

B

Baffin 巴芬

Balboa 巴波亚

Baldwin, James 鲍德温，詹姆斯

Balibar, Etienne 巴里巴尔，艾蒂安

Banks, Joseph 班克斯，约瑟夫

Barrett, Michele 巴瑞特，米雪儿

Barrow, Errol 巴罗，埃罗尔

Barthes, Roland 巴特，罗兰

Baudrillard, Jean 鲍德里亚，让

Baumann, Hans 鲍曼，汉斯

Bazin, Andre 巴赞，安德烈

Beaglehole, J. C. 比格尔霍尔，J. C.

Campbell, Beatrix 坎贝尔，比阿特丽克斯

Becker, Howard 贝克尔，霍华德

Bedward 拜德华

Behn, Aphra 班恩，阿芙拉

Benjamin, Jessica 本杰明，杰西卡

Benjamin, Walter 本雅明，瓦尔特

Bennet, Tony 本内特，托尼

Berger, John 伯格，约翰

Berger, Peter 伯格，彼得

Berman, Marshall 柏曼，马歇尔

Bevan, Nye 贝文，奈

Beveridge, William 贝弗里奇，威廉

Bhabha, Homi 巴巴，霍米

Bilisha, Hore 贝利沙，霍尔

Birch, Lionel 伯奇，莱昂内尔

Blackburn, Robin 布莱克本，拉宾

Blair, Tony 布莱尔，托尼

Blunkett 布伦基特

Boas, Franz 博厄斯，弗朗茨

Bobbit, Philip 博比特，菲利普

Bogart 博加特

Boggs, Carl 博格斯，卡尔

Boisguillebert 布阿吉尔贝尔

Bond, James 邦德，詹姆斯

Bougainville, Louis 布干维尔，路易斯

Bourdieu, Pierre 布尔迪厄，皮埃尔

Bowling, Frank 博林，弗兰克

Boyle, Kevin 博伊尔，凯文

Boyson, Rhodes 博伊森，罗德

Brah, Avtar 布拉赫，阿夫塔尔

Braque, Georges 布拉克，乔治

Bray 布雷

Brenner 布伦纳

Brett, Guy 布瑞特，盖

Brittan, Samuel 布里坦，塞缪尔

Britten, Benjamin 布里顿，本杰明

Brown, Everald 布朗，艾弗拉尔德

Brown, B. 布朗，B.

Brown, Gordon 布朗，戈登

Brown, Yasmin Alibai 布朗，叶斯敏·阿里拜

Brun, Le 布朗，勒

Brunsden, Charlotte 布伦斯顿，夏洛特

Brunt, Rosalind 布伦特，罗莎琳德

Bultins 巴特林

Burgelin 布尔格林

Burgelin, O. 卜吉林，O.

Burke, Edmund 伯克，埃德蒙德

Burke, Kenneth 伯克，肯尼斯

Butler, Judith 巴特勒，朱迪思
Byron, John 拜伦，约翰

C

Cabot, John 卡博托，约翰
Cabral, Amilcar 卡布拉尔，艾米卡
Cabral, Pedro 卡布拉尔，佩德罗
Calder, Angus 考尔德，安格斯
Callaghan, Leonard James 拉汉，伦纳德·詹姆斯
Cameron, James 卡梅隆，詹姆斯
Carr 卡尔
Cartier 卡地亚
Casas, de Las, Bartolomé 卡萨斯，德·拉斯，巴托洛梅
Castle, Ted 卡索尔，泰德
Cesaire, Aime 塞泽尔，艾梅
Chamberlain, Arthur Neville 张伯伦，亚瑟·内维尔
Chamberlain, Mary 张伯伦，玛丽
Chambers, Eddie 钱伯斯，艾迪
Chambers, Iain 钱伯斯，伊恩
Champlain 尚普兰
Chandra, Avinash 昌德拉，阿维纳什
Charles X 查理十四
Chelsea 查尔西
Chomsky, Avram Noam 乔姆斯基，艾弗拉姆·诺姆
Christiansen 克里斯蒂森
Clarke, John 克拉克，约翰
Clarke, Ken 克拉克，肯
Clegg, Nick 克莱格，尼克

Cockurn, Claud 柯克本，克劳德
Compton 康普顿
Connell 康奈尔
Constantine, Larry 康斯坦丁，拉里
Cousins, M. 卡森斯，M.
Cortes 科尔蒂斯
Cripps, Stafford 克里普斯，斯塔福德
Critchley, Julian 克里奇利，朱利安
Crosland, Anthony 克罗斯兰，安东尼
Crosz, George 格罗兹，乔治
Crusoe, Robinson 克鲁索，鲁滨逊
Cruz, Jon 科鲁兹，琼
Cudlipp, Hugh 卡德利普，休
Cullen, Countee 卡伦，康迪
Curti, Lidia 柯蒂，莉迪亚

D

da Covilhã, Pedro 达·科维良，佩罗
da Gama, Vasco 达·伽马，瓦斯科
Dangerfield, George 丹杰菲尔德，乔治
Davies, Norman 戴维斯，诺曼
Davis, Bette 戴维斯，贝蒂
de Bry, Theodor 德布里，特奥多雷
de Klerk, Fderederik Willem 德克勒克，弗雷德里克
Deleuze, Gilles Louis Réné 德勒兹，吉尔
Derian, Der James 德里安，德·詹姆斯
Devlin, Bernadette 代弗林，伯纳迪特
Dias, Bartolomeu 迪亚士，巴尔托洛梅乌

Dickinson, Thorold 狄金孙，索诺德
Dietzgen, Joseph 狄慈根，约瑟夫
Dirlik, Arif 德里克，阿里夫
Disraeli 迪斯雷利
Dobson, Frank 多布森，弗兰克
Domenach, J. M. 多姆纳科，J. M
Donen, Stanley 邓恩，斯坦利
Donne, John 邓恩，约翰
Douglas, Mary 道格拉斯，玛丽
Drake, Francis 德雷克，弗朗西斯
Dryden, John 德莱顿，约翰
Du Bois 杜波依斯
Du Gay, Paul 杜盖伊，保罗
Durkheim, Émile 涂尔干，爱米尔

E

Eco, Umberto 艾柯，翁贝托
Edelman, Maurice 埃德尔曼，莫里斯
Einaudi 艾瑙迪
Eisenstein, Sergei M. 艾森斯坦，谢尔盖
Elgar 埃尔加
Elliot, Philip 艾略特，菲利普
Ellison, Ralph 艾里森，拉尔夫
Enzensberger 恩岑斯贝格尔

F

Fairweather, Ian 费尔韦瑟，伊恩
Ferguson, Adam 弗格森，亚当
Finlayson, Alan 芬利森，艾伦
Fish, Stanley 菲什，斯坦利
Fisher, Jean 费舍尔，让

Flaherty 佛莱赫堤
Flaherty, Robert 弗拉哈迪，罗伯特
Forman, Denis 福尔曼，丹尼斯
Frankenberg, Ruth 弗兰肯伯格，鲁丝
Freitas, de Michael 弗雷塔斯，德·迈克尔
Freud, Sigmund 弗洛伊德，西格蒙德
Friedman, Milton 弗里德曼，米尔顿
Frierson 弗莱尔森
Frobisher 弗洛比舍

G

Gaebler, Ted 盖布勒，特德
Gaitskell, Hugh 盖茨克尔，休
Gamble, Andrew 甘布尔，安德鲁
Garfinkel 加芬克尔
Geertz, Clifford 格尔兹，克利福德
Gerbner 格伯纳
Ghosh, Amitav 高希，阿米塔夫
Giddens, Anthony 吉登斯，安东尼
Gilbert, Humphrey 吉尔伯特，汉弗莱
Gilman, Sander 吉尔曼，桑德
Gilroy, Paul 吉尔罗伊，保罗
Glucksmann 格卢克斯曼
Godelier 戈德利埃
Goffman, Erving 戈夫曼，欧文
Goldmann, Lucien 戈德曼，吕西安
Gombrich, Ernst Hans 贡布里奇
Granet, Marcel 葛兰言，米歇尔
Green, Michael 格林，迈克尔
Grierson 格里尔森
Grossberg, Larry 格罗斯伯格，劳伦斯

Guattari, Felix 瓜塔里，菲利克斯

H

Hailsham 黑尔什姆
Halbwachs, Maurice 哈布瓦赫，莫里斯
Haley, Bill 黑利，比尔
Hall, Alan 霍尔，艾伦
Hall, Catherine 霍尔，凯瑟琳
Halloran, J. D. 哈洛伦，J. D.
Handley, Tommy 韩得利，汤米
Hardy, Bert 哈迪，波特
Hare, David 黑尔，大卫
Harris 哈里斯
Harrisson, Tom 哈里森，汤姆
Harrison, Wilson 哈里斯，威尔逊
Harvey, David 哈维，大卫
Haston, Jock 哈斯顿，乔克
Hattersley, Roy 哈特斯利，罗伊
Hawthorne, Nathaniel 霍桑，纳撒尼尔
Hayek, Friedrich August von 哈耶克，弗里德里希
Healey, Winston Denis 希利，温斯顿·丹尼斯
Heartfield, John 哈特菲尔德，约翰
Heath, Edward 希思，爱德华
Heath, Stephen 希思，斯蒂文
Heath, Ted 希斯，泰德
Hennessy, Alastair 亨尼诗，阿拉斯泰尔
Henriques, Julian 亨里克斯，朱利安
Hertz, Robert 赫尔兹，罗伯特

Herzfelde, Wieland 赫茨菲尔德
Hesse, Hans 黑塞，汉斯
Hibbert, Revd 希伯特教士
Hill, Christopher 希尔，克里斯托弗
Himmelweit 希默尔魏特
Hirst, Paul 赫斯特，保罗
Hobbes, Thomas 霍布斯，托马斯
Hobsbawn, Eric 霍布斯鲍姆，埃瑞克
Honeyford, Ray 霍斯福德，雷
Honour, Hugh 昂纳，休
Hopkinson, Tom 霍普金森，汤姆
Horowitz 霍诺维茨
Hosefros, Paul 霍斯福劳斯，保罗
Howard, Michael 霍华德，迈克尔
Howarth, Erald 豪沃斯，拉德
Hubert 休伯特
Hubschman, Kurt 许布施曼，科德
Hudson 哈德森
Hughes, Langston 休斯，兰斯顿
Hulme, Peter 修姆，彼得
Hulton, Edward 赫尔顿，爱德华
Hutton, K. 霍顿，K.
Hutton, Will 霍顿，威尔

I

Illich, Ivan 伊里奇，伊凡

J

Jacobson, Roman 雅各布森，罗曼
Jacobson, Sidney 雅克布森，西德尼
Jacques, Martin 雅克，马丁
James, C. L. R. 詹姆斯，C. L. R.

James, Henry 詹姆斯, 亨利
James, Scott Anne 詹姆斯, 司格特·安妮
Jameson, Fredric 詹姆逊, 弗雷德里克
Jay, Peter 杰伊, 彼得
Jennings, Humphrey 詹宁斯, 汉弗莱
Jhally, Sut 杰哈里, 苏塔
Johnson, Paul 约翰逊, 保罗
Johnson, Richard
Jones, G. Stedman 琼斯, G. 斯特曼
Joseph, Keith 约瑟夫, 基思
Joyce, James 乔伊斯, 詹姆斯
Julien, Issac 朱利安, 艾萨克

K

Kee, Robert 基, 罗伯特
Korsch, Karl 柯尔施, 卡尔
Kugelmann 库格曼
Kilfoyle, Peter 基尔福伊尔, 彼得
Kureishi, Hanif 库雷什, 汉尼夫
Kames, Henry 凯姆斯, 亨利
Kerouac, Jack 凯鲁亚克, 杰克

L

Laclau, Ernesto 拉克劳, 欧内斯托
Lamming, George 莱明, 乔治
Lask, Emil 拉斯克, 埃米尔
Lane, Allen 雷恩, 艾伦
Lansley, Andrew 兰斯利, 安德鲁
Laplanche, J. B. Jean 拉普朗绪, J. B. 让
LaRose, John 拉鲁斯, 约翰

Lasalle, Ferdinand 拉萨尔, 费迪南
Lawrence, Stephen 劳伦斯, 斯蒂芬
Lefebvre, Henri 列斐伏尔, 昂利
Lemert 李马特
Lentricchia, Frank 兰特里夏, 弗兰克
Leonard, Karen 雷纳德, 卡伦
Lessing, Doris 莱辛, 多丽丝
Levi-Strauss, Claude 列维-斯特劳斯
Levy-Bruhl 列维-布留尔
Lewis, Justin 刘易斯, 贾斯丁
Li Yuan Chia 李元佳
Lichtheim, George 利希海姆, 乔治
Liebowitz 利博维茨
Lipton, Marcus 利普顿, 马库斯
Livingstone, Ken 利文斯通, 肯
Lloyd, A. L. 劳埃德, A. L.
Locke, John 洛克, 约翰
Lorant, Stefan 洛伦特, 斯蒂芬
Louverture, Toussaint 卢维图尔, 杜桑
Lowenthal 洛温塔尔
Luckman, Thomas 卢克曼, 托马斯
Lucy, Henry 卢斯, 亨利
Lukacs, Ceorg 卢卡奇, 乔治
Lynn, Vera 林恩, 薇拉

M

MacInnes, Colin 麦金尼斯, 科林
Macmillan, Harold 麦克米伦, 哈罗德
Macpherson, William 麦克菲尔逊, 威廉姆
Madge, Charles 马奇, 查尔斯
Maharaj, Sarat 马哈拉吉, 萨拉

Malcolm X　马尔科姆·X
Mandelson, Peter　曼德尔森，彼得
Mandeville, John　曼德维尔，约翰
Mandeville, Bernard　曼德维尔，伯纳德
Mani, Lata　曼尼，拉塔
Mann, Felix　曼，费利克斯
Mann, Michael　曼，迈克尔
Mapplethorpe, Robert　梅普尔索普，罗伯特
Marley, Bob　马利，鲍勃
Martyr, Peter　马特，彼得
Massey, Doreen　马西，多伦
Mauss, Marcel　毛斯，马塞尔
McClintock, Anne　麦克林托克，安妮
McIntyre, Alasdair　麦金泰尔，阿拉斯代尔
Mckay, Diedre　麦凯，戴德瑞
McLuhan, Marshall　麦克卢汉，马歇尔
McNay　麦克内
Meacher, Michael　米彻，麦克尔
Medalla, David　麦达拉，大卫
Meek, Ronald　密克，罗纳德
Meillet, Antoine　梅耶，安东尼
Melville, Herman　麦尔维尔，赫尔曼
Mepham, John　梅法姆，约翰
Mercer, Kobena　莫塞，科比纳
Merton, Robert　莫顿，罗伯特
Metz, Christian　麦茨，克里斯汀
Meyerhold, Emilevich Vsevolod　梅耶荷德，弗谢沃洛德
Michael X,　迈克尔·X

Miliband, Ralph　米利班德，拉尔夫
Millar, John　米拉，约翰
Mills, C. Wright　米尔斯，C. 赖特
Mill, James　密尔，詹姆斯
Mill, John Stuart　密尔，约翰·斯图亚特
Mitchell, Juliet　米切尔，朱丽叶
Mitterrand, François　密特朗，弗朗索瓦
Mohr, Jean　莫尔，吉恩
Moody, Ronald　穆迪，罗纳德
Morley, David　莫利，戴维
Morris, Bill　莫里斯，比尔
Morris, Dick　莫里斯，迪克
Morris, Meaghan　莫里斯，米根
Mosquera　莫斯克拉
Mouffe, Chantal　墨菲，尚塔尔
Mulhern　马尔赫恩
Murdoch, Iris　默多克，艾利斯

N

Nairn, Tom　奈恩，汤姆
Nandy, Ashis　南迪，阿西斯
Needham, Catherine　尼达姆，凯瑟琳
Neville, Lawrence　内维尔，劳伦斯
Newby, Eric　纽比，埃瑞克
Nicolaus, Martin　尼古劳斯，马丁
Norman, Jesse　诺曼，杰西

O

Obrist, Hans　奥布里斯特，汉斯
Oguibe　欧奎博

Orellana 奥雷亚纳
Osborn, David 奥斯本，大卫
Osborne, George 奥斯本，乔治
Osborne, John 奥斯本，约翰
Osborne, Peter 奥斯本，彼得
Ouditt, Steve 欧迪特，斯蒂夫

P

Padmore, George 派德莫，乔治
Paisley, Ian 佩斯利，伊恩
Panofsky 潘诺夫斯基
Parekh, Bhikhu 帕雷克
Parkin, F. 帕尔金，F.
Parsons, Talcott 帕森斯，塔尔科特
Partridge 帕特里奇
Passos, Dos 帕索斯，多斯
Pearson, Gabriel 皮尔森，埃尔
Pecheux, Michael 派彻，迈克尔
Pêcheux 佩肖
Peck 派克
Peirce, C. S. 皮尔斯，C. S.
Perkin 珀金
Petty, William 配第，威廉
Phillips, Mike 菲利普斯，迈克
Phillips, Trevor 菲利普斯，特瑞福
Pickles, Eric 皮克斯，埃里克
Pierre, Andre 皮埃尔，安德列
Pinnacle 皮那可
Piscator, Erwin 皮斯卡托，欧文
Pius III 庇护三世
Pizarro 皮萨罗
Pontalis, J. B. 彭塔力斯，J. B.

Ponty, Merleau 庞蒂，梅洛
Poole, Roger 波尔，罗杰
Posolini 帕索里尼
Poulantzas, Nicos 普兰查斯，尼科
Powell, Enoch 鲍威尔，伊诺克
Prakash, Gyan 普拉卡什，吉安
Pratt, Mary 普拉特，玛丽
Prescott 普雷斯科特
Priestley, Boynton John 普里斯特利，约翰
Prior, Jim 普赖尔，吉姆
Pritchard, Evans 普里查德，埃文斯
Pudhovkin, Vsevolod 普多夫金，弗谢沃洛德

R

Rachman 拉赫曼
Raleigh, Walter 雷利，华特
Range, Terencer 兰杰，特伦斯
Rapport, Nigel 拉波特，奈杰尔
Reagan, Ronald 里根，罗纳德
Real, Corte 雷阿尔，科尔特
Redgrave, Vanessa 雷德格瑞夫，瓦妮莎
Reed, Carol 里德，卡罗尔
Reich, Wilhelm 赖希，威廉
Reid 里德
Reinhardt, Max 莱因哈特，麦克斯
Reisman 赖斯曼
Rex, John 雷克斯，约翰
Richert, Henrich 李凯尔特，亨里希
Ricoeur, Paul 利科，保罗

Riegl 李格尔
Roberton, William 罗伯特，威廉
Roberts, John 罗伯茨，约翰
Robertson, Fyfe 罗伯逊，法伊夫
Rodburtus 洛贝尔图斯
Rolph, C. H. 罗尔夫，C. H.
Ronse 隆塞
Rosdolsky 罗斯多尔斯基
Rose, Jacqueline 罗斯，杰奎琳
Rose, Nikolas 罗斯，尼古拉斯
Rushdie, Salman 拉什迪，萨尔曼
Rutherford, Jonathan 卢瑟福，乔纳森

S

Said, Edward 萨义德，爱德华
Saintsbury 圣茨伯里
Samuels, Raphael 塞缪尔，拉斐尔
Sapir, Edward 萨丕尔，爱德华
Saville, John 沙威尔，约翰
Schutz, Alfred 舒茨，阿尔佛雷德
Schwarz, Bill 施瓦兹，比尔
Schwichtenberg, Cathy 史维坦柏格，凯西
Scott, David 斯科特，大卫
Scylla 锡拉
Seaga, Edward 希伽，爱德华
Sedgwick, Peter 塞奇威克，彼得
Selassie, Haile 塞拉西，海尔
Senior, Nassau 西尼尔，纳索
Sepulveda 塞普尔韦达
Shemza, Jalal Anwar 什木扎
Shibutani 涉谷

Short 肖特
Shohat, Ella 肖哈特，埃拉
Simmel, Georg 西美尔，齐奥尔格
Sismondi, Jean Charles Leonard Simonde de 西斯蒙第
Smith, Anthony 史密斯，安东尼
Smith, Chris 史密斯，克里斯
Smith, Nowell 史密斯，诺维尔
Souter, James 苏特尔，詹姆斯
Souza, Francis 苏扎，弗朗西斯
Spencer, Stanley 斯宾塞，斯坦利
Spender, Humphrey 斯班德尔，汉弗莱
Spivak, Gayatri 斯皮瓦克，佳亚特里
Springsteen 史普林斯汀
Stedman, Gareth Jones 斯特曼，加雷思·琼斯
Stennigham, Phil 斯特林翰，菲尔
Strachey 斯特雷奇
Straet, der Van 史特莱特，德·范

T

Tate 泰特
Tawney, R. H. 托尼，理查德
Taylor, Charles 泰勒，查尔斯
Taylor, Chuck 泰勒，查克
Tebbit, Norman 台比特，诺曼
Terni 特尼尔博士
Theodore, Nik 西奥多，尼克
Thompson, Denys 汤普森，丹尼
Thompson, Dorothy 汤普森，多萝西
Thompson, Grahame 汤姆森，格兰姆

Toibfn, Colm 托比芬，科尔姆

Tomaselli, Ruth 托马塞利，露丝

Toynbee, Polly 汤因比，波莉

Tretyakov, Sergei 特列季亚科夫，谢尔盖

Tudor, Cameron 都铎，卡梅伦

Tracy, Destutt de 特拉西，德斯图·德

Tyndate, William 廷代尔，威廉

Turner, Bryan 特纳，布莱恩

Turner, V. W. 特纳，V. W.

V

Vallodolid 瓦拉多利德

Vechte, Van 维克腾，凡

Verrazano 韦拉扎诺

Vertov, Dziga 维尔托夫，吉加

Vespucci, Amerigo 韦斯普奇，亚美利哥

Vilar 维拉尔

Vir, Parminder 维尔，帕明达

Voloshinov, V. N. 沃洛希诺夫，V. N.

W

Wacquant, Loic 华康德，卢瓦克

Wallach, Alan 沃拉奇，艾伦

Wallerstein, Immanuel 沃勒斯坦，伊曼纽尔

Walpole, Horace 渥波尔，霍勒斯

Warshow, Robert 沃肖，罗伯特

Watt, Ian 瓦特，伊恩

Welles, Orson 威尔斯，奥逊

Werbner, Pnina 韦伯纳，尼娜

Werbner, Richard 韦伯纳，理查德

Whannel, Paddy 沃纳尔，帕迪

Whitehouse 怀德豪斯

White, John 怀特，约翰

Whorf, Benjamin 沃尔夫，本杰明

Whyte, William 怀特，威廉

Wickham, Gary 威克汉姆，加里

Williams, Aubrey 威廉姆斯，奥布里

Williams, Raymond 威廉斯，雷蒙

Willetts, David 威力特，大卫

Wilson, Harold 威尔逊，哈罗德

Windelband, Wilhelm 文德尔班，威廉

Windrush 温德拉什

Wintringham, Tom 温特林厄姆，汤姆

Woblfson 沃尔夫森

Wolfe 乌尔夫

Wollen, Peter 沃伦，彼得

Wollstonecraft, Mary 沃斯通克拉夫特，玛丽

Wood, Henry 伍德，亨利

Woolfson, Charles 伍尔夫森，查尔斯

Worsley, Peter 沃斯利，彼得

Wright, Basil 莱特，巴索

Wright, Iain 怀特，伊恩

Z

Zizek, Slavoj 齐泽克，斯拉沃热

第二部分 术语表

A

aberrant 偏离
accents 重音
acceptance 认同
accumulated 积聚
action 行动
actor 行动者
ad hoc 即兴色彩
aesthetic contemplation 审美沉思
affluence 丰裕
Afroness 非洲性
Afrophilia 非洲友爱
agency 能动性，能量
agenda 议程
agent 行动者，中介，代理
Algonquian 阿尔冈昆人
alienation 疏离，外化，异化
alterity 他性
alignments 关联，结盟
amplification-spiral 扩大化螺旋
anti-statist 反国家主义
apocryphal 伪经化
apparatus 装置
appropriate 征用，挪用
  appropriated
  appropriation
Arawak Indians 阿拉瓦克印第安人
arbitrary 独断的，随机的，即兴的

arbitrary closure 随机闭合
armour of coercion 强制性的盔甲
arrangement 编排，排列
articulated 接合，链接
  articulation
ASBO 反社会行为
assemble 组合，收集
assimilation 同化
  assimilationism 同化主义
associational identification 联想式认同
audience-effects 受众-效应
audit culture 审计文化
aufghebung 扬弃
aura 光晕
authoritarian populism 威权民众主义
author 作者
autograph 签名，签名组织
autonomism 自动主义
avant la lettre 先锋
axes of exclusion 排除轴线

B

Baldwinism 鲍德温主义
bangra 邦格拉舞曲
base-images 原象
bauhaus 包豪斯
bearers 持有者，承受者
belongingness 属性
bhangra 班格拉乐

big bang 宇宙大爆炸
big battalions 大营
bleed-offs 血版
blue-skies policy 蔚蓝天空政策
the borderline time 分界时间
briccolage 拼贴，零打碎敲
Britishness 不列颠性，英国性
business unionism 工联主义
the Butler'moment 巴特勒时刻
Butskell 巴茨凯尔主义

C

caesura 间隙
camera obscura 暗箱
canonisation 经典化
carnival 狂欢化
cathexing 欲能投注
Catholic Emancipation 天主教徒的解放
cement 粘合，胶合
centring 聚中心化
circuiting 回路
civic nationalism 公民国族主义
civil association 文明联想
civil hegemony 市民霸权
classes-in-themselves 自在的阶级
classic variant 经典变体
classificatory sets 类别组
classlessness 无阶级（意识）
clientism 恩庇主义
closure 闭合
clustering 聚类
code 符码，代码

coercion 强制
    coercive
coherence 连贯性
cohesion 聚合
coloured 混血人
combination 组合
command 掌控
common sense 常识
community 社群，共同体
complementarity 补替性
complex 复合体，综合体
    complexity
comprehensivization 综合化教育
concrete-in-history 历史具体
condensation 聚结，聚合
    condensation
    condensed
configuration 构形，配置
conjuncture 情境，接合、情势
    conjunctural
cohere 粘合，聚合
coherence 连贯性
cohesion 聚合，凝聚
concealment 隐匿
connotation 意指（转义）
    connotative
conscripts 被征召者
consensus 共识，赞同，（一致）同意
    consent 共识
constellation 星丛
constitutive 构成性
    constituent outside 构成性外相

· 913 ·

constitutive outside　构成性外相
constraints　限定性
constructivist　构成主义
consultation　协商
contact zone　交往地带
containment　挟持
corporatist　社群主义
cosmopolitanism　世界主义
counter-identity　逆向身份
counter-identity　逆向身份
coupled　耦合
　　coupling
Creationismc　创世说
creeping corporatism　温和的社团主义
creeping socialism　温和社会主义
Creole　克里奥尔
　　Creolisation
cross-attribution　交叉归因
crudely material effect　原料效应
cultural form　文化形式
cynicism　犬儒主义

D

dancehall　舞场雷鬼乐
de-centering　解中心化
decolonisation　解殖
delay　延迟
demotic populism.　通俗民众主义
denotation　意符（本义）
　　denotative
　　denoted　意符化
deracination　去根化

determinate　确定的、决定的
determination
determination in the last instance　在最后时刻的决定
detour　迂回
deviance　越轨
Dewesbury　迪斯伯里式
diachronic string　历时轴
diagnosis　诊断
diaspora　流散
　　diaspora-ization
　　diasporic
difference　差异，延异
différance　延异
dirtiness　卑俗性
dis-articulate　脱链，去接合
disciplinary archipelago　监视群岛
discipline　规训
Discursive　话语
disjunctures　不连贯性
dis-location　无所适从感
disorganize　解组
disperse　离散，弥散，散布
　　dispersal
　　dispersed
　　dispersion
displaced　置换，移置
　　displacement
　　displacing
dissemination　播散
distinctions　区隔，区分
distorted　扭曲

Diwali　印度排灯节
domain　界域，地表，维度
dominant　支配，主导，统治
　　dominate
　　domination
double shuffle　双重洗牌
doxa　套语
dub　牙买加混音雷鬼乐
duree　绵延

E

easy synthesis　自如的综合
elective affinity　选择性亲和
emergent　新兴的
empathy　移情
empowerment　赋权
empty　空置
encoding　编码
Englishness　英国性
ensemble　总和体，整套组合
entrepreneurial subject　职能主体
entrepreneurialism　企业主义精神
enunciator　阐明者
episteme-in-formation　形构化知识
epistemic violence　认知暴力
epochs and modes　分期和模式
erased　擦除
　　erasure
Estuary English　河口英语
etherialization　空灵化
ethnic　族裔，族群
　　ethnicity　族裔，族性

evangelical police　福音派警察
exploitative　剥削
exposition　陈述
expressive totality　表现性整体
expropriation　征用，挪用、剥削
externalist　外因主义
extradiscursive　超话语

F

Fabian-collectivist　费边集体主义
facticity　真实性
fait accompli　既成事实
false　虚假
family resemblance　族源相似性
farmaid　农场救助音乐会
fetishism　拜物教，恋物癖
　　fetishization
Fleet Street　舰队街
folk-devil　民间魔鬼
foreclosures　止赎权
forest of signs　符号的森林
formal account　形式依据
formation　形构，形态、形制
fractions　派别
frontier effect　边界效应，前沿效应
frontier province　边疆省
functionalist　功能主义
fused　熔合
　　fusion

G

gangsta rap　匪帮说唱

915

garden gnomes　花园小矮人
Gaullism　戴高乐主义
Geistesgeschichte　观念史
Geisteswissenschaft　人文科学
geist　精神
gender　性别
generation　世代，代际
generative　生成
generic　通用的
global destiny　全球天命
good ideas　善识
governance　治理，
　　governmentality　治理术
grain　纹理
Great Exodus　出走埃及

H

habitus　惯习
hail　召唤
hairy coconuts　棕皮白心的黑人
halftone　半色调
half-truth　片面的真理
handle　把握
hangem-and-flogem brigade　惩罚旅
Harlem Renaissance　哈莱姆文艺复兴
heartland　腹地，核心地带
hegemony　霸权
hermeneutics of desire　欲望阐释学
heterogeneity　异质性
heteroglossia　杂语共生
high point　极限
hindsights　后见之明

historical bloc　历史集团
homogenous　同质
homologous　同构
　　homology　同源，同构
horizon　视域，疆域，边界
hybrid　杂交，混杂
　　hybridity
　　hybridization
hyper-structuralism　超结构主义
hyphenated　连线，归化的

I

idealism　观念主义
identity　身份，同一性，认同
　　identification
ideology　意识形态
　　ideology-in-general　意识形态一般
indicative　指示性
Imagery　表象
imaginary　想象，想象界
　　imaginary communities　想象的共同体
imperative　律令
implosion　内爆
in-between　间性
incorporation　收编，组合
incremental curve　增量曲线
in-difference　中立性
inferential　推论的
inflection　变义，变奏，变调
infrastructure　底层结构
Injuns　印第安人
inscribed　嵌入，铭写

inscription
intelligible 清楚易晓
intelligibility 可理解性
intention 意向
 intentionality
interconnections 互连关系
inter-discursive 话语间性
interlocking complex 关联性综合体
internalist 内因主义
interpellated 询唤，召唤
 interpellation
interruption 中断
intersection 交切
inter-subjectivity 主体间性
inter-textual 互文性
 intertexuality
intervals 空隙
inversion 倒置，反转
invisibility 不可见性
Irishness 爱尔兰性
ISAs 意识形态国家机器

J

Jamaican-ness 牙买加性
juncture 接合点
jungle music 丛林音乐
juridico-political 司法政治
justification 辩解

K

Kreyole 克里奥尔语
Kulturkritik 文化批判（批评）

L

Labourism 劳工主义
learned perception 习得知觉
lexical item 词汇子目
the limit case 极限例证
lines of descent 垂沿线
liveaid 赈灾演唱会
local-in the global 全球地域同在性
lottery 乐透彩

M

magnetic lines of tendency 倾向磁力线
Manichean aesthetic 摩尼教美学
Marsh Arabs 湿地阿拉伯人
mask 遮蔽
mass 大众
masses 群众，大众
master-codes 主导符码
master-discourse 主话语
matter out of place 不得其所的东西
mechanism 机制
medium 介质
mediation 中介，介质
meeting point 交汇点
meta-argument 元论证
meta-message 后置信息
metanarrative 元叙述
metonymy 转喻
militant tenants action 好战分子行动
Minerva's Owl 米勒娃的猫头鹰
mirror-inversions 镜式反转

mirror phase 镜像阶段
misplaced concreteness 误置具体性
misrecognition 误认
modalities 模态
mode 模式
mods 摩登族
modify 改编
monteur Dada 达达主义装配师
multi-accentual 复调式重音
multi-arena 多场域

N

nation 民族，国家
nationalcurriculum 全国统一课程
the National Front 民族阵线
Neanderthal Man 尼安德特人
negotiation 协商
neighbourhood 社区
net 净算
new liberalism 新自由主义
new managerialism 新管理主义
NHS 英国国民健康保险制度
niche communication 定位交流
noble savage 高贵的野蛮人
noncorrespondence 非对应性
nomadic 游牧
non-vocal 沉默
normal 规范（化）
　　normalization
　　normative
not-at-home 不在家
notation 标符，标记

noumenal 本体的
NW3 世故派

O

obliterate 涂抹
oneness 同一性
open hand 开放的手
open-ended 开合
order and sequence 排列和次序
organic ideology 有机意识形态
organizational moment 组织化时刻
originary 本源性
otherness 他者
outer horizon 外边界
out-idealised 外在－理念化
out-of-place-ness 不得其所
over-determinacy 多重决定，过度决定
overlaps 重叠
over-politicise 过度政治化
Owenites 欧文主义者

P

Palmerstonian 帕默斯顿式
paradigmatic field 范型域
par excellence 均化的美德
parkers 派克
paroles 言语
Patagonians 巴塔哥尼亚人
peculiarity 怪异性
people's capitalism 人民资本主义
perceived-accepted-suffered 感知－接
　受－承受

perfidious fidelity 背信弃义的忠实
performance 使用，表演
performative 述行，表演
perspectives 视域
persuasive 说服
pertinent effects 切题效应
phenomenal forms 表象形式
phenomenal 现象的
philosophical apparatus 哲学装置
physical ill-treatment 身体上的虐待
Pied Noir 阿尔及利亚的法国人
plebeian 庶民
polemical 论题性
political inflection 政治灵活性
political plateau 政治高地
political proper 政治正确
politics of exclusion 排除政治学
politics of location 定位政治
politics of recognition 承认政治
popular 民众，通俗，流行
　　popular imperialism 通俗帝国主义
　　popular legitimacy 民众合法性
　　popular masses 人民群众
　　popular-democratic 人民-民主
　　populism 民众主义
　　Populist 民众主义者
possession 所有权
possessive individualism 所有权个人主义
positioning 定位
　　positionalities 位置性
post-emancipation 后解放

post-foundationalist 后基础主义
post-independence 后-独立
Powellism 鲍威尔主义
practical criticism 实践批评
praxis 践行，实验
preconstructed 预构
preferred 优势性
　　preferred meaning 优势性意义
presupposition 预设，前提
pre-theoretical level 前理论层面
primal scene 原始场景
primitivism 原始主义
problematic 问题架构，问题式，问题意识
production-in-general 生产一般
projection 投射
proliferation 繁衍
proposition 命题，主题
Protestant ascendancy 新教支配权
proto-anarchist 原教旨无政府主义
provision 赋义
public opinion 公意、公共舆论

Q
qua subject 准主体

R
Rastafarianism 拉斯特法里运动
re-articulate 重新接合，再接合
reach 辖域
realist 实在论者，现实主义者
race 种族

recently migrated 新移民
reciprocity of perspectives 视域互惠
recodification 再符码化
reconceptualization 再概念化
recruitment 招募
redemption 赎回
reference 指涉
reggae 雷鬼乐
regime 政体、体制
    regime of truth 真理体制
regional 区位，区域性
regulation 管控
reify 具象化
relationism 关联主义
the relative weight 相对权重
repertoire 指令
repetition-with-difference 差异性重复
representation 表征
repressed 抑制
republicanism 共和主义
resemble 类推，类同
    resemblance 类同
residual 残余的
resistance 抵抗
resolution 解除（俄狄浦斯情结等）
re-stagings 再分期化
rhetoric of visual exposition 视觉陈述修辞
rocker 摇滚族
routinize 程序化
rules of competence 权限规则

S

sacred canopy 神圣华盖
sambo 三宝
scattering 散居
science-in-general 科学一般
scrutiny 细绎
seat 场所，场域
secularized 俗世化
sedimentation 沉淀，凝缩
Selson Man 塞尔斯登人
semantic raids 语义突袭
semantic zones 语义区
settlement 和解，定居点，解决
sexual abjection 性鄙视
shape 形态
shares 份额
Shrovel Tuesday's Masque 周二的面具狂欢节
significance 表意，意含
    signification
    signified 所指 赋义,
    signifier 能指
signify 表意，表呈
    signifying agencies 表意中介
    signifying practice 表意实践
sign 记号（符号）
simulate 仿拟
sites 场所，场域
situation 情境
skin-head 光头党
slippage 滑动

spectacle 景观
speculary structure 窥镜结构，镜面反射结构
spin 转体
　　spinning
splits 切分
squirearchy 地主政治
stake 界标，标界，支点
state collectivism 国家集体主义
status degradation 身份降级
status ladder 身份阶梯
status quo 现状
stereotypical 定型化
stitch 缝制
strain theory 张力理论
stratified deposits 沉积物
subaltern 庶民，臣属
　　subaltern formations 次属形构
　　subaltern proliferation 次属性繁衍
sub-codes 次符码
subcultural 亚文化
sub-ideologies 次生级-意识形态
subject-in-general 主体一般
subject 主体
　　subjectification 主体化
　　subjection 臣服
　　subjectivity 主体性，主观性
submission 屈从
substantial 实在
sub-structure 亚结构
subsumption 涵摄
subversivism 颠覆主义

sucrotopia 蔗糖托邦
sui generis 自成一体
superimposition 叠合
super-realism 超级现实主义
supplement 补替
surface 外观
surface-strings 表层列
surveillance 监控
suture 缝合
succession 演替
symptomatically 症候式
syncretism 类并
syntagmatic 聚合
synchronic axis 共时轴

T

tabula rasa 白板
teddy 泰迪
Tel Quel 泰凯尔
take for granted 视为当然，理所当然
technologies of the self 自我技艺
techno 铁克诺（高科技舞曲）
Terra Australis Incognita 未知的南方大陆
terrain 地形，领地
thematics field 论域
things-in-themselves 自在之物
thinking at the limit 临界思考
thinking in the interval 间隔思考
Third Way 第三条道路
three wise men 三人行
togetherness 归属感

tom-toms 对对鼓
totality 整体
tough love 严厉之爱
tour de force 智力方面的绝活
traces 踪迹
trade off 利益权衡
transcoding 转码
transformism 转型主义
tribe 部族
trickle-down theory 垂滴理论
triple-play 三方游戏
triumphalist phase 必胜主义短语
two-tier society 双重社会
typification schemes 类型化图式，
typologies 类形学
typology of signs 记号语义学
tyranny of structurelessness 非结构化暴政

U
Umheuimlicheit 无家可归

V
vanishing mediator 消失的调停物

variation 变体，变奏
vector-sum 矢量和
ventriloquism 腹语术
vernacular modernities 本土现代性
verstehen 理解
vitalism 活力论
vocabularies of motive 动机语汇
Vodoun 伏都教
volk 民族人民
vulgar popularization 庸俗的民众化

W
war of manoeuvre 操控战
war of position 位置战
Weltanschauung 世界观
wet faction "湿"派
whole 总体
worldliness 世俗性
world-vision 世界观

编后记

中文版《斯图亚特·霍尔文集》的最终成稿，经历了两个时段。第一时段涉及选目与版权，由我与戴维·莫利负责落实，虽然我是这一项目的发起人，但莫利在其中起到的作用无疑是更为关键的。第二个时段由我邀约并组织几位中国学者投入翻译。当然，译者们在此之前也都曾研习过霍尔的思想，或有相关的论文、著作发表，或翻译过霍尔的某些篇章、编著等，因此，我们面对的并非一片全然陌生的荒野，而是很自然地会将这一任务当作早先经历的顺时延续，这从某种意义上看，也为顺利地完成全部工作提供了经验方面的保证。

当然，如果严肃地对待一项译事，那么所有的学术与理论翻译都不会是轻松的，即便有过一些前期研究的经历，而一旦要将眼前的文本逐字逐句地迻译为另一种文字时，仍然会给人一种重新上路的感觉。翻译的过程也会涉及多方面的问题，比如如何在文化研究的系脉中拿捏霍尔的思路，以及如何更为贴近地传递出霍尔独具一格的表达风格，确定各类词语的对译，等等，毫无疑问，对每一个大小环节的把握都会直接影响到这一文集的翻译质量，需要我们认真对待。当然，既然所有这些在成稿之后皆已隐于背景之中，也无须一一述及，下文只就一些规范性的事项做些交代，以对有可能接触本书的读者有所裨益。

首先是一些专业术语的转译。这也是自文化研究（也包括文化理论等）介引至中国后一直未在学者间达成共识的，以致造成多种译语杂呈的局面，尽管此类现象几乎在各种外来学科与思潮的引入中都是

· 923 ·

编后记

难以避免的，但毕竟会妨碍我们对原义的理解，以及同一母语共同体之内的正常交流。是以，除了将那些重要的或易误认的术语标出原文（这也是目前学术阅读中愈趋强烈的一种需求），我们也希望通过本次翻译对既有的一些关键译语进行一番梳理，并依据原文的意思去确认哪些已有的译语是比较确切的，还可以延续使用，哪些则不够确切或有误译，需要调换与重译，如果遇到一词多义的情况，怎样依据文化研究的理脉去判定孰为主次，以及在何种情况下可做权宜性的变通，等等，从而形成一套更为可靠的规范性词目。当然就全书的情况看，需要厘定的数量必然是很大的（甚至包括各种人名、书名等），在有限的篇幅，只能选择几则予以示例性的说明。

1. **formation**。这一术语在中文译著中一直有多种译法，从频率上看以译作"形态"为多，也有译作"形式""结构""形构"等，在本书中，我们主要将之译为"形构"。中文"结构"和"形式"在英语中有其他更为固定的对应词，兹姑不论。相比较而言，中文的"形态"往往更偏于表相（表面构成）上的陈述，而"形构"则因含有"结构""构造"的意思，故而也同时意指内部的构成状况，两者在语义上是有所区别的。正如我们所见，霍尔等文化研究学者在使用"formation"这一术语时，不仅是指一种外部表相，同时也寓有内在的构造层次，多样化的组织要素，以及构造性的功能效果等含义，因此，将之译成"形构"是更为达意的。扩展地看，将"social formation"译成"社会形态"，就不如译成"社会形构"确切，将"discursive formation"译成"话语形态"就不如译成"话语形构"准确。我们也可以以句子中的表述为例，如在霍尔的《"后现代主义"与"接合"》一文中，有这样一段话："Because there is no way of conceptualizing the balance of power between different regimes of truth without society conceptualized, not as a unity, but as a 'formation'."很明显涉及不同层面上权力关系的结构性平衡，因此如将 formation 译成"形态"的话，就完全无法传递出置入句中的这一含义。据此，也可将"formative"相应地译作"形构性的"，如在《伟大的右转秀》一文中，霍尔写道："They will be formative: aiming at a new balance of forces, the emergence of new elements, the the attempt to put together a new 'historic bloc'."此句中的formative也明显是指多种结构性力量与要素的组成，如译为"形态性的"就难以反映这一意义上的特征。进而，像雷蒙·威廉斯提出的那个有关文化研究进程的重大命题，即"project"与"formation"之对，也只有分别译作"规划"与"形构"，才能显示出两者分别自属，又可相互参比的含义。

2. overdetermined（overdetermination）。该术语目前在许多学科中均有使用，并有一些微妙的变义。就其在英文中的一般使用情况看，大抵指称一种开放性的，有时则带有互动性的情状，用以对比或对峙单方面的或主控性（dominated）的决定（determination），同时也含有"超越"（over）旧有的决定论思维或模式的意思，新马克思主义与文化研究在使用这一术语时所植入的含义也大约类此。有关于此，汉学家费乐仁（Lauren Pfister）在近期发表的一篇题为《试论翻译史研究的"推手方法"》[Engaging a Pushing-Hands Approach to (Research on) Translation Histories]的长文中，也基于一批近年来各学科的英文材料，对这一术语及其含义做了较为详细的爬梳与考订（见 *Minima Sinica*, 28.1, 2016）。据各种使用习例，也依照霍尔著述在上下文中赋予该词的含义，本书倾向于将之译作"多重决定"（"多元决定"），只在很少的情况下，可译为"过度决定"（超级稳定）。因例据过多，似无须再作引述。

3. articulated（articulation）。在文化研究的语境中，这一术语主要是指不同事物、趋势、要素等在特殊场域中的勾连与关联，从思想渊源上看，也与overdetermined的含义有较为密切的，甚至连带生发的关系，因国内的文化研究界已基本上趋向于将之对译为"接合"，本集的翻译也从之。但在少数的情况下，如译作"链接"会在文意上更为通达，因此也将后一译法作为备选。相应地，dis-articulate则译为"脱链"，或"去接合"。当然在日常用法中，该词也有"发声""表达"等含义，已属非专业化术语，照用即是，无须特意标明。

4. popular/mass。20世纪80年代以来，mass这一术语在中文转译中已获得了一个比较确定的译名，即"大众"（"大众的"），其复数形式masses则或译作"群众"，或仍译作"大众"。在英语的表述中，mass与masses的原义为"一些模糊的、无法分辨的东西"（something amorphous and indistinguishable）、"一个密集的聚合体"（a dense aggregate）[1]，从而在18世纪中期以来演化为一带有明显贬义性的词语，指替那些"缺乏个性"与教养的大堆人群，这群人的文化（即mass culture）则被看作"更多地为感官冲动而不是为理性信念所支配的"、"被传播与大众媒介的权力系统所代言的"[2]等，利维斯所撰长文"Mass Civilization and Minority Culture"可看作是对之所做的最具代表性的表达之一。尽管后来如雷蒙·威廉斯等曾对这种歧视性界义有过愤懑的质疑，但并不是说就改变了对这一词义的习用，从某些方面看反而是加强了对这一含义的确认。既然如此，如果我们在中文中用"大众"（"大众的"）来对译mass与masses的话，那么，这个汉语用词就应当也属一个贬义性的术语，至少在文化批评、文化研究、文化理论的范围内是这样的（当然也有一些连缀词在后来又逐渐中性化了，如mass media，应属另一个层次上的问题）。

popular首先是一个形容词，一般可根据语境的变化分别译为"民众的""通俗的""流行的"等。有时也可当作名词使用，如霍尔撰写的一篇文章题目就是"Notes on Deconstructing 'the Popular'"。相对于mass而言，即便是将考察的时段锁定在19世纪中期之后，其所指称的含义也是更为复杂的，这主要取决于使用者的态度。威廉斯曾对之做过梳理，以为共有四种不同的释义[3]，而约翰·斯道雷则依循新近的理论发展补充为六种释义[4]。总起来看，自19世纪中晚期以来，对之含义的

---

[1] Raymond Williams, *Keywords: A Vocabulary of Culture and Society*, Oxford University Presss, 1976, p. 193.

[2] Tony Bennet, Lawrence Grossberg, Meaghan Morris (eds.), *New Keywords*, Blackwell Publishing, 2005, pp. 207 – 208.

[3] Raymond Williams, *Keywords*, p. 237.

[4] John Storey, *Cultural Theory and Popular Culture: An Introduction*, republished by Pearson Education Asia Limited and Peking University Press, 2004, pp. 5 – 14.

解释虽然多样，比如也有从文化保守主义的立场出发而试图将 popular culture 与 mass culture 等而视之（以一种混淆法将二概念合并在一起，以拉低所有 popular culture 的价值位置），但在多数情况下，学者们在使用 popular 或 popular culture 时，更多寄予的是一种中性化，甚至是正面化的含义，这或许与这一术语最初取自于拉丁文 popularis——"属于人民"的原义有关[①]，同时也是为了以此而表明在这个世界上尚存在着另外一类身居下位的人群。譬如在文化研究语域内，在大多数情况下，不使用 mass（masses）而使用 popular 来陈述这类人群，或以之指称那些非完全消极性的日常的、普通的、流行的文化现象，也是为了与已经灌注入诸多负面含义的，甚至是被污名化的 mass 有意识地区别开来，使之能够超越 mass 既已被赋予的指意而回返到另一种定义界面上。既然如此，在进行汉语对译时，也有必要选择另外一种词语来加以表示。当然，如果具体到个别的学者身上，其在使用 popular 的时候，也会带入不同的理解维度，有人会更多地将之做中性化的处理，视之为只是意义竞争的"场所"（如霍尔），有人则会偏于从更为正面的意义上来界定之（如 80 年代后期的女性主义或约翰·费斯克等），但都不可与 mass（masses）相对换。

与之相关，还有另一目前常用的术语即"populism"，据以上对 popular 含义的辩说，如将二词做对称性的解释，则以译为"民众主义"最为合适，尽管在成为一种"主义"之后，其含义也会有所变异。选择这样一种译法，而非更为盛行的"民粹主义"，也与我们对愈益注入于后一语汇中的过于负面的含义所持的疑虑是有一定关系的。仍然依据英语的语境看，诚如吉姆·麦克盖根（Jim McCuigan）所做的梳理，populism 一词或在政治话语中或在文化话语中使用，或以之作为自发的运动或被用之替指政治家所操纵的"大多数"，或给予其负面的含义或将之视为相对中性的称谓，不一而足，一直含有相当的错杂性。[②] 当然以文

---

① Raymond Williams, *Keywords*, pp. 236–237.

② Jim McCuigan, *Cultural Populism*, "Introduction", Routledge, 1992; reprinted by Taylor & Francis, 2003, pp. 1–6.

编后记

化研究而论，鉴于这一思潮即与"民众"之间存在着那种剪不断、理还乱的关系，以及对一实际的或概念化的"民众"存有的胎记性偏好，因此在多数情况下，往往会成为"populism"一语的被指控者，而不是这一话语的主要的挑起者。如当其真的要使用这一概念时，也会主要持一种"反思的"，或"同情式批评"的姿态，因此而会给出一个相对更为积极的定义（如麦克盖根）。① 当然，霍尔也曾以"威权民众主义"（authoritarian populism）这一概念来质询撒切尔主义对底层"公分母"的操控，这与霍尔对话语与媒介权力特征的判断有关，因此，也可将之看作一种较为特殊的使用法。总括起来看，如果我们对之采用一种更为温和的，并能向多义性开放的译法，便多少会更为贴近于文化研究自身的行思逻辑。

5. representation（represtive）。这一词语在早先多会翻译成"再现"（或"表现"），偶尔也会译作"象征"，以至于在文化理论与文化研究引入之后，仍有学者沿袭旧例，仿译如上，或用更为日常化的含义如"表述"对译之，这种情况在前期的翻译中还是很普遍的。但是，在阿尔都塞、巴特、德里达的论述，进而是文化研究对之的借用中，representation 已开始在传统的含义上附加了另外一层意思，即其被看作是带有"意识形态"蕴含的一种表意实践。② 因此有些学者也试图改换译法，将之另译作"表征"，以便与传统式理解的"再现"以及常态化、去特征化的"表述"等含义区别开来，凸显出其已被嵌入其中的另一层含义。我们认为这种改译是十分有必要的，因而在本文集的翻译中也采用了后起的译法。

6. significance（signification，signify，signifying），原来既是一日常用语，也是一语言学上的用语，过去多被译作"指意""指示""表

---

① 麦氏甚至称自己也是一位 cultural populism，对之持"同情式批评"的态度。他给这一术语所下的定义为："由一群通俗文化的研习者所制造的知识分子式的界定，在他们看来，普通人的符号经验与实践在分析与政治的意义上都要比一个大写的'文化'更为重要。"Jim McGuigan, *Cultural Populism*, "Introduction", p. 4.

② 可参见黄卓越《"文化"的第三种定义》，《文化研究及其他》，中译出版社 2018 年版，第 15—18 页。另对之含义的详细解释也可参见 Dani Cavallaro, *Critical and Cultural Theory*, "Representation", The Athlone Press, 2001, pp. 38–48。

· 928 ·

示""含义"等,但由于这些译法均受到日常用语的牵制,因此专业化特征有嫌不足,作为某种理论体系的一个具有标示性的重要语汇,也缺乏有效的可辨识性。由于文化研究,特别是霍尔在其中的一个阶段曾受符号学、语义学的较深影响,很自然地会在文中经常措用 significance 及其同根词,从某种意义上看,该词语也已成为文化研究的核心概念之一。因此,为更强化其专业化、理论化的含义,并将之与日常化的使用适当区别开来,便需要使之更带有一些陌生化的效果,正是在这样的考虑之下,我们建议将之译作"表意"(表义)。这样的译法与另一语言学术语 Signified(所指),在意义上也是可以贯通起来的。至于像 signify 这样的动词,则在许多情况下也会被撰者当作日常用语来使用,因此在翻译时需灵活一些,比如对应性地译作"表呈""表示"等。

7. **symbol/sign/code**。这三个概念,在汉语翻译中也一直以来处于不确定的状态,分别有各种译法。三者虽在一笼统、模糊的层次上均可译作"符号"(譬如将源自 sign 的学问 semiotics 或 semiology 译成"符号学"等)①,但它们的具体含义还是有细微区别的,有时也不可换译。考虑到这一情况,我们希望在本文集的翻译中做更为细化的处理,将这三个英文单词分别译作汉语的"符号""记号""符码"。② 通过将 code 译为"符码",也可使之与其一些衍生词的中译,如 encoding = 编码,decoding = 解码,transcoding = 转码,对应起来。

symbol(symbolic)一语在目前汉译中多取两者不同的译法,一是译为"符号",一是译为"象征",这尤其体现在对文化理论著作中同一概念的翻译上,比如在翻译拉康、鲍德里亚著述时,既有译作"符号"的,也有译作"象征"的,由此也很易造成汉语译名上的混乱,读者往往不知以哪一种译法为准,因而,也需通过对原义的疏解,在其中选择一种更为靠近的译语。相较而言,"象征"在汉语的使用中更多

---

① 高名凯则将索绪尔使用的"sémantique"译作"语义学",而将 signe 译作"符号"。参见索绪尔《普通语言学教程》,商务印书馆 1985 年版。
② 其实在语言学内部,学者也会做一些细微的处理,如皮尔士在"符号"中分出 icon、index、sign 三类,因此翻为汉语时也要有所区别,不能都译作"符号"。

编后记

是指众多修辞手法中的一种（即便是再做哲学的抽象，也只是"想象"中的一种），而符号则指称一个更大的人类表述系统，故此，也只有后面这一层含义方能与拉康的其他二界（现实界、想象界）恰好形成并置与对应关系。同样，如果将法语中的"le symbolique"译作"象征界"的话，那么，不仅理解起来很费劲，而且也易在概念上造成以小应大的错位。通过细读拉康的著作，我们知道，所谓的 le symbolique、symbole，这一在每个主体出生之前就已存在的"人类的一大根本秩序"，是一种"言语的引入"①，是言语的场所，能指的宝库，每一个主体（孩童）进入 le symbolique 中时也是指其开始进入广义的"语言秩序"中，因此，就 le symbolique 的存在而言，"主体便是语言的奴仆，更是话语的奴仆"②。种种事例表明，拉康在此借鉴的是索绪尔、雅各布森的符号语义学理论，并将之与弗洛伊德学说贯通在一起，而不是借鉴其他的象征理论。再从当时整体的学术氛围来看，与拉康学说同期流通的结构主义与后结构主义，以及续此而展开的文化研究，在借用 symbole/symbol 这一概念时，所指称的也是符号学结构主义而非传统哲学或文论意义上的赋义，均指的是"符号"而非"象征"。因此，尽管这一语词有时也携有"象征"的意味，但在总体上却以译作"符号"为当。另外，拉康三界中的"the imaginary"，法语为"imaginaire"，与 symbolique 一样，是一个名词而不是动词，最初是指婴儿在镜像中发现的一个自我客体（后来逐渐扩展），因此如果译为"心象（界）"或"影像（界）"似更便于把握，而汉语"想象"含有动词与名词双重含义，又在多数情况下属动词，在理解上容易产生歧义。

8. **praxis**。学界一般译为"实践"，从而与 practice 的汉译相等同。但是事实上，无论在西语的理论著作中，还是霍尔的著述中，都表示与 practice 既有同构性又有意义分叉的一个概念，因此，有时会将两个词放在一起进行比照，有时则当两个词出现在相邻的句子中时，会特意给

---

① Jacques Lacan, *Le Séminaire de Jacques Lacan*, Livre IV, *La relation d'objet 1956 – 1957*, Texte établi Jacques-Alain Miller, Éditions du Seuil, mars, 1994, p. 182.
② Jacques Lacan, *Écrits*, Éditions du seuil, 1966, p. 495.

praxic 标上斜体，以示它们之间的微妙差异。关于该术语的含义，雷蒙·威廉斯曾做过专门的解说，以为由 1840 年德文的词义演化而来，与前期黑格尔，特别是后来的马克思对之的使用有关，指的是"具有 theory 品性的 practice"，或"具有 practice 品性的 theory"，而非一般意义上的 practice（action），为此，在后来又被用以指涉"一整体化的活动类型"（a whole mode of activity）。① 在本书中，为了有效地加以分辨，在大多数情况下会将该术语译作"践行"。

以上仅仅是对很有限的几个翻译示例的解说，读者借之可以获知我们在进入这一翻译工程前所做的一些准备，由此也再次证明了，一些关键术语的转译并不是一件可随意攫用或想当然"如此"的事，而是应当充分考虑到已然形成的各种大小语境对词语含义的限定，从而确定译语的选择。当然，必要的灵活性也是需要的。举例而言，譬如阿尔都塞的著作 *For Marx*（法文 *Pour Marx*），已有的中文译本即译为"保卫马克思"，然而如做仔细推敲则并不十分准确。仅从字面上看便可知道，其原义应当是"为了马克思"，译作"保卫"，多会给人以一种坚守的意思，但其实作者在运用该语时更多含有的仍是"阐释之""完善之"，甚至发明之、创造之的意思，希望通过发掘马克思的"未尽之意"，从而将之带往一个新的理论区位，而不是在原地持守不变。有关这点，巴里巴尔在为该书所撰序言中也有明确解说。② "保卫"，在法文中应当有更为直接的对应词，如福柯所撰 *Il Faut Defendre La Société*，依其句中所用的 *Defendre*，便可确定无疑地译为"必须保卫社会"。据之，在一般的陈述中，我们还是倾向于译成"为了马克思"，但考虑到作为一个书名已在学术界十分通行，因此在专指著作时，又仍从旧译。

末了，也需要将一些具体的编订体例做一简要的交代。

1. 集中所收霍尔的文章，年度跨越很大，体类也较多样，比如有正式的学术性论文，也有报刊上发表的文章，或取自书中的一节，或为

---

① Raymond Williams, *Keywords*, pp. 317–318.
② 此也可参见顾良译阿尔都塞《保卫马克思》"1996 年重版前言"，商务印书馆 2006 年版。

其访谈稿、演讲稿的誊录或编辑等，因此各篇的注释方式也很不一样。在译文中，我们一般会据原样照录，有些夹杂在正文中的注释因考虑行文的畅通，则将之转换为页下注。注释中的出版信息仍维持英文原貌，霍尔添加的解说则译为中文。

2. 有些原文中出现的人名与典故等，为了方便中国读者的阅读与理解，译者也提供了若干简要的注解，并标明"译者注"的字样。

3. 霍尔文中会出现不少马恩著作的引文，虽然我们在翻译时也部分参照过国内出版的马恩《全集》与《选集》，但多数则仍据霍尔提供的原文直译过来。这首先是因为英文版原文与中文译本之间经常会存在一些字句上的歧出，有关于此，据我们的考察，有些是因所据版本不同，有些则与中文版所选择的翻译风格有关。考虑到既然我们所面对的是霍尔所参用的版本，那么也只有据此才能准确传递原文的含义，并在上下文中能将一些文句贯通下来。

4. 每篇译文均已在首注中标出英文原题，以及稿件的出处。

5. 文章首次出现人名、书名、文章名、重要术语名、机构名、地名等时，如非通行者，会加括弧标出原文，重复出现时则从略。

6. 大部分的译文经过两遍以上的审校，其中也包括译者之间的互校。另据个别译者事后反应，在其翻译的过程中也参阅了先期已有的译文，如此，我也希望能借此机会，对先前翻译过霍尔文章的学者表示真诚的谢意！

7. 译者的姓名都附于每篇译文的文末，望读者能予查对。

需要说明的是，正如所有的译事一般，从来不存在一种"无疵之作"，我们的译稿也一样会留下这样那样的问题以及预料不到的失误，因此，也盼业内同行提出宝贵批评。

我的学生李雪莹、徐莹在核对、整理中西术语对照表时花费了许多精力，特铭记于此，以表谢意。

黄卓越
2018 年冬于北京海淀